# 朱元璋传

民国四大经典传记

吴晗 著

团结出版社

**图书在版编目（CIP）数据**

朱元璋传 / 吴晗著. -- 北京：团结出版社,2020.7

（民国四大名传）

ISBN 978-7-5126-7945-0

Ⅰ. ①朱… Ⅱ. ①吴… Ⅲ. ①朱元璋（1328-1398）—传记 Ⅳ. ①K827=48

中国版本图书馆CIP数据核字(2020)第098310号

---

**出版:** 团结出版社

（北京市东城区东皇城根南街84号 邮编: 100006）

**电话:**（010）65228880 65244790 (传真)

**网址:** www.tjpress.com

**Email:** zb65244790@vip.163.com

**经销:** 全国新华书店

**印刷:** 三河市祥达印刷包装有限公司

---

**开本:** 145×210 1/32

**印张:** 37.75

**字数:** 950千字

**版次:** 2020年11月 第1版

**印次:** 2020年11月 第1次印刷

---

**书号:** 978-7-5126-7945-0

**定价:** 152.00元（全4册）

# 目 录

## 第四章 大皇帝的统治术



## 第五章 恐怖政治



## 第六章 家庭生活

# 第一章 小流氓

朱元璋小时候家境贫穷，替地主家放牛，食不果腹。但他调皮捣蛋，机灵，好出坏主意，在伙伴中很有威信。1344年，淮河流域发生了大旱灾、蝗灾和瘟疫。朱元璋父母双亡，三个哥哥和几个堂兄弟死去。他无依无靠，走投无路，在皇觉寺出家。由此他变得阴狠、冷峻、沉稳、坚忍。

## 一、小沙弥

元至正四年（公元1344年，元顺帝妥懽帖睦尔在位的第十二年），淮河流域的人民遭受了苦难——旱灾，蝗灾，加上瘟疫。

好几个月没有见过雨了，栽下的苗晒得干瘪枯黄，大地裂开了一条条的龟缝。到处在求雨祈神，老年人恭恭敬敬向龙王爷磕头，孩子们戴着柳枝圈圈蹿出蹿进。正在焦急没收成时，又来了弥天漫地的蝗虫，把穗上稀稀的几颗粟粒吃得一干二净。地方上有年纪的人都在唉声叹气，哭丧着脸，说几十年来没有见过这样的年成，这日子着实过不得了。

不料祸不单行，疫疠大起，钟离太平乡的人，接二连三地病倒。已经吃了多少时候的草根树皮了，[1] 病一起就挺不住，开头只觉得浑身无力气，接着是上吐下泻，不到一昼夜便断了气。起初大家还不理会，到了一个村子里一天死去了几十个人，家家死人，天天死人的时候，明白这是上天在降罚，散布瘟疫来收人，才着了慌。不管"在数的难逃"的老话，还是逃命要紧。各村庄的人携儿带女，只要有亲戚朋友家可投奔的，连家里的病人都顾不得了。不过几天工夫，太平乡数得出的十几个村子，便闹得人烟寥落，鸡犬声稀，显出一片凄凉黯淡的景象。

孤庄村[2] 朱家，朱五四官名叫世珍的，一大家人，不过半个月，死了三口。五四六十四岁了，四月初故去，三天后，大儿子重四学名叫兴隆的也死了，到二十二那一天五四的老伴陈二娘又死了。五四的二儿子重六（兴盛）和小儿子元璋（原名兴宗，小名重八），眼看着大人一个个倒下，请不得郎中，抓不得药，只急得相对痛哭。[3] 尤其为难的是：家里没有一贯钞、一钱银子，买不了棺木，更谈不上坟地。田主呢？几年的主客，想来总该施舍佃

1.《明太祖实录》卷三九："洪武二年三月丙申，上以旱灾相仍，因念微时艰苦，乃祭告淳祖、淳后日：'因念微时皇考皇妣，凶年艰食，取草之可茹者，杂米以炊，艰难困苦，何敢忘也。'"

2.《明太祖实录》卷一、《一统肇基录》本《皇陵碑》，并作孤庄村。沈节甫《纪录汇编》本《天潢玉牒》作太平乡县庄村。《七修类稿》引《皇陵碑》作孤庄村。

3.《明太祖实录》卷一八，潘柽章《国史考异》引承休端惠王《统宗绳蛰录》。

户一块埋骨之地，谁知不但不理会，反而“呼叱昂昂”[1]。邻舍们都觉得难受，伤心。正没计较处，同村人刘继祖[2]不忍心，慨然舍了一块地。[3]两兄弟磕头谢了，真是一头有了着落。但是，衣裳呢？棺椁呢？还是没办法。只好将就把几件破衣裳包裹了，抬到坟地草葬。两兄弟一面抬，一面哭，好容易抬到了，还未动手挖坑，突然间风雨交加，雷轰电闪，整个天像塌下来似的。两兄弟躲在树下发抖，约够一顿饭时，天霁雨晴。到坟地一看，大吃一惊，尸首不见了。原来山脚下土松，一阵大水把坡上的土冲塌了，恰好埋了尸首，薄薄的一个土馒头，俗话叫作“天葬”。[4]三十五年后，朱元璋写《皇陵碑》时，还觉得伤心：“殡无棺椁，被体恶裳，浮掩三尺，奠何殽浆！”[5]

父母的大事虽了，过日子呢？没留下一寸土、一颗米，元璋饿了些日子，到处找零活做。谁知大户人家都已逃荒逃瘟去了，贫民小户自己都在挨饿，怎么雇得起人？到处碰壁，懒洋洋地不

1.《纪录汇编》本《御制皇陵碑》。晗按《皇陵碑》有二本，一危素撰，《太祖实录》卷三七：“洪武二年二月乙亥，诏立皇陵碑，先命翰林侍讲学士危素撰文，至是文成，命左丞相宣国公李善长诣陵立碑。”一太祖御制：“洪武十一年四月，以皇陵碑记皆儒臣粉饰之文，特述艰难，明昌运，俾世代见之。”一散文，一韵文。二文并见郎瑛《七修类稿》卷七，后文亦收入《纪录汇编》。

2.《天潢玉牒》及高岱《鸿猷录》作刘继祖，徐祯卿《翦胜野闻》作刘大秀。沈德符《野获编补遗·义惠侯》条：刘继祖字大秀。明太祖《高皇帝御制文集》追赠刘继祖为义惠侯诰，略曰：“朕微时罹亲丧，难于宅兆，尔发仁惠之心，以己沃壤，慨然见惠，大惠云何可忘。”

3.《皇陵碑》《御制皇陵碑》《天潢玉牒》《翦胜野闻》《鸿猷录·龙飞淮甸》。

4.徐祯卿《翦胜野闻》，王文禄《龙兴慈记》，王鸿绪《明史稿，太祖本纪》。

5.《御制皇陵碑》。

愿回家，一径到村外给他父母上坟，蹲在新长着青草的坟边，沉思如何来打发日子，对付肚子。

他长得躯干魁伟，黑黑的脸，下巴比上腭长出一寸多，高高的颧骨，却又大鼻子，大耳朵，就整个脸盘看，恰像一个横摆着的立体形的山字，脑盖上一块奇骨隆起，像一个小山丘。粗眉毛，大眼睛，样子虽看着叫人不喜欢，却怪匀称、怪威严而沉着。

小时候替人看牛放羊，最会出主意闹着玩，别的同年纪的甚至大几岁的孩子都习惯听他指挥。最常玩的一个游戏是做皇帝，你看，虽然光着脚，一身蓝布短衣裤全是窟窿补丁，他却会把棕树叶子撕成丝丝，扎在嘴上做胡须，找一块车辐板顶在头上当平天冠，弄一条黄布包袱披在身上，土堆上一坐，自己做起皇帝来了。捡一些破木板，让孩子们毕恭毕敬地双手拿着，当作朝笏，一行行，一排排，整整齐齐地三跪九叩头，同声喊“万岁”。

又最会做坏事。有一天，他忽然饿了，时候早又不敢回家，怕田主骂。同看牛的周德兴、汤和、徐达许多孩子也都嘴馋起来了。大家越说饿，真的肚子咕噜得越凶。这个说有一碗白米饭吃才好呢，那个又提真想吃一顿肉，一个又说肉是财主们吃的，不知道是什么味道。个个的嘴都说得流涎。猛然间元璋一喊“有了”，大家齐声说：什么？元璋笑着说：现放着肉不吃，真是呆鸟！大家还不明白。元璋也不再说话，牵过一头花白小牛娃，放牛绳捆住前后腿。周德兴看了，赶紧抄着斫柴斧子，当头就是一斧。汤和、徐达也来帮忙剥皮割肉。别的孩子们捡烂柴树叶子，就地生起火来。一面烤，一面吃，个个眉飞色舞，兴高采烈，不一会儿，一头小牛娃只剩一张皮、一堆骨头和一根尾巴了。这时太阳已经落山，山脚下村子里，炊烟袅袅在半天空，是该回家的时候了。蓦地一个孩子省悟了，小牛吃了如何回主人的话？大家都面面相觑，想不出主意，担不起罪过。正在着急互相埋怨、乱成一团的时候，小一点的孩子竟哇地哭了出来。元璋一想，主意是自己出的，责任也该担起来，一拍胸脯算我的事。也真亏他想，把皮骨都埋了，把小牛尾巴插在山上石头空缝里，说是小牛钻进山洞里去了，只留下尾巴，拉了半天不出来。孩子们齐声说好。当天晚上，元璋挨了一顿毒打，被赶回家。虽然吃了苦，丢了饭碗，但深深得到孩子们的信任，大家都甘心当他作头脑。[1]

他算是十七岁，是元天历元年（公元1328年）九月十八日未时生的，属龙，扣准了还不满十六足岁。父亲是老实本分人，辛苦了一辈子，头发胡子全白了，搬了一辈子家，从泗州盱眙县迁到灵璧县，又迁到虹县，到五十岁时又迁到钟离东乡，住了十年，活不下去，再迁到西乡，四年前才搬到这孤庄村来。[2] 十个田主大户竟有十个是黑心的，说尽好话算是佃了几亩地，天不亮就起床，天黑了还在地里做活，出气力、流汗水，忙碌一年到头，算算收成，十成里竟有六成孝顺了田主。左施肥、右戽水，把田地服侍得肥了些，正好多收一点时，田主立刻就加租，划算一下，还是佃户吃亏。划不来，只好搬家另觅大户；忍下去吧，三两年后还是得被撵走。因之，虽然拖儿带女，在一地方竟住不满

1.王文禄《龙兴慈记》。

2.危素撰《皇陵碑》，《天潢玉牒》，《明太祖实录》卷一。

十年，而且，老是替新大户开荒地，服侍熟了，就得走路。卖力气，受欺侮了一生，到死后，连葬处都没有，要不，怎么会求刘继祖舍地？

儿女都大了。大哥二哥算是娶了媳妇，说也笑话，连花轿也用不起，喜酒也没有一盅，还不一样是佃客人家的女儿。三哥重七（兴祖）给人家招了上门女婿，自得一房家小，可是得给人家挖一辈子地——也好，家里省一张嘴。大哥有两个小的，二哥也养了一个男孩，算是一家老小三代。大姊嫁给王七一，二姊远了，还是在盱眙时候订的，男人叫李贞。[1] 只有自己没成家，要是时和世泰、雨顺风调的太平年头，一家子勤勤恳恳，佃上几十亩田地，男耕女织，喂鸡养猪，上山砍柴，沿路捡粪，靠着有的是人力，缩衣节食，苦虽苦，像牛马样总活得下去。偏又时运不济，二嫂三嫂先后病死，大侄儿和二房的孩子都夭折了，大姊嫁的王家满门死绝，嫁给李家的二姊也死了，姊夫带着外甥保儿逃荒，不知去向。偏偏今年又闹瘟，一家三口都被瘟神带走了，偌大一个人家，只剩大嫂王大娘和二侄文正、二哥重六和元璋自己了。

剩下四口人，粮食一颗也没有，地里的呢？一旱一蝗，收到的不够交租，哪来吃的！平时一家子都靠力气血汗换饭吃，如今只好吃草根树皮，何况也不容易找。估计大嫂还有娘家，总可以央告到一升两升。二哥呢？这些天脸色也老是不对劲。自己食量又大，粗重活计虽干得，却苦于这荒年，空有气力没处卖。小

1.《统宗绳蛰录》，《国史考异》引朱元璋《朱氏世德碑》，《七修类稿》卷七，《明太祖实录》卷五三。

时候虽跟蒙馆老师上过几月学，一来贪玩，二来农忙得下田，哪曾好好念过一天书。虽然靠着有点记性，认得几百个字，又苦不甚通解，做不得文墨勾当，当不得衙门里的书手，也写不得书信文契。父亲搬到本村来，本是贪图这一乡荒地多、人力少，只要死命使气力，三个壮丁加上女眷，孩子们替人放牛赶羊，也不会吃闲饭，天可怜见有两三年好庄稼，对付着混过日子。没想到天下乌鸦一般黑，刻薄狠心像是田主应有的德行，三节送礼，按时交租，赔着笑脸，还是掂斤播两，嫌麦子太潮，嫌秤不够，恨不得用两个秤锤，扳住秤尾起不来。那一些管事的更是百般刁难，饶是肥鸡大肉，大碗酒，还拍桌捶凳，脸上像绷过似的，剥不出一丝笑容。这年头能少交一点租就是天大的人情了，还敢开口向他们借口粮？官家的赈济呢？不敢指望。即使皇恩浩荡，居然会有一点，还不是落在县官的荷包里、大户的仓库里去，哪儿会有穷人的份。而且，即使漏出一星星、几颗颗，要铺保啦，到保甲长家里去摁手印啦，又是调查啦、登记啦，还有什么什么的，发下来不够吃一顿，腿跑断了，头磕破了，气受够了，也许还挨不着、轮不到。索性断了这个梦，倒少些麻烦。再说本家呢？伯父这一房还在泗州盱眙县，是祖父手上打的根基。伯父名下有四房，听说近年已衰落得不像样，几个哥哥侄儿先后去世，只剩一个四嫂在守寡，看光景也投奔不得。[1]

再往上，祖籍是句容，朱家巷还有许多族人。祖父在元朝

1.《朱氏世德碑》《统宗绳蛰录》。

初年是淘金户，本地不出金子，官府不由分说按年照额定的数目要，只好拿谷子换钱钞，到远处买金子缴纳。后来实在赔纳不起，没奈何，丢了房屋田地，逃到泗州盱眙县垦荒。那边几代没来往，情况不明，再老的祖籍是沛县，如今已经隔了几百年，越发不用说了。[1]

舅家呢？外祖父陈公那一嘴大白胡子，惯常戴上细竹丝箬帽，仰着头，那叩齿念咒的神气，还依稀记得。想起来也真怪，只知道叫他外公，连什么名字也不知道。死的那年已经九十九岁，差一年便算人瑞，可以报官领赏，据说还有花红表里，县太爷还要请酒作揖呢。母亲曾翻来覆去地说外祖父的故事，这话已有五六十年了！那时外祖父在宋朝大将张世杰部下当亲兵，鞑子兵进来，宋朝的地方全被占了，连文丞相都打了败仗，被俘虏过去。张世杰忠心耿耿，和陆丞相保着小皇帝逃到崖山，那年是己卯年（公元1279年）。二月间，张世杰集合了一千多条大船，和鞑子兵决战。不料崖山海口失守，砍柴取水的后路给切断了，大家只好吃干粮，干得忍不住，连海水也顾不得，大口大口灌下，弄得全军都呕泻病困。鞑子兵乘机进攻，宋军船大，又都连在一起，无法转动，三军绝望死战，一霎时中军已被冲坏了。陆丞相眼见得不济事，不肯被俘，让鞑子作践，仗剑叫妻子女儿都跳下海去，自己背着六岁的小皇帝跟着殉了国。张世杰带了十几条船，冲出重围，打算重立赵家子孙，恢复国土，忠义之气实

2.《朱氏世德碑》。

在感动人。谁知天不保佑，船刚到平章山洋面上，一阵飓风，把船都吹翻，张世杰也淹死了，宋朝也就真个亡了国！外祖父掉在海里，侥幸被人救起，吃了许多苦头才得回家。为着不肯再替敌人当兵，迁居到盱眙津里镇。他原来会巫术，就靠当巫师，画符念咒，看风水，定阴阳过日子。到老年时常含着一泡眼泪说这故事，惹得听的人也听一遍哭一遍。外祖父只生了两个女儿，大的嫁给季家，小的就是母亲；过继了季家大表兄做孙子，外祖父死后，这些年也没有和季家来往，料想这年头，景况也不见得会过得去。[1]

元璋想来想去，竟是六亲都断，天地虽宽，无处投奔，前后左右，四面八方，无路可走，越想越闷越烦，无精打采地走回家来，蒙头便睡。

吃了一些日子草根、树皮、糠屑、观音土，半饥半饱，游魂失魄似的一筹莫展。大嫂带着侄儿回娘家去了。二哥一样地饿，也没主意。当时在一起的几个朋友周德兴、汤和年纪都比自己大，有气力、有见识，又都出外谋生去了，无人可商量。从四月一直待到九月，半个年头了，还计较不出一条活路。

天还是吝惜雨水，蝗虫越来越多，日子久了，连草根树皮都吃完了，再也撑不下去，和二哥商量如何是好。二哥急得直跳，哭了半天，想想只有远走他乡，各奔前程找活路去。哥哥舍不得兄弟，兄弟舍不得哥哥，哭得连邻舍也伤心了。隔壁汪老娘看着

---

1.《明史》卷三〇〇《外戚传·陈公传》。

重六不放心小兄弟，提醒当年五四公不是在皇觉寺许了愿，舍朱重八给高彬法师当徒弟吗？如今何不一径当和尚去，一来还了愿，二来总有碗淡饭，不比饿死强？二哥想想也是办法，这事就此定了局。[1]

原来元璋少时多病，才生下，三四天不会吃奶，[2]肚子胀得圆圆鼓鼓，险些不救。五四公做了一个梦，梦里觉得孩子不济事了，怕是命硬，也许只有佛菩萨救得下，索性舍给庙里吧。一径抱着孩子进一个寺，寺里和尚一个也不在，接不着头，又抱回来。忽然听见孩子的哭声，梦醒了，孩子真在哭，妈妈在喂奶，居然会吃奶了，过几天，肚胀也好了。长大后还是三天风、四天雨，啾啾唧唧，病总不离身，父母着了慌，想起当年的梦，才真的到寺里许了愿，给元璋合了身。[3]

汪大娘和他的儿子汪文替元璋预备了香烛，一点礼物，央告了高彬法师。九月里的一天，皇觉寺多了一个小沙弥，长老添了小徒弟。朱元璋剃光成葫芦头，披上一件师父穿烂的破衲衣，居然是佛门弟子了。扫地、上香、打钟、击鼓、煮饭、洗衣、念经，是日常功课。见人叫师父、师兄、施主，连称呼也改了。早晚听着钟声、鼓声、木鱼声，想想自己，想想半年前的家，想想不知逃到哪儿去的二哥，心中无限感慨。[4]

---

1.《御制皇陵碑》，危素撰《皇陵碑》。

2.《鸿猷录·龙飞淮甸》。

3.《皇朝本纪》。

4.《皇陵碑》《御制皇陵碑》《天潢玉牒》《鸿猷录·龙飞淮甸》。

## 二、游方僧

皇觉寺坐落在孤庄村西南角，规模不大。照例一进门是四大金刚，横眉怒目，韦驮菩萨拄着降魔宝杵，二进是大雄宝殿，三进是禅堂，左边是伽蓝殿，右边是祖师殿。油漆都已剥落了，佛像金身披着灰尘，殿瓦上满是青草，院子里铺的石板也已坎坷不平，显出一副衰落样子。八九个和尚，穿得挺寒碜，讲佛理说不上三句，光会念阿弥陀佛。平时靠有限的一点常住田租米，加上替本乡人念倒头经，打清醮，做佛事，得一点儭钱，虽然吃不上大鱼大肉，总比当粗工垦田地出气力安逸。原来那时候出家当和尚也是一门职业，有的是迷信，以为当了和尚真可以成佛成祖，这类人很少。有的是做了坏事，良心不安，躲进佛门医心病。有的呢？杀人放火，怕官府刑法，一出家做佛门弟子，就像保了险似的，王法治不到。更多的呢？穷苦人家养不活，和尚吃十方，善男信女的布施吃不完，放印子钱，多几张嘴不在乎。而且，寺院里多的是有钱人舍的田地，挖地垦田都要人力，多一个徒弟，强过雇长工，得力还省钱。朱元璋年青力壮，正是使气力的时候，高彬长老便收留了他。朱元璋没有受过戒不能算和尚，照寺院规矩叫小沙弥。至于真正要讲佛学、弄经典、说道理，那是从来也没有的事。

元璋生性泼辣阴狠，从小贪玩撒野，爱出主意，支使人，又是小儿子，父母哥嫂都宠着些，就越发自尊自大，忘其所以了。

兼之有点小聪明，看事情比别人准，也来得快，打定主意要弄成什么，一定要做到，也常常做到，伙伴们都服从调度。可是一到皇觉寺，景况便全不相同了，不说师伯师叔师父师兄，还有师娘师姊——原来高彬长老是有家小的，[1] 个个都是长辈，得低声下气，成天赔笑脸伺候。就是打水煮饭的长工，也威风得很，讲先来后到的规矩，支使元璋做事。这么一来，元璋除了做和尚的徒弟之外，还兼了两个差使，一个是长老家的小厮，一个是长工的打杂。事情多，闲气也就多，日子久了，堆满一肚子火气，时刻要发作，却又使劲按住，为的是吃饭要紧，闹决裂了没去处。

对活人发作不了，只好对泥菩萨发作了。一天扫佛殿扫累了，扫到伽蓝殿，已是气喘吁吁的，不留神绊住伽蓝神的脚，跌了一跤，没地方出气，顺手就用笤帚使劲打了伽蓝神一顿。又一天，大殿上供养的大红烛给老鼠咬坏了，长老数说了元璋一顿。伽蓝神是管殿宇的，菩萨不管老鼠，害徒弟受罪，新仇旧恨，越想越气，向师兄讨了管笔，在伽蓝神背上写上"发配三千里"，罚菩萨去充军。这两件事都被长老看在眼里，也不说话。[2]

皇觉寺是靠租米过日子的，这一年灾情太大了，收不到租，师父师叔成天和佃户吵架，恫吓着要送官。眼看着地都晒白了，

---

1.《皇朝本纪》："师且有室家，所用弗济。"谈迁《枣林杂俎·僧娶妻室》条："凤阳大龙兴寺，即皇觉寺，一曰于皇寺。太祖《敕僧律》：'有妻室僧人，除前辈老僧，盖因元末兵乱，流移他方，彼时皆有妻室，今已年老毋论外，其后进僧人有妻室者，虽在长上辈比肩，及在下诸人，皆得凌辱，亦无罪责。'今僧俱婚娶，又无差累。"《草木子·杂俎篇》："中原河北僧皆有妻，公然居佛殿两庑，赴斋称师娘，病则于佛前首鞠（同鞠），许披袈裟三日，殆与常人无异，特无发耳。"

2.《龙兴慈记》。

十成粮食还收不到半成，几百年的古寺第一回闹饥荒。师娘出主意，先打发挂单的和尚走路，接着师伯师叔也出门云游。不上十天，除了师父一家子，全各奔前程去了。朱元璋当沙弥才满五十天，末了一个被打发。没奈何，虽然念不得经典，做不得佛事，也只好学个做和尚的样子，出门行脚。一顶箬帽，一个木鱼，一个瓦钵，背上拳头大的包袱，拜别了师父一家子，硬着头皮，离开了家乡。

说游方是和尚的话，俗人的呢，就是叫花——见大户伸手要米要钱要饭吃，也叫化缘。大户人家多半养狗看门，狗有种德行，专咬衣衫破烂的穷人。为着不让狗咬，离大门几步使劲敲木鱼，高唱佛号。做大户的和狗一样，也专打穷人的算盘，可是和狗不同，为的是坏事做得太多，这辈子不好，要修来世，求佛菩萨保佑，死后免入地狱、上刀山、下油锅。要让佛菩萨说好话，就得对和尚客气，把从佃户榨来的血汗，匀出一星星做布施，算是对佛菩萨的贿赂。这样，一听见木鱼响，就明白是做好事的机会来了，一勺米，几文钱，绝不吝惜。主人对和尚客气，狗也落得大方了。要是主人不出来，硬赖着不走，把木鱼敲得震天响，响到邻舍四面都听见。这时候，不是大娘大母出来打发，就是主人出来，为的是他一向有善人名气，吵得邻舍都知道了，会落不信佛的坏名誉。而且，明知道和尚上门绝不肯空手走，多少总得敷衍一下。还有化缘的只要学会说谎话，明明是钟离皇觉寺的，偏说是峨眉山金顶寺，天台山国清寺，普陀什么寺，反正和尚没有籍贯，无从查对；再说一套大殿翻修、菩萨开光或者装金，递上化缘簿，多少是一笔财喜。积少成多，走上几百千家，这笔钱也就够一些时候花销了。

朱元璋虽然只住了两个月庙，成天听的是这一套，见的也是这一套，不会也会了。打定主意，听人说往西汝州一带，年岁比较好，反正只要有饭吃，不管什么地方都可去。也没有规定的日子，爱走多久就走多久，就往南先到合肥，转向西，到固始、光州、息州、罗山、信阳，北转到汝州、陈州，东返由鹿邑、亳州到颍州。游来游去，只拣繁华富裕的地方，穿城越村，对着大户人家敲木鱼。[1] 软化硬讨，受尽了人生的辛苦，走遍了淮西一带名都大邑，熟识了每一条河流，每一个山脉的地理，尤其是人情、物产、风俗，积累了丰富的经验，锻炼了坚强的体力。这时期的景况，用他后来写的《皇陵碑》的话：

众各为计，云水飘扬。我何作为，百无所长。依亲自辱，仰天茫茫。既非可倚，侣影相将。突朝烟而急进，暮投古寺以趋跄。仰穷崖崔嵬而倚碧，听猿啼夜月而凄凉。魂悠悠而觅父母无有，志落魄而佒佯。西风鹤唳，俄淅沥以飞霜。身如蓬逐风而不止，心滚滚乎沸汤。

文字虽然极拙劣，感情却是很真挚的。一直到至正八年（公元1348年），听说家乡一带在闹土匪强盗，很不太平，人心惶惶，不由得勾起想家的念头，依然是一顶箬帽、一个木鱼、一个

1.《皇陵碑》《明太祖实录》。

瓦钵，回到皇觉寺。

在朱元璋游方的几年中，后来西系红军的开山祖师彭莹玉正在淮西这一带秘密活动，传布弥勒佛下生的教义。彭莹玉也是游方和尚，朱元璋即使没有见过彭和尚，至少也和彭和尚的党徒接触过。几年后，这地方又成为东系红军的根据地。在这大元帝国的火药库周游了几年，二十一岁的穷和尚，接受了新的宗教、新的看法，嗅饱了火药气味，当然，也加入了秘密组织。回到皇觉寺以后，开始结交朋友，物色有志气有胆量敢作敢为的好汉，时时进濠州城探访消息，同时也立志多识字、多读书。不久，便被人发觉他是一个不安分的家伙。[1]

彭莹玉秘密传布的宗教，是多元的，并且有外国来的成分，烧香诵偈，奉的神是弥勒佛和明王，主要的经典有《弥勒降生经》《大小明王出世经》。彭莹玉生于浏阳，出家于袁州，布教于淮西，可以说是南派。另一个系统是北派，头目是赵州栾城（今河北栾城）的韩家。韩家几代以来都是白莲会会首，烧香结众，很得一般农民的信仰，潜势力极大，碍了官府的眼，被谪徙到广平永年县（今河北永年）。到韩山童接手当会首后，宣传天下要大乱了，弥勒佛降生，明王出世。这两派在起兵以后，因为目标相同，都要推翻这个政府；信仰相同，都指出有一个新的光明的前途，就混而为一了。教徒用红巾裹头，时人称之为红巾、红军。因为烧香拜佛，又称为香军；所奉的偶像是弥勒佛，也叫

1.《天潢玉牒》《皇朝本纪》。

弥勒教；宣传明王出世，又叫作明教。[1]

明教的来源可以往上推到唐朝，原来叫摩尼教(Manichaeism)，是波斯人摩尼(Mani，216–277A.D.)所创。这个教是大杂烩，糅合了祆教、基督教、佛教，成为新东西。主要的道理是世界有两个不同的力量，叫作明暗二宗，明是光明，暗是黑暗，光明一到，黑暗就给消灭了；明就是善，就是理，暗是恶是欲。明教的神叫明使，也叫明尊、明王。还有净风、善母二光明使，和净气、妙风、妙明、妙火、妙水五明使。光明必然战胜黑暗，最后人类必然走上光明极乐的世界。[2] 唐武后延载元年（公元694年）传到中国，后来又传到回鹘，回鹘朝廷和百姓极为信奉。[3] 教规不设偶像，不崇拜鬼神，吃斋，禁止杀生，教徒穿白衣服，戴白帽子，天黑了才吃饭。[4] 回鹘当时帮唐朝打仗，援唐有功，因此，回鹘人崇信的宗教，唐朝不敢不保护。[5] 到九世纪中期，回鹘内乱，为唐军所大败，唐武宗会昌年间禁止佛教，明教也连带倒霉，教堂被封闭，不许传播。[6] 从此明教便成为秘密宗教，因为没有外国力量来支持，弄的一套又和中国人的习惯不大对劲，站不住脚，只好慢慢地变，吸收了佛教和道教的

1.陆深《平胡录》，《元史·顺帝本纪》，高岱《鸿猷录》卷七《宋事始末》，何乔远《名山藏·天因记》，钱谦益《国初群雄事略》卷一。

2.北京图书馆藏《摩尼教残经》。

3.李文田《和林金石录》灵释九姓回鹘可汗碑。

4.志磐《佛祖统纪》卷四一，《册府元龟》卷九九。

5.《唐会要》卷一九。

6.《新唐书》卷二一七下。

许多东西，加上民间的原始信仰，成为一种杂七杂八的新宗教。

因为明教相信黑暗就要过去，光明就要到来，所以有勇气、有力量，敢于闹革命，当时叫作造反。五代时首先在陈州起事，武装暴动，被政府军打垮了。[1] 侥幸逃生的人一部逃到福建。到北宋时，福建南部是明教最重要的教区，明教的经典，编进道教的道藏，安置在亳州明道宫。[2] 又从福州传到浙江，光是温州一地就有明教斋堂四十多个。斋堂里的长老叫行者，执事有侍者、听者、姑婆、斋姊种种称呼。[3] 到南宋初年，已经传遍了淮南、两浙、江东、江西一带地方了。[4] 教徒严格执行在密日（日曜日）吃斋。神的画像是摩尼和夷数（耶稣），全是高鼻子、凹眼睛、黄头发，乡下人看不惯，以为是魔鬼，以此，这教在教外人说起来是“吃菜事魔”，吃菜指的是吃斋；事魔呢？拜魔神。又叫作魔教。为了深入农村，适应农村的环境，明教提倡素食、薄葬，节省消费，使贫苦农民可以稍为过得好点。同教的人互相帮助，大家凑钱来帮助新参加的和穷苦的教友。每逢初一、十五出四十九文铜钱，给教头烧香，汇齐后交给教主做教里的经费。一家有事，同教人齐心合力，有钱出钱，有力出力。有人被捉去坐牢，大家出钱帮着打官司，[5] 充分发挥互助合作的精神。中国的农民向来只有被政府剥削、被官吏虐待、被地主绅士奴

1.《旧五代史·梁书·末帝纪》，《佛祖统纪》卷四一。

2.徐铉《稽神录》，何乔远《闽书》卷七《方域志》，洪迈《夷坚志》。

3.《宋会要辑稿·刑法》。

4.陆游《渭南文集》卷五。

5.庄季裕《鸡肋编》卷中，李心传《建炎以来系年要录》卷七六。

役的份儿，从来没有人关心过、救济过，甚至于怜悯过。没有组织，不能团结，当然也没有力量来保护自己，反抗压迫。如今，有了这么一群和自己一样的人，穿一样衣服、说一样话的力量在招手，好处多，而且日后还有大好处，不再受人欺侮，又怎么肯不参加？农民入教的愈来愈多，明教的教区跟着越发扩大，反抗政府的行动自然也就越来越多了。从北宋末年起，睦州、台州、衢州、东阳（以上都属现在的浙江省）、信州（江西）、泾县（安徽）都曾发生明教徒的武装革命。[1]

明教又和弥勒教、白莲教两种宗教混合。弥勒教和白莲教都出于佛教的净土宗，一个叫弥勒净土，一个叫弥陀净土。弥勒佛是佛教里的著名人物，传说在释迦牟尼灭度（死）后，世界就变坏了，种种坏事，全都出现，不但气候坏，庄稼收成坏，连人心也坏了，人的生活苦到不能再苦。幸得释迦牟尼佛在灭度前留下一句话，说再过若干年，会有弥勒佛出世，这个佛爷一出世，你看这世界立刻变了：地面又宽又大又干净，刺人的荆棘不见了，青的山、绿油油的水，满地铺着金沙；到处是清汪汪的水池，碧森森的树林，灿烂的花，芊绵的草，还有各种无名的宝贝，像在比赛谁更美些。人心也慈善了，抢着做好事，好事做多了，寿命也长了，太太平平过日子。人口一天天加多，城市越来越稠密了。种的稻麦，下一次种有七次的收成，用不着拔草翻土，自会长大。[2] 这样美丽的远景，有谁不想望呢？何况是吃够了

1.《建炎以来系年要录》卷三二、三六、六三、一三八、一五一、一七六。

2.《大阿罗汉难提密多罗所说法住记》。

苦，流尽了汗，受尽了气的穷苦农民！自从有了这个故事以后，成千万的农民伸长了脖子等待着、期望着这一天的到来，十年、百年、几百年都过去了，依然在等待，在期望。一听见什么地方有弥勒佛出世的话，十传百，百传千，抢着去跟随。从隋唐到宋元，这一悠长的世代中，历史上写满了弥勒佛教徒“造反”的记录。说起关于弥勒佛的若干部经典的翻译，是西晋时候才开头的，到南北朝时期就已产生很大影响。举例说，那时代兴的风气，在岩壁上挖洞刻佛像，一个洞有几十个大佛，一个山有好多石洞，往往要几十年甚至几百年才能刻成。刻像最多的就是弥勒佛和阿弥陀佛。传说的煽动，经典的传布，佛像的礼拜，加上无数次弥勒降生的革命号召，使得这一神秘亲切的名字为每一个穷人所熟悉、所欢迎，深深扎根在农民的心坎中，甚至魂梦中了。信弥勒教的人也穿白衣服，戴白帽子，也烧香，[1] 也相信世界上有明和暗、好和坏两种力量，大体上和后起的明教很相像，结果这两个教就混合在一起，再也分不清。

白莲教供养的是阿弥陀佛，劝人念佛修行，多做好事，死后到西方净土白莲池上，过快活日子。这团体创始于五世纪初年，到十二世纪前期，又加进了天台宗的格言，忌葱乳、不杀、不饮酒，衍变成白莲教，因为仪式和戒条都和明教、弥勒教相近，所以三教也就合流了。[2]

明教和弥勒教都以为目前的状况不好，都不满意现在，都

---

1.《隋书·炀帝本纪》《五行志》。

2.《佛祖统纪》卷四七，重松俊章《初期之白莲教》。

相信不久以后会有而且必然地有更好的或最好的世界来到。这理想世界的实现有一个显明的标志，就是“明王”或“弥勒佛”的出世。听从他的号召，用人民大众的力量来实现这理想，由宗教的预言成为现实的政治革命。以此，从隋唐以来，凡是现实政治最使人民失望的时候，“明王”“弥勒”出世的宣传就自然而然地出现，跟着是竹竿锄头队伍农民军的起义。虽然都被有组织的正规军所压制、扫荡、屠杀，以至消灭，但是，农民永不会屈服，跌倒了，舐干净血迹，再爬起来，再反抗，永远反抗下去，一直到实现这个理想才罢休。人人的心目中，都憧憬着美丽而又肯定的远景，相信总有一天，“明王”或“弥勒”会来解放他们，满足他们。

“明王”和“弥勒”这两个名词，在中国历史上，可以读作衡量政治的尺度。

远在朱元璋出生前三年，元泰定二年（公元1325年）六月，息州人赵丑斯、郭菩萨就宣传弥勒佛要来治理天下了。[1] 十二年后，陈州人棒胡（闰儿）又说弥勒佛已经降生了，烧香会齐教友，在汝宁府信阳州起事，打下归德府鹿邑，烧了陈州（陈州正是四百多年前明教徒起义的根据地）。[2] 这年朱元璋已经十岁，懂人事了。第二年周子旺在袁州起事——周子旺是袁州慈化寺和尚彭莹玉（又叫彭翼，诨号妖彭）的徒弟——劝人念弥勒佛号，每晚点着火把，烧香礼拜，口宣佛偈，跟从的人极多。约定

1.《元史·泰定帝本纪》。

2.《元史·顺帝本纪》。

寅年寅月寅日寅时起兵，参加的人背心上写一个佛字，刀兵不能伤。元顺帝至元四年（公元1338年）戊寅是寅年，年月日时都凑齐，周子旺自称周王，改了年号，率领五千人动手。这一支未经组织训练的乌合之众，虽然有信心，打仗却不中用，刚一点火，就被扑灭了。彭莹玉侥幸逃脱，躲在淮西民家，秘密传教，准备再干。[1]

朱元璋这几年内所到的地方，息州、陈州、信阳和整个淮西流域，前三个是弥勒教徒起事失败的场所，后一个是彭莹玉的教区。[2]

跌倒了，舐舐血，爬起来，再干。

## 三、逼上梁山

大地在撼动，狂风、暴雨、电光、雷声交织在一起，火药库爆炸了。

元顺帝至正十一年（公元1351年）五月，满身伤痕血迹的农民，不约而同地，头包红布，作为标志，扛着竹竿锄头、长枪板斧，呐喊一声，杀向吸血的元帝国政府，这就是历史上的著名事件——红军起义。

经过多年的酝酿、组织、教育，牺牲了多少优秀的领导人才，从血泊里锻炼出来的坚强的革命细胞，散布在各个受苦难

1.叶子奇《草木子·克谨篇》，《明太祖实录》卷八，陆深《平胡录》，《元史·顺帝本纪》，权衡《庚申外史》。

2.参看《清华学报》十三卷一期吴晗《明教与大明帝国》。

的区域。大家一条心，推翻这个坏政府；一个目标，赶走害人的鞑子。正像放焰火一样，开头在东南角射出一支红色的火箭，炫眼的光芒照耀半边天空。信号一发出，西面南面，四面八方都投射出一样颜色的光，十条、百条、千条，交织在天空，像无数条火龙，夭矫蜿蜒，热生出光，造成了力量，照得大地一色，黑暗被消灭了，跟着来的是光明世界。

红军的队伍，数不清，说不完。拣重要著名的说吧：东系在颍州（今安徽阜阳）发动，头目是杜遵道，奉韩山童的号令，占领了朱皋，拥有元朝米仓，开仓散米，一下子就团结了几十万人。攻下汝宁（今河南汝南）、光州（今河南潢川）、息州（今河南息县）、信阳（今河南信阳）。西系起于蕲（今湖北蕲春）、黄（今湖北黄冈），由彭莹玉和尚领导，推徐真逸（寿辉）做头目，攻下德安（今湖北安陆）、沔阳（今湖北沔阳）、安陆（今湖北钟祥）、武昌（今湖北武昌）、江陵（今湖北江陵）、江西（今江西九江南昌一带）诸郡。起于湘水汉水流域的，推布王三、孟海马为头目。布王三的队伍叫北琐红军，占领了唐（今河南唐河）、邓（今河南邓县）、南阳（今河南南阳）、嵩（今河南嵩县）、汝（今河南临汝）、河南府（今河南洛阳）；孟海马率领南琐红军，占领了均（今湖北均县）、房（今湖北房县）、襄阳（今湖北襄阳）、荆门（今湖北荆门）、归峡（今湖北秭归）。起于丰沛的，是芝麻李的队伍，控制了徐州（今江苏铜山）近县和宿州（今安徽宿县）、五河（今安徽五河）、虹县（今安徽泗县）、丰（今江苏丰县）、沛（今江苏沛县）、灵璧（今安徽灵璧），南边到安丰（今安徽寿县）、濠（今安徽凤阳）、泗（今安徽临淮）。前后不过几个月工夫，东西两系红军，东边从淮水流域，西边到汉水流域，像腰斩似的把大元帝国拦腰切作两段，从此南北隔绝，北边顾不到南边，南边的粮食也不能接济北边，死是死定了，只等着咽气。[1]

大元帝国的崩溃，有远因，也有近因。[2]

远因是赵宋三百二十年的统治，相当宽大，拿定养鸡吃蛋的主意，对百姓说不上怎样好法，倒也不到剥尽刮干的地步。后期的几个君主虽然孱头孱脑，好事做不了，无论如何，总安不上“荒淫无道”的罪名。突然被穿羊裘喝酪浆拖小辫子的外族征服了，生活习惯甚至想法都完全不同的新的统治，激起人民反感。尤其蒙古人和色目人[3]的残暴屠杀，动不动就屠城，把一个城里的人民，除去工匠以外的壮丁老弱悉数杀光，剩的少女少男，作为俘虏，叫作驱口，就是奴隶，子子孙孙不能翻身。加上奸淫掳掠，无恶不作，种种想象不到的血腥的事实，种下了民族间的深仇大恨。

在这外族统治下的社会组织，是畸形的、不健全的。论文化，蒙古族非常落后幼稚。论人口，蒙古族统共不过几十万人。光凭了优越的武力来统治压迫被征服的几千万人民，由蒙古皇室、贵族、僧侣、官僚、地主、商人所组成的统治集团，和用以维

---

1.权衡《庚申外史》。

2.《清华学报》十一卷二期吴晗《元帝国之崩溃与明之建国》。

3.色目人指蒙古人最初征服的钦察回回、康里、波斯等民族。在元代，其社会地位仅次于蒙古人。

持这政权的大量军队，吃的、喝的、穿的、用的一切费用，都由汉人、南人[1]负担。汉人、南人的生命财产却没有保障，随时会被打、被抢劫、被没收，甚至被逮捕、被诛杀，无处申冤，也不许申冤。政治地位呢？朝廷和地方机关的长官，必须是蒙古人或者色目人，汉人、南人只能担任不重要的职务，用人的标准是种族而不是能力和学识。至于被抑勒做驱口的，就更惨了，简直不被当作人，在主人的眼中，驱口只是一种活的工具，或者是可以卖钱的牲口。这个统治集团同时也是大地主，土地的来源是抢劫、占领，说不上买卖，干脆一句话，没收。全国最大部分的最好的土地，经由这种方法，转移到少数的脑满肠肥的外族人手里，汉人、南人除了一小部分甘心做顺民、做走狗的以外，被迫失去了土地，成为贫农和佃户，最大规模的商业也被控制在回回人手里，他们替蒙古贵族经营财产，放高利贷、印子钱，也叫作羊羔儿息，[2]来榨取汉人、南人的血汗。

就连蒙古人、色目人算在一起，在中国也还是少数民族，有一天被征服的人民组织起来，有了力量，他们就得被清算。加上所做的坏事也实在太多了，明知汉人、南人决不心服，有机会就会反抗、报仇。这一切，蒙古贵族心里明白、害怕，脸上虽然摆出一副狠相，骨子里却正在怕得发抖。怕什么呢？怕人民有组织，怕人民有团结，一句话，害怕人民有力量。

为了镇压人民，掐住人民的脖子，元朝政府采取了几种恶

---

1.元代的汉人指金的国民和高丽、契丹、女真等民族，南人指宋治下的人民。

2.徐霆《黑鞑事略》，柯绍忞《新元史·食货志·斡脱官钱》。

毒的办法：一种是驻兵，以嫡系的蒙古军驻防在河洛山东，据全国军事要害，以汉军、探马赤军[1]驻防在淮水长江之南，带着一部新附军。蒙古军驻防是带家眷的，按一定时候换防。总计江南三行省建立了六十三处驻兵区，[2]在必要时就用武力来消灭任何反抗或者不服从的行动。一种是缴械，从元世祖至元十三年（公元1276年）征服了南宋的首都临安时起，就开始收缴民间的武器和马匹，定下极严厉的刑罚，强迫人民交出可以做杀伤用的武器，并且明令禁止汉人、南人、高丽人执弓矢兵仗。以后列朝都三番四覆，重申这办法。[3]这样，一面是全副武装、威风凛凛、正规编制、千军万马的征服军。另一面呢？是个别的、穷困的、被包围的、被作践的、被剥削的，而且是手无寸铁的人民。照理，蒙古贵族可以安心了，晚上可以睡得安稳了，但是，决不，他们还是在害怕，害怕人民在暗地里集会，产生组织，害怕人民的反抗思想日渐传播，成为心腹的威胁。

于是，另外一套又来了，叫作里甲。要点第一是编民户二十家为一甲，每甲派一个蒙古人做甲主，甲主有充分的权力，随时侦察甲民活动，除了写报告以外，有执行之权，他要衣服得给，要饮食得给，要童男呢？送上。要少女呢？赶紧送上，一有不是，立刻有灭门之祸。[4]第二是戒严，夜间禁止通行："一更三点钟

---

1.《元史·兵志》："蒙古军皆国人，探马赤军则诸部族也。既平中原，发民为卒，是为汉军。"

2.《元文类》卷四一《经世大典序录·政典总序》。

3.《元史》之《陈天祥传》《世祖本纪》《顺帝本纪》。

4.徐大焯《烬馀录》。

声绝禁人行，五更三点钟声动听人行。”[1]在这期间，老百姓被关在房子里，政府的军官军人和甲主是可以随便通行，半夜里也可以进民居访问以至调查的。第三禁止夜间点灯，在戒严期间绝对禁止，禁钟以前和解严以后，也只许小贩和儒生点灯。[2]第四禁止集会祠祷，祈赛神社，集场买卖，不管是宗教的、迷信的以至商业性的集会，凡是群众性的，有多人集合在一起的，一概禁止。[3]第五禁止汉人田猎和练习武艺，禁止汉人学习蒙古、色目文字，[4]不会武艺就不能打仗了，不懂政府所用的文字，就无法和使用这种文字的人相接触。

这三整套办法互相配合，构成了天罗地网，铜墙铁壁。没有一点漏洞，透不出一点气，没有声音，连耳语也不敢，没有文字的抗议，连数说历史都是犯法的。出远门要有通行证，每一个地方都被孤立了，成为无数的孤岛。没有消息，好的没有，坏的也没有。蒙古人的统治，把这个国度变成一个死海。

但是，虽然是死海，还不时有波浪，压力越大，反抗也越厉害。严格地说，从南宋亡国的那天起，一直到红军大起义，这七十年中，汉人、南人的反抗，一直没有停止过。从可歌可泣的崖山之役，张世杰、陆秀夫壮烈殉国后，起兵复国几次失败，百折不回的文丞相（天祥）终于在元世祖至元十九年（公元1282

---

1.《元典章》卷五七《刑部·诸禁·禁夜》。

2.《元史，刑法志·禁令》。

3.《元史·刑法志·禁令》，《元典章》卷五七《刑部·诸禁·禁聚众》。

4.《元史》之《世祖本纪》《顺帝本纪》。

年）十二月被杀于燕京，成仁取义。这两件事发扬了民族正气，感动了也号召了全民族和后代子孙，使他们明白，只有“驱逐鞑虏，恢复中华”才有好日子过，才对得起先烈，对得起民族。文丞相死的第二年，建宁路总管黄华起义，用宋祥兴年号；至元二十三年，西川赵和尚自称宋福王子，在广州起事。元顺帝至元三年（公元1337年）合州大足县民韩法师反，自称南朝赵王，都用恢复赵宋来号召。此外如至元二十年广州的罗平国，二十年漳、邕、宾、梧、昭、衡诸州（福建、广西、广东、湖南）的农民暴动，二十三年婺州（浙江金华）永康县民陈巽四之乱，二十五年广东浙江之乱，二十七年的江西之乱，成宗元贞二年（公元1296年）的赣州之乱，以至元顺帝至元三年（公元1337年）广州的大金国之乱，至正八年（公元1348年）辽东锁火奴自称大金子孙之乱。前面跌倒了，后面的接着上去，倒下一个两个，起来了百个千个。这一连串的反抗运动，起因虽不完全相同，目标却只有一个——推翻这个坏政府！至正十一年（公元1351年）的红军大起义，正是这一连串反抗运动的延续和发展。

近因是蒙古皇室和政府的腐烂，像一所房子，长了白蚁，把椽子、栋梁都蛀蚀空了，一阵风便把整所的房子刮倒，当然，白蚁也压死很多。

白蚁一开头就把帝国给蛀蚀空了。大元帝国是由几个汗国组织成的，以蒙古大汗的宫廷做中心。自从忽必烈大汗（元世祖）做了中国皇帝之后，破坏了大汗继承的规矩，以后的大汗都由实力派拥立，宫廷里的暗杀，战场上的火并，闹个无休无歇。

成吉思汗位下的许多大王，分裂成几派，打了多少年仗。西北几个汗国各自独立，脱离了母国，大元帝国分裂了，蒙古大汗兼中国皇帝的统治权开始动摇了。

这一窝的白蚁王是忽必烈大汗自己，他建立了这个窝，也蛀蚀了这个窝。他是一个贪得无厌的君主，为了积累更多的财富，发动了长期的广泛的海洋侵略。军费的负担无限扩大，增加了国内财政困难，只好任命一批做买卖的刮钱好手做大臣，专门搜刮财富，剥削人民，造成了贪污刻薄而又无能的政治风气，造成对外打仗失败对内民穷财尽的局面。

军费之外，还有诸王的定期巨量赏赐，僧侣的宗教费用和宫廷的浪费。一年的收入还不够几个月的用度，没办法，只好加紧印钞票。元朝的钞票原来有很好的制度，发行有定额，可以随时兑现，和物价有一定的比例，通行全帝国，信誉极好。到了政府财政无办法，支用完钞票的准备金，变成不兑现纸币，加上无限制发行，发得愈多，币值愈跌，相对的物价愈高。到了十四世纪中期，整车整船运钞到前方，已经不济事了，一张钞还抵不上同样的废纸，不值一钱。国家财政和国民经济总崩溃了。

政治的情况也和经济一样，从元武宗以来，唱戏的、杀猪卖酒的、和尚道士，只要有门路，得到大汗欢心，就可做大官，有做到中书左丞、平章参政的。国公、司徒，多到无法计算。贵族诸王随便杀人，随便荐人做官。地主豪民犯法该杀的，只要买通僧侣，就可以得到大汗特赦。后来索性卖官鬻爵，贿赂公行了。尤其是蒙古、色目的官吏，根本不知道有廉耻这回事，问人讨钱，各有名目。例如下属来拜见有“拜见钱”，无事白要叫“撒花钱”，逢节送“节钱”，过生日要“生日钱”，管事要“常例钱”，送迎有“人情钱”，发传票拘票要“赍发钱”，打官司要“公事钱”。弄的钱多说是“得手”，出的州美说是“好地分”，补的职近说是“好窠窟”。甚至台宪官都可以用钱买，像拍卖似的钱多得缺。肃政廉访司官巡察州县，各带库子（管钱的吏役），检钞称银，争多论少，简直在做买卖。[1] 大官吃小官，小官呢？当然吃百姓。民间有诗嘲官道：“解贼一金并一鼓，迎官两鼓一声锣。金鼓看来都一样，官人与贼不争多。”[2] 温州、台州一带的老百姓，给官府榨苦了，在村子边竖起旗子，上面写着：“天高皇帝远，民少相公多。一日三遍打，不反待如何？”[3]

军队呢？自从平宋之后，太平了多年，忘记了怎样打仗。驻防在内地繁华都市，日子久了，生活整个儿腐化，也不愿意打仗了。军官们大都是世袭的公子哥儿，懂吃、懂喝、懂玩，会发脾气，会克扣军粮，会奴役虐待士兵，更会劫掠百姓，就是不懂和不会打仗。蒙古初起时，那种纵横欧亚、叱咤风云的沙漠中健儿的子孙，到这时已经完全不是军人了，他们比老百姓更胆小怕事。[4]

这个几十个家族奴役中国人民的政权，一靠官僚，二靠武力支持。官僚弄钱，武力吓人。如今，全不行了，千疮百孔，到处

1.《草木子·杂俎篇》。

2.《草木子·谈薮篇》。

3.黄溥《闲中今古录》。

4.《草木子·克谨篇》。

发霉发烂了。从顶到脚，都蛀蚀得空空，自然经不起红军雷霆万钧的一击。

红军起事爆发的导火线是蒙古政府对汉人、南人加重压迫和歧视。

元顺帝从广西进京做皇帝，河南行省平章伯颜率领部下蒙古汉军护送，因功做了丞相。伯颜仗着功劳大，擅权贪污，养着西番师婆叫畀畀，常问她来年好歹，又问身后事如何。畀畀说当死于南人之手。伯颜因此深恨南人。元顺帝至元三年（公元1337年）广州朱光卿反，称大金国；棒胡反于汝宁信阳州。伯颜假借题目，四月间下诏书汉人、南人不得执持军器，凡有马的都拘收入官。五月间又说汝宁棒胡、广东朱光卿等都是汉人，汉人有在政府做官的，应该提出诛捕造反汉人的方案，呈报上来。接着又提出要杀张、王、刘、李、赵五姓的汉人、南人，因为这五姓都是大族，人数最多，汉人、南人杀了大半，自然不能造反了。元顺帝至元五年（公元1339年）四月又重申汉人、南人、高丽人执持军器的禁令。还规定一条法令：蒙古人、色目人殴打汉人、南人，汉人、南人只许挨打，不许还手。伯颜被贬死，他的兄弟马札儿台做丞相，又禁民间藏兵器。马札儿台辞位，子脱脱做丞相。红军起事，中书省官员把报告案卷加标题“谋反事”，脱脱看了，改题作“河南汉人谋反事”，把河南全部汉人都看作叛徒了。[1] 伯颜、脱脱一家人接连做丞相，家族的看法也就代表皇

1.《庚申外史》。

室和贵族的看法。这一连串作为，使汉人、南人不由得不恐慌、着急，反抗也许还有生路，不反抗只有等死，有人一号召，自然是全国响应了。点上导火线的是丞相脱脱。当时黄河在白茅口决口，有人建议堵口，脱脱派工部尚书成遵勘察。成遵回来报告：河工太大开不得，而且南阳安丰盗贼成群，集合了几十万夫役，万一被人煽动，无法收拾。脱脱不听，另用贾鲁为工部尚书兼河防使，至正十一年（公元1351年）四月二十二日，发汴梁、大名十三路民夫十五万，广州等地戍军二万，从黄陵冈南到白茅口、西到阳青村，开河二百八十里，把黄河勒回旧道。

韩山童得了这个消息，生出主意，叫人四处散布童谣说："石人一只眼，挑动黄河天下反。"暗地里凿了一个石人，面门上只有一只眼睛，偷偷埋在黄陵冈当路处。朝廷发的修河经费，被河官中饱了，修河夫吃不饱，正在怨恨。[1] 韩山童又分发几百个党徒去做工，宣传天下要大乱了，弥勒佛已经降生了，十人传百，百人传千，河南、江淮一带的老百姓全信了。韩山童和亲信刘福通、杜遵道计较，光是老百姓不够，还得念书做官的一起干，至少也要做到让士大夫同情这运动。刘福通说有办法，鞑子不得人心，我们上一两代都是宋朝的老百姓，只要提出复宋的旗号，读书人没有不赞成的。河夫开河开到黄陵冈，果然在当路处挖出一眼的石人，几万夫役骇得目瞪口呆，一时人心骚动，三个一堆，五个一群，纷纷议论，大家心里明白，是动手的时候了。

---

1.《草木子·克谨篇》《庚申外史》。

刘福通聚了三千人在白鹿庄，斩白马乌牛，祭告天地，宣称韩山童是宋徽宗八世孙，当为中国主；福通是宋朝大将刘光世的后人，该帮旧主起义，恢复天下。大家齐心推奉山童做“明王”，克定日子起兵。[1] 四处派人通知，同时发动，以头裹红布为符号。正在歃血立誓、分配任务、举杯庆祝、兴高采烈的时候，不料消息走漏了。永年县的县官带领快马兵役，冷不防团团围住白鹿庄，韩山童脱身不及被擒去杀了。山童妻杨氏带着儿子林儿趁着慌乱，逃出重围，躲入武安山中（在永年县境），隐姓埋名，等候外边消息。刘福通见事已败露，等不到预定日子，整顿部队，出其不意，攻占颍州、罗山、上蔡、正阳、霍山，分兵进攻舞阳、叶县等处。黄陵冈的河夫得了信号，呐喊一声，杀了监工的河官，头上包一块红布，漫山遍野一片红，和部队会合在一起。不到一个月，红军已是五六万人的大队伍了。两淮、江东西的穷苦百姓，等了多少年月，连夜起早赶来参加，真是“从乱如归”，声势一日比一日浩大。接着又占领了汝宁、光、息，人数增加到十几万。[2] 各地方的红军闻风响应，芝麻李、彭大、赵均用起丰沛，徐寿辉起蕲黄，布王三、孟海马起湘汉，半个中国照耀着红光，[3] 各自攻城占地，开仓库，救穷人，严守教规，不杀平民，不奸淫，不抢劫，越发得到人民拥护。[4] 当时民间流传着一

---

1.何乔远《名山藏·天因记》。

2.《明史·韩林儿传》，《庚中外史》，钱谦益《国初群雄事略·宋小明王》，《鸿猷录·宋事始末》，陆深《平胡录》。

3.陆深《豫章漫钞》。

4.陶宗仪《辍耕录》卷二八，《国初群雄事略》。

阕《醉太平》小令，也不知道是谁写的，从大都一直到江南，人人会念，词道：

**堂堂大元，奸佞专权，开河变钞祸根源，惹红巾万千。官法滥，刑法重，黎民怨。人吃人，钞买钞，何曾见？贼做官，官做贼，混贤愚，哀哉可怜！**[1]

朱元璋在寺里接连不断地得到外边的消息：前些日子占襄阳，元兵死了多少；某日又占了南康，元军不战而逃；芝麻李八个人装作挑河夫，一晚上占了徐州。[2]说的人津津有味，听的人心花怒放。红军檄文指斥元朝罪状，最精彩的话是“贫极江南，富夸塞北”[3]。蒙古人、色目人饱得胀死，汉人、南人却饿得要死。什么好东西，财帛粮食，刮空了运到北边。做活出气力的是一种人，笼着手在享用的又是一种人。真把几十年来多少人心里闷着的话全给说出来了。又听说徐寿辉已在蕲水建都，做了皇帝，国号天完，年号治平，拜邹普胜做太师，一支军队已进了江西。元兵到处打败仗，好容易调了六千绿睛回回阿速军，帮着汉军来攻颍州。阿速军以精悍著名，擅长射骑，只是纪律不好；将军呢，又光会喝酒玩女人。刚上阵，看见红军阵势大，主将就扬鞭连说：“阿卜！阿卜！”阿卜是走的意思，一霎时全军退却。淮西

---

1.《辍耕录》卷二三。

2.《庚申外史》。

3.《草木子·克谨篇》。

人当作笑话，传来传去。[1]又调御史大夫也先帖木儿统三十万大军收复汝宁，才到城下，尚未交锋，便跃马后退。地方官急了，挽住马缰不放，也先帖木儿也急了，拔刀便斫，说："我的不是性命？"飞马先逃，三十万大军跟着溃散。[2]蒙古、色目、汉军都不能打，真正和红军作战的是各地官吏、地主募集的义兵和民兵，这些人有的怕红军不放过，有的要保家产，为着自己的身家才肯拼命。到十二年二月底，又听说濠州也给红军占了，头目是郭子兴、孙德崖、张天祐几个人。

郭子兴是定远县有名的豪杰，原是曹州人，他父亲到定远卖卦相命，很积了一点钱。有一家大财主的闺女，长得体面，可惜是瞎子，嫁不出去。他父亲娶了，得了一份大财喜，生下三个儿子，子兴是老二。子兴一来家财丰厚，二来素性慷慨，平日交结宾客，接纳壮士，焚香密会，盘算做一番大事业。红军起事以后，钟离定远的农民，抛去锄头，拿起兵器，一哄就团聚成几万人的一股。地方官平时只会贪赃枉法，到这时便毫无办法了，睁一只眼，闭一只眼，只装不知道，惹不起也犯不着多事。二月二十七日，郭子兴带了几千人趁黑夜先后偷入濠州，半夜里一声号炮，闯入州衙，杀了州官。他们在先有过杜遵道的号令，五个头目都称濠州节制元帅。[3]元将彻里不花远远地隔濠州几十里扎住营，怕红军厉害，不敢攻城，成天派兵到各村庄骚扰，把老百

1.《庚申外史》。

2.《草木子·克谨篇》。

3.张来仪《敕赐滁阳王庙碑》，俞本《皇明纪事录》，《国初群雄事略·滁阳王》。

姓捉去，包上红布，算是俘虏，向上官请赏。濠州红军见官军不来捣乱，乐得安闲，关起城门享福，两下里“互不侵犯”。只是苦透了一般老百姓，官军硬派作红军，随便捉杀；红军呢，又怕是官军的奸细，要盘问防范，竟是左右做人难。又得供应粮秣夫役，红军要了，官军又要，闹得实在没法子活下去。有钱有地的大户怕事，都投到官军这边；无钱无地的穷人，不消说，只有一条路，揣块红布，呼亲唤旧，投奔濠州，拼上这条命，也不受官府大户的气。[1]

朱元璋划算了又划算，虽然相信彭莹玉的话，鞑子一定得赶走，汉人、南人一定得翻身，眼前就是穷人的好日子来了，可是，还得仔细计较，拣便宜省事有好处的路走。摆在前面有三条路：投官军呢，犯不着。官军的纪律他知道得太多，去了是自投死路。再则鞑子杀人放火、奸淫掳掠的一本血账，提起来谁都痛恨。外祖父说的崖山的故事，他还记得清清楚楚，男子汉纵然不能做什么大好事，也万万不可丧心病狂到替敌人做走狗，来残害自己的兄弟姊妹！投红军呢？听说濠州有五个元帅，一字并肩，没有头脑，谁也不服谁，谁也支使不了谁，闹得乱哄哄，不成个体统。怕没有大出息，成不了事。留在寺里过安闲日子呢？迟早给官军捉去拿赏号，死得更是不明不白。想了又想，三条路都走得，又都有难处。[2]

一天，有人从濠州捎来一封信，是孩提时的伙伴写的，劝

1.明太祖《御制纪梦》。

2.明太祖《御制纪梦》。

他到红军队伍里来。背地里读了，越发一肚子心事，在大殿上踱过来，踱过去，以口问心，以心问口，反复计较。猛然省悟，把信就长明灯烧了，还是下不定决断。过不了几天，同房的师兄偷偷告诉他，前日那信有人知道了，要向官军告发，好汉不吃眼前亏，还是赶快上濠州吧。元璋急得无法，到村子里找汤和，讨一个主意。汤和推敲了半天，说不出道理，劝向菩萨讨一个卦。元璋心里忐忑不定，慢慢走回寺里，还不到山门，就嗅到一股烟焰的气味，再走进去，只见东一堆瓦石，西一堆冒烟的木料，大殿只剩下半边，僧房斋堂全烧光了，只剩下伽蓝殿，隔着一片空地，还完整。满院子马粪、破衲衣、烂家具。僧众星散，不知去向，冷清清只剩了几尊搬不动、烧不着的泥菩萨。原来官军认为僧寺里有弥勒佛，红军里有许多和尚，念弥勒佛号，怕在寺的和尚和红军有勾搭，把附近的寺都烧光了，皇觉寺自然不能例外。元璋待了一阵，走到伽蓝神前，磕了头，拿起圣珓，默祝菩萨：许出境避难，赏阳珓；守破寺，一阴一阳。一掷两珓全阴，两掷三掷还是全阴。不许走也不许留，只有投红军去了。再祝投红军给阴的，一掷果然是阴的，大吃一惊。三次默祝，投红军实在害怕，还是求菩萨指点，逃往他乡，另求生路。闭着眼睛把珓掷出，一看一个是阴珓，投红军；一个呢，不阴不阳，端正地竖在地面。菩萨也劝元璋造反了，还有什么可说的！[1] 后来他在《皇陵碑》里描写这时候的心情道：

1.《皇朝本纪》《天潢玉牒》。

住（皇觉寺）方三载，而又雄者跳梁。初起汝、颍，次及凤阳之南厢。未几陷城，深高城隍，拒守不去，号令彰彰。友人寄书，云及趋降，既忧且惧，无可筹详。旁有觉者，将欲声扬。当此之际，逼迫而无已，试与知者相商，乃告之曰：果束手以待罪，亦奋臂而相戕？知者为我画计，且祷阴以默相。如其言，往卜去守之何详，神乃阴阴乎有警，其气郁郁乎洋洋，卜逃卜守则不告，将就凶而不妨。

第二天，他离开皇觉寺，投奔红军去了。

# 第二章 红军大帅

朱元璋机智、果敢，有决断，很快得到郭子兴的赏识，由一个小亲兵被招赘做了女婿，从此青云直上。他对形势判断很准，总能及时完成军事任务，功劳推给大家，赏赐分给众人，很受拥戴，终于由一个亲兵成了大元帅、大丞相。

## 一、小亲兵

至正十二年（公元1352年）闰三月初一，元璋到了濠州城下。这时元军仍在濠州附近，虽然没有动作，红军还是不敢大意，城墙上布满警戒部队，弓满弦，刀出鞘，巡逻哨探川流不息。城门的守兵挡住一个丑和尚，只见他穿得极破烂，头裹红巾，堂堂皇皇走进来，毫不害怕。盘问来踪去路，却只说来见郭元帅，更无别话，不由得起了疑心，以为是元军的奸细。三言两语，就闹翻了，不由分说，一索子捆了，派人报告郭元帅，请令旗行刑。郭子兴一想很怪，若是奸细，怎能这般从容？口说求见，许是来投顺的好汉，不要枉杀了好人。要知道究竟，骑一匹快马，赶到城门。远远看见四五十个兵围着，人头攒动，指手画脚在呵斥，连忙喝退众兵。只见一个躯干修伟、长得极怪的丑和尚，被五花大绑，捆在拴马桩上，相貌虽不整齐，看着有一种威严的神采，绑着等杀头，并不害怕求饶，眼睛里充满着火气，脸上的肌肉痉挛表情，也告诉在愤恨。子兴心里已有点喜欢，下马上前问明底细，叫人松开绑，收为步卒。[1]

元璋入了伍，参见了队长，逐日跟弟兄们上操，练武艺。体格好，记性又强，不上半个月已是队里顶尖顶上的角色，几次出城哨探，态度安详，计谋多，有决断，同队的都听调度。每次出去，总是立了功，不损伤一人一卒，喜欢得连队长也遇事和他商量了。不知不觉过了两个多月。一日郭元帅带了亲兵出来巡察，经过元璋的营房，全队排成一字向主帅行礼，元璋个子高大，恰好排在队头。子兴见了，记起那天的事，唤队长问这投效的心地和能耐如何。队长极口说好，夸是千中选一的人才。子兴也觉得喜欢，就吩咐升元璋做亲兵十夫长，调回帅府当差。[2]

元璋遇事小心勤快，却又敢作敢为。得了命令，执行很快，办理得好。打起仗总是领头向前，一定打胜仗，也一定完成预期的战果。得到战利品，不管是衣服，是银子，是牲口粮食，总是悉数献给元帅。得到赏赐，又推说功劳是大家的，公公平平分给同伴。说话不多，句句有斤两，又认得一些字，虽不甚通，一有文墨上的事情，譬如元帅的命令，杜遵道、刘福通的文告，以至战友们的书信，伙伴总找他解说。几个月后，不但在军中有了好名誉，勇敢、能干、大方、有见识、讲义气，一大堆好话算在名下，

1.《皇陵碑》《御制纪梦》《滁阳王庙碑》《明太祖实录》《天潢玉牒》。

2.《御制纪梦》《滁阳王庙碑》《皇朝本纪》。

甚至连郭元帅也将他看作心腹，逐渐言听计从了。

郭元帅的第二夫人张氏，抚养了一个孤女，原是子兴的老友马公临死时托付的，已经成年，甚是贤德。子兴爱重元璋，要他出死力，和张夫人商量招赘做上门女婿。张夫人也听说元璋才能出众，而子兴勇猛戆直，和同事合不来，得有个细心能干的身边体己人帮着些，一力撺掇，就择日替两口子成婚。元璋平白地做了元帅娇客，前程多一层靠山，更何况是元帅主婚，自然满口应承。从此军中就改称元璋为朱公子，有了身份了，起一个官名叫元璋，字叫国瑞。[1]

孙德崖一伙四个元帅，都是粗人，说话做事没板眼，处的日子久了，子兴有些看不上眼，商量事情也没有好声气，两下里面和心不和。孙德崖一边人多嘴杂，闹了几次，子兴索性闲在家里，不和他们照面，勉强三五日见面一次，也是话不投机半句多。有时候等子兴不来，事情办了也不通知，子兴越发不快，憋了一肚子气要发作。本来五个元帅一样大，谁也管不了谁，谁也不服谁，齐心还好办事，一闹别扭，各自发号施令，没有个通盘的调度，占了濠州大半年了，各人只管带领部下，向四乡要粮要牲口，竟不能出濠州一步，不像个局面。子兴几次拿话开导，无人理睬，越想越气闷，也就心灰意懒了。元璋看出情势不妙，借个方便劝子兴打起精神，照常和四帅会议办事，假如老闲在私宅，他们四帅合起来，对付一个，这个亏吃了可没说处。子兴听了，

1.《滁阳王庙碑》《明太祖实录》卷一，谈迁《国榷》。

勉强出去三四日，又闹脾气了。两边的感情越来越坏，都怕对方下毒手，又在盘算如何收拾人。元璋劝不动子兴，背地里向孙德崖赔小心，说好话，着意联络，以免真个决裂。[1]

九月间，元相脱脱统番、汉兵数十万攻徐州，招募当地盐丁和矫勇健儿三万人，黄衣黄帽，号为黄军。大军在后，督令黄军攻城，一口气把徐州攻下，见人便杀，见屋便烧，芝麻李落荒逃走，被元兵逮住杀害了。[2] 部下彭大、赵均用率领残兵投奔濠州。[3] 徐州、濠州都是红军，原是一家人，徐州的兵多，占的地方也大，到了濠州以后，竟反客为主，濠州五帅倒要听客人的调度了。彭大有见识，也懂事，和郭子兴相处得很好，孙德崖怕吃亏，使手段拉拢赵均用，两边明争暗斗，心里都不服气。孙德崖又拿话来挑拨赵均用，说郭子兴眼皮浅，只认得彭将军，百般趋奉，对将军却白眼相待，瞧不起人。均用大怒，带领亲兵径来火并，冷不防把子兴俘虏了，带到孙家，锁闭在一间空房子里。

这时朱元璋正好出差，得信奔回，郭家大小正在忙乱，要派兵抢救，他连忙止住，叫出子兴二子天叙、天爵，一径去找彭大。彭大听了，勃然大怒说：他们太胡闹了，有我在，谁敢害你元帅！即时喊左右点兵，元璋也全身盔甲，团团围住孙家，掀开屋瓦，救出子兴。只见子兴项枷脚镣，浑身打得稀烂。当下打开枷镣，背回

1.《明太祖实录》卷一，《皇朝本纪》。

2.权衡《庚申外史》，《元史》之《脱脱传》《也速传》，《皇明纪事录》。

3.《龙飞纪略》。

私宅。赵均用知道彭大出头，怕伤了和气，隐忍着了事。[1]

脱脱趁连下徐州、汝宁的兵威，分兵派贾鲁追击彭大、赵均用，进围濠州。大敌当头，红军的头脑们才着慌，大家和好，一心一意地坚守城池。元璋深得军心，成天成夜在城墙上指挥防守。从这年冬天，一直到第二年春天，整整被围了五个月，幸得城池坚固，粮食丰足，没有出事。一日元将贾鲁病死，元军围疲了，料着再打下去也不见得有把握，兼之军无斗志，只好解围他去。围虽解了，红军也折损了不少人马，吃了大亏。

彭大、赵均用兴高采烈，彭大自称鲁淮王，均用自称永义王，做起王爷来了。郭子兴和孙德崖五人仍然是元帅。[2]

## 二、小军官

濠州经过长期围攻，不但粮秣缺乏，兵力也衰减得多。元璋想办法，弄了几引盐，到怀远换了几十石米，献给子兴。[3]细想二王和诸帅，胸襟太窄，眼光太短，怕成不了什么气候，要做一番事业，得凭自己有队伍，才有力量。打定主意，请准了假，回到钟离，竖起招兵大旗。少年伙伴徐达、汤和等几十个人，听说元璋做了红军头目，都来投效。不过十天工夫，招募了七百人，子兴大喜。至正十三年（公元1353年）六月，派元璋做镇抚，从

1.《皇朝本纪》，《明太祖实录》卷一。

2.《元史·贾鲁传》《国初群雄事略·滁阳王》。

2.《皇朝本纪》。

此，就一跃成为带兵官了。[1] 一年后，又以军功升作总官。[2]

彭赵二王管军无纪律，随便做坏事，不听劝，也不能改，子兴又兵力单弱，做不了主张。元璋认为一起混下去，会出毛病，不如自己单枪匹马，向外找出路，把新兵交代了，禀准了主将，带领贴身伙伴徐达、汤和等二十四人，南游定远。使个计策，招降了张家堡驴牌寨三千民兵。向东半夜里袭击元将老张（张知院），收降民兵男女七万口，挑拣得两万壮士，成为浩浩荡荡的一支队伍。用朱元璋自己的话来形容，真是"赤帜蔽野而盈冈"。[3]

元璋得到大量的生力军，立刻重新编制，加紧训练。他最看重纪律，在检阅新军时，特别指出这一点，恳切地训诫将士说："你们原来是很大的部队，可是毫不费事就到我这边来了，原因在哪里呢？一是将官没有纪律，二是士卒缺乏训练。现在我们得建立严格的纪律，做到严格训练，才能建功立业，大家有好处。"三军听了，无不喜欢。[4]

定远人冯国用、国胜（后改名胜）两兄弟，原来是地主，天下大乱后，团结地方上的佃户和乡民，建立堡寨自卫，听说元璋军队的纪律不错，带领部队来投效。元璋端详这两兄弟，装束很像读书人，行动说话都和一般老百姓不同，就问如今该怎么办。国用以为建康（元集庆路，今南京）这地方，形势极好，书上

1.《御制纪梦》，《明太祖实录》卷一。

2.俞本《皇明纪事录》。

3.《御制纪梦》《御制阅江楼记》《皇朝本纪》《御制皇陵碑》。

4.《明太祖实录》卷一。

有“龙蟠虎踞”的话，是多少代帝王的都城，先占了这地方做根本，站稳了逐步发展，扩充地盘，不贪子女玉帛，多做好事，得到人民的支持，建功立业不是难事。元璋听了极高兴，留下做幕府参谋，把两家部队合并编制，南下攻滁州（今安徽滁县）。[1]

在进军滁州的路上，定远人李善长到军门求见。善长头脑清楚，有智谋，善于料事，学的是法家的学问，和元璋谈得极为投机。元璋问什么时候才能太平呢？善长劝他学汉高祖，以为汉高祖也是平民出身的，气量大，看得远，也看得宽，会用人，又不乱杀人，五年工夫，便打平了天下；元朝政治一团糟，已到了土崩瓦解的地步，濠州和沛相去不远，如能学学这位同乡，天下太平也就快了。元璋连声叫好，留下做掌书记，同时嘱咐：“如今群雄四起，天下糜烂，仗要打好，要紧的是参谋人才。我看群雄中，掌书记和做参谋的幕僚，总说将士的坏话，将士无法施展，自然打不了胜仗。你要做一个桥梁，调和将士，不要学他们的样。”从这时候起，元璋心目中时时有个老百姓出身做皇帝的同乡在，说话、办事、打仗，事事都刻心刻意地学习。[2] 善长呢，也一心一意做桥梁，沟通将士和主将，以及将士间的意见，尽心尽力，提拔有能力和有功的，让大家能安心做事。[3]

滁州守军力量单弱，元璋的前锋黑将军花云单骑冲破敌阵，战鼓打得震天响，大军跟着推进，霎时便占领了这座名城。

---

1.《明史》卷一二九《冯胜传》。

2.《明史》卷一三五《孔克仁传》。

3.《明史》卷一二七《李善长传》。

元璋亲侄文正、姐夫李贞带着外甥保儿（后改名文忠）得到消息，奔来投靠，才知道二哥三哥也已去世了。大家哭了一场，又伤心又欢喜，伤心的是一家人只剩了这几口，欢喜的是这样乱世，还能团聚："一时会聚如再生，牵衣诉昔以难当。"[1]定远人沐英父母都已死去，孤苦可怜。元璋把这三个孩子都收养做义子，改姓为朱。原来收养义子是当时流行的风气，带兵的将领要培养心腹干部人才，喜欢把俊秀勇猛的青年收养，不但打仗时肯拼命，在要紧关头，还用来监视诸将。沐英在军中称为周舍，又叫沐舍，舍是舍人简称（文武官员的儿子叫舍人）。元璋义子除文正、文忠、沐英以外，还有二十几个。后来所占城池，专用义子做心腹和将官同守，如得镇江用周舍，得宣州用道舍，得衢州用王驸马，得严州用保儿，得婺州用马儿，得处州用柴舍、真童，得徽州用金刚奴、也先，此外还有买驴、泼儿、老儿、朱文逊等人。柴舍即朱文刚，在处州死难；道舍即何文辉；马儿即徐司马；保儿即平安；朱文逊小名失传，在太平阵亡；王驸马、真童、金刚奴、也先、买驴、泼儿、老儿，复姓后的姓名可惜都失传了。[2]至正十八年（公元1358年）胡大海、李文忠占领严州后，两人闹意见不和，元璋批示帐前都指挥使司首领郭彦仁，派他说和两人说："保指挥我之亲男，胡大海我之心腹，前者曾闻二人不和。且保指挥我亲身也，胡院判（大海官衔枢密院判官的简

---

1.《御制皇陵碑》，《明太祖实录》卷一，《明史》卷一二六《李文忠传》。

2.刘辰《国初事迹》，《明史》卷一二六《沐英传》、卷一三四《何文辉传》、卷一四四《平安传》，王世贞《弇山堂别集·诏令杂考》，孙宜《洞庭集·大明初略三》。

称）即我心腹也。身包其心，心得其安；心若定，身自然而定。汝必于我男处丁宁说知，将胡院判以真心待之，节制以守之，使我之所图易成，只此。”李文忠代表元璋亲身监视大将胡大海，并有节制之权，这一个例子说明了义子的作用，也说明了元璋对大将的不放心情形。[1]

单是用义子监视，还怕诸将靠不住，另一办法是留将士的家眷做抵押。这法子在刚渡江时便实行了。元璋统兵取集庆，马夫人和诸将家属留在和州（今安徽和县），[2] 到取下集庆以后定下规矩：“与我取城子的总兵官，妻子俱要在京住坐，不许搬取出外。”“将官正妻留于京城居住，听于外处娶妾。”规定极严格。将官顾虑妻子安全，自然不敢投敌以至反叛，平时征调差遣，也不敢不听话了。[3]

此外，还提防将官和读书人勾结，规定：“所克城池，令将官守之，勿令儒者在左右论议古今。止设一吏，管办文书，有差失，罪独坐吏。”凡是元朝官吏和儒士，都要由朝廷选用，逃者处死，不许将官擅用。[4] 这是因为读书人谈今说古，拿历史上的事情和现今一比，将官省悟了难免生是非，左思右想，不是好事的缘故。

当元璋进攻滁州时，濠州的红军主力由彭大、赵均用率领，

---

1.《国初事迹》。

2.《明史·孝慈高皇后传》，《明史》卷一二五《常遇春传》、卷一三〇《康茂才传》，宋濂《宋文宪公集》卷四《开平王神道碑铭》《追封蕲国公谥武义康公神道碑铭序》。

3.《国初事迹》，孙宜《洞庭集》。

4.《国初事迹》，孙宜《洞庭集》。

攻下了盱眙泗州，两人脾气不对劲，为郭子兴的事结下怨，竟闹翻了。均用和孙德崖四个合成一气，彭大抵不过，事事不称心，手下得力的人，也逐渐被均用收买过去，气闷不过，发病死了。彭大的儿子早住接着也称鲁淮王，年轻，比均用矮一辈，又会敷衍说好话，均用没把他看在眼里，倒也相安无事。接着，是郭子兴代替了彭大做出气筒，左也不对，右也不对，做一事、说一句话都被挑眼。几次借题目要害子兴，碍着元璋在滁州有几万人的部队，做决裂了怕坏事，于是出主意下令牌调元璋来守盱眙，一箭双雕，一窝子收拾掉。元璋明白这道理，委婉地推辞移防，说有军事情报，部队动不得。又使钱买通王府的人，拿话劝均用，不要听小人挑拨，自剪羽翼，惹人笑话，万一火并了，他部下不服，也不得安稳。针锋相对，均用摆布不得。说话的人又劝好好地待子兴，让他出气力占地方，保疆土。成天有人说项求情，均用软了，竟放子兴带原来人马一万多人回滁州。元璋把兵权交出，三万多兵强马壮的队伍，旗帜鲜明，军容整肃，子兴大喜。[1]

至正十四年（公元1354年）十一月，元丞相脱脱统兵大败张士诚于高邮，分兵围六合。

张士诚小字九四，泰州白驹场人，和弟士义、士德、士信一家子都靠运官盐贩私盐过活。贩私盐赚大钱，和伙伴们大碗酒大块肉，吆五喝六，过得极舒服，入伙的人日渐增多，都听士诚调度。贩私盐是犯法的，当时卖盐给大户，大户吃住是私货，不

1.《明太祖实录》卷一，《国初群雄事略·滁阳王》，钱谦益《太祖实录辨证》卷一。

但说闲话挖苦，有时还赖着不给钱，弓兵邱义尤其作践他们。士诚气愤不过，趁天下大乱，带着兄弟和李伯升、潘原明、吕珍等十八壮士，杀了邱义和仇家大户们，一把火烧了房子，招兵买马，攻下泰州高邮，占了三十六盐场，自称诚王，国号大周，改年号为天祐，这是至正十三年五月间的事。[1]

元兵围六合，六合主将到郭子兴处求救。六合在滁州东面，万一失守，次一被攻击的目标便是滁州，要保滁州，就非守住六合不可。郭子兴和六合主将有仇恨，元璋费尽唇舌才说服了。元兵号称百万，无人敢去，推称求神不许，元璋只好讨了令箭，统兵出救。元兵排山倒海似的进攻，城防工事全被摧毁。守军拼死地抵住，赶修了堡垒，又给打平了，眼看守不住，只好把六合的老弱妇孺掩护撤退到滁州。元兵乘胜进攻，元璋在中途埋伏，打了一个胜仗，得到好多马匹。却顾虑到孤城无援，元兵如添兵包围，不困死也得饿死，忍气打点牛酒，派地方父老把马匹送还，哀求说全是良民，不敢作反，团结守护是为了自卫，情愿供给大军军需给养，请并力去打高邮，饶饶老百姓。元兵信以为真，引兵他去，滁州算是保全了。[2]

元兵一退，郭子兴喜欢极了，打主意要在滁州称王。元璋劝说：滁州山城，交通不便，形势不好，一称王目标大了，元兵再来怕保不住。子兴才放弃了做王爷的念头。[3]

---

1.《明史·张士诚传》，《辍耕录》卷二九，《国初群雄事略》卷七。

2.《明太祖实录》卷一，《皇朝本纪》。

3.《明太祖实录》卷一。

脱脱大军用全力攻高邮，城中支持不住，想投降又怕朝廷不肯赦罪，正在两难间，外城又被攻破了。张士诚急得团团转，准备城破时突围下海。突然元顺帝颁下诏旨，责备脱脱，说他："往年征徐州，仅复一城，不久又丢掉了。这次再当统帅，劳师费财，过了三个月，还无功效。可削去兵柄，安置淮安路，弟御史大夫也先帖木儿安置宁夏路。如胆敢不接受命令，即时处死。"宣读后全军愤恨大哭，一时四散，大部分投到红军，红军越发强大。张士诚趁机出击，不但转危为安，而且从此基础稳固，再也不能动摇了。

脱脱奉命交出兵权，被押送西行，鸩死于吐蕃境上。元朝唯一有作为、有威名的大将一死，元朝的命运也就决定了。[1]

这一变化，简单说起来，是个人的倾轧，政权的争夺。脱脱忠于元朝，元顺帝也极信任他，赋予军政大权。徐州平定后，脱脱威权日盛，元顺帝也以为天下太平了，该好好享乐。奸臣哈麻巴结皇帝，背地介绍西天僧，会房中运气之术，能使人身之气，或消或长，或伸或缩，号"演揲儿法"，也叫秘密佛法，多修法。顺帝大喜，封为司徒大元国师。国师又荐了十个皇亲贵族会这佛法的，叫作十倚纳，里边有皇舅和皇弟。君臣共被，互易妻室，名为些郎兀该，意即事事无碍。上都穆清阁连延数百间，千门万户，充满了妇女，做大喜乐禅定，朝朝宴会，夜夜笙歌，君臣都玩昏了。哈麻忌脱脱正派，挑唆顺帝，挤出去统兵打仗。又

1.俞本《皇明纪事录》，《元史·脱脱传》，《庚申外史》，《辍耕录》。

怕脱脱功成回朝，多管闲事，当脱脱全军苦战，正要成功时，哈麻又使人弹劾脱脱，劳师费财，罢其兵权，还不甘心，索性把他毒死。顺帝糊里糊涂，也有些忌惮脱脱，哈麻如此安排，正中下怀，毫不在意。[1]

脱脱使心眼挤走伯父伯颜，在对汉人、南人的看法这一点上，却和伯颜一样。当红军初起时，凡议军事，不许汉人、南人参与。有一次脱脱进内廷奏章，中书官（中书省的属官，相当于现在的机要秘书）两人照例随后跟来，因为这两人是汉人，忙叫禁卫喝住，不许入内。又上奏本说，如今河南汉人反，该出布告，一概剿捕汉人；诸蒙古人、色目人犯罪贬谪在外的，都召回来，免得叫汉人杀害。这榜文一出，不但河南，连河北的汉人也不能不参加红军，来保全自己的生命了。红军声势，因之日益浩大。[2]

脱脱死后，顺帝越发无忌惮。这时东南产米区常州、平江（苏州）、湖州（浙江吴兴）一带都被张士诚占领，浙东沿海地区被方国珍占领，往北的运河线在红军控制下，海运和内河运输线全被切断。另一补给区湖广（湖南湖北）也早已失去。南方的粮食不能北运，大都的百万军民，立刻缺粮闹饥荒。加上中原连年闹蝗灾、旱灾、兵灾，老百姓拿蝗虫做食料，大都军民连蝗虫都没有，饿死的每天成千上万，又闹瘟疫，惨到真有人吃人的

1.《庚申外史》。

2.《庚申外史》。

事，甚至连一家人都吃起来了。[1] 在这样的境况中，元顺帝却在内苑造龙舟，亲自打图样，长一百二十尺，宽二十尺。前有瓦帘棚、穿廊两暖阁，后有庑殿楼子、龙身并殿宇，用五彩金装，前有两爪。水手二十四人，身衣紫衫，金荔枝带，四个戴头巾，于船两旁下各执一篙。从后宫到前宫山下海子内往来游戏，驶动时，龙的头眼口爪尾都跟着动。内有机栝，龙爪自会拨水。顺帝每登龙舟，用彩女盛妆，两岸牵挽。[2] 又自制宫漏，约高六七尺，宽三四尺，造木为柜，阴藏诸壶具中，运水上下。柜上有西方三圣殿，柜腰立玉女捧时刻筹，到时候自然浮水而上。左右站两金甲神，一悬钟，一悬钲，到夜金甲神会按时敲打，不差分毫。当钟钲敲响时，两旁的狮子凤凰会飞舞配合。柜的东西面有日月宫，飞仙六人在宫前，到子午时飞仙排队度仙桥到三圣殿，又退回原处。精巧准确，的确是空前的制品。[3] 又喜好建筑，自画屋样。爱造宫殿模型，高尺余，栋梁楹槛，样样具备。匠人按式仿造，京师人叫作鲁班天子。内侍们想弄新殿的金珠装饰，一造好就批评不够漂亮，比某家的还差，马上拆毁重造，内侍们都发了财。[4] 成天搞这样，修那样，政事也懒得管了；成天游船摆酒，打仗的事也不在意了。还想出新办法，宫女十六人按舞，名为十六天魔，新奇打扮，头垂发数辫，戴象牙佛冠，身被璎珞，着大

1.《草木子》卷三《克谨篇》。

2.《元史·顺帝本纪》至正十四年，《庚申外史》。

3.《元史·顺帝本纪》至正十四年。

4.《庚申外史》。

红绡金长短裙、金杂袄、云肩合袖天衣、绶带鞋袜，唱金字经，舞雁儿舞，各执加巴刺盘之器，内一人执铃杵奏乐。又宫女十一人练槌髻、勒帕、常服，或用唐帽、窄衫，所奏乐用龙笛、头管、小鼓、筝、琵琶、笙、胡琴、响板、拍板，以宦者管领，遇宫中赞佛，按舞奏乐。宫官除受秘密戒的以外不得参与。[1] 照旧例五天一移宫，还觉得不畅快，在宫中掘地道，随时往来，和十倚纳一起，以昼作夜，行大喜乐法，跟天魔舞女混成一团。国库的存粮全运到女宠家里，百官俸禄只好折支一点茶纸杂物。宫里充满了繁华升平的气象。[2]

滁州在战乱后，突然增加几万大兵，粮食不够吃，军心恐慌。元璋建议南取和州（今安徽和县），移兵就食。虹县人胡大海长身铁面，膂力过人，带全家来归附，就用作前锋。至正十五年（公元1355年）正月，子兴得到占领和州的捷报，派元璋做总兵官镇守。

元璋在子兴诸将中，名位不高，年纪又轻，奉命总兵，怕诸将不服。寻思了半天，想出主意。原来诸将会议军事，大厅上排有公座，按官位年龄就座，前一晚元璋叫人把公座撤去，只摆一排木凳子。次日五鼓，诸将先到，当时座位蒙古人办法以右首为尊，元璋后到，一看只留下左末一席，不作声坐下。到谈论公事时，诸将单会冲锋陷阵，杀人放火，要判断敌情，决定大事，却一句话也说不出来，像木偶般面面相觑。元璋随事提出办法，合

1.《元史·顺帝本纪》至正十四年，《庚申外史》。

2.《庚申外史》。

情合理，有分寸，又会说话，诸将才稍稍心服。末后议定分工修理城池，各人认定地位丈尺，限三天完工。到期会同诸将查看工程，只有元璋派定的一段做完，其余的全未修好。元璋放下脸，面南坐下，拿出子兴檄文，对诸将说："奉主帅令总兵，责任重大。修城要事，原先各人认定，竟不齐心，如何能办事？从今说明白，再有不遵命令的，军法从事，可顾不得情分了！"一来确是子兴的令牌，和州军事由元璋做主，二来也确是自己不争气，误了军机，诸将作声不得，只好谢罪求饶。虽然如此，还仗着是子兴老部下，面子上认输，肚子里仍然叽叽咕咕。只有汤和小心谨慎，最听话服从。李善长从旁调和，左劝右说，元璋的地位才算稳定。这样，元璋又从总管成为总兵官，从带领几千人的小军官变成镇守一方的将军了。[1]

一天，元璋出外，有一小儿在路旁独自啼哭。元璋问，你父亲呢？说是与官人喂马。母亲呢？也在官人处。原来红军攻破城池，各将领大抢一顿之后，又把满城男妇虏获，闹得老百姓妻离子散，家破人亡。元璋省悟不是久长的道理，召集诸将，说明"大军从滁州来此，人皆只身，并无妻小。今城破，凡有所得妇人女子，唯无夫未嫁者许之，有夫妇人不许擅有"。第二天阖城妇女、男子都从军营里放出，在衙前会齐，让他们自己认亲，一时夫认妻、妻认夫、子认父、父认女，闹哄哄挤成一团，有哭的，有笑的，有先哭后笑的，也有又哭又笑的，一霎时有多少家庭团圆，

1.《明太祖实录》卷二。

也有多少孤儿寡妇在啜泣。原来惨惨凄凄路上无人行的景象，稍稍有了生气，不光是有驻军的城子，也是有人民的城子了。[1]

孙德崖因濠州缺粮，一径率领部队到和州就食，将领兵士携妻挈子，不由分说，占住和州四乡民家。德崖带了亲兵，说要进城住一些时候，人多势大，元璋阻拦不住，也无法推托，正在苦恼发愁。郭子兴听得消息，也从滁州赶来，两个对头挤在一处，苦杀了元璋这个小头目。

原来子兴人虽刚直，但耳朵软，容易听人闲话。开头有人报告，元璋多娶妇女，强要三军财物，已然冒火，再听说孙德崖和元璋合伙去了，越发怒气冲天。也不通知日子，黑夜里突然来到，元璋不及迎接。一进门，子兴满面怒容，好半晌不说话。元璋跪在下面，筹思答话。突然子兴发问："是谁？"元璋答说："总管朱元璋。"子兴大喊："你知罪吗？你逃得到哪里去？"元璋放低了声气："儿女有罪，又逃得到哪里去？家里的事迟早好说，外面的事要紧，得马上办。"子兴忙问："是什么事？"元璋站起来，小声说："孙德崖在此地，上回的事结了深仇，目前他的人多，怕会出事。大人得当心，安排一下。"子兴还带信不信，把元璋喝退，独自喝酒解闷。

天还不亮，孙德崖派人来说："你丈人来了，我得走了。"元璋知道不妙，连忙去告诉郭子兴，又来劝孙德崖："何必这样匆忙呢？"德崖说："和你丈人相处不了。"元璋看德崖的神色，

1.《皇朝本纪》。

似乎不打算动武，就劝：两军在一城，提防两下里有小冲突，最好让部队先出发，元帅殿后好镇压。德崖答应了，元璋放下心，出来替孙军送行，越送越远。正要回来，后军传过话来，说是城里两军打起来了，死了许多人。元璋着急，连忙喊随从壮士耿炳文、吴祯靠近，飞马奔回。孙军抽刀拦住去路，揪住马衔，簇拥向前，见了许多将官，都是旧友，大家诉说，以为城内火并，元璋一定知情。元璋急忙分辩，边说边走，趁大家不注意，勒马就逃。孙军的军官几十人策马追赶，枪箭齐下，侥幸衣内有连环甲，伤不甚重。逃了十几里，马力乏了，被赶上擒住。这回可是俘虏了，铁索锁住脖子，有人就要杀害，有人主张孙元帅现在城里，如此时杀了朱元璋，孙元帅也活不了，不如派人进城看明白再做道理。立时就有一军官飞马进城，见孙德崖正锁着脖子，和郭子兴对面喝酒呢。郭子兴听得元璋被俘，也急了，情愿走马换将。可是两家都不肯先放，末后挑定折中办法，郭子兴先派徐达到孙军做抵押，换回元璋，元璋回到城里，才解开锁放回孙德崖，孙德崖回去了，再放还徐达。总计元璋被孙军拘囚了三天，几次险遭毒手，亏得有熟人保护，才能平安脱身回来。[1]

元至正十五年（小明王宋龙凤元年）二月，红军统帅刘福通派人在砀山（今江苏砀山[2]）夹河访得韩林儿，接到亳州（今安徽亳县），立为皇帝，又号小明王，臣民称为主公。建国为宋，年号龙凤。拆鹿邑太清宫木材，建立宫殿。小明王尊母杨氏为皇太

---

1.《明太祖实录》卷二，《皇朝本纪》。

2.编者注：今安徽砀山。

后，以杜遵道、盛文郁为丞相，刘福通、罗文素为平章政事，福通弟刘六为知枢密院事。军旗上写着鲜明的联语："虎贲三千，直抵幽燕之地。龙飞九五，重开大宋之天。"遵道得宠擅权，福通不服气，暗地里埋伏甲士，挝杀遵道，自为丞相。不久又改作太保，东系红军军政大权全在他手里。[1]

郭子兴深恨孙德崖，为着交换元璋，受了惊吓，又忍着气，成天愤恨发脾气，得了重病，三月间不治死去，葬在滁州。军中军务由子兴子天叙、妇弟张天祐和元璋共同商议，担心着主帅新死，万一元兵来攻，孤军无援，怕站不住脚。正好杜遵道派人来计较统一指挥。大家公推张天祐到亳都面议，不久带回杜遵道文凭，委任郭天叙为都元帅，张天祐为右副元帅，朱元璋为左副元帅，军中文告都用龙凤年号。[2]

## 三、大元帅　大丞相

都元帅府三个元帅，依地位说，郭天叙是主将，张天祐和朱元璋是偏裨，一切军务都应该由都元帅发号施令。可是一来郭天叙没有军事经验，张天祐一勇之夫，逢事无决断；二来朱元璋会笼络人，不但有大批勇猛善战的贴身伙伴，如徐达、汤和等一批将领，更重要的是他有自己系统的军队，这一部分军队由他招降、训练、组织、指挥，占郭系军队里很重的分量；第三，朱元璋

1.《辍耕录》卷二一，《皇明纪事录》，《元史·顺帝本纪》，陆深《平胡录》。

2.《皇明纪事录》，《皇朝本纪》，《平胡录》。

阴险刻毒，打定主意要独吞郭系军队，对郭张两帅事事使心计，又有李善长、冯国用弄文墨的做帮手，越发做得开。以此，元璋虽然只坐第三把交椅，却做得主，办得事，俨然是事实上的主帅。[1]

虹县人邓愈，十六岁就跟父兄起兵，父母都阵亡了，邓愈带着部队，每战总是挺身当前，打胜仗，军中都服他果决；怀远人常遇春，膂力绝人，勇冠三军，性情刚直，又有智谋，做了些时强盗，看那些首领打家劫舍，没出息，决心自找出路。两人都来投奔，邓愈有队伍，做管军总管，常遇春做前锋。[2]

和州东南靠长江，城子小，屯驻的军队多。元兵围攻几次以后，又闹粮荒了。过长江，正对面是太平（今安徽当涂）。太平南靠芜湖，东北达集庆（今南京），东倚丹阳湖。湖周围的丹阳镇、高淳、宣城都是产米区。发愁的是眼看着对岸有成仓成库的米粮，被长江隔断了，浪花起伏，怒涛汹涌，没船只如何过得去？船少了不济事，总得上千条才行，一时又怎么打造得起来？即使有了够用的船只了，没有水手又怎么驶得过去？

事有凑巧，巢湖水军头目李扒头（国胜）的代表来了。原来从大乱以来，巢湖一带的豪族俞家——俞廷玉、通海、通源、通渊父子，廖家永安、永忠兄弟，赵仲中、仲庸兄弟，纠集地方武力，推举李扒头做大头目，双刀赵（普胜）坐二把交椅，屯泊巢湖，联结水寨，有千多条大小船只，万多人的水军。和庐州（今安徽合肥）的红军左君弼结下仇，吃了好多回败仗，势力孤单，派

1.《皇朝本纪》，俞本《皇明纪事录》。

2.《明史》卷一二五《常遇春传》、卷一二六《邓愈传》。

人来求救兵。元璋喜极，亲自到巢湖联络，苦劝与其死守挨打，不如结伙渡江，正好五月间梅雨季，连下二十天雨，河坑都淹平了，毫不费事，大小船只扫数到达和州。[1]

六月初一，水陆大军乘风渡江，直达采石。常遇春跳上岸，奋戈奔向元军，诸军鼓勇续进，元兵惊溃，沿江堡垒，一齐归附。红军饿了多日，一见粮食牲口，眼都花了，抢着搬运，打算运回和州慢慢享用。元璋看出军士意思，和徐达商量，乘胜直取太平。把船缆都斫断了，推入急流，霎时间顺流东下，江面上空洞洞片帆不见，诸军慌乱叫苦。元璋下令，前面是太平府，子女玉帛无所不有，打下了任意搬运回家。军士无法，兼之听说可以随意行动，都动了心，饱餐后径奔太平城下，攻进城准备放开手大杀大抢。元璋事先叫李善长写了禁约，不许掳掠，违令按军法处置，四处张贴，调一排执法队沿街巡察。军士看了诧异，都住了手。有一小兵不听，立时斩首，太平路的百姓才免了此劫。元璋又怕军心不稳，叫当地大财主献出些金银财帛，即时分赏将士，将士得了彩头，小兵自然不敢说话了。[2]

从和州渡江是巢湖水军的功劳，元璋在船上摆酒庆功，把李扒头灌醉，捆住手脚，丢在江里。双刀赵不服，逃归徐真逸。扒头部下诸将，无主将，也无船只，只好投降，元璋从此又有了

1.《明太祖实录》卷二，《皇朝本纪》，高岱《鸿猷录·龙飞淮甸》，《明史》卷一三三《廖永安传》《俞通海传》。

2.《皇朝本纪》。

水军。[1]

太平地方儒士李习、陶安首先来见元璋。元璋问："有何道教之？"安说："如今群雄并起，不过抢子女玉帛。将军若能反群雄之志，不杀人，不掳掠，不烧房屋，东取集庆，可以做一番大事业。"元璋很以为然，留其在元帅府做令史。改太平路为太平府，以李习为知府。置太平兴国翼元帅府，元璋做大元帅，以李善长为帅府都事，汪广洋为帅府令史，潘庭坚为帅府教授。点乡下老百姓做民兵。居民蓄积，扫数运进城来，准备固守。[2]

元兵分两路包围太平：水路以大船封锁采石，堵住红军的归路，陆路由民兵元帅陈埜先率军数万进攻，形势急迫。元璋亲自领死士拼命抵住。新讨的二夫人孙氏，劝把府库中的金银抬到城上，分给有功将士。别出一军，绕到敌人背后，前后夹击。元兵大败，生擒陈埜先。元璋劝他投降，宰白马乌牛，祭告天地，结为兄弟。第二天，埜先全军归降，约好一同攻取集庆。

埜先的妻子被留在太平做人质，部下被张天祐领去攻集庆。他是大地主，极恨红军，暗地里嘱咐部下，只装作打仗的样子，千万别认真打，三两日自己脱了身，就回来打红军。这话给元璋的心腹检校[3]探到了，元璋心里明白，也不告诉张天祐。到集庆城下，元朝守将福寿力战，张天祐只有小半人在打，大半人在看，吃了大败仗，回来好生没趣。

1.《国初事迹》。

2.《国初事迹》，《明太祖实录》卷二。

3.元璋的秘密谍报人员，专门侦探将士的私事。

元璋索性放了陈埜先，让他带领旧部，和郭天叙、张天祐合军再攻集庆。埜先早已和元将福寿约好城内外表里夹攻，邀天叙吃酒，席间杀了，生擒张天祐，送给福寿也即时杀死。元军会师总反攻，红军大败，死了两万多人。陈埜先追击到溧阳，马乏落后，当地民兵不明底细，听说他投降了红军，设埋伏也把他杀了。部队由从子兆先接管。[1]

元璋借刀杀人，郭张二帅一死，郭子兴的旧部全归元璋指挥，成为名实一致的都元帅，小明王麾下一员大将了。子兴次子天爵，小明王命其为中书右丞，在元璋底下做官，没有兵，更没有权，眼睁睁看着郭家的基业改了姓，忍不住背地里发牢骚，给元璋结果了。子兴的小女儿孤苦伶仃，无可倚靠，元璋收作第三房小妾，侍候他父亲当年的亲兵。[2]

元璋率领大军渡江，马夫人和将士的家眷仍留在和州。和州是后方基地，得有亲人镇守，而且将士家眷有人看管，也可以使将士安心作战。和州和太平的交通只有水路，虽然七八个月来陆续占领了溧水、溧阳、句容、芜湖一些城子，集庆孤立，三面被包围，可是水路却被元军切断了，消息不通。一直到龙凤二年（元至正十六年，公元1356年）二月，元璋大败元水军，尽俘其舟舰以后，两地的来往才完全畅通，有了信息，军心也安定了。

三月初一，水陆大军并进，三攻集庆，城外屯兵陈兆先战

1.俞本《皇明纪事录》，《皇朝本纪》，《明太祖实录》卷三，钱谦益《国初群雄事略》卷二，《国初事迹》。

2.《明太祖实录》卷二，《明史·郭子兴传》。

败投降，得兵三万六千人。集庆城破，守将福寿战死，元帅康茂才和军民五十余万归降。元璋入城后，召集了一次官吏和民众的大会，剀切宣告："元朝这个坏政府，政治腐烂，到处在打仗，百姓吃够了苦。我是来替你们除乱的，大家只要安心做事，不要害怕。好人我用他，坏事替你们除掉。做官的不要乱来，叫百姓吃苦。"几句话安定了人心，恢复了秩序。当下改集庆路为应天府，设天兴建康翼统军大元帅府，以廖永安为统军元帅，以赵忠为兴国翼元帅，守太平。儒士夏煜、孙炎、杨宪等十几人进见，先后录用。小明王得到捷报后，升元璋为枢密院同佥。不久又升为江南等处行中书省平章，李善长为左右司郎中，以下诸将都升元帅。元璋这年才二十九岁，已经是独当一面的地方长官，指挥十万大军的统帅了。[1]

元璋据应天后，他的疆域以应天为中心，西起滁州，画一直线到芜湖，东起句容到溧阳。西边长，东线短，一块不等边形，横摆着恰像个米斗，西线是斗底，东线是斗口。四面的形势是：东边元将定定扼守镇江；东南张士诚已据平江（今江苏吴县），破常州，转掠浙西；东北面青衣军张明鉴据扬州（今江苏江都）；南面元将八思尔不花驻徽州（今安徽歙县），另一军屯宁国（今安徽宣城）；西面池州（今安徽贵池）已为徐真逸所据；东南外围则元将石抹宜孙守处州（今浙江丽水），石抹厚孙守婺州（今浙江金华），宋伯颜不花守衢州（今浙江衢县）。元璋局面

1.俞本《皇明纪事录》，《国初事迹》，《明太祖实录》卷四。

小，兵力也不强，处境呢，真是四面受敌。

幸亏这时元兵正用全力和小明王作战。前一年十二月元将答失八都鲁大败刘福通于太康，进围亳州，小明王奔安丰（今安徽寿县）。察罕帖木儿和红军转战河南，一时顾不到南面，而且也看作是小股力量，等手空了再说。红军势力暂时消沉，张士诚又猖獗起来了，徐寿辉在湘汉流域也大力活动。元兵两面挨打，竟照顾不过来。龙凤二年秋天，也就是朱元璋占应天以后，红军休息过来了。兵力经过补充，整个战略决定分兵出击：一路破武关（在今陕西商县东），陷商州（今陕西商县），进攻关中（今陕西省）；一路侵占了山东北部。第二年刘福通分兵三路，一路趋晋冀（今山西、河北），一路攻关中，一路由山东北犯。第一路军又分两路，一出绛州（今山西新绛县），一出沁州（今山西沁县），过太行山，破辽、潞（今山西辽县、长治县），陷冀宁（今山西太原），攻保定（今河北保定），下完州（今河北完县），掠大同、兴和（今山西大同、内蒙古张北县[1]）塞外部落，攻下上都（今察哈尔多伦县东南），转掠辽阳（今辽宁辽阳），直到高丽。从西北折回到东北，兜了一个大圈子。第二路军陷凤翔（今陕西凤翔）、兴元（今陕西南郑），南进四川；别部又陷宁夏，掠灵武（今宁夏灵武）诸边地。第三路军尽占山东西北部、河北南部，北取蓟州（今河北蓟县），犯漷州（今北京通州南四十五里），略柳林（今北京通州南，故都县西），逼大都（今北京）。福通自己

1.编者注：今属河北。

统军占山东西南角和河南北部，出没河南北。龙凤四年五月，攻下汴梁（今河南开封），建作都城，接小明王来定都。[1]红军所到的地方，攻无不取，战无不胜，元朝地方官吏吓破了胆，一听有红军来攻，抹回头就跑。当时有童谣形容道：

满城都是火，府官四散躲。城里无一人，红军府上坐。[2]

五六年间，红军长驱直入，来回地绕弯子，元朝军队使尽方法抵抗和进攻，大敌当前，顾不到这个新起来的小头目，便宜了朱元璋。在这期间，他逐渐巩固地盘，扩充实力，逐渐消灭群雄，开辟疆土。而且更有利的是地理位置，他和元朝大军中间，恰好隔着三个政权，东边是张士诚，北面是小明王，西边是徐寿辉，这三个大卫星保护着，使他无从受到元军主力的攻击。等到小明王军力已被元朝消灭的时候，两败俱伤，元朝的军力也被久战削弱了。朱元璋呢，相反已经广土众民，成为最强大的有组织、有训练、有经验的势力了，可以和元军打硬仗，比一比高下了。

在这斗形地带所受到的军事威胁是：东边镇江如落在张士诚手里，可以直捣应天，刨根挖窝；南边宁国如给徐寿辉（真逸）占了，背上插一把尖刀，也不得安稳。要确保应天，就非取得这两个据点不可。元璋在应天才安顿停当，即派徐达统兵攻下镇江，分兵占领金坛、丹阳等县，向东线伸出一个触须。到六

1.《庚申外史》，《平胡录》，《国初群雄事略》卷一《宋小明王》，《明史·韩林儿传》。
2.《辍耕录》卷九。

月又派邓愈攻下广德路，堵住后门。在出兵时，元璋自己留守老家，怕诸将还是过去那一套，杀人放火、奸淫抢劫，和人民作对，失尽了民心。和徐达说通了，故意找出徐达错处，绑了请王命牌要杀。李善长和一群幕僚再三求情，好说歹说，才放了绑，当面吩咐，这次出兵，取下城子，不烧房子，不抢东西，不杀百姓，才准将功折罪。徐达叩谢了。破镇江时，百姓安安静静，照常做事做买卖。别的城子听说朱元璋的军队不杀人，军纪比鞑子好，放了心，不肯拼命抵抗。这名气传遍了，元璋军事上的成功有了保障，地盘跟着一天天扩大，力量也跟着一天天膨胀了。[1] 接着分遣诸将攻克长兴、常州，亲自攻下宁国，又先后占领江阴、常熟、池州、徽州、扬州。在龙凤三年（元至正十七年，公元1357年）这一年中，把应天周围的军略据点全数取下，作为向外进攻的前哨基地。在战略上，北起江阴，沿太湖南到长兴，画一条直线，构成防线，堵住张士诚西犯的门路；在宁国、徽州屯聚大兵，安排进入浙东；西线和天完（徐寿辉国号）接境，以守为攻；北面是友军，不必操心。看准了周围情况，先伸出南面的钳子，吞并和本部完全隔绝、孤立无援的浙东元军。形势已经和一年前大大不同了。

元璋明白读书的好处，苦于自己读书不多，许多事说不出道理，因此，很尊敬有学问的读书人。也明白读书人能讲道理，替人出主意，很可怕；谁对他们客气，给面子，养得好，吃得饱，就

1.《皇朝本纪》，《明太祖实录》卷四。

替谁出力做事。这种办法叫作“养士”，养什么似乎不大好听，不过只要养之养之，被养的也就不大在乎了。养士是件好事，而且，你不养，跑到敌人那儿或者被别人养去了，却会坏事。为了这个，他禁止部下将官和儒士交结，不许别人养士，却自己来包办，养所有肯被养的士。并且，还有一个大好处，士多半在地方上有名气，老百姓怕他也服他，把士养了，老百姓也就大部分跟过来了。费得不多，赚头极大，真是划算的买卖。因之，每逢新占领一个地方，必定访求这地方的读书人，软硬都来，罗致在幕府里做秘书、做顾问、做参谋。徽州的老儒朱升，告诉元璋三句话：“高筑墙，广积粮，缓称王。”[1] 对元璋后来的事业极有影响。

从渡江以后，还是遭遇到粮食的困难。几年来到处战乱，农村壮丁大部分从军去了，劳动力大大缺乏，加上战争蹂躏，粮食收成减少。各处军队的给养，形式上张贴大榜，招安乡村百姓缴纳粮草，叫作寨粮，其实还不是等于抢劫。生产减少，消费量相对增加，百姓饿死多，军队更加吃不饱。[2] 扬州的青衣军甚至拿人做粮食。[3] 在行军的时候，出征军士概不支粮，按照元璋军令：“凡入敌境，听从稍（捎）粮。若攻城而彼抗拒，任从将士检刮，听为己物。若降，即令安民，一无所取。”如此则人人奋勇向前，攻无不取，战无不胜。[4] 捎粮说雅一点是征粮，老实

1.《明史》卷一三六《朱升传》。

2.《国初事迹》。

3.《辍耕录》卷九，《明太祖实录》卷五。

4.《国初事迹》。

一点呢？抢粮。检刮这一词的来源，是同时期苗军创的。苗军打仗，靠检刮供给，检刮的意思是抄掠，不过比较起来分量还重一点，重到刮干净不留一点儿的地步。[1]这种办法，不打长远算盘的时候，倒也方便。局面一开展，计算一下，政权的巩固靠老百姓服从，要粮要税都出在老百姓身上，全刮干了，下次向谁要？而且，把老百姓逼到无路可走，他们也会反抗，不是自找麻烦吗？常遇春和胡大海都打报告，以为寨粮这办法要不得。元璋想了又想，要立下一份好基业得另想办法：与其向老百姓抢，不如自己来生产。古书上有过屯田的例子。龙凤四年（元至正十八年，公元1358年）二月以康茂才为都水营田使，专门负责修筑河堤，兴建水利工程，恢复农田生产，供给军需；又分派诸将在各处开荒垦地，立下规矩，用生产量的多少来决定赏罚。且耕且战，几年工夫就成绩显著，仓库都满了，军食也够了，才明令禁止征收寨粮，人民负担减轻，足食足兵，两方面全顾到。这年十一月又立管领民兵万户府，抽点民间壮丁，编制做民兵，农时则耕，闲时练习战斗，作为维持地方安宁的力量，抽出正规军专门进攻作战。这样，把作战力量和生产力量合二为一，不但加强了战斗力，也同样加强了生产力。这一番作为，说明了为什么当时群雄都先后失败，唯独这个新起的小头目能成功的原因。[2]

外围的威胁解除，内部的生产有了办法之后，元璋的眼光立刻转移到浙东、浙西的谷仓。步骤上先取皖南诸县，巩固后方

1.《辍耕录》卷八。

2.《明太祖实录》卷六。

基础，再由徽州进取建德路，改为严州府，先头部队东达浦江，构成侧面包围婺州的形势。十二月元璋亲自统率十万大军，军旗上挂着金牌，刻着“奉天都统中华”字样。攻下婺州，置中书浙东行省。于省门建二大黄旗，上面写着：“山河奄有中华地，日月重开大宋天。”两旁立两个木牌，写着：“九天日月开黄道，宋国江山复宝图。”[1]婺州是两百多年来的理学中心，号为小邹鲁，经过多年战乱，学校关门，儒生四散，没有人讲究这一套不急之务。元璋一进城，立刻聘请当地著名学者十三人替他分别讲解经书历史，建立郡学，请学者当五经师和学正训导，内中最著名的是宋濂。他开始和儒学接触，受宋儒的影响了。这一政治上的作为，固然是收拾人心——尤其是读书人——的最好方法；同时，一个红军头目，宣传明王出世的明教徒，却请人讲孔孟的经典，在思想上已经开始转变了，虽然做的是小明王的官，喊的是复宋的口号。[2]

婺州攻克以后，分兵取浙东诸地。龙凤五年（元至正十九年，公元1359年）五月，小明王升元璋为仪同三司江南等处行中书省左丞相。[3]八月，元将察罕帖木儿攻陷汴梁，刘福通奉小明王退保安丰。元璋的浙东驻军先后占领诸暨和衢州、处州，东南被孤立的元朝据点次第被消灭。他的领土遂成为东面北面邻

1.俞本《皇明纪事录》，按《国初事迹》作“于南城上竖立大旗，上写‘山河奄有中华地，日月重开大统天’”，大宋作大统。大统无意义，显然是后来窜改的。

2.《明太祖实录》卷六。

3.《国初事迹》，俞本《皇明纪事录》。

张士诚，西邻陈友谅，东南邻方国珍，南邻陈友定的局面。四邻的对手，比较起来，张士诚最富，陈友谅最强。方国珍、陈友定志在保土割据，并无远大企图。因之，元璋在整个军事计划里，又改变重点，采取对东南取守势，西北线取攻势的策略。拿张士诚和陈友谅比起来，士诚顾虑多，疑心重，友谅野心大，欲望高；一个保守，一个进取。以此，在东西两面的攻势又分先后缓急。对士诚是以守为攻，扼住江阴、常州、长兴几个据点，使士诚不能向西进一步；对友谅则以攻为守，使友谅分兵守卫假定被攻击的要塞，军力分散，不能集中运用。

第二年正月初一，元璋亲自写一副春联："六龙时遇千官觐，五虎功成上将封。"贴在中书行省大门。论官是大宋的丞相，可以代表皇帝任官发令；论军职是上将，可以便宜征讨杀罚，好不得意。[1]

浙东虽已大部平定，地方上有名望的几家豪族，尤其是刘基、叶琛、章溢这几个名士，原先在元将石抹宜孙幕府里的，产业大、学问好、计谋多，能号召人，地方上什么事都得听这些人的话。元璋在这区域建立了新政权，他们嫌红军气味不对，躲在山里不肯出来。元璋派代表礼请，也用好话辞谢。处州总制孙炎再使人威逼，他们不出来怕不得安稳，才勉强于三月间到应天。元璋大喜，大闹排场，盖了一所礼贤馆，作为贤士的住处。[2] 这

1.俞本《皇明纪事录》。

2.《明太祖实录》卷八，《国初礼贤录》，《明史》卷一二八《刘基传》《宋濂传》《叶琛传》《章溢传》。

几个人思想上继承宋儒的传统，身份是地主，社会地位是豪绅巨室，而且都曾做过元朝的官，平时对红军没好话，不是骂“妖寇”，便是“红寇”“红贼”，[1] 因为元朝地方政权抵抗不了红军，自动办民兵，建堡寨，保卫身家产业和地方。元璋千方百计逼他们出来，不单是博一个礼贤下士的好名誉，也不单是怕他们和部下将官勾结玩花样，同时也为了取得他们的帮助后，地方上人民没了头脑，自然安定无事，是个擒贼擒王的意思。这些儒生都是遵守礼法惯了的，头脑也是保守惯了的，和红军那一套杀官长、打地主、捧明王、念弥勒佛号的宗教情绪，完全不合调。既然旧主子垮了，扶不起来，无法施展才能，新主子又并不嫌弃，不算旧账，也就改变主张，利用朱元璋的雄厚军力，帮助建立新朝代，在新政权下继续维持几千年来的传统秩序和习惯、文化，以贵人役使贱人，富人剥削穷人，有知识的和有武力的结合起来统治不识字的和种田地的人，来保持豪绅巨室们的既得利益。结果，自然而然，和出自明教的诸将，形成地主与贫民、儒生和武将的对立局面。元璋也存心利用豪绅巨室的合作，孔孟儒术的理论粉饰，来建立自己的基业。他在红军实力还在，对元朝的强大军力进攻还得靠红军掩护牵制的时候，是小明王的臣下，发命令办事都用“皇帝圣旨”，开口大宋，闭口圣宋，像杀是宋家的忠臣良将；一到小明王军力完全被元军消灭以后，就公开倾向儒生这一边，开口“妖寇”，闭口“妖贼”，好像从来没有

1.徐勉《保越录》，陈基《夷白斋稿·精忠庙碑》，王逢《梧溪集》。

当过“妖寇”“妖贼”似的。谈孔说孟，引经据典，自命为恢复旧秩序、保存旧文化的卫道者了。从此以后，他受了这批儒生的影响，思想作风和“大宋”日益疏远，和儒家日益接近。[1]

一个红军小头目的亲兵，十年前还是红布包头，穿着战裙战袄，手执大刀，听战鼓一擂，就得冲锋砍杀的，如今居然长袍大袖，八字步走路，斯斯文文，满嘴三皇五帝、四书五经、谈今说古，写对联、发手令，成为继承尧舜禹汤文武周公孔子道统的说教人了。这变化有多大！

1.《清华学报》十三卷一期吴晗《明教与大明帝国》。

# 第三章 从吴国公到吴王

朱元璋采纳朱升建议，高筑墙、广积粮、缓称王。在元末大混乱的军事战争形势下，首先消灭有野心好战的陈友谅，其次攻取保守自安的张士诚，最后南征北伐，推翻元朝统治，体现了他极高明的战略眼光。

## 一、鄱阳湖决战

弥勒教徒彭莹玉从元顺帝至元四年（公元1338年）袁州起义失败以后，在淮西一带秘密传布教义，组织民众。这人信仰坚定，有魄力，胆子大，又会说老百姓自己的话，给苦难的人以希望和信心，得到农民的深深敬爱。辛辛苦苦工作了十四年，成千成万人的指望到底开花结果了。至正十一年（公元1351年）和铁工麻城邹普胜、渔人黄陂倪文俊发动号召，组织西系红军，举起革命的旗帜。

彭莹玉可以说是典型的职业革命家，革命是一生志业，勤勤恳恳播种、施肥、浇水、拔草。失败了，研究失败的教训，从头做起，绝不居功，绝不肯占有所播种的果实。第一次起义称王的是周子旺，第二次做皇帝的是徐寿辉，虽然谁都知道西系红军是彭和尚搞的，彭祖师的名字会吓破元朝官吏的胆，但是，起义成功以后，彭莹玉就像烟一样消失了，回到了人民中间，任何场所以至记载上，再找不到这个人的名字了。[1] 十五年后，罗田还有人假借他的名义，铸印章、设官吏，结众起事，可见影响人心之深。

徐寿辉是罗田的布贩子，又名真逸、真一。生得魁梧奇伟，一脸福相。彭莹玉推其为首领。这年九月间起兵，占领蕲水和黄州路。建蕲水做都城，取意于西方净土莲台，号为莲台省。[2] 立寿辉为皇帝，国号天完，年号治平。不久，疆域就扩充到湖南、江西，东边一直到杭州。天完军队纪律极好，不杀百姓，不奸淫掳掠，口念弥勒佛号。归附的人民登记姓名，单运走政府官库里的金帛，极得人民拥护。相反的，元军军纪坏到极点，打胜仗抢一阵，打败仗更抢，克复城池，大杀大抢大烧。尤其厉害的是从湖广调来的苗军，无恶不作，抢得干净，杀得尽兴，见女人不管老少贵贱有夫无夫都不放手，驻防过的地方比经过战争还惨。[3] 民间有民谣形容道："死不怨泰州张（士诚），生不谢宝庆杨（完者，苗军统帅）。"[4] 军队如此腐败，政治呢？蒙古政府恨汉人、南人，尤其是南人不肯服从，时常反抗，故有意压迫。民间地主为了保身家产业，组织义军。保卫地方。反抗革命势力

---

1.权衡《庚申外史》，叶子奇《草木子》，俞本《皇明纪事录》，《明太祖实录》卷七五。编者注：在第四版中，吴晗找到了彭莹玉牺牲的资料，对其归隐的说法做了修正。

2.《草木子·克谨篇》。

3.陶宗仪《辍耕录》卷二八。

4.姚桐寿《乐郊私语》。

的，即使立了功，即使守住了地方，甚至全家战死，因为是南人，不提赏功做官的事，连安慰激励的话也没有一句。也有地主带了盘缠到大都去钻一官半职的，不但落个没趣回来，还被挖苦奚落，给起外号叫“腊鸡”——腊鸡是南边土产，带到北边做人事的。一心一意帮元朝的，冷落得寒透了心。[1] 真真造反叛乱的像方国珍、张士诚，政府军打不过，招降安抚，许做大官，照样带兵，反一次，官爵便高一次，不用几年便到极品了。一面是种族的歧视，一面又欺软怕硬。穷苦人早已参加反抗，而这样的措施，又使一些只知有身家财产，甘心做屠杀人民刽子手的地主们，也学方平章、张丞相的榜样。东一丛，西一股，像火烧荒山一样，到处都是。

徐寿辉忠厚老实，无见识，也没有整个的计划。所占的地方虽大，却守不住，打过来，打过去，拉锯战只苦了老百姓。蕲水位置不够好，迁都到汉阳，丞相倪蛮子（文俊）兵权在手，被寿辉给制住了，动弹不得。治平七年（元至正十七年，公元1357年）九月，文俊谋杀寿辉不成功，出奔黄州。部将沔阳人陈友谅，家世打鱼营生，在县里当贴书，不甘心埋没，投奔红军，立了战功，做了领兵元帅，怀着一肚子野心，没处施展。文俊逃到黄州，正是他的防区，陈友谅就用计杀了文俊，夺过军队，自称平章，向东侵占安庆、池州、南昌诸地，和朱元璋接境。两军常起战事，互有胜负。龙凤六年（元至正二十年）五月攻下太平，大军进驻

1.《草木子·克谨篇》。

采石，陈友谅以为克日可以占领应天，使部将杀了寿辉。急性子人，也等不及择日子、拣地方，就以采石五通庙做行殿，暴风雨里，即皇帝位。国号汉，改年号为大义，尽有江西湖广之地。[1]

群雄中陈友谅的军队最精锐，疆土最广，野心最大。朱元璋在应天，在友谅看来是碗里的肉，伸手就能拿到。陈友谅使人和张士诚相约，东西夹攻，亲自带领水陆大军从江州（今江西九江）顺流东下。水军大舰名为混江龙、塞断江、撞倒山、江海鳌等，共一百多艘，战舸几百条，真是"投戈断流，舶橹千里"。消息一传到应天，大家都吓慌了，有人主张投降为上策；有人说不如放弃应天，躲过风头再看；主战的提出主动出击太平，牵制友谅兵力。七嘴八舌，乱成一团。胆子小的竟背地收拾细软，盘算城破后的去处了。[2]

元璋沉住气，单独和刘基在卧室内决策。投降不是办法，逃走更不是办法，目前的出路只有抵抗。抵抗有两种战略：一种是两线同时作战，东西兼顾，兵力一分，必败无疑；一种是迅速集中全力，看准敌人弱点，做致命的一击，然后再回师来对付另一线——这还是两线作战，不过有个先后缓急。问题焦点在于争取主动。第一种打法很现成，等着就是了，不过很吃亏。第二种打法当然好，可是第一，先打谁；第二，如何抓住有利机会来打；第三才是如何打。一句话，是要争取主动。研究两线形势，主敌是陈友谅，张士诚是配角。兵力陈强张弱，士气陈骄张馁，水

1.钱谦益《国初群雄事略》卷三《天完徐寿辉》，《明史·陈友谅传》。

2.《明太祖实录》卷八。

军陈多张少，那么，就看得出来，只要有办法先打击陈军，造成一次大胜利，张军势孤，连进攻都不可能了。[1]

如何使陈友谅先来进攻呢？元璋部将康茂才和陈友谅相熟，茂才的老门房也侍候过陈友谅。茂才受命使老门房偷跑到友谅军中，带了茂才的亲笔降书，告诉许多军事情报，自愿里应外合，劝友谅分兵三路取应天。友谅喜极，问康将军现在何处，说现守江东桥；问是石桥还是木桥，答是木桥。约好友谅亲自进军江东桥，以喊“老康”做信号。[2]

陈友谅的进军路线明白了，军力分配也清楚了。元璋一面调胡大海进取信州（今江西上饶），捣友谅的后路，一面按友谅进军路线，设下埋伏。连夜把江东木桥改成石桥，一切准备停当，只等友谅自投罗网。

元璋亲自在山顶指挥，规定信号，发现敌人举红旗，伏兵出击举黄旗。友谅兴冲冲地赶到江东桥，一看是大石桥，就觉得不对头，再使劲连喊“老康”，嗓子都哑了也无人答应。山上黄旗招展，四周伏兵齐声呐喊，团团围住，在山上打，在水里打，这一仗把友谅的主力全部歼灭，杀死淹死不计其数，单俘虏就有两万多。元璋军乘胜收复太平，下安庆，取信州（今上饶）、袁州（今宜春）。[3]

龙凤七年（元至正二十一年，公元1361年）正月，小明王封

---

1.宋濂《平汉录》，《国初礼贤录》。

2.《平汉录》，《明太祖实录》卷八。

3.《平汉录》，《国初礼贤录》。

元璋为吴国公。[1]

友谅吃了败仗，不服输，七月间又遣将攻下安庆。元璋气极，开了一个军事会议，决定溯江西伐。龙骧巨舰上竖立大旗，写着“吊民伐罪，纳顺招降”八个大字。

友谅为人嫉能护短，从杀徐寿辉后，寿辉的将帅不服，纷纷投降元璋。部下骁将双刀赵（普胜）又被元璋使反间计，友谅一怒把他杀了，其他将官兔死狐悲，不肯出死力作战。元璋研究敌情，断定趁友谅将帅不安，军心离散，大举进攻，要比等着被攻有利。于是亲自统军顺风溯流，一鼓攻下安庆、江州，守将丁普郎、傅友德全军归附。友谅逃奔武昌，江西州县和湖北东南角，都归元璋版图。一个扩大，一个缩小，几年来的局面，完全转过来，元璋的兵力已经可以和友谅一决雌雄了。[2]

当江南朱陈两军血战正酣的时候，江北的军事局面也起了极大的变化，红军接连失败，形势很危急。元朝大将察罕帖木儿收复关陇，平定山东，招降红军丞相花马王田丰，军威极盛——几年来山东在宋朝大帅毛贵管治下，礼贤下士，开辟田土，治绩斐然。原来在濠州的赵均用和彭早住，驻军淮泗一带，早住病死，均用北上和毛贵合伙。二人作风不同，大闹意见，均用杀了毛贵，毛贵部将又杀了均用。杀来杀去，军力衰减，造成察罕的胜利机会。——山东失去后，不惟小明王的都城安丰保不住，连元璋的根本重地应天也岌岌可危。元璋几年来的安定

1.俞本《皇明纪事录》。

2.《明太祖实录》卷九。

和发展，全靠小明王大军在北边掩护，隔离元朝主力，如今局面突变，要直接和元朝大军接触，估计军力对比，相差太远，实在抵挡不住。元璋两次派代表去见察罕，送上重礼和亲笔信，要求通好，预伏一笔，以为将来打算。这时察罕正在围攻益都（今山东益都），红军拼死抵抗，元璋料益都一时不致失陷，察罕在肃清山东之前还没有余力来进攻安丰，才敢趁这间隙，西攻陈友谅。察罕的代表户部尚书张昶带了御酒、八宝顶帽和任命元璋为荣禄大夫江西等处行中书省平章政事的宣命诏书，于龙凤八年（元至正二十二年，公元1362年）十二月由江西到应天。其时察罕已被田丰刺杀，子扩廓帖木儿继为统帅。不久又得到情报，扩廓和另一大将孛罗帖木儿在抢地盘，打得正热闹。元璋眼见得元军不会南伐了，越发定下心，断了投降的念头，仍然做宋朝的吴国公。[1]

当察罕的代表带着元朝官诰到应天的时候，宁海人叶兑写信给元璋，劝其不要受元朝官爵，要自创局面，立基业，并且指出军略步骤说：

愚闻取天下者必有一定之规模，韩信初见高祖，画楚、汉成败；孔明卧草庐，与先主论三分形势者是也。今之规模，宜北绝李察罕，南并张九四（士诚），抚温、台，取闽、越，定都建康，拓地江、广，进则

1.刘辰《国初事迹》，《皇明纪事录》，《明太祖实录》卷九，《国初群雄事略》卷一《宋小明王》。

越两淮以北征，退则画长江而自守。夫金陵古称龙蟠虎踞，帝王之都，借其兵力资财，以攻则克，以守则固，百察罕能如吾何哉！江之所备，莫急上流，今义师已克江州，足蔽全吴，况自滁、和至广陵（今江苏扬州），皆吾所有，非直守江，兼可守淮矣。张氏倾覆，可坐而待，淮东诸郡，亦将来归。北略中原，李氏可并也。今闻察罕妄自尊大，致书明公，如曹操之招孙权，窃以元运将终，人心不属，而察罕欲效操所为，事势不侔。宜如鲁肃计，鼎足江东，以观天下之衅。此其大纲也。

至其目有三：张九四之地，南包杭、绍，北跨通、泰，而以平江（今江苏吴县）为巢穴。今欲攻之，莫若声言掩取杭、绍、湖、秀，而大兵直捣平江。城固难以骤拔，则以锁城法困之：于城外矢石不到之地，别筑长围，分命将卒，四面立营，屯田固守，断其出入之路；分兵略定属邑，收其税粮以赡军中。彼坐守空城，安得不困？平江既下，巢穴已倾，杭、越必归，余郡解体，此上计也。张氏重镇在绍兴，绍兴悬隔江海，所以数攻而不克者，以彼粮道在三江斗门也。若一军攻平江，断其粮道，一军攻杭州，绝其援兵，绍兴必拔。所攻在苏、杭，所取在绍兴，所谓多方以误之者也。绍兴既拔，杭城势孤，湖、秀风靡，然后进攻平江，犁其心腹，江北余孽，随而瓦解，此次计也。

方国珍狼子野心，不可驯狎。往年大兵取婺州，彼即奉书纳款。后遣夏煜、陈显道招谕，彼复狐疑不从。顾遣使从海道报元，谓江东委之纳款，诱令张昶赍诏而来，且遣韩叔义为说客，欲说明公奉诏。彼既降我而反欲招我降元，其反覆狡狯如是，宜兴师问罪。然彼以水为命，一闻兵至，挈家航海，中原步骑，无如之何。夫上兵攻心——彼言杭越（即婺州）一平，即当纳土，不过欲款我师耳。——攻之之术，宜限以日期，责其归顺。彼自方国璋之没，自知兵不可用。又叔义还称义师之盛，气已先挫。今因陈显道以自通，正可胁之而从也。事宜速，不宜缓。宣谕之后，更置官吏，拘其舟舰，潜收其兵权，以消未然之变，三郡可不劳而定。

福建本浙江一道，兵脆城陋，两浙既平，必图归附，下之一辩士力耳。如复稽迟，则大兵自温、处入，奇兵自海道入，福州必不支。福州下，旁郡迎刃解矣。威声已震，然后进取两广，犹反掌也。[1]

叶兑指出张昶赍诏，是方国珍假托元璋名义请来，斥为“反覆狡狯”，其实是冤枉的。千真万确，请张昶来的是元璋自己，“反覆狡狯”的不是别人，恰恰是叶兑叫作明公的朱元璋。不过他所计划的攻取计略，倒是面面俱到，确有见识。元璋心服，要请做官，叶兑推却不肯，辞回家乡。后来几年平定东南和两广的规模次第，果然和他所说的差不多。

小明王从称帝以后，凡事由刘太保做主张。领兵在外的大将，原来都是福通的同伴平辈，不大听调度，军队数量虽多，军令不一。占的地方虽大，不久又被元军收复。有的大将打了败仗，不愿受处分，索性投降敌人，翻脸打红军；有的前进太远太突出了，完全被敌人消灭；其余又被察罕帖木儿和孛罗帖木儿两支地主军打垮了。只剩下山东一部军力，做安丰的掩护。到益都被扩廓包围以后，刘福通亲自率军救援，大败逃回。益都陷落

---

1.《明史》卷一三五《叶兑传》。

后，安丰孤立。龙凤九年二月，张士诚的大将吕珍乘机攻围安丰，城里粮食吃完，粮道断绝，不但人吃人，甚至吃腐烂的尸首，和人油炸泥丸子。刘太保情势危急，派人到元璋处征兵解围。

在元璋出兵之前，刘基极力阻止，以为大兵不宜轻出，如果救驾出来，做何安置？不如让吕珍解决了，借刀杀人，落得省事。而且陈友谅在背后，万一乘虚来攻，便进退无路。元璋则以为安丰失守，应天失去屏蔽，从军事观点说，不能不救，遂亲自统兵出发。刘太保趁黑夜大雨突围逃出，元璋摆设銮驾伞扇，迎小明王暂住滁州，临时建造宫殿，把皇宫里的左右宦侍都换上自己人，供养极厚，防护极严。小明王名为皇帝，其实是俘虏，受元璋的保护。[1]

三月十四日，小明王内降制书，封赠元璋三代：曾祖九四资德大夫、江西等处行中书省右丞、上护军、司空、吴国公，曾祖母侯氏吴国夫人；祖初一光禄大夫、江南等处行中书省平章政事、上柱国、司徒、吴国公，祖母王氏吴国夫人；考五四开府仪同三司、上柱国、录军国重事、中书右丞相、太尉、吴国公，妣陈氏吴国夫人。[2]

当元璋出兵安丰的时候，陈友谅果然乘机进攻，以大兵包围洪都（今江西南昌），占领吉安、临江、无为州。这回倒真正是两线夹攻，虽然张士诚还不明白。汉军规模比上次更大：友谅看

---

1.《国初事迹》《皇明纪事录》。

2.《国初群雄事略》卷一引《龙凤事迹》。郎瑛《七修类稿》卷七引《朱氏世德碑》，作“淮南等处中书省左丞相”“江西等处中书省右丞相”“录军国重事平章右丞相”。余同。

着疆土日渐减小，气愤不过，特造大舰，高几丈，簇新的丹漆，上下三层，每层有走马棚，上下层说话都听不见，载着家小百官，空国而来，号称六十万。洪都守将朱文正死守，友谅用尽攻城的方法，文正也用尽防御的方法。八十五天的激战，城墙攻破了几次，敌兵涌进，都被火铳击退，连夜赶修工事，攻城守城的人都踩着尸首作战。一直到七月，元璋亲统二十万大军来救，友谅才解围，掉过头来，到鄱阳湖迎战。

这一次水战，也许是中国有史以来规模最大的一次。两军主力苦战三十六天之久。这一战的结局，决定了两雄的命运。

在会战开始前四天，元璋留下伏兵，把鄱阳湖到长江的出口封锁，堵住敌人的归路，关起门来打。两军的形势，一边号称六十万，一边是二十万。水军船舰，友谅的又高又大，联舟布阵，一连串十几里。元璋的都是小船，要仰着头才能望见敌人，两下比较，就显得渺小可怜。论实力和配备，都是元璋方面居劣势。但是，他也有便宜处。就士气说，友谅大军在南昌顿挫了三个月，寸步进不得，动摇了必胜的信心；元璋方面则千里救危城，生死关头决于一战，情绪大不相同。就船舰说，数十条大舰连在一起，转动不便；小船进退自如，运用灵活，在体积方面是劣势，运动方面却占优势。就指挥而论，元璋有经验丰富的幕僚，作战勇敢的将帅，上下一心；友谅性情暴躁多疑，将士不敢贡献意见，发生内部裂痕。更重要的是补给，元璋军队数量少，有洪都和后方源源接济；友谅军的后路被切断了，粮尽士疲，失去斗志。

元璋军的主要战术是火攻，用火炮焚烧敌方的大舰，用火药和芦苇装满几条船，敢死队驶着冲入敌阵，点起火来，和敌方几百条战舰同归于尽。接战时分水军为十二队，火铳长弓大弩分作几层，先发火铳，再射弓弩，最后是白刃战。短兵相接，喊杀震天，从这船跳到那船，头顶上火箭炮石交飞，眼睛里一片火光，一团刀影，湖面上是漂流着的尸首、挣扎着的伤兵，耳朵里是轰隆的石炮声、噼啪的火铳声。友谅船红色，元璋船白色，一会儿几十条白船围着红船，一会儿又是红船围着白船，一会儿红船白船间杂追赶。有几天白船像是占了上风，又几天红船又得优势。元璋激励将士苦战，多少次身边的卫士都战死了，坐舰被炮石打碎，换了船搁浅动不得，险些被俘。一直打到最后几天，友谅军已经绝粮，右金吾将军建议烧掉船，全军登陆，直走湖南，左金吾将军主张再战，友谅同意走陆路的办法。左金吾将军怕得罪友谅，领军投降，右金吾将军看情形撑不住了，也跟着投降。友谅军力益发减削，决定退兵，打算冲出湖口，不料迎面又是白船，前后受敌。友谅正要亲自看明情势，决一死战，头才伸出船窗外，被飞箭射死，全军溃败。部将保着友谅尸首和太子陈理，连夜逃回武昌。[1]

战事的胜利，取决于最后一分钟，造成陈军溃败的是友谅的战死。元璋虽然胜利，可是也险极了，始终弄不清是谁射死友谅的。第二天，元璋焚香拜天，慰劳将士，答应将来天下一家，和

1.《明太祖实录》卷一二，《平汉录》，《国初群雄事略》卷四《汉陈友谅》，《明史》卷一二三《陈友谅传》。

巴都儿[1]们共享富贵，做大官。[2]后来又对刘基说："我真不该到安丰去，假如友谅趁我远出，应天空虚，顺流而下，我进无所据，退无所依，大势去矣。幸而他不直攻应天，反而去围南昌，南昌守了三个月，给了我充分的时间和机会。这一仗虽然打胜，可是真够侥幸的了。"[3]

运气特别照顾元璋，他怕察罕帖木儿的兵威，正接洽投降，察罕就被刺杀了。扩廓准备南征，又和孛罗帖木儿抢地盘，打得难解难分。陈友谅第一次约张士诚夹攻，张士诚迟疑误了事。第二次张士诚围安丰，陈友谅不取应天而围南昌，又被流矢射死。上天真是太眷顾了！他这样想着，越想越有理，再发展下去，就想成"天命有归"了，从此一心一意秉承上天的托付，做长远而广大的计划。[4]计划的第一步是称王，称王是不成问题的，小明王在保护之下，写一道圣旨派人送去盖印就成。问题是称什么王呢，张士诚在九月间已经自立为吴王了，应天正是孙权吴国的都城，而且几年前民间就有一个童谣说："富汉莫起楼，贫汉莫起屋。但看羊儿年，便是吴家国。"[5]为着这句话，非称吴王不可。龙凤十年（元至正二十四年，公元1364年）正月，元璋自立为吴王，设置百官，以李善长为右相国，徐达为左相国，

1.即拔都，巴图鲁，蒙古话勇士的意思。

2.俞本《皇明纪事录》。

3.《国初事迹》。

4.《国初事迹》。

5.《庚申外史》上，《元史》卷五一《五行志二》，《太祖实录辨证》卷一。

常遇春、俞通海为平章政事，立长子标为世子。[1] 发布号令，用"皇帝圣旨，吴王令旨"的名义。[2] 同时有两个吴王，民间叫士诚作东吴，元璋作西吴。[3] 军队服装原先只是用红布做记号，穿得五颜六色，也给划一了。规定将士战袄、战裙和战旗都用红色，头戴阔檐红皮壮帽，插猛烈二字小旗。攻城系拖地棉裙，取其虚胖，箭射不进去。箭镞开头是铜做的，现在疆土广了，有了铁矿，改用铁的。并且大批制造铁甲、火药、火铳、石炮，武器越发犀利耐用。[4]

二月，元璋亲率水陆大军征武昌，陈理请降，立湖广行中书省。到年底，友谅疆土，汉水以南，赣州（今江西赣县）以西，韶州（今广东曲江）以北，辰州（今湖南沅陵）以东，都为元璋所有，够得上说是"广土众民"了。[5]

## 二、取东吴

陈友谅兵强地广，雄踞长江上流，用狮子搏兔全力，要吞并朱元璋，结果反被消灭。西线无战事了，元璋的第二个目标，便是东吴张士诚。

元末群雄，分作两个系统：一是红军系，一是非红军系。红

1.《明太祖实录》卷一四。

2.陶安《陶学士文集》，祝允明《九朝野记》。

3.《国初群雄事略》卷七引《月山丛谈》。

4.《国初事迹》。

5.《明太祖实录》卷一四。

军系分东西两支，东支以淮水流域做中心，小明王是东支的共主，郭子兴是濠、泗、滁、和一带的头目。子兴死，朱元璋代起，日渐强大。西支以汉水流域做中心，从徐寿辉到陈友谅，以及寿辉部将割据川陕的明玉珍。非红军系如东吴张士诚、浙东方国珍。红军系有政治目标，有民族思想，和蒙古政府无法妥协，势不两立（当然，这只是指领导的集团而说，朱元璋的动摇、投机，乃由于他不但不是领导集团的人，而且根本对革命没有明确的认识）。非红军系便不同了，起事的动机是个人，无原则，也无终极的目标，蒙古政府招抚的条件合适就投降，不满意再背叛，每反复一次，地位就更高，地盘更扩大，向蒙古政府讨价钱的资本也愈大。

张士诚反反复复，元至正十三年（公元1353年）请降，授以元淮南江北行省官职，不久又反。十四年自称诚王，国号大周。十七年八月又降元朝，授官太尉。元朝招降士诚，是为了粮运，大都缺食，支持不下去。几年来元江浙右丞相达识帖木儿，千方百计派人劝士诚归附。一直到士诚西线连失长兴、常州、江阴、常熟等重要军事据点，弟士德为元璋所擒（士德有勇有谋，礼贤下士，帮助士诚创基立业，被俘后，秘密带话劝士诚降元，被杀），东边苗军杨完者在嘉兴，也不好惹。士诚两面受敌，才不得已受元朝官爵。[1] 达识帖木儿做主，士诚出粮，方国珍出船，接济大都。两人心里都怀着鬼胎，一个怕方国珍吞没粮食，一个

1.陶宗仪《辍耕录》卷二九，《元史》之《达识帖木儿传》《忠义传》。

怕船出海去了，张士诚乘虚进攻，互相猜疑。达识两面解释，费了多少事，从二十年到二十三年算是每年运了十几万石。杨完者军队纪律极坏，仗着有兵，不听达识约束，达识和士诚暗地定计，攻杀完者，苗军将士大部投降元璋。完者一死，达识没有军队支持，政权也跟着失去了，事事受士诚挟制。士诚名虽为元，却一意扩充地盘，接收苗军防区，逐出称雄淮西的赵均用，六七年工夫，疆域南到杭州、绍兴，北到济宁（今山东济宁），西达汝、颍、濠、泗，东边到海，有地二千余里。二十三年九月又立为吴王，毒杀达识，元朝征粮，再也不肯答应了。[1]

士诚所占地方是粮食产地，又有渔盐之利，人口众多，最为富庶。他生性迟重，不多说话，待人诚恳宽大，没有一定主见，大将大臣们都是当年兄弟，有福同享，做错事打败仗，不忍心十分责备。大家都盖大房子，修园池、养女优、搜古董，成天宴会歌舞，懒得管事。甚至出兵时，也带着妓女清客解闷，损兵失地，反正落不到什么罪过。从龙凤二年（元至正十六年，公元1356年）起和元璋接境，便互相攻伐，士诚要抢回失地，元璋进攻杭州、绍兴，都占不到便宜，边境上没有一时安闲。直到朱元璋从武昌凯旋以后，集中军力，进攻东吴，局面才发生变化。[2]

元璋对士诚的攻势，分作三个步骤：第一步攻势起于龙凤十一年十月，攻击目标是东吴北境淮水流域。到十二年四月间，半年工夫完成预定任务，使东吴的军力局促于长江之南。

---

1.《辍耕录》卷八，《明太祖实录》卷二〇，吴宽《平吴录》。

2.《明太祖实录》卷二〇，《平吴录》，逸名《农田余话》。

第二步攻势起于十二年八月，分兵两路进攻湖州、杭州，切断东吴的两只臂膀。到十一月间湖、杭守军投降，造成北西南三面包围平江的局势。

第三步攻势是平江的攻围战。从十二年十二月到吴元年九月，前后一共十个月，才攻下平江，俘执士诚，结束了十年来的拉锯战。

除掉战场上刀枪的厮杀，还有笔墨的战争。元璋于尽占淮水名城之后，龙凤十二年五月，以檄文列举士诚罪状，骂敌人如何如何不好。照古例总是二十四或十大罪状，这里勉勉强强凑成八条，而且有七条是骂不忠于元、诈降、不贡钱粮、害达识丞相和杨完者，只有第八条才是正文，“诱我叛将，掠我边民”。其实西吴对东吴，岂止诱叛将、掠边民而已，还派遣过大批间谍诈降，图谋里应外合呢。[1]元璋数说的罪状，不看上下文，读者一定会误解为元朝政府的讨伐令。更有意思的是，替敌人骂敌人的敌人倒也罢了，檄文中还详细说明元末形势和自己起兵经过。这里不但攻击元朝政府，连他自己的红军也破口大骂，指斥为妖术、妖言，否定弥勒佛，打击烧香党了。檄文[2]说：

---

1.俞本《皇明纪事录》：“龙凤五年，上选卫士三十侍左右，选得十三人，佯称得罪于上，私降张氏，士诚配以妻，抚之甚厚。不逾月同行周海首之，俱斩于虎丘山下。吴元年克苏州，擒海归，凌迟以祭方德成等十三人。”

2.檄文全文见吴宽《平吴录》、祝允明《前闻记》《野记》卷一、陆深《续停骖录》四书。《明太祖实录》和《明史·太祖本纪》都不载。《前闻记》和《平吴录》的文字不同处很多，有事后窜改的，如元璋在发此檄文时为吴王，皇帝指小明王，《前闻记》元璋自称朕，《平吴录》称予、称我，显然《平吴录》是比较可靠的。也有些地方如红军，《前闻记》作香军，《平吴录》作乡军，今据《前闻记》。各本异文，并校注于后，以便参考。

皇帝圣旨，吴王令旨[1]，总兵官准中书省咨，敬奉令旨：盖闻[2]伐罪救民，王者之师，考之往古，世代昭然。轩辕氏诛蚩尤，殷汤[3]征葛伯，文王伐崇侯，三圣人之起兵也，非富天下，本为救民。近睹有元之末，主居深宫，臣操威福，官以贿成[4]，罪以情免，宪台[5]举亲而劾仇，有司差贫而优富。庙堂不以为虑[6]，方添冗官，又改钞法，役数十万民[7]，湮塞黄河。死者枕藉于道，哀苦声闻于天。致使愚民[8]误中妖术，不解偈言[9]，之妄诞，酷信弥勒之真有，冀其治世，以苏困苦[10]，聚为[11]烧香之党，根据汝、颍，蔓延河、洛。妖言既行，凶谋遂逞，焚荡城郭，杀戮士夫，荼毒生灵，千端[12]万状。元以天下兵马钱粮大势而讨之[13]，略无功效，愈见猖獗，然而终不能济世安民[14]。是以有志之

1.《平吴录》《续停骖录》无此二句。

2.《续停骖录》《野记》作“予闻”，《平吴录》无此二字。

3.《续停骖录》作“成汤”。

4.《野记》作“贿求”。

5.《野记》《续停骖录》《平吴录》作“台宪”。

6.《续停骖录》作“忧”。

7.《平吴录》作“役四十万人”，《野记》作“役数十万人”。

8.《野记》《前闻记》作“不幸小民”。

9.《野记》《前闻记》作“其言”。

10.《续停骖录》作“以苏其苦”，《平吴录》作“以甦其苦”。

11.《野记》作“聚其”。

12.《续停骖录》《野记》《平吴录》作“无端”。

13.《续停骖录》作“钱粮兵马”，《平吴录》作“元以天下钱粮兵马而讨之”。

14.《续停骖录》无“然而”二字，《野记》《前闻记》作“然事终不能济世安民”。

士，旁观熟虑，乘势而起[1]，或假元氏为名，或托香军[2]，为号，或以孤兵自立[3]，皆欲自为，由是天下土崩瓦解。

予[4]本濠梁之民，初列行伍，渐至提兵。灼见妖言，不能成事[5]，又度胡运，难与立功[6]，遂引兵[7]，渡江。赖天地祖宗之灵，及将帅[8]之力，一鼓而有江左，再战而定浙东。陈氏[9]称号，据我上游[10]，爰[11]兴问罪之师。彭蠡交兵，元恶授首。父子兄弟[12]，面缚舆榇，既待以[13]不死，又封以列爵[14]。将相皆置于朝班，民庶各安于田里。荆襄湖广，尽入版图。虽德化未及，而政令颇修。

惟兹姑苏张士诚，为民则私贩盐货，行劫于江湖，兵兴[15]则首聚凶徒，负固于海岛，其罪一也。又恐海隅一区，难抗天下全势，诈降于元，坑其参政赵琏，囚其待制孙㧑，其罪二也。厥后掩袭浙西，兵不满万数，地不足千里，僭号改元，其罪三也。初寇我边，一战生擒其亲

1.《平吴录》无此四字。

2.《野记》《平吴录》作“乡军”。

3.《续停骖录》作“孤军独立”，《平吴录》作“孤兵独立”。

4.《前闻记》作“朕”，《续停骖录》作“余”。

5.《平吴录》作“终不能成事”。

6.《平吴录》作“成功”。

7.《平吴录》作“令兵”。

8.《平吴录》作“将帅”，其他三本作“将相”。

9.《前闻记》作“陈氏”。

10.《野记》作“爰据上游”。

11.《续停骖录》无“爰”字。

12.《续停骖录》《平吴录》作“其父子兄弟”。

13.《前闻记》作“待之”。

14.《平吴录》作“官爵”。

15.《续停骖录》作“兴兵”。

弟，再犯浙省，扬矛[1]，直捣其近郊，首尾畏缩，乃又诈降于元，其罪四也。阳受元朝之名，阴行假王之令，挟制达丞相，谋害杨左丞，其罪五也。[2]占据江浙[3]钱粮，十年不贡，其罪六也。知元纲已坠，公然害其丞相[4]达识帖木儿、南台大夫普化帖木儿，其罪七也。恃其地险食足[5]，诱我叛将，掠我边民，其罪八也。凡此八罪，有甚于[6]蚩尤、葛伯、崇侯，虽黄帝、汤、文与之同世，亦所不容，理宜征讨，以靖天下，以济斯民[7]。爰命中书左丞相徐达率领马步官军舟师，水陆并进，[8]攻取浙西诸处城池。已行戒饬军将[9]，征讨所到，歼厥渠魁，胁从罔治，备有条章[10]。凡我[11]逋逃居民，被陷军士，悔悟来归[12]，咸宥其罪。其尔张氏臣寮，果能明识天时[13]，或全城附顺，或弃刃投降，名爵赏赐，予所不吝。[14]凡尔百姓，果能安业不动，即我良民，旧有田产房

1.《续停骖录》《野记》作“杨苗”。

2.《平吴录》此款作第六罪，下条作第五罪。

3.《续停骖录》《平吴录》作“浙江”。

4.《平吴录》作“江浙丞相”。

5.《平吴录》无此句。

6.《续停骖录》作“尤甚于”，《野记》作“又甚于”。

7.《续停骖录》作“以安斯民”，《平吴录》作“以拯天下”，《野记》作“以济生民”。

8.《前闻记》《野记》作“左相国”，《续停骖录》《前闻记》作“总率马步舟师，分道并进”。

9.《平吴录》作“尝戒军士”。

10.《平吴录》无此四字。

11.《前闻记》《野记》作“凡有”。

12.《平吴录》无此四字。

13.《续停骖录》作“明哲识时”。

14.自“其尔”至“不吝”一段，《平吴录》无，但在下文“以御边戎”后，作“果有贤哲，或全城归附，或弃职来降，予赍赏赐，非所敢吝”。

舍，仍前为主[1]，依额纳粮，[2]余无科取，使汝等永保乡里，以全室家。此兴师之故也。敢有千百相聚，旅拒王师者，即当移兵剿灭，迁徙宗族于五溪、两广，永离乡土，以御边戎[3]。凡予之言，信如皎日，咨尔臣庶，毋或自疑。敬此[4]。除敬遵外，咨请施行。准此，合行备出文榜晓谕，故依令旨事意施行。所有文榜，须议出给者。[5]

龙凤十二年五月二十二日本州判官许士杰赍到[6]

和这篇著名的檄文同时，还有性质相同的一道宣谕徐州吏民的文告说：

近自胡元失政，兵起汝、颍，天下之人以为豪杰奋兴，太平可致。而彼惟以妖言惑众，不能上顺天意，下悦民心，是用自底灭亡。及元兵云集，其老将旧臣，虽有握兵之权，皆无戡乱之略，师行之地，甚于群盗。致使中原板荡，城郭丘墟，十有余年，乱祸极矣。[7]

综合说来，一笔抹杀红军的革命意义，骂他们“凶谋”“放火”“杀人”，尤其是杀戮士大夫，千条万条罪状，简直是罪大

---

1.《续停骖录》作“为生”。

2.《平吴录》作“其尔人民，果能复业，即我良民，旧有房舍田土依额纳粮”。

3.《平吴录》作“边疆”。

4.《野记》作“钦此”，是后来人删改的。《平吴录》作“故榜”。

5.这一段，《续停骖录》作“除敬遵外，合备榜晓谕通知须至榜者”。

6.《平吴录》《续停骖录》无此。

7.《明太祖实录》卷一六。

恶极。正式声明对红军的看法，郑重否定自己今天以前的全部事业，更引经据典，拿轩辕、成汤、文王来比附，解释起兵是为了救民，戴上为人民的帽子——就这点而论，朱元璋真正不愧是明教的叛徒。从对元朝的态度来说，惋惜元军戡乱之略无功效；倒过来，元朝以天下兵马钱粮大势，再加上有戡乱之略的老将旧臣，上顺天意，下悦民心，他是会替胡元"立功"，共同戡乱的——就这点而论，文字上的轻重抑扬，留下一个地步，万一情况不利，胡运复兴，借这由头倒到蒙古大汗脚下，还可不失富贵，表现了他是个不折不扣的骑墙主义者。两篇文字，充满了儒家的色彩，可以明白这是刘基、宋濂等人的策略，甚至可能是出于他们的手笔。这一地主儒生群几年来的作用，到这时才具体化，红军的将领都已死亡，军队没有了，小明王成为应天的傀儡，甚至被拘囚了，自然应该一脚踢开红军招牌，自己建立新系统，来争取地主巨绅的支持，士大夫的同情拥护。这两篇文字把元璋的一生切作两截，前半截是贫农和穷人的头目，此后则摇身一变，成为地主巨绅的保护人，儒家的护法；过去要破坏现存秩序，此后则一转而为最保守、最顽强的现状维持派了。

这年年底，元璋派大将廖永忠到滁州迎接小明王、刘太保，到瓜州渡江，在江心把船凿沉，永忠径回应天复命，小明王、刘福通死，宋亡。[1] 从此以后，元璋不再提龙凤的话，连当

1.《庚中外史》，朱权《通鉴博论》，高岱《鸿猷录·宋事始末》，潘柽章《国史考异》卷一六。

年镇江西城的打败东吴记功碑，因为有龙凤年号，也捶毁了。[1]文书上的龙凤史料，更是销毁得一干二净。元璋死后所编的《明太祖实录》，不提元璋和龙凤臣属关系一字。这一段历史被湮灭、被曲改了几百年，成为最有启发性的历史公案。

元璋对东吴的第二步攻势，动员了二十万大军。统帅是大将军徐达，副将军常遇春。在出师前商讨战略，常遇春坚决主张直取平江，以为巢穴既破，其余诸郡可以不费力气占领。元璋却决定采用叶兑的政策，指出："士诚出身盐枭，和湖、杭诸郡守将都是愍不畏死之徒，同甘共苦。如先攻平江，湖、杭守军必然齐心并力，来救老家，军力集中，不易取胜。不如想法分散他的兵力，先取湖、杭，士诚无法援救，个别击破，枝叶一去，根本动摇，使士诚来回兜圈，疲于奔命，必然可以成功。"遂分兵攻围湖州、杭州，元璋亲自誓师，叮咛嘱咐，攻进城时不要烧房子，不要杀掠，不要挖坟，尤其是张士诚母亲的坟，千万不可侵毁，免得刺激东吴人民，增加抵抗心理。[2]

第三步攻势，应用叶兑的锁城法，筑长围把平江围困住，用火铳、襄阳炮日夜轰击。士诚外无救兵，内无粮草，突围又失败了。元璋送信招降，再使说客劝告，士诚一概不理。城破时亲自率兵巷战，看到实在无办法了，一把火烧死妻子眷属，饮鸩自杀，被侍者劝阻。西吴兵已到府中，俘送应天。士诚在船上闭眼不说话，不肯进饮食。元璋问话不理，李善长问话，挨了骂。元

---

1.《国初事迹》。

2.《明太祖实录》卷一六。

璋气极，一顿乱棍打死，连尸首都烧成灰。[1]

李伯升是士诚十八兄弟之一，同时起事，官为司徒，平江危急，使说客说降的是他，首先投降的是他，把士诚交给常遇春的也是他。平江人记住这个故事，凡是出卖朋友的就叫作“李司徒”。[2]

士诚晚年不大管事，国事全由其弟丞相士信主持。士信荒淫无见识，信用姓黄、姓蔡、姓叶的三个参谋，弄权舞弊，政治军事弄得一团糟。元璋听得这情形，对人说：“我一向无一事不经心，尚被人欺，张九四一年到头不出门理事，岂有不败的道理！”东吴的百姓有一个民谣道：“丞相做事业，专靠黄蔡叶，一朝西风起，干瘪！”[3]

平江合围后，元璋又遣将攻讨方国珍。

方国珍在群雄中最先起事，最后被解决，在浙东称雄了二十年。

台州黄岩（今浙江黄岩）靠近海边，人多地少，田主极神气，佃户碰见田主，连作揖都不敢，让路站在旁边，等田主走过才敢行动。贵贱等分一点也不能错过。方国珍四兄弟，父亲是佃户，看父亲对田主毕恭毕敬的样子，非常气愤。到长大了，就问父亲：“田主也是人呀！为什么要怕他，恭谨到这步田地！”父亲告诉他们：“靠了田主的田，才能养活你们。怎么敢无礼？”国珍

1.俞本《皇明纪事录》，《明太祖实录》卷二〇，《平吴录》。

2.《国初群雄事略》卷七引《冶城客论》。

3.《明太祖实录》卷二〇，《平吴录》，《明史》卷三〇《五行志》。《实录》文字有不同：“黄蔡叶，作齿颊，一夜西风来，干厌。”

很不服气。父亲死后，靠着人力兴旺，成天劳作，漂海贩盐，家道日渐宽裕。酿好酒等田主来讨租米，一天，田主果然带着一群管事的来了，国珍殷勤管待，大碗酒，大块肉，把客人灌醉了，乱刀切成肉酱，胡乱丢在酒缸里。日子久了，漏出风声，官府派人来拘捕，国珍把来人扫数杀光。地方官急了，亲自领人来拿，国珍索性把地方官也杀了。闯下大祸，一家子逃入大海，结集了几千人，四处抢劫。[1] 打败官军，连将官都俘虏了。受招安做定海尉，不久又反，俘获元朝大将，又投降做大官。如此时降时反，到至正十七年（公元1357年），一直做到浙东行省参知政事海道运粮万户，以庆元（今浙江宁波）为根据地，兼领温州、台州，占有浙东沿海一带，水军千艘，靠着渔盐的丰富资源，兄弟子侄全做大官，心满意足，只想保住这份产业。[2]

元璋攻取婺州后，和国珍邻境相望。国珍兵力弱小，北有张士诚，南有陈友定，都不大和洽，见元璋兵盛，不敢得罪，送金银送绸缎，受官诰，送儿子做人质，愿献出三郡，只是不肯奉龙凤正朔。同时又替元朝运粮，两面讨好。到元璋得杭州后，国珍更加害怕，北通扩廓帖木儿，南联陈友定，打算结成犄角的形势，来抵抗元璋。万一敌不过，好在有多数的海船，载着金银财宝，奔入大海，也还够一辈子享用。

元璋的攻势分水陆两路，陆路军进占台州、温州，直取庆元。国珍逃入海中，又为水军所败，走投无路，哀辞求降。元璋

1.黄溥《闲中今古录》。

2.《国初群雄事略》卷八《方国珍》。

从进攻到凯旋，前后不过三个多月。[1]

这一年，韩林儿已死，不能再用龙凤年号，也犯不着用元至正二十七年来纪年。照甲子说是丁未年，未年属羊，童谣不是说“但看羊儿年，便是吴家国”吗？东吴已在包围中了，为着再一次应童谣，元璋创立了一个新办法，下令以吴纪年，叫这年为吴元年。

## 三、南征北伐

朱元璋出军征服方国珍，同时决定了南征和北伐的大计。

吴元年（元至正二十七年，公元1367年）九月间，元璋保有的疆土，大体上据有现在的湖北、湖南、河南东南部和江西、安徽、江苏、浙江，包括汉水流域和长江下游，是全中国最富庶繁盛、人口密度最高的区域。

南部除元璋以外，分作几个军事单位。以四川为中心的是夏国明玉珍。玉珍本来是西系红军徐寿辉的部将，奉命入川略地。寿辉被弑，自立为陇蜀王，以兵守住瞿塘，和陈友谅断绝来往。至正二十二年（公元1362年）即皇帝位于重庆，建国为夏，年号天统。二十六年病死，子明升继位。[2]

云南有元宗室梁王镇守。两广也是元朝的势力。福建陈友定虽然跋扈，仍然向元朝效忠。

---

1.《草木子·克谨篇》，《国初事迹》，《明史》卷一二三《方国珍传》。

2.黄标《平夏录》，杨学可《明氏实录》，《明太祖实录》卷一六，《明史·明玉珍传》。

元璋见夏国主幼兵弱，云南太远，暂时可以放开。最近的目标是福建和两广。

北部在表面上属于元朝，情形更复杂。粗枝大叶地分析，山东是王宣的防地，河南属扩廓帖木儿，关内陇右则有李思齐、张良弼诸军。扩廓和李张二将不和，元璋用兵江浙，元朝几个大将正在起劲内斗，拼个你死我活。道理说不上，无非是争军权、抢地盘。打得发昏，谁也管不到大局，再加上宫廷阴谋政变，越发纠缠不清。双方都在打算先安内而后攘外，势均力敌，谁也得不到便宜。得便宜的是他们的公敌朱元璋，正应了古人"鹬蚌相争，渔翁得利"的话。元璋趁元朝内部打得火热，他便东征西讨，扩大地盘，充实军力。等到元璋北伐大军兵临城下，这几个英雄才肯放手，停止互相残杀，却又不肯也不甘心合作，眼看着友军一个个被击破，终于同归于尽，大家完事。

元军内讧的故事可以追溯到几年以前。

红军起事后，元朝正规军队完全无用。真正肯打仗的是义军，是由地主巨绅所组织的保卫私家财产生命的地方民兵。义军中最强大的有两支，一支是起自沈丘（今河南沈丘）的察罕帖木儿和李思齐，几年来连败红军，重占河北、关陕，克汴梁，定河南，号令达江浙，屯重兵太行山，正预备大举攻取山东时，和另一支义军发生了冲突。[1]

另一支是以义丁和刘福通作战有功，重占襄阳、亳州的答

1.《庚申外史》《元史·察罕帖木儿传》。

失八都鲁。答失八都鲁死，子孛罗帖木儿代其掌兵，移镇大同。山西晋冀之地都由察罕帖木儿平定，察罕东征，孛罗帖木儿强占晋冀，两军交战几年，元政府着急，屡次派人调停讲和，到至正二十年（公元1360年）双方才答应停战。察罕被刺，子扩廓帖木儿领兵山东，孛罗又领兵来争晋冀，内讧又起。[1]

同时还夹着元政府和宫廷的阴谋政变。

脱脱丞相贬死后，哈麻代为宰相。地位高了，想想从前进西天僧，劝皇帝行秘密法，都是丑事，见不得人，说不出口。阴谋废顺帝立皇太子，事泄被杀。太子生母高丽奇皇后和太子都不喜欢顺帝，仍旧阴谋废立，使宦官朴不花和丞相太平接头。太平不肯，太子怀恨，把太平也害死了。宫廷里自然而然分为两派，丞相搠思监和朴不花帮太子，贵臣老的沙帮皇帝。太子派靠扩廓做外援，皇帝派只好拉拢孛罗。

老的沙怕皇太子暗害，逃奔孛罗军中。皇太子怨孛罗收容仇人，搠思监、朴不花就诬害孛罗和老的沙图谋不轨。至正二十四年（公元1364年）四月诏命扩廓出兵讨伐。孛罗知道圣旨是假的，先下手为强，竟带大军进向大都，顺帝杀搠思监、朴不花谢罪，孛罗才回师大同。太子失败了，不甘心，逃出大都，再征扩廓兵打孛罗，攻大同。孛罗还是老文章，又举兵进攻大都，太子战败，逃到太原。孛罗入都，做中书右丞相。二十五年太子又调扩廓和诸路兵进攻，孛罗战败，被刺死于宫中，战事结束，扩廓入

1.《庚申外史》。

都代为丞相。

太子奔太原时，要仿效唐肃宗灵武故事，自立为皇帝，扩廓不依。到扩廓入大都，奇皇后又使人来说，要扩廓带重兵拥太子进宫，逼顺帝让位，扩廓又不肯。这样，太子母子都恨死了扩廓，结下深仇。扩廓在军中久了，做不惯丞相，朝中大臣嫌他不是根脚官人（世代贵族），有点另眼相看，扩廓没趣，自愿出外带兵。顺帝封他为河南王，代皇太子亲征。[1]

至正二十六年，扩廓回到河南，调度各处军马，用檄文调关中四将军会师。李思齐得调兵札，大怒，骂说："乳臭小儿，黄发还没退，敢来调我！我跟你父亲同乡里，同起义兵，你父亲进酒，还三拜才喝，你在我面前连站脚处都没有，居然称总兵，敢命令我！"下令各部，一戈一甲不许出武关，王保保（扩廓原名）来见，则整兵杀之。张良弼、孔兴、脱列伯三军也不受节制。扩廓军令不行，勃然大怒，把南征一事暂且放下，进军关中攻李思齐。思齐等四人也会兵，盟于含元殿，合力抵抗。两军相持连年，数百战，不分胜负。顺帝再三令扩廓停战，一意南征，扩廓不听。扩廓部将貊高带的是孛罗旧部，他们半路上计议："朝廷调我们打妖贼，如今却去打李思齐。李思齐是官军，官军杀官军，可不糊涂透顶？"逼貊高倒戈声讨扩廓。顺帝也心忌扩廓兵权太重，不听调度，太子从中挑拨，大臣们全说他坏话。顺帝决策，下诏书解除扩廓兵权，部兵分归诸将统率。特设抚军院，以太

1.《元史·顺帝本纪》《明史，扩廓帖木儿传》《庚申外史》。

子统率全国军马，专防扩廓。[1]

元璋特别看重间谍机构，训练了大批人员，又舍得花钱，侦探得上面说的详细情形，决定利用时机，南征北伐同时并进。十月，以徐达为征虏大将军，常遇春为副将军，率师二十五万，由淮入河，北伐中原。胡廷瑞为征南将军，何文辉为副将军，取福建。湖广行省平章杨璟、左丞周德兴，取广西。

取福建兵分三路，胡廷瑞、何文辉率步骑从江西度杉关为正兵，汤和、廖永忠由明州（今浙江宁波）以舟师取福州为奇兵，李文忠由浦城攻建宁为疑兵。陈友定的根据地延平（今福建南平）和福州犄角，建宁（今福建建瓯）则为延平外线据点，驻有重兵。三路大军分别出动，正兵使敌人以主力应战，奇兵使敌人不测所以，疑兵分敌人兵力。

陈友定，福建人，农人出身，为人沉着勇敢，讲义气，好打抱不平，在地方上很有点声望。西系红军进福建，友定站在地主方面，投效做民兵。立下战功，升为小兵官，占领很多城池，积官到福建行省平章，镇守闽中八郡。虽然威福自擅，刑赏在手，对元朝极为恭顺，年年运粮到大都。朱元璋占婺州后，和友定接境。至正二十五年二月，友定进攻处州，为西吴大将胡深所败。胡深乘胜追击，元璋调发江西驻军南下，准备两路会师，一举攻下延平。吃亏的是胡深孤军深入，太突出了，中伏被俘，为友定所杀。平闽计划受了挫折，暂时搁起。

---

1.《庚申外史》，《明史·扩廓帖木儿传》，《国初群雄事略》卷九《扩廓帖木儿》。

方国珍投降，西吴水师乘胜南下。友定和元朝本部隔绝，孤立无援。福州、建宁先后失守，延平被围。友定和僚属诀别，服毒自杀不死，被俘到应天。元璋责备他攻处州、杀胡深的罪过，友定不屈，厉声回答："国破家亡，死就算了，何必多说！"元璋发明一种刑罚叫铜马，就是古代炮烙之刑，拿友定来试验，伏上一会儿全身都化成灰。友定的儿子也同时被杀。[1]

西吴从出兵到克服延平，费时四月，从克服延平到平定全闽，又费了八个月工夫。

平定两广的战略，也是分兵三路：第一路杨璟、周德兴由湖南取广西；第二路陆仲亨由韶州（今广东曲江）捣德庆；第三路是平闽的水师，由海道取广州。第一路军于吴元年十月出发，第二、三路军于洪武元年（公元1368年）二月出发。所遇抵抗以第一路军为最大。从衡州到广西的进军路线，第一个名城永州（今湖南零陵），第二个全州（今广西全州），都经过激烈血战，才能占领，进围靖江（今广西桂林）。第二路军于三个月内平定北江和西江三角地带，隔断广州和靖江的交通。第三路军几乎是没有作战，廖永忠的使者向元江西分省左丞何真劝降，大军到潮州，何真就送上印章图籍户口，奉表归附，广州附近州县不战而下。廖沿西江入广西，北上会合第一军攻围靖江。两个月后，洪武元年六月，靖江城破。七月广西平定。两广全归元璋版图。[2]

1.郭造卿《陈友定传》，《明史·陈友定传》，《国初群雄事略》卷一二《陈友定》，《明太祖实录》卷二五。

2.《明太祖实录》卷二八，《明史》之《太祖本纪》《何真传》。

福建、两广平定后，南部除四川、云南以外，都连成一气了。大后方的人力和财力，供给北伐军以无限的助力。

北伐军的出发，事前元璋和刘基仔细商定了作战计划，再和诸将在军事会议上研究决定。常遇春提出的作战方案，是攻坚战术，以为南方都平安了，兵力有余，直取元都，以我百战的精兵，来消灭元朝疲惫的兵力，非胜不可，到都城攻下后，分兵扫荡，其他城池也可以不战而下。元璋的看法正好相反，指出直攻大都的危险性，以为元朝建了上百年的都城，防御工事一定很坚固。假定大军孤军深入，前有坚城，后边补给线被切断，元朝的援兵四面八方赶到，进不了，退不得，岂不坏事？不如用斫树的法子，先去枝叶，再挖老根，先取山东，撤掉大都的屏风，回师下河南，断掉它的羽翼，进据潼关，占领了它的门户，军事要点都拿到手了，再进围大都，那时势孤援绝，自然不战可取了。常遇春还是坚持上次直取平江的见解，以为巢穴根本一下，枝干自然不成问题，但没有计较到孤军深入，后方的交通线如何保持，万一被切断了，兵员和粮食的补充便陷入绝境，固然可以侥幸成功，但是太冒险了，非万全之计。元璋的战术是稳扎稳打，步步扩大，占领地和后方连在一起，补给线在自己的兵力控制之下，立于不败之地，确是胜算。诸将都同声说好。[1]

北伐军的统帅部，也经过严密慎重的组织。在平陈友

1.《明太祖实录》卷二一，《明史》之《徐达传》《常遇春传》，《平胡录》。

谅以前，诸将直接由元璋亲自指挥，不相统率。有一次打了大胜仗，常遇春把汉的降兵全部杀死，徐达阻止不住，才派定徐达做大将军，节制诸将。这次北伐大军，关系更重大，徐达用兵持重，有纪律，尤其要紧的，是生性小心谨慎，听话服从，靠得住，放得下心，任为征虏大将军，统率全军。常遇春冲锋陷阵，所向无敌，当着百万大军，决不气馁，勇敢先登，任为副将军。元璋担心他健斗轻敌，特别约束告诫，如大敌当前，以遇春做前锋，和参将冯胜分左右翼，将精锐进击。右丞薛显、参政傅友德勇冠诸军，使独当一面。大将军专主中军，责任是决定战略，策励诸将，不可轻动。[1]

元璋再三申明纪律，告谕将士以北伐意义，战争目的不只是略地攻城，重要的是推翻这个坏政府，解除人民痛苦。所经地方和打下的城子，不可乱杀人，不可抢财物，不要毁坏房屋、破损农具，勿杀耕牛，勿掠人子女，如今是堂堂正正的大军了，以前的作风都得改掉。如有收留下的遗弃儿女，父母亲戚来讨，得立刻还，不可勒掯，坏了名气。[2]

元璋是懂得宣传的好处的，文字上、口头上的好话有时比刀枪还有力量。要使北方人民明白大军北伐的意义，要解除北方官僚地主对红军的恐惧心理，瓦解元军的军心士气，火铳石炮没有作用，有用的是宋濂的文章。宋濂奉命写的告北方官吏人民的檄文说：

---

1.《明太祖实录》卷二一，高岱《鸿猷录》卷五《北伐中原》。

2.《明太祖实录》卷二一。

自古帝王临御天下，皆中国居内以制夷狄，夷狄居外以奉中国，未闻以夷狄居中国治天下者也。自宋祚倾移，元以北狄入主中国，四海内外，罔不臣服，此岂人力，实乃天授。彼时君明臣良，足以纲维天下，然达人志士，尚有冠履倒置之叹。自是以后，元之臣子，不遵祖训，废坏纲常，有如大德废长立幼，泰定以臣弑君，天历以弟鸩兄，至于弟收兄妻，子烝父妾，上下相习，恬不为怪，其于父子君臣夫妇长幼之伦，渎乱甚矣。夫人君者斯民之宗主，朝廷者天下之根本，礼义者御世之大防，其所为如彼，岂可为训于天下后世哉！

及其后嗣沈荒，失君臣之道，又加以宰相专权，宪台报怨，有司毒虐，于是人心离叛，天下兵起，使我中国之民，死者肝脑涂地，生者骨肉不相保，虽因人事所致，实天厌其德而弃之之时也。古云"胡虏无百年之运"，验之今日，信乎不谬。

当此之时，天运循环，中原气盛，亿兆之中，当降生圣人，驱逐胡虏，恢复中华，立纲陈纪，救济斯民。今一纪于兹，未闻有治世安民者，徒使尔等战战兢兢，处于朝秦暮楚之地，诚可矜悯。

方今河、洛、关、陕，虽有数雄，乃忘中国祖宗之姓，反就胡虏禽兽之名，以为美称。假元号以济私，恃有众以要君，凭陵跋扈，遥制朝权，此河洛之徒也。或众少力微，阻兵据险，贿诱名爵，志在养力，以俟衅隙，此关陕之人也。二者其始皆以捕妖人为名，乃得兵权。及妖人已灭，兵权已得，志骄气盈，无复尊主[1]庇民之意，互相吞噬，反为

1."尊主"一本作"尊元"。

生民之巨害，皆非华夏之主也。

予本淮右布衣，因天下大乱，为众所推，率师渡江，居金陵形势之地，得长江天堑之险，今十有三年。西抵巴蜀，东连沧海，南控闽越，湖湘汉沔，两淮徐邳，皆入版图，奄及南方，尽为我有。民稍安，食稍足，兵稍精，控弦执矢，目视我中原之民，久无所主，深用疚心。予恭承天命[1]，罔敢自安，方欲遣兵北逐群虏，拯生民于涂炭，复汉官之威仪，虑人民未知，反为我仇，挈家北走，陷溺尤深，故先谕告：兵至，人民勿避。予号令严肃，无秋毫之犯，归我者永安于中华，背我者自窜于塞外。盖我中国之民，天必命我中国之人以安之，夷狄何得而治哉！予恐中土久污膻腥，生民扰扰，故率群雄奋力廓清，志在逐胡虏，除暴乱，使民皆得其所，雪中国之耻，尔民其体之。

如蒙古、色目，虽非华夏族类，然同生天地之间，有能知礼义，愿为臣民者，与中夏之人抚养无异。故兹告谕，想宜知悉。[2]

这是元璋幕僚中儒生系统的杰作，代表几千年来儒家的正统思想。这篇文字的中心思想有两点：第一是民族革命，特别强调夷夏的分别，特别强调中国应由中国人自己来治理。过去不幸被外族侵入，冠履倒置，现在要"驱逐胡虏，恢复中华"了。这两句响亮动听的口号，比之红军初起时所

1.《明太祖实录》作"恭天成命"。

2.宋濂《宋学士文集》，《明太祖实录》卷二一，《鸿猷录·北伐中原》。

提出的恢复赵宋政权，已从狭隘地恢复一个已被遗忘的皇家，进而为广泛地恢复民族独立，进步何止千里！以此为号召，自然更能普遍地获得全民的拥护和支持，尤其是打动了儒生士大夫的心。第二是复兴道统，亦即旧有的文化思想的系统之恢复。文中指出“礼义者御世之大防”，也就是说“父子君臣夫妇长幼之伦”“朝廷者天下之根本”是纲是纪，这一套正是儒家的中心思想，也就是多少年来维持统治的金科玉律。大之治国，小之修身，从政治到生活，都套在这一个模子中。蒙古人入主中国，开头君明臣良，还能够纲维天下，中期以后，这模子被破坏了，弄得乱七八糟。如今北伐，目的在“立纲陈纪，救济斯民”，重建旧模子，恢复这个世世相传的传统文化和生活习惯。这比之红军初起时所宣传的弥勒佛和明王出世的空幻理想世界，已进而为更切实、具体的文化生活习惯的正常化，自然高明得多，能广泛地获得那苦于社会动荡的小民的拥护和支持，更能吸引儒生士大夫的深切同情。

骂元朝，说他破坏传统文化，说他政治贪污腐化，营私毒虐，是个坏政府，上天已经厌弃他了。

骂元朝将军，河洛指扩廓帖木儿，扩廓原来是汉人，名王保保，为母舅色目人察罕帖木儿养子，元帝赐以蒙古名，是抬举他算蒙古人的意思。关陕指李思齐等四将军。骂扩廓用外族名字，以夷变夏，跋扈要君。骂李思齐说他制造内乱，不忠于国。这两批有实力的人都要不得，不能做华夏之主。那么，谁应该来治理中国呢？下一段指出当然是出身“淮右布衣”的朱元璋。淮右布衣这一身份，以后极为元璋所喜爱，有时也稍变花样，说成“江左布衣”“淮西布衣”，等等。[1] 无论对内对外的诏令文告，有理无理都要插进这一句，成为卖弄成就的口头禅了。

妖人当然是指韩林儿。此地插进这一称呼，等于秃子骂和尚，用意是撇清，告诉北方人民，我在骂妖人，可见我绝非妖人，我说“妖人已灭”，更可见我绝非妖人。你们也许有怕红军的，我并非妖人，你们不必害怕。这说法表白他正面是讲礼义的，不同于元朝，也不同于红军，反面替自己洗刷，勾销了过去十七年来他是红军头目这一事实。

临了，说明要“拯生民于涂炭，复汉官之威仪”，揭出逐虏雪耻的使命。

最后，为了缓和蒙古、色目人的反抗心理，声明只要他们知礼义，加入中国文化系统，也就承认是中国公民，和中国人民一样看待。

前一年讨张士诚的檄文，只是消极地踢开红军，空洞地骂元政府。到这时候，才鲜明地、具体地、积极地提出民族革命的口号和保持传统文化的政纲。这是元璋幕府里儒生群的再次胜利，也是朱元璋的再次转变。

这一宣传文告的作用，使北方儒生士大夫放心了，因为已经不再是被毁灭的对象了。北方的农民也明白了，吴军之来，是为了恢复秩序，安定生活。官吏们不害怕了，只要投降就可保全。

---

1.读朱元璋的诏令，很难发现有几篇文字没有卖弄他出身“布衣”的。

蒙古、色目人也不像以前那样死命作战了，因为檄文说只要愿为臣民，就可得到保护。除了蒙古皇帝和贵族，全被宣传感动了。投降的、放下武器的，以至倒过枪尖来杀鞑子的，一天天加多，北伐军因之得以顺利进军，在很短的时间内，收复已经沦陷了四百三十年的土地，平定西北，统一全国。

北伐军徐达一军由淮入河是主力，征戍将军邓愈由襄阳北略南阳以北州郡是偏师，目的在分散元军兵力。

从军事进展情形看，徐达是按照预定的全盘计划，完美执行，一点没有差失的。这个计划如上文所说，要点是步步推进。第一步，从出师这天算起，到洪武元年（公元1368年）正月，前后三个多月，平定山东。

第二步由山东取河南。一路由南面取归德（今河南商丘）、许州（今河南许昌），和邓愈军会师，抄汴梁（今河南开封）的后路。一路南下，由郓城渡黄河直达陈桥，像两个钳子夹住，汴梁不战而降。进败元军于洛水，河南（今河南洛阳）降，河南全境平定。别将冯胜克潼关，李思齐、张良弼遁走。这是洪武元年三、四两个月间的事。

鲁、豫既定，潼关一军堵住元关中军的出路，三面包围大都的局势已定。五月，元璋亲自到汴梁，大会诸将，重新检讨战局和决定战略。

当北伐军以雷霆万钧之势，席卷中原，各地告急的羽书，雪片似飞向大都的时候，元军正忙于内讧，杀声震动大地，政局反复和军权转移，交会错综，缠夹不清。扩廓被解除兵权后，退兵据泽州(今山西晋城),威风一倒,部将关保投向政府。顺帝以为扩廓势孤,诏李思齐等军东出关,和貊高合军围攻扩廓,令关保以所部戍守太原。扩廓愤极,引军据太原,尽杀朝廷所置官吏。顺帝也急了,下诏书削扩廓在身官爵,令诸军四面讨伐。元璋大军就趁这时机,下山东,取汴梁,元将望风降附,无一人抵抗,无一军堵截,小城降,大城也降,汉宫汉将弃城逃走,蒙古、色目官将也弃城逃走,真正是“土崩瓦解”“势如破竹”。

到了潼关失守,貊高、关保又为扩廓所擒杀,顺帝才害怕发急,不好转圜,末了还是把一切过错都算是太子做的,取消抚军院,尽复扩廓官爵,令其和李思齐分道南征。两人也才着慌,正准备调遣军队,整装出发,可是太晚了,北伐军已经向大都推进,挽救不及了。

第三步攻势的目标才是大都。闰七月徐达大会诸将于临清,马步舟师沿运河直上,连下德州、通州。元军连吃败仗,毫无斗志。顺帝怕被俘虏,蹈徽、钦二帝和瀛国公的覆辙,二十八日夜三鼓,率后妃太子逃奔上都(开平,今察哈尔多伦县地[1])。[2]八月初二北伐军进入大都,沦陷了四百三十年的名都,到这一天才算光复旧物。从宋太祖到宋神宗以来,没有能够实践的民族愿望,算是达到目的了,历史的错误、污点,算是湔雪了。自古以来对北方蛮族的国防线——长城,从这一天起,再度成为中华人民的自卫堡垒了。蒙古政府——成吉思汗后人君

1.编者注:今内蒙古自治区多伦县西北。

2.《庚申外史》,《明史·太祖本纪》,《明太祖实录》卷三〇。

临中国的政权，从灭金算起，有一百三十四年，从灭宋算起，有九十年，到这一天，结束了！

元大都虽下，顺帝在上都依然可以发号施令，元军实力依然强大完整。徐达、常遇春移师进取山西、陕西，从洪武元年（公元1368年）八月到第二年八月，整整一年，才完成第四步的战果。在这一年内，元军不但坚持抵抗，而且还有力量做几次大规模反攻。在整个北伐战役中，可说是最艰苦的一段。

西征军从河北进入山西南部，扩廓遣将以兵来争泽州，大败西征军，又乘北平（元璋改大都为北平府）空虚，亲出雁门关偷袭。徐达得到情报，也不回救，径率大军直捣扩廓的根本太原。扩廓进军才到半路，回军援救，半夜被袭，不知所措，以十八骑北走，山西平。

洪武二年三月西征军入奉元路（今陕西西安），李思齐逃奔凤翔，又奔临洮，大军进逼，势穷力竭，只好投降。元军又乘虚攻通州，北平无重兵，常遇春、李文忠率步骑九万还救，直捣元上都（开平），元顺帝北逃沙漠，北平也转危为安。遇春暴卒，李文忠领兵会合大军并力西征，大败围攻大同的元军，生擒脱列伯，杀孔兴。顺帝见几次计划都已失败，知道不行了，叹一口气，从此打消了南下反攻的想头，定下心，重新回到他祖宗时幕天席地，跟水草转徙的生活，中国皇帝虽然做不成了，也还是称雄漠北的蒙古可汗。徐达大军继续西进，张良弼逃奔宁夏，为扩廓所执。其弟良臣以庆阳降，不久又反，城破被杀，陕西平定。

李思齐、孔兴、脱列伯、张良弼兄弟，降的降，死的死，元朝大将只剩扩廓帖木儿还拥大兵驻屯宁夏，不时出兵攻掠，边境守军不得安逸。刘基警告元璋说："不可轻看扩廓，此人真是将才。"洪武三年又命大将军徐达总大兵征沙漠，扩廓方围兰州，解围回救，大败奔和林（今蒙古库伦西南[1]）。五年，又动员大军分道进攻，到岭北为扩廓所大败。二十五年后元璋想起这次失败，还非常伤心，写信告诫他儿子朱棡、朱棣说："吾用兵一世，指挥诸将，未尝败北，致伤军士。正欲养锐，以观胡变。夫何诸将日请深入沙漠，不免疲兵于和林，此盖轻信无谋，以致伤生数万。"据同时人记载，连同过去几次的损失，合计死亡有四十多万人，元璋竟把责任推给诸将了。其实元璋对扩廓最不放心，曾说："如今天下一家了，尚有三事未了，挂在心头：一件少传国玺，一件王保保未擒，一件元太子无音问。"到洪武八年，扩廓死，西北的守军才得休息，元璋和他的将军们背地里都长出了一口气。[2]

察罕死后，扩廓继掌兵权，元璋曾打发人去通好，七次去信，好说歹说，求通商，求助讨孛罗，求两下互不侵犯，各守封疆，送锦绮纱罗，送马匹，吊丧，问候，全做到了，使者都被扣留，也不回信。扩廓孤军出塞以后，家属被俘，又使人送信去劝降，娶他妹子做第二子秦王妃，还是不理。最后派李思齐去，见面时扩廓以礼相待，辞回时还派骑士送到交界地方，正要分别，骑士说："奉总兵令，请留一点东西做纪念。"思齐答："我为公

1.编者注：今蒙古国乌兰巴托西南。

2.《草木子余录》，《庚申外史》，《明史·扩廓帖木儿传》，《国初群雄事略》卷九。

差远来，无以留赠。”骑士直说：“我要你的一只手臂。”思齐知不可免，只好砍掉一只手臂，回来后不几天就死了。[1]元璋以此益发心敬扩廓，一天大会诸将，问道：“我朝谁为奇男子？”都说：“常遇春将不过万人，横行无敌，真奇男子。”元璋笑说：“遇春虽然是人杰，我还可以臣服他。可是王保保就绝不肯，这人才是奇男子！”[2]

北方平定，洪武四年正月出兵伐夏。汤和为征西将军，周德兴、廖永忠为副将军，率舟师由瞿塘攻重庆；傅友德为征虏前将军，顾时为副将军，率步骑由秦陇取成都。

明玉珍，随州人。农人出身，身长八尺，目重瞳，性刚直，为乡里所服。徐寿辉起兵，玉珍招集乡人，结塞栅以保乡里，被推作屯长，寿辉使人招降，不得已加入红军，做统兵征虏大元帅。据蜀称帝后，保境安民，礼聘名士，专务节俭，开进士科，求雅乐，赋税十分取一，下令去释道二教，只奉弥勒，普遍建立弥勒佛堂。天下大乱，四川独能休兵息民，百姓安居乐业。在位五年，死时才三十六岁。子明升以十岁孩子继位，诸将争权，互相残杀，大权旁落，国势日渐衰弱。[3]

夏国见大军压境，倚仗瞿塘天险，以铁索横断关口，凿两岸石壁，引绳做飞桥，以木板置炮石、木杆、铁铳，两岸置炮，层层布防，以为舟师绝不能过。汤和水军果然被阻，三个月不能前

1.俞本《皇明纪事录》，《明史·扩廓帖木儿传》。

2.姚福《青溪暇笔》，《明史·扩廓帖木儿传》。

3.《明太祖实录》卷一六。

进一步。

夏人把重兵都配置在东线，北边防务空虚，傅友德趁机南下，连据名城，以克复城池日子写木牌，投在汉江。廖永忠得到消息，从间道绕过敌后，两面夹攻，断飞桥，烧铁索，水陆并进。夏兵抵挡不住，明升乞降。傅友德进攻成都，成都知重庆已失，也降。十月汤和等全定川蜀郡县，夏亡。[1]

陈友谅的儿子陈理和明升，后来一起被送到高丽去住，两家子孙到明朝中期还有人看到过。[2]

1.《明史·明玉珍传》，《国初群雄事略》卷五。

2.朝鲜《李朝实录》。

# 第四章 大皇帝的统治术

朱元璋汲取了元朝和历代王朝的灭亡教训，对宗教控制极严，让佛教回归山林，从此脱离了群众，得不到大众的响应；用亲子和养子牵制大将，逐渐将兵权收归手中；对农民实行里甲制度，互相监视，制定了路引（通行证或身份证），把农民禁锢在土地上，对整个社会的控制空前加强。

## 一、大明帝国和明教

吴元年（元至正二十七年，公元1367年）十二月，朱元璋的北伐大军已平定山东，南征军已降方国珍，移军福建，水陆两路都势如破竹。一片捷报声使应天的文武臣僚欢天喜地，估量军力、人事和元政府的无能腐败，加上元朝将军疯狂的内讧，荡平全国已经是算得出日子的事情了。苦战了十几年，为的是什么？无非是为做大官，拜大爵位，封妻荫子，大庄园，好奴仆，数不尽的金银钱钞，用不完的锦绮绸罗，风风光光，体体面面，舒舒服服过日子，如今这个日子来了。吴王要是升一级做皇帝，王府臣僚自然也进一等做帝国将相了。朱元璋听了朱升的话，“缓称王”，好容易熬了这多年才称王，称呼从主公改成殿下，如今眼见得一统在望，再也熬不住了，立刻要过皇帝瘾。真是同心一意，在前方砍杀声中，应天的君臣在商量化家为国的大典。

自然，主意虽然打定，自古以来做皇帝的一套形式，还是得照样搬演一下。照规矩，是臣下劝进三次，主公推让三次，文章都是刻板的滥调，于是，文班首长中书省左丞相宣国公李善长率文武百官奉表劝进："开基创业，既宏盛世之舆图，应天顺人，宜正大君之宝位……既膺在躬之历数，必当临御于宸居，伏冀俯从众请，早定尊称。"不用三推三让，只一劝便答应了。十天后，朱元璋搬进新盖的宫殿，把要做皇帝的意思，祭告于上帝皇祇说："惟我中国人民之君，自宋运告终，帝命真人于沙漠，入中国为天下主，其君父子及孙百有余年，今运亦终。其天下土地人民，豪杰分争。惟臣帝赐英贤，为臣之辅，遂戡定诸雄，息民于田野。今地周回二万里广，诸臣下皆曰生民无主，必欲推尊帝号，臣不敢辞，亦不敢不告上帝皇祇。是用明年正月四日于钟山之阳，设坛备仪，昭告帝祇，惟简在帝心。如臣可为生民主，告祭之日，帝祇来临，天朗气清。如臣不可，至日当烈风异景，使臣知之。"[1]

即位礼仪也决定了，这一天先告祀天地，再即皇帝位于南郊，丞相率百官以下和都民耆老拜贺舞蹈，连呼万岁三声。礼成，具皇帝卤簿威仪导从，到太庙追尊四代祖父母、父母都为皇帝皇后，再祭告社稷。于是皇帝服衮冕，在奉天殿受百官贺。天地社

1.《明太祖实录》卷二四。

稷、祖先百官和都民耆老都承认了，朱元璋成为合法的皇帝。

皇帝的正殿命名为奉天殿，皇帝诏书的开头也规定为奉天承运。原来元时皇帝白话诏书的开头是“长生天气力里，大福荫护助里”，文言译作“上天眷命”，朱元璋以为这口气不够谦卑奉顺，改作奉作承，为“奉天承运”，表示他的一切行动都是奉天而行的，他的皇朝是承方兴之运的，谁能反抗天命？谁又敢于违逆兴运？

洪武元年正月初四，朱元璋和文武臣僚照规定的礼仪节目，逐一搬演完了，定天下之号曰大明，建元洪武，以应天为京师。去年年底，接连下雨落雪，阴沉沉的天气，到大年初一雪停了，第二天天气更好，到行礼这一天，竟是大太阳，极好的天气，元璋才放了心。回宫时忽然想起陈友谅采石矶的故事，做皇帝这样一桩大事，连日子也不挑一个，闹得拖泥带水，衣冠污损，不成体统，实在好笑，怪不得他没有好下场。接着又想起这日子是刘基拣的，真不错，开头就好，将来会更好，子子孙孙都会好，越想越喜欢，不由得在玉辂里笑出声来。

奉天殿受贺后，立妃马氏为皇后，世子标为皇太子，以李善长、徐达为左右丞相，各文武功臣也都加官晋爵。皇族不管死的活的，全部封王。一霎时闹闹嚷嚷，欣欣喜喜，新朝廷上下充满了蓬勃的气象，新京师里添了几千家新贵族，历史上也出现了一个新朝代。[1]

---

1.《明太祖实录》卷二五。

皇族和其他家族组织成功一个新统治集团，代表这集团执行统治的机构是朝廷，这朝廷是为朱家皇朝服务的，朱家皇朝的建立者朱元璋，给他的皇朝起的名号是大明。

大明这一朝代名号的决定，事前曾经过长期的考虑。

历史上的朝代称号，都有其特殊的意义。大体上可以分作四类：第一类用初起时的地名，如秦，如汉。第二类用所封的爵邑，如隋，如唐。第三类用特殊的物产，如辽（镔铁），如金。第四类用文字的含义，如大真、大元。[1] 大明不是地名，也不是爵邑，更非物产，应该归到第四类。

大明这一国号出于明教。明教有明王出世的传说，主要的经典有《大小明王出世经》。经过了五百多年公开的、秘密的传播，明王出世成为民间所熟知、所深信的预言。这传说又和佛教的弥勒降生说混淆了，弥勒佛和明王成为二位一体的人民救主。韩山童自称明王起事，败死后，他的儿子韩林儿继称小明王，西系红军别支的明升也称小明王。朱元璋原来是小明王的部将，害死小明王，继之而起，国号也称大明。[2] 据说是刘基提出的主意。[3]

朱元璋部下分红军和儒生两个系统，这一国号的采用，使两方面人都感觉满意。就红军方面说，大多数都起自淮西，受了

1.赵翼《廿二史札记》卷二九《元建国号始用文义》条。

2.孙宜《洞庭集·大明初略四》："国号大明，承林儿小明号也。"《清华学报》卅周年纪念号吴晗《明教与大明帝国》。

3.祝允明《野记》卷一。

彭莹玉的教化，其余的不是郭子兴的部属，就是小明王的余党、天完和汉的降将，总之，都是明教徒。国号大明，第一，表示新政权还是继承小明王这一系统，所有明教徒都是一家人，应该团结在一起，共享富贵；第二，告诉人“明王”在此，不必痴心妄想，再搞这一套花样子；第三，使人民安心，本本分分来享受明王治下的和平合理生活。就儒生方面说，固然和明教无渊源，和红军处于敌对地位，用尽心机，劝诱朱元璋背叛明教，遗弃红军，暗杀小明王，另建新朝代，可是，对于这一国号，却用儒家的看法去解释。“明”是光亮的意思，是火，分开是日月，古礼有祀“大明”朝日夕月的说法，千百年来“大明”和日月都算是朝廷的正祀，无论是列作郊祭或特祭，都为历代皇家所看重、儒生所乐于讨论的。而且，新朝是起于南方的，和以前各朝从北方起事平定南方的恰好相反。拿阴阳五行之说来推论，南方为火，为阳，神是祝融，颜色赤，北方是水，属阴，神是玄冥，颜色黑，元朝建都北平，起自更北的蒙古大漠，那么，以火制水，以阳消阴，以明克暗，不是恰好？再则，历史上的宫殿名称有大明宫、大明殿，古神话里，“朱明”一名词把国姓和国号连在一起，尤为巧合。因此，儒生这一系统也赞成用这国号。一些人是从明教教义，一些人是从儒家经说，都以为合适、对劲。[1]

元朝末年二十年的混战，宣传标榜的是“明王出世”，是“弥勒降生”的预言。朱元璋是深深明白这类预言、这类秘密组

1.吴晗《明教与大明帝国》。

织的意义的。他自己从这一套得到机会和成功，成为新兴的统治者，要把这份产业永远保持下去，传之子孙，再也不愿意、不许别的人也来耍这一套，危害治权。而且，“大明”已经成为国号了，也应该保持它的尊严。为了这，建国的第一年就用诏书禁止一切邪教，尤其是白莲社、大明教和弥勒教。接着把这禁令正式公布为法律，《大明律·礼律》“禁止师巫邪术”条规定：“凡师巫假降邪神，书符咒水，扶鸾祷圣，自号端公、太保、师婆，妄称弥勒佛、白莲社、明尊教、白云宗等会，一应左道乱正之术，或隐藏图像，烧香集众，夜聚晓散，佯修善事，扇惑人民，为首者绞，为从者各杖一百，流三千里。”句解：“端公、太保，降神之男子；师婆，降神之妇人。白莲社如昔远公修净土之教，今奉弥勒佛十八龙天持斋念佛者。明尊教谓男子修行斋戒，奉牟尼光佛教法者。白云宗等会，盖谓释氏支流派分七十二家，白云持一宗如黄梅、曹溪之类也。”明尊教即明教，牟尼光佛即摩尼。《昭代王章》条例：“左道惑众之人，或烧香集徒，夜聚晓散，为从者及称为善友，求讨布施，至十人以上，事发，属军卫者俱发边卫充军，属有司者发口外为民。”善友也正是明教教友称号的一种。招判枢机定师巫邪术罪款说：“有等捏怪之徒，罔顾明时之法，乃敢立白莲社，自号端公，拭清风刀，人呼太保。尝云能用五雷，能集方神，得先天，知后世，凡所以煽惑人心者千形万状，小则人迷而忘亲忘家，大即心惑而丧心丧志，甚至聚集成党，集党成祸，不测之变，种种立见者，其害不可胜言也。”[1]何等可怕，不禁怎么行？温州、泉州的大明教，从南宋以来就根深蒂固地流传在民间，到明初还“造饰殿堂甚侈，民之无业者咸归之”。因为名犯国号，教堂被毁，教产被没收，教徒被逐归农。[2]甚至宋元以来的明州，也改名为宁波。[3]明教徒在严刑压制之下，只好再改换名称，藏形匿影，暗地里活动，成为民间的秘密组织了。

事实是，法律的条款和制裁，并不能，也不可能阻止人民对政治的失望。朱元璋虽然建立了大明帝国，并没有替人民解除痛苦，改善生活，故二十年后，弥勒教仍在农村里传播，尤其是江西。朱元璋在洪武十九年年底告诫人民说：“元政不纲，天将更其运祚，而愚民好作乱者兴焉。初本数人，其余愚者闻此风而思为之，合共谋倡乱。是等之家，吾亲目睹……秦之陈胜、吴广，汉之黄巾，隋之杨玄感、僧向海明，唐之王仙芝，宋之王则等辈，皆系造言倡乱者，致干戈横作，物命损伤者既多。比其事成也，天不与首乱者，殃归首乱，福在殿兴。今江西有等愚民，妻不谏夫，夫不戒前人所失，夫妇愚于家，反教子孙，一概念诵南无弥勒尊佛，以为六字，又欲造祸，以殃乡里……今后良民凡有六字者即时烧毁，毋存毋奉，永保己安，良民戒之哉！”特别指

1.以上并据“玄览堂丛书”本《昭代王章》。

2.宋濂《芝园续集》卷四《故岐宁卫经历熊府君墓铭》，何乔远《闽书》卷七《方域志》。

3.吕毖《明朝小史》卷二。

出凡是造言首事的都没有好下场，“殃归首乱”，只有自己是跟从的，所以“福在殿兴”。劝人民不要首事肇祸，脱离弥勒教，翻来覆去地说，甚至不惜拿自己做例证，可以看出当时民间对现实政治的不满意和渴望光明的情形。

政府对明教的压迫虽然十分严厉，小明王在西北的余党却仍然很活跃。从洪武初年到永乐七年（公元1409年）四十多年间，王金刚奴自称四天王，在沔县西黑山天池平等处，以佛法惑众，其党田九成自称后明皇帝，年号还是龙凤，高福兴自称弥勒佛，帝号和年号都直承小明王，根本不承认这个新兴的朝代。前后攻破屯寨，杀死官军。[1] 同时西系红军的根据地蕲州，永乐四年“妖僧守座聚男女，立白莲社，毁形断指，假神扇惑”被杀。永乐七年在湘潭，十六年在保定新城县，都曾爆发弥勒佛之乱。[2] 以后一直下来，白莲教、明教的教徒在不同时期、不同地点传播以至起义，可以说是史不绝书。虽然都被优势的武力所平定了，也可以看出这时代，人民对政府的看法和愤怒的程度。[3]

## 二、农民被出卖了！

朱元璋经过二十几年的现实教育，在流浪生活中，在军营里，在作战时，在后方，随处学习，随时训练自己，更事事听人劝

1.《明成祖实录》卷九〇，沈德符《野获编》卷三〇《再僭龙凤年号》。

2.《明成祖实录》卷五六、九六、二〇〇。

3.本节参看吴晗《明教与大明帝国》。

告，征求专家的意见。他在近代史上，不但是一个以屠杀著名的军事统帅，也是一个最阴险残酷的政治家。

他的政治才能，表现在所奠定的帝国规模上。

在红军初起时，标榜复宋，韩林儿诈称是宋徽宗的子孙，固然可以暂时地产生政治刺激作用，可是这时距宋朝灭亡已经七十年了，宋朝的遗民故老死亡已尽，七十年后的人民对历史上的皇朝，对一个被屈辱的家族，并不感觉到亲切、怀念、依恋。而且，韩家父子是著名的白莲教世家，突然变成赵家子孙，谁都知道是冒牌，真的都不见得有人理会，何况是假货？到朱元璋北伐时，严正地提出民族独立自主的新号召，汉人应该由汉人自己治理，应该用自己的方式生活，保存原有的文化系统，这一崭新的主张，博得全民族的热烈拥护，瓦解了元朝治下汉官汉兵的敌对心理。在檄文中，更进一步提出，蒙古、色目人只要参加这一文化系统，就一体保护，认其为皇朝的子民。这一举措，不但降低了敌人的抵抗和挣扎行为，并且也吸引过来一部分敌人，化敌为友。到开国以后，这同化的主张仍然被尊为国策，对于参加华族文化集团的外族，并不歧视，蒙古、色目的官吏和汉人同样登用，在朝廷有做到尚书、侍郎大官的，地方做知府、知县，一样临民办事。[1] 在军队里更多，甚至在亲军中也有蒙古军队和军官。[2] 由政府编制勘合（合同文书），给赐汉人姓名，和

1.《明太祖实录》卷一九九、二〇二，《明史》卷一三八《周祯传》、卷一四〇《道同传》。

2.《明太祖实录》卷七一、一九〇。

汉人一无分别。[1] 婚姻则制定法令，准许和汉人通婚，务必要两厢情愿，如汉人不愿，许其同族自相嫁娶。[2] 这样，蒙古、色目人陶育融洽，几代以后，都同化为中华民族的成员了。内中有十几家军人世家，替明朝立下不可磨灭的功绩。对于塞外的外族，则继承元朝的抚育政策，告诉他们新朝仍和前朝一样，尽保护提携的责任，各安生理，不要害怕。

相反的，下诏书恢复人民的衣冠，如唐朝的式样；蒙古人留下的习俗，辫发、椎髻、胡服（男子着裤褶窄袖及辫线腰褶，妇女衣窄袖短衣，下服裙裳）、胡语、胡姓一切禁止。[3] 蒙古习俗丧葬作乐娱尸，礼仪官品座位以右手为尊贵，也逐一改正。[4] 复汉官之威仪，参酌古代礼经和事实需要，规定了各阶层的生活服用、房舍、舆从种种规范和标准，使人民有所遵守。

红军之起，最主要的目的是要实现经济的、政治的、民族的地位平等。在民族方面说，大明帝国的建立已经使汉族成为统治民族，有压迫少数民族的特权，而无被异族压迫的痛苦了。可是，在经济政治方面，虽然推翻了异族对汉族的特权，但就中华民族本身而说，地主对农民的剥削压迫特权，并没有因为胡人的被逐走而有所改变。

元末的农民，大部分参加红军，破坏旧秩序和旧的统治机

---

1.《明太祖实录》卷五〇，《明成祖实录》卷三三。

2.《大明律》卷六《户律》。

3.《明太祖实录》卷三〇。

4.《明史·太祖本纪》。

构。地主的利益恰好相反，他们要保全自己的生命财产，就不能不维持旧秩序，就不能不拥护旧政权。在战争爆发之后，地主们用全力来组织私军，称为民军或义军，建立堡寨，抵抗农民的袭击。这一集团的组成分子，包括现任和退休的官吏、乡绅、儒生和军人，总之，都是丰衣足食、面团团的地主阶层人物。这些人受过教育，有知识，有组织能力，在地方有号召的威望。虽然各地方的地主各自作战，没有统一的指挥和作战计划，战斗力量也有大小强弱之不同，却不可否认是一个比元朝军队更为壮大、更为顽强的力量。他们绝不能和红军妥协，也不和打家劫舍的草寇或割据一隅的群雄合作。可是，等到有一个新政权建立，而这一个新政权是有足够的力量保护地主利益、维持地方秩序的时候，也就毫不犹豫地拥戴这一属于他们自己的新政权了。[1]同时，新朝廷的一批新兴贵族、官僚，也因劳绩获得大量土地，成为新的地主。（洪武四年十月的公侯佃户统计，六国公二十八侯，凡佃户三万八千一百九十四户。）[2] 新政府对这两种地主的利益，是不敢不，也不能不特别尊重的。这样，农民的生活问题，农民的困苦，就被搁在一边，无人理睬了。

朱元璋和大部分臣僚都是农民出身的，过去曾亲身受过地主的剥削和压迫。但在革命的过程中，本身的武装力量不够强大，眼看着小明王是被察罕帖木儿，李思齐和孛罗帖木儿两支地主军打垮了的，为了要成事业，不能不低头赔小心，争取地

1.《清华学报》十一卷二期吴晗《元帝国之崩溃与明之建国》。

2.《明太祖实录》卷六八。

主们的人力、财力的合作。又恨又怕，在朱元璋的心坎里，造成了微妙的、矛盾的、敌对的心理，产生了对旧地主的两面政策。正面是利用有学识、有社会声望的地主，任命为各级官吏和民间征收租粮的政府代理人，建立他的官僚机构。原来经过元末多年的战争，学校停顿，人才缺乏，将军们会打仗，不会做办文墨的事务官。有些读书人，怕朱元璋的残暴、侮辱，百般逃避，抵死不肯做官，饶是立了“士人不为君用”就要杀头的条款，还是逼不出够用的人才。没奈何只好拣一批合用的地主，叫作税户人才，任为地方县令长、知州、知府、布政使，以至朝廷的九卿。另外，因为地主熟悉地方情形，收粮和运粮都比地方官经手方便且省事，而且可以省去一层中饱，乃规定每一收粮万石的地方，派纳粮最多的大地主四人做粮长，管理本区的租粮收运。这样，旧地主做官、做粮长，加上新贵族新官僚的新地主，构成了新的统治集团。[1] 反面则用残酷的手段，消除不肯合作的旧地主。一种惯用的方法是强迫迁徙，使地主离开原有土地，集中到濠州、京师（今江苏南京）、山东、山西等处，釜底抽薪，根本削除了他们在地方的势力。另一种是用苛刑诛灭，假借种种政治案件，株连牵及，一网打尽，灭门抄家。洪武朝的几桩大案，如胡惟庸案、蓝玉案、空印案，屠杀了几万家，不用说了，甚至地方上一个皂隶的逃亡，就屠杀抄没了几百家。洪武十九年朱元璋公布这案子说：“民之顽者，莫甚于溧阳、广德、建平、宜兴、安

1.《云南大学学报》第二期吴晗《明代之粮长及其他》。

吉、长兴、归安、德清、崇德蒋士鲁等三百七户。且如潘富系溧阳县皂隶，教唆官长贪赃枉法，自己挟势持权，科民荆杖。朕遣人按治，潘富在逃，自溧阳节次递送至崇德豪民赵真胜奴家。追者回奏，将豪民赵真胜奴并二百余家尽行抄没，持杖者尽皆诛戮，沿途节次递送者一百七十户，尽行枭令，抄没其家。”[1] 豪民尽皆诛戮，抄没的田产当然归官，再由皇帝赏赐给新贵族、新官僚，用屠杀的手段加速度改变土地的持有人。据可信的史料，三十多年中，浙东浙西的故家巨室几乎到了被肃清的地步。[2]

为了增加政府的收入，实现财力和人力的充分利用，朱元璋用二十年的工夫，大规模举行土地丈量和人口普查，六百年来若干朝代若干政治家所不能做到的事情，算是划时代地完成了。丈量土地的原因，是因为过去六百年没有实地普遍调查，土地簿籍和实际情形完全不符合，而且连不符合的簿籍大部分都已丧失，半数以上的土地不在簿籍上，逃避政府租税；半数的土地面积和负担轻重不一样，极不公平。地主的负担转嫁给贫农，土地越多的交租越少，土地越少的交租越多，由之，富的愈富，穷的更穷。经过实际丈量以后，所有过去逃税的土地登记完粮。全国土地，记载田亩面积方圆，编列字号，和田主姓名，制成文册，名为鱼鳞图册。政府据以定赋税标准。洪武二十六年（公元1393年），全国水田总数八百五十万七千六百二十三顷，[3] 夏秋二税收麦四百七

1.《大诰三编，递送潘富第十八》。

2.吴晗《明代之粮长及其他》。

3.《明史·食货志一·田制》。

十余万石，米二千四百七十余万石，和元代全国岁入粮数一千二百十一万四千七百余石比较，增加了一倍半。[1]

人口普查的结果，编定了赋役黄册，把户口编成里甲，以一百一十户为一里，推丁粮多的地主十户做里长，余百户为十甲，每甲十户，设一甲首。每年以里长一人甲首一人，管一里一甲之事，先后次序根据丁粮多少，每甲轮值一年。十甲在十年内先后轮流为政府服义务劳役。一甲服役一年，有九年的休息。每隔十年，地方官以丁粮增减重新编定黄册，使之合乎实际。洪武二十六年统计，全国有户一千六百五万二千六百八十，口六千五十四万五千八百十二。[2] 比之元朝极盛时期——世祖时期的户口，户一千一百六十三万三千二百八十一，口五千三百六十五万四千三百三十七，[3] 户增加了四百四十万，口增加了七百万。

表面上，派大批官吏核实全国田土，定其赋税，详细记载原坂、坟衍、下隰、沃瘠、沙卤的区别，凡置卖田土，必须到官府登记税粮科则，免去贫民产去税存的弊端；十年一次的劳役，轮流休息，又似乎是替一般穷人着想的。其实，穷人是得不到好处的，因为执行丈量的是地主，征收租粮的还是地主，里长甲首依然是地主，地主是绝不会照顾小自耕农和佃农的利益的。而

1.《明史·食货志二·赋役》。《明太祖实录》卷二三〇计作“粮储三千二百七十八万九千八百余石”。《元史》卷九三《食货志·税粮》。

2.《明史·食货志·户口》。《明太祖实录》卷二一四：“洪武二十四年十二月，天下郡县更造赋役黄册成，计人户一千六十八万四千四百三十五，口五千六百七十七万四千五百六十一。”

3.《元史》卷九三《食货志，农桑》。

且，愈是大地主，愈有机会让子弟受到教育，通过科举成为官僚绅士，官僚绅士享有非法的逃避租税、合法的免役之权。前一例子，朱元璋说得很明白："民间洒派、包荒、诡寄、移丘、换段，这等俱是奸顽豪富之家，将次没福受用财富田产，以自己科差洒派细民。境内本无积年荒田，此等豪猾，买嘱贪官污吏，及造册书算人等……当科粮之际，作包荒名色，征纳小户。书算手受财，将田洒派，移丘换段，作诡寄名色，以此靠损小民。"[1] 后一例子，洪武十年（公元1377年）朱元璋告诉中书省官员："食禄之家，与庶民贵贱有等，趋事执役以奉上者，庶民之事。若贤人君子，既贵其身，而复役其家，则君人野人无所分别，非劝士待贤之道。自今百司见任官员之家，有田土者，输租税外，悉免其徭役。着为令。"[2] 不但见任官，乡绅也享受这特权。洪武十二年又着令："自今内外官致仕还乡者，复其家终身无所与。"[3] 连在学的学生、生员之家，除本身外，户内也优免二丁差役。[4] 这样，现任官、乡绅、生员都逃避租税，豁免差役，完粮当差的义务，便完全落在自耕农和贫农的身上了。他们不但出自己的一份，连官僚绅士地主的一份，也得一并承当下来。统治集团所享受的特权，造成了更激烈的加速度的兼并，土地愈集中，人民的负担愈重，生活愈困苦。这负担据朱元璋说是"分"，即应尽的义务，洪武十五年他叫户部出

1.《大诰续编·洒派包荒第四五》。

2.《明太祖实录》卷一一一。

3.《明太祖实录》卷一二六。

4.张居正《张太岳集》卷三九《请申旧章饬学政以振兴人才疏》。

榜晓谕两浙江西之民说："为吾民者当知其分，田赋力役出以供上者，乃其分也。能安其分，则保父母妻子，家昌身裕，斯为忠孝仁义之民。"不然呢？"则不但国法不容，天道亦不容矣！"应该像"中原之民，惟知应役输租，无负官府"。只有如此，才能"上下相安，风俗淳美，共享太平之福！"[1]

里甲的组织，除了精密动员人力以外，最主要的任务是布置全国性的特务网，严密监视并逮捕危害统治的人物。

朱元璋发展了古代的传、过所、公凭这一套制度，制定了路引（通行证或身份证）。法律规定："凡军民人等往来，但出百里即验文引。如无文引，必须擒拿送官。仍许诸人首告，得实者赏，纵容者同罪。天下要冲去处，设立巡检司，专一盘诘往来奸细及贩卖私盐犯人、逃囚、无引面生可疑之人。"[2] 处刑的办法："凡无文引，私度关津者杖八十。若关不由门，津不由渡而越度者杖九十。若越度缘边关塞者，杖一百，徒三年；因而出外境者绞。"军民的分别："若军民出百里之外不给引者，军以逃军论，民以私度关津论。"这制度把人民的行动范围，用无形的铜墙铁壁严密圈禁。路引是要向地方官请领的，请不到的，便被禁锢在生长的土地上，行动不能出百里之外。

要钳制监视全国人民，光靠巡检司是不够的，里甲于是被赋予了辅助巡检司的任务。朱元璋在洪武十九年手令"要人民互相知丁"，知丁是监视的意思。

---

1.《明太祖实录》卷一五〇。

2.《弘治会典》卷一一三。

诰出，凡民邻里互相知丁。互知务业，俱在里甲，县府州务必周知。市村绝不许有逸夫。若或异四业而从释道者，户下除名。凡有夫丁，除公占外，余皆四业，必然有效。

一、知丁之法：某民丁几，受农业者几，受士业者几，受工业者几，受商业者几。且欲士者志于士，进学之时，师友某氏，习有所在，非社学则入县学，非县必州府之学，此其所以知士丁之所在。已成之士为未成士之师，邻里必知生徒之所在。庶几出入可验，无异为也。

一、农业者不出一里之间，朝出暮入，作息之道互知焉。

一、专工之业，远行则引明所在，用工州里，往必知方。巨细作为，邻里采知。巨者归迟，细者归疾，出入不难见也。

一、商：本有巨微，货有重轻，所趋远近水陆，明于引间。归期艰限，其业邻里务必周知。若或经年无信，二载不归，邻里当觉（报告）之询故。本户若或托商在外非为，邻里勿干。

逸夫指的是无业的危险分子。如不执行这命令：

一里之间，百户之内，仍有逸夫，里甲坐视，邻里亲戚不拿，其逸夫或于公门中，或在市闾里，有犯非为，捕获到官，逸夫处死，里甲四邻化外之迁，的不虚示。[1]

1.《大诰续编·互知丁业第三》。

又说

此诰一出，自京为始，遍布天下。一切臣民，朝出暮入，务必从容验丁。市井人民，舍客之际，辨人生理，验人引目。生理是其本业，引目相符而无异，犹恐托业为名，暗有他为。虽然业与引合，又识重轻巨微贵贱，倘有轻重不伦，所赍微细，必假此而他故也，良民察焉。[1]

异为，非为，他为，他故，都是法律术语，即不轨、不法的意思。前一手令是里甲邻里的连坐法，后一手令是旅馆检查规程，再三叮咛训示，把里甲和路引制度关联成为一体，不但圈禁人民在百里内，而且用法律、用手令强迫每一个人都成为政府的代表，执行调查、监视、告密、访问、逮捕的使命。[2]

## 三、新官僚养成所

专制独裁的君主，用以维持和巩固皇权的两套法宝，一是军队，二是官僚机构。用武力镇压，用公文统治，皇权假如是车子，军队和官僚便是两个车轮，缺一不可。

朱元璋从亲兵爬到宋朝的丞相国公，做吴王，一直做到皇

1.《大诰续编·辨验丁引第四》。

2.《中国建设》月刊五卷四期吴晗《传·过所·路引的历史》。

帝，本来是靠武力起的家，有的是军队，再加上刘基的组织方案——军卫法，一个轮子有了。

另一个轮子可有点麻烦，从朝廷到地方，从部院省寺府监到州县，各级官僚十几万人，白手起家的朱元璋，从哪儿去找这么些听话的、忠心的、能干的文人？

用元朝的旧官僚吧？经过二十年战争的淘汰，生存的为数已不甚多，会办事有才力的一批，早已来投效了。不肯来的，放下脸色一吓唬，说是："您不来，敢情在打别的主意？"[1] 也不敢不来。剩下的不是贪官污吏，便是老朽昏庸；不是眷怀旧国的恩宠，北迁沙漠，[2] 便是厌恶新朝的暴发户派头，恐惧新朝的屠杀侮辱，遁迹江湖，埋名市井。[3] 尽管新朝用尽了心机，软说硬拉，要凑齐这个大班子，人数还差得太远。

第二想到的是元朝的吏。元朝是以吏治国的。从元世祖以后，甚至执政大臣也用吏来充当，造成风气。[4] 朱元璋深知法令愈繁冗，条格愈详备，一般人不会办，甚至不能懂，吏就愈方便舞文弄弊，闹成吏治代替了官治，代替了君治，这是万万要不得的。[5]

第三只好起用没有做过官的读书人了。读书人当然想做官，可是也有顾忌。顾忌的是失身份："海岱初云扰，荆蛮遂土崩。

---

1.《明史》卷二八五《张以宁传》附《秦裕伯传》。

2.《明史》卷一二四《扩廓帖木儿传》附《蔡子英传》，《明太祖实录》卷一一〇。

3.《明史》卷二八五《杨维桢传》《丁鹤年传》。

4.余阙《青阳先生文集》卷四《杨君显民诗集序》。

5.《明太祖实录》卷二六、一二六。

王公甘久辱，奴仆尽同升。”[1] 和奴仆同升也许还不大要紧，要紧的是这个政权还不大巩固，对内未统一；对外，北边蒙古还保有强大力量。顾忌的是这个政权是淮帮，大官位都给淮人占完了：“两河兵合尽红巾，岂有桃源可避秦？马上短衣多楚客，城中高髻半淮人。”[2] 更顾忌的是恐怖的屠杀凌辱，做官一有差跌，不是枭首种诛，便是戴斩罪镣足办事，“以鞭笞捶楚为寻常之辱，以屯田工役为必获之罪”。[3] 不是不得已，又谁敢做官？

第四是任用地主做官，称为荐举。有富户、耆民、孝弟力田、税户人才（纳粮最多的大地主）等名目。有一出来便做朝廷和地方的大官的，最多的一次到过三千七百多人。[4] 可是，还不够用，而且，这些地主官僚的作风，也不完全适合新朝统治的需要。

旧的人才不够用，只好想法培养新的了。朱元璋决心用自己的方法，新造一个轮子——国子监，来训练大量的新官僚。

国子监的教职员，从祭酒（校长）、司业、博士、助教、学正到监丞，都是朝廷命官，任免都出于吏部，国子监官到监是上任做官，学校是学校官的衙门。政治和教育一体，官僚和师儒一体。祭酒虽然是衙门首长，“严立规矩，表率属官”，但是，并无聘任教员之权，因为一切教职员都是吏部派的。监丞品位虽低，却参领监事，凡教官怠于师训，生员有戾规矩，课业不精，

1.贝琼《清江贝先生诗集》卷八《黄湾述怀二十二韵寄钱思复》。

2.《清江贝先生诗集》卷五《秋思》。

3.《明史》卷一三九《叶伯巨传》。

4.《明史》卷七一《选举志》。

并从纠举。不但管学生规矩课业，还兼管教员教课成绩。办公处叫绳愆厅，特备有行扑红凳二条，拨有直厅皂隶二名，“扑作教刑”，刑具是竹篦，皂隶是行刑人，红凳是让学生伏着挨打的。照规定，监丞立集愆册一本，各堂生员敢有不遵学规，即便究治。初犯记录（记过），再犯决竹篦五下，三犯决竹篦十下，四犯发遣安置（开除，充军，罚充吏役）。监丞对学生，不但有处罚权，而且有执行刑讯之权，学校、法庭、刑场合而为一。当然，判决和执行都是片面的，学生绝对没有辩解申说和要求上诉的权利。[1] 膳夫由朝廷拨死囚充役，如三遍不听使令，即处斩刑，学校又变作死囚的苦工场了。[2]

学校的教职员全是官，学生呢？来源有两类，一类是官生，一类是民生。官生又分两等，一等是品官子弟，一等是外夷子弟（包括日本、琉球、暹罗和西南土司子弟）。官生是由皇帝指派分发的，民生是由各地地方官保送府州县学的生员。[3] 原来立学的目的，是为了训练官生如何去执行统治，名额是一百五十名，民生只占五十名。[4] 后来官生入学的日少，民生依法保送的日多，以洪武二十六年（公元1393年）的在学人数为例，总数八千一百二十四名，里面官生只有四名。国子监已经失去原来的用意，成为广泛训练民生做官的机构了。

1.黄佐《南雍志》卷九《学规本末》。

2.《南雍志》卷十《谟训考》。

3.《南雍志》卷一五。

4.《大明律令》。

功课内容分《御制大诰》《大明律令》、四书五经、刘向《说苑》等书。[1] 最重要的是《大诰》。《大诰》是朱元璋自己写的，还有续编、三编、《大诰武臣》，一共四册。主要的内容是列举所杀官民罪状，使官民知所警戒，和教人民守本分，纳田租，出夫役，老老实实听朝廷当差的训话。洪武十九年以《大诰》颁赐监生，二十四年令"今后科举岁贡生员，俱以《大诰》出题试之"。礼部行文国子监正官，严督诸生熟读讲解，以资录用，有不遵者，以违制论。[2] 违制是违抗圣旨的法律术语，这罪名是非同小可的。至于《大明律令》，因为学生的出路是做官，当然是必读书。四书五经是儒家的经典，治国平天下的大道理都在里面。孔子的思想是没有问题的，尊王正名，君君臣臣父父子子这一大套，最合帝王的脾胃，所以朱元璋面谕国子博士："一以孔子所定经书诲诸生。"[3] 至于《孟子》就不同了，洪武三年，他开始读这本书，读到好些对君上不客气的地方，大发脾气，对人说："这老头要是活到今天，非严办不可！"下令国子监撤去孔庙中的孟子牌位，把孟子逐出孔庙。后来虽然迫于舆论，恢复孟子配飨，对于这部书还是认为有反动毒素，得经过严密检查。洪武二十七年（公元1394年）特别敕命组织《孟子》审查委员会，执行检删职务的是当时的老儒刘三吾。把《尽心》篇的"民为贵，社稷次之，君为轻"，《梁惠王》篇"国人皆曰贤，国

1.《南雍志》卷一，《皇明太学志》卷七。

2.《南雍志》卷一。

3.《南雍志》卷一。

人皆曰可杀”一章，“时日曷丧，予及汝偕亡！”和《离娄》篇“桀纣之失天下也，失其民也。失其民者，失其心也”一章，《万章》篇“天与贤则与贤”一章，“天视自我民视，天听自我民听”“君有大过则谏，反覆之而不听，则易位”，以及类似的“闻诛一夫纣矣，未闻弑君也”“君之视臣如草芥，则臣视君如寇仇”，一共八十五条，以为这些话，不合“名教”，太刺激了，全给删节掉了。只剩下一百七十几条，刻板颁行全国学校。这部经过凌迟碎割的书，叫作《孟子节文》。所删掉的一部分，“课士不以命题，科举不以取士”。[1] 至于《说苑》，是因为“多载前言往行，善善恶恶，昭然于方册之间，深有劝戒”，是作为修身或公民课本被指定的。此外，也消极地指定一些不许诵读的书，例如“苏秦张仪，繇战国尚诈，故得行其术，宜戒勿读”。[2] 由此可见学校功课的项目，内容的去取，必读书和禁读书，学校教官是无权说话的，一切都由皇帝御定。有时高兴，他还出题目，所谓“圣制策问”，来考问学生呢！

学生日课，规定每日写字一幅，每三日背《大诰》一百字，五经一百字，四书一百字，每月作文六篇，违者都是痛决（打）。低年级生只通四书的，入正义、崇志、广业三堂，中等文理条畅的升入修道、诚心二堂，在学满七百天，经史兼通的入率性堂。

---

1.《明史》卷一三九《钱唐传》、卷五四《礼志》，李之藻《頖宫礼乐疏》卷二，全祖望《鲒埼亭集》卷三五《辨钱尚书争孟子事》，北平图书馆藏洪武二十七年刊本《孟子节文》，刘三吾《孟子节文题辞》，《读书与出版》二卷四期容肇祖《明太祖的〈孟子节文〉》。

2.《南雍志》卷一。

率性堂生一年内考试满八分的予出身（做官）。[1]

监生的制服叫襴衫，也是御定的。膳食全公费，合校会馔。有家眷的特许带家眷入学，每月支食粮六斗。监生和教员请假或回家，都要经皇帝特许。[2]

管制学校的监规，是钦定的，极为严厉。前后增订一共有五十六款。学生对课业有疑问，必须跪听。绝对禁止对人对事的批评。禁止团结组织，甚至班与班之间也禁止来往，又不许议论饮食美恶，不许穿常人衣服。有事先于本堂教官处通知，毋得径行烦紊。凡遇出入，务要有出恭入敬牌。还有无病称病，出外游荡，会食喧哗，点闸（名）不到，号房（宿舍）私借他人住坐，酣歌夜饮等二十七款，下文都是违者痛决。最最严重的一款是“敢有毁辱师长，及生事告讦者，即系干名犯义，有伤风化，定将犯人杖一百，发云南地面充军”。[3]朱元璋寄托培养官僚的全部责任于国子监，这一条的法意就是授权监官，用刑法清除所有不服从和敢于抗议的监生。毁辱师长的含义是非常广泛的，无论是语言、文字、行动上的不同意，以至批评，都可任意解释。至于生事告讦，更可随便应用，凡是不遵从监规的，不满意现状的，要求对教学及生活有所改进的，都可以援用这条款片面判决之，执行之。国子监第一任祭酒宋讷是这条监规的起草人，极其严酷。在他的任内，监生走投无路，经常有人被强制饿死，

1.《南雍志》卷九。

2.《南雍志》卷一。

3.《南雍志》卷九《学规本末》。

被迫缢死。祭酒连尸首也不肯放过，一定要当面验明，才许收殓。[1] 后来他的儿子宋复祖当司业，也学父亲的办法，“诫诸生守讷学规，违者罪至死”。[2] 学录金文徵反对宋讷的过分残暴，想法子救学生，向皇帝控诉说：“祭酒办学太严，监生饿死不少人。”朱元璋不理会，说是祭酒只管大纲，监生饿死，罪坐亲教之师。文徵又设法和同乡吏部尚书余熂商量，由吏部出文书令宋讷以年老退休。这年宋讷七十五岁，照规定是该告老的，不料宋讷在辞别皇帝时，说出并非真心要辞官。朱元璋大怒，追问缘由，立刻把余熂、金文徵和一些关联的教官都杀了，还把罪状榜示在监前，也写在《大诰》里头。这次反迫害的学潮，在一场屠杀后被压平。[3]

洪武二十七年第二次学潮又起，监生赵麟受不了虐待，出壁报提出抗议。照监规是杖一百充军，为了杀一儆百，朱元璋法外用刑，把赵麟杀了，并且在监前立一长竿，枭首示众。二十八年又颁行《赵麟诽谤册》和《警愚辅教》二录于国子监。到三十年七月二十三日，又召集祭酒和本监教官监生一千八百二十六名，在奉天门当面训话整顿学风，他说：

**恁学生每听着：先前那宋讷做祭酒呵，学规好生严肃，秀才每循**

---

1.《廿二史札记》卷三一《〈明史〉立传多存大体》条引叶子奇《草木子》。晗按：通行本《草木子》无此条。

2.《明史》卷一三七《宋讷传》。

3.《南雍志》卷一、卷十，《明史·宋讷传》。

规蹈矩，都肯向学，所以教出来的个个中用，朝廷好生得人。后来他善终了，以礼送他回乡安葬，沿路上着有司官祭他。

近年着那老秀才每做祭酒呵，他每都怀着异心，不肯教诲，把宋讷的学规又改坏了，所以生徒全不务学，用着他呵，好生坏事。

如今着那年纪小的秀才官人每来署学事，他定的学规，恁每当依着行。敢有抗拒不服，撒泼皮，违犯学规的，若祭酒来奏着恁呵，都不饶，全家发向武烟瘴地面去，或充军，或充吏，或做首领官。

今后学规严紧，若无籍之徒，敢有似前贴没头帖子，诽谤师长的，许诸人出首，或绑缚将来，赏大银两个。若先前贴了票子，有知道的，或出首，或绑缚将来呵，也一般赏他大银两个。将那犯人凌迟了，枭令在监前，全家抄没，人口迁发烟瘴地面。钦此！[1]

和统制监生一样，国子监的教官也是在严刑重罚的约束之下的。以祭酒为例，三十多年来的历任祭酒，只有以残酷著名的宋讷是善终在任上，死后的恩礼也特别隆重，可以说是例外，其他的不是被得罪放逐，便是被杀。[2]

痛决、充军、罚充吏役、枷镣终身、饿死、自缢死、枭首示众、凌迟，一大串刑罚名词，明初的国子监与其说是学校，不如更合适地说是集中营，是刑场。不只是学生，也包括教官在内，在受死亡所威胁的训练下，造成的是绝对服从的、无思想的、奴性的官僚。

---

1.《南雍志》卷十《谟训考》。

2.《南雍志》卷一。

从洪武二年到三十一年这一时期监生任官的情形来看，第一，监生并没有一定的任官资序，最高的有做到地方大吏从二品的布政使，最低的做正九品的县主簿，以至无品级的教谕。第二，监生也没有固定的任官性质，朝廷的部院官、监察官，地方最高民政财政官、司法官，以至无所不管的亲民的府州县官和学校官，几乎无官不可做。第三，除做官以外，在学的监生，有奉命出使的，有奉命巡行列郡的，有稽核百司案牍的，有到地方督修水利的，有执行丈量、记录土地面积、定粮的任务的，有清查黄册的（每年一千二百人），有写本的，有在各衙门办事的，有在各衙门历事的（实习），几乎无事不能做。第四，三十年来监生的任官，以洪武二年和二十六年为最高（洪武二年擢监生为行省左右参政、各道按察司佥事及知府等官，二十六年以监生六十四人为行省布政、按察两使及参政、参议、副使、佥事等官），十九年为最多（命祭酒、司业择监生千余人送吏部，除授知州、知县等职），“故其时布列中外者，太学生最盛”。[1] 大体说来，从十五年以后，监生的出路，已渐渐不如初年，从做官转到做事，朝廷利用大批监生做履亩定粮、督修水利、清查黄册等基层技术工作。至于为什么洪武二年和二十六年，大量利用监生做高官呢？理由是：第一，刚开国人才不够，如上文所说过的，没有别的人可用，只能以受过训练的监生出任高官。第二，洪武二十六年二月蓝玉被杀，牵连致死的文武官僚、地方大吏为数极多，许

1.《南雍志》卷一，《明史》卷六九《选举志》。

多衙门都缺正官，监生因之大走官运。至于为什么洪武十九年监生任官的竟有千余人之多呢？那是因为上年闹郭桓贪污案，供词牵连到直省官吏，因而系死者有几万人，下级官吏缺得太多的缘故。至于为什么从洪武十五年以后，监生做官的出路一天不如一天呢？那是因为从十五年以后，会试定期举行，每三年一次，进士在发榜后即刻任官，要做官的都从进士科出身，甚至监生也多从进士科得官，官僚从科举制度里出来。国子监失去了培养官僚的独占地位。进士释褐授官，这些官原来都是监生的饭碗，进士日重，监生日轻，只好去做基层技术工作和到诸司去历事了。

地方的府州县学和国子监一样，生员都是供给廪膳（公费）的，从监生到生员都享有免役权，法律规定“免其家差徭二丁”。

洪武十五年颁发禁例十二条于全国学校，镌立卧碑，置于明伦堂之左，不遵者以违制论。禁例中最重要的是“生员家若非大事，毋轻至于公门”“生员父母欲行非为，则当再三恳告”。前一条不许生员交结地方官，后一条要使生员为皇家服务，替朝廷消弭“非为”。另一条“军民一切利病，并不许生员建言。果有一切军民利病之事，许当该有司，在野贤才，有志壮士，质朴农夫，商贾技艺，皆可言之，诸人毋得阻当，惟生员不许！”[1] 重复地说“不许生员建言”“惟生员不许”，为什么单单剥夺了生员讨论政治的权利呢？因为他害怕群众，害怕组织，尤其害怕有群

1.《大明会典》卷七八《学校》。

众基础、有组织能力的知识分子。

地方学校之外，洪武八年又诏地方立社学——乡村小学。

府州县学和社学都以《御制大诰》和《大明律令》做主要必修科。

在官僚政治之下，地方学校只存形式，学生不在学，师儒不讲论。社学且成为官吏迫害剥削人民的手段，“有愿读书无钱者不许入学；有三丁四丁不愿读书者，受财卖放，纵其愚顽，不令读书。有父子二人，或农或商，本无读书之暇，却乃逼令入学。有钱者又纵之，无钱者虽不暇读书，又不肯放，将此凑生员之数，欺诳朝廷”。[1] 朱元璋虽然要导民为善，却对官僚政治无办法，叹一口气，只好把社学停办，省得“逼坏良民不暇读书之家”。[2]

除国子监以外，政府官吏的来源是科举制度。国子监生可以不由科举，直接任官，而从科举出身的人则必须是学校的生员（俗称秀才），每三年在省城会考一次，称为乡试，及格的为举人。各布政司举人的名额是一定的，除直隶（今江苏、安徽）百人最多，广东、广西二十五人最少，其他布政司都是四十人。第二年全国举人会考于京师，称为会试。会试及格的再经一次复试，地点在殿廷，叫作廷试，亦称殿试。这复试是形式上的，主要意义是让皇帝自己来主持这抡才大典，选拔之权，出于一人，及格的是天子门生，自然应该死心塌地替皇家服务。发榜一二三甲（等），一甲只有三人，状元、榜眼、探花，赐进士及第。二甲若

1.《大诰·社学第四十四》。

2.本节参看《清华学报》十四卷二期吴晗《明初的学校》。

干人，赐进士出身。三甲若干人，赐同进士出身。状元、榜眼、探花的名号是御定的，民间又称乡试第一名为解元，会试第一名为会元，二三甲第一名为传胪。乡试由布政使司主持，会试由礼部主持。状元授翰林院修撰，榜眼、探花授编修，二三甲考选庶吉士的为翰林官，其他或授给事、御史、主事、中书、行人、评事、太常、国子博士，或授府推官、知州、知县等官。举人、贡生会试不及格，改入国子监，也可选做小京官，或做府佐和州县正官以及学校教官。

科举各级考试，专用四书五经来出题目。文体略仿宋经义，要用古人口气说话，只能根据几家指定的注疏发挥，绝对不许有自己的见解。体裁排偶，叫作八股，也称制义。这制度是朱元璋和刘基商量决定的。十五年以后，定制子、 午、卯、酉年乡试，辰、戌、丑、未年会试，乡试在八月，会试在二月。每试分三场，初场试四书义三道，经义四道；二场试论一道，判五道，诏、诰、表、内科（选）一道；三场试经史时务策五道。[1]

学校和科举并行，学校是科举的阶梯，科举是学生的出路。学生通过科举便做官，不但忘了学校，也忘了书本，于是科举日重，学校日轻。学校和科举都是制造和选拔官僚的制度，所学和考试的范围完全一样，都是四书五经，不但远离现实，也绝对不许接触到现实。诚如当时人宋濂所说：“自贡举法行，学者知以摘经拟题为志，其所最切者，惟四子一经之笺，是钻是窥，

1.《明史》卷七〇《选举志》。

余则漫不加省。与之交谈，两目瞪然视，舌木强不能对。”[1]学校呢？“稍励廉隅者不愿入学，而学行章句有闻者，未必尽出于弟子员。”[2]到后来甚至弄到“生徒无复在学肄业，入其庭不见其人，如废寺然”。[3]科举人才不读书，不知时事，学校没有学生，加上残酷的统治管理，严格的检查防范，学校生员除了尊君和盲从古人之外，不许有新的思想、言论，于是整个学术文化界、思想界、政治界，从童生到当国执政，都向往三王，服膺儒术，都以为“天王圣明，臣罪当诛”。挨了打是“恩谴”，被砍头是“赐死”，挨了骂不消说有资格才能挨得着。天下无不是的父母，更不会有不是的皇帝，君权由此巩固，朱家万世一系的统治也安如泰山了。

## 四、皇权的轮子——军队

皇权的另一个轮子是军队。

朱元璋在攻克集庆以后，厉行屯田政策，广积粮食，供给军需。和刘基研究古代的兵制：征兵制的好处是全国皆兵，有事召集，事定归农，兵员素质好，来路清楚，政府在平时无养兵之费。坏处是兵员都出自农村，如有长期战争，便影响到农村的生产。而且兵源有限制，不适合于大规模作战。募兵制呢？好处

1.宋濂《銮坡集》卷七《礼部侍郎曾公神道碑铭》。

2.宋濂《翰苑别集》卷一《送翁好古教授广州序》。

3.陆容《菽园杂记》。

是应募的多为无业游民，当兵是职业，数量和服役的时间，可以不受农业生产的限制。坏处是政府经常要维持大量数目的常备军，军费负担太重，而且募的兵来路不明，没有宗族乡党的挂累，容易逃亡，也容易叛变。理想的办法是折中于两者之间，有两者的好处，而避免各自的坏处。主要的原则是要使战斗力量和生产力量一致。

刘基创立的办法是卫所制度。[1]

卫所的兵源有四种：一种是从征，即起事时所统的部队，也就是郭子兴的基本队伍。一种是归附，包括削平群雄所得的部队和元朝的投降军。一种是谪发，指因犯罪被谪发当兵的，也叫恩军。一种叫垛集，即征兵，照人口比例，一家有五丁或三丁出一丁为军。前两种是定制时原有的武力，后两者则是补充的武力。这四种来源的军人都是世袭的，为了保障固定员额的维持，规定军人必须娶妻，世代继承下去，如无子孙继承，则由其原籍家属壮丁顶补。种族绵延的原则，被应用到武装部队里来，兵营成为武装的家庭群了。[2]

军有特殊的社会身份，单独有“军籍”。在明代户口中，军籍和民籍、匠籍平行，军籍属于都督府，民籍属于户部，匠籍属于工部。军不受普通行政官吏的管辖，在身份上、法律上和经济上的地位，都和民不同，军和民是截然分开的。民户有一丁被垛为军，政府优免原籍老家一丁差徭，作为优恤。军士到戍所时，

1.《明史》卷一二八《刘基传》。

2.《明史》卷九一《兵志》。

由宗族治装。在卫的军士除本身为正军外，其子弟称为余丁或军余，将校的子弟则称为舍人。日常生活概由政府就屯粮支给，按月发米，称为月粮，马军月支米二石，步军总旗一石五斗，小旗一石二斗，步军一石（守城的照数支给，屯田的支半）。恩军家四口以上一石，三口以下六斗，无家口的四斗。衣服岁给冬衣、棉布、棉花，夏衣、夏布，出征时依例给胖袄、鞋裤。[1]

军队组织分作卫所两级：大体上以五千六百人为卫，卫有指挥使。卫分五个千户所，所一千一百二十人，有千户（长官）。千户所分十个百户所，所一百一十二人，有百户（长官）。百户下有总旗二，小旗十；总旗领小旗五，小旗领军十人。大小联比以成军。卫所的分布，根据地理险要：小据点设所，关联几个据点的设卫。集合一个军区的若干卫所，又设都指挥使司，作为军区的最高军事机构，长官是都指挥使。洪武二十五年（公元1392年）全国共有十七个都指挥使司，内外卫三百二十九，守御千户所六十五。首都和地方的兵力分配如下：

| | 武官（员） | 军士（人） | 马（匹） |
|---|---|---|---|
| 在京 | 2747 | 206280 | 4751 |
| 在外 | 12742 | 992154 | 40329[2] |

这十七个都指挥使司又分别隶属于五军都督府。

军食出于屯田。大略是学汉朝赵充国的办法，在边塞开屯，

1.《中国社会经济史集刊》五卷二期吴晗《 明代的军兵》。

2.《明太祖实录》卷二二三。

一部分军士守御，一部分军士受田耕种。目的在于省去运输费用和充裕军食，减轻国库的负担，战斗力和生产力协调一致。跟着内地卫所也先后开屯耕种，以每军受田五十亩为一分，官给耕牛农具。开头几年是免纳田租的，到成为熟地后，每亩收税一斗。规定边地守军十分之三守城、七分屯种，内地是二分守城、八分屯种，希望能达到自给自足的地步。[1]

军队里也和官僚机构一样，清廉的武官是极少见的，军士经常被苛敛剥削。朱元璋曾经愤恨地指出：

那小军每一个月只关得一担儿仓米，若是丈夫每（们）不在家里，他妇人家自去关呵，除了几升做脚钱，那害人的仓官又斛面上打减了几升。待到家里胏（音伐）过来呵，止有七八斗儿米，他全家儿大大小小要饭吃，要衣裳穿，他那里再得闲钱与人？[2]

正军本人的衣着虽由官家支给，家属的却得自己制备，一石米在人口多的家庭，连吃饭都不够，如何还能孝敬上官？如何还能添制衣服？军士活不了，只好逃亡，只好兼营副业，做苦力、做买卖全来，军营就空了，军队的士气战斗力也就差了。

除军屯外，还有商屯。边军粮食发生困难时，政府用“开中法”来接济。开中法是把运输费用转嫁给商人。政府有粮食有盐，困难的是运输费用过大，商人有资本也有人力，却无法得到

1.宋讷《西隐文稿》卷十《守边策略》，《明史》卷七七《食货志》。

2.《大诰武臣·科敛害军第九》。

为政府所专利的盐。开中法让商人运一定数量的粮食到边境，拿到收据，可以向政府领到等价的盐，自由贩卖，从而获取重利。商人会打算盘，索性雇人在边上开屯，就地缴粮，省去几倍的运费。[1] 在这一交换过程中，不但边防充实了，政府省运费、省事，商人也发了财，皆大欢喜。而且，边界荒地开垦了，不但增加了政府的财富，也造成了地方的繁荣。

军权分作两部分：统军权归五军都督府，军令权则属于兵部。武人带兵作战，文人发令决策。在平时卫所军各在屯地操练屯田，战时动员令一下，各地卫军集合成军，临时指派都督府官充任将军总兵官，统带出征。战事结束，立刻复员，卫军各回原卫，将军交回将印，也回原任。将不专军，军无私将，上下阶级分明，纪律划一。唐宋以来的悍将跋扈、骄兵叛变的弊端，在这制度下完全根绝了。

朱元璋对军官军士是用十二分的注意来防范的。除开在各个部队里派义子监军，派特务人员侦伺以外，洪武五年还特地降军律于各卫，禁止军官军人于私下或明里接受公侯所与信宝、金银、缎匹、衣服、粮米、钱物，及非出征时不得于公侯之家门首侍立。其公侯非奉特旨，不得私自呼唤军人役使，违者公侯三犯准免死一次，军官军人三犯发海南充军。[2] 后来更进一步，名义上以公侯伯功臣有大功，赐卒一百一十二人做卫队，设百户一人统率，颁有铁册，说明“俟其寿考，子孙得袭，则兵皆入卫”，称

1.《明太祖实录》卷五三、五六，《明史》卷一五〇《郁新传》。

2.宋濂《洪武圣政记·肃军政第四》。

为奴军，亦称铁册军；事实上是防功臣有二心，特设铁册军来监视的。功臣行动，随时随地都有报告，证人是现成的，跟着是一连串的告密案和大规模的功臣屠杀。[1]

在作战时，虽然派有大将军统率大军，但指导战争进行的，还是朱元璋自己，用情报、用军事经验来决定前方的攻战，甚至指挥到极琐细的军务。即使最亲信的将领，像徐达、李文忠，也是如此。例如吴元年（公元1367年）四月十八日给徐达的手令，在处分军事正文之后，又说："我的见识只是如此，你每（们）见得高处强处便当处，随着你每意见行着，休执着我的言语，恐怕见不到处，教你每难行事。"洪武三年四月："说与大将军知道……这是我家中坐着说的，未知军中便也不便，恁只拣军中便当处便行。"给李文忠的手令："说与保儿、老儿……我虽这般说，计量中不如在军中多知备细，随机应变的勾当。你也斯活落些儿也，那里直到我都料定！"大体上指导的原则是不能更动的，统帅所有的只是极细微的修正权。

对待俘虏的方针是屠杀，如龙凤十一年十一月初五日的令旨："吴王亲笔，差内使朱明前往军中，说与大将军左相国徐达、副将军平章常遇春知会：十一月初四日捷音至京城，知军中获寇军及首目人等陆万余众，然而俘获甚众，难为囚禁，令差人前去，教你每军中，将张（士诚）军精锐勇猛的留一二万，若系不堪任用之徒，就军中暗地去除了当，不必解来。但是大头目，一名

---

1.沈德符《野获编》卷一七《铁册军》。

名解来。”十二年三月且严厉责备徐达不多杀人：“吴王令旨，说与总兵官徐达，攻破高邮之时，城中杀死小军数多，头目不曾杀一名。今军到淮安，若系便降，系是泗州头目青幡黄旗招诱之力，不是你的功劳。如是三月已里，淮安未下，你不杀人的缘故，自说将来！依奉施行者。”吴元年十月二十四日因为俘虏越狱逃跑，又下令军前：“今后就阵获到寇军及首目人等，不须解来，就于军中典刑。”洪武三年四月：“说与大将军知道：止是就阵得的人，及阵败来降的王保保头目，都休留他一个，也杀了。止留小军儿，就将去打西蜀了后，就留些守西蜀便了。”不但俘虏，连投降的头目也一概残杀了。

有一道令旨是关于整饬军纪的，说明了这一举措的军事理由。时间是龙凤十二年三月：“（张军）男子之妻多在高邮被掳，总兵官为甚不肯给亲完聚发来？这个比杀人那个重？当城破之日，将头目军人一概杀了，倒无可论，掳了妻子，发将精汉来，我这里赔了衣粮，又费关防，养不住。杀了男儿，掳了妻小，敌人知道，岂不抗拒？星夜教冯副使（胜）去军前，但有指挥、千户、百户及总兵官的伴当，掳了妇女的，割将首级来。总兵官的罪过，回来时与他说话。依奉施行者。”[1] 男子指的是张士诚的部队，被掳指的是被朱元璋自己的部队所掳。把俘虏的妻女抢了，送俘虏来，养不住，白赔粮食，白费事看守。掳了妇女，杀了俘虏，敌人知道了，当然会顽强抵抗。为了这个道理，朱元璋只好派特使

1.王世贞《弇山堂别集》卷八六《诏令杂考二》。

去整顿军风军纪了。

## 五、皇权的轮子——新官僚机构

由于历史包袱的继承，皇权的逐步提高，隋唐以来的官僚机构，以巩固皇权为目的的三省制度——中书省出命令，门下省掌封驳，尚书省主施行——中书官和皇帝最亲近，接触机会最多，权也最重。宋代后期，门下省不能执行审核诏令的任务，尚书省官只能平决庶务，不能与闻国政，三省事实上只是一省当权。到元代索性取消门下省，把尚书省的官属六部也归并到中书，成为一省执政的局面。地方则分设行中书省，总揽军民大政。其下有路、府、州、县，管理军民。

三省制的形成有它的历史背景和原因，就这制度本身而论，把政权分作三份，一个专管决策，一个负责执行，而又另有一个纠核的机构，驳正违误，防止皇权的滥用和官僚的缺失，从巩固皇权、维持现状的意义上说，是很有用的。可是，事实上，官僚政治本身破坏并导致了这个官僚机构的瘫痪，皇权和相权的冲突，更有目的地摧毁了这个官僚机构。

官僚政治特征之一是做官不做事，重床叠屋，衙门愈多，事情愈办不好，拿薪水的官僚愈多，负责做事的人愈少。例如从唐以来，往往因事设官：尚书省原有户部，专管户口财政，在国计困难时，政府要张罗财帛，供应军需，大张旗鼓，特设监铁使、户部使、租庸使、国计使等官，由宰相或大臣兼任，意思是要提高搜刮的效率，可是这样一来，户部位低权轻，职守都为诸使所夺，便变成闲曹了。兵部专管军政，从五代设了枢密使以后，兵部又无事可做了。礼部专掌礼仪，宋代却又另有礼院。几套性质相同的衙门，新创的抢了旧衙门的职司，本衙门的官照例做和本衙门不相干的事，或者索性不做事。千头万绪，名实不符，十个官僚有九个不知道自己的职司。冗官日多，要官更多，行政效率也就日益低落。[1] 到元代又添上蒙古的部族政治机构，衙门越发多，越发庞大，混乱复杂，臃肿不灵，瘫痪的病象在显露了。

而且就官僚的服务名义说，也有官、职、差遣之分。官是表明等级、分别薪俸的标志，职以待文学侍从之臣，只有差遣是“治内外之事”的。皇家的赏功酬庸，又有阶、勋、爵、食邑、功臣号等名目。以差遣而论，又有行、守、试、判、知、权知、权发遣的不同，其实除差遣以外，其他都是不大相干的。[2]

皇权和相权的矛盾，例如宋太宗讨厌中书的政权太重，分中书吏房置审官院，刑房置审刑院。[3] 为了分权而添置衙门，其实是夺相权归之于皇帝。皇帝的诏令照规矩是必须经过中书门下，才算合法，所谓“不经凤阁鸾台，何谓之敕？”[4] 用意是防止皇权的滥用。但是，这规矩只是官僚集团的规矩，官僚的任免生杀之权在皇帝，升沉荣辱甚至诛废的利害超过了制度的坚持，私

---

1.《宋史，职官志一》。

2.司马光《司马文正公传家集》卷二一《乞分十二等以进退群臣上殿札子》，钱大昕《潜研堂集》卷三四《答袁简斋书》。

3.司马光《涑水纪闻》卷三，李攸《宋朝事实》卷九，李焘《续资治通鉴长编》卷一二五。

4.《新唐书》卷一一七《刘祎之传》。

人的利害超过了集团的利害。唐武后以来的墨敕斜封（手令），也就破坏了这个官僚制度，摧毁了相权，走上了独裁的道路。

朱元璋继承历代皇权走向独裁的趋势，对官僚机构大加改革，使之更得心应手地为皇家服务。

元代的行中书省是从中书省分出去的，职权太重，到后期鞭长莫及，几乎没法子控制了。朱元璋要造成绝对的中央集权，洪武九年（公元1376年）改行中书省为承宣布政使司，设左右布政使各一人，掌一区的政令。布政使是朝廷派驻地方的代表、使臣，秉承朝廷，宣扬政令。全国分浙江、江西、福建、北平、广西、四川、山东、广东、河南、陕西、湖广、山西十二布政使司，十五年增置云南布政使司。[1] 布政使司的分区，大体上继承元朝的行省，布政使的职权却只掌民政财政，和元朝行中书省的无所不统，轻重大不相同了。而且就地位论，行省是以都省的机构分设于地方，布政使则是朝廷派驻的使臣，前者是中央分权于地方，后者是地方集权于中央，意义也完全不同。此外，地方掌管司法行政的另有提刑按察使司，长官为按察使，主管一区刑名按察之事。布、按二司和掌军政的都指挥使司合称三司，是朝廷派遣到地方的三个特派员衙门，民政、司法、军政三种治权分别独立，直接由朝廷指挥，为的是便于控制，便于统治。布政使司之下，真正的地方政府分两级，第一级是府，长官为知府；有

1.明成祖永乐元年（公元1403年）以北平布政使司为北京，五年置交趾布政使司，十一年置贵州布政使司。宣德三年（公元1428年）罢交趾布政使司，除两京外定为十三布政使司。

直隶州，即直隶于布政使司的州，长官是知州。第二级是县，长官是知县；有州，长官是知州。州县是直接临民的政治单位。[1]

中央统治机构的改革，稍晚于地方。洪武十三年（公元1380年）胡惟庸案发[2]后，废中书省，仿周官六卿之制，提高六部地位；吏、户、礼、兵、刑、工每部设尚书一人，侍郎（分左右）二人。吏部掌全国官吏选授、封勋、考课，甄别人才。户部掌户口、田赋、商税。礼部掌礼仪、祭祀、僧道、宴飨、教育及贡举（考试）和外交。兵部掌卫所官军选授、检练和军令。刑部掌刑名。工部掌工程造作（武器、货币等）、水利、交通。都直接对皇帝负责，奉行政令。

统军机关则改枢密院为大都督府，节制中外诸军。洪武十三年分大都督府为中、左、右、前、后五军都督府，每府以左右都督为长官，各领所属都司卫所，和兵部互相表里。都督府长官虽管军籍军政，却不直接统带军队，在有战事时，才奉令出为将军总兵官，指挥作战。战争结束，便得交还将印，回原职办事。[3]

监察机关原来是御史台，洪武十五年改为都察院，长官是左右都御史，下有监察御史一百一十人，分掌十二道（按照布政使司政区分道）。职权是纠劾百司，辨明冤枉，凡大臣奸邪、小人构党作威福乱政、百官猥茸贪污舞弊、学术不正，和变乱祖宗制度的，都可随时举发弹劾。这衙门的官被皇帝看作是耳目，替皇帝

1.《明史·职官志》。

2.《明史·胡惟庸传》，《燕京学报》十五期吴晗《胡惟庸党案考》。

3.《洪武圣政记·肃军政第四》。

听，替皇帝看，有对皇权不利的随时报告。也被皇帝看作是鹰犬，替皇帝追踪、搏击一切不忠于皇帝的官民，是替皇帝监视官僚的衙门，是替皇帝检举反动思想、保持传统纲纪的衙门。监察御史在朝监视各个不同的官僚机构，派到地方的，有巡按、清军、提督学校、巡监、茶马、监军等职务，其中巡按御史算是代皇帝巡狩，按临所部，大事奏裁，小事立断，是最威武的一个差使。

行政、军事、监察三种治权分别独立，由皇帝亲身总其成。官吏内外互用，其地位以品级规定。从九品到正一品，九品十八级，官和品一致，升迁调用都有一定的法度。百官分治，个别对皇帝负责，系统分明，职权清楚，法令详密，组织严紧。而在整套统治机构中，互相钳制，以监察官来监视一切臣僚，以特务组织来镇压威制一切官民。都督府管军不管民，六部管民不管军。大将在平时不指挥军队，动员复员之权属于兵部，供给粮秣的是户部，供给武器的是工部，决定战略的是皇帝。六部分别负责，决定政策的是皇帝。在过去，政事由三省分别处理，取决于皇帝，皇帝是帝国的首领。在这新统治机构下，六部府院直接隶属于皇帝，皇帝不但是帝国的首领，而且是这统治机构的负责人和执行人：历史上的君权和相权到此合一了，皇帝兼理宰相的职务，皇权由之达于极峰。[1]

历史的教训使朱元璋深切地明白宦官和外戚对于政治的祸害。他以为汉朝、唐朝的祸乱都是宦官作的孽。这种人在宫廷

1.《明史·职官志》。

里是少不了的，只能做奴隶使唤，洒扫奔走，人数不可过多，也不可用作耳目心腹；做耳目，耳目坏，做心腹，心腹病。对付的办法，要使之守法，守法自然不会做坏事；不要让他们有功劳，一有功劳就难于管束了。立下规矩，凡是内臣都不许读书识字。又铸铁牌立在宫门，上面刻着："内臣不得干预政事，犯者斩。"又规定内臣不许兼外朝的文武官衔，不许穿外朝官员的服装；做内廷官不能过四品，每月领一石米，穿衣吃饭官家管。并且，外朝各衙门不许和内官监有公文往来。这几条规定着着针对着历史上所曾发生的弊端，使内侍名副其实地做宫廷的仆役。[1] 对外戚干政的对策，是不许后妃干政，洪武元年三月即命儒臣修《女诫》，纂集古代贤德妇女和后妃的故事，刊刻成书，来教育宫人，要她们学样。又立下规程，皇后只能管宫中嫔妇的事，宫门之外不得干预。宫人不许和外间通信，犯者处死，以断绝外朝和内廷的来往以至通信，使之和政治隔离。外朝臣僚命妇按例于每月初一、十五朝见皇后，其他时间，没有特殊缘由，不许进宫。皇帝不接见外朝命妇，皇族婚姻选配良家子女，有私进女口的不许接受。元璋的母族和妻族都绝后，没有外家，后代帝王也都遵守祖训，后妃必选自民家。外戚只是高爵厚禄，做大地主，住大房子，绝对不许与闻政事。[2] 在洪武一朝三十多年中，内臣小心守法，宫廷和外朝隔绝，和前代相比，算是家法最严的了。

1.《洪武圣政记》，《明史》卷七四《职官志》。

2.《明史》卷一〇八《外戚恩泽侯表序》、卷一一三《后妃列传序》、卷三〇〇《外戚传序》。

其次，元代以吏治国，法令极烦冗，档案堆成山，吏就从中舞弊，无法根究。而且，正因为公文条例过于琐细，不费一两年工夫，无从通晓，办公文、办公事成为专门技术，掌印正官弄不清楚，只好由吏做主张，结果治国治民的都是吏，不是官。小吏们唯利是图，毫不顾及全盘局面，政治（其实是吏治）自然愈闹愈坏。远在吴元年，朱元璋便已注意到法令和吏治的关系，指令台省官立法要简要严，选用深通法律的学者编定律令。经过缜密的商定，去烦减重，花了三十年工夫，更改删定了四五次，编成《大明律》，条例简于唐律，精神严于宋律，是中国法律史上极重要的一部法典。又为简化公文起见，于洪武十二年立案牍减烦式颁示各衙门，使公文明白好懂，文吏无法舞弊弄权。从此吏员在政治上被斥为杂流，不能做官。官和吏完全分开，官主行政，吏主事务，和元代的情形完全不同了。[1]

和上述相关的是文章的格式。唐宋以来的政府文字，从上而下的制诰，从下达上的表奏，照习惯是骈骊四六文。尽管有多少人主张复古，提倡改革，所谓古文运动，在民间是成功了，政府却仍然用老套头。同一时代用的是两种文字，庙堂是骈偶文，民间是古文。朱元璋很不以为然，以为古人做文章，讲道理，说世务，经典上的话，都明白好懂，像诸葛亮的《出师表》，又何尝雕琢、立意写文章？可是有感情，有血有肉，到如今读了还使人感动，怀想他的忠义。近来的文士，文字虽然艰深，用意却很

1.《明太祖实录》卷二六、一二六，《明史》卷七一《选举志》。

浅近，即使写得和司马相如、扬雄一样好，别人不懂，又中什么用？以此他要秘书——翰林做文字，只要说明白道理，讲得通世务就行，不许用浮辞藻饰。[1]到洪武六年，又下令禁止对偶四六文辞，选唐柳宗元《代柳公绰谢表》和韩愈《贺雨表》作为笺表法式。[2]这一改革不但使政府文字简单、明白，把庙堂和民间打通，现代人写现代文，就文学的影响也可以说很大，韩愈、柳宗元以后，朱元璋是提倡古文最有成绩的一个人。他自己所做的文章，写得不好，有时不通顺，倒容易懂。信札多用口语，比文章好得多，想来是受蒙古白话圣旨的影响，也许是没有念过什么书，中旧式文体的毒比较轻的缘故吧。

唐宋两代还有一样坏风气，朝廷任官令发表以后，被任用的官照例要辞官，上辞官表，一辞再辞甚至辞让到六七次，皇帝也照例拒绝，下诏敦劝，一劝再劝甚至六七次劝，到这人上任上谢表才算罢休。辞的不是真辞，劝的也不是真劝，大家肚子里明白，是在玩文字的把戏，误时误事，白费纸墨。朱元璋认为这种做作太无聊，也把它废止了。

## 六、建都和国防

自称为淮右布衣，出身于平民而做皇帝的朱元璋，在拥兵扩土、称帝建国之后，最惹其操心的问题，第一是怎样建立一个

1.《明太祖实录》卷三九。

2.《明太祖实录》卷八五。

有力量的政治中心，即建都，建在何处？第二是用什么来维持皇家万世一系的独占统治？

远在初渡江克太平时（公元1355年），陶安便建议先取金陵，据形势以临四方。[1] 冯国用劝定都金陵，以为根本。[2] 叶兑上书请定都金陵，然后拓地江广，进则越两淮以北征，退则划长江以自守。[3] 谋臣策士一致主张定都应天，经过长期研究以后，龙凤十二年（元至正二十六年，公元1366年）六月，扩大应天旧城，建筑新宫于钟山之南，到次年九月完工，这是吴王时代的都城。

洪武元年称帝，北伐南征，着着胜利，到洪武二十年辽东归附，全国统一。在这二十年中，个人的地位由王而帝，所统辖的疆域由东南一角落，扩大为大明帝国，局面大不相同。吴王时代的都城是否可以适应这扩大以后的局面，便大成问题。而且，元帝虽然北走沙漠，仍然是蒙古大汗，保有强大的军力，时刻有南下恢复的企图。同时沿海倭寇的侵扰，也是国防上重大的问题。因此国都的重建和国防计划的确立，是当时朝野最关心的两件大事。

基于自然环境的限制，从辽东到广东，沿海几千里海岸线的暴露，时时处处都有被倭寇侵掠的危险。东北和西北方面呢？长城以外便是蒙古人的势力，如不在险要处屯驻重兵，则铁骑奔驰，黄河以北便不可守。可是防边要用重兵，如把边境军权

1.《明史》卷一三六《陶安传》。

2.《明史》卷一二九《冯胜传》，孙承泽《春明梦馀录》卷一。

3.《明史》卷一三五《叶兑传》。

托付诸将，又怕尾大不掉，有造成藩镇跋扈的危险。如以重兵直隶中央，则国都必须扼驻国防前线，才能收统辖指挥的功效。东南是全国的经济中心，北方为了国防的安全，又必须成为全国的军事中心。国都如建设在东南，依附经济中心，则北边空虚，无法堵住蒙古人的南侵。如建立在北边，和军事中心合一，则粮食仍须靠东南供给，运输费用太大，极不经济。

帝国都城问题以外，还有帝国制度问题。是郡县制呢，还是封建制呢？就历史经验论，秦汉唐宋之亡，没有强大的藩国支持藩卫，是衰亡的原因之一。可是周代封建藩国，又闹得枝强干弱，威令不行。这两个制度的折中办法是西汉初期的郡国制，一面立郡县，设官分治，集大权于朝廷，一面又置藩国，封建子弟，使为皇家捍御。把帝国建都和制度问题一起解决，设国都于东南财富之区，封子弟于北边国防据点，在经济上，在军事上，在皇家统治权的永久维持上，都圆满解决了。

明初定都应天的重要理由是经济。第一因为江浙富庶，不但有长江三角洲的大谷仓，而且是丝织工业、盐业的中心，应天是这些物资的集散地，所谓“财赋出于东南，而金陵为其会”。[1] 第二是吴王时代所奠定的宫阙，不愿轻易放弃，且如另建都城，则又得重加一番劳费。第三从龙将相都是江淮子弟，道地南方人，不大愿意离开乡土。可是在照应北方军事的观点看，这个都城的地理位置是不大合适的。洪武元年取下汴梁后，朱

1.邱濬《大学衍义补·都邑之建》。

元璋曾亲自去视察，觉得虽然位置适中，但是无险可守，四面受敌，论形势还不如应天。[1] 为了西北未定，要运饷和补充军力，不能不有一个军事上的补给基地，于是模仿古代两京之制，八月以应天为南京，开封（汴梁）为北京。次年八月陕西平定，北方全入版图，形势改变，帝都重建问题再度提出。廷臣中有主张关中险固，金城天府之国；有人主张洛阳为全国中心，四方朝贡距离一样；也有人提议开封是宋朝旧都，漕运方便；又有人指出北平（元大都）宫室完备，建都可省营造费用。七嘴八舌，引经据典。朱元璋批判这些建议都有片面的理由， 都不适应现状。长安、洛阳、开封过去周秦汉魏唐宋都曾建都，但就现状来说，打了几十年仗，人民还未休息过来，如重新建都，供给力役都出于江南，未免过于和百姓过不去。即使是北平吧，旧宫室总得有更动，还是费事。还不如仍旧在南京，据形势之地，长江天堑，龙幡虎踞，可以立国。次之，临濠（濠州）前长江后淮水，地势险要，运输方便，也是一个可以建都的地方。[2] 遂定以临濠为中都，动工修造城池宫殿，从洪武二年九月起手，到八年四月，经刘基坚决反对，以为凤阳虽是帝乡，但就种种条件说，都不合适于建都，方才停工，放弃了建都的想头。[3] 洪武十一年（公元1378年）才改南京为京师，踌躇了十年的建都问题，到这时才决

1.刘辰《国初事迹》。

2.黄光升《昭代典则》。

3.《明史》卷一二八《刘基传》、卷二《太祖本纪二》。

心正名定都。[1]

京师虽已奠定，但是为了防御蒙古，控制北边，朱元璋还是有迁都西北的雄心，选定的地点仍是长安和洛阳。洪武二十四年八月，特派皇太子巡视西北，比较两地的形势。太子回朝后，献陕西地图，提出意见。不料第二年四月太子薨逝，迁都大事只好暂时搁下。[2]

京师新宫原来是燕尾湖，填湖建宫，地势南面高、北边低，就堪舆家的说法是不合建造法则的。皇太子死后，老皇帝很伤心，百无聊赖中把太子之死归咎于新宫的风水不好，这年年底亲撰《祭光禄寺灶神文》说：

朕经营天下数十年，事事按古有绪。维宫城前昂后洼，形势不称，本欲迁都，今朕年老，精力已倦。又天下新定，不欲劳民。且废兴有数，只得听天。惟愿鉴朕此心，福其子孙。[3]

六十五岁的白发衰翁，失去勇气，只求上天保佑，从此不再谈迁都的话了。

分封诸王的制度，决定于洪武二年（公元1369年）四月初编《皇明祖训》的时候。三年四月封皇第二子到第十子为亲王。可

1.《明史·地理志一》。

2.《明史》卷一一五《兴宗孝康皇帝传》、卷一四七《胡广传》，姜清《姜氏秘史》卷一，郑晓《今言》二七四条。

3.顾炎武《天下郡国利病书》卷一三《江南一》。

是诸王的就藩，却在洪武十一年定鼎京师之后。[1]从封王到就藩前后相隔九年，原因是诸子未成年和都城未定，牵连到立国的制度也不能决定。到京师奠定后，第二子秦王建国西安，三子晋王建国太原；十三年，四子燕王建国北平，分王在沿长城的国防前线；十四年五子周王建国开封，六子楚王出藩武昌；十五年七子齐王建国青州；十八年潭王到长沙，鲁王在兖州。以后其他幼王逐一成年，先后就国，星罗棋布，分驻在全国各军略要地。

就军事形势而论，诸王国的建立分作第一线和第二线，或者说是前方和后方，第一线诸王的任务在防止蒙古入侵，凭借天然险要，建立军事据点，有塞王之称。诸塞王沿长城线立国，又可分作外内二线：外线东渡榆关，跨辽东，南制朝鲜，北联开原（今辽宁开原），控扼东北诸夷，以广宁（今辽宁北镇）为中心，建辽国；经渔阳（今河北苏县[2]）、卢龙（今河北卢龙），出喜峰口，切断蒙古南侵道路，以大宁（今热河平原[3]）为中心，包括今朝阳、赤峰一带，建宁国；北平天险，是元朝故都，建燕国；出居庸，蔽雁门，以谷王驻宣府（今察哈尔宣化[4]），代王驻大同；逾河而西，北保宁夏，倚贺兰山，以庆王守宁夏；又西控河西走廊，扃嘉峪，护西域诸国，建肃国，从开原到瓜沙，连成一气。内线是太原的晋国和西安的秦国。后方诸名城则开封有周

1.《明史·太祖本纪二》。
2.编者注：今河北省蓟县。
3.编者注：治所在今内蒙古宁城西。
4.编者注：今河北省宣化。

王，武昌有楚王，青州有齐王，长沙有潭王，兖州有鲁王，成都有蜀王，荆州有湘王等国。[1]

诸王在其封地建立王府，设置官属。亲王的冕服车旗仅下皇帝一等，公侯大臣见王要俯首拜谒，不许钧礼。地位虽然极高极贵，却没有土地，更没有人民，不能干预民政，王府以外，便归朝廷所任命的各级官吏统治，每年有一万石的俸米和其他赏赐。唯一的特权是军权。每王府设亲王护卫指挥使司，有三护卫，护卫甲士少者三千人，多的到一万九千人。[2] 塞王的兵力尤其雄厚，如宁王所部带甲八万，革车六千，所属朵颜三卫骑兵，骁勇善战。[3] 秦、晋、燕三王的护卫特别经朝廷补充，兵力也最强。[4]《皇明祖训》规定："凡王国有守镇兵，有护卫兵。其守镇兵有常选指挥掌之，其护卫兵从王调遣。如本国是险要之地，遇有警急，其守镇兵、护卫兵并从王调遣。"而且守镇兵的调发，除御宝文书外，并须得王令旨方得发兵："凡朝廷调兵，须有御宝文书与王，并有御宝文书与守镇官。守镇官既得御宝文书，又得王令旨，方许发兵。无王令旨，不得发兵。"[5] 这规定使亲王成为地方守军的监视人，是皇帝在地方的军权代表。平时以护卫军监视地方守军，单独可以应变；战时指挥两军，军权托付给亲王儿子，可以放心高枕了。诸塞王每年秋天勒兵巡边，远

1.何乔远《名山藏·分藩记一》。

2.《明史·兵志二》《明史·诸王传序》。

3.《明史·宁王传》。

4.《明史·太祖本纪》洪武十年。

5.《皇明祖训·兵卫》。

到塞外，把蒙古部族赶得远远的，叫作肃清沙漠。[1]凡塞王都参与军务，内中晋、燕二王屡次受命将兵出塞和筑城屯田，大将如宋国公冯胜、颍国公傅友德都受其节制，军中小事专决，大事才请示朝廷，军权独重，立功也最多。[2]

以亲王守边，专决军务，内地各大都会，也以皇子出镇，星罗棋布，尽屏藩皇室、翼卫朝廷的任务。国都虽然远在东南，也安如磐石，内安外攘，不会发生什么问题了。

## 七、大一统和分化政策

朱元璋以洪武元年称帝建立新皇朝，但是大一统事业的完成，却还须等待二十年。

元顺帝北走以后，元朝残留在内地的军力还有两大支：一支是云南的梁王，一支是东北的纳哈出。都用元朝年号，雄踞一方。云南和蒙古本部隔绝，势力孤单，朱元璋的注意力先集中在西南，从洪武四年（公元1371年）消灭了割据四川的夏国以后，便着手经营，打算用和平的方式使云南自动归附，先后派遣使臣王祎、吴云招降，都被梁王所杀。到洪武十四年，决意用武力占领，派出傅友德、沐英、蓝玉三将军分两路进攻。

这时云南在政治上和地理上分作三个系统：第一是直属

1.《明史·兵志三·边防》，祝允明《九朝野记》。

2.《明史·晋王传》。《明史·太祖本纪三》："二十六年三月，诏二王军务大者始以闻。"本节参看《清华学报》十卷四期吴晗《明代靖难之役与国都北迁》。

蒙古大汗，以昆明为中心的梁王。第二是在政治上隶属于蒙古政府，享有自治权力，以大理为中心的土酋段氏。以上所属的地域都被区分为路、府、州、县。第三是不在上述两系统下和南部（今思普一带）的非汉族诸部族，就是明代叫作土司的地域。汉化程度以第一为最深，第二次之，第三最浅，或竟未汉化。现代贵州的西部，在元代属于云南行省，其东部则另设八番顺元诸军民宣慰使司，管理罗罗族[1]，及苗族各土司。元至正二十四年（公元1364年），朱元璋平定湖南、湖北，和湖南接界的贵州土人头目思南宣慰，和思州（今思县[2]）宣抚先后降附。到平定夏国后，四川全境都入版图，和四川接境的贵州其他土司大为恐慌，贵州宣尉和普定府总管即于第二年自动归附。贵州的土司大部分归顺明朝，云南在东、北两面便失去屏障了。

明兵从云南的东、北两面进攻，一路由四川南下取乌撒（今云南镇雄、贵州威宁等地）。这区域是四川、云南、贵州三省接壤处，犬牙突出，在军事战略上可以和在昆明的梁王主力军呼应，并且是罗罗族的主要根据地。一路由湖南西取普定（今贵州安顺），进攻昆明。从明军动员那天算起，不过一百多天的工夫，明东路军便已直抵昆明，梁王兵败自杀。明兵再回师和北路军会攻乌撒，把蒙古军消灭了。附近东川（今云南会泽）、乌蒙（今云南昭通）、芒部（今云南镇雄）诸罗罗族完全降服，昆明附近诸路也都依次归顺。洪武十五年二月置贵州都指挥使司和

1.编者注：今彝族。

2.编者注：今贵州东部及湖南凤凰地区。

云南都指挥使司，建立了军事统治的中心。闰二月又置云南布政使司，建立了政治中心。[1] 分别派官开筑道路，宽十丈，以六十里为一驿，把川、滇、黔三省的交通联系起来，建立军卫，“令那处蛮人供给军食”，控扼粮运。[2] 布置好了，再以大军向西攻下大理，经略西北和西南部诸地，招降摩些、罗罗、掸、僰诸族，分兵勘定各土司。分云南为五十二府、六十三州、五十四县。云南边外的缅国和八百媳妇（暹罗地[3]）着了慌，派使臣内附，又置缅中、缅甸和老挝、八百诸宣慰司。因为云南太远，不放心，又特派义子西平侯沐英统兵镇守。沐家世代出人才，在云南三百年，竟和明朝的国运相始终。

纳哈出是元朝世将，太平失守被俘获，放遣北还。元亡后拥兵虎踞金山（在开原西北，辽河北岸），养精蓄锐，等候机会南下，和蒙古大汗的中路军、扩廓帖木儿的西路军互相呼应，形成三路钳制明军的局面。在东北，除金山纳哈出军以外，辽阳、沈阳、开原一带都有蒙古军屯聚。洪武四年（公元1371年）元辽阳守将刘益来降，建辽东指挥使司，接着又立辽东都指挥使司，总辖辽东军马，依次征服沈阳、开原等地。同时又从河北、陕西、山西各地出兵大举深入蒙古，击破扩廓的主力军（元顺帝已于前一年死去，子爱猷识里达腊继立，年号宣光，庙号昭宗），

1.《明史》卷一二四《把匝剌瓦尔密传》、卷一二九《傅友德传》、卷一二六《沐英传》、卷一三二《蓝玉传》。

2.张紞《云南机务钞黄》洪武十五年闰二月廿五日敕。

3.编者注：今缅甸掸邦东部萨尔温江以东，湄公河以西地区。

并进攻应昌（今热河经棚县以西察哈尔北部之地[1]），元主远遁漠北。到洪武八年扩廓死后，蒙古西路和中路的军队日渐衰困，不敢再深入到内地侵掠。朱元璋乘机经营甘肃、宁夏一带，招抚西部各羌族和回族部落，给以土司名义或王号，使其分化，个别内向，不能合力入寇，并利用诸部的军力，抵抗蒙军的入侵。在长城以北今内蒙古地方，则就各要害地方建立军事据点，逐步推进，用军力压迫蒙古人退到漠北，不使靠近边塞。西北问题完全解决了，再转回头来收拾东北。

洪武二十年冯胜、傅友德、蓝玉诸大将奉命北征纳哈出。大军出长城松亭关，筑大宁（今热河黑城[2]）、宽河（今热河宽河[3]）、会州（今热河平泉[4]）、富峪（今热河平泉之北[5]）四城。储粮供应前方，留兵屯守，切断纳哈出和蒙古中路军的呼应。再东向以主力军由北面包围，纳哈出势穷力蹙，孤军无援，只好投降，辽东全部平定。[6] 于是立北平行都司于大宁，东和辽阳、西和大同应援，作为国防前线的三大要塞。又西面和开平卫（元上都，今察哈尔多伦县地[7]）、兴和千户所（今察哈尔张

1.编者注：今内蒙古自治区克什克腾旗西达来诺尔西侧。

2.编者注：今河北黑城。

3.编者注：今河北宽城。

4.编者注：今河北平泉。

5.编者注：今河北平泉之北。

6.钱谦益《国初群雄事略》卷一一，《明史》卷一二九《冯胜传》、卷一二五《常遇春传》、卷一三二《蓝玉传》。

7.编者注：今内蒙古自治区多伦县。

北县地[1])、东胜城(今绥远托克托县及蒙古茂明安旗之地[2])诸据点，连成长城以外的第一道国防线，从辽河以西几千里的地方，设卫置所，建立了军事上的保卫长城的长城。[3]两年后，蒙古大汗脱古思帖木儿被弑，部属分散。以后经过不断的政变、篡立、叛乱，实力逐渐衰弱，明帝国北边的边防，也因之而获得几十年的安宁。

东北的蒙古军虽然降服，还有女真族的问题亟待解决。女真这一部族原是金人的后裔，依地理分布，大致为建州、海西、野人三种。过去两属于蒙古和高丽，部落分散，不时纠合向内地侵掠，夺取物资，边境军队防不胜防，非常头痛。朱元璋所采取的对策，军事上封韩王于开原、宁王于大宁，控扼辽河两头，封辽王于广宁(今辽宁北镇)，作为阻止蒙古和女真内犯的重镇。政治上采取分化政策，把辽河以东诸女真部族，个别用金帛招抚(收买)，分立为若干羁縻式的卫所，使其个别的自成单位，给予各酋长以卫所军官职衔，并指定住处，许其秉承朝命世袭，各给玺书作为进贡和互市的凭证，满足他们物资交换的经济要求，破坏部族间的团结，无力单独进攻。[4]到明成祖时代，越发积极推行这一政策，大量地、全面地收买，拓地到现在的黑龙江口，增置的卫所连旧设的共有一百八十四卫，立奴儿干都司以

1.编者注：今河北省张北县。

2.编者注：今内蒙古自治区托克托县及茂明安旗。

3.《明史·兵志三》，严从简《殊域周咨录》卷一七《鞑靼》，方孔炤《全边略记》卷三，黄道周《博物典汇》卷一九。

4.孟森《明元清系通纪》《清朝前纪》。

统之。现在俄领的库页岛和东海滨省都是当年奴儿干都司的辖地。[1]

辽东平定后，大一统的事业完全成功了。和前代一样，这大一统的帝国领有属国和许多藩国。从东面算起，洪武二十五年高丽发生政变，大将李成桂推翻亲元的王朝，自立为王，改国号为朝鲜，成为大明帝国最忠顺的属国。藩国东南有琉球国，西南有安南、真腊、占城、暹罗和南洋群岛诸岛国。内地和边疆则有许多羁縻的部族和土司。

藩属和帝国的关系缔结，照历代传统办法，在帝国方面，派遣使臣宣告新朝建立，藩国必须缴还前朝颁赐的印绶册诰，解除旧的臣属关系。相对地重新颁赐新朝的印绶册诰，藩王受新朝册封，成为新朝的藩国。再逐年颁赐大统历，使之尊奉新朝的正朔，永做藩臣。在藩国方面则必须遣使称臣入贡，新王即位，必须请求帝国承认册封。所享受的权利，是通商和皇帝的优渥赏赐；和其他国家发生纠纷，或被攻击时，得请求帝国调解和援助。至于藩国的内政，则可完全自主，帝国从来不加干涉。帝国在沿海特别开放三个通商口岸，主持通商和招待蕃舶的衙门是市舶司：宁波市舶司指定为日本的通商口岸，泉州市舶司通琉球，广州市舶司通占城、暹罗、南洋诸国。

朱元璋接受了元代用兵海外失败的经验，打定主意，不向海洋发展，要子孙遵循大陆政策，特别在《皇明祖训》中郑重告

---

1.《北平图书馆馆刊》四卷六期内藤虎次郎《明奴儿干都司永宁寺碑被考》。

诫说：

四方诸夷皆限山隔海，僻在一隅，得其地不足以供给，得其民不足以使令。若其不自揣量，来扰我边，则彼为不祥。彼既不为中国患，而我兴兵轻犯，亦不祥也。吾恐后世子孙倚中国富强，贪一时战功，无故兴兵，致伤人命，切记不可。但胡戎（指蒙古）与中国边境互相密迩，累世战争，必选将练兵，时谨备之。

今将不征诸夷国名列于后：

东北：朝鲜国

正东偏北：日本国（虽朝实诈，暗通奸臣胡惟庸谋为不轨，故绝之）

正南偏东：大琉球国　小琉球国

西南：安南国　真腊国　暹罗国　占城国　苏门答刺国西洋国　爪哇国　湓亨国　白花国　三弗齐国　渤泥国[1]

中国是农业国，工商业不发达，不需要海外市场；版图大，用不着殖民地；人口多，更不缺少劳动力。向海外诸国侵掠，“得其地不足以供给，得其民不足以使令”，从经济的观点看，是没有什么好处的；从利害的观点看，打仗要花一大笔钱，占领又得费事，不幸打败仗越发划不来，还是和平相处，保境安民，多一事不如少一事。这样一打算盘，主意就打定了。[2]

---

1.《皇明祖训·箴戒》。

2.参看《清华学报》十一卷一期吴晗《十六世纪前之中国与南洋》。

属国和藩国的不同处，在于属国和帝国的关系更密切。在许多场合，属国的内政也经常被过问，经济上的联系也比较强。

内地的土司也和藩属一样，要定期进贡，酋长继承要得帝国许可，内政也可自主。所不同的是藩国使臣的接待衙门是礼部主客司，册封承袭都用诏旨，部族土司则领兵的直属兵部，土府土县属吏部，体统不同。平时有纳税、开辟并保养驿路，战时有调兵从征的义务。内部发生纠纷，或反抗朝廷被平后，往往被收回治权，直属朝廷，即所谓“改土归流”。土司衙门有宣慰司、宣抚司、招讨司、安抚司、长官司、土府、土县等名目，长官都是世袭，有一定的辖地和土民，总称土司。土司和朝廷的关系，在土司说，是借朝廷所给予的官位威权，震慑部下百姓，肆意奴役搜括；在朝廷说，是用空头的官爵，牢笼有实力的酋长，使其倾心内向，维持地方安宁，可以说是互相为用的。

大概说来，明代西南部各小民族的分布，在湖南、四川、贵州三省交界处是苗族活动的中心，向南发展到了贵州；广西则是瑶族（在东部）、壮族（在西部）的根据地；四川、云南、贵州三省交界处则是罗罗族的大本营；四川西部和云南西北部则有摩些族；云南南部有僰族（即摆夷）；四川北部和青海、甘肃、宁夏有羌族（番人）。

在上述各区域中，除纯粹由土官治理的土司外，还有一种参用流官的制度。流官即朝廷所任命的有一定任期而非世袭的地方官。大致是以土官为主，派遣流官为辅，事实上是执行监督的任务。和这情形相反，在设立流官的州县，境内也有不同部族的土司存在。以此，在同一布政使司治下，有流官的州县，有土官的土司，有土流合治的州县，也有土官的州县；即在同一流官治理的州县内，也有汉人和非汉人杂处的情形。民族问题错综复杂，最容易引起纷乱以至战争。汉人凭借高度的生产技术和政治的优越感，用武力、用其他方法占取土民的土地物资，土民有的被迫迁徙到山头，过极度艰苦的日子；有的被屠杀消灭；有的不甘心，组织起来以武力反抗，爆发地方性的甚至大规模的战争。朝廷的治边原则，在极边是放任的愚民政策，只要土司肯听话，便听任其作威作福，世世相承，不加干涉。在内地则取积极的同化政策，如派遣流官助理，开设道路驿站，选拔土司子弟到国子监读书，从而使其完粮纳税，应服军役，一步步加强统治，最后是改建为直接治理的州县，扩大皇朝的疆土。[1]

治理西北羌族的办法分两种：一种是用其酋长为卫所长官，世世承袭；一种因其土俗，建设寺院并赐番僧封号，利用宗教来统治边民。羌族的力量分化，兵力分散，西边的国防就可高枕无忧了。[2] 现在的西藏和西康[3] 当时叫作乌斯藏和朵甘，是喇嘛教的中心地区，僧侣兼管政事。明廷因仍元制，封其长老为国师法王，令其抚安番民，定期朝贡。又以番民肉食，对茶叶特别爱好，在边境建立茶课司，用茶叶和番民换马，入贡的赏赐也用茶和布匹代替。西边诸族国的酋长、僧侣贪图入贡和通商

1.《明史·土司传》。

2.《明史·西域传》。

3.编者注：在今四川西部。

的利益，得保持世代袭官和受封的权利，都服服帖帖，不敢反抗。明朝三百年，西边比较平静，没有发生什么大的变乱，当然，也说不上开发。从任何方面来说，这一广大地区比之几百年前，没有任何进步或改变。

# 第五章 恐怖政治

由于太子文弱，为了朱家万世江山的稳固，朱元璋利用各种大案广泛株连，将功臣宿将网罗其中；通过文字狱诛灭文人，使知识分子不敢说话；通过特务制度将控制深入社会的各个角落，虽然统治稳固了，但也窒息了社会的生机。

## 一、大屠杀

洪武二十八年（公元1395年）正式颁布《皇明祖训》。这一年，朱元璋已是六十八岁的衰翁了。

在这一年之前，桀骜不驯的元勋、宿将杀光了，主意多端的文臣杀绝了，不归顺的地方巨室杀得差不多了。连光会掉书袋子搬弄文字的文人也大杀特杀，杀得无人敢说话，无人敢出一口大气了。杀，杀，杀！杀了一辈子，两手都涂满了鲜血的白头刽子手，踌躇满志，以为从此可以高枕无忧，皇基永固，子子孙孙吃碗现成饭，不必再操心了。这年五月，朱元璋特别下一道手令说：“朕自起兵至今四十余年，亲理天下庶务，人情善恶真伪，无不涉历。其中奸顽刁诈之徒，情犯深重，灼然无疑者，特令法外加刑，意在使人知所警惧，不敢轻易犯法。然此特权时措置，顿挫奸顽，非守成之君所用长法。以后嗣君统理天下，止守《律》与《大诰》，并不许用黥、刺、剕、劓、阉、割之刑。臣下敢有奏用此刑者，文武群臣即时劾奏，处以重刑。”[1]

其实明初的酷刑，黥、刺、剕、劓、阉、割还算是平常的，最惨的是凌迟。凡是凌迟处死的罪人，照例要杀三千三百五十七刀，每十刀一歇一吆喝，慢慢地折磨，硬要被杀的人受长时间的痛苦。[2] 其次有刷洗，把犯人光身子放在铁床上，浇开水，用铁刷刷去皮肉。有枭令，用铁钩钩住脊骨，横挂在竿上。有称竿，犯人缚在竿上，另一头挂石头对称。有抽肠，也是挂在竿上，用铁钩钩人肛门把肠子钩出。有剥皮，贪官污吏的皮放在衙门公座上，让新官看了发抖。此外，还有挑膝盖、锡蛇游种种名目。[3] 也有同一罪犯，加以墨面、文身、挑筋、去膝盖、剁指，并具五刑的。[4] 据说在上朝时，老皇帝的脾气好坏很容易看出来，要是这一天他的玉带高高地贴在胸前，大概脾气好，杀人不会多。要是揿玉带到肚皮底下，便是暴风雨来了，满朝的官员都吓得脸无人色，个个发抖，准有大批人应这劫数。[5] 这些朝官，照规矩每天得上朝，天不亮起身梳洗穿戴，在出门以前，和妻子诀别，吩咐后事，要是

1.《明太祖实录》卷二三九。

2.邓之诚《骨董续记》卷二十“磔”条引《张文宁年谱》，计六奇《明季北略》记郑鄤事。

3.吕毖《明朝小史》卷一《国初重刑》。

4.《大诰·奸吏建言第三三》《大诰，刑余攒典盗粮第六九》《大诰续编·相验囚尸不实第四二》《大诰三编·逃囚第十六》。

5.徐祯卿《翦胜野闻》。

居然活着回家，便大小互相庆贺，算是又多活一天了。[1]

四十年中，据朱元璋自己的著作《大诰》《大诰续编》《大诰三编》和《大诰武臣》的统计，所列凌迟、枭示、种诛有几千案，弃市（杀头）以下有一万多案。三编所定算是最宽容的了。"进士监生三百六十四人，愈见奸贪，终不从命，三犯四犯而至杀身者三人，二犯而诽谤杀身者又三人，姑容戴斩、绞、徒流罪在职者三十人，一犯戴死罪、徒流罪办事者三百二十八人。"[2] 有御史戴死罪，戴着脚镣，坐堂审案的；有挨了八十棍回衙门做官的。其中最大的案件有胡惟庸案、蓝玉案、空印案和郭桓案，前两案株连被杀的四万人，后两案合计有七八万人。[3] 所杀的人，从开国元勋到列侯裨将，部院大臣、诸司官吏到州县胥役、进士监生、经生儒士、富人地主、僧道屠沽，以至亲侄儿、亲外甥，无人不杀，无人不可杀，一个个地杀，一家家地杀，有罪的杀，无罪的也杀，"大戮官民，不分臧否"。[4] 早在洪武七年，便有人控诉，说是杀得太多了，"才能之士，数年来幸存者百无一二"。[5] 到洪武九年，单是官吏犯笞以上罪，谪戍到凤阳屯田的便有一万多人。[6] 十八年九月朱元璋在给萧安石子孙符上自

1.赵翼《廿二史札记》卷三二《明祖晚年去严刑》条引《草木子》。

2.《明史》卷九四《刑法志》，《大诰三编·进士监生不悛第二》。

3.《明史》卷九四《刑法志》。

4.《明史》卷一三九《周敬心传》："洪武二十五年，上疏极谏：洪武四年录天下官吏，十三年连坐胡党，十九年逮官吏积年为民害者，二十三年罪妄言者，大戮官民，不分臧否。"

5.《明史》卷一三九《茹太素传》。

6.《明史》卷一三九《韩宜可传》。

己也承认："朕自即位以来，法古命官，列布华夷，岂期擢用之时，并效忠贞，任用既久，俱系奸贪！朕乃明以宪章，而刑责有不可恕。以至内外官僚，守职维艰，善能终是者寡，身家诛戮者多。"[1] 郭桓案发后，他又说："其贪婪之徒，闻桓之奸，如水之趋下，半年间弊若蜂起，杀身亡家者，人不计其数。出五刑以治之，挑筋、剁指、刖足、髡发、文身，罪之甚者欤？"[2]

政权的维持建立在流血屠杀、酷刑暴行的基础上，这个时代，这种政治，确确实实是名副其实的恐怖政治。

胡惟庸案发于洪武十三年，蓝玉案发于洪武二十六年，前后相隔十四年。主犯虽然是两个，其实是一个案子。

胡惟庸是初起兵占领和州时的帅府旧僚，和李善长同乡，又结了亲。因李善长的举荐，逐渐发达，洪武三年拜中书省参知政事，六年七月拜右丞相。

中书省综掌全国大政，丞相对一切庶务有专决的权力，统率百官，只对皇帝负责。这制度对一个平庸的，唯唯诺诺、阿附取容的"三旨相公"型的人物，或者对手是一个只顾嬉游逸乐不理国事的皇帝，也许不会引起严重的冲突。或者一个性情谦和容忍，一个刚决果断，柔刚互济倒也不致坏事。但是胡惟庸干练有为，有魄力，有野心，在中书省年代久了，大权在手，威福随心，兼之十年宰相，门下故旧僚友也隐隐结成一个庞大的力量，这个力量是靠胡惟庸做核心的。拿惯了权的人，怎么也不肯放

1.《明朝小史》卷二。

2.《大诰三编·逃囚第十六》。

下。朱元璋呢，赤手空拳建立的基业，苦战了几十年，拼上命得到的大权，平白被人分去了一大半，真是倒持太阿，授人以柄，想想又怎么能甘心！困难的是皇帝和丞相的职权，从来不曾有过清楚的界限，理论上丞相是辅佐皇帝治理天下的，相权是皇权的代表，两者是二而一的，不应该有冲突。事实上假如一切庶政都由丞相处分，皇帝没事做，只能签字画可，高拱无为。反之，如皇帝躬亲庶务，大小事情一概过问，那么，这个宰相除了伴食画诺以外，又有什么可做？

这两个人性格相同，都刚愎，都固执，都喜欢独裁，好揽权，谁都不肯相让。许多年的争执、摩擦，相权和皇权相对立，最后，冲突表面化了。朱元璋有军队，有特务，失败的当然是文官。在胡惟庸以前，第一任丞相李善长小心怕事，徐达经常统兵在外，和朱元璋的冲突还不太明显、严重（刘基自己知道性子太刚，一定合作不了，坚决不干）。接着是汪广洋，碰了几次大钉子，末了还是赐死。中书官有权的如杨宪，也是被杀的。胡惟庸是任期最长，冲突最厉害的一个。被杀后，索性取消中书省，由皇帝兼行相权，皇权和相权合二为一。洪武二十八年手令："自古三公论道，六卿分职，自秦始置丞相，不旋踵而亡。汉、唐、宋因之，虽有贤相，然其间所用者多有小人，专权乱政。我朝罢相，设五府、六部、都察院、通政司、大理寺等衙门，分理天下庶务，彼此颉颃，不敢相压，事皆朝廷总之，所以稳当。以后嗣君并不许立丞相，臣下敢有奏请设立者，文武群臣即时劾奏，处以重刑。”[1] 这里所说的“事皆朝廷总之”的朝廷，指的便是朱元璋自己。胡惟庸被杀在政治制度史上的意义，是治权的变质，也就是从官僚和皇家共治的阶段，转变为官僚成奴才、皇帝独裁的阶段。

胡惟庸之死只是这件大屠杀案的一个引子，公布的罪状是擅权枉法。以后朱元璋要杀不顺眼的文武臣僚，便拿胡案做底子，随时加进新罪状，把它放大、发展。一放为私通日本，再放为私通蒙古。日本和蒙古，“南倭北虏”，是当时两大敌人，通敌当然是谋反。三放又发展为串通李善长谋逆，最后成为蓝玉谋逆案。罪状愈多，牵连的罪人也愈多。由甲连到乙，乙攀到丙，转弯抹角像瓜蔓一样四处伸出去，一网打尽，名为株连。被杀的都以家族做单位，杀一人也就是杀一家。坐胡案死的著名人物有御史大夫陈宁、中丞涂节、太师韩国公李善长、延安侯唐胜宗、吉安侯陆仲亨、平凉侯费聚、南雄侯赵庸、荥阳侯郑遇春、宜春侯黄彬、河南侯陆聚、宣德侯金朝兴、靖宁侯叶升、申国公邓镇、济宁侯顾敬、临江侯陈镛、营阳侯杨通、淮安侯华中，高级军官毛骧、李伯升、丁玉和宋濂的孙子宋慎。宋濂也被牵连，贬死茂州。坐蓝党死的除大将凉国公蓝玉以外，有吏部尚书詹徽、侍郎傅友文、开国公常升、景川侯曹震、鹤庆侯张翼、舳舻侯朱寿、东莞伯何荣、普定侯陈桓、宣宁侯曹泰、会宁侯张温、怀远侯曹兴、西凉侯濮玙、东平侯韩勋、全宁侯孙恪、沈阳侯察罕、

1.《明太祖实录》卷二三九。

徽先伯桑敬和都督黄辂、汤泉等。胡案有《昭示奸党录》，蓝案有《逆臣录》，把口供和判案详细记录公布，让全国人都知道这些“奸党”的“罪状”。[1]被杀公侯中，东莞伯何荣是何真的儿子，何真死于洪武二十一年，被帐下旧校捏告生前党胡惟庸，勒索两千两银子。何家子弟到御前分辩，朱元璋大怒说：“我的法，这厮把作买卖！”把旧校绑来处死。到二十三年何荣弟崇祖回广东时：

兄把袂连声：弟弟，今居官祸福顷刻，汝归难料再会日。到家达知伯叔兄弟，勿犯违法事，保护祖宗，是所愿望！

可是，逃过了胡党，还是逃不过蓝党。何家是岭南大族，何真在元明之际保障过一方秩序，威望极高，如何放得过？据何崇祖自述：

洪武二十六年，族诛凉国公蓝玉，扳指公侯文武家，名蓝党，无有分别。自京及天下，赤族不知几万户。长兄四兄宏维暨老幼咸丧。三月二十日夜鸡鸣时，家人彭康寿叩门，吾床中闻知祸事，出问故，云：“昨晚申时，内官数员带官军到卫，城门皆闭。是晚有公差出城，私言今夜抄提员头山何族，因此奔回。”……军来甚众，吾忙呼妻封氏各自逃生。

1.参看钱谦益《太祖实录辨证》，潘柽章《国史考异》，《燕京学报》十五期吴晗《胡惟庸党案考》。

崇祖一房从此山居岛宿，潜形匿迹，一直到三十一年新帝登极大赦，才敢回家安居。[1]

李善长死时已经七十七岁了。帅府元僚，开国首相，替主子办了三十九年事，儿子做驸马，本身封国公，富极贵极，到末了却落得全家诛戮。一年后，有人上疏喊冤说：

善长与陛下同心，出万死以取天下，勋臣第一，生封公，死封王，男尚公主，亲戚拜官，人臣之分极矣。借令欲自图不轨，尚未可知。而今谓其欲佐胡惟庸者，则大谬不然。人情爱其子，必甚于兄弟之子（善长弟存义子佑是胡惟庸的从女婿），安享万全之富贵者，必不侥幸万一之富贵。善长与惟庸，犹子之亲耳，于陛下则亲子女也。使善长佐惟庸成，不过勋臣第一而已矣，太师国公封王而已矣，尚主纳妃而已矣，宁复有加于今日？且善长岂不知天下之不可幸取？当元之季，欲为此者何限，莫不身为齑粉，覆宗绝祀，能保首领者几何人哉！善长胡乃身见之，而以衰倦之年身蹈之也？凡为此者，必有深仇激变，大不得已。父子之间，或至相挟以求脱祸，今善长之子祺，备陛下骨肉亲，无纤芥嫌，何苦而忽为此？若谓天象告变，大臣当灾，杀之以应天象，则尤不可。臣恐天下闻之，谓功如善长且如此，四方因之解体也。今善长已死，言之无益，所愿陛下作戒将来耳。

1.何崇祖《庐江郡何氏家记》（“玄览堂丛书续集”本）。

说得句句有理，字字有理，朱元璋无话可驳，也就算了。[1]

二案以外，开国功臣被杀的，还有谋杀小明王的凶手德庆侯廖永忠，洪武八年以僭用龙凤不法等事赐死；永嘉侯朱亮祖父子于十三年被鞭死；临川侯胡美于十七年犯禁伏诛；江夏侯周德兴于二十五年以帷薄不修、暧昧的罪状被杀；二十七年，杀定远侯王弼、永平侯谢成、颍国公傅友德；二十八年杀宋国公冯胜。周德兴是朱元璋儿时放牛的伙伴，傅友德、冯胜功最高，突然被杀，根本不说有什么罪过，正合着古人说的“飞鸟尽，良弓藏；狡兔死，走狗烹”的话。[2]

不但列将依次诛夷，甚至坚守南昌七十五日，力拒陈友谅，造成鄱阳湖大捷，奠定王业的功臣，义子亲侄朱文正也以“亲近儒生，胸怀怨望”被鞭死。[3] 义子亲甥李文忠，十几岁便在军中，南征北伐，立下大功，也因为左右多儒生，礼贤下士，有政治野心被毒死。[4] 刘基是幕府智囊，运谋决策，不只有定天下的大功，并且是奠定帝国规模的主要人物，因为主意多，看得准，看得远，被猜忌最深，洪武元年便被休致回家，[5] 又怕隔得太远会出事，硬拉回南京，终于被毒死。[6] 徐达为开国功臣第一，小心谨慎，也逃不过。洪武十八年病了，生背疽，据说这病最忌

1.《明史》卷一二七《李善长传》。

2.王世贞《史乘考误》，《太祖实录辨证》，《国史考异》。

3.刘辰《国初事迹》，孙宜《洞庭集，大明初略三》，《史乘考误》卷一。

4.《史乘考误》卷一，《太祖实录辨证》卷五，《国史考异》卷二。

5.《国初事迹》。

6.《明史》卷三〇八《胡惟庸传》、卷一二八《刘基传》，刘璟《遇恩录》。

吃蒸鹅，病重时皇帝却特赐蒸鹅，没办法，流着眼泪当着使臣的面吃，不多日就死了。[1] 这两个元勋的特别被注意、被防范，满朝文武全知道，给事中陈汶辉曾经上疏公开指出："今勋旧耆德，咸思辞禄去位，如刘基、徐达之见猜，李善长、周德兴之被谤，视萧何、韩信其危疑相去几何哉！"[2]

武臣之外，文官被杀的也着实不少。有记载可考的有宋思颜、夏煜、高见贤、凌说、孔克仁，这几人都是初起事时的幕府僚属。宋思颜在幕府里的地位仅次于李善长。夏煜是诗人，和高见贤、杨宪、凌说一伙，专替朱元璋"伺察搏击"，尽鹰犬的任务，告密栽赃，什么事全干，到末了也被人告密，先后送了命。[3] 朝官中有礼部侍郎朱同、张衡，户部尚书赵勉，吏部尚书余熂，工部尚书薛祥、秦逵，刑部尚书李质、开济，户部尚书茹太素，春官王本，祭酒许存仁，左都御史杨靖，大理寺卿李仕鲁，少卿陈汶辉，御史王朴、纪善、白信蹈等。[4] 外官有苏州知府魏观，济宁知府方克勤，番禺知县道同，训导叶伯巨，晋王府左相陶凯等。[5] 茹太素是个刚性人，爱说老实话，几次因为话不投机被廷杖，降官，甚至镣足治事。一天，在便殿赐宴，朱元璋赐诗说：

---

1.《翦胜野闻》。

2.《明史》卷一三九《李仕鲁传》附《陈汶辉传》。

3.《明史》卷一三五《宋思颜传》。

4.《明史》卷一三六《朱升传》，卷一三七《刘三吾传》《宋讷传》《安然传》，卷一三八《陈修传》《周祯传》《杨靖传》《薛祥传》，卷一三九《茹太素传》《李仕鲁传》《周敬心传》。

5.《明史》卷一四〇《魏观传》、卷二八一《方克勤传》、卷一四〇《道同传》、卷一三九《叶伯巨传》、卷一三六《陶凯传》。

“金杯同汝饮，白刃不相饶。”太素磕了头，续韵吟道：“丹诚图报国，不避圣心焦！”元璋听了倒也很感动。不多时还是被杀。李仕鲁是朱熹学派的学者，劝皇帝不要太尊崇和尚道士，想学韩文公辟佛，来发扬朱学。料想着朱熹和皇帝是本家，这着棋准下得不错，不料皇帝竟不买朱夫子的账，全不理会。仕鲁急了，闹起迂脾气，当面交还朝笏，要告休回家。元璋大怒，叫武士把他掼死在阶下。陶凯是御用文人，一时诏令、封册、歌颂、碑志多出其手，做过礼部尚书，制定军礼和科举制度，只为了起一个别号叫“耐久道人”，犯了忌讳被杀。员外郎张来硕谏止娶已许配的少女做官人，说“于理未当”，被碎肉而死。参议李饮冰被割乳而死。[1]叶伯巨在洪武九年以星变上书，论用刑太苛说：

臣观历代开国之君，未有不以任德结民心，以任刑失民心者，国祚长短，悉由于此。……议者曰宋元中叶，专事姑息，赏罚无章，以致亡灭。主上痛惩其弊，故制不宥之刑，权神变之法，使人知惧而莫测其端也。臣又以为不然。开基之主，垂范百世，一动一静，必使子孙有所持守，况刑者国之司命，可不慎欤！夫笞、杖、徒、流、死，今之五刑也。用此五刑，既无假贷，一出乎大公至正可也。而用刑之际，多裁自圣衷，遂使治狱之吏，务趋求意志，深刻者多功，平反者得罪，欲求治狱之平，岂易得哉！近者特旨杂犯死罪，免死充军，又删定旧律诸则，减宥有差矣。然未闻有戒敕治狱者，务从平恕之条，是以法司犹循

1.《国初事迹》。

故例，虽闻宽宥之名，未见宽宥之实。所谓实者，诚在主上，不在臣下也。故必有罪疑惟轻之意，而后好生之德洽于民心，此非可以浅浅期也。何以明其然也？古之为士者以登仕为荣，以罢职为辱，今之为士者以溷迹无闻为福，以受玷不录为幸，以屯田工役为必获之罪，以鞭笞捶楚为寻常之辱。其始也，朝廷取天下之士，网罗捃摭，务无余逸，有司敦迫上道，如捕重囚。比到京师，而除官多以貌选，所学或非其所用，所用或非其所学。洎乎居官，一有差跌，苟免诛戮，则必在屯田工役之科，率是为常，不少顾惜。此岂陛下所乐为哉！诚欲人之惧而不敢犯也。窃见数年以来，诛杀亦可谓不少矣，而犯者相踵，良由激劝不明，善恶无别，议贤议能之法既废，人不自励而为善者怠也。有人于此，廉如夷、齐，智如良、平，少戾于法，上将录长弃短而用之乎？将舍其所长苛其所短而置之法乎？苟取其长而舍其短，则中庸之材争自奋于廉智；倘苛其短而弃其长，则为善之人皆曰某廉若是，某智若是，朝廷不少贷之，吾属何所容其身乎？致使朝不谋夕，弃其廉耻，或事掊克，以备屯田工役之资者，率皆是也。若是非用刑之烦者乎！汉尝徙大族于山陵矣，未闻实之以罪人也，今凤阳皇陵所在，龙兴之地，而率以罪人居之，怨嗟愁苦之声，充斥园邑，殆非所以恭承宗庙意也。

朱元璋看了气极，连声音都发抖了，连声说这小子敢如此！快逮来！我要亲手射死他！隔了些日子，中书省官趁他高兴的时候，奏请把叶伯巨下刑部狱，不久死在狱中。[1]

---

1.《明史》卷一三九《叶伯巨传》。

照规定，每年各布政使司和府州县都得派上计吏到户部，核算钱粮军需等账目，数目琐碎奇零，必须府合省，省合部，一层层上去，一直到部里审核报销，才算手续完备。钱谷数字有分毫升合不符合，整个报销册便被驳回，得重新填造。布政使司离京师远的六七千里，近的也是三四千里，册子重造不打紧，要有衙门的印才算合法，为了盖这颗印，来回时间就得一年半载。为了免得部里挑剔，减除来回奔走的麻烦，上计吏照例都带有预先备好的空印文书，遇有部驳，随时填用。到洪武十五年，朱元璋忽然发觉这事，以为一定有弊病，大发雷霆，下令地方各衙门的长官主印者一律处死，佐贰官杖一百充军边地。其实上计吏所预备的空印文书是骑缝印，不能作为别用，也不一定用得着，全国各衙门都明白这道理，连户部官员也是照例默认的，算是一条不成文法律。可是案发后，朝廷上谁也不敢说明详情，有一个不怕死的老百姓，拼着命上书把这事解释明白，也不中用，还是把地方长吏一杀而空。当时最有名的好官济宁知府方克勤（建文朝大臣方孝孺的父亲）也死在这案内，上书人也被罚充军。[1]

郭桓是户部侍郎。洪武十八年，有人告发北平二司官吏和郭桓通同舞弊，从六部左右侍郎以下都处死刑，追赃七百万。供词牵连到各直省官吏，死的又是几万人。追赃又牵连到全国各地，中产之家差不多全被这案子搞得倾家荡产，财破人亡。这案子惊动了整个社会，也大伤了中产阶级和中下级官僚的心，大家

1.《明史》卷九四《刑法志》、卷一三九《郑士利传》。

都指斥、攻击告发此案的御史和审判官，议论沸腾，情势严重。朱元璋一看不对，赶紧下手诏条列郭桓等罪状，说是：

户部官郭桓等收受浙西秋粮，合上仓四百五十万石，其郭桓等止收（交）六十万石上仓，钞八十万锭入库，以当时折算，可抵二百万石，余有一百九十万石未曾上仓。其桓等受要浙西等府钞五十万贯，致使府州县官黄文等通同刁顽人吏沈原等作弊，各分入己。

其应天等五府州县数十万没官田地，夏秋税粮，官吏张钦等通同作弊，并无一粒上仓，与同户部官郭桓等尽行分受。

其所盗仓粮，以军卫言之，三年所积卖空。前者榜上若欲尽写，恐民不信，但略写七百万耳。若将其余仓分并十二布政司通同盗卖见在仓粮，及接受浙西等府钞五十万张卖米一百九十万不上仓，通算诸色课程鱼盐等项，及通同承运库官范朝宗偷盗金银，广惠库官张裕妄支钞六百万张，除盗库见在金银宝钞不算外，其卖在仓税粮及未上仓该收税粮及鱼盐诸色等项，共折米算，所废（吞没）者二千四百余万（石）精粮。

意思是追赃七百万还是圣恩宽容，认真算起来该有两千四百万，这几万人死得绝不委屈。话虽如此说，到底觉得有些不妥，只好借审刑官的头来平众怒，把原审官杀了一批，再三申说，求人民的谅解。[1] 一年后，他又特别指出：“自开国以来，惟

1.《明史》卷九四《刑法志》，《大诰·郭桓卖放浙西秋粮第二十三》、《大诰·郭桓盗官粮第四十九》。

两浙、江西、两广、福建所设有司官，未尝任满一人，往往未及终考，自不免于赃贪。”[1] 可见杀这些贪官污吏是不错的，是千该万该的。不过，倒过来说，杀了二十年的贪官污吏，而贪官污吏还是那么多，沿海比较富饶区域的地方官，二十年来甚至没有一个能够做满任期，都在中途犯了赃贪罪，由此可见专制独裁的统治，官僚政治和贪污根本分不开，单用严刑重罚、恐怖屠杀去根绝贪污，是不可能有什么效果的。

在鞭笞、苦工、剥皮、抽筋以至抄家灭族的威胁空气中，凡是做官的，不论大官小官、近臣远官，随时随地都会有不测之祸，人人都在提心吊胆、战战兢兢地过日子。这日子过得太紧张了，太可怕了，有的人实在受不了，只好辞官，回家当老百姓。不料又犯了皇帝的忌讳，说是不肯帮朝廷做事：“奸贪无福小人，故行诽谤，皆说朝廷官难做。”[2] 大不敬，非杀不可。没有做过官的儒士，怕极了，躲在乡间不敢出来应考做官，他又下令地方官用种种方法逼他们出来，“有司敦迫上道，如捕重囚”。还立下一条法令，说是：“率土之滨，莫非王臣，寰中士大夫不为君用，是自外其教者，诛其身而没其家，不为之过。”[3] 贵溪儒士夏伯启叔侄各剁去左手大指，立誓不做官，被拿赴京师面审。元璋气呼呼地发问：“昔世乱居何处？”回说：“红寇乱时，避居于福建、江西两界间。”不料“红寇”这名词正刺着皇帝的痛处：

1.《大诰续编》。

2.《大诰·奸贪诽谤第六十四》。

3.《大诰三编·苏州人才第十三》。

朕知伯启心怀愤怒，将以为朕取天下非其道也。特谓伯启曰：尔伯启言红寇乱时，意有他忿。今去指不为朕用，宜枭令籍没其家，以绝狂愚夫仿效之风。”特派法司押回原籍处决。[1] 苏州人才姚润、王谟被征不肯做官，也都被处死，全家籍没。[2]

洪武朝朝臣幸免于屠杀的，只有几个例子：一个是大将信国公汤和，原是朱元璋同村子人，一块儿长大的看牛伙伴，比元璋大三岁。起兵以后，诸将地位和元璋不相上下的，都闹别扭，不听使唤，只有汤和规规矩矩，小心听话，服从命令。到晚年，徐达、李文忠已死多年，汤和宿将功高，明白老伙伴脾气，对于诸大将兵权在握心里，老大不愿意，苦的是嘴里说不出。他便首先告老交出兵权，元璋大喜，立刻派官给他在凤阳盖府第，赏赐礼遇，特别优厚，算是侥幸老死在床上。[3] 一个是外戚郭德成，郭宁妃的哥哥。一天他陪朱元璋在后苑喝酒，醉了趴在地上去冠磕头谢恩，露出稀稀的几根头发。元璋笑着说："醉疯汉，头发秃到这样，可不是酒喝多了。”德成仰头说："这几根还嫌多呢，剃光了才痛快。”元璋不作声。德成酒醒，才知道闯了大祸，怕得要死，索性装疯，剃光了头，穿上和尚衣，成天念佛。元璋信以为真，告诉宁妃说："原以为你哥哥说笑话，如今真个如此，真是疯汉。”不再在意。党案起后，德成居然漏网。[4] 一个

1.《大诰三编·秀才剁指第十》，《明史》卷九四《刑法志》。

2.《大诰三编·苏州人才第十三》，《明史》卷九四《刑法志》。

3.《明史》卷一二六《汤和传》。

4.《明史》卷一三一《郭兴传》。

是御史袁凯。有一次朱元璋要杀许多人，叫袁凯把案卷送给皇太子复讯，皇太子主张从宽。袁凯回报，元璋问："我要杀人，皇太子却要宽减，你看谁对？"袁凯不好说话，只好回答："陛下要杀是守法，东宫要赦免是慈心。"元璋大怒，以为袁凯两头讨好，脚踏两头船，老滑头，要不得。袁凯大惧，假装疯癫。元璋说疯子不怕痛，叫人拿木钻来刺他的皮肤。袁凯咬紧牙齿，忍住不喊痛。回家后，自己拿铁链锁住脖子，蓬头垢面，满口疯话。元璋还是不放心，派使者去召他做官。袁凯瞪眼对使者唱月儿高曲，趴在篱笆边吃狗屎。使者回报果然疯了，才不追究。这一次朱元璋却受了骗，原来袁凯预先叫人用炒面拌砂糖，捏成段段，散在篱笆下，趴着吃了，救了一条命，朱元璋哪里会知道？[1]

吴人严德珉由御史升左佥都御史，因病辞官，犯了忌讳，被黥面充军南丹（今广西），遇赦放还。布衣徒步做老百姓，谁也不知道他曾做过官，到宣德时还很健朗。一天因事被御史所逮，跪在堂下，供说也曾在台勾当公事，颇晓三尺法度。御史问是何官，回说洪武中台长严德珉便是老夫。御史大惊谢罪，第二天去拜访，他却早已挑着铺盖走了。有一个教授和他喝酒，见他脸上刺字，头戴破帽，问老人家犯什么罪过。德珉说了详情，并说先时国法极严，做官的多半保不住脑袋。说时还北面拱手，嘴里连说："圣恩！圣恩！"[2]

元璋有一天出去私访。到一破寺，里边没有一个人，墙上画

1.《明史》卷二八五《袁凯传》，《翦胜野闻》，陆深《金台纪闻》。

2.《明史》卷一三八《周祯传》。

一布袋和尚，有诗一首："大千世界浩茫茫，收拾都将一袋藏。毕竟有收还有放，放宽些子又何妨。"墨迹还新鲜，是刚画刚写的，赶紧使人去搜索，已经不见了。[1] 这个故事不一定是真实的，不过，所代表的当时人的情绪却是真实的。

## 二、文字狱

虽然在《大明律》上并没有这一条，说是对皇帝的文字有许多禁忌，违犯了就得杀头，但是，在明初，百无是处的文人，却为了几个方块字，不知道被屠杀了多少人，被毁灭了多少家族。

所谓禁忌，含义是非常广泛的。例如朱元璋从小穷苦，当过和尚，和尚的特征是光头，没有头发，因之不但"光""秃"这一类字犯忌讳，就连"僧"这个字也被讨厌，推而广之，连和"僧"字同音的"生"字也不喜欢。又如他早年是红军的小兵，红军在元朝政府和地主官僚士大夫的口头上、文字上，是被叫作"红贼""红寇"的，做过贼的最恨人提起"贼"字，不管说的是谁，总以为骂的是他，推而广之，连和"贼"读音相像的"则"字也看着心虚了。这一类低能的护短的禁忌心理，在平常人，最多是骂一场、打一架，可是皇帝就不同了，严重了，一张嘴，一个条子，就是砍头、抄家、灭族。法律、刑章，不过为对付老百姓用的，皇帝在法律之上、在法律之外，而且，还可以为自己的方便，

1.《翦胜野闻》。

临时添进一两款，弄得名正言顺；要不然，做皇帝图的是什么？

大明帝国的第一代皇帝，从小失学，虽然曾经在皇觉寺混了一些日子，从佛经里生吞活剥认了几个字，后来在行伍里和读书人搞在一起，死命记，刻苦学，到发迹了，索性请了许多文人学者来讲学，更明白往古还有许多大道理。可是，到底根基差，认字不太多，学问不到家，许多字认不真，加上心虚护短的自卑心理，凭着有百万大军的威风，滥用权力，就随随便便糊里糊涂杀了无数文人，造成明初的文字狱。

他的自卑心理，另一现象就是卖弄身份。论出身，既不是像周文王那样的王子王孙，也不是隋文帝那样的世代将门；论祖先，既搬不出尧子舜孙那一套，也不会像唐朝拉李耳、宋朝造赵玄朗那玩意；父亲、祖父是佃农，外祖是巫师，没什么值得夸耀的。为了怕人讪笑，索性强调自己是无根基的、没来头的，不是靠祖宗先人基业起家的。在口头上，在文字上，甚至在正式的诏书上，一张嘴，一动笔，总要插进"朕本淮右布衣"，或者"江左布衣"，以及"匹夫""起自田亩""出身寒微"一类的话；尤其是"布衣"这一名词，仔细研究他的诏书，差不多很难找出不提这两个字的。强烈的自卑感表现为自尊，自尊为同符汉高祖，原来历史上的汉高祖也和他一样，是个平民出身的大皇帝。不断地数说，成为卖弄，卖弄他赤手空拳，每一寸地打出来的天下。可是，尽管他左一个"布衣"，右一个"布衣"，以至"寒微"之类，一套口头禅，像是说得很利落，却绝不许人家如此说，一说就以为是挖苦他的根基，又是一场血案。

其实，他又何尝不想攀一个显赫知名的人做祖宗，只是被人点破，不好意思而已。据说，当他和一批文臣商量修玉牒（家谱）的时候，原来打算拉宋朝的朱熹做祖先的。恰好一个徽州人姓朱做典史的来朝见，他打算拉本家，就问："你是朱文公的子孙吗？"这人不明底细，又怕撒谎会闯祸，只好回说不是。他一想，区区的典史尚且不肯冒认别人做祖宗，堂堂大皇帝又怎么可以？而且几代以前也从没有听说和徽州有过瓜葛，万一硬连上，白给人做子孙倒不打紧，被识破了落一个话柄，如何值得？只好打消了这念头，不做名儒的后代，却向他的同志汉高祖去看齐了。[1]

文字狱的经过如此：

地方三司官和知府、知县、卫所官，逢年过节和皇帝生日以及皇家喜庆所上的表笺，照例委托学校教官代作。虽然都是陈词滥调刻板一套颂圣的话，朱元璋偏喜欢仔细阅读，挑出恭维话来愉悦自己。他当然也知道这些话只是文字的堆砌，没有真感情，不过，总算综合了文字上的好字眼来歌颂，看了也不由得肌肉发松，轻飘飘有飞上云雾里的快感，紧绷绷的脸腮上有时候也不免浮出一丝丝的笑意来。不料看多了，便出问题：怎么全是说我好的？被屠宰的猪羊会对屠夫讨好感谢？推敲又推敲，总觉得有些字在纸上跳动，在说你这个暴君、这个屠户、穷和尚、小叫花、反贼、强盗，一些不愉快的往事在苦恼他的心灵。

1.《明朝小史》卷一。

他原来不是使小心眼的人，更不会挑剔文字。从渡江以后，很得到文人的帮忙。开国以后，朝仪制度、军卫、户籍、学校等典章规程又多出于文人的计划，使他越发看重文人，以为治国非用文人不可。百战功高的勋臣们很感觉不平，以为我们流血百战，却让这些瘟书生来当权，多少次向皇帝诉说，都不理会。商量多时，生出主意，一天又向皇帝告状，元璋还是那一套老话，说是世乱用武，世治宜文，马上可以得天下，不能治天下，总之，治天下是非文人不可的。有人就说："不过文人也不能过于相信，太相信了会上当的。一般的文人好挖苦毁谤，拿话刺人，譬如张九四一辈子宠待儒生，好房子，大薪水，三日一小宴，五日一大宴，把文人捧上天。做了王爷后，要起一个官名，有人取为士诚。"元璋说："不错啊，这名字不错。"那人说："不然，上大当了。《孟子》上有'士，诚小人也'。把这句话连起来，割裂起来念，就读成'士诚，小人也'，骂他是小人，他哪里懂得，给人叫了半辈子小人，到死还不明白，真是可怜。"[1] 元璋听了这番话，正中痛处，从此加意读表笺，果然满纸都是和尚贼盗，句句都是对着他骂的，有的成语转弯抹角揣摩了半天，也是损他的，一怒之下，叫把这些做文字的文人，一概拿来杀了。

文字狱的著名例子，如浙江府学教授林元亮替海门卫作《谢增俸表》，有"作则垂宪"一句话，北平府学训导赵伯宁为都司作《贺万寿表》，有"垂子孙而作则"一语，福州府学训导

1.黄溥《闲中今古录》。

林伯璟为按察使撰《贺冬至表》的"仪则天下"，桂林府学训导蒋质为布政使、按察使作《正旦贺表》的"建中作则"，澧州学正孟清为本府作《贺冬至表》的"圣德作则"，他把所有的"则"都念成"贼"。常州府学训导蒋镇为本府作《正旦贺表》，有"睿性生知"，"生"字被读作"僧"。怀庆府学训导吕睿为本府作《谢赐马表》，"遥瞻帝扉"中"帝扉"被读成"帝非"。祥符县学教谕贾翥为本县作《正旦贺表》的"取法象魏"，"取法"读作"去发"。亳州训导林云为本府作《谢东宫赐宴笺》有"式君父以班爵禄"，"式君父"硬被念成"失君父"，说是诅咒。尉氏县教谕许元为本府作《万寿贺表》："体乾法坤，藻饰太平。"更严重了，"法坤"是"发髡"，"藻饰太平"是"早失太平"。德安府县训导吴宪为本府作《贺立太孙表》："永绍亿年，天下有道，望拜青门。""有道"变成"有盗"，"青门"当然是和尚庙了。都一概处死。甚至陈州府学训导周冕为本州作《贺万寿表》的"寿域千秋"，念不出花样来的也是被杀。[1]

象山县教谕蒋景高以表笺误被逮赴京师斩于市。[2] 杭州教授徐一夔贺表有"光天之下，天生圣人，为世作则"。元璋读了大怒说："'生'者僧也，骂我当过和尚。'光'是剃发，说我是秃子。'则'音近贼，骂我做过贼！"立刻逮来杀了。吓得礼部官魂不附体，求皇帝降一道表式，使臣民有所遵守。[3] 洪武二十九

1.《廿二史札记》卷三二《明初文字之祸》引《朝野异闻录》。

2.黄溥《闲中今古录》。

3.《翦胜野闻》。

年七月特派翰林院学士刘三吾、右春坊右赞善王俊华撰庆贺谢恩表笺成式，颁布天下诸司，以后凡遇庆贺谢恩，如式录进。[1]

文字狱从洪武十七年到二十九年（公元1384–1396年），前后经过十三年。[2] 唯一幸免的文人是翰林编修张某，此人在翰林院时说话太直，被贬作山西蒲州学正，照例作庆贺表。元璋特别记得这人名字，看表词里有“天下有道”“万寿无疆”，发怒说：“这老头还骂我是强盗！”差人逮来面讯，说是：“把你送法司，更有何话可说？”张某说：“只有一句话，说了再死也不迟。陛下不是说过表文不许杜撰，都要出自经典，要有根有据的话吗？‘天下有道’是孔子的格言，‘万寿无疆’是《诗经》里的成语，说臣诽谤，不过如此。”元璋无话可说，想了半天，才说：“这老头还嘴犟，放掉吧！”左右侍从私下谈论：“几年来才见容了这一个人！”[3]

有一个和尚叫来复，巴结皇帝，作一首谢恩诗，有“殊域”和“自惭无德颂陶唐”之句。元璋大生气，以为“殊”字分为“歹朱”，明明骂我，又说“无德颂陶唐”，是说我无德，虽欲以陶唐颂我而不能，又把这乱讨好的和尚斩首。[4]

在戡乱建国声中，文人作反战诗也是犯罪的。佥事陈养浩有诗云：“城南有嫠妇，夜夜哭征夫。”元璋恨他动摇士气，取

---

1.此据《明太祖实录》卷二四六。赵翼《廿二史札记》卷三二《明初文字之祸》作“帝乃自为之，播天下”，是错的。

2.《闲中今古录》。

3.李贤《古穰杂录》。

4.《廿二史札记》卷三二《明初文字之祸》。

到湖广，投在水里淹死。[1] 甚至作一首宫词，也会被借题处死。翰林编修高启作《题宫女图》诗，有云："小犬隔花空吠影，夜深宫禁有谁来？"元璋以为是讽刺他的，恨在心头。苏州知府魏观改修府治被杀后，元璋知道《上梁文》又是高启写的，旧仇新罪都发，把高启腰斩。[2] 地方官报告就本身职务有所陈请，一字之嫌，也会送命。卢熊做兖州知州，具奏州印"兖"字误类"衮"字，请求改正。元璋极不高兴，说："秀才无理，便道我兖哩！"原来又把"兖"字缠作"滚"字了。不久，卢熊终于以党案被诛。[3]

从个人的避忌进一步便发展为广义的避忌了。洪武三年禁止小民取名用天、国、君、臣、圣、神、尧、舜、禹、汤、文、武、周、汉、晋、唐等字。洪武二十六年榜文禁止百姓取名太祖、圣孙、龙孙、黄孙、王孙、太叔、太兄、太弟、太师、太傅、太保、大夫、待诏、博士、太医、太监、大官、郎中字样，并禁止民间久已习惯的称呼，如医生只许称医士、医人、医者，不许称太医、大夫、郎中；梳头人只许称梳篦人或称整容，不许称待诏；官员之家火者，只许称阍者，不许称太监，违者都处重刑。[4]

不只是文字，甚至口语也有避忌。传说有一次他便装出外察访，有一老婆子和人谈话，提起上位（明初人对皇帝的私下称

1.《国初事迹》。

2.朱彝尊《静志居诗话》，《明史》卷二八五《高启传》。

3.叶盛《水东日记摘钞》卷二。

4.《明太祖实录》卷五二，顾起元《客座赘语》卷十《国初榜文》。

呼）时，左一个老头儿，右一个老头儿。当时不好发作，走到徐达家，绕着屋子踱来踱去，气得发抖，后来打定主意，传令五城兵马司带队到那老婆子住的地方，把那一带民家都给抄没了。回报时他还哑着嗓子说："张士诚占据东南，吴人到现在还叫他张王，我做了皇帝，这地方的老百姓居然叫我老头儿，真气死人，气死人！"[1]

其他文人被杀的如处州教授苏伯衡以表笺误论死；太常丞张羽曾代撰《滁阳王庙碑》，坐事投江死；河南左布政使徐贲下狱死；苏州经历孙蕡曾为蓝玉题画，泰安州知州王蒙尝谒胡惟庸，在胡家看画，王行曾做蓝玉家馆客，都以党案论死。苏伯衡和王行都连两个儿子同命，一家杀绝。郭奎曾参朱文正大都督府军事，文正被杀，奎也论死。王彝曾修《元史》，坐魏观案和高启同死。同修《元史》的山东副使张孟兼、博野知县傅恕和福建佥事谢肃，都坐事死。何真幕府里的人物，岭南五先生之一的赵介。死在被逮途中。初定金华时，罗致幕中讲述经史的戴良，坚决不肯做官，得罪自杀。不死的，如曾修《元史》的张宣，谪徙濠梁；杨基被谪罚做苦工，一直到死；乌斯道谪役定远；唐肃谪佃濠梁；顾德辉父子在吴平后，并徙濠梁，都算是万分侥幸的了。[2]

明初的著名诗人吴中四杰：高启、杨基、张羽、徐贲，没有一个是善终的。

---

1.《翦胜野闻》。

2.《明史》卷二八五《苏伯衡传》，《高启传》，《王冕传》附《郭奎传》，《孙蕡传》，《王蒙传》，《赵燻传》，《陶宗仪传》附《顾德辉传》；《廿二史札记》卷三二《明初文人多不仕》。

元璋晚年时，所最喜欢的青年才子解缙，奉命说老实话，上万言书说：

臣闻令数改则民疑，刑太繁则民玩。国初至今将二十载，无几时不变之法，无一日无过之人。尝闻陛下震怒，锄根剪蔓，诛其奸逆矣，未闻褒一大善，赏延于世，复及其乡，终始如一者也。

陛下进人不择贤否，授职不量重轻。建“不为君用”之法，所谓取之尽锱铢；置“朋奸倚法”之条，所谓用之如泥沙。监生进士经明行修，而多屈于下僚；孝廉人材冥蹈瞽趋，而或布于朝省。椎埋嚚悍之夫，阘茸下愚之辈，朝捐刀镊，暮拥冠裳；左弃筐箧，右绾组符。是故贤者羞为之等列，庸人悉习其风流，以贪婪苟免为得计，以廉洁受刑为饰辞。出于吏部者无贤否之分，入于刑部者无枉直之判。天下皆谓陛下任喜怒为生杀，而不知皆臣下之乏忠良也。

夫罪人不孥，罚弗及嗣，连坐起于秦法，孥戮本于伪书。今之为善者妻子未必蒙荣，有过者里胥必陷其罪，况律以人伦为重，而有给配之条，听之于不义，则又何取夫节义哉！此风化之所由也。

所说全是事实。迫文人做官则取之尽锱铢，做了官再屠杀，简直像泥沙一样，毫不动心；稍不如意便下刑部，一进刑部是没有冤枉可诉的。而且，不但罚延及嗣，连儿子一起杀，甚至妻女也不免受辱，听凭官家给配。真是“任喜怒为生杀”，和“臣下乏忠良”何干？解缙这么说，只是行文技巧，不给上位太难堪而已。元璋读了，连说：“才子！才子！”可见他自己也是心服的。[1]

网罗布置好了，包围圈逐渐缩小了，苍鹰在天上盘旋，猎犬在追逐，一片号角声、呐喊声、呼鹰唤狗声。已入网的文人一个个断脰破胸，呻吟在血泊中。在网外、围外的在战栗，在恐惧，在逃避，在伪装。前朝老文学家杨铁崖（维桢）被征，婉辞谢绝，说快死的老太婆不能再嫁人了，赋《老客妇谣》明志，抵死不肯做官，被迫勉强到南京打一转，请求还山。宋濂赠诗说："不受君王五色诏，白衣宣至白衣还。"[2] 胡翰、赵壎、陈基修《元史》成后，即刻回家。张昱被征，元璋看他老态龙钟，说是回去吧，可以闲一闲了，因自号为可闲老人。王逢是张士诚的馆客，吴亡，隐居不起。洪武十五年被征，地方官押送上路，亏得儿子做通事司令的，向皇帝磕头苦求，才放回去。高则诚（明）以老疾辞官，张宪隐姓埋名，寄食僧寺，丁鹤年学佛庐墓，都得逍遥网外，终其天年。[3] 开国谋臣秦从龙避乱镇江，元璋先嘱徐达访求，又特派朱文正、李文忠到门延聘，亲自到龙湾迎接，事无大小，都和他商量，称为先生而不名，有时用竹板写字问答，连左右侍从都不知道他们说的是什么。儒臣中礼遇优厚，没人能比得上。陈遇在幕中被比作伊、吕、诸葛，最为亲信。元璋做吴王，辞做供奉司丞，称帝后，三次辞翰林学士，又辞中书左

1.《明史》卷一四七《解缙传》。

2.《明史》卷二八五《杨维桢传》。

3.《明史》卷二八五《胡翰传》，《赵壎传》，《赵㧑谦传》附《张昱传》，《戴良传》附《王逢传》，《丁鹤年传》，《陶宗仪传》附《高明传》。

丞，辞礼部侍郎兼弘文馆大学士，辞太常少卿，最后又辞做礼部尚书。元璋无法，要派他儿子做官，还是不肯。他在左右劝少杀人，替得罪臣僚说好话，密谋秘计，外人无法与闻。他越是不肯做官，元璋对他越敬重，见面称先生或君子，宠礼在勋戚大臣之上。这两人都不做官，都为元璋所信任尊重，都能平安老死，和刘基那样被猜毒死，宋濂那样暮年谪死，真是不可同日而语了。[1]

元璋渡江以前幕府里的主要人物，还有一人名田兴，金陵下后便隐遁江湖，元璋多方设法寻访都不肯回来。洪武三年又派专使以手书敦劝说：

元璋见弃于兄长，不下十年，地角天涯，未知云游之处，何尝暂时忘也。近闻打虎留江北，为之喜不可仰。两次诏请，更不得以勉强相屈。文臣好弄笔墨，所拟词意，不能尽人心中所欲言，特自作书，略表一二，愿兄长听之：

昔者龙凤之僭，兄长劝我自为计，又复辛苦跋涉，参谋行军。一旦金陵下，告遇春曰：大业已定，天下有主，从此浪迹江湖，安享太平之福，不复再来多事矣。我故以为戏言，不意真绝迹也。皇天厌乱，使我灭南盗，驱北贼，无才无德，岂敢妄自尊大，天下遽推戴之，陈友谅有知，徒为所笑耳。三年在此位，访求山林贤人，日不暇给。兄长移家南来，离京甚近，非但避我，且又拒我。昨由去使传信，令人闻之汗下。虽然，人之相知，莫如兄弟，我二人者不同父母，甚于手足。昔之

1.陆深《豫章漫钞》《玉堂漫笔》，《明史》卷一三五《陈遇传》。

忧患，与今之安乐，所处各当其事，而平生交谊，不为时势变也。世未有兄因弟贵，惟是闭门逾垣以为得计者也。皇帝自是皇帝，元璋自是元璋，元璋不过偶然做皇帝，并非做皇帝便改头换面，不是朱元璋也。本来我有兄长，并非做皇帝便视兄长如臣民也。愿念兄弟之情，莫问君臣之礼，至于明朝事业，兄长能助则助之，否则，听其自便。只叙兄弟之情，断不谈国家之事。美不美，江中水，清者自清，浊者自浊，再不过江，不是脚色。[1]

情辞恳切到家，还是不理。此人神龙见首不见尾，如实有其人，可说是第一流人物，也是最了解他小兄弟性格的一个人物。

## 三、特务网

专制独裁的政权，根本是反人民的，靠吮吸人民的血汗，奴役人民的劳力而存在。为了利益的独占和持续，甚至对他自己的工具或者仆役——官僚和武将，也非加以监视和侦查不可。虽然在对人民的剥削掠夺这一共同基础上，皇权和士大夫军官是一致的，但是，官僚武将过分的膨胀，又必然会和皇权产生内部冲突。

皇帝站在金字塔的尖端，在尊严的、神圣的宝座下面，是一座火山。有广大的、愤怒的人民，有两头拿巧的官僚，有强悍

1.方觉慧《明太祖革命武功记》。

跋扈的武将，在酝酿力量，在组织力量。

推翻元朝统治的不就是蚩蚩粥粥，老实得说不出话，扛竹竿锄头的农民？使张九四终于不能成事的，不就是那些专为自己打算，贪污舞弊的文士和带歌儿舞女上阵的将军？历史上，曹操、司马懿、刘裕一个吃一个，篡位的是士大夫，帮凶的又何尝不是士大夫？至于赵匡胤陈桥兵变，黄袍加身，那更用不着说了。这位子谁不想坐？“彼可取而代之也！”谁不想做皇帝？

没有做皇帝之先，用阴谋，用武力，使尽一切可能的力量去破坏，从而取得政权。做了皇帝之后，用阴谋，用武力，使尽一切可能的力量来不许破坏，镇压异己，维持既得利益。一句话，绝对禁止别人企图做皇帝，或对他不忠。

要严密做到镇压“异图”“不忠”，巩固已得地位，光是公开的军队和法庭，光是公布的律例和刑章是不够用的。可能军队里、法庭里，就有对现状不满的分子；可能军队里、法庭里，就有痛恨这种统治方式的人们。得有另外一套，得有一批经过挑选训练的特种侦探，得有经过严格组织的特种“机构”和特种监狱，用秘密的方法，侦伺，搜查，逮捕，审讯，处刑。在军队里，学校里，政府衙门中，在民间集会场所，私人住宅，交通孔道，大街小巷，处处都有一些特殊人物在活动。执行这些任务的特种组织和人物，在汉有“诏狱”和“大谁何”，三国时有“校事”，唐有“丽竟门”和“不良人”，五代有“侍卫司狱”，宋有“诏狱”和“内军巡院”，明初有“检校”和“锦衣卫”。

检校的职务是“专主察听在京大小衙门官吏不公不法及

风闻之事，无不奉闻”。最著名的头子之一叫高见贤，和佥事夏煜、杨宪、凌说，成天做告发人阴私的勾当，“伺察搏击”。兵马指挥丁光眼巡街生事，凡是没有路引的，都捉拿充军。元璋尝时说：“有这几个人，譬如人家养了恶犬，则人怕。”[1] 杨宪曾经以左右司郎中参赞浙江行省左丞李文忠军事，元璋嘱咐：“李文忠是我外甥，年轻未历练，地方事由你做主张，如有差失，罪只归你。”后来杨宪就告讦李文忠用儒士屠性、孙履、许元、王天锡、王祎干预公事，屠性、孙履被诛，其余三人被罚发充书写。杨宪因之得宠，历升到中书左丞。元璋有意要他做宰相，杨宪就和凌说、高见贤、夏煜在元璋面前诉说李善长不是做宰相的材料。胡惟庸急了，告诉李善长：“杨宪若做相，我们两淮人就不得做大官了。”杨宪使人劾奏右丞汪广洋流放海南，淮人也合力反攻杨宪：“排陷大臣，放肆为奸。”到底淮帮力量大，杨宪以告讦发迹，也以被告讦诛死。[2] 高见贤建议：“在京犯赃经断官吏，不无怨望，岂容辇毂之下住之？该和在外犯赃官吏发去江北和州、无为开垦荒田。”后来他自己也被杨宪举劾受赃，发和州种田。先前在江北种田的都指着骂：“此路是你开，你也来了，真是报应！”不久被杀。夏煜、丁光眼也犯法，先后被杀。[3]

亲卫军官做检校的，有金吾后卫知事靳谦，元璋数说他的罪状：“朕以为必然至诚，托以心腹，虽有机密事务，亦曾使令

1.《国初事迹》，《洞庭集·大明初略四》，《明史》卷一三五《宋思颜传》。

2.《国初事迹》，《明史》卷一二七《汪广洋传》。

3.《国初事迹》，《洞庭集·大明初略四》。

究焉。”[1] 有何必聚，龙凤五年派帐下卫士何必聚往探江西袁州守将欧平章动静，以断欧平章家门前二石狮尾为证，占袁州后，查果然不错。[2] 有小先锋张焕，远在初克婺州时，就做元璋的亲随伴当从行先锋。一晚，元璋出去私访，遇到巡军拦阻，喝问是谁，张焕说：“是大夫。”巡军发怒：“我不知道大夫是什么人，但是犯夜的就逮住。”解说了半晌才弄清楚。乐人张良才说平话，擅自写省委教坊司帖子，贴市门柱上，被人告发。元璋发怒说：“贱人小辈，不宜宠用！”叫小先锋张焕捆住乐人，丢在水里。龙凤十二年以后，经常做特使到前方军中传达命令。[3] 有毛骧和耿忠，毛骧是早期幕僚毛骐的儿子，以舍人做亲随，用作心腹亲信，和耿忠奉命到江浙等处访察官吏，问民疾苦。毛骧从管军千户积功做到都督佥事，掌锦衣卫事，典诏狱，被牵入胡惟庸党案伏诛。耿忠做到大同卫指挥，也以贪污案处死。[4]

除文官武将做检校以外，和尚也有被选拔做这个工作的。吴印、华克勤等人，都还俗做了大官，替皇帝做耳目，报告外间私人动止。大理寺卿李仕鲁[5] 上疏力争，以为“自古帝王以来，未闻缙绅缁流杂居同事而可以共济者也。今勋旧耆德，咸思辞禄去位，而缁流俭夫乃益以谗间”，并具体指出刘基、徐达、李

1.《大诰·沈匿卷宗第六〇》。
2.《国初群雄事略》卷四引俞本《皇明纪事录》。
3.《国初事迹》，《洞庭集·大明初略四》，王世贞《弇山堂别集·诏令杂考二》。
4.《国初事迹》，《明史》卷一三五《郭景祥传》附《毛骐传》。
5.编者注：四版作陈汶辉。

善长、周德兴的被猜疑、被谗谤，都是这批出家检校造的孽。[1]

检校的足迹是无处不到的，元璋曾派人去察听将官家，有女僧诱引华高、胡大海妻敬奉西僧，行“金天教”法。元璋大怒，把两家妇人连同女僧一起丢在水里。[2] 吴元年得到报告，要前方总兵官把“一个摩泥（摩尼教徒）取来”。洪武四年手令：“如今北平都卫里及承宣布政司里快行，多是彼土人民为之。又北平城内有个黑和尚出入各官门下，时常与各官说些笑话，好生不防他。又一名和尚系是江西人，秀才出身，前元应举不中，就做了和尚，见在城中与各官说话。又火者一名姓崔，系总兵官庄人，本人随别下泼皮高丽黑哄陇问，又有隐下的高丽不知数。遣文书到时，可将遣人都教来，及那北平、永平、密云、蓟州、遵化、真定等处乡市，旧有僧尼，尽数起来。都卫快行承宣布政司快行，尽数发来。一名太医江西人，前元提举，即目在各官处用事。又指挥孙苍处有两个回回，金有让孚家奴也教发来。”[3] 调查得十分清楚。傅友德出征赐宴，派叶国珍作陪，拨与朝妓十余人。正饮宴间，有内官觇视，说是国珍令妓妇脱去皂帽褙子，穿华丽衣服混坐。元璋大怒，令壮士拘执叶国珍，与妓妇连锁于马坊，妓妇劓去鼻尖。国珍说：“死则死，何得与贱人同锁？”元璋说：“正为你不分贵贱，才这样对你。”鞭讫数十，发瓜州做

1.《明史》卷一三九《李仕鲁传》。

2.《国初事迹》。

3.《弇山堂别集·诏令杂考二》。

坝夫。[1]钱宰被征编《孟子节文》，罢朝吟诗："四鼓冬冬起着衣，午门朝见尚嫌迟。何时得遂田园乐？睡到人间饭熟时。"有人给打报告了。第二天元璋对他说："昨天作的好诗，不过我并没嫌呵，改作忧字如何？"钱宰吓得磕头谢罪。[2]宋濂性格最为诚谨，有一天请客喝酒，也被皇帝注意了，使人侦视。第二天当面发问，昨天喝酒了没有，请了哪些客，备了什么菜？宋濂老老实实地回答，元璋才笑说："全对，没有骗我。"[3]吴琳以吏部尚书告老回黄冈，元璋不放心，派人去察看，远远见一农人坐小杌上，起来插秧，样子很端谨。使者前问："此地有吴尚书这人不？"农人叉手回答："琳便是。"使者复命，元璋很高兴。[4]又如南京各部皂隶都戴漆巾，只有礼部例外，各衙门都有门额，只有兵部没有，据说这也是锦衣卫逻卒干的事。原来各衙门都有人在暗地里侦查，一天礼部皂隶睡午觉，被取去漆巾；兵部有一晚没人守夜，门额给人抬走了，发觉后不敢作声，也就成为典故了。[5]

朱元璋不但有一个特务网，派专人侦查一切场所、一切官民，他自己也是喜欢搞这一套的。例如罗复仁官为弘文馆学士，说一口江西话，质直朴素，元璋叫他作老实罗。一天，忽然动了念头，要调查老实罗是真老实还是假老实，出其不意一人跑到罗家。罗家在城外边一个小胡同里，破破烂烂、东倒西歪的几间房

1.《国初事迹》。

2.《水东日记摘钞卷二》。

3.《明史》卷一二八《宋濂传》。

4.《明史》卷一三八《陈修传》附《吴琳传》。

5.陆容《菽园杂记》，祝允明《野记一》。

子，老实罗正扒在梯子上粉刷墙壁，一见皇帝来，着了慌，赶紧叫他女人抱一个小杌子请皇帝坐下。元璋见他实在穷得可以，老大不过意，说："好秀才怎能住这样烂房子！"即刻赏城里一所大邸宅。[1]

检校是文官，元璋譬喻为恶狗。到洪武十五年还嫌恶狗不济事，另找一批虎狼来执行大规模的屠杀，把侦伺处刑之权交给武官，特设一个机构叫锦衣卫。

锦衣卫的前身是吴元年设立的拱卫司；洪武三年改亲军都尉府，府统中、左、右、前、后五卫和仪鸾司，掌侍卫、法驾、卤簿；十五年改为锦衣卫。

锦衣卫有指挥使一人，正三品。同知二人，从三品。佥事三人，四品。镇抚二人，五品。十四所千户十四人，五品；副千户从五品；百户六品。所统有将军、力士、校尉，掌直驾、侍卫、巡察、缉捕。镇抚司分南北，北镇抚司专理诏狱。

直驾、侍卫是锦衣卫形式上的职务，巡察、缉捕才是工作的重心，对象是"不轨妖言"，不轨指政治上的反对者或党派，妖言指要求改革现状的宗教集团，如弥勒教、白莲教和明教，等。

朱元璋从红军出身，当年也喊过"弥勒降生""明王出世"的口号，他明白这些传说的号召作用，也清楚聚众结社对现政权的威胁。他也在担心，这一批并肩百战、骁悍不驯的将军，这一群出身豪室的文臣，有地方势力，有社会声望，主意多，要是

1.《明史》卷一三七《罗复仁传》。

自己一朝咽气，忠厚柔仁的皇太子怎么对付得了？到太子死后，太孙不但年轻，还比他父亲更不中用，成天和腐儒们读古书，讲三王的道理，断不是制驭枭雄的角色。他要替儿孙斩除荆棘，要保证自己死后安心，便有目的地大动杀手，犯法的杀，不犯法的也杀，无理的杀，有理的也杀。锦衣卫的建立，为的便是有计划地栽赃告密，有系统地诬告攀连，有目标地灵活运用，更方便地在法外用刑。各地犯重罪的都解到京师下北镇抚司狱，备有诸般刑具，罪状早已安排好，口供也已预备好，不容分析，不许申诉，犯人唯一的权利是受苦刑后画字招认。不管是谁，进了这头门，是不会有活着出来的奇迹的。

洪武二十年，他以为该杀的人已经杀得差不多了，下令焚毁锦衣卫刑具，把犯人移交刑部，表示要实行法治了。又把锦衣卫指挥使也杀了，卸脱了多年屠杀的责任。六年后，胡党、蓝党都已杀完，松了一口气，又下令以后一切案件都由朝廷法司处理，内外刑狱公事不再经由锦衣卫。签发这道手令之后，摸摸花白胡子，以为天下从此太平，皇基永固了。[1]

和锦衣卫有密切关联的一件恶政是廷杖。锦衣卫学前朝的诏狱，廷杖则是学元朝的办法。

在元朝以前，君臣的距离还不太悬绝，三公坐而论道，和皇帝是师友。宋代虽然臣僚在殿廷无坐处，礼貌上到底还有几分客气。蒙古人可不同了，起自马上，生活在马上，政府臣僚也

1.王世贞《锦衣志》，《明史》卷八九《兵志》、卷九五《刑法志》。

就是军中将校，一有过失，随时杖责，打完照旧办事，甚至中书大臣都有殿廷被杖的故事。朱元璋事事复古，要“复汉宫之威仪”，只有打人，尤其是在殿廷杖责大臣这一桩，却不嫌弃是胡俗，习惯地继承下来。著名的例子，亲族被鞭死的有朱文正，勋臣被鞭死的有永嘉侯朱亮祖父子，大臣被杖死的有工部尚书薛祥，部曹被廷杖的有茹太素。从此成为故事，士大夫不但可杀，而且可辱，君臣间的距离有如天上地下，“天皇圣明，臣罪当诛”。礼貌固然谈不到，连主奴间一点起码的恩意，也被板子、鞭子打得干干净净了。[1]

## 四、皇权的极峰

就整个历史的演进说，皇帝的权力到朱元璋可以说是达到了极峰。

研究皇权的极权化发展，应该从两方面来看，一是士大夫地位的下降，二是巩固皇权的诸多约束被摧毁。至于人民，向来只有被统治、被剥削、被屠杀的义务，和治权是丝毫沾搭不上的。

在明以前，士大夫是和皇家共存共治的。

具体的先从君臣的礼貌来说吧。在宋以前有三公坐而论道的说法，贾谊和汉文帝谈话，不觉膝之前席，可见不但三公，连小官见皇帝都是坐着的。唐初的裴寂甚至和唐高祖共坐御

1.《明史·刑法志三》。

榻，十八学士在唐太宗面前也都有坐处。到宋朝便不然了。从太祖以后，大臣上朝在皇帝面前无坐处，一坐群站，三公群卿立而奏事了。到明代，不但不许坐，站着都不行，得跪着说话了。从坐而站而跪，说明了三个时期的君臣之间的关系，也说明了士大夫地位的下降。

从形式再说到本质：

坐的时期的典型例子是魏晋六朝的门阀制度。

汉代的若干世家宦族，如关西杨氏、汝南袁氏之类，四世三公，有数不尽的庄园，算不清的奴仆，门生故吏遍天下，本身有雄厚的独立的经济、社会和政治力量。在黄巾动乱时代，地方豪族如孙策、马腾、许褚、张辽、曹操之类，为了保持土地和特殊权益，组织地主军保卫乡里，有部曲，有防区，拥有军事力量。小军阀抗不了大股黄巾，投靠大军阀，大军阀又互相吞并，结果是三分天下，建立三个皇朝，原来两类家族——世族和豪族也都占据高位，变成公卿将帅，成为高级官僚了。这些家族原是共建皇业的股东，和皇家利害共同，休戚一致，在九品中正的选举制度下，"上品无寒门，下品无势族"，大官位全为这些家族分子所独占。东晋南渡，司马家和王、谢等家到了建康，东吴旧族顾、陆、朱、张等家族虽然是本地高门，因为是亡国之余，就吃了亏，在政治地位上屈居第二等。这些高门，世执国政，王、谢子弟更平步以至公卿（北方的崔、卢、李、郑、王等家族也是一样）。到刘裕以田舍翁做皇帝，陈霸先更是寒人，在世族眼光里，皇家只是暴发户，无根基，没派头，朝代尽管改换，好官我自为之，士大夫集团有其传统的政治、社会、经济和文化地位，非皇权所能动摇，士大夫虽然在为皇权服务——因为皇帝有军队，目的却在以皇权来发展并保障士大夫的已有权益。在这种情况下，士大夫是和皇家共存，共享治权的。皇家的利益虽然大体上和士大夫一致，但是在许多场合，发生了尖锐的冲突，例如世族的荫蔽人口，霸占农田水利以至山林湖沼等，经隋代两帝有意识地打击摧毁，如取消九品中正制度，取消长官辟举僚属办法，并设立进士科，用公开的考试制度，用文字的优劣来代替血统门望高下，来选任官僚。但是，文字教育还是要钱买的，大家族有优越的经济地位、人事关系，因之，唐朝三百年间的宰相，还是被二十个左右家族所包办。

门阀制度下的士大夫，有历史的传统，有庄园的经济基础，有包办选举的制度，甚至有依门第高下任官的成文法，有依族姓高下缔婚的风气，高门华阀由此种种便成为一个利害共同的集团，并且，公卿子弟熟习典章制度，治国（办例行公事）也非他们不可。在这诸多特殊情势之下，士大夫是和皇家共存的，只有双方合作才能两利。而且，皇帝人人可做，只要有强大的军力能夺取政权便行，士大夫却不然，寒人役门要成为士大夫，等于骆驼穿针孔，即使有皇帝手令强制，也还是办不到。何事非君？士大夫只要不损害他们的权益，可以侍候任何一姓的皇权。一个拥有大军的统帅，如得不到士大夫的支持，绝对做不了皇帝的。

考试制度代替了门阀制度，真正发挥作用是十世纪以后的事。

经过唐代前期则天大帝有意援用新人，任命进士做高官，打击世族。经过后期甘露之祸（太和九年，公元835年）、白马之祸（天祐二年，公元905年）和藩镇的摧残，多数的著名家族被屠杀。经过长期的军阀混战，五代乱离，幸存的世族失去了庄园，流徙各地，到唐庄宗做皇帝，要选懂朝廷典故的世族子弟做宰相都很不容易。宋太祖、太宗只好扩大进士科名额（唐代每科平均不过三十人，宋代多至千人以至几千人），用进士来办事，名额宽，考取容易，平民出身的进士在数量上压倒了残存的世族，一发榜立刻做官。进士出身的官僚绅士和皇家的关系，正如伙计和老板，是雇用的而不是合股的。老板要买卖做得好，得靠伙计忠心卖力气，宋朝家法优礼士大夫就是这个道理。用宋朝人的话说是共治，著名的例子是文彦博和宋神宗的对话。

文彦博：王安石胡乱主张，要改变法度。其实祖宗朝的法制就很好，不要胡改，以致失掉人心。

宋神宗：更改法制，对士大夫也许有些吃亏，可是，老百姓是喜欢的。

文彦博：这话不对，皇家是和士大夫治天下的，和老百姓何干？

宋神宗：就是士大夫也不全反对，也有人赞成改革的。

这是熙宁四年（公元1071年）三月间的事。

和前一时期不同的是，前期的世族子弟有了庄园，才能中进士做官，再去扩大庄园。这时期呢？中进士做了官才能购置庄园。名臣范仲淹年轻时吃冷粥，过穷苦日子，到做了大官就置苏州义庄，派儿子讨租子，得几船粮食，便是好例子。前一时期的世族，庄园是中进士的本钱，后一时期的官僚，庄园是做官的利息，意义上不相同，政治地位自然也因之不同。

更应该注意的是印刷术发明了，得书比较容易，书籍的流通比较普遍。国立学校学生入学资格必须父祖曾做几品以上官的规定取消了，而且，还有许多私人创立的书院，知识和受教育的机会不为少数家族所囤积独占，平民参加考试的机会大大地增加了。读书成为做官的手段，“遗金满籝，不如教子一经”。念书，考进士，做官，发财：“万般皆下品，惟有读书高。”为帝王做仆役服务——“天子重英豪，文章教尔曹。”政府的提倡，社会的鼓励，做官做绅士得从科举出身，竭一生的聪明才智去适应科举，“天下英雄入我彀中”，皇权由之巩固。官爵恩泽，都是皇帝所赐，士大夫以忠顺服从[1]，叫换取皇家的恩宠。皇家是士大夫的衣食父母，非用全力支持不可。士大夫是皇家的管家干事，俸禄优厚，有福同享。前期的共存之局到此就变成共治之局了。君臣间的距离恰像店东和伙计，主佣间的恩惠是密切照顾到的。

士大夫从共存到共治，由股东降作伙计，已经江河日下了。到明代，又猛然一跌，跌作卖身的奴隶，士大夫成为皇家的奴役了。

明初的士大夫，既不是像汉、魏世族那样有威势，又没有魏晋隋唐以来世族的庄园基础，中举做官得懂君主的窍，揣摩

1.李焘《续资治通鉴长编》卷二二一。

迎合，以君主的意志为意志、是非为是非、喜怒为喜怒，从办公事上分一点残羹冷炙，建立自己的基业。一有不是，便丧身破家，挨鞭子、棍子是日常享受，充军做苦工是从宽发落，不但礼貌谈不上，连生命都时刻在死亡的威胁中。偶尔也有被宠用的特务头子，虽然威风，可是在朱元璋的心目中，甚至口头上，只把这些人当恶狗，养着咬人。皇帝越威风，士大夫越下贱，反过来也可以说是士大夫越被制抑，皇帝就越尊贵，君臣的关系一变而为主奴。奴化教育所造成的新士大夫，体贴入微地逢迎阿谀，把皇权抬上了有史以来的极峰。[1]

巩固皇权的诸多约束被摧毁，是皇权极权化的另一面。

隋唐以来的三省制度，中书省决策，门下省封驳，尚书省执行，把政权分作三部分。在形式上、在理论上防止臣下擅权，分而治之，各机构互相钳制，同时也防止做皇帝的滥用权力，危害根本，是消极地巩固皇权的一种政治制度。实际执行政务的六部，在尚书都省之下，地位很低。凡百政务推行，名义上由政府首长负其责任，事情做错或做坏了，一起推到宰相身上，免官降黜甚至赐死。皇帝对国事不但不是直接领导，并且是不负法律责任的。例如有天灾人祸等重大事变，开明一点的皇帝最多也不过是素服减膳避殿，下诏求直言，或进一步自我检讨一下，下诏罪己，闹一通也就算了。因为皇帝不能做错事，要认错，要受罚，也只能对上天负责。三省制度的建立，正是为了使皇帝不负

---

1.《时与文》三卷四期吴晗《论绅权》。

行政责任，用臣下做赎罪羔羊的办法。到元朝合三省为一省，洪武十三年杀胡惟庸以后，又废去中书省，提高六部的地位，使其直接向皇帝负责，根本取消了千多年来的相权。皇帝除了是国家元首之外，又是事实上的政府首长，直接领导并推进庶务，皇权和相权合一，加上军队的指挥权、立法权、司法权和任意加税或减税权，以及超法律的任意处分权，人类所能运用、所能想到的一切权力，都集中在一人之手，不对任何个人或团体负责。这种局面可以说是前所未有的。

单独就门下省的封驳权而说，是约束皇权滥用的一种成文法制。其实，封驳权不限于门下省，中书省的中书舍人也有这个权。中书舍人掌起草诏令，中书省长官在得皇帝所同意的事项或命令以后，交词头（原则或具体措施）给中书舍人起草诏敕，舍人如不同意，可以交还词头，拒绝起草。皇帝如坚持原来主意，也可以再度命令执行，但是合人仍可以再次三次拒绝，除非职务被罢免，或是把这任务交给另外一个舍人。门下省有给事中专掌封驳，封是原封退回，驳是驳正诏敕的违失，凡制敕宣行，重大事件要复奏然后施行，小事签署颁下。有违碍的可以涂窜奏还，叫作涂归，又叫作批敕。这制度规定皇帝所颁诏令，得经过两次同意，第一次是起草的中书舍人，第二次是签名副署的给事中，最后才行下到尚书省施行，所谓“不经凤阁（中书）鸾台（门下），何谓之敕？”[1] 如两省官都能尽职，便可以防止皇

1.《新唐书》卷一一七《刘神之传》。

帝的过举以及政治上的失态行为，对于巩固皇权是有极大作用的。当然，历代帝王很多不遵守这约束，往往不经中书门下，以手令直接交尚书施行，这种情形，史书上叫作墨敕斜封，虽然被执行了，但在理论上是非法的。元朝废门下省，给事中并人中书省，到明初废中书省后，中书舍人成为抄录文件的书记，给事中无所隶属，兼领谏职和稽查六部百司之事。两道约束被清除，皇帝的意志和命令就是法律，直接颁下，任何人都得遵守，不能批评，更不容许反对，造成了朕即国家的局面。皇权跳出官僚机构的牵制，超乎一切之上，这也是前所未有的。

其次，在明以前，守法在理论上是皇帝的美德，无论是成文法典或是习俗相沿的传统。为了维持一个集团的共同利益，以至皇家的优越地位，守法是做皇帝的最好最有利的统治方法。皇帝地位虽高，权力虽大，也不应以喜怒爱憎的个人感情来毁法、坏法，即使有特殊情形，也必须先经法的制裁，然后用皇帝的特赦权或特权来补救。著名的例子如汉文帝的幸臣邓通，在殿廷不守礼节，丞相申屠嘉大发脾气，说是朝廷礼节给破坏了，下朝回府，发檄传邓通审问，拒传就处死。邓通急了，向皇帝求救，皇帝只好叫他去。到府后去冠光脚跪伏谢罪，丞相厉声说："小臣戏殿上，大不敬！"叫长史把他拖出去杀了。邓通在下面磕头讨饶，额角都碰出血来了。文帝才派特使向丞相说情，说这人是我的弄臣，请特别赦免。邓通回去见皇帝，哭着撒娇说丞相几乎杀了我，见不到面了。申屠嘉是列侯，是元老重臣，代表重臣集团执行法纪，重臣集团和皇家利害一致，汉文帝便不敢也不能不守这个法。[1] 又如宋太祖时有臣僚该升官，太祖向来讨厌这个人，不批准，宰相赵普非照规矩办不可，太祖生气了，说："我偏不升他官，看怎么办？"赵普说："刑以惩恶，赏以酬功，是古今来的通道。而且刑赏是天下的刑赏，不是陛下的刑赏，怎么可以用个人的喜怒来破坏？"太祖气极，竟自走开。赵普一直跟到宫门口，不肯走，太祖拗不过道理，只好答应了。这例子说明赵普和宋太祖都能守法。[2] 不过重要的是赵普不只是宰相，还是皇家旧人，他的利害也是和皇家一致的。到朱元璋便不理会这个传统了，朝廷里没有像汉初那样的元老重臣集团，有地位、有力量可以说话做事，也没有像宋初那样的家庭旧人，有胆子、有分量敢于说话做事。相反，他的利害是和朝廷的勋贵大臣对立的，成日成夜怕人对他不忠，不怀好意，一面制定法典，叫人民遵守，犯法的必死，他自己却法外用刑，在《大诰》里所处分的十种死罪和酷刑，都出于法典之外，而且全凭喜怒杀人，根本不依法律程序。在政治上的措施，擢用布衣儒士做尚书九卿以至方面大官，也是不依成法的。他的性格、权力，加上古所未有的地位，使得没有人敢拿法来约束，甚至劝告。自己决不守法，在法律之上，在法律之外，却强迫全国人守他的法，一点不许有差池，这正是暴君、独夫、民贼的典型人物。

他用残酷的恐怖的屠杀手段，推翻八百年来的传统政治制度，组织新的分部负责政府，自己综揽大权，造成专制的残暴的

1.《汉书》卷四二《申屠嘉传》。

2.《宋史》卷二五六《赵普传》。

独裁政治。接连不断制造大狱，杀了十几万社会上层的领袖人物，利用检校和锦衣卫侦伺官民，应用里甲制度布成全国性的特务网，用廷杖挫损士大夫的气节，立“寰中士大夫不为君用”之法，强迫知识分子服役。在三十年为一世的长期统治下，开国功臣被杀光了，谋臣策士一个个被消除了，豪绅地主成群成批被淘汰掉了，全国上下各阶层的人吓得胆战心惊，诚惶诚恐，束手服从。他不但是国家的元首，也是政府的当局，也是国军的最高统帅，是最高的立法人和审判官，又是法律的破坏者，具有无限制的货币发行权和财政支配权。用学校和考试制度造就忠顺的干部，用里甲轮役的方法动员全部人力。他收复了沦陷于外族四百三十年的疆域，他建立了中华民族自主的大帝国，是大明帝国的主人，也是几十个属国和藩国的共主，他被后代人称为“民族英雄”，也是有史以来权力最大、地位最高、最专制、最独裁、最强暴、最缺少人性的大皇帝。

对官僚地主士大夫，朱元璋用一副恶狠狠的面孔，青面獠牙，无人不怕。对平民百姓，有另外一副面孔，白胡子的老公公，满脸慈悲相，满口和气话。如果不看他的真面目，也许是人民多年来所梦想的有道明君呢！

经常挂在嘴上的话是：“四民之中，农民最劳最苦。春天鸡一叫就起床，赶牛下田耕种，插下秧子，得除草，得施肥，大太阳里晒得汗直流，劳碌得不成人样。好容易巴到收割了，完租纳税之外，剩不了一丁点儿。万一碰上水旱虫蝗灾荒，全家着急，毫无办法。可是国家的赋税全是农民出的，当差作工也是农民的事，要使国家富强，必得农民安居乐业才办得到。”[1] 这套话的主要意思，是要吃鸡蛋得喂饱鸡，要不然，也不能让鸡饿死。

使农民安居乐业的办法，不外乎上代人常做的，积极地为农民兴利，消极地为农民除害。

兴利的事业主要是增加生产。建国以后，下令凡民田五亩到十亩的栽桑麻木棉各半亩，十亩以上的加倍。到晚年又令户部劝谕民间，凡是有空地的都种植桑枣，由官家教授种植方法。加种棉花的免除租税。[2] 棉花的种植从此遍布全国，过去平民常穿的麻衣，逐渐为棉布所替代，衣的问题算是解决了。其次是水利，鼓励人民一切对于水利的建议，特别吩咐工部官员，凡是陂塘湖堰可以蓄水防备水旱灾的，根据地势一一修治，并派遣国子生和人才到各地督修水利，统计开塘堰四万零九百八十七处。再就是劝导农民合作，用里甲做基础，户部劝谕，一里之内，有婚姻死丧，疾病患难，有钱的助钱，有力气的出力气。春耕秋收的时候，一家无力，百家帮忙。每乡里备有木铎，选出老人每月六次持铎游行宣讲。每里有一鼓，农桑时日，清早击鼓催人起床做工，有懒惰的由里老督责，里老不管事的处罚。[3]

除害指的是赈灾和肃清贪官污吏。

照规定，凡各地闹水旱灾歉收的，蠲免赋税。丰年无灾伤，

---

1.《明太祖实录》卷二二、卷二五〇。

2.《明史》卷七八《食货志二·赋役》、卷一三八《杨思义传》，谷应泰《明史纪事本末》卷一四《开国规模》。

3.《明太祖实录》卷三五五，《明史·太祖本纪》洪武二十八年，《明朝小史》卷一，《明史纪事本末》卷一四《开国规模》。

也择地瘠民贫的地方特别优免。灾重的免交二税之外，还由官府贷米，或者是赈米、施布、给钞。各地设预备仓，由地方耆老经管，准备大批粮食救灾。灾场州县，如地方官不报告的，特许耆民申诉，处地方官以死刑。洪武二十六年又手令户部，地方官有权在饥荒年头，先发库存米粮赈济，事后呈报，立为永制。三十多年来，赏赐民间的布钞数百万、米百多万石，蠲免租税无数。[1]

凡地方官贪酷害民的，许人民到京师陈诉，《大诰》说：

今后所在布政司府州县，若有廉能官吏，切切为民造福者，所在人民必知其详。若被不才官吏同寮人等捏词排陷，一时不能明其公心，远在数千里，情不能上达. 许本处城市乡村耆宿赴京面奏，以凭保全。自今以后，若欲尽除民间祸患，无若乡里年高有德等，或百人，或五六十人，或三五百人，或千余人，岁终议赴京师面奏，本境为民患者几人，造民福者几人，朕必凭其奏，善者旌之，恶者移之，甚者罪之。呜呼！所在城市乡村耆民智人等皆依朕言，必举此行，即岁天下太平矣。民间若不亲发露其奸顽，明彰有德，朕一时难知，所以嘱民助我为此也。若城市乡村有等起灭词讼，把持官府，或拨置官吏害民者，若有此等，许四邻及阖郡人民指实赴京面奏，以凭祛除，以安吾民。[2]

甚至鼓励人民把贪污吏役和土豪绑赴京师：

1.《明史》卷七八《食货志二·赋役》。

2.《大诰·耆民奏有司善恶第四五》。

今后布政司府州县在役之吏、在闲之吏，城市乡村老奸巨猾顽民，专一起灭词讼，教唆陷人，通同官吏，害及州里之间者，许城市乡村贤民方正豪杰之士，有能为民除患者，合议城市乡村，将老奸巨猾及在役之吏、在闲之吏，绑缚赴京，罪除民患，以安良民，敢有邀截阻挡者枭令。赴京之时，关津渡口毋得阻挡。[1]

官吏贪赃到钞六十两以上的枭首示众，仍处以剥皮之刑。府州县衙门左首的土地庙，就是剥皮的刑场，也叫皮场庙。各衙门公座旁照例摆一张人皮，里面是稻草，叫做官的触目惊心，不敢做坏事。[2] 地方官上任赏给路费，家属赐衣料。考绩以农桑和学校的成绩做标准。来朝时又特别告诫，说是“天下新定，百姓财力都困乏，像鸟儿刚学飞，和新栽的树木，拔不得毛，也动不得根”。[3] 求他们暂时不要狠心剥削，危害皇家的安全。

话说得很多，手令面谕，告诫申斥，翻来覆去地要官吏替农民着想，替政府的租税和人力动员着想。成效如何呢？洪武九年叶伯巨上书说：

今之守令，以户口、钱粮、狱讼为急务，至于农桑、学校，王政之本，乃视为虚文而置之，将何以教养斯民哉！

以农桑言之，方春，州县下一白帖，里甲回申文状而已，守令未尝

1.《大诰·乡民除患第四九》。

2.《廿二史札记》卷三三《重惩贪吏》条引叶子奇《草木子》。

3.《明史》卷二八一《循吏传序》。

亲视种艺次第、旱涝戒备之道也。

以学校言之，廪膳诸生，国家资之以取人才之地也。今四方师生缺员甚多，纵使具员，守令亦鲜有以礼让之实，作其成器者。

朝廷切切于社学，屡行取勘师生姓名，所习课业。乃今社镇城郭，或但置立门牌，远村僻处则又徒存其名，守令不过具文案、备照刷而已。上官分部按临，亦但循习故常，依纸上照刷，未尝巡行点视也。

兴废之实，上下视为虚文，小民不知孝弟忠信为何物，而礼义廉耻扫地矣。

官僚政治的任何作为，都是纸面上的、文字上的，和实际情形全不符合。弄得“民俗浇漓，人不知惧，法出而奸生，令下而诈起。故或朝信而暮猜者有之，昨日所进，今日被戮者有之。乃至令下而寻改，既赦而复收，天下臣民，莫之适从！”[1] 十二年后，解缙奉诏上万言书，也说：

臣观地有盛衰，物有盈虚，而商税之征，率皆定额，是使其或盈也，奸黠得以侵欺；其歉也，良善困于补纳。夏税一也，而茶椒有粮，果丝有税。既税于所产之地，又税于所过之津，何其夺民之利至于如此之密也？且多贫下之家，不免抛荒之咎。今日之土地无前日之生植，而今日之征聚有前日之税粮。或卖产以供税，产去而税存；或赔办以当役，役重而民困。土田之高下不均，起科之轻重无别，膏腴而税反

1.《明史》卷一三九《叶伯巨传》。

轻，瘠卤而税反重。[1]

也可见他的治绩只是纸面上的。苛捐杂敛，弄得贫民卖产赔纳；徭役繁重，弄得贫民困苦逃避。尽管杀的人多，处的刑重，贪污的空气还是照旧，用他自己的话来证明吧：

浙西所在有司，凡征收害民之奸，甚如虎狼。且如折收秋粮，府州县官发放，每米一石，官折钞二贯，巧立名色，取要水脚钱一百文，车脚钱三百文，口食钱一百文。库子又要辨验钱一百文，蒲篓钱一百文，竹篓钱一百文，沿江神佛钱一百文。害民如此，罪可宥乎？[2]

急得跺脚，说："我欲除贪赃官吏，奈何朝杀而暮犯？今后犯赃的，不分轻重都杀了！"[3] 结果还是"国初至今将二十载，无几时不变之法，无一日无过之人"。[4]

陆容（成化时人）曾经用具体的事实，分析洪武朝官僚政治的效果说：

国初惩元之弊，用重典以新天下，故令行禁止，若风草然。然有面从于一时而心违于身后者数事：如洪武钱、大明宝钞、《大诰》、洪武

1.《明史》卷一四七《解缙传》。

2.《大诰·折粮科敛第四一》。

3.《国初事迹》。

4.《明史》卷一四七《解缙传》。

韵是已。洪武钱民间全不行，予幼时尝见有之，今不复见一文，盖销毁为器矣。宝钞今虽官府行之，然一贯（一千文）仅值银三厘，钱二文，民间得之，置之无用。《大诰》惟法司拟罪云“有《大诰》减一等”云尔，民间实未之见，况复有讲读者乎？洪武韵分并唐韵，最近人情，然今惟奏本内依其笔画而已。至于作诗，无间朝野，仍用唐韵。[1]

1.《菽园杂记摘钞》卷五。

# 第六章 家庭生活

朱元璋对子孙的教育极其重视，管束严格，儿子多有成就，马皇后温淑贤良。但他晚年性格暴戾、猜忌、喜怒无常、嗜杀成性，以为诛杀了才能之士，皇权就稳固了。不料死后不久，自家窝里反了。朱元璋天不亮就起床办公，直到深夜，没有休息，也没有假期，更没有娱乐和放松，终于在忧困中死去。

## 一、马皇后

元璋的大老婆马氏，原是红军元帅郭子兴的养女（第二章第一节）。后来元璋做了镇抚、总管、元帅、丞相、吴国公、吴王，一直做到皇帝，马氏妇以夫贵，从夫人做到皇后。但是，在开头，情形相反，元璋是夫以妻贵的，做了元帅养婿以后，军中才称为朱公子。[1]

马皇后的生父马公，宿州人，犯了杀人罪，逃亡到定远，把小女儿托好朋友郭子兴抚养。马公的名字无人知道。[2]女儿的名字也从来不见有人说起过。在郭家的时候，也许叫春香、秋

1.谈迁《国榷》。

2.《明史》卷三〇〇《外戚传·马公传》。

香，嫁了人成为朱八嫂，做了皇后成为马皇后，死后被谥为孝慈高皇后。

这一对夫妇真说得上门当户对。男方的祖父是逃亡的淘金户，父亲是佃农，外祖是巫师，家世微贱。女方除父亲是个亡命之徒之外，无可查考。一个是亲兵，一个是养女，元至正十二年（公元1352年），郭元帅和次妻小张夫人商量停当，替两口子择日成婚，两个都是元帅家里体己人，对女的说是终身有了着落，男的平白做了元帅的干女婿，平地登天，好不得意。这一年男的二十五岁，女的二十一岁，照那时的习俗都已过了结婚的年龄了。

女人读书识字，在从前只有世代书香的官宦人家才有偶然的例子，马皇后从小是孤女，自然没有这福气。那时代的女人，尤其是上层社会的，饭来张口，衣来伸手，用不着自己做活，照例都裹了小脚，显得尊贵，也以为美丽。马皇后却是一双大脚，因为淮西地方苦，百姓穷，乡下妇女得下田工作，做了养女以后，洗衣做饭，倒茶扫地，没爹娘照顾，长大了也就只好算了。为了这双脚，又闹了一次血案：南京市居民有一桩拿手本领，好用隐语挖苦人，对皇帝怕惹事就拿皇后开玩笑。有一年元宵节，出来一张漫画，一个大脚女人，赤脚，怀里抱一个西瓜，到处传看起哄。恰好朱元璋化装出来察访，一见大怒，认得是讥讽皇后的——“淮西妇人好大脚！”一时查不出是谁干的，下手令把这条街的人全杀了。[1]

---

1.徐祯卿《翦胜野闻》。

马皇后虽然没有受过教育，长得不十分好看，却是一个好妻子、贤内助。

郭子兴是粗人，直性子，容不下人，耳朵软，好听闲话，做事迟疑没决断。朱元璋精细，有野心，说一不二，会千方百计买人的好。两人性格不相合，又有人在中间播弄是非，郭子兴对这干女婿越发不放心，成天挑错处，没有好脸色。军情紧急的时候，无法摆布，把元璋呼来唤去，一刻也离不开，比对亲儿子还亲热。到事情过去，可以过安逸日子了，脸孔又拉长了，干女婿变成了童养媳，成天得看脸色、受气。元璋身边几个能干的亲信将校和参谋，一个接着一个被调走，带的军队也换了指挥官。元璋知道中了暗算，越发小心谨慎，加意侍候，逆来顺受。马皇后着急，出主意巴结小张夫人，把私房钱帛和将士分的彩头扫数送礼，求在子兴面前替丈夫说好话。[1] 一天，子兴发怒把元璋禁闭在空屋里，不许送茶饭进去。马皇后背着人偷刚出炉的炊饼给他，把胸口都烫焦了。平时总准备些干粮腌肉，宁愿自己挨饿，也得想法让丈夫吃饱。[2] 渡江时领着将士家眷留守和州，看着老家，有人质在身边，不怕前方将士变心。打下了集庆以后，连年苦战，她带着妇女们替战士缝战衣、做鞋子。陈友谅兵临城下，应天（集庆）的官员居民乱作一团，有的打算逃难，有的窖藏金宝，有的在囤积粮食。她一点不着急，反而拿出宫中金宝

1.《明太祖实录》卷一，《皇朝本纪》。

2.《明史》卷一一三《孝慈高皇后传》。

布帛，犒劳有功将士。[1] 到洪武元年朱元璋即皇帝位后，她被册封为皇后。

在军中见有文书就求人教认字，暗地里照样子描写；做了皇后，让女官按天教读书，记得许多历史上有名妇女的故事。元璋每天随时随地，即使在用饭的时候，想起什么该办的，什么事该怎样办，用纸片记录下来，到了晚上往往塞得一口袋全是。马皇后细心整理，等查问时，立刻拣出应用，省了元璋不少精力。[2] 元璋常常对臣下称述皇后的贤德，提起当年的炊饼，比之为芜蒌豆粥、滹沱麦饭，又比之为唐太宗的长孙皇后。回宫后当家常提起，她说："我怎敢比长孙皇后，常听说夫妇相保容易，君臣相保就难了。陛下不忘和我贫贱时过的日子，也愿不忘记和群臣过的艰苦日子，有始有终，才是好事呢！"[3]

她心地仁慈，总是替人求情说好话。元璋在前殿办事，闹脾气要杀人，回宫后随时解说，婉转疏劝。元璋虽然残酷到极点，被左说右说，拗不过道理，有时候也敷衍一下，救活了不少的人命。朱文正被猜忌得罪，幕僚多人被处死，部下随从行事头目五十多人割断脚筋。元璋当面讯问明白，要杀文正，她苦劝说："这孩子纵然娇惯坏了，看在渡江以来，取太平，破陈也先，下建康，有多少战功。尤其是坚守江西，挡着陈友谅强兵，功劳最大。况且只有这一个亲侄儿，纵然做错事，也该看在骨肉面上，

1.《明太祖实录》卷一四七。

2.《明太祖实录》卷一四七，《翦胜野闻》。

3.《明太祖实录》卷一四七。

饶他一次。”文正虽然免死，禁不住发牢骚，又被告发，她又劝说：“文正只是性刚、嘴直，造反是绝不会的。她母亲苦一辈子，指望着他！”元璋口头答应，派文正到濠州祭祀，随从人员里有皇帝派的检校，一举一动都有报告，回京后瞒着皇后，还是把他鞭死。[1] 李文忠守严州，杨宪诬告他不法，元璋要立时召回。皇后以为严州和敌人接境，轻易调换守将，怕不大好，况且文忠向来小心谨慎，杨宪的话不可轻信。学士宋濂的孙子宋慎被举发是胡党，宋濂连带被逮捕处死刑，她又求情说：“百姓家替子弟请先生，对待极恭敬，好来好去，何况是皇帝家馆的师傅？而且宋濂一向住在原籍，也一定不知情。”元璋不许，到用餐时，发觉皇后不喝酒，也不吃，惊问：“你不舒服吗？还是不对口味？”回说是心里难过，替宋先生修福。元璋也伤感了，放下筷子，第二天特赦宋濂，免死安置茂州（今四川茂县）。吴兴财主沈万三（秀）是全国第一名富户，有数不清的钱财产业，为着保身家，自动捐献家财修建南京城三分之一，城修好了，还是不得安稳，检校们三天两头来寻是非；忍着痛，又请求捐献财物替皇帝犒劳全国军队。不料这样反而触了忌讳，平民百姓出钱犒劳全军，图的是什么来？这般乱民不杀，还杀谁？其实这也不过面子话，骨子里还是要吃沈万三的全份家当。皇后以为平民富可敌国，不是好事，法律只能治犯罪的，上天自然会降祸给沈家，不必人主操心。沈万三充军云南虽然留了一条命，果然上天降祸，家产

1.《国初事迹》。

全变成皇家的财富了。[1] 诸王师傅李希颜脾气古怪，教乡下蒙童惯了，诸王有顽皮不听话的，常用体罚惩治。一次，打了一个小王爷的额角，手重了，起一个大包，小王爷哭着向父亲告状。元璋一面用手摸孩子，变了脸色要发作，她又劝解："师傅拿圣人的道理管教我们的孩子，怎么可以生气？"元璋才释然，不把这事放在心上。[2]

她平时劝丈夫不要以一时喜怒来赏功罚罪，消极的赈灾不如多贮存粮食，得宝货不如得贤才，又说："骄纵生于奢侈，危亡起于细微。""法屡更必弊，法弊则奸生。民数扰必困，民困则乱生。"朝官上朝后在殿廷中会餐，菜饭都不可口，告诉皇帝申饬光禄寺改善。马皇后替国子生立红板仓，积粮赡养学生家眷。她对人事事周到体贴，自己却非常节省，穿洗过的衣服，到破都不肯换新的。亲自料理丈夫的膳食，对妃嫔不妒忌，对诸子不偏爱。元璋要访求她的同族人做官，力辞以为朝廷爵禄不可以私外家，可是每次提到父母早死，都忍不住伤心流泪。[3]

洪武十五年八月，马皇后病死，年五十一岁。病时怕连累医生得罪，不肯服药，临死还劝元璋求贤才，听直言，慎终如始。元璋恸哭，不再立皇后。义子沐英镇守云南，得到消息，哭得吐血。[4] 宫人追念她的慈爱，作歌追颂道：

---

1.《明史》卷一三《孝慈高皇后传》。

2.《明史》卷一三七《桂彦良传》附《李希颜传》。

3.《明史》卷一一三《孝慈高皇后传》。

4.《明史》卷一二六《沐英传》。

我后圣慈，化行家邦。抚我育我，怀德难忘！

怀德难忘，于斯万年。毖彼下泉，悠悠苍天。[1]

## 二、皇子皇孙

旧时代的旧习俗，多妻是贵族官僚地主们应有的特权，皇帝的配偶除正妻为皇后外，有无数的妾，依地位高下，封为贵妃、妃、嫔等职位。

朱元璋有数不清的妃嫔，生有二十六个儿子、十六个女儿，孙、曾孙一辈连他本人也说不明白。

后宫的妃嫔，就种族论，有高丽人[2]、蒙古人[3]，汉人更不用说。就来源而论，有抢来的，有从元宫接收来的，有陈友谅的妃嫔，有即位后用法令征选的。内中胡妃是濠州人，守寡在家，元璋要娶，胡妃的母亲不肯，隔了一些时候，打听明白胡家避兵在淮安，下令平章赵君用，叫把母女二人一起送来。[4]娶青军马元帅的过房女儿孙妃，远在龙凤元年（元至正十五年，公元1355年）打下太平的时候。这一年元璋才二十八岁，太平被元军围攻，

1.《明史》卷一一三《孝慈高皇后传》。

2.《明史》卷一二一《公主传》："含山公主，母高丽妃韩氏。"严从简《殊域周咨录·朝鲜》："初元主尝索女子于高丽，得周谊女，纳之宫中，后为我朝中使携归。时宫中美人有号高丽妃者。"

3.《清华学报》十卷三期吴晗《明成祖生母考》。

4.《国初事迹》。

孙妃还出主意拿府中金银赏给将士，大败敌兵，生擒陈也先。[1] 同时又抢占郭元帅的女儿，小张夫人生的，做妾（后封为郭惠妃），原来子兴死后，军队被元璋并过来，孤女也连同占有，伺候几年前她家的亲兵和养女了。[2] 关于陈友谅的妃子，他在《大诰》中曾经自白：

朕当未定之时，攻城略地，与群雄并驱十有四年余，军中未尝妄将一妇人女子。惟亲下武昌，怒陈友谅擅以兵入境，既破武昌，故有伊妾而归。朕忽然自疑，于斯之为，果色乎？豪乎？智者监之。[3]

其实全是谎话。渡江以后，至少在军中有孙妃、胡妃、郭惠妃三个妇人女子。这一件史实不久便衍变成另一种传说，说是陈友谅妻阇氏入宫后不久，生遗腹子潭王，到成人封国时，阇氏哭着吩咐："儿父是陈友谅，儿父被杀，国被灭，我被俘辱，忍死待儿成年，儿他日当为父报仇，为母雪耻。"后来潭王果然起兵造反，元璋派太傅徐达之子统军讨伐，潭王紧闭城门，在铜牌上写着："宁见阎王，不见贼王！"掷于城外，举火阖宫自焚，抱着小儿子投隍堑而死。其实这故事是捏造的，因为第一，潭王是达定妃所生，和齐王同胞，生母并非阇氏；第二，陈友谅死于至正二十三年（公元1363年），潭王生于洪武二年（公元1369年），

1.《国初事迹》，钱谦益《国初群雄事略》卷二引俞本《皇明纪事录》。

2.《天潢玉牒》，《滁阳王庙碑》，俞本《皇明纪事录》。

3.《大诰·论官无作非为第四三》。

前后相隔六年；第三，潭王因妃父於显被攀入胡党处死，奉诏入朝，疑惧自杀，和陈友谅全不相干。[1]

另一关于代王生母的故事，说代王的母亲是邳人，元璋战败，逃到民家躲避，这家的女人问："你是朱某人吗？人家说你要做皇帝。"留住了一晚。第二天临别时说："将来有孩子怎样办？"元璋留下一旧梳子做凭证，她也拿首饰赠行。到元璋即位后，这女人带着长成的男孩和木梳来认夫认父，元璋叫工部替她另盖木头房子，不让进宫；代王出封后，带生母一同就国。这故事也绝对无稽，因为代王的生母是郭惠妃，生于洪武七年，这一年元璋已做了七年皇帝了，从何战败落荒逃走？[2]

诸妃中蒙古妃和高丽妃都生有子女，传说明成祖即蒙古妃所生。[3] 元璋子孙中有蒙古的、高丽的血统，是毫无问题的。

元璋自己从小没有受到好教育，到发迹以后，对诸子的教育特别看重，在宫中特建大本堂，贮藏古今图籍。征聘四方名儒教育太子和诸王，轮班讲授。挑选才俊青年伴读，时时赐宴赋诗，谈古说今，讨论文字。师傅中最重要、最著名的人物是宋濂，前后十几年，专负教育皇太子的责任，一言一动都以礼法讽劝，讲到有关政教和前代兴亡事迹，拱手剀切说明，指出某事该这样做，不该那样。皇太子也尽心受教，言必称师傅。[4] 博士孔

1.皇甫录《近峰闻略》，王世贞《史乘考误》卷一。

2.《翦胜野闻》，《史乘考误》卷一。

3.《清华学报》十卷三期吴晗《明成祖生母考》。

4.《明史》卷一二八《宋濂传》。

克仁奉命为诸王子讲授经书，诸功臣子弟奉诏人学。[1]元璋特地对儒臣指出皇子们的教育方针说："有一块精金，得找高手匠人打造；有一块美玉，一定要有好玉匠才会使它成器。人家有好子弟，不求明师，岂不是爱子弟不如爱金玉？好师傅要做学生模范，因材施教，培养出人才来。我的孩子们将来是要治国管事的，诸功臣子弟也要当差做事。教的方法，要紧是正心，心一正万事都办得了，心不正，诸欲交攻，大大的要不得。你每（们）要用实学教导，用不着学一般文士，光是记诵辞章，一无好处。"[2]

学问要紧，德行尤其要紧，皇太子左右除了儒生经师以外，又选了一批有德行的端人正士，做太子宾客和太子谕德，职务是把"帝王之道，礼乐之教，和往古成败之迹，民间稼穑之事，朝夕讲说"。[3]

到皇太子成年后，温文儒雅，俨然是个儒生。接着第三步的教育是政事实习。洪武十年令自今政事，并启太子处分，然后奏闻。面谕太子："从古开基创业的君主，吃尽苦头，通达人情，明白世故，办事自然妥当。守成的君主，生长于富贵，锦衣玉食，如非平时学习练达，办事怎能不错？我所以派你每日和群臣见面，听断批阅各衙门报告。练习办事，要记得几个原则：一是仁，能仁才不会失于疏暴；一是明，能明才不会惑于邪佞；一是勤，勤勤恳恳，才不会溺于安逸；一是断，有决断，便不致牵于文法。

1.《明史》卷一三五《孔克仁传》。

2.《明太祖实录》卷四〇，黄佐《南雍志》卷一。

3.《明太祖实录》卷三一。

这四个字的运用，决于一心。我从有天下以来，没有偷过懒，一切事务，唯恐有毫发不妥当，有负上天付托。天不亮就起床，到半夜才得安息，这是你天天看见的。你能够学我，照着办，才能太平无事。”[1]

因为元代不立太子，以致引起无穷尽的政变、残杀，元璋在做吴王的时候便立长子为世子，即皇帝位后又立为太子。因为前代的太子官僚自成系统，和廷臣容易闹意见，甚至宫府对立，便以朝廷重臣兼任东宫臣僚。[2] 一心一意，用尽心机，要训练出理想的继承人、能干的皇帝，保有这份好不容易挣来的大家当。

洪武二十五年四月，太子病死，九月立太子第二子允炆为皇太孙。对太孙的教育还是老办法，学问德行并重，批阅公事，平决政事，学习如何做皇帝。

诸子中除第九子和第二十六子早死，第四子燕王棣后来起兵靖难篡位，做了明代第三代皇帝，谥为明成祖以外，其他二十三子都封王建国。

由于对平时的家庭教育的注意，诸王成年以后都很能干，会办事。洪武二十六年以后，元勋宿将杀完了，北边对蒙古的军事任务，就不能不交给第二子秦王、第三子晋王、第四子燕王指挥。其他封在边境的几个小王也领兵跟着几位长兄巡逻斥候，校猎沙漠。[3] 在文学方面有成就的更多，如第五子周王好学

1.《明史》卷一一五《兴宗孝康皇帝传》。

2.宋濂《洪武圣政记·正大本第二》。

3.《明史》卷一一六《晋王棡传》。

能词赋，著《元宫词》百章；又研究草类，选其可以救饥的四百多种，画为图谱，加以疏解，著成《救荒本草》一书，对植物学很有贡献。[1] 十七子宁王撰《通鉴博论》《汉唐秘史》《史断》《文谱》《诗谱》等著作数十种。八子潭王、十子鲁王、十一子蜀王、十六子庆王都好学礼士，对文学有兴趣。十二子湘王，尤为杰出，文武全才，读书时常到半夜，膂力过人，善弓马刀槊，驰马若飞；在藩开景元阁，招纳文士，校雠图籍，行军时还带着大批图书阅读，到山水胜处，往往徘徊终日；喜欢道家那一套，自号紫虚子，风度襟怀，俨然是个名士。

不争气的也有两个。一个是十三子代王，早年做了许多蠢事不必说了，到晚年头发花白了，还带着几个肖子，窄衣秃帽，游行市中，袖锤斧杀伤人，干些犯法害理的勾当。末子伊王封在洛阳，年少失教，喜欢使棒弄刀，不肯待在宫里，成天挟弹露剑，怒马驰逐郊外，人民逃避不及的被其亲手斫击，毫无顾忌。又喜欢把平民男女剥得精光，看着人家的窘样子，高兴发笑。

元璋对诸子期望大，管教严，不姑息。做皇帝久了，君臣的身份竟超过父子的感情。二子秦王多过失，屡次受训责，皇太子多方救解，才免废黜；死后亲自定谥为"愍"，谥册文说："哀痛者父子之情，追谥者天下之公。朕封建诸子，以尔年长，首封于秦，期永绥禄位，以藩屏帝室。夫何不良于德，竟殒厥身，其谥曰愍。"十子鲁王服金石药求长生，毒发伤目，元璋很不喜欢，死

---

1.《明史》卷一一六《周王橚传》。

后追谥为“荒”。[1]

皇族的禄饷一律由政府支给。洪武九年定诸王、公主年俸：亲王米五万石，钞二万五千贯，锦四十匹，纻丝三百匹，纱罗各百匹，绢五百匹，冬夏布各千匹，绵二千两，盐二百引，茶千斤，马料草月支五十匹；公主已受封，赐庄田一所，每年收粮一千五百石，并给钞二千贯；郡王米六千石；郡主米千石；以下比例递减。[2] 亲王嫡长子年及十岁，立为王世子，长孙立为世孙，世代承袭。诸子封郡王。郡王嫡长子承袭，诸子封镇国将军，孙封辅国将军，曾孙奉国将军，四世孙镇国中尉，五世孙辅国中尉，六世以下为奉国中尉。帝女封公主，亲王女封郡主。公主婿号驸马，郡主、县主婿号仪宾。凡皇族出身，由礼部命名，成人后由皇家主婚，一生的生活到死后的丧葬全由政府负担。[3] 到洪武二十八年，皇族人数日益增加，政府财力困难，负担不了，改定为亲王年俸万石，郡王二千石，镇国将军千石，到镇国中尉四百石，奉国中尉二百石。公主和驸马二千石，郡主和仪宾八百石，县主、郡君、县君、乡君等递减。不到两百年工夫，皇族滋生繁殖到五万多口，[4] 政府的租赋，竟到了不够供给皇族的地步。嘉靖四十一年（公元1562年）统计，全国每年供应京师粮四百万石，

---

1.以上并据《明史·诸王传》。

2.《明史》卷八二《食货志·俸饷》。

3.《明史》卷一一六《诸王传序》。

4.郑晓《今言》：“今宗室凡五万余。”陆楫《蒹葭堂杂著》：“我太祖高皇帝生二十四子，传至今百八十年矣，除以事削籍外，尚有十五府及列圣所封，亲支星布海内，共三十三府，今玉牒几十万口。”

诸王府禄米则为八百五十三万石，比供应京师的多出一倍。以山西而论，存留地方的粮食一百五十二万石，可是当地的宗室俸禄就要二百一十二万石。以河南而论，地方经费只有八十四万三千石，宗室俸禄却要一百九十二万石。即使把地方经费全数都拿来养活皇族，也还缺少一半，只好打折扣和欠支，郡王以上的底数大，还可过好日子，以下就不免啼饥号寒了。政府无法应付，再就原数裁减，皇族疏远的越发不能过活。[1] 这一群皇家子弟，既不能应科举，做官吏，又不许务农、做工、行商，坏皇家体面。高级的亲王、郡王在地方为非作恶，不但凌虐平民，甚至侮辱官吏；疏远卑下的宗室穷极无聊，欺骗敲诈，无恶不作，扰乱和破坏了社会秩序。[2] 而且，人数过多，政府照顾不过来。礼部命名怕重复，用金木水火土做偏旁，随便配上一些怪字，作为赐名，叫人哭笑不得。[3] 没钱贿赂礼部官吏的，不但一辈子没有名字，甚至到头发白了还不能婚嫁。[4] 一直到末年，政府才明白不是办法，把科举和政治的封锁开放了，皇族可以参加考试，可以做官，自谋出路。[5] 可是，太晚了，不久就亡国了。

到明亡时，据不完全统计，朱元璋的直系子孙有十几万人。[6]

---

1.《明史》卷八二《食货志·俸饷》。

2.赵翼《廿二史札记》卷三二《明分封宗藩之制》，沈德符《野获编》卷四《废齐之横》《辽王贵焓罪恶》，《明史》卷一一八《韩王松传》。

3.《野获编》卷四《宗室名》。

4.《明史》卷二五一《何如宠传》。

5.沈德符《野获编》卷四《郡王建白》《宗室通四民业》，《明史》卷一一九《郑王传》，《廿二史札记》卷三二《明分封宗藩之制》。

6.参看273页注释1。

## 三、教养和性格

朱元璋出身穷佃户，做过游方和尚，到处叫化。从军以后和儒生文人接近，沾上书卷气，会谈古论今。又以出身微贱，要故作神奇，神道设教，吓唬老百姓，和道士和尚串通，假造许多神迹。三十多年来，儒生，道士，和尚，三教九流，都被尽量利用，巩固他的皇座。

先从儒家的作用说起。

从渡江到建国，和幕府中的儒生，如范常、陶安、夏煜、孙炎、杨宪、秦从龙、陈遇、孔克仁、范祖干、叶仪、吴沈、许干、叶瓒玉、胡翰、汪仲山、李公常、戴良、刘基、宋濂诸人，朝夕讨论，讲述经史。经过十几年的熏陶，加上不断的努力学习，中年以后，他不但懂得经义，能写通俗的白话文，并且也能作诗，作有韵的文字，能够欣赏、批评文学的优劣了。

在称帝以前，他闲时常和儒生列坐赋诗，范常总是交头卷，元璋笑说："老范诗质朴，极像他的为人。"[1] 初下徽州，朱升请题字，亲写"梅花初月楼"横匾。[2] 和陶安论学术，亲制门帖子赐他："国朝谋略无双士，翰苑文章第一家。"[3] 征陈友谅，过长沙王吴芮祠，见胡闰所题诗，大为爱好，即时召见帐前；到洪

1.《明史》卷一三五《范常传》。

2.黄瑜《双槐岁钞》。

3.《明史》卷一三六《陶安传》。

武四年胡闰以郡举秀才来见，元璋还记得清楚，说："这书生，是那年题诗鄱阳庙墙上的。"授官都督府都事。[1]鄱阳湖大胜，设宴庆功，和夏煜等草檄赋诗；[2]宋濂喝不得酒，勉强灌醉了，制楚辞以赐，又赐以良马，亲制《白马歌》。[3]

即位后更加喜欢弄笔墨，毛骐、陶安、安然死，亲写祭文。[4]桂彦良做晋王傅，作文送行。[5]宋讷读书，烤火不小心，烧了衣服伤肋，作文劝诫。张九韶告老回家，又作文赠行。[6]

他会写散文，主张文章应明白显易，通道术，达时务。[7]读曾鲁文后，非常高兴，说："读陶凯文后，已起人意，鲁又如此，文运其昌乎！"[8]刘三吾主考会试，榜发后以为有弊，亲撰策问复试。[9]他喜欢研究音韵，元末《阴氏韵府》手头常用，以旧韵出江左，命乐韶凤参考中原音韵订定，名《洪武正韵》。[10]时常作诗，[11]甚至会作赋，和儒臣欢宴大本堂，自作《时雪赋》。[12]亲撰凤阳《皇陵碑》，粗枝大叶，通篇用韵。也会作骈体文，徐

1.《明史》卷一四一《胡闰传》。

2.《明史》卷一三五《宋思颜传》附《夏煜传》。

3.《明史》卷一二八《宋濂传》。

4.《明史》卷一三五《郭景祥传》附《毛骐传》、卷一三六《陶安传》、卷一三七《安然传》。

5.《明史》卷一三七《桂彦良传》。

6.《明史》卷一三七《宋讷传》附《张美和传》。

7.《明史》卷一三六《詹同传》。

8.《明史》卷一三六《曾鲁传》。

9.《明史》卷一三七《刘三吾传》。

10.《明史》卷一四七《解缙传》、卷一三六《乐韶凤传》。

11.《明史》卷一三七《刘三吾传》《桂彦良传》，卷一三八《周祯传》附《李质传》。

12.《明史》卷一一五《兴宗孝康皇帝传》。

达初封信国公，亲制诰文："从予起兵于濠上，先存捧日之心，来兹定鼎于江南，遂作擎天之柱。"又说："太公韬略，当宏一统之规；邓禹功名，特立诸侯之上。"居然是个四六作家了。[1]

对历史尤其熟，《汉书》《宋史》都是常读的书。吴元年十一月和侍臣讨论："汉高祖以追逐狡兔比武臣，发踪指示比文臣，譬喻虽切，语意毕竟太偏。我以为建立基业，犹之盖大房子，剪伐斩削，要用武官，藻绘粉饰，就非文臣不可。用文而不用武，譬如连墙都未砌好，如何粉饰？用武而不用文，正如只有空间架，粗粗糙糙，不加粉刷彩画，不成体统，两样都不对。治天下的要文武相资，才不会坏事。"[2] 不多久，又和太子讨论七国造反的问题，太子以为错在七国，元璋说："不然。这是讲官偏说。景帝做太子时，以博局杀吴王世子，做皇帝后，又听信晁错，黜削诸侯，七国因之造反。"[3] 论内官则以为古代宦竖，管的是早晚当差打扫一些宫廷仆役事务，从汉邓太后以女主临朝，用阉人做常侍等官，宦官才偷窃政权，作威作福。[4] 读《宋史》，到宋太宗改封桩库为内藏库，挖苦说："做皇帝的以四海为家，用全国的财富，供全国之用，何必分公私？太宗算是宋朝的贤君，还这样小家子气，看不开。至如汉灵帝的西园，唐德宗的琼林、大

1.《廿二史札记》卷三二《明祖文义》引《稗史汇编》。

2.《明太祖实录》卷二二。

3.《明太祖实录》卷二五。晗按：这一段话是被歪曲修改过的。明成祖重修《太祖实录》以削藩之罪归给建文帝，把这段史论也给改倒过来了，原来的话一定是错处在七国。

4.《明太祖实录》卷二七、卷六三。

盈库，括政府的钱做私人的蓄积，更不值得责备了。”[1] 告诉张信翰林的职务，引唐陆贽、崔群、李绛做例子。[2] 教官吴从权说不知民间事务，驳以宋胡瑗教学生，特别看重时事。[3] 随时随事，征引历史事实，作为讨论和训话的根据。

对经学，跟宋濂读《春秋左传》，跟陈南宾读《洪范》九畴，读蔡氏书传时，发现所说象纬运行和朱子书传相反，特地征召诸儒订正。讨厌《孟子》里一些和皇权有违碍的话，派刘三吾删节，编为《孟子节文》。著有《御注洪范》，多用陈南宾说。[4]

对佛教，他即位以后，非常崇敬，诏征东南戒德名僧，在蒋山大开法会，和群臣顶礼膜拜。僧徒中有应对称意的，颁赐金襕袈裟衣，召人禁中，赐坐讲论。吴印、华克勤等人都还俗做到大官。元璋以为和尚与尘世绝缘，无所牵涉，寄以心腹，用作耳目，使其检校官民动静，由之僧徒得意横行，文武大臣，都被中伤得罪。又倚仗告发的功劳，请为佛教创立职官，改善世院为僧录司，设左右善世、左右阐教、左右讲经、觉义等官，高其品秩。道教也照样来一套。度僧尼道士数万人。[5] 和尚皇帝加上一套和尚职官，在尘世政府里面，又建立了一个空门朝廷。还著有

1.《明太祖实录》卷一七九。

2.《明太祖实录》卷二四九。

3.《明史》卷一三九《萧岐传》。

4.《明史》卷一二八《宋濂传》；卷一三七《桂彦良传》附《陈南宾传》，《赵傲传》附《钱宰传》，《刘三吾传》。

5.《明史》卷一三九《李仕鲁传》。

《集注金刚经》一卷。[1]

道士替元璋做工作的有周颠和铁冠子。周颠的事迹，据朱元璋所写的传记说：周颠十四岁上得了癫病，在南昌市讨饭，说话颠三倒四，人家叫他周颠。三十多岁时，正当元朝末年，新官上任，一定去求见，说是“告太平”。元璋带兵去取南昌，疯头疯脑来告太平，又说“婆娘歹”，唱“世上甚么动得人心，只有胭脂胚粉动得婆娘嫂里人”。问是什么缘故，回说：“你只这般，只这般。”元璋烦了，叫人拿铜缸盖住，用猛火蒸。等柴炭烧完，打开缸看时，周颠正在出汗呢。到蒋山寺寄食，和尚来说，颠和小沙弥抢饭吃，闹脾气有半个月不吃东西了。元璋亲自去看，颠来迎接，一点也看不出饿，摆一桌大筵席，请颠大吃一顿。又给关在一间空房子里，一个月不给饭吃，还是不在乎。这故事传开了，诸军将士抢着做主人，请吃酒饭，随吃随吐，只有跟元璋吃饭时，才规规矩矩，像个样子。大家都信服了，以为是仙人。

颠用手画地成圈，指着对元璋说：“你打破桶（统），做一个桶。”

元璋西征九江，行前问颠，这次如何？说：“行。”又问：“友谅已称帝，消灭他怕不容易？”颠仰头看天，好一会儿，稽首正容说：“上面无他的。”到安庆舟师出发无风，说：“只管行，只管有风，无胆不行便无风。”果然一会儿大风起来，一口气直驶小孤山。

1.《明史》卷九八《艺文志三·释家》。

十多年后，元璋害热症，几乎要死，赤脚僧觉显送药来，说天眼尊者和周颠仙人送的，当晚病好。

有周颠仙人诗一首："初见圣主合天基，一时风来一时痴。逐片俱来箍一桶，浩大乾坤正此时。人君自此安邦定，齐天洪福谢恩驰。我王感得龙颜喜，大兴佛法当此时。"[1]

铁冠子姓张名中，好戴铁冠，人称为铁冠子。谈祸福多奇中，平章邵荣、参政赵继祖谋叛被杀，是他告密的。征陈友谅时也在军中，算定南昌解围和大捷的时日，用洞元法祭风，舟师直达鄱阳湖。佯狂玩世，和周颠同是元璋有用的工具。[2]

元璋常读的道教经典是《道德经》，著有《御注道德经》二卷。[3]

元璋利用神道设教的狡狯，当时即已被人指出。洪武十一年（公元1378年）解缙上万言书说：

> 陛下天资至高，合于道微，神怪诞妄，臣知陛下洞瞩之矣。然犹不免所谓神道设教者，臣谓必不然也。一统之舆图已定矣，一时之人心已服矣，一切之奸雄已慑矣，天无变灾，民无患害，圣躬康宁，圣子圣孙，继继绳绳，所谓得真符者矣。何必兴师以取宝为名，谕众以神仙为征应者哉！[4]

---

1.沈节甫《纪录汇编》卷六明太祖《御制周颠仙人传》，《明史》卷二九九《方伎传·周颠传》。

2.《明史》卷二九九《方伎传·张中传》。

3.《明史》卷一四七《解缙传》、卷九八《艺文志三·道家》。

4.《明史》卷一四七《解缙传》。

果然，一切都已不成问题。从此以后，对佛道两教的兴趣突然减低，不再侈谈神异征应了。

元璋以“神仙为征应”这一手法是相当成功的，民间流行着许多神异故事，以为他是真命天子。传说中主要的一个是：天上有二十八宿，轮流下凡做人主，元天历元年（公元1328年）天上娄宿不见，到洪武三十一年（公元1398年）娄宿复明，洪武帝是娄宿下凡。当时不流通的洪武钱，乡下人很看重，孩子们佩在身上，以为可以辟邪。豆棚瓜下，老祖父祖母们对孩子们讲的故事，也多半说的洪武爷放牛时的种种奇迹。

穷措大出身的开国皇帝，对于起居饮食，生活享受，不肯穷奢极侈。[1] 至正二十六年营建宫室，管工程的人打好图样，他把雕琢考究的部分都去掉了。[2] 完工以后，朴素无装饰，画了许多触目惊心的历史故事和宋儒的《大学衍义》。有个官儿要巴结，说是某处出产一种很美的石头，可以铺地，被痛切教训了一顿，为的是不懂得节俭的大道理。[3] 车舆、服用诸物该用金饰的，用铜代替。不但自己讲节俭，对人也是如此。

有一天，看见内侍穿着新靴在雨中走路，另一舍人穿一套值五百贯钞的新衣，都着着实实骂了一顿。[4] 司天监把元顺帝

1.王文禄《龙兴慈记》。

2.《明太祖实录》卷一二。

3.《明太祖实录》卷二〇。

4.《明太祖实录》卷二二五。

费尽心机做成的自动宫漏进献，以为是“不管政务，专干这个，叫作‘作无益害有益’”，把宫漏打毁。[1] 陈友谅有一张镂金床，极为考究，江西行省送给皇帝，元璋说：“这和孟昶的七宝溺器有什么两样！”下令打碎。[2] 有的官儿说山东有银矿可以开发，有的官儿说西戎有水银坑，磁州有铁矿，挖了都可富国。他一概不理，把说话的骂了一顿，打了一顿，甚至发到边地充军。[3]

屏风上写着唐李山甫《上元怀古》诗，日常吟诵：“南朝天子爱风流，尽守江山不到头。总为战争收拾得，却因歌舞破除休。尧将道德终无敌，秦把金汤可自由！试问繁华何处在？雨花烟草石城秋。”[4] 南朝的灭亡坏在歌舞上头，坏在风流上头，也坏在大兴土木上头。立下规矩，朝会时不用女乐，宫廷里不随便添建宫室。[5] 也禁止臣下笺文颂美，表章不许用四六骈偶文体。[6]

说宗教信仰是谈不上的，周颠、铁冠子之流只用作政治的炫耀，骨子里根本不信有神仙，曾经告诉宋濂：“秦始皇、汉武帝好神仙，宠方士，想求长生，末了一场空。假使用这份心思来治国，国怎会不治？依我看来，人君能清心寡欲，做到百姓安于田里，有饭吃，有衣穿，快快活活过日子，也就是神仙了。”[7] 有

---

1.《明太祖实录》卷三一。

2.《明太祖实录》卷一四。

3.《明太祖实录》卷二七、卷一四四。

4.姚福《青溪暇笔》。

5.《明太祖实录》卷三四。

6.《明太祖实录》卷一七、卷八五，祝允明《野记》。

7.《明太祖实录》卷二九。

道士来献长生的法子，他说："我所要的是全国人民的长寿和快乐。"[1]不肯接受。又有人学宋朝大中祥符年间的办法献天书，证明上位确是真命天子，反而被杀。同样，也不信祥瑞。洪武二年，有献瑞麦一茎三穗和五穗的，群臣称贺。他说："我做皇帝，只要修德行，致太平，寒暑适时，就算国家之瑞，倒不在乎以物为瑞。记得汉武帝获一角兽，产九茎芝，好功生事，使海内空虚。后来宣帝时又有神爵甘露之瑞，却闹得山崩地裂，汉德于是乎衰。由此看来，祥瑞靠不住，灾异却是不可不当心的。"命令今后或有灾异，无论大小，地方官即时报告。[2]

对失败的敌人不肯加以侮辱：洪武三年李文忠克应昌，俘获元主孙买的里八剌，并知元主已死。捷报到南京，百官称贺，元璋命礼部榜示，凡曾经做过元朝官的不必称贺。又以元主不战北走，谥为顺帝，亲自作文致祭。[3]俘虏到京，礼官请举行献俘典礼，并举唐太宗作例。元璋说："唐太宗是待王世充，如对隋室子孙，不会这样。元人入主中国，百年之内，人口繁殖，家给户足，我的祖先，也曾享过太平的福来。"只令服本俗衣入朝。[4]

对死节的敌人表示尊重：元将石抹宜孙、福寿、余阙、李黼战死，都为其立祠于所守城邑，留下永久纪念。[5]对始终不屈的敌人，尤其衷心钦佩：扩廓帖木儿拥兵反攻，百战不挠，被推

1.《明太祖实录》卷二三〇。

2.《明太祖实录》卷四〇。

3.《明太祖实录》卷五三。

4.《明太祖实录》卷五三。

5.《明太祖实录》卷二〇、卷二一，《明史》卷一三六《任昂传》。

许为天下第一奇男子，以不得臣之为恨。[1]相反的一个例子：危素是元朝老臣，文坛宗主，投降后做翰林侍读学士。一天，元璋在东阁办事，忽听得履声橐橐，问是谁，答是“老臣危素”，元璋说：“原来是你！我道是文天祥！既是元朝老臣，何不到和州看守余阙庙去？”不到一年，这位老臣便羞愧死了。[2]

执法极严，令出必行。初起兵时，粮食不足，下令禁酒，胡大海统军攻越，其子犯令，王恺请勿杀以安大海心。元璋以为宁可使大海叛我，不可使法不行，亲手执行死刑。[3]赵仲中是起兵时勋旧，奉令守安庆，陈友谅来攻，弃城逃走，常遇春求情，元璋说：“法不行，无以惩后。”用弓弦缢死。[4]平章邵荣、参政赵继祖因为多年征战，不能和家人团聚，说了气愤话，被告发诛死。[5]冯胜攻高邮，城中诈降，先头部队全军覆没，立时召还，决大杖十下，令步行回高邮，一鼓攻下。[6]末年驸马都尉欧阳伦出使，贩带私茶，违反国法，虽然是自己亲女婿，还是赐死。[7]

他认为理想的模范人物是汉高祖，最早劝他学汉高祖的人是李善长。常时读的书是《汉书》，常时提到的古帝王是汉高祖，随时随地随事都以汉高祖自比。

---

1.《青溪暇笔》，《明史》卷一二四《扩廓帖木儿传》。

2.《明史》卷二八五《危素传》，何孟春《余冬序录》。

3.《明史》卷一三三《胡大海传》。

4.《明史》卷一二九《廖永忠传》附《赵庸传》。

5.《国初事迹》。

6.《明史》卷一二九《冯胜传》。

7.《明太祖实录》卷二五三。

当灭陈友谅后，兵势日盛，有点像楚汉垓下之战后的情形，和幕僚孔克仁说闲话："秦政暴虐，汉高祖以布衣起家，以宽大制驭群雄，做了皇帝。而今也是群雄蜂起，可是都不懂修法度、明军政，此其所以成不了事。"意中俨然以汉高祖自居，说完了还叹了几口气。有一次读《汉书》，宋濂和孔克仁在座，元璋问汉治道不纯，何故？克仁以为王道霸道相杂。又问谁应该负责？克仁说责在高祖。元璋说："不然，高祖初创基业，遭秦灭学之后，百姓困苦已极，气还喘不过来，哪里还有工夫讲礼乐？孝文帝算是好皇帝了，正应该制礼作乐，和三代相比，可惜又不注意，终于只有那丁点成就。做帝王的要抓住时机，三代君主，有时机有人才做得好。汉文帝错过了时机，至于周世宗那才苦呢，有决心有魄力，满腔子要做好，只是不得其时，真是可惜！"又问汉高祖以布衣做皇帝，靠的是什么？克仁以为是善于用人，元璋说："项羽南面称孤，不施仁义，光夸自己能干。高祖知道这毛病，反过来谦逊忍性，不认输，加以宽大容人，所以能够胜利。现在我守住江左，任用贤人，安抚百姓，等候大局变化。假使不如此，单凭军力，硬碰硬，怕也不容易成功吧。"[1]

研究汉高祖的个性和作风到了家，下意识地养成模仿的癖性。举例说，汉高祖在天下未定时，就派萧何营建未央宫，元璋也在南征北伐军出发前，先造金陵宫阙。汉初徙齐楚诸国大族田氏、昭氏、屈氏、景氏、怀氏实关中，元璋也徙江南富人十四万

1.《明太祖实录》卷一四，《明史》卷一三五《孔克仁传》。

户实中都。汉初分王子弟，明初也恰好建藩国。汉初赐民爵士大夫以上，明初也下诏天下富民年十八以上赐爵里士，九十以上赐爵社士。汉初俎醢韩、彭、英布，明初也大杀功臣，一杀再杀，杀得靖难兵起时无人可用。[1]

相隔一千六百年两位同乡的开国皇帝，竟是一脉渊源的师生！

## 四、晚年的悲哀

朱元璋的智力极高，长于计谋，看得远，见得大处，当机立断，更善于接受好建议，不自以为是。统一以后，和群臣有一番检讨的话："我生在天下大乱的年头，被迫投军，原不过是为了活命。到渡江以后，看这一群拥兵割据，称王称帝的，打家劫舍，全不成材料。内中张士诚、陈友谅最强大，士诚地方富庶，友谅军力强大，我没有别的可夸，只靠不乱杀百姓，说话算话，刻苦做事，和大家同心一力，挣出这个基业。开头夹在吴、汉两大国之间，士诚尤其逼近，有人主张先向东吴进攻，我的看法是友谅志骄，士诚器小，志骄的好生事，要争取主动，器小的没长远打算，总是被动，所以决定先攻友谅。鄱阳湖这一场决战，士诚果然不能出姑苏一步，和友谅呼应！假使当时先攻士诚，浙西坚守待援，友谅一定空国而来，我便被迫两线作战，腹背受敌

1.赵翼《廿二史札记》卷三二《明祖行事多仿汉高》条。

了。两个都吃掉以后，举兵北伐，之所以先取山东，次下河洛，止住潼关西进之师，不急攻秦陇，是什么道理呢？因为扩廓帖木儿、李思齐、张思道都是百战之余，决不肯轻易服输，而且，大兵西入，正好促成他们联合，团结抵抗，一时也占不了便宜；不如出其不意，直取大都，根本既除，然后西进，张、李望绝势穷，不战而克。可是，扩廓还是力战到底，费了多少事。假定不取北平，就和关中军决战，又是两线作战形势，胜负就很难说了。”尽量避免两线作战，机动地争取主动，敏捷地利用对方弱点，转变形势，集中兵力使敌人处在被动地位，知己知彼，在战略上是完全成功的。[1]

在另一场合，他又申说：“元朝末年，人君安逸不管事，臣下跋扈不听命，胡乱花钱，想尽主意剥削，水旱灾荒，年年都有，闹得天怒人怨，到处反叛，群雄角逐，割据地方。我没有办法，为了自救，才参加红军；到了兵强地广，才东征西讨，削除群雄，开拓土地，这时候，中国已非元朝所有了。元朝皇帝如能小心不偷懒，不专讲享受，臣下尽心做事，不贪污，不争权夺利，怎么会引起这次大革命？又怎会造成割据分裂的局面？由此看来，我取天下于群雄之手，非于元朝之手，是很明白的。”[2]

以后，洪武四年灭夏，十四年定云南，二十年取辽东，事前都由他自己决定战略，制敌决胜，事后的绥靖建置，也完全用手令指示。诸将不过奉行命令，完成任务而已。

---

1.《明史·太祖本纪》。

2.《明太祖实录》卷五三。

大大小小的事务，一定亲自办理，天不亮就起床办公，一直到深夜，没有休息，也没有假期，更谈不到调剂精神的娱乐。因为照习惯，一切事务处理，臣僚建议，都用书面的奏章，成天成年看奏章，有时也难免感觉厌倦，尤其是卖弄学问经济、冗长不中肯的报告。洪武八年，刑部主事茹太素上万言书申说事务，元璋懒得看，叫中书郎王敏朗诵，读到“才能之士，数年来幸存者百无一二，今所任率迂儒俗吏”，发了脾气，把太素找来大骂，打了一顿。第二天晚上，又叫宫人读了一遍，仔细想想，也还有点道理，建议的有四款着实可以照办，不由得叹一口气说：“做皇帝难，做臣子也不容易啊！我要听老实话，要听切实情事的，文辞太多，摸不清要点所在。太素所说的要点，有五百字也够说清楚，搞了这一大堆，何苦来？”上朝时，面谕中书，特定奏对式，不许繁文乱听，从此读奏章省了不少精力。[1] 到废中书省以后，六部府院直接对皇帝负责，政务越发繁忙。据洪武十七年九月间的统计，从十四日到二十一日，八天内，内外诸司奏札凡一千六百六十件，计三千三百九十一事，[2] 平均每天要看或听两百多件报告，要处理四百多件事。虽然精力过人，拼着命干，到底是上了年纪的人，有点儿觉得吃力了。

他是赤手空拳起家的，除自身而外，三个哥哥和几个堂房兄弟，都在壬辰那年死去，父系亲属只有亲侄文正一人，真是“门单户薄”。母族绝后，妻族也死绝了。到文正被杀后，诸子幼

---

1.《明史》卷一三九《茹太素传》。

2.《明太祖实录》卷一六五。

弱，基业还未稳定，孤零零一个人，高高在上，找遍周围，没有一个人可以寄托心腹的，得撑持着，时刻警戒着，提心吊胆，不让别人暗算。正如驶着独木船，水把独木船冲得团团转，几十年到不了岸，看着水是敌人，礁石是敌人，连天空飞的乌鸦也是敌人，谁都要害他，都在讥笑他、讽刺他。从得了大权，做了皇帝之后，害了高度的紧张病、猜疑病、恐惧病。

早年过的是衣食不足的穷苦生活，中年在军队里，在兵火喧天、白刃相接的紧张生活中，抓住了权力，四十岁以后，把全副精力放在处理事务，防备假想敌人上。体力消耗之外，加上无数妃妾的宫廷生活，加上对人对事的极度不安，精神永远集中在怎样保持那份大家当的问题上。他有心跳的病症，宋濂以为应该清心寡欲。[1] 时发高热病，做怪梦，幻想在梦中看到天上神仙宫阙。[2] 平时喜怒无常，暴怒到失常态。[3] 性格变得更加残酷、横暴，寻求刺激，要发泄，为一句话、一个字就打人、杀人，用许多种离奇的刑罚来折磨人、屠杀人。他害的是一种虐待狂的病症，用别人的痛苦来减轻自己的恐惧。

可惊的是虽然精神失常，智力却并不减退。大儿子朱标忠厚仁慈，有点像汉惠帝，接受了当时最好的教育。老皇帝过了五十岁生日之后，精力有点不济事了，让大儿子来帮忙，裁决普通政务，一来是分劳，二来也是训练这下一代皇帝办事的能力，指

1.《明史》卷一二八《宋濂传》。

2.《御制周颠仙人传》，《御制纪梦》。

3.《青溪暇笔》。

望太子是汉文帝，不是汉惠帝。可惜父子俩性格正好相反，也和他的同乡皇帝父子一样，一个严酷，一个宽大，父子间有时也不免闹冲突。[1]老皇帝眼见得一代不如一代，只好叹一口气，闷在心里，索性自己动手，大兴党狱，杀尽了所有不顺眼的文武官员，斩除荆棘，铺平道路，好让儿子做现成皇帝。

好容易皇太子的学业和政治训练都够满意了，元璋以为托付得人，这份产业牢靠稳当，放得下心了，却又变生意外，太子于洪武二十五年（公元1392年）病死。六十五岁的老皇帝受了这致命的打击，糊涂了大半天说不出话，身体一天天虚弱下去，头发胡子全变白了。

太子死后，立太子嫡子允炆为皇太孙，此时，他才十六岁。

皇太孙的性格极像他的父亲，年纪又小，没经过训练。祖父虽然也让跟着办事，终是替他发愁，怕他挑不下这副担子，诸将大臣将来会不服调度。只好又动辣手，借题目大批杀人，杀得将帅一空，连傅友德、冯胜那样仅存的开国元勋，说不出一丝道理，也顺手杀了。想着小孙子不会有人来作难，做祖父的算是用尽心血了。

他的政治能力，部分从实际经验得来，部分从历史教训得来。他以为皇位继承是维持帝国和平最重要的制度，必须有一个规定的严密的法则，才不会引起宗族间的纠纷、政变。最好的办法是宗法制度下的嫡长承袭。在皇太子正位后，为了要使诸

1.《翦胜野闻》。

王安分，保护扶持大宗，洪武五年命群臣采汉唐以来藩王善恶可为劝诫的，编作一书，名为《昭鉴录》，颁赐诸王。皇太孙正位以后，用同样的意思编了一书，叫作《永鉴录》。二十八年又颁布《皇明祖训》条章，把一切做皇帝、做藩王和臣下所应遵守的、不该做的事，都详细记载，并定制后代有人要更改祖训的，以奸臣论，杀无赦。希望用教育，用制度，使各藩王忠心服从这未来的小皇帝，朱家的族长。[1]

可惜这一番心思都白用了，第二子秦王、第三子晋王雄武有野心，见太子仁懦，都不肯安分，先后被发觉，要治重罪，太子尽力解救，才得无事。太子死后，二十八年秦王死，三十一年晋王死，都死在老皇帝之前，算是没有闹出大花样。费尽了心机，父子兄弟间还不免钩心斗角，时刻提防着，这对于老皇帝自然也是精神上的打击。

猜疑病、迫害狂，愈来愈重，身体愈衰弱，精神愈不安定，脾气愈坏。体力、精神交互影响，到洪武三十一年（公元1398年），他已经七十一岁了，五月间病倒，不能动弹，躺了三十天，告别所手创的帝国，离开继承人和笑容满面的臣民，结束了一生恩怨，安静地死去。

刽子手死后还杀了一批人：侍寝过的宫人一律殉葬，家属由政府养活，叫作朝天女户。[2]

葬在南京城外的孝陵，谥曰高皇帝，庙号太祖。永乐元年

1.《明史·太祖本纪》洪武六年、二十六年、二十八年。

2.《今言》三三九条，吕毖《明朝小史》卷三。

（公元1403年），谥神圣文武钦明启运俊德成功统天大孝高皇帝。嘉靖十七年（公元1538年）增谥开天行道肇纪立极大圣至神仁文义武俊德成功高皇帝。

遗嘱里有一段话："朕膺天命三十一年，忧危积心，日勤不怠。""忧危积心"四字，说出了这位皇帝一生在恐慌猜疑中过日子，"日勤不怠"说出如何用全副心力来保持这份大家当。[1]

太孙即位后不久，燕王棣果然起兵造反，援引祖训，以靖难为名。建文四年（公元1402年）篡位自立，是为明成祖。离老皇帝之死还不到五年。

元璋的相貌不很体面，晚年尤其难看，一脸凶相。曾找了许多画工，画像十分逼真，总不合意。后来有一个聪明人画的像，轮廓有点像，却一脸和气，充满了慈祥的样子，这才对了窍，传写了多本，分赐给诸王。[2]这两种不同的画像，到现在都有传本。

---

1.《明史·太祖本纪》洪武三十一年。

2.陆容《菽园杂记》。

# 明朝纪元表

| 纪帝王名号 | 纪年号 | 纪元年干支 | 纪元年公元纪年 |
| --- | --- | --- | --- |
| 太祖（朱元璋） | 洪武（31） | 戊申 | 1368 |
| 惠帝（～允炆） | 建文（4）★ | 己卯 | 1399 |
| 成祖（～棣） | 永乐（22） | 癸未 | 1403 |
| 仁宗（～高炽） | 洪熙（1） | 乙巳 | 1425 |
| 宣宗（～瞻基） | 宣德（10） | 丙午 | 1426 |
| 英宗（～祁镇） | 正统（14） | 丙辰 | 1436 |
| 代宗（～祁钰）（景帝） | 景泰（8） | 庚午 | 1450 |
| 英宗（～祁镇） | 天顺（8） | 丁丑 | 1457 |
| 宪宗（～见深） | 成化（23） | 乙酉 | 1465 |
| 孝宗（～祐樘） | 弘治（18） | 戊申 | 1488 |
| 武宗（～厚照） | 正德（16） | 丙寅 | 1506 |
| 世宗（～厚熜） | 嘉靖（45） | 壬午 | 1522 |
| 穆宗（～载垕） | 隆庆（6） | 丁卯 | 1567 |
| 神宗（～翊钧） | 万历（48） | 癸酉 | 1573 |
| 光宗（～常洛） | 泰昌（1） | 庚申 | 1620 |
| 熹宗（～由校） | 天启（7） | 辛酉 | 1621 |
| 思宗（～由检） | 崇祯（17） | 戊辰 | 1628 |

★建文四年时成祖废除建文年号，改为洪武三十五年。

# 附录：朱元璋年表

| 纪年 | 公元 | 元璋年龄 | | 纪事 |
|---|---|---|---|---|
| 元天顺帝天顺元年 | 1328 | 1岁 | 九月丁丑，元璋生。 | |
| 元顺帝至元三年 | 1337 | 10岁 | | 正月，广州增城县民朱光卿起义，称大金国，旋被消灭。<br>二月，棒胡以烧香聚众，起义于汝宁、信阳，元命河南行省左丞庆童镇压之。己丑，汝宁献所获棒胡弥勒佛小旗及宣敕等。<br>四月，元禁汉人、南人执持军器，凡有马者拘入官。合州大足县民韩法师起义，称南朝赵王。惠州归善县民聂秀卿、谭景山等造军器，拜戴甲为定光佛，与朱光卿相结起义，元命江西行省左丞沙的捕之。 |
| 至元四年 | 1338 | 11岁 | | 六月，袁州民彭莹玉、周子旺起义，周子旺称周王，不久被捕遇害。漳州路南胜县民李志甫起义，围漳城。 |
| 至元五年 | 1339 | 12岁 | | 四月，元重申汉人、南人不得执军器弓矢之禁。<br>十一月，开封杞县人范孟反，伪传帝旨，杀河南平章政事月禄等，已而被捕遇害。 |

| | | | | |
|---|---|---|---|---|
| 至元六年 | 1340 | 13岁 | | 五月，元禁民间藏军器。 |
| 元顺帝至正元年 | 1341 | 14岁 | | 湖广、山东、燕南贫民为“盗”，多至三百余处。 |
| 至正四年 | 1344 | 17岁 | 春，淮北大旱，继以瘟疫，元璋父、母、长兄、次兄皆病死。秋九月，元璋入皇觉寺为沙弥。一月后，云游淮西颍州一带。 | 七月，益都县盐徒郭火你赤起义，上太行，入壶关，至广平，杀兵马指挥，复还益都。 |
| 至正五年 | 1345 | 18岁 | 在淮西游方未归。 | |
| 至正六年 | 1346 | 19岁 | 在淮西。 | “盗”扼李开务之闸河，劫商旅船，元官兵不能捕。 |
| 至正七年 | 1347 | 20岁 | 在淮西。 | 四月，临清、广平、滦河、通州等处贫民群起为“盗”。十一月，沿江“盗”起，剽掠无忌，元官莫能禁。 |
| 至正八年 | 1348 | 21岁 | 年底，元璋回皇觉寺。 | 海宁州、沭阳县等处“盗”起。台州方国珍起义，聚众海上，元命江浙行省参政镇压之。 |
| 至正九年 | 1349 | 22岁 | | 冀宁、平遥等县曹七七起义。 |
| 至正十年 | 1350 | 23岁 | | 方国珍攻温州。 |

| | | | | |
|---|---|---|---|---|
| 至正十一年 | 1351 | 24岁 | | 四月，元顺帝诏开黄河故道，命贾鲁以工部尚书为总治河防使，发汴梁、大名等十三路民十五万，庐州等戍十八翼军二万，自黄陵冈南达白茅，放于黄固、哈只等口，又自黄陵西至阳青村，合于故道，凡二百八十里有奇。仍命中书右丞玉枢虎儿吐华、同知枢密院事黑厮以兵镇之。<br>五月，颍州刘福通起义，以红巾为号，陷颍州。韩山童被捕遇害，其妻杨氏与子韩林儿逃脱。<br>六月，刘福通占领朱皋，攻破罗山、正阳、霍山，遂攻舞阳、叶县等处。江浙左丞孛罗帖木儿为方国珍所败，元顺帝遣使招谕方国珍。<br>八月，萧县李二及彭大、赵均用等攻陷徐州。李二号芝麻李，亦以烧香聚众起义。蕲州罗田人徐寿辉与黄州麻城人邹普胜等起义，以红巾为号。<br>十月，占领蕲水为国都，称帝，国号天完，建元治平。 |

| | | | | |
|---|---|---|---|---|
| 至正十二年 | 1352 | 25岁 | 闰三月，元璋投郭子兴部下为兵。 | 徐寿辉部将陆续攻破汉阳、兴国府、武昌、安陆府、沔阳府、江州、岳州、袁州、瑞州、徽州、信州、饶州、杭州。<br>二月，郭子兴等起义于濠州。元丞相脱脱攻徐州，克之。芝麻李败死，彭大、赵均用奔濠州。答失八都鲁率军占襄阳，察罕帖木儿、李思齐率军攻起义人民，元政府各授以官。 |
| 至正十三年 | 1353 | 26岁 | 元璋略定远，下滁州。 | 张士诚起义，攻占泰州、高邮，称诚王，国号大周，建元天祐。 |
| 至正十四年 | 1354 | 27岁 | 元璋在滁州。 | 元丞相脱脱大败张士诚于高邮，分兵围六合，元璋率兵赴援。元顺帝削脱脱官爵，安置淮安路，又诏使西行，鸩死于吐蕃境。 |

| | | | | |
|---|---|---|---|---|
| 至正十五年宋小明王龙凤元年 | 1355 | 28岁 | 正月，元璋克和州，奉郭子兴命总诸将。<br>四月，常遇春归元璋。<br>五月，廖永安、俞通海以水军降，元璋遂下采石，取太平。小明王命郭天叙为都元帅，张天祐、元璋为左右副元帅。<br>九月，郭、张二帅攻集庆，皆死之，于是子兴部将尽归元璋。 | 二月，刘福通等迎立韩林儿为皇帝，号小明王，国号宋，建都亳州，建元龙凤。<br>三月，郭子兴卒。<br>十二月，答失八都鲁大败刘福通于太康，遂围亳州，小明王奔安丰。 |
| 至正十六年宋龙凤二年 | 1356 | 29岁 | 二月，元璋攻集庆，下之，改名应天府。遣徐达攻镇江，拔之。<br>六月，元璋部将邓愈克广德。小明王升元璋为枢密院同佥，不久又升为江南等处行中书省平章。 | 徐寿辉迁都汉阳。张士诚攻占平江，以为国都，改名隆平府。李武、崔德等破潼关。 |

| | | | | |
|---|---|---|---|---|
| 至正十七年<br>宋龙凤三年 | 1357 | 30岁 | 元璋占领长兴、常州、宁国、江阴、常熟、徽州、池州、扬州等地。 | 二月，刘福通遣毛贵攻破胶州、莱州、益都、滨州。<br>六月，刘福通攻汴梁。关先生、破头潘、冯长舅、沙刘二、王士诚攻晋冀。白不信、大刀敖、李喜喜攻向关中。<br>九月，徐寿辉部将倪文俊谋杀其主不果，自汉阳奔黄州，其属下陈友谅袭杀之。友谅自称平章。<br>元以张士诚为太尉，方国珍为江浙行省参政，使由海道运粮入都。<br>明玉珍占重庆路。<br>答失八都鲁死，其子孛罗帖木儿代领其众。 |
| 至正十八年<br>宋龙凤四年 | 1358 | 31岁 | 二月，元璋以康茂才为营田使。<br>十二月，自将攻婺州，下之，改为宁越府。 | 五月，刘福通攻破汴梁，自安丰迎小明王入居之，定为国都。<br>关先生、破头潘等攻破辽州虎林，又攻破上都，烧元宫阙，转攻辽阳。<br>陈友谅攻破龙兴路、吉安路。 |
| 至正十九年<br>宋龙凤五年 | 1359 | 32岁 | 元璋兵克诸暨、衢州、处州等地，命宁越府立郡学。<br>小明王升元璋为仪同三司江南等处行中书省左丞相。 | 汴都为察罕帖木儿所破，刘福通奉小明王退保安丰。<br>陈友谅以江州为都，迎徐寿辉居之，自称汉王。 |

| | | | | |
|---|---|---|---|---|
| 至正二十年宋龙凤六年 | 1360 | 33岁 | 陈友谅攻应天，元璋大败之，遂复太平。徐寿辉旧将以袁州降于元璋。 | 陈友谅占太平，杀其主徐寿辉自立，国号大汉，改元大义。回驻江州，遣将占辰州。<br>明玉珍闻徐寿辉被杀，自立为陇蜀王，塞瞿塘，不与友谅通。<br>孛罗帖木儿与察罕帖木儿互相攻杀，元顺帝下诏调解，皆不听。 |
| 至正二十一年宋龙凤七年 | 1361 | 34岁 | 元璋击陈友谅于江州，友谅奔回武昌；遂分兵攻南康、建昌、饶州、蕲州、黄州、广济等处，皆下之，又下抚州。<br>小明王封元璋为吴国公。 | |
| 至正二十二年宋龙凤八年 | 1362 | 35岁 | 元璋受友谅部将胡廷瑞之降，遂得龙兴，改为洪都府。瑞州、吉安、临江相继下。 | 明玉珍称帝，国号夏，建元天统。<br>察罕帖木儿死，子扩廓帖木儿代领其事。 |

| | | | | |
|---|---|---|---|---|
| 至正二十三年宋龙凤九年 | 1363 | 36岁 | 元璋因张士诚将吕珍攻安丰，亲率军往救。<br>陈友谅大举攻洪都，围八十五日不下。元璋急撤援安丰军，与友谅大战于鄱阳湖。友谅中流矢死，其子陈理突围奔回武昌，元璋亲往围之。 | 刘福通奉小明王自安丰突围，居滁州。<br>张士诚自立为吴王，停止运粮至元都。 |
| 至正二十四年宋龙凤十年 | 1364 | 37岁 | 元璋自立为吴王，建百官。受陈理降，汉遂亡。 | 孛罗帖木儿率军人大都，元顺帝惧，命为中书右丞相，节制天下兵马。 |
| 至正二十五年宋龙凤十一年 | 1365 | 38岁 | 元璋以徐达为大将军，进攻江北、淮东张士诚之地，先取泰州及高邮。 | 孛罗帖木儿被杀，扩廓帖木儿代为相，不久复令总制关、陕、晋、冀、山东兵马，便宜从事。 |
| 至正二十六年宋龙凤十二年 | 1366 | 39岁 | 徐达等下淮安、濠州、宿州、徐州等地，淮东悉入元璋领域。五月，元璋命徐达、常遇春攻张士诚根据地，连下湖州、杭州，大军进围平江。<br>十二月，元璋遣廖永忠迎小明王于滁州，中途沉之于江，宋遂亡。 | 李思齐、张良弼等屯兵关中，不服扩廓帖木儿调度，互相攻杀。<br>明玉珍死，子明升嗣立，改元开熙。 |

| | | | | |
|---|---|---|---|---|
| 至正二十七年 | 1367 | 40岁 | 徐达等执张士诚，吴亡。元璋命汤和等攻方国珍，降之。<br>又以徐达为征虏大将军，北伐中原。命胡廷瑞等取福建，杨璟等取广西。徐达等下山东诸郡。 | 元顺帝削扩廓帖木儿兵权，置抚军院，以皇太子总制天下兵马。 |
| 明太祖洪武元年元顺帝至正二十八年 | 1368 | 41岁 | 正月，元璋称帝，国号大明，建元洪武，是为明太祖，立世子标为皇太子，妃马氏为皇后。<br>汤和克延平，执陈友定，福建平。<br>命汤和等以舟师攻取广东，广州守官何真降。<br>杨璟等下宝庆、全州、靖江等地。<br>徐达等下汴梁。元璋以应天为南京，开封为北京。<br>八月，徐达等人大都，改名北平府。保定、真定、怀庆、泽州、潞州相继下。 | 闰七月，元顺帝弃大都，出奔上都。 |

| | | | | |
|---|---|---|---|---|
| 洪武二年 | 1369 | 42岁 | 奉元、凤翔、临洮相继下，李思齐降。常遇春攻克开平，元顺帝奔和林。常遇春卒于军。<br>元军攻大同，李文忠败之。<br>徐达下庆阳。元璋定内侍官制，编《祖训录》，定诸王封建之制。 | |
| 洪武三年 | 1370 | 43岁 | 命徐达、李文忠等分道北征。<br>李文忠获买的里八剌（顺帝孙）以归，元嗣君北遁。元璋封诸子为王，大封功臣。 | 元顺帝死，太子爱猷识里达腊嗣立。 |
| 洪武四年 | 1371 | 44岁 | 命汤和、廖永忠率舟师由东路入川，傅友德率步骑由秦陇取蜀。傅友德军连下阶州、文州、隆州、绵州。廖永忠军克夔州，明升出降，夏亡。元平章刘益以辽东降。录天下官吏。 | |

| | | | | |
|---|---|---|---|---|
| 洪武五年 | 1372 | 45岁 | 命徐达为征虏大将军，出雁门，趋和林，李文忠趋应昌，冯胜取甘肃，征扩廓帖木儿。<br>徐达败绩。<br>命邓愈攻吐蕃。<br>诏以农桑、学校课有司。 | |
| 洪武六年 | 1373 | 46岁 | 颁《昭鉴录》，训诫诸王。<br>扩廓帖木儿攻大同，徐达遣将击败之。<br>颁《大明律》。 | |
| 洪武七年 | 1374 | 47岁 | 李文忠、蓝玉大败北元军。遣元皇子买的里八剌北归。 | |
| 洪武八年 | 1375 | 48岁 | 诏天下立社学。刘基被毒死。 | 元将扩廓帖木儿卒。 |
| 洪武九年 | 1376 | 49岁 | 改行中书省为承宣布政使司，设左右布政使各一人。 | |
| 洪武十年 | 1377 | 50岁 | 以羽林等卫军益秦、晋，燕三府护卫。<br>邓愈、沐英攻吐蕃，大破之。<br>命政事启皇太子裁决奏闻。 | |

| | | | | |
|---|---|---|---|---|
| 洪武十三年 | 1380 | 53岁 | 左丞相胡惟庸以擅权诛，坐其党，死者甚众。<br>废中书省及丞相等官，提高六部官秩。<br>改大都督府为中、左、右、前、后五军都督府。<br>燕王棣之国北平。<br>安置宋濂于茂州，死于道。 | |
| 洪武十四年 | 1381 | 54岁 | 命傅友德、蓝玉、沐英征云南。<br>傅友德等大败元兵于白石江，遂下曲靖，元梁王自杀，云南平。 | |
| 洪武十五年 | 1382 | 55岁 | 蓝玉、沐英克大理，分兵攻鹤庆、丽江、金齿，俱下。<br>皇后马氏卒。<br>置殿阁大学士。<br>空印案发，死者数万人。 | |
| 洪武十六年 | 1383 | 56岁 | 召征南师还，沐英留镇云南。 | |
| 洪武十七年 | 1384 | 57岁 | 曹国公李文忠被毒死。<br>禁内官预外事，敕诸司勿通内官监文移。 | |

| | | | | |
|---|---|---|---|---|
| 洪武十八年 | 1385 | 58岁 | 魏国公徐达中毒死。<br>户部侍郎郭桓坐盗官粮诛，死者数万人。 | |
| 洪武二十年 | 1387 | 60岁 | 冯胜、傅友德、蓝玉同征纳哈出。冯胜率师出松亭关，下大宁、宽河、会州、富峪四城，纳哈出降，东北平。 | |
| 洪武二十三年 | 1390 | 63岁 | 晋王棡、燕王棣率师征元，颍国公傅友德等皆听节制。齐王榑率师从燕王棣北征，燕王师次迤都，元丞相咬住等降。<br>韩国公李善长党胡惟庸案发，坐诛，牵连死者甚众。作《昭示奸党录》，布告天下。 | |
| 洪武二十四年 | 1391 | 64岁 | 天下郡县赋役黄册成。<br>八月，皇太子巡抚陕西。十一月，还京师。 | |
| 洪武二十五年 | 1392 | 65岁 | 皇太子标死，立长孙允炆为皇太孙。<br>沐英卒，子沐春袭封西平侯，镇云南。 | |

| | | | | |
|---|---|---|---|---|
| 洪武二十六年 | 1393 | 66岁 | 凉国公蓝玉被杀，功臣死者甚众。<br>冯胜、傅友德备边北平，其属卫将校悉听晋王、燕王节制。<br>诏二王军务大者始以闻。 | |
| 洪武二十七年 | 1394 | 67岁 | 颍国公傅友德坐诛。 | |
| 洪武二十八年 | 1395 | 68岁 | 宋国公冯胜坐诛。<br>谕众臣禁以后法外用刑；嗣君不许置丞相；皇亲唯谋逆不赦，余罪宗亲会议取上裁，法司只许举奏，勿得擅逮，勒诸典章，永为遵守。<br>八月，秦王樉死。<br>颁《皇明祖训》条章，后世有言更祖制者以奸臣论。 | |
| 洪武三十一年 | 1398 | 71岁 | 二月，晋王棡死。<br>闰五月，元璋卒，年七十一。<br>太孙允炆继位，即惠帝。 | |

# 李鸿章传

民国四大经典传记

梁启超 著

團結出版社

**图书在版编目（CIP）数据**

李鸿章传 / 梁启超著. -- 北京：团结出版社,2020.7

（民国四大名传）

ISBN 978-7-5126-7945-0

Ⅰ. ①李… Ⅱ. ①梁… Ⅲ. ①李鸿章（1823-1901）—传记 Ⅳ. ①K827=52

中国版本图书馆CIP数据核字(2020)第098312号

---

**出版：** 团结出版社

（北京市东城区东皇城根南街84号 邮编：100006）

**电话：**（010）65228880 65244790（传真）

**网址：** www.tjpress.com

**Email：** zb65244790@vip.163.com

**经销：** 全国新华书店

**印刷：** 三河市祥达印刷包装有限公司

---

**开本：** 145×210 1/32

**印张：** 37.75

**字数：** 950千字

**版次：** 2020年11月 第1版

**印次：** 2020年11月 第1次印刷

---

**书号：** 978-7-5126-7945-0

**定价：** 152.00元（全4册）

# 目　录

**附录:《李鸿章传》原文**

# 第一章 绪 论

普天之下，只有平庸之人才不会被责骂，不会被赞誉。假若被天下的人所厌恶和责骂，那这个人可称得上是非同寻常的奸雄之人。而被天下的人所赞誉，那这个人便可称得上是非同寻常的豪杰之士。在这些评说的人中，没有一个是非同寻常之人，让平常之人评论非同寻常之人，可信吗？因此，那些名满天下的人，未必不是伪善之人；那些臭名昭著的人，未必不是伟大之人。

俗话说：盖棺论定。然而，我却看到仍有一些已经去世几十年甚至几百年的人，至今没有定论。评论者各执一词，莫衷一是。这让后世著书评论的人该如何借鉴？例如，有的人被千万人赞誉，也被千万人诽谤；赞誉他的人达到了极致，诽谤他的人也达到了极致。如今，对他的诽谤，刚好与之前对他的赞誉互相抵消；来日，对他的赞誉，又刚好是对他现在所遭受的诽谤的补偿。如此，他到底应该是个怎么样的人呢？我们应该称他为非同寻常之人。姑且不去评论他是非同寻常的奸雄之人还是非同寻常的豪杰之士，关键是他所处的位置和所做的事情，一定不是那些平庸之人的眼光和见识所能够妄加评论的。知晓这层含义的人可以阅读我的《李鸿章传》。

我敬重李鸿章的才学，惋惜他的见识浅薄，可怜他的遭遇。

李鸿章访问欧洲时，在德国见到了前宰相俾斯麦，他询问俾斯麦道："作为大臣，想要为国家鞠躬尽瘁，但是满朝的人都和自己的见解相左，都在百般阻挠，在这种情况下想要施行自己的抱负，应该如何是好呢？"俾斯麦回答道："首要的是得到君主的支持，得到君主的支持自己就可以获得专权，这样又有什么事是不可以做的呢？"李鸿章又问道："如果遇到这样的情况，不论什么人的话君王都会听从，那些身居要位的人，经常狐假虎威，把持朝政。身为臣子又该如何是好呢？"俾斯麦思考了许久，回答道："身为人臣，如果尽心竭力为国家操劳，我想这应该不会不被君主体谅和理解。如果与妇人和小孩儿共事，那就不知道会怎么样了。"（注：这些对话是根据西方的报纸翻译出来的，普通的中文报纸诸如《星轺日记》所刊登的内容，由于有所顾忌而不敢翻译记录。）李鸿章听了之后沉默不语。唉！看到这个，我知道李鸿章心中的苦恼、烦闷，这些不是旁观者所能理解得了的。我之所以责怪李鸿章就是因为这个，我之所以宽恕李鸿章同样也是因为这个。

自从李鸿章的名字在世界范围之内盛传以后，世界各国的人士，几乎只知道有李鸿章，却不知道有中国。简而言之，李鸿章已经成为中国唯一的代表人物了。让甲国的人评说乙国的事，一定不会得到全部真相，原因无需多讲，然而李鸿章确实是中国近四十年来第一流的关键人物。阅读中国近代史的人，都不得不提李鸿章，而阅读李鸿章传记的人，也不得不参考中国近代的历史，这是有识之士所公认的。因此，我的这本书即使将它命名为《同光以来大事记》也是恰当的。

不仅如此，一个国家当时所处的境况，一定和它之前的历史有必然的联系。因此，先前的历史是当时境况的原因，而当时的境况是先前历史的结果。那么，李鸿章和当时的中国，他们之间的关系非常的紧密，想要评论李鸿章，就一定要用精确的眼光来观察中国几千年政权更迭变迁的趋势，各民族此消彼长的潮流，以及当时中外交涉的内情，只有这样才能真正理解李鸿章在当时身处的位置。孟子说："了解一个人并且研究他所处的时代背景，世事本来就是不容易论说的。"难道人就容易了解、知晓吗？

现如今中国的评论者，经常将平定太平天国起义和捻军起义当作李鸿章的功德，将多次与外国议和当作李鸿章的罪责。依我之见，这样的功过评价很不恰当。昔日，俾斯麦也曾经对李鸿章说："我们欧洲人将能够抵御外族看作是功德。为了保全一个家族利益而大肆自相残杀，这不是我们欧洲人所崇尚的。"平定太平天国和捻军，这就如同是兄弟之间在打架，打败了弟弟却认为这是功劳一件，那么凡是兄弟关系的都会感到恐惧。国人因为国耻而激愤，对于（和外国）议和感到怨恨，却将这些怨恨、激愤都集中到李鸿章一人身上，这种事固然有缘由，但是换位思考一下，在1895年二、三月份，1900年八、九月份的时候，假如让那些评论的人身处李鸿章的位置，那么他们所能做的，真的能比李鸿章还要好吗？那些指责李鸿章的人，我看也只不过是一群嬉笑怒骂，以图口舌之快的旁观者罢了。因此，我在评论李鸿章对中国的功与过的时候，和这些完全是不一样的。

李鸿章现在已经去世了。外国的评论者，都将李鸿章看作是中国第一人。又有人讲道：李鸿章的逝去，对于中国从今往后时局的变动必然会产生巨大的影响。李鸿章是否足以称得上是中国第一人，我不敢确定，但是现如今那些五十岁以上的人，三四品以上的官员，他们没有一个能够与李鸿章相提并论的，这是我能够肯定的。李鸿章的逝去，对于中国的时局变动是否会产生影响，我不敢确定，但是现如今政府失去了一个李鸿章，就如同老虎失去了它的帮手，瞎子失掉了算命的技能，前途岌岌可危，事情也会越来越多，这是我敢肯定的。我是真的希望外国人的评论不是真实的。如果评论是真实的，那么像我们中国这样的一个大国，却仅仅只能仰仗一个李鸿章，中国还能有希望吗？

西方有一句哲言讲道：时势会造就英雄，英雄也会创造时势。像李鸿章这样的人，我不能说他不是英雄。即使这样，他也是被时势造就的英雄，而不是创造时势的英雄。时势所造就的英雄，是平常的英雄。天地如此广阔，历史如此久远，哪个时代会没有时势呢？因此，阅读一部二十四史，像李鸿章这样的英雄人物实在是太多了。但是能够造就时势的英雄，却是千载难逢的。这就是我们中国的历史，因循守旧，毫无创新可言，最终也不能够大放异彩进而震撼世界。我写这本书，这样的感叹始终萦绕于心。

史学家们在评论霍光的时候，通常会痛惜他不学无术。我认为李鸿章之所以不能被称作是非同寻常的英雄，也是因为这四个字的缘故。李鸿章不理解国民的原理，不通晓世界的发展大势，不知道政治的本质，身处在十九世纪这样一个竞争发展的时代，却只做一些小修小补的改良，谋求一时的安稳，不去想着增强国民的实力，将国家建设成为强盛的国度，仅仅只是谋得了西方的一点儿皮毛，只知取水而忘记去寻找源头所在，就洋洋得意，不思进取了。甚至靠着那点儿小聪明，想要和地球上著名的大政治家去相抗衡，出让大的利益，而去争取蝇头小利，不是（李鸿章）不鞠躬尽瘁，可是这样做又有什么用呢？孟子说道：在尊长者面前大吃猛喝，却讲求不要用牙齿啃于肉，这就叫做不知道什么是最重要的事物。这句话言之有理啊！李鸿章晚年的诸多失败，都源于此。即使这样，这也不足以加深对他的指责。李鸿章本来就不是能够创造时势的人，平凡的人生在一个社会之中，都会被这个社会几千年来所形成的思想、习俗等所困扰，不能挣脱出来。李鸿章不是生在欧洲而是生在中国，不是生在当下而是生在几十年之前，在他之前出生以及和他同时代出生的人，没有一个能够造就时势的英雄来引导和帮助他，但是在当时环境之下所培养的任务，也只能如此了，因此不能把责任都追究到李鸿章身上。况且他的遭遇，也和他胸中的抱负不能得以施展有关吧？因此我才会说：敬重李鸿章的才学，惋惜李鸿章见识的浅薄，可怜李鸿章的遭遇。但是在这之后那些沿袭李鸿章的旧路而有所作为的人呢？他们身处的时势已经发生了变化，而让他成为英雄的条件也已经发生了变化，这些人千万不要再用我为李鸿章开脱的话来进行自我宽慰了。

# 第二章 李鸿章所处的历史位置

## 一、中国历史和李鸿章的关系

想要去评论李鸿章，那么对于李鸿章所身处的国家和所生活的时代，这两件事都不能不加以探查。

第一，李鸿章所身处的国家，是几千年来君主专制的国家，也正好是君主专制的政体发展完善，到达顶点、鼎盛的时代。

第二，李鸿章所生活的国家，是满洲人入主中原建立的政权，并且是满汉杂居已经很长时间，汉人的权利意识逐渐觉醒的时代。

评论的人动辄便反驳道："李鸿章是近代中国历史上的权臣。"我不知道那些评论的人嘴上所谓的权臣究竟如何界定。即使这样，如果将李鸿章与两汉时的霍光、曹操，明朝时的张居正相对比，和近代以来欧美国家以及日本这些所谓的立宪君主国的大臣相比，那么李鸿章的权力与他们是迥然不同的。假如李鸿章确实是一位权臣，看看中国古代历史上的权臣，独断专权，作威作福，挟持君王，天下人都惧怕他，威胁到了江山社稷。但是李鸿章却为国家忠直谏诤，无欲无求，这也可以称得上是纯粹的人臣了。假如李鸿章确实是一位权臣，看看近代历史上各国的权臣，雷厉风行，改革弊政，随心施行，不用回避他人的怨恨和责难。但是反观李鸿章却是因循守旧，畏首畏尾，毫无成过可言，这也可以称之为是平庸的人臣了。即使这样，李鸿章所处的国家和时代，还是和那些人有不一样的地方，我试着和读者们一起洞察、研究，古今上下，逐一加以分析评论。

中国是一个君主专制的国家，这是被天下人所知晓的。即使这样，它的君主专制政体，也是遵循发展进化的客观规律的，渐渐地发展，到了现如今这个时代才臻于完善，因此，权臣们的权力，到了现如今也被剥夺殆尽了。追溯到春秋战国时代，鲁国的三桓（卿大夫孟孙氏、叔孙氏和季孙氏），晋国的六卿（赵氏、韩氏、魏氏、智氏、中行氏、范氏），齐国的陈、田，都是千百年来权臣中首屈一指的人物。那时候是纯粹的贵族政体，大臣对于国家来讲，是经过精挑细选的。树枝太强了会损伤到树干，这是必然的。从两汉开始，天下大一统，中央集权的政体，渐渐地发展起来，但是（那时）它的根基还不算牢固，因此外戚的祸害特别的严重。霍光、邓骘、窦宪、梁冀这些人，相继出现，权势强盛，王莽也趁机篡夺了西汉的江山，此时还有贵族政治的残余。如果没有显赫的家世，是不敢有独掌大权的非分之想的。范晔在《后汉书》中评论张奂、皇甫规这些人，即使为国家立下赫赫功劳，扬名四海之内，轻易地就可以执掌江山，但是仍然对皇帝恭恭敬敬，却没有一丝的反悔之意。这都要归功于儒家思想，理当如此。然而这也是由于贵族掌权的风气还没有衰亡，所以不是贵族出身的人不敢心怀异志。这是第一种权臣类型。从董卓之后，诸侯、豪杰之士蜂拥而出，曹操趁机窃取大权，凭借武力而成为权臣就是从曹操开始的。自此之后，司马懿、桓温、刘裕、萧衍、陈霸先、高欢、宇文泰这些人，都遵循这样的轨迹（而成为权臣）。这是第二种权臣类型。又例如秦国的商鞅、汉代的霍光、诸葛亮，宋代的王安石，明代的张居正等等，他们都是普通百姓出身，没有什么可以仰仗，凭借才学获取君主的信任，委以重任，抱负得以施行，全国上下都遵从他们的命令；权倾一时，差不多和近代君主立宪国家的首相一样了。这是第三种权臣类型。最低下的是那些巧言令色，谄媚君王，窃取国事大权，荼毒百姓的人，例如秦朝的赵高，汉代的十常侍，唐朝的卢杞、李林甫，宋代的蔡京、秦桧、韩侂胄，明代的刘瑾、魏忠贤，不可胜计。这是第四种权臣类型。以上四种类型，中国几千年历史上所说的权臣，大致都包含在内了。

简而言之，越是久远的时代，权臣就越多，越是相近的时代，权臣越少，这是什么缘故呢？大概是权臣势力的此消彼长，与君主专制政体的发展呈现出一定的比例关系吧。中国君主专制政治的发展完善，它的原动力大致有两个：一是传统思想的潜移默化，二是杰出君王的布局谋划。孔子看到周朝末年贵族专权所带来的弊病，想要通过塑造一位雄才大略的君王来安定天下，因此在贵族专权十分猖獗的时代，他著书立说，加以教育引导，反复地强调他的学说。汉朝兴起之后，叔孙通、公孙弘这些人，粉饰和利用儒家学说来为君王树立威信。汉武帝时期，“罢黜百家，独尊儒术”，专门对儒家学说加以弘扬，以此来教化百姓，君臣、君民之间的等级关系更加地凸显，这时天下人才明白权臣政治是应该加以诟病的。此后的两千年里，将儒家学说当作是教化百姓的核心要义，宋代的贤达之人对儒家学说大肆地宣扬，使它的基础更加稳定。大凡是上流社会的人士，洁身自好的人士，没有不虚心研究、奉行的。道义既然已经深入人心，自然而然就能消解那些野心和飞扬跋扈的气焰，将人们束缚在礼教道义的范围之内，规范自身的行为。例如东汉末年的武侯诸葛亮，唐朝的汾阳王郭子仪，以及近代以来的曾国藩、左宗棠以及李鸿章，他们都是深受这种思想熏陶的人。再加上历代的君王，借鉴国家兴衰存亡的缘由，寻求挽救危局的方法，手段逐渐的高明严密，因此贵族执掌大权的现象，到了汉朝末年消失殆尽了。汉光武帝刘秀、宋太祖赵匡胤对待有功之臣，通过给予优厚的待遇而削去他们的兵权；汉高祖刘邦、明太祖朱元璋对待有功之臣，稍有嫌疑，就满门诛杀。虽然他们的方法和宽忍程度不一，但是通过削弱大臣的权力来强化自身地位的目的是一致的。到了近代，国家一概实行郡县制，土地世袭的制度也被取消，中央和地方互相牵制，这种情况下，君王的权力就得以强化。即使是身居宰相职位十年的人，即使是拥有广阔土地的封疆大吏，只要君王颁布一道诏书，就可以被解除官位，被小吏押解伏法，和普通人没什么差别，因此那些身居要位的官员几乎都不能幸免，只能小心谨慎行事来保全性命和名节。难道他们的本性比古代的权臣们善良吗？也是形势让他们不得不这样啊！由于这两个缘故，因此那些残暴狡诈的人不得不有所收敛，不敢大肆地胡作非为，国家也借此得以太平一些。至于那些洁身自好的人，经常怀有戒备之心，不想置身于被怀疑的境地，即使遇有国家大事，明知自己应该据理力争，挺身而出，却也不敢力排众议而违背君王的旨意。谚语讲道“做一天和尚撞一天钟”，满朝的官员，都谨守这条规矩，这不是一朝一夕的事情了，而是随着时间逐渐形成的。

## 二、清朝历史和李鸿章的关系

到了清朝的时候，又增加了一个特别重要的原因。清朝原是居住在中国东北部的一个部落，逐步发展壮大，入主中原，建立政权，以数十万外来民族的身份来统治数亿的原住居民，不可能不产生“非我族类其心必异”的念头，情势必然如此。自从在云南、福建、广东地区设置了三藩之后，册封降将而允许自辟僚属，造成了尾大不掉的情况，君王竭尽全力最终克服了这个弊端，随后权威才开始统一于中央，因此两百多年来，只有满族官员才出现过权臣，而汉族官员从来没有出现过权臣。像鳌拜、和珅、肃顺、端华这些人，几乎能够和前代的权臣相比肩的，都是满人。除了入主中原的开国战争，以后历次的战争，例如平三藩，平准噶尔，平青海，平回部，平哈萨克、布鲁特、敖罕、巴达克、爱乌罕，平西藏廓尔喀，平大小金川，平苗，平白莲教、天理教，平喀什噶尔，出征十多次，派出的都是八旗兵，让亲王、贝勒或是满族的大臣来统帅。若是在平时，不管是内阁大臣还是封疆大吏，汉人都只是充数而已，对于政事无权过问。例如顺治、康熙时期的洪承畴，雍正、乾隆时期的张廷玉，他们即使身居显赫之职，颇有威望，然而实际上也仅仅只是一弄臣罢了。其他的百官，更是微不足道了。因此，在咸丰帝之前，将相这样的要职，汉人是从来没有担任过的（做将帅的偶尔有一两个，也是汉军旗人）。等到爆发太平天国起义的时候，赛尚阿和琦善都是以大学士的身份担任钦差大臣，率领八旗官兵去讨伐，多次贻误战机，让太平天国发展壮大，到了这个时候朝廷才明白八旗军是不堪重用的，汉人从这个时候才真正开始被起用。因此太平天国起义，实际上是满、汉之间权力此消彼长的开始。等到曾国藩、胡林翼等人从两湖地区发迹，成为平定江南的中坚力量时，清廷却仍然任命官文以大学士的身份担任钦差大臣。那个时候，清廷虽然不得不依仗汉人，但是怎么可能突然就对汉人充分信任委以重任呢？曾国藩和胡林翼竭尽全力讨好官文，每当遇有军政要事需要上奏朝廷时，必定是要推官文作为首署，立下军功的则归功于官文，报捷的奏章需经官文首肯之后才发出。这种谦逊的行为固然可敬，但是这其中的苦心也让人觉得可怜。从《曾文正公全集》中可以看到，自从攻陷太平天国首都南京以后，曾国藩总是战战兢兢，如芒在背。曾国藩才学修养深厚、老道，他都尚且如此，更何况是自认为实力不能与曾国藩相提并论的李鸿章呢？因此我说：李鸿章的地位，与两汉时期的霍光、曹操，明朝时期的张居正，与近代以来欧美、日本这些所谓立宪君主国的首相相比，他们是迥然不同的，是情势造成了这样的局面。

况且要去评论李鸿章的地位，更不得不去了解中国的官制。李鸿章历任的官职包括大学士、北洋大臣、总理衙门大臣、商务大臣、江苏巡抚、湖广总督、两江总督、两广总督、直隶总督。从表面上看，也可以称得上是位极人臣。即使这样，清朝从雍正皇帝以来，政府的实权掌握在军机大臣手中（从同治皇帝以后，地方总督、巡抚的权力虽然逐渐强盛，但是也是因人而异，不能一概而论）。因此，一个国家在政治上的功与过，军机大臣是要负大部分责任的。虽然李鸿章担任总督、巡抚，与那些平常的总督、巡抚是不一样的，如果要将近四十年来政治上的过失，全部归咎到李鸿章一人身上，那么李鸿章固然有不可推卸的理由。列举同治中兴以来军机大臣中有实力的人，如下所示：

| | | |
|---|---|---|
| 第一 | 文祥、沈桂芬时代 | 同治初年 |
| 第二 | 李鸿藻、翁同龢时代 | 同治末年及光绪初年 |
| 第三 | 孙毓汶、徐用仪时代 | 光绪十年至光绪廿一年 |
| 第四 | 李鸿藻、翁同龢时代 | 光绪二十一年至光绪二十四年 |
| 第五 | 刚毅、荣禄时代 | 光绪二十四年至光绪二十七年 |

从这张表中可以看到满、汉之间权力此消彼长的态势。在爆发太平天国和捻军起义之前，汉人没有真正掌权执政的人。文祥举荐的沈桂芬，实际上是汉人掌权执政的发端。在这之后李鸿藻、翁同龢传递给孙毓汶、徐用仪两位尚书，他们的贤愚与

否尚且不去谈论，总而言之从同治以后，不仅仅是封疆大吏中汉人占了一大半，就是内阁中枢这样的要职，汉人的实力也在迅速地增强。从光绪二十四年（1898年）八月以后，形势又发生了变化，这里面的情况，说来话长，和这本书的主旨也不相关，不再去具体叙述了。

由此便可了解几十年来与李鸿章共事的人了。这些人的才能如何尚且不去细加评论，但是他们都不是与李鸿章同心同力、同见识、同主义的人。李鸿章对俾斯麦所说的那些话，说的就是这个。况且在这里军机大臣当中还有一些只会谄媚逢迎的人，这就是我之所以替李鸿章感到悲哀的原因。我说这番话，不是有意要去袒护李鸿章，为他开脱。即便是李鸿章确实手握实权，能够施展他的抱负，我也能肯定他所能取得的成就也不会远远超过现在。为什么呢？因为李鸿章本身就是没有真才实学的人。况且假如李鸿章真的是豪杰之士，那么凭借他所居的位置，怎么不可以取得更高的成就，广泛培植自身的势力，将他的政策施行于天下呢？格莱斯顿、俾斯麦那些人，难道他们面前就没有阻力了吗？因此，想要为李鸿章辩护也是不容易的。即使这样，如果将清朝政治上的过失都归咎于李鸿章一人身上，李鸿章是不值得去同情，但是那些掌权误国的内阁大臣，反而得以逃脱罪责，我中国四亿同胞中那些放弃国民责任的人，也将不会意识到自己的罪责。这是我所了解到的李鸿章的处境，因此不得不替他辩护一下。李鸿章的功与过，以及他的为人，将在后面加以论说。

# 第三章 李鸿章未发达以前及当时中国的形势

## 一、李鸿章的家世

李鸿章，字渐甫，号少荃，安徽庐州府合肥县人。父亲名叫李进文，母亲沈氏，生有四个儿子，李瀚章做官做到两广总督，李鹤章和李昭庆，都参军并立下战功。李鸿章是家中的老二。出生于道光三年（1823年）正月初五，幼年的时候在平常的私塾老师那里受教学习，准备科举考试，二十五岁那年，考中进士，在道光二十七年（1847年）进入到翰林院。

## 二、欧洲势力东扩

李鸿章刚出生的时候，正好是法国大革命浪潮平息之时，绝世英雄拿破仑，被流放于孤岛（译者注：圣赫勒拿岛）而身死。西欧大陆上的战乱动荡已经平定，列强之间不再相互侵略，都在积蓄力量，将目光转移到了东方。自此几千年来统一的古老中国，陷入了多灾多难的境地。伊犁划分界限的条约，同沙皇俄国在北疆产生了矛盾冲突；鸦片战争发生，英国人在广东挑开战端。在这个多事之秋的时代，也正是国家需要人才的时候。

再加上瓦特发明了蒸汽机，艨艟战舰，劈波斩浪，驰骋万里，世界各国之间被迅速地拉近；苏伊士运河开凿完成，东西方之间相距更近，西方势力扩展到东方，汹涌澎湃，像狂飙的骏马，像怒吼的巨潮，击石拍岸，吞天吐日，势不可挡；想要去抵抗也是徒劳的。自从李鸿章出生以后，也实际上正是中国开始与世界产生联系的时代，也是中国与世界各国交涉最为艰难的时代。

## 三、中国内乱的发生

反观中国国内的社会现实，从乾隆以后，中国由盛转衰，民生凋敝，官员日益蛮横，国内祸事连连。乾隆六十年（1795年），就爆发了湖南、贵州地区的红苗叛乱，嘉庆元年（1796年），白莲教起义，发展蔓延到了川陕五省，前前后后花了九年时间，消耗军费白银两亿两，也仅仅是控制住了局势。与此同时，海盗蔡牵等人，盘踞在安南（今越南），经常袭扰两广、福建、浙江等地，大肆地烧杀抢掠，到了嘉庆十五年（1810年）的时候，才得以平定。随即又爆发了天理教李文成、林清等人的祸乱，袭扰山东、直隶两地，陕西也传来了箱工起义的警报。道光年间又爆发了回族张格尔的叛乱，边疆地区发生骚乱，朝廷派出军队大举讨伐，整整七年才得以平定。在嘉庆、道光年间，国家日益凋敝，民心很是骚动不安，但是朝中那些醉生梦死之人，仍然还如以前一样粉饰太平盛世，依旧歌舞升平，底层民众过着水深火热的日子，都不曾报知君主，那些有见识的人因此而稍感忧虑。

纵观中国几千年来的历史，是一部流血的历史，那些所谓的人才，都是杀人的人才。纵观古往今来的发展轨迹，只有在乱世的时候才会出现英雄，在太平盛世是不会有英雄出现的。历史发展到道光、咸丰末年之时，那些称之为英雄的人，才开始磨刀霍霍，等待时机干一番大事。自国家政权建立以来，从来没有百姓参与国事的先例，百姓被政府官员欺压、逼迫，被暴政凌虐，无处可以伸冤，百姓所能用以抵抗的手段，只有两种：轻者就罢市，重者就揭竿而起，这也是被情势逼迫的无奈之举。至于受命于天而改朝换代，百姓也将其视作是寻常的事情，这就是成王败寇的道理。汉高祖刘邦、明太祖朱元璋，都是无赖出身，现在是盗贼，第二天却成了君王，只会去推崇强者，其他的都不值得一提。这样的风俗和民心，因此历朝历代那些揭竿而起的事情，在史料中不曾断绝。在这其中所出现的百十年的和平，也只不过是在经历了前一次的战乱杀戮之后，民众都厌恶战乱，并且人口减少，谋生相比之前更加容易，或者是君王、宰相治理下属有方，通过施行小恩小惠争取民心，对国家政事进行小修小补，谋得一时的安宁罢了。实际上国内导致祸乱发生的根源，从来不曾断绝，稍微有机可乘，就会重新发起。因此，几千年来的历史，实际上是用鲜血造就的，是用肝脑涂抹的，这是不容置疑和掩饰的。清朝既然可以在关外崛起，入主中原建立政权，根据我们汉人妄自尊大和对其他民族的蔑视之心，自然是不能不有所芥蒂，心中苦恼的。因此，在明朝灭亡之后，明朝遗民就出现秘密结社，企图恢复明朝政权的行为，两百年来从没有断绝，势力蔓延到内地十八个行省，到处都是。之前虽然多次的煽动，但是由于圣明的君王相继出现，所以没有得逞，积压久了，必然是要爆发的。到了道光、咸丰以后，官员平庸、顽劣，不足为惧，且日益明显，再加上国力凋敝，弊政频出，各种各样的国耻也相继发生，那些一腔热血的人想要一扫颓势，创立新制，那些心思狡诈之人也想趁机发难，实现自己的野心，这是情势发展的必然结果。于是当世英雄洪秀全、杨秀清、李秀成，借机而出；当世英雄曾国藩、左宗棠、李鸿章等人，也借此登上历史舞台。

## 四、李鸿章和曾国藩的关系

李鸿章最初是以优贡生的身份客居在京城，凭借文学而被曾国藩赏识，拜曾国藩为师，朝夕相随，学习儒家义理和经世济民之学。李鸿章一生的学术造诣都得益于这段时间的学习。等到进入翰林院，不到三年的时间就爆发了太平天国起义，洪秀全以一个平民的身份在广西揭竿而起，仅用两年的时间，就占领了半个中国；东南沿海的重要城市也都相继被攻陷，朝廷的统治土崩瓦解，情势岌岌可危。此时，李鸿章刚好在安徽老家，协助安徽巡抚福济和工部侍郎吕贤基处理军务。此时庐州已经沦陷，太平军分别占据附近的地方，已成犄角之势，福济想要收复庐州，却不能实现。李鸿章提议先攻取含山、巢县来断绝敌军的后援力量。福济于是就授予李鸿章兵权，攻克了这两个县。于是李鸿章能够带兵打仗的名声传播开来，此时是咸丰四年

(1854年)十二月。

当洪秀全攻陷武昌的时候，曾国藩以礼部侍郎之衔在老家丁忧，圣旨传达下来，要求他帮忙置办团练，曾国藩挺身而出，担起训练强兵劲旅扫除国难的重任。由此湘军就兴起了。湘军是淮军的母体。这时的八旗、绿营旧军，已经都堕落颓废成了不堪一击的寄生虫，难堪大任；军队的将校也都昏庸无能，不能恪尽职守。曾国藩洞察全局，知道除了革除弊政、更换人员，别无他法。因此，招揽天下英才，谋划全局，坚忍不拔，百折不挠，恢复国家的统治秩序，实际上是从这里开始的。

洪秀全占领了南京之后，骄横之气逐渐出现，内部自相残杀，已经极其腐败了。如果此时官兵之中能够有得力的干将，那么荡平太平天国只是举手之劳。可是官军中骄横腐败的程度比敌人还要严重。咸丰六年(1856年)，向荣所统帅的江南大营第一次溃败；咸丰十年(1860年)，和春、张国樑统帅的江南大营再次溃败，造成江苏、浙江等地相继沦陷，太平军的气焰比最初时更加嚣张。再加上咸丰七年(1857年)以来，清政府和英国又产生冲突，张国樑、和春阵亡的时候，也正是英法联军攻入北京城、火烧圆明园的日子。天灾人祸，交叠而至，至此已经传位十代的大清王朝，情势已经十分危险了。

曾国藩虽然已经带兵十年，但是所负责的也仅仅是长江上游的政事，这可能是由于曾国藩深谋远虑、不求速成，脚踏实地，步步为营的策略，也可能是由于朝廷不能委任专人，事权不能统一，曾国藩不能尽情地施展抱负。等到江南大营再次溃败的时候，朝廷才明白除了湘军之外，再没有可以仰仗的力量了。咸丰十年（1860年）四月，朝廷委任曾国藩为两江总督，随即又授予实权，被授予钦差大臣之职，统领操办江南的军政要事，由此开始，江南的兵权和财权才开始集中到曾国藩一人手中，他才得以和左宗棠、李鸿章等人，齐心协力谋划苏州、安徽、江苏、浙江等地的战事，全局在这时才开始出现转机。

李鸿章在福济做幕僚的时候，福济曾经上疏推荐他做道员，但是由于郑魁士的阻挠，最终没能成功。当时谣言四起，毁谤不断，这让李鸿章几乎无法在老家立足。后来，虽然被授予福建延邵建遗道员，也只是个虚名罢了，没有职责可言。到了咸丰八年（1858年），曾国藩移师到建昌，李鸿章前来拜见，就留在曾国藩手下做幕僚。咸丰九年（1859年）五月，曾国藩派遣到抚州的四个旧部湘军新招募了五个营，让弟弟曾国荃统领他们，赶赴景德镇协助剿贼，同时派李鸿章作为参谋一同前往。江西地区的太平军被消除之后，李鸿章又在曾国藩军营中跟随了两年多。咸丰十年（1860年），曾国藩就任两江总督，商议兴办淮扬水师，请旨任命李鸿章担任江北司道，没能成功；再次推荐李鸿章担任两淮运使，奏章到达京城的时候，恰逢咸丰帝避难于承德，又不了了之了。此时李鸿章已经三十八岁，怀才不遇，十分郁闷，像古人一样拍腿慨叹，半生已过，自认为命运不济，不再去谈论功名利禄。唉！这是上天赐予李鸿章的磨难呢？还是上天赐予李鸿章的恩宠呢？让他不能尽情施展抱负，颠沛流离十多年，是在磨炼他的气量，丰富他的才识，为将来担当大任做铺垫。跟随曾国藩在军中共事多年，也是李鸿章进行磨炼最有得力的实验学校，这让李鸿章都终身受用。

# 第四章 军事家李鸿章（上）

## 一、李鸿章发迹与淮军成立

秦朝末年，天下战乱纷争，豪杰之士纷纷涌现，等到项羽称霸之后，韩信才开始出现；东汉末年，天下战乱纷争，豪杰之士纷纷涌现，等到曹操称霸之后，诸葛亮才开始出现。自古至今那些大伟人，他们的进退升降，上天也似乎是在有意加以控制，必定是要等待时机成熟，如同拉满弓才射出箭一般，没有什么力量在驱使着他们，又好像有什么力量在驱使着他们。康乐公谢灵运曾说道："各位虽然在我之前降生，但是成佛必在我之后。"我看那些同光中兴时期的大臣当中，成名就数李鸿章最迟，但是要论声望最高，掌权最久还是要数李鸿章。机遇布满天下，时势造就英雄，因此李鸿章是时代的宠儿。

## 二、官兵衰弱与粮饷匮乏　江浙两省得失的关系

在咸丰六年（1856年）和咸丰七年（1857年）相交之际，太平天国的声势达到了顶峰，国家军队中的腐败也更加严重。政事动荡不定，各地的统帅之间相互猜疑，再加上军需物资短缺，

国库空虚，只能靠各省自己筹措粮饷开支，零零碎碎，东拼西凑，来解决当务之急。这个时候，即使有忠臣良才，也不能迅速地有所建树，这其中的道理很明了。因此，万般无奈之下有人提议，让欧美国家的军队来协助镇压。

洪秀全、杨秀清等人占据南京之后，到处劫掠，内地十八个行省，没有一寸土地得以安宁，前后经过了十年，都不能平定。清王朝的懦弱无能，已经暴露在世人面前。因此，那些在上海的英国领事和富商，并不把洪秀全看作是乱贼，而是将他看作为欧洲各国那些为民权而斗争的革命人士一般，通过友好的方式与他交流、对待，有时还会给他提供武器、弹药和粮食。随后，洪秀全骄奢淫逸，妄自尊大，内部互相残杀，政事荒废，一天比一天严重。欧美国家有见识的人，洞察洪秀全的所作所为，知道他所讲的太平天国，所讲的四海之内皆兄弟，所讲的和谐博爱，所讲的自由平等，都只不过是披着虚假的外衣，他的本质实际上和中国历朝历代的那些流寇、强贼没有什么区别。因而断定洪秀全不能成就大事。英国、法国、美国等国，都改变了原本对待太平天国的方针政策，都想要替清王朝出兵，协助镇压叛乱。各国将这种想法请示告知了清廷，这是咸丰十年（1860年）的事。沙皇俄国也想派遣海军的小型舰队，运载若干的士兵，逆江而上协助剿匪，沙俄公使伊格那季耶夫面见恭亲王奕訢表达了沙俄方面的想法。

按语：欧美各国，此时正与中国刚刚开始通商，一定是不想让中国出现动荡战乱。因此，在两方势力相持，经过多年不分胜负的时候，他们一定想要去帮助一方以便迅速地平定战乱。但是清王朝腐败无能，洋人对其厌倦、忌惮已久，必然会对太平天国多一丝希望，也是情势决定的。那时欧美各国无论支持哪一方（清王朝和太平天国），那这一方就会获胜，胜败的机遇转瞬即逝。假如洪秀全真的有雄才大略，远见卓识。对内改革弊政，对外进行良好的交涉，迅速和欧美各国签订合约通商，并凭借欧美各国的实力平定中原，事态的发展就不得而知了。可是洪秀全却没有这样的觉悟，内部腐朽不堪，外部与欧美各国失和，树敌太多，最终被剿灭，不也是形势发展的必然吗？李鸿章等人的功名业绩，也是在这时造就的。

## 三、常胜军的崛起

此时英法联军攻破了北京，咸丰帝避难于热河。虽然议和的事已经确定，但是猜忌依然存在。因此恭亲王对于借洋人军队来协助剿匪的决议，不敢擅自决断，一方面向咸丰帝请示，一方面又向江南、江北的钦差大臣曾国藩、袁甲三以及江苏巡抚薛焕、浙江巡抚王有龄等询问，让他们都陈述自己的想法。当时对此事极力反对，说有百害而无一利的人，只有江北钦差大臣袁甲三（袁世凯之父）。薛焕虽然觉得借用洋人的士兵不可行，但是建议雇佣印度兵来守卫上海以及附近的地方，并聘请美国将官华尔、白齐文担任队长。曾国藩多次上奏，意思也和薛焕差不多，说此时中国极其凋敝，洋人有意相助，不可驳了他们的面子。因此应该好言答谢他们协助剿匪的美意，暂缓他们出兵来华的时日，另一方面，利用外国的将官，来获取剿匪的成效。清政府答应了这个建议，谢绝了洋人协助剿匪的提议，任命曾国藩负责聘请洋人教官训练新式军队的事务，这实际上也是“常胜军”的开端。李鸿章后来得以建立功业的起始，与此事也大有关联。

华尔，美国纽约人，在美国陆军学校完成学业后，成为将官，后因为犯有小过离开美国，偷逃到了上海。咸丰十年（1860年），太平军进犯江苏，苏州、常州相继沦陷了。上海候补道杨坊，了解到华尔沉着坚韧有才学，将他推荐给布政使吴煦。吴煦向美国领事请示，赦免华尔的罪责，让他招募了数十位愿意当兵的欧美人，又增加了数百名招募到的中国人，让华尔来训练他们，守卫苏州和上海。在这之后，这支军队多次与太平军交战，常常能够以少胜多，所向无敌，因此官军和敌军都称之为“常胜军”。“常胜军”的成立，实际是在李鸿章还没有到达上海之前。

如今想要叙述李鸿章的战功，请先允许我述说李鸿章建立功业的地点和形势。

江苏和浙江两省，是中国财税的大省，失去了江苏和浙江就失去了天下。因此争夺兵家要地，没有比得上武汉的；争夺粮饷来源，没有比得上江苏和浙江的，这是那些稍微了解军事战略的人所知晓的。洪秀全因为近段时间以来各地的官兵声势大振，对官兵也不再像之前那样蔑视了，并且安庆刚刚收复（咸丰十一年八月曾国荃收复），金陵更加势单力孤，于是派遣手下将领李秀成、李世贤等人分兵袭扰江苏和浙江，以此来牵制官兵的力量。李秀成的部队锋芒极其锐利，萧山、绍兴、宁波、诸暨、杭州都接连被攻陷，浙江巡抚王有龄战死，江苏的城池，也都被李秀成袭扰攻陷，躲避战乱的人都聚集到了上海。

安庆收复之后，湘军的声望逐渐提高。先前那些与曾国藩不和的朝中大臣和封疆大吏，都已经战死或者被罢免。因此征讨剿灭太平天国的重任，全部集中到了曾国藩一人的身上。朝廷多次下诏催促曾国藩率兵东进，筹谋收复苏州、常州、杭州等沦陷的郡县，五天之内，严厉的谕旨四次下达。曾国藩于是表奏推荐左宗棠单独负责浙江地区的军政大事，江苏的绅士钱鼎铭等人，在十月坐轮船逆江而上赶赴安庆，拜见曾国藩，苦苦乞求他派兵救援，告知说淞沪地区有三个稍纵即逝的良机：第一是乡团，第二是枪船，第三是内应；有三座尚未沦陷但不能维持太久的城镇：第一是镇江，第二是湖州，第三是上海。曾国藩听后，非常地可怜他们。此时湘军粮饷匮乏，兵力单薄，左宗棠的楚军也无兵可调用，于是与李鸿章商议，打算在次年二月驰兵增援。

咸丰十一年（1861年）十一月，朝廷下达旨意，询问曾国藩关于江苏地区军队的统帅人选，曾国藩推荐李鸿章担任。并且请求酌情调拨几千军马，让李鸿章率兵东进，增援剿贼。于是李鸿章回到庐州招募淮军兵勇。到达安庆之后，曾国藩确立了营规军制，武器军械的配备，粮饷的发放数额，都效仿湘军兵勇的章程制度，也使用楚军的营规来训练淮军。最初淮南地区屡次被太平天国和捻军掳掠，百姓大受困扰，只有合肥县的有志之士张数声、张树珊兄弟，周盛波、周盛传兄弟，以及潘鼎新、刘铭传等人，从咸丰初年开始，训练民团守卫家园，构筑堡垒抵抗贼寇，因此安徽全省都已深陷战乱，只有合肥县免遭其扰。李鸿章最初招募淮军的时候，是在旧民团的基础上加以训练，张数声、张树珊兄弟，周盛波、周盛传兄弟，潘鼎新、刘铭传都遵从他的指挥。安徽人程学启，之前在曾国荃手下做事，官至参将一职，智勇双全，曾国藩特意选拔他，让他跟随李鸿章，在这之后，程学启靠着英勇善战而名噪一时。又因为淮军刚刚成立，曾国藩就调拨了若干营湘军作为补充，特意在湘军将领中挑选一健将作为统帅，听命于李鸿章的帐前，这个人就是郭松林。因此，淮军中的名将当数程学启、郭松林、刘铭传、潘鼎新、张数声、张树珊，周盛波、周盛传。

同治元年（1862年）二月，淮军成立，总计八千人，计划顺江而下，从太平军的营垒边冲过去驰援镇江，计划最终没能制定。二月二十八日，上海的官绅筹措白银十八万两，雇用轮船七艘，前往安庆迎接淮军。于是商定分三次负载兵士前往上海。三月三十日，李鸿章的淮军全部到达上海，接到圣旨署理江苏巡抚，以命薛焕为通商大臣，专门负责办理外交事宜（薛焕为原任江苏巡抚）。

这时“常胜军”的建制还没有齐整完备。华尔以一位外籍军官的身份，统帅五百人，守卫松江。这年正月，太平军一万多人进犯松江，将华尔重重包围，华尔奋力应战大破敌军。等到李鸿章到达上海，华尔的军队划归李鸿章指挥，又招募了强壮的兵勇来补充，让华尔加以训练，他们的兵勇粮饷，比起湘军和淮军来更加丰厚。从此之后"常胜军"的使用更加得力了。

松江府，位于江苏、浙江交接的地方，是提督驻扎的地方，也是江苏的要冲所在。太平军猛烈围攻松江，李鸿章就派遣"常胜军"与英法军队汇合（当时英法两国有驻防的兵士若干，专门驻守在上海保护自己的租界地），进攻松江南部的金山卫和奉贤县；淮军的程学启、刘铭传、郭松林、潘鼎新等将官，进攻松江东南部的南汇县。太平军奋力迎击，英法军队兵力不支而撤退，嘉定县又失守了，太平军想要乘胜逼近上海，程学启率兵阻击，大败太平军，于是收复了川沙厅。但是太平军气势仍然强劲不屈，用一支部队围住松江、青浦，用一支军队驻扎在广福塘桥，聚集在泗滨窥视新桥。五月，程学启孤军驻守新桥，来抵挡太平军的强攻，一连数日被围攻，情势十分危急。李鸿章听说之后，自己率军驰援，和太平军在徐家汇遭遇，经过激战，大破敌军。程学启从兵营中远远地望到李鸿章的帅旗，马上出兵两面夹击太平军，取得大胜，斩杀三千多人，俘获四百多人，投降的有一千多人。驻守在松江府外围的太平军，听到这个战报都非常震惊，急忙率军向北逃窜，围困被解除，于是上海解除戒严。

淮军刚到上海的时候，洋人看到他们衣帽简陋，在背地里嘲笑他们。李鸿章慢慢地对身边人讲道："军队的好坏，难道在于衣冠服饰吗？等他们见到我们的实力之后，自然而然就会有定论了。"等到欧美人看到淮军将士的英勇，纪律严整有序，没有不改姿态，肃然起敬的；与此同时，在淮军部下的常胜军，也都开始欣然接受李鸿章的管制了。

此时，曾国藩独力承担起讨伐太平军的大任，责任艰巨，没人可以代劳，也没人可以干涉、阻滞。于是就派遣李鸿章负责江苏，左宗棠负责浙江，曾国荃负责南京。南京是太平天国的老巢，南京和江苏、浙江两省，互成犄角才能形成强大的势力。因此，不剿灭江苏的太平军，那么围困南京就不能实现；不围攻太平军的老巢南京，那么江苏剿灭太平军的意图也不会达到。在淮军前往上海的时候，曾国荃和杨载福（后改名为杨岳斌）、彭玉麟等人，谋划通过水陆并进来攻陷太平军在长江南北两岸的堡垒。

四月，曾国荃从太平府沿江而下，攻陷了金柱关、东梁山、秣陵关、三汊河、江心洲、蒲包洲。五月，进军驻扎在南京城外的雨花台。此时也恰好是李鸿章解除松江之围的月份。因此在评论此战的功绩时，应该明白湘军能够攻克南京歼灭大敌并非曾国荃一人的功劳，实际上是因为李鸿章斩断了太平军的外围势力，使太平军的粮饷、兵力，形成了孤立的态势，由此太平军就不得不坐以待毙了。淮军能够剿灭江苏的贼患，也不是李鸿章一人的功劳，实际上是因为曾国荃直捣太平军的老巢，让太平军的将帅、兵士有了后顾之忧，兵锋也不得不有所收敛。苏轼曾写道："江山如画，一时多少豪杰。"同治元年、二年，也是中国出现这样的景象的时候。

## 四、劲敌：李鸿章与李秀成

李秀成，是李鸿章的一个劲敌，也是太平军中的后起之秀。洪秀全最初崛起的时候，他的团伙中杰出的首领包括东王杨秀清、南王冯云山、西王萧朝贵、北王韦昌辉、翼王石达开，当时被称作是“五王”。不久之后，冯云山和萧朝贵在湖南战死；杨秀清和韦昌辉在南京争权夺利，自相残杀；石达开独有雄心壮志，不安于现状，别树一帜，在湖南、江西、广西、贵州、四川等省转战，自此“五王”都不存在了。咸丰四年、五年之间，官兵最为萎靡不振的时候也恰恰是太平军日渐低落的时候。李秀成是兵卒出身，身份低微，太平天国在南京割据的时候，李秀成也仅仅是杨秀清帐前的一个侍役的小卒。但是他最是聪明机敏，富有谋略，胆气过人，因此在太平天国晚期，能够凭借残余的势力而力挽狂澜，让官军疲于奔波，过了六七年才得以平定叛乱，都是李秀成和陈玉成二人的力量使然。陈玉成在长江上游地区纵横驰骋，在河南、安徽、湖南、湖北地区掀起风浪，李秀成在长江下游地区出没，在苏州、杭州、常州、扬州等地激起波涛。等到陈玉成战死之后，洪秀全所能仰仗的人，只剩下李秀成一人了。李秀成既智勇过人，又宽容大度，对部下十分的仁慈，颇得军心，因此，即使安庆收复了，但长江下游地区的情势依然很不乐观。自从曾国荃的军队包围了雨花台之后，在江苏各地和南京的各个大小战役，让李鸿章和曾国荃耗费心机，付出巨大代价，仅仅获得表面上胜利的荣誉，原因仅仅就是李秀成的存在。因此，在谈论李鸿章的时候，不能不去了解李秀成。

## 五、淮军平吴之功

李鸿章自从南汇一战之后，根基日益牢固，想要和南京的官军相互策应来牵制太平军的势力，制定出了进攻的策略。这一年七月，让程学启、郭松林等人率军进攻青浦县城，顺利攻克，并且调派其他的军队承载汽船渡海进攻浙江绍兴府的余姚县，也顺利攻克。八月，李秀成派谭绍光率领十万余人进犯北新泾（江苏地名，距离上海仅有数里）。刘铭传请命率军击溃敌军，太平军于是退守苏州。

这一月，淮军和“常胜军”一起进入浙江，进攻慈溪县，顺利攻克。这一战，“常胜军”统帅华尔奋勇杀敌，胸部中弹贯穿而死，临死之前要求身穿中国衣服入殓下葬。美国人白齐文代替华尔掌管“常胜军”。

当年夏秋交替之际，江南地区瘟疫横行，官兵之中死去很多人。李秀成抓住这个机遇，想要解除南京的围困，于是在闰八月的时候挑选苏州、常州的精兵强将十万余人奔赴南京，包围了曾国荃的大营，用数十门的西洋大炮连续轰击了十五个昼夜，官兵殊死搏斗，气势不曾受挫。九月，李秀成再次派遣李世贤从浙江率领十多万人马合围南京，进攻更加猛烈。曾国藩听到军情通报之后，十分担心，急忙从其他地方征调援军。但是此时浙江和江北各地的官军，都各自有自己所要承担的责任，不能赶去支援。这一战，是开战以来双方交战最惨烈的一次。当时，太平军二十多万人，而官兵陷于重重包围的人数不到三万人，并且将士病死、战死和负伤的已有大半。但是曾国荃与将士们同甘苦，共患难，相亲相爱如同家人和父子，因此三军将士都愿意以死效劳，才得以抵抗十倍于己的太平军并且最终获胜。李秀成不能攻克官军，又因为江苏地区官军的气势日渐振奋，担心江苏丢失而南京也不能独自保全，到了十月，就率军离去，雨花台的合围就此解除。

按语：此战过后，洪秀全大势已去。在坚固的城池下驻军，这是兵家大忌。向荣、和春，两次都是因此而溃败，因此曾国藩借鉴他们的经验教训，非常谨慎小心。曾国荃开始屯兵雨花台的时候，曾国藩就屡次告诫他。等到此战，外部有十倍于己的强敌，内部有做困兽之斗的敌寇，官军所处的危急情势，没有比这更严重的了。但是太平军明明知道官军如此的势单力孤，伤病如此的严重，却终究不敢突入与官兵决一死战，以此来做短时间之内取得成功，终究是功亏一篑，仓促之间引军退去，致使进退失守，最终被剿灭，为什么会这样呢？大概是因为当时太平军将帅已经非常富贵，骄奢淫逸，怜惜自己的生命，因此导致这样的情形。这也是官军始料未及的。曾国藩说道：“大凡是军队最忌讳的就是士气低落。在道光、咸丰年间的时候，官军都士气低落，而此时叛军的士气高昂，到了同治初年，叛军都士气低落，而此时官军却是斗志昂扬。得与失，关键就在这里。”确实是这种道理啊。像李秀成这样的贤臣良将都不能避免的了，而像洪秀全这样的冢中枯骨，更不值得一提了。所谓“消灭六国的是六国自己，并不是秦国；消灭秦国的是秦国自己，而不是天下人。”前车之鉴，有志于天下的人，应该以此为戒。洪秀全是无赖出身，在短时间之内发迹，没用几年就占据了半个中国，不在那时乘势争取成就功业，二十偏安于南京，将它看作是安乐窝，构筑深宫大院，简直连陈涉之流都不如！死守一地，坐以待毙。因此，向荣、和春的溃败，不是洪秀全自己本身有可以保全的方法，实际上是他所遇到的对手，也都是一些和他差不多的人，因此得以苟延残喘。唉！洪秀全在此存亡安危之际，难道是天意造成的？难道是人为造成的？君子会说：是人为造成的！

又按：此战是湘军和淮军将士们立下战功的关键之战。不围困南京，就不能牵制江苏、浙江的太平军，李鸿章新建的军队也不可能迅速取胜；不进攻江苏、浙江，那么也不能解除南京地区官军的重重围困，曾国荃的疲劳困顿之师也不能保全。读者不可不关注和了解此事。

李秀成围困南京的官军，让他的副将谭绍光、陈炳文留守苏州。九月，谭绍光等人率领十多万之众，分多路从金山和太仓向东进发。淮军的各位将领前去驻防，两军交战于三江口和四江口，双方互有胜败。太平军又沿着运河设置大营，连绵几十里，在运河及支流上架设浮桥，便于相互往来，进攻黄渡，猛烈地围攻四江口的官军。九月二十二日，李鸿章派遣诸将进攻敌军的大本营。太平军强悍善战，淮军几乎不能支撑。刘铭传、郭松林，程学启等人身先士卒，挥剑奋战，官军士气大振，大败敌军，擒获、斩杀一万多人，四江口的围困就此解除。

“常胜军”统帅华尔战死，白齐文凭借副将的资格继任。白齐文的行事为人，与华尔大不相同，是狡黠奸诈之徒。当看到官军处境艰难的时候，就与李秀成暗地里交涉。十月，谋划在松江城作为内应。到上海去胁迫道台杨坊，索要巨额的军费，被拒绝后就殴打杨坊，劫掠了四万两白银逃走。事情传出之后，李鸿章大为恼怒。立即与英国领事馆进行交涉，罢免了白齐文，让他偿还所劫掠的钱财，用英国的将官戈登来替代他。“常胜军”才得以再次听命于李鸿章。此时是同治二年（1863年）二月。这实际上也是李鸿章和外国交涉办理的第一件事，他强硬的决断气势，让人大为叹服。

白齐文被罢免之后，李鸿章想要杀了他，但是被美国领事所阻拦，于是就释放了他。白齐文又归降于李秀成，担任他的参谋，多次为李秀成出谋划策，但是成效有限。劝说李秀成舍弃江苏和浙江，破坏桑茶，焚毁庐舍，然后聚集兵力相背挺进，占据中原，控制东南，这些地方都是官军的水师力所不能及的地区，可以在此成就一番大业。李秀成不听他的建议。白齐文又替太平军购买了武器军械，劫掠了汽船，获得数门新式火炮，将它们献给李秀成。因此，苏州之战，官军战死在宝带桥的有数百人。随后，在李秀成那里郁郁不得志，又前往漳州投靠贼军，最终被郭松林擒获处死。

先前的时候，曾国藩擒获太平军的一名信使，获得了洪秀全给李秀成的手谕，说湖南、湖北和江北地区，现在正是空虚之时，让李秀成统兵二十万，首先攻陷常熟，再一面攻打扬州，一面窥视安徽和湖北。曾国藩急忙遣人告知李鸿章先发制敌，告知他应该先攻取太仓州以此来袭扰常熟，牵制住李秀成，让他不能赶赴江北。李鸿章的意见与曾国藩相同。同治二年（1863年）二月，命令常熟的守将要固守待援，派遣刘铭传、潘鼎新、张树珊率领军队坐轮船赶赴福山，与太平军交战数十次都取得胜利。另外派遣程学启、李鹤章攻取太仓、昆山县来分解太平军的势力，让戈登率领“常胜军”和淮军一起进攻福山，顺利攻克，常熟的围困局面得以解除。三月，攻克收复太仓、昆山、擒获敌军七千多人，程学启的功劳最大。戈登从这时起更加敬佩程学启了。

五月，李秀成从无锡出发，和五位部将率领水陆大军数十万人企图增援江阴，占据常熟。李鸿章派遣弟弟李鹤章以及刘铭传、郭松林等人兵分几路抵御。刘铭传、郭松林与太平军的先锋部队相遇，袭击并且取得胜利。但是太平军的气势很强盛，每次战斗双方都死伤差不多。当时太平军在运河的岸边构筑起了连片的军营，北起北漍，南到张泾桥，东起陈市，西到长寿，绵延纵横六、七十里，筑起上百的堡垒，都扼守运河的险要之地，将桥梁悉数焚毁，在运河上配备了炮船，水陆之间相互策应，形势非常危急。

李鹤章与刘铭传谋划，偷偷地收集木材制造浮桥，在半夜快速渡河袭击太平军，袭破了太平军在北漍的三十二座军营。郭松林也进兵奋力拼杀，袭破了太平军在南漍的三十五座军营。周盛波的部队，袭破太平军在麦市桥的二十三座军营。太平军于是大败，死伤数万人，运河都被阻塞不能流淌，擒获太平军将官一百多人，战马五百多匹，战船二十艘，兵器、弹药、粮食若干。自此以后，顾山以西的地区再也没有太平军的踪迹了。淮军声势大振。六月，吴江地区的太平军将领望风而降。

程学启率领水陆两军一万多人，与刘铭传共谋收复苏州。袭破花泾港，招降了守将，屯军在滩亭。七月，李鸿章亲自统帅军队，攻克、收复太湖厅，军队向苏州进发，李鸿章先让刘铭传进攻江阴。太平军将领陈坤书调遣湖南、湖北、山东四股力量十万多人，协力赶来增援。李鸿章、刘铭传亲自侦探敌情，太平军的军营大小星罗棋布，西起江滨，东到山口，于是李鸿章等商定部署了进攻计划。太平军顽强抵抗，双方相持不下。不久之后，城中发生了内乱，有人打开城门向官军投降，江阴就此收复。

此时，程学启另外驻守在苏州附近，数日奋战，前前后后取得了几十次的胜利。太平军位于宝带桥、五龙桥、蠡口、黄埭、浒关、王瓜泾、十里亭、虎丘、观音庙等十多处的军营堡垒都被攻陷了。郭松林的部队，也在新塘取得了大胜，斩杀两名伪王，斩杀、击伤一万多人，夺得战船数百艘，太平军的水师由此大为衰落。李秀成痛恨流泪，不能自已。由此，淮军威名远扬。

太平军遭到大败之后，李秀成又大举进攻，企图恢复势力，让手下的部将纠集其无锡、溧阳、宜兴等地的八万余人，战船千余艘，从运河口出发，李秀成亲率数千精锐部队，占据金匮，增援苏州，相互形成掎角之势互相策应，和官军大战数次，双方互有胜败。同治二年（1863年）十月十九日，李鸿章亲自率军督战，程学启、戈登担任先锋，逼近苏州城，经过惨烈的鏖战，袭破了苏州的外围。李秀成和谭绍光等引军入城，死守不降。不久之后，官军的水陆齐力并进，对苏州城的三面形成了合围，城中的粮草殆尽，人心不安。李秀成的部将郜云官等人怀有二心，于是就偷偷地和程学启联络，祈求纳降。于是程学启和戈登亲自乘坐小船到达苏州城北的阳澄湖拜访程学启，程学启于是和郜云官等人当面签订纳降的条约，让他们杀掉李秀成、谭绍光，许诺他们给予二品官员的赏赐。戈登作为担保人，因此郜云官等人不再猜疑。但是最终不忍心伤害李秀成，只是答应斩杀谭绍光，就辞别了。

李秀成觉察到了郜云官等人的密谋，但是事态已经发展到这种地步了，没有任何办法能够挽回，于是趁夜逃出了苏州城（十月二十三日夜）。二十四日，谭绍光因为有事而将郜云官召集到军帐中，郜云官和汪有为一同前往，见到谭绍光之后，随即刺杀了他，并且消灭了谭绍光的亲军一千多人，打开城门乞降。二十五日，郜云官等人献上了谭绍光的首级，请程学启进到苏州城中验察。投降的将领官衔如下：

一、纳王郜云官　　二、比王伍贵文

三、康王汪安均　　四、宁王周文佳

五、天将军范起发　六、天将军张大洲

七、天将军汪环武　八、天将军汪有为

那时，这八位将官统帅的军队在苏州城中的还有十万多人，气势汹汹。程学启答应给他们的总兵副将等职位，到如今部云官等人请求履行约定。程学启仔细观察了这八个人，说他们怀有狼子野心，唯恐日后不能节制。于是和李鸿章密谋，在战舰上设宴款待他们，号炮一响，埋伏的兵士群起而击杀了他们，并且斩杀了一千多名顽固反抗的余党，其他的人都投降了。苏州城由此而平定，李鸿章因为战功而被赏赐太子少保。

当初八位将官乞降的时候，戈登做他们的担保人，到此时听说李鸿章食言，大为恼怒，想要杀了李鸿章而抵偿他的罪责，自己随身携带了短枪寻找李鸿章。李鸿章躲避着他，不敢回到营地。多日之后，戈登怒气渐渐消解，此事才算终止下来。

按语：李鸿章在此事上是应该感到愧疚的。斩杀降将已经被君子所不齿，更何况是投降之前已经有了约定，并且有担保人呢？因此李鸿章此种做法有三条罪行：斩杀降将违背公德，这是其一；违背合约自食其言，这是其二；欺骗戈登辜负友人，这是其三。戈登咬牙切齿，对李鸿章十分痛恨，甚至想要手刃李鸿章来发泄自己的怒气，难道不是应该的吗？虽然李鸿章借鉴了苗沛霖、李世忠等人降而复叛的经验教训，这其中或许有难言的苦衷，而李鸿章一生当中喜欢玩弄小聪明、小权术的行为，在这件事上也可以看出来个大概了。

收复苏州，实际上是平定江南的关键之战。最初曾国荃、左宗棠、李鸿章，各自向东孤军深入军事重地，相互之间不能够联系策应。因此，力量单薄，情势危急。苏州大胜之后，李鸿章提议谋划全局，想要趁机进入浙江境内，与曾国荃、左宗棠两支军队相互之间形成策应，齐力大举进攻，这是官军最后取得胜利的关键一步。十一月，刘铭传、郭松林、李鸿章向无锡发起进攻，攻陷无锡。擒获斩杀了太平军守将黄子隆父子。李鸿章将军队分为三部分：甲队，由李鸿章亲自统率；乙队，由程学启统率，进入浙江，攻克了平湖、乍浦、澉浦、海盐、嘉善，逼近嘉兴府。左宗棠率领浙军也进逼与程学启形成策应之势，进入杭州界内，进攻余杭县，多次袭破太平军；丙队，由刘铭传、郭松林等人统率，和“常胜军”一起进攻常州，取得大胜，攻克宜兴、荆溪，擒获太平军将领黄靖忠。李鸿章再派郭松林进攻溧阳，招降了溧阳守军。

## 六、江苏军和金陵军、浙江军的关系 收复南京

此时，太平军将领陈坤书，拥有十万多军队，据守常州府，部署军队直捣官军的背后。李鸿章和刘铭传率兵抵挡，太平军气势旺盛，官军不能取胜。陈坤书又派军队迂回潜入江苏腹地，在江阴、常熟、福山等地方出没，江阴、无锡加强了戒备，江苏西部地区受到了威胁。李鸿章于是派刘铭传独自抵挡常州的敌军，急忙命令郭松林舍弃金坛，日夜奔波，驰援苏州。又命令李鹤章马上回军守卫无锡，杨鼎勋、张树声率领其他部队扼守江阴的青阳、焦阴地区，切断太平军的退路。

此时太平军围攻常熟更加猛烈，连日血战，官军才勉强守住城池。太平军又包围了无锡，李鸿章苦力支撑，几乎要守不住了。几天之后，郭松林的援军到来，经过一番血战打败了太平军，无锡的围困才得以解除。郭松林因为战功而被授予福山镇总兵一职。

之前程学启围攻嘉兴（从这一年正月开始）很是猛烈，嘉兴城中的守军战斗力很是强悍，双方死伤惨重。二月十九日，程学启鼓舞将士，想要迅速拿下嘉兴府，亲自上阵杀敌，越过浮桥，登上云梯与敌军展开肉搏。城上的太平军奋力守卫，枪弹十分密集，忽然一颗流弹击中了程学启的头部。部将刘士奇看到之后，立即代替主将指挥军队进攻，率先登上城池。官兵们怒火中烧，勇气倍增。潘鼎新、刘秉璋等人，也水陆两军并进，于是最终攻克了嘉兴。

程学启被击伤后，卧床治疗了几十天，终不见效，在三月十日去世，赐予谥号忠烈。李鸿章为之悲痛不已。

嘉兴府攻克收复之后，杭州的敌人气焰大为衰减，于是在二月二十三日（十九日收复嘉兴），太平军的大队人马趁着夜色从北门逃脱。左宗棠的军队在三月二日进入杭州城，自此之后苏军（李鸿章的部队）和浙军（左宗棠的部队）连通在一起，官兵胜利会师，声势大振！

程学启战死之后，李鸿章让他的部将王永胜、刘士奇分别统率他们的部队，与郭松林会合，从福山镇进攻沙山，接连获得胜利。到了三河口，斩杀敌军两万人。李鸿章指挥各路部队合围常州，让刘铭传袭击常州城西北部，取得胜利；郭松林进攻陈桥渡的敌军大营，取得胜利；张树声、周盛波、郑国魁等人袭击沿河的二十几座敌营，也都取得了胜利。大败的敌军溃逃，想要回到城中，陈坤书拒绝溃军进城，因此战死在常州城下的太平军不计其数。三月二十二日，李鸿章的部队进逼常州城，用火炮和炸药轰击城池，城墙崩塌了数十丈，挑选了几百人的敢死队，用云梯登上城池。陈坤书骁勇善战。亲自率领精悍的士兵出战防守，修补城墙的缺口，官军有几百人战死。李鸿章大为恼怒，命令众人加强攻城的器械，连续多日发起猛攻，双方死伤相当。经过了十多天，李鸿章亲自坐镇指挥，刘铭传、郭松林、刘士奇、王永胜等人，身先士卒，力战登城，敌人才开始慌乱。陈坤书仍然不屈服，和他的部将费天将一起率领精悍的部队，和官军展开了激烈的巷战，郭松林奋力苦战擒获了陈坤书，费天将也被周盛波擒获。刘铭传大喊道，放下武器投降的人可以赦免其罪，立即有一万多的太平军投降。官军战死的也有几千人。常州于是被收复了，此时是四月六日。自此之后，江苏军（李鸿章的部队）和金陵军（曾国荃的部队）连通在一起，江苏全省境内，除了金陵府再无一处有太平军的踪迹。从同治元年（1862年）春季二月开始，李鸿章率领八千人到上海，统率着淮军、“常胜军”，转战各地，经历了大大小小几十次的战斗，从松江开始，在嘉兴、常州结束，到同治三年（1864年）夏季四月，总计两周年的时间，平定苏南太平军的功业最终得以完成。

按语：李鸿章平定苏南太平军的大业，得益于淮军将士们骁勇善战，坚忍不拔，而华尔、戈登等人的帮助实际上也很多，不仅仅在于“常胜军”获胜攻陷了几个地方。那时，李秀成智勇双全，部队中主要使用西方的枪炮，程学启、刘铭传、郭松林、周盛波、张树声、潘鼎新等将领，虽然英勇善战，也只不过是仰仗着天生的英勇和才智，还没有知晓新式战法的用途。因此在淮军刚刚创立的时候，在与太平军相遇时，多次吃到了苦头。李鸿章从中吸取教训，因此各位将领向“常胜军”学习，也配备了不少“常胜军”的武器军械。而左宗棠平定浙江的战功，也得益于法国将官托格比、吉格尔等人的帮助。清王朝绝处逢生，大概英法两国的人也有不小的功劳。他们的本意，想要借此来永保东亚的和平局势，使东亚成为他们的商业贸易乐园。但是不曾料想到，到了今天，仍然不想着去自我振兴，将来恐怕免不了是要爆发大革命的。

之前是曾国荃的部队水陆策应，围困南京已有两年，到了同治三年（1864年）正月，攻克了钟山的石质堡垒，太平军失去了险要之地，南京的外围才最终被围合起来，内外水泄不通，粮道被切断，城中的粮食被消耗殆尽；洪秀全知道大势已去，在四月二十七日服毒自杀。手下的将领拥立他的儿子洪福即位。此时，官军还尚未发觉此事。朝廷多次下旨命令李鸿章把江苏的得胜之师转移到南京协助剿匪，曾国荃认为南京城中的贼军已经疲惫不堪，弹尽粮绝，歼灭指日可待，不想让李鸿章插手此事。而李鸿章也不想去瓜分曾国荃的功劳，一味地回避。借口说酷暑不利于使用火器，推辞不肯进军。清廷不理解李鸿章的意思，一再地催促，曾国荃听说了这件事，非常的担忧和愤怒，从五月十八日开始，日夜指挥将士们猛烈进攻地保城（即龙脖子，山阴的坚固堡垒，第一险要的地方），于是攻克了此地。并且深掘地道，从五月三十日到六月十五日，十多处的隧道都已完成。于是严令城外的各个军营，各自做好战斗的准备，另外还重赏了招募的敢死队，准备趁城池出现缺口时率先登城攻击。

此时，李秀成身在南京城，洪秀全去世之后，军政号令都出自他一人之手。李秀成知人善任，恩威并施，众将士都心悦诚服，如同儿子对待父亲一样。五月十五日，李秀成亲自率领敢死队几百人，从太平门的缺口冲出，又另外派遣敢死队几百人身穿官兵的服装，从朝阳门冲出，冲入到曾国荃的军营中，纵火焚烧，喧哗生乱。此时官军都已经极其的倦乏，战斗力消磨已尽，突然遭遇这种状况，几乎要瓦解溃散了，幸亏彭毓橘等诸将率领新兵前来驰援，才得以解除此次危机。

六月十六日正午时分，安装在隧道里的火药爆炸，声如雷鸣，地动山摇，南京城墙崩塌了二十多丈。曾国荃部将士们呐喊进攻，奋战登城，太平军奋死抵抗，枪弹像雨一般密集，击毙了城外的四百多名官军。官军更加奋力进攻，踏着尸体冲锋，最终进入了南京城中。李秀成早已立下以死报国的志向，将自己平日所爱的骏马赠送给了幼主洪福，让他逃出南京城，李秀成自己率兵进行巷战，连续苦战了三天三夜，最终力竭而被生擒，太平军大小将官战死、烧死的有三千多人。城池宫殿连续烧了三天三夜，城中追随洪秀全已久的军民，男男女女十多万人没有一个投降的。从咸丰三年（1853年）洪秀全占领南京开始，到此总共花了十二年的时间才得以平定叛乱。

按语：李秀成是真正的豪杰之士啊！在存亡危急的时刻，全南京城上上下下，危在旦夕，还能够率领成百上千的精悍士卒，突围奋战，差点歼灭了官军。五月十五日一战，曾国荃的军队没有灭亡，这是天意啊！等到南京城已经被攻破的时候，还能用自己的爱马来拯救幼主，自己慷慨赴死，有和国家同生共死的志向。纵观中国历史上的贤臣名将，也不过如此，项羽、文天祥最终没能得志，是天意造成的吗？还是人为造成的吗？我听说李秀成离开苏州的时候，苏州的百姓，男女老幼没有不痛哭流涕的。至于他对王有龄以礼厚葬，对投降的将士礼遇优待，这简直就是文明国家战时公法的表现。南京城中的十多万人，没有一个投降的，如同齐国田横的五百义士，志向相同，行为相同，但是魄力却已超越前人百倍，这是有史以来战争结局时从未有过的局面。假如让李秀成处在洪秀全的位置上，那么现在的中国，还不知道是谁家的天下啊！李秀成被生擒，从六月十七日到十九日，这三天内，在囚牢中慷慨挥笔，写下了数万字的供状。虽然经过了朝廷的删减，没能够全部流传下来，但是在今天阅读，仍然能够感觉到那股豪迈之气。唉！刘邦称王，天下人就去责骂项羽，根据成败来论英雄，今天又有谁愿意去为李秀成宣扬他的伟业、歌颂他的品德呢？等到一百年之后，自会有定论，后世的史官，怎么会有所偏袒呢？即使这样，物竞天择，适者生存！曾国藩、左宗棠、李鸿章也是人中豪杰！

南京攻克收复以后，朝廷对将官们论功行赏。两江总督曾国藩，加授太子太保衔，册封世袭一等侯。浙江巡抚曾国荃，江苏巡抚李鸿章，都被册封世袭一等伯，其他的将官都受到了不同程度的封赏。曾国荃攻克南京，各路的将领，都嫉妒他的战功，诽谤谣言纷纷而至，即使是左宗棠这样的贤达之人，也不免诋毁曾国荃，只有李鸿章不曾说一句坏话，并且竭尽所能地替曾国荃辩护。

按语：这也是李鸿章之所以会得到“文忠”这个谥号的原因。朝廷多次下诏催促进兵，但是李鸿章不想瓜分他人即将到手的战功，等到大事已定，又不会身怀嫉妒之心，并且还竭力向君主推荐、标榜他人的功绩，李鸿章的德行、度量确实有过人之处啊！不徒有虚名，这不是随口乱讲的。

# 第五章 军事家李鸿章（下）

## 一、捻军的猖獗

南京攻克收复之后，中国国土上的战乱消失了大半。即使这样，骚乱依然存在。捻军的叛乱，最初是由山东地区的无业游民发动的。到咸丰三年（1853年）时，洪秀全攻陷了安庆、南京，安徽全省情势危急，捻军趁机从宿州、亳州、寿州、蒙县等地起义，在安徽、山东、河南等地横行，所到之处大肆劫掠，官军不能控制。其间有奉命率军前去镇压的，也被反击，官军屡次败北，因此捻军的气势日益猖獗。到咸丰七年（1857年）冬季，捻军的骑兵到直隶大名府等地袭扰，京城因此而加强了戒备。

现在将从捻军叛乱初起到李鸿章挂帅之前，朝廷屡次派遣镇压捻军的统帅加以罗列，如下表所示：

| 人名 | 官衔 | 任官年份 | 屯驻地 |
| --- | --- | --- | --- |
| 善禄 | 河南提督 | 咸丰三年 | 永城县 |
| 周天爵 | 钦差大臣 | 咸丰三年 | 宿州 |
| 吕贤基 | 工部左侍郎 | 咸丰三年 | 安徽 |
| 陆应穀 | 河南巡抚 | 咸丰三年 | 开封府 |

| | | | |
|---|---|---|---|
| 舒兴阿 | 钦差大臣 | 咸丰三年 | 宿州（周天爵卒，代之） |
| 袁甲三 | 陕甘总督 | 咸丰三年 | 陈州 |
| 英 桂 | 河南巡抚 | 咸丰四年 | 开封府 |
| 武隆额 | 安徽提督 | 咸丰五年 | 亳州 |
| 胜 保 | 钦差大臣 | 咸丰七年 | 督江北军 |
| 史荣春 | 提督 | 咸丰八年 | 曹州、兖州 |
| 田在田 | 总兵 | 咸丰八年 | 曹州、兖州 |
| 邱联恩 | 总兵 | 咸丰八年 | 鹿邑 |
| 朱连泰 | 总兵 | 咸丰八年 | 亳州 |
| 傅振邦 | 总兵 | 咸丰九年 | 宿州 |
| 伊兴额 | 都统 | 咸丰九年 | 同 |
| 关保 | 协领 | 咸丰九年 | 督河南军 |
| 德楞额 | 协领 | 咸丰九年 | 曹州 |
| 胜保 | 都统钦差大臣 | 咸丰十年 | 督河南军，关保副之 |
| 穆腾阿 | 副都统 | 咸丰十年 | 安徽（副袁甲三） |
| 毛昶照 | 团练大臣 | 咸丰十年 | 河南 |
| 僧格林沁 | 蒙古亲王 | 咸丰十年 | |
| 曾国藩 | 钦差大臣 | 同治三年 | |

第二次鸦片战争期间，咸丰帝到热河避祸，捻军趁机进入山东，在济宁大肆劫掠。德楞额与捻军作战，大败而回。派遣蒙古科尔沁亲王僧格林沁指挥部队，追击各路的捻军，号称骁勇善战。同治二年（1863年），太平天国将领陈得才、蓝成昌、赖文光等与捻军会合。捻军的将领张宗禹、任柱、牛落江、陈大喜等人各自拥兵几万余人，在山东、河南、安徽、湖北境内的各个州县出没，行动迅速，如同暴风骤雨一般，让人捉摸不透，官军疲

于奔波。同治三年（1864年）九月，一股捻军入侵湖北，在襄阳、随州、京山、德安、应山、黄州、蕲州等地大肆劫掠。舒保力战而亡，蒙古科尔沁亲王僧格林沁的部队也是屡战失利。蒙古科尔沁亲王僧格林沁，勇猛有余而才智不足，军纪松散，所到之处烧杀淫掠，和太平军、捻军没什么差别，因此湖北的百姓对他们大失所望。

那时南京刚刚收复，太平军几万人的残余势力与捻军合兵一处，转战到河南、山东，大肆劫掠城市。咸丰四年（1854年）春季，蒙古科尔沁亲王僧格林沁决意率领轻骑兵，追击敌军，一个昼夜驰骋了三百里，到达曹州后，手下的将领有很多怨言。四月二十五日，中了捻军的诡计而大败，僧格林沁力战落马而死，朝廷大为震惊并进行了追悼。急命曾国藩担任钦差大臣，掌管直隶、山东、河南的军政要务，又命令李鸿章署理两江总督，为曾国藩的粮草押运做后援。

## 二、李鸿章以前平捻诸将的失当之处

在此之前，官军剿灭捻军，只是进行追击，经常是无功而返，有时也会进行堵截，但都只是一时之策罢了。简而言之，不管是进攻还是防守，不是苟且作战而养敌锋芒，就贪利做无筹划而急令进军，使自己的军队蒙受到损失，从来不做全局的谋划，确定一个长久的战略方针，因此派兵围剿了十多年，没有取得任何的成效。自从曾国藩接受此项重任之后，才开始谋划一个大包围而限制捻军活动范围的战略，想要将捻军挤压到一个狭小的空间内，然后再聚集兵力加以歼灭。李鸿章秉承这一战略方针，最终平定了中原。

## 三、曾国藩、李鸿章平捻策略

曾国藩是一位君子，总是用持盈保泰、急流勇退的道理来进行自我鞭策。南京收复之后，平生的志愿已经实现，就期盼能够功成身退。等到蒙古科尔沁亲王僧格林沁战死之后，捻军的势力已经逼近京师，情势非常的危急，曾国藩在官军大败之时接受重任，义不容辞，于是就勉强赴任了。但是，曾国藩认为湘军已经越来越衰弱了，恐怕难堪大任，于是逐次地进行撤换，只使用淮军去奔赴前线。曾国藩当初刚刚接受重任的时候，他的本意是想虚位以待李鸿章，想让李鸿章能够建立功业，产生这个想法已经很久了。到同治五年（1866年）十二月，于是以身患疾病为借口辞去了职务，李鸿章代替他而成了钦差大臣。曾国藩回到两江总督的原任上，在后方筹措军械粮饷。

李鸿章围剿捻军的战略方针：他认为捻军已经成为到处流窜的贼寇，应该威逼使其不能到处流窜，然后再聚集兵力加以剿灭，这是上策。明朝的孙传庭曾说围剿那些到处流窜贼寇一定要将他们逼赶到穷困的绝境，在他们将要覆灭之前进行攻击，如果不这样去做，而是通过激烈的苦战去争取胜利，即使取胜也不会完全剿灭贼寇。李鸿章就是参照了这种方式。因此在咸丰四年（1854年）十一月，李鸿章曾经表奏主张必须将捻军逼迫到复杂的地形环境之中，通过舍弃地盘来引诱他们，然后汇合各省的兵力，从四面八方进行围困。李鸿章后来取得成功，实际上就是这一战略发挥了作用。

## 四、东捻之战

这年五月，任柱、赖文光等人率领大队人马深入到山东。李鸿章命令潘鼎新、刘铭传率军尽力追击，想要把他们挤压到登州、莱州的海滨，随后在胶州、莱州的咽喉之地，想办法扼守进逼他们，让他们不能向北窜入京师附近，向南不能蔓延到淮南地区。六月，李鸿章亲自率领军队到达济宁，分析了当下的形势，认为任柱、赖文光的部队，都已经经历过百战的精悍之师，再加上一些游兵散勇，非常的狡猾彪悍，不能轻视他们，如果在兵力不够的时候就围困他们，将他们逼迫得太紧，挤压的空间太过狭窄，让他们看穿计谋，势必会着急突围逃窜，战机稍纵即逝，全局又会受到影响了。于是李鸿章制定出方略，首先是要防守运河，阻断捻军的退路，然后早扼守胶州、莱州，断其咽喉。但是山东巡抚丁宝桢，一心想要将捻军驱逐出山东，对于李鸿章制定的方略，颇有意见。七月，捻军突然进攻潍河，山东守将王心安正好驻防在戴庙，放任捻军偷渡，胶州、莱州的防线崩溃。此时，流言蜚语四起，朝廷对李鸿章进行了严厉责备，想要废除防守运河的决议。李鸿章再次上奏，认为在运河的东、南、北三个方向，捻军到处流窜，官军分兵驱逐，地方上虽然受到了劫掠，但是受到祸害的也只不过几个府县而已，如果将捻军驱逐到运河西面，那么多个省将受到它的祸害，都是朝廷的国土，都是朝廷的子民，不可区别对待。仍然坚持之前的战略方针，不做丁点儿的改变。十月十三日，刘铭传在安丘、潍县的交接处，与捻军作战大获全胜。二十四日，追赶到赣榆，刘铭传和马步统将善庆奋力作战，在阵中斩杀任柱，从此之后东部的捻军势力大为衰减。

二十八日，潘鼎新在海州上庄一战中，击毙了众多的悍匪。十一月十一日、十二日，刘铭传、唐仁廉等人在潍县、寿光侧击捻军一个昼夜，捻军军心动摇，投降了很多。郭松林、杨鼎勋、潘鼎新等人连战连捷。到二十九日，刘铭传、郭松林、杨鼎勋等人，追击捻军七十里，直到寿光弥河地区，才和捻军交战。双方交战了十多个回合，又追杀了四十多里，斩杀了将近三万之众，捻军的精锐器械、马匹、辎重丢弃殆尽。李鸿章在奏折中讲道：“回到军营中的兵士，我亲自加以抚慰，都已经又饿又累，面无人色。”赖文光在弥河战败之后，落入水中没有死，又纠集其一千多骑兵，冲破了六塘河的防线。黄翼升、刘秉璋、李昭庆等人，率领水师、骑兵、步兵追击，步步紧逼，赖文光最后只剩下了几百骑兵，被逼到了高室水乡。李鸿章先是派遣淮军华字营统带吴毓兰，到扬州运河进行驻守。各路人马竭尽全力围追堵截，十二月十一日，吴毓兰生擒了赖文光。东部的捻军全部被剿灭了，山东、江苏、安徽、河南、湖北五省境内的捻军最终全被消灭。

李鸿章在上奏报捷之后，在后面陈述手下的各部分军队从开始剿灭捻军以来，在多个省驰骋，多年地转战各地，每日要行军百里，忍受饥饿和寒冷，身受诋毁和讥讽，忍受了许多一生当中从未有过的困苦。刘铭传、刘秉璋、周盛波、潘鼎新、郭松林、杨鼎勋，都多次的乞求离任，李鸿章代为请求让他们稍作休整，不要再征调他们远征了。并且因此刘铭传积劳成疾，李鸿章替他请假三个月进行休养。同治七年（1868年）正月，西路捻军张宗禹的大队人马，忽然从山西渡过黄河向北流窜，直逼京师附近。朝廷大为震惊。初七、初八两日，朝廷多次下诏催促刘铭传、善庆等骑兵、步兵各路人马，迅速赶往河北进行围剿。李鸿章因刘铭传在养病，正在休假，不忍心即可调遣，于是亲率周盛传骑兵、步兵十一路人马，潘鼎新的"鼎"字全军，以及善庆、温德克勒西的骑兵部队，陆陆续续向目标进发，从东阿渡过黄河，命令郭松林、杨鼎勋整顿军马，随后跟进。

## 五、西捻之战

剿灭西路捻军的战役，比起东路捻军来更加难以成功，一方面黄河以北的地区，数千里的平原，没有高山、大河来限制捻军，张宗禹生性狡猾，善于用兵，流窜袭扰北部的平原地区，掳掠了许多的马匹，行动迅捷，转瞬间就出没于百里之外，想要通过大的包围圈来围困他，但是地势不适宜，很难形成包围圈，并且张宗禹吸取了任柱、赖文光的教训，一听说包围圈形成了，就马上死战逃脱，不让官军有半点功夫来修筑工事，这是第一个困难；另一方面，淮军全部都是南方人，渡过黄河来到北方，风俗习惯相差很大，南方人的性情和口音，与北方人大不相同，并且在饮食方面也有很大差异，骑兵力量薄弱，草料短缺，这是第二个困难。李鸿章奏请施行坚壁清野的策略，他认为“之前任柱、赖文光的捻军势力，在中原地区的多个省份流窜，比起官兵，他们更害怕的是城寨。河南东部，安徽北部地区，民风彪悍，被捻军祸害了很久，不断构筑城寨，到处都是城寨和堡垒，因此捻军路过此处就马上离开，不能做长久的驻留。这几年中，只有湖北、陕西，被捻军骚扰得最严重，主要是因为向来没有坚固的城寨，等到要去构筑的时候又来不及，捻军得以反复劫掠，气焰日益嚣张。直隶、山西向来没有遭到捻军的骚扰，民风朴素、懦弱，没能构筑城寨来进行自我守卫。张宗禹本来就非常狡猾，又是穷途末路的流寇，南面有黄河阻隔，一定会纵横驰骋，到处流窜，百姓受到劫掠并且担惊受怕已经很久了，着实可悲！……自古以来用兵，一定是对比双方的实力强弱。捻军不一定比官军实力强，但是他们的战马多而我方战马少，自然是我方不能相比的；捻军可以随处劫掠，我方必须到处买粮，捻军经常饱食而官军却经常忍饥挨饿，这又是我们不能相比的。现在想要断绝捻军的粮草，切断捻军的战马来源，只能苦劝严令河北地区的乡绅百姓，抓紧时间构筑、加固城寨，一旦遇到警报，将粮草和牲畜收集到城寨里，这样既能够保护自己的家园，又能将捻军置于绝境，等等。”西路捻军被剿灭，实际上就是依靠这个策略。

四月，李鸿章上奏请求让刘铭传总领前军各路人马，朝廷同意并敦促刘铭传立即赴任。李鸿章命令淮军和直隶、山东的民团，沿着黄河、运河构筑深沟高墙来围困捻军。轮番派出各路人马，交替出击，轮流休整，那些长久以来追击捻军疲乏需要休整的部队，就在运河东岸选择紧要之地驻防，等到捻军靠近的时候，就奋起迎击，以剿代防。李鸿章又派遣张曜、宋庆分别驻扎在夏津、高唐一带，程文炳驻扎在陵县、吴桥一带，掩护驻防在运河的部队。左宗棠也派遣刘松山、郭宝昌等部队，在连镇北部直到沧州一带的河东岸分别驻防，和杨鼎勋等部队靠近相互形成策应，安排好一切之后，才开始进兵进行围剿。

五月，捻军的一股势力流窜到西北，各路人马分头阻击，屡次获胜。李鸿章趁着黄河水位暴涨的时机，缩小范围进行围困，将运河作为外部的包围圈。将恩县、夏津、高唐的马颊河，取长补短，作为内部的包围圈。将捻军逼向西南方，层层布防。五、六月期间，各路人马接连取得大胜，捻军的势力大为衰减，投降、流散的人数越来越多。六月十九日到二十二日，官军乘胜追击，屡战屡胜。二十三日，张宗禹渡河向西南逃窜。二十四日，从平原逃到了高唐。二十五日，潘鼎新追击几百里，冒雨到达高唐，捻军已奔向博平、清平一带，企图进攻运河。官军早就在马颊河西北岸构筑起来几百里的高墙，足以限制住捻军人马，捻军刚刚觉察到，就已经进入了包围圈，流窜的空间越来越狭小，覆灭的日子就要到了。此时，官军的各路人马长时间的追击都已疲惫不堪，李鸿章于是派遣刘铭传的骑兵生力军前去助战，官军的气势大为振奋。二十八日，将捻军包围压缩到黄河和运河之间的狭小地带，刘铭传调集骑兵和步兵迎击捻军，追杀了数里，正赶上郭松林的骑兵和步兵从东面赶到。拦住了捻军的去路，再加上河道纵横，地面泥泞不堪，刘铭传、郭松林两路骑兵共五、六千人，穿插进攻，斩敌无数。张宗禹仅仅带着十名骑兵向北逃窜，不久就投河而死。西路的捻军就此被剿灭，中原地区恢复了安定。八月，李鸿章入京面圣。

李鸿章用兵，谋划确定之后才去行动，揣测敌情有如神助，因此带兵打仗十五年，从来没有失利过。虽然说是天意，难道不也是人力所为吗？剿灭太平天国，用仅仅三座城池作为依靠，仅用一年就平定了苏南。剿灭捻军，十多年的彪悍、强劲之敌，众多的统帅都没有办法，李鸿章也仅用一年的时间就歼灭了。如同是上天已经安排好了一样。李鸿章对待部将，都是用道义来进行交往，亲如骨肉，因此众将都愿意为之效命，真是统领千军的人才！即使这样，李鸿章的军事生涯，实际上是和曾国藩有密切联系的，不单单有感念引荐的情谊，李鸿章平定苏南，都是由曾国藩来统筹规划全局。扫灭长江上游的太平军，曾国荃合围南京城，牵制住了太平军，因此让李秀成疲于奔命，李鸿章最终才有机可乘。平定捻军，秉承曾国藩制定的策略，之所以能够千里之外得到粮草，军士们能够饱食，也是因为身后有两江总督支持，没有后顾之忧。不仅如此，李鸿章跟随曾国藩在军中多年，不仅学会了很多的道义，也学到了不少军事才能。李鸿章一生所身体力行的吃苦耐劳、任劳任怨、坚忍不拔的精神，和他统兵带将开诚布公、团结下属的方法，没有一个不是从曾国藩那里学到的。因此先有曾国藩随后才有李鸿章。李鸿章对曾国藩如同父母一般对待，如同神明一般尊敬，难道不应该吗？

# 第六章 洋务运动时期的李鸿章

## 一、洋务运动的业绩

“洋务”二字，并不是李鸿章的专用词语。即使这样，遵从名从主人的原则，给李鸿章作传记，那么就不能不用“洋务”二字来总括李鸿章一生之中这二十多年的功绩。李鸿章因为洋务运动，被世俗中的迂腐儒者所唾骂，李鸿章也因为洋务运动被世俗中的逐利之徒所追捧。我本人之所以推崇又指责李鸿章并且替李鸿章感到可惜也是因为洋务运动。难道李鸿章不知道什么是洋务？在中国搞洋务运动的人当中，我没有发现有能与李鸿章相提并论的。难道李鸿章真的理解什么是洋务吗？但是为什么别的国家因为洋务运动而兴旺发达，而我们国家却因为洋务运动而衰弱了呢？我用一句话来总结，就是李鸿章只知道洋务，却不懂得国事，认为洋人所办的洋务和自己所办的洋务一样。现在将李鸿章从平定太平天国、捻军叛乱以后到中日爆发战争之前所办的洋务事件罗列如下表所示：

| | |
|---|---|
| 在上海建设立外国语言文字学馆 | 同治二年（1863）正月 |
| 在上海建创办江南机器制造局 | 同治四年（1865）八月 |

| | |
|---|---|
| 在天津建创办机器局 | 同治九年（1870）十月 |
| 筹划和日本通商并派往驻日使节 | 同治九年（1870）闰十二月 |
| 筹划在大沽建造洋式炮台 | 同治十年（1871）四月 |
| 挑选学生前往美国留学 | 同治十一年（1872年）正月 |
| 请求开采煤铁矿 | 同治十一年（1872）五月 |
| 创办轮船招商局 | 同治十一年（1872）十一月 |
| 筹办铁甲兵船 | 光绪元年（1875）十一月 |
| 请求派遣使者去日本 | 光绪元年（1875）十一月 |
| 请求在各省建立西洋学堂，分格致、测算、舆图、火轮机器、兵法、炮法、化学、电学等学科，选择通晓时务的官员主持，并在人才选拔制度上稍加变通，通过洋务考试也可以做官 | 光绪元年（1875）十二月 |
| 派低级军官前往德国学习海军、陆军武器、战术使用方法 | 光绪二年（1876）三月 |
| 派福建船政学堂的学生出洋学习 | 光绪二年（1876）十一月 |
| 开始订购铁甲船 | 光绪六年（1880）二月 |
| 在天津建立水师学堂 | 光绪六年（1880）七月 |
| 设南北洋电报 | 光绪六年（1880）八月 |
| 开设南北洋电报 | 光绪六年（1880）十二月 |
| 开设开平矿务商局 | 光绪七年（1881）四月 |
| 创设航运公司，派船赴英进行贸易 | 光绪七年（1881）六月 |
| 招商局接办各省电报 | 光绪七年（1881）十一月 |
| 修筑旅顺船坞 | 光绪八年（1882）二月 |
| 在上海开设商办织布局 | 光绪八年（1881）四月 |
| 在天津开设武备堂 | 光绪十一年（1884）五月 |
| 开办漠河金矿 | 光绪十三年（1886）十二月 |
| 成立北洋海军 | 光绪十四年（1887） |
| 在天津开设医学堂 | 光绪二十年（1894）五月 |

以上所罗列的就是李鸿章所主持操办的洋务，基本上就是这些了。综合概括起来，不外乎两方面的内容：第一是军事方面。例如购买战船、购买军械、建造战船、制造军械、修筑炮台、修缮船坞等等；第二是商务方面，例如铁路、招商局、织布局、电报局、开平煤矿、漠河金矿等等。在此期间兴办学堂，派遣留学生到外国学习这样的事情，大多也都是为军事方面所做的考虑，要不就是培养翻译人才来与外国进行交涉。李鸿章所见到的洋人的长处，也就是这些。

## 二、北洋海陆兵力

海军、陆军的军政大事，是李鸿章一生全身心关注的。李鸿章因为善于率兵作战而成就功名，但是他之所以能够成功，实际也是由于他和洋人的军队一起作战，自身见识到了洋人兵器军械的强大，吸收并加以使用，因此在战事结束之后，深刻地认识到中国的军队，平定内乱绰绰有余，但是抵御西方的侵略却力不从心。因此李鸿章兢兢业业将振兴军务作为头等大事，他的眼光不能不说超常人一等，他一生也都在尽心竭力操办此事。统计了中日战争之前，李鸿章手下所掌管的兵力，大致如下表所示：

## 北洋海军兵力表

| 分职队别 | 船名 | 船式 | 吨数 | 马力 | 速力 | 炮数 | 船员 | 进水年份 |
|---|---|---|---|---|---|---|---|---|
| 主战舰队 | 定远 | 铁甲 | 7，335 | 6，000 | 14.5 | 22 | 330 | 光绪八年（1882） |
| | 镇远 | 铁甲 | 7，355 | 6，000 | 14.5 | 22 | 330 | 光绪八年（1882） |
| | 经远 | 铁甲 | 2,900 | 3,000 | 15.5 | 14 | 202 | 光绪十三年（1887） |
| | 来远 | 铁甲 | 2，900 | 5,000 | 15.5 | 14 | 202 | 光绪十三年（1887） |
| 舰队防守 | 致远 | 巡洋 | 2,300 | 5,500 | 18.0 | 23 | 202 | 光绪十二年（1886） |
| | 靖远 | 巡洋 | 2,300 | 5,500 | 18.0 | 23 | 202 | 光绪十二年（1886） |
| | 济远 | 巡洋 | 2,300 | 5,500 | 18.0 | 23 | 203 | 光绪九年（1883） |
| | 平远 | 巡洋 | 2,200 | 1,500 | 14.5 | 11 | | |
| | 超勇 | 巡洋 | 1,350 | 2,400 | 15.0 | 18 | 130 | 光绪七年（1881） |
| | 扬威 | 巡洋 | 1,350 | 2,400 | 15.0 | 18 | 130 | 光绪七年（1881） |
| | 镇东 | 炮船 | 440 | 350 | 8.0 | 5 | 55 | 光绪五年（1879） |
| | 镇西 | 炮船 | 440 | 350 | 8.0 | 5 | 55 | 光绪五年（1879） |
| | 镇南 | 炮船 | 440 | 350 | 8.0 | 5 | 55 | 光绪五年（1879） |
| | 镇北 | 炮船 | 440 | 440 | 8.0 | 5 | 55 | 光绪五年（1879） |
| | 镇中 | 炮船 | 440 | 750 | 8.0 | 5 | 55 | 光绪七年（1881） |
| | 镇边 | 炮船 | 440 | 840 | 8.0 | 5 | 55 | 光绪七年（1881） |

| | | | | | | | | |
|---|---|---|---|---|---|---|---|---|
| 练习舰 | 康济 | 炮船 | 1300 | 750 | 9.5 | 11 | 124 | 光绪七年（1881） |
| | 威远 | 炮船 | 1300 | 840 | 12.5 | 11 | 124 | 光绪三年（1877） |
| 补助舰 | 泰安 | 炮船 | 1258 | 600 | 10.0 | 5 | 180 | 光绪二年（1876） |
| | 镇海 | 炮船 | 950 | 480 | 9.0 | 5 | 100 | 同治十年（1871） |
| | 操江 | 炮船 | 950 | 400 | 9.0 | 5 | 91 | 同治五年（1865） |
| | 湄云 | 炮船 | 578 | 400 | 9.0 | 4 | 70 | 同治八年（1869） |

附水雷船

| 船名 | 船式 | 吨数 | 速力 |
|---|---|---|---|
| 左队一号 | 一等水雷 | 108 | 24 |
| 左队二号 | 一等水雷 | 108 | 19 |
| 左队三号 | 一等水雷 | 108 | 19 |
| 右队一号 | 一等水雷 | 108 | 18 |
| 右队二号 | 一等水雷 | 108 | 18 |
| 右队三号 | 一等水雷 | 108 | 18 |

## 直隶淮军练勇表

当中日爆发战争的时候，直隶淮军练勇有两万多人，大致如下：

| 军队 | 营数 | 人数 | 将领 | 驻地 |
|---|---|---|---|---|
| 盛军 | 18 | 9，000 | 卫汝贵 | 小站 |
| 铭军 | 12 | 4,000 | 刘盛休 | 大连湾 |
| 毅军 | 10 | 4,000 | 宋　庆 | 旅顺口 |

| | | | | |
|---|---|---|---|---|
| 芦防淮勇 | 4 | 2,000 | 叶志超<br>聂士成 | 芦台、北塘、山海关 |
| 仁字虎勇 | 5 | 2，500 | 聂士成 | 营口 |

总计四十九个营，两万五千人左右。

李鸿章倾注全部的心血来经营这两支海军和陆军，自称确实有一定的把握。光绪八年（1882年），法国在广西挑起事端，朝廷商议筹划在京城附近驻防，李鸿章再次上奏，说道："臣花费了十多年的时间，操练士兵，配备新式武器，只是因经费不足，不能实现全部的谋划，然而上阵迎敌，还不至于让君王担惊受怕。"李鸿章的自信，也可以从这些话中看得出来。怎会想到中日战事一开，苦心经营多年的艨艟巨舰不是被击沉就是被击伤，有的还被对方俘获，淮军和新式军队，屡战屡败，声名眨眼之间一扫而光。剩下的残军败舰，再经与八国联军在天津大沽炮台一战，跟随罗荣光、聂士成一起化为了灰烬。到此，直隶总督北洋大臣三十年来的积蓄、培养和谋划，都已烟消云散，变作昨夜一梦。等到李鸿章去世的时候，他所苦心经营的大本营天津，还没能够收复。唉！李鸿章啊李鸿章，我知道你在九泉之下也不会瞑目的。

## 三、李鸿章办理洋务失败的原因

至于李鸿章失败的原因，一半是由于朝中大臣的阻挠，另一半是李鸿章的个人原因。个人原因有两个方面：一方面是用人不当，另一方面是不能看清情势。李鸿章在立下大功，声名鼎盛的时候，自我估计很高，感觉天下的事情都很容易。对待自己的老部下，往日一同患难，现在要一同享受功名利禄，念及私情，相互引荐，占据了要职，委托了重任，不去过问他们的才能是否可堪重用，因此将事情都给办坏了，贻误了大局，这是第一个原因。李鸿章只知道操练士兵，却不知道士兵的根源所在，只知道筹措粮饷，却不知道粮饷的根源所在，因此做了很多零零碎碎的工作，终究无法有所成就，这又是另外一个原因。在下一章节中将会详细论述。

李鸿章所操办的商务，也没有一个可以见到成效的，没有其他的原因，就是由于官督商办这一做法所导致的。中国人最善于做生意，就像上天赐予的技能一样。只要国家能够为商务活动制定法规，拓展渠道，保护商人权益，自然而然就不会存在资本浪费和人力浪费，国家富强指日可待。可是现在每当要兴办一个商业活动，就需要上奏请示，给它派遣官员进行监督和办理，即使派来的是得力之人，也会出现一些越俎代庖的事情，因而总会对办事之人有所牵制。更何况是一些奸邪狡诈的官员，见利忘义，狐假虎威，把持着局势的发展，那些已经入股的人怎么会不心寒，那些想要加入的人怎么会不裹足不前呢？因此中国的商务不能振兴，可以说是由于李鸿章所推行的官督商办政策所导致的。

我敢用一句话来断言：李鸿章实际上是不明白国事的人。

不明白国家是什么，不明白国家和政府之间有什么关系，不明白政府和百姓之间有什么责权关系，不明白大臣所应该履行的职责。他对于西方国家富强的原因，完全不了解，认为我们中国的政治、文化和风俗等，没有一样不优于西方，不如西方的仅仅只有火枪、大炮、战船、铁路和机器罢了，我们只要学会这些东西，那么洋务的事宜就可以完成了。这是近来全国上下谈论时务的人所一致倡导的，李鸿章实际上是这一派别三十年前的前辈了。这就是所说的没有那样的容颜却去效仿西施的钟无盐，寿陵人在邯郸学步，越模仿越丑态百出，终究一无所获，必然会是这样。

即使这样，李鸿章的见识，还是有远超常人的地方。曾经看到他在同治十一年（1872年）五月第二次上奏论述的关于不可以裁撤轮船制造的奏折，这里面讲道：

臣了解到欧洲各国，一百年来，从印度到达南洋，从南洋到达中国，闯进了中国的边界和内陆，这是之前所从未有过的。自古以来，凡是没和中国通商的国家，没有不叩关通报而请求和中国通商的。我们的皇上如同上天一般的器量，一概与他们签约通商，以此来笼络这些国家。东西南北各国虽远隔万里，现在却都聚集到了中国，这是三千多年来的一大变局。洋人仗着他们的坚船利炮，因此能够在中国横行霸道，中国所使用的武器军械，不如洋人的先进，因此而受制于洋人。到现在说要排斥洋人，说要将他们驱逐出中国，都是一些没用的言论，即使想要维持和平的局面，守住国土，也不是不具备先进的技术就能够守卫的。……那些士大夫们沉溺于圣贤学问之中，对于几千年来的这一重大变迁一无所知，安于现状，忘掉了二三十年前创伤所带来的深痛，对于千百年之后怎么去安定国内政局，抵御外族入侵并不做深入地思考，这就是之所以提出“停止轮船”建议的原因。臣才疏学浅，但是仍然认为国家的各项花费都可以节省，但是唯独养兵、边防、造枪炮、造兵舰的花费是不能节省的。如果将军费省了，那么其他的花费也都没有必要了，国家不可能兴盛，终究不能富强起来。

光绪元年（1875年），因台湾事变而筹划海防的奏折中讲：

这是总理衙门的六条奏请。现在最紧要的，今后的长久谋划，都已经包含在里面了，的确是挽救时局的重大方针政策。之所以难以急速办理，（主要在于）人才短缺，经费紧张，派系林立难除，陈习难改。如果始终不能改正，即使日夜不停去强化海防，仍然是徒劳无功的。那么现在最要紧的，只能是极力地打破成见，实事求是。为什么这样讲呢？历朝历代守卫边疆，很多都是在西北地区，敌我双方的实力对比、主次关系都差不多。并且也有固定的中外边界。此刻中国东南海疆长达一万多里，各国通商传教，来往自由，聚集在京城和各省境内，披着友好相处的伪装，暗地里却想要吞噬、瓜分中国，一个国家挑起事端，多个国家跟着煽风点火，实际上是几千年来从没有过的变局。轮船、电报的速度，转眼之间就能到达千里之外，新式的武器装备，比之前强大了百倍，是几千年来未曾遭遇过的强敌。外敌在迅速变化，我们却仍然想要用老办法去应对，这就像是一生病，不询问病症，全都用老办法去医治，肯定不会有疗效的。咸丰十年（1860年）之后，洋人的势力逐渐向内陆延伸蔓延，对洋人鄙视的文人们，没有不慷慨激愤的，争着说要将洋人驱逐出中国。这些都是局外人的议论，他们不知道其中的困难，等到问他们用什么办法来自我图强和抵御洋人入侵时，全都茫然不知所措了。臣已经操办了很长时间的洋务，了解的比较多一些，对于敌我双方的长处和短处都了解地比较深刻。看眼下的情况，财力、人才实际上都不足，又有很多陈规所限制，被众人的议论所牵制，即使想要发奋做事也非常困难。《易经》中讲道："穷则变，变则通。"因此如果不加以变通，那么无论是进攻还是防守都是靠不住的，和平的局势也不会长久。

又讲道：

近来一些守旧的读书人，很多都认为与洋人打交道、兴办洋务是让人耻辱的；那些投机取巧的人，又将回避洋务当作是可以为自己谋取利益的手段。要不是朝廷力主要开辟风气，破除以往的陈规陋习，谋求富民强国的可行办法，天下的危险局面，终究是无法支撑的，往后缺乏人才的情况，甚至会比现在还要厉害。这么大的一个中国，却没有能够自立自强的时候，不但是让人忧虑的，而且也是让我们感到耻辱的。

由此来看，李鸿章本来就知道现在是三千年以来的一个大变局，也明白拘泥于现状是不能够长治久安的，本打算谋求今后千百年可以安定国内，抵御外侮的方法，也知晓古法是不能医治新症的，不通过变法维新，那么进攻和防守都是不可靠的。不消除内部派系林立的局面，不革除陈规陋习，那么终将会是一事无成，甚至也知晓今后人才的缺乏将比现在还要严重，这么大的一个中国，却永远没有能够自立自强的时候。李鸿章语气沉重，我今日读了之后，也情不自禁得热泪盈眶了。李鸿章那样的忠心耿耿，如此的明察秋毫，而且又久居要职，掌管大权，但却仅仅取得现在这样的成就，为什么呢? 主要是因为李鸿章只知道有军事而不知道有民政，只知道有外交而不知道有内政，只知道有朝廷而不知道有百姓。终日地责备他人看不清局势，而自己对于眼下的局势却也是不明白；终日责备他人派系林立，积习难除，而自己的派系观念和陈规陋习，跟其他人相比也只不过是五十步笑百步。岂不明白现在的国际竞争，不在于国家而在于国民；岂不明白西方各国可以消除派系林立、革除陈规陋习，实施新政富民强国，主要是因为一股自下而上并不是自上而下的动力。想要去探求这股动力的来源，那么一定是有一两个能够提供强大力量的先行者，从而能够做一些引导，这种风气一旦养成，在对其加以利用，没有不取得成功的。李鸿章不明白这个，不忧虑这个也就罢了。(但是）李鸿章既明白也在忧虑这个，以他所处的位置和声望，对上说服皇上来指挥百官，对下制造舆论来唤起民众，可惜他却没能做到。因为我说：李鸿章的问题主要在于他不学无术。因此说：李鸿章是被时势所造就的英雄，不是造就时势的英雄。

即使这样，事情因地而异，人物因时而异。我们这些人生活在当下，却用大道理去对李鸿章大加指责，我知道李鸿章肯定是不会接受的。李鸿章所讲的局外人的议论，不知道局中人的艰难，言下之意，大概他也是有苦难言的。根据《春秋》中“责备贤者”的说法，李鸿章固然是难辞其咎的，但是试问一下如今的四万万同胞当中，能够有资格向他横加指责的人有几个呢？我虽然责备李鸿章，也一定不会对那些古板的读书人，投机取巧的人，被传统文化束缚的人，安于现状的人有所谅解，也决不允许他们这些人跟随我而对李鸿章妄加非议。总而言之，李鸿章不失为一位名副其实的英雄，但是很不幸的是，如此一个泱泱大国，却没有哪怕一个无名的英雄能够追随李鸿章，因此李鸿章富国强兵的努力最终没有取得成功。我对于李鸿章的遭遇，感到十分的痛心。

从这一章往后，李鸿章春风得意的历史结束了，失意的历史才刚刚开始。

# 第七章 中日甲午战争时期的李鸿章

## 一、甲午海战的起因　甲午海战前李鸿章的失策

中国维新运动的萌芽，从中日战争开始，李鸿章的盖世英明，从中日战争开始沦落。实在是可惜！光绪十九年（1893年），李鸿章过七十大寿，过完寿后就染上病了，生病却没有去世，最终遭遇中日战争这个变故，祸事接二连三，更是在经历了八年的艰难、危险和耻辱之后，到现在才去世。苍天啊，之前为什么要如此的优待他，之后又为什么要如此的残酷折磨他呢？写到这里，情不自禁地停下笔来感慨一番。

中日战争，最先从朝鲜发起，寻找这场祸事的本源，不能不说是李鸿章外交方面的遗憾。朝鲜本来是中国的藩属国。同治十一年（1872年），日本和朝鲜发生摩擦，日本派人到中国交涉，按道理来讲，朝鲜是中国的藩国，外交应该由中国来做主，这是公认的道理。中国政府因为怕多事，答复日本说道："朝鲜的国事，我们国家向来不去过问，听凭贵国自行与他们交涉。"日本于是又派遣使臣到朝鲜，光绪元年（1875年）正月，日本与朝鲜签订了合约，其中第一条讲道：日本将朝鲜看作是自主的国家，和日本拥有平等的自主权等等。这是日本和朝鲜相互交涉

的开端。光绪五年（1879年），英、美、德、法等国家，接连请求和朝鲜互相通商，朝鲜国民很是恐慌，犹豫不决。李鸿章于是发密函劝说朝鲜的太师李裕元，让他们和各个国家签订条约，他在奏折中讲道借此来防御俄国人，牵制日本等等。光绪六年（1880年），派驻在日本的使臣何如璋，给总理衙门上书，提议清政府掌管朝鲜的外交事宜，说中国应该在朝鲜设置专门的办事大臣。李鸿章说如果秘密地对朝鲜进行保护，尚且能够进退自如，如果明目张胆地替朝鲜谋划，至于朝鲜，不一定会全听我们所说的，但是世界各国却只会将矛头指向我们，到时候必将是骑虎难下的局面，很是担心摆脱不了这个麻烦等等。光绪八年（1882年）十月，侍读张佩纶再次上奏，请求派遣朝廷要员担任朝鲜的通商大臣，办理朝鲜的外交事宜。李鸿章再次上奏，也和之前的说法相同。这是因为李鸿章对于“藩属国无外交”的公认道理不是很了解，只是贪图一时省事，用大道理来蒙蔽他人，实际上是外交上的千古遗憾。从此往后，世界各国都不再以中国藩属国的眼光来看待朝鲜。光绪十一年（1885年），李鸿章和伊藤博文在天津签订了条约，记载说明他日如果朝鲜有事，中国和日本两国要派兵前往，必须事先相互知会。从此之后朝鲜有如同是中国和日本共同保护的国家，实在离奇，让人感到不可思议。从此往后，中日两国各自坚持自己的观点，纠缠不清，最终酝酿成了争斗，实际上就是基于这个原因。而祸事的本源不得不说是外交上的政策导致的，这是李鸿章失算的第一件事。

光绪二十年（1894年）三月，朝鲜发生了东学党的叛乱，气焰很猖獗。此时袁世凯被派驻在朝鲜，担任办理商务委员。袁世凯，作为李鸿章的亲信，多次致电给李鸿章，请求派兵协助剿灭叛乱，还怂恿朝鲜国王向清政府请求派兵（援助）。李鸿章于是在五月十一日派遣海军济远、扬威两艘战舰赶赴仁川、汉城保护商业，并且调派直隶提督叶志超带领一千五百名淮勇赶赴牙山。同时，遵守《天津条约》的约定，事先通知了日本。日本随后也派遣军队前往朝鲜。到五月十五日，日本到达仁川的军队人数已经达到五千人。朝鲜政府大为震惊，请求中国先撤军来为日本做一个榜样。中国政府不同意，于是和日本多次往来商议一同撤军的事宜，此时东学党的叛乱已经被镇压下去了。日本既然已经派出重兵，没有撤退的理由，于是和清政府商议一同干预朝鲜的内政，帮助朝鲜进行变法，往来的文书，言辞十分的激烈，战争一触即发。

此战，站在中国的角度来讲，藩属国发生了叛乱，用谦卑的言辞来请求派兵支援，宗主国有替它平定叛乱的责任，因此中国派出军队是合理的；站在日本的角度来讲，认为朝鲜已经是自主的国家，和世界各国的地位平等，现在中国迅速派出军队来替代拥有自主权的国家平定叛乱，其中的用意让人难以捉摸，因此日本派出军队来进行防御，也是合理的。两个国家各执一词，都认为自己有理、对方无理，中日双方都有根有据，言之有理。但是其中有可疑的地方，在中国没有发兵之前，袁世凯多次发电报声称东学党活动猖獗，朝鲜政府绝对不能自己平定叛乱，随后朝鲜国王求救的咨文，也是袁世凯指使（发出）的，为什么会五月初一才派出军队，五月初十就已经传来东学党被平息的战报呢？当时我们的军队还在途中，和东学党叛军没有一丁点儿的联系，由此可见，朝鲜的叛乱根本就不需要中国来帮它平定。不需要中国代为剿灭，但是中国却无缘无故地派出军队，怎么会不让日本怀疑呢？因此中国说日本派兵没有道理，日本是肯定不愿接受的。有人说袁世凯是想要借东学党叛乱来邀取战功，因此夸大其词，生出这个事端，却不承想日本紧随其后也派出了军队。如果真是这样，那么就是袁世凯的一己之私，造成了十多万百姓遭受祸乱，让延续几千年的国体遭受了破坏。袁世凯固然难辞其咎，但是任用袁世凯，听信袁世凯的人，不也有用人不当的过失吗？这是李鸿章失算的第二件事。

日本多次商议协助干预朝鲜事务但中国不同意，中国多次建议同时撤兵但日本不答应。李鸿章和总理衙门，天天盼着俄国和英国出面调解。中国、英国、俄国，电报往来不断，俄国、英国也假称一定竭尽全力，暗地里却是想要渔翁得利。拖延了好长时间，作战的准备还没有做好。到了五月下旬，日本调派到朝鲜境内的军队人数已达一万多人。平日里军力就已经比不上日本，在临战时的准备又落后于日本，让敌人将所有的战略要冲全部占据，主客位置颠倒，因此还没等到开战，胜负结果就已经确定了。这是李鸿章失算的第三件事。

## 二、大东沟之战

三次失误还没能挽救，战争就打响了。六月十二日，李鸿章奉朝廷的旨意筹备战事。派遣总兵卫汝贵统率盛军马步军六个营进军平壤，提督马玉昆统率毅军两千人进军义州，全部由海路到达大东沟登陆，命令叶志超移军驻扎平壤，以上都是淮军部队。所派遣的各路军队，雇了三艘英国的商船分批运输，用济远、广丙两艘军舰来进行护卫。二十三日早晨遭到日本的军舰袭击，济远舰管带方伯谦看到敌舰临近，恐慌地躲到了军舰铁甲最厚的地方，继而被日军的炮火毁坏了船舵，就高高地悬挂起白旗，下面悬挂日本军旗，逃回到旅顺港。高升号被击沉，我方军队死亡七百多人。二十七日，通告全国，命令驻日公使汪凤藻降下国旗回国。二十九日，牙山失守，叶志超败退回平壤，捏造谎报取得胜利，谎称在二十五六七几天的时间之内，多次奋战，歼灭日本军队五千多人，朝廷下旨赏赐兵士白银两万两，将官因此而受到嘉奖的有几十人。自此以后，海军、淮军的威望，开始逐渐衰落了。

在五月、六月的时候，日本的军舰聚集在朝鲜，来回穿梭。但是此时中国的战舰却躲避在威海卫，在浅海处游荡。等到京城之外的官员上书参奏弹劾的时候才假装派遣出辅助的战舰，开出军港之外，有时开出三十里就停下，有时开出五十里就停下，大概都是启航出港经过五六个小时就迅速将战舰开回军港，立即给李鸿章发电报，报称某战舰巡逻到某处，并没有发现日本军队的踪影等等。种种的情形，实在是可笑可叹。八月上旬，北洋大臣那里接连收到朝鲜前线的电报，请求清政府派出军队来壮大声势。于是清政府用招商局的五艘轮船，载着军队、银两和粮食，用海军战舰护送。一共有铁甲舰、巡洋舰各自六艘，水雷舰四艘，编队一同前往。八月十五日，安全抵达朝鲜鸭绿江口。五艘运兵船进入鸭绿江，浅水战船和水雷战船与它们一同前行，其余的战舰驻扎在离鸭绿江口十里或十六里的地方。锅炉中的煤火没有熄灭，十六日早晨，远远地望见南方升起缕缕黑烟，知道是日本战舰将要来了。海军提督丁汝昌，传令战船列队为人字形方阵，镇远、定远两艘铁甲舰位于“人”字首端，靖远、来远、怀远、经远、致远、济远、超勇、扬威、广甲、广丙和水雷船，列为“人”字的两翼，并且用号旗命令鸭绿江中的各战船全部出来助战。过了一会儿，日本的战舰逐渐接近，列队为“一”字形方阵，向清军猛扑过来，一共有十一艘战舰，日本巡洋舰的速度，快过清军的船只。转眼间又变作成太极阵型，将“人”字形方阵（的清军）包裹在中间。清军的战舰先开巨炮进行示威，但是距离日本的军舰有九里多远，打不中也是情理之中。炮声未落，日本的战船就蜂拥而来，和定远、镇远相距六里左右，大概是害怕（定远、镇远的）厚重的铁甲，躲避重炮袭击，并且在此距离上也是清军的火炮所不能攻击的，（但是）日本战舰的炮火却可以覆盖攻击清军。日军和“人”字形方阵末端的两艘战舰相距较近，欺负两舰炮小并且铁甲较薄。过了一会儿，日本的战舰切入了“人”字形的阵脚，致远、经远、济远三艘战舰，都被隔离出了包围圈之外。致远舰脱离舰队之后，船身多次受到重创，眼看就要沉没，管带邓世昌，命令战舰开足马力，向日本战舰奔驰过去，想要撞击日舰和它一同沉没，还没有到达就沉没了，船上二百五十人一起殉难。在中日战争中，战死的人中以邓世昌最为壮烈。和致远舰一起被隔离出阵型的经远舰，刚一离开阵型，就突发了大火，管带林永升，一面开炮攻击敌舰，一面泼水救火，指挥依旧井然有序。遇到一艘日本的战舰，好像已经受伤，就加足马力追击，无奈却被敌方的鱼雷攻击，躲避不及，被炸裂沉没，殉难的也有二百七十人。真是惨烈啊！至于济远舰管带方伯谦，也就是七月的时候护送高升号到牙山，在途中遇到日本战舰逃回旅顺的那个人。当天双方刚一交战，方伯谦就先挂起了自己战舰已经受到重伤的旗帜，用来告知主帅，很快就由于企图逃亡的缘故，也被日本舰队隔离出了阵型之外。致远、经远两艘战舰，和日本舰队奋战，方伯谦却置之不理，如同丧家之犬一般，于是误驶到水浅的地方，此时扬威号铁甲舰已经搁浅，不能转动，济远舰撞击扬威舰，致使（扬威舰）裂开一个大洞，于是就沉没了。扬威舰遭遇这飞来横祸，有一百五十多人因此而殉难。方伯谦非常惊慌，迅速地躲进了旅顺港。第二天，李鸿章发来电报命令将方伯谦绑缚到阵前就地正法。同时和方伯谦一样贪生怕死的还有广甲舰，逃离出了方阵，不知道它是否受到创伤，但是只顾着防卫后面的追兵却不顾前路，于是误撞上了礁石，被日舰发射鱼雷轰击炸沉。方阵之中经远、致远、扬威、超勇沉没，济远、广甲逃亡，和日舰激战的仅仅只剩下七艘战舰。此役，日舰虽然有的受到重创，有的受到小伤，但是却没有丧失一艘战舰，而清军却丧失了五艘战舰。

## 三、平壤之战

海军在大东沟被击败，陆军也在平壤同时被击败。平壤是朝鲜的重镇，西、南、东三面都是大江围绕，北面有崇山峻岭，城池傍依山崖，城东的江水，环绕城南向西流去，西北角没有山水阻挡，是直达义州的交通要道。清军叶志超、聂桂林、丰升阿、左宝贵、卫汝贵、马玉昆六名将领，总计统领三十四个营的兵力，从七月中旬开始汇集在此处，他们都是李鸿章的部下。当初中国刚发兵牙山的时候，副将聂士成曾经建议，应该趁日军还没有进入朝鲜之前，首先派重兵渡过鸭绿江，迅速占据平壤，然后让海军舰队扼守住仁川的港口，让日本的军舰无计可施。牙山的陆军和北洋海军一起，既能牵制住日军，然后再让平壤的大军南下进攻等等。李鸿章没有采纳这个建议。等到七月二十九日，牙山战败，这条计策也就落空了。

即使是这样，日军在进入朝鲜的时候，正是酷暑时节。道路险恶难行，行军十分困难，沿途的村落又十分的贫瘠，没有地方可以征粮。朝鲜的百姓向来害怕中国，（中国军队）所到地方的供给，供应都非常的充足，对待日军的则是截然相反。因此日军在进攻平壤的时候，除了干粮之外，没有别的可吃的了，一匙盐通常要供应多日。在这个时候，清军如果知晓并抓住战机，趁着日军疲惫，派出奇兵来攻击日军，一定可以获得胜利。但是最终没有出此计策，只是采取了以主待客、以逸待劳的计策，依靠着平壤坚固的堡垒，觉得可以抵御敌人，这就丧失了很大的战机。李鸿章在八月十四日所下达的命令，主要的思想都放在了防守上，而不是进攻。大概中日战争的全局都被这种思想所误导了。

当时按照李鸿章的部署，马玉昆率领所管辖的毅军四个营绕过江东，形成犄角之势。卫汝贵、丰升阿两路军队十八个营驻扎在城南江岸，左宝贵部队的六个营驻守在北山城，叶志超、聂桂林两人在平壤城中。十二、十三、十四几日，日军已经陆续汇集到了平壤附近。中日双方互相挑战，彼此都没有太大的损伤。到了十五日晚上，日军的部署已经完毕，派遣右翼部队攻陷了大同江左岸桥里的炮台，之后渡江进攻平壤的正面，师团长率领的中央部队作为后援力量，派遣左翼部队从羊角岛下部渡过大同江，冲击清军的右翼。十六日，在大同江岸边与马玉昆部队相遇，双方发生激战，日军死伤惨重，炮台最终被攻陷。此时左宝贵退守牡丹台，装备有七响的毛瑟枪和快炮等武器，奋力作战，日军发射开花大炮，左宝贵负伤战死，军队于是大乱。下午四点半左右，叶志超急忙悬挂起白旗，请求停战。当夜全部的军队纷纷逃走，在义州、甑山两处被日军截住，又有两千多人战死，平壤最终失陷。

## 四、甲午年九、十月以后大概情形

此战，李鸿章二十多年所操练的军队，自夸为劲旅的部队，大致都耗尽了。中国军事力量废弛，本来就被外国所熟知了。只有淮军、奉军、正定练军等，向来使用西方的操练方法，也是李鸿章所苦心经营的部队，因此日本被它们的威名所震慑，非常害怕。等到战胜之后，日军的将领还在说这是本来所想不到的。淮军之所以战败，一方面是由于将帅愚蠢无能，严重的例如卫汝贵私自克扣军饷，临阵脱逃，比如叶志超将失败谎报为胜利，欺瞒国君邀功请赏，使用这样的将领来临阵杀敌，怎么会不失败呢？另一方面由于六位统帅，官职、权限都是平等的，彼此之间没有威慑，因此军队涣散，指挥配合不当。这场战役是李鸿章用兵打仗失败的开始，淮军的威名，也是在这个时候一扫而光了。

长久操练的部队都尚且是这样，其他仓促之间新招募的士卒，纪律不严，军械不齐全，就更微不足道了。从平壤战败之后，朝廷的战略决策更加摇摆不定了，军事上的责任，不仅仅在于李鸿章一人，在此不再作详细的叙述，只将重要的部队将领罗列如下：

一、依克唐阿　奉天将军　满洲马队　在光绪二十年八月被任命为钦差大臣

二、宋庆　提督　新募军　在光绪二十年被任命总领前敌各军

三、吴大澂　湖南巡抚　湘军　在光绪二十年十

二月被任命为帮办军务大臣

四、刘坤一　　　两江总督　湘军　　　在光绪二十年十二月被任命为钦差大臣

其余先后从军的有：承恩公桂祥（慈禧太后的胞弟），副都统秀吉统领的神机营马步军；按察使陈湜，布政使魏光焘、道员李光久、总兵刘树元、编修曾广钧、总兵余虎恩、提督熊铁生等人统领的湘军；按察使周馥、提督宗德胜等人统领的淮军；副将吴元恺统领的鄂军；提督冯子材统领的粤勇，提督苏元春统领的桂勇；郡王哈咪统领的回兵；提督闪殿魁新招募的京兵；提督丁槐统领的苗兵；侍郎王文锦、提督曹克忠奉旨办团练操的津胜军；某蒙古官员所统领的蒙古兵。在战争期间，这些部队有时归李鸿章节制，有时归依克唐阿节制，有时归宋庆节制，有时归吴大瀓节制，有时归刘坤一节制，没有一个明确的归属，也就毫无统一可言了。有见识的人早就知道靠他们是打不了胜仗的。

九连城失陷，凤凰城失陷，金州失陷，大连湾失陷，岫岩失陷，海城失陷，旅顺口失陷，盖平失陷，营口失陷，登州失陷，荣城失陷，威海卫失陷，刘公岛失陷，海军提督丁汝昌，率领北洋海军的残军败舰向日本投降，从此中国的海防力量丧失殆尽。在此，将李鸿章一生最精心打造的海军重新列一个表格，来感慨一下李鸿章的穷途末路：

| | | | |
|---|---|---|---|
| 经远 | 铁甲船 | 沉 | 黄海 |
| 致远 | 钢甲船 | 沉 | 黄海 |
| 超勇 | 钢甲船 | 沉 | 黄海 |
| 扬威 | 钢甲船 | 火 | 黄海 |
| 捷顺 | 水雷船 | 夺 | 大连湾 |
| 失名 | 水雷船 | 沉 | 旅顺口外 |
| 操江 | 木质炮船 | 夺 | 丰岛中 |
| 来远 | 铁甲船 | 沉 | 威海卫 |
| 威远 | 练习船 | 沉 | 威海卫 |
| 福龙 | 水雷船 | 夺 | 刘公岛外 |
| 靖远 | 钢甲船 | 沉 | 刘公岛外 |
| 定远 | 铁甲船 | 降 | 刘公岛中 |
| 镇远 | 铁甲船 | 降 | 刘公岛中 |
| 平远 | 铁甲船 | 降 | 刘公岛中 |
| 济远 | 钢甲船 | 降 | 刘公岛中 |
| 威远 | 木质船 | 降 | 刘公岛中 |

其余的还有康济、湄云这些木质的小型兵船，镇北、镇边、镇西、镇中四艘蚊子船，还有五艘水雷船，三艘炮船，但凡是刘公岛湾内或是损伤或是没有受伤的战船，大小一共二十三艘，全都被日本占有。其中也有广东水师的广甲、广丙、广乙三艘战船，有的沉没，有的投降。从此之后，中国的数千里海疆，几乎不再有中国战船的踪迹。

## 五、失败的原因

在中日战争的时候，李鸿章成为众矢之的，被訾病得几乎体无完肤，人人都想要杀他。平心而论，李鸿章确实是难辞其咎，对公法一无所知，误劝朝鲜和外国订立条约，这是第一个失职之处；既然已经允许（朝鲜）与外国订立条约，默认朝鲜拥有自主权，又派兵干涉朝鲜的内乱，授人以口实，这是第二个失职之处；日本既然已经调派军队势必是有进无退，却不能抓住战机，却想要依靠他国来进行调停，只是延误了战备的时日，这是第三个失职之处；聂士成请求趁着日军没有汇集的时候，派兵直接攻击韩城来抑制日军使其不能取胜，这是第四个失职之处；高升号事件未发生之前，丁汝昌请求用北洋海军先消灭日本舰队，却不被采纳，最终让日本反客为主，日军越来越强大而我军越来越危险，究其缘由，都是因为不想要让事端由自己挑起，想要用外交的手段来应付，却不知道光绪二十年（1894年）五、六月的时候，中日两国彼此早就成了敌国，而不是友邦，用友好的手段来应对战事，这是第五个失职之处；李鸿章可能自我辩解说：我国的军力不足以和日本相匹敌，因此采取忍让的态度。即使这样，李鸿章身为北洋大臣整顿军务二十年，为什么不能一战呢？这是第六个失职之处；李鸿章又会辩解说：政府牵制，经费又不足。即使这样，这也不过是不能扩充而已，怎会连现有的部队，例如叶志超、卫汝贵等部队，向来因为久经训练而闻名，也是如此的脆弱，并且克扣粮饷、抢掠民妇这样的事情，也经常会听说，连军纪都没有，这是第七个失职之处；枪是老旧的破枪，弹药是假的，弹药和枪械不匹配，弹药和枪械不同时发放，说之前管理军械局的人都很清明，谁能相信呢？这是第八个失职之处；平壤之战，军队没有主帅，这是兵家的大忌，李鸿章却犯了这个大忌，这是第九个失职之处；自始至终在坐等日本进攻，让自己受制于人而不去克制敌人，怕敌人像畏惧老虎一样，这是第十个失职之处；海军不知道装备快船和快炮，这是第十一个失职之处；旅顺天险，洋人称如果用几百士兵把守，粮食充足的话，三年不能被攻破，却委派自己的亲信、胆小的人去驻守，闻风而逃，这是第十二个失职之处。这些都是李鸿章的罪责。在光绪二十年（1894年）九、十月以后，全是外行在瞎指挥，号令不能出自一人之手，那么责任也就不能全部归到一人身上。如果全都说是李鸿章的过错，李鸿章是不能接受的。

不仅不能接受，我看那些指责李鸿章、怪罪李鸿章的人，他们自己身上的罪责，比李鸿章要多出几倍。此战，将帅没有一个人不使国家受辱，这个就不再说了。但是在百步和五十步之间对比，那么海军比陆军更好一些，李鸿章所统率的陆军，比其他的陆军更好一些。海军大东沟一战，中日双方激战了五个多小时，观战的洋人都交口称赞。虽然其中也有像方伯谦这样的败类（有人说方伯谦实际上是为了救火保住战船。海军战术就是这样），然而其他奋力激战的战船也可以抵偿了，即使是敌人也会肃然起敬。因此日本在此战中，只有海军有敌手，陆军并没有敌手。等到刘公岛一战，粮食耗尽，援军迟迟不到，向敌人投降来保全生灵，以身殉节来成全大义，前后殉难的人，邓世昌、林泰曾、丁汝昌、刘步蟾、张文宣，虽然身死之处不同，但是都具有男儿的气概，令君子感到悲壮、怜悯。他们都是北洋海军最重要的人物，反观陆军那些无心无肝的人怎么样呢？陆军实在是不足道哉。但是平壤之战，还是有左宝贵、马玉昆等人奋战一两天，他们是李鸿章的部下，敌军伤亡的人数与我军相当。在后来尝试收复金州、海城、凤凰城等地，以及防御盖平，前前后后几次，都曾与日军发生激战，虽然没能取得胜利，但是都已经尽力作战了，指挥战斗的宋庆，也是李鸿章的旧部。虽然不足以抵偿叶志超、卫汝贵、黄仕林、赵怀业、龚照玙等人的罪责。即使这样，比起吴大澂写出劝降的告示，没等交战就全线崩溃怎么样呢？比起刘坤一奉命出征，逗留多月不出发怎么样呢？因此说中国的军队全都腐败是可以的，但是只怪罪于李鸿章的淮军是不合适的。而且当时清廷上下充斥着虚假骄横的气焰，认为好像只要李鸿章一死，那么万事就都能了结，那些指手画脚的人，气焰嚣张，巧舌如簧，尤其是湖南人气焰最为嚣张。此时重新起用湘军的建议产生。但是看最终的结局，还不如淮军。那些提出此建议的人应该感到羞愧。我之所以说这样的话，并不是想替淮军和李鸿章作狡辩。我对于中日之战的态度，对于李鸿章和淮军是不能宽恕的，但是对于那些虚假骄横、气焰嚣张的小人，一点儿责任心也没有，只会站在别人的背后，对他人评头论足，却不曾去思考改进的方法，这些人才是导致亡国的根源。李鸿章固然难逃罪责，但是这些人又怎能去责怪他。

## 六、李鸿章的地位及责任

此战，李鸿章的失误确实很多，即使不出现这些失误也没有侥幸取胜的可能性。十九世纪下半叶以来，各国之间的战争，胜负在尚未交战之前都可以被决定。为什么呢？因为世道越接近文明，那么优胜劣汰的道理就越明显。谁有实力，谁就能获取胜利，没有其他可以依靠仰仗的。不论是政治、学术还是商务，没有不是这样的，战争只是其中的一个方面。日本三十年以来，精心经营，上下齐心协力，打造出了一支服从军令且不畏死亡的精锐部队，孤注一掷与我军作战，如果没有必胜的自信，他们敢这样吗？因此在失败之后才知道失败的原因，这种人是愚蠢的，或者在失败之后还不明白失败的原因，这种人就如同死人了。但是只追究李鸿章一人的罪责，这样合适吗？

西方的报刊有人发表评论说：日本不是在和中国作战，实际上是在与李鸿章一人作战。评论虽然稍有过分之处，但是也与事实相近。没看到各省的封疆大员们，只知道固守自己的疆域，将此事看作好像只是直隶、满洲的私事，他们有出一兵一卒，筹措一丁点粮饷来救急吗？即使有，也只是空口说大话罢了。最可笑的是，海军战舰在刘公岛投降时，还有人给日军写书信，请求放还广丙号战船，书信中说这艘战船属于广东水师，这次战争，与广东水师无关等等。各国听说此事，没有不嘲笑的，他们并不知道这些话实际上代表的是各省封疆大员的想法。如果是这样，日本真的是在与李鸿章一人作战。用一人的力量与一个国家作战，李鸿章啊李鸿章，虽败犹荣啊！

从此之后，李鸿章军事上的声誉终结了，而外交上的困难却开始了。

# 第八章 外交家李鸿章（上）

## 一、天津教案

李鸿章在国外享有声誉、在国内被责骂诽谤，都是由外交造成的。李鸿章的一生，有一半是外交的生涯。想要去论定他的功业和罪过，不得不将外交作为是最重要的事情。因此，在这些事情上进行了特别的关注。

李鸿章办理外交事务就是从天津教案开始的。当时正是太平天国和捻军起义刚刚平定的时候，内忧刚刚消除，却突然生出了天津百姓杀死传教士、焚烧法国领事馆的事件（同治九年）。法国人借此进行要挟，联合英国、美国一起来逼迫清廷，他们的要求非常过分。曾国藩刚刚就任直隶总督，经过详细地调查了解，知道这件事情是我国理亏，但是各国想要借机谋求利益的伎俩，又绝对不是可以应付过去的，于是就曲意和他们周旋，对天津的百姓进行镇压，处决了八人，治罪二十多人。但是法国人却仍然不满意，必须索要巨额的赔款，并且还要将天津的知府、知县从重治罪。曾国藩对付洋人，已经是心力交瘁，在朝廷中又被京城里的那些顽固党们所抨击，将他称作是卖国贼（京城湖广会馆将曾国藩所写的匾额烧毁，就是发生在这个时候），弹劾的奏章纷纷呈上，全国上下都想要杀之而后快。通商大臣崇厚害怕将事情闹大，就请求罢免曾国藩而让李鸿章来替代他担任直隶总督。于是，朝廷下明诏敦促李鸿章上任，这就是李鸿章担当重要外交使命的发端，这时是同治九年（1870年）八月。

那个时候的李鸿章，可以说是天之骄子，如同顺风打开船帆，日行千里，上天如同是专门为他设置了这样一个位置作为他成就功名的地方。当他刚刚就任直隶总督时，爆发了普法战争，法国人自顾不暇，搁置了该事件，而其他的欧美国家也都在忙于奔走，忙得不可开交，商讨西方的大问题，像这种东方的小问题，没有人去在意。因此天津教案事件，便逐渐销声匿迹了。当时的中国人，没有一个明白世界大局的，连普法战争这样惊天动地的大事，居然都可以熟视无睹，还认为是由于李鸿章的声望和韬略起到了作用，比曾国藩强几万倍。因此李鸿章的身价顿时猛增数倍。

## 二、法越之战

天津教案事件之后，中日战争爆发之前，李鸿章所经办的对外交涉事件有几十起，而其中最为重大的，就是法国越南之战和日本朝鲜之战。光绪八年（1883年），法国在越南挑起事端，虎视眈眈，想要攫取更多的利益。法国和中国已经订立了条约，但是却想要借助事端撕毁条约，于是中法战争就此爆发。法国海军提督格鲁比，事先就已经制订好了战略，法国海军先行攻占海南，再攻占台湾，直扑福州，歼灭我国的舰队；陆军则从越南的东京地区出发，进攻我国的云南、贵州等地。这样的话，海陆两支部队一定会大有斩获，到时候法国在东方的势力，就可以与英国相抗衡了。于是格鲁比一面给国内发去电报，请求补给军需并且增派援军，一面趁福州虚于防备，轰击我方船厂，击毁我方战舰，一面又派遣陆军迫近越南东京。当时在中国的南方地区，一片惨淡萧条的景象。李鸿章于是实行了边打边拉的外交手段，想要通过英国、德国来制约法国。当时曾纪泽刚刚就任驻英大使，奉命办理此事。虽然最终没有成功，但是法国政府因此而有所顾忌，向中国增兵、筹集军费的议案，在议会讨论时遭到了否决。格鲁比此时正在攻打台湾淡水而不能取胜，越南的法国陆军又被刘永福领导的黑旗军所阻挡，他的军事计划不能得以实行，忽然接到议案被否定的报告，差点忧愤致死。于是法国人先向我们提出议和。在此战之后，李鸿章的外交手段，开始被欧洲人所关注。

## 三、中日天津条约

与法国的战事刚刚平息，朝鲜京城又发生了袭击日本使馆事件，中国军队和朝鲜军队都准备采取行动。朝鲜作为中国的藩属国，为了谋求自立自主，长期以来一直在与中日两国进行抗争，纠纷还没等平息，日本趁我国正处多事之秋，派遣伊藤博文到天津来进行交涉。伊藤博文刚到天津，法国人就已经向我国提出和议的请求。李鸿章本来就有一种自傲的气质，现在看到虎狼一般的法国，尚且都已经俯首求和了，更何况是小小的日本，能做出什么大事来呢？因此在伊藤博文到来的时候，李鸿章极其傲慢地接待了他。后来伊藤博文在和张荫桓、邵友濂议和的时候，私下里对伍廷芳讲，从前在天津见到李鸿章时他的那种威严，到现在想起来还都会感到害怕，这是伊藤博文在他春风得意的时候宣泄出的旧日的遗憾。伊藤博文此次天津之行，也没能取得成功，仅仅是约定了今后朝鲜如发生事端，一国派兵前往，必须通知另一国这样的内容而已，这就是所谓的《天津条约》。但是，这个条约还是成为了日后中日战争的导火索。

## 四、议和日本　停战条约及遇刺

李鸿章在朝鲜外交方面所犯下的种种错误，前面一章已经说过了。正是因为这个，《天津条约》最终逐渐演变成了《马关条约》。唉！庄子曾讲过："开始时看起来简单不起眼，但经过发展变化会产生巨大的影响，带来巨大的变化。"善于下棋的人每当在下闲棋的时候，斤斤计较而绝不肯放过的。后人如遇到这种情况，必须要多加小心。战争打到光绪二十年（1894年）的冬季，中国除了求和之外，再没别的办法。正月，中方派遣张荫桓、邵友濂到日本议和。日本觉得这两个人官职低微，拒绝与他们进行谈判。于是改派李鸿章前去议和。李鸿章在二月动身前往日本，副手李经方等人跟随前往，在二十四日抵达马关，和日本全权大臣伊藤博文、陆奥宗光开始谈判。第二天首先讨论停战条件，日本首先提出用大沽、天津、山海关三个地方作为抵押。辩论了多时，双方互不相让，于是准备暂时停止讨论停战条件，直接讨论和约。伊藤博文说：既然这样，那么你们就需将停战的摘要取回，以后不准再提及。双方讨论了很久也没有做出最终的决定。到二十八日，第三次会议的时候，在回住处的路上李鸿章遭遇刺杀，子弹穿过左边颧骨下部，深入左眼下面，几乎晕死过去。听到这个消息后前来探望的日本高官络绎不绝，伊藤博文、陆奥宗光也都亲自前来慰问，极为恭敬地进行道歉，脸上露出了忧虑。日本天皇和全日本人民都同时表达了悲伤惋惜，于是同意在中国先前提出的停战摘要上签字画押。口舌争论所不能得到的东西，借助一处枪伤得到了。因此停战这一事，稍微有了一点希望。在李鸿章刚刚遇刺的时候，日本天皇派遣御医、军医前来替他看病治疗，所有的医生都说取出了子弹，枪伤就容易治疗康复了，但是必须静养一段时间，不能太过于费心劳神。李鸿章慷慨地说：国家艰难，和平谈判刻不容缓，我怎么能够拖延时间来误国呢？宁死也不取出子弹。第二天，有人看到李鸿章鲜血沾满官袍，说道："这是在流血报国啊！"李鸿章潸然泪下说："如果舍弃我的命而对国家有好处，我也义不容辞！"他慷慨忠愤的气概，让人敬畏。

李鸿章遇刺后，朝廷下旨进行慰劳，并且派遣李经方代理全权大臣一职。但李鸿章实际上还是掌控着一切，虽然伤重卧床，但还是对李经方口授机要，医生们对此很是忧虑。三月初七，伊藤博文等人将拟定好的和约底稿送来。十一日，李鸿章准备好答复，将条约按照大纲分为四款：一是朝鲜自主，二是割让土地，三是赔偿军费，四是通商权利。除了第一条由朝鲜自主决定外，其他的都极力驳斥。十五日，又另拟了一份条约底稿送过去，请求赔偿军费白银一亿两，割让奉天南部四厅县等地，日本也逐条进行了驳斥。十六日，伊藤博文等人又送过来了一份修改后的和约底稿，比之前稍微减少了一些，也就是现在《马关条约》的大概内容了。当时李鸿章的枪伤已经痊愈，又去到春帆楼和日本全权大臣当面讨论，竭力商讨，反复琢磨，毫不退让，日本只是声明如果中国能在三年内将赔款还清，就免除掉所有的利息，威海卫的驻军费用也减少一半。现在将《马关条约》的全文罗列如下：

大日本帝国大皇帝陛下，以及大清帝国大皇帝陛下，为了签订和约，让两国及两国臣民重修和平，共享幸福，杜绝将来再次发生争端，大日本帝国大皇帝陛下，特派大日本帝国全权办理大臣、内阁总理大臣、从二位勋、一等伯爵伊藤博文，大日本帝国全权办理大臣、外务大臣、从二位勋、一等子爵陆奥宗光；大清帝国大皇帝陛下，特派大清帝国钦差头等全权大臣、太子太傅、文华殿大学士、北洋通商大臣、直隶总督、一等肃毅伯爵李鸿章，大清帝国钦差全权大臣、二品顶戴、前出使大臣李经方，担任全权大臣，双方检查了各自所接受的旨意，都认定准确无误，将共同商定的和约各项条款，罗列如下：

第一款 中国承认朝鲜是独立自主的国家，尊重它的领土主权完整，因此但凡是对朝鲜独立自主体制会有所损害的行为，比如朝鲜向中国进贡、册封等，以后全部予以废除。

第二款 中国将下列地区的管理权和这些地方的所有堡垒、兵工厂以及一切公共设施，永远转让给日本：一、下列划界以内的奉天省南部地区，从鸭绿江口，顺着这条江直到安平河口，再从该河口，划到凤凰城、海城直到营口为止。折线以南的地区，所有城市、乡镇，都包含在划定的界线内。这条线到了营口的辽河后，即顺流而下直到入海口为止。中日双方以这条河的中心线为界，辽东湾东岸，以及黄海北岸，奉天省所管辖的各个岛屿，也全都包含在割让范围之内。二、台湾全岛，以及所有的附属岛屿。三、澎湖列岛，即从英国格林尼治东经190度起，直到东经120度，从北纬23度起，直到北纬24 度之间的各个岛屿。

第三款 根据上一款的记载，以及本条约附带的地图所划定的疆界，等本条约批准交换之后，两国应当各自选派两名以上官员，作为共同划定疆界的委员，实地勘测，划定界线。如果遇有本条约所订立的界线，因地形或管理问题不便实行的情况，两国所派遣的委员，应当妥善研究。两国所派遣的委员，应当从速办理界线划定事务，在就任之后，限期一年内完成。如果委员们对已经确定的界线进行修改，在两国政府未批准之前，应当以本条约所划定的界线为准。

第四款 中国同意将国库白银两亿两交给日本，作为军费赔偿，这笔赔款分八次交完，第一次是五千万两，应当在本和约批准互换后六个月内交清；第二次是五千万两，应当在本和约批准互换后十二个月内交清；剩下的赔款平均分为六次，逐年交纳，交纳的方法如下：第一次平分逐年的赔款，在两年之内交清，第二次在三年之内交清，第三次在四年之内交清，第四次在五年之内交清，第五次在六年之内交清，第六次在七年之内交清。这里所提到的年度划分，都从本条约批准互换之后开始算起。第一次赔款交清之后，尚未交的赔款，应该按照每年百分之五缴纳利息。但是赔款是逐次缴纳，还是一次性全部交清，完全由中国自主决定。如果从条约批准互换之日开始，三年之内能够全部还清赔款，除了将已付的利息，或者两年半，或不到两年半，在应付的本金中扣除外，剩下的全部免除利息。

第五款 本条约批准互换之后，限期两年之内，日本允许中国割让土地之内希望迁出的中国人，随意变卖所有的产业，迁出割让地。但两年限期之后，尚未迁出的，将会被视作日本国民。至于台湾，在本条约批准互换之后，两国应当立即各自选派官员到台湾，限期在本条约批准互换后两个月内交接完毕。

第六款 中日两国之前的所有条约，由于此次战争，全部自动废除。中国应当在本条约批准互换之后，立即派遣全权大臣，和日本所委派的全权大臣一起，共同商定通商行船条约，以及陆地通商章程。两国新签订的条约，应当以中国与西方国家现行的条约为蓝本。从本条约批准互换之日开始，一直到新订条约没有实行之前，所有的日本政府官吏、臣民，以及商业、工业、水陆交通、通商等，都要享受最惠国待遇，所有的礼遇和守护，不得与其他国家有所区别。中国同意将下列各项所约定的条款内容，从两国全权大臣画押盖印开始，六个月之后，一一照办。第一，除了中国现在已经开放的通商口岸，还应当批准增添以下各处作为通商口岸，以方便日本臣民从事商业、工业制造等活动。所有新增添的通商口岸，全部按照以往旧有的通商口岸的规定，或者是旧有的内地城镇的章程，照样办理，所有应得的待遇和照顾，都应当同样享受。新增的通商口岸是：一、湖北省荆州府沙市，二、四川省重庆府，三、江苏省苏州府，四、浙江省杭州府。日本政府可以派遣领事驻扎在各开放口岸。第二，日本轮船可以开到这些通商口岸，搭载行客，装运货物。一、从湖北省宜昌溯长江而上到四川省重庆府；二、从上海驶进吴淞江以及运河，乃至苏州府和杭州府。中日两国，在尚未商定行船章程之前，上述各开放口岸的行船，应当按照外国轮船驶入中国内地水路现行章程办理。第三，日本的臣民在中国内地，购买货物，或是自己生产的货物，或是将进口货物运往内地的时候，想要暂时存放在货栈，除了不用缴税和摊派一切费用外，可以暂时租借客栈存放货物。第四，日本臣民可以在中国的通商口岸，随意进行各种工业制造活动，可以将所需要的机器随意装运进口，只需要缴纳必要的进口税就行。日本臣民，在中国制造的一切货物，在内地的运输税、营业税与其他的各种摊派的杂费，以及在中国内陆客栈寄存货物，全部按照日本臣民运入中国的货物的规定，一体办理，至于那些应享受优待免除的，也全部一样。以后如果有因此事再增加规章条约的需要，就载入到本款所称的“行船通商条约”里。

第七款　现驻扎在中国境内的日本军队，应该在本条约批准互换三个月之内撤走，但必须按照条约第二款的规定进行办理。

第八款　中国为保证会认真履行条约内所订立的条款，需要同意日本军队暂时驻扎在山东省威海卫。在中国将本条约所约定的第一、第二两次赔款交清后，通商行船的章程也批准互换后，中国政府和日本政府确定周全、妥善的办法，把通商口岸关税，作为剩余款项和利息的抵押，日本可以答应撤回军队。如果中国政府不能立即确定抵押的办法，那么在未交清最后一次赔款之前，日本不会答应撤回军队。但在通商、行船章程没有经过批准互换之前，即使中国交清了赔款，日本仍然不会撤回军队。

第九款　本条约批准互换之后，两国应当将手中的所有俘虏，全部交还。中国承诺对于日本交还的俘虏，不会加以虐待，或者是判定他们有罪。中国承诺将被认为是军事间谍而逮捕的日本人立即释放。战争期间，和日本军队有联系的中国人，全部给予赦免，并且命令有关部门不得擅自逮捕。

第十款　从本条约批准互换日开始，双方应罢兵停战。

第十一款　本条约经大日本帝国大皇帝陛下，以及大清帝国大皇帝陛下批准之后，确定在明治二十八年五月初八，也就是光绪二十一年四月十四日，在烟台进行互换。

## 五、中日和约及其功罪

看李鸿章本次议和的情形，就如同春秋时齐国的佐出使晋国，1870年法国的梯也尔出使普鲁士。在兵临城下的时候，要忍气吞声地讲话，旁观者看了都会觉得心酸，更不必说是李鸿章这位亲历者了。回想十年前在天津商定条约时的傲气，恍如昨夜一般。唉！飞龙落入井中，蚂蚁都能将它困住；衰老的骏马伏在马厩中，劣马都会嘲笑它；普天之下让人感到气短的事情，还有比这更厉害的吗？在这个时候，即便是有苏秦、张仪的口才，也毫无用处；即便有孟贲、夏育的勇力，也不能得以施展。除了低声下气地乞求他人怜悯之外，还能有别的办法吗？有人将和谈能够迅速完成视作是李鸿章的功劳，这是不对的。即便没有李鸿章，日本也会讲和；还有的人因为这件事而将全部的责任归咎于李鸿章一人身上，将他看作是秦桧、张邦昌，那么要是把说这种话的人置于李鸿章位置上，结局又会是怎样的呢？在此次谈判中，李鸿章既没有功劳，也没有罪过。他的外交手段，也是英雄无用武之地了。平心而论，李鸿章误国的行为，是前一章中所罗列的那十二件事，此次和议，只不过是那十二件事的结果罢了，不需要再赘述了。

# 第九章 外交家李鸿章（下）

## 一、俄、德、法三国代索辽东

十九世纪末，中东出现了一场革命，就如同在十八世纪末出现的法国大革命一样。法国大 革命开创了欧洲十九世纪的新格局，中东革命也开创亚洲二十世纪的新局面。就如同太阳将要升起时，雄鸡会先鸣叫；风雨快要来临时，月亮会先出现月晕，有识之士根据这些先兆能够预测未来的发展。在中国和日本没有发生战争前，欧洲人和中国人的关系，仅有传教和通商两种形式罢了。在战后的几年里，他们之间的关系非常紧密，骤然比战前密切了好几倍。到如今，中国的一举一动，都像是和欧洲成为了共同体，想分也分不开了。这里面有两方面原因，一是因为中国治理国家不力，二是因为外交缺乏谋略。二者各占一半。如果看一下中国十年以来的外交史，反而会忍不住潸然泪下。

战争之前，中国先请求英国、俄国两国出面调停，这实际上是引导他国干涉我国内务的开始。当时日本人多次声明，东方的事情，希望由我们两个东方国家自行处理，不能让其他国家参与到我们中间。当时我国政府已经非常愤怒了，不愿接受日本的声明，只想要唆使欧洲人用武力威胁日本。俄国公使回复说：“我国一定出力解决，但现在还不是时候。”从这里就看出俄国的处心积虑，正在等待合适的机会以使阴谋得逞，俄国本来就是早有打算的。光绪二十一年（1895）三月，李鸿章将要出使日本，先和各国公使进行有目的的会谈。俄国公使喀希尼说：“我们俄国能够尽最大的力量去抵抗日本，保全中国领土，只是中国必须在军事防御和铁路交通方面为我国提供有利的条件，以此作为报酬。”李鸿章和喀希尼私下里相约谈判具体事项，为此他们在俄国使馆里一连密谈了几天。欧洲力量逐渐向东延伸，就是从这里埋下的种子。

当时中国人中想要借助欧洲人的力量来抵抗日本的，不仅仅是李鸿章一个人，其他人的想法比起李鸿章更过分。张之洞当时担任两江总督，发电报反对议和说：“如果把赔偿给日本人的东西转给俄国，丧失的不到一半就可以转败为胜。恳请给总理衙门、出使大臣下令，与俄国人商订秘密条约，如果肯帮助我国进攻日本，胁迫日本废除全部条约，就可以酌情考虑将新疆地区一部分割让给俄国作为酬谢，并且承诺俄国加大通商力度。如果英国肯帮助我们，报酬也是相同的。等等其他约定。”这就是当时所谓的外交家，这些人的眼光和手段，大概都是这一类的，实在是令人感叹。

《马关条约》签订后还不到一个月，然而就有了俄国和德国、法国合议，逼迫日本归还我国辽东半岛的事情。俄国人帮助我们取回辽东，不是为我们考虑，而是为他们自己考虑。俄国把辽东半岛看成自己的势力范围，这个野心已经不是一朝一夕了。

所以他们绝不希望那里成为日本的势力范围。因此唆使我国用三千万两白银代俄国从日本手里收回辽东半岛，先施舍给我们一份大恩情，然后再慢慢地收取回报。俄国人巧妙的外交手段，简直令人不可思议。而李鸿章一生误国的过失，再没有比这个更大的了。李鸿章的外交生涯，实际上是一段失败的生涯。

## 二、中俄密约

还辽事件结束后，喀希尼立即希望将此前和与李鸿章秘密订立的条约，以公文形式向总理衙门提请实现。此事公布后引起轩然大波。皇帝知道后大怒，罢免了李鸿章的所有职务，只保留他大学士的虚衔。于是喀希尼暂时延缓了他的请求，等待新的时机。1896年春天，俄国皇帝尼古拉二世加冕，各国都派头等公使前往祝贺。中国也按照惯例派遣使臣，因为王之春曾经担任过俄国公使，所以就派遣王之春担任朝贺使节。而喀希尼却抗议道："皇帝加冕礼，是俄国最隆重的礼仪活动，因此参加这个活动的公使，必须是这个国家里最著名的人士，并且在各国之间都享有声誉的人才可以。王之春人微言轻，不能担当此重任。但是，可以胜任这个职责的人，只有李鸿章一个人。"于是就改派李鸿章作头等公使。另外喀希尼又贿赂说通慈禧太后，威逼利诱，称帮我国让日本退还辽东这样有义气的行为，必须给予报酬，请委托给李鸿章全权来处理这件事情。李鸿章在赴任时谒见皇上辞行，太后召见他，谈了整整半天，所有的联俄秘密谋划，都得以确定。

李鸿章到达俄罗斯首都圣彼得堡后，便开始和俄国政府讨论喀希尼所拟定的条约草稿。随着俄国皇帝加冕的日期即将到来，李鸿章前往俄国旧都莫斯科，就签订了协议。而当开始讨论条约草稿时，俄国人为了避开外国人的注意，不让外交大臣去和李鸿章谈判，而是派财政大臣作为首席去谈判。在盛大的庆典进行时，各国来宾都来朝贺时，却用了明修栈道、暗度陈仓的计策。像这样关系到世界全局的事情，居然就在这几天的宴会中就决定了，俄国人果断迅速的外交手段，真令人既敬佩又畏惧。这时是光绪二十二年（1896）四月。

订密约的事情，整个协商和签订过程极为机密，除了中俄两国几个当事人外，几乎没有其他人知道。然而上海《字林西报》，竟然在李鸿章出访还未归国时，就得到了这份密约的原文，并将译文刊登在报纸上，听说是报社用重金向俄国宫廷内侍买来的。这份密约全文如下：

之前，大清国皇帝在中日战争之后，受到了俄罗斯皇帝仗义的帮助，并从两国互利的前提出发，愿意将两国边疆、通商等事情，妥协商定，以巩固加深两国友谊，因此特派大清钦命督办军务处王大臣为全权大臣，与大俄罗斯国钦差出使中国全权大臣一等伯爵喀希尼在北京谈判，将中国东三省的铁路与俄国西伯利亚省的铁路接通，为加速两国的通商、交通发展提供便利，更加巩固沿海边防，并制定专项条款来酬谢俄国帮大清国索还辽东等地的义举。

第一条　近来因为俄国的西伯利亚铁路马上要竣工，中国允许俄国将该铁路由俄国海参崴港口继续延长到中国吉林省珲春城，再向西北延长到吉林省城为止。另外，允许俄国将铁路从俄国某城火车站延长建造到中国黑龙江省的瑷珲城，再向西北延长到齐齐哈尔省城，再到吉林伯都讷，再向东南延长到吉林省城为止。

第二条　凡是延长到中国境内黑龙江省及吉林省各地的多条铁路，均由俄罗斯自行筹集建造费用，建造及管理铁路的一切规章制度，也都按照俄国铁路制度，中国不得参与和过问。涉及该铁路的管理权，也暂时归俄国拥有，期限为三十年。期限到了之后，允许中国筹集资金，进行估价，将铁路和一切附属设施赎回。但是如何赎回，允许之后再进行商定。

第三条　中国准备建造从山海关——奉天盛京城——吉林的铁路，如果中国日后不方便在当下建造这条铁路，允许俄国筹集资金和物资，委托吉林省城负责建造，十年为期，到期后可以赎回。至于铁路的线路及起始，都按照中国已经勘定的线路，两端延伸到盛京直至牛庄等地为止。

第四条　中国准备建造的铁路，即从奉天到山海关、牛庄，以及东西方向到金州、旅顺口、大连湾等地的铁路，都应当按照俄国铁路轨道宽度建设，以促进中俄两国彼此往来通商方便。

第五条　上述条款所说的俄国自行建造的铁路所经过的地区，应该得到中国当地文武官员日常保护，并应当优待铁路各站上驻扎的俄国文武官员，以及一切技术工人等人。但是该条铁路所经过的地方，大部分都是荒凉偏僻的地方，担心中国官员不能随时随地提供周详的保护，应当准许俄国专门派遣数名步兵、骑兵驻扎在各个重要火车站，达到保护通商等事务的目的。

第六条 自各个铁路建造完成之后，两国进出口的货物，其依照的纳税规章程序，都准许按照同治元年二月初四中俄签订的陆路通商条约缴税。

第七条 黑龙江和吉林长白山等地所产的五金矿产，一直禁止开挖，在这个条约签订后，准许俄国以及本国商人随时开采，只是必须先向中国地方官申请告知后，领取许可证，才能按照中国内地矿务规章制度，进行开采。

第八条 东三省虽然有新式陆军，但大部分都还在执行旧的制度，使用旧的训练方法。如果日后中国希望把东三省各省练军的操练方法改革成西方的，准许向俄国聘请熟悉军事的军官来中国整顿这一事务，具体管理办法和章程，应与两江总督所聘请的德国军官的管理办法没有区别。

第九条 一直以来俄国在亚洲没有不冻港，一旦亚洲有军事事务，俄国东海以及太平洋舰队行动有很多不便的地方，不能及时航行。如今中国鉴于这种情况，情愿将山东省的胶州地区暂时租借给俄国，以十五年为期。在此期间俄国所建造的营房、栈房、机器厂、船坞等，允许中国在租期已满之后估价赎回。但如果没有紧急军事情况，俄国不得在那里驻扎兵力，避免引起其他国家的猜疑。俄国的租赁款项及如何办理这件事，日后另有附加条款酌情商议。

第十条 辽东的旅顺口以及大连湾等地，原本是军事要塞，中国应当迅速整顿各项事务，以及修理各要塞炮台等，以防不测。在此条约签订之后，那么俄国承诺将这两个地方保护起来，不准其他国家侵犯。中国也应当承诺将来永远不能让与其他国家占据。如果日后俄国突然有紧急军务，中国应准许将旅顺口、大连湾等地暂时让给俄国海军、陆军驻扎，以方便俄军进攻防守。

第十一条　旅顺口、大连湾等地区，如果俄国没有紧急军务，则由中国自行管理，和俄国无关。但东三省铁路以及五金矿产的开采等问题，允许在协商之后便宜行事。俄国文武官员、商人、公民所到之处，中国官员应当给予格外优待保护，不得阻挠他们到其他地区旅游。

第十二条　本条约是经两国皇帝批准的，各国应该按照条约实行。除了有关旅顺口、大连湾以及胶州湾的各条款外，其他条款都应通知各地地方官遵照执行。至于将来该在何处谈判，再进行商议。从签订条约之日起，以六个月为期。

《中俄密约》签订之前的中国局面是一个样子，签订后的中国形势变成了另一个局面。近年以来，列强从中国获得的，都是因为这个条约创造的新方法：一是租借领土，二是某地不许让与其他国家，三是代替中国修造铁路。这些都是由这份密约开始的。密约第九条中关于租借胶州湾，是日后租借胶州、威海、广州、旅顺、大连的开端。关于旅顺、大连不准租借给他人的第十条，也是各国纷纷开始划分势力范围的开端。而铁路这方面权利的丧失，断送了清朝祖宗发祥地，加速了西伯利亚铁路的建成，又挑起了各国觊觎这一权利的争端，这已经不用多说了。唉！牵一发而动全身，就算是把九州的铁聚在一起，也铸不成如此大错，在这件事情上，心理上我实在不能原谅李鸿章呀。

有人说，签订这份条约是慈禧太后的旨意，督办军务处王大臣从旁协助，不是李鸿章的本意。如果是这样，那莫斯科的草约，又是出自谁的手呢？这是无论如何也不能隐讳的呀！自从此条约已经原文登载在报纸上，各国报社纷纷发来的电报书信，人们都半信半疑，无论是政府还是民间，都感到十分震惊。李鸿章在出访欧洲各国时，各国纷纷就此事向他提问，李鸿章则一味支吾搪塞过去。这年七月，已经画押的草约从莫斯科送到北京，俄国驻京公使喀希尼直接拿着它向总理衙门交涉。皇帝和总理衙门都不知道这件事情，异常愤怒，坚决不同意。喀希尼又贿赂买通慈禧太后，用甜言蜜语百般引诱，并加以威胁。慈禧太后便严厉责备皇上，命令将这份条约直接交给军务处从速督办处理，不必经过总理衙门。光绪二十二年（1896）九月三十日，光绪帝挥泪批准了密约。

## 三、李鸿章历次出访欧洲　任外交官时期

李鸿章这一次赴俄罗斯庆祝皇帝加冕，以及他后来出访欧洲各国，都只是平常的礼节性地外交访问，如果一定要说他有什

么对外交涉活动，那就是订立密约和讨论增税两件事情了。按照中国旧税法规定，凡是进口的货物，都按百分之五的税率收取，这次因为赔款的缘故，希望增加到百分之七点五。首先和俄国商量，俄国答应了这个请求；然后又和德国、法国商量，德法两国都说等待英国的意见。李鸿章到了英国之后，向英国宰相沙士勃雷提出请求。当时中英两国的关系处于低谷，并且因为《中俄密约》的缘故，对李鸿章的用意非常不信任，于是沙士勃雷便借口和上海等处的商人商量后再行决定，以此拒绝了这一建议。增税这件事最终没有成功。

李鸿章这一次欧洲之行，各国都对他非常优待，德国的礼节最隆重了，他们都认为李鸿章这一次出访一定会购买大量军舰、大炮、枪支弹药等武器，还会给予他们大量通商的优惠待遇等。这就是各国礼待他的原因。而李鸿章到达欧洲后，却什么也没有买，欧洲人因此大失所望。李鸿章到德国后，拜访了俾斯麦，到英国后，拜访了格莱斯顿，都相当愉快，这三位都是十九世纪的伟人。八月，李鸿章从美洲回到中国。九月十八日，奉旨在总理各国事务衙门办差。从这时直到光绪二十四年（1898）七月，实际上是李鸿章负责外交事务的时期。而在这一时期里，德国占据了胶州，俄国占据了旅顺口、大连湾，英国占据了威海卫、九龙半岛，法国占据了广州湾，这实际上是中国外交史上最多事、最危险的时期。

## 四、胶州之战　旅顺、大连、威海、广州湾、九龙之战

归还辽东这件事情，俄国是首先倡导的国家，德国、法国两国一起协助。俄国人通过缔结密约，在中国北方几乎得到了无限大的利益，正踌躇满志，在光绪二十二年（1896）春夏之交的时候，法国人也得到了云南、缅甸、越南交界处的瓯脱地，之后又得到了广西镇南关到龙州的铁路修筑权，只有德国什么也没有得到。光绪二十三年春天，德国公使向总理衙门提出申请，索要福建的金门岛，被严词拒绝，等到十月，胶州事件发生了。

在这件事情中，德国表现得蛮横无理，是人人都亲眼看到的。尽管如此，中国外交官本来就负有责任。如果一开始的时候不倚靠别人，就不会这样，既然倚靠了别人，就不能不酬谢别人。如果所有的都不酬谢也就算了，既然已经酬谢了甲、乙两人，那么丙也应该酬谢。三国一起助力，让日本归还辽东，却仅仅不给德国酬谢，怎么能不激起德国的愤怒，从而导致其制造事变呢？不光如此，在《中俄密约》中，还声明将胶州湾租借给俄国人，是俄国所应得到的权利，不止在东三省而且还深入到山东。在那个时代正是列强各国优胜劣败的竞争时代，其他国家怎么能不嫉恨呢？因此德国做出这种蛮横无理的举动，和中国的形势所逼也有很大关系。光绪二十三年（1897）十月，山东巨野县乡民杀害德国传教士两人。德国人听闻这个消息后，立即率领舰队闯进胶州湾，拔

掉中国旗帜，插上德国国旗，总兵章高元被俘虏。消息传到总理衙门，大清国与德国公使进行商议，德国公使海靖只是一味威胁恐吓，所有的哀求和委婉乞求都被拒绝。想要向其他各国请求援助，没有一个国家愿意仗义执言，帮助我们主持公道的。拖延两个多月后，我们将德国要求的六件事情忍气吞声地一一答应，这六件事为将胶州附近方圆百里的地区，租借给德国九十九年，山东全省铁路、矿务都归德国承办等事。

胶州方面的事情刚刚完结，马上又发生了一件重大的事情。一开始李鸿章签订的《马关条约》中规定，如果三年之内能够还清赔款，就免去所有利息，并将前面所缴纳的利息也还给我们，又可以节省威海卫四年的驻军费用，一共可以节省白银二千三百二十五万两。到现在三年的期限快要到了，大清政府希望在期限内还款，于是便商量打算向外国借款。光绪二十三年（1897年）十一月，俄国承诺答应借款事项，以便求得在北方各省修筑铁路，以及罢免总税务司赫德职务两件事情。英国人知道以后，立即表示反对，也想承借贷款给中国，利息也比俄国低，他们所要求的附加条件有：一、监督中国财政；二、从缅甸修建至扬子江一带的铁路；三、扬子江一带不得让给其他国家；四、开放大连湾作为通商口岸；五、向内地推广商务；六、各通商口岸都免除厘金税。当时总理衙门想要答应英国，但俄国、法国两国忽然强烈反对，称如果向英国借款，就是打破列强势均力敌的局面，日本也用强暴蛮横的语言威胁总理衙门，总理衙门的官员苦不堪言。一月，总理衙门就回绝各国，表示不向所有国家借款，然后和日本商量，想要延期二十年分次偿还，希望靠这种方案解决眼前的困难。想不到日本竟然没有同意。在这个时候，简直是山穷水尽，进退无路，于是让赫德从中斡旋，向汇丰银行、德华银行借款一千六百万英镑，吃了很大的亏，才将事情平息。

胶州湾本来是《中俄密约》中规定的俄国势力范围，现在德国突然从俄国人手里抢夺过来，俄国人非常愤怒，又遇上了英德两国阻挠俄国向我国借款这件事情，俄国人越来越愤怒。于是在光绪二十四年（1898年）一月、二月之间，发生了俄国索取旅顺、大连湾的事情。李鸿章作为亲自签订条约的人，想要履行条约却无法执行，想要推诿赖账也无法推诿，最终与俄国公使巴布罗福又签订了一个条约，将旅顺口、大连湾两处以及它们邻近相连的海面，都租借给俄国，租期二十五年，并允许俄国人修建从营口、鸭绿江之间，连接到海边的铁路，以方便各处的交通。

俄国人已经占领旅顺、大连，英国借口保持势均力敌的局面，便向中国索取威海卫。当时刚刚偿还了日本款项，日本的军队刚刚从那里撤退，英国便援引与俄国签订的条约的条款租借这个港口，租期也为二十五年，所有的细则都按照租借旅顺、大连条款的规定处理。当时李鸿章和英国公使反复辩论，英国公使怒斥道："你只需和俄国公使说，不要和我说。俄国公使同意作罢此条款，我立即同意放弃。"李鸿章无言以对，狼狈而去的情景，既可怜又可叹。如果说英国还有半点同情心的话，就是英国约定他日中国如果重建海军，可以借用威海卫停泊船只罢了。

从此开始，中国割地的行为就成为司空见惯的事情了。当时为了借款事件，俄国、法国与英国发生冲突，法国人借助俄国人的力量，要求得到广州湾，并把它作为自己在南方的海军根据地。当时英国逼迫我国政府开放西江一带作为通商口岸，从而垄断这一带的通商权利，法国人看见此事，形势危急，于是便效仿德国人的小聪明，直接闯入广州湾，而后再向中国政府要求租借，租期九十九年。中国政府无能为力，只好答应了法国的请求。

英国政府又借维持势均力敌的局面的说法，请求租借九龙湾用来抵抗法国势力，租期也是九十九年。在签订条约的前一天，李鸿章和英国公使窦纳乐激烈地谈判，李鸿章称："你们虽然租借了九龙，但不能在山上建造炮台。"英国公使气愤地拍着桌子呵斥道："不要再多说了！我国要这块地方，就是因为贵国把广州湾租借给法国，让我们香港受到威胁！如果你能废除广州湾的条约，我们也立即撤回该条约。"李鸿章听了这话，只能忍气吞声含泪伤心而已。这天是光绪二十四年（1898年）四月十七日。

## 五、李鸿章离开总理各国事务衙门

到了五月时，又发生了英国和俄国的激烈争端，即芦汉铁路和牛庄铁路事件。起初盛宣怀承办芦汉铁路，在光绪二十三年（1897年）三月，和比利时某公司订立了借款合同，承诺次年阳历一月交付第一笔借款。在德国占领胶州后，该公司忽然违背此条约，声称除非更改条约，否则不能提供借款。盛宣怀和李鸿章、张之洞等人商量后，又另外签订了一份新条约，在这份新签订的条约里，比利时公司实际上是傀儡，幕后的实权都掌握在华俄银行的手里。华俄银行实际上无异于俄国政府的银行。因为这个条约的缘故，黄河以北的土地都将受俄国政府控制，而俄国的西伯利亚铁路，将以圣彼得堡为起点，以汉口为终点。对这一结果英国人非常嫉妒，便提议山海关到牛庄的铁路都由英国人承办，准备以此来阻断俄国的铁路线。俄国公使到了总理衙门，因为这个问题大吵大闹。英俄两国，几乎开战，形势紧迫到间不容发，而且都把愤怒发泄到中国政府身上。各种各样的难题，都聚集到几个外交官身上。当时光绪皇帝刚刚亲政，百废待兴，非常厌恶痛恨李鸿章联俄误国的行为，于是在七月二十四日，下诏罢免了李鸿章总理各国事务衙门负责人的职务，暂时平息了这场外交风波。李鸿章的外交生涯也就因此终结。

按语：李鸿章在义和团时代的外交，将在第十一章里论述。

西方人评论说：李鸿章是个非常有手段的外交家。也有人评论说：李鸿章只是个惯用狡猾手段的外交家。外交手段的狡猾，并不说明外交家的品德恶劣。各国并立，每天都在进行着竞争，在面临国家存亡的问题上，外交家只能唯利是图。因此西方哲人常说普通的个人有道德，而国家可以无道德。看一下各国那些所谓的大外交家，哪个不是靠着狡猾的手段而闻名的。不过，李鸿章的外交手段，在中国虽然算得出色，但把他放在世界上，就属于后面的了。李鸿章的外交手段，主要就是联合某国家来制衡某国家，而他所谓的联合，又不是平时的团结联盟，只不过是临时唆使罢了，这里有一种《战国策》中所体现的思想作为他的行动指导。比如他在法国越南事件中，想要教唆英国、德国来压制法国；在中日战争中，他想要教唆俄国、英国来压制日本；在胶州事件中，又想要教唆俄国、英国、法国来压制德国，最后都没有达到目的，而往往却因为这样做，失去了更多。胶州、旅顺、大连、威海卫、广州湾、九龙的事情，都不得不说是这个政策所带来的严重后果。

所以天下没有只倚靠别人就可以生存的。西方国家的外交家，也都积极于和别的国家联盟，但他们都有可以让自己存世的办法，然后可以压制他人而不受制于人。而如今的中国，动不动就说联合某国联合某国，先不管这个国家和不和我们联合，即使和我们联合，也只不过是做人家的奴隶，受他国摆布而已，李鸿章难道不知道这点吗？我想他也是知道的，只不过没有其他办法来替代而已。总之，内政不加强，外交就没办法维持。以今日中国的国力，就算是才干比李鸿章强十倍的人，他的对外策略也只能是忍气吞声。这是我为李鸿章感到悲哀的原因。不过，李鸿章在其他事件中，我没见他能运用其他的手段，不仅仅是《中俄密约》，是他对日本运用手段所造成的结果。用这样的手段，造出后来各种各样的困难，自作自受，我又何必为他感到悲哀呢？

按语：胶州事件之后的诸多事件，责任不只是在李鸿章一个人，恭亲王奕訢、张荫桓都是总理衙门重要的人物，他们需要和李鸿章共同承担责任，读者应该知道这些。

# 第十章 赋闲时期的李鸿章

## 一、日本议和后入阁办事　巡察河工

从同治元年(1862年)到光绪二十七年(1901年),这四十年中,李鸿章没有一天不是在要职上。其中可以称作闲散的时间,只有光绪二十一年(1895年)年三月到光绪二十二年(1896年)年三月这一年的时间,以及光绪二十四年(1898年)年八月到光绪二十六年(1900年)八月这两年的时间而已。1898年到1900年期间,李鸿章奉命治理黄河,不久就被任命为商务大臣、两广总督,对于他人来说这是一个很好的差事,但是相比李鸿章一生的经历,不得不说这是一个闲职。最闲散的时间,就是1895年、1896年期间进入内阁办事,以及在光绪二十四年(1898年)年八月到十一月退出总理衙门,在这期间实在是没有什么值得记述的,至于李鸿章治理黄河、担任两广总督,仍然有不同于常人的地方。附带着记述,这也是历史记录者的责任。

中国的黄河,历来是难以治理的。几千年以来的政论家,都将它(治理黄河)看作是一个大问题,如果不采纳西方人治理密西西比河的方法来治理黄河,那么是绝不可能根治它的祸害而获益的。光绪二十四年(1898年)八月以后,李鸿章正好没有合适的位置可去，清政府就将治理黄河的任务交给了他。这也可以在黄河河防史上添上一笔了。李鸿章建议采纳比利时工程师卢法尔在勘察过黄河情况之后提出的治理方案，现将奏折原稿抄录如下：

一、洛口至盐窝沿河的情形

河身。黄河从河南龙门口变更河道之后，水流湍急而下，从北向东，奔流到山东，注入大清河，最终取道注入大海。它东奔西突，非人力所能控制，等到两年之后，河流走势相对稳定之后，才得以构筑堤坝。河流走势弯曲，因此堤岸也随之弯曲。在河流走势发生变化时，堤岸却不能随之改变。离水的远近距离不同，堤岸完全没有防护，任凭水流冲刷。现在的小水河面，大约宽度在九十丈到一百五十丈之间，河底却是深浅不同，有的地方河面较宽，水深却仅有四、五尺，行船很不方便，有的地方河面较窄，水深却达到了三丈。河道总是在变化，一会儿往左一会儿往右，直面水流的堤岸随即被不断冲刷，泥沙被带到水流缓慢的地方，淤积成为泥滩。当地的官员和百姓也只能任由洪水肆虐，一直没有办法加以治理，只能在危险的地方进行救济，在决口的地方进行补缺。经常会看到沿河的土地，四、五尺高的地方，出现塌陷入水的现象，到了隆冬时节，水小流缓的时候，都还是这样，等到化冻之后，汛期来的时候，水大流急的时候，更不知道能怎么样了。下游地区的堤岸都是这样，上游地区的土山地区，不用问就知道会怎么样了。也难怪黄河的泥沙量巨大，是五大洲河流之中最多的。到了汛期的时候堤内的沙滩全被河水所淹没，因为河底的深浅不同，河身也是高低不同，因此河水的流速也是处处不同。并且下游地区的地势极为平坦，每里的高低差异不会超过五寸，河水的流速很慢。能够用来蓄水的地方，一天天的狭隘了，淤积的泥沙越来越高，年复一年，越来越危险。因为这个缘故，河堤之外的地面，与河堤之内的沙滩相比，有的要低一尺，有的要低七、八尺。本人监工经过杨史道口的时候，曾经测量过河面，水面的宽度是一百三十八丈，河底最深处有二丈三尺，河水的流速大约是一秒四尺。根据这个来进行推算，每秒的水量，大约有五万七千四百五十六立方尺，容水面积大约是一万三千六百八十方尺。又在盐窝上游地区进行测量，此处的水面宽度仅为一百零二丈，河底最深处有一丈二尺，容水面积大约是九千一百八十方尺。此时杨史道口还没有合龙，大部分还是通过决口流走，不通过盐窝，还能取得一致的说法。等到水势大涨的时节，水量数据，每个人的说法不尽相同。根据两地（杨史道口、盐窝）文武官员所记载的报告显示，杨史道口的容水面积应该是三万六千一百八十方尺。盐窝的容水面积应该是二万四千四百八十方尺。因为水势凶猛，数据无法准确获取，导致水流量无法重复统计得到准确的数据。然而在不知道水流量的情况下，河面的宽窄、堤岸的远近这些数据是难以确定的。从洛口到盐窝大约有三百七十里。

民埝。河边的堤坝，称作是民埝，是百姓们修筑的，由政府来负责守护，是现在黄河最重要的堤坝。民埝离河流的距离，远近各不相同。有的就在河流边，有的距离河流有三、四里，当时在修筑的时候，都是随意修筑的，没有严格标准，甚至有些堤坝的弯曲程度令人难以想象。堤坝的高矮、厚薄，各个地方也是互不相同，有的高于现在的水位九尺，有的高过水位一丈五尺，有的高过沙滩五尺到八尺不等，有的高过堤坝外的地表也是九尺到一丈五尺不等，堤坝的顶部有的宽度达到二丈四尺，有的宽度达到三丈六尺，新近构筑的民埝比较厚。忽高忽低，忽厚忽薄，收坡的角度也是斜直不同，各具特色。对民埝的看护也不是十分的到位，被水流冲刷损坏的地方很多，但是却没能随时进行修理，长年累月下来，不会塌陷决口的很少。民埝都是用非常松软的淤土构筑，并没有焦泥，地基打的也不算太深。即便是有焦泥，也很容易被冲刷出来。民埝的顶部可以行驶大车、坐车、手推车，车辙压得非常深，过路的地方有的在堤坝上部，有的在堤坝低处。在堤坝上筑造民房，却并不对堤坝进行拓宽培厚，这些都很容易对堤坝造成损坏。在欧美国家，堤坝上会大量种植草木，不计人工和成本，是因为草根对堤坝有很好的防护作用。这里的堤坝，都不曾种植草木，偶尔有一两处有草的地方，也被百姓清除干净，甚至被连根拔起。据百姓们讲，除草主要是为了用来生火烧饭，或者用来喂养牲口，却不明白没有草的堤坝就难以保全，堤坝难以保全那么水灾就会降临。愚昧的百姓不明白这个道理，行为着实让人鄙视。用来除草的工具，对堤坝的损害最为严重，应当立即严令禁止，不允许再使用，这也是保护堤坝的一个办法。因为草木被拔去，堤坝也被耙松软，大风一吹，提拔上尘土飞扬，堤坝的顶部于是就越来越低矮，堤身也越来越薄，这种工具所造成的危害，不也是很严重的吗？沿河有的堤坝，种植的柳树已经初具规模，也有刚刚栽下才一尺多高的。柳树的根最能牢固堤坝，应该在沿河两岸的堤坝全部栽种，想办法加以保护，不允许攀折。并且在其中再加种藤，这样就更加牢固了，柳条和藤条，都可以用来编织埽，它构筑堤坝比起秸秆来更为牢固，并且可以随处就地取材，不需要再出钱购置，一举两得，没有比这个更好的了，为什么有所顾虑而不去做呢？

大堤。大堤是政府修筑的，距离民埝比较远，而远近距离各不相同，并且很多都是弯曲的，让人十分的不解。现在的状况是，大堤有和没有都一样，无法依仗它。堤坝上聚居了很多的百姓，已经形成了村落，百姓们从堤坝上取土来筑造房屋，致使堤坝残缺不全。并且堤坝上一些经常走路的地方，已经被磨得与地表平行了，甚至形成了巨大的缺口。堤坝上、坡面上，都种植了很多的小麦，这些植被对堤坝的损害非常大。在水势上涨的时候民埝都决口了，大堤更没有不决口的。大堤宽的地方，顶部还有三丈六尺宽，高度是一丈二尺到一丈六尺不等，然而完整的堤坝却非常少。听说杨史道口河水冲毁民埝竟然流入小清河，淹没村舍，祸害百姓，主要是因为之前的决口之处没有修理，使得河水有机可乘，如此就要询问掌管河流治理大权的官员了，为什么大堤的决口之处不加以整修呢？官员的回答是当地的百姓不愿意（修整河堤决口），如今要是修整大堤缺口，那么上千个村庄的百姓，一定会群起而攻，等等。由此可见整修大堤不但没有好处，并且不符合民意。大堤的外部，居住了很多的百姓，有数百户人家的村落，也有四五家自立门户的，有的围筑堤坝自我防护，有的自建高地居住在上面，大概都是为了预防水灾的危害。村舍外围的土地，非常的肥沃，百姓都用来耕种农作物，以此来维持生计。除此之外还有斜堤拦坝，都是用来保护村庄的农田的。但是残破的程度也和大堤差不多。如果民埝出现了险情，这些斜堤拦坝也都是靠不住的。

危险地方的工程。沿河一带，这种危险的工程最多。但凡是水流冲击最猛烈的地方，或者是已经决口的地方，都有工程进行。这些工程以磨盘和埽为主，很多都用秸料作为骨架支撑，上面覆盖上土，层层垒积起来，形状如同磨盘一般，有的紧贴在岸边，有的和堤坝连接在一起，形势各不相同，即使是高低厚薄，也是每个埽都不一样，各个埽之间参差错落分布，彼此不相连，中间仍然有水流过，使得埽三面受敌，不知道这样设计是何意。依我之见，数个埽应该是一气呵成，中间不应该存有空隙，这样既能节省工料，又能让堤坝更加坚固。并且料埽在流入水之后，形势十分陡峭，不能存在斜坡，确实能够阻挡水流的冲击，不会让水流过，但是好像也不是个好办法。至于秸料，也不是能够长久使用的材料，因为它中间有内芯，质地如同灯草一般，最能吸收水分，使得秸料很容易腐烂，秸料腐烂就与沙土无异了，一点也不能抵挡水流的冲击。我在监工的时候，曾经看到多处的旧埽，虽然在外观上看上去仍然联结在一起，但是实际上根基已经损坏，一旦遇到水势上涨的时候，一定会漂浮起来，民埝必定会因此而遭到损坏，有的人说秸料是本地所产的，用途广泛，价格低廉，除了它没有别的材料可以取用。如果真的可以像我在前文所提到的那样，多栽种藤柳，多年之后，便可满足使用的需要了，更不需要耗费巨额钱财来筑造这等不耐用的工事。又有人说，料埽本来就是用来引导水流的，一两年之后，河水已经改道，料埽虽然腐烂，也是没有什么可以忧虑的。我认为不是这样的，如果不去及时改弦更张，恐怕抢险这样的行为也只不过是养痈遗患罢了。权宜之计，即使没有其他的材料可以使用，但是埽的工程模式也应该更改。靠近河岸的让它们彼此连接成一片，构筑入水的斜坡，用来引导水流，并且需要多用木桩，使得埽能够牵连在岸上，用坚固的麻绳来系好，防护埽所抛的石料，也应该加大、加多，位置也要适当，这样才能抵挡河水冲刷的力量。我曾经看到有将石块排放在埽上面的做法，以此来镇压秸料，不让它们被风吹走，这种做法是何等的可笑啊！除此之外还有石堤，例如北镇一带，尚且还称得上是稳固的，而盐窝地区的石堤，根基已经全部空虚了，之所以还没有塌陷，主要是因为还有石灰粘结的缘故，然而这种状况也是不能持久的。

二、盐窝到海口尾闾的情形

黄河尾闾已经从盐窝改道三次了，第一次从东北部由铁门关入海，第二次向东由韩家垣入海，第三次向东南由丝网口入海。现在仅将三处的情况依次介绍一下，还有新挑引的河流一条，也一并述说。

铁门关入海口。此处是大清河的末端。黄河改道山东以后，就从此处入海，前前后后总计三十多年，等到韩家垣决口，黄河从东北转向正东。如今铁门关这一水道，前半段已经淤积得很高，河身已经变为平地了，不能加以辨识，左右两侧的堤坝，都已经形成了村庄。铁门关往下，河堤已经全被损毁了，成了一片黄沙地带，土地极其的贫瘠。大约距离铁门关八里的下游地区，河道的形状再次出现，河道中水流直接注入大海，河道两边的土地，虽然是沙滩，但是沙滩往下不深的地方，便是混合的泥土。河水的深度，在平时大约有二尺，到了大潮的时候可以上涨到三、四尺，可以达到萧神庙，如果东北风大作，河水可增至五、六尺不等的深度。从三沟子出发有船只可以出海，往来于烟台。这一次因为河水封冻，不能出海进行勘察，仅仅到了三沟子下游十里的地方，遍地的苇草，样子看起来像是大潮曾经经过的地方，于是返程不再向前。根据当地人所讲，往下八里，已经可以看到潮汐了，再往下十二里，就到达海边了。海口有拦门沙，潮水退去的时候，深度仅为二尺。这一片拦门沙的面积没有再次勘察测量，估计应该不小。从盐窝到铁门关，海口大约有一百一十里。

韩家垣海口。自从韩家垣决口，黄河的末段，改道到这里，大概已经有八、九年了，近来又改道东南。韩家垣一带，已经没有了黄河的影子，只有从新萧神庙往下，距离大海约六十里的地方，才又见到河道的形状，河道中也有水流，但只不过是地势最低的地方，积水不能消去而已。听说在距海十一里的地方，这条河分为两条支流，形状如同燕尾一般，但是水流也不是很深。海口也有拦门沙，潮水退去的时候，直接堵塞了入海口，河水不能由此流出。这里的拦门沙露出水面，宽度大约有二里。调查发现，韩家垣一带并没有修筑堤坝。从盐窝到韩家垣，海口大约有一百里。

新挑引河。这条河是在韩家垣发生决口之后，特地在口门之下，新挑挖的一条河道，以便能够将河水引到萧神庙的旧河道中注入大海。然而当时深度只有四、五尺，宽度也只有三丈，现在连这个数字都达不到了。河道弯曲的地方有很多，这条河长度总计四十里，如果取河流的直线长度总计二十五里，这样做大概是为了遵循原有的河道来进行挖掘以便节省工费。在萧神庙、韩家垣两处的河底，挖深三尺，就有泥土了，也有泥土暴露在地表之上的情况。周围各个村落，都有水井，深度在一丈一尺左右，就能见到水，泥在水中，不是很深。铁门关附近，有烧制瓦器的瓦窑。这个地方的土质，便可想而知了。

丝网口。现在，黄河从这里入海，河水漫散在地上，并没有河道。水流小的时候居多，中间有沙滩，此处水的深度仅为三、四尺，有一两处最深的地方，也不过只是一丈。临近入海口的地方，只有一尺四五寸深，这个地方河面很宽，大约有三百多丈。听说海口并没有拦门沙，料想可能是因为水流缓慢，河床太浅，河水中的泥沙已经停留淤积在地表了，没有可以再带进海里的泥沙了。在勘察北岭子决口的时候，上游还有三个地方同时开口，因此丝网口的水流量不是很大，北岭子门被河水淹没的树木，至今还竖立在河水中，还有一座古庙，也屹然挺立在河水中，这些都是水流量缓慢的有利证明。要是说到辛庄等地方，房舍随河水漂走的事，那是因为土屋不牢固的原因，并不是水流汹涌所导致的。在北岭子下游的北岸，并没有筑设堤坝，只能用铁门关的南侧堤坝作为北岸，以此来保护村落。南岸则从盐窝开始筑造新的堤坝，堤坝距离河水大约有二里远，从盐窝到丝网口海口大约有九十里。

三、根据实际情况来治理黄河的有关事宜

治理河流就如同是治病，必须首先探查它的缘由。想要探查它的缘由，必须先把把脉，才能知道病因是什么，然后才能对症下药。（这样）不但可以治疗病情，而且还能永除后患。但是要是只按疮敷药，不去探问病毒从哪里发作，这不是一名好医生的做法。黄河在山东地区造成灾患，但是原因却不在山东地区。如果只是针对山东地区的情况来治理黄河，这和按疮敷药又有什么区别呢？虽然可以止一时之痛，但是不久之后就会旧病复发，是因为病毒没有消除，病根没有被根除掉。水性如同人性，最初都是善良的，如果不加以引导、教育，性情就会发生变化。大自然产生水，本来是用来滋养人类的，怎么会用来害人呢？这是因为人们不了解水性，不去预防它的变化，最终导致它肆意暴虐，贻害百姓，耗费国家钱财，却始终不能使其终止。推究产生这种情况的原因，主要是因为治理黄河仅限于一地，而不去筹谋全局。现在如果一再耽误，那么恐怕也是劳而无功罢了。想要寻求一劳永逸的效果，应该先去寻找黄河水灾严重的根源所在。从山东的角度来看黄河，黄河只是在山东。从全国的角度来看黄河，那么黄河还有不在山东境内的区域，怎么就敢肯定山东地区黄河的灾患，不是别的省份黄河带来的呢？因此想从全国的角度来治理黄河，黄河是可以治理的。如果仅从山东的角度去治理黄河，恐怕黄河终究是难以治理的。请容我详细阐述。追溯黄河的源头，出自星宿海，取道甘肃，流入蒙古沙漠，多次改道之后，才到达山西，已经裹挟着大量的泥沙而来，等到流出陕西，又和渭河交汇，它的水质更加浑浊，再穿过土山向东流出，拖泥带水，直接流入河南，所到的地方随意流淌，水质更加的浑浊了。这就是黄河的病根所在。黄河下游的水灾也是因此而生，治理黄河应该在病根处多加注意。下游地区停留淤积的泥沙，是从上游地区携带而来的。上游地势较高，势如高屋建瓴一般，并且河流两边又有山川限制，水流的速度非常快，泥沙不能停留，等到过了荣泽一带，平原地区水流的力量减缓，流速缓慢那么泥沙就会停留。泥沙停留那么河道就会淤积，河道淤积过高，河水于是就会改道，这是自然规律。诸多的往事，已经是最好的证明。况且一河改道，百姓们就会遭殃，辗转流离于他乡，死于饥寒交迫之中，从古到今，这种事情不知道有多少了。黄河南迁北徙，为所欲为，以开封地区为中心，自行开辟出一条半径之路，在长江北部中间一千五百里的扇形区域内，随意穿越，即使山东地区有很多大山，也很难对黄河进行阻挡。河水流经的地方，泥沙停留形成滩涂，百姓受其困扰，防不胜防，至今没有好办法，只能是修修补补来挽救危局，此举劳民伤财，黄河的灾祸与疾病、战争相比有过之而无不及。但是天下没有不能治理的水灾，虽然不是一件容易的事，但是并不是人力所不能为的。那么治理的办法是什么呢？这就要求助于算数了。

治理水灾的方法。想找到治理水灾的方法，并不是一件容易的事情！黄河绵延在中国境内，长度总计一万多里。地势的高低，河流的曲折，水势的缓急，含沙量的多少，从来没有进行过详细的考量，也没有相关的图表资料。询问住在黄河边上的人，也很少能有回答上来的。如今想要寻求治理黄河，有三件事应该先行办理：一、测量全流域的形势。但凡是河身的宽窄深浅、堤岸的高低厚薄，以及汛期和枯水期河水的深浅，都必须详细地进行记录；二、测量绘制黄河的图纸，必须详细而无遗漏；三、分河段派人查看黄河的水性，比较、测量水势，记录水情，探测泥沙含量，并且随时勘察水势的大小和停留泥沙的多少。但凡是水性和沙性偶然有所变化，必须详细地进行记录，以供参考。以上的三件事，都必须办理得极其精细，且是最关键的工作，不这样的话不可能知道河水的性质，也无法确定应该办理的事项工作，无法引导黄河的流向，无法预防河水的上涨，无法防备灾害的发生。这三件事情不办理，所有的工程事项，最终很难做得到位，即便能够稍微缓解眼前的困局，不久之后就会前功尽弃了。如果测绘得非常详细，反复地进行审查研究，能够掌控全局，便可以着手准备应该办理的工程事项了，筹谋未来的局势。另外，黄河所流经的省份还需要统归于一位官员进行掌管，这样才能够对黄河全流域一概进行防护，永绝后患，但是按照这种方法来办理，经费消耗会很巨大。但是想要一劳永逸的话，应该先合计一下每年维护河流的费用是多少，堵漏筑造堤坝的费用是多少，蠲免粮钱的费用是多少，赈灾抚恤的费用是多少，财产损失是多少，百姓受灾死亡是多少，加上除去水灾后能够带来的诸多好处，积累多年后共计是多少，相比于消耗的费用，谁轻谁重，哪个损失多，哪个受益多，就应该不会犹豫了。根据图表标识，可以了解某地水性和地势情况，确定黄河的河身。通过河身，就可以限制水流的速率，不让它随意的变化；水面的高低，不让它随意的涨落。但凡是河底的深浅、河岸的坚脆程度，工料的松固程度，都可以明确下来，不会有发生意外的担忧。这都是算数的细微道理，不是主观臆断的。

确定河身是最困难的事。必须了解河水暴涨时高度是多少，水性是怎样的，停留淤积在河底的泥沙有多少，停留淤积在滩涂上的泥沙有多少，河水上涨的高低、速率各不相同。确定河身必须知道速率变化的区间范围，才能使得河水不论上涨到多高，它的速率都足以将泥沙冲刷到海里。河流形状弯曲，导致险象环生，也必须仔细斟酌加以更改，但是这并非是一件容易的事情，除了详细谨慎推算别无他法。裁弯取直可以缩短水路，这样就使得地势的高低变化增加。落差增大导致水流速率也随之增大，特别是在汛期时，应该对上下游一并筹划推算之后，才可以裁去一段河身的弯曲之处。裁去弯处就会生出其他的危险，这也是不得不考虑的地方，这也不是仅凭眼力就能够看出来的。

河堤主要是用来约束水流的，必须和河身一起来加以测算。即便是入水斜坡，也必须是坚固的，以此来抵御异常情况下河水的暴涨，才不至于耽误事情。至于堤坝的高低、厚薄，就需要根据土性的松实程度，材料质地的坚脆程度了。至于应该怎么去加以筑造，也需要根据水平面的高低，水流的缓急。所需要的材料，只需要能够抵挡住水流的冲击就行，不必一定要用石料修筑，也不能全部使用料埽，只要土堤修筑得比较坚固，再用柳树、草木加以保护，也足可以抵御寻常水流的冲击力了。考察各国修筑的护河大堤，很多都是用土筑造的，并非全部都是用石料修筑。但是必须推选精确合理，位置恰当，日常的看护不能松懈，禁止公众肆意践踏。用石料来筑造堤坝，只是在险要的地方。总而言之，可以节省的应该节省，不能节省的一定不能节省，但是务必要精确详细的测算才行。我曾经绘制了两种堤坝的样式，貌似都适合用在黄河，到底什么地方应该用什么样式，就需要临时现场查验，因地制宜了，不敢肯定说全流域都应该改用。但是不管使用哪一种材料，都必须选择材质优良的才能持久耐用。汛期时河水上涨到堤坝的根基位置，枯水期时河流在两岸的中间。堤坝与河岸都是松土，经常被湍急的流水裹挟而去就变作泥沙，到了水流缓慢的地方，淤积成为高高的滩涂，渐渐堆积于是就产生危险。这固然值得忧虑，但是更应该忧虑的是，上游地区的各个土山随时可能会崩塌入水，流到下游地区，造成严重的灾祸。应该想办法对这些土山进行保护，在有河流经过的两岸，都构筑斜坡，先用泥进行防护，再种植一片草木，并且多栽种一些树木，以此来加固堤岸。有险情的地方，应该在堤岸的根基处打桩，用树枝编织成筐子，用泥土填成块儿，再用石料垒砌成墙，或者用石料砌成斜坡，并且将大石块抛到水底，才足以抵挡水的冲击力。在土山的两旁，也必须向水底抛掷石块，再于土山周围筑造石墙，以此来阻挡土山塌陷，这样的话两岸的泥土就不至于被河水冲走了，河水得以渐渐清澈，黄河的水患也自然而然日趋减少了。这是治理黄河应该办理的紧要工程。

黄河较大的水流应该让它主要从河道中间流过，应该在哪里想办法，现在还不敢确定。似乎必须是在河道拐弯的地方于水底处多筑造一些挑水坝，以此来引导水流。挑水坝应该用树枝还是使用石块，这是需要根据情况斟酌办理的，只是秸料不能够长久的使用，并且也没有劲力，不可以再用了。减水坝也应该认真对待，以防备河水异常的暴涨，应该设置在堤边，先测量一下地势，勘察一下情况，根据河流的方向来确定坝口的方向。减水坝需要用大石块和混凝土来筑造。坝后新开的河流，或者是已经有的河流，应该筑造坚固的堤坝来约束它们，使这些河流中的流水不至于对周边造成损害。这些引河也必须宽而深，并且不能太过弯曲，并且要低于黄河水位，它的河身实际上要有容水的地方才能够使用；黄河末端入海的地方地势增高并且还有拦门沙，导致河水注入大海不是很通畅。应该用机器挖土船进行挖掘开通，要是先筑造海塘，再用机器挖土船挖掘，或许可以达到事半功倍的效果。这些海塘连接长河堤入海，水流的冲击力将更大，能够将泥沙冲刷进大海的深处，是入海口必不可少的工程。再用机器在拦沙处深挖一道，那么水流的冲击力将更大，可以将剩余的泥沙冲走。这个工程，需要的费用很巨大，但是在各国的河流入海口处都有筑造，黄河为什么偏偏不能有呢？美国密西西比河的入海口，奥国的大牛白入海口，之前也是会堵塞，现在大型轮船却可以往来自由穿梭，这些都是很好的证明。法国的塞纳河入海口，之前也被拦沙所堵塞，船只行驶十分的危险，后来用大石块填海，筑造海塘，使得地面高出汛期大潮时的水面高度，两塘之间相距九十丈，海塘建成的时候，入海口的深度达到了二丈，到现在船只过往很是便利。比利时的麦司海口，也曾经兴建这个大型工程。除此之外还有多处这样的工程，数不胜数。

黄河绵延中国多个省份，对国计民生影响很大。现在河流上游的水流到了下游，不能立刻预防。下游出现了险情，上游地区事后才觉察到，沟通不顺畅，防范自然也就不会周密。应该按照永定河的办法，沿河设置电报线路，分地段用电报进行沟通，任何时间，任何事情都能报告治理黄河的各级官吏知晓，这样的话水患也就不难预防了。这是刻不容缓的事情。治理黄河的工程，既然已经开始，守护黄河的章程规定也应该制定厘清，只有严格的遵守，坚持照章办事，才不至于前功尽弃。根据调查，现在的黄河防护官吏，虽然能够做到克己奉公，但是百姓们践踏堤埽、挑土、砍柳锄草的恶习，还是没有被禁止。应该妥善地制定法律条例，严行禁止，周密巡察，对违反的人给予惩罚。堤坝之上不允许搭建房屋，如果要行驶车辆，一定要专门修筑马路，进行特别的加固，才不会损伤堤坝。官吏们应该随时进行稽查，稍微出现残缺不全的情况，就要进行修补。这样那么这项工程就会永远坚固完整了，不至于发生意外的险情。黄河上游地区，是否应该建设闸坝，用来阻拦泥沙。或者选择大的湖泊用来减少水量，也是应该考究的问题。因此有这些治理黄河的办法，所以应该先进行说明。黄河上游的土山，应该命令栽种草木，以此来减小水势。西方各国，因为山洪暴发，多次发生水灾，于是下令在河流源头以及临水的山上栽种草木，水势由此而减小，偶尔有一两处的树木被人私自砍伐，水势又变得猖狂，政府严令禁止这种行为，并且设置了官员专门负责掌管树木。洋人非常重视这件事，就是有力的证明了。调查山洪暴发的原因，主要有两点，一是因为山上的土质松软，不能吸收水分；二是因为山势陡峭，不能有效阻挡河水。如果能够到处栽种树木，那么树根既能够固定土壤，又能吸水，并且可以减缓水势，让山洪缓缓流下，不至于倾泻而下。倘若山上不适合栽种树木，也应该种草，草的作用虽然不像树木那么大，也是总比没有要好。法国颁行亚尔伯诸山种树律例之后，成效已经十分的明显了。

四、现在应该办理的救急事宜

前文中所讲的治理黄河应该办理的事项，不是一朝一夕就能办理的。必须等到对黄河全流域进行过详细地测量之后估计工程的用料，妥善的筹划办法。这样才能算得上是完美。只是担心黄河水势汹涌，迫不及待，应该先着急办理救急的事宜。这样就使得水灾不再发生，将来治理起来也就比较容易了，救急的都是什么工程呢？不外乎就是培修堤岸，加固筑牢危险的工程，并且疏通黄河末端的河道罢了。至于更改河道的形状让黄河能够顺畅地流淌，展缩河身以顺应黄河的水性，保护堤岸来阻止河水对它们的冲刷，各个工程应该在日后从容进行办理，这个时候没有闲暇能够顾及的了它们。培修河堤的方法，前文中已经详细的说过了，此处就不再赘述了。只需要用民埝来作为堤坝就可以了。如果想要依赖大堤，一来是相隔太远了，存在河面过宽产生危险的可能，二来是大堤已经残缺不全了，已经没有什么可以修补的了，即便是整修也已经没有益处了。各处的险要工程，应该全部进行筑牢加固，派遣官员进行全程的查验，对工程进行筹划。但凡是正在承受冲击的堤坝，已经腐朽的埽，务必都一律加以保护，太过于低和薄的大堤，也应该加高加厚。大堤内部临水的斜坡，应该加上一层泥，以此来种植青草，并且在大堤的根基处到处栽种树木，想办法禁止人践踏。这是最紧急的事务，应该速速办理为好。存在险情的大堤根基处，或者是抛下石块，或者是整修堤坝来进行加固，也必须根据实际情况来想办法。但凡是堤坝上有开辟道路的地方，应该及时进行修补，并且在堤坝顶部修筑石子马路，以方便车马来往，不至于对堤坝造成损害。末端的入海河道，最好妥善进行确定，铁门关、韩家垣现在都已经被淤积堵塞了，丝网口河水肆意流淌，没有固定的河床。对这些末端进行选择时，意见也不能够统一：有的说铁门关淤积堵塞的地方应该进行疏通让河水再次回到原有的河道中；有的说应该仍然从韩家垣的旧河道入海；有的说应该从十六户挑引河直到铁门关以此来避开盐窝的险要之处；有的说应该从盐窝的挑一直河仍然从丝网口入海；有的说应该从蒲台县三岔河引水入海；有的说黄河应该从大马家挑河到孔家庄并入徒骇河，使黄河由此入海。大马家在利津上游八里的地方，考察发现徒骇河的形状非常弯曲，孔家庄地区河面宽度约为九十丈，枯水期时河面宽度约为六十丈，两侧的河岸很高，并没有筑造堤坝，汛期时水面大约比河岸还要低上八尺，它的上游从禹城往下，全部已经淤积堵塞了，入海口距离孔家庄大约有七十里，并没有拦海沙。我认为对于黄河末段的治理，首先是不能让它的水流入徒骇河，是担心浑浊的河水进入清水当中，那么就使得清水也变得浑浊了，不免太过可惜了。如果想要商榷一个地方，一定要在各个地方进行详细的测量，勘察地势的高低，观测水流的方向。

据观察，现在武备学堂的测量生很聪明，又非常勤奋，四处进行测量，一定会不遗余力，只可惜时间太仓促，不能做得很详细，所绘制的图纸，只能阅读了解它的大体内容，况且各个河段的水流量多少，以及地势的高低落差，这些都无从查找。至于引河的形状，按照入海口处地势平坦的原则，引河应该越短越好。河流短了，水势就加大了，再加上落差增加，水流的冲击力就会比较大。河身以能容纳汛期水量为标准，两岸的堤坝以能够抵御河水冲刷为标准，也必须格外进行加固，以此来预防决口。原来的入海口的旧河槽，还是不用的好，因为旧河槽都已经弯曲，堤坝也都不完整了，不如另外选择新的地方根据当地的地势特点来进行治理。如今不管引河挑在哪里，它的入海口处必须有机器按时进行挖沙，不能仅仅依靠河水自己的冲刷，因为黄河的病根还没有消除，河水中的泥沙还没有减少，到处都有停留淤积的现象，仍然避免不了，担心新挑的河流，不久之后也会像旧河流一样被泥沙堵塞不通。我认为引河的河道形状，以能够容纳河水顺畅流淌为标准，这样就不会有水灾的顾虑了。减水坝是必不可少的构件，应该设置在哪里，还没有详细考察。有人说在济南府下游十八里的地方，本来有一处滚坝，似乎可以使用。我在回来的路上顺路勘察了一番，看到此处滚坝距离黄河还有五里远，原来建造此处滚坝，是想要引济南周围山上的清水进入黄河，以此来帮助冲刷泥沙，但却从来没有启用。坝门很窄，只有一丈四尺，和周围的河流不相通，如果想要用它，还需要另外挑一条引河与小清河连通。查看小清河河身，仅仅足够容纳自身的水流，汛期的时候河水已经漫上了河岸，再加上没有堤坝约束，如果再将黄河的水灌注到小清河，肯定会造成漫浸的现象，济南省城也恐怕遭受水灾。我认为如果想要减少水量，最好是引到徒骇河，但是仍然需要测量计算之后才能下定论，只是徒骇河也需要拓宽和增筑河堤，才能适合利用。

以上的四个方面，都是知无不言，言无不尽的奏报。是否合适，还需要等候上级的裁决。我此次奉命勘察黄河，经常和司道大员以及地方上的官员一同勘察。虽然在看法上每个人稍有不同，但是大家同舟共济，都是在为国家效劳，为中堂大人效劳，将国计民生挂在心上，为了一劳永逸，大家在这方面的想法都是不谋而合的。不论中国人还是外国人，都想要成就这一番利国利民的伟大功绩，因此心中就毫无成见了。

卢法尔谨上

## 二、两广总督

李鸿章担任两广总督，承接的前任李瀚章、谭钟麟的担子，政事已经荒废至极，盗贼横行，强盗遍地。李鸿章到了两广之后，雷厉风行，恢复了就地正法的条例制度，用严酷、惨烈的方式来执行法律制度，杀戮不计其数，有德行的人对此很是不满。但是那些盗贼被李鸿章的威名所震慑，有的被杀掉有的逃亡，地方上也因此得以安宁。最遗祸广东百姓的是，让那些赌博的人承担粮饷一事。广东地区盗匪横行，根源实际上就是赌博。盗贼没有不赌博的，赌博的人最终没有不去抢劫的。李鸿章劝人赌博，美其名曰缉捕经费，本意是想要通过抽取赌博的税金来作为缉捕盗贼的费用。这与害怕老百姓不做强盗而去教他们做强盗有什么区别呢？既然教百姓做强盗，却又要诛杀他们，有德行的人会说这不是人该做的事。孟子说：不教导老百姓而使他们犯罪，进而去处罚他们，这是在欺骗老百姓。不教育老百姓而处罚他们还被称为是在欺骗老百姓，更何况劝导老百姓而又处罚他们的行为呢？扬汤止沸，抱薪救火，难道是他上了年纪糊涂了吗？如果不是这样的，为什么要在晚年的时候做出如此败坏道德和名节的事情而让后人耻笑呢？有人说：李鸿章知道赌博的风气终归是不能根除掉的，还不如因此而利用它来帮忙筹集政务经费。淫乱的风气不容易根除，但是从来没有听说政府因此而设立妓院；抢劫的风气不容易根除，但是从来没有听闻政府因此而设置山寨的。这样的道理，李鸿章未必知道。如果知道却又故意这样做，这就可以说他是没心没肝了。

李鸿章在广东时，想要在省城实行警察法，大概是听从了黄遵宪的建议。最终没有实行就离开了。

广东地区中国人、洋人混杂，什么样的人都有。狡诈的人，经常将入教作为护身符，祸害百姓，天主教和其他教会的牧师，经常袒护包庇甚至纵容他们。十年以来，当地的大员们都是碌碌无为，腐败至极，对洋人非常害怕，因此洋人的气焰越发嚣张。李鸿章到了广东，教民们还想要玩弄之前的伎俩来对他进行试探，李鸿章等那些牧师来了之后，讲明事实和道理，严格地划明了权限范围，不能有一点越权。经过一两次之后，没有再敢依仗着教会干坏事的了。唉，凭借几十年来外交家的老道经验，对付大敌或许有点不足，但是对付这些小事，还是不费吹灰之力的。现在这些地方的官员，将处理教会的案件看作是困难的事情，也是太过于可怜了。

李鸿章在两广任职的时候，康有为的党徒在海外的气势日益兴盛，朝廷下旨让李鸿章进行镇压。李鸿章于是捕杀了海外义民家族中的三人。没有犯罪却受到了处罚，扰乱了百姓，野蛮的政治，没有比这个更过分的了。有人说：这并不是李鸿章的本意。即使这样，我也不敢替他进行辩护。

# 第十一章 李鸿章的末路

## 一、义和团的兴起

李鸿章一开始被任命为江苏巡抚，只是徒有虚名，不能就任；最后被任命为直隶总督，也只是徒有虚名，不能就任。造化弄人，如同是故意将李鸿章玩弄于其中一样。即使这样，感叹今昔，也使人有一番英雄气短的感慨。李鸿章到广东任职不到一年，就爆发了义和团事件。义和团为什么会出现？戊戌维新的反动势力促成的。最初的时候，现在的皇帝因为戊戌变法新政冒犯了太后，八月政变，戊戌六君子被杀害。众多的宵小之辈竞相活跃起来，康有为流亡英国，梁启超逃往日本。满朝的顽固势力，本来就已经对洋人非常敌视，再加上不知道公法，认为洋人想和康、梁一起谋害自己。因此怨恨进一步加深，北方地区的百姓，自从天津教案到胶州被德国侵占以来，心中的愤怒怨气积蓄了很长时间，因此假借封建迷信，趁机而起。顽固势力认为可以借助义和团达到自己的目的，对它加以利用。因此义和团实际上就是政府和民间的一个合体，只是他们的目标各不相同：百姓完全是出于公利，愚昧无知，让人可怜；政府完全是出于私利，倒行逆施，全天下的人都嫉恨。

## 二、李鸿章的位置 与八国联军和约

如果那时李鸿章在直隶，那么这个祸事或许可以避免，或者是李鸿章在这个祸端中先于许景澄、袁昶等人受难，都是不可知晓的。但是上天偏偏不让这个祸事早日平息，偏偏不让李鸿章早点去世。好像是故意在为李鸿章设置一个位置，让他的一生变换为更大的一个结果。到了六月以后，八国联军迫近北京，于是李鸿章又被任命为议和全权大臣。

那时，有人为李鸿章筹划说，他可以坐拥两广而自立，为亚洲开辟一个新的政体，这是上策；率兵北上，勤王剿匪，以此来向列强谢罪，这是中策；奉命进京，将自己置身于危险之中，心甘情愿地为顽固势力效命，这是下策。但是，实行第一条建议，必须有非常的学识，非常的气魄，才能实行，李鸿章并不是这样的人。在他四十年前正壮年的时候，尚且不敢做出破格的举动，更何况是一位八十岁的老翁，怎么可能会做到呢？因此说此话的人，对李鸿章的为人并不了解。第二条建议最切合实际，但是那时广东地区没有一兵一卒可以使用，并且这样做也会引起猜忌，万一朝廷中的大臣有和李鸿章不合的，以举兵谋反来陷害他，那么李鸿章将会骑虎难下，李鸿章将会极其的被动！李鸿章整天想的就是怎样去苟且、迁就，以此来保全自身的名节，这也并不是他的能力所能达到的。但是，李鸿章也对第三条建议进行了详细考虑，最终有了自己的选择，他知道只身一人进京或许会发生意外，因此迟迟不前往，他知道八国联军不攻破京城和议之事将无从谈起，因此在上海逗留，好几个月都不动身。

皇帝和太后西行逃难之后，和议才开始。本次议和虽然不像日本之行那么艰难，但是其中的麻烦和波折也有过之而无不及。这时的李鸿章，镇静应对，慢慢地进行商谈，庆幸的是列强也有了厌烦战乱的心思，清廷也有了悔过的意思，于是在光绪二十七年（1901年）七月，商定了如下的十二款和约内容：

第一款

一、德国钦差大臣克林德男爵被杀害一事，之前在西历本年六月初九也就是中历四月二十三日，奉谕旨（附件二）任命醇亲王载沣为头等专使大臣，前往德国拜见德国皇帝，代表大清国皇帝及国家表达惋惜之意。醇亲王已经遵照旨意在西历本年七月十二日也就是中历五月二十七日，从北京出发了。

二、大清国也已经声明，在德国钦差大臣遇害的地方将会竖立一座铭志碑，与克林德男爵的地位相匹配，罗列叙述大清国皇帝哀悼纪念的旨意，分别用拉丁文、德文、中文进行书写。之前在西历本年七月二十二日也就是中历六月初七，通过大清国钦差全权大臣发文到德国钦差全权大臣那里（附件三）。现在在德国钦差大臣遇害的地方建立了一座牌坊，占满了整条街道，已经在西历本年六月二十五日也就是中历五月初十动工修建了。

第二款

一、惩办对各国和人民造成伤害的首要元凶。将在西历本年二月十三、二十一等日，也就是中历上一年的十二月二十五日和本年的正月初三等日，先后降下旨意，判定罪名，在后面进行罗列（附件四、五、六）。端郡王载漪、辅国公载澜，都被判定为斩监候的罪名，又约定如果皇帝觉得可以加恩免除他们的死刑，必须立即将他们发往新疆永远地进行监禁，永远不能减免罪行；庄亲王载勋、都察院左都御史英年、刑部尚书赵舒翘，都被判决为赐令自尽；山西巡抚毓贤、礼部尚书启秀、刑部左侍郎徐承煜，都被判定为立即正法；协办大学士吏部尚书刚毅、大学士徐桐、前四川总督李秉衡，都已经去世了，追回原有官职，立即革职。此外，兵部尚书徐用仪、户部尚书立山、吏部左侍郎许景澄、内阁学士兼礼部侍郎衔联元、太常寺卿袁昶，因为去年奋力反驳那些有悖于各国公法的极恶之罪行而被害，在西历本年二月十三日也就是中历上一年十二月二十五日奉皇帝旨意官复原职，平冤昭雪（附件七）。庄亲王载勋已经在西历本年二月二十一日，也就是中历正月初三，英年、赵舒翘已经在二十四日也就是初六全部自尽；毓贤已经在二十二日也就是初四，启秀、徐承煜已经在二十六日也就是初八全部正法。又在西历本年二月十三日也就是中历上一年十二月二十五日皇帝下旨将甘肃提督董福祥革职，他应得的罪名，一定会从严进行查办；西历今年四月二十九日、六月初三、口月口口等日也就是中历三月十一、四月十七、口月口口等日先后下旨，将上一年夏季发生的惨案内所有确认有责任的各个外省官员，分别进行惩办。

二、皇帝颁布旨意，各国人民遇害、被虐的城镇，停止文武各种考试五年(附件八)。

第三款

因大日本国使馆书记生杉山彬被杀害一事，大清国皇帝从优荣之典，已经在西历本年六月十八日也就是中历五月初三颁布旨意，简派户部侍郎那桐为专使大臣，前往拜见大日本国大皇帝，代表大清国皇帝和国家致以惋惜、哀悼之意(附件九)。

第四款

大清国答应在各国被侮辱和被挖掘的各个坟墓处立碑雪耻，已经和各国的全权大臣合同商定，墓碑由各国的使馆监督建造，并且由中国给付估算的所需费用，京师一带，每处一万两，外省每处五千两。这些银两，都已经付清。现在将建碑的坟墓，开列清单附在后面(附件十)。

第五款

大清国答应不允许将军火也就是专门用来制造军事武器的各种材料运到中国境内，已经在西历一九〇一年八月十七日也就是中历的本年七月初四降下旨意禁止进口两年。之后如果各国认为仍然应该有继续严禁的地方，也可以颁布旨意将两年的期限进行延续（附件十一）。

第六款

大清国皇帝降旨答应赔付各国赔偿款海关银四百五十兆两，此笔赔款是西历一九〇〇年十二月二十二日也就是中历光绪二十六年十一月初一条款内第二款内所记载的各国、各教会、各人以及中国人民的赔偿总数(附件十二)。（甲）这四百五十兆是海关银两，按照市场价格折合为金款，这市价是按照各国的货币比价进行折合如下：海关银一两，就是德国马克三点五五，奥国克朗三点五九五，美元零点七四二，法国法郎三点五，英镑三先令，日元一点四零七，荷兰佛罗林一点零七九六，俄国卢布一点四一二。俄国卢布，按照汇率进行合算就是十七点四二四多理亚。这四百五十兆的赔款，按照年息四厘计算，本金由中国分三十九年按照后附的表格各章程清还(附件十三)。本息用黄金给付，也可以按照应还日期的市价折算成黄金付给。还本于一九〇二年正月初一起至一九四〇年终止。偿还本各款，应按每年一年一次的频率进行，初次偿还赔款确定在一九〇一年正月初一。偿还利息，由一九〇一年七月初一开始计算。不过中国也可以将所欠的首个六个月到一九〇一年十二月三十一日的利息，延期到从一九〇二年正月初一开始，在三年内偿还。但是所延期息款的利息，也应当按照年息四厘付清。这些利息每隔六个月偿还一次，第一次定在一九〇二年七月初一付给。(乙)这些赔款的一切事宜，都在上海进行办理。之后各国分别选派银行董事一名，将所有负责还款的中国官员付给的本利全部收存，分发给相关人等，该银行出付回执。(丙)中国将全部的保票一纸交于各国驻京师的钦差领衔大臣手中。这张保票以后分作零票，每张票上各自由中国特派的官员进行签字画押。此节和发票等一切事务，都应该由以上所讲的银行董事各自遵照本国的命令来进行办理。(丁)偿还保票财源的各项进款，应当每个月都交由银行董事收存。(戊)所确定的承担保票的财源，开列在条约后面：一、新开关税所进的款项，之前已当作担保的借款，付清本金和利息以后，剩余的款项再加上的进口货税，进口税是百分之五。一切按照旧条例所进口的免税货物，除了外国运来的米和各种杂色的粮面以及金银各类钱币之外，都应该抽取百分之五的税。二、所有常规海关的各项收入，在各个通商口岸的常规项目，都划归新关进行管理。三、所有盐政的各类进项，除了归还欧美借款的一宗之外，剩下的一并归入，到进口货税增加到实际价值的百分之五。只有两点需要声明：一是将现在按照估价抽取的进口各项税费，凡是能够修改的都应该尽快修改为按件抽税。改办一层如后，以此来作为估算货价的基础，应该按照一八九七、一八九八、一八九九三年卸货时各种货物计算的价值，是扣除掉进口税和杂费之后的市场价。这些税费未改之前，各项税收仍然按照估算的价格进行征收。二是北河、黄浦两条水路，都应该加以改善，中国政府应该拨付款项相助。至于增税这一条，等这项条款画押两个月以后，立即开始办理，除了在画押日期之后最迟十日已在途中的货物之外，一概不能免税。

第七款

大清国同意将各个国家的使馆界限内区域作为外国人专门的居住地，并且由使馆独自进行管理。中国的百姓，一概不允许在使馆界限内居住。各国也可以派兵进行防护，各国使馆的界限在后面的附件图上标明（附件十四）：东面的界线，是崇文门大街，图上的十、十一、十二等字样；北面是图上的五、六、七、八、九、十等字样的界线，西面是图上的一、二、三、四、五等字样的界线；南面是图上的十二、一等字样的界线，这些界线按照城墙南址根据城垛的形态绘制。按照西历一九〇一年正月也就是中历上一年的十一月二十六日文内后附的条款，中国允许各国分别自主管理，经常派驻军队分别对使馆加以保护。

第八款

大清国答应将大沽炮台以及有碍于京师到海边道路安全的各处炮台进行拆除，现在已经进行办理。

第九款

根据西历一九〇一年正月十六日也就是中历上一年十一月二十六日文内后附的条款，中国应当允许各国各自决定，一起商议决定在多个地方留兵驻守，以此来保障京师到海边的通道没有断绝的地方。现在各国驻防的地方，是黄村、廊坊、杨村、天津军粮城、塘沽、芦台、唐山、滦州、昌黎、秦王岛、山海关这些地区。

第十款

大清国允许两年之内，在各个府厅州县将后面所说的皇帝圣旨颁行布告：一、西历本年二月初一也就是中历上一年的十二月十三日皇帝下旨永远禁止设立或者加入与各国为敌的帮会，违反的人都将处斩（附件十五）。二、西历本年□月□□日也就是中历□月□□日应当颁发一道圣旨，对于犯罪的人将如何惩办的条例，都应当逐一注明。三、西历本年□月□□日也就是中历□月□□日皇帝下旨，在各国人民遭到杀害、侵害的各城镇停止文武等各种考试。四、西历本年二月初一也就是中历上年十二月十三日皇帝下旨，各省的抚督文武高官以及各部门的官员，在所管辖的区域内都有保障安全的职责，如果再发生伤害各国人民的事件，或者再有违约的行为，必须立即进行镇压惩处，不然负责的官员，就应该革职查办，永不再录用，也不能替这些官员进行开脱给予别的奖励（附件十六）。以上的圣旨现在在全中国境内逐步张贴公示。

第十一款

大清国同意将通商行船各项条约内，各国认为应该讨论加以改进的地方，以及其他有关通商的事务，都应该进行讨论修改，以此达到完善简易的效果。根据第六款赔偿的事宜，约定中国应该允许协助改善北河、黄埔两条水路，协助办理的各事项如下所示：一、北河进行河道的改善，在一八九八年会同中国所兴建的各项工程，全部由各国选派专人进行修建。二、等到治理天津的事务交还给中国之后，就可以由中国选派官员与各国所需安排的官员联合办理。中国应该每年给付海关银六万两来作为工程的款项。三、现在设立黄埔河道局管理整治改善河道的各个工程所，派到该局的官员，都代表中国和各国保护在上海的所有通商利益。估计之后二十年，该局各位员工以及经管的各项费用应该每年支出海关银四十六万两，这个数字进行评分，一半由中国给付，一半由相关的各个国家进行支出。该局员工的责任、权限、进款的更详细的环节，都在后附的文件中列明（附件十七）。

第十二款

西历本年七月二十四日也就是中国六月初九降下旨意，将总理各国事务衙门按照各个国家的意见改成外务部，列于六部之首。上谕里已经派遣了外务部各王大臣（附件十八）。并且对各个国家钦差大臣觐见的礼节进行修改，都已经商量确定由中国全权大臣多次记录在册了。这个照会在后面附带的节略里讲述说明（附件十九）。

现在特意将对以上的内容进行阐述，加上后面所附的各国全权大臣所签订的文件，都以法文来作为凭据。大清国如果按照以上所阐述的，西历一九〇〇年十二月二十二日，也就是中历光绪二十六年十一月初一，条约中的各项条款，都能按照各国的意愿妥善办理，这就表明中国愿意结束一九〇〇年夏季以来发生的祸乱局面，各国也按照条约的规定进行处理。现在，各国的全权大臣奉各自国家政府的命令代为声明，除了第七款所讲的守护使馆的军队之外，各国的军队将在西历一九〇一年□月□□日也就是中历□月□□日全部从京城撤退。并且除了第九款所讲的各个地方外，也将在西历一九〇一年□月□□日也就是中历□□年□月□日从直隶省撤军。现在将以上的条款内容缮写相同的十二份，全部由各国的全权大臣签字画押，各国的全权大臣各自存放一份，中国的全权大臣存留一份。

## 三、中俄满洲条约

与八国联军的和约商定之后，李鸿章还有一件未了的事情，就是俄国的满洲事件。当初中俄密约商定，俄国人拥有自己派驻军队保护东方铁路的权利，等到义和团运动兴起，中俄两国之间发生冲突，俄国人借此挑起事端，入侵吉林、黑龙江地区，抵达营口北部。此时京城有八国联军入侵的祸事，没有闲暇来顾及此事。等到和议开始的时候，俄国人坚持这件事要由中俄两国另行商定，和京城中的事不能混为一谈。迫不得已只好答应。等到与各国的和约商定之后，满洲的问题就出现了。李鸿章是惧怕俄国呢？还是与俄国人亲善友好呢？或者是迫不得已呢？这些虽然都无从知晓，但是在刚开始商定条约的时候，实在是将东北三省全部置于俄国人的势力范围之下，这是显而易见的事情。现在将条约记录如下：

第一条　俄国将满洲交还给中国，行政上的事务，中国照常处理。

第二条　俄国驻留军队保护满洲地区的铁路，等到该地稳定之后，以及本条约最关键的四条都履行之后，才可以撤军。

第三条　如果发生事变，俄国将派遣这支军队协助中国镇压。

第四条　如果中国的铁路（注：疑似指的是满洲铁路）没有开通，中国不能往满洲地区派驻军队。如果他日可以派驻军队，驻军的数量也要和俄国协商确定，而且不能向满洲输入武器装备。

第五条　如果地方上的官员在处理各项事宜时，不是很恰当，那么必须按照俄国政府的要求，将这名官员进行革职查办。满洲地区的巡察军队，人数必须和俄国协商确定，不能使用外国人。

第六条　满洲、蒙古的陆军、海军，不能聘请外国人进行训练。

第七条　中国应该将旅顺口的北金州地区的自主权自行放弃。

第八条　满洲、蒙古、新疆、伊犁等地的铁路和矿山，以及其他方面的利益，未经俄国许可，不能转让给他国，即使中国自己使用，也必须经过俄国的允许。牛庄以外的地方，不能租借给其他国家。

第九条　俄国所有的军事费用，全部都由中国承担。

第十条　如果满洲铁路公司有什么损害，中国政府必须与该公司协商确定。

第十一条　现在所损毁的物品，中国应该加以赔偿，或者赔偿全部的利益损失，或者用一部分的利益作为担保。

第十二条　允许中国从满洲铁路的支线上修筑一条铁路直通北京。

这个条约一经公布，南部各省的官员、百姓，群情激奋，纷纷发电进行阻止，有些人公开进行演讲，联名上书来进行抗争。英国、美国、日本等国家，也都发表舆论，表示将要进行干涉。俄国迫不得已，自行答应做出让步。过了几个月，将条约做了如下的修改：

第一条　同上

第二条　同上

第三条　同上

第四条　中国虽然可以在满洲地区派驻军队，但是军队的多少，需要与俄国协商，数量由俄国确定，中国不能反对。然而仍然不能往满洲地区输入武器装备。

第五条　同上

第六条　删除

第七条　删除

第八条　在满洲地区企图开矿山、修铁路以及谋求其他各项利益，中国不与俄国商议，不能将这些利益转让给其他国家的人来经营。

第九条 同上

第十条 同上，并且追加了“这是驻扎在北京的各国公使的协议，而且是被各国所采用的方法”的字样。

第十一条 同上

第十二条 中国需要从满洲铁路的支线修筑一条到直隶省边界长城的铁路。

## 四、李鸿章之死 死后朝廷的恩典

这个时候，李鸿章的病情已经十分严重了。李鸿章以八十岁的高龄，长时间以来经历了各种苦难，如今到了垂暮之年，再次遭遇到这样一场变故，心情忧郁，积劳成疾，已经远远超过了常人所能承受的极限了。今年以来，肝病加重，经常会大发脾气，如同发疯一般，再加上俄国的公使，帮着老天来虐待他，恫吓催促，让人难以忍受，等到听说徐寿朋的死讯，抚胸吐血，走到了人生的尽头，在光绪二十七年（1901年）九月二十七日病逝于北京贤良寺。在李鸿章死前一个小时，俄国的公使还来催促他签字画押。最终这个条约没有签订，现在交付给了庆亲王和王文韶。李鸿章临终的时候都未曾提及家事，只是咬牙切齿地说：痛恨毓贤将国家祸害到这般地步。接着又叹息道：皇上和太后不肯回京啊！于是就溘然长逝，享年七十八岁。流亡西安的清廷听说这件事情，大为震惊。第二天圣旨就到了：

朕奉太后的懿旨，大学士一等肃毅伯直隶总督李鸿章，深谋远虑，才识过人，以翰林的身份组建并率领淮军，平定太平天国、捻军等反贼，立下宏伟的功劳，朝廷特意给予恩赐，晋封伯爵。效命朝廷，服务苍生。又任命他为直隶总督兼北洋大臣，能挽救艰难，让中国与外国和睦相处；老成谋国，忠心耿耿。去年京师发生动乱，特任命该大学士为全权大臣，与各国使臣妥善商定和约，对时局大有帮助。本想在时局稳定之后，给予嘉奖，却突然听说去世的消息，大为震惊。对李鸿章特别加恩，按照大学士的规格赐予抚恤，赏赐陀罗经被下葬。派遣恭亲王溥伟带领侍卫十名，前往祭奠。赐谥号文忠，追赠太傅，晋封为一等侯爵，入祀贤良祠，以此来表达思念忠臣的意思。葬礼上其他的礼节，另行降旨细说。钦此。

后来又赏赐了白银五千两办理丧事。赏赐他的儿子李经述四品京官一职，承袭一等侯爵，李经迈赏赐候补京官，其余的子孙，也都给予了不同的优待。赏赐在天坛、地坛祭祀的待遇。又下旨命令在原籍和李鸿章立下功劳的省份以及京师地区建立专门的祠堂，地方上的官员每年按时前往祭祀，列入国家的祀典之中。朝廷对李鸿章的赏赐，给予的奖励也到达了极点。一代风云人物，最终随着北洋舰队、津防练勇，与世长辞。我听到李鸿章的死讯时，写了一副挽联：

太息斯人去，萧条徐泗空，莽莽长淮，起陆龙蛇安在也；

回首山河非，只有夕阳好，哀哀浩劫，归辽神鹤竟何之。

# 第十二章 结 论

## 一、李鸿章与古今东西人物比较

李鸿章肯定是几千年来中国历史上的一位重要人物，这是不容置疑的；李鸿章肯定是十九世纪世界史上的一位重要人物，这也是不容置疑的。即使这样，李鸿章应该在历史上处于一个什么位置呢？他与中外历史人物的对比，又有什么价值可言呢？试着一一进行罗列论述。

第一，李鸿章与霍光。史学家评论霍光说他不学无术，我评论李鸿章也是说他不学无术。这样看来，那么李鸿章与霍光是同一类人了吗？回答是：李鸿章没有霍光那样的权力和位置，没有霍光那样的魄力。李鸿章是个恪守本分的人，不是能够根据情势而实行自己意志，采取非常行动的人。李鸿章一生不能够实行自己的意志，怎么能够和霍光相比呢？即使这样。在寻常学识上，还是比霍光要好一些的。

第二，李鸿章和诸葛亮。李鸿章是忠臣、儒臣、军事家、政治家和外交家。中国历史上具备这五种资格，而且永远被后世所钦佩的人，莫过于诸葛亮了。李鸿章所依赖的资本，好过诸葛亮，但是遇到的君王却不如诸葛亮。他一开始在上海带兵的时候，仅仅依靠三个城市，最终能够在江南地区立下大功，他们两个创业的艰辛，也是略微有些相同。之后他在军事上的成就，又远远地超过了诸葛亮。但是诸葛亮治理四川，能够让官员们不会心怀奸诈，百姓都能够自我激励，但是李鸿章作为几十年的朝廷大员，没能够使国民团结和睦，让他们为自己所用。诸葛亮死后，仅仅留有在成都种植的八百株桑树，但是李鸿章却以富豪而闻名天下，两人之间的差距有多大呢？至于两人鞠躬尽瘁、死而后已，犬马恋主的忠诚品格，倒是很相像。

第三，李鸿章与郭子仪。李鸿章中兴国家，平定叛乱的功绩，和郭子仪非常相似，他们的福运也是相差不大。但是郭子仪除了平定叛乱之外，没有其他的功绩，李鸿章的戎马生涯，也只不过是他一生事业的一部分而已。如果把两人的位置给调换一下，郭子仪未必能够超过李鸿章。

第四，李鸿章和王安石。王安石因为变法而被后世所诟病，李鸿章因为洋务运动被后世所诟病，王安石变法和李鸿章兴办洋务运动，虽然都不是完善的政策，但是他们的见识绝对不是后世那些诟病他们的人所能比的。那些号称贤士大夫的人，都不肯帮助他们，并且群起而嘲笑他们，对他们进行掣肘，并且在他们身后非议他们，让李鸿章和王安石不得不任用一些小人来辅佐自己，王安石、李鸿章的处境相同。但是王安石得到皇帝的支持，兢兢业业地谋划民政，局面十分宏伟，远超李鸿章。

第五，李鸿章与秦桧。中国有很多迂腐的学者们把李鸿章骂成秦桧。法越战争、中日战争中，这种论调很盛行。如果这些话是出自市井野人的嘴，那也就算了，（但是）那些君子们说出这样的话，我实在不知道该说什么，就把他们看作是狗在狂吠吧。

第六，李鸿章与曾国藩。李鸿章和曾国藩，就像是管仲和鲍叔，韩信和萧何。不仅如此，李鸿章一生的学问、见识和事业，没有一样不是因为曾国藩的提携而促成的。因此李鸿章实际上是曾国藩门下的人物。曾国藩不是李鸿章所能比得上的，世人已经有了定论。但是，曾国藩是一位儒者，如果让他担任外交上的要职，那么他的权术、智慧、机警，或许都不如李鸿章，这也不太清楚。曾国藩谨守知止、知足的人生信条，常常能够记住要急流勇退，而李鸿章则血气方刚，无论多大的困难，都能够挺身而出，从来没有畏难退缩的样子，这也是李鸿章的长处。

第七，李鸿章与左宗棠。李鸿章和左宗棠在当时齐名于天下，但是左宗棠依靠的是张扬的个性，李鸿章依赖的是忍耐的品质。谈论他们的器量，那么李鸿章不是左宗棠所能比得上的。湘军中那些自视清高的人，曾经想要将左宗棠奉为保守党的党魁以此来和李鸿章对抗，但是这两人在洋务运动的看法上是差不多的，左宗棠不是能守旧的人，李鸿章也不是能够维新的人。左宗棠幸亏早逝了十多年，因此能够保全自己的名声，之后的各种困难和责骂，都集中到了李鸿章一人身上。左宗棠的福运也是很高的。

第八，李鸿章与李秀成。两人都是近代的豪杰之人。李秀成效忠于太平天国，李鸿章效忠于大清王朝，一位被封为忠王，一位被追加谥号为文忠，都可以当之无愧。李秀成的军事、政治和外交才能，都不比李鸿章差多少，两人一个成功一个失败，这是天数。因此，我遍览近代史，想要为两人写合传而又能毫无遗憾的，只有这两位了。但是李秀成不斩赵景贤，厚葬王有龄，李鸿章却将八个太平军投降的反王斩杀，在这件事上，李鸿章应该为失德而略感惭愧了。

第九，李鸿章与张之洞。近十年以来，与李鸿章齐名的人就是张之洞了。但是，张之洞凭借什么能够与李鸿章相提并论呢？李鸿章是一位务实的人，张之洞却是华而不实的人。李鸿章对于名节看得不是很重，张之洞对于名节却看得很重，不注重名节因此愿意任劳任怨，看重名节因此会投机取巧、趋利避害。张之洞在外交事件上，处处刁难李鸿章，总结他所谋划的策略，无一不是只能说而不能做的。李鸿章曾经对他人讲：想不到张之洞做了几十年的官，如今还是书生见识。这一句足以总结张之洞的一生了。至于张之洞自傲狭隘，残忍苛刻，与李鸿章的见识和器量比起来，相去甚远啊！

第十，李鸿章与袁世凯。后世继承李鸿章衣钵的人，只有袁世凯一人。袁世凯，李鸿章所一手栽培的人。在袁世凯刚到壮年时，就担当了大任，现在还看不出他的表现，也不便于下结论。但是袁世凯的功利心很重，他有气魄敢去做出破格的举动，比起李鸿章来讲，或许会超过他。至于袁世凯的心术怎么样，毅力又如何，都不是现在能够断言的。在现如今的官员之中，威望才能，可以继承李鸿章的，除了袁世凯没有别人了。

第十一，李鸿章与梅特涅。奥地利宰相梅特涅，十九世纪的第一大奸雄。当权的四十年里，专门玩弄一些狡诈的外交手段，对外指挥全欧洲，对内压制民主党的活动。十九世纪前半个世纪，欧洲大陆的腐败局面，实际上梅特涅的罪责最多。有人说李鸿章与梅特涅很像，即使这样，李鸿章的心术，并不像梅特涅那样险恶，他的才能也不像梅特涅那样大。梅特涅明白民众的力量并且对其加以压制，李鸿章不知道民众的力量而对其置之不理，梅特涅的外交政策能够左右列强，李鸿章的外交政策却连一个朝鲜都安顿不了，这就是李鸿章比不上梅特涅的主要原因。

第十二，李鸿章与俾斯麦。有人将李鸿章称为是东方的俾斯麦，但是，这不是在阿谀奉承，就是在胡说八道。李鸿章怎么可能与俾斯麦相提并论呢。从军事上看，俾斯麦战胜的是敌对国家，李鸿章剿灭的是同胞，从内政上讲，俾斯麦能把向来散漫的德意志邦国聚合成为一个大联邦，李鸿章却让一个偌大的中国沦落为一个二等国，从外交上讲，俾斯麦联合奥地利、意大利为自己所用，李鸿章联合俄国却反而陷入俄国的阴谋当中。以上三个方面的对比，两人的差距简直是天壤之别。这不是以成败来论英雄，李鸿章在学问、智谋、胆识方面，没有一样能够和俾斯麦相比，李鸿章的成就不能与俾斯麦相比，实际上就是优胜劣汰的公理所决定的。李鸿章的运气，或许不如俾斯麦，但是他所依赖的资本却比俾斯麦要好。每个人都有各自的困难，不能战胜困难，那么就不足以成为英雄。李鸿章向俾斯麦诉说自己处境的艰难，却不知道俾斯麦也有他的困难，这不是李鸿章所能理解的。如果让这二人位置进行调换，我认为李鸿章还是不会成功。因此那些坚持把李鸿章称作为东方俾斯麦的人，实在是不了解他们二人。

第十三，李鸿章与格莱斯顿。有人将李鸿章、俾斯麦、格莱斯顿并称为三雄。这大概是根据他们当国的长久、地位的尊贵来讲的，李鸿章和格莱斯顿实际没有一点相似的地方。格莱斯顿的专长在于内政和民政，而军事和外交，并不是他的特长。格莱斯顿，是一位有德有识的人，是民主国家的优秀人物，李鸿章，是一位追求功名的人，是传统的东方人，十八世纪之前的英雄。二人的差异很大。

第十四，李鸿章与梯也尔。法国总统梯也尔，在巴黎城被围攻的时候是议和全权大臣。当时他所处的地位，恰好与李鸿章在1895、1900年的境况相似，关乎存亡的危急时刻，只能忍气吞声，这真是人的情感所难以承受的。但是梯也尔只不过是偶然之间遇到并且做了此事，但是李鸿章却是一而再、再而三的做此事，梯也尔所面对的只有一个国家，李鸿章所要面对的却是多个国家，（相比而言）李鸿章的境遇更为可悲。但是梯也尔在议和之后，通过一场演说就立即聚集起了五十多亿法郎，而法国用了不到十年的时间，依然成为欧洲第一等强国。李鸿章却被赔款所困扰，无力补救，中国的危局日益严重。是因为两国人民的爱国之心有差距吗？还是李鸿章不懂得用民之道呢？

第十五，李鸿章与井伊直弼。日本由大将军执掌大权的时候，幕府重臣井伊直弼，担任内政、外交的要职，他洞察时局，知道闭关锁国、禁止贸易是不可行的，因此与欧美各国缔结联盟，并且急于想要学习西方国家的特长来自强。但是当时的社会，尊王攘夷的论调很盛行，井伊直弼凭借强硬的手段进行镇压，以此来效忠于幕府，于是全国上下的矛头都集中到了他一人身上，最终被人在樱田门外刺杀。而日本的维新运动刚刚兴起。井伊直弼，明治政府的敌人，也是明治政府的功臣。他的才能让人敬畏，他的遭遇让人可悲，日本人至今都在为他申诉冤屈。李鸿章的境况，大致与井伊直弼相似，但是困难却比井伊直弼大得多。井伊直弼横死，李鸿章死后享受的哀荣巨大，福运则是李鸿章优于井伊直弼。但是日本得以兴盛，而中国却依然如故。

第十六，李鸿章与伊藤博文。李鸿章与日本首相伊藤博文，中日战役中的两位英雄。如果以成败来评论，自然应该是伊藤博文胜利而李鸿章失败。但是，伊藤博文是不能与李鸿章匹敌的。日本人经常会说伊藤博文是运气、机遇最好的人，这个说法很准确。在日本明治维新期间，伊藤博文未曾有什么大的功劳，比起李鸿章栉风沐雨的人生阅历，已经输了一截了，因此伊藤博文对于日本的重要性，不如李鸿章对于中国的重要性，假如把伊藤博文放到李鸿章的位置上，恐怕他比不过李鸿章。但是，伊藤博文有一样东西要优于李鸿章，就是他曾经到欧洲地区游学，了解政治的本质。这就是伊藤博文之所以能够制定宪法来维持日本的长治久安的原因，李鸿章只能够弥补缺漏，东施效颦，最终一事无成。但是日本像伊藤博文这样的人，不下一百人，中国像李鸿章这样的人，同辈中没有一人，这也就不能把责任全部归咎于李鸿章一人了。

## 二、李鸿章之轶事

李鸿章办理事务，案头从来不会留下多余的文案，门厅中不会有等待接见的宾客，颇有西方人的做事风范。李鸿章非常看重纪律，严于律己，中国人很少能做到他那样。

不管冬夏，每天五点钟就起床，家中藏有一宋代拓印的《兰亭序》，每天早晨必定要临摹一百字，他的临本从来不向他人展示。这可能是他养心自律的一种方法。曾国藩每天在军营中，必定要下一局围棋，也是这个目的。

每天午饭之后，一定要睡一小时，从来不会耽误。李鸿章在总理衙门的时候，每天中午睡醒之后，打一声哈欠，伸一个懒腰，就伸出一脚穿靴子，伸出一只手穿官袍，服侍的人一刻也不敢耽误。

李鸿章养生一直用的是西医的方法，每顿饭都要吃用两只鸡熬制成的高汤，每天都让医生检查，常常会用上电气设备进行检测。

戈登曾经在天津拜访过李鸿章，逗留了多月。当时俄国因为伊犁之战，对清廷进行威胁恫吓，颇有决裂的情势。李鸿章因为此事而询问戈登，戈登回答说：中国现在如此的情势，在今后的世界上是无法立足的。除非您能自立为君主，掌握大权并且对政局大加整治。您如果有这个意思，我会效犬马之劳。李鸿章瞬间变了脸色，不知道说什么是好。

李鸿章在接待他人时通常面带傲慢轻蔑的神色，高高在上俯视一切，常常会戏弄他人，只有在侍奉曾国藩的时候，像对待严父一般，毕恭毕敬，是一种自发的行为。

李鸿章与外国人打交道，态度特别的轻蔑傲慢，将外国人看作是市井小人，称他们都是为了利益而来，我也拿着算盘来应对他们，只去讲求利益。那种崇拜洋人的劣根性，李鸿章是没有的。

在外国中李鸿章最敬重的只有两个人，一位是戈登，一位是美国将军格兰特，就是在美国南北战争中立下大功的人。格兰特游历到天津，李鸿章以特殊的礼节相待。以后遇到美国公使，就询问格兰特的起居情况。等到李鸿章游历欧洲各国时，经过美国，听说美国人为格兰特立碑记功，就赠送了白银千两以表达敬仰之情。

李鸿章办事极其严谨，每当遇到一个问题，一定要再三的盘问，绝不疏忽大意，不轻易许诺答应。答应之后就必定践行诺言，确实是一个言行一致的人。

李鸿章在欧洲的时候，多次询问他人的年龄以及他的家产是多少。随行的人告诉他说："这是西方人所忌讳的事情，不应该加以询问。"李鸿章不予理睬。在他的眼中根本就没有欧洲人，只是将他们玩弄于股掌之间罢了。最可笑的是，在游历英国某个大工厂时，参观结束之后，突然问了工头一个奇怪的问题："你统领着如此大的一个工厂，一年的收入是多少呢？"工头回答说："除了薪水收入外没有其他的收入了。"李鸿章慢慢地指着他手上的钻石戒指问道："但是这个钻石戒指是从哪里来的呢？”欧洲人后来将此事传为奇谈。

世人竟然传说李鸿章富甲天下，这件事并不足信，李鸿章拥有数百万的产业，这是意料之中的事情，招商局、电报局、开平煤矿、中国通商银行，李鸿章的股份都不少。有传言说南京、上海等地的当铺、银号，很多都是他名下的产业。

李鸿章在京师的时候，经常居住在贤良寺。原来曾国藩在平定江南之后，第一次进京面圣，匆忙间就是居住在这里，之后李鸿章就常居住在这里了。以后这座寺庙也为《春明梦余录》增添了一段佳话。

李鸿章一生最遗憾的一件事，就是从没担任过科举考试的主考官。戊戌会试时李鸿章身处京师，以为一定会担任主考官一职，最终没有获得。即使是朝殿阅卷大臣一职，也从来没有担任过一次，李鸿章为此颇为不满。以他盖世的功勋和名声，却对这种事心心念念，由此可见科举考试对人的毒害之深。

以上的几条，不过是我偶然间所接触到的，不加分类进行记载，以此来了解李鸿章的部分特点。我与李鸿章的交往并不深，不能够更多地去了解他的遗闻轶事，又因为这些事都无关大体，也记载不过来，所以就都省略掉了。但是李鸿章到底是什么样的人呢？我想要用两句话来加以论断：不学无术，不敢做破格的事，这是他的短处；不辞辛劳，不怕流言蜚语，这是他的长处。哎！李鸿章去世了，而天下会有更多的灾难，将会比李鸿章那个时代更加厉害，后世人将会怎么来应对呢？

## 三、人物：李鸿章

我读日本的报纸，曾看到一篇德富苏峰写的评论，他对李鸿章的评论有独到之处，我将其翻译记录如下：

中国的知名人物李鸿章病逝了，东亚地区的政局，从此之后就难免有些寂寞了，不仅仅是替清廷因为失去栋梁而惋惜。

总而言之，说李鸿章多么的伟大，功业多么的崇高，还不如说他福运过人。他早年就考中科举，进入翰林院，拥有了高雅清贵的地位，在太平天国叛乱的时候，作为曾国藩的幕僚，担任淮军的主帅，依靠戈登的帮助平定江苏，等到他平定捻军起义的时候，也实际上承接的是曾国藩的策略，最终成就了伟大功业，等到担任直隶总督的时候，遇到了天津教案事件，正当被法国要挟，狼狈不堪的时候，普法战争忽然爆发，法国、英国、俄国、美国，都忙于西欧的战事，于是这个事件也就逐渐的销声匿迹了。近二十五年以来，李鸿章担任北洋大臣，在天津设立府衙，掌握了中国的大政要务，在世界政治舞台上奔走。这实际上是他的辉煌时期。

但是，李鸿章的地位和势力，并不全是侥幸得来的。他在中国的文武百官当中，确实有超人的眼光，敏捷的政治手腕，也不是他人所能企及的。他明白西方势力向东扩张的趋势，认识到西方国家的文明成果，考虑利用它们来增加自身国力，这样的眼光，即使是前辈曾国藩，恐怕也要让他三分，至于左宗棠和曾国荃更是无法和李鸿章相提并论。

李鸿章将淮军屯聚在天津进行操练，用西方的操典来进行教导；兴建北洋水师，在旅顺、威海、大沽口设置海防；开办招商局，以此来方便沿河的水上交通；置办机器局，制造武器装备；兴办开平煤矿；建议修筑铁路。从军事到商业、工业，没有一个不加以关注的。这些想法是不是出自李鸿章本人暂且不说，大权是不是都掌握在李鸿章手中暂且不说，李鸿章办理的洋务是不是取得了成效也暂且不说，然而是谁将清朝引领到今天这般进步的程度？不得不首推说：是李鸿章啊！

世界上的人，只知道有李鸿章，却不知道还有在北京的清廷。但是，北京的清廷对于李鸿章，并不是完全信任。不仅如此，而且还经常用带有猜疑、嫉妒的眼光来看待李鸿章，只不过是因为外国的压迫，在排难解忧方面，没有谁能比得过李鸿章，因此不得不起用他罢了。况且各省的总督、巡抚，朝廷中的文武百官，对李鸿章不甚赞同的人，处处都是。因此虽然是在李鸿章事业最兴盛的时代，但是他在朝廷内部的势力，仍旧是相当薄弱的，并不像他在处理对外事务时那样拥有无限的权力和无限的荣光。

中日之战是李鸿章一生的命运的转折点。李鸿章真的从一开始就执意发动这场战争吗？对此我们不能确切知悉。但是通过观察他早在事情将要决裂的时候，突然和俄国公使喀希尼协商，请求俄国能出兵进行干涉就可以猜到，李鸿章最初派兵到朝鲜，可能只是想借助威胁这种手段，让日本可以不战而屈服，这也是很难知晓的事情。大概是李鸿章自视甚高，将中国的实力估计过高，对敌人的情况不够了解，也不明白东亚地区的局势发展，计划出现了失误，着实不能替他进行隐瞒。简而言之，中日之战确实是李鸿章一生当中最大的一次赌博。但是这场赌博他失败了，因此导致他多年积累的功劳、名声都一扫而光。

平常人如果遇到这样的挫败，不因此而忧愤致死也算是稀奇的了。但是，李鸿章却能够以七十三岁的高龄，在国内受到清廷的严厉问责，对外还要竭尽全力去支撑这个残局，挺身而出承担起议和谈判的重任，不幸被刺客击伤，但是依旧从容办事，最终不辱使命。后来又亲身前往俄国，为俄国皇帝加冕进行庆贺，出访欧美各国，对于之前发生的事情毫不介意一般，这也正是他身上的长处。

李鸿章的晚年，十分的萧条。他的前半生，对于英国非常地亲近，他的后半生，最亲近的是俄国，因此英国将李鸿章看作是已经卖身给俄国了。让我来看的话，李鸿章亲近俄国，是因为俄国让人生畏吗？还是因为他觉得俄国可以信赖呢？对此我不是很明白。总之，李鸿章认为俄国是东方最具备势力的国家，因此宁愿出让关外的土地来贿赂俄国，在俄国势力的庇护下，求得短暂的安宁。这应该是他亲近俄国的最大原因。李鸿章所主持办理的《中俄密约》《满洲条约》等事务，有人将他看作是秦桧侍奉金国一样，都是卖国贼。但这个说法实在是太过于苛刻了。他的这些做法，仅仅只是利害得失的问题，并不涉及正邪善恶的问题。

李鸿章自从由总理衙门退出之后，有时在山东治理黄河，有时在两广地区担任商务大臣、两广总督，一直到义和团运动产生之后，才得以重新就任直隶总督，和庆亲王一起担任全权议和大臣。事情刚刚平息就溘然长逝，这实在可称得上是悲惨的晚年，但不能说是耻辱的晚年。为什么呢？李鸿章的雄心壮志，到死时都没有被消磨殆尽。

如果李鸿章在中日开战之前就去世，那么他将会成为十九世纪的一位伟人，毋庸置疑，那些写世界史的人一定会对李鸿章大书特书。李鸿章相貌堂堂，善于辞令，敏锐机警，张弛有度，让人一看就知道他是一位伟人。但是，在他的血管中，是否有过一丝的英雄血液呢？这是我不敢断言的。李鸿章不像格莱斯顿那样具有高尚的道义情怀，也不像俾斯麦那样有一种倔强的男儿本性，也不像康必达那样拥有强烈的爱国热情，也不像西乡隆盛那样拥有推心置腹的真诚。他的才识和阅历，也没有能让我感佩不已的方面。总而言之，他不是那种能够成为他人心中偶像的英雄人物。

但是，李鸿章的大手笔，还是让人惊叹。他是中国人！一位伟大的中国人！他无论遇到什么样的事情，都不会惊慌失措，恼怒于心，他能忍受常人所不能忍受的，不管是如何让人感到失望的事情，都能将它们看作是浮云掠过天空一般，在李鸿章的内心中可能没有烦恼吗？可能不会悔恨吗？但是从表面上是看不出一点儿迹象的。难道没见到铁血宰相俾斯麦吗？一旦在政治上失意下台，他胸中的怒气，如同剧烈的火焰一般将要喷发出来。但是李鸿章对待发生在自己身上的事情，如同不足以挂怀一般。他强大的容忍力，值得我们去尊敬崇拜却又是无法企及的。

如果让李鸿章如同诸葛亮那般做人，那么他绝对没有能够长期在这个世上生存下去的道理。为什么呢？李鸿章一生的阅历，实际上就是中国的衰亡史，如同剥去竹笋外皮一般，情势日益严峻。

和他同时代的那些人，基本都已经全部去世了。他的一生也以前半生辉煌，而后半生暗淡凄凉终结。但是他身处这个动荡的时代，从来都没有因此而扰乱自己的内心。有人说，他是个没有脑子的人！但是，全天下能像他那样做到没脑子的人又能有几个呢？没脑子都可以做出这样的成绩，难道不值得感叹赞赏吗？

陆奥宗光评价李鸿章说道：与其说李鸿章有豪气，有才识，有决断力，还不如说他聪明睿智，善于谋划，能够预知到事情的利害得失。这句话非常的准确。但是，李鸿章从来不去逃避责任，是他的一大长处，这也是他之所以能够在几十年的时间始终是清廷的重要人物，临死依旧还身负重任，承担着中国和西方国家的厚望的重要原因。有人说：李鸿章自己不觉得身负重任，因此即使再大的责任，对于他来讲都义不容辞。但是正是这一长处，最终也使得他能够成就大事。

李鸿章可以称得上是中国人的代表人物了。他实际上就如同是一只冷血动物，这正是中国人的特点；他遵从于强者的做法，也是中国人的特点；他具备强大的容忍能力，也是中国人的特点；他倔强无私的个性，也是中国人的特点；他巧于辞令，是中国人的特点；他生性狡诈却又颇有城府，是中国人的特点；他自信、自大的性格，还是中国人的特点。他没有管仲经世济民的才识，没有诸葛亮治国理政的忠诚，但是，他并不是王安石那样的迂腐学者。他能够以逸待劳，机智周旋，心平气和，诸多的艰难与矛盾，都能够从容的排除化解，即便是在全世界范围内，也很少有人能与他相比。

以上的论述，确实能够描绘李鸿章的真实情况，而没有遗漏之处，既没有过高的褒奖，也没有过低的贬低，我可以不用再多说什么了。至于他把李鸿章看作是我们中国人的代表，那么我们四万万同胞不得不深刻地进行反思。我曾经写过《饮冰室自由书》，其中有一篇《二十世纪之新鬼》，现在选取其中评述李鸿章的内容记录如下：

唉！像星亨、马志尼这样的人难道不可以称得上是旷世豪杰吗？这五个人（注：维多利亚、星亨、马志尼、麦金莱、李鸿章）对于他们自己的国家都意义重大。除了维多利亚是立宪政府国的君主，君主没有负担责任的必要，不需要评论之外，像马志尼，像麦金莱，都让自己的国家焕然一新，像星亨，想让自己的国家焕然一新最终没有实现愿望。从这个角度来讲，李鸿章对比这三个人，应该感到惭愧了。李鸿章每每自我辩解说：我被全国所羁绊，有志向却不能施展，因此才会成为这个样子。但是，相比星亨、马志尼他们甘冒千难万险，忍受万般耻辱，排除各种苦难来最终达到自己的目的，李鸿章又怎么样呢？真正的英雄从来不会依靠他人的势力，常常能够自己造势。星亨、马志尼的势力，都是自己创造的。像李鸿章这样，只会在政府的庇护下安于富裕尊贵的生活。如果他果真将强国富民当做是自己的志向，怎么会出现掌权四十年的老资格功臣，却不能赢得民心来战胜保守党的情况呢？可惜啊！李鸿章的学识不能和星亨相比，他的热诚不能和马志尼相比，所依仗的比这些人好十倍，但是所取得的成就却远远低于这些人。从本质上来讲，李鸿章实际上是一个没有学识没有热诚的人。但是，以中国之大，又有几个在学识和热诚上能够超越李鸿章的人呢？十九世纪的各国都有英雄人物，却只有我国没有一个英雄人物，那么我们又怎么能不指鹿为马，聊以自嘲呢，将李鸿章展示给世界说：这是我们国家的英雄。唉！李鸿章也适合成为我们国家的英雄，也适合成为我国十九世纪以前的英雄罢了。

总而言之，李鸿章是有才气却没有学识的人，是有阅历却没有血性的人。李鸿章并不是没有鞠躬尽瘁、死而后已的决心，但是最后仅仅是做一些弥补、苟安等死的事情。他在未死之前，对于责任从来不推脱，但是未曾确立要为后人谋福的百年大计的志向。这就是谚语中所讲的“做一天和尚撞一天钟”。清朝文武百官的心思，全都是如此，而李鸿章也只是其中的代表罢了。但是，如今朝廷中二品以上的官员，五十岁以上的达官显贵，却没有一个能够比得上李鸿章的，这是我所敢断言的事情。唉！李鸿章的失败，已经是屡见不鲜了。后世内忧外患的局势，将比李鸿章那个时代严峻数倍，如今想求得一位像李鸿章那样的人，也是希望渺茫。想想中国的前途，不免让人毛骨悚然了，却料想不到结局最终会是怎样的。

九州生气恃风雷，万马齐喑究可哀。

我劝天公重抖擞，不拘一格降人才。

# 附录:《李鸿章传》原文

# 序 例

此书全仿西人传记之体，载述李鸿章一生行事，而加以论断，使后之读者，知其为人。

中国旧文体，凡记载一人事迹者，或以传，或以年谱，或以行状，类皆记事，不下论赞，其有之则附于篇末耳。然夹叙夹论，其例实创自太史公，《史记·伯夷列传》《屈原列传》《货殖列传》等篇皆是也。后人短于史识，不敢学之耳。著者不敏，窃附斯义。

四十年来，中国大事，几无一不与李鸿章有关系。故为李鸿章作传，不可不以作近世史之笔力行之。著者于时局稍有所见，不敢隐讳，意不在古人，在来者也。恨时日太促，行箧中无一书可供考证，其中记述谬误之处，知所不免，补而正之，愿以异日。

平吴之役，载湘军事迹颇多，似涉支蔓。但淮军与湘军，其关系极繁杂，不如此不足以见当时之形势。读者谅之。

《中东和约》《中俄密约》《义和团和约》，皆载其全文。因李鸿章事迹之原因结果，与此等公文关系者甚多，故不辞拖沓，尽录入之。

合肥之负谤于中国甚矣。著者与彼，于政治上为公敌，其私交亦泛泛不深，必非有心为之作冤词也。顾书中多为解免之言，颇有与俗论异同者。盖作史必当以公平之心行之，不然，何取乎祸梨枣也？英名相格林威尔尝呵某画工曰Paint me as I am，言勿失吾真相也。吾著此书，自信不至为格林威尔所呵。合肥有知，必当微笑于地下曰：孺子知我！

光绪二十七年十一月既望

著者自记

# 第一章 绪论

天下惟庸人无咎无誉。举天下人而恶之，斯可谓非常之奸雄矣乎？举天下人而誉之，斯可谓非常之豪杰矣乎？虽然，天下人云者，常人居其千百，而非常人不得其一。以常人而论非常人，乌见其可。故誉满天下，未必不为乡愿；谤满天下，未必不为伟人。

语曰："盖棺论定。"吾见有盖棺后数十年数百年而论犹未定者矣。各是其所是，非其所非，论人者将乌从而鉴之。曰：有人于此，誉之者千万，而毁之者亦千万；誉之者达其极点，毁之者亦达其极点。今之所毁，适足与前之所誉相消；他之所誉，亦足以此之所毁相偿。若此者何如人乎？曰是可谓非常人矣！其为非常之奸雄，与为非常之豪杰，姑勿论，而要之，其位置行事必非可以寻常庸人之眼之舌所得烛照而雌黄之者也。知此义者，可以读我之《李鸿章》。

吾敬李鸿章之才，吾惜李鸿章之识，吾悲李鸿章之遇。李之历聘欧洲也，至德，见前宰相比斯麦，叩之曰："为大臣者，欲为国家有所尽力。而满廷意见，与己不合，群掣其肘。于此而欲行厥志，其道何由？"俾斯麦应之曰："首在得君。得君既专，何事不可为？"李鸿章曰："譬有人于此，其君无论何人之言皆听之。居枢要侍近习者，常假威福，挟持大局。若处此者当如之何？"俾斯麦良久曰："苟为大臣，以至诚忧国，度未有不能格君心者。惟与妇人女子共事，则无如何矣。”李默然云（此语据西报译出。寻常华文所登于《星轺日记》者，因有所忌讳，不敢译录也）。呜呼！吾观于此，而知李鸿章胸中块垒牢骚郁抑，有非旁观人所能喻者。吾之所以责李者在此，吾之所以恕李者亦在此。

自李鸿章之名出现于世界以来，五洲万国人士，几于见有李鸿章，不见有中国。一言蔽之，则以李鸿章为中国独一无二之代表人也。夫以甲国人而论乙国事，其必不能得其真相，固无待言。然要之李鸿章为中国近四十年第一流紧要人物，读中国近世史者，势不得不口李鸿章；而读李鸿章传者，亦势不得不手中国近世史。此有识者所同认也。故吾今此书，虽名之为《同光以来大事记》可也。

不宁惟是，凡一国今日之现象，必与其国前此之历史相应。故前史者，现象之原因；而现象者，前史之结果也。夫以李鸿章与今日之中国，其关系既如此其深厚，则欲论李鸿章之人物，势不可不以如炬之目，观察夫中国数千年来政权变迁之大势，民族消长之暗潮，与夫现时中外交涉之隐情，而求得李鸿章一身在中国之位置。孟子曰："知人论世，世固不易论。"人亦岂易知耶？

今中国俗论家，往往以平发平捻为李鸿章功，以数次和议为李鸿章罪。吾以为此功罪两失其当者也。昔俾斯麦又尝语李曰："我欧人以能敌异种者为功。自残同种以保一姓，欧人所不贵也。"夫平发平捻者，是兄与弟阋墙而盬弟之脑也。此而可功，则为兄弟者其惧矣。若夫吾人积愤于国耻，痛恨于和议，而以怨毒集于李之一身，其事固非无因。然苟易地以思，当夫乙未二三月、庚子八九月之交，使以论者处李鸿章之地位，则其所措置果能有以优胜于李乎？以此为罪，毋亦旁观笑骂派之徒快其舌而已。故吾所论李鸿章为功罪于中国者，正别有在。

李鸿章今死矣。外国论者，皆以李为中国第一人。又曰："李之死也，于中国今后之全局，必有所大变动。"夫李鸿章果足称为中国第一人与否，吾不敢知；而要之现今五十岁以上之人，三四品以上之官，无一可以望李之肩背者，则吾所能断言也。李之死于中国全局有关系与否，吾不敢知；而要之现在政府失一李鸿章，如虎之丧其伥，瞽之失其相，前途岌岌，愈益多事，此又吾之所敢断言也。抑吾冀夫外国人之所论非其真也。使其真也，则以吾中国之大，而惟一李鸿章是赖，中国其尚有瘳耶！

西哲有恒言曰："时势造英雄，英雄亦造时势。"若李鸿章者，吾不能谓其非英雄也。虽然，是为时势所造之英雄，非造时势之英雄也。时势所造之英雄，寻常英雄也。天下之大，古今之久，何在而无时势？故读一部"二十四史"，如李鸿章其人之英雄者，车载斗量焉。若夫造时势之英雄，则阅千载而未一遇也。此吾中国历史所以陈陈相因，而终不能放一异彩以震耀世界也。吾著此书，而感不绝于余心矣。

史家之论霍光，惜其不学无术。吾以为李鸿章所以不能为非常之英雄者，亦坐此四字而已。李鸿章不识国民之原理，不通世界之大势，不知政治之本原，当此十九世纪竞争进化之世，而惟弥缝补苴，偷一时之安，不务扩养国民实力，置其国于威德完盛之域，而仅摭拾泰西皮毛，汲流忘源，遂乃自足。更挟小智小术，欲与地球著名之大政治家相角，让其大者，而争其小者。非不尽瘁，庸有济乎？孟子曰："放饭流歠而问无齿决，此之谓不知务。"殆谓是矣。李鸿章晚年之着着失败，皆由于是。虽然，此亦何足深责？彼李鸿章固非能造时势者也。凡人生于一社会之中，每为其社会数千年之思想习俗义理所困，而不能自拔。李鸿章不生于欧洲而生于中国，不生于今日而生于数十年以前，先彼而生、并彼而生者，曾无一能造时势之英雄以导之翼之。然则其时其地所孕育之人物，止于如是，固不能为李鸿章一人咎也。而况乎其所遭遇，又并其所志而不能尽行哉。吾故曰敬李之才，惜李之识，而悲李之遇也。但此后有袭李而起者乎？其时势既已一变，则其所以为英雄者亦自一变，其勿复以吾之所以恕李者而自恕也。

# 第二章　李鸿章之位置

## 一、中国历史与李鸿章之关系

欲评骘李鸿章之人物，则于李鸿章所居之国，与其所生之时代，有不可不熟察者两事：

一曰：李鸿章所居者，乃数千年君权专制之国，而又当专制政体进化完满达于极点之时代也。

二曰：李鸿章所居者，乃满洲人入主中夏之国，而又当混一已久，汉人权利渐初恢复之时代也。

论者动曰："李鸿章近世中国之权臣也。"吾未知论者所谓权臣，其界说若何。虽然，若以李鸿章比诸汉之霍光、曹操，明之张居正，与夫近世欧美日本所谓立宪君主国之大臣，则其权固有迥不相侔者。使鸿章而果为权臣也，以视古代中国权臣专擅威福，挟持人主，天下侧目，危及社稷，而鸿章乃匪躬蹇蹇，无所觊觎，斯亦可谓纯臣也矣。使鸿章而果为权臣也，以视近代各国权臣风行雷厉，改革庶政，操纵如意，不避怨嫌，而鸿章乃委靡因循，畏首畏尾，无所成就，斯亦可谓庸臣也矣。虽然，李鸿章之所处，固有与彼等绝异者，试与读者然犀列炬，上下古今，而一论之。

中国为专制政体之国，天下所闻知也。虽然，其专制政体，亦循进化之公理，以渐发达，至今代而始完满。故权臣之权，迄今而剥蚀几尽。溯夫春秋战国之间，鲁之三桓、晋之六卿、齐之陈田，为千古权臣之巨魁。其时纯然贵族政体，大臣之于国也，万取千焉，千取百焉，枝强伤干，势所必然矣。洎夫两汉，天下为一，中央集权之政体既渐发生，而其基未固，故外戚之祸特甚，霍、邓、窦、梁之属接踵而起，炙手可热，王氏因之以移汉祚，是犹带贵族政治之余波焉。苟非有阀阅者，则不敢觊觎大权。范晔《后汉书》论张奂、皇甫规之徒，功定天下之半，声驰四海之表，俯仰顾盼，则天命可移，而犹鞠躬狼狈，无有悔心。以是归功儒术之效，斯固然矣。然亦贵族柄权之风未衰，故非贵族者不敢有异志也。斯为权臣之第一种类。及董卓以后，豪杰蜂起，曹操乘之以窃大位，以武功而为权臣者自操始。此后司马懿、桓温、刘裕、萧衍、陈霸先、高欢、宇文泰之徒，皆循斯轨。斯为权臣之第二种类。又如秦之商鞅，汉之霍光、诸葛亮，宋之王安石，明之张居正等，皆起于布衣，无所凭藉，而以才学结主知，委政受成，得行其志，举国听命，权倾一时，庶几有近世立宪国大臣之位置焉。此为权臣之第三种类。其下者，则巧言令色，献媚人主，窃弄国柄，荼毒生民，如秦之赵高，汉之十常侍，唐之卢杞、李林甫，宋之蔡京、秦桧、韩侂胄，明之刘瑾、魏忠贤，穿窬斗筲，无足比数。此为权臣之第四种类。以上四者，中国数千年所称权臣，略尽于是矣。

要而论之，愈古代则权臣愈多，愈近代则权臣愈少。此其故何也？盖权臣之消长，与专制政体之进化成比例。而中国专制政治之发达，其大原力有二端：一由于教义之浸淫，二由于雄主之布画。孔子鉴周末贵族之极敝，思定一尊以安天下，故于权门疾之滋甚，立言垂教，三致意焉。汉兴，叔孙通、公孙弘之徒，缘饰儒术，以立主威。汉武帝表六艺黜百家，专弘此术以化天下，天泽之辨益严，而世始知以权臣为诟病。尔后二千年来，以此义为国民教育之中心点。宋贤大扬其波，基础益定。凡缙绅上流，束身自好者，莫不兢兢焉。义理既入于人心，自能消其枭雄跋扈之气，束缚于名教以就围范。若汉之诸葛，唐之汾阳，及近世之曾、左以至李鸿章，皆受其赐者也。又历代君主，鉴兴亡之由，讲补救之术，其法日密一日，故贵族柄权之迹，至汉末而殆绝。汉光武、宋太祖之待功臣，优之厚秩，解其兵柄；汉高祖、明太祖之待功臣，摭其疑似，夷其家族。虽用法宽忍不同，而削权自固之道则一也。洎乎近世，天下一于郡县，采地断于世袭，内外彼此，互相牵制，而天子执长鞭以笞畜之。虽复侍中十年，开府千里，而一诏朝下，印绶夕解，束手受吏，无异匹夫。故居要津者无所几幸，惟以持盈保泰守身全名相劝勉。岂必其性善于古人哉？亦势使然也。以此两因，故桀黠者有所顾忌，不敢肆其志，天下藉以少安焉。而束身自爱之徒，常有深渊薄冰之戒，不欲居嫌疑之地，虽有国家大事，明知其利当以身任者，亦不敢排群议逆上旨以当其冲。谚所谓“做一日和尚撞一日钟”者，满廷人士，皆守此主义焉，非一朝一夕之故，所由来渐矣。

## 二、本朝历史与李鸿章之关系

逮于本朝，又有特别之大原因一焉。本朝以东北一部落，崛起龙飞，入主中夏，以数十万之客族，而驭数万万之生民，其不能无彼我之见，势使然也。自滇、闽、粤三藩，以降将开府，成尾大不掉之形，竭全力以克之，而后威权始统于一。故二百年来，惟满员有权臣，而汉员无权臣。若鳌拜，若和珅，若肃顺、端华之徒，差足与前代权门比迹者，皆满人也。计历次军兴，除定鼎之始不俟论外，若平三藩，平准噶尔，平青海，平回部，平哈萨克布鲁特敖罕巴达克爱乌罕，平西藏廓尔喀，平大、小金川，平苗，平白莲教、天理教，平喀什噶尔，出师十数，皆用旗营，以亲王贝勒或满大臣督军。若夫平时，内而枢府，外而封疆，汉人备员而已，于政事无有所问。如顺治、康熙间之洪承畴，雍正、乾隆间之张廷玉，虽位尊望重，然实一弄臣耳。自余百僚，更不足道。故自咸丰以前，将相要职，汉人从无居之者（将帅间有一二，则汉军旗人也）。及洪、杨之发难也，赛尚阿、琦善皆以大学士为钦差大臣，率八旗精兵以远征，迁延失机，令敌坐大，至是始知旗兵之不可用，而委任汉人之机，乃发于是矣。故金田一役，实满、汉权力消长之最初关头也。及曾、胡诸公起于湘鄂，为平江南之中坚，然犹命官文以大学士领钦差大臣。当时朝廷虽不得不倚重汉人，然岂能遽推心于汉人哉？曾、胡以全力交欢官文，每有军议奏事，必推为首署；遇事归功，报捷之疏，待官乃发。其㧑谦固可敬，其苦心亦可怜矣。试一读《曾文正集》，自金陵克捷以后，战战兢兢，若芒在背。以曾之学养深到，犹且如是，况李鸿章之自信力犹不及曾者乎？吾故曰：李鸿章之地位，比诸汉之霍光、曹操，明之张居正，与夫近世欧洲日本所谓立宪君主国之大臣，有迥不相侔者，势使然也。

且论李鸿章之地位，更不可不明中国之官制。李鸿章历任之官，则大学士也，北洋大臣也，总理衙门大臣也，商务大臣也，江苏巡抚、湖广、两江、两广直隶总督也。自表面上观之，亦可谓位极人臣矣。虽然，本朝自雍正以来，政府之实权在军机大臣（自同治以后，督抚之权虽日盛，然亦存乎其人，不可一例）。故一国政治上之功罪，军机大臣当负其责任之大半。虽李鸿章之为督抚与寻常之督抚不同，至若举近四十年来之失政，皆归于李之一人，则李固有不任受者矣。试举同治中兴以来军机大臣之有实力者如下：

| | | |
|---|---|---|
| 第一 | 文祥、沈桂芬时代 | 同治初年 |
| 第二 | 李鸿藻、翁同龢时代 | 同治末年及光绪初年 |
| 第三 | 孙毓汶、徐用仪时代 | 光绪十年至光绪廿一年 |
| 第四 | 李鸿藻、翁同龢时代 | 光绪二十一年至光绪二十四年 |
| 第五 | 刚毅、荣禄时代 | 光绪二十四年至光绪二十七年 |

案观此表，亦可见满汉权力消长之一斑。自发、捻以前，汉人无真执政者。文文忠汲引沈文定，实为汉人掌政权之嚆矢。其后李文正，翁师傅，孙、徐两尚书继之，虽其人之贤否不必论，要之，同治以后，不特封疆大吏汉人居其强半，即枢府之地，实力亦骤增焉。自戊戌八月以后，形势又一变矣。此中消息，言之甚长，以不关此书本旨，不具论。

由此观之，则李鸿章数十年来共事之人可知矣。虽其人贤否才不才未便细论，然要之皆非与李鸿章同心同力同见识同主义者也。李鸿章所诉于比斯麦之言，其谓是耶？其谓是耶！而况乎军机大臣之所仰承风旨者，又别有在也。此吾之所以为李鸿章悲也。抑吾之此论，非有意袒李鸿章而为之解脱也，即使李鸿章果有实权，尽行其志，吾知其所成就亦决无以远过于今日。何也？以鸿章固无学识之人也。且使李鸿章而真为豪杰，则凭借彼所固有之地位，亦安在不能继长增高，广植势力，以期实行其政策于天下。彼格兰斯顿、比斯麦，亦岂无阻力之当其前者哉？是固不得为李鸿章作辩护人也。虽然，若以中国之失政而尽归于李鸿章一人，李鸿章一人不足惜，而彼执政误国之枢臣，反得有所诿以辞斧钺，而我四万万人放弃国民之责任者，亦且不复自知其罪也。此吾于李鸿章之地位，所以不得断断置辩也。若其功罪及其人物如何，请于末简纵论之。

# 第三章　李鸿章未达以前及其时中国之形势

## 一、李鸿章之家世

李鸿章，字渐甫，号少荃，安徽庐州府合肥县人。父名进文，母沈氏，有子四人，瀚章官至两广总督，鹤章、昭庆，皆从军有功。鸿章其仲也，生于道光三年癸未（西历一千八百二十三年）正月五日。幼受学于寻常塾师，治帖括业，年二十五，成进士，入翰林，实道光二十七年，丁未也。

## 二、欧力东渐之势

李鸿章之初生也，值法国大革命之风潮已息，绝世英雄拿破仑窜死于绝域之孤岛。西欧大陆之波澜，既已平复，列国不复自相侵掠，而惟务养精蓄锐，以肆志于东方。于是数千年一统垂裳之中国，遂日以多事。伊犁界约，与俄人违言于北；鸦片战役，与英人肇衅于南。当世界多事之秋，正举国需才之日，加以瓦特氏新发明汽机之理，艨艟轮舰，冲涛跋浪，万里缩地，天涯比邻；苏彝士河开凿功成，东西相距骤近，西力东渐，奔腾澎湃，如狂飓，如怒潮，啮岸砰崖，黯日蚀月，遏之无可遏，抗之无可抗。盖自李鸿章有生以来，实为中国与世界始有关系之时代，亦为中国与世界交涉最艰之时代。

## 三、中国内乱之发生

翻观国内之情实，则自乾隆以后，盛极而衰，民力凋敝，官吏骄横，海内日以多事。乾隆六十年，遂有湖南、贵州红苗之变；嘉庆元年，白莲教起，蔓延及于五省，前后九年，（嘉庆九年）耗军费二万万两，乃仅平之。同时海寇蔡牵等，窟穴安南，侵扰两广闽浙诸地，大遭蹂躏，至嘉庆十五年，仅获戡定。而天理教李文成、林清等旋起，震扰山东、直隶；陕西亦有箱贼之警。道光间又有回部张格尔之乱，边境骚动，官军大举征伐，亘七年仅乃底定。盖当嘉、道之间，国力之疲弊，民心之蠢动已甚，而举朝醉生梦死之徒，犹复文恬武嬉，太平歌舞，水深火热，无所告诉，有识者固稍忧之矣。

抑中国数千年历史，流血之历史也。其人才，杀人之人才也。历睹古今已往之迹，唯乱世乃有英雄，而平世则无英雄。事势如是。至道、咸末叶，而所谓英雄者，乃始磨刀霍霍，以待日月之至矣。盖中国自开辟以来，无人民参与国政之例，民之为官吏所凌逼，憔悴虐政，无可告诉者，其所以抵抗之术，只有两途，小则罢市，大则作乱，此亦情实之无可如何者也。而又易姓受命，视为故常；败则为寇，成则为王。汉高、明太，皆起无赖，今日盗贼，明日神圣，惟强是崇，他靡所云。以此习俗，以此人心，故历代揭竿草泽之事，不绝于史简。其间有承平百数十年者，不过经前次祸乱屠戮以后，人心厌乱；又户口顿少，谋生较易；或君相御下有术，以小恩小惠徽结民望，弥缝补苴，聊安一时而已，实则全国扰乱之种子，无时间绝，稍有罅隙，即复承起。故数千年之史传，实以脓血充塞，以肝脑涂附，此无可为讳者也。本朝既龙兴关外，入主中华，以我国民自尊自大蔑视他族之心，自不能无所芥蒂，故自明亡之后，其遗民即有结为秘密党会，以图恢复者，二百余年不绝，蔓延于十八行省，所在皆是。前此虽屡有所煽动，而英主继踵，无所得逞，郁积既久，必有所发。及道、咸以后，官吏之庸劣不足惮，既已显著，而秕政稠叠，国耻纷来，热诚者欲扫雰雾以立新猷，桀黠者欲乘利便以觊非分，此殆所谓势有必至，理有固然者耶。于是一世之雄洪秀全、杨秀清、李秀成等，因之而起；于是一世之雄曾国藩、左宗棠、李鸿章等，因之而起。

## 四、李鸿章与曾国藩之关系

鸿章初以优贡客京师，以文学受知于曾国藩，因师事焉，日夕过从，讲求义理经世之学，毕生所养，实基于是。及入翰林，未三年而金田之乱起，洪秀全以一匹夫揭竿西粤，仅二年余，遂乃蹂躏全国之半，东南名城，相继陷落，土崩瓦解，有岌岌不可终日之势。时鸿章在安徽原籍，赞巡抚福济及吕贤基军事。时庐州已陷，敌兵分据近地，为犄角之势。福济欲复庐州，不能得志，鸿章乃建议，先取含山、巢县以绝敌援。福济即授以兵，遂克二县。于是鸿章知兵之名始著，时咸丰四年十二月也。

当洪秀全之陷武昌也，曾国藩以礼部侍郎丁忧在籍，奉旨帮办团练，慨然以练劲旅靖大难为己任，于是湘军起。湘军者，淮军之母也。是时八旗、绿营旧兵，皆窳惰废弛，怯懦阘冗，无所可用；其将校皆庸劣无能，暗弱失职。国藩深察大局，知非扫除而更张之，必不奏效，故延揽人才，统筹全局，坚忍刻苦，百折不挠，恢复之机，实始于是。

秀全既据金陵，骄汰渐生，内相残杀，腐败已甚。使当时官军得人，以实力捣之，大难之平，指顾间事耳。无如官军之骄汰腐败，更甚于敌。咸丰六年，向荣之金陵大营一溃；十年，和春、张国樑之金陵大营再溃，驯至江浙相继沦陷，敌氛更甚于初年。加以七年丁未以来，与英国开衅，当张国樑、和春阵亡之时，即英法联军入北京烧圆明园之日。天时人事，交侵洊逼，盖至是而祖宗十传之祚，不绝者如线矣。

曾国藩虽治兵十年，然所任者仅上游之事，固由国藩深算慎重，不求急效，取踏实地步节节进取之策；亦由朝廷委任不专，事权不一，未能尽行其志也。故以客军转战两湖江皖等省，其间为地方大吏掣肘失机者，不一而足，是以功久无成。及金陵大营之再溃，朝廷知舍湘军外，无可倚重，十年四月，乃以国藩署两江总督，旋实授，并授钦差大臣，督办江南军务，于是兵饷之权，始归于一，乃得与左、李诸贤，合力以图苏皖江浙，大局始有转机。

李鸿章之在福济幕也，福尝疏荐道员，郑魁士沮之，遂不得授。当时谣诼纷纭，谤讟屡起，鸿章几不能自立于乡里，后虽授福建延邵建遗缺道，而拥虚名，无官守。及咸丰八年，曾国藩移师建昌，鸿章来谒，遂留幕中。九年五月，国藩派调湘军之在抚州者，旧部四营，新募五营，使弟国荃统领之，赴景德镇助剿，而以鸿章同往参赞。江西肃清后，复随曾国藩大营两年有奇。十年，国藩督两江，议兴淮扬水师，请补鸿章江北司道，未行。复荐两淮运使，疏至，文宗北行，不之省。是时鸿章年三十八，怀才郁抑，抚髀蹉跎者，既已半生，自以为数奇，不复言禄矣。呜呼！此天之所以厄李鸿章欤？抑天之所以厚李鸿章欤？彼其偃蹇颠沛十余年，所以练其气，老其才，以为他日担当大事之用；而随赞曾军数年中，又鸿章最得力之实验学校，而终身受其用者也。

# 第四章　兵家之李鸿章（上）

## 一、李鸿章之崛起与淮军之成立

秦末之乱，天下纷扰，豪杰云起，及项羽定霸后，而韩信始出现；汉末之乱，天下纷扰，豪杰云起，及曹操定霸后，而诸葛亮始出现。自古大伟人，其进退出处之间，天亦若有以靳之，必待机会已熟，持满而发，莫或使之，若或使之。谢康乐有言："诸公生天虽在灵运先，成佛必居灵运后。" 吾观中兴诸大臣，其声望之特达，以李鸿章为最迟，而其成名之高，当国之久，亦以李鸿章为最盛。事机满天下，时势造英雄，李鸿章固时代之骄儿哉！

## 二、当时官军之弱及饷源之竭　江浙两省得失之关系

当咸丰六、七年之交，敌氛之盛，达于极点，而官军凌夷益甚，庙算动摇无定，各方面大帅互相猜忌，加以军需缺乏，司农仰屋，惟恃各省自筹饷项，支支节节，弥东补西，以救一日之急。当此之时，虽有大忠雄才，其不能急奏肤功，事理之易明也。于是乎出万不得已之策，而采用欧美军人助剿之议起。

先是洪、杨既据南京，蹂躏四方，十八行省，无一寸干净土，经历十年，不克戡定。北京政府之无能力，既已暴著于天下，故英国领事及富商之在上海者，不特不目洪秀全为乱贼而已，且视之与欧洲列国之民权革命党同一例，以文明友交待之，间或供给其军器弹药粮食。其后洪秀全骄侈满盈，互相残杀，内治废弛，日甚一日，欧美识者，审其举动，乃知其所谓太平天国，所谓四海兄弟，所谓平和博爱，所谓平等自由，皆不过外面之假名，至其真相，实与中国古来历代之流寇毫无所异，因确断其不可以定大业，于是英法美各国，皆一变其方针，咸欲为北京朝廷假借兵力，以助戡乱，具述此意以请于政府，实咸丰十年事也。而俄罗斯亦欲遣海军小舰队，运载兵丁若干，溯长江以助剿，俄公使伊格那面谒恭亲王以述其意。

按欧美诸邦，是时新通商于中国，其必不欲中国之扰乱固也。故当两军相持，历年不决之际，彼等必欲有所助以冀速定。而北京政府之腐败，久已为西人所厌惮，其属望于革命军者必加厚，亦情势之常矣。彼时欧美诸国，右投则官军胜，左投则敌军胜，胜败之机，间不容发。使洪秀全而果有大略，具卓识，内修厥政，外谙交涉，速与列国通商定约，因假其力以定中原，天下事未可知也。竖子不悟，内先腐败，失交树敌，终为夷戮，不亦宜乎。而李文忠等之功名，亦于此成矣。

## 三、常胜军之起

时英法联军新破北京，文宗远在热河，虽和议已定，而猜忌之心犹盛，故恭亲王关于借兵助剿之议，不敢专断，一面请之于行在所，一面询诸江南、江北钦差大臣曾国藩、袁甲三，及江苏巡抚薛焕、浙江巡抚王有龄等，使具陈其意见。当时极力反对之，谓有百害而无一利者，惟江北钦差大臣袁甲三（袁世凯之父也）。薛焕虽不以为可，而建议雇印度兵，使防卫上海及其附近，并请以美国将官华尔、白齐文为队长。曾国藩覆奏，其意亦略相同，谓当中国疲敝之极，外人以美意周旋，不宜拂之，故当以温言答其助剿之盛心，而缓其出师来会之期日，一面利用外国将官，以收剿贼之实效。于是朝廷依议，谢绝助剿，而命国藩任聘请洋弁训练新兵之事，此实常胜军之起点，而李鸿章勋名发轫之始，大有关系者也。

华尔者，美国纽约人也，在本国陆军学校卒业，为将官，以小罪去国，潜匿上海。当咸丰十年，洪军蹂躏江苏，苏、常俱陷，上海候补道杨坊，知华尔沉毅有才，荐之于布政使吴煦。煦乃请于美领事，赦其旧罪，使募欧美人愿为兵者数十人，益以中国应募者数百，使训练之以防卫苏、沪。其后屡与敌战，常能以少击众，所向披靡，故官军敌军，皆号之曰“常胜军”。常胜军之立，实在李鸿章未到上海以前也。

今欲叙李鸿章之战绩，请先言李鸿章立功之地之形势。

江、浙两省，中国财赋之中坚也，无江、浙则是无天下。故争兵要则莫如武汉，争饷源则莫如苏、杭，稍明兵略者所能知也。洪秀全因近来各地官军声势颇振，非复如前日之所可蔑视，且安庆新克复（咸丰十一年辛酉八月曾国荃克复），金陵之势益孤，乃遣其将李秀成、李世贤等分路扰江、浙，以牵制官军之兵力。秀成军锋极锐，萧山、绍兴、宁波、诸暨、杭州皆连陷，浙抚王有龄死之。江苏城邑，扰陷殆遍，避乱者群集于上海。

安庆克复之后，湘军声望益高，曩者廷臣及封疆大吏，有不慊于曾国藩者，皆或死或罢，以故征剿之重任，全集于国藩之一身，屡诏敦促国藩，移师东指，规复苏、常、杭失陷郡县，五日之中，严谕四下。国藩既奏荐左宗棠专办浙江军务，而江苏绅士钱鼎铭等，复于十月以轮船溯江赴安庆，面谒国藩，哀乞遣援，谓吴中有可乘之机而不能持久者三端：曰乡团，曰枪船，曰内应是也；有仅完之土而不能持久者三城：曰镇江，曰湖州，曰上海是也。国藩见而悲之，时饷乏兵单，楚军无可分拨，乃与李鸿章议，期以来年二月济师。

咸丰十一年十一月，有旨询苏帅于国藩，国藩以李鸿章对，且请酌拨数千军，使驰赴下游，以资援剿。于是鸿章归庐州募淮勇。既到安庆，国藩为定营伍之法，器械之用，薪粮之数，悉仿湘勇章程，亦用楚军营规以训练之。先是淮南迭为发捻所蹂躏，居民大困，惟合肥县志士张树声、树珊兄弟，周盛波、盛传兄弟，及潘鼎新、刘铭传等，自咸丰初年，即练民团以卫乡里，筑堡垒以防寇警，故安徽全省糜烂，而合肥独完。李鸿章之始募淮军也，因旧团而加以精练，二张、二周、潘、刘咸从焉。淮人程学启者，向在曾国荃部下，官至参将，智勇绝伦，国藩特选之使从鸿章，其后以勇敢善战，名冠一时。又淮军之初成也，国藩以湘军若干营为之附援，而特于湘将中选一健者统之，受指挥于鸿章麾下，即郭松林是也。以故淮军名将，数程、郭、刘、潘、二张、二周。

同治元年二月，淮军成，凡八千人，拟溯江而下，傍贼垒冲过以援镇江，计未决。二十八日，上海官绅筹银十八万两，雇轮船七艘，驶赴安庆奉迎，乃定以三次载赴上海。三月三十日，鸿章全军抵沪，得旨署理江苏巡抚，以薛焕为通商大臣，专办交涉事件（薛焕，原江苏巡抚也）。

此时常胜军之制，尚未整备。华尔以一客将，督五百人，守松江。是年正月，敌众万余人来犯松江，围华尔数十匝，华尔力战破之。及鸿章之抵上海也，华尔所部属焉，更募华人壮勇附益之，使加训练，其各兵勇俸给，比诸湘、淮各军加厚，自是常胜军之用，始得力矣。

松江府者，在苏、浙境上，提督驻扎之地，而江苏之要冲也。敌军围攻之甚急，李鸿章乃使常胜军与英法防兵合（当时英法有防兵若干，专屯上海自保租界），攻松江南之金山卫及奉贤县；淮军程学启、刘铭传、郭松林、潘鼎新诸将，攻松江东南之南汇县。敌兵力斗，英法军不支退却，嘉定县又陷。敌乘胜欲进迫上海，程学启邀击大破之，南汇之敌将吴建瀛、刘玉林等开城降。川沙厅（在吴淞口南岸）敌军万余又来犯，刘铭传固守南汇，大破之，遂复川沙厅。然敌势犹雄劲不屈，以一队围松江青浦，以一队屯广福塘桥，集于泗滨，以窥新桥。五月，程学启以孤军屯新桥，当巨敌之冲，连日被围甚急。鸿章闻之，自提兵赴援，与敌军遇于徐家汇，奋斗破之。学启自营中望见鸿章帅旗，遽出营夹击，大捷，斩首三千级，俘馘四百人，降者千余。敌军之屯松江府外者，闻报震骇，急引北走，围遂解，沪防解严。

淮军之初至上海也，西人见其衣帽之粗陋，窃笑嗤之。鸿章徐语左右曰："军之良窳，岂在服制耶？须彼见吾大将旗鼓，自有定论耳。"至是欧美人见淮军将校之勇毅，纪律之整严，莫不改容起敬；而常胜军之在部下者，亦始帖然服李之节制矣。

当时曾国藩既以独力拜讨贼之大命，任重责专，无所旁贷，无所掣肘，于是以李鸿章图苏，左宗棠图浙，曾国荃图金陵。金陵，敌之根据地也，而金陵与江、浙两省，实相须以成其雄，故非扫荡江苏之敌军，则金陵不能坐困；而非攻围金陵之敌巢，则江苏亦不能得志。当淮军之下沪也，曾国荃与杨载福（后改名岳斌）、彭玉麟等，谋以水陆协进，破长江南北两岸之敌垒。

四月，国荃自太平府沿流下长江。拔金柱关，夺东梁山营寨，更进克秣陵关、三汊河、江心洲、蒲包洲。五月，遂进屯金陵城外雨花台，实李鸿章解松江围之力也。故论此役之战绩，当知湘军之能克金陵歼巨敌，非曾国荃一人之功，实由李鸿章等断其枝叶，使其饷源兵力成孤立之势，而根干不得不坐凋。淮军之能平全吴奏肤功，亦非李鸿章一人之功，实由曾国荃等捣其巢穴，使其雄帅骁卒有狼顾之忧，而军锋不得不坐顿。东坡句云："江山如画，一时多少豪杰。"同治元、二年间，亦中国有史以来之一大观矣。

## 四、李鸿章与李秀成之劲敌

李秀成者，李鸿章之劲敌，而敌将中后起第一人也。洪秀全之初起也，其党中杰出之首领，曰东王杨秀清，南王冯云山，西王萧朝贵，北王韦昌辉，翼王石达开，当时号为"五王"。既而冯、萧战死于湖南，杨、韦金陵争权，互相屠杀，石达开独有大志，不安其位，别树一帜，横行湖南、江西、广西、贵州、四川诸省，于是五王俱尽。咸丰四、五年之间，官军最不振，而江南之敌势亦浸衰矣。李秀成起于小卒，位次微末，当金陵割据以后，尚不过杨秀清帐下一服役童子，然最聪慧明敏，富于谋略，胆气绝伦。故洪氏末叶，得以扬余烬簸浩劫，使官军疲于奔命，越六七载而后定者，皆秀成与陈玉成二人之力也。玉成纵横长江上游，起台飓于豫、皖、湘、鄂；秀成出没长江下口，激涛浪于苏、杭、常、扬。及玉成既死，而洪秀全所倚为柱石者，秀成一人而已。秀成既智勇绝人，且有大度，仁爱驭下，能得士心，故安庆虽克复，而下游糜烂滋甚。自曾军合围雨花台之后，而于江苏地方及金陵方面之各战，使李鸿章、曾国荃费尽心力，以非常之巨价，仅购得战胜之荣誉者，惟李秀成之故。故语李鸿章者，不可不知李秀成。

## 五、淮军平吴之功

李鸿章自南汇一役以后，根基渐定，欲与金陵官军策应，牵制敌势，遂定进攻之策。是岁七月，使程学启、郭松林等急攻青浦县城，拔之；并发别军驾汽船渡海攻浙江绍兴府之余姚县，拔之。八月，李秀成使谭绍洸拥众十余万犯北新泾（江苏地，去上海仅数里），刘铭传邀击大破之，敌遂退保苏州。

其月，淮军与常胜军共入浙江，攻慈溪县，克之。是役也，常胜军统领华尔奋战先登，中弹贯胸卒，遗命以中国衣冠敛。美国人白齐文代领常胜军。

是岁夏秋之变，江南疠疫流行，官军死者枕藉。李秀成乘之欲解金陵之围，乃以闰八月选苏州、常州精兵十余万赴金陵，围曾国荃大营，以西洋开花大炮数十门，并力轰击，十五昼夜，官军殊死战，气不稍挫。九月，秀成复使李世贤自浙江率众十余万合围金陵，攻击益剧。曾国藩闻报，大忧之，急征援于他地。然当时江、浙及江北各方面之官军，皆备有直接之责任，莫能赴援。此役也，实军兴以来，两军未曾有之剧战也。当时敌之大军二十余万，而官军陷于重围之中者不过三万余，且将卒病死战死及负伤者殆过半焉，而国荃与将士同甘苦，共患难，相爱如家人父子，故三军乐为效死，所以能抗十倍之大敌以成其功也。秀成既不能拔，又以江苏地面官军之势渐振，恐江苏失而金陵亦不能独全，十月，遂引兵退，雨花台之围乃解。

案自此役以后，洪秀全之大事去矣。夫屯兵于坚城之下，兵家所大忌也。向荣、和春，既两度以此致败，故曾文正甚鉴之，甚慎之。曾忠襄之始屯雨花台，文正屡戒焉。及至此役，外有十倍强悍之众，内有穷困决死之寇，官军之危，莫此为甚。乃敌军明知官军之寡单如此，其疮痍又如彼，而卒不敢肉薄突入，决一死命，以徼非常之功于俄顷，而顾亏此一篑，忽焉引去，遂致进退失据，随以灭亡，何也？盖当时敌军将帅，富贵已极，骄侈淫佚，爱惜生命，是以及此，此亦官军所始念不及也。曾文正曰："凡军最忌暮气。当道、咸之交，官军皆暮气，而贼军皆朝气。及同治初元，贼军皆暮气，而官军皆朝气。得失之林，皆在于是。"谅哉言乎！以李秀成之贤，犹且不免，若洪秀全者，冢中枯骨，更何足道。所谓"灭六国者六国也，非秦也；

族秦者秦也，非天下也”。殷鉴不远，有志于天下者，其可以戒矣。洪秀全以市井无赖，一朝崛起，不数岁而蹂躏天下之半，不能以彼时风驰云卷，争大业于汗马之上，遂乃苟安金陵，视为安乐窝，潭潭府第，真陈涉之流亚哉！株守一城，坐待围击。故向荣、和春之溃，非洪秀全自有可以不亡之道，特其所遇之敌，亦如唯与阿，相去无几，故得以延其残喘云尔。呜呼！洪秀全兴废之间，天耶？人耶？君子曰：人也！

又案此役为湘淮诸将立功之最大关键。非围金陵，则不能牵江、浙之敌军，而李文忠新造之军，难遽制胜；非攻江、浙，则不能解金陵之重围，而曾忠襄久顿之军，无从保全。读史者不可不于此着眼焉。

李秀成之围金陵也，使其别将谭绍洸、陈炳文留守苏州。九月，绍洸等率众十余万，分道自金山、太仓而东。淮军诸将防之，战于三江口、四江口，互有胜败。敌复沿运河设屯营，亘数十里，驾浮桥于运河及其支流，以互相往来，进攻黄渡，围四江口之官军甚急。九月廿二日，鸿章部署诸将，攻其本营。敌强悍善战，淮军几不支，刘铭传、郭松林、程学启等身先士卒，挥剑奋斗，士气一振，大破之，擒斩万余人，四江口之围解。

常胜军统领华尔之死也，白齐文以资格继其任。白氏之为人，与华氏异，盖权谋黠猾之流也。时见官军之窘蹙，乃窃通款于李秀成，十月，谋据松江城为内应，至上海胁迫道台杨坊，要索军资巨万，不能得，遂殴打杨道，掠银四万两而去。事闻，李鸿章大怒，立与英领事交涉，黜白齐文，使偿所攫金，而以英国将官戈登代之，常胜军始复为用，时同治二年二月也。此实为李鸿章与外国办交涉第一事。其决断强硬之概，论者韪之。

白齐文黜后，欲杀之，而为美领事所沮，遂放之。复降于李秀成，为其参谋，多所策画，然规模狭隘，盖劝秀成弃江、浙，斩其桑茶，毁其庐舍，而后集兵力北向，据秦晋齐豫中原之形势，以控制东南，其地为官军水师之力所不及，可成大业云云。秀成不听。白齐文又为敌军购买军械，窃掠汽船，得新式炮数门，献之秀成，以故苏州之役，官军死于宝带桥者数百人。其后不得志于秀成，复往漳州投贼中，卒为郭松林所擒死。

先是，曾国藩获敌军谍者，得洪秀全与李秀成手谕，谓湖南北及江北，今正空虚，使李秀成提兵二十万，先陷常熟，一面攻扬州，一面窥皖、楚。国藩乃驰使李鸿章使先发制之，谓当急取太仓州以扰常熟，牵制秀成，使不得赴江北。鸿章所见适同。同治二年二月，乃下令常熟守将，使死守待援，而遣刘铭传、潘鼎新、张树珊率所部驾轮船赴福山，与敌数十战，皆捷。别遣程学启、李鸿章攻太仓、昆山县，以分敌势，而使戈登率常胜军与淮军共攻福山，拔之，常熟围解。三月，克复太仓、昆山，擒敌七千余，程学启之功最伟，戈登自此益敬服学启焉。

五月，李秀成出无锡，与五部将拥水陆兵数十万，图援江阴，据常熟。李鸿章遣其弟鹤章及刘铭传、郭松林等分道御之。铭传、松林与敌之先锋相遇，击之，获利，然敌势太盛，每战死伤相当。时敌筑连营于运河之涯，北自北漍，南至张泾桥，东自陈市，西至长寿，纵横六七十里，垒堡百数，皆扼运河之险，尽毁桥梁，备炮船于河上，水陆策应，形势大炽。

鹤章与铭传谋，潜集材木造浮桥，夜半急渡河袭敌，破敌营之在北澜者三十二。郭松林亦进击力战，破敌营之在南者三十五。周盛波之部队，破敌营之在麦市桥者二十三。敌遂大溃，死伤数万，河为不流，擒其酋将百余人，马五百匹，船二十艘，兵器弹药粮食称是。自是顾山以西无敌踪，淮军大振。六月，吴江敌将望风降。

程学启率水陆万余人，与铭传谋复苏州。进破花泾港，降其守将，屯潍亭。七月，李鸿章自将，克复太湖厅，向苏州进发，先使铭传攻江阴。敌之骁将陈坤书，与湖南、湖北、山东四大股十余万众，并力来援。鸿章、铭传亲觇敌势，见其营垒大小棋列，西自江滨，东至山口，乃定部署猛进攻之。敌抵抗甚力，相持未下。既而城中有内变者，开门纳降，江阴复。

时程学启别屯苏州附近，连日力战，前后凡数十捷，敌垒之在宝带桥、五龙桥、蠡口、黄埭、浒关、王瓜泾、十里亭、虎邱、观音庙者十余处，皆陷。而郭松林之军，亦大捷于新塘桥，斩伪王二名，杀伤万余人，夺船数百艘，敌水军为之大衰。李秀成痛愤流涕，不能自胜。自是淮军威名震天下。

敌军大挫后，李秀成大举图恢复，使其部将纠合无锡、溧阳、宜兴等处众八万余，船千余只，出运河口，而自率精锐数千据金匮援苏州，互相策应，与官军连战，互有胜败。十月十九日（二年），李鸿章亲督军，程学启、戈登为先锋，进迫苏州城，苦战剧烈，遂破其外郭。秀成及谭绍洸等引入内城，死守不屈。既而官军水陆并进，合围三面，城中粮尽，众心疑惧。其裨将部云官等，猜疑携贰，遂通款于程学启，乞降。于是学启与戈登亲乘轻舸造城北之阳澄湖，与云官等面订降约，使杀秀成、绍洸以献，许以二品之赏，戈登为之保人，故云官等不疑。然卒不忍害秀成，乃许斩绍洸而别。

李秀成微觉其谋，然事已至此，无可奈何，乃乘夜出城去（十月廿三夜）。廿四日，谭绍洸以事召云官于帐中，云官乃与骁将汪有为俱见绍洸，即刺杀之，并掩击其亲军千余人，遂开门降。廿五日，云官等献绍洸首，请程学启入城验视。其降酋之列衔如下：

一、纳王郜云官　　二、比王伍贵文

三、康王汪安均　　四、宁王周文佳

五、天将军范起发　六、天将军张大洲

七、天将军汪环武　八、天将军汪有为

当时此八将所部兵在城中者尚十余万人，声势汹汹。程学启既许以总兵副将等职，至是求如约。学启细察此八人，谓狼子野心，恐后不可制，乃与李鸿章密谋，设宴大飨彼等于坐舰，号炮一响，伏兵起而骈戮之，并杀余党之强御者千余，余众俱降，苏州定。鸿章以功加太子少保。

先是八酋之降也，戈登实为保人。至是闻鸿章之食言也，大怒，欲杀鸿章以偿其罪，自携短铳以觅之。鸿章避之，不敢归营。数日后，怒渐解，乃止。

案李文忠于是有惭德矣。夫杀降已为君子所不取，况降而先有约，且有保人耶？故此举有三罪焉：杀降背公理一也；负约食言二也；欺戈登负友人三也。戈登之切齿痛恨，至欲剚刃其腹以泄大忿，不亦宜乎？虽彼鉴于苗沛霖、李世忠故事，其中或有所大不得已者存，而文忠生平好用小智小术，亦可以见其概矣。

苏州之克复，实江南戡定第一关键也。先是曾国荃、左宗棠、李鸿章，各以孤军东下，深入重地，彼此不能联络策应，故力甚单而势甚危。苏州之捷，李鸿章建议统筹全局，欲乘胜进入浙地，与曾、左两军互相接应，合力大举，是为官军最后结果第一得力之着。十一月，刘铭传、郭松林、李鸿章进攻无锡，拔之，擒斩其将黄子漋父子。于是鸿章分其军为三大部队，其（甲）队，自率之；（乙）队，程学启率之，入浙，拔平湖、乍浦、澉浦、海盐、嘉善，迫嘉兴府。左宗棠之军（浙军），亦进而与之策应，入杭州界，攻余杭县，屡破敌军；（丙）队，刘铭传、郭松林等率之，与常胜军共略常州，大捷，克复宜兴、荆溪，擒敌将黄靖忠。鸿章更使郭松林进攻溧阳，降之。

## 六、江苏军与金陵军、浙江军之关系 金陵之克复

时敌将陈坤书，有众十余万，据常州府，张其翼以捣官军之后背。李鸿章与刘铭传当之，敌军太盛，官军颇失利。坤书又潜兵迁入江苏腹地，出没江阴、常熟、福山等县，江阴、无锡戒严，江苏以西大震。李鸿章乃使刘铭传独当常州方面，而急召郭松林弃金坛，昼夜疾赴，归援苏州。又使李鹤章急归守无锡，杨鼎勋、张树声率别军扼江阴之青阳、焦阴，断敌归路。

时敌军围常熟益急，苦战连日，仅支。又并围无锡，李鸿章婴壁

固守几殆。数日，郭松林援军至，大战破敌，围始解。松林以功授福山镇总兵。

先是程学启围嘉兴（此年正月起）极急，城中守兵锋锐相当，两军死伤枕藉。二月十九日，学启激励将士，欲速拔之，躬先陷阵，越浮桥，肉薄梯城。城上敌兵死守，弹丸如雨，忽流弹中学启左脑仆，部将刘士奇见之，立代主将督军，先登入城，士卒怒愤，勇气百倍。而潘鼎新、刘秉璋等，亦水陆交进，遂拔嘉兴。

程学启被伤后，卧疗数旬，遂不起，以三月十日卒，予谥忠烈。李鸿章痛悼流涕。

嘉兴府之克复也，杭州敌焰大衰，遂以二月二十三日（十九嘉兴克复），敌大队乘夜自北门脱出。左军以三月二日入杭州城，至是苏军（李军）与浙军（左军）之连络全通，势始集矣。

程学启之卒也，鸿章使其部将王永胜、刘士奇分领其众，与郭松林会，自福山镇进击沙山，连战破之，至三河口，斩获二万人。鸿章乃督诸军合围常州，使刘铭传击其西北，破之；郭松林攻陈桥渡大营，破之；张树声、周盛波、郑国槐等袭河边敌营廿余，皆破之。败军溃走，欲还入城，陈坤书拒之，故死城下者不可胜数。三月廿二日，李军进迫常州城，以大炮及炸药轰城，城崩数十丈。选死士数百人，梯以登，陈坤书骁悍善战，躬率悍卒出战拒之，修补缺口，官军死者数百人。鸿章愤怒，督众益治攻具，筑长围，连日猛攻，两军创巨相当。经十余日，李鸿章自督阵，刘铭传、郭松林、刘士奇、王永胜等，自先士卒，奋战登城，敌始乱。陈坤书犹不屈，与其将费天将共率悍党，叱咤巷战，松林遂力战擒坤书，天将亦为盛波所擒。铭传大呼传令，投兵器降者赦之，立降万余。官军死者亦千数。常州遂复，时四月六日也。至是江苏军（李军）与金陵军（曾军）之联络全通，江苏全省中，除金陵府城内，无一敌踪矣。自同治元年壬戌春二月，李鸿章率八千人下上海，统领淮军、常胜军，转斗各地，大小数十战，始于松江，终于嘉兴、常州，凡两周岁，至同治三年甲子夏四月，平吴功成。

案李鸿章平吴大业，固由淮军部将骁勇坚忍，而其得力于华尔、戈登者实多。不徒常胜军之战胜攻取而已，当时李秀成智勇绝伦，军中多用西式枪炮，程、刘、郭、周、张、潘诸将虽善战，不过徒恃天禀之勇谋，而未晓新法之作用，故淮军初期，与敌相遇，屡为所苦。李鸿章有鉴于是，故诸将之取法常胜军利用其器械者亦不少焉。而左宗棠平浙之功，亦得力于法国将官托格比、吉格尔之徒甚多。本朝之绝而复续，盖英法人大有功焉。彼等之意，欲借以永保东亚和平之局，而为商务之一乐园也，而岂料其至于今日，犹不先自振，而将来尚恐不免有Great revolution 在其后乎。

先是曾国荃军水陆策应，围金陵既已二稔，至甲子正月，拔钟山之石垒。敌失其险，外围始合，内外不通，粮道已绝，城中食尽。洪秀全知事不可为，于四月二十七日饮药死，诸将拥立其子洪福。当时官军尚未之觉，朝旨屡命李鸿章移江苏得胜之师助剿金陵。曾国荃以为城贼既疲，粮弹俱尽，歼灭在即，耻借鸿章之力。而李鸿章亦不愿分曾之功，深自抑退，乃托言盛暑不利用火器，固辞不肯进军。朝廷不喻鸿章之旨，再三敦促，国荃闻之，忧愤不自胜，乃自五月十八日起，日夜督将士猛攻地保城（即龙膊子山阴之坚垒，险要第一之地也），遂拔之。更深穿地道，自五月三十至六月十五，隧道十余处皆成，乃严戒城外各营，各整战备，别悬重赏募死士，约乘缺以先登。

时李秀成在金陵，秀全死后，号令一出其手。秀成知人善任，恩威并行，人心服之，若子于父。五月十五日，秀成自率死士数百人，自太平门缺口突出；又别遣死士数百，冒官兵服式，自朝阳门突出，冲入曾营，纵火哗噪。时官军积劳疲惫，战力殆尽，骤遇此警，几于瓦解兽散，幸彭毓橘诸将率新兵驰来救之，仅乃获免。

六月十六日，正午，隧道内所装火药爆裂，万雷轰击，天地为动，城壁崩坏廿余丈。曾军将叱咤奋登，敌兵死抗，弹丸如雨，外兵立死者四百余人。众益奋发，践尸而过，遂入城。李秀成至是早决死志，以所爱骏马赠幼主洪福，使出城遁，而秀成自督兵巷战，连战三日夜，力尽被擒。敌大小将弁战死焚死者三千余人，城郭宫室连烧三日不绝。城中兵民久随洪氏者男女十余万人，无一降者。自咸丰三年癸丑，秀全初据金陵，至是凡十二年始平。

案李秀成真豪杰哉！当存亡危急之顷，满城上下，命在旦夕，犹能驱役健儿千数百，突围决战，几歼敌师，五月十五日之役，曾军之不亡，天也。及城已破，复能以爱马救幼主，而慷慨决死，有国亡与亡之志，虽古之大臣儒将，何以过之？项羽之乌骓不逝，文山之漆室无灵，天耶人耶？吾闻李秀成之去苏州也，苏州之民，男女老幼，莫不流涕。至其礼葬王有龄，优恤败将降卒，俨然有文明国战时公法之意焉。金陵城中十余万人，无一降者，以视田横之客五百人，其志同，其事同，而魄力之大，又百倍之矣，此有史以来战争之结局所未曾有也。使以秀成而处洪秀全之地位，则今日之域中，安知为谁家之天下耶！秀成之被擒也，自六月十七日至十九日凡三日间，在站笼中慷慨吮笔，记述数万言，虽经官军删节，不能备传，而至今读之，犹凛凛有生气焉。呜呼！刘兴骂项，成败论人，今日复谁肯为李秀成扬伟业发幽光者？百年而后，自有定评，后之良史，岂有所私？虽然，物竞天择，适者生存，曾、左、李亦人豪矣。

金陵克复，论功行赏，两江总督曾国藩，加太子太保衔，封世袭一等侯；浙江巡抚曾国荃、江苏巡抚李鸿章，皆封世袭一等伯。其余将帅恩赏有差。国荃之克金陵也，各方面诸将，咸嫉其功，诽谤谗言，蜂起交发，虽以左宗棠之贤，亦且不免，惟李鸿章无间言，且调护之功甚多云。

案此亦李文忠之所以为文也。诏会剿而不欲分人功于垂成，及事定而不怀嫉妒于荐主，其德量有过人者焉，名下无虚，非苟焉已耳。

# 第五章　兵家之李鸿章（下）

## 一、捻乱之猖獗

金陵克复，兵气半销，虽然，捻乱犹在，忧未歇也。捻之起也，始于山东游民。及咸丰三年，洪秀全陷安庆、金陵，安徽全省大震，捻党乘势，起于宿州、亳州、寿州、蒙县诸地，横行皖、齐、豫一带，所到掠夺，官军不能制。其有奉命督师者，辄被逆击，屡败衄，以故其势益猖。及咸丰七年冬，其游骑遂扰及直隶之大名府等地，北京戒严。

今将捻乱初起以迄李鸿章督师以前，迭次所派平捻统帅，列表如下：

| 人 | 官 | 任官年分 | 屯驻地 |
|---|---|---|---|
| 善　禄 | 河南提督 | 咸丰三年 | 永城县 |
| 周天爵 | 钦差大臣 | 同 | 宿州 |
| 吕贤基 | 工部左侍郎 | 同 | 安徽 |
| 陆应穀 | 河南巡抚 | 同 | 开封府 |
| 舒兴阿 | 钦差大臣 | 同 | 宿州（周天爵卒，代之） |
| 袁甲三 | 陕甘总督 | 同 | 陈州 |

| | | | |
|---|---|---|---|
| 英　桂 | 河南巡抚 | 同　四年 | 开封府 |
| 武隆额 | 安徽提督 | 同　五年 | 亳州 |
| 胜　保 | 钦差大臣 | 同　七年 | 督江北军 |
| 史荣春 | 提督 | 同　八年 | 曹州、兖州 |
| 田在田 | 总兵 | 同 | 同 |
| 邱联恩 | 同 | 同 | 鹿邑 |
| 朱连泰 | 同 | 同 | 亳州 |
| 傅振邦 | 同 | 同　九年 | 宿州 |
| 伊兴额 | 都统 | 同 | 同 |
| 关　保 | 协领 | 同 | 督河南军 |
| 德楞额 | 同 | 同 | 曹州 |
| 胜　保 | 都统钦差大臣 | 同　十年 | 督河南军，关保副之 |
| 穆腾阿 | 副都统 | 同 | 安徽（副袁甲三） |
| 毛昶照 | 团练大臣 | 同 | 河南 |
| 僧格林沁 | 蒙古亲王 | 同 | |
| 曾国藩 | 钦差大臣 | 同治三年 | |

庚申之役，文宗北狩热河，捻党乘之，侵入山东，大掠济宁。德楞额与战，大败，始以蒙古科尔沁亲王僧格林沁督师追蹑诸捻，号称骁勇。同治二年，发党诸酋陈得才、蓝成昌、赖汶洸等合于捻，捻酋张总愚、任柱、牛落江、陈大喜等各拥众数万，出没于山东、河南、安徽、湖北各州县，来往倏忽，如暴风疾雨，不可捉摸，官军疲于奔命。同治三年九月，捻党一股入湖北，大掠襄阳、随州、京山、德安、应山、黄州、蕲州等处，舒保战死，僧王之师屡溃。僧王之为人，勇悍有余而不学无术，军令太不整肃，所至淫掠残暴，与发捻无异，以故湖北人民大失望。

其时金陵新克复，余党合于捻者数万人，又转入河南、山东，掠城市。四年春，僧王锐意率轻骑追逐其酋，一日夜驰三百里，至曹州，部下多怨叛。四月廿五日，遂中捻首之计，大败，力战堕马死，朝廷震悼。忽以曾国藩为钦差大臣，督办直隶、山东、河南军务，而命李鸿章署理两江总督，为国藩粮运后援。

## 二、李鸿章以前平捻诸将之失机

先是官军之剿捻也，惟事追蹑，劳而无功，间讲防堵，则弥缝一时耳。要之，无论为攻为守，非苟且姑息以养敌锋，则躁进无谋以钝兵力，未尝全盘打算，立一定之方略，以故劳师十五年，而无所成。自曾国藩受事以后，始画长围圈制之策，谓必蹙敌一隅，然后可以聚歼。李鸿章禀承之，遂定中原。

## 三、曾、李平捻方略

曾国藩，君子人也，常兢兢以持盈保泰急流勇退自策厉。金陵已复，素志已偿，便汲汲欲自引退。及僧王之亡，捻氛迫近京畿，情形危急，国藩受命于败军之际，义不容辞，遂强起就任。然以为湘军暮气渐深，恐不可用，故渐次遣撤，而惟用淮军以赴前敌。盖国藩初拜大命之始，其意欲虚此席以待李鸿章之成功，盖已久矣。及同治五年十二月，遂以疾辞，而李鸿章代为钦差大臣，国藩回江督本任，筹后路粮饷。

鸿章剿捻方略，以为捻贼已成流寇，逼之不流，然后会师合剿，乃为上策。明孙传庭谓剿流寇当驱之于必困之途，取之于垂死之日，如但一彼一此，争胜负于矢石之间，即胜亦无关于荡平。鸿章即师此意。故四年十一月，曾奏称须蹙之于山深水复之处，弃地以诱其入，然后合各省之兵力，三四面围困之。后此大功之成，实由于是。

## 四、东捻之役

其年五月，任柱、赖汶洸等大股深入山东。鸿章命潘鼎新、刘铭传尽力追蹑，欲蹙之于登莱海隅，然后在胶莱咽喉，设法扼逼，使北不得窜入畿疆，南不得蔓延淮南。六月，亲督师至济宁，相度形势，以为任、赖各股，皆百战之余，兼游兵散勇裹胁之众，狡猾剽悍，未可易视，若兵力未足兜围，而迫之过紧，画地过狭，使其窥破机关，势必急图出窜，稍纵即逝，全局又非。于是定策先防运河以杜出路，次扼胶莱以断咽喉。乃东抚丁宝桢，一意欲驱贼出境，于鸿章方面颇多龃龉。七月，敌军突扑潍河，东省守将王心安方驻防戴庙，任敌偷渡，而胶莱之防遂溃。是时蜚谤屡起，朝廷责备綦严，有罢运防之议。鸿章覆奏，以为运河东、南、北三面，贼氛来往窜扰，官军分路兜逐，地方虽受蹂躏，然受害者不过数府县之地；驱过运西，则数省流毒无穷，同是疆土，同是赤子，而未便歧视也。乃坚持前议，不少变。十月十三日，刘铭传在安邱、潍县之交，大战获胜。二十四日，追至赣榆，铭传与马步统将善庆力战，阵毙任柱，于是东捻之势大衰。

二十八日，潘鼎新海州上庄一战，毙悍贼甚夥。十一月十一二日，刘铭传、唐仁廉等在潍县、寿光抄击一昼夜，敌众心携，投降遂多。郭松林、杨鼎勋、潘鼎新继之，无战不捷。至二十九日，铭传、松林、鼎勋等，追蹑七十里，至寿光弥河间，始得接仗，战至数十回合，又追杀四十余里，斩获几三万人，敌之精锐器械骡马辎重抛尽。鸿章奏报中，谓“军士回老营者，臣亲加拊慰，皆饥惫劳苦，面无人色”云。赖汶洸在弥河败后，落水未死，复纠合千余骑，冲出六塘河防。黄翼升、刘秉璋、李昭庆等，水陆马步，衔尾而下，节节追剿，只剩数百骑，逼入高室水乡。鸿章先派有统带华字营淮勇之吴毓兰，在扬州运河扼守，诸军戮力，前截后追。十二月十一日，毓兰生擒汶洸，东捻悉平，东、苏、皖、豫、鄂五省，一律肃清。

鸿章奏捷后，附陈所属诸军剿捻以来，驰逐数省，转战终年，日行百里，忍饥耐寒，忧谗畏讥，多人生未历之苦境。刘铭传、刘秉璋、周盛波、潘鼎新、郭松林、杨鼎勋，皆迭乞开缺，请稍为休养，勿调远役；并以刘铭传积劳致病，代为请假三月。乃七年正月，西捻张总愚大股，忽由山右渡河北窜，直逼畿辅，京师大震。初七初八日叠奉寄谕饬催刘铭传、善庆等马步各营，迅赴河北进剿。鸿章以铭传疲病，正在假期，不忍遽调，乃率周盛波、盛传马步十一营，潘鼎新鼎字全军，及善庆温德克勒西马队，陆续进发，由东阿渡河，饬郭松林、杨鼎勋整饬大队，随后继进。

## 五、西捻之役

西捻之役，有较东捻更难图功者，一则黄河以北，平坦千里，无高山大河以限之。张总愚狡猾知兵，窜扰北地平原，掳马最多，飙忽往来，瞬息百里，欲设长围以困之，然地势不合，罗网难施，且彼鉴于任、赖覆辙，一闻围扎，立即死力冲出，不容官军闲暇，次第施工，此一难也。二则淮军全部，皆属南人，渡河以北，风气悬殊，南勇性情口音，与北人均不相习，且谷食面食，习惯不同，而马队既单，麸料又缺，此二难也。鸿章乃首请饬行坚壁清野之法，以为“前者任、赖捻股，流窜中原数省，畏墟寨甚于畏兵。豫东、淮北，民气强悍，被害已久，逐渐添筑墟寨，到处与城池相等，故捻逆一过即走，不能久停。近年惟湖北、陕西被扰最甚，以素无墟寨，筹办不及，贼得盘旋饱掠，其势愈张。直、晋向无捻患，民气朴懦，未能筑寨自守。张总愚本极狡猾，又系穷寇，南有黄河之阻，必致纵横驰突，无处不流，百姓惊徙蹂躏，讵有已时，可为浩叹。（中略）自古用兵，必以彼此强弱饥饱为定衡，贼未必强于官军，但彼马多而我马少，自有不相及之势；彼可随地掳粮，我须随地购粮，贼常饱而兵常饥，又有不能及之理。今欲绝贼粮，断贼马，惟有苦劝严谕河北绅民，赶紧坚筑墟寨，一有警信，收粮草牲畜于内，既自固其身家，兼以制贼死命”云云。西捻之平，实赖于是。

四月，奏请以刘铭传总统前敌各军，温旨敦促起行，使淮军与直、东民团，沿黄河运河，筑长墙浚濠以蹙敌。拣派各军，轮替出击，更番休息，其久追疲乏须暂休息之军，即在运河东岸择要屯驻，俟敌窜近，立起迎击，以剿为防。又派张曜、宋庆分扎夏津、高唐一带，程文炳扎陵县、吴桥一带，为运防遮护。左宗棠亦派刘松山、郭宝昌等军，自连镇北至沧州一带减河东岸分扎，与杨鼎勋等军就近策应，布置略定，然后进剿。

五月，捻股窜向西北，各军分投拦击，叠次获胜。鸿章乃趁黄河伏泛盛涨时，缩地围扎，以运河为外圈，而就恩县、夏津、高唐之马颊河，截长补短，划为里圈，逼贼西南，层层布置。五六月间，各军迭次大捷，敌势蹙衰，降散渐多。六月十九至二十二等日，乘胜尾追，每战皆捷。二十三日，张总愚涉水向西南逃窜。二十四日，由平原向高唐。二十五日，潘鼎新追百二十里，冒雨至高唐。敌已向博平、清平一带，图扑运河，而官军早于马颊河西北岸筑长墙数百里，足限戎马。敌方诇知已入彀中，窜地愈狭，死期近矣。是时各军已久追疲乏，鸿章乃派刘铭传生力马军助战，军势大振。二十八日，将敌圈在徒骇、黄、运之间，铭传调集马步迎击，追剿数里，值郭松林东来马步全军，拦住去路，又兼河道分歧，水溜泥陷，刘、郭两军马队五六千人，纵横合击，擒斩无算，张总愚仅带数十骑北逃，旋自沉于河以死，西捻肃清，中原平。八月，李鸿章入觐京师。

鸿章之用兵也，谋定后动，料敌如神，故在军中十五年，未尝有所挫衄。虽曰幸运，亦岂不以人事耶！其剿发也，以区区三城之立足地，仅一岁而荡平全吴；其剿捻也，以十余年剽悍之劲敌，群帅所束手无策者，亦一岁而歼之，盖若有天授焉。其待属将也，皆以道义相交，亲爱如骨肉，故咸乐为用命，真将将之才哉！虽然，李鸿章兵事之生涯，实与曾国藩相终始，不徒荐主之感而已。其平吴也，由国藩统筹大局，肃清上流，曾军合围金陵，牵掣敌势，故能使李秀成疲于奔命，有隙可乘。其平捻也，一承国藩所定方略，而所以千里馈粮，士有宿饱者，又由有良江督在其后，无狼顾之忧也。不宁惟是，鸿章随曾军数年，砥砺道义，练习兵机，盖其一生立身行己耐劳任怨坚忍不拔之精神，与其治军驭将推诚布公团结士气之方略，无一不自国藩得之。故有曾国藩，然后有李鸿章，其事之如父母，敬之如神明，不亦宜乎！

# 第六章　洋务时代之李鸿章

## 一、洋务之治绩

“洋务”二字，不成其为名词也。虽然，名从主人，为李鸿章传，则不得不以“洋务”二字总括其中世二十余年之事业。李鸿章所以为一世俗儒所唾骂者以洋务，其所以为一世鄙夫所趋重者亦以洋务，吾之所以重李责李而为李惜者亦以洋务。谓李鸿章不知洋务乎？中国洋务人士，吾未见有其比也。谓李鸿章真知洋务乎？何以他国以洋务兴，而吾国以洋务衰也？吾一言以断之，则李鸿章坐知有洋务，而不知有国务，以为洋人之所务者，仅于如彼云云也。今试取其平定发捻以后，日本战事以前，所办洋务各事，

列表如下：

| | |
|---|---|
| 设外国语言文字学馆于上海 | 同治二年正月 |
| 设江南机器制造局于上海 | 同　四年八月 |
| 设机器局于天津 | 同　九年十月 |
| 筹通商日本并派员往驻 | 同　九年闰十二月 |
| 拟在大沽设洋式炮台 | 同　十年四月 |
| 挑选学生赴美国肄业 | 同　十一年正月 |
| 请开煤铁矿 | 同　十一年五月 |
| 设轮船招商局 | 同　十一年十一月 |

| | |
|---|---|
| 筹办铁甲兵船 | 光绪元年十一月 |
| 请遣使日本 | 同　同 |
| 请设洋学局于各省，分格致、测算、舆图、火轮机器、兵法、炮法、化学、电学诸门，择通晓时务大员主之，并于考试功令稍加变通，另开洋务进取一格 | 光绪元年十二月 |
| 派武弁往德国学水陆军械技艺 | 同　二年三月 |
| 派福建船政生出洋学习 | 同　年十一月 |
| 始购铁甲船 | 同　年二月 |
| 设水师学堂于天津 | 同　年七月 |
| 设南北洋电报 | 同　年八月 |
| 请开铁路 | 同　年十二月 |
| 设开平矿务商局 | 光绪七年四月 |
| 创设公司船赴英贸易 | 同　年六月 |
| 招商接办各省电报 | 同　年十一月 |
| 筑旅顺船坞 | 同　八年二月 |
| 设商办织布局于上海 | 同　年四月 |
| 设武备学堂于天津 | 同　十一年五月 |
| 开办漠河金矿 | 同　十三年十二月 |
| 北洋海军成军 | 同　十四年 |
| 设医学堂于天津 | 同　二十年五月 |

以上所列李鸿章所办洋务，略具于是矣。综其大纲，不出二端：一曰军事，如购船、购械、造船、造械、筑炮台、缮船坞等是也；二曰商务，如铁路、招商局、织布局、电报局、开平煤矿、漠河金矿等是也。其间有兴学堂、派学生游学外国之事，大率皆为兵事起见，否则以供交涉翻译之用者也。李鸿章所见西人之长技，如是而已。

## 二、北洋海陆兵力

海陆军事，是其生平全力所注也。盖彼以善战立功名，而其所以成功，实由与西军杂处，亲睹其器械之利，取而用之，故事定之后，深有见夫中国兵力，平内乱有余，御外侮不足，故兢兢焉以此为重。其眼光不可谓不加寻常人一等，而其心力之瘁于此者亦至矣。计中日战事以前，李鸿章手下之兵力，大略如下：

北洋海军兵力表

| 分职队别 | 船名 | 船式 | 吨数 | 马力 | 速力 | 炮数 | 船员 | 进水年分 |
|---|---|---|---|---|---|---|---|---|
| 主战舰队 | 定远 | 铁甲 | 七三三五 | 六〇〇〇 | 一四.五 | 二二 | 三三〇 | 光绪八年1882 |
| | 镇远 | 同 | 七三五五 | 六〇〇〇 | 一四.五 | 二二 | 三三〇 | 同 |
| | 经远 | 同 | 二九〇〇 | 三〇〇〇 | 一五.五 | 一四 | 二〇二 | 同　十三年1887 |
| | 来远 | 同 | 二九〇〇 | 五〇〇〇 | 一五.五 | 一四 | 二〇二 | 同 |

| | | | | | | | | |
|---|---|---|---|---|---|---|---|---|
| 舰队防守 | 致远 | 巡洋 | 二三〇〇 | 五五〇〇 | 一八.〇 | 二三 | 二〇二 | 同十二年1886 |
| | 靖远 | 同 | 二三〇〇 | 五五〇〇 | 一八.〇 | 二三 | 二〇二 | 同 |
| | 济远 | 同 | 二三〇〇 | 五五〇〇 | 一八.〇 | 二三 | 二〇三 | 同九年1883 |
| | 平远 | 同 | 二二〇〇 | 一五〇〇 | 一四.五 | 一一 | | |
| | 超勇 | 同 | 一三五〇 | 二四〇〇 | 一五.〇 | 一八 | 一三〇 | 同七年1881 |
| | 扬威 | 同 | 一三五〇 | 二四〇〇 | 一五.〇 | 一八 | 一三〇 | 同 |
| | 镇东 | 炮船 | 四四〇 | 三五〇 | 八.〇 | 五 | 五五 | 同五年1879 |
| | 镇西 | 同 | 四四〇 | 三五〇 | 八.〇 | 五 | 五五 | 同 |
| | 镇南 | 同 | 四四〇 | 三五〇 | 八.〇 | 五 | 五五 | 同 |
| | 镇北 | 同 | 四四〇 | 四四〇 | 八.〇 | 五 | 五五 | 同 |
| | 镇中 | 同 | 四四〇 | 七五〇 | 八.〇 | 五 | 五五 | 同七年1881 |
| | 镇边 | 同 | 四四〇 | 八四〇 | 八.〇 | 五 | 五五 | 同 |
| 练习舰 | 康济 | 同 | 一三〇〇 | 七五〇 | 九.五 | 一一 | 一二四 | 同 |
| | 威远 | 同 | 三〇〇 | 八四〇 | 一二.〇 | 一一 | 一二四 | 同三年1877 |
| 补助舰 | 泰安 | 同 | 一二五八 | 六〇〇 | 一〇.〇 | 五 | 一八〇 | 同二年1876 |
| | 镇海 | 同 | 九五〇 | 四八〇 | 九.〇 | 五 | 一〇〇 | 同治十年1871 |
| | 操江 | 同 | 九五〇 | 四〇〇 | 九.〇 | 五 | 九一 | 同五年1865 |
| | 湄云 | 同 | 五七八 | 四〇〇 | 九.〇 | 四 | 七〇 | 同八年1869 |

附：水雷船

| 船名 | 船式 | 吨数 | 速力 |
|---|---|---|---|
| 左队一号 | 一等水雷 | 一〇八 | 二四 |
| 同　二号 | 同 | 同 | 一九 |
| 同　三号 | 同 | 同 | 一九 |
| 右队一号 | 同 | 同 | 一八 |
| 同　二号 | 同 | 同 | 一八 |
| 同　三号 | 同 | 同 | 一八 |

直隶淮军练勇表

当中日战事时代，直隶淮军练勇二万余人，其略如下：

| 军队 | 营数 | 人数 | 将领 | 驻地 |
|---|---|---|---|---|
| 盛军 | 十八 | 九千 | 卫汝贵 | 小站 |
| 铭军 | 十二 | 四千 | 刘盛休 | 大连湾 |
| 毅军 | 十 | 四千 | 宋　庆 | 旅顺口 |
| 芦防淮勇 | 四 | 二千 | 叶志超<br>聂士成 | 芦台、北塘、山海关 |
| 仁字虎勇 | 五 | 二千五百 | 聂士成 | 营口 |

合计四十九营二万五千人之间。

李鸿章注全副精神以经营此海陆二军，自谓确有把握。光绪八年，法越肇衅之时，朝议饬筹畿防，鸿章覆奏，有“臣练军简器，十余年于兹，徒以经费太绌，不能尽行其志，然临敌因应，尚不至以孤注贻君父忧”等语。其所以自信者，亦可概见矣。何图一旦中日战开，艨艟楼舰，或创或夷，或以资敌，淮军练勇，屡战屡败，声名一旦扫地以尽，所余败鳞残甲，再经联军津沽一役，随罗荣光、聂士成同成灰烬。于是直隶总督北洋大臣三十年所蓄所养所布画，烟消云散，殆如昨梦。及于李之死，而其所摩抚卵翼之天津，尚未收复。呜呼！合肥合肥，吾知公之不瞑于九原也。

## 三、李鸿章办理洋务失败之由

至其所以失败之故，由于群议之掣肘者半，由于鸿章之自取者亦半。其自取也，由于用人失当者半，由于见识不明者亦半。彼其当大功既立，功名鼎盛之时，自视甚高，觉天下事易易耳；又其裨将故吏，昔共患难，今共功名，徇其私情，转相汲引，布满要津，委以重任，不暇问其才之可用与否，以故临机偾事，贻误大局，此其一因也。又惟知练兵，而不知有兵之本原；惟知筹饷，而不知有饷之本原，故支支节节，终无所成，此又其一因也。下节更详论之。

李鸿章所办商务，亦无一成效可睹者，无他，官督商办一语，累之而已。中国人最长于商，若天授焉，但使国家为之制定商法，广通道路，但护利权，自能使地无弃财，人无弃力，国之富可立而待也。今每举一商务，辄为之奏请焉，为之派大臣督办焉，即使所用得人，而代大匠斫者，固未有不伤其手矣。况乃奸吏舞文，视为利薮，凭挟狐威，把持局务，其已入股者安得不寒心，其未来者安得不裹足耶？故中国商务之不兴，虽谓李鸿章官督商办主义为之厉阶可也。

吾敢以一言武断之曰：李鸿章实不知国务之人也，不知国家之为何物，不知国家与政府有若何之关系，不知政府与人民有若何之权限，不知大臣当尽之责任。其于西国所以富强之原，茫乎未有闻焉，以为吾中国之政教文物风俗，无一不优于他国，所不及者，惟枪耳、炮耳、船耳、铁路耳、机器耳，吾但学此，而洋务之能事毕矣。

此近日举国谈时务者所异口同声，而李鸿章实此一派中三十年前之先辈也。是所谓无盐效西子之颦，邯郸学寿陵之步，其适形其丑，终无所得也，固宜。

虽然，李鸿章之识，固有远过于寻常人者矣。尝观其同治十一年五月覆议制造轮船未可裁撤折云：

臣窃惟欧洲诸国，百十年来，由印度而南洋，由南洋而中国，闯入边界腹地，凡前史所未载，亘古所未通，无不款关而求互市。我皇上如天之度，概与立约通商，以牢笼之，合地球东西南朔九万里之遥，胥聚于中国，此三千余年一大变局也。西人专恃其枪炮轮船之精利，故能横行于中土。中国向用之器械，不敌彼等，是以受制于西人。居今日而曰攘夷，曰驱逐出境，固虚妄之论。即欲保和局守疆土，亦非无具而能保守之也。（中略）士大夫囿于章句之学，而昧于数千年来一大变局，狃于目前苟安，而遂忘前二三十年之何以创巨而痛深，后千百年之何以安内而制外，此停止轮船之议所由起也。臣愚以为，国家诸费皆可省，惟养兵设防、练习枪炮、制造兵轮之费万不可省，求省费则必屏除一切，国无与立，终不得强矣。

光绪元年，因台湾事变筹画海防折云：

兹总理衙门陈请六条，目前当务之急，与日后久远之图，业经综括无遗，洵为救时要策。所未易猝办者，人才之难得，经费之难筹，畛域之难化，故习之难除。循是不改，虽日事设防，犹画饼也。然则今日所急，惟在力破成见，以求实际而已。何以言之？历代备边，多在西北，其强弱之势，主客之形，皆适相埒，且犹有中外界限。今则东南海疆万余里，各国通商传教，往来自如，麇集京师及各省腹地，阳托和好之名，阴怀吞噬之计，一国生事，诸国构煽，实惟数千年来未有之变局。轮船电报之速，瞬息千里；军器机事之精，工力百倍，又为数千年来未有之强敌。外患之乘，变幻如此，而我犹欲以成法制之，譬如医者疗疾，不问何症，概投之以古方，诚未见其效也。庚申以后，夷势骎骎内向，薄海冠带之伦，莫不发愤慷慨，争言驱逐。局外之訾议，既不悉局中之艰难，及询以自强何术，御侮何能，则茫然靡所依据。臣于洋务，涉历颇久，闻见较广，于彼己长短相形之处，知之较深，而环顾当世饷力人才实有未逮，又多拘于成法，牵于众议，虽欲振奋而末由。《易》曰：“穷则变，变则通。”盖不变通则战守皆不足恃，而和亦不可久也。

又云：

近时拘谨之儒，多以交涉洋务为浼人之具；取巧之士，又以引避洋务为自便之图。若非朝廷力开风气，破拘挛之故习，求制胜之实际，天下危局，终不可支，日后乏才，且有甚于今日者。以中国之大，而无自强自立之时，非惟可忧，抑亦可耻。

由此观之，则李鸿章固知今日为三千年来一大变局，固知狃于目前之不可以苟安，固尝有意于求后千百年安内制外之方，固知古方不可医新症，固知非变法维新，则战守皆不足恃，固知畛域不化，故习不除，则事无一可成，甚乃知日后乏才，且有甚于今日，以中国之大，而永无自强自立之时。其言沉痛，吾至今读之，则泪涔涔其承睫焉。夫以李鸿章之忠纯也若彼，其明察也若此，而又久居要津，柄持大权，而其成就乃有今日者，何也？则以知有兵事而不知有民政，知有外交而不知有内治，知有朝廷而不知有国民。日责人昧于大局，而己于大局，先自不明；日责人畛域难化，故习难除，而己之畛域故习，以视彼等，犹不过五十步与百步也。殊不知今日世界之竞争，不在国家而在国民；殊不知泰西诸国所以能化畛域、除故习、布新宪、致富强者，其机恒发自下而非发自上，而求其此机之何以能发，则必有一二先觉有大力者，从而导其辕而鼓其锋，风气既成，然后因而用之，未有不能济者也。李鸿章而不知此不忧此则亦已耳，亦既知之，亦既忧之，以彼之地位，彼之声望，上之可以格君心以臂使百僚，下之可造舆论以呼起全国，而惜乎李之不能也。吾故曰：李之受病，在不学无术。故曰：为时势所造之英雄，非造时势之英雄也。

虽然，事易地而殊，人易时而异。吾辈生于今日，而以此大业责李，吾知李必不任受。彼其所谓局外之訾议，不知局中之艰难，言下盖有余病焉。援《春秋》责备贤者之义，李固咎无可辞。然试问今日四万万人中，有可以Cast the first stone 之资格者，几何人哉？吾虽责李，而必不能为所谓拘谨之儒、取巧之士、囿于章句狃于目前者，稍宽其罪，而又决不许彼辈之随我而容喙也。要而论之，李鸿章不失为一有名之英雄，所最不幸者，以举国之大，而无所谓无名之英雄，以立乎其后，故一跃而不能起也。吾于李侯之遇，有余悲焉耳。

自此章以后，李鸿章得意之历史终，而失意之历史方始矣。

# 第七章　中日战争时代之李鸿章

## 一、中日战事祸胎 李鸿章先事之失机

中国维新之萌蘖，自中日之战生；李鸿章盖代之勋名，自中日之战没。惜哉！李鸿章以光绪十九年，七十赐寿，既寿而病，病而不死，卒遇此变，祸机重叠，展转相继，更阅八年之至艰极险殊窘奇辱，以死于今日。彼苍者天，前之所以宠此人者何以如是其优，后之所以厄此人者何以如是其酷耶？吾泚笔至此，不禁废书而叹也。

中日之战，起于朝鲜，推原祸始，不得不谓李鸿章外交遗恨也。朝鲜本中国藩属也，初同治十一年，日本与朝鲜有违言，日人遣使问于中国，盖半主之邦，其外交当由上国主之，公法然也。中国当局以畏事之故，遽答之曰："朝鲜国政，我朝素不与闻，听贵国自与理论可也。"日本遂又遣使至朝鲜，光绪元年正月，与朝鲜订立和约，其第一条云："日本以朝鲜为自主之国，与日本之本系自主者相平等"云云，是为日本与朝鲜交涉之嚆矢。光绪五年，英、美、德、法诸国，相继求互市于朝，朝人惊皇，踌躇不决。李鸿章乃以函密劝其太师李裕元，令与各国立约，其奏折谓借此以备御俄人，牵制日本云云。光绪六年，驻日使臣何如璋致书总理衙门，倡主持朝鲜外交之议，谓中国当于朝鲜设驻扎办事大臣。李鸿章谓若密为维持保

护，尚觉进退绰如；倘显然代谋，在朝鲜未必尽听吾言，而各国或将惟我是问，他日势成骑虎，深恐弹丸未易脱手云云。光绪八年十月，侍读张佩纶复奏请派大员为朝鲜通商大臣，理其外交之政。鸿章覆奏，亦如前议。是则鸿章于属邦无外交之公法，知之未悉，徒贪一时之省事，假名器以畀人，是实千古之遗恨也。自兹以往，各国皆不以中国藩属待朝鲜也久矣。光绪十一年，李鸿章与伊藤博文在天津订约，载明异日朝鲜有事，中日两国欲派兵往，必先互行知照。于是朝鲜又似为中日两邦公同保护之国，名实离奇，不可思议。后此两国各执一理，不清，酿成大衅，实基于是，而其祸本不得不谓外交遗策胎之。此为李鸿章失机第一事。

光绪二十年三月，朝鲜有东学党之乱，势颇猖獗，时袁世凯驻朝鲜，为办理商务委员。世凯者，李鸿章之私人也，屡致电李，请派兵助剿，复怂恿朝王来乞师。鸿章遂于五月初一日派海军济远、扬威二舰赴仁川、汉城护商，并调直隶提督叶志超带淮勇千五百人向牙山；一面遵依《天津条约》，先照会日本。日本随即派兵前往，至五月十五日，日兵到仁川者已五千。韩廷大震，请中国先行撤兵以谢日本。中国不允，乃与日本往复会商一齐撤兵之事，盖是时乱党已解散矣。日本既发重兵，有进无退，乃议与中国同干预朝鲜内政，助其变法，文牍往来，词意激昂，战机伏于眉睫间矣。

是役也，在中国之意，以为藩属有乱，卑词乞援，上国有应代靖乱之责任，故中国之派兵是也。在日本之意，则以既认朝鲜为自主，与万国平等，今中国急派兵而代平等之国靖乱，其意不可测，故日本之派兵以相抵制亦是也。此二国者，各执一说，咸曲彼而直我，皆能持之有故，言之成理焉。但其中有可疑者，当未发兵之先也，袁世凯屡电称乱党猖獗，韩廷决不能自平，其后韩王乞救之咨文，亦袁所指使，乃何以五月初一日始发兵，而初十日已有乱党悉平之报？其时我军尚在途中，与乱党风马牛不相及，然则朝乱之无待于代剿明矣。无待代剿，而我无端发兵，安得不动日本之疑耶？故我谓曲在日本，日本不任受也。论者谓袁世凯欲借端以邀战功，故张大其词，生此波澜，而不料日本之蹑其后也，果尔，则是以一念之私，遂至毒十余万之生灵，隳数千年之国体。袁固不能辞其责，而用袁听袁者，不谓失知人之明哉？此为李鸿章失机第二事。

日本屡议协助干预而华不从，中国屡请同时撤兵而日不允，李鸿章与总理衙门，方日冀俄、英出为调处，北京、伦敦、圣彼得堡，函电纷驰，俄、英亦托必为出力，冀获渔人之利。迁延经日，战备未具，及五月下旬，而日本之兵调到韩境者已万余人矣。平时兵力，既已不能如人，而临时战备，又复着着落后，使敌尽扼要冲，主客易位，盖未交绥而胜负之数已见矣。此为李鸿章失机第三事。

## 二、大东沟之战

三机既失，战事遂开。六月十二日，李鸿章奉廷寄筹战备，乃派总兵卫汝贵统盛军马步六营进平壤，提督马玉崑统毅军二千进义州，分起由海道至大东沟登岸，而饬叶志超军移扎平壤，皆淮军也。所派往各兵，雇英商三轮船分运，而以济远、广丙二兵轮卫之。廿五晨为日兵轮袭击，济远管带方伯谦见敌近，惶恐匿铁甲最厚处，继遭日炮毁其舵，即高悬白旗，下悬日旗，逃回旅顺。高升击沉，我军死者七百余。二十七日，布告各国，饬驻日公使汪凤藻撤旗归国。二十九日，牙山失守，叶志超退回平壤，捏报胜仗，称于二十五六七等日，迭次歼毙倭兵五千余人，得旨赏给军士银二万两，将弁保奖者数十人焉。自兹以往，海军、淮军之威望，始渐失坠矣。

方五六月间，日本兵船麇集朝鲜，殆如梭织，而各华舰避匿于威海卫，逍遥河上。迨京外交章参劾，始佯遣偏师，开出口外，或三十里而止，或五十里而止，大抵启碇出口，约历五六点钟，便遽回轮，即飞电北洋大臣，称某船巡逻至某处，并无倭兵踪迹云云。种种情形，可笑可叹。八月初旬，北洋叠接军电，请济师以壮声威，遂以招商局船五艘，载运兵丁银米，以海军兵舰护送，凡铁甲船、巡洋船各六艘，水雷船四艘，合队同行。中秋日，安抵鸭绿江口。五运船鼓轮直入，浅水兵船及水雷船与之偕，余舰小住于离江十里或十六里之地，炉中之煤未熄也。十六晨，瞭见南方黑烟缕缕，知日舰将至，海军提督丁汝昌，传令列阵作人字形，镇远、定远两铁舰为人字之首，靖远、来远、怀远、经远、致远、济远、超勇、扬威、广甲、广丙及水雷船，张人字之两翼，兼以号旗招鸭绿江中诸战船悉出助战。俄而敌舰渐近，列阵作一字营，向华军猛扑，共十一艘，其巡洋船之速率，过于华军。转瞬间又易而为太极阵，裹人字于其中。华舰先开巨炮以示威，然距日船者九里，不中宜也。炮声未绝，敌船麇至，与定远、镇远相去恒六里许，盖畏重甲而避重炮，且华炮之力不能及，日兵之弹已可至也；与人字阵末二舰相逼较近，欺炮略小而甲略薄也。有顷，日舰圈入人字阵脚，致远、经远、济远三艘，皆被挖出圈外。致远失群后，船身叠受重伤，势将及溺，其管带邓世昌，开足汽机，向日舰飞驰，欲撞与同沉，未至而已覆溺，舰中二百五十人，同时殉难。盖中日全役，死事者以邓君为最烈云。其同时被圈出之经远，船群甫离，火势陡发，管带林永升发炮以攻敌，激水以救火，依然井井有条。遥见一日舰，似已受伤，即鼓轮追之，乃被放水雷相拒，闪避不及，遽被轰裂，死难者亦二百七十人。呜呼惨矣！至管带济远之方伯谦，即七月间护送高升至牙山，途遇日舰逃回旅顺者也。是日两阵甫交，方伯谦先挂本船已受重伤之旗，以告主将，旋因图遁之故，亦被日船划出圈外。致、经两船与日苦战，方伯谦置而不顾，如丧家犬，遂误至水浅处。时扬威铁甲先已搁浅，不能转动，济远撞之，裂一大穴，遂之沉没。扬威遭此横逆，死者百五十余人。方伯谦惊骇欲绝，飞遁入旅顺口。越日，李鸿章电令缚伯谦军前正法云。同时效方伯谦者，有广甲一舰，逃出阵外，未知其受伤与否，然以只防后追，不顾前路，遂误撞于岛石，为日军发水雷轰碎之。阵中自经远、致远、扬威、超勇沉，济远、广甲逃，与日舰支持者仅七艘耳。是役也，日舰虽或受重伤，或遭小损，然未丧一艘，而华军之所丧盖五船矣。

## 三、平壤之战

海军既在大东沟被夷，陆军亦在平壤同时失事。平壤为朝鲜要镇，西、南、东三面，均有大江围绕，北面则枕崇山，城倚山崖，城东江水，绕山南迤西而去，西北隅则无山无水，为直达义州之孔道。我军叶志超、聂桂林、丰升阿、左宝贵、卫汝贵、马玉崑六将，共统勇丁三十四营，自七月中会齐此地，皆李鸿章部下也。当中国之初发兵于牙山也，副将聂士成曾建议，以为当趁日兵未入韩地之先，先以大兵渡鸭绿江，速据平壤，而以海军舰队扼仁川港口，使日本军舰不得逞，牙山、成欢之兵，与北洋海军，既牵掣日军，然后以平壤大军南袭韩城云云，李鸿章不能用。及七月廿九日，牙山败绩，此策遂废。

虽然，日兵之入韩也，正当溽暑铄金之时，道路险恶狭隘，行军非常艰险；又沿途村里贫瘠，无从因粮。韩人素慑我威，所至供给，呼应云动，其待日兵则反是。故敌军进攻平壤之际，除干粮之外，无所得食，以一匙之盐供数日云。当此之时，我军若晓兵机，乘其劳惫，出奇兵以迎袭之，必可获胜。乃计不出此，惟取以主待客、以逸待劳之策，恃平壤堡垒之坚，谓可捍敌，此失机之大者也。李鸿章于八月十四日所下令，精神全在守局而不在战局，盖中日全役，皆为此精神所误也。

时依李鸿章之部署，马玉崑率所部毅军四营绕出江东，为犄角势。卫、丰二军十八营驻城南江岸，左军六营守北山城上，叶、聂两帅居城中。十二、三、四等日，日兵已陆续齐集平壤附近，互相挑战，彼此损伤不多。至十五日晚，敌部署已定，以右翼队陷大同江左岸桥里之炮台，更渡江以冲平壤之正面，而师团长本队为其后援；以左翼队自羊角岛下渡大同江，冲我军之右。十六日，在大同江岸与马军相遇剧战，敌军死伤颇多，炮台卒被陷。时左宝贵退守牡丹台，有七响之毛瑟枪及快炮等，鏖战颇力，敌军连发开花炮，宝贵负伤卒，兵遂大乱。午后四点半钟，叶志超急悬白旗，乞止战。是夜全师纷纷宵遁，从义州、甑山两路，为敌兵截杀，死者二千余人，平壤遂陷。

## 四、甲午九十月以后大概情形

是役也，李鸿章二十余年所练之兵，以劲旅自夸者，略尽矣。中国军备之弛，固久为外国所熟知，独淮军、奉军、正定练军等，素用洋操，鸿章所苦心经营者，故日本慑其威名，颇惮之；既战胜后，其将领犹言非始愿所及也。其所以致败之由，一由将帅阘冗非人，其甚者如卫汝贵克扣军饷，临阵先逃；如叶志超饰败为胜，欺君邀赏，以此等将才临前敌，安得不败。一由统帅六人，官职权限皆相等，无所统摄，故军势散涣，呼应不灵。盖此役为李鸿章用兵败绩之始，而淮军声名，亦从此扫地以尽矣。

久练之军，尚复尔尔，其他仓卒新募、纪律不谙、器械不备者，更何足道！自平壤败绩以后，庙算益飘摇无定，军事责任，不专在李鸿章一人，兹故不详叙之，仅列其将帅之重要者如下：

一、依克唐阿　奉天将军　满洲马队　以光绪二十年八月派为钦差大臣

二、宋庆　提督　新募军　以光绪二十年派总统前敌各军

三、吴大澂　湖南巡抚　湘军　以光绪二十年十二月派为帮办军务大臣

四、刘坤一　两江总督　湘军　以光绪二十年十二月派为钦差大臣

其余先后从军者，则有承恩公桂祥（慈禧太后之胞弟）、副都统秀吉之神机营马步兵，按察使陈堤、布政使魏光焘、道员李光久、总兵刘树元、编修曾广钧、总兵余虎恩、提督熊铁生等之湘军，按察使周馥、提督宗德胜等之淮军，副将吴元恺之鄂军，提督冯子材之粤勇，提督苏元春之桂勇，郡王哈咪之回兵，提督闪殿魁新募之京兵，提督丁槐之苗兵，侍郎王文锦、提督曹克忠奉旨团练之津胜军，某蒙员所带之蒙古兵。其间或归李鸿章节制，或归依克唐阿节制，或归宋庆节制，或归吴大澂节制，或归刘坤一节制，毫无定算，毫无统一，识者早知其无能为役矣。

九连城失，凤皇城失，金州失，大连湾失，岫岩失，海城失，旅顺口失，盖平失，营口失，登州失，荣城失，威海卫失，刘公岛失，海军提督丁汝昌，以北洋败残兵舰，降于日本，于是中国海陆兵力遂尽。兹请更将李鸿章生平最注意经营之海军，重列一表，以志末路之感：

| | | | |
|---|---|---|---|
| 经远 | 铁甲船 | 沉 | 黄海 |
| 致远 | 钢甲船 | 同 | 同 |
| 超勇 | 同 | 同 | 同 |
| 扬威 | 同 | 火 | 同 |
| 捷顺 | 水雷船 | 夺 | 大连湾 |
| 失名 | 同 | 沉 | 旅顺口外 |
| 操江 | 木质炮船 | 夺 | 丰岛中 |
| 来远 | 铁甲船 | 沉 | 威海卫 |
| 威远 | 练习船 | 同 | 同 |
| 福龙 | 水雷船 | 夺 | 刘公岛外 |
| 靖远 | 钢甲船 | 沉 | 同 |

| | | | |
|---|---|---|---|
| 定远 | 铁甲船 | 降 | 刘公岛中 |
| 镇远 | 同 | 同 | 同 |
| 平远 | 同 | 同 | 同 |
| 济远 | 钢甲船 | 同 | 同 |
| 威远 | 木质船 | 同 | 同 |

其余尚有康济、湄云之木质小兵船，镇化、镇边、镇西、镇中之四蚊子船，又水雷船五，炮船三，凡刘公岛湾内或伤或完之船，大小二十三艘，悉为日有。其中复有广东水师之广甲、广丙、广乙三船，或沉或降。自兹以往，而北洋海面数千里，几不复有中国之帆影轮声矣。

## 五、致败之由

当中日战事之际，李鸿章以一身为万矢之的，几于身无完肤，人皆欲杀。平心论之，李鸿章诚有不能辞其咎者，其始误劝朝鲜与外国立约，昧于公法，咎一；既许立约，默认其自主，而复以兵干涉其内乱，授人口实，咎二；日本既调兵，势固有进无退，而不察先机，辄欲倚赖他国调停，致误时日，咎三；聂士成请乘日军未集之时，以兵直捣韩城以制敌，而不能用，咎四；高升事未起之前，丁汝昌请以北洋海军先鏖敌舰，而不能用，遂令反客为主，敌坐大而我愈危，综其原因，皆由不欲衅自我开，以为外交之道应尔，而不知当甲午五六月间，中日早成敌国，而非友邦矣，误以交邻之道施诸兵机，咎五；鸿章将自解曰：量我兵力不足以敌日本，故惮于发难也。虽然，身任北洋，整军经武二十年，何以不能一战？咎六；彼又将自解曰：政府掣肘，经费不足也。虽然，此不过不能扩充已耳，何以其所现有者，如叶志超、卫汝贵诸军，素以久练著名，亦脆弱乃尔？且克减口粮、盗掠民妇之事，时有所闻，乃并纪律而无之也，咎七；枪或苦窳，弹或赝物，弹不对枪，药不随械，谓从前管军械局之人皆廉明，谁能信之？咎八；平壤之役，军无统帅，此兵家所忌，李乃蹈之，咎九；始终坐待敌攻，治于人而不能治人，畏敌如虎，咎十；海军不知用快船快炮，咎十一；旅顺天险，西人谓以数百兵守之，粮食苟足，三年不能破，乃委之于所亲昵阘冗恇怯之人，闻风先遁，咎十二。此皆可以为李鸿章罪者。若夫甲午九、十月以后，则群盲狂吠，筑室道谋，号令不出自一人，则责备自不得归于一点，若尽以为李鸿章咎，李固不任受也。

又岂惟不任受而已，吾见彼责李罪李者，其可责可罪，更倍蓰于李而未有已也。是役将帅无一人不辱国，不待言矣。然比较于百步五十步之间，则海军优于陆军，李鸿章部下之陆军，又较优于他军也。海军大东沟一役，彼此鏖战五点余钟，西人观战者咸啧啧称赞焉。虽其中有如方伯谦之败类（或谓伯谦实为救火保船，海军兵机当尔云），然余船之力斗者，固可以相偿，即敌军亦起敬也。故日本是役，惟海军有敌手，而陆军无敌手。及刘公岛一役，食尽援绝，降敌以全生灵，殉身以全大节，盖前后死难者，邓世昌、林泰增、丁汝昌、刘步蟾、张文宣，虽其死所不同，而咸有男儿之概，君子愍之。诸人者皆北洋海军最要之人物也，以视陆军之全无心肝者何如也？陆军不忍道矣。然平壤之役，犹有左宝贵、马玉崑等一二日之剧战，是李鸿章部下之人也，敌军死伤相当云。其后欲恢复金州、海城、凤凰城等处，及防御盖平，前后几度，皆曾有与日本苦战之事，虽不能就，然固已尽力矣，主之者实宋庆，亦李鸿章旧部也。是固不足以偿叶志超、卫汝贵、黄仕林、赵怀业、龚照玙等之罪乎。虽然，以比诸吴大澂之出劝降告示，未交锋而全军崩溃者何如？以视刘坤一之奉命专征，逗留数月不发者何如？是故谓中国全国军旅皆腐败可也，徒归罪于李鸿章之淮军不可也。而当时盈廷虚之气，若以为一杀李鸿章，则万事皆了，而彼峨冠博带指天画地者，遂可以气吞东海，舌撼三山，盖湘人之气焰尤咻咻焉。此用湘军之议所由起也。乃观其结局，岂惟无以过淮军而已，又更甚焉。嘻！可以愧矣。吾之为此言，非欲为淮军与李鸿章作冤词也，吾于中日之役，固一毫不能为李淮恕也，然特患夫虚嚣张之徒，毫无责任，而立于他人之背后，摭其短长以为快谈，而迄未尝思所以易彼之道，盖此辈实亡国之利器也。李固可责，而彼辈又岂能责李之人哉？

## 六、李鸿章之地位及责任

是役也，李鸿章之失机者固多，即不失机，而亦必无可以幸胜之理。盖十九世纪下半纪以来，各国之战争，其胜负皆可于未战前决之，何也？世运愈进于文明，则优胜劣败之公例愈确定。实力之所在，即胜利之所在，有丝毫不能假借者焉。无论政治、学术、商务，莫不皆然，而兵事其一端也。日本三十年来，刻意经营，上下一心，以成此节制敢死之劲旅，孤注一掷以向于我，岂无所自信而敢乃尔耶？故及其败然后知其所以败之由，是愚人也；乃或及其败而犹不知其致败之由，是死人也。然则徒罪李鸿章一人，乌乎可哉？

西报有论者曰："日本非与中国战，实与李鸿章一人战耳。"其言虽稍过，然亦近之。不见乎各省大吏，徒知画疆自守，视此事若专为直隶满洲之私事者然，其有筹一饷出一旅以相急难者乎？即有之，亦空言而已，乃至最可笑者，刘公岛降舰之役，当事者致书日军，求放还广丙一舰，书中谓此舰系属广东，此次战役，与广东无涉云云。各国闻者，莫不笑之，而不知此语实代表各省疆臣之思想者也。若是乎，日本果真与李鸿章一人战也。以一人而战一国，合肥合肥，虽败亦豪哉！

自是而李鸿章兵事上之声誉终，而外交上之困难起。

# 第八章　外交家之李鸿章（上）

## 一、天津教案

李鸿章之负重望于外国也以外交，李鸿章之负重谤于中国也亦以外交。要之李鸿章之生涯，半属外交之生涯也。欲断定其功罪，不可不以外交为最大之公案，故于此事特留意焉。

李鸿章办外交，以天津教案为首。时值发捻初平，内忧甫弭，无端而有津民戕教焚法国领事馆之事起（同治九年）。法人借端要挟，联英、美以迫政府，其欲甚奢。曾国藩方任直隶总督，深察此事之曲在我，而列国蹊田夺牛手段，又非可以颟顸对付也，乃曲意弥缝，镇压津民，正法八人，议罪二十余人。而法人之心犹未厌，必欲重索赔款，且将天津知府知县置诸重典。国藩外之应付西人，已极竭蹶，而内之又为京师顽固党所掊击，呼为卖国贼（京师湖广会馆将国藩匾落拔除摧烧，即此时也），白简纷纭，举国欲杀。于是通商大臣崇厚，恐事决裂，请免国藩而以鸿章代之，明诏敦促赴任，是为李鸿章当外交冲要之滥觞，实同治九年八月也。

彼时之李鸿章，殆天之骄子乎，顺风张帆，一日千里，天若别设一位置以为其功名之地。当其甫受任督直隶也，普法之战顿起，法人仓皇自救，不复他及，而欧美各国亦复奔走相顾，且汗且喘，以研究西方之大问题，而此东方小问题，几莫或措意，于是天津教案，遂销沉于若有若无之间。中国当时之人，无一知有世界大局者，以普法一役如此惊天动地之大事，固咸熟视无睹，以为是李鸿章之声望韬略，过于曾国藩万万也，于是鸿章之声价顿增。

## 二、法越之役

天津教案以后，日本战事以前，李鸿章所办交涉事件以十数，而其关系最重者，为法国安南之役、日本朝鲜之役。光绪八年，法国有事于安南，眈眈逐逐，思大有所逞，与中国既定约，而复借端毁弃之，于是中法战事开。法水师提督格鲁比预定战略：其海军先夺海南，次踞台湾，直捣福州，歼我舰队；其陆军则自越之东京，出略云南、贵州，如是，则水陆两者必大有所获，将来东方权力，可以与英国争衡。于是格鲁比一面电达本国，请给军需并增派军队，一面乘福州之无备，轰我船厂，坏我兵船，一面以陆军迫东京。当时南方之天地，大有风云惨淡之观，李鸿章乃行伐谋伐交之策，思嗾英、德以牵制法人。时曾纪泽方充英使，受命办此事，虽未能成，而法政府因之有所顾忌，增兵筹饷之案，在议院否决。格鲁比时方攻台湾之淡水，不能下，安南之陆兵，又为黑旗军所持，不得行其志，忽接此案否决之报，大愤几死，法人乃先请和于我。李鸿章此役以后，其外交手段，始为欧人所注视矣。

## 三、中日天津条约

当法事之方殷也，朝鲜京城又有袭击日本使馆之事，盖华兵韩兵皆预有谋焉。朝鲜之为藩属为自主，久已抗议于中日两国间，轇轕未定，日本乘我多事之际，派伊藤博文来津交涉。及方到而法人和局已就，李鸿章本有一种自大之气，今见虎狼之法，尚且帖耳就范，蕞尔日本，其何能为？故于伊藤之来也，傲然以临之。彼伊藤于张、邵议和之时，私语伍廷芳，谓前在天津见李中堂之尊严，至今思之犹悸，盖得意时泄宿憾之言也。伊藤此行，亦不能得志，仅约他日朝鲜有事，甲国派兵往，须先照会乙国而已，所谓《天津条约》者是也。虽然，此约竟为后此中日开衅之引线矣。

## 四、议和日本　停战条约及遇刺

李鸿章对朝鲜之外交，种种失策，前章已言之矣。然因此之故，《天津条约》遂至变为《马关条约》。呜呼！庄生有言："其作始也简，其将毕也巨。"善弈者每于至闲之着，断断不肯放过，后有当此局者，可无慎欤？战事至甲午之冬，中国舍求和外，更无长策。正月，乃派张荫桓、邵友濂讲和于日本。日本以其人微言轻也，拒不纳，乃更派李鸿章。二月遂行，随带参赞李经方等，以二十四日抵马关，与日本全权大臣伊藤博文、陆奥宗光开议。翌日首议停战条件，日本首提议以大沽、天津、山海关三处为质，辩论移时，不肯少让，乃更议暂搁停战之议，即便议和。伊藤言："既若尔，则须将停战之节略撤回，以后不许再提及。”彼此磋磨未决。及二十八日，第三次会议，归途中，突遇刺客，以枪击鸿章，中左颧，枪子深入左目下，一晕几绝。日官闻警，来问状者络绎不绝，伊藤、陆奥亦躬诣慰问，谢罪甚恭，忧形于色。日皇及举国臣民，同深震悼，遂允将中国前提出之停战节略画押。口舌所不能争者，借一枪子之伤而得之，于是议和前一节，略有端绪。当遇刺之初，日皇遣御医军医来视疾，众医皆谓取出枪子，创乃可瘳，但须静养多日，不劳心力云。鸿章慨然曰："国步艰难，和局之成，刻不容缓，予焉能延宕以误国乎？"宁死无割。刺之明日，或见血满袍服，言曰："此血所以报国也！"鸿章潸然曰："舍予命而有益于国，亦所不辞。"其慷慨忠愤之气，君子敬之。

遇刺后得旨慰劳，并派李经方为全权大臣，而李鸿章实一切自行裁断，虽创剧偃卧，犹口授事机，群医苦之。三月初七日，伊藤等将所拟和约底稿交来。十一日，李备覆文，将原约综其大纲，分四款：一朝鲜自主，二让地，三兵费，四通商权利，除第一朝鲜自主外，余皆极力驳议。十五日，复另拟一约底送去，即拟请赔兵费一万万两，割奉天南四厅县地方等。日本亦条条驳斥，十六日，伊藤等又备一改定约稿寄来，较前稍轻减，即《马关条约》之大概也。是日鸿章创已愈，复至春帆楼与日本全权大臣面议，刻意磋磨，毫无让步，惟有声明若能于三年内还清债款，则一律免息，及威海卫驻兵费，减一半耳。今将其条约全文列下：

大日本帝国大皇帝陛下，及大清帝国大皇帝陛下，为订定和约，俾两国及其臣民，重修平和，共享幸福，且杜绝将来纷纭之端，大日本帝国大皇帝陛下，特简大日本帝国全权办理大臣、内阁总理大臣、从二位勋、一等伯爵伊藤博文，大日本帝国全权办理大臣、外务大臣、从二位勋、一等子爵陆奥宗光；大清帝国大皇帝陛下，特简大清帝国钦差头等全权大臣、太子太傅、文华殿大学士、北洋通商大臣、直隶总督、一等肃毅伯爵李鸿章，大清帝国钦差全权大臣、二品顶戴、前出使大臣李经方，为全权大臣，彼此较阅所奉谕旨，认明均属妥实无阙，会同议定各条款，开列于左：

第一款　中国认明朝鲜国确为完全无缺之独立自主，故凡有亏损独立自主体制，即如该国向中国所修贡献典礼等，嗣后全行废绝。

第二款　中国将管理下开地方之权，并将该地方所有堡垒、军器工厂，及一切属公物件，永远让与日本。〇一、下开划界以内之奉天省南边地方，从鸭绿江口，溯该江以抵安平河口，又从该河口，划至凤凰城、海城及营口而止，画成折线以南地方，所有前开各城市邑，皆包括在划界线内，该线抵营口之辽河后，即顺流至海口止，彼此以河中心为分界，辽东湾东岸及黄海北岸，在奉天所属诸岛屿，亦一并在所让界内。〇二、台湾全岛及所有附属各岛屿。〇三、澎湖列岛，即英国格林尼次东经百十九度起，至百二十度止，及北纬二十三度起，至二十四度之间诸岛屿。

第三款　前款所载，及黏附本约之地图所划疆界，俟本约批准互换之后，两国应各选派官员二名以上，为公同划定疆界委员，就地踏勘，确定划界。若遇本约所订疆界，于地形或治理所关，有碍难不便等情，各该委员等当妥为参酌更定。各该委员等，当从速办理界务，以期奉委之后，限一年竣事，但遇各该委员等有所更定画界，两国政府，未经认准以前，应据本约所定画界为正。

第四款　中国约将库平银二万万两，交与日本，作为赔偿军费。该款分作八次交完，第一次五千万两，应在本约批准互换后六个月内交清。第二次五千万两，应在本约批准互换后十二个月内交清。余款平分六次，递年交纳，其法列下：第一次平分递年之款，于两年内交清；第二次于三年内交清；第三次于四年内交清；第四次于五年内交清；第五次于六年内交清；第六次于七年内交清。其年分均以本约批准互换之后起算。又第一次赔款交清后，未经交完之款，应按年加每百抽五之息，但无论何时，将应赔之款，或全数，或几分，先期交清，均听中国之便。如从条约批准互换之日起，三年之内能全数清还，除将已付利息，或两年半，或不及两年半，于应付本银扣还外，余仍全数免息。

第五款　本约批准互换之后，限二年之内，日本准中国让与地方人民，愿迁居让与地方之外者，任便变卖所有产业，退去界外；但限满之后，尚未迁徙者，均宜视为日本臣民。又台湾一省，应于本约批准互换后，两国立即各派大员至台湾，限于本约批准互换后两个月内交接清楚。

第六款　日中两国所有约章，因此次失和，自属废绝。中国约俟本约批准互换之后，速派全权大臣，与日本所派全权大臣，会同订立通商行船条约，及陆路通商章程。其两国新订约章，应以中国与泰西各国现行约章为本。又本约批准互换之日起，新订约章未经实行之前，所有日本政府官吏臣民，及商业工艺行船船只，陆路通商等，与中国最为优待之国，礼遇护视，一律无异。中国约将下开让与各款，从两国全权大臣画押盖印日起，六个月后，方可照办。〇第一，现今中国已开通商口岸之外，应准添设下开各处，立为通商口岸，以便日本臣民，往来侨寓，从事商业工艺制作。所有添设口岸，均照向开通商海口，或向开内地镇市章程，一体办理。应得优例及利益等，亦当一律享受。一、湖北省荆州府沙市，二、四川省重庆府，三、江苏省苏州府，四、浙江省杭州府。日本政府得派遣领事官于前开各口驻扎。〇第二，日本轮船，得驶入下开各口，附搭行客，装运货物。一、从湖北省宜昌溯长江以至四川省重庆府，二、从上海驶进吴淞江及运河，以至苏州府、杭州府。日中两国，未经商定行船章程以前，上开各口行船，务依外国船只驶入中国内地水路现行章程照行。〇第三，日本臣民，在中国内地购买经工货件，若自生之物，或将进口商货运往内地之时，欲暂行存栈，除勿庸输纳税钞，派征一切诸费外，得暂租栈房存货。〇第四，日本臣民，得在中国通商口岸城邑，任便从事各项工艺制造，又得将各项机器，任便装运进口，只交所订进口税。日本臣民，在中国制造一切货物，其于内地运送税、内地税、钞课杂派，以及在中国内地，沾及寄存栈房之益，即照日本臣民运入中国之货物，一体办理，至应享优例豁除，亦莫不相同。〇嗣后如有因以上加让之事，应增章程规条，即载入本款所称之行船通商条约内。

第七款　日本军队现驻中国境内者，应于本约批准互换之后三个月内撤回，但须照次款所定办理。

第八款　中国为保明认真实行约内所订条款，听允日本军队，暂行占守山东省威海卫。又于中国将本约所订第一第二两次赔款交清，通商行船约章亦经批准互换之后，中国政府与日本政府，确定周全妥善办法，将通商口岸关税，作为剩款并息之抵押，日本可允撤回军队。倘中国政府不即确定抵押办法，则未经交清末次赔款之前，日本应不允撤回军队；但通商行船约章未经批准互换以前，虽交清赔款，日本仍不撤回军队。

第九款　本约批准互换之后，两国应将是时所有俘虏，尽数交还。中国约将由日本所还俘虏，并不加以虐待，若或置于罪戾；中国约将认为军事间谍，或被嫌逮系之日本臣民，即行释放；并约此次交仗之间，所有关涉日本军队之中国臣民，概予宽贷，并饬有同不得擅为逮系。

第十款　本约批准互换日起，应按兵息战。

第十一款　本约奉大日本帝国大皇帝陛下，及大清帝国大皇帝陛下批准之后，定于明治二十八年五月初八日，即光绪二十一年四月十四日，在烟台互换。

## 五、中日和约及其功罪

观李鸿章此次议和情状，殆如春秋齐国佐之使于晋、一八七〇年法爹亚士之使于普。当戎马压境之际，为忍气吞声之言，旁观犹为酸心，况鸿章身历其境者！回视十年前天津定约时之意气，殆如昨梦。嗟乎！应龙入井，蝼蚁困人，老骥在枥，驽骀目笑，天下气短之事，孰有过此者耶？当此之际，虽有苏、张之辩，无所用其谋；虽有贲、育之力，无所用其勇。舍卑词乞怜之外，更有何术？或者以和议之速成为李鸿章功，固非也，虽无鸿章，日本亦未有不和者也。而或者因是而丛诟于李之一身，以为是秦桧也，张邦昌也，则盍思使彼辈处李之地位，其结局又将何如矣？要之，李之此役，无功焉，亦无罪焉。其外交手段，亦复英雄无用武之地。平心论之，则李之误国，在前章所列失机之十二事，而此和议，不过其十二事之结果，无庸置论者也。

# 第九章　外交家之李鸿章（下）

## 一、三国代索辽东

十九世纪之末，有中东一役，犹十八世纪之末，有法国革命也。法国革命，开出十九世纪之欧罗巴；中东一役，开出二十世纪之亚细亚。譬犹红日将出，鸡乃先鸣；风雨欲来，月乃先晕，有识者所能预知也。当中日未战以前，欧人与华人之关系，不过传教、通商二事；及战后数年间，而其关系之紧密，视前者骤增数倍；至今日，则中国之一举一动，皆如与欧人同体相属，欲分而不能分矣。此其故由于内治之失政者半，由于外交之无谋者亦半。君子读十年来中外交涉史，不禁反面掩袖涕涔涔下也。

战事之前，中国先求调停于英、俄，此实导人以干涉之渐也。其时日人屡言东方之事，愿我东方两国自了之，无为使他国参于其间。顾我政府蓄愤已甚，不能受也，惟欲嗾欧人以力胁日本。俄使回言，俄必出力，然今尚非其时。盖其处心积虑，相机以逞，固早有成算矣。乙未三月，李鸿章将使日本，先有所商于各国公使。俄使喀希尼曰："吾俄能以大力拒日本，保全中国疆土，惟中国必须以军防上及铁路交通上之利便以为报酬。"李乃与喀希尼私相约束，盖在俄使馆密议者数日夜云。欧力东渐之机，盖伏于是。

当时中国人欲借欧力以拒日者，不独李鸿章而已，他人殆有甚焉。张之洞时署江督，电奏争和议曰："若以赂倭者转而赂俄，所失不及其半，即可转败为胜，恳请饬总署及出使大臣，与俄国商订密约，如肯助我攻倭，胁倭尽废全约，即酌量画分新疆之地以酬之，许以推广商务。如英肯助我，报酬亦同"云云。当时所谓外交家者，其眼光手段大率类是，可叹。

马关定约未及一月，而俄国遂有与德、法合议逼日本还我辽东之事。俄人代我取辽，非为我计，自为计也。彼其视此地为己之势力范围，匪伊朝夕，故决不欲令日本得鼾睡于其卧榻之侧也，故使我以三十兆两代彼购还辽东于日本之手。先市大恩于我，然后徐收其成，俄人外交手段之巧，真不可思议！而李鸿章一生误国之咎，盖未有大于是者。李鸿章外交之历史，实失败之历史也。

## 二、中俄密约

还辽事毕，喀希尼即欲将前此与李私约者，提出作为公文，以要求于总署。值物议沸腾，皇上大怒，鸿章罢职，入阁闲居，于是暂缓其请，以待时机。丙申春间，有俄皇加冕之事，各国皆派头等公使往贺，中国亦循例派遣，以王之春尝充唁使，故贺使即便派之。喀希尼乃抗言曰："皇帝加冕，俄国最重之礼也。故从事斯役者，必国中最著名之人，有声誉于列国者方可。王之春人微言轻，不足当此责。可胜任者，独李中堂耳。"于是乃改派李为头等公使。喀希尼复一面贿通太后，甘诱威迫，谓还辽之义举，必须报酬，请假李鸿章以全权，议论此事。而李鸿章请训时，太后召见，至半日之久，一切联俄密谋，遂以大定。

李鸿章抵俄京圣彼得堡，遂与俄政府开议喀希尼所拟草约底稿。及加冕之期已近，往俄旧都莫斯科，遂将议定书画押。当其开议也，俄人避外国之注目，不与外务大臣开议，而使户部大臣当其冲，遂于煌煌巨典万宾齐集之时，行明修栈道、暗度陈仓之计。而此关系地球全局之事，遂不数日而取决于樽俎之间矣。俄人外交手段之剽悍迅疾，真可羡可畏哉！时丙申四月也。

密约之事，其办订极为秘密，自中俄两国当事之数人外，几于无一知者。乃上海《字林西报》竟于李鸿章历聘未归之时，得其密约原文，译录以登报上，盖闻以重金购之于内监云。其全文如下：

大清国大皇帝前于中日肇衅之后，因奉大俄罗斯国大皇帝仗义各节，并愿将两国边疆及通商等事于两国互有益者，商定妥协，以固格外和好，是以特派大清国钦命督办军务处王大臣为全权大臣，会同大俄罗斯国钦差出使中国全权大臣一等伯爵喀，在北京商定，将中国之东三省火车道接连俄国西卑里亚省之火车道，以冀两国通商往来迅速，沿海边防坚固，并议专条以答代索辽东等处之义。

第一条　近因俄国之西卑里亚火车道竣工在即，中国允准俄国将该火车道一由俄国海参崴埠续造至中国吉林珲春城，又向西北续至吉林省城止；一由俄国境某城之火车站续造至中国黑龙江之爱珲城，又向西北续至齐齐哈尔省城，又至吉林伯都讷地方，又向东南续造至吉林省城止。

第二条　凡续造进中国境内黑龙江及吉林各火车道，均由俄国自行筹备资本，其车道一切章程，亦均依俄国火车章程，中国不得与闻。至其管理之权，亦暂行均归俄国，以三十年为期，过期后，准由中国筹备资本，估价将该火车道并一切火车机器厂房屋等赎回。惟如何赎法，容后再行妥酌。

第三条　中国现有火车路，拟自山海关续造至奉天盛京城，由盛京接续至吉林。倘中国日后不便即时造此铁路者，准由俄国备资由吉林城代造，以十年为期赎回。至铁路应由何路起造，均照中国已勘定之道接续至盛京并牛庄等处地方止。

第四条　中国所拟续造之火车道，自奉天至山海关、至牛庄、至盖平、至金州、至旅顺口以及至大连湾等处地方，均应仿照俄国火车道，以期中俄彼此来往通商之便。

第五条　以上俄国自造之火车道所经各地方，应得中国文武官员照常保护，并应优待火车道各站之俄国文武各官，以及一切工匠人等。惟由该火车道所经之地，大半荒僻，犹恐中国官员不能随时保护周详，应准俄国专派马步各兵数队驻扎各要站，以期妥护商务。

第六条　自造成各火车道后，两国彼此运进之货，其纳税章程，均准同治元年二月初四日中俄陆路通商条约完纳。

第七条　黑龙江及吉林长白山等处地方所产五金之矿，向有禁例，不准开挖。自此约定后，准俄国以及本国商民随时开采，惟须应先行禀报中国地方官具领护照，并按中国内地矿务条程，方准开挖。

第八条　东三省虽有练军，惟大半军营仍系照古制办理，倘日后中国欲将各省全行改仿西法，准向俄国借请熟悉营务之武员来中国整顿一切，其章程则与两江所请德国武员条程办理无异。

第九条　俄国向来在亚细亚洲无周年不冻之海口，一时该洲若有军务，俄国东海以及太平洋水师，诸多不便，不得随时驶行。今中国因鉴于此，是以情愿将山东省之胶州地方暂行租与俄国，以十五年为限。其俄国所造之营房、栈房、机器厂、船坞等类，准中国于期满后估价备资买入。但如无军务之危，俄国不得即时屯兵据要，以免他国嫌疑。其赁租之款，应得如何办理，日后另有附条酌议。

第十条　辽东之旅顺口以及大连湾等处地方，原系险要之处，中国极应速为整顿各事，以及修理各炮台等诸要务，以备不虞。既立此约，则俄国允准将此二处相为保护，不准他国侵犯。中国则允准将来永不能让与他国占踞，惟日后如俄国忽有军务，中国准将旅顺口及大连湾等处地方，暂行让与俄国水陆军营泊屯于此，以期俄军攻守之便。

第十一条　旅顺口、大连湾等处地方，若俄国无军务之危，则中国自行管理，与俄国无涉。惟东三省火车道以及开挖五金矿诸务，准于换约后即时便宜施行，俄国文武官员以及商民人等所到之处，中国官员理应格外优待保护，不得阻滞其游历各处地方。

第十二条　此约奉两国御笔批准后，各将条约照行，除旅顺口、大连湾及胶州诸款外，全行晓谕各地方官遵照。将来换约应在何处，再行酌议，自画押之日起以六个月为期。

中俄密约以前为一局面，中俄密约以后为一局面。盖近年以来，列国之所以取中国者，全属新法，一曰借租地方也，二曰某地不许让与他国也，三曰代造铁路也，而其端皆自此密约启之。其第九条借租胶州湾，即后此胶、威、广、旅、大之嚆矢也。其第十条旅顺、大连不许让与他人，即各国势力范围之滥觞也。而铁路一端，断送祖宗发祥之地，速西伯利亚大路之成，开各国觊觎纷争之渐者，固无论矣。呜呼！牵一发，动全身，合九州，铸大错。吾于此举，不能为李鸿章恕焉矣。

或曰：此约由太后主之，督办军务处王大臣赞之，非鸿章本意云。虽然，莫斯科草约定于谁氏之手乎？此固万无能为讳者也。自此约原文既登报章后，各国报馆，电书纷驰，疑信参半，无论政府民间，莫不惊心动色。鸿章游历欧洲时，各国交相诘问，唯一味支吾搪塞而已。其年七月，莫斯科画押之草约达北京，喀希尼直持之以与总署交涉，皇上与总署皆不知有此事，愕怒异常，坚不肯允。喀希尼复贿通太后，甘言法语，诱胁万端，太后乃严责皇上，直命交督办军务处速办，不经由总理衙门。西历九月三十日，皇上挥泪批准密约。

## 三、李鸿章历聘欧洲　任外交官时代

李鸿章之贺俄加冕也，兼历聘欧洲，皆不过交际之常仪。若其有关于交涉者，则定密约与议增税两事而已。中国旧税则，凡进口货物，值百抽五，此次以赔款之故，欲增至值百抽七五。首商诸俄国，俄允之；次商诸德、法，德、法云待英国取进止；既至英，与宰相沙士勃雷提议。其时英与中国之感情甚冷落，且以中俄密约之故，深有疑于李鸿章，沙氏乃托言待商诸上海各处商人，辞焉，此事遂无所成。

李之历聘也，各国待之有加礼，德人尤甚，盖以为此行必将大购船炮枪弹，与夫种种通商之大利，皆于是乎在。及李之去，一无所购，欧人盖大失望云。李之至德也，访俾斯麦；其至英也，访格兰斯顿，咸相见甚欢，皆十九世纪世界之巨人也。八月，鸿章自美洲归国。九月十八日，奉旨在总理各国事务衙门行走。自兹以讫光绪廿四年戊戌七月，实为李鸿章专任外交时代。而此时代中，则德据胶州，俄据旅顺口、大连湾，英据威海卫、九龙，法据广州湾，实中国外交最多事最危险之时代也。

## 四、胶州之役　旅顺大连威海广州湾九龙之役

还辽之役，倡之者俄，而赞之者德、法也。俄人既结密约，得绝大无限之权利于北方，踌躇满志；法人亦于光绪廿二年春夏间，得滇、缅、越间之瓯脱地，又得广西镇南关至龙州之铁路；惟德国则寂寂未有所闻。廿三年春，德使向总理衙门索福建之金门岛，峻拒不许，至十月而胶州之事起。

是役也，德国之横逆无道，人人共见。虽然，中国外交官固有不得辞其咎者。夫始而无所倚赖于人，则亦已耳，既有倚赖，则固不得不酬之；能一切不酬则亦已矣，既酬甲酬乙，则丙亦宜有以酬之三国还辽，而惟德向隅，安有不激其愤而速其变者？不特此也，《中俄密约》中声明将胶州湾借与俄人，是俄人所得权利，不徒在东三省而直侵入山东也。方今列国竞争优胜劣败之时，他国能无妒之？是德国所以出此横逆无道之举者，亦中国有以逼之使然也。岁十月，

曹州教案起，德教士被害者二人。德人闻报，即日以兵船闯进胶州湾，拔华帜，树德帜，总兵章高元掳焉。警报达总署，与德使开议，德使海靖惟威吓恐喝，所有哀乞婉商者，一切拒绝。欲乞援于他国，无一仗义责言，为我讼直者。迁延至两月有余，乃将所要挟六事，忍气吞声，一一允许，即将胶、澳附近方百里之地，租与德国九十九年；山东全省铁路矿务，归德国承办等事，是也。

胶事方了，旋有一重大之波澜起焉。初李鸿章之定《马关条约》也，约以三年内若能清还，则一概免息，而前者所纳之息，亦以还我，又可省威海卫戍兵四年之费，共节省得银二千三百二十五万两。至是三年之期限将满，政府欲了此公案，议续借款于外国。廿三年十一月，俄人议承借此项，而求在北方诸省设铁路及罢斥总税务司赫德二事。英人闻之，立与对抗，亦欲承借此项，利息较轻，而所要求者，一、监督中国财政，二、自缅甸通铁路于扬子江畔，三、扬子江一带不许让与他国，四、开大连湾为通商口岸，五、推广内地商务，六、各通商口岸皆免厘金。时总理衙门欲诺之，俄、法两国忽大反对，谓若借英国款，是破列国均势之局也。日以强暴之言胁总署，总署之人不胜其苦，正月，乃回绝各国，一概不借，而与日本商议，欲延期二十年摊还，冀稍纾此急难，不意日本竟不允许。当此之时，山穷水尽，进退无路，乃以赫德之周旋，借汇丰银行、德华银行款一千六百万磅，吃亏甚重，仅了此局。

胶州湾本为《中俄密约》圈内之地，今德国忽攫诸其怀而夺之，俄人之愤愤，既已甚矣，又遇有英、德阻俄借款一事，俄人暴怒益烈，于是光绪二十四年正、二月间，俄国索旅顺、大连湾之事起。李鸿章为亲订密约之人，欲辩无可辩，欲诿无可诿，卒乃与俄使巴布罗福新结一约，将旅顺口、大连湾两处及邻近相连之海面，租与俄国，以二十五年为期，并准俄人筑铁路从营口、鸭绿江中间，接至滨海方便之处。

俄人既据旅顺、大连，英国借口于均势之局，遂索威海卫。时日本之赔款方清，戍兵方退，英人援俄例借租此港，二十五年为期，其条约一依旅顺、大连故事。时李鸿章与英使反复辩难，英使斥之曰："君但诉诸俄使，勿诉诸我，俄使干休，我立干休。"李无词以对焉，狼狈之情，可悯可叹。所承其半点哀怜者，惟约他日中国若重兴海军，可借威海卫泊船之一事而已。

至是而中国割地之举，殆如司空见惯浑闲事矣。当俄、法与英为借款事冲突也，法人借俄之力，要求广州湾，将以在南方为海军根据地。其时英国方迫我政府开西江一带通商口岸，将以垄断利权。法人见事急，乃效德国故智，竟闯入广州湾，而后议借租之，以九十九年为期。中国无拒之之力，遂允所请。

英国又援均势之说，请租借九龙以相抵制，其期亦九十九年。定议画押之前一日，李鸿章与英使窦纳乐抗论激烈。李曰："虽租九龙，不得筑炮台于其山上。"英使愤然拍案曰："无多言！我国之请此地，为贵国让广州湾于法以危我香港也。若公能废广州湾之约，则我之议亦立刻撤回。"鸿章吞声饮泪而已。实光绪二十四年四月十七日也。

## 五、李鸿章出总署

至五月间，尚有英、俄激争之一事起，即芦汉铁路与牛庄铁路事件是也。初盛宣怀承办芦汉铁路，于廿三年三月，与比利时某公司订定借款，约以本年西正月交第一次。及德占胶州后，该公司忽渝前盟，谓非改约，则款无所出。盛宣怀与李鸿章、张之洞等商，另与结约，而新结之约，不过以比利时公司为傀儡，而实权全在华俄银行之手。华俄银行者，实不啻俄国政府银行也。以此约之故，而黄河以北之地，将尽入俄国主权之内，而俄人西伯利亚之铁路，将以彼得堡为起点，以汉口为终点矣。英人大妒之，乃提议山海关至牛庄之铁路归英国承办，将以横断俄国之线路。俄公使到总署大争拒之，英、俄两国几于开战，间不容发，而皆以中国政府为心，万种难题，集于外交官数人之身。其时皇上方亲裁大政，百废俱举，深恨李鸿章以联俄误国，乃以七月廿四日，诏李鸿章毋庸在总理各国事务衙门行走。于时外交之风浪暂息，而李鸿章任外交官之生涯亦终矣。

案义和团时代李鸿章之外交于第十一章论之。

西人之论曰：李鸿章大手段之外交家也。或曰：李鸿章小狡狯之外交家也。夫手段狡狯，非外交家之恶德。各国并立，生存竞争，惟利是视，故西哲常言个人有道德，而国际无道德。

试观列国之所称大外交家者，孰不以手段狡狯得名哉？虽然，李鸿章之外交术，在中国诚为第一流矣；而置之世界，则瞠乎其后也。李鸿章之手段，专以联某国制某国为主，而所谓联者，又非平时而结之，不过临时而嗾之，盖有一种《战国策》之思想，横于胸中焉。观其于法、越之役，则欲嗾英、德以制法；于中、日之役，则欲嗾俄、英以制日；于胶州之役，则又欲嗾俄、英、法以制德，卒之未尝一收其效，而往往因此之故，所失滋多，胶州、旅顺、大连、威海、广州湾、九龙之事，不得不谓此政策为之厉阶也。夫天下未有徒恃人而可以自存者。泰西外交家，亦尝汲汲焉与他国联盟，然必我有可以自立之道，然后可以治人而不治于人。若今日之中国，而言联某国联某国，无论人未必联我，即使联我，亦不啻为其国之奴隶而已矣，鱼肉而已矣。李鸿章岂其未知此耶？吾意其亦知之而无他道以易之也。要之，内治不修，则外交实无可办之理。以中国今日之国势，虽才十倍于李鸿章者，其对外之策，固不得不隐忍迁就于一时也，此吾所以深为李鸿章怜也。虽然，李鸿章于他役，吾未见其能用手段焉，独《中俄密约》，则其对日本用手段之结果也。以此手段而造出后此种种之困难，自作之而自受之，吾又何怜哉！

案胶州以后诸役，其责任不专在李鸿章，盖恭亲王、张荫桓皆总理衙门重要之人，与李分任其咎者也，读者不可不知。

# 第十章　投闲时代之李鸿章

## 一、日本议和后入阁办事　巡察河工

自同治元年以迄光绪二十七年，凡四十年间，李鸿章无一日不在要津。其可称为闲散时代者，则乙未三月至丙申三月间凡一年，戊戌八月至庚子八月间凡两年而已。戊己庚之间，鸿章奉命治河，旋授商务大臣总督两广。在他人则有最优之差，而按之李鸿章一生历史，不得不谓为投闲也。其闲之又闲者，为乙丙之间入阁办事，及戊戌八月至十一月退出总理衙门，无可论述。至其治河、治粤，固亦有异于常人者焉，附论及之，亦作史者之责任也。

中国黄河，号称难治，数千年政论家，皆以之为一大问题，使非以西人治密士失必河之法治之，则决不可以断其害而收其利。当戊戌八月以后，李鸿章方无可位置，于是政府以此役任之，此亦可为河防史上添一段小小公案也。今录其奏议所用比国工程师卢法尔勘河情形原稿如下：

一、雒口至盐窝沿河情形

河身。黄河自河南龙门口改道以来，水性趋下，由北而东，奔流山东，入大清河，遂取道入海。其始东奔西突，人力难施，至两年以后，河流已定，方筑堤岸。河流曲折，其堤岸亦因之而曲折。迨河流变迁，堤岸不能俱随之变迁。临水远近不等，然堤岸全无保护，任水漂刷。现在小水河面，约宽九十丈至一百五十丈，河底则深浅不一。有河面宽处，水深仅四五尺，不便行船者；有河面忽窄，水深至三丈者。河流朝夕改道，旋左旋右，临流之岸，即为冲刷，带至流缓之处，又淤为滩。官民则任水所为，向无善策，惟于险处救急，决处补苴。而沿河常见岸土，于四五足高处，塌陷入水，际此隆冬，水小流缓，尚且如此，化冻之后，大汛之时，水大流急，更当如何？下游低岸如此，上游土山一带，不问可知。无怪黄河泥沙之多，为五大洲群流之最也。大汛时堤内沙滩，全为漫淹，因河底浅深不一，河身亦俯仰不一，故流水速率，处处不同。且下游之地极平，每里高低，不逾五寸，河流甚缓。容水之地，日益以隘，淤垫日高，年复一年，险上加险。职此之故，堤外之地，较堤内之滩，有低一尺者，有低至七八尺者。监工路过杨史道口时，曾将河面测量，计水面宽百三十八丈，河底最深二丈三尺，流水速率一秒钟约四尺。按此推算，每秒钟过水之数，约五万七千四百五十六立方尺，容水面积约一万三千六百八十方尺。又在盐窝上游测量，计此处水面仅宽一百零二丈，河底最深一丈二尺，容水面积约九千一百八十方尺。斯时杨史道口尚未合笼，太溜半归决口，不走盐窝，理合声明。至盛涨时，过水数目，言人人殊。按照两处地方文武官员所指示水志，计杨史道口容水面积应系三万六千一百八十方尺。盐窝容水面积应在二万四千四百八十方尺。因大水速率，无从探询，致过水之数，不能复计。然不知进水之数，断难定河面宽窄堤岸远近之数也。计自雒口至盐窝约三百七十里。

民埝。滨河之堤，谓之民埝，系民所修，官所守，为现时东水最要之堤也。民埝距水，远近不等，有即在水滨者，有离水至三四里者，当时修造，任意为之，并无定理，甚至其弯曲有令人不可解者。其高低厚薄，亦各处互异，有高于现时水面九尺者，有高至一丈五尺者，高逾沙滩五尺至八尺不等，高逾堤外之地亦九尺至一丈五尺不等，其堤顶有宽二丈四尺者，有宽三丈六尺者，新筑之埝则较厚。忽高忽低，忽厚忽薄，其收坡亦斜直不同，良可异也。看守民埝，未甚周密，为水挖刷之处颇多，并无随时修理，积年累月，不至于决陷者几希。民埝皆以极松淤土为之，并无焦泥，入地不深。即有焦泥，不难挑取。埝顶可行大车、坐车、手车，轨道甚深，过路处或堤坡而上下，或截堤而低之。堤上筑盖民居，并不加宽培厚，凡此皆最易损堤者。查泰西各国堤工坡上种青草，不惮讲求，不惜钜费，盖草根最能护堤也。此处之堤，都不种草，一二处偶尔有草，为民芟除净尽，甚至连根拔起。据云系取以烧锅，或喂牲口，殊不知无草则堤难保，堤难保则水患不旋踵矣。愚民不思，其属可嗤。耙草之器，最能损堤，应悬厉禁，不准行用，此亦保堤之一道。盖草既拔去，堤复耙松，大风一起，堤土飞扬，堤顶遂逐渐而低，堤身亦逐渐而薄，此器为害，不亦大哉？沿河之堤，有种柳已成荫者，有初栽仅盈尺者。柳根最能固堤，应于沿河堤岸一律遍栽，设法保护，不准攀折。并行种藤，更为坚实，柳条藤条，俱可编埽，筑堤较秸料坚固远甚，且可随处就近取材，毋须更出资采买，一举两得，莫妙于此，何惮而不为之耶？

大堤。大堤系公家所修，距民埝甚远，而远近处处不周，且多弯曲，殊不可解。现在此堤虽有如无，大不可恃。堤上居民鳞次栉比，全成村落，即取堤土以筑其居，致堤残缺不全。且过路之处，切与地平，竟成大口。堤上坡上，亦多种麦，颇能损堤。盛涨时民埝尚决，大堤未有不溃者也。该堤宽处，其顶尚有三丈六尺，高一丈二尺至一丈六尺不等，然完整者绝少。闻杨史道口水决民埝竟能走溜入小清河，淹溺村落，贻害居民者，良以大堤旧口未修，使水有隙可乘耳，询诸河官，何以大堤之口不堵？据答百姓不愿，今若修大堤，则千余村之居民，必环起而攻等语。可见修大堤非特无益，且不洽舆情也。大堤之外，居民甚多，有数百十户成村者，有四五家自立门户者，或筑围堤自护，或建高阜而居，大抵皆预作防水之计。村外周围之地，颇属膏腴，居民即以之耕耘，以供饮啄。此外尚有斜堤拦坝，皆以保此村田者也，然残废亦与大堤同。若民埝出险，不足恃也。

险工。沿河一带，险工最多。凡顶冲之处，或已决之处，皆有工程。其工程磨盘埽居，多以秸料覆土，层垒为之，形如磨盘，或紧贴于岸、或接连于堤，其形势纷歧不一，即高低厚薄，亦每埽不同，每埽错落参差，绝不相连，中仍走水，以使三面受敌，不知何意。鄙见数埽应一气呵成，不存罅隙，既省料工，更形坚固。且料埽入水，削如壁立，不作斜坡，适足以当冲，不能使水滑过，似非得法。至秸料亦非经久之物，因其中有心，质如灯草，最能吸水，使料易于腐烂，料烂则与沙土同。毫无劲力矣。监工曾见旧埽数处，虽形势相连，而根基已坏，一经盛涨，必即漂流，民埝定为所累，或云秸料为本地土产，用广价廉，舍此别无他料。诚能如监工前篇所言，多种藤柳，数年之后，便可足用，更毋须以巨万金钱造此不经久之事。或又云料埽原以挑水，一两年后，水已收道，料埽虽烂，亦复何虑。监工殊不谓然。若不改弦更张，恐抢险不过养痈耳。为今之计，虽无他料可用，其埽工应先行改式。傍岸者使之联成一片，作斜坡入水，以导其流，并须多用木椿，牵连于岸，以坚固麻绳系之，其护埽所抛之石，亦宜加粗加多，位置得法，方可御冲刷之力。监工曾见有以石块排于埽上者，镇压秸料，不使为风吹去，抑何可笑。此外尚有石堤，如北镇一带，尚称稳固，亦盐窝石堤，则已根底全虚，所未即坍圮者，赖尚有石灰粘凑，然亦不能久矣。

二、盐窝至海口尾闾情形

黄河尾闾，已由盐窝改道三次，首次向东北由铁门关入海，二次向东由韩家垣入海，三次庙东南由丝网口入海。今谨将三处情形次第言之，尚有新挑引河一条，亦并论及。

铁门关海口。此系大清河尾闾。黄河改道山东以来，由此入海，历三十余年，至韩家垣决口，舍东北而向正东。今铁门关一道，前半已淤垫甚高，河身成为平地，莫可辨识，左右两堤，尽成村落。铁门关以下，堤已尽矣，一派黄沙，地极瘠苦。约距铁门关下游八里，河形复见有水直通于海，河边之地，虽系沙滩，而沙下不深，便有混土。河中之木，平时深约二尺，大潮可涨至三四尺，可至萧神庙，若东北风大作，可增至五六尺不等， 由三沟子起有船只可以出海，往来烟台。此次因河冻地潮，不能出海察勘，仅至三沟子以下十里，满地苇草，大潮所经，遂返辔不复前进。据土人言，往下八里，已见寻常潮汐，再往下十二里，便为海滨。海口有拦门沙，潮退时，仅深二尺。此沙共长宽若干，未曾复勘，揣度必不甚小。计自盐窝至铁门关，海口约一百一十里。

韩家垣海口。自韩家垣决口，黄河尾闾，取道于此，垂八九年，近复改道东南。韩家垣一带，已无黄河踪迹，惟自新萧神庙以下，距海约六十里之遥，复见河形，中亦有水，系最低之地，积水不消。闻距海约十一里，此河分为两溜，状如燕尾，然亦不深。海口亦有拦门沙，潮退时，直塞口门，不容河水泻出。此拦门沙露出水面，宽约二里。查韩家垣一道，并未筑堤。计自盐窝至韩家垣海口，约一百里。

新挑引河。此河系于韩家垣决口之后，特于口门之下，挑挖一道，以便引水至萧神庙旧槽入海。然当时深仅四五尺，宽仅三丈，现在尚无此数。弯曲甚多，此河计长四十里，若取直共有二十五里，大约系循原有水道挑挖节省工费之故。河底以萧神庙韩家垣两处，挖深三尺，便有泥土，亦有泥土竟见于地面者。周围各村，均有井，深一丈一尺，即可见水，泥在水中，不甚深也。铁门关附近，有烧瓦器之窑。该处土质，概可想见。

丝网口海口。现在黄河之由此口入海，漫散地上，并无河道。小水时分为多，溜底均不深，中有沙滩，正溜水底，深仅三四尺，有一两处最深，亦不过一丈。将近海口，则只有一尺四五寸，此处水面甚宽，约有三百丈之多。闻海口并无拦门沙，想系流缓溜浅，其沙已于地上停淤，无可再送入海也。查北岭子决口之时，尚有上游三处，同时开口，故丝网口水流不猛，北岭子门之树，至今犹竖水中，古庙一座，亦巍然独立，是其明验。若谓辛庄等处，房合漂流，则系土屋不坚之故，非水力汹涌有以致之也。北岸于北岭子以下，并未设堤，惟以铁门关南堤为北岸，以护村落而已。南岸则由盐窝起新行接筑，一堤距水约远二里，计自盐窝至丝网口海口约九十里。

三、酌量应办治河事宜

治河如治病，必须先察其原。欲察其原，必须先按脉理，方知其病原之所在，然后施药。不特厥疾可疗，而且永无后患。若但按疮敷药，不问其毒发于何处，非良医之所为也。黄河在山东为患，而病原不在于山东。若只就山东治黄河，何异于按疮敷药？虽可一时止痛，而不久旧疾复作矣，盖其毒未消，其病根未拔也。夫水性犹人，初本善也，若不导之、教之，性乃迁矣。天之生水，原以养人，何尝以害人？乃人不知其性，不防其迁，遂使肆为暴虐，生民昏垫，国帑虚糜，终无底止。推原其故，良因治水仅就一隅，不筹全局。今若一误再误，恐徒劳无功耳。欲求一劳永逸，宜先就委窃原。由山东视黄河，黄河只在山东。由中国视黄河，则黄河尚有不在山东者，安知山东黄河之患，非从他处黄河而来？故就中国治黄河，黄河可治。若就山东治黄河，黄河恐终难治。请详言之，溯黄河之源，出于星宿海，取道甘肃，流入蒙古沙漠，改道多次，始至山西，已挟沙而来矣，道出陕西，又与渭水汇流，其质更浊，再穿土山向东而出，拖泥带水，直入河南，所至披靡，水益浑矣。此即黄河之病原也。下游之病良由此，主治之宜在病原加意。盖下游停淤之沙，系从上游拖带而来。上游地高，势如建瓴，且两面有山约束之，水流极速，沙不能停，迨一过荣泽一派，平原水力遂杀，流缓则沙停。沙停则河淤，河淤过高，水遂改道，此自然之理。证诸往事，已有明证。惟一河改道，万姓遭殃，转于沟壑，死于饥寒，从古迄今，不知凡几。而黄河则南迁北徙，畅所欲为，以开封为中心，自辟半径之路，于扬于江北中间千五百里扇形之地，任意穿越，虽齐鲁诸大峰，亦难阻制。河水所经之处，沙停滩结，民叹其鱼，防不胜防，迄无良策，补偏救弊，劳民伤财，其祸较疾病刀兵尤为猛烈。然天下无不治之水，虽非易事，尚非人力难施。其法维何？曰求诸算学而已。

治法。夫治法岂易言哉！黄河延袤中国境内，计一万余里之长。地势之高低，河流之屈曲，水性之缓急，含沙之多少，向未详细考究，并无图表。问诸水滨，亦鲜有能答之者。今欲求治此河，有应行先办之事三：一、测量全河形势。凡河身宽窄深浅，堤岸高低厚薄，以及大水小水之浅深，均须详志；一、测绘河图，须纤悉不遗；一、分段派人查看水性，较量水力，记载水志，考求沙数，并随时查验水力若干，停沙若干。凡水性沙性，偶有变迁，必须详为记出，以资参考。以上三事，皆极精细，而最关紧要者，非此无以知河水之性，无以定应办之工，无以导河之流，无以容水之涨，无以防患之生也。此三事未办，所有工程，终难得当，即可稍纾目前，不旋踵而前功尽隳矣。若测绘既详，考究复审，全局在握，便可参酌应办工程，以垂久远，犹须各省黄河，统归一官节制，方能一律保护，永无后患，但照此办理，经费必钜。然欲使一劳永逸，宜先筹计每年养河之费若干，堵筑之费若干，蠲免粮钱若干，赈济抚恤若干，财产淹没若干，民命死亡若干，并除弊后能兴利若干，积若干年共计若干，较所费之资，孰轻孰重，孰损孰益，不至于犹豫矣。按照图志，可以知某处水性地势，定其河身。由河身，即可定水流之速率，不使变更；水面之高低，不使游移。凡河底之浅深，河岸之坚脆，工料之松固，均可相因，无意外之虑。此皆算学精微之理，不能以意为之。定河身最为难事。须知盛涨水高若干，其性若何，停沙于河底者几多，停沙于滩面者几多，涨之高低、速率不同。定河身须知各等速率，方能使无论高低之涨，其速率均足刷沙入海。河形弯曲，致生险工，亦须酌改，然大非易事，非详慎推算不为功。盖裁弯取直则路近，路近则低率，即地势高低之数增。低率增则速率亦增，速率增则过水之数亦增，于盛涨时尤宜并上下游通行筹算后，方可裁去一弯。盖裁弯能生他险，不可不虑，此亦非但凭眼力可为之事。

河堤所资以束水者也，须并河身一同推算。即入水斜坡，统须坚固，以御异常盛涨，方不至误事。至堤之高低、厚薄，则视土性之松实，料质之坚脆耳。至应如何造法，亦须视水线高低，水力缓急。所需材料，总以能御水挖为妙，不必尽用石堤，亦毋庸尽用料埽，盖土堤筑造坚实，护以柳树草片，亦足以御寻常水力。查各国护河之堤，多以土为之，并无全用石工者。但须推算合法，位置得宜，看守不懈，勿任践踏耳。其石堤料场，只于险处用之。总而言之，可省者宜省，不可省者必不宜省，然非测算精详不可。监工兹绘堤式两种，似与黄河合宜，何处应用何式，则俟临时查勘，因地制宜，非谓全河均应改用也。惟无论需用何种材料，均须采择上品者方能坚久。大水时河流至堤根，小水时河流在两岸之中。而堤与岸均系松土，常为急流挟之以去即化为沙，至流缓处，淤成高滩，积渐遂生危险。此固可虑，而尤可虑者，上游各土山随时坍塌入水，流至下游，为患甚烈。应行设法保护，于过水两岸，尽筑斜坡，先护以泥，再种草片，并多栽树木，以坚实之。有险之处，则宜于岸根打桩，以树枝编成筐，以泥土填成块，再叠石为墙，或砌石为坡，并抛大石块于水底，方足以御水力。其土山两旁，亦须抛石水底，再筑石墙于其上，以阻塌陷，如此则岸土不致为水掩带，河流可以渐清，河患自然日减。此系治河应办紧要之工程。大溜应教常走河之中间，宜在何处设法，此时不能预定。大约须于弯处水底多筑挑水坝，以导其流。挑水坝应用树枝，或用石块，则俟随时斟酌情形办理，惟秸料不能经久，且无劲力，则不可用。减水坝亦应讲求，以防异常盛涨，宜即设在堤边。应先测量地势，察勘情形，以河流之方向，定坝口之方向。此坝须以大石并塞门德土为之。坝后所挑之河，或已有之河，应筑坚堤约束，庶所过之水，不致以邻国为壑。此河亦须宽深不甚弯曲，且低于黄河，其河身实有容水之地，始能合用；黄河尾闾海口高仰复有拦门沙，致河水入海未畅。应用机器挖土船以挑挖之，然先筑海塘，再用机器，或可事半功倍。此海塘接长河堤入海，则水力益专，能将沙攻至海中深处，为海口必不可少之工程。再用机器于拦沙挖深一道，俾水力更激，可以自刷其余。此项工程，需费颇钜，然各国海口均有之，黄河何独不然？美国密西西比海口，奥国大牛白海口，前亦堵塞，今大轮船可以往来，是其明验。法国仙纳海口，前此亦有拦沙阻碍，行船最为险恶，旋经以大石填海，筑造海塘，高出大潮水面，两塘相距九十丈，塘成之日，海口竟深至二丈，至今船只称便。比国麦司海口，亦曾兴此大工。此外尚有多处，不胜枚举。

黄河延袤数省，关系国计民生极大。现时上游水至下游，不能即知。下游出险，上游事后方觉，声气不通，防范未能周密。应照永定河办法，沿河设立电线，按段通电，随时随事，报知全河官弁，俾患可预弭。此为刻不容缓之事。治河之工程，既已举行，守河之章程，亦宜厘定，俾一律恪遵，永远办理，方不致前功尽弃。查现在河防员弁，虽能克己奉公，而百姓践踏堤埽挑土砍柳锄草诸恶习，并未广为禁止。应妥定律例，严行厉禁，周密巡查，犯者惩治。堤上不准搭盖房屋，如须行车，必专筑马路之处，格外培厚，方不至于损堤。官弁随时稽查，稍有残缺不整，即为修补。如此则工程可永远完固，不致生意外之虞。黄河上游，应否建设闸坝，用以拦沙。或择大湖用以减水，亦应考。求治河有此办法，理合声明。上游之山，应令栽种草木，以杀水势。泰西各国，因山水暴发，屡次为灾，饬令于源头及濒水诸山栽种草木，水势遂杀，偶有一二处树木，被人私砍，水势即复猖狂，政府严行禁止，并设官专管树木。西人重视此事，是有效验之明证。查山水暴发，其故有二，一因山上土松，不能吸水；二因山势陡峭，无以阻水。若遍种树木，则树根既能坚土，又复吸水，且可杀其势，从容而下，不至倒泻。倘山上不宜种树，亦应种草，其功虽不及树木之大，亦终胜于无。法国颁行亚尔伯诸山种树律例以来，成效已大著矣。

四、现时应办救急事宜

前篇治河应办各事，既非旦夕之功。必俟全河详细测量，估计工料，妥筹办法。方臻美备。诚恐河流汹涌，迫不及持，亟应先办救急事宜。庶几现时灾患不生，将来治理较易，救急之事维何？曰培修堤岸，固筑险工，并疏通尾闾而已。至于更改河形以畅其流，展缩河身以顺其性，保护堤岸以阻其倾，各工程应俟日后从容办理，此时无暇及此。培修河堤之法，前篇已详言之，毋庸再赘。惟应以埝为堤。若大堤则相距太远，有河面过宽之患，又复残缺不整，修无可修，即修亦无益。各处险工，宜全行固筑，应派员全工察勘，估计工程。凡当冲之堤，已朽之埽，务即一律保护，其过低过薄之堤，亦应加高培厚。堤内临水之坡，应加泥一层，以种青草，并于堤根遍栽树木，设法禁人践踏。此为最急之务，速办为妙。有险处之堤根，或抛石或编坝以固之，亦须因地制宜。凡堤有所开过路之道，应即行修补，并于堤顶筑造石子马路，以便车马往来，不至损碍。尾闾海道，最宜妥定，铁门关、韩家垣现均淤塞，丝网口则水势散漫，并无河槽。查此项尾闾，择地者主见不一：有谓铁门关淤塞处应挑通使水仍复旧道者；有谓宜仍由韩家垣旧道者；有谓应由十六户挑引河直至铁门关以避盐窝险工者；有谓应由盐窝挑一直河仍由丝网口者；有谓应于蒲台县三岔河引水入海者；有谓黄河应于大马家挑河至孔家庄并入徒骇河使之入海者。大马家在利津上游八里之地，查徒骇河形颇弯曲，孔家庄河面约宽九十丈，小水水面约六十丈，两岸颇高，并未筑堤，大水约离岸尚低八尺，其上游于禹城以下，全已淤塞，海口约距孔家庄七十里，并无拦沙。鄙意黄河未治之先，其水不应走徒骇河，盖恐浊流入清，即使清者亦变为浊，未免可惜。如欲酌定一处，必须于各处详细测量，品地势之高低，察流水之方向。查现在武备学堂测量生颇具聪明，又复勤奋，四散测量，不遗余力，惜时日太促，未能详备，所绘之图，只能阅其大概，况各段河中过水之数，以及地之低率，无从查考。至引河河形，惟按海口之地甚平，引河以愈短愈直愈妙。盖河短势直，即低率市增，流水较有力也。河身则以能容盛涨为度，两堤则以能束水为度，又须格外坚固，以防冲决。大约海口所有旧河槽，以不用为妙，以旧槽形皆曲折，堤亦不周备，不如另择新地酌量形势办理之为愈。今无论引河挑在何处，其海口必须有机器挖沙，不能恃水自刷，因河病未除，河沙未减，到处停淤之病，仍不能免，恐新挑之河，不久亦如旧口为沙堵塞不通也。鄙意引河河形，以能容水畅流为度，庶无意外之虑。减水坝为必不可少之件，应设何处，尚未详考。有人指示济南府城下游十八里，原有滚坝之处，似可合用。监工于归途便道履勘，见此坝距黄河尚有五里，原造之意，系引济南诸山清水入黄，以助攻沙，然向未启用。坝门甚小，只有一丈四尺，又与诸河不通，若欲用之，尚须另挑引河以通小清河。查小清河河身，仅足自容，盛涨时水已漫岸，又无河堤约束，若再将黄河灌入，势必漫浸，即济南省城亦恐遭淹溺。鄙意如欲减水，以入徒骇河为宜，然仍须测量筹算方可定议，惟徒骇河亦须加宽添筑河堤，方可合用。

以上四大端，皆系知无不言，言无不尽。是否有当，均候裁夺示遵。监工此番奉委勘河，常与司道大员及地方官合同查勘。虽各人看法稍异，而和衷共济，为国家宣劳，为中堂效命，以国计民生为怀，作一劳永逸之想，则不约而同。盖无分中外。咸欲赞成利国利民之大功，其胸中则毫无成见也。

卢法尔谨上

## 二、两广总督

李鸿章之督粤也，承前督李瀚章、谭钟麟之后，百事废弛已极，盗贼纵横，萑苻遍地。鸿章至，风行雷厉，复就地正法之例，以峻烈忍酷行之，杀戮无算，君子病焉。然群盗慑其威名，或死或逃，地方亦赖以小安。而其最流毒于粤人者，则赌博承饷一事是也。粤中盗风之炽，其源实由赌风而来，盗未有不赌，赌未有不盗。鸿章之劝赌也，美其名曰缉捕经费，其意谓以抽赌之金为治盗之用也。是何异恐民之不为盗而以是诲之？既诲之而复诛之，君子谓其无人心矣。孟子曰：“及陷于罪，然后从而刑之，是罔民也。”夫不教而刑，犹谓罔民，况劝之使入于刑哉？扬汤止沸，拖薪救火，其老而悖耶？不然，何晚节末路，乃为此坏道德损名誉之业以遗后人也？或曰：鸿章知赌风之终不可绝，不如因而用之，以救政费之急。夫淫风固未易绝，而未闻官可以设女闾；盗风固未易绝，而未闻官可以设山泊。此等义理，李鸿章未必不知之。知之而复为之，则谓之全无心肝而已。

鸿章莅粤，拟行警察法于省城，盖从黄遵宪之议也。业未竟而去。

粤中华洋杂处，良莠不齐，狡黠之徒，常借入教为护符，以鱼肉乡里，而天主教及其他教会之牧师，常或袒庇而纵恣之。十年以来，大吏皆阘冗无能，老朽濒死，畏洋如虎，以故其焰益张。李鸿章到粤，教民尚欲逞故技以相尝试。鸿章待其牧师等，一据正理，严明权限，不稍假借，经一二次后，无复敢以此行其奸者。噫嘻！以数十年老练之外交家，虽当大敌或不足，然此幺麽者，则诚不足以当其一嘘矣。今之地方官，以办教案为畏途者，其亦太可怜耳。

鸿章之来粤也，盖朝旨以康党在海外气势日盛，使之从事于镇压云。鸿章乃捕系海外义民之家族三人焉，无罪而孥，骚扰百姓。野蛮政体，莫此为甚。或曰：非李鸿章之意也。虽然，吾不敢为讳。

# 第十一章　李鸿章之末路

## 一、义和团之起

李鸿章最初之授江苏巡抚也，仅有虚名，不能到任；其最后之授直隶总督也，亦仅有虚名，不能到任。造化小儿，若故为作弄于其间者然。虽然，今昔之感，使人短气矣。鸿章莅粤未一年，而有义和团之事。义和团何自起？戊戌维新之反动力也。初今上皇帝既以新政忤太后，八月之变，六贤被害，群小竞兴，而康有为亡英伦，梁启超走日本。盈廷顽固党，本已疾外人如仇雠矣，又不知公法，以为外国将挟康、梁以谋已也，于是怨毒益甚。而北方人民，自天津教案以至胶州割据以来，愤懑不平之气蓄之已久，于是假狐鸣篝火之术，乘间而起。顽固党以为可借以达我目的也，利而用之，故义和团实政府与民间之合体也。而其所向之鹄各异：民间全出于公，愚而无谋，君子怜之；政府全出于私，悖而不道，普天嫉之。

## 二、李鸿章之位置　联军和约

使其时李鸿章而在直隶也，则此祸或可以不作，或祸作而鸿章先与袁、许辈受其难，皆未可知。而天偏不使难之早平，偏不令李之早死，一若特为李设一位置，使其一生历史，更成一大结果者。至六月以后，联军迫京师，于是李鸿章复拜议和全权大臣之命。

当是时，为李鸿章计者曰：拥两广自立，为亚细亚洲开一新政体，上也；督兵北上，勤王剿拳，以谢万国，中也；受命入京，投身虎口，行将为顽固党所甘心，下也。虽然，第一义者，惟有非常之学识，非常之气魄，乃能行之，李鸿章非其人也。彼当四十年前方壮之时，尚且不敢有破格之举，况八十老翁，安能语此？故为此言者，非能知李鸿章之为人也。第二义近似矣，然其时广东实无一兵可用，且此举亦涉嫌疑，万一廷臣举李不相能者，加以称兵犯阙之名，是骑虎而不能下也；李之衰甚矣，方日思苟且迁就，以保全身名，斯亦非其所能及也。

虽然，彼固曾熟审于第三义，而有以自择。彼知单骑入都之或有意外，故迟迟其行；彼知非破京城后则和议必不能成，故逗留上海，数月不发。

两宫既狩，和议乃始。此次和议虽不如日本之艰险，而轇轕亦过之。鸿章此际，持以镇静，徐为磋磨，幸各国有厌乱之心，朝廷有悔祸之意，遂于光绪二十七年七月，定为和约十二款如下：

第一款

一、大德国钦差男爵克大臣被戕害一事，前于西历本年六月初九日即中历四月二十三日，奉谕旨（附件二）亲派醇亲王载沣为头等专使大臣，赴大德国大皇帝前，代表大清国大皇帝暨国家惋惜之意。醇亲王已遵旨于西历本年七月十二日即中历五月二十七日自北京起程。

二、大清国国家业已声明，在该处遇害所竖立铭志之碑，与克大臣品位相配，列叙大清国大皇帝惋惜凶事之旨，书以拉丁、德、汉各文。前于西历本年七月二十二日即中历六月初七日，经大清国钦差全权大臣文致大德国钦差全权大臣（附件三）。现于遇害处所建立碑坊一座，足满街衢，已于西历本年六月二十五日即中历五月初十日兴工。

第二款

一、惩办伤害诸国国家及人民之首祸诸臣，将西历本年二月十三、二十一等日，即中历上年十二月二十五日、本年正月初三等日，先后降旨所定罪名开列于后（附件四、五、六）。端郡王载漪、辅国公载澜，均定斩监候罪名；又约定如皇上以为应加恩贷其一死，即发往新疆永远监禁，永不减免。庄亲王载勋、都察院左都御史英年、刑部尚书赵舒翘，均定为赐令自尽。山西巡抚毓贤、礼部尚书启秀、刑部左侍郎徐承煜，均定为即行正法。协办大学士吏部尚书刚毅、大学士徐桐、前四川总督李秉衡，均已身死，追夺原官，即行革职。又兵部尚书徐用仪、户部尚书立山、吏部左侍郎许景澄、内阁学士兼礼部侍郎衔联元、太常寺卿袁昶，因上年力驳殊悖诸国义法极恶之罪被害，于西历本年二月十三日即中历上年十二月二十五日，奉上谕开复原官，以示昭雪（附件七）。庄亲王载勋已于西历本年二月二十一日即中历正月初三日，英年、赵舒翘已于二十四日即初六日均自尽。毓贤已于念二日即初四日，启秀、徐承煜于念六日即初八日均正法。又西历本年二月十三日即中历上年十二月念五日上谕将甘肃提督董福祥革职，俟应得罪名定谳惩办，西历本年四月念九日、六月初三、□月□□等日，即中历三月十一、四月十七、□月□□等日，先后降旨，将上年夏间凶惨案内所有承认获咎之各外省官员，分别惩办。二、上谕将诸国人民遇害被虐之城镇，停止文武各等考试五年（附件八）。

第三款

因大日本国使馆书记生杉山彬被害，大清国大皇帝从优荣之典，已于西历本年六月十八日即中历五月初三日降旨简派户部侍郎那桐为专使大臣，赴大日本国大皇帝前，代表大清国大皇帝及国家惋惜之意（附件九）。

第四款

大清国国家允定在于诸国被污渎及挖掘各坟墓建立涤垢雪侮之碑，已与诸国全权大臣会同商定，其碑由各该国使馆督建，并由中国国家付给估算各费银两，京师一带，每处一万两，外省每处五千两。此项银两，业已付清。兹将建碑之坟墓，开列清单附后（附件十）。

第五款

大清国国家允定不准将军火暨专为制造军火各种器料运入中国境内，已于西历一千九百一年八月十七日即中历本年七月初四日降旨禁止进口二年。嗣后如诸国以为有仍应续禁之处，亦可降旨将二年之限续展（附件十一）。

第六款

上谕大清国大皇帝允定付诸国偿款海关银四百五十兆两。此款系西历一千九百年十二月二十二日即中历光绪二十六年十一月初一日条款内第二款所载之各国各会各人及中国人民之赔偿总数（附件十二）。（甲）此四百五十兆系海关银两，照市价易为金款，此市价按诸国各金钱之价易金如左：海关银一两，即德国三马克零五五，即奥国三克勒尼五九五，即美国圆零七四二，即法国三佛郎克五，即英国三先零，即日本一圆四零七，即荷兰国一弗乐零七九六，即俄国一鲁布四一二。俄国鲁布，按金平算即十七多理亚四二四。此四百五十兆，按年息四厘，正本由中国分三十九年按后附之表各章清还（附件十三）。本息用金付给，或按应还日期之市价易金付给。还本于一千九百零二年正月初一日起，至千九百四十年终止。还本各款，应按每届一年付还，初次定于一千九百零一年正月初一日付还。利息由一千九百零一年七月初一日起算，惟中国国家亦可将所欠首六个月至一千九百零一年十二月三十一曰之息，展在自一千九百零二年正月初一日起，于三年内付还，但所展息款之利，亦应按年四厘付清。又利息每届六个月付给，初次定于一千九百零二年七月初一日付给。（乙）此欠款一切事宜，均在上海办理。如后诸国各派银行董事一名，会同将所有由该管之中国官员付给之本利总数收存，分给有干涉者，该银行出付回执。（丙）中国国家将全数保票一纸交驻京诸国钦差领衔手内。此保票以后分作零票，每票上各由中国特派之官员画押。此节以及发票一切事宜，应由以上所述之银行董事各遵本国饬令而行。（丁）付还保票财源各进款，应每月给银行董事收存。（戊）所定承担保票之财源，开列于后：一、新关各进款，俟前已作为担保之借款各本利付给之后余剩者，又进口货税增至切实值百抽五，将所增之数加之。所有向例进口免税各货，除外国运来之米及各杂色粮面并金银以及金银各钱外，均应列入切实值百抽五货内。二、所有常关各进款，在各通商口岸之常关，均归新关管理。三、所有盐政各进项，除归还泰西借款一宗外，余剩一并归入，至进口货税增至切实值百抽五。诸国现允可行，惟须二端：一、将现在照估价抽收进口各税，凡能改者，皆当急速改为按件抽税几何。改办一层如后，以为估算货价之基，应以一千八百九十七、八、九三年卸货时各货牵算价值，乃开除进口及杂货总数之市价。其未改以前，各该税仍照估价征收。二、北河、黄浦两水路，均应改善，中国国家亦应拨款相助。至增税一层，俟此条款画押两个月后，即行开办。除在此画押日期后至迟十日已在途间之货外，概不得免抽。

第七款

大清国国家允定各使馆境界以为专与住用之处，并独由使馆管理，中国民人概不准在界内居住。亦可自行防守，使馆界线于附件之图上标明如后（附件十四）。东面之线，系崇文门大街，图上十、十一、十二等字，北面图上系五、六、七、八、九、十等字之线，西面图上系一、二、三、四、五等字之线，南面图上系十二、一等字之线，此线循城墙南址随城垛而画。按照西历一千九百零一年正月十六日即中历上年十一月二十六日文内后附之条，中国国家应允诸国分应自主，常留兵队分保使馆。

第八款

大清国国家应允将大沽炮台及有碍京师至海通道之各炮台一律削平，现已设法照办。

第九款

按照西历一千九百零一年正月十六日即中历上年十一月二十六日文内后附之条款，中国国家应允由诸国分应主办，会同酌定数处留兵驻守，以保京师至海通道无断绝之处。今诸国驻防之处，系黄村、郎坊、杨村、天津军粮城、塘沽、芦台、唐山、滦州、昌黎、秦王岛、山海关。

第十款

大清国国家允定两年之久，在各府、厅、州、县将以后所述之上谕颁行布告：一、西历本年二月初一日即中历上年十二月十三日上谕，以永禁或设或入与诸国仇敌之会，违者皆斩（附件十五）。二、西历本年□月□□日即中历□月□□日上谕一道，犯罪之人如何惩办之处，均一一载明。三、西历本年□月□□日即中历□月□□日上谕，以诸国人民遇害被虐各城镇停止文武各等考试。四、西历本年二月初一日即中历上年十二月十三日上谕，各省抚督文武大吏暨有司各官，于所属境内均有保平安之责，如复滋伤害诸国人民之事，或再有违约之行，必须立时弹压惩办，否则该管之员，即行革职，永不叙用，亦不得开脱别给奖叙（附件十六）。以上谕旨现于中国全境渐次张贴。

第十一款

大清国国家允定将通商行船各条约内，诸国视为应行商改之处，及有关通商各地事宜，均行议商，以期妥善简易。按照第六款赔偿事宜，约定中国国家应允襄办改善北河、黄浦两水路，其襄办各节如左：一、北河改善河道，在一千八百九十八年会同中国国家所兴各工，尽由诸国派员兴修。一俟治理天津事务交还之后，即可由中国国家派员与诸国所派之员会办，中国国家应付海关银每年六万以养其工。一、现设立黄浦河道局，经管整理改善水道各工，所派该局各员，均代中国及诸国保守在沪所有通商之利益。预估后二十年，该局各工及经管各费应每年支用海关银四十六万两，此数平分，半由中国国家付给，半由外国各干涉者出资。该局员差并权责进款之详细各节，皆于后附文件内列明（附件十七）。

第十二款

西历本年七月二十四日即中国六月初九日降旨，将总理各国事务衙门按照诸国酌定改为外务部，班列六部之前。此上谕内已简派外务部各王大臣矣（附件十八）。且变通诸国钦差大臣觐见礼节，均已商定由中国全权大臣屡次照会在案。此照会在后附之节略内述明（附件十九）。

兹特为议明以上所述各语，及后附诸国全权大臣所发之文牍，均系以法文为凭。大清国国家既如此按以上所述西历一千九百年十二月二十二日，即中历光绪二十六年十一月初一日文内各款，足适诸国之意妥办，则中国愿将一千九百年夏间变乱所生之局势完结，诸国亦照允随行。是以诸国全权大臣奉各本国政府之命代为声明，除第七款所述之防守使馆兵队外，诸国兵队即于西历一千九百零一年□月□□日即中历□月□□日全由京城撤退；并除第九款所述各处外，亦于西历一千九百零一年□月□□日即中历□□年□月□□日由直隶省撤退。今将以上条款缮定同文十二分，均由诸国全权大臣画押，诸国全权大臣各存一分，中国全权大臣收存一分。

## 三、中俄满洲条约

联军和约既定，尚有一事为李鸿章未了之债者，则俄人满洲事件是也。初《中俄密约》所订，俄人有自派兵队保护东方铁路之权。至是义和团起，两国疆场之间有违言焉，俄人即借端起衅，掠吉林、黑龙江之地，达于营口，北京方有联军之难，莫能问也。及和议开，俄人坚持此事归中俄两国另议，与都中事别为一谈，不得已许之。及列国和约定，然后满洲之问题起。李鸿章其为畏俄乎？为亲俄乎？抑别有不得已者乎？虽不可知，然其初议之约，实不啻以东三省全置俄国势力范围之下，昭昭然也。今录其文如下：

第一条　俄国交还满洲于中国，行政之事，照旧办理。

第二条　俄国留兵保护满洲铁路，俟地方平静后，并本条约之枢要四条一概履行后，始可撤兵。

第三条　若有事变，俄国将此兵助中国镇压。

第四条　若中国铁路（疑指满洲铁路）未开通之间，中国不能驻兵于满洲；即他日或可驻兵，其数目亦须与俄国协定，且禁止输入兵器于满洲。

第五条　若地方大官处置各事，不得其宜，则须由俄国所请，将此官革职。满洲之巡察兵，须与俄国相商，定其人数，不得用外国人。

第六条　满洲、蒙古之陆军、海军，不得聘请外国人训练。

第七条　中国宜将在旅顺口之北金州之自主权抛弃之。

第八条　满洲、蒙古、新疆伊犁等处之铁路矿山及其他之利益，非得俄国许可，则不得让与他国；或中国自为之，必亦须经俄国允许。牛庄以外之地，不得租借与他国。

第九条　俄国所有之军事费用，一切皆由中国支出。

第十条　若满洲铁路公司有何损害，须中国政府与该公司议定。

第十一条　现在所损害之物，中国宜为赔偿，或以全部利益，或以一部利益，以为担保。

第十二条　许中国由满洲铁路之支路修一铁路以达北京。

此草约一布，南省疆吏士民，激昂殊甚，咸飞电阻止，或开演说会，联名抗争。而英、美、日各国，亦复腾其口舌，势将干涉。俄使不得已，自允让步。经数月，然后改前约数事如左：

第一条　同

第二条　同

第三条　同

第四条　中国虽得置兵于满洲，其兵丁多寡，与俄国协议，俄国协定多少，中国不得反对，然仍不得输入兵器于满洲。

第五条　同

第六条　删

第七条　删

第八条　在满洲企图开矿山、修铁路及其他何等之利益者，中国非与俄国协议，则不许将此等利益许他国臣民为之。

第九条　同

第十条　同　并追加“此乃驻扎北京之各国公使协议，而为各国所采用之方法”字样。

第十一条　同

第十二条　中国得由满洲铁路之支路修一铁路，至直隶疆界之长城而止。

## 四、李鸿章薨逝　身后恤典

至是而李鸿章病且殆矣。鸿章以八十高年，久经患难，今当垂暮，复遭此变，忧郁积劳，已乖常度，本年以来，肝疾增剧，时有盛怒，或如病狂。及加以俄使助天为虐，恫喝催促，于邑难堪，及闻徐寿朋之死，拊心呕血，遂以大渐，以光绪二十七年九月廿七日薨于京师之贤良寺。闻薨之前一点钟，俄使尚来催促画押云。卒之此约未定，今以付诸庆亲王、王文韶。临终未尝口及家事，惟切齿曰："可恨毓贤误国至此！"既而又长吁曰："两宫不肯回銮。"遂瞑焉长逝，享年七十八岁。行在政府得电报，深宫震悼，翌日奉上谕：

朕钦奉懿旨，大学士、一等肃毅伯、直隶总督李鸿章，器识渊深，才猷宏远，由翰林倡率淮军，戡平发捻诸匪，厥功甚伟。朝廷特沛殊恩，晋封伯爵，翊赞纶扉。复命总督直隶兼充北洋大臣，匡济艰难，辑和中外，老成谋国，具有深衷。去年京师之变，特派该大学士为全权大臣，与各国使臣妥定和约，悉合机宜。方冀大局全定，荣膺懋赏，遽闻溘逝，震悼良深。李鸿章著先行加恩，照大学士例赐恤，赏给陀罗经被，派恭亲王溥伟带领侍卫十员，前往奠醊。予谥文忠，追赠太傅，晋封一等侯爵，入祀贤良祠，以示笃念荩臣至意。其余饰终之典，再行降旨。钦此。

其后复赏银五千两治丧，赏其子李经述以四品京堂，承袭一等侯爵，李经迈以京堂候补，其余子孙优赏有差。赐祭两坛，又命于原籍及立功省份及京师建立专祠，地方官岁时致祭，列入祀典。朝廷所以报其勋者亦至矣。而此一代风云人物，竟随北洋舰队、津防练勇，同长辞此世界、此国民。吾闻报之日，成一挽联云：

太息斯人去，萧条徐泗空，莽莽长淮，起陆龙蛇安在也；
回首山河非，只有夕阳好，哀哀浩劫，归辽神鹤竟何之。

# 第十二章　结　论

## 一、李鸿章与古今东西人物比较

李鸿章必为数千年中国历史上一人物，无可疑也；李鸿章必为十九世纪世界史上一人物，无可疑也。虽然，其人物之位置果何等乎？其与中外人物比较，果有若何之价值乎？试一一论列之。

第一，李鸿章与霍光。史家评霍光曰“不学无术”，吾评李鸿章亦曰“不学无术”。然则李鸿章与霍光果同流乎？曰：李鸿章无霍光之权位，无霍光之魄力。李鸿章谨守范围之人也，非能因于时势，行吾心之所安，而有非常之举动者也。其一生不能大行其志者以此，安足语霍光？虽然，其于普通学问，或稍过之。

第二，李鸿章与诸葛亮。李鸿章忠臣也，儒臣也，兵家也，政治家也，外交家也。中国三代以后，具此五资格而永为百世所钦者，莫如诸葛武侯。李鸿章所凭借，过于诸葛，而得君不及之。其初起于上海也，仅以区区三城，而能奏大功于江南，创业之艰，亦略相类。后此用兵之成就，又远过之矣。然诸葛治崎岖之蜀，能使士不怀奸，民咸自厉，而李鸿章数十年重臣，不能辑和国民，使为己用；诸葛之卒，仅有成都桑八百株，而鸿章以豪富闻于天下，相去何如耶？至其鞠躬尽瘁，死而后已，犬马恋主之诚，亦或仿佛之。

第三，李鸿章与郭子仪。李鸿章中兴靖乱之功，颇类郭汾阳，其福命亦不相上下。然汾阳于定难以外，更无他事；鸿章则兵事生涯，不过其终身事业之一部分耳。使易地以处，汾阳未必有以过合肥也。

第四，李鸿章与王安石。王荆公以新法为世所诟病，李鸿章以洋务为世所诟病。荆公之新法与鸿章之洋务，虽皆非完善政策，然其识见规模，决非诟之者之所能及也。号称贤士大夫者，莫肯相助，且群焉哄之，掣其肘而议其后，彼乃不得不用佥壬之人以自佐。安石、鸿章之所处同也，然安石得君既专，其布画之兢兢于民事，局面宏远，有过于鸿章者。

第五，李鸿章与秦桧。中国俗儒，骂李鸿章为秦桧者最多焉，法越、中日两役间，此论极盛矣。出于市井野人之口，犹可言也，士君子而为此言，吾无以名之，名之曰狂吠而已。

第六，李鸿章与曾国藩。李鸿章之于曾国藩，犹管仲之鲍叔、韩信之萧何也。不宁惟是，其一生之学行、见识、事业，无一不由国藩提携之而玉成之，故鸿章实曾文正肘下之一人物也。曾非李所及，世人既有定评。虽然，曾文正儒者也，使以当外交之冲，其术智机警，或视李不如，未可知也。又文正深守知止知足之戒，常以急流勇退为心，而李则血气甚强，无论若何大难，皆挺然以一身当之，未曾有畏难退避之色，是亦其特长也。

第七，李鸿章与左宗棠。左、李齐名于时，然左以发扬胜，李以忍耐胜。语其器量，则李殆非左所能及也。湘人之虚者，尝欲奉左为守旧党魁以与李抗，其实两人洋务之见识不相上下，左固非能守旧，李亦非能维新也。左文襄幸早逝十余年，故得保其时俗之名，而以此后之艰巨谤诟，尽附于李之一身，文襄福命亦云高矣。

第八，李鸿章与李秀成。二李皆近世之人豪也。秀成忠于本族，鸿章忠于本朝，一封忠王，一谥文忠，皆可以当之而无愧焉。秀成之用兵、之政治、之外交，皆不让李鸿章，其一败一成，则天也。故吾求诸近世，欲以两人合传而毫无遗憾者，其惟二李乎？然秀成不杀赵景贤，礼葬王有龄，鸿章乃给八王而骈戮之，此事盖犹有惭德矣。

第九，李鸿章与张之洞。十年以来，与李齐名者，则张之洞也。虽然，张何足以望李之肩背？李鸿章实践之人也，张之洞浮华之人也。李鸿章最不好名，张之洞最好名，不好名故肯任劳怨，好名故常趋巧利。之洞于交涉事件，着着与鸿章为难，要其所画之策，无一非能言不能行。鸿章尝语人云："不图香涛做官数十年，仍是书生之见。"此一语可以尽其平生矣。至其虚狭隘，残忍苛察，较之李鸿章之有常识有大量，尤相去霄壤也。

第十，李鸿章与袁世凯。今后承李鸿章之遗产者，厥惟袁世凯。世凯，鸿章所豢养之人也，方在壮年，初膺大任，其所表见盖未著，今难悬断焉。但其人功名心重，其有气魄敢为破格之举，视李鸿章或有过之。至其心术如何，其毅力如何，则非今之所能言也。而今日群僚中，其资望才具可以继鸿章之后者，舍袁殆难其人也。

第十一，李鸿章与梅特涅。奥宰相梅特涅（Metternich），十九世纪第一大奸雄也。凡当国四十年，专出其狡狯之外交手段，外之以指挥全欧，内之以压制民党。十九世纪前半纪，欧洲大陆之腐败，实此人之罪居多。或谓李鸿章殆几似之。虽然，鸿章之心术，不如梅特涅之险，其才调亦不如梅特涅之雄。梅特涅知民权之利而压之，李鸿章不知民权之利而置之；梅特涅外交政策，能操纵群雄，李鸿章外交政策，不能安顿一朝鲜，此其所以不伦也。

第十二，李鸿章与俾士麦。或有称李鸿章为东方俾士麦者，虽然，非谀词，则妄言耳。李鸿章何足以望俾士麦？以兵事论，俾士麦所胜者敌国也，李鸿章所夷者同胞也；以内政论，俾士麦能合向来散漫之列国而为一大联邦，李鸿章乃使庞然硕大之中国降为二等国；以外交论，俾士麦联奥、意而使为我用，李鸿章联俄而反堕彼谋。三者相较，其霄壤何如也！此非以成败论人也，李鸿章之学问、智术、胆力，无一能如俾士麦者，其成就之不能如彼，实优胜劣败之公例然也。虽李之际遇或不及俾，至其凭借则有过之。人各有所难，非胜其难，则不足为英雄。李自诉其所处之难，而不知俾亦有俾之难，非李所能喻也。使二人易地以居，吾知其成败之数亦若是已耳。故持东李西俾之论者，是重诬二人也。

第十三，李鸿章与格兰斯顿。或又以李、俾、格并称三雄，此殆以其当国之久、位望之尊言之耳。李与格固无一相类者。格之所长，专在内治，专在民政，而军事与外交，非其得意之业也。格兰斯顿，有道之士也，民政国人物之圭臬也。李鸿章者，功名之士也，东方之人物也，十八世纪以前之英雄也。二者相去盖远甚矣。

第十四，李鸿章与爹亚士。法总统爹亚士（Thiers），巴黎城下盟时之议和全权也。其当时所处之地位，恰与李鸿章乙未庚子间相仿佛，存亡危急，忍气吞声，诚人情所最难堪哉。但爹亚士不过偶一为之，李鸿章则至再至三焉；爹亚士所当者只一国，李鸿章则数国，其遇更可悲矣。然爹亚士于议和后，能以一场之演说，使五千兆佛郎立集而有余，而法兰西不十年，依然成为欧洲第一等强国。若李鸿章则为偿款所困，补救无术，而中国之沦危，且日甚一日。其两国人民爱国心之有差率耶？抑用之者不得其道也。

第十五，李鸿章与井伊直弼。日本大将军柄政时，有幕府重臣井伊直弼者，当内治外交之冲，深察时势，知闭关绝市之不可，因与欧美各国结盟，且汲汲然欲师所长以自立。而当时民间，尊王攘夷之论方盛，井伊以强力镇压之，以效忠于幕府，于是举国怨毒，集彼一身，卒被壮士刺杀于樱田门外，而日本维新之运乃兴。井伊者，明治政府之大敌，亦明治政府之功臣也。其才可敬，其遇可怜，日人至今皆为讼冤。李鸿章之境遇，殆略似之，然困难又较井伊万万也。井伊横死，而鸿章哀荣，其福命则此优于彼焉。然而日本兴矣，然而中国如故也。

第十六，李鸿章与伊藤博文。李鸿章与日相伊藤，中日战役之两雄也。以成败论，自当右伊而左李。虽然，伊非李之匹也。日人常评伊藤为际遇最好之人，其言盖当。彼当日本维新之初，本未尝有大功，其栉风沐雨之阅历，既输一筹。故伊藤之轻重于日本，不如鸿章之轻重于中国，使易地以处，吾恐其不相及也。虽然，伊有优于李者一事焉，则曾游学欧洲，知政治之本原是也，此伊所以能制定宪法，为日本长治久安之计；李鸿章则惟弥缝补苴，画虎效颦，而终无成就也。但日本之学如伊藤者，其同辈中不下百数；中国之才如鸿章者，其同辈中不得一人，则又不能专为李咎者也。

## 二、李鸿章之轶事

李鸿章之治事也，案无留牍，门无留宾，盖其规模一仿曾文正云。其起居饮食，皆立一定时刻，甚有西人之伊藤博文旧照风。其重纪律，严自治，中国人罕有能及之者。

不论冬夏，五点钟即起。有家藏一宋拓《兰亭》，每晨必临摹一百字，其临本从不示人，此盖养心自律之一法。曾文正每日在军中，必围棋一局，亦是此意。

每日午饭后，必昼寝一点钟，从不失时。其在总理衙门时，每昼寝将起，欠伸一声，即伸一足穿靴，伸一手穿袍，服役人一刻不许迟误云。

养生一用西医法，每膳供双鸡之精汁，朝朝经侍医诊验，常上电气。

戈登尝访李鸿章于天津，勾留数月。其时俄国以伊犁之役，颇专威吓，将有决裂之势。鸿章以询戈登，戈登曰："中国今日如此情形，终不可以立于往后之世界，除非君自取之，握全权以大加整顿耳。君如有意，仆当执鞭效犬马之劳。"鸿章瞿然改容，舌挢而不能言。

李鸿章接人常带傲慢轻侮之色，俯视一切，揶揄弄之，惟事曾文正如严父，执礼之恭，有不知其然而然者。

李鸿章与外国人交涉，尤轻侮之，其意殆视之如一市侩，谓彼辈皆以利来，我亦持筹握算，惟利是视耳。崇拜西人之劣根性，鸿章所无也。

李鸿章于外国人中，所最敬爱者惟两人，一曰戈登，一曰美国将军格兰德，盖南北美之战立大功者也。格兰德游历至津，李鸿章待以殊礼；此后接见美国公使，辄问询其起居；及历聘泰西时，过美国，闻美人为格兰德立纪功碑，即赠千金以表敬慕之情。

李鸿章之治事最精核，每遇一问题，必再三盘诘，毫无假借，不轻然诺，既诺则必践之，实言行一致之人也。

李鸿章之在欧洲也，屡问人之年及其家产几何。随员或请曰："此西人所最忌也，宜勿尔。"鸿章不恤。盖其眼中直无欧人，一切玩之于股掌之上而已。最可笑者，尝游英国某大工厂，观毕后，忽发一奇问，问于其工头曰："君统领如许大之工场，一年所入几何？"工头曰："薪水之外无他入。"李徐指其钻石指环曰："然则此钻石从何来？"欧人传为奇谈。

世人竟传李鸿章富甲天下，此其事殆不足信，大约数百万金之产业，意中事也。招商局、电报局、开平煤矿、中国通商银行，其股份皆不少。或言南京、上海各地之当铺银号，多属其管业云。

李鸿章之在京师也，常居贤良寺，盖曾文正平江南后，初次入都陛见，即僦居于此，后遂以为常云。将来此寺当为《春明梦余录》添一故实矣。

李鸿章生平最遗恨者一事，曰未尝掌文衡。戊戌会试时在京师，谓必得之，卒不获。虽朝殿阅卷大臣，亦未尝一次派及，李颇怏怏云。以盖代勋名，而恋恋于此物，可见科举之毒人人深矣。

以上数条，不过偶所触及，拉杂记之，以观其人物之一斑而已。著者与李鸿章相交既不深，不能多识其遗闻轶事，又以无关大体，载不胜载，故从阙如。然则李鸿章果何等之人物乎？吾欲以两言论断之曰：不学无术，不敢破格，是其所短也；不避劳苦，不畏谤言，是其所长也。呜呼！李鸿章往矣，而天下多难，将更有甚于李鸿章时代者，后之君子，何以待之？

## 三、李鸿章之人物

吾读日本报章，有德富苏峰著论一篇，其品评李鸿章有独到之点，兹译录如下：

中国之名人物李鸿章逝，东洋之政局，自此不免有寂寞，不独为清廷起乔凋柱折之感而已。

概而言之，谓李鸿章人物之伟大，事功之崇隆，不如谓其福命之过人也。彼早岁得科第，入词馆，占清贵名誉之地位；际长发之乱，为曾国藩幕僚，任淮军统帅，赖戈登之力以平定江苏；及其平捻也，亦禀承曾国藩之遗策，成大功；及为直隶总督，办天津教案，正当要挟狼狈之际，忽遇普法战起，法、英、俄、美皆奔走喘息于西欧大事，而此教案遂销沉于无声无影之间。迩来二十有五年，彼总制北洋，开府天津，综中国之大政，立世界之舞台，此实彼之全盛时代也。

虽然，彼之地位，彼之势力，非悉以侥幸而得之者。彼在中国文武百僚中，确有超卓之眼孔，敏捷之手腕，而非他人之所能及也。彼知西来之大势，识外国之文明，思利用之以自强，此种眼光，虽先辈曾国藩，恐亦让彼一步，而左宗棠、曾国荃更无论也。

彼屯练淮军于天津，教以洋操；兴北洋水师，设防于旅顺、威海、大沽；开招商局，以便沿海河川之交通；置机器局，制造兵器；办开平煤矿；倡议设铁路。自军事、商务、工业，无一不留意，虽其议之发自彼与否暂勿论，其权全在彼与否暂勿论，其办理之有成效与否暂勿论，然要之导清国使前进以至今日之地位者谁乎？固不得不首屈一指曰：李鸿章也。

世界之人，殆知有李鸿章，不复知有北京朝廷。虽然，北京朝廷之于彼，必非深亲信者。不宁惟是，且常以猜疑憎嫉之眼待之，不过因外部之压迫，排难解纷非彼莫能，故不得已而用之耳。况各省督抚，满廷群僚，其不释然于彼者，所在皆是。盖虽其全盛时代，而其在内之势力，固已甚微薄，而非如对外之有无限权力、无限光荣也。

中日之役，是彼一生命运之转潮也。彼果自初蓄意以主战乎？不能深知之。但观其当事机将决裂之际，忽与俄使喀希尼商，请其干涉弭兵，则其始之派兵于朝鲜，或欲用威胁手段，不战而屈日本，亦未可知。大抵彼自视过高，视中国过大，而料敌情颇有不审者。彼盖未知东亚局面之大势，算有遗策，不能为讳也。一言蔽之，则中日之役，实彼平生之孤注一掷也。而此一掷不中，遂至积年之劳绩声名，扫地几尽。

寻常人遭此失意，其不以忧愤死者几希。虽然，彼以七十三岁之高龄，内则受重谴于朝廷，外则任支持于残局，挺出以任议和之事，不幸为凶客所狙，犹能从容，不辱其命；更舆榇赴俄国，贺俄皇加冕，游历欧美，于前事若无一毫介意者，彼之不可及者，在于是。

彼之末路，萧条甚矣。彼之前半生，甚亲英国；其后半生，最亲俄国，故英人目彼为鬻身于俄廷。以吾论之，彼之亲俄也，以其可畏乎？以其可信乎？吾不得而知之。要之，彼认俄国为东方最有势力之国，宁赂关外之地，托庇于其势力之下，以苟安于一时，此其大原因也。彼之《中俄密约》《满洲条约》等事，或视之与秦桧之事金，同为卖国贼臣，此其论未免过酷。盖彼之此举，乃利害得失之问题，非正邪善恶之问题也。

彼自退出总理衙门后，或任治河而远出于山东，或任商务而僻驻于两广，直至义和团事起，乃复任直隶总督，与庆王同任议和全权，事方定而溘然长逝，此实可称悲惨之末路，而不可谓耻辱之末路也。何也？彼其雄心至死未消磨尽也。

使彼而卒于中日战事以前，则彼为十九世纪之一伟人，作世界史者必大书特书而无容疑也。彼其容貌堂堂，其辞令巧善，机锋锐敏，纵擒自由，使人一见而知为伟人。虽然，彼之血管中，曾有一点英雄之血液否乎？此吾所不敢断言也。彼非如格兰斯顿有道义的高情，彼非如俾士麦有倔强的男性，彼非如康必达有爱国的热火，彼非如西乡隆盛有推心置腹的至诚。至其经世之识量，亦未有能令我感服而不能已者。要而论之，彼非能为鼓吹他人崇拜英雄心之偶像也。

虽然，彼之大横著，有使人惊叹者。彼中国人也！彼大中国人也！彼无论如何之事，不惊其魂，不恼其心。彼能忍人所不能忍，无论若何失望之事，视之如浮云过空，虽其内心或不能无懊恼乎，无悔恨乎，然其痕迹，从何处求之见之？不观乎铁血宰相俾士麦乎，一旦失意退隐，其胸中瞋恚之火，直喷出如焰；而李鸿章则于其身上之事，若曾无足以挂其虑者然。其容忍力之伟大，吾人所尊敬膜拜而不能措者也。

若使彼如诸葛孔明之为人，则决无可以久生于此世界之理。何也？彼一生之历史，实中华帝国衰亡史也，如剥笋皮，一日紧一日，与彼同时代之人物，凋落殆尽。彼之一生，以前光后暗而终焉。而彼之处此，曾不以扰动其心。或曰：彼殆无脑筋之人也。虽然，天下人能如彼之无脑筋者有几乎？无脑筋之绝技一至此，宁非可叹赏者耶？

陆奥宗光尝评彼曰："谓彼有豪胆，有逸才，有决断力，宁谓彼为伶俐有奇智，妙察事机之利害得失也。"此言殆可谓铁案不移。虽然，彼从不畏避责任，是彼之不可及也。此其所以数十年为清廷最要之人，濒死而犹有绝大关系，负中外之望也。或曰：彼自视如无责任，故虽如何重大之责任，皆当之而不辞。然此之一事，则亦彼之所以为大也。

彼可谓中国人之代表人也。彼纯然如凉血类动物，中国人之性也；彼其事大主义，中国人之性也；其容忍力之强，中国人之性也；其硬脑硬面皮，中国人之性也；其词令巧妙，中国人之性也；其狡猾有域府，中国人之性也；其自信自大，中国人之性也。彼无管仲之经世的识量，彼无孔明之治国的诚实，虽然，彼非如王安石之学究，彼其以逸待劳，机智纵横，虚心平气，百般之艰危纠纷，能从容以排解之，舍胜海舟外，殆未见有其比也。

以上之论，确能摹写李鸿章人物之真相，而无所遗，褒之不过其当，贬之不溢其短，吾可无复赞一辞矣。至其以李鸿章为我国人物之代表，则吾四万万人不可不深自反也。吾昔为《饮冰室自由书》，有《二十世纪之新鬼》一篇，今择其论李鸿章者，附录于下：

呜呼！若星氏、格氏可不谓旷世之豪杰也哉？此五人者（指域多利亚、星亨、格里士比、麦坚尼、李鸿章），于其国皆有绝大之关系，除域多利亚为立宪政府国之君主，君主无责任，不必论断外，若格里士比，若麦坚尼，皆使其国一新焉。若星亨，则欲新之而未能竟其志者也。

以此论之，则李鸿章之视彼三人，有惭德矣。李鸿章每自解曰："吾被举国所掣肘，有志焉而未逮也。"斯固然也，虽然，以视星亨、格里士比之冒万险、忍万辱、排万难以卒达其目的者何如？夫真英雄，恒不假他之势力，而常能自造势力，彼星氏、格氏之势力，皆自造者也。若李鸿章则安富尊荣于一政府之下而已，苟其以强国利民为志也，岂有以四十年之勋臣耆宿，而不能结民望以战胜旧党者？惜哉！李鸿章之学识不能为星亨，其热诚不能为格里士比，所凭借者十倍于彼等，而所成就乃远出彼等下也。质而言之，则李鸿章实一无学识、无热诚之人也。虽然，以中国之大，其人之有学识、有热诚能愈于李鸿章者几何？十九世纪列国皆有英雄，而我国独无一英雄，则吾辈亦安得不指鹿为马，聊自解嘲，翘李鸿章以示于世界曰：此我国之英雄也。呜呼！亦适成为我国之英雄已矣，亦适成为我国十九世纪以前之英雄而已矣。

要而论之，李鸿章有才气而无学识之人也，有阅历而无血性之人也。彼非无鞠躬尽瘁死而后已之心，然彼弥缝偷安以待死者也。彼于未死之前当责任而不辞，然未尝有立百年大计以遗后人之志。谚所谓"做一日和尚撞一日钟"，中国朝野上下之人心，莫不皆然，而李亦其代表人也。虽然，今日举朝二品以上之大员，五十岁以上之达官，无一人能及彼者，此则吾所敢断言也。嗟乎！李鸿章之败绩，既已屡见不一见矣。后此内忧外患之风潮，将有甚于李鸿章时代数倍者，乃今也欲求一如李鸿章其人者，亦渺不可复睹焉。念中国之前途，不禁毛发栗起，而未知其所终极也。

九州生气恃风雷，万马齐喑究可哀。

我劝天公重抖擞，不拘一格降人才。

# 附　录

## 二十世纪之新鬼

二十世纪之开幕，至今凡三百日有奇。世界之巨人，死于是者五人焉。一曰英国女王域多利亚，二曰日本政友会首领、前递信大臣星亨，三曰伊大利左党首领、前宰相格里士比，四曰美国合众党首领、原任大统领麦坚尼，五曰中国议和全权大臣、直隶总督李鸿章。杨朱有言：“生则尧舜，死则腐骨；生则桀纣，死则腐骨。”虽复穷尊极贵，殊俊奇杰，亦岂能有与天地长久者耶？环瀛万里，各自撒手，四时之运，成功者去，碧落黄泉，颇不寂寞。

以权势地位论之，则域多利亚与麦坚尼为一类；以声名之久、福命之高论之，则域多利亚与李鸿章为一类；以民间之压力论之，则星亨、格里士比、麦坚尼为一类；以战功之显著、外交之敏活论之，则格里士比与李鸿章为一类；以早年之艰辛被窘被逐于官吏论之，则星亨、格里士比为一类；以晚年唾骂之多论之，则星亨与李鸿章为一类；以现实当权一举一动为世界所注目论之，则李鸿章与麦坚尼为一类；以享寿之高论之，则域多利亚、格里士比、李鸿章为一类；以赍志未竟、死事惨酷论之，则星亨与麦坚尼为一类。

域多利亚、麦坚尼、李鸿章之事实，吾邦人多能知之，兹不具述，请略叙星亨与格里士比之所经历。

星亨，日本近来政界之雄也。明治五年，尝为横滨税关长，以误称英皇为英王，触英公使之怒，不肯自屈，罢职而游学英国。明治十年，归为政府附属律师。未几，自由党兴，彼以后进入党，峥嵘倔强，为先辈所器重，卒乃握自由党中独一无二之权力。星亨一生之历史，实日本自由党始末历史也。当明治十五、六年间，彼率党人攻击政府，鏖战不遗余力，遂以明治十八年下狱，二十年被放逐于外。二十三年，议院既开，举为议员，旋任下议院议长。因与改进党相敌，夺议长之职，削议员之籍。明治二十九年，复任美国公使。三十二年，任满归。值宪政党（即进步、自由两党合并改名者）政府之末运，彼直挥大刀阔斧，散内阁，散宪政党。三十三年，改自由党为立宪政友会。未几，政友会得政，组织内阁，星亨为递信省大臣。星亨为人，雄才大略，有不可一世之概。胆智冠世，日日与其政敌鏖战，所向披靡，遂赫然为日本现世第一人物。而生平不谨小节，好货赂，大为国人所诟病。为大臣不数月，以旧赃事牵连辞职，然犹居议院，指挥最多数之政党焉。本年七月，为一侠客所刺，卒于市会议场。

格里士比，以千八百十九年，生于伊大利之西西里岛。早岁为律师。千八百四十八年，伊大利革命之役，格氏实为其有力者。事败，遁于法兰西，既又被逐，窜于英国，飘蓬海岛，无以为生，时或冻饿经旬，卖文于各报馆，仅得充饘粥，如是者凡十余年。至千八百六十年，始从革命军大将军雅里巴治入于西西里岛，西西里遂自立。及伊大利一统之业成，举为议员，寻任下议院议长。屡为政府大臣，尝两度为宰相。伊大利有左右党，而格氏实左党之首领也。其内治政策，恒与教会权力相反对；其外交政策，务亲德意志以抑法兰西。欧洲三国同盟（德、奥、伊三国），格氏最有功焉。后以事为反对党所扼，遂于千八百九十六年辞职。自脱于政海之风波，优游林下以终余年。伊大利建国之日虽尚浅，而能屹然立于欧洲居一等国之位置，实格氏与嘉富尔、雅里巴治三雄之功居多云。以本年八月卒，年八十有三。

呜呼！若星氏、格氏，可不谓旷世之豪杰也哉？此五人者，于其国皆有绝大之关系，除域多利亚为立宪政治国之君主，君主无责任，不必论断外，若格里士比，若麦坚尼，皆使其国一新焉；若星亨，则欲新之而未能竟其志也。以此论之，则李鸿章之视彼三人，有惭德矣。李鸿章每自解曰："吾被举国所掣肘，有志而未逮也。"斯固然也。虽然，以视星亨、格里士比之冒万险忍万辱排万难以卒达其目的者何如？夫真英雄恒不假他之势力，而常能自造势力。彼星氏、格氏之势力，皆自造者也。若李鸿章则安富尊荣于一政府之下而已。苟其以强国利民为志也，岂有以四十年之勋臣耆宿，而不能结民望以战胜旧党者？惜哉！李鸿章之学识不能如星亨，其热诚不能如格里士比，所凭藉者十倍于彼等，而所成就乃远出彼等下也。质而言之，则李鸿章实一无学识无热诚之人也。虽然，以中国之大，其人之有学识有热诚能愈于李鸿章者几何？十九世纪列国皆有英雄，而我国独无一英雄，则吾辈亦安得不指鹿为马，聊自解嘲，翘李鸿章以示于世界曰：此我国之英雄也。呜呼！适成为我国之英雄而已矣，亦适成为我国十九世纪以前之英雄而已矣。域多利亚之君英国也，六十余年；李鸿章之相中国也，四十余年。以一身而当国之久，近世中未有及此两人者也。虽然，域多利亚六十年中，英国扩土，遍于五洲，遂至有“THE SUNCONTINUALLY SHINES ON OUR BRITISH FLAG”（译为太阳常照我英国旗也，意谓英国属土遍于两半球也）之骄语，何其荣也。李鸿章四十年中，中国日蹙百里，试一披亚细亚东部舆国，其改渲颜色者殆十余处矣，何其耻也。

夫英国之荣，固不能为域多利亚一人功；中国之耻，亦不能为李鸿章一人罪。呜呼！十九世纪往矣，而二十世纪方将来。曾国藩常言：“以往种种，譬如昨日死；未来种种，譬如今日生。”吾辈于十九世纪之代表无歆焉无责焉，亦视二十世纪之新人何如耳？

麦坚尼非十九世纪美国之代表人，而二十世纪美国之代表人也。美国自华盛顿创业，门罗昌言，皆务保疆，不务攻取，经营美洲，不及他洲。自麦坚尼就任以来，一举而悬古巴，再举而吞夏威夷，三举而攘菲律宾，共和主义，一变为帝国主义，遂使西半球新世界，与东亚大陆忽相接近。自今以往，美国将突飞五洲，主盟群雄，而中美之交，亦自此多事。是皆麦坚尼所以贻后人也。李鸿章结旧中国之终，而麦坚尼开新美国之始。麦坚尼死，而将来为麦坚尼继志者，当不止于千万；李鸿章死，而将来为李鸿章干蛊者谁耶？

嗟夫！望八荒之寥廓，何地无才；送九原之沉冥，问天不语。陈陈代谢，去日疏而来日亲；咄咄逼人，后视今犹今视昔。青灯有味，逝水无情。聊附长吟，以代信史。

旗翻日所出入处，功到天为歌泣时。五大洋中海水静，群龙齐呗挽歌诗。

右一首域多利亚。

一生自猎知无敌，百中争能耻下鞲（用杜老咏鹰句）。今日江山忽寂寞，飞鹰衔箭堕寒秋。

右一首星亨。

累累六度苏子印，咽咽十载吴市箫。国自少年吾老矣（格氏尝与玛志尼创一会曰少年伊大利），菟裘人去雨潇潇。

右一首格里士比。

壮夫生夺门罗席（门罗，前美国总统，尝宣言美国不干预他洲之事，他洲亦不得干预美洲之事，世称门罗主义），雄鬼死傍林肯坟（林肯，前美国总统，为放黑奴，开南北美之战。战后继任，被刺卒者）。无赖商风海西警，半旗蔽地吊天民。

右一首麦坚尼。

阳秋未定盖棺论，病国能成竖子名。如此江山且休去，夕阳黄叶送君行。

右一首李鸿章。

# 张居正传

民国四大经典传记

佘守德 著

團結出版社

**图书在版编目（CIP）数据**

张居正传 / 佘守德著. -- 北京：团结出版社，2020.7

（民国四大名传）

ISBN 978-7-5126-7945-0

Ⅰ. ①张… Ⅱ. ①佘… Ⅲ. ①张居正（1525-1582）—传记 Ⅳ. ①K827=48

中国版本图书馆CIP数据核字(2020)第098309号

---

**出版：** 团结出版社

（北京市东城区东皇城根南街84号 邮编：100006）

**电话：**（010）65228880 65244790（传真）

**网址：** www.tjpress.com

**Email：** zb65244790@vip.163.com

**经销：** 全国新华书店

**印刷：** 三河市祥达印刷包装有限公司

---

**开本：** 145×210 1/32

**印张：** 37.75

**字数：** 950千字

**版次：** 2020年11月 第1版

**印次：** 2020年11月 第1次印刷

---

**书号：** 978-7-5126-7945-0

**定价：** 152.00元（全4册）

# 目 录

**附录:《张居正传》原文**

# 汪 序

古代所谓的肩负国家重任之臣，与后世所谓的权势之臣的区别，只在于用心的公私不同而已。伊尹、周公、管仲、诸葛亮，他们虽然功绩的成败不同，采用的王霸之术也不一样，但其忠心为国的心意却是相同的。倘若事情有利于国家，纵使招来全天下人的毁谤非议，他们也会毅然不顾，坚决行动，正是由于此，他们最终也会得到天下后世之人的谅解。因此，获得主公的信任越多，他们执政的时间就越久，其所流布的恩德和遗留的仁爱，也就越加深远。

伊尹、周公的业绩是无法企及的了，但自管仲、诸葛亮以来，有人又把秦国的商鞅、唐朝的李德裕、宋朝的王安石、明代的张居正与之匹配，称为中国六大政治家。广东新会县的梁启超为众人作有传记，但独没有张居正一传，难道是文献不足无法考证吗，还是对张居正的是非论定仍然存有障碍？佘守德君对此书的不完备，常抱遗憾，于是搜罗、查证典籍，依照梁氏编写其他五人的传记的体例，补写成这篇《张居正传》。

我拜读之后，觉得有如下几个优点：张居正身处明朝衰败之世，遇到的又是昏弱之君，他虽具备像伊尹那样的甘愿担当重任之心，像诸葛武侯那样的鞠躬尽瘁之志，但就其处境的艰难而言，却是更甚于当时的伊、葛。所以，他卑躬屈膝地主动结交太监冯保，为了朝廷大事不回家奔丧，这种宁可自己受委屈也要保全大局的行为，真是不得已而为之呀！然而，他生前周围既多嫉恨非议他的大臣，死后又遭受腐儒的诽谤，以致是非混淆，众口攻击。唯独佘君能探知其本心，不随从俗众的议论。可谓见识超群。这是第一个优点。梁氏的文章，谈不上宏深典雅，但笔法曲折，条理明畅，十分容易流传。这篇传记虽然以“传”标名，实质上等同于一部史论，其编写体例也是效法梁氏，这些在例言之中都已详细说明。然而，以文章的体裁衡量之，它虽有悖于传记的传统写法，但从民众的兴趣方面考虑，它却是非常适合阅读的。此谓之“适宜世俗”。这是它的第二个优点。阅读史书不仅能够了解过去，重要的是还能借助古人古事通晓今天的道理。考察历史事件的成败，议论历史人物的得失，就可以知道哪些事情能做哪些事情不能做的了。明辨历史事件的善恶，慎重对历史人物作出褒贬，就可以知道哪些事情是应该惩治改正哪些事情是应该劝导发扬的了。所以，古人说“殷商可以借鉴的教训并不远，就是前一代的夏朝”；又说“孔子编定《春秋》，乱臣贼子很害怕”；这都是借某一事物或行为来寄托、表达自己的心意。明朝离今天不远，其政治状况和民情风俗，与今天仍有许多相同的地方，把这些东西编辑成文，作为借鉴，我想一定会不同于那些陈词滥调的书籍。这本书虽然是张居正一个人的传记，但对于明朝中期的政治利弊，它都有详尽地阐述，至于赏罚失当，公然行贿，上下蒙蔽，民情阻塞之类的现象，它更是不厌其烦地讲了又讲。仔细考察作者写在序言中的话，可知本书主旨的深远实在不异于古代盲者唱诵的议论朝政之文。这种“暗含规谏劝诫”的写法，是它的第三个优点。

本书的不足，在于谈论儒法区别的时候，略有不精到之处。儒家何尝不重视法律的作用，只是随时代的变化有宽有严罢了。全面核查法律的概念与内容，它既是治理国家的准则，国家安定与动乱的关键，也是拯救国家衰亡的重要方法，因此，使用法律要宽严结合，这就像治病用药一样。张居正处在萎弱不振的时代，不用猛药就无法治好长期累积的病症，挽救衰颓的国运，如果观察他平时的用心和言辞，就会发现他像个和蔼的仁者，怎么能说他不是儒家呢？唐尧、虞舜时期的人民是见不到了，那时用法的宽严情况，也很难说明。因为后来的朝代多是依靠法律治理国家，于是人们就说法治胜过礼治，其实这是一种还未探本知原的说法。

我十分欣赏佘君的这本著作，为其写完序交给他的同时，一并附上这些话希望相互探讨，这也应该是佘君的意愿吧！

一九四四年八月 汪东序

# 卢 序

倡导法治学说的人言谈之间必定会提及张太岳。（他们以为张太岳只讲法治）而不知道太岳时常把尽性知命之学与经世济民之术放在一起谈论，这也就是他所谓的“学”如果不探究尽性知命的方法就算不上是“学”“道”如果不包含经世济民的理念就是毫无用处的“道”。君子立身处世的目标在于纠正世俗的偏颇，绝不能受世俗的牵制被世俗所改变。纠正世俗之偏不能只在表面形式上下功夫，应当使表面形式与实质内容相统一。这是法治的本体。治国的途径往往先是由表及里，一段时间后再由里到表，如果尚文之极而成弊害，国家也会产生动乱，这样振衰起弊通权达变的重任自然就落到了贤能者的身上。不轻易改变法度，不苟且因袭旧制，一切从实际出发，如此法治才能顺利施行。所谓法制变化不定，首要的是符合民情，古今情势不同，最好的是方便民俗。在效用方面，法治无古今之别，目的都是为了适应时势，安定人民的生活。政治措施因为用人得当才能贯彻执行，法律制度最重要的是符合人民的要求；法度是好是坏，全靠人的实施。这就是法治的运用。

人与人相处，如果情感不到位就会以礼仪来填补，诚信不到位就会以礼节来修饰。圣明的人能把整个天下治理得如同一家，把整个中国治理得如同一体，这并非主观妄为，而是他们能够剖析其中的深刻含义，洞察其中的义利关系，明白彼此的差异不同，化解相互的矛盾纠纷，然后才会有所作为。

因此，法治只有做到不违背民意，不背离民情，而后才能实现本体与效用的统一。这样的法治方式也就是我所谓的人性化治理。不探究尽性知命的学问就必然不能通达人情，这样法治的本体也就失掉了；不能通达人情就必然不能纠正社会恶习方便民众需要，这样法治的效用也就无从发挥了。

既然如此，今日要想挽回国家的命运就应该从法治开始做起，倡导法治尤其应该以纠正民情作为首要之事。太岳的学说之所以被世人看重，是有原因的啊！但是，今人评价张太岳，只说他是震怒如虎阴毒如蟒的张太岳，严厉急躁薄情寡义的张太岳，严刑峻法毫不留情的张太岳，却不知道除此之外还有不拘成规、仁义为怀的张太岳，这是不明白张太岳学说的根本，更是不明白法治的根本所造成的。

我的朋友江苏赣榆县的佘守德君写成《张江陵传》，嘱托我作篇序言。我想张居正的事迹关系到治国方略的问题，这在佘君的书里已有详细论述，也就用不着我再去多言了。可是，我所看重张太岳的地方却是“在彼不在此”，于是列举出有关张太岳的一些言辞以请教佘君，放在卷首，并借此与当今倡导法治学说的人商量讨论。

一九四四年五月　卢前序

# 第一章　叙论

我作为非官方史书的写作者说：所谓大政治家，岂是容易讲清的啊？运筹营帐之中，指挥千里之外，这是谋士罢了，不是我所谓的大政治家。威严震慑强敌，名望满于军队，这是大将而已，不是我所谓的大政治家。至于在朝为官时忠心耿耿，辞官退隐后反省补过，这是说的纯正之臣，更非我所谓的大政治家。受命辅助幼主，忠诚坚定不变，这是说的贤能宰相，也非我所谓的大政治家。然而必须怎样才能称得上是大政治家呢？必须具有超越众人的抱负，，与众不同的主张，而又能以恒心、毅力去执行它、实施它。所以，大政治家能凭一人之身，关涉天下的安危，以一代之政，关系整个世运的兴衰。他所施行的，或许不利于当时，但对后世却十分有益；他的所作所为，或许没有顺从众意，但却真正地有利于国家。起初，他必然遵循自己的政策，全力推行之，以求改变时势；在已经推行的过程中，他又必然独持己见，力排众议，为国家的复兴奠定基础；政策得到完全贯彻后，最终也必然要依靠他的老成稳重和深思熟虑，挽回衰颓的国运，广施惠及天下的恩德。像这样的人，大概就是我们所说的中流砥柱，或造时势的英雄。其政绩的实施，英明之主可以借此奋发图强，昏庸之主可以借此免除灾祸，末代之世可以借此暂且延续，衰乱之世可以借此渐渐兴盛。所谓大政治家，难道不是这样定义的吗？

明白这些道理，也就可以谈论张居正了。张居正是明朝的名相，而明朝的名相，不只张居正一个。在他之前的，像忠靖公夏原吉、杨士奇、杨荣、杨溥，与他同时的，像文贞公徐阶、文襄公高拱，都是卓有建树、俨然具备古人风范的大臣。但他们不如张居正的地方在于，都以书生本色，担当国家重任，虽也具有忠纯之臣的操守，贤能宰相的气度，然而就其所怀抱的志向而言，一方面既拘泥于前人的规章制度，另一方面又言谈卑下，无甚高论，因此他们所推行的治国方略，也就仅仅局限于对当时有利，而一旦罢官离职其所推行的方略也会随他们的离去而消亡。换言之，他们这些人没有坚定的政治主张作为施政的目标和纲领，顶多了说，也不过仅能辅佐君主成就小康之治，使国家强盛一时而已。其所造成的影响，绝难与我所谓的大政治家相提并论。然而，以他们来对照我所谓的大政治家，我就更加不得不佩服广东新会梁启超的言论，而把张居正列为明代唯一的大政治家了。张居正的业绩，如辅助君王、处理政务、经营武备、治理财政等事，固然大多也是沿袭的前人制度，与当时的贤相徐、高二人相似，骤然观之，甚至与一般人的施政也没什么两样。然而他之所以卓然出众，不同于一般的纯臣良相，且能当之无愧地巍然跻身于中国乃至世界大政治家的行列之中，其原因就在于他拥有卓尔不群的抱负，独到的主张，并能以恒心、毅力去执行它、实施它。所以，他所施行的，虽然不利于当时，虽然违背了众意，但他弥补缺漏、纠正失误、整顿吏治，正本清源等诸多措施所遗留的影响却是深远而巨大的。因此，对于他最终能转移时势，奠定基础，挽救衰颓国运，广布恩泽于天下这一问题，也就没什么不可理解的了。明朝自中期开始由盛渐衰，到了嘉靖、隆庆时代更是内忧外患交集，而此时的张居正，不顾人们指责他独揽大权的毁谤，背负友朋的猜忌，冒着功高震主的危险，甘受不奔父丧的非议，兢兢业业，只求改革政策的推行，大义凛然，只求时势的转变。将其与辅佐幼主、支撑危局、鞠躬尽瘁、死而后已的诸葛武侯相比，谁敢说后人不如前人；再将他与西方的大政治家，如马志尼、俾斯麦等人相比，又同他们相差几何呢？至于明代的诸位名相，如上文提到的夏原吉、杨士奇、杨荣、杨溥、徐阶、高拱等人，如果把他们也与张居正相比，那就相当于降低了张居正的水准使之"与哙（樊哙）等为伍"了。然而其生时不被愚昧的同僚谅解，死后又受到昏庸幼主的怪罪，以至于众口铄金，是非混淆，史书所载，也多是诽谤他的言论。那些愚昧的人，受世俗一孔之见的迷惑。不能洞察张居正匡扶社稷的苦心，而只是抓住他一两个小的缺陷不放，斤斤计较，在背后议论掣肘；况且昏庸的幼主，已习惯于安逸放纵、富贵荣华的生活，对于张居正的严辞劝诫早已怀恨在心，于是更加相信了小人的谗言，怨恨愤怒，对死后的张居正加以罪责，进而抹杀其功勋。这些人因昏庸愚昧而做出这些事，绝对是无损于张居正的伟大人格的。但不能不令人遗憾的是，张居正作为明代唯一的大政治家，竟然因此而横遭埋没，含冤千载，其命运的不幸真是与唐朝的卫国公李德裕相同。他所留给后世的是那样伟大，可他所受的回报却是这样悲惨。假使人世间真的不存在什么是非公道，那么是毁是誉。也就不值一提了。如果人世间存在真正的是非公道，那么天下的不平之事，还有能超过这个的吗？然而扫除谣言，澄清事实，另写一部较为可信的史书，从而明辨是非，警戒后世，拨开云雾，显示真相，这并非只有能力超群的人才能做，对此我又怎么能闭口不言任事实埋没呢？于是撰写了《张江陵传》。

# 第二章　张居正之时代

大政治家对于他所处的时代，就像机器上的大齿轮。大齿轮受发动机推动，而同时又推动小齿轮。对于大政治家，历史的发展趋势，就是推动他必须这样做的发动机；而天下后世，则是受他推动的小齿轮。所以，大政治家能建功立业，无不受历史趋势的推动，而其功业的成果，又会对天下后世有推动作用。那么，张居正所处的时代是怎样的呢？这就需要用历史的眼光，从当时世界和本国的局势分别加以观察而论述了，

用世界历史的眼光来看，张居正所处的时代，是十六世纪的中期。这时的欧洲，正处在文艺复兴之后，宗教改革兴盛之时，各国之间多有宗教战争发生，其国内也多因政教分离而未能统一；中世纪的封建社会体制，虽然已开始动摇，但有助于国家统一的君主专制制度还尚未形成。新大陆虽然因为海路的开辟而被发现，但欧洲与美洲、亚洲之间的交通仍处于阻隔状态。概括言之，那时的欧洲各国，都还不是现代国家，其政治文化各方面，也都很幼稚，不值一提。至于美洲，则更是蒙昧初开，那时并无任何国家存在。即使与中国同属亚洲的日本，也尚自徘徊在四分五裂的封建时代，未能实现国家内部的统一。环顾当时的世界，只有中国具有数千年的历史，拥有亚洲大陆的大部分

土地，言学术文化而灿烂完善，言君主专制制度则根深蒂固，说它是当时全世界唯一的一个大帝国，它绝对可以当之无愧。在这种世界局势之下，张居正身居大帝国的相位，执掌大帝国的政权，前后达十余年之久，并且该大帝国依赖他的不朽功业，由衰落走向复兴，其扭转乾坤的能力，卓越超群的谋划，环顾世界，也是独具雄姿的，因此即使称他为当时全世界唯一的大政治家，他又怎会有愧色呢？

如果就本国的历史局势而言，张居正所处的时代，正当明王室由盛转衰再由衰转盛的关键期。而掌管这场大转变的枢纽的，就是张居正本人。其拨乱反正的特殊功勋，更加让他安享大政治家的光荣头衔而当之无愧了。明朝自明太祖朱元璋以平民百姓的身份成为帝王以来，其所开创、建立的基业，大概只有汉高帝刘邦可以与之前后媲美。再加上，明成祖、明仁宗在位期间极力推行安内攘外的政策，才最终奠定了明朝大一统的基础。其后的百余年间，虽然继位之君未能把国家治理得尽善尽美，但就其总体来看，国势还是因承平日久呈现出蒸蒸日上的态势。到了武宗，明朝的国势开始衰落，再传至世宗的时候，明朝的国势几乎到了一蹶不振的境地。考察中间衰落的迹象，则最先出现在正德（明武宗的年号）年间，那时国内有宁王朱宸濠的叛乱，海疆有倭寇的骚扰，而明武宗对宦官刘瑾的宠信，更是扰乱朝纲、摧残士气，以致自洪武（明太祖年号）以来所积累的深厚基础，几乎为之摧残殆尽。明世宗继位之后，立刻发生了小王子、吉囊等人侵犯边境的祸患，这其中尤以俺答肆意侵扰带来的灾祸最大。到了嘉靖(明世宗年号)二十九年(1550年),发生“庚戌之变”,敌寇逼近京城,诸将领竟然不敢迎战,明朝武备之衰弱,至此已到达了顶点。外寇如此猖獗,而明朝的君臣又是怎样做的呢?试从史籍的记载,可以一探究竟:

嘉靖年间,又有宠信炼药术士和贪官污吏的不良举措。邵元节因写得求神祷词灵验,被封为清微妙济守静修真凝元演范志默秉诚致一真人,统管朝天、显灵、灵济三座道宫,总领道教,赐金玉印章、象牙印章各一枚,官阶二品,穿紫衣佩玉带,并专门派了四十个校尉供其使唤。不久,又赐了一枚“阐教辅国”的玉印,授予礼部尚书的官职,允许其穿戴一品大员的官服;并封赠他的孙子邵启南为太常丞,进而封为少卿,封其曾孙邵时雍为太常博士。其同伙陈善道也被封为清微阐教崇真卫道高士。又有陶仲文能用符水治鬼,被封为神霄保国宏烈宣教振法通真忠孝秉一真人,后被封为礼部尚书少保少傅少师。明代一人而兼少保少傅少师三职的,只有陶仲文一人。不久,又封他为恭诚伯,每年俸禄二百石,封其子陶世同为太常丞,陶世恩为尚宝丞,封其女婿吴濬、从孙陶时雍为太常博士。其他如段朝用、龚可佩、蓝道行、王金、胡大顺、蓝田玉、罗万祥等人,也都因为善于符咒、炼丹、扶鸾之术,获得显赫荣耀的地位。更有浙江参议顾可学,因会炼制秋丹石,得到宠幸,被破格提拔为工部、礼部二部尚书;副都御使,因通晓炼药之术,晋升为工部礼部二部尚书;顺天府丞朱隆禧,因进献长生秘术,加封礼部侍郎。则不仅方术之士借此以谋官求进,即使士大夫也因此而获得显达宠幸。(赵翼《廿二史札记》卷三十四)

严嵩……自此更加地以谄媚来取悦皇帝(明世宗)……借各皇

室宗亲乞求封赏的机会，从中捞取贿赂。……严嵩没有其他的才能，只会一味地谄媚皇上来谋取权势钱财。……严嵩父子（指他的儿子严世蕃）熟知皇帝的脾气性格；打算解救某人时，严嵩必会先顺着皇帝的意思竭力诋毁此人，而后再设法以婉转的语言打动皇帝，解救出此人；如果要排挤陷害某人，严嵩必然先极力赞美他一番，然后再以委婉的言辞来触动皇帝内心的忌讳和不耻，从而实现打击此人的目的。用这种方法改变皇帝的喜怒，常常不会失误。（《明史·严嵩传》）

当时明朝的国势是那样衰危，君臣又是如此的昏庸奸诈，然而忠君爱国的张居正，虽然有时身居闲职，但他所怀抱的忧国忧时之心，自然不容许他坦然处之，坐视不管，对此，他又怎能不上疏发言呢？于是，在嘉靖二十八年（1549年），他以翰林官的身份上疏，恳切地直斥时弊，陈述意见，以期对挽回国势有一点帮助，其上疏的内容是：

臣听闻贤明的君主不厌听令人忧惧的言论而树立声名，有志之士不避因冒犯君主威严所带来的被诛之罪而上书直谏，因此，策略才不会有所遗漏，功业才能流传百世。所以，古人说寡妇不怕纬纱少织不成布，只是担心亡国后祸及于己。臣虽然平庸浅陋，位置低下，但每次私底下见到当前的国事，心怀就会为之触动，昼夜思虑不止，于是，竭忠尽智，倾吐肺腑之言，为陛下详述，希望圣明的您能略加留意。臣听闻天下的形势，好像一个人的身体。人之所以能够生存活动，凭的全是血气。血气流通不息，流布滋养于四肢百骸，耳目才能聪明，手足才便利，而整个身体也才会健康无害；一旦阻塞，血气无法升降，身体就会出现肿胀、瘫痪、麻痹等症状。臣以为当今的形势，类似血气堵塞的病症有一，类似肿胀麻痹的病症有五，失掉今天治理的时机，即使日后全力施治，也只怕难以治好了。于是，臣才敢冒死上奏。

臣听闻天地之间阴阳有交合而道才能流通和畅，君臣之间彼此有沟通而上下才能思想一致，这样才会国泰民安；国泰民安，是因为交合沟通。天地不交合，上下不一致，就会动乱不安；动乱不安，是因为阻塞不通。因此，天地只有交合才能建立生养万物的功绩，上下只有沟通才能成就和谐太平之治。臣不敢引证年代久远的事，只引证近事来说。昔日孝宗皇帝急于求治，早朝晚退之际，有亲信大臣奏事，便屏退身边服侍之人，时至日暮也不知疲倦；御史们提意见，都虚怀若谷地认真采纳，即使有狂妄悖逆之言，也不怪罪。百官恪尽职守，官府无积压的公事，其恩德流于百姓，广布天下，那时君臣间的相得益彰，至今仍可想象。今自陛下继位，已经二十八年了；自成祖以来，论在位之久，没有超过陛下的。按理来说，您美善的功业和教化，应该上追唐尧、虞舜，下配显赫的祖宗才对。可如今阴阳不协调，灾祸奇异之事频频发生，周围邻国未能臣服，边境屡屡出现警报，这些都是不能不令人昼夜忧虑的事，而我想这些事的发生很可能是因为没有尽心办事的人造成的？又或者是君臣上下之间未能沟通交流的缘故。现在群臣百官已经有八九年没有见过陛下的面了。纵使陛下神圣睿智，能独自及时地处理政务而没有遗留，但天道只有利施下物才会愈加光明，自古圣明的帝王，没有不亲近百官大臣而独自一人就把天下治理好的。今与陛下整日相处的，只有宦官宫女。宦官宫女这些人，难道会为当前的国势忧心，为国家社稷的兴亡忧虑吗？今大小臣僚，虽也有一些为国势忧心、为社稷忧虑的人，但他们平日与陛下远隔，只能凭空想象陛下的容貌而加以赞叹，纵使有时想要进言也最终是畏缩闭口，寻不到竭尽愚忠的机会。以前御史们因为不上书言事，常常遭到谴责，这是臣子不匡正君主的过失理应受到的惩罚。而如今竟没有一个人敢列举当急之务来上书进言，即使有，也是粗略地举出几件事以敷衍塞责罢了。以刑罚驱使进言但仍还是没人进言，这是为什么呢？是臣子们不敢触犯陛下的雷霆之威，无法预测陛下的喜怒哀乐，也是陛下虚怀纳谏的心胸，未曾全部显露给臣子们的缘故。因此大臣们虽想进言却难以找到机会，小臣们虽欲献策却因惧怕陛下的威严而不敢。由此观之，血气可谓是闭塞不通了。于是，肿胀、麻痹等病症，趁机而发。其大的方面有：皇族骄纵放肆，百官旷工废职，吏治因循守旧，边防未作修备，财用十分匮乏。其他给陛下带来烦恼的事，不胜枚举，这五件是比较大比较显著的。

臣听闻现在的皇室宗亲，好比古时的诸侯。他们所崇尚喜好的，也会受到百姓们的关注，维系着风俗的转移。臣恭读祖训，发现我朝对待皇室宗亲，是既礼遇优厚，又防范严密。然而今天有那么一两个宗亲藩王，不念师长祖辈的教导，节俭克制，慎行法度，以求上天的福佑，而是不顾侯王的体面，竞相追求真人的名号，招集一些炼药术士或因罪外逃的罪犯，迷惑人心，混淆视听，这都是一方面向陛下献媚求宠，借以扩张势力，而另一方面又以奸诈贪婪，淫乱迫害，欺压官府，盘剥百姓等方式来放纵私欲的行为。今河南抚臣又遭受到某位宗亲藩王的加害了。如果不早加约束，而是任他们胡乱妄为，臣恐怕四方守臣无力对其节制，而最终会尾大不掉的局面，臣以为这绝非一件小事。这就是我所谓的皇族骄纵放肆。

臣听闻人才如木材，培养贵在平时，使用贵在发挥其特长。平时培养就不会匮乏，发挥其特长就能让它得其所宜。古代一个官位必有好几个能够胜任此职的人，因此在缺乏时能够有人接替，不致出现旷职误工的现象。今日的国家对于人才，平常既不注意培养，使用又不能令其发挥所长；一被弹劾，就遭到罢职流放，等到人才缺乏之时，则又不得不以论资排辈的方式选用继任者，而这样选用的人才往往赶不上曾经被罢免的人。如今朝廷官吏众多，虽然不能说没有人才，但世间难道就真的没有怀抱出众之才而被压制隐藏的吗？难道就真的没有因为一点小的过错而被永不录用的吗？臣以为如果其人不是贪得无厌，极没品行，尽可以根据他的才能选录使用，让他进献一份用处。而且世间确实也有一些才能卓越可供录用的人，如果全让他们忍饥挨饿、困守贫穷，非常可惜，如此，可用的官吏怎能不缺乏呢？这就是我所谓的百官旷工废职。

郡守县令，是最能与民亲近的官吏。地方官员是否贤能，由监察部门考察评定。监察部门的选择，由皇上综合考量而后决定是否任用。我朝的制度，不可不谓周密。近来考核不严，名实不符，守令对于考察官，只是迎合奉承而已；以玩弄账目文书作为重要事务，将迎合上司旨意视为精细敏捷。监察部门以此评判其是否贤能，皇上以此来衡量其政绩。衡量之时又不深入访察，只凭监察部门的呈报。以至对同一个，有举荐者，有弹劾者，有诋毁者，有赞誉者，评价参差不齐，意见无法统一。行贿多者官位高，善钻营者品级大。古语说：“礼义有何用？学习它可以升官发财。谨慎有何用？学习它做官可以猛进。”此种风气之下，正直之道堵塞，势利的民情形成，百姓生活的利弊，世道的盛衰兴替，还有谁去关心留意呢？这就是我所谓的吏治因循守旧。

外族的祸患，自古就有，然而如若平时守备严密，外敌是不能侵入的。如今外族骄横日久，近来更是嚣张无限，或侵扰宣化、大同，或侵犯内地，小规模侵扰则获小利，大规模侵扰则获大利。边境守臣，只要所守境内的人、财、物没有被大肆掠夺、破坏，就已经万分高兴了，哪还有什么心情考虑长久的拒敌之计，谋划敌人难以胜我的防卫之策。不久前陛下赫然发奋，激励将士，云中一战，克敌大胜，这都是您振作奋发的结果。兵法上说："不要寄望于敌军不会来侵犯，而应依靠自己有充分的准备，严阵以待。"借用战胜的士气，筹谋边疆的防备，如今正是时候，可不知为何迄今为止仍没有一点动静。这就是我所谓的边防未作修备。

天地生养的财物，有一定数量。取之有度，用之有节，就会宽裕；取之无度，用之不节，就会匮乏。今国家的财政支出，多依靠东南地区的供给，然而民力有限，开支无穷，并且朝廷的花费，比起立国之初多了数十倍；供给大官的费用，每年有上百万，再加朝中权贵、宦官的征派勒索，更是如沟壑般难以填满，因此财政部门多次宣告财政赤字。以天下的财力供一人使用，纵使过度浪费，又怎能会觉得缺乏呢？觉得缺乏，正因为耗费钱财的地方不止一处的缘故。俗语说："三寸长的竹管如果没有底部作阻挡，天下再多的粮食也填不满它。"今天下不止三寸，需要花费的地方很多，所谓的财用十分匮乏就是这样造成的。这五种弊病，并非一天了。

然而臣以为它们不过是肿胀麻痹之类的小病罢了，并非什么大不了的病。如果能使一身之中，血气顺畅升降而流通，那么这数种病症就可以一治而痊愈了。如果任血气还是这样壅闭不通，到最后即使有针灸、药物也是起不了作用的。诚心希望陛下能考察世道盛衰的根本，交通君臣上下的心意，广开纳谏之门，亲近辅佐之臣，使群臣百官都能瞻仰陛下的清美风采，表达出自己的意见和思虑，让君臣之间，交流自如，没有阻隔，然后分别选拔合适的人选责成他们治理这五种弊病，这样人人才会尽己所长报效所能，长久积累的弊端也才会一扫而光，如此，这五者又有什么值得忧虑的呢？臣听闻扁鹊见蔡桓公说："君有病，不治将深入！"蔡桓公听了很不高兴。第二次拜见蔡桓公时，扁鹊说了同样的话。第三次拜见，扁鹊远远地看见蔡桓公，掉头就跑。人的病还未深入，就应该早加治疗，不然臣恐怕会出现"扁鹊望之而走"的局面。臣愚妄无知，触犯皇上的忌讳，惶恐不止。虽然如此，一个无知妄为的人所说的话，也有让圣人考虑、选择的价值。诚心希望圣明的您能对此稍加留意，如果这样，真是天下的大幸啊！（《张文忠公全集·论时政疏》）

这篇奏疏里所说的"血气壅塞之病"，全是针对明世宗一人而言，无异于当头棒喝；而里面所说的"臃肿萎痹之病"，更是对当时时势的无情揭露。这个时候的张居正，以一疏远小臣的身份，敢于发出如此正直的言论，他的大政治家风度，在这时就已经初露端倪了。察看其奏疏中所指明和陈述的内容，与当时昏庸奸诈的君臣和积弊日久的局势格格不入，这没有引起皇帝的大怒，受到斧钺之诛，已经是万幸了，又怎么还能奢望世宗采纳他的进言呢？难怪世宗会漠然置之，而国势愈加衰弱不振，几乎到了无法收拾的局面了。

张居正所处的时代，情形大致如此。这种历史趋势，既然是张居正亲身所历亲眼所见，那么受到它的激发和推动，也自然是他不自觉的反应了。其后，世宗驾崩，穆宗继位，张居正因为是太子旧臣的关系，已被穆宗熟知，再加徐阶的引荐，于是张居正在一年之内，由五品官位的翰林学士，一下跃至二品、三品的京官。及其执掌朝政，遂一心一意地贯彻其法家的严明精神，努力扫除当时懈怠萎靡的长久弊病，于是当时的国势，最终依赖他的改革而由衰败转为复兴之局。虽然后继无人，功业中断，但即使像明神宗这样昏庸的帝王，在张居正死后，仍然坐享了近二十年的太平天下，如果换作聪明有为的君主，明朝基业的鼎盛延续，必然是意料之中的事了。所以我说：大政治家，就像机器上的大齿轮，其功业无不受历史趋势的推动，而其功业的成果，又会对天下后世有推动作用。

# 第三章　张居正之略传

张居正名居正，字叔大，号太岳。祖上为安徽庐州合肥人。本家始祖张福因强壮有力跟从明太祖在濠州起义，渡过长江，攻克采石矶，而后又跟随大军平定吴、越、闽、广，累积军功被封为归州长宁所千户。其四世孙将家从秭归迁到江陵，遂为江陵人。高祖名张旺，曾祖名张诚字怀葛，祖父名张镇，字东湖，皆居家未曾做官。张怀葛为人德高望重，施德于人，不求回报，得了钱就周济贫乏，因此在乡里名声很高。张怀葛生有三个儿子，张镇是次子。张镇豪放有侠气，不从事生产，也不学习儒业，然而张怀葛却偏偏喜爱这个儿子。张镇生张文明，即张居正的父亲。张文明字治卿，号观澜，通晓经学，品行端正，在当时很有威望，然而命运不佳，七次考试都没有被主考官选中，于是弃官回乡，在家专心教育儿子，以平民百姓的身份度完一生。

（按）张居正的祖先，在德行、言谈方面都是谨慎小心的人，其家庭仅是小康之家，其人也仅是中等人的资质而已，并非有什么养尊处优的家庭条件可以依赖，丰功伟业的祖辈功德可以荫庇。比较卫国公李靖的生活优裕，相业传家，张居正真是远远不及。呜呼！这正是上天有意要启发张居正的内心而相助其成功的地方。其家里没有可足凭恃的产业，祖上没有可以封荫后代的功绩，从消极方面言之，这可以让他避免沾染骄奢淫逸的恶习，从积极方面言之，这是促发他奋斗向上的契机。再加上他的父亲屡考不中，满腹郁郁不平之气，无处发泄，自然只得把平生的希望，转而寄托在张居正一人身上。观看张居正所描述的他父亲的为人，说他“幼年机警敏捷，写文章片时即成，不加改窜，随口吟诗，往往有奇妙之句；然而不肯顺从八股文的法度，遵守写作八股文的规矩，因此不被考官录用。性情天真坦率，与人相处，不论贵贱、贤与不贤，皆能平等相待，不与之争执，不与之结怨，反过来人们也没有怨恨他的……其生活节俭，自律甚严，每顿饭都未曾超过两盘菜……所有衣服、食物、日用器物即使十分破旧了，也不允许儿子们扔掉，侍妾皆不能穿戴上等的丝绸衣物……”（《先考观澜公行略》）由此可见，张居正的父亲所教给张居正的恭敬节俭之道，启示张居正的治学方法，必定有远远超过常人的地方。张居正日后伟大成就的取得，谁能说不是纯朴的家风，严明的家教以助成促成呢？看到这里，君子们应当叹息贤德的父兄对于后代子侄的成长是大有帮助的，而且家庭教育对后代的成长也是不可或缺的。

张居正生于明世宗嘉靖四年（1525年）。十二考取博士弟子员。十六岁通过乡试考中举人。二十三岁成为进士，被选拔为庶吉士，进入中秘书（掌理宫廷藏书的机构，此指翰林院）读书学习。二十五岁被授予翰林院编修，上疏指陈时政，皇帝没有批复。三十岁因身体虚弱，请假回乡养病，自此在家隐居六年。嘉靖三十九年（1560年），即张居正三十六岁时，因其父张观澜不忍让他无职闲居，他害怕伤了父亲的心，不得已重新复出。奔赴京城，任右春坊右中允，并兼管国子监司业事。嘉靖四十一年（1562年），因徐阶的举荐，充任《承天大志》副总编。接受任务后，仅八个月就完成了稿件，稿件以十二月纪（一年分春、夏、秋、冬四季，每季以孟、仲、季三月为纪，故一年十二纪，又称十二月纪）为次序，呈献给皇帝御览。嘉靖四十二年（1563年），任右春坊右谕德，兼任裕王朱载垕的讲师。嘉靖四十五年（1566年），升任翰林院侍读学士。掌管翰林院事务。穆宗隆庆元年（1567年），张居正四十三岁，升任礼部右侍郎兼翰林院学士。又因那时皇帝对各藩王的侍臣特别优待，进而升任吏部左侍郎兼东阁大学士，入值内阁。不久，充任《世宗实录》总编，晋升为礼部尚书武英殿大学士。隆庆二年（1568年），加任少保兼太子少保，这年八月上《陈六事疏》，是其日后执政治国的纲领。隆庆四年（1570年），加任太子太傅吏部尚书，他的一个儿子也因他的功劳被封为中书舍人，这年十二月加任少傅兼建极殿大学士，另一个儿子被荫封为尚宝司丞。隆庆五年（1571年），充任会试主考官。隆庆六年（1572年），加任少师兼太子太师，授予他另一个儿子锦衣卫正千户的职位，世袭此官。这年五月穆宗驾崩，张居正与高拱、高仪同被任命为辅政大臣。不久后，高拱罢职归家，高仪病亡，于是张居正一人执政。明神宗万历元年（1573年），四十九岁，进升为中极殿大学士。万历四年（1576年），特予晋升为左柱国（明代的一种勋爵，正一品），进封太傅，领伯爵的俸禄，皇帝亲自颁下诏书奖赏慰劳，并在礼部赐宴招待。万历十年（1582年），进升太师。这年夏季六月病逝，时年五十八。赠上柱国，谥文忠，归葬张居正老家。万历十二年（1584年）正月，追回剥夺其官阶。至天启（熹宗年号）年间，因为都御使邹元标的进言，皇帝才下诏重新追述其功绩，恢复其原有官职，予以追悼祭奠。崇祯（庄烈帝年号）年间，又恢复对其子孙后代以及母亲、妻子的加封。张居正兄弟共四人，张居正为长，其弟分别为居敬、居易、居谦。张居正的原配妻子是顾氏，继妻王氏。生有六子：长子名敬修，礼部主事；二子名嗣修，进士，翰林院编修；三子名懋修，进士，翰林院修撰；四子名简修，锦衣卫指挥同知；五子名允修，秀才；六子名静修。生有一个女儿，嫁给刘戡之。张居正被定罪后，长子张敬修因承受不住张诚等人的刑罚，便自我诬陷，承认了积存三十万两黄金在王篆、曾省吾、傅作舟家的不实之罪，不久之后自缢而死。其弟张居易和次子张嗣修被发配到偏远的瘴疠之地戍守。后来，明熹宗恢复了张居正的原有官位，庄烈帝也因张敬修的孙儿张同敞的请求，恢复了张敬修原有的官职，并授予张同敞中书舍人的职位。《明史》记载称同敞有大志有气节，感念皇帝的恩德，更加奋发向上。崇祯十五年（1642年），张同敞奉命慰问湖广各地的藩王，趁机让他从云南调兵。还未来得及复命，两京就已相继失陷，于是奔赴福建。唐王也感念张居正的功绩，恢复其家世袭锦衣卫正千户的旧例，并授予张同敞指挥佥事。不久，张同敞奉命出使湖南，听闻汀州被攻破，随即投奔武岗的何腾蛟。永明王因大臣的举荐，授予张同敞侍读学士的官职。受到总兵官刘承荫的嫉恨，说翰林学士、吏部督学按例都应该录用在甲科的进士，于是改授张同敞尚宝卿。因大学士瞿式耜的推荐，提升为兵部右侍郎，兼翰林侍读学士，总督各路军马。张同敞文武兼备，意气慷慨；每次出战，都策马于各将领之前；有次兵败，张同敞端坐不走，诸将去而复还，力战之下竟然反败为胜，因此军中将士都十分敬服张同敞。清兵攻破严关，诸将士皆弃桂林而逃，城中空虚无人，只有瞿式耜端坐府衙之中，正赶上张同敞从灵川回来，拜见瞿式耜，瞿式耜说："我是守官，应当死于此。您没有守城的责任，何不离开？"张同敞神情严肃地说："古人以独自做君子为耻辱，难道您就不允许张同敞与您共死吗？"瞿式耜很高兴，取酒与张同敞共饮，借着明亮的烛光两人一直坐到天亮。清晨被清兵俘获，劝之投降，不从，让他们去深山里做僧人，也不答应，于是将二人幽禁于民房之中，虽然是不同的房间，但声息相通，两人整日赋诗唱和，四十日后，两人整肃衣冠，共赴刑场，没有一丝恐惧之色。而张居正的第五个儿子张允修，也在张献忠抢掠荆州之时，在墙壁题诗后，绝食而死。（《明史·张居正传》）

（按）张居正辅佐神宗，功绩非常伟大，然而神宗愚昧贪婪，误听小人之言，几乎使张居正遭受死后仍被挖坟开棺、将尸体枭首示众的惨祸。明代君王的薄情寡义，自明太祖开国时就这样了，更何况这是一个朝代的末期，能有不变本加厉的吗？但张同敞不念旧恶，为报君恩，慷慨赴死，尽了臣子的本分。看他从容就义时的样子，视死如归，大义凛然，千年之后，依然觉得英气逼人。这都是其家训劝诫，平日重视教养的缘故，可见一个家族能出现这么多的忠烈，是有所从来的啊！今世的人，在国难严重之际，常常是早上还在本国占据要位，晚上就甘心叛变投降了，这些人放弃了作为中国国民的本分，加剧了民族危机，从造成的外部影响来说，即使死一万次也是死有余辜。将他们与张同敞等人相比，其贤与不肖相差之远真是无法计量啊！所以，君子通过此，应该深切地感受到恢复民族的传统道德是多么的刻不容缓。

# 第四章　执政前之张居正（一）——少年时代

广东新会的梁启超评论荆国公王安石，说："古代的贤能之人和非常之人，必然有养成他性格与才能的环境。观察其所受教养的环境，就可知道他所树立的志向如何；观察其树立的志向，就能知道他所处的教养环境如何。"然而我以为所谓的贤能之人和非常之人，其志向的树立固然是因为平时所受的教养良好，但是这种教养环境的形成，则常常来源于父母亲戚的爱戴看重，与老师大儒的期望称许。因为父母亲戚对他非常地爱戴看重，所以平时的督促教育也就会异常严格，而他自己也会把自己看得非同一般；老师大儒对他寄予厚望，所以平时的激励管教也就会更加严厉，而他自身的自信心也会越来越强。自我期许高而且自信心强，这样他所受到的教养，又怎能不高人一等呢？如果认为我的话不可信，可以请诸位看一下张居正少年时代的事迹。张居正出生的时候，相传月亮的精气化作一只吉祥的白乌龟出现在他的家中，因此他最初的名字叫张白圭，其后当地的知府李士翱第一次与他会面，也传言曾梦见天帝让把一块白玉交给他的奇事，于是为他改名为张居正。这些都是荒诞无稽的神话，自然没有值得深信的价值。然而在民智未开的时代，这类神话传说，却很能增加其父母亲戚的爱重，爱重越厚，对他的督促教育也就越严。况且再加上张居正幼年之时既已聪颖无比，还未离襁褓就被人视为神童，这更增加了其父母亲戚认为他是天赋异禀的心理和信念。难怪老师尊长那些有远见的人，希望把他培养成宰辅一类的人才，而其父母亲戚对他的督促教育，也要比对寻常之人更加严格了。张居正五岁而记诵文章，十岁而精通六经，其早慧固然有天生的原因，但也绝对离不开督促教育的功劳，这难道是侥幸吗？而他自命不凡的性格，也由此开始养成了。等他十二岁参加府县组织的童子试时，又受到知府李公及督学田公的大力赞赏。《行实》记载这段事迹说：

嘉靖十五年丙申，参加州府的科举考试。大司徒李士翱先生时任荆州知府，前一天晚上，梦见天帝剖开一块标记好的玉玺，让他交给一个童子。第二天，让所有考中的人到庭下集中，太师（指张居正）是第一名。李公领着太师登上台阶，仔细观察童子是怎样的一个人，果然如梦中所见，于是大喜，为他改名，说："白圭这个名字配不上你，将来你应当做帝王的老师。我已从天帝那里得到指示，愿你自我珍爱。"其时正当督学使田顼先生巡行考试来至此郡，李士翱先生把本郡有一名童子善于作文的事告诉了田公。田公感到十分惊奇，立刻召太师来见，让他以"南郡奇童赋"为题做一篇文章，太师提笔一会儿就写完了，并且没有任何改窜。田公望着李公说："作为本郡的太守，您觉得这个孩子与汉朝的贾谊相比如何？"李公拜了两拜，赞许地说："贾谊大概不如他。"田公回礼说："即使我田顼也以为贾谊不及他。"于是将太师列为头等博士弟子。那时，田公正临摹唐朝北海太守李邕的《南岳碑》，还未临摹完，就把摹本赠给了太师，说：“你的才能，将来何止做一个李北海啊！”

呜呼！这种奇异传说，虽然是附会之辞，然而田、李二公，却是那个时代真正存在的老师大儒，他们对于张居正的期许之心是多么深切，真诚之意是多么深情动人啊！这对于一个幼小童子来说，怎能不因为对他的激励，而信心倍增呢？虽然如此，上天所以启发引导张居正的，还远不止这些。自视过高，常易变得狂傲；自信过强，常易变得简慢。假使张居正由此乘风直上，不遇一点挫败，那么以他早熟的才智，必然会仗着自己的聪明，把获取高官显爵看得如同拾草一样简单；既已萌生了夸耀自大之心，日后势必会不知不觉间变得狂傲简慢。如果这样其所修养的身心和建立的事业又将如何呢？恐怕仍是一个未知数。所以，上天借一个叫顾璘的人，先稍微给他点挫败，以抑制其傲慢之气，接着再给予他激励，以培育其奋发向上之心。于是，以前自视甚高的心理，因为稍稍挫败他而更加认清了其短处；以前，自信过强的心理，因为受到激励而能更好地发挥其长处。抑制了傲慢之气，增强修养的途径就逐步明晰；振奋了向上之心，建立事业的基础就得以奠定。无须等着用蓍草和龟甲占卜就可以断定其日后必定会有所成就。试观张居正十三岁参加乡试时的情形：

其时刑部尚书顾璘先生在楚地（指湖广）任巡抚。顾公是当时天下共同称赞的有坚贞操守的名臣。第一次见太师，就已看出他具有非凡的辅佐君王治国理政的才能，与直指使（古代官职名，专管巡视各地政事）冯公商量说："张家的这个小儿，即使让在早在朝廷，也没有什么不可。然而我以为不如迟几年，等他才干老练了，将来的成就定当更是不可限量。这是您的的事，一切请你斟酌吧！"这次太师在考场的考卷，很得湖广观察史陈束的欣赏，陈束极力请求上司录取，然而冯公想起顾公的嘱咐，最终没有录取张居正。（《行实》）

这是顾公欲老练其才能，而故意地暂且给他点挫败以抑制其傲慢之气。再看他十六岁参加乡试得中后的情形：

到嘉靖十九年考中庚子科举人，恰巧顾公以工部尚书的身份为修建仁宗献皇帝陵园的事来到湖北安陆，太师去拜访了顾公。顾公说："张生来拜访，我真是太幸运了。大器晚成，这是指中材而言，我真不应该把你轻视为中材，使你将来迟了三年成为宰相。然而我听说当年的解承旨（解缙）是一位奇才，太祖高皇帝故意贬谪他让他回家从师学习，对他仁德甚厚，当时就说你在家谨慎地等待十年也不晚，而解承旨不能忍辱屈膝，最终在成祖时代以'无人臣礼'下狱而死，为世人所悲叹。我之所以告诉冯侍郎那番话，是希望你有远大的抱负，树立伊尹那样的志向，学习颜回那样的品行，不要只因为得了一个秀才就沾沾自喜、自负自大。"谈了很久才离去，顾公亲自撰写文章相赠，并解下自己的腰带赠给他以示赞许，说："这种腰带不是你应当佩戴的，只不过借此暂且表达下吕虔赠刀于有公辅之望的人的意思罢了。"（同上）

这是顾公欲让他成大器，而当面激励他以促进其奋发向上之心。顾公是当时天下共同称赞的有坚贞操守的名臣，他是这样的期许和看重张居正，难怪张居正执政以后，仍对顾公的知遇之恩深怀真诚的感激之情。这通过张居正写给赵麟阳的信也可以看出来。

我当年十三岁，刑部尚书东桥居士顾公当时正是我所在省份的巡抚，第一次见面，他就视我为国中最优秀的才能之士，以“小友”来称呼我。经常与诸位布政使和按察使说：“这个孩子是将相之才，昔年张燕公（张说）在李邺侯（李泌）幼年时就断定他是国家的栋梁之材，我这样做差不多也是如此吧！”又解下自己的腰带相赠，说：“将来你是不会系这样的腰带的，我只不过借此暂且表达下吕虔赠刀于有公辅之望的人的意思罢了。”一天，留下我共同吃饭，顾公唤出他一个名叫顾峻的幼子，指着我说：“这位是荆州的张秀才，将来会担任国家要职，到时你可去拜见他，他一定会顾念你是老朋友的儿子而照顾你。”我在幼年之时，哪曾想到会有今日？然而心中感念顾公的知遇之恩，哪怕以死相报也在所不辞，所以至今我心里仍藏着报答他的念头，未曾忘记。

张居正受到顾公的激励，于是把以前用心钻研的科举考试，看作求取禄位的阶梯，而是转移志向，从事于科举以外的古代典籍的研求。看他日后的自我陈述说：

我早年年少登科，获得一些不切实际的盛名，狂妄地以为屈原、宋玉、班固、司马迁与我也没什么两样，区区一个进士及第，唾手可得，于是放弃原来的学业而沉浸于古代的典籍。等到三年以后，在古典方面还未有所建树，原来的学业却已经荒废了。现在回想当年的行为，不过是招人讥笑而自取其辱罢了。嘉靖二十三年甲辰科我科举落第，于是度量自己的能力，重拾以前的学业，昼夜勤奋，尽心竭力，侥幸学业有成，然而也只是科举中第而已，仍未能达到在文学界游刃有余、夺取头筹的境地。

体味其语意，好像仍把“放弃原来的学业而沉浸于古代的典籍”视为错误之举。从求取禄位的观点而言，这确实有些失策，即使他二十岁去京城参加会试，又经历的一次落第，也无非是他荒废科举事业的影响造成的，实在应该以此来告诫自己的儿子。然而实际上张居正能像顾公所一直期许的那样，成为“将相之才”，除了能“在文学界游刃有余、夺取头筹”，像屈原、宋玉、班固、司马迁那样做一个文人外，难道不是他那段时期“放弃原来的学业而沉浸于古代的典籍”所造成的吗？为什么这样说呢？他所谓的科举事业，其范围不过是当时通行的《四书五经大全》，其形式不过是为古人代言的八股文，说到底也只是专制帝王用来笼络、控制文人的工具而已，借它们求取禄位尚可，如果想借它们经世济民，那么就如爬到树上找鱼一样无法达成目的。纵使张居正“昼夜勤奋，尽心竭力”，奋斗一生，也只能成为一个皓首穷经的迂腐儒生而已，又怎能建立日后的宰辅事业呢？至于他所谓的古典，虽然无法确切知道指的什么，然而既然他自己说“驰骛”，那么其所涉猎的广博，研求的数量，必然远远地超出八股文的范围以外。以张居正的聪明绝伦，一旦施展才华，博览群书，使他知道八股文而外，还有更大的学问，在自由探讨之余，他的思想怎能会不纵横驰骋，学术怎能会不突飞猛进呢？于是自此之后，张居正不仅以用心科举事业为满足，而且还另寻修养之道；不仅以求取禄位为当务之急，而且还努力为其日后功业的树立奠定基础。他日后不仅以文人的身份终其一生，而且最终成为“将相之才”，巍然跻身于中国乃至世界大政治家的行列，这绝非侥幸，而是他平日积累的教养所致；而这种教养的形成，则又来源于父母亲戚的爱戴看重、督促教导，与老师大儒的期望称许、激发磨砺。呜呼！张居正的时代已经很远了。今天的少年，所受的父母亲戚的爱戴看重、督促教导，未必不如当时的张居正；所受的老师大儒的期望称许、激发磨砺，或许远远胜过当时的张居正。察看张居正建立的事业，以及能建立如此事业的缘由，而后我们才能知晓应该给子女营造怎样的教养环境啊！

# 第五章　执政前之张居正（二）
## ——入仕时代

张居正因醉心古代典籍，而减少了在科举方面的努力，导致他在第一次参加会试时落榜，这在上面已经讲过了。但明代毕竟是科举时代，凡是由文人成为宰辅而执掌国家大权的，如果不是通过科举出身，就无法实现。因此，张居正虽然醉心于古代典籍之中，另有修身养性的途径，但他还是不能不重新攻读科举学业，以谋求进身之阶。因为，如果不这样，以张居正家世的平凡，想要跻身政坛，是根本不可能的，更何谈将来执掌国家大权，施展自己经世致用的抱负呢？于是，经过三年"夜以继日，尽心竭力"的刻苦努力，他终于在二十三岁时考中进士。从此，张居正的科举生涯正式结束，而他长达三十年的政治生涯也由此开始。

张居正在嘉靖二十六年（1547年）入朝为官，嘉靖三十三年（1554年）辞官回家。这七年时间里，因为他在会试中进士以后，一开始被任命为翰林院庶吉士，接着又晋升为翰林院编修，一直在翰林院做官；而翰林院是清闲尊贵的职位，庶吉士更是以读书深造为本职工作，因此张居正之前的学术修养，不但没有因为他投身政坛而受到丝毫影响，反而因为他在翰林院期间的精研典籍而造诣更深。大概到这时，张居正才有机会施展他超人的天资，尽情研读翰林院和皇家图书馆中珍藏的书籍，在致力于古典学问之外，进一步拓宽了自己学术涉猎的范围，从事当代历史文化、礼仪制度的探讨，和政治状况、社会事务的研究。从张居正所写的《翰林院读书记》一文，就能大体看出他的造诣如何。这里节选他的叙述如下：

治学而不研究身心性命，就称不上学问；求道而不兼顾经世致用，就是无用之道。因此，学问要贯通天地人，然后才可以称得上是儒者。天地造化的运行，人与万物的发展，都要依赖我们这些儒者辅助实现；整顿风俗习惯，规范人伦道德，都要依赖我们这些儒者贯彻实行；内部的中国，周围的外族蛮夷，都要依赖我们这些儒者去继承教化。所以，执笔书写，是文人们必须用心的所在；吟诵诗文，是儿童们应该修习的学业。你们这二三个人，不想着怎样崇尚根本，注重实际，以自己渺小的身躯，去承担天下的重任，预先培养自己的能力，而是想借一些雕虫小技在世上自我显扬。唉，真是太浅陋啦！况且，道德是事物的根基；文词，是道德的表象。因此，崇尚实践则行动就会有光彩；崇尚言语则文辞就会有光彩。《尚书》里的训诰典谟，难道是圣人们殚精竭虑，刻意写出来的吗？是他们内心洞察先机，文采彰显于外，宣扬美德，省察内心，领悟奥秘后的结果，是不刻意追求文章工整而文章自然工整的结果。……根本稳固的，才会花繁果丰；源流深长的，才会波光闪耀。所以，君子立身处世要注重实际不求浮华，要修养内在品行不求外表华丽。发扬古圣先王的传统，昌明道德的根本宗旨，研究修身养性的奥妙，探究经世致用的内涵，这是我所寄希望于你们各位的。

这篇文章虽然假托师长的口吻，但张居正非凡的抱负，卓越的见解，从中已经可以了解一二了。

然而张居正此时的成就，还不止这些。翰林院既然是应答皇帝的顾问机关，自然是一个时代人文荟萃的地方。再加上明朝上自首辅、宰相等大臣，下至六部正副各长官，莫不曾经担任翰林院学士的职位，此地人才的昌盛，大概也就可想而知了。张居正身处其中，所与交往的，都是一个时代最为杰出的人选，自然也就有有许多良师益友的资源了。况且凭他历来对政治状况和社会事务的关心程度，在与师友面谈之时，必定会把自己平时研究的东西拿出来讨论。这样一来，张居正平日所研究学习的理论知识，就更加能够与实际情形互相印证。这对于他日后执政经验提升的帮助，实在绝非一点。

张居正在这一时期的良师益友，自然是不乏其人的，而其中以徐文贞（徐阶）与他的关系最为深厚，对他的期望最为深切，当张居正做翰林院庶吉士的时候，徐阶正好是翰林院的掌院学士，负责教导庶吉士，所以张居正有机会拜入徐阶门下学习，成为徐阶的学生，《行实》记述徐阶对张居正的观感说：

当时太子少师华亭县人徐阶先生担任内阁辅臣，见张居正沉着坚毅，深沉稳重，所写文章虽然多旁征博引自诸子百家和历史文献，但他的学问却全部以亲身践行为根本，以天理大道为依归，因此对张居正期许很深，说："张居正日后一定会成为国家倚重的大臣。"

从这里可以看出徐阶对张居正的殷切期望。徐阶既然与张居正有师生关系，又是感情深厚的知己，而且徐阶在调任礼部尚书，进入内阁成为辅政大臣以后，也正需要像张居正这样的英才作为自己的助手，按常理来说，徐阶这个时候应该提拔张居正才对。无奈此时，正是严嵩掌权的时候，徐阶虽然也在内阁，但时常受到严嵩的扼制，他自己本身的职位尚且岌岌可危，自然就更没有力量去提拔张居正了。因此，张居正虽然才华磊落，却长期担任闲散职位，心中的郁闷和忧伤，不问可知。所以他在《致耿楚侗书》里说：

京城的政治局面经常变动，江南的军情又很紧急，距离京师十里之外，数十上百的盗贼成群结伙，官员贪污腐败的风气不止，老百姓的怨愤日益加深，倘若这个时候有奸人趁机滋事，就无法制止掩盖了，若非出现光明磊落的奇伟之人，打破常规，扫除积弊，整肃局面，是很难消除天下的祸患的。但是，即便世上有这种人，人们也未必知道，即便知道，也未必会重用他，这真是让人感慨叹息的事情啊！心有郁闷，无处发泄，只得暂且向知己们一吐为快，这种事是不能向外人说的。

当时明朝的国势是如此的动荡不安，而君主大臣们昏庸奸猾的状况又是久已积重难返，自然容不下像张居正这样光明磊落、奇异不凡的人，施展他扫除积弊、肃清局势的抱负。他的《论时政疏》不被采用，更是让他那忧君爱国的满腔热忱变得沮丧，使他愤慨地产生国事已经到了无可挽救的地步的念头。“不要谈论国事，只管得过且过地吃眼前桌上的蛤蜊就行”，于是张居正托病辞官，返回家乡。但他的满腔忠义，终究无法使他对国事漠然置之，于是在临行之前，给老师徐阶写了封信，以治国之道相劝勉，这封信精当地阐述了治国理政的方法，从中既能看到张居正这时的抱负，也能窥见其日后的建树。节略引用如下：

您气量宽宏，有古贤人的心性，自从在翰林院当文学侍臣，三十多年来一直享有很高的声望，等到进入内阁，成为辅政大臣，更是满足了天下人的期望。对内您从来没有因为婚姻和亲戚关系而徇私弄权，对外也没有托关系、走后门之类的琐事。这正是天下之人敬仰相公的原因所在。然而，自从您成为内阁辅臣以来，将近两年了，其间那些暗自实施的深远谋略，固然不是见识短浅的人所能理解的，可是在制度风俗、大政典礼等方面，仍未见到可以使天下耳目一新的举措，难道相公是打算顺应世俗以等待时机来实施自己的政治抱负吗？俗话说：“太阳当头时一定要把东西拿出来晒，手里有刀的时一定要去切割东西。”我之前见过内阁辅臣张文隐公（张治），他具有刚正耿直的气节，毅然把治理天下当作自己的责任，然而可惜的是进入内阁不到一年，就突然病逝了；最近的内阁辅臣欧阳公，是天下士人的道德楷模，然而也是在正当受重用的时候，突然去世了。这两位先生，都自以为智慧巧妙，能做到和光同尘、顺应时势，可是他们都在两三年内相继去世了。这是为什么呢？因为他们不懂方与圆的施用方法不同，久而久之，心中的郁结越积越多，终于因为不能承受而死亡。相公您与这两位先贤，长期以来意气相投，何尝想到他们突然去世后，应当与谁一同建功立业呢？况且，如今官场上的升迁之路，比荆棘丛生的山道还要险峻，厌恶耿直、诋毁正派的人，实在数量众多。相公您内心怀有卓尔不群的抱负，外在行为却表现得想混迹随俗，用这种方法来等待时机施展抱负，不是很困难吗！何不索性披肝沥胆，敞开心扉，坦露感情，发挥独立决断的明智策略，抛弃像世俗人那样的犹豫顾虑，慷慨地为自己的平生抱负拼搏一次呢？假如上天激发了皇上的心智，相公的忠心又能令陛下开悟，这样您就有青史留名的可能了。如果我们坚持的道路受阻，理想中的太平盛世无法实现，那么视富贵如浮云，保持高洁的志向，超脱世俗，独来独往，也是一大快事！这与整日郁闷不乐、食不下咽，暗自叹息相比，不是好得多吗？宰相，是皇帝所重视的人，如果自身行为不慎重，其命令也就不会有人去执行。近年以来，皇帝与大臣的感情越来越疏远，朝廷大政，有一些在古代是普通老百姓都可以在天子面前放言高论的，可是如今连宰相都不敢在皇帝面前发出一言。为什么呢？顾忌之心太多了。造成这样缺失的原因在于，贪图君主的爵位和俸禄，不能坚持正道以自重，在这种情况下，想追求以言论来感悟、打动皇帝，必然是不可能的。希望相公您能眼界放高，目光长远，保持超尘脱俗的志向，对于爵位俸禄，先自我衡量再加以接受，不要因为受到恩宠就高傲动心。高洁而不谋私利的心胸，对上能取得皇帝的信任，对下能取得民众的信服，这样，您的身份就能重于泰山，言辞就能比用蓍草龟甲进行的占卜还要可信，进能被天子恩宠而获得荣光，退能像鸿鸟一样飞翔高空，这样的处境岂不是十分宽阔、绰绰有余吗？西汉公孙弘说：“君主的缺点在于心胸不够宽广，臣子的缺点在于行为不够节俭。”身为汉朝丞相，却吃粗米饭盖粗布被，因此他的行为受到古代优秀史官们的称赞。京城，是天下四方的根本；大臣，是天下民众的表率。近年以来，京城内外财用枯竭，生活习俗崇尚奢侈浪费。贫病交加的人衣不蔽体，而有些做官的人，连婢女和小妾都穿丝绸的衣服；普通百姓连野菜都吃不饱，而有些做官的人，连家里的仆人都吃厌了米肉；这真是减损下层利益而增加上层利益的显著表现。在这种情况下，实在应该提倡节俭，用礼法约束人们的视听，弘扬晏子一件狐裘穿三十年的节俭品德，鼓励阅读以讥刺衣食奢侈为内容的《羔羊》诗篇，或许这样才能为百官树立榜样，改变奢侈的风俗。

天子有直言敢谏的大臣，士人有直言不讳的朋友，因此能一举一动都不违反法则。药物苦口却能救人的性命，美化掩盖疾病却只会滋养毒素。品行正直的人，就好像苦口的药物；谄媚奸邪的人，就好比被美化掩盖的疾病。然而，端正耿直的人因为性格刚正而难以亲近，谄媚奸邪的人则性格柔和而易于亲密。机巧奸诈的人，还未说话，就显露出一副唯唯诺诺的样子，他们奉承起人来能把你的品德比作皋陶、伊尹，把你的功业说得连管仲、晏婴都比不上，他们的话足以让人志得意满，纵情安逸，而当面受到欺骗。这就是北魏大臣高允痛恨闵湛，说闵湛每天经营的虽然只是一些小恩小惠，却给司徒崔浩留下无穷祸患弄得崔浩满门抄斩的原因。希望相公选拔一些正直诚实的人，让他们留在您的身边，利用他们匡正辅助君主，听听他们的正直之言，这对您的宏伟事业也是一大助力。士大夫习气的好坏，是人才盛衰的关键。近来，士大夫们的习气颓废衰败，廉耻之道丧失，公开行贿受贿，以奸邪途径进身的人比《庄子》里提到的因岔路太多而丢失的羊还要多，人们乞求权势追逐名利如同苍蝇追逐腥臭一样，互相煽动，蔚然成风。当今皇帝圣明，相公身居高位，怎么能允许士大夫们的习气败坏到如此地步呢？爵位俸禄和业绩考核，是用来磨砺社会风气的；礼义廉耻和气节道义，是用来建立道德标准的。爵位俸禄和业绩考核，不能激励上等人才，只能激励中等人才。然而，上等人才百人里面不过一人，而中等人才却很多。假如能把爵位俸禄和优等考核，归之于那些坚持礼义廉耻和气节道义的上等人才，那么中等人才就会以上等人才为目标而努力向之看齐了。等到清正的风气形成，士大夫们的习气振作，然后相公再用这种无为而治的方法，营造纯正平和的社会氛围，那时您的伟大教化就会像蒸气一样弥漫于天地，使世间形成恭谨宽厚的风俗。这些都是相公现在应当做的。至于说建立像天一样的伟业，辅佐帝王成就尧舜那样的功绩，这就不是我这样浅薄平庸的人所能参与的了，况且对这些事我也愚昧无知，所以也就不敢言了。

这封信所谈论的宰相之道，可谓简明扼要，能抓住问题的关键。这里试就上文所列举的几点来略加讨论，如“坚持正道以自重”“对上能取得皇帝的信任，对下能取得民众的信服”，都是讲的要建立威信；“提倡节俭，用礼法约束人们的视听”，讲的是要移风易俗；“选拔一些正直诚实的人，让他们留在您的身边，利用他们匡正辅助君主，听听他们的正直之言”，说的是要举荐贤才；“把爵位俸禄和优等考核，归之于那些坚持礼义廉耻和气节道义的上等人才”，说的是要赏罚分明。所有这些，世上位居宰相而执掌政权，立有大功而成就伟业的人，有不把这些作为治国理政的关键的吗？有不在这些方面努力而最终能建功立业的吗？我相信必然是不可能的。这些方面，固然是张居正今日用来勉励其老师徐阶的，但也他日后借以建功立业的根本，难道能够等闲视之吗？再从遣词立意来说，这封信立意十分周到，措辞非常诚恳，既符合委婉劝人的传统，也采用直言规劝的方法；从中可见，张居正对徐阶不仅是在尽师生之情，而且也有君子“爱人以德”的大道在里面。其中尤以“顺应世俗以等待时机”“内心怀有卓尔不群的抱负，外在行为却表现得想混迹随俗”“ 顾忌之心太多”这几句话，最是说中了徐阶的难言之隐，从而促使他生出发愤图强的心思。因为当时严嵩掌权，徐阶屈居严嵩之下，只能空自发出“我的抱负无法施展”的叹息，不能建立匡君辅国的功业。这种做法，在太平盛世，尚且免不了被人嘲笑在位不尽职；何况当时外敌逼迫，内政混乱，而徐阶作为内阁次辅，身上背负天下人的厚望，然而他却只能徒然地甘受权奸严嵩的扼制，不能施展其抱负，如果以公正的舆论来评价，难道他能逃脱尸位素餐的讥笑吗？张居正以徐阶学生的身份，竭尽诚心给予忠告，其中固然有他无法言传的苦衷，但这也是他在借此报答徐阶对自己的知遇之恩。至于所说的“视富贵如浮云，保持高洁的志向，超脱世俗，独来独往”，这是张居正现今正在亲身践行的；而所谓“发挥独立决断的明智策略，抛弃像世俗人那样的犹豫顾虑，慷慨地为自己的平生抱负拼搏一次”，这是张居正日后有所建立的基础。张居正一生的出仕和隐退，都是以在这封信里所论述的内容为宗旨的，并且都一一付诸了实践，这就难怪他能侃侃而谈，并全部列举来勉励他一向敬爱的老师了。

# 第六章　执政前之张居正（三）
## ——归田时代

张居正告假归乡时，正值三十而立之年，也正当是英气风发、有所作为的时候，然而此时的他却悄然萌生了不如归去的思想，浩然具有了隐居林泉的情志。观看他的一首诗：

我岂是东方朔那样的隐士，隐居于朝堂的金马门？我现在正如困倦的司马相如，病卧在床上思念着梁园。我命运坎坷却仍然保持自己的志向，顺应世俗却常常招来许多烦忧。我错误地选择寄身官场，时常抚胸感叹自己像一只双角卡在围篱上的公羊而进退两难。我笨拙无用没有经世之才，只能空自缅怀家乡的山川平原。家乡幽暗潮湿的地方长着丰盛的水藻，白云飘浮的田野有无人采摘的芳荪。山中之人还未归来，花卉树木已森然繁茂。永远希望有朝一日能抛弃世俗的烦恼，回到家乡闲居度日安养心神。人生百年贵在适意，贵贱又怎值得在意呢？（《述怀》）

另一首诗：

有欲望就会因满足不了而苦恼，只有做到无欲望才能没有忧愁。

羲和控制缰绳驾驶着太阳之车，时间如白驹过隙毫不停留。我的志向在于虚无寂静，以无耻方式获取禄位不是我的追求。人在这个世界上，犹如飘浮的云烟瞬间消散。荷花在清水之中洗濯挺立，江水上空飞翔着白色的鸥鸟。鲁仲连志在挽救齐国，商山四皓也是为了安定刘氏天下才入朝辅佐太子。古代的贤达之人真是伟大啊，千年之后仍然令人想念其美善之道。（《适志吟》）

这两首诗，一作于将要归隐之前，一作于归隐之后，其字里行间，皆充满佛道的虚无思想。世间评论张居正者，据此就说张居正告假归乡的动机，是由于不被重用，才渐渐萌生出消极出世的观念的。然而张居正真的是因为一时不被重用，才萌生出消极出世的思想的吗？请看一下他平日的人生观，以及归乡后的生活动态，凭此就可以证明这种论点的错误了。张居正平日的人生观究竟是什么呢？《明史》记述他的为人说：

张居正为人，勇于任事，自许为人中豪杰。（见《明史·张居正传》）

既然以“豪杰自许”，就可以知晓他的人生态度是积极向上的了；既然是“勇敢任事”，那么他必然不会因为一点挫折而灰心丧气。这如果通过他的自述来看，更能够加以证明。他的《答吴尧山言宏愿济世书》说：

二十年曾有一个宏大的心愿，愿意做一张草席，任人枕卧，任人屎尿，我绝无怨言。有想割取我的耳鼻以为己用的，我也会高兴地给他，何况一点小的诋毁呢？

《答湖广巡抚朱谨吾辞建亭书》又说：

我平生所学志在以心为师，不求人知，不只一时的毁誉，不会考虑，即使是关系身后千万年的是非，我也不会在意。

呜呼！不躲避屎尿，不考虑毁誉，不在意是非，这是怎样的一种积极态度呀？像这样的人，而说他因为一点小的挫折就灰心丧气，因为一时不被重用就萌生消极出世的观念，这谁能相信呢？因此我曾评论张居正，认为他具有积极用世的人生观。试就其一生的行事来说，他之所以能以一身关系天下的安危，是由于具有高超的抱负，独到的主张，以及做事的恒心，坚持的毅力。而所谓“恒心”，所谓“毅力”，则又全靠他有积极用世的人生观来加以支配支撑。以行舟作比喻：其抱负，其主张，是舟之本身；其恒心，其毅力，是舟的桨舵；其积极用世的人生观，是划桨操舵之人。如果没有划桨操舵之人，则虽有桨舵，船也无法前进；然而如果没有积极用世的人生观，纵使有恒心毅力，又能有什么办法使其抱负与主张最终付诸实践呢？观察张居正未入仕途之前，一方面用心于科举考试，谋求进升之道，一方面沉浸于古代典籍，以奠定志向树立的基础；及其入仕之后，更是从事于当代文物、法令、礼乐、制度的探讨和政情世务的研求。其心情急切、举止匆忙地一心钻研学问提升修养，难道不是受他积极用世的人生观所支配支撑吗？再观察他执政以后，不顾人们指责他独揽大权的毁谤，背负友朋的猜忌，冒着功高震主的危险，甘受不奔父丧的非议，兢兢业业，只求改革政策的推行，大义凛然，只求时势的转变，这些又怎能不受其积极用世的人生观所支配支撑呢？今日的张居正，是昔日的张居正造成的。将来的张居正，是今日的张居正造成的。昔日的张居正，已然具有此积极用世的人生观，将来的张居正，也仍然具有此积极用世的人生观；而说今日的张居正，突然因为一时的不被重用而萌发消极出世的观念，这相当于把他平日具备的人生观一下子全都毫不可惜地抛掉了。呜呼！发出此种论调的人，是把张居正看得多么低啊！

这只是就其平日的人生观来推论。如果进一步观察其归乡后的动态又是如何呢，《行实》有如下记述：

张太师身体素来虚弱，又厌倦游宦生涯，嘉靖三十三年甲寅，遂上疏告假还乡。请求得到批准后，归至乡中，选定了小湖山作为隐居之处，命僮仆挖土编茅，筑成一间仅有四五根椽子的小室，周围种竹半亩，养一只瘦鹤，整日闭门不出，外人很难见到他的面。只留几个小童侍奉洒扫，煮茶洗药。有时读书，或修养元神练习胎息，入静守意自我反省。久而久之，精气神日益强壮，于是更加闭门苦读，博览群书，贯穿百家，专心研究当世事务。大概那时的他只认为作为儒者就应该这样，其心就应该与泉石为伴，所以愈加地追求洒脱自由没有了用世之意。

此处所说的“栖神胎息，内视返观”“其心固谓与泉石益宜，翛然无当世意矣”数语，正可与上面所引的张居正的两首诗对照观看，这也大概正是有些人推测张居正萌生消极出世念头的依据。但这时的张居正果真是一心与泉石为伴，洒脱自由，没有用世之意了吗？看他同时自己又努力地“博极载籍，贯穿百氏，究心当世之务”，却是为何？世人哪有已然萌生出世念头，又积极为用世做准备的呢？这种说法是不通的。然而，显而易见，《行实》里面的论述，并未说中张居正这个时候的心事。接着，姑且再引张居正的一段自述，来一探究竟。张居正有《学农园记》一文，其中说道：

我少年之时苦于贫穷，家中没有多余的存粮，成年以后进入仕途，才有了数十亩田地。嘉靖三十三年甲寅，自己感觉身染重病，不能上朝议事，侍奉圣明的皇帝陛下，于是借病辞职，如果回乡后，还是继续来往于城市府衙，与宾客们应酬，只会增加病症的恶劣程度。于是就谢绝一切亲戚朋友，在自家田地中开辟出数亩，植竹种树，除草盖房，在其中睡卧休息。有时绕行于田间小路，与农父佣叟察看土壤的燥湿，比较各种谷物成熟的先后，观望云气，以预测一年收成的好坏。时常看见他们冒着风露，顶着烈日，一年到头的在田间忙碌，也仅是免于饥饿而已。一旦年成歉收，就可能卖儿卖妻使妻儿不得相见，而官吏催税，又急于救火，经常是逼得寡妇夜泣，流民潜逃，见到此我常常感到既哀怜又悲伤，既忧虑又心惊。或侥幸年成顺利粮食丰收，成熟的稻麦布满田野，每逢伏、腊等节令，村中老者高兴欢呼，相聚在一起感谢上天赐予的恩泽，这时的他们倒也是欣然喜悦，闲适快乐的。他们虽没有郄缺躬耕冀野时那么辛勤，也没有长沮、桀溺两人并耕时那么劳苦，但他们一年的吟咏歌颂、欢乐悲戚，全都维系在这农事之上。自己既然才能拙劣，缺乏宽宏的气量，只有勤力耕田，种出一些瓜果蔬菜，奉养父母，或许才能不致招来灾祸。况且种地这件事虽然低贱，但如果不去学习也无由知晓。于是在园门上挂一块写有"学农"的匾额，以申明知止知足之意。有人说："农事，是民生之本，周朝以农业建国，及其治理天下国家时，也自然应该以农为本，加强生产，节约费用，重农抑商，之后对人民的教化才能推行、兴盛。您同意这样的说法吗？"君子志向远大关注的是远者大者，小人志向浅近关注的是浅者近者。我辈小人，每天只忧虑一日两餐是否充足，又怎么还敢有其他的想法呢？我将来只想营建一处隐居之所安度余生而已。《诗经》上说："难得悠闲和自在啊，就这样了此一生吧！"

这是张居正刚退隐家乡后的作品。以张居正的卓越才智和奋发有为，却只能身居闲职，乃至无补于国家，称病退隐，这样其满腹牢骚，就不能不有所发泄。观看他在文章中所说的"才能拙劣，缺乏宽宏的气量""我辈小人，每天只忧虑一日两餐是否充足，又怎么还敢有其他的想法呢"等语，其一腔孤高愤慨之情，已经在辞章中显露了。但仍谨慎地关注于加强农业、节约费用、重农抑商等事，可见他虽然置身乡野，其心中仍未曾忘记要为治理国家规划方略。这篇《学农园记》以及上面所引述的两首诗里的话，只是他一时的愤激之词，并非是他放弃了平日积极用世的人生观，而突然萌发出消极出世的念头。至于他所说的“哀怜悲伤”“忧虑心惊”“欣然喜悦”“闲适快乐”，固然与大禹、后稷心念天下牵怀民生的心怀相去甚远，倘若与陶渊明先生登上东皋放声长啸的心情相比，也是迥然不同的。

如此，其自述就足以证明我的话了，张居正的其它文章里也有类似的表述，姑且再抄录一二段来阐明我的观点：

张子登上衡山后数日，心神忧愁，意念伤感，好像被什么东西击中似的，有所醒悟。说：嗟乎！人的心态是多么容易变迁啊？我上次来时经过长江，沿着汉口而往西，登赤壁矶，游览孙、曹交战之处，慷慨悲歌，感觉古今只在一俯一仰的瞬间。向北眺望乌林，为曹操的雄心壮志突然遭到挫败而伤心；向东远望夏口，为周瑜、诸葛亮的生而逢时而心生羡慕。遥想徘徊之际，不觉洒脱之气已自胸中流露。继而路过岳阳，见到洞庭湖的长涛巨浪，惊心动魄，胸怀之中从各处沾染的混浊之气，在此一瞬之间变得空净，从而生出网罗宇宙、物我齐观，吞吐万象、容纳八方的豪迈情怀。等到登上衡山，游览完幽深的洞壑，曲折的林泉后，忧虑减少，烦恼变轻，心境开阔，精神愉快，又觉得修身养性、悠闲自乐、远行游览、寻景探幽，也不是很难的事。……我今天所游历的各处风景名胜，与以往一样，但我的感情有时惊愕有时爱怜有时难以取舍，这该如何操控呢？于是知道以往那些愁苦的感情，全是虚妄，是我的心不能转化万物，反而被万物转化所致。过去了的仍要挽留它，与追逐某物而被某物改变了心志，是同样的谬误。世间必有某种不随外物而悲喜，能以混沌的感情无差别地对待万物的事物或方法，我怎样才能掌握它呢！（《游衡岳后记》）

此文当是告假归乡后病愈出游时所写。此外还有一篇《游衡岳记》的文章，记述了他出游的动机，说："我打算趁着现在身体健壮出去远游。即使不与汗漫相会于九天之外，也要遍游世间的各处名胜，纵目四望，开阔心胸，以完成平生的愿望。"张居正三十岁告假归乡，正是身体健壮的时候，而且除去这段时间外，他再也无暇四处远游，所以这篇文章的写作日期，应该就是这段时间。观察他游历赤壁矶、洞庭湖、衡山各处名胜，而生出种种不同的感触，这些各种不同的感触，在内心相互交织，最后忽然顿生出"不随外物而悲喜，以混沌的感情无差别地对待万物"的感悟。我个人以为这正是张居正对于人生获得的更深一层的认识，而他平日之积极用世的人生观，也因此而取得更进一步的发展。为什么这样说呢？请各位让我把话说完。张居正才智卓越，奋发有为，却一直没有获得一展抱负的机会，完成其治理天下使万民都蒙受恩惠的夙愿，因此才暂时归隐，独自修养身心，这件事从张居正积极用世的观点来说，他必然会认为是一次严重的打击，其牢骚满腹，一腔愤慨，应该是他遭受打击后心理上的正常反应；况且此时的他精神修养还未能达到"以心转化万物"的境界，也就难怪他会感到胸中愁闷，气愤难平了。若非经历这一场远游，开拓了他的感悟，扩展了他的胸襟，那么他在精神懊恼、灰心丧气之际，即使不沉沦于“修养元神练习胎息，入静守意自我反省”的消极生活，走上清静无为、放荡不羁的道路，但他一时的愤慨，也必然会深深影响其他平日积极用世的人生观，减退他积极有为的兴致，这样他若还想保持心怀万民的情怀，用心研究当世的事务，绝对是不可能的事了。然而在他游览名山大川以后，心灵竟然一下开阔了许多，而且顿生出“不随外物而悲喜，以混沌的感情无差别地对待万物”的感悟，于是这种感悟和以往的难免于“心被外物转化”，一同升华为“万物随心转化”。观看他在《七贤咏》的序文中所说的，就可以知道到自从经历这次开悟以后，其心已不受外物束缚，对事物而能作超然物外的观察分析了。其文说：

我常感叹地以为精深玄妙之人，很看重自我的适意，行事但求清白质朴，不求与人相同；所以纵然是一生都受到毁谤和猜忌，对于独行其道的人来说他也不会感到后悔，纵然其才能和智慧一千年也得不到展露，对于洁身自好的人来说也不会感到苦闷；他们都是身心惬意，无拘无束，而超然世外的人。

从他心理变化的方面来看，这自然不是消极出世的感想，而是超然物外的胸襟。必当具有这样的胸襟，然后才能不以加官进爵为喜，斧钺加身为惧，才能打破得失毁誉的关头，养成特立独行、百折不挠的人格，也只有这样才能与诸葛武侯所说的“淡泊以明志，宁静以致远”，与孟子所说的“富贵不能淫，贫贱不能移，威武不能屈”，相十分接近。至此他的精神修养，才算到达登峰造极的地步，而他平日积极用世的人生观，经过这精神修养的洗礼，也才算更加地趋向积极。所以，在此情况下，一经其父的激励鼓动，他就幡然醒悟，再次决定出山，重新进入仕途，乃至以后重新受到明穆宗的赏识厚待，享受三公的特殊荣誉，自此更是一心为公而忘却私事，为了国事不顾家庭，凭着超然物外的胸襟，造就匡正时局、辅助君主的事业。

张居正自归隐到复出这段时间，其人生观不为环境所转移的情形大致如此。将他与那些稍微遇到一点挫折就灰心丧气，就萌生消极出世的思想而自甘废弃的轻薄少年相比，又怎可同等看待呢？日后他最终能卓越地有所树立，跻身于大政治家的行列，是有原因的，有原因的啊！

# 第七章　执政前之张居正(四)
## ——再起时代

张居正重新出山，是在嘉靖三十九年（1560年）。入朝觐见后，立即担任右春坊右中允，并兼任国子监司业。当时高拱正任国子监的司成，与张居正一起利用教导完学生的闲暇时间，从事政治学的研究，于是两人交往甚欢，彼此之间以建立宰相的功业相期许。过了两年，严嵩被罢相，张居正因徐阶的举荐，充任《承天大志》副总编，八个月而完成稿件，其中的纪和赞都是出自张居正的手笔。由于此，张居正受到世宗的赏识，不久升任右春坊右谕德，兼任裕王的讲师。裕王，是穆宗朱载垕未登基之前的封号。张居正既然成为穆宗的老师，而且穆宗又深知他的才能，这就为他日后的被破格提拔准备了机会。那时高拱也同在裕王的府邸任讲官，两人的交情于是更加深厚。嘉靖四十五年（1566年），高拱也因为徐阶的举荐，以礼部尚书的身份进入内阁参与国家机要事务的讨论。徐阶与高拱二人，平日对张居正都很期许，现在二人都在内阁，有识之士都能够断定张居正早晚会被重用。这年冬天，世宗驾崩，穆宗登基。张居正因为是穆宗作藩王时府邸的旧臣，而倍受礼遇和敬重，竟然一跃而成为礼部尚书兼武英殿大学士，自此与徐阶、高拱共同参与国家机密的讨论，俨然成为政治舞台的中心人物。然而没过多久竟然传出徐阶与高拱关系变坏、互相仇视的消息。先前世宗常住在西苑，内阁大臣的值班房在苑中，高拱也把家搬到了距值班房比较近的地方居住。一天，世宗皇帝生病，却误传成已经驾崩，高拱就立刻把家里的器物全部搬出。开始徐阶非常亲近高拱，将他引入内阁，然而高拱却因为骤然显贵，盛气凌人，多次触犯徐阶。给事中胡应嘉，是徐阶的同乡，曾经弹劾过高拱，高拱疑心胡应嘉是受了徐阶的指使，从而对徐阶十分不满。世宗驾崩，徐阶起草遗诏，所有斋醮、土木、珠宝、织物一律免去，当年因“大礼仪”案或言事获罪的大臣全部平反，诏书颁布，朝野上下都为之感激流泪，只有高拱、郭朴因为徐阶没有与他们共同商议，心中不乐。而且徐阶起草诏书时，唯独与张居正商议，对于这点高拱心中最是气愤。等到穆宗继位后，高拱因为是穆宗府邸旧臣的关系，更是多次与徐阶对抗。隆庆元年（1567年），胡应嘉因救助考察被罢免的人而被解职，言官们认为这是高拱借着私人恩怨驱逐了他，争相上书弹劾高拱。在高拱上疏自辩时，徐阶虽然进行了安慰挽留，却没有追究言官们的责任。高拱愈加愤怒，与徐阶在内阁大吵了一架。高拱指使御史齐康弹劾徐阶，说他的两个儿子经常与人私下交易，以及家人横行乡里的罪状。徐阶上疏辩解，乞求告老还乡。于是言官们再次争相上疏弹劾高拱，高拱不得已，称病辞归乡里。在徐阶、高拱二人关系恶化的这段时期，张居正并没有参与他们之间的争斗，但以他和二人交情的深厚，他是很难超然事外的。见到高拱归去，他又不能相救，其精神上的痛苦，是可想而知的。高拱被罢职后不久，徐阶也因张齐的弹劾，乞求告老还乡。李春芳代替徐阶成为首辅，张居正与陈以勤同居次辅之位。张居正的官阶虽然进升，但他最引以为知己的师友，却因为不能相容而先后离开朝廷，张居正难免会有孤立无依的感觉。

张居正以侍从旧臣的身份进入内阁，为报答穆宗的知遇之恩，知无不言，言无不尽，于是在隆庆二年（1568年）八月呈上一份名为《陈六事疏》的奏疏。这是张居正发挥政见的第一声，他当时的抱负及日后的建树，都可以由此而见其大概，足以与荆国公王安石的《上仁宗皇帝言事书》相前后辉映。现全文抄录，并略加解说，以供世间学习政治的人参考。

臣听闻帝王们治理天下，有根本的准则，有紧急的事务。正心修身，建立中正之道作为臣民的表率，这是治理国家的根本；审察事机，揣度形势，改革制度，安定人民，这是匡正时弊的紧急事务。根本虽然树立，而不能改革制度，完善统治，这就像琴瑟之声不和谐，如果不换掉琴弦，重新安上，还是无法弹奏。陛下您自继位以来，端正身心，修养品德，重视教育，勤于政事，恳切诚挚地一心敬奉天地、效法祖宗，践行节约用度、爱护百姓的事务，这就已经为治理好国家建立根本了。但是近来风俗人情，沿袭不变，百弊丛生，已出现颓靡不振的征兆，积重难返的势头，若不稍加改革，恐怕很难革新天下人的耳目，统一天下人的心志。臣未估量自己的蠢笨浅陋，日夜思考，郑重地想出一些适合当前时势的建议，整理为六件事情，开诚布公地上疏陈奏，以备圣明的您选择采用。臣又自以为我侥幸以经术得到您这样的圣主的厚爱，成为辅弼之臣，朝夕与同僚大臣们恭敬和谐地相处，凡有所见，自然可以随时随地地进言献忠，似乎不必再上什么专门的奏章。然而臣愚昧，私下认为皇上怀有奋发有为的志向，但平时却像深渊一样静默隐藏，大臣们无法窥测您的心意，并且天下的人民也都希望您能把国家治理得完善，可是长久以来旧的习俗沿袭不变，很难找到下手治理的方向；所以，我大胆地不做隐藏，披肝沥胆，上疏奏事，希望借此宣扬您的恩德而统一众人的思想，并非有什么其他的目的。诚心期望圣明仁慈的您能俯察借鉴，颁赐施行，这会让天下人感到非常荣幸，也会让愚臣感到非常荣幸！

（按）“社会变化了，事物也随之变化；情况改变了，处世行事的方式方法也要相应改变”，“圣人不期望照搬古法，不死守陈规旧俗，而是根据当前社会的实际情况，进而制定相应的政治措施”（《韩非子·五蠹》），这是法家的基本观念，也就是今天西方哲学家们所提倡的适应环境革旧维新的学说。时至今日，这种学说已然家喻户晓，妇孺皆知了。但在古代，儒士们受尊古思想的迷惑，普通人习惯于因循守旧的风俗，常常把保守当作美谈，将改革斥为邪说。纵观历史典籍，除法家诸人以外，能站在儒家立场，采用法家的精粹学说，勇敢地以革旧维新为己任，终身践行而毫不懈怠，不顾生死而坚持不渝的，在宋朝有王荆公，在明朝有张居正，上下四千年，也只有这二人罢了！王荆公上书宋仁宗，说：“现今的时代，距离先王的时代已经很遥远了，所遇到的变化，所遇到的情况不一，而要想完全采用先王的政治制度，即使是最愚蠢的人也知道是很困难的。”（《临川集·上仁宗皇帝言事书》）张居正上书穆宗，则说：“审察事机，揣度形势，改革制度，安定人民，这是匡正时弊的紧急事务。根本虽然树立，而不能改革制度，完善统治，这就像琴瑟之声不和谐，如果不换掉琴弦，重新安上，还是无法弹奏。”呜呼！他们二人，所处的时代不同，所持的政见不同，但他们不愿守旧，力主革新，慷慨地以天下为己任，勇敢地推行改革政策，其奋斗进取、坚韧不拔的精神，却是先后一致，完全吻合，值得人们无比崇敬赞叹的！但从当时的社会状况来看，因循守旧，玩忽职守，苟且偷安，习俗承袭，已经有很长时间了；一旦有人劝其振作，让其变更，他们之中很少有人不皱眉痛恨、厌恶躲避，甚至群起而攻之的。这就是王荆公终究会到得罪当世之人，张居正更因此受到同僚小人攻击的原因。其实，他们二人也不是不知道，他们的改革学说，会引起世人的反感而遭到反对，所以他们在揭示革旧维新学说的时候，仍以敬奉天地、效法祖宗为依托。他们之所这样做，是在借效法祖宗的虚名，推行维新的实际，以缓和世人的反感，消除阻碍。言辞越委婉，他们的用心就越良苦。然而纵使如此，也还是不能堵上反动派的口，而避免受到攻击，乃至最后荆公在生前遭到放逐贬谪，张居正在死后遭到清算罪责。世人不明察，仍是抓住他们一两个小的缺陷，斤斤计较，议论短长，致使二人忠君爱国的热忱，无法大白于天下，几乎埋没千年。这是多么地让志士为之寒心，英雄为之气短啊！唉，可惜呀！

逐项开列：

一是减少议论　臣听闻天下的事，思虑贵在周详，践行贵在尽力，与众人商议，自己下决断。汉代的大臣申培说：“为政不在于多说话，而是要看实际行动怎么样。”臣见到近年以来，朝廷上下，议论太多，或一件事甲说可以乙说不可以，或一个人早晨被誉为子路晚上被贬作盗跖，或前后不觉相反，或毁誉自相矛盾，是非混淆于议论，取舍取决于爱憎，政令纷乱变更，事情没有统一的标准。又经常见到都督巡抚等官，刚到一个地方，就依照惯例呈上一道奏疏，或胡乱地谈几件事，或请求调动几个官员，文采华丽，辞藻工整，阅读者常被弄得晕头转向，其实文章大意不过是说这个人有才华，或那个人用于做事而已。实际上，他刚到任，地方的利弊怎么能够探察得周详？属下官员的贤能与否怎么能够洞察得明晰？不过是探听了众人的议论罢了。读其文章，虽然灿烂华丽，寻其主旨，却漫无边际，词不达意。等到时间一久，可能连他自己都忘了自己说的什么了。就像去年皇上因为贼寇侵犯边境的事，特意下令召集群臣商讨防备之策，那时，各种言论充斥朝堂，很多策略都被提出；现在将近过了一年了，那些言论、策略果真都全部采用、执行了吗？即使有所执行果真都有实际的效果吗？再如蓟镇的事情，最初提建议的人说：我打算怎么样怎么样。主事的人也说：我打算怎么样怎么样。但没过多久，就出现将领之间不能相容，兵士在军队中哗变，不同的意见蜂拥而起，多种谣言纷至沓来的现象，于是又纷纷出现停止练兵的言论。臣个人以为，事情没有全部有利的，也没有全部有害的，人各有自己的长处，也各有自己的短处；关键是能权衡利弊的多少，斟酌其长短给他安排适合之处，这样交给他的任务指定他做的事情，他才能尽力完成。现在，开始时考虑还未周详，就听信人言骤然实行；最终又因坚持不定，听信人言而骤然罢止。再加上人们因喜爱和憎恶互相攻击，胡乱地发表意见，有些诽谤能略微地切中事理，有些诬蔑却又没有一点根据，于是导致探寻者找不到方向，听取者晕头晕脑。每个人都怀着猜忌之心，一有动作就被视为欺诳，像这样只是虚度了岁月，成功是很难见到的。古语说："指手画脚的人多了会扰乱人的审察力，议论的人多了会扰乱人的判断力。"这是当今最大的忧患。诚心希望皇上从今以后，励精图治，掌握处事的主动权，扫除不切实际的空话假话，寻求付诸实践的实际效果。想要做成某件事，之前一定要加以审察，务求妥当，等到考虑周详后，必须马上行动，这就得像唐宪宗决定讨伐淮西、蔡州时，虽有人想方设法地阻挠，也不为之动摇那样；想要使用某个人，开始之时一定要慎重，务求能力相符合，等到选定人才之后，就要完全信任他，这就得像魏文侯任用乐羊，虽然诽谤的奏疏堆满桌案，而终不为之动摇一样。再乞求皇上下令嘱咐部院等衙门，以后应该体察朝廷减少事务、崇尚实效的意思，一切奏章务必简要切实，是与非、可与否要明明明白白地直接表达清楚，不能相互推卸责任，只说空话，不办实事；大小官员，也应该各自秉持公正，以诚心正道相处，以提升职业技能为务，远离轻薄，归向忠厚，崇尚质朴，减少修饰；或许这样才能把国家治理得兴盛，使风俗得到变更。恳求您做出圣明的裁决！

（按）张居正，站在儒家的立场提倡法家学说，并全力推行之。法家最重视功利主义，因此不崇尚说空话，而只求实际效果，比如韩非子就曾说"大臣陈述其言，按照其言委派他任务，然后按照其任务责求他有所成就”。（《韩非子·二柄篇》）明穆宗承接世宗之后，刚一即位，就废除斋醮，屏退术士，表面上好像是对世宗行为的拨乱发证，然而当时大臣和百姓们对于道教，久已习惯，跟风崇信，长期积累，已然难以改变。而道教不重功利，又恰好与法家相反。在当时外患深入、内政废弛的状况下，士大夫们却只会讲空话假话，对现实不起丝毫作用，这样下去很难不重蹈宋朝人议论未定，金兵就已渡过黄河的覆辙。张居正心怀忧患，所以先以扫除空言、追求实效劝说。看他所说的“想要做成某件事，之前一定要加以审察，务求妥当，等到考虑周详后，必须马上行动，这就得像唐宪宗决定讨伐淮西、蔡州时，虽有人想方设法地阻挠，也不为之动摇那样；想要使用某个人，开始之时一定要慎重，务求能力相符合，等到选定人才之后，就要完全信任他，这就得像魏文侯任用乐羊，虽然诽谤的奏疏堆满桌案，而终不为之动摇一样”，就可以看出他对于用人、为政之道，确实是非常了解，很有把握。假如君主能依他的建议施行，又何愁用人不当、事不成功呢？即使这样，我也不能不因此生出一番感慨。今天谈论民族性的人，常有这样的话：“美利坚，是说了就做的民族；英吉利，是做了才说的民族；像我们中国，是只说不做的民族。”呜呼！假使这句话真是正确的，那么我们民族在这个急功近利的时代，凭借什么才能与人争一日之长短呢？因此张居正所提的这些建议，不应该只有明穆宗诚恳地铭记于心，但凡今日拥有用人、行政之权的人，也应该将之写在腰带上牢牢记住以时刻作为警戒。

一是整顿法纪　臣听闻君主以一身而居万民之上，统治广阔的四海，因此能使天下的人民都遵从其教化法令，整齐划一而不乱，这就是法纪。纲犹如网上有绳，纪犹如丝线有结扣。《诗经》说：“勤勉不已的我的君王，依照法制治理天下。”这是君主的权柄，一天也不可授予他人。臣见到近年以来，制度不严，法度不行，上下只是苟且求安，事事不过推诿谋私。把模棱两可看作居中调停，将委屈迁就视为善于办事。法制只对平民百姓起作用，而强横跋扈的人即使破坏法律、触犯制度也对他无可奈何；礼只对朝廷之人有约束，而底层民众即使违背义理、僭越名分也都恬不知耻地无所畏惧。法纪废弛的风气渐渐形成，指挥灵便的局势难以调用。贾谊所说的脚掌反转不能走路的病，很值得深虑。然而人们已长久地习惯于此，突然加以整顿，必将有人说这是违背人情的做法，又必将有人说这是过于严酷的做法。请让臣略加解说。曲从私情与顺从人情，名称相同而实质不一样；整顿与严酷，事情好像类似而功用却不同。大体来说，顺从人情，是根据人们共同的愿望而施行，这就是《大学》里所说的“老百姓所喜欢的就大力提倡、发扬，老百姓所厌恶的就予以抵制、杜绝”。如果是曲从私情，则会不顾是非，不顾此事是否可行，而是一味地方便人而已。整顿，说的是整齐严肃，向民众宣示法令，使民众不敢触犯，这就是孔子所谓的“用道德引导他们，用礼制同化他们”。如果是严酷，则为严刑峻法，只会不合理地虐待、差使人民而已。因此人情可以顺从但不能曲从，法纪应当严厉而不应当残暴。希望皇上努力做到独自掌握决策，对事物都能明察秋毫，宣扬法纪以整肃群臣百姓，独揽大权而矫正各种制度。施加赏罚一定要遵循公道，不可曲从于私情；政策号令必须由皇上亲自决断，不可因轻浮的议论而随意变更。法律应该惩罚的，即使是贵族近臣也不能宽恕；事有冤屈，即使是低贱之人也必须让他申诉明白。还希望陛下下旨令都察院核查嘉靖初年所制定的法纪制度，重新加以告诫，坚持公道，整顿风俗法纪，以助成皇上勤勉努力、励精图治的心愿；这样差不多也就可以做到让体制严正，树立朝廷尊严，而百姓们都遵纪守法了。恳求您做出圣明的裁决！

（按）法纪，是法治主义的核心，不只有法家重视，但凡研究政法的学者，也无不奉为金科玉律；又难道只有专制国家重视而已吗，但凡民主国体的国家，也无不将之作为治理国家的关键事务。法家说："所谓法，就是由官府明文公布，赏罚制度必须合乎民心，对于遵守法令的人给予奖赏，而对于触犯法令的人进行惩罚。"（《韩非子·定法篇》）又说："言行不符合法律的一定要禁止它。"（《韩非子·问难篇》）这都是有关法纪的学说，不懂这些就不足以谈论治国的道理。张居正目睹当时法度的废弛，因此请求整顿法纪，其关键在于"人情可以顺从但不能曲从，法纪应当严厉而不应当残暴"；"法律应该惩罚的，即使是贵族近臣也不能宽恕；事有冤屈，即使是低贱之人也必须让他申诉明白"。简而言之，就是说法治应当既公平又严峻罢了。《韩非子》说："确实有功劳，即使是低贱、被疏远的人，也一定要赏赐；确实有过错，即使是亲近、宠爱的人，也一定要责罚。"（《主道篇》）商鞅更是发挥了这种理论，说："所谓统一刑罚，就是量刑不论人们的等级，从卿相将军到大夫平民，只要有人不服从君王的命令，违反国家的法律，破坏国家的制度，即使犯了死罪，也绝不能赦免。有些人，虽然以前曾经立过功，但是后来做了坏事触犯法律，在量刑的时候，不能因为他曾经立过功就减轻处罚；对于那些以前做过好事，但后来却有了过错的人，在量刑的时候，不能因为他曾经做过好事就破坏国家的法律，减轻对他的处罚。在治理国家的时候，如果那些忠臣、孝子有了过失，就一定要根据他们所犯过失的大小来定罪。在那些掌管着国家法律、肩负着国家职务的官吏中，如果有人不执行君王的法律，就应该判处他死罪，绝不能赦免。”（《商君书·赏刑篇》）这是法治贵在公平的学说。《韩非子》又说：“严刑，是民众所畏惧的；重罚，是民众所厌恶的。所以，圣人设置了民众所畏惧的严刑来禁止奸邪；设置了民众所厌恶的重罚来防备奸诈，因此国家才会安定而暴虐作乱的事也才不会发生。”（《奸劫弑臣篇》）又加以发挥说：“用重刑能制止的，用轻刑未必能制止；用轻刑能制止的，用重刑也一定能制止；因此君王设置重刑后，奸邪全都得到制止；奸邪全都得到制止，于人民有什么损害呢？所谓重刑，就是奸人通过非法途径获得一点小利，君王也要给予他很重的惩罚；人民不想因为一点小利就蒙受大罪，所以奸邪能被制止。”（《六反篇》）这是法治贵在严峻的学说。这些言论，与张居正所说的，正好可以相互阐发，而为法治主义的最高准则，即使是当今时代推崇法治的西哲们，又还能增添什么呢？左丘明说：“国家的衰败，来自官员的邪恶；而官员丧失道德，是由于受宠而贿赂公行。”（《左传》鲁桓公二年）不整顿法纪，其所造成的流弊，不到亡国败家的地步不会停止！治理国家的人又怎能不多加留意呢？

一是重视政令　臣听闻君王是主掌政令的人，大臣是执行君王的命令而传达给百姓的人。君王不主掌政令，就没有威严；大臣不执行君王的命令而传达给百姓，就没有法度，这是大乱的途径。臣曾看见旧日的规矩，凡各衙门的奏章，奉旨办事，有“某部门查看以后回报”字样的，必定是紧要事情，重大事务；有“某部知道”字样的，虽然过程稍微缓慢，也必定会核查事务，若是关系到各地方民情利弊的，该衙门应该自行根据事情的缓急而斟酌，依次上本答复。至于皇上特意发下敕书晓谕的，又与平常不同，更应当加快执行，不让事情留滞。大体来说，天子的号令就像风雷，如果风不能动，雷不能击，那么自然界运转的枢纽就会停滞，乾坤的作用就会止息。臣私下见到近日以来，朝廷的诏令、圣旨多搁置不实施，各部抄录以后，一概搁置不行。有的已经过皇帝的亲自批准，也一概看作废纸，有禁不止，有令不行。至于应该勘查应该报告、奉旨下去办事的人，各地方官尤其迟缓，有勘查一件事而几十年犹未完成的。文件堆积，很多案件遭到埋没，作证之人，因时间太久半数已然去世。年月久远，事情多数已变得失真。于是，导致有的人漏网潜逃，国家的法律难以伸张正义；有人的像覆盖的盆子一样处在困苦的境地，长怀不能申诉的冤屈。这样，是非怎么会明了，赏罚怎么会得当呢？恳切地希望您能给各部院等衙门下旨，一切大小事务，既然奉有皇上的圣旨，就必须在一定期限内上本回复。如果是事理清晰、显而易见的事，就应该依据情理立刻裁断，不能推给巡抚、巡按处置，以致耽搁、迟误。那些需要结合议论查问相关人员的，也要根据事情的缓急、路程的远近斟酌估量，责令他尽快上奏回报，主管部门设立簿册，登记注销。如果有超出期限不上奏回报的，依据实际情况查处、参劾，以违反规定之罪给予他处分。吏部能以此来考核官员的勤劳懒惰，以之作为贤与不贤的标准。然后人人都会想着各尽其职，而事情也就没有积压了。恳求您做出圣明的裁决！

（按）法家的功利主义，既然不崇尚说空话而只注重实际效果，那么对于一切政令，自然必会力求加紧推行，以增强行政效率，其言说："国家治理混乱，不是因为它的法度混乱，也不是因为法度被废弃不用；国家都有法律，而是没有让法律一定实行的办法"（《商君书·画策篇》）讲的就是这个道理。因此"圣人知道事物的必然道理，知道根据时势的要求自己应该怎么做，所以能制定出一定会成功的政策，能鼓舞百姓勇敢地参加战斗，能推行让人们都执行的命令。"（同上）如果有蔑视而触犯法律的人，则死无赦。因此"破坏法令者，处死；增添法令者，处死；不执行法令者，处死；扣压法令者，处死；不服从法令者，处死"。（《管子·重令篇》）能推行如此严峻的法令，则要依赖独裁。所以法家又说："见了事物能独立判断的叫做眼光明亮，听了事情能独立判断的叫做耳朵灵敏。对于事情能独自决断的，可以做天下的君王。"（申子语）这是法家法治精神的依托，没有它也就不足谈论法治了。张居正对此心知肚明，所以对当时玩忽职守、蔑视法令的情形，不遗余力地进行批判，而以"一切大小事务，既然奉有皇上的圣旨，就必须在一定期限内上本回复”来纠正，要求事情不能“积压”。政令积压得多了，就会百事废弛，法纪混乱，国势不到无威信无法度乃至天下大乱的地步不会停止，还哪里谈得上有行政效率呢？张居正深知衰乱的根源在哪里，所以本着功利主义的立场，全力以考核官员功绩来上疏劝说皇帝，希望借此拨乱反正，其用心良苦，实在远远超过常人。无奈乱势已成，积重难返，若想“铲除强暴，杀尽凶恶，剔除奸邪，改革旧政”，实在有“不得已而使用威严”的必要，这是日后张居正之所以将法家思想揉入儒家，希望借严厉的威严以挽回懈怠懒慢之颓势，而最终难免被人讥刺为“手中权力之大几乎令君主震恐”的缘由。真令人感慨不已啊！

一是核查名实　臣听闻君主驾驭臣子的方法，赏罚取舍而已。若想赏罚取舍得当，必须综合核查名声与实际是否相符。臣常常见到朝廷欲选用一个人时，主事者往往有人才匮乏的感叹。我认为古代的人才与今代的人才相比才能相差不远，君主掌握任用、罢免、给予、夺取的权力，以此来驱使天下的士人，何愁而寻不到人才呢？却说世间无才可用，臣不相信。这只是因为名声与实际未能用心考核，选择人才未能精细鉴别，所用之人没有用在急需之处，所选之才的任命并不是他们想要的，这样士人的爵禄就不丰厚，一些人也因之心怀侥幸，牛与千里马一同驾车，二者都会疲惫，乐队一起吹奏，很难辨别工拙，这样人才怎能不缺乏，事情怎么能得到很好地解决呢？臣请求简略地概述一下：器物必须使用而后才能知道它是钝是利，马必须驾驶而后才能知道它是好是劣。现今使用人才却不这样，衡量一人的才能，不用让他办事的方式去试验他；交给他事务，又不考察他的业绩；等到他办事失败后，又未必会公正地给予惩治；质朴老实、敦厚持重的被人讥讽为无用，而言辞浮夸、不切实际的凭虚张声势窃取名誉；洒脱正直的因违背流俗而落落难合，阿谀逢迎的因钻营谄媚而改变身份。有的人其才能虽然可用，却因为地位卑微而被忽视；有的人根本没什么才能，却因为名声在外而备受尊重。有的人因做过一件善事，就一生作为自我炫耀的资本；有的人因犯过一次小错，就一生都被众人责备诟病。再加上官员不能在某地任职太久，朝廷不考核业绩，调动过于频繁，转任过于太快，选用讲究资历，以致人们对官员的毁誉评价不与事实相符。并且近来又有一种风尚：士大夫每每声称，要放下自己的本职工作，思考自己工作范围之外的事情，上疏进言，连篇累牍；等到核查他的本职工作，则他又糊涂不清。主管钱粮的不核对开支收入的数目，掌管刑狱的不熟悉法律条文，官吏失职，事情如何做得成？凡是这些都是所谓的名声与实际不相符合。这样那些具有真才实学的人，怎么能够得到进升？而文武百官、各级部门对于自己的职责，怎么能够恪尽职守？因此臣愚妄地以为没必要担心世间缺乏人才，值得担心是缺少使用人才的方法。如果方法得当，则全天下的士人，都会任皇上随心所欲地使用，无不响应。臣希望皇上能慎重地使用人才，珍视爵位和赏赐，用人一定要考察他最终的业绩，委任必须看准是适当的人选。有功于国家的，即使赏赐千金、拜相封侯，也不要吝惜；无功于国家的，哪怕一个微笑，一件破衣，也不要轻易赏他。再乞求您颁布圣旨命令吏部严格考核之法，审核名实所归。依照祖宗旧制，凡是京官三年期满，地方官六年期满，都不得随便连任，滥施恩典，吏部必须明白开具“称职”“平常”“不称职”等以评出等级、优劣。如果功过不显著，无法立刻进行赏罚的，乞求将诰命、敕令、勋爵、阶品等项斟酌考量之后再决定是否给予或削减，给予或削减时要稍稍做一些变动，表示激励或劝勉。至于任用、罢免、进升、降职，一律以实际的功绩为标准，不要被名声所迷惑，不要只讲求资历，不要因外人的毁誉而动摇，不要掺杂个人的爱憎之情，不要因一件善事就断定他的一生，不要因一件过错忽视他的大节。在京城各衙门里的副职，必须量其才能授予他适当的职务，平时要要求他恪尽职守辅佐长官；如果长官的职位空缺，就以副职补替，不必另找其他官员。其属下的官吏有熟练政务、用心职守的，九年任满，也可依照吏部的考评授予京官之职，级别高的可转任本部的尚书、侍郎。其他品级较低的小官品级相同的，不必相互调用。各处巡抚果真在某地时间较久且治理得很好的，可以就地增加俸禄，不必再调往其他地方。布政司、按察司里的官员，如果做参议久了，可以直接升为参政；做佥事久了，可以直接升为副使，不必在各部门间调来调去，徒增麻烦。这样，每个人都专门的职责，每件事都可要求他们操办成功，而且也不必担心人才的缺乏了。此外，如果有臣没有提到的，也乞求陛下您颁下圣旨命令相关部门，用心讲求，分条上奏陈述，恳求您做出圣明的裁决！

（按）法家借以推行其政策的是法令，借以执行其法令的是官僚（即今天所谓的公务员），而其官僚政治的基础，在于综合核查名实，以作为选贤任能、赏功罚罪的标准。综合核查名实，是法治主义最重要的基层工作。法家说：“朝廷有正经的臣子，国家有正经的风俗，人民有正经的产业。什么是朝廷正经的臣子呢？按个人能力接受官职，不欺骗上级，谨慎地施展其才能，不凭空领受国家的俸禄，这就是朝廷的经臣。”（《管子·重令篇》）这是官僚政治的基本。又说：“如果举用人才得当，就可以坐而治国，好处不可尽收。如果官吏不能胜任，即使奔走从事，他们所败坏的事情，也是很难补救的。并不是国家缺乏能够胜任的人才，而是君主的明察还不能够知道他们。所以，英明的君主总是认真地查访胜任的人臣。”（《管子·君臣篇》）这是要求在还未任用之前就应该做到综合核查名实。又说：“不是名副其实的士人，不许在朝中做官，因此即使官位有空缺，也无人敢于冒请。君王举办大事，臣下也就不敢以做不到的事情来骗取职位了。君主了解臣下，臣下也知道君主了解自己。所以，做臣子的也就不敢不尽心竭力、踏踏实实地为君主办事了。”（《管子·乘马篇》）这是要求在任用之后一定要综合核查名实。又说：“赏赐不施加于无功之人，刑罚不施加于无罪之人。”（《韩非子·难一篇》）“君主过度的赏赐，臣下就会苟且和侥幸，臣下白白地得到赏赐，功劳就不再尊贵了。无功的人受赏，财物就会匮乏，人民就会抱怨；财物匮乏，人民抱怨，民众就不会为君王尽力了。因此赏赐过度会失去民众，用刑过度民众就不再畏惧。有赏赐却起不到激励作用，有刑罚却起不到禁止作用，这样国家即使很大，也必定会有危险。”（《韩非子·饰邪篇》）“所以有权谋的君主，有功必赏以便人尽其能；有罪必罚以便禁止奸邪。”（《韩非子·外储说篇》）。这是借综合核查名实来实现赏罚的得当。君主对于臣下，鉴别选拔是如此的谨慎，考核是如此的勤勉，赏罚又是如此的严明，作为臣子又怎么会有不称职的呢？行政效率又怎么能不继续增长升高呢？这就是张居正此时上疏不得不急切地以综核名实进言，而将来执政以后更是以综核名实为第一要务的原因。即使如此，综合核查名实之说，自法家首次创立以来，历代的大政治家，像汉末的诸葛武侯。像宋朝的王荆公，像明朝的张居正，像近代的曾国藩、左宗棠诸人，一代一代继承发扬的，实在不乏其人；然而经过两千多年，我国的官僚政治仍未步入正轨，至今仍需要继续努力改进，这是为什么呢？答：由于未能把综合核查名实的政治思想，转化为具体的制度而已。制度，是思想的具体结晶，在政治上则是最有效最持久的工具。只有完善的政治思想，而没有完善的政治制度，作为实施的工具，那么其效果必然局限于一时，不能对后世发生久远的影响。孟子所谓“只有善德不足以处理国家的政务”，就是讲的这个道理。我国传统的政治思想，凡是能适应需求，产生实效，历经百年而无法替代的，无不是有具体的制度以为寄托。就从现今的五权宪法来说，检察权与考试权的独立，之所以不同于西方各国，而蔚然成为中国独有的政治特点，难道不是从历代相沿的御史制度和科举制度中借鉴而来并加以形成的吗？再反观官僚政治所凭借为基础的综核名实的思想，虽然其萌芽在两千多年之前，对它发扬光大的也大有人在，但比较西方各国的制度完备和成效卓著，仍不能不感到差距过大、远远落后，这也是未能确立完善的人事行政制度的过错。呜呼！张居正所陈述的关于综合核查名实的方法，意思并非不完善，言语并非不周详，但还是不免于“某人在任时他的政治主张就得到贯彻，当他离开时他的政治主张也随之灭亡”的结局，这只是因为他没有像斯达因、俾斯麦一样确立人事行政制度，以对后世发生久远的影响。既然如此，那么今日谈论人事行政的人，借鉴前人的过失，就应该急于谋求确立完善的制度，以用作巩固官僚政治的基础啊！

一是稳固邦本　臣听闻帝王治理国家，要想抵御外部势力必先安定好国家内部。《尚书》说：“百姓是国家的根本，根本稳固了，国家才能安宁。”自古以来即使是政治修明、社会升平的时代，也不可能没有外敌侵扰、盗贼盗窃的祸患。只有百姓安乐，家给人足，即使有外患，但国家的根本深厚坚固，也没什么值得忧虑的。只因百姓愁苦思乱，民不聊生，然后外敌、盗贼趁机而起。大体来说，过着安定生活的民众可以引导他们做符合道义的事，生活在乱世中的人们，就容易为非作歹，这是必然之势。尊敬的皇上您刚登上皇位，就先颁布免除赋役、赈济饥贫的诏书，百姓欣喜，如获重生；唯独去年因您即位的第一年免除天下赋税的一半，国家财用不足，再加边防开支重大，国库空乏，不得已的情况下才派出四个御史分别去督促税收，三都御史清查屯监，这都是一时权宜之计，为了缓解国家财用的急需，然而虽然如此百姓们也有因这种搜刮而苦不堪言的。臣近来听到外面的议论，都说不该做这样的事。只因派出的御史，看见百姓穷苦，也没有什么方法清查，只得将地方官库里的储蓄，全部拿出来赈济民众。以致各省官库空虚，遇到水旱灾伤，只能眼睁睁地看着百姓饿死而无法救济；两广地区的战事，供给的饷银不计其数，国库已无钱财可以支取了。这是国家财用还未准备充分就已经在开始耗损元气了。臣以为上天生养的财物，对于百姓和朝廷而言，都只有这么多。就像人，禀赋强弱，各有定数；善于养生的，只要节制爱惜，不因嗜欲而损害身体，就可以消除疾病而延年益寿。以前汉昭帝即位于武帝多事之后，国内虚耗，霍光辅佐，节俭省用，让百姓休养生息。推行数年，百姓安居乐业，国家的财用也得以充足。既然这样，想尽各种办法征收赋税，索取天下有限的财物而为害人民，何如用心于节俭省用，从自足之中求取钱财而使百姓丰厚呢？皇上自即位以来，凡各种斋醮、土木等奢侈过度的花费，都已停止革除，即使勤劳节俭的大禹，也不过如此。然而臣私下以为矫枉必须过正，当百姓穷苦、财用耗尽的时候，如果不彻底地加以节俭省用，恐怕于局势无救。恳切地希望皇上您能体念百姓生活的穷苦，对国家的根本施予恩惠，对于凡是不急的工程，征收办理无益的，一切停免，崇尚节俭朴素，先天下之忧而忧。再乞求您颁下圣旨命令吏部谨慎地选拔出一些好官，治理人民，郡守县令是否贤能及其政绩的高低，只以奉公守己、清正廉洁、诚心爱民为标准，这些必须待上级考核他称职后，才能破格提拔。如果只是善于奉承上级，整理文件，却没有一点实际的政绩施予百姓，虽然有才能和器量，也只能给他中等的考评。其贪污显著的，限定日期追回赃款，让他自行押送至边境缴纳，完成之日再处置惩治，这样不但惩治了贪污，也为充实边防提供了帮助。再乞求您颁下圣旨命令吏部用心探求财用困乏的原因，以及会产生怎样的弊端？今欲治理，有何方法？现今风俗铺张奢侈，官民的衣服住宅，都无限制。外有豪强兼并土地，赋役不均，经常将自己的田地伪报在他人名下，借此转移赋税，恃强不纳田粮，而是让小户佃农替他代缴。内有官府造假，欺骗朝廷，虚报冒领，奸人获利，有名无实。各衙门的官府钱粮，毫无盘查，假公济私，官吏们因此而滋生弊端。这些都是耗费国财、为害人民的大的方面。如果能清查出损害国财的方面而纠正它，则又何必向穷困的百姓索取，而自己耗损国家的元气呢？前面催促御史收缴赋税的事情完成后，就立即让他们回京，以后不必再派出去，加重地方的病患。那些派去清查屯监的都御史们是否应该取回别做他用，只要责成管理此事的巡抚巡按，叫他们用心清理而后决定即可，也乞求您颁下圣旨命令该部门从长计议，上奏定夺。以后朝廷上下只有清心省事、安静不扰，百姓的生活才能满足，国家的根本才能获得安宁。恳切地希望陛下您做出圣明的裁决！

（按）节省费用、爱护人民的学说，政治家们都能道出，儒法诸家的学者更是情深意厚地加以劝导，其意义十分明显，无须再阐述说明。张居正所处的时代，正是世宗骄奢淫逸之余，并且在贼臣严嵩聚敛搜刮之后，民众负担沉重不堪生活的局面已经很久了，若想矫正积重难返的弊病而巩固国家的根本，自然不能不以节省费用、爱护人民为第一要务；而他首先谈论奖赏廉洁、惩治贪污，则更是正本清源的方法。治国者固然不应该只是消极地从自我节俭中获取财用的富足，而是必须积极地从事于廉洁风气的提倡和培养。必须用法治来约束，努力使贪污绝迹，这样人民才能全都获得安居乐业，国家富强的基础，皆靠此来维系。

一是整饬武备　臣以为当今之事，最值得忧虑的莫重于边防。朝堂之上，应该日夜谋划的，也莫急于边防。近年以来，外敌的祸患日益加深，边疆的防备久已废弃。近来皇上多次颁下圣旨要求边疆守臣严厉整顿边防，人们心里都要奋发图强，一时之间督抚、将领等官，都声称得到了人才，当前的防御措施似乎也算大体完备了。然而臣以为外敌像禽兽一样，不重创他们一次，其侵扰不会停止。但战争是危险的事，不可轻易发动，必须从容谋划，用计策战胜他们。现今最好的策略，莫过于自行治理，其关键所在，就是皇上您先要奋发图强，确定志向；您的志向确定了，那些怀有忠诚、蕴藏谋略的士人，就可以在您面前效劳了。现今议论这件事的人都说：我们士兵不多，粮草不足，没有适合的人才做将帅。臣以为这三件事都不足以值得忧虑。士兵不担心少而担心弱。现在军队虽然缺少，但是各地的籍贯国家都有，如能按照籍贯征兵，查清冒认的现象，随机招募填充，加强实地训练，又何必担心没有士兵呢？削减那些无用的不急需的费用，合并到军费之中用以培养能征善战的军队，又何必担心没钱呢？设置重赏来劝勉有功的人，放宽文化资格而伸张将领的权力，这样那些忠勇的人，谁不会奋勇向前，又何必担心没有将领呢？臣所忧虑的，只是我国家之人没有奋发激励的志向，懈怠懒惰，苟且偷安，如此即使有兵士、粮草、将领，也恐怕不能有所作为。所以，臣希望皇上能够自己先确立励精图治的目标，坚定有所作为的志向，任用有智谋的臣子，推行实政，不急功近利，不忘记忧患，凡事周密计划之后再一步步地谨慎施行，不出五年，就可以消除外敌了。至于说到当前的防御策略，没有比选择边官将领，训练士兵，加固堡垒，让民众一起防卫堡垒，并时不时地选择精锐士兵，趁其不备去攻击他们更重要的了；这样即使外敌侵犯，也不会造成大的损失。这些建议昨日虽然已在内阁讨论过它的执行了，但我依然担心有些人会因为懈怠苟且、玩忽职守的时间太久，而只说不做地搪塞过去。恳切地乞求您颁下圣旨命令兵部严令各地边境的督抚，务必将边防事务落在实处，等到秋防结束的时候，要严查有没有实际效果，并大行赏罚；一定要使边疆各郡处处都有防备，外敌才不敢窥视侵犯。再依照祖宗时的旧例，京城的防卫军队有数十万，现今虽然没那么多，但也有八九万人，如果采用适当的方法训练他们，又怎么会全无用处呢？只是士兵们已养成骄纵懒惰的习气，法令难以约束，即使春秋操练，也仅是徒具形式而已。臣考察古代礼制，以及我朝先祖的旧例，都有大规模阅兵的礼制，以此来整顿武备，防御不测之事的发生。今京城内外，守卫薄弱，臣常为此感到忧虑。恳切地乞求您颁布圣旨命令戎政大臣严整军务，设法训练，每年或隔年的冬末春初、农事空闲之际，恭请皇上您亲自检阅，一方面可以检验将领是否贤能，另一方面可以检验士兵的勇敢与怯懦。发现技艺精湛熟练的应该分别给予赏赐，发现老弱病残不能胜任这项工作的马上予以淘汰更替。这样不仅使皇帝麾下常有数万精兵，也可以借此达到通过掌握兵权来控制政权的目的；并且这一举动，传扬出去，都知道皇上在用心扩张武备，整顿边防，借此也可以作为讨伐外敌的谋略，消除还未萌生的祸患，实在是转弱为强的一个机会。恳求您做出圣明的裁决！

（按）整顿军队，经营武备，原是治理国家的常规；思考预防，更是当时的当务之急。明朝自开国不久，北方边境就多次发生战祸，像成祖时有马哈木和阿鲁台的侵犯，英宗时有也先酿成“土木堡之变”，世宗时有小王子及俺答的战事；而东南沿海，倭寇更是时常出没，世代为祸边境。武备的废弛，国势的贫弱，是南宋以来的各朝所没有的。奏疏中所谓的“外敌的祸患日益加深，边疆的防备久已废弃”，虽是感慨之言，但也是当时的实际情况。张居正目睹时事的艰危，忧心时局，所以才会如此的语重心长。他说无兵无粮草无将帅不足担心，值得担心的是君主懈怠偷安，没有奋发激励的意志，真可谓之思虑周详而言语深切啊！至于他所陈述的防御策略，说“没有比选择边官将领，训练士兵，加固堡垒，让民众一起防卫堡垒，并时不时地选择精锐士兵，趁其不备去攻击他们更重要的了”，则尤其符合古人“以静制动以逸待劳”的主旨，与近代“避实就虚持久作战”的战术相差无多，清朝围剿捻军等，莫不凭此建立大功。只是他力主举行阅兵礼制，说既可以“检验将领是否贤能”，“检验士兵的勇敢与怯懦”，又能“作为讨伐外敌的谋略，消除还未萌生的祸患”，然而察验事实，很是讨厌他这种未能免除的书生纸上谈兵的习惯，而对于整顿军队经营武备的方法，显然是有所不知。君主亲自检阅军队，固然能够一时之间起到振奋人心的作用，然而终究不如对将士严格训练，这样才能在平日也起到整肃军队的效果。当时“士兵们已养成骄纵懒惰的习气，法令难以约束”，既然奏疏中这样说，那么这岂是一年一度照例举行的大阅兵，所能挽救的过失，所能挽回的颓势呢？这就是当时整顿武备终究必须依赖戚（继光）、李（成梁）诸名将的训练有方，而现代国民革命的初步成功，必然起始于黄埔军校的建立，抗战建国的非常时期，尤须注意集中训练的缘故。张居正只在举行阅兵的时候恭请皇上亲临，其意或许是在借此激发穆宗振作有为的志向，从而收取上行下效的功绩吧？如果不是这样，凭张居正熟悉军事，怎么会提出这种舍本逐末的谋略呢？

这道奏疏侃侃而谈，切中时弊，所陈述的各种方略，几乎无一不是救治时势的良药，而其根本主张，则在于将法家思想引入儒家，严厉推行富国强兵的政策而已。自荆国公王安石《上仁宗皇帝言事书》以后，不论就其本身价值而言，还是就其时代影响而言，这篇文章都可以推为名臣奏议中的巨擘，政治言论中的翘楚。只是穆宗为人，《明史》说他“宽恕有余，但不够刚正严明”，（见《明史·穆宗本纪》），归根究底也只是中等材质罢了。在他刚继位的时候，依赖有徐阶等顾命老臣的匡正、辅弼，才有停罢斋醮、废除土木、诛杀方士、体恤言官的诸般善政。等到徐阶离职，虽有李春芳、陈以勤等显贵近臣，仍未能多加辅助，陈以勤上疏陈述“谨始十事”，穆宗虽然觉得好却不能采用，不久又上疏陈述时务因循的弊病，也只是让都察院评议施行“惩治贪官污吏”一件事而已。（《明史·陈以勤传》）到后来科道官石星因为清晰地列举出节制饮食、专心好学、勤于政事、快速决断、虚心纳谏、不听谗言六件事作为进谏，而竟然触发皇帝的大怒，以至对他施加廷杖，并把他革职归家。（见《明史·穆宗本纪》，并见《明鉴》）看到这些，则穆宗是一个怎样的君主，就可想而知了。可是对于张居正的这篇奏疏，他却格外赏识，立即采纳，赞许为“深刻地切中时势，令相关部门详细评议后回复”（《明史纪事本末》卷六十一。并见《张文忠公全集》）。于是都御使王庭等议论并回复了整顿纲纪、重视诏令的相关事宜，兵部议论并回复了整饬武备、准备阅兵的相关事宜，户部议论并回复了巩固国本、节省开支的相关事宜，穆宗都一一批准施行，且定于明年九月举行阅兵典礼。于此可见穆宗对张居正的信任是多么深厚，后来张居正辅佐神宗，任劳任怨而死，没有其他的原因，只是为了报答穆宗的知遇之恩。

张居正的政治主张，固然已全被采纳，但由于当时的习气积累太深，一时之间不容易收到改革的实效。而首辅李春芳“力求使皇帝心志安静”，不肯稍作改变，这恰恰与张居正力求振作的主张相矛盾；位次相同的陈以勤也是碌碌无为，不作表现。张居正孤立无助，他的主张更是难以贯彻了。隆庆三年（1569年）八月，赵贞吉以礼部尚书兼文渊阁大学士的身份，进入内阁，参与国家机要事务的处理。赵贞吉“学识渊博，才华高超，然而性格刚直，爱意气用事，一举一动经常与人抵触；九卿大臣，有时直呼其名”。（《明史·赵贞吉传》）等到入阁以后，自认为是名流而处处领先，轻视张居正，呼为“张子”，谈论朝廷大事，就说：“这不是少年人应该知道的。”（《明纪》卷三十七）张居正也是以才气自负的人，受到凌辱，意气自然难平，再加自己的主张因此受阻，更加难以忍受，于是在这年的十月上疏请求起用高拱以压制赵贞吉。高拱素来与张居正友善，等到再次被起用，知道是出自张居正的推荐后，更是与张居正亲善。高拱

“性格刚强直爽，十分快意恩仇”（《明史·高拱传》），而赵贞吉也是以性子刚直著称，于是两人一遇到事就相互掣肘，张居正趁机借助高拱来压制赵贞吉，大概不这样做张居正的政治主张就无法施行，这与那些朋比为奸的人自然是大不相同的。隆庆四年（1570年）七月，陈以勤因病辞职，大概因为陈以勤与高拱是旧日的同事，与赵贞吉是同乡，而张居正又是他举荐的人才，自己估量无法在他们之间调停周旋，所以才坚决请求辞职归去的。同年十二月，赵贞吉因为考核科道官员的事情，与高拱更是水火不容，上疏争辩，又无法取胜，于是也辞职离任了。第二年五月，李春芳因为高拱要报与徐阶之间的旧仇的事，曾经从容地为徐阶辩解，引起高拱的不满；李春芳对此心怀不安，也请求告假归田。于是，高拱就成了首辅，而张居正为次辅。“高拱再次出山，专门报复徐阶，所提意见都是针对徐阶，想要加重徐阶的罪名，而皇帝仁爱温和，也不予以制止。徐阶的子侄在乡里十分骄横，高拱任命前知府蔡国熙为监司，登记查抄徐阶儿子们的财产，并将他们全部充军发配，高拱扼制徐阶的方法可谓无所不至。”（《明史·高拱传》）最初，徐阶离职之时，让他的三个儿子谨慎地事奉张居正。张居正与徐阶有师生情谊，并且他能入职内阁也是徐阶的引荐，对于徐阶的子侄自是不能不尽心监护。等到高拱使徐阶的儿子获罪后，张居正“从容地劝说高拱，高拱的心稍微被他打动，但是高拱的门客却诬陷张居正收了徐阶儿子三万两黄金的贿赂，高拱责备张居正，张居正面色改变，指天发誓，言辞甚苦，高拱于是向张居正道歉并说自己没有详细审察。两人的交情由此产生隔膜”（《明史·张居正传》）。等到神宗即位，冯保一事发生，二人就走向了决裂的道路。

张居正自三十六岁（嘉靖三十九年）重新出山，至四十八岁（隆庆六年）晋升首辅，前后共十二年，计算起来其在翰林院和供职内阁的时间各占一半。供职内阁的六年中，主要有封赐俺答为王并允许与明朝互市、主持辛未科会试以及在吏部慎重选录人才三件事，是其最为突出重大的政绩，我将在以下的各个章节详细陈述。文集中有《答上相师徐存斋（徐阶的字）书》，是隆庆五年（1571年）所作，最能显示张居正此时的心事，以及他对未来的希望，特抄录下来作为本章的结束。其书如下：

我的年龄今年已经四十有七了。苟且偷生，白吃俸禄，无所建树，每次感触时事，就会怅然若失。……在以后剩下的岁月里，只应当竭尽诚心，力求不辜负老师和国家的托付而已。……

# 第八章　张居正之柄政（上）

隆庆六年（1572年）五月，穆宗身体不适，召集张居正和高拱、高仪一同接受遗诏辅佐朝政。第二天明穆宗驾崩，明神宗继位，年龄才十岁。朝廷下诏令张居正察看大行皇帝（旧时皇帝或皇后初崩称为“大行”，此指穆宗）的陵墓。当时张居正和高拱因为太监冯保的事，嫌隙越来越深。等到张居正察看陵墓回来，高拱已经被冯保诬陷罢免。高仪不久也因病去世。张居正从此就以内阁首辅的资格，一人掌权了。

张居正和高拱原来互相十分投合，高拱得到再次启用，也是张居正所引荐招来的。自从皇后陈氏、皇贵妃李氏相继离位后，两人以志同道合的交情，继承周公、召公共同辅政的佳话，实在应该同舟共济，相得益彰了。无奈高拱蓄意报宿怨于徐阶，唯恐来不及控制徐阶。张居正无论为公为私，在当时情势之下不能帮助高拱落井下石。而高拱以张居正不肯轻易认同，最终迁怒到他。两个人的嫌隙最终激化，高拱自然不能推卸责任。至于冯保的事，就尤其以高拱刚愎自用而自招忧患，而促成冯保反咬一口。根据《明史纪事本末》（卷六十一）的记载：

当时太监冯保正在朝中掌权，假传大行皇帝遗诏说：“阁臣与司礼监一同接受临终遗命”。朝廷大臣听了都很害怕。一天内派人传圣旨到内阁。高拱说：“这话是什么人说的？皇帝年幼，都是你们做的，我要把你们都驱逐出去”。宦官回报，冯保因吃惊而改变神色，谋划驱逐高拱。

由此可知高拱的离去固然是因为冯保陷害，而冯保陷害高拱，又是高拱逼迫使其如此。高拱对于冯保掌管司礼监，当初因为讨厌他的为人，所以吝惜而不给，等到冯保假传诏令自己取得，高拱又想把他的权力收到内阁，接着又命令科道各官纷纷上奏弹劾冯保，想要用严厉的法令来处置他。冯保以一个宦官小人的身份，在这种威胁之下，怎么能不努力谋求自卫，一定要除掉高拱后才感到痛快吗？确实啊！正如陈鎏之言所说：

明朝宦官的权力，根深蒂固，一下子很难转移。高新郑（按：高拱是新郑人，所以用地名来称呼他）正值后宫掌权，君主年幼（按：指仁圣、慈圣两宫太后和神宗），帝王宫廷与官署相隔绝的时候，于是想夺取司礼监的权力，全部归到内阁，他的谋划本来已经十分疏阔了。更不用说不能驱逐冯保了；即使正好除去一个冯保，也一定会再用一个冯保。这些宦官鄙陋，怎么能比冯保贤能而被任用呢？而且切近之间，对抗过分激烈，那么就会发生类似“南宫之变”“甘露之变”这样的变革，令人寒心。高拱固执而粗疏，不能稳居其位是一定的。（《张文忠公全集》附录二《陈鎏重刻张太岳先生全集序》）

由此看来，那么高拱被驱逐，实在属于咎由自取，和张居正有什么关系呢？高拱既然因为徐阶之事衔恨张居正，在冯保之事刚开始就怀疑张居正和他相互勾结，等到他的党羽群起攻击冯保，又严密警戒不让张居正得知，是他们先用小人之心对待人，公开给张居正以难堪，又怎么能是张居正的过错呢？但看高拱欺侮张居正是如此的厉害，而张居正在王大臣的案件中，还亲自极力为高拱辩解，才得以幸免于株连；当高拱已死，又靠张居正的极力请求，才得以平息神宗的怨怒而赐予祭祀礼葬。从前孔子说过："以直报怨。"像张居正这样，足可以以此相称而没有羞愧了。但是他仍然不能被人谅解，导致他有"依附冯保驱逐高拱"的嫌疑，蒙冤遭受出卖朋友谋求名位的诽谤，这真的可以说是所说的是非颠倒，众口铄金了。

张居正被任命为内阁首辅执掌朝政，正值君主年幼初立，人心疑惧不安，朝廷的法纪衰败的时候，要想重新振作君主的威严，除非提高宰相的职权不可。大概从洪武年间胡惟庸谋反被诛杀以后，就废除了丞相的官职，却用六曹来分掌政务，另外以殿阁词臣加孤卿的头衔，司掌部门票旨的事，而称之为内阁大臣，用来代理丞相的职权。这在英明的君王统治的时候，原可享有独自整治朝廷法纪的声名，以避免把权柄给他人，自身反而面临危险，防微杜渐，君权集中，固然是专制政体做到了极致。无奈继任的君主未必都具有才能和智谋，君主本身既然已经不谙熟法律，不能进行振兴变革的事宜，而内阁大臣又以权力轻微，自然难于胜任匡正辅佐的职责。于是以前防止宰相的权力过重，现在渐渐连君主的威严也一并丧失；朝廷内政不修，它从开始到现在都是渐渐蜕变的。张居正洞察到其中的弊端，深深地知道要重振君主的威严，必须先从提高宰相的权力入手。确实在专制政体之下，君主每常由于世袭而更加有人才难得的叹息，辅佐的大臣就由选拔而容易获得辅佐帝王的人才；宰相的权力提高，即使君主平庸低劣，还可以依赖辅臣辅佐襄助的力量，收到垂拱而治的功效。这在当时神宗年幼却君临天下的特殊局面，尤其有其必要。

只有当君主年幼初立，人心疑惧不安的时候，倡导提高宰相的权力，在张居正本来就忠贞自持立志不移，不怕劳苦和招怨，而上由君主，下到群臣，如果不能做到真诚信任，行动一定会遭到牵制和阻挠。尤其从高拱离职，满朝的文武百官，对张居正不能谅解，已经招致很多人怨恨；如果不是善于在其间调停处理，那么不利于幼主的流言，将会让张居正内心不安，而无法得到幼主和慈圣皇太后李氏、仁圣皇太后陈氏的信任。张居正在这个时候筹划成熟，一方面既力求博取君主的信任，一方面又设法谋求百官的拥护。其中的经过，实在是煞费苦心，才逐渐收回成效。这里只是略加陈述，由此可见君主专制的国家政体之下，政治家争相夺取政权的手腕，固然和民主国家所走的道路迥然不同了。

神宗皇帝幼年即位，慈圣皇太后李氏、仁圣皇太后陈氏确实有参与用人行政的权力。所以张居正想要求得神宗的信任，一定要先得到皇太后李氏、仁圣皇太后陈氏的信任。张居正所采取的策略，即以效法祖宗法制的名义，使慈圣皇太后李氏、仁圣皇太后陈氏相信他的举动都遵循原来的规章制度，不再怀疑他实际的兴办和改革。根据《明史纪事本末》（卷六十一《江陵柄政》节）所记载如下：

张居正执掌朝政以后，激愤感慨以天下为己任，朝廷内外都盼望着看到他的风采，他一心在尊重君权，考核官吏实情。曾经说："明太祖得到神圣的威严，明世宗能领会其中的道理，因此高卧在皇宫之中，常年不上朝而天下不乱。现在的皇帝，是明世宗的孙子，为什么不能效法呢？"

又张居正的《初上神宗谢召见疏》也说：

为祖宗敬慎守持旧典，不敢以主观变乱更易；为国家爱惜培养人才，不敢以私心取舍：这是我效忠皇上的职责啊。仍然希望皇上考虑祖宗缔造基业的艰难，追念先皇对您的眷顾，继今更要讲求学问勤于政事，亲近贤良远离奸佞，让宫廷与官署形成一体，上下团结一心，以成就和乐长久的治安。

由此可见，张居正大概想用旧瓶装新酒，假托效法祖宗的名义，暗地里以革新为己任。当守旧势力正强盛的时候，若不这样做固然不能缓和反动势力而促成改革的成功，更怎么会谈得上让宫廷和官署形成一体、上下团结一心呢？这是张居正煞费苦心，用心到了别人所达不到的地步，不值得为识见短浅的人提及。至于他连通宫廷和官署的策略，就在善于利用冯保作为自己的辅助。张居正利用冯保，就是反对他的人指摘他“依附冯保驱逐高拱”的借口，实际上张居正本来别有苦衷，正如陈鎏所说的那样张居正驾驭冯保，好言好语、和颜悦色地对待，使他就范，然后宫廷形成一气，而只能任我所为；控制有方，冯保也不能有什么过错。正如曲逆侯陈平与辟阳侯审食其交好，梁国公狄仁杰屈从于一群宵小，计议谋虑最深，调解周旋最大，不屑于用小的节操来自我束缚”（《重刻张太岳先生全集序》）。那么，张居正对于冯保，固然在于利用他，而不是依附于他，固然在于引导他向善，而不是依从他作恶。这正是张居正善于使用政治手腕的地方，以此来看这和高拱一味地刚愎自用不能容人，固然不能相提并论了。何况张居正执掌朝政，纯粹是以自我为主导，绝对不肯依赖别人。以张居正自视是如此高尚，自信是如此坚定，而说他甘于依附冯保以取辱，不也很颠倒吗！他们用这样的言论来攻击张居正，但又同时责备他“手握重权差点震慑了皇上”。能有震慑君主的威严，但却仍然在一个宦官的前面恭顺服从，我不知道他们那些肆意欺骗的人，又怎么能自圆其说！可见神宗和慈圣皇太后李氏、仁圣皇太后陈氏对张居正尊重有加，把朝政都托付给他，即使神宗在张居正死后，因为误信谗言离间而忽然改变初衷，但在张居正执掌朝政期间，固然所受到的恩惠非同一般，被尊以师礼，历经十年如一日，可以看到宫廷与官署形成一体的谋划最终得以实现，而张居正因势利导的功劳确实足够多了。

即使如此，张居正当前急迫地等待解决的困难，固然有十倍百倍于此的。大概就其当时的环境而言，不难在委曲求全，以取得神宗与慈圣皇太后李氏、仁圣皇太后陈氏的信任，而难在运用整治措施宽大和威猛相互补充，从而博取满朝文武官僚的同情。张居正于前者虽然已经如愿以偿，但在后者就非常难使他们就范。实在是因为朝廷纲纪败坏，由来已久，玩忽职守已经养成，突然很难振作，正如张居正所说的“形势已经养成智者也不能用心”，大概是实情。于此想要提高相权，从而收取以德化人的功效，不仅仅只是示以宽大所能奏效，还要凭借威力来解救他们的困境。根据《行实》所说：

> 张居正的治国之道虽然方直，内心实有悲悯之情。年少时读《春秋传》，感慨地说：“古代称治理国家的目的在顺应民心。有以违逆作为顺从的，就是子产。我差不多也是这样的吧！”他论及治理，要告诫官吏不可违法失职，治理百姓，不独断专行不姑息纵容，有挽救时世的心志。大概他独自洞见法网稍微严密就没有能相互抵触的，法纪可以公布却不能使用，特意当初引用纲纪，不能不牢固地掌握权柄而听信任用他。打算等待天下人遵循制度发挥功用，化风成俗，然后放宽法网，撤销繁杂苛细的法令，给百姓晓谕恭谨宽厚之道。

由此看来，张居正从儒家的立场出发，沿袭郑子产的遗规，偏重法家的治国之术，大概也是不得已罢了。如诸葛武侯，如王安石，他们之所以能够治理乱世扶持危局，使衰弱的时局得到振兴，足可以和管仲、商鞅相媲美而没有羞愧的，他们迫不得已的苦衷，固然在当初没有什么不同。张居正采用法家治国之术，第一步的具体表现，就是为了整顿纲纪严厉考核官吏这一事。至于他的用意就不仅仅使群臣知道年幼的君主不能被欺骗，尤其在于使他们知宰相的职权不可侵犯。所以在执掌朝政的开始，就首先请神宗颁发考核百官的诏令，诏令上大致说：

朕刚刚继承帝位，想要裁汰众官职，谋取新的治理措施，南京六部等衙门四品以上的官员都要自我述职，是去是留都由皇上裁决。（《遵谕自陈不职疏引》）

这一举动在当时实在是至关重要，大概既经考察，那么对失职的官员，固然可以更加严格地淘汰，使之作为肃清官吏违法失职的警戒；对反对分子，又可以姑且作为警惕，借此平息他们的反叛之心。真可谓一举而得了。以及官员是去是留已经确定，又请告诫群臣，召集百官在午门外接受告谕。所拟定的诏令，就如下面的叙述：

据说治国之道的关键在于端正人心，劝阻的关键在于先告知导向。朕以年幼得以继承祖宗的基业，日夜战战兢兢，如同面临深渊。依赖文武贤臣同心尽力，匡正我不明事理，共臻太平。就最近几年来，士人风气浇薄，官方凋敝。寻找疏漏，作为专门夺取名利的媒介，鼓动迷惑亲朋好友，公开从事排挤的行径。诋毁老成谦让是无用，称赞谗佞机巧是有才。横生爱憎之情，恩怨情仇交错。于是使朝廷赏罚大权，白白地成了臣子们酬谢报答的资本，礼义廉耻这四种立国的纲维几乎不能彰显，怎么能使具备九德的人都能担任官职？我刚继承帝位，深深地明了弊端的根源，急迫地想要大力芟荑，用来澄清浊气。但是考虑刚刚开始坐朝理政，广布恩泽，铦锄芟草或许会伤及芷兰香草，密布法网恐怕惊吓住鸾鸟和凤凰。因此除去过于嚣张的，稍微表示责罚和警戒，其余的都尽赐怜爱和宽恕，令他们改过自新。《尚书》不是说了吗？“处事公正，没有偏向，圣王之道就会宽广无边；处事公正，没有偏向，国家的治理就会井然有序、安详娴熟；处事不会反复无常，圣王之道就会正直通达而不偏斜”。我将要嘉奖群臣百姓，共同依归大中至正之道，你们诸位臣僚也应该彻底改正以前所犯的错误，同心协力共同完成帝王以仁道统治天下的大业。从今以后，你们要崇尚精诚、忠贞不贰，恭谨职守，不要怀有私心欺骗君上，不要拿着俸禄来结交权贵，不要曲从卑污以随顺时势，不要攻讦诋毁相互勾结以败坏政治！负责辅佐协助的就应当同心协力和衷共济，不要亲近勾结于邪党奸伪，以阻塞公正之道！负责选拔、考核官吏的就要虚心纳物，不要任意好恶，以开启邪曲的门径！有官职的人，无论朝廷内外，都应该出谋划策救济艰难！有进谏的责任，公认的是非，大家都应该做到积极正直来接纳听取！大臣应当崇尚德高望重，有正直立朝的作风。小臣当砥砺品性，有廉洁省俭的操守。但愿朝政清明，时世康泰，以达到人才济济的美盛，回到正直通达的境域。你们也都能功名卓著、永垂青史，福禄绵延荫及子孙，难道不好吗？倘若因循守旧，故步自封，以朝廷为一定可以违背，以法纪为一定可以干涉，那么我祖宗法典很严，我

不敢赦免你们！你们诸位臣僚，应该全部了知我的心意！要恭敬啊，领命遵行！启谕。（《请戒谕群臣疏引》）

这项诏令已经颁发，当时群臣百官无不畏惧警惕，朝纲为之一振。明朝自从明武宗失政，君主的威严败坏，将近七十年；神宗作为一个年幼的君主，竟然能够在朝纲已经败坏的时候重新振兴起来，那么张居正辅佐之功，不可埋没；至于宰相的权力因此而得到提高，固然还是很小的一部分。然而众人不明，仍然狂妄放肆任意诋毁，正如高拱所说，就可以见其一斑。他说道：

人心浮动，科道官各自准备奏本想说，荆人（指张居正）就只称病不出来。科道以为内阁中没有人，姑且等待。而张居正出来，就对科道各官说："今后内边事，不要议论"。大家都置身事外静观事态发展，而张居正以上奏揭帖，考察百官。既然命令已下，科道各官就都要听从处分，谁敢声称？于是只要有丝毫见解和自己不同的人就都除掉，而留下的人又晓示恩义来收买他。而且经历一番风雨之后，大家都以被留下作为幸运，而从前的事不再提起。而他却借用党羽，布满朝廷，与我所做的事完全相反。笑嘻嘻地掌管定三台印，里迎外合，挟天子以令诸侯，乾坤世界任其翻弄，不再知自己是谁，为什么呢？（《高文襄公文集·病榻遗言卷三》）

这篇文章可以说肆意诋毁达到了极点。由于高拱不满于张居正，他肆意诋毁，固然是无足轻重。但是他所秉持以攻击张居正的观点，却是是非公道所攸关的，这不能不辩解。在张居正在最危难的时候接受王命，在朝廷积弊很严重的时候求取功业，如果不除去异己，就不足以清除反叛而谋求革新，如果不选用志同道合的人，就不足以谋求合作而取得实效。至于挟制君主以抬高自己的地位，以威权驾驭属下，那么尤其是为了顺应时势的需求，掌控成败的关键。凡是这些都是政治家实施政策的重要方针，在开明的政治体制之下当然会被法律所允许，在专制政体时期尤其是利害所攸关。张居正以当机立断的作风，确定了正本清源的谋略，这是出于不得不这样，而不应该引以为咎。更何况他以一介的儒臣，担当国家政务重任，对上既有报答君上特殊知遇之恩，对下更希望有人来安抚百姓，使百姓休养生息。而且他毕生的抱负，原在挽救时局匡扶君上，协助完成盛世宏业。一旦朝廷纲纪大权掌握在手，一直以来的期望得以偿还，想要完成当前的功业，自然要扫除从前的积弊。然而高拱以和自己的所为全部相反来责怪张居正，不将更加显示张居正除旧布新的功业吗？观看张居正《辞免恩命疏》，其一则写道：

能力弱小而地位尊高，就容易有力不胜任而败事的危险；功劳微薄而获取丰厚，就有《诗经·伐檀》的讥刺。我虽然愚笨，自我估量还很清楚。不考虑知足，就一定会很快招致罪过而衰败覆灭。（《辞免恩命疏》）

其二则写道：

朝廷慎重爵位与名号，必定从贵戚皇亲开始，用来显示大公无私；臣下虽然竭尽辛劳，不敢说自己有功劳，用来彰显重要的本分。……我接受先帝嘱托的重任，日夜战战兢兢，只怕不能称职敷衍塞责。凡是大礼大政，都遵从祖宗法典，只遵奉皇上英明的决断，我不过鞠躬仰赖于下罢了，又有什么功劳呢？（《再辞恩命疏》）

其三则写道：

承蒙皇上：信任专篇，以老师的礼节尊宠我，每天承奉进见的殊荣，每件事都要询问，有建议一定听取，我作为臣子的心志已经满足，心愿已经如意。……又怎么敢过于冒犯非分的恩赐，以招致必然的灾祸呢？（《三辞恩命疏》）

这是张居正内心放下了财利荣禄，固然已经显明突出。再看《明史》称赞他的政绩，说：

张居正执政，以遵奉君主的权力、考核官吏的职责、赏罚有信、统一号令为主。即使万里之外，早晨下达而晚上执行。……太仓的粮食可供十年。……太仆的金子也积存四百余万。又为考核官吏采取措施而整顿吏治。……从此一切都不敢文过饰非，政体清明严肃。能以智谋权巧控制下属，很多人都喜欢他尽职尽责，因此世称张居有知人之

明。(《明史·张居正传》)

这是他执政的显著效果，更是有口皆碑。因为他内心放下了财利荣禄有如那样，而他执政的显著效果也有如这样，可以得知他争相夺取政权的动机，在成就功业而不在荣禄爵位，在实际功效而不在虚有的声名。呜呼！像张居正这样的人，真的是社稷之臣，超然不失为大政治家的风度的人了！那些议论纷纷的口舌，又怎么能损害他丝毫呢？

# 第九章　江陵之柄政（中）

刘台弹劾张居正，说："进言的人都希望陛下（指神宗）像尧、舜一样，而却没听说责求辅臣（指张居正）像皋陶、夔一样"（见《明史·刘台传》，详见下章）。唉！刘台说这句话，多么荒谬之极啊！而神宗只是一个昏庸无知的孩童罢了。只因为凭借祖父的余荫，庆幸得以统治中原。假如没有张居正以辅佐而匡正侍奉他，那么他肆意作恶的行径，一定会从幼年就已经明显，恐怕不能等到闯王李自成聚众作乱以及清兵入关，而明朝的社稷宗庙就已经灭亡很久了。在张居正生前，本来依赖他的辅佐之功，来挽回长期衰弱的国家局势；就在张居正死后，仍然享受他的余荫，以勉强支撑二十年的太平。张居正对神宗皇帝的功劳确实不能说不厚重，但看他是用什么来报答张居正的呢？张居正作为前朝接受遗诏的元老，积累十年公正忠诚的辛劳，而就在他尸骨未寒之际，这么快就忘记每天倚靠信任他的深切，只因为像水润物那样暗中挑拨的坏话很多，差点导致张居正被戮尸的惨毒。呜呼！像张居正这样身为臣子，或许无愧于皋陶、夔，而神宗作为君王，他与尧、舜的差距，又怎么能用里数来计算呢？这就是为什么史学家考察他们君臣相遇合的遗迹，而禁不住感慨了。

张居正做内阁首辅十年，功在国家。他在诸方面都卓有成效，有关一个朝代兴衰转移，容请以后另用专门章节详细叙述；现在就先以他关于辅佐君主匡正王室的内容，概括地谈一谈。倘若了知张居正于君臣的本分，大义凛然，用当时所推崇的伦理观念加以约束，固然不失为一代完人啊。

隆庆六年（1572年）六月，高拱已经离职，神宗驾临平台，召见张居正慰劳他说："先皇多次称赞先生是忠臣"。张居正叩头流泪谢罪说："现在国家重要的政务，只在遵守旧的典制，不必变更。至于讲求学问亲近贤臣，爱护百姓节省开支，又是先君所道。请陛下留意！"神宗认为好。这是张居正教导神宗的开端。不久，张居正就请斟酌安排朝讲日期，奉旨"常朝定在三、六、九日在御门听政，其余的时间里就到文华殿讲读"。每逢讲学的日子，确定在日出的时候用完早膳立即讲读，一直到吃午饭为止。张居正不久又进献《帝鉴图说》。神宗看到有人捧册进来，突然站起来，命令左右侍者展开册子。张居正在一旁陈述大义，神宗对答如流，于是立即给付史馆。有一天神宗驾临文华殿，讲授完毕，浏览到汉文帝在细柳慰劳驻军之事，张居正就说："皇上应当留意军备。祖宗以武功平定天下，太平日子过久了，武备日渐松弛，不能不及早谋划。"神宗称赞。又上奏请求第二年正月上旬即御殿日讲。万历元年（1573年）十月，张居正进见讲学，谈到宋仁宗不喜欢用珠子装饰。神宗说："贤臣为宝，珠玉有什么好处！"张居正说："明君看重五谷而轻视珠宝，五谷能养人，而珠玉饿了不能吃，冷了不能穿。"神宗说："是的！宫里的人喜欢打扮得很艳丽，我每年所赐给的未尝不节省的。”张居正说：“皇上说到这里，那是国家百姓的灾祸。”神宗又问：“秦始皇销毁兵器。棍棒都可以伤人，为何要销毁兵器呢？”张居正说：“君王布施恩德修身理政，以凝聚民心为本。天下的祸害，每次都出于所防备之外。秦国灭亡在戍守的士兵手里。所以，天时不如地利，地利不如人和。”神宗说：“是的！人心坚定了就真的能够战胜上天。”万历二年（1574年）正月，张居正上奏请求接见廉能的官吏，以仿照祖宗午朝的礼仪。神宗听从了，于是驾临皇极门，召见上朝觐见的清廉卓越的浙江布政使谢鹏举等二十五人，特别奖励。张居正又把所删定的《大学讲章》一册、《虞书讲章》一册和《通鉴讲章》四册进献，以供给神宗温故知新之用。不久，由于神宗谈到建文帝在外题诗之事，张居正又上书太祖所撰的《皇陵碑》。张居正等到神宗看完后，就说：“祖宗当时艰难，大概以上天之心为心，所以能够创立基业、功劳显著。皇上以圣祖之心为心，于是就能永保大业。”于是就趁机叙说太祖贫贱时的事情以及即位后的勤劳节俭。神宗悲伤地说：“我敢不努力效法祖宗！然而还要依赖先生您的辅导。”这一年十二月，张居正率领大臣献上屏风。屏风上绘制全国疆域和职官姓名，采用浮贴以便于更换。神宗命令设置在文华殿后，经常审阅。万历四年（1576年）五月，张居正和大臣等请求神宗阅览奏章，当时就让神宗阅览太祖亲自批复的疏稿作为参照。神宗说：“是的！”张居正于是就挑选内阁所收藏的太祖手谕六十三道、御制四十四道、圣旨和帖共六十道，献上去。万历七年（1578年），神宗患有疾病，慈圣太后命令僧人在戒坛上设置法会救度众生。张居正上奏说“戒坛遵奉太祖的命令禁止到现在，因为当时僧众好几万，恐怕发生变故败坏风俗。现在怎么能又开这个祸端呢？”在戒坛上创立法会之事于是就停止了。不久神宗的病痊愈，征收光禄寺十万货币。张居正上奏说：“财货赋税有限，浪费挥霍无穷。就会导致储存空虚，不幸赶上四方水旱之灾，战场上意外的变故，就会令人寒心。从这以后，希望皇上努力节省，如果再征收货币，我们就不敢奉诏了。”当时神宗逐渐完备六宫，太仓所储备的粮食屡次都应有进账。张居正上交户部所呈的钱粮数目供皇帝观览，请把它放在座位旁边，经常审阅，量入为出。就说道：“万历初年收入四百三十五万有余，万历六年的收入只有三百五十五万有余，就已经少了八十多万了。万历五年每年拿出三百四十万有余，而万历六年所出就达到三百八十八万有余，就已经多出了四十万。年支出超支在前，年收入就会减少在前，这不能不留意啊。帝王的规制要量入为出，计划三年支出，一定要有一年余出来才可以。更何况财物只有这个数，想方设法巧取，不能有所增加，只有注意节省，那么需用才会满足。”神宗赞许并采纳了他的意见。七月，给事中顾九思、王道成等以江南水灾，请求罢除江浙织造内臣。神宗把奏折拿给张居正看。张居正上奏说：“百姓困苦重重，应当召回孙隆。”神宗说：“他们织造用作礼物的丝织品快要完了，应当等到明年春天罢免。”张居正说：“地方上多一件事情，那么就有一事的困扰；宽一分，就得到一分的恩惠。遭受灾害地区的百姓疲惫，不能催收租税，就暂时除去，等到庄稼逐渐成熟，就可以恢复了”。神宗听从了。万历八年（1580年）十二月，张居正请求嘱托儒臣做成一册历朝《宝训实录》，分四十多则，即创业艰难、励精图治、勤学、敬天、法祖、保民、谨祭祀、崇孝敬、端好尚、慎起居、戒游佚、正宫闱、教储贰、睦宗藩、亲贤臣、去奸邪、纳谏、守法、敬戒、务实、正纪纲、审官、久任、重守令、驭近习、待外戚、重农、兴教化、明赏罚、信诏令、谨名分、却贡献、慎赏赍、甘节俭、慎刑狱、褒功德、屏异端、饬武备、御寇盗；又命令依次进呈，等到第二年开始讲学，各个有关部门的奏章关键重要的，就讲完当面裁定。当时神宗注重书画文辞，张居正认为那是写作的小技巧，和君主修身立德治国理政没有什么关系，所以有这个请求。万历九年（1581年）正月，张居正请求命令翰林轮流值班，应对文章，或者让他们侍奉皇上饮宴，请教经书的义理，陈说治理之道，如同唐宋旧例。万历十年（1582年）二月，张居正上奏说：“使百姓安定的措施，在于了解他们的疾苦。现在还有一件事是对百姓有害的，就是带征税粮（另立名目加收或将累年积欠一并征收）。老百姓财力有限，一年的收入只够供给一年需用，不幸一年歉收，眼下还不能度过，难道还有余力进一步完善多年累欠的赋税吗？有关部门逃避职责，往往将今年所征收的税赋抵挡完累欠的赋税，就今年所欠下的赋税又成为将来的带征了。更何况征收的份额繁多，年份混杂，百姓们竭尽民脂民膏，小吏们欲壑难填，更严重的是那些没有出息的官吏甚至豪取掠夺。……乞求告知户部核实万历七年以前所拖欠的全部赋税都免除掉，将出现一年征额责令全部收完，在老百姓容易办，在有关部门容易征收，这对官府和百姓都有利。”神宗听从了。诏令下达，朝廷中外都非常高兴。

综上所述可知，张居正之所以劝勉引导神宗，让他讲求学问勤于政事，节省用度爱护百姓，以期望他不流于恶而不愧为君，已可略见一斑。但是由于期望过于急切，督察责求自然难免过于严格。就有一天神宗在御前讲席读论语读到“色勃如也”，错读成“背”字。张居正在一旁严厉地说道：“当作勃字读！”神宗害怕得汗毛直竖，一同列席的人都因惊恐而失去原来的容色，这是一件事情。慈圣皇太后李氏训导皇帝严格，每次严厉责备，并且说：“让张先生听说了该怎么办呢？”于是神宗非常害怕张居正。等到神宗渐渐长大，心里开始厌烦，这又是一个问题。这凡是在贤明的君主，自然可以明鉴他的忠诚而委婉地加以宽恕，甚至赞赏他的匡弼而加倍给予尊贵与荣耀。但是因为神宗皇帝的昏庸，即使有慈圣皇太后督促告诫，不能不虚心地听取，实际上回顾却难以忍受，早就生出厌恶之心，这也是张居正为什么最终没能免于死后祸患的原因。

以上所述的，特别专为张居正直接纠正和教导神宗来说的。除此之外还有两件事，即张公考虑国家隐患的预防策略，间接将君主及其皇室安置于泰山般的安定稳固之中，那就是控制宦官和节制亲王贵臣而已。

呜呼！以张居正忠贞侍奉皇上，而神宗却三心二意，只以刻薄无情来回报他。是张居正有负于神宗吗？还是神宗有负于张居正呢？如果神宗死而有知，我知道他也很难自行解说！

以上所述的，专门就张居正用来匡正辅导神宗的内容来说的。此外还有两件事，是张居正用来防患于未然的谋略，间接来说就是把君主和皇室安置在如泰山磐石这样稳固的地方，控制宦官和节制皇亲贵戚罢了。

历代宦官的祸乱，汉朝和唐朝最为厉害。明太祖虽然出身平民，考虑到宦官的害处，了解最深，防范最严。看他所说的“在宦官之中求取善良的，一百个之中难得一二。用他们作为耳目，就会遮蔽耳目；用他们作左右亲信，就要驾驭有道，只要让他们畏惧法纪，不能让他们有功劳。有功劳就会骄横恣肆；畏惧法纪就会检点约束”（见《明鉴》卷一）。可以说是明了控制驾驭宦官的方法了。然而，从明成祖以后，宦官又渐渐得势。如永乐（成祖年号）年间，郑和以一个内侍的身份，竟然有远征南洋的成就，他的权势有多么大可想而知。但还没有到有害社稷。到明英宗的时候，由于宦官王振的鼓励而亲征也先，以致有“土木之变”，那么英宗已经亲自蒙受他的祸害了。到明宪宗任用宦官汪直掌管西厂，后来又命令他处理边防事务、军队和百姓就已经交相遭受他的困扰了。等到明武宗宠幸任用刘瑾，宦官刘瑾独揽朝政大权，残害忠良，甚至想要把整个天下都让给他而“任他来取”，那么，国家差点都被他动摇了。追究宦官为祸作乱的根源，大概是因为那些人每天住在宫里，侍奉在皇帝的左右，如果遇到昏庸的君主，没有不受其蛊惑蒙蔽，以致倒行逆施的。明朝的国政不能振作，这也是其中的一个症结。但是当张居正执政的时候，他们这些人大都俯首听命，甘于就范，没有人敢独断专行的。（参阅赵翼《二十二史札记》）这也是张居正擅长控制他们才得以如此。张居正执掌朝政，政治权力集中在内阁，内阁权力又集中在张居正一人身上，凡是军国大事，内侍都不得参与，这样就足可以杜绝他们这些人专权的迹象。立即派去京城外采买织造的内臣，也因为张居正严厉制裁而不敢仗势作恶。至于张居正所能掌控驾驭的人，就在善于利用冯保。观看以下两件事就可以得知：

神宗刚刚登基，冯保日夜侍奉神宗起居，照顾护理很是上心，有一点小的摩擦就立即上报给了慈圣皇太后。……乾清宫年轻的内监孙海、客用等引导神宗嬉笑娱乐，都很被宠爱，慈圣皇太后派遣冯保抓捕孙海、客用，杖击后就把他们驱逐出去。张居正又列出他党羽的罪恶，请求驱逐，而命令司礼监孙德秀等以及各个内侍自己陈述，皇上裁定去留。（《明史·张居正传》）

南京有位小宦官喝醉侮辱给事中，言官请求追究查办。张居正将很偏激的赵参鲁贬到外地以此取悦冯保，而慢慢说服冯保压制他的党羽，不要参与六部事务，奉命出使的人时常命令锦衣卫暗地里探听。他的党羽因此怨恨张居正而心里不再依附冯保。（同上）

张居正就是这样善于令他们相互制约，因此即使以冯保的才能足可以帮助他们作恶，而最终都不敢稍有放纵，其他的宦官更不用说了。等到张居正死后不久，而征税采矿的内臣，竟然老样子再次萌生，肆无忌惮，激成民变而动摇国家根基的，史上的记载不断。到明熹宗朝，宦官魏忠贤的祸乱又起。于是内忧未停，外患乘势而起，明朝最终得以亡国。然而，张居正在祸患尚未萌生的时候就根治消除的功劳，没想到将由这个反证而更加明显了吗！

在过去专制时代，外戚宗室的祸乱，屡见不鲜。大概因为皇后的尊贵，宗室的亲近，如果没有防微杜渐的良方，每次都会引起傲慢专横不守臣节的祸乱。其事理显明，不用再重复叙述了。张居正在外戚上力主制止。就以慈圣皇太后李氏对张居正礼遇隆重，信任深厚，考虑到太后生父李伟请求赐封的时候，张居正也坚持封他为伯爵，不允许违反规定世代承袭，至于上书力谏，大略说道：

现在皇上孝敬慈圣太后，怎么能有比明世宗的庙更好呢？而慈圣皇太后李氏厚待外戚之家，怎么能还有比慈孝献皇后更好呢？现在以世宗皇帝不能超过，慈孝献皇后也不能逾越，而慈圣皇太后李氏和皇上一定要破例处理，这是我们臣子之所以害怕而不敢擅自仿效的。孝道在于不违背礼制，而必须依照礼节侍奉他们；恩泽虽然无穷，但一定要用道义来裁定。权贵外戚之家，不怕不富有，怕不知礼节；富有而遵循礼节，富贵才能长久。逾越本分的恩典，这不是厚待之理；超过界限的请求，这不是用来保护自己的方法。（《请裁抑外戚疏》）

这本奏疏在严格公正之中，讲明利害所在，因此最终获得批准。到神宗大婚之后，又命令内阁为皇后的父亲王伟等拟定旨意封为伯爵。张居正又上疏，引用太祖的规定非军功不能封爵，明世宗命令告知外戚不允许封爵，尽力劝阻皇上不要违背祖宗定制。神宗勉强采纳了他的意见，只封王伟伯爵而不允许世袭，至于王伟的弟弟王俊、其子王栋等，却最终都没有得到赐封。凡是这些不仅仅是慎重爵位的赏赐来看重名号，尤其在防止后患而安定王室，他的用意确实非常深刻而且细致。至于分封宗藩，就在教导之外，尤其重视安抚。明代宗藩的权势，起初本来失之太重，最终导致开启燕王（成祖）“靖难之役”，朱高煦在乐安聚兵的叛乱。到了明世宗一朝，鉴于宁王朱宸濠的叛乱，于是在宗藩上严加限制，所定“宗藩条例”，尤其务必要严厉苛刻。这固然在力求惩戒前面的过失，然而权衡亲爱亲人的感情，就又未免矫枉过正。张居正为了力求两相兼顾起见，一方面教导宗藩，劝勉他们要沉着稳重不要扰民，慎守臣节自求保全，正如集子中《寿襄王殿下序》中所说：

凡物用有利于自己的，就希望常常对自己有利；没有利于自己的，就一天不能相守。……贤能的人令人喜爱而推崇，令人顺利而保全。……你积累的很厚重了，我不能多加给你；你就核算你所拥有的，谨慎使用罢了。……精神不能过度消耗、爱惜它就会凝聚；福禄不能突然享用，珍惜它就会长久；强盛不能大大地依靠，爱惜它就会坚固。所以圣人的言论说：“治理百姓和存心养性，没有比少私寡欲、保养精气更为重要的了”。

由此就见，他教导皇帝的苦心。另一方面则尽力引导神宗以亲厚和睦的道理，正如《请裁定宗藩事例疏》所说：

命令是用来宣布诚信，改变数次就会招致怀疑；纲纪是用来防止奸恶，经常改变就会被忽视轻慢。……只要想编成史册，昭示将来，就必须考察国家体制，审查人事情理，在上不亏于彰显亲睦宗族的仁爱之情，在下不失斟酌盈虚裒多益寡的方法，使情理法理公允协和，损益得当，就足以作为常道久远的规划，垂教万世不变的典章。

就可以知道他安抚的宗旨。接着又就不恰当的十一条案例，请求下令让礼官集合商议，记作法令。各个诸侯宗室于是感激皇上，但厚薄亲疏就有了礼节。唉！像张居正这样的人，难道不是善于处理人与人之间的骨肉亲情吗？

我的书由于篇幅限制，所记述张居正辅佐君主的谋略暂且写到这里。然而由上述来看，张居正致君尧、舜的苦心确实已经清楚可见。只是可惜神宗虽有皋陶、夔这样的臣子，而不足以大有作为！明朝最终不振，虽说是天意，难道不是由于人的谋划不够完善吗？唉！

# 第十章　江陵之柄政（下）

张居正从执掌朝政以来，依据赏罚严明的方针，实行综合考核名实的行政措施，用意在于发扬国家的力量，整顿官吏，完善法纪，可想而知。无奈官吏苟且偷安、荒废职务的陋习，长期熏染已成风气，突然改革，就容易引起反响。因此不久就会风波突起。百官因为不便于治理方法的严明，最终蜂拥而起，进行公开的攻击。弹劾的奏章一次次上呈，妄加评论，他们的用心大概是想要在年幼的君主和慈圣皇太后李氏、仁圣皇太后陈氏面前诬陷张居正，一定要除掉张居正然后才感到痛快。以张居正刚强的个性，坚决的政见，固然曾经采取恰当的处理措施，杜绝反对的企图。但看他以一人之身，而成为众人怨怒集聚的居所，他的处境更加艰难，而他的用心也就更加辛苦了。

这次风潮的起因，根据《明史》的记载，说是系由“张居正以御史的身份在外任职，往往凌辱巡抚，要狠狠地折磨，一件事小有不合心意，立马就会责辱，又命令他们长加考察”。（《明史·张居正传》）考察实际情况，张居正这样做，大概是为了杜绝监官和谏官依仗权势阻挠牵制的风气，防止边境官员收受贿赂讨好别人的弊端，通盘筹划，为了防微杜渐。然而给事中余懋学竟然轻率地上呈奏疏，请执行宽松的政策。张居正认为他不明白施政宗旨，只免除他的官职以表示警告罢了。万历三年（1575年），御史傅应祯又上呈奏疏请求广开言路，替余懋学不公平的处置表示抗议，随即就因罪降职，被罚戍边。于是科道诸位官员，像严用和、刘天衢、徐贞明、李祯、乔严等，又纷纷上呈奏疏，替傅应祯不公平的处置表示抗议，也都被贬谪。张居正这个时候被一群小人所恼怒，用尽心思来采取措施，本来就已经非常痛苦。没有想到他的学生刘台在辽东做巡按的时候违反规定错报战功，招致牵连受到斥责，官员们居然在万历四年（1576年）上呈奏疏，对张居正肆意攻击，借此报复，他们偏激的措辞，尤其令张居正难以忍受。这个奏疏的提出纯系意气用事，自然没有什么可取之处，但也可以大致看到当时士大夫反对张居正集中相权的心理，暂且记录下来以供参考：

我听说提出劝谏的人都希望陛下您像尧、舜一样，而没听说责求辅臣像皋陶、夔一样。为什么呢？陛下您有接受规劝的贤明，而辅臣却没有虚心受教的大度。明太祖鉴于前代的过失，不设丞相， 我听说提建议的人都希望陛下像尧、舜一样，而没有听说责备辅臣张居正要如皋陶、夔一样。为什么呢？陛下有纳谏之明，而辅臣没有接纳意见的雅量。明太祖鉴于前代的失误，不设丞相，丞相之事归于部院，权力不相统摄，而职事容易称职。明成祖始置内阁，作为一个参与机密事务的机构。那时官阶不高，没有垄断专权的迹象。两百年来，即使有专权作威作福的人，还是惴惴不安地避开宰相之名不敢称相，因为祖宗的法度就在那里。大学士张居正却安然以宰相自居，自从高拱被赶走，专权已有三、四年了。御史官因有事论及此点，他必说：我守祖宗的法度。我请求以祖宗之法来纠正他。

祖宗提升或辞退大臣都有礼节。先皇帝临终时，张居正托词有病赶走高拱，既而又下文使王大臣下狱。等到正直的言论纷纷，则又给高拱去信，请不要怕死。既胁迫赶走大臣以彰显威严，又送去书信以沽买德誉，只是徒然让朝廷对旧臣无礼，祖宗的规矩是这样的吗？

祖宗朝，如果不是开国元勋，生前不封公，死后不封王。成国公朱希忠，生前并未有奇功，张居正违反祖宗的遗训，赠给他王的爵位。给事中陈吾德因一言不合他意就遭贬谪，郎中陈有年与他争论过一次也被贬退，我担心公侯之家，将重加贿赂，援引此例（指朱希忠封王例）上陈乞求，将没完没了。祖宗的法度是这样的吗？

祖宗朝，用内阁官吏、吏部尚书，必须由“廷推”选出来。现在张居正私自推荐任用张四维、张瀚。张四维在翰林，被弹劾数次。他起初离职，是不胜任教习庶吉士之职。张四维的为人，张居正很了解。知道而任用他，也是因为张四维善于机智权谋，多有依仗，自我考虑父亲老了，顷刻之间或有不测，二、三年间谋求官复原职，任用四维，难道是他身后的托付吗？张瀚生平没有什么善行，任陕西巡抚期间，贪赃枉法，等到多次选拔官吏，唯唯诺诺如官府中掌文书的低级僚属，有官职缺额必定请命张居正，张居正所指定的人，不是湖北的亲戚知己，就是亲戚推荐的；不是曾在湖北做过官与他有私交，就是与他有私交的同伙之人。张瀚唯一做的事就是任四方小官，收取贿赂，而其他就徒有虚名。听说张居正给南京都御史赵锦写信，叫言官不要议论内阁官吏，那么张居正挟制朝廷御史，又可以知道了。祖宗的法度是这样的吗？

祖宗朝，诏令有不便的地方，部属大臣还可以质问内阁将其搁置不审查。现在得到一次严厉的圣旨，张居正就说："我尽力调剂才有这样的结果。"得到一次温和的圣旨，张居正又说："我尽力请求才会这样。"由此，害怕张居正的人胜过害怕陛下的，敬重张居正的胜于敬重陛下的，恩威之权任凭己意，目无朝廷。祖宗的法度是这样的吗？

祖宗朝，一切政事，由台省上奏陈述，部院审核，抚按执行，没有听说内阁可以举荐弹劾的。张居正下令：《抚按考成章奏》，每份准备二册，一份送内阁，一册送六科。巡按有延迟，就让部臣纠正。六部有隐瞒，就让六科给事中予以纠正。六科隐蔽，就让内阁予以纠正。部院分别治理国事，给事中驳议奏章，上疏举荐弹劾是他的职责。阁臣头衔列于翰林，止用作顾问，从容议论设想罢了。张居正创办这个做法，是想挟制科臣，让他们拱手听令。祖宗的法度是这样的吗？

至于巡按官员回道考察，假如不是有大败类，一般不举行，是因为不想重加挫折。近来，御史俞一贯因为不听调度，被调到南京。于是巡按官丧气，不敢充分展示自己的议事能力，所害怕的唯有给事中。张居正对于六科给事中既给他们迅速升任的好处，又以推迟考评恐吓他们，哪一个肯舍弃便利，甘心被他倾轧，都死于谏言之事呢？往年，赵参鲁因劝谏被贬，还说是在外任职，余懋学因为提意见被罢官，还说是禁止参加政治活动；现在傅应祯竟被充军，又因为傅应祯的缘故，累及到徐贞明、乔岩、李祯。摧残言官，仇视正义之士，祖宗的法度是这样的吗？

至于为了邀宠，进献白莲白燕，招致圣旨责备，就传笑四方了。为了谋划田地利益，诬赖辽王，治以重罪，夺占辽王的府地，现在又得罪武冈王了。为子弟谋求乡试中第，允许御史舒鳌为京堂，布政使施尧臣为巡抚。在江陵修宅，费钱十万，其形制与宫中禁地一样，派遣锦衣官校监督修建，乡郡的钱财都耗尽了。讨厌黄州的儒生议论他的子弟以非分所得售卖之事，就借县令之手以其他理由将他们一一治罪。编修李维桢偶尔谈到他的富庶，没有多久就被贬出京城。张居正的贪婪，不在文吏而在武臣，不在内地而在边远地方。不然，辅政不久，就在全楚富有第一，有什么办法能达到呢？宫室舆马与姬妾，等同于藩王，又是怎么得到的呢？

朝廷的大臣，没有不愤慨的，而没有敢跟陛下讲明的，是张居正专权擅威的结果。我被举荐进士，张居正为总裁。我任部曹，张居正推荐我为御史。我受张居正的恩情是浓厚的。现在之所以敢于攻击他，是君臣的义重，个人私交就顾不得了。愿陛下考察臣的愚忠，抑制内阁权力，不要让这些败事之人误了国家大事，倘若能这样，我就可以死而不朽了。

奏疏中对张居正肆意攻击，丝毫没有证据。就如所言废辽王而夺取他的府地一件事，台谏官员就诬陷在先，而史官却欺骗在后，而招致诽谤相承，沉冤不能昭显。实际上，辽王被废国，争端起因在荆州分巡施某，案件成在刑部侍郎洪朝选，张居正起初没有参与。即辽藩国旧的府邸，也把它给了广元王，更没有张居正把它霸占为自己宅邸的情况（见《张文忠公全集》附录二《陈治纪书》《张文忠公文集后》及张同奎《上六部禀帖》）。举这一方面的例子，可以看到奏疏中攻击张居正品德的地方，纯系心怀嫌隙故意诬陷，不值得深入探讨。至于有关在国家政务方面，他所指摘的，不外于违犯祖宗的法令擅自作威作福这一点。这是针对张居正集中内阁权力锐意革新而发出的，一方面固然可以混乱天下人的耳目，一方面尤其足能破坏张居正的政策，当然不是忠君爱国如张居正的人所能忍受。何况以刘台原出自张居正的门下，而竟然忘恩负义反咬一口，一下子就到如此地步，尤其令张居正所切齿痛心。于是为表明心迹作打算，张居正就不能不上书请求辞退了。张居正原来的奏疏如下：

昨天因御史刘台评论，详细上奏请求退休。我奉了圣旨："你赤忠丹心为国，不只是被朕所了解，实在是天地祖宗所共同明鉴。那些谗邪小人，已经下旨被重重处置。你应该顾虑朕，快快出来辅佐治理，不要介意流言蜚语。吏部知道，钦此。"我捧读着恩旨，涕泪交流。想想我接受先帝重托，已经发誓以死报答了。现在皇上的学问还没有大的成就，凡是各种嘉礼还没有完成，朝廷政事还不能都安定下来，天下的百姓还不能都称颂帝王的教化。这是我用来报答先帝的不尽其万分之一的啊，我怎么敢说辞退呢？古代的圣贤豪杰，有才能德行而不走运的人太多了。今天有幸遇见神圣才智超群的君主，正是千载难逢的，我又怎么能说辞退呢？皇上宠幸臣子用不居官职而受尊重的礼节，恩待我以手足心腹相托付，和合亲爱相互倚靠，依恋不舍和气友善，不管是职分还是道义都应当尽到，就皇上对我恩遇款待的既精深又广博，也有不能内心领会的，我又怎么能忍心说辞退呢？然而我一定要以辞退作为请求的，实在是不得已啊。大概我所处的是危险之地；所治理的是皇上的国事；所替代的是皇上的言论。现在说正以我为擅自作威作福，而我之所以代帝王执政者，不立威严就施恩惠。以此类推，是让我改变政策，勉强随顺以取悦下属吗？那样就无法逃避辜负国家的罪行；要让我坚守朝廷法制，更加尽力以公正忠诚心事奉皇上吗？就无法逃脱独揽权柄的毁谤。何况现在谗佞奸邪之人，确实有很多人，背公营私，习气弊病已经很久了。我一天不辞去，这些人就会一天不便利；一年不辞去，这些人就会一年不便利。如果把我所做的，就其相似而提出的，那么什么事都可以滥施刑罚，事事都可以滥赐奖赏。侧目而视谗言中伤天天聒噪于耳，即使皇上圣明，万万不被他所动摇，但让我经常背负怀疑诽谤在自身，难道是我作为臣子的职责所应该有的吗？这就是我之所以辗转反侧，但不能不警惕初衷。希望皇上怜悯我的心愿，同情我的愚钝，特别赐予免官归于故里，以缓解众人的提议。广泛在朝廷民间征求贤才，一定会有德才兼备的人，既有利于国家，但又不会被众人厌恶，被皇帝任用罢了。我经常亵渎帝王的威严，我很是畏惧失职之至！（《被说乞休疏》）

奏疏呈上，神宗特别给司礼太监孙隆拿着酒和饭食带上温和的圣旨安慰挽留，张居正不得已才又出来理政。神宗于是逮捕刘台到京城，下诏狱，命令杖击一百后被罚远戍边关。张居正又上呈奏疏救他，开始从宽处理免受朝廷杖刑，仅派戍守罢了。（按：《明史》张居正及刘台列传所记载关于台谏官员弹劾张居正之事，大多深加诬蔑张居正，甚至认为刘台死于戍守之地，也是张居正有意为之的。所流行的说法大多是虚构的，不可信。现在采取周圣楷所撰《张居正传》当中的说法，见《张文忠公全集》

附录二）

刘台既已被罢免，各位臣子知道张居正圣眷方隆，于是没有人敢触犯他的锋芒，反对的风潮就暂时停下来。但是反对派仇视的心理固然还蕴藏在内心，无时无刻不在紧盯着张居正的空子，想要得到机会才感到痛快。到万历五年（1577年）九月，张居正的父亲张文明忽然病逝于江陵祖居，于是夺情起复的争议兴起。伺察端倪寻求报复的人反而有借口而大肆地揭发张居正的过失予以攻击；拘泥于经典义理的人更从而推波助澜，张居正却遇到了一生中最痛苦的一幕，几乎悲痛一辈子。

当张居正刚刚听到父亲去世的消息，就上奏请求回籍守制，奏疏中说：

我现在才五十三岁。古代人五十岁才任官参政，而本朝守孝制度只有二十七个月；估计我守孝期满之日，也就五十六岁了。此时自我估量精神体力还很强健，皇帝如果不认为我没出息，在外能拿起武器，在战场上用力，在内就讨论朝政，出谋献策；不管是在朝在野还是清闲或繁忙的官职，只凭皇帝任使，即使赴汤蹈火，死也不会逃避。这是我用二十七月回报父恩，以终身侍奉皇上啊。这正是以前人们所说的“报效国家的时间长，回报祖母刘氏的时间短”的原因。这样，君臣父子的伦常即使不能全都尽到，但也不至于互相妨碍。其实，古代人有守丧期间从政的，有战事是可以的。现在幸赖皇上的威势和德政，周边没有战事，边塞安宁无扰，因此我想在此期间稍微尽一点孝行，这就是我之所以悲痛呼天，伤心地哭叫而不能自禁的原因。（《乞恩守

制疏》)

这份奏疏情词恳切，没有什么可以再添加的，张居正一心扑在奔丧上，由此可知。没有像两宫太后以及神宗倚靠信任那样，坚决不同意辞去。户部侍郎李幼孜、御史曾士楚、给事中陈三谟等接着上书请求挽留张居正。张居正不得已，于是勉强请求在官守孝，所有应当支取的俸禄薪酬都免除，入朝侍奉讲读以及在内阁办事，都穿着青衣角带，出入自己的府邸，仍然穿着丧服守丧；并且急切请求等待父亲墓地竣工，准许他回乡安葬父亲，顺便迎接母亲来京城，皇上随即下温和的旨意批准，只有回乡安葬一事，仍然命令他等候圣旨。不料这个提议刚刚定下来，反对的风潮就随之而起。诸位翰林王锡爵、张位、赵志皋、赵用贤、习孔教、沈懋学等，纷纷上呈奏疏，坚持请求认为夺情起复不可以。员外郎艾穆、主事沈思孝、进士邹元标，又相继争议此事。吴中行在奏疏中大致说：

张居正父子分处两地，双方已有十五年未见面。其父已死于数千里之外，陛下不让他星夜奔丧，抚棺恸哭，却一定要他违心地压抑感情，忍痛含悲于朝廷之上，并让他主持政务，执掌权柄，发扬功业，为国事操劳，这难道合乎情理吗？……这件事关系到万古的纲常，天下的人都会看到、听到，唯有今天没有过失的举动，然后后世才没有令人遗憾的议论。亟待解决的问题莫过于此。(见《明史·吴中行传》)

吴中行所提的言论已经非常偏激了。邹元标就更进一步而大肆谩骂，以至于说：

> 我看到张居正上呈的奏疏说："世上先有非同寻常的人，然后才能做非同寻常的事。"如果把奔丧看作平常的事而不屑于去做。不知道人只有恪守仁、义、礼、智、信五种道德伦理才能成其为人。现在这个人，父母活着时不去照顾，父母死了不去奔丧，还自我吹嘘为非同寻常的人，世道人心不认为他丧失天良，就认为他是猪狗禽兽，这能叫作非同寻常的人吗？"（见《明史·邹元标传》）

神宗阅览奏疏大怒，吴中行、赵用贤、穆思孝、邹元标等五人都被廷杖，并被贬谪斥责不等。张居正又上呈奏疏极力请求曲作宽恕说我不知道，不要和他计较。当时议论的人还是唠叨不停。神宗于是下诏训谕群臣，再提到这件事的人杀无赦，又采纳谏官建议，考察群臣，自己陈述不称职之处，等候处理。于是这一大风波才告停止；但是张居正内心的痛苦，这是不用问就知道了。

万历六年（1578年）三月，神宗婚礼完成，张居正一而再上呈奏疏请求回乡安葬。神宗当初还不允许，后来因为他实情紧迫，于是勉强依从他的请求，只是仍限制在三个月内安葬完毕就上路返回京城。临行，皇上用模子浇铸"帝赍忠良"的银印赐给张居正，命令范津如扬士奇、张孚范先例，可以秘密奏疏进言议事；并告诫次辅吕调阳等有大事不得自行决定，快传驿马到江陵，听候张居正处理。张居正请求广纳内阁官员，下诏就让张居正推荐，张居正于是推举礼部尚书马自强、吏部左侍郎申时行加入内阁。张居正回家安葬完毕，以母亲年老，不能冒着炎热上路的缘故，请求等到天气清凉上路，最终以朝廷圣旨催促，就在六月回朝复归原职，计算往返正经历三个月。不料在张居正在返回京城的时候，忽然又有户部员外郎王用汲借赵应元借口有病请求退休一事，上呈奏疏弹劾张居正，大致说：

御史赵应元因为不参加葬礼得罪辅佐大臣（指张居正），就被都御史陈炌弹劾，因为犯假托疾病欺骗皇上的罪名被削去官籍，我私下对此事很痛恨。……现在大臣没有人不迎合宰相，引他去干坏事，陈炌只不过是其中较为明显的人罢了。按我观察，天下没有事情不讲私情，没有人不谋私，唯独陛下一个人公正罢了。陛下又不亲自处理国政，而把政事委托给众人所阿奉的大臣，大臣更加得以到满足他的私心而无所顾忌，我更加难以行私而没法诉说，这是欺骗天下人而使他们逃跑到行私请托了。陛下为什么不每天处理各种政务而勤奋学习，内外的奏章都亲自审阅，先斟酌决断是否可行，然后交付给辅臣，使他们再商量。审阅时间一长，智慧谋略就更加宏大，几乎没有隐藏的机会，自然没办法逃脱皇上的明察。陛下应该独揽威权，擅行赏罚；把朝政寄托给别人，不说是大权旁落，就是倒持太阿，反受其害，权柄一旦移交，积重难返。这也是我所日夜深思，不只是为赵应元一事罢了。（见《明臣奏议》）

这份奏疏斥责张居正营私无忌，作威作福，与刘台前后如出一辙。神宗看了奏疏不高兴，立刻下诏令将严厉斥责王用汲，并革职为民。张居正以“他所说的话关乎朝廷政治体制，天下的治乱”，于是上呈奏疏极力争辩，大致说：

吊丧送殡，是人之常情，不只是我对赵应元没有遗憾，即赵应元他本人未曾持有高风亮节不为私交的气节，但是偶尔不参与罢了。他又有什么畏惧躲避，而就因病请求退休呢？如果他声称有病是否弄虚欺诈以及御史一职的处理是否及时得当，在陈炌为堂官，察访一定确实，我不知道啊。前者多次奉圣旨，御史托病贪图安逸以及差事任满回道，都令都察院切实弹劾考察。然而掌管都察院的使臣竟然没有听说有依法执行的。现在只有陈炌有这个举措，而被人诬陷为威胁控制。那以后在这个职位上的人一定以陈炌引以为戒，宁愿违背圣旨，不敢结怨朝廷大臣，一定会和他相互共同欺骗蒙蔽，以至于朝廷纲纪衰败而不可收拾，难道这是朝廷所任命御史台振奋风纪的意思吗？……到…说皇上应当独揽乾纲，不应该把政事委托给众人所依附的首辅，这就是他隐微的含义所在，是陷害我的圈套啊。圣明的君主以寻求贤才而奔劳，以得任贤才而安逸，所以相信任用贤能的人，正所谓独揽大权。难道一定要像秦始皇那样勤于国政，刚愎自用，隋文帝的猜疑妒忌察访严明，谗言陷害忠良，然后他才有权吗？……国家的安危取决于信任。现在就只应当论辅臣的贤与不贤罢了。认为我不贤能吗？就应当立即被罢免，另外求取贤人而任用他。如果认为我贤能，皇上以一个人独居于九重之上，视听翼助不能单独运作，不交给我，而委托给谁呢？先帝临终，拉着我的手，把皇上托付给我。现今之事，我不担起天下的重任而任用谁呢？漂泊卑贱之臣，一旦处在百官之上，占据宰辅重臣的职位，如果得不到圣明君主的亲近信任委以重用，又怎么能肩负重任而能有所作为呢？更何况让各衙门的奏章，没有一个不经皇上阅览后再发票；那么我“用小票墨书”以进呈皇上，也应该没有一个不请皇上裁决而后发行。间或有突然发出的君主的裁决，出于我们智慧所不能及的地方。现在说皇上漫不经心，一切都交给我，他怎么敢大大地诬蔑皇上呢？……由于我天性愚笨，不能委曲顺从别人，所有的措施筹划，只有一概平等地实施。法纪所应当判决的，亲戚故交不能宽恕；才能可用，不能遗漏。又力求综合考核名实，搜剔隐瞒奸诈之人，推荐善良，抑制浮夸，因此大不便利于小人。而危险浮躁急进的人，游说失去心志的人，随后在此期间鼓风煽火，互相怂恿撺掇唆使，冒险谋取巨利，以希望在以后的日子里得宠，为获取富贵做打算。蓄谋已久，有机会就揭发。所以之前刘台作独断专行的论议，现在王用汲制造阿谀奉承的言论。独断专行阿谀奉承的人是令君主深为猜疑的。潜移默化，积毁销骨、众口铄金，小的就让我冒着大嫌疑而不安宁，大的就让我遭遇大祸而不能自我保全。圣明的君主身边已经没有亲信大臣，孤立在上面，然后这些人招引一丘之貉，借助权势执掌大权，随心所欲，发动变乱，不至于倾覆国家就不会罢休。这就是孔子之所以厌恶能言善辩之人，大舜之所以憎恨谗言诽谤之人。我日夜顾虑，忧心忡忡，所以敢不怕麻烦亵渎，一并控诉于皇上面前，于是就公开宣告给天下人，我是顾命大臣，道义上应当以死报国，即使赴汤蹈火，都不避讳，更何况在毁誉得失之间。皇帝不任用我就罢了，一定要用臣，我一定不能委屈自己以顺从别人，一定不能违背道义来求取名誉。朝廷纲纪一定要整齐严肃，朝廷法令一定要奉行。邪恶的人，一定不敢姑息来扰乱公正；浮躁的人，一定不敢引进以坏国家大事。如有捏造流言蜚语，想惑乱皇上耳目紊乱朝廷政治的人，一定要拿出祖宗法度，请求皇上来公开论定他的罪行。这是我用来报答先帝，忠诚于皇帝的职责本分（《乞鉴别忠邪以定国是疏》）。

奏疏呈上，奉神宗诏谕：“朕刚刚即位，正在年幼，幸亏你接受先帝遗诏，极尽臣子的责任辅佐，直到现在。纲纪整齐严肃，朝廷内外又安宁起来，这实在是宗庙社稷的神灵所共同明鉴。只有奸邪小人，不能顺遂他们曲从私利自求巧便的心计，假公济私伺机妄加诬陷的人，连续不断。阅览奏疏忠诚正义奋发激昂，我内心深深感动。今后如果再有谣言欺骗扰乱国事的，我一定要遵循祖宗法制，用严厉的惩罚来处置，不予宽恕。爱卿不要改变初衷，始终辅佐我，使之臻于郅治，虚心辅助倚重亲近备至！吏部知道！”看这篇告谕，无论是神宗的意思，抑或是秉承皇太后的旨意，似乎还能够明鉴张居正的忠诚而全心信任。然而张居正去世后不久，遗留的奏疏还在，神宗却马上相信邪恶宦官的谗言，加罪于张居正。出尔反尔，前后判若两人，可是又为什么呢？由此可知专制皇帝独断专行、滥施威权，喜怒无常，（这样的情况下），实在是臣子难做啊！

张居正自从接连遭受攻击，即使内自省察没有惭愧，庆幸能够保全自己的职位，尽心竭力，从事于政治主张的实现。加上神宗表面上确实一直信任有加，尊敬礼遇备至，一切政治设施都可以依次施行，通畅无阻没有人从旁牵制。这是从专制时代政治家的立场来看，未尝不是千载难逢的相遇。但是群臣百官却侧目而视，怨恨毁谤集于一身；一个命令发出就阳奉阴违，一件事做起就当面奉承内心诽谤。即使张居正不逃避辛劳怨恨，身心已经交相感到疲惫困顿。于是在万历八年（1580年）三月一再上疏请求退休。他的第二次奏疏尤为迫切，大致说：

现在我请求退休，也不是为了决定长久离去，只希望几年的时间，暂停驱策，稍作休息缓解体力。如果没有马上死去，国家或有大事，庆幸皇上召我，早上得到命令，晚上就上路，即使执持枪槊，效忠战死在疆场，也不会逃避，这是我爱惜身家性命，也是为了爱国啊（《再乞休致疏》）。

这些话可以说是竭诚真挚的心念而极为委婉的表达了。但是奏疏上呈始终不被批准；慈圣皇太后李氏并告诉神宗说："张先生接受先帝托付，怎么能忍心说离开？等到辅佐你到三十岁，再做处断，让后来的人，不算晚。"张居正不得已，于是就不敢再说退休了。因此劳累过度以致病倒，到万历九年（1581年）九月就因病卧床。神宗频频颁布敕谕探问病况，大出金帛为医药费用。张居正因为神宗屡次让宦官召见他，于是带病勉强起来。到第二年二月张居正疾病复发，经过四个月依旧没痊愈。神宗屡次降下手谕问安，赐内府膳食，并察看医药。百官也斋醮为他祈祷消灾赐福。神宗命令内阁大臣张四维等处理内阁中细碎的政务，大事就让张居正决断。等到张居正病重，又一次上呈奏疏乞求退休，让他活着回到故乡，神宗始终不答应。这一年夏天六月二十日，这一代伟人最终鞠躬尽瘁而死。发出报丧凶讯，神宗惊愕悲悼停止上朝。派司礼太监张诚监护丧事，赐赠丰厚。慈圣、仁圣两宫太后以及宦官都赐给金币。赐令祭祀十六坛。追赠上柱国，谥号文忠，葬在江陵。

张居正已经去世，于是张四维接任首辅。张四维是张居正所推荐的人，当他刚刚轮值，恭顺的像一个属吏，不敢以官僚自居。辽东开始刚刚奏报大胜，没有给予张四维赏赐，心里已经很不满足。等到辽东再奏报胜利，张居正正好回乡安葬父亲，神宗归功于张居正，派使者快马告谕令他划定爵禄和赏赐，张居正就分条列举上奏朝廷。当时次辅吕调阳已经和张四维等人商议决定功劳级别，而假冒滥用的很多。张居正认为赏罚分明，就足以劝善惩恶，就像这样荒谬，真是遗憾，于是就多而杂的全部追回。吕调阳内心不安，随着就请求退休离任，张四维就更怀恨在心，急忙想着报复；等到他接替张居正执政，又和张居正所引荐的王篆、曾省吾等关系恶化，于是再迁怒于张居正，想要能在张居正死后中伤他。恰巧奸宦张诚在神宗面前构陷张居正，张四维观察神宗眷顾张居正的心意已经改变，于是也随之而落井下石。于是张居正死后才一年多，而大祸就发生了。根据周圣楷所撰写的《张居正传》，张居正死后惨遭横祸，正如以下所写：

正值张居正去世，皇上所宠幸的宦官张诚以冯保和张居正结交专横报告，神宗动了心。和张四维友好的就把这件事泄露给张四维，于是唆使他的学生极度辩论冯保以试探神宗，神宗就贬谪冯保到南京，抄没了他的家。言官窥探皇上的心意，更加极端地尽力攻击张居正，以及他的党羽。于是剥夺了他的上柱国太师，再夺谥号，削除了他几个儿子的官职。御史羊可立，追论张居正的罪行，于是就说张居正私自构陷辽东庶人朱宪㸅入狱。朱宪㸅的妃子就诉讼，并且说："庶人金宝数以万计，全都被籍没入张居正府了"。

神宗正值厌恶张居正之事，就立即查抄张居正之家，于是命令张诚和刑部右侍郎邱橓，与锦衣卫指挥给事去，同时调查构陷辽王朱宪㸅事的原委。辽王朱宪㸅，他的父亲王去世，没有设立，而张居正的祖父为护卫士兵。太妃听说张居正年少就敏悟聪颖，而且和辽王同龄，召见了他并感到奇异。赐给他酒食，而使辽王朱宪㸅坐在下面，并且说道："你没有才能，应当为张先生所驱使。"辽王朱宪㸅因为这个感到惭愧而衔恨于他。正好张居正考取进士，辽王召见他的祖父虐待他到死。而辽王饮酒无度，残暴他的国民，远近的人都怨恨他，屡次弹劾上奏，于是被削没封地，被囚禁而死。所谓金宝，是仇恨的说法。邱橓等查抄了他的家，害怕不合乎要求，于是拘押他的儿子们，极尽鞭笞。张居正的长子张敬修自缢而死，家里人死的连续不断，荆州一带骚动而受到牵连。案件审定，尽数削减张居正的官秩，剥夺以往所赐玺书四代诰命，贬谪他的儿子张编修、张嗣修到边关戍守。

又根据《明鉴》（卷十）记载称："当时，潞王婚礼所需珠宝还没有准备好，太后认为也是。皇上说：'办这事不难。一年以来朝廷大臣没有受到耻辱，把全部珠宝都献给张居正和冯保两家了。'从这里张先生的称呼，绝对是忌讳；而没收的举动也根源在这里”。又说：“没收他们的家产。他们的财产不到严嵩二十分之一。上面说……：‘张居正诬蔑宗亲藩篱，控制言官，蒙蔽皇上，专权乱政，欺骗主上忘恩负义，谋划国事不能尽忠，本应该开棺戮尸。顾念效劳朝廷有些年日，暂且免除尽数法办’。”《明史·张居正传》中记述了查抄张居正之家时的惨状，说“荆州守令事先登记人口，锁闭张居正的家门，子女们大都逃进空屋中躲避。等到门打开，饿死的有十多人。张诚等将张居正的几个儿子兄弟的家藏全部搜出，获得万两黄金，十多万两白银。张居正的长子礼部主事张敬修忍受不了刑罚，自己屈招寄存三十万两白银在曾省吾、王篆和傅作舟等人那里。”……（《明史·张居正传》）而张敬修所写的血书，写到“……当初议论纷纷的情形和官吏士卒们咆哮的情状，都是我生平没有经受过的；更何况身体被枷锁紧系头上带着幪巾呢？在我张敬修固然死不足惜，只是冤枉定罪我的先父收受贿赂有二百万银钱；却不知我先父自从历任官职以来，清廉耿介的声名在天下广泛流传，不只是变卖家产竭尽资财不能抵完，就是立马粉身碎骨也难以充当。……将要考虑议定审判的时候，罗织罪名加罪于人，都不可预测，人不是木头石子，怎么能堪忍如此的折磨呢？现在被囚禁在牢狱，风雨萧条，青草鸣蛙，实在是增添我的悲伤。因而敬告天地神明，决计以一死而万世不在羞愧！……我的先父在朝有福禄满溢的嫌怨，离职有忧患国事的顾虑，只考虑接受临终遗诏的重托，以身殉国，不能事先预兆到未来的祸害，以至于今。而他的功劳罪过和现在辽东藩国诬蔑上奏他的事，自然会有天下后世的公正论断，在我张敬修没必要辩解。只是定罪我家收受贿赂的银钱和三家之寄，都不是一时就能了结的案件，怎么敢于欺骗上天迷惑众人以此作为逃脱祸患求得生存的打算呢？不得已而寄托于书信，咬指以剖明真心。这个书帖送各位，当你们看到不要认为我张敬修是匹夫的小气节，而甘愿在困厄之境……”（见《张文忠公全集》附录二）唉，这真的可以说是人世命运的悲惨变故到了极点，不是天理人情所能衡量测度的。

但是我有不能不说的：以张居正的忠君爱国，卓著的功勋；以神宗对张居正信任有加，尊敬礼遇备至；而就在他死后不久，轻信小人的谗言离间，荒谬到想要借查抄张居正之家以敛取财货，只是因为一念的贪婪，最终背弃君臣的大义，凉薄如此，还有什么话说呢！特别是自从张居正死后，以神宗的贪婪不足为君，而又没有了像张居正这样忠诚耿直的臣子来匡正辅佐，接任张居正执政的人又明鉴于张居正以忠诚正直而遭受横祸，就和之前的所作所为完全相反，只知道用阿谀奉承取悦君上；于是神宗自以为是，作威作福，一意孤行，肆无忌惮，而矿税的征收苛刻，尤其足以祸国害民。推究到了极点，国内农民起义就会屡次兴起，已经出现闯王李自成和大西王张献忠祸乱的先兆；外面是满族崛起，居然出现了覆灭邦国的兆头；于是张居正一辈子惨淡经营的复兴事业，即使能暂时收到转移形势挽回末运的功效，而最终无补于明朝皇室社稷迁移的局面。君子在此，没有不私下感叹神宗给祖宗邦国遗留下的祸患，咎由自取，但是很可惜张居正的宰相事业中断，相继无人了！

# 第十一章　江陵之政术（一）
## ——概说

张居正遭逢明朝皇室由盛转衰之际，承袭嘉靖、隆庆内忧外患之余绪，当前的任务，就在于转移时代的态势，奠定立国的基础；而他唯一的政治主张。就是以儒家为立足根基，采用法家精粹的法治精神，毅然以革除旧弊推动创新作为宗旨，而以综合考核名实赏罚严明为主要归宿。至于他为什么持这种主张的理由，当以李岳瑞所说的最为详细。他说：

赵宋以来，儒学愈加盛大而各种社会问题的治理愈加衰败；道德日益昌盛，国家越来越薄弱。一两个豪杰之士，不为时代的命运所转移，而特立独行，在历史朝政中大放光明；如北宋的王安石，如明朝的张居正，他们的学问和治国方案，大都以儒家为表，以名法为里。大概没有专门效法荀子、孟子、程朱一家之术，而可以达到辅佐君主恩泽百姓的心愿的。（见原书第四编《李卫公传》）

只有如此，所以张居正不惜用尽毕生的精力，以寻求其政治主张的实现。他在嘉靖时期所上陈的时政奏疏以及隆庆时期所上《陈六事疏》，本来已经粗略地说明大概的谋划；等到他执掌朝政以后，更是又身体力行，始终不放松。他任劳任怨、生死不渝就是为了如此；他甘愿冒着重大嫌怨备受攻击也是为了如此。他活着的时候不能被愚蠢的同辈人所谅解，死后又在昏庸而年幼的君主那里获罪，固然由于如此；而他卓然超出众人，自然和一般的忠臣良相有区别，巍然跻身于中国以至世界大政治家的队伍，而能当之无愧的，更是没有不系于此。现在试着撷取其集子中发表政治主张的文字，以此附录下来，以证明我的说法。

张居正有《与李太仆渐庵论治体书》，立言和上述两份奏疏互为表里，大意是说：

明朝兴国两百多年了，人们喜欢因循守旧，做事趋于粗糙劣质。另外近年以来社会风气尤其奢靡，最终导致是非毁誉，纷纷没有定论，牛马并驾齐驱而一同疲劳，乐工技拙以充数乱吹而无法辨认，议论像蜂群飞那样纷纷而起，考察实际的政绩却没有功效，这就是所谓的国君如果怠于政事，就是臣子应当鼓励他帮助他的时候。何况我鄙陋微贱又耿直方正，拥戴一个十岁的孩子做君主，站在天下群臣百姓之上，国家的权威没有振作，就会有羞辱之心。如果不稍加激励，动用祖宗的旧的法典，以惊醒迷惑懵懂之人，针疗重病，那么或许各种国家政务就会日益毁坏，违法作乱的人暗中看破，然后再想振作起来，就不可能了。所以我自从接任首辅以来，一切都给予正大公正，存心谦虚能容众物，端正自己儆戒下属。法纪所应施加的，亲贵近臣不能宽恕；有才能就可以任用，即使地位低贱，远离皇帝也不会遗弃。务必使国家强大，遏制行私请托的门路，减少批评讨论，考核名分与实际，以尊崇君主护佑百姓，率领臣下为起创新之事。我也知道法度不适用于弯曲的木头，明亮的镜子被丑妇人憎恨；但观察分析时势，估计情况的变化，治国理政本来应该如此。……而平庸之众喜欢推卸徇私，为非作歹的人畏惧精确考察。……就知道平庸的众人，很难和他们谈论平常之外的事情。

这封书信的关键一共有三点：就张居正施政的方针来看，就是所谓的“法纪所应施加的，亲贵近臣不能宽恕；有才能就可以任用，即使地位低贱，远离皇帝也不会遗弃。务必使国家强大，遏制行私请托的门路，减少批评讨论，考核名分与实际，以尊崇君主护佑百姓，率领臣下为起创新之事”的兴起；就张居正施政的动机来看，就是所谓的“人们喜欢因循守旧，做事趋于粗糙劣质。另外近年以来社会风气尤其奢靡……议论像蜂群那样纷纷而起，考察实际的政绩却没有功效，这就是所谓的国君如果怠于政事，就是臣子应当鼓励他帮助他的时候”；到就张居正施政的反应来看，就是所谓的“平庸之众喜欢推卸徇私，为非作歹的人畏惧精确考察”。综合而言，张居正施政，那只是努力实行法家综合考核名实、赏罚严明的原则罢了。

张居正持有这些原则，原因并不是出于偶然，而是被形势所逼迫导致。张居正说：

国家势力强大所作所为就没有不吉利的，国家势力削弱所作所为就没有不受到祸害的。……因此君子治理国家，致力于加强国家的根本，振作朝廷纲纪，积聚厚重而安抚，不要让它有祸乱，如果发生出乎意料之事，趁着它还细小微弱，就迅速扑灭，即使耗费很多也不可吝惜，不要让它生长蔓延，蔓延了就很难对付了（见《张文忠公全集·杂著》）。

又有人说：

天下的形势最担心在形成，形成不能够立刻扭转。和平昌盛的国势形成，想要转变成混乱不安很困难；混乱不安的时代形成，想要转变成和平昌盛很困难。混乱不是一天积累的，君上失去治国大道，百姓在下懒散狂放，贪官污吏又用暴政驱赶逼迫他们；于是不法分子就会乘机而起，堤防一旦溃决，即使有智慧的人，也没有办法了。官吏被揭发，就会以暴政毒害百姓；但遭受毒害的总不能揭发官吏，而揭发官吏的，都利用权势横行霸道乡里不畏惧国法。盗贼的兴起，是因为迫于饥寒，然而饥寒的人不能做强盗，而当盗贼的，都是一些游侠报仇不顾性命喜欢作乱打斗的人。他们正含着凶狠拿着刀来搏斗挑衅，而在上位的人又以扰乱治安的罪名驱逐他们；借他们怨怒愤恨闲暇无聊的心理，以鼓动他们喜好违法作乱的气焰，火焰烧到猛烈，一天就想要扑灭它，能做到吗？所以洞察先机而预先考虑秘密地消灭它，是上策；不幸而祸患形成，在上位的人有人能把责任归罪于自己，拯救疲劳困苦的百姓，诛杀贪婪狠毒的官吏，使天下人们，心向皇上而不分离，那么盗贼的势力就被孤立而响应他的人变少。所以趋势尚未形成……，具有中等才能的人就可以谋划保全；趋势已经形成，具有智慧的人也不能用心（见同上）。

张居正在当时混乱的局势既然认为由于贪官污吏的驱迫，那么如何对付这一趋势以求得正本清源，他在不得已才使用威权，以惩处贪污而安定百姓。所以说：

治理的方法没有比安定百姓更重要了。……在嘉靖中叶，商人在朝中掌权，财货贿赂都流往上层，百姓嗷嗷待哺，生死不保。此时景象，和曾经的汉、唐末世有什么区别呢？隆庆年间……，进身为官之路比较清明，百姓开始安稳。而朝廷纲纪不能振作，坏习气还仍然存在，虚浮的礼节越来越多，实惠越来越少。我常常想现在不一定再有所变更，只有依靠效法我们的明太祖安抚护佑百姓的一个心念，用来颂扬上帝，奠定国家的根本罢了。所以自从任职以来，……铲除强暴诛杀凶顽，剔除奸邪厘清改革，有不得已而使用威权，只是想用以安定百姓罢了。奸邪之人看到对自己不利，卑鄙地说道当时朝政苛刻严厉，用来迷惑动摇众人。……俗儒通晓治国之道的少，即使努力遵循君上的命令，而实际上内心并没有认可（《答福建巡抚耿楚侗言致理安民》）。

他使用威权的理论根据，纯粹是来源于历史的教训。他说：

三代到秦朝，天下一统再次开辟。创建的方法，到现在遵守它认为都有好处。史书上说他得到了圣人的威严。令秦始皇有贤能的子孙守持他的法度而更加振作，积累了几十年，接续的宗亲世代家族已经铲除尽了，德高望重的师长和年老的博学之士一听到就全部离开；百姓中再次兴起的，都改变原来的观念而听从皇上的命令。即使有一百个刘邦、项羽，能做些什么呢？明太祖以英明勇武平定天下，他理政重在用威权来强制，前代繁文缛节扰乱治理的坏习气，都削减殆尽。这些都铲除消灭，秦代的法令在这里不能严厉制裁，又是天下一统再开辟的人。即使经过二百多年，多次经历大的变故，而国内民心安定不为动摇，这是用威权的功效。（见《张文忠公全集·杂著》）

张居正主张用威权，他坚持要这样的。至于他的实施方法，就一方面以威权的名义寄于君上，使增强其效力；一方面以威权的实际权力集中在内阁，使发挥它的作用；其中经过的情形在前面一章已经出现，这里不再重述。特别是因为当时的“各种国家政务日益毁坏，违法作乱的人暗中窥伺”，而张居正就用威权治理，强压令其禁止，那么反动势力的发生，自会成为当然的结果。但看用威权一事，实际上是张居正施政所必需的。政治上遵循名分责求实际，固然还有待于使用威权；军事上整肃军纪经略武功，尤其是不使用威权就不能办理；下到肃清反叛，谋划统一声威，更依赖使用威权来作为后盾。大概在专制时代，要想寻求政治法令一定施行，而群臣百姓又不能像共和国人民养成服从的美德，那么和他们高谈仁义就会少有功效，宁可让他们畏惧威严而能收取成效。使用威权的举动，既然势在必行，那么反动势力的产生，张居正自然也在所不计。所以张居正在《上徐文贞论大政书》中曾有如下的解释：

我自从任职以来，日夜忧思，吃不好，睡不好，为了担忧公家的事，这样已经四年了。这期间的用心，要以尊崇君主的威严、安定国家大事、振作纲纪、剔除坏人坏事为己任，有力排除群臣的不同意见、公开触犯民众忌讳而不管。难道真的不懂得自爱而放肆以自身为众怨的聚所吗？我私下考虑，俗话说：“仅有一点挈瓶汲水的浅薄见识就能守住汲器不外借。”皇上年幼，普天下的重任委任给一个薄弱的身体。现在不致力于为主持公道，灭除私念，支援衰败，而躲避世俗的责难，以讨好一时。如果将来君主通晓国事，临朝听政，有的荒废而不修整，纲纪废弛而振作不起来，一定会说：“我把天下的事交给你，而现在却到如此地步”！那么即使我张居正躬身陇亩，埋于地下，也不够杀戮啊。因此违背众人的罪小，辜负国家的罪大，偶然的诽谤轻，将来的谴责重。御史台论说有人还是没有宰相的风度，我张居正将会怎么办呢！只有鞠躬尽瘁罢了。

“以尊崇君主的威严、安定国家大事、振作纲纪、剔除坏人坏事为己任……竭力排除各种议论使自己的主张占上风，公开触犯民众忌讳而不管”，这是张居正立志不移而昭示于天下后世的。张居正刚毅而发出此言论，不是随意做出的，大概张居正坚定相信他具有一定的功效。然而，其功效到底如何呢？张居正说：

诸葛亮说：“法度施行然后知道感恩”。现在的人不通达治理，动不动就以姑息纵容为有德，等到遭受刑辟，然后就跟着责备他，这是欺骗民众的。我执政之初，也有人认为严厉刻薄少有恩情。但是，现在几年之间，官吏注重守法循职，各种政务得以推行，贤能的人施展功用和能力，没有出息的人也得以免除罪过，不遵循法度，他所成就的有多少？安定保全的有多少？所以说：小仁是大仁的祸害。子产铸造刑书，规制农田，治政崇尚威严，而孔子称赞他说："聪明人！"那么圣贤人的意思，决定可以认识了。（《答闽抚庞惺庵书》）

又说：

富有的人是怨恨集聚之所；利益是祸害的根源。而人们之所以能保持他的富有而大家都不敢偷窃的，依靠的是朝廷的法度罢了。他们不用法度自我检验，却依仗他的财富和势力，施利以招致怨恨；那么人们也将会不畏惧国法而挟持怨恨以肆意发怒。这些人，在太平盛世就不会被国法宽恕，在混乱不安的时代就会首先被大盗贼所窥伺，怎么能长久保有他的富有呢？现在能奉公守法，在一百个牲畜中缴纳出来一个，就能完成多年拖欠的赋税，使追逐呼叫的官吏在门庭里巷消失，和顺善良的声名就会被官府所表彰；从此秉持礼节以保持这个趋势，遵循法度以保持他的富有，即使有黄金像粮食一样堆积如山，也没有人敢偷窥，一辈子乘坐坚固的车，赶着肥壮的马，恩泽子孙后代；它的利益，不也很丰厚吗！……婴儿不理发就会肚子疼痛，不剖开疖子就会逐渐加重；而慈母爱子，一定要剃掉他的头发并且剔除疖子的，是为了使他忍受小的病痛，而令他得到最大的快乐。我私下认为他们当中在执法的官吏，当神主而祷告，又有什么诽谤议论呢？（《答应天巡抚胡雅斋言严治为善爱》）

张居正以小的仁爱为大仁爱的祸害，把严治当作和善慈爱，就是他所认为的用严法治理的功效。凡是秉持法家功利的说法的人，这个结论大致如此；而张居正用来应付当时混乱局势，他态度从容，不慌不忙，固然已经很明显了。即使这样，张居正以儒家的立场而实行依法治国，当然已经用尽心思，不逃避指责，只是他所选取的立场，只是站在儒家的立场上吸纳法家的思想对儒学进行改造，绝不是想抛弃儒家原有的传统地位。所以他论说学问，仍然一直以尊崇孔子为旨归，不过以法家的精神灌注到原有的儒家学说上，使其成为法治化的儒学罢了。所以他说：

孔子周游列国时运不遇，他提出见解或主张，也依据各个人的根器，循循善诱，固然没有专门发表一言正如目前所说的话头，大概都是方便施设。他告诉鲁哀公，说"政事在于节约财物"；对齐景公，他却说君应尽为君之道，臣应尽为臣之道，父应尽为父之道，子应尽为子之道；在官署，他就说辨正名称和名分；在楚国，他却说使近处的人受到好处而高兴，远方的人闻风就会前来投奔：也未曾单独发表一言，不考虑当前形势的需要而唠叨不休。推究观察他经纶的大概，就只是效法文王、武王，志在依从东周的礼制，以生活在现今的时代，偏要恢复古代的做法为禁戒，以身居低位不自暴自弃为准则。老死不实行古代的做法，还拿着鲁国史书以保存周礼，所以说：我"志在春秋"。他的心志是什么心志呢？志在依从周礼罢了。《春秋》所记载的，全都是《周官》的典籍。"孔子是殷商之人，难道不想实行殷商之礼吗？《周官》的礼法，难道完全超越前代而不可改变吗？生在东周的时代，身为东周之臣子，不敢背离。……现在谈论学问的人，都说遵循孔子，却不知不致力于孔子之所以安定社会树立教化，而甘愿实行复古的罪责，这还能说是学孔子了吗？”（《答南司成屠平台论为学书》）

以当代所谓儒家崇尚“复古”，而张居正就引用孔子的话，以复古为有罪，这就与法家重视效法当今的意图相符合了。至于他以孔子为例，以公开攻击儒者的罪过而暗中支持法家之说，那么又是我所说的“援引法家渗入儒学”，李岳瑞所说的“以儒学为外表，以名分法家为核心”的原因。但看张居正秉持这一立场，还不只是在面对复古这一件事，他在王道与霸道的争辩上，也同样持有同一个立场来论说。他说：

回忆过去我刚刚进入政府，要实行一两件事。吴旺湖对人说：“我们对张居正执掌朝政，应当实行帝王之道，现在观看他的辩论，不过富国强兵罢了，特别让人失望”！我听说后笑着说：“旺湖过分地称赞我了。我怎么能使国家富裕军队强大呢？孔子论说政治，开口就说粮食充足，武备修整；大舜命令十二牧，也只是说要敬授民时，不违时令；周公执政，他也是只能够治好戎服兵器；我何尝不想国家富裕而强大呢？后世学术不能辨明，高谈阔论不能实用。窃取仁义，叫作王道；初涉富强，就说霸术。不知道王道与霸道的区别，义和利之间，在心不在行动。为什么一定仁义就是王道，富强就是霸道呢？”（《答福建巡抚耿楚侗言王霸之辨》）

感慨自从孟子（字子舆）创立“以施行道德仁爱的人称为王，以势力假借仁义的人称为霸”的说法，后来的学者，不明白他为了纠正当时诸侯偷窃进攻的弊端，不得已才有这种偏激的言论，于是就被奉为一成不变的圭臬，致力于为仁义的迂腐言论，全部摒弃富强而不顾。把社会的弊端扩充到了极致，坐在朝堂之上下令，借助虚伪的恩惠来粉饰太平。在宴席之间，务必谦退礼让而奢谈美德；更厉害的是不修整武备，就称治国崇尚无为，外敌侵凌，就他们看作水塘里的小贼寇；至于说到富国裕民的方法，更是看作细枝末节，听到声音就吓跑了，就如同粮食财货这样资本，可以坐谈而致。我们国家百姓贫困国家薄弱，累积久了却没有人挽回，打瞌睡而变本加厉的，谁不是畏首畏尾小儒能够承担罪过吗？张居正高举孔子足食足兵的宗旨，义正词严，足够使小儒吃惊，他发扬儒家圣人教化的作用，并不少，当然不是仅仅援引法家渗入儒学罢了。至于他为什么使用法家的思想来努力求取富强的，却又在适应当时的形势，期望以富强防患于未然。所以他说：

财货不够就会争夺，信任不坚定就会虚伪；争夺与虚伪，是大奸大恶之徒所依赖的。如何守住最关键的？是人。如何聚集民众？是财利。财货丰富而礼义产生，就是有大奸大盗，也没有人敢乘机作乱。以前孔子论述理政，说：“只要有充足的粮食，充足的战备，人民就会信任他了”。如果不是万不得已，不敢除去其中一条。所以善于为国家着想的，不要让到了不得已的情况。要事先消除祸患，使地方安定，使

人民休养生息，只在安抚爱护养育啊！只在安抚爱护养育啊！（《荆门州题名记》）

这种见解，纯粹是把仁义系在富强之中，几乎把王道与霸道熔于一炉，所以称为援引法家渗入儒学也可以，就是称为揉合法家和儒家成一体，也没有什么不可以。

张居正的政治主张，大概都出现在这里。只有张居正固然是一个亲身实践的大政治家，而不是仅仅沾沾自喜于空泛政论的宣传。有关于政策的文字，关键是上述几篇比较有系统，其他零星片段，散见于集子中的，几乎都是就事立论，不足以借取来参考验证。加上诽谤留在身后，史上有缺文，所有张居正的生平政绩，太多都无从考证。现在所记述的，有所缺漏在所难免。所就可以谈到的，就是张居正实际的政治设施内容繁多未经记录，但凡是张居正所论述的，固然没有不奋起而践行的。

# 第十二章　江陵之政术(二)
## ——吏治与用人

社会上议论的人，在人治和法治这两种政体每次都持极端的论调，误认为它是绝对不相容的；坚持人治主义观点的就认为法治容易流于刻薄寡恩的弊端，坚持法治主义观点的又认为人治难免舞文弄墨的嘲笑。其实就两者本是相辅而成，不可能有所偏废。因为人治的好处在于富有弹性，每次都足以补给法律治理的困境；法治的长处关键在公正无私，更足以弥补人治的短处。何况好的法律不能自行举用，只有靠人善于推行，才能获取彰显其几倍的功效；良好的官吏并非天生，只有依靠法律才善于守持，才能够恭敬职守。孟子所说的“只有善德不足以处理国家的政务，只有法令不能够使之发生效力”就是如此。张居正深深地明白这句话的宗旨，因此他施政虽然一本法治的精神，而在吏治和用人上当然也是明察实效。他综合考核名实、赏罚严明的政治主张，在这里也就能得到具体的表现。关于这一点，《行实》曾经有如下的记述：

张太师……自从从政为官，刚直严厉坚守节操，不培植同党。参与执政后，就在官职内调整有无余缺，杜绝了行私请托的门路，告诫阁官被人拜访一次也不要通融。众公卿都清楚他的孤高，不会因私事而干谒请托。……在官署的文武百官，以及挂职在官吏议事的人，就不扰乱法度，最终实现它的功效，不久纲纪就振作起来。心胸宽大气度允正，不喜欢精明苛刻，不因为一个人有个别的错误而抹杀他的大节，有人指责他细小的过失，搁在一边，不予过问；只是记住人的功劳不会忘掉，推许奖誉唯恐落后。各部门提出的建议，只要是良好的建议就采纳；如果是不实之言不能合宜，即使说的文采华丽不予录用。只要一见到某个读书人，问知他的姓氏名字，就能知道他才能的大小高低；以后遇到事情，掌握选拔、任用、考核官吏的人有时难以得到胜任的人，他一定会指出某某人做得很好，最终能胜任官职，如若他所推荐的没有过失。……先皇时，选拔人才只注重资历，不能考察出他们真实的才能，因此，就导致了官阶昏乱。现在皇上的诏令发布已久，统一考核群臣官吏，尊重礼敬公卿大臣。郡县中剿除贼寇的守相有政绩优异的，都进献给朝廷，皇帝亲自慰劳，赐给你们诏书、钱财、绮绣、羊和酒。六曹尚书郎积有功劳和才能，被任命为卿寺，不能互相升调。地方官吏有所选调，都采取就近的地方安置，考察繁与简、通与塞，并用三种途径。督府御使，推荐所属的官吏，都选拔任用为御史台和给事中，都以其中的四分之一来考核孝廉、明经、茂才，有做不到的予以惩罚。小吏知道杨果、赵腾蛟等得以任命为长行。……残暴的官员和贪赃枉法的官吏，下交有关部门判定罪行，全部依照这个法度。但是禁止诽谤，理当撤职，允许紧急处理得到执章上奏；倘若检举揭发与事实不符，或有不同，一定要仔细推究；其中有的赏罚失误的，允许觐见官长能够在官署争辩。因此凡是各个任职的官员，都感动奋发，心存恩德忠于职守，不肯请假，不以奔走执役奉承上级，那些已经得到拜官授职的文书及使事进行朝觐入朝庆贺的人不住在家里。各个官员都要专心教导培养尽力务实政事，都不肯管理官府中公文政令一类的繁杂琐碎的俗事。群贤荟萃，进身为官之路澄清，就是像虞舜、周朝初期，贤士众多，也不为过。

张居正整顿吏治采用人才，大体都体现在这里。现在再选择其中有关整顿吏治采用人才的文字，依次记录下来，以便看到张居正用人治辅助法治，他是怎么样努力实现的。

张居正一生广泛地议论整顿吏治采用人才的文字，不可胜数，这次摘录几节在下面：

我私下认为治理国家的方法关键在于安定百姓。《尚书》上说："人民是国家的根本，根本巩固国家就会安定"。百姓安宁国家稳固，即使有水旱、盗贼、敌国外侵之忧虑，而百姓爱戴皇上，没有土崩瓦解的形势，就是长治久安的方法。然而，想要安抚百姓，又一定要注重在治理百姓的官员身上。（《请择有司以安民生疏》）

治理天下的关键，没有急于使百姓生活安定。安定百姓的关键，只在考核官吏整顿吏治。前代贤君，想要振兴正道使国家安定太平，没有不在这里注重的。（《请定面奖廉能仪注疏》）

安定百姓的关键，在于知人；辩论官员才能，一定要多次重复考察。（《进职官书屏疏》）

我私下听说治国的关键，在于安定百姓，想要使百姓安定，其实在遵守法令。……所以现在振兴纲纪，精确考核整肃吏治。严明法律，悬示教令，关键在于咬住其物，除去祸害，使皇上的恩泽得以向下贯

彻，下面的隐情得以上达罢了。（《答山东抚院李渐庵言吏治河漕》）

治国的方法就像调理身心：元气越坚固，精神越振作。广东一带的忧患不在盗贼，而忧患在吏治不能清明，纲纪不能振作，因此元气日益消耗，精神日益耗尽。几年前，议论的人认为朝廷已经没有广东了。自从您一鼓作气，倾覆的变得稳固，狡猾的遭到杀戮，炎州得以安宁。难道更换治地改变人民了吗？元气逐渐牢固，精神开始舒畅罢了。现在……我每天明察以振作纲纪、考察官吏、安定百姓为要务。希望您保持实行，不要改变初心，不要害怕众人的意见，那么就是百姓的幸运啊。（《与殷石汀论吏治》）

最近以来官吏的整治很是清正严明，只有管理者不以百姓的事作为当务之急，崇尚虚浮的文辞，计算着日子等待升迁，最终很少有实际功效。均徭、赋役、里甲、驿递，是有关部门第一任务，其余的都不是他们所关心的。这四件事做好百姓就会安宁，百姓安定国家根本就会巩固，外族的侵凌就不用担心了。请您留意了！（《答保定巡抚孙立亭》）

广东一带几年盗贼颇多，不是老百姓喜好作乱，本在吏治不能清明，贪官污吏是祸害罢了。官员贪腐那么安分守己的善良百姓就不会爱戴，乱法犯禁的人就不会害怕；而盗贼的好处就足可以陷害他们，威势就足可以震慑他们，他们又有什么畏惧而不去做盗贼呢？（《答两广殷石汀》）

我看现在的统治者，认知官吏很难。官吏的困难，不是治理百姓的很难，事奉君主很难；不是管理下属难，讨好上级难。奉承人和使唤人的路数不一样，而人的能力有限。譬如以十分算：在清静偏僻的地方，做事简明而考虑多余，官吏的才干五分在上而五分在下，其中一半还在百姓。稍微繁重一些，那么对待下属的用到十分之三罢了；再繁重一些，那么对待下属的就是十分之一罢了。为百姓官长的人，可以自己的爱憎喜怒考核官吏的高低上下，那么即使有洒脱卓尔不群的人，一定不能用十分之一来事奉官长，而用十分之九对待下属。为什么呢？大势所趋罢了。（《赠荆门守黄君升开封贰守序》）

人们之所以害怕官吏而一定要贿赂的，不是祈求他们赐福，大概是害怕他们制造灾难啊。（《张文忠公全集·杂著》）

官吏是用来治理百姓的，是为了“使皇上的恩泽得以向下贯彻，下面的隐情得以上达”，以坚固元气舒畅精神罢了；现在却一反他们的所作所为，对待下属就公开以财货行贿受贿，对待上级就奉承讨好恐怕落后，导致安分守己的善良百姓不想拥戴，乱法犯禁的人就不会害怕，甚至挺身走险成为盗贼，动摇国家的根基，是谁导致的，到如此极端的地步？这就是张居正之所以不得不立即迅速整顿官吏治理以此作为治理国家安定人民的重要途径。张居正整顿吏治，就按照一般的原则来看，当然不外乎以法家严格公正的精神作为根本，以综合考核名实赏罚严明为重大任务；至于他采取的具体措施，那么他尽力以实施的，约有六个方面，现在暂且分别依次论述如下：

一是明确职守　在过去专制时代，为君上的大多都猜疑妒忌成性，防备禁止的心情迫切。对于设置官职，有的权力责任不分明，借使他们互相牵制，有的则名称与实际不相符，竟然令官位如同虚设。这样做的目的本来就在于谋求君主集权，以避免权柄落入他人手中，自身反而面临危险或灾害；无奈权力政事分属不明显，责任就难以确定，招致趋利避害，推诿职责争夺权力，玩忽职守的当然有很多人居位食禄而不做事，专横暴戾，欺上压下的人更容易逾越职权制造纠纷。就以明朝的行政制度来分析，在中央就内阁即使负责宰相的职位，权力却不集中，以导致内阁和六部之间的纠纷时有发生；在各个行省，巡抚、巡按既属同僚而职责又可互相推诿，以致有关部门的监督引导无方；积久的弊病相互沿袭，地方官吏的作风和治绩就不堪追究问责了。张居正看到了这一点，所以在执掌朝政之后，对中央就努力提高相权，让权力集中于内阁，内阁权力集中在首辅，而以六部隶属于内阁，使其收到手指与臂膀相互协助的功效，其中经过得情形已经都在前面叙述了；至于对各个行省就在于致力全面清除巡抚、巡按的职权，而严肃命令他们分工合作，以负责监督指导有关部门的责任。张居正自己陈述他的主张说：

巡抚、按察使的职责权力分属不相同，政治体制也不同。整顿依靠贤才，检举欺诈蒙骗，揭发不为人知的奸伪之事，纠正贪污残暴，如同暴风急雷那样猛烈而迅速，一过而不留，这是巡按的职权。筹办钱财粮食，调解赋役，整顿武备，安抚军民，如同高山大河，将滋润一方而没有堵塞的，这是巡抚的职权。近年来各位巡抚、按察使不考虑各尽其职，经常导致混淆，下面的有关部门静观事态发展，不知道如何履行职守，因此实际的利益不能流通。导致直指使者往往舍弃他的本职而侵占巡抚的事，违背道义来求取名誉，曲从私情来豢养私交以成朋党，这是重大的错误。于是想起嘉靖年间有周如斗的人，巡按苏松，相信强横宦官的话，博取世俗的声誉，将应征收钱财粮食一概实行中止免除；老百姓都很高兴，为他建立生祠，奏请留下再次履任，于是越级提升为苏松巡抚。等到他做了巡抚，钱财粮食的征收一事发露，各种指责都冲他来了，他就不能再实行其宽大的政策，将之前中止免除拖欠的赋税又施行征收派用；于是百姓怨恨他，毁坏他的生祠，刊发诽谤的消息；以前称赞颂扬他的美德的，转而就怨怒愤恨他了。那是为什么？欢娱的手段容易用尽，民众的欲望难以满足。何况这里面人心难测，百姓很难调和，只有用大公至正的法度来施行，差不多就没有过失和赞誉了吧。（《答苏松巡按曾公士楚言抚按职掌不同》）

这表明巡抚、巡按的职权各不相同，使他们不能互相侵占逾越或推诿了。但张居正的想法当然也不只是全部清理他们的职权，而在于使他们分别监督与指导有关部门，所以说：

有关部门的官位卑小，怎么敢和大官相抗衡呢？所依赖的是施行法纪补救弊病的，全在巡抚、巡按罢了。巡抚、按察使官拘泥于常规，出于私心，而要求有关部门执行法令，与大官抗衡，势不能行。朝廷想要实施法治，只有责求巡抚、按察使，不能指责有关部门。将来如果有触犯的人，或者另有所闻，那么违抗命令的罪责，一定会有所依归。（《答总宪李渐庵言辞递条编任怨》）

以我国的幅员辽阔，各省区域的大，中央的政令即使很严明，也很难避免鞭长莫及，估计只有责成巡抚、巡按督导有关部门以执行法律，也许纲举目张，命令得到执行而政治得到整顿，在版图辽阔的国家，不是这样就不足以使其法令推行全国，而收风行草偃的效果。

这中间既有集中政治权力的首辅以平正彰明政教法令，各省又有职守分明的巡抚、巡按以监督指导有关部门，权力职责既然各有归属，政事功效就可以为期不远。凡是统一政令的执行，朝廷责求内阁，内阁责求六部，六部责求巡抚、巡按，再向下内阁就责求在朝廷的臣工，巡抚、巡按责求该管的僚佐，这样一来，系统既然有条不紊，自然不会惊奇百官奉令谨行，政治风气也因此而日益趋向严肃了。

二是慎重甄选　治理国家的要领，首先在于得人。即使有贤君良相，许多事情势必难以亲自操持，一定要慎重地选拔贤才，以帮助辅佐治理。张居正用人的方法，在《陈六事疏》中已可略见梗概。他说：

取舍进退一律以实际的功绩为准则，不要只是炫耀虚名，不要完全拘泥于资历，不要被毁谤和赞誉所左右，不要以感情的好恶来做事，不要因为一件事而总结他的一生，不因为一个人有个别的错误而抹杀他的大节。

张居正在人才的甄选上，他谨严慎重公平正直有这样的。此外关于引用人才的言论还多，这次摘录了几条在下面：

人才难知，了解人固然不容易。我平时没有什么别的长处，只是不以毁谤赞誉作为取舍。所提拔鉴识的，有的人出于酒后谈笑，有的人是看他的风貌神情姿态，有的人一生没见过一面，只是观察他做事而得用，都是虚心鉴别，不是凭借别人的言论。所以有已经登上显贵而一辈子不知道他的。正如张居正所说，成功的希望援自众人之力，借助声誉事先为人疏通，像这样的人，怎么会得到国家栋梁，而士子又有谁肯为他效命呢？（《答藩伯贺澹庵言得国士》）

天生一世的才能，自会足够一世之用。但看品评人才的人每次都夹杂自己的想法，持有偏见，于是导致品类混杂，处理违反时宜，于是归罪推脱说缺乏人才，错了！我的浅薄，即使不足凭借和识别人才，但有一念为国家的忠心，实际上没有什么作为。因此，自从我当权以来，恳切地把这个意思告诉选拔官员的部门，无论是谁亲戚故旧邻里乡党，不管从来所作过错，只要能办理国家事务，对君主有礼节的，就举荐而任用他。（《答问卿李渐庵论用人才》）

所推荐的贤才，都是当时的俊杰，在我夹袋中，时时闲适自在；即使难免各有短处，但取其长处，都是国家的人才。如果你们能不依靠他们的长处，刮磨掉微小的瑕疵，使其晶莹美丽，那么就是稀世之宝了。（《答总宪张崌崃言用人》）

上面的几条，在一般地论述用人，足可以和《陈六事疏》所说的互为表里。至于他衡量评论人才，就一定要以质朴诚实作为归属，同时谨慎地辨别他们的真伪，为避免被他们蒙蔽。张居正说：

学以致用确实很难！三代都没有论及。汉朝的人才奇特卓越，彬彬有礼少有人能与其相匹敌。后世儒者，有的人就是不学无术，有的就是难以归从道统，而且还不够是如此少有。假如现在能说会道修饰论辩的人，如果有机会掌权，共同和他有所建树，看他会怎么样？大都使用本分质朴的人确实能够通达成才，而追求空洞的辩论的人就会言而无当；这样大概地作比较不是可以明显看到了吗？（《赠罗惟德擢守宁国叙》）

这是说人才注重质朴诚实的。又说：

现在吴地打造铁器的都竞相争为古雅质朴，他们耗费钱财物力，像三年而做成楮叶的，是以拙为巧啊。现在入仕的人以皇上厌恶空话责求实际效果，又追求为愚直任事的样子，以此作为讨好宦官的条件，这是以忠诚来做诈伪。唉！以虚伪为虚伪，它的弊端还可以补救；以愚直为虚伪，它的弊端就不可救助了。以欺诈为欺诈，这种方法还可以看得见；以忠诚为欺诈，这种方法就很难观察了。（《张文忠公全集·杂著》）

这是在说到底是忠诚还是诈伪就应当注意防范了。张居正不嫌反复叮咛而说出来，可见忠诚笃实的人不容易得到啊。

三是专责成　专职负责完成，对用人应当给他权力，经常给予指导，使他能够展现自己的长处，补充自己的短处；而尤其是贵在相信而任用他，差不多做事没有阻挠牵制，功绩就可以预期完成，驾驭下属的方法几乎不在此之外了。张居正在甄选人才上已经俨然做到谨严慎重，而在他选拔任用以后，就推心置腹，完全信任。他在《陈六事疏》上所说的“想要任用一人，必须在开始就小心谨慎，必须要求与需求相对应；既然已经任用其人，就要相信而任用他，正如魏文侯任用乐羊，即使毁谤的奏书装满箱子，而始终不为动容”，用意就在这里。张居正秉持这些主张以任用当代诸位贤才，如“蜀地的曾省吾，福建的殷正茂，广西广东的凌云翼，管理河道的潘季驯，蓟辽各镇，就是张学颜、王崇古、梁梦龙、谭纶等……”（见《张文忠公全集》附录二沈鲤《张文忠公论》），都以专任一方而功勋事业灿烂。《明史》所说的“张居正喜好有所建树，能用智谋权术驾驭下属，很多人都乐意为之效劳尽力”，实在不足以成为定论；因为张居正之所以能得有人才，纯粹是他责求专职完成、坚定信任所导致的，当然不是靠自己的“智谋权术”以笼络天下名士。张居正在所任用的人信任的深厚，责求完成的专一，引导的辛勤努力，每次都可以在他的书信中看到，现在略举一二以示例证明：

先后接到手书，都是钉封文书，捧着读了几回，不比城里！我认为古人为官，有解下印绶辞官，浩然请求离开的人。都以不被君主知遇，志愿不能达成；有的君主虽然能够知遇，但是却被当时执政者排斥嫉妒；有的有远大巧妙的谋划，而当事者却不能为他主持公道，使他忠诚的谋略不能得以施展；那么他的离去就会变得很自然了。我自从去年曾面奏皇上说：现在南北督抚诸臣，都是我所选用，能为国家竭尽忠诚担任大事的人，君主应该加以信任，不要听信流言蜚语苛刻责求，使他们的能力不能施展。皇帝深深相信认可，并且嘉奖赞许说：先生公正忠诚体恤国事，用人哪有不恰当的地方？所以自从您任职以来，一切准许你可以见机行事，即使诋毁的言论一天天增加，而委任却一天天坚定。然而我之所以敢于讨人嫌弃违背众臣而不回头，也是依靠君主的信任罢了。皇上相信我，所以也就相信你。那么你现在请求离去，是因为不能获得皇上的恩遇吗，还是因为不符合执政呢？两者都没有，而仅仅以轻浮嫉妒的言论，就想离去；这是狠心背离皇上和宰相的知遇，而看重触犯平庸之人的浮言。希望你不要再这样说！（《答殷石汀言宜终功名答知遇》）

广东一带的政事被破坏已经不是一天两天。现在想要振作起来，必须要放宽文教法制的约束靠着见机行事才行。近年来议论的人纷纷扰扰。朝廷既然以地方托付给您，任您自己斟酌选择，见机行事便可，希望地方安宁罢了。即使弹劾的奏章装满您的车，始终也不要为之动心。（《答殷石汀》）

治理黄河的工程，朝廷重重地托付于您。……承表示担心流寇摇动威势，顾虑担任大事而招致怨恨。古代人处事而恐惧，您现在肩负巨大的责任，怎么能不兢兢业业？像那些流俗的言论、怨恨和诽谤，希望你不要顾虑。我浅劣没有什么杂念，只是有一个任用贤人保全良善的忠心，就有立定的志向而不可以改变的。如果真的是贤人，真心志在国家的，一定要多方面引荐，始终保全，即使因此讨人嫌弃蒙受诽谤，也不会心中抑郁不平。……子产说：“从政犹如做农事，日夜思考，考虑开始而顾虑后果，思考做事都在自己所处的地位上不使其逾越，就如同农民的田地而有界限。”希望您长久审慎地考虑，集思广益，计划考虑好后再开始行动，开始行动一定希望完成。至于竭力反驳、排除各种意见，从中筹划，那是我的责任。”（《答河道司空吴从湖说任用的人任事》）

四是注重长期连任　现在西方各国在所谓的事务官，都类似给予服务的保障，没有违法滥用职权的情况，绝不能随意更改调动，借以熟练，甚至还有终身任职的规定；对于司法官的行为要求更严。大概因为历任已久，就消极方面固然可以使其稳固地处在自己的位置上，不再有凡事不做长久打算的心思；积极方面还可以使他忠于职守，使观察他三年治理政事的成效；用意美好法令完善，没有超过这样的。张居正既注重地方官吏治绩用人，在久任的利益从早年就常常见到。《陈六事疏》上说：“官位任职不久，政事没有完成，更换调任太频繁，调遣太突然，……这样具有真才实能的人怎么能进身为官，而百官有司的职位怎么能得以举荐呢？”所讲的，可以说是切中时弊。所以张居正在一切官吏都注重长期连任，尤其在郡守及县令是这样。他说：

在京都各官署衙门佐副官，需要根据其才气的大小，合适的就授给他官职，平时就派他研究职务作业，协助长官；如果长官职位有空缺，就用副职代替，不必再索求。属官中有熟悉旧例尽心职守的人，九年任期满，也按照吏部升授京都官职，高的就调到本衙门官署长官。

和小九卿堂官的品级相同，不必互相调用。各个地方巡抚真的在地方任职合适、任期长久的，有的就在那里加升官位品级，不必再调到其他省。承宣布政使司、提刑按察使司两个机构的官员，如长期做参议的，就可以升任参政，长期做佥事的，就可以升任副使，不用来回数次调遣，避免产生辛苦搅扰。（《陈六事疏》）

君子施政治国，一定要施行仁政很久以后才能普及，一定要处理政务很久以后才能成就功业。汉代时期的太守县令，便利百姓的，就赐给玺书褒奖赞美，逐渐增加他的俸禄，不多次改易，所以世人一提及吏治就称颂两汉。但我不敢远引不同的时代，就如立国之初，郡守县令任职长的长达十几年；而何文渊、刘德都是在任知府时积下功绩，升任九卿，官员任职就会要求完成职务，所以好的官吏大量涌现，天下昌平接近古时。（《追赠为塞太守入朝觐见奏绩序》）

如上所述，郡守县令已经长期任职而民众的意见日益融洽，百官也因为长期任职而历练越来越深，再加上要求一定要专心完成，信任必然笃厚，这样，人们因为感动奋发而愿意被其任用，事情熟练了就容易考核政绩。张居正执政以来，吏治精明卓绝，这难道是偶然的吗？

五是严格考察 责求专一长久任职，固然可以使人尽其才，事尽其功；但是中国地域辽阔，在内是中央，在外是各省，各种政务繁多，百官众多，势必难以让人没有不贤的，事情没有不办的。在这里，要想分辨人的勤奋、懒惰、贤能、愚钝，判明政事的兴盛衰败因袭与变革，借为进退升降的准绳，而实现提高效能的作用，就是要注重考察罢了。自从明代洪武以来，早有定期考察京城内外群臣的既定办法。根据《明史·选举志》记载称：

考满、考察，两者相辅而施行。考满是评价一个人所担任的官职，官俸，其项目有三个：称职、平常、不称职，分成上中下三等。考察，凡是天下京官和地方官都计入考察之列，其项目有八个：贪、酷、浮躁、不及、老、病、罢、不谨。考满的方法，任职三年其主管长官将其履历提供给吏部，称为给由，叫做初考，六年叫做再考，九年叫做通考。依照职掌成例，考核升迁降黜。各部寺所隶属，开初只是署理官职，必定考绩期满才实授官职，地方官大都递相考察以等待核准。杂考或一二年，或三年、九年。郡县施政的繁与简有的不合适，便互相交换其官职，叫做调繁、调简。……考察的办法。京官六年，在逢巳、亥之年，四品以上的官自我陈述而取决于皇上裁定，五品以下分别为致仕、降调、闲住为民等各种不同的处理，造成名册上奏请求决定，叫做京察。弘治时，决定地方官二年入京朝觐一次，在辰、戌、丑、未年，考核随之进行，叫做外察。州县以月计上交给府，府考核决定上下，以岁计上呈布政司。到三年，巡抚、巡按通核其属员各种情况，造成名册上报，附加八法。而处理考察规程有四项，与京官相同。明初施行考察法，相沿使用而不废弃，叫做大计。大计考核，予以处分的，不再录用，定为长远的制度。(《明史》卷七十一《选举志》三》)。

像这样的规定，以与现代科学性的考核方法相比较，虽然其正确性还远差得多；然而如果真的让其严格执行，也未尝不足以成为综合考核名实的一个补助。可惜历时已久，都把这些看成是空文，敷衍塞责将就了事，一曝十寒，张弛没有定数，吏治的败坏，这里就是其中的一个开端。张居正初登内阁，就以严格进行考察作为首要任务，这不仅是实施其法治的主张，也是为了应付当时的局势。结果最终使已经败落的朝廷纲纪因此而为之一振。由此可知如果能够按照规定执法，即使法律尚未完全达到妥当，当然还是胜过没有法律。自从那以后张居正就按期举行京都官吏考察和地方官吏考察，以作为综合考核名实的依据。至于他的考察方法，就把确定的做法和制度看得更为严厉。张居正在万历四年（1576年）七月所上呈的奏疏《请择有司以安民生疏》，曾讲述他所拟定的方法依次如下：

第二年春天又赶上地方官员考察的日期……我希望特别诏令吏部，让他们事先虚心访求核实各个有关部门官吏贤能与否，只有以安定百姓的为最好，那些沿袭旧套虚文矫揉造作的，即使虚浮的声誉一直很大，也要列在下等。巡抚、巡按用这个考核属官的贤能与否，吏部用这个区别巡抚、巡按的品类流别，朝廷用这个观察吏部的品藻和鉴别人才。如果巡抚、巡按官员不能尽心甄别，而用旧套将就了事，那么巡抚、巡按官就是不称职，吏部应当秉公淘汰罢黜；吏部不能尽心精确考核，而以旧套敷衍了事，那么吏部就是不称职，朝廷应该秉持公道更换了。这样差不多有关部门就不敢以虚假蒙蔽皇上，而实惠向四处布施，就是老百姓的大幸啊……

这种方法以逐级考核为主体，以负责连带受刑为手段，可以说精确严密到了极点。但看张居正仍然担心百官喜欢苟且偷安，难免不能尽忠职守不能实事求是，又施行随事考核以弥补其不足。关于随事考核的方法，张居正在《陈六事疏》“重诏令”一节已略作陈述，后来在《请稽核章奏随事考成以修实政疏》中，更为详细的规划，大致叙述如下：

请求从现在开始，申明旧有典章，凡是六部都察院遇到各处的奏章，有的题着遵奉圣旨，有的审核奉皇上依准，转达到各个所属的衙门，都先斟酌道路远近，情况缓急，定好期限，放好文件保存起来以备查考核对，每个月月底注销，除了通行的奏章不必审查的，照常开具手本外，其中有转达审核、提问议处、督察审核等项，另外造两本簿册，各册注明紧要关键大略节选以及原来规定的期限，一本送科部注销，一本送内阁审查。该科按照这簿册里面前件一件一件附加在簿册后等候审查，下一个月陆续注销完毕，通行注销的簿册。每次在上半年和下半年交付文本，就像查簿册内的事件有没有超期有没有注销，如有积压滞留，就开列具题，等候旨令下达各个衙门质问，责令陈述事状。第二年春季或夏季终止交付文本，并通行审查上年没有完成的，如果有设法躲避的重大情况，针对实际参奏；秋、冬二季也照样做。第二年仍要再次挨个审查，一定要等到注销完毕为止。如果各巡抚、巡按奏行事理有迟延滞留的，该部举报；各部院注销文册有隐瞒蒙蔽的人，科臣来举报；六科缴本具奏有隐瞒蒙蔽的人，我们来举报。如果这个月有审查，每年有稽查，不仅要使消息与事实相符，事情要求完成；而验证考核的方法严格，就建议立法的人也将考虑到最终有没有效果，而不敢不慎重开始了。治理天下的关键，没有超过这个的。

这种随事考察的方法，注重平时效率，和定期考察历时长久才得见成效的情况相比，自然是更进一步了。但是张居正还认为不够，就拿奏报倘若与事实不符，就会最容易被察觉而没有逾越的，万一被他蒙蔽，将依靠什么手段来揭发他的罪行而纠正这些失误呢？在这里张居正又采用探访告诫的方法以帮助补救。张居正在京都内外的重要事件，总要设法详细探访，随时听取情报，一旦发觉上奏与事实不符或隐瞒不报，轻则通过私写信函来告诫，重则用朝廷的法令来斥责，务必使其不敢稍微存有一点蒙蔽。试举《答应天巡抚孙小溪言捕盗》一书以为例证：

承俯听闻奏报贼寇的情况，说别的地方没有奏报，而偏偏责备江南，似乎认为朝廷的法令多繁杂苛细，这是没有详细寻究前面旨意。奏请和上报，事情的体制不一样，奏称奏闻朝廷，报称申报上司，前面的旨意详细地说。巡抚、巡按严格督察兵备等官员整顿武备，经常体察走访，如果有盗贼暴发，一定要立即从实申报，重大的就奏闻朝廷，放宽限制设法捕捉。说如果有盗贼出现立即申报，那么不管城内外都应当报告上司；对重大事件的奏闻朝廷，不是很重要的即使是城内也不必奏闻了。然而盗贼暴发虽然有远有近，盗贼的情势虽然有大有小，巡抚、按察使都应该一律严格督促有关部门设法缉捕，这就是主要的意图。昨天镇江的事，朝廷原本没有责备他不上奏，只是讨厌他没有上报，以及上报与事实不符罢了。贺氏的贼寇暴发在去年秋天，而今年三月间巡抚、按察使才知道，这是曾申报过没有呢？南京已捕获蔡朋，在该府缉捕结伙盗窃，而该府不承认，认为子虚乌有，这是否失职呢？范良吕、袁漳等家被盗，都是因为不曾失去财产为解释，这些盗贼当然应该在浙江抓获，他们上报与事实相符不？江南以隐藏盗贼的情势是平常事，几年的时间，第一次在扬州暴发，第二次在太平暴发，现在第三次在镇江暴发，导致失主被伤而不敢承认，大盗贼公开行动而没有人敢问，那么法纪就会荡然无存，别的地方曾有这样的事吗？朝廷把四方的耳目作为耳目。现在地方政府一起蒙蔽，巡抚、巡按的耳目已经统统成为他们的门路；而是朝廷另有闻，一起追查，就认为多事，认为繁杂苛细，是想要使欺瞒的弊端逐渐演变到秦国、元朝的末期为止才罢。承逢问及，敢于直接陈述自己的愚见，庆幸您能体察实情而原谅！

像这样严格实行严格考察，既然以定期考察核定事实，又以随事考核要求其效果，再以探访告诫禁戒他们欺骗，三者齐备而综合名实的功效就完成了。张居正为了这样做，当然不是为了以苛察作为开明，关键是要整顿纲纪，责求功效，以提高行政的机能罢了。只是对于因循守旧玩忽职守的官僚来看，自然难免因为他督察责求过于严格而心怀不满。而一向以宽大自称的所谓儒者，对他更是深感不满。正如万历八年（1580年）刑部侍郎刘一儒上书给张居正，就可以看到他们这些人的一点心机。他在上书中说：

我听说论治理国家的政绩重在精明，论定治理的纲领推崇浑厚。自从您辅佐朝政，立定简省的法典，恢复了任职长久的规定，审核法律条文，严格惩罚的期限，大小群臣惊恐害怕奉行职事，治理国家的政绩可以说很精明了。我所考虑过多的是，政令严格就会苛刻，法令严密就会骚扰。如今综合考核名实已经详细，弊端剔除殆尽，而督察责求又很迫切，人们难以忍受，这不是用来培养元气而培植敦厚的表现。当年皋陶以宽大简易辅助舜帝，周公以敦厚宽大告诫周成王，已普及当代，法度垂范后世，希望明公效法！（见《明史纪事本末》江陵柄政节）

张居正所崇尚的是功绩，所注重的是效率，张居正和一般儒臣不同的地方就在这里，张居正卓越地成为大政治家也由于如此。张居正既然有他自己独到的政治见解，就对这个“浑厚”的说法，难道愿意屈心依从吗？难怪他虽然身为众矢之的却毅然不顾。

六是赏罚分明　既然已经过严格考察以后，对于群臣百官的功过已经有明确的认识，自然需要继续以公平而严格的赏罚，才足以完成真正的法治主义的使命。张居正在这里力求立足于法家严格公正的精神，一以赏罚严明为原则。他所注重的有三点，即：公平，严峻，不注重资历而重功绩。他说：

慎重名号仪制，爱惜官爵赏赐，用人一定要考察始终，授予官职一定要能力相称。能有大功于国家，就是给予千金的赏赐，通侯的印

信，也不应该吝啬；对国家没有什么功劳，即使一颦一笑的小举动，破裤子这样的便宜东西，也不要轻易赐予。（《陈六事疏》）

法律所应施加的，即使是贵戚近臣也不能宽恕；事情有所不合理，即使关系疏远、地位低下的人也一定要申明。（《与李太仆渐庵论治体书》）

韩信置之死地而后生，最终成功，赏罚严明，才位相当。（《答耿楚侗》）

人的才能相差的也不是太远，只有赏罚分明，信任笃厚，那么人人就都可以被任用了。（《答福建巡抚耿楚侗》）

这是他主张法令重在公平的说法。又说：

只要引导人民用行动而不是言语。孙武说："约束不严明，号令不熟悉，是将领的过错；约束已经明确，命令已经熟悉，而士兵不服从命令，就是士兵的过错，杀死不予赦免"。所以能让女人都赴汤蹈火冒着生命危险而不躲避。现在的官吏也是如此，法令条文已经宣布，以身作则；有不听从命令的人，姑且命令他；命令已经成熟，那么不管官职高低，出身贵贱，一律惩罚，罪责一定不予宽恕。像这样，就如现在做官的人，龚、黄、卓、鲁都是可以的。如果只是用言语教导命令的，即使口唇说破，究竟有什么好处。（《答四川巡抚张濂滨》）

以前沾染的陋习，时间长很难一下子扭转。那些顽固放纵的人，认为法律即使是这样，不一定施行。现在酌情裁处几个人。以彰显信义于天下，也许有所畏惧而不敢犯法了吧！（《答顺天张巡抚》）

古代的圣贤，所遭遇的时代不一样，而处理的方法也就不同。

《易经·大过卦》中“栋梁弯曲”，《彖》辞上说“阳刚过盛”。当大而过当的时候，就会做大而过当的事，难免有阳刚太过的弊病。但不这样就不足以扶持倾危而安定国家，栋梁弯曲，就是因为横梁中部太粗，两头太细，不堪负荷。……我以一个低贱小子，拥戴一个十几岁年幼的君主而站立在天下臣民之上，威严仁德还没有建立，人们有玩忽职守之心。何况自从隆庆时期以来，议论纷纷，国家大事没有安定，朝廷纪纲倒置，名分和实际混淆。自从我执掌朝政，开始宣布公正，彰显信义，宣明祖宗法典，开辟众人共行的大道，杜绝众奸邪的门径，一切以尊崇君主庇护人民振兴颓废为己任，天下才知道有君主。而嫉恨的人，就倡议为邪说，为了限制君主的威严，扰乱朝政，所以不得不重重地惩处一两个人，以安定国家大事，以统一人心。这大概就是所谓的阳刚过盛，处在大而过当之时的原因。（《答奉常陆五台论治体用刚》）

这种主张就是注重严刑峻法的说法。又说：

不选择难易而接任官职的，是做臣子的本分；平均节制劳逸而效劳立功，是劝勉臣子的原则。我看到现在任用郡守县令和调动任所的方法，不注重治地的难易，事情的繁简，一律以资历为决断。太守治理郡县有功绩，任期一年忠于职守，才能升任一级为按察副使。即使有超越一般的，耗尽精力，也不能超越常格。而悠闲简古，即使没有别的长处，也得积累年日，提升这个官。如果事事劳苦安逸没有区分，如何劝勉人心？当今官吏的治理颓废，百姓困乏疲弱，意图是将要更改现在的法制，以注重选择郡守和县令才可以吗？要想注重郡守和县令，就必须突显能治理巨大的艰难有劳苦功勋颇多的，以教化天下。（《赠

袁太守入觐奏绩序又一首》）

这种主张法治应该不注重资历而注重功绩的说法。张居正对奖赏和惩罚所持的主张大致如此。在实政办事中可以得见的，正如万历五年（1577年）慈圣皇太后由于神宗婚期临近，论说命令停止刑罚，而张居正认为“如果放弃有德而不用，释放有罪而不诛罚，就会刑罚失当，宽严各有不同”，坚持不行，就是实例证明。

综合以上六方面，大概就是张居正法治精神所关。也是张居正整顿吏治的依归。张居正之所以能振兴衰败，拨乱反正，蔚然成为一代大政治家，并不是幸运，他本来就有能成就的原因。王振先说得好，他说：

我国历史数千年间，足以称为大政治家的，没有不具备法治的精神。……古来推崇法治的，在春秋有两个人了，即齐国的管仲和郑国的子产；在战国有一个人，即秦国商鞅；在汉末有一个人，即蜀国诸葛亮；在晋朝有一个人，即前秦王猛；在宋代有一人，即王安石；在明朝有一个人，即张居正。这几个人，他们身处混乱的时局，力排众议，提出英明的决断，持之以刚健有力的精神，将百姓纳入公正的法治中，最终能够变弱为强，变贫为富，把一个国家治理的如泰山一样安定。果真采用什么样的方法才能达到这样呢？说：只有真正懂得法治的缘故。（见王振先著《中国古代法理学·附录·古来崇法治者之功效》）

又说：

一般法律治理的效果，在于赏罚严明，综合考核名实，举全国朝廷内外，没有不纳入法治之中的，所以能使贪心的人变廉洁，懦弱的人能立志，以成大治。张居正是这样，即管仲、商鞅、子产、诸葛亮、二王（王猛、王安石）等各位贤人，没有不以这个法治为根本而能治理好国家的。（见同上）

明白了这个道理，对于张居正的政策，已领悟一大半了。

# 第十三章　江陵之政术(三)
## ——将略与兵略

张居正以一个儒者的身份而掌握政权，军事自然不是他平时所熟练的；但是生在乱世，内忧外患交加而来，想要打算做到安定国家攘除外患的功业，当然非整顿军纪经略武备不能解决。当时的名将如戚继光、俞大猷等，虽然也久经沙场，熟悉军事；但是终究都是作战的将才，只是能足以帮助冲锋陷阵罢了。至于攻守的方略，进退的时机，自然仍要有待于中央政府的指示。而张居正以最高统帅的资格，擅长做像刘邦领导将领的方法；对于那些将领，为了重用教导而严格审核，规模一律同他在行政上对于官僚的做法，而整齐严肃，而且超过了。《行实》曾经有如下的记述：

以往将领的权力不重，功过赏罚不严，又或者要求苛刻使人不能发挥能力。凡有罪应当询问，就用武官来充当。人们看将士容易得到，将士们也因此自我看轻，不能重新振作起来了。现在皇上审定庙算，给予督府一切便宜从事的权力，不经常更换，时时拿出印玺、金钱、绮绣相慰劳。有宏大谋略又素负重望的人已多次打败敌人就被召回，不想令他竭尽心力。每三年留身负重任的臣子出去巡视边关筹划功业。

大将军是进是退、是给是夺都取决于皇帝的决断。下到副将，也都给予他重大的权力。废除监军使者，令文官不能挫折阻挠。又赐给将士蓄养廉田，出公款几十万慰劳军队。说提出建议的人和任职的人大多意见不相同，往往诏令提建议的来筹划这件事。大将军有冲锋陷阵能多立奇功的，不爱通侯的奖赏。每次都命令边地官吏乘时修整战备，稳重安详，向敌人明示时间闲暇，不能惊恐慌张调动派遣，只徒使士兵奔劳。又要亲自管理军队，罢除班军因犯罪罚作劳役，让他们中全部有老人和幼儿应该要去代替的，全部罢除不使派遣。其中仔细规划禁兵加入卫兵、蓟兵、南兵、浙兵、福军队、忠顺军、山东民兵、狼兵、苗兵、所在标兵、水兵，调动都要依据当时情况处理。因此将士感动得哭泣，全都拉弓准备战斗，没有不愿意位居阵前，找到一个机会抵挡匈奴率先赴死。

这是张居正的述言，在张居正协助军政的方略已经大略陈述梗概，而更以林潞的论述最为简明。他说：

张居正不是直接相助，而是直接以宰相来领导将领。所以南北防御，广东、广西、云南、四川，一定要托付的人得当。将帅能效力的，衡量他们的才能，令他们专门负责，清除他们的瑕疵，激励他的志向，用爵位、俸禄来激励他们，给予他们权力，以三尺剑来威服他们，打破他们的疑虑畏惧，责求实际功效。数万军队藏在胸内，而指挥在数千里之外，虚心向他们请教，书信飞驰，犹如好几十个人辅助，贯穿于将士之心而戴在将士们的头上。攻城战斗胜利了，代为奏稿，就以某件事咨询；功成凯旋后，又告谕朝廷的旨意，就以某辞入朝相告，计划处理遗留问题。勇敢与怯懦、强大与薄弱，进退与否、是缓是急，洞若观火。边地官吏上奏政府，命令他亲自写信不要泄露机密；又一定命令他写上职务和官衔，选择其中重大关键的一一在皇帝面前陈述，而使皇上知道他们的劳苦，记住他们的姓名。所以能够惩罚大恶人歼灭小人以安定中原将近十年。到张居正死后，而安享他的余下的威严以稳固国家又二十年。这就是张居正整个宰相的职守。（见《张文忠公全集》附录二林潞《江陵救时之相论》）。

试就所论述的略加分析，就是所谓的“衡量他们的才能，令他们专门责任，……给予他们权力”，就是为了能够重用；所谓“清除他们的瑕疵，激励他的志向，……打破他们的疑虑畏惧……，虚心向他们请教，书信飞驰……代为奏稿……，……说明朝廷的旨意”，就是为了勤于教导；所谓“用爵位、俸禄来激励他们，……以三尺剑来威服他们，……责求实际功效”，就是为了严格考核。最高统帅对于诸位将领，假以重用来安慰，以勤于教导的恩惠来结纳，但又希望使用严厉的威权，刚柔并济，赏罚严明，就为各位将领的人，有不畏惧威严感怀恩德，感恩与畏惧交相萦绕，公正忠诚用以报国，生死效力的吗？张居正依据这个来驾驭诸位将领，当然不奇怪“将士感动得哭泣，全都拉弓准备战斗，没有不愿意位居阵前，找到一个机会抵挡匈奴率先赴死”，而最终获得“能够惩罚大恶人歼灭奸佞小人以安定中原”了。张居正的文集中关于对将领重用、勤教、严格考核的文字，说的很多。这只是略举一二，以了解张居正一部分的将略。

关于重用将领。张居正说：

用兵之道，全在将领得当。前承教说刘显足可以办好这件事，昨天科中以福建之事论述，我的意思是以征伐蜀地才刚刚开始，不应该立即换大将，而司马又不敢独自面对，因此咨询您。如果那人果然可以任用，不妨特意上奏疏留下他们立功赎罪；如果不能任用，就应该另外授予有能力的人。您应该把这个意思明确向刘显说明，使他鼓舞精神振奋激励。如果消极抗敌不能奏效，一定连带前面的罪责一起论罪惩处，不敢庇护。(《与蜀抚曾确菴计剿都蛮之始》)

我怎么会对戚继光有私情呢？只是这些人是国家的得力帮手，不稍加优待，就无法令他们得尽全力。现在西北诸将如赵、马（按：系指大同总兵赵岢及宣府总兵马芳）等，我也想曲尽优厚地安抚他们，这些都是为了国家着想罢了。(《与蓟辽督抚》)

为国家做事的臣子，我看待他们如同子侄辈，既嘉奖带领他们，又实在是爱护他们，只怕伤害了他们。(《答总督张心斋计战守边将》)

我和马、赵一向不认识。他日主持国事的家奴，都和边将相结交，很少有不被他笼络的。自从我执政以来，朝廷内外相隔绝，行私请托的门路全部杜绝。上朝前休息的房内接受谒见，门前巷尾空虚安静可以张网，也没有人敢以离间诽谤、诬陷中伤的话语传到我的耳朵来。又有什么私情庇护于人呢？这就是两人狡猾可恶，我难道不知道？只是因为他们都是国家勇猛强悍、富有经验的老将，部下又多粗野强悍，接替他的人也不一定能控制驾驭。就是有毛病，还可以驱使任用。外国商人随贡进行贸易俘虏而羁留，本难以长期依赖，突然有

紧急情况，没有可用的人。所以不得不曲为保全，只是为了国家罢了。（《答蓟镇巡抚言优假将官》）

他所说的话与重用将领有关的，大概意思就是这样。至于接近实际观察，那么张居正对当时的名将，无论是否亲自提拔，几乎没有不加以重用。正如兵部大权就专职任用谭纶，蓟辽边境事务则以专职任用梁梦龙，辽东一律委托给李成梁主管攻击，蓟门东一律委托给戚继光而主管防守，宣府、大同两处边关重镇则先后委托给王崇古、方逢时，而从外以主管进贡内修战备防守为对策，职位各有专职部门，绝不轻易变动，大概这是其中最显著的。

关于勤于教导的。张居正在当时诸位将领，没有不给予依据当时情况处理事务的权力，教授策略。他在写给各个将领的书信，占他全部信函的三分之一。选择其中最重要的，依次概述如下：

戚继光不知道最近举动怎么样？屈己以居于士人以下，简省文件以期望获得实际功效，敞开胸怀以凝聚叛离之心，端正自己以振作威力。于是他现在最迫切需要做的。相见感到庆幸一同勉励！（《与蓟辽督抚》）

希望您自居务必谦恭；凡是事关利益和损害，应当直接披露真心虚心商讨去做；不要拿定自己的主见，不要心口不一致，和人争体面，讲闲气。南北军情务必须调当合适；施行法令一概不能偏重。

凡是坐食官禄的人都应该被淘汰，收容他们没用，只能招致非议。（《答蓟镇总兵戚南塘计边事》）

辱示以击败敌人为己任，可见为国家的忠诚。但是古代论辩作战的人，也不完全依靠军队精锐，尤其看重将士和睦。和则一人可抵百人；不和，虽然有很多人也不能用。……军心分离，人人各有私心，鼓舞而不前进，禁止而不停止，即使有严刑峻法，将怎么施行呢？……经常考查军心向背，宣布公正，昭示信誉，不要听信谗言，不要曲从私情，不要以喜好而行赏，不要以怒气惩罚。部署诸位将领，应该让食禄多而奉养厚的当先，不要让他们失职，当有在抱怨的人。虚心接受好的意见，千万不要偏听。观察军队中如有抑郁不平之气，尽快疏通畅达。平时的号令如有不妥当的，不妨改变。士兵们不分南北，一律抚育而安抚他们，与最低下的同甘共苦，务必使指挥如意，没有牵制，众人一心，知道爱护主将像卫护头目。那么不必等到两军相遇，而决胜的先机就在我们了。（《答总兵戚南塘授系土蛮之策》）

做将领的也不能只专取勇敢。安抚士兵，修缮兵器训练军队，一定要廉洁而能爱护别人的人才能得将士之心，防备轻重缓急。如果只是能苛刻对待下属来讨好人，阿谀奉承钻营谋求，说是有才，轻重缓急能足以信赖吗？（《答蓟辽继督张崌崃》）

大将军贵在能勇敢能胆怯，见可而进知难而退，就可以建立大功业。努力谨慎！（《答总督张心斋计战守边将》）

这是他对将领本身修养方面的指示。

少数民族的情况是只谈强弱，不遵循法理。他们不能统治驾驭，

即使是仇怨也会甘心俯首而拥戴；否则，即使像颜回、闵子骞这样的贤人，他们也不会服从的。(《答云南巡抚》)

控制外族的方法，只有看我们准备的是否完善。服从就安抚他们，背叛就抵御他们。听到他们表示友好的说辞不足以高兴，听到他们仇恨的话语不值得愤怒。(《答甘肃巡抚侯掖川》)

在表面控制笼络，在内部修整战备防御，使外族被我控制，不能令敌人控制我们。(《答宣大巡抚计飚黄把二虏》)

大略外族的情况不能保证没有变动。现在中原人，很亲近的父子兄弟相互约定，还不能保证他们不辜负恩情；何况夷狄呢？在我小心谨慎治理好国内，常常如同对付敌人：有了小小的变动，不要立刻惊惶纷扰，只好应该不厌烦地处理，随机应对，期望没有大的失误罢了。(《答蓟抚》)

俘虏中无主，当害怕我的闭关拒绝，而怎么敢有别的变故呢？只要争王争印，一定会有一番混乱。在我只有当沉机安静，以等待他们自己决定。有人来控制的，全部以好语安抚，使人人都认为孟尝君为了亲近自己；然后看看那胜利的，因而给予他。不应该强迫他主持，导致滋生仇恨的。(《答大同巡抚贾春宇计俺酋死言边事》)

希望您告诫众将，但和城堡一并坚守，不要轻易与之战斗。如果他示弱见短，也不要乘势。多做间谍以使他们内心疑虑，有人派精锐骑兵出一道直捣他们的巢穴，使之田野无所掠夺。不出十天，他们势必自己逃遁。当然不必以斩获作为功绩。(《再答王鉴川策俺答》)

要守住厅堂和内室，一定要在门外占据关键的地方，才算是恰当的策略。(《答两广刘凝斋条经略海寇四事》)

筑构城台守住险要，可以向远处放哨瞭望，调运箭和垒石，势必

有高屋建瓴的便利，士兵没有露宿的担心。以逸待劳，是为不可被战胜。就是最成功的策略。(《答总督谭二华论任事筹边》)

自古以来，没有千里袭击敌人，跨越险阻不能接应，而能够成功的。(《答陕西督抚石毅菴》)

用出人意料的做法，迅速如同逃脱的兔子那样敏捷。如果每年习以为常，再用一个镇守的人，瞻前顾后，接连不断而移动，这是漕运船只很多的谋划，不是兵家掌出其不意的谋略。(《答蓟镇巡抚杨晴川》)

侦察严明，侦察确实，知道贼兵趋向，才可以出兵其他方法用奇计来控制他们。(《答蓟辽总督方金湖》)

用贼兵攻击贼兵，是最妙的策略。万里之外，难以在远处测度，用兵的先机，禁忌从中控制，希望您仔细考虑而审慎谋划。(《答两广殷石汀》)

这是对进攻防守策略方面的指示。已经说明了以本身修养的方法，又告诉他进攻和防守应付的方法，张居正在勤于指导这一方面，真可谓无微不至；而张居正自身修养以及军事战略的造诣究竟怎么样，大概从这里也就可以知道了。

关于严格考核。张居正对将领曾多次申明告诫，如：

最近一两年来，谏言的人都说责求实效责求实效，但又不严明赏罚，以示奖励，那么谁愿意冒着生命危险为国家效命呢？(《与蓟镇巡抚》)

天下事哪有不从实干而能有成功的吗？昨天内阁中的小奏疏已曾

恳切地告知，从这里开始长久以来形成的习惯或许会稍有改变。国家要振兴功业，非要有功必赏，有罪必罚，否则最终都不能振作。明年打算派遣大臣检阅视察，大大地施行赏罚。倘若依然玩忽职守难以振作，那我自己请求像前朝旧事，手执斧钺巡视边关。（《答总宪凌洋山言边地种树设险》）

赏罚功过，需要做到非常公平，人心才会服从；人心服从，然后才可以要求他们效命。（《答蓟辽总督》）

这就是他所说的话，大概这是张居正一生精神的寄托，他对于行政官吏的主张是这样，他对于军中将领的主张也没有不是这样的。再用历史事实证明，比如边关的功绩不允许提到内阁臣子，这是第一点；蓟镇以贼兵不长久进犯为成功，而不责求戚继光出兵作战，这是第二点；李成梁以著名老将而杀死投降的人冒领功劳，等到张居正审查符合事实，就追究剥夺了他的恩赐奖赏，这是第三点。其他的例证还有很多，在张居正也只是实行他的“综合考核名实，有功必赏，有罪必罚”的主张罢了。

张居正对当时诸位名将，他驾驭的方法就是如此，所以他能够能得各位将领效力而大大地造福国家。《明史》对张居正虽然多有不满，但他在谭纶、戚继光诸位将领的传赞中，推求论述驾驭的策略，对张居正也是赞扬倍至。写道：

谭纶、王崇古诸人在边远险要之地接受重担，熟练通达军事武备，可以与余子俊、秦纮先后相比。考察他所处的时代，大概是张居正执政，一心推究军事谋略和记录边境官吏情况，书信往来，洞察先机，信任笃厚，使他能展现才能。因此各尽其才，事情能够获得成功。看到这些，张居正的功劳不可磨灭。(《明史·谭纶王崇古等传赞》)

戚继光用兵，名声威震寰宇。然而当张居正、谭纶国执掌朝政就能成就，其后张鼎思、张希皋任言官就被罢免。任用将帅的方法，也可以知道了。(《明史》俞大猷、戚继光等传)

看看这些记载，张居正擅长领导将领，不将他和诸葛亮、曾国藩、左宗棠诸位累世步履相接，前后辉映吗！

现在应当陈述张居正的用兵谋略了。张居正的用兵谋略，在基础原则上来说，在于自我治理谋求强大；《陈六事疏》上所说的："现在最好的谋划，不如自我治理，而其关键在于，只在皇上精神振作，先确定心志"（参阅《陈六事疏》"整饬军备"节，本书第七章引见）。至于详细策略，那么对朝廷内的混乱，主要是采用剿除和安抚一同实施；对于边关防守，蓟镇主管防守，蓟镇以西的宣大一带主管和解，蓟镇以东的辽东一带主管进攻。大概是以当时的局势而论断，边防的重要当然远远超出内乱之上；而对内看顾国家形势，对外审视敌人情形，有时和解有时进攻有时防守，大概有不得不这样的情况存在，当初并不是随意而采取的措施。所以要想了解张居正的用兵谋略，一定要先考察当时边防的情况。

明朝边关的祸乱，除了日本海盗在东南沿海一带肆意骚扰外，在北部沿海边出没为害的，在张居正执政时期以前，为鞑靼和瓦剌两个部族，而在张居正的时候，就成了俺答与土蛮两个部族。鞑靼为蒙古族，元朝皇室的后裔。元朝灭亡，元朝的君主元顺帝逃到塞外，在开平一带定居；他的儿子爱猷识理达腊又迁移到了保和林；太祖屡次派遣将领攻打，元朝后裔虽然遭到诛杀，而他们的民众仍然存在。后来鞑靼汗本雅失里和他的丞相阿鲁台先后被瓦剌部马哈木和他的儿子脱懽所杀，而鞑靼开始衰落，瓦剌就起而代之。脱懽的儿子也先更是性情倔强自我称雄，屡次侵扰明朝的边地。明英宗错误地相信太监王振的话，亲自征伐也先，于是就有了“土木之变”，也先劫持皇帝英宗向北逃去。等到景帝继位，遥相尊称明英宗为太上皇，也先没有办法强迫其服从，并且看到中原的军队强大城池坚固，心里非常沮丧，于是就送太上皇回来。不久，也先被阿剌知院所攻击诛杀，瓦剌就不能重新振作起来。而鞑靼之后的麻儿可儿和马古可儿吉思先后自称小王子，时常出没来侵犯。明世宗的时候，小王子迁徙到河套一代，拥兵十多万，富有财货钱币，逐渐厌倦战争，于是就迁徙到东方，称上蛮。其各部落在西北边的，有吉囊、俺答等部落，而以俺答雄黠喜兵最为强大。嘉靖二十九年（1550年）俺答大举入侵，从古北口小路毁坏城墙攻进来，掠夺怀柔，包围顺义，抵达通州，分兵四处掠夺，京都及附近地区震惊。而当时各位将领如咸宁侯仇鸾等人都懦弱胆怯不敢出战，竟然让他们烧杀抢掠三天连夜离去。就是历史上所称的“庚戌之变”。当他们逼近都城时，放回他们所掳去的马房内官杨增拿着书信进城求取纳贡，辅佐的大臣徐阶等人认为应当用计策来处理，又因为他派儿子脱脱请求议和，于是在大同延宁开市。当时叛徒萧芹、吕明镇，多次因罪逃入敌人，倚仗白莲教，与他的同党赵全、邱富、周原、乔源几个人招来俺答作乱。皇帝厌恶他，下诏废除马市。从此，俺答每天掳掠侵犯西部边地，几乎没有一年安宁。外族也多次侵犯辽东。随后萧芹等因为这种计策无效，被俺答囚禁，赵全在敌军中更加专权。隆庆元年（1567年）俺答攻陷石州。当石州失守的时候，赵全竟然奉劝俺答占据云中、上谷，东到居庸关，南到边塞雁门，只以一面向西控制晋、代一带地区，称为建立像春秋五霸的功业。（以上摘录《明史》鞑靼传及瓦剌传，《明史纪事本末》卷六十与此略同）令俺答果然采纳他的计策，那么他制造祸患会非常厉害，一定会远远超过刘渊在西晋时期，而五胡乱华的祸害，势必将会在历史上重演。明朝在懈怠懒惰长期衰弱的情势下，面临这样强大的敌人。假如不是张居正权衡利害的轻重，申明敌势的强弱，面对强大的敌人犹如俺答，极力主张封贡和解，使集中全国的力量，和比较薄弱的外族人抗战，就以当时国内的形势来说，如果不重蹈西晋、北宋覆辙的是很少的。我担心明朝的灭亡，将要不用等到满族进入关内，而中国从此以后的历史，一定是完全不同的。然而，张居正在大方向主和，避开俺答的锋芒而使其向我就范；在辽东方面主张打仗的人，了解外族的软弱而希望他们受制于我们；在蓟镇方面主张防守的人，防止俺答和外族合力对付我们，想要借着坚壁清野来分化他们的势力。知道自己了解敌人，避开敌人的主力，找敌人的弱点进攻，这是张居正的用兵谋略，的确不是师心自用做出来的，更不是矫揉造作提出来的：他之所以做出这样的战略规划，只不过也是因为局势的演变，恰好足以使其做成趁势取利的功劳罢了，他的举措确实都自然做出来的。局势的演变怎么样？把汉那吉前来投降的事情就是这样。《行实》记载那吉前来投降和俺答封贡的经过十分清楚，姑且记录下来以证明我的说法：

正值俺答夺了他的孙子把汉那吉所已订婚的妻子给了袄儿都司。那吉愤怒，认为俺答好淫，没有尊卑礼仪。就和他妻子比吉、奶公阿力等十个人，马三十四匹，在山西平虏城外传达消息，敲击城门而进入。督府少司马蒲坂王公（崇古）、御史中丞嘉鱼方公（金湖）上呈情况。朝廷议论纷纷。都认为不应该接纳叛徒，只能挑起争端；有的人说杀了他们。太师却独自奉劝皇上接纳那吉的投降。授予他官职，重重地赐给他饮食、衣服、器具，把他安置在大同城中。俺答听到汉那吉逃亡，大吃一惊，派发万人到平虏城下来求索。朝廷大臣都惶恐不安，都说应该把孙子给他。张居正却不同意。命令各将领坚壁清野不要和他作战。所以命令汉那吉穿着皇帝所赐予的绯衣、金带、炫耀敌方使者；而让间谍用好话对敌方说："你能把我国叛变赵全等人献上，对天盟誓，约定在数年之间不能有一人骑马越过我们的边塞，就归还你的孙子"。当时有的人称外敌很久没有退去，使军队疲惫耗费钱财，想乘着老酋长急切要得到孙子，而就和他做交换。王公（崇古）认为不可。太师回信给王公说："你的话很对，与戎敌和解自然得体。他想要得到孙子，就对他说应该先捆缚赵全等边境上、完全退避往来游骑，向幕府请命，我方然后礼敬汉那吉而归还给你。现在你拥兵一万骑围在平虏城之外，想要索取你的孙子，怎么可以说是真诚呢？假设有吐蕃劫持订盟之事，朝廷该怎么办呢？赵全等人非常狡猾，他怎么能坐着等被人绑起来像鸡犬一样呢？假如口信泄露，他们得以谋划，或者只是胁迫几个人相从欺骗朝廷，而我们却轻易丢掉人质，不是小事啊，这不能不考虑。而且汉那吉回去而老酋长幸好遵从约束；没有别的心思，我方就是赐给他爵位封王、开通进贡贸易，也没有什么不可以的。有如敌方所说，只是空言欺骗幕府，根本没有想要服从称臣，又或者多所请求，第二年再次侵犯边境，失掉国家权威，即使得到赵全等百余人，有什么用呢？希望你仔细考虑一下！”于是王公派遣鲍崇德一再到敌人的营地，告知使他们明白利害关系。俺答仰天笑着说：“我怎么会爱惜这几十个人头，不去交换我的孙子？”于是乘夜袭击板升，得到赵全等九人，捆绑送到边境。皇上用太师的计策，赐给汉那吉厚重的礼物送他回去。俺答感动得哭泣，于是上表请求称臣归附，通贡贸易，年年不断。当时大司寇审理赵全等人谋反的情况都已经很详细了，皇上命令礼官做祭文，祭告郊庙，把赵全等人杀戮在东市，肢解示众，把他的头在边境传递，就平息了百姓的愤怒。皇上嘉奖太师特殊功勋，……而诏令召集朝廷大臣到朝廷，议论封贡是否可行。一时间大家议论纷纷，有人认为有便利，有人说没有便利。太师又写信给王公说：“现在议论的人，都说和戎示弱，马市挑起争端。这大概不是这样。我独自认为有五个好处。边境不依从，核查人员成功，这是第一点；我方在得以在空闲时修整作战防守的器具，储备士卒，喂养马匹，一年没有援兵，可以减省粮食数十百万，这是第二点；俺答已经归属，土蛮吉能（吉囊的长子）不敢轻易动兵，这是第三点；赵全等人被擒后，板升的十万民众可以驯服而招来，这是第四点；敌人骄傲上天就会使其灭亡，它的征兆已经出现，老酋长死后，他的部族一定会分离，就是不灭掉，一定会有像匈奴呼韩邪的变化，我可以乘他失败而陷敌于困境，这是第五点。”王公得到书信，叹息说：“张先生可以说是了解国家大事了！”然而议论的人说话满朝廷，还想等待时机而行动。张居正不得已，于是到文华殿，举出成祖封和宁、太平、贤义三个故事告知皇上（按成祖曾封瓦剌部首领马哈木为顺宁王，太平为贤义王，把秃孛罗为安乐王，见《明史·瓦剌传》，封号与此略异）。皇上于是决定，准许通贡贸易。隆庆五年辛未，俺答派遣使臣奉表称臣，进贡名马三十匹。皇上驾临建极殿接受，让太史捧金册封俺答为顺义王，他的弟弟儿子或孙子，部落里有六十五人，各授予官职，赏赐金帛不等。俺答非常高兴，告诉中国使者说：“赵全等人虽然被杀，赵宗山（按他也是中国亡命无赖投降外族的人）仍然存在。这一类人不灭亡，最终还会破坏和约。”王公听说，下诏逮捕监狱审理如赵全等刑罚。不久，河套敌人（按：指吉能）也愿意进贡天皇帝，请求交易中原财物，如宣大的案例。皇上告知可以，赐给吉能都督知府副职，其余接受俸禄的共四十九人，并赐给衣帛。于是中国用绸缎布帛毛笔等物，交易少数民族的马匹，少数民族也得利于汉族的财物，贸易不断。东从国内开始，西到甘州，绵延五千里，没有烽火报警，行人不拿弓和箭；靠近边境水陆屯田，全部开垦治理如内地；墩台放哨的士兵渐渐已撤去。每年减省饷银不下数十万石；北方边地精锐部队所交换的马达到几十万匹。因为居庸关以西，天子再没有什么麻烦事了，能够专心防备东边的少数民族（按：指土蛮）了。

（按）周圣楷所撰写的《张居正传》和这个基本相同。《明纪事本末》卷三十八也记载了俺答加封进贡的事，只是在张居正策划的功劳一点都没有提到；《明史》和《明史纪事本末》就把全部功劳都归于王崇古，（见《明史·鞑靼传》，《明史纪事本末》卷六十）仅《张居正传》称“高拱主张加封俺答，张居正也赞同，授予王崇古等谋略”罢了，这里叙述张居正的功劳，明显不很详尽。

在张居正执政的时候有边疆局势的演变，既有如上面的记述，张居正的边防兵略，就在利用这个演变的局势，依据形势而加以正确的引导。他们或者进攻或者防守，或者和解或者作战，考虑周全而谋划不会失策，有如林潞所说的“数万军队藏在胸内，而指挥在数千里之外”，不是主观臆断，了解敌我的形势，观察时机然后行动。

关于张居正的战略和用兵的谋略，以上仅选择其中最重要的方面记述。至于催促殷正茂以大规模进攻，而岭东强悍的盗贼蓝一清等人于是望风投降；授予凌云翼办法，而岭西各个少数民族又一战扫平；不以福建之事责备刘显，而西南夷都蛮最终依赖他而扑灭；张居正只是派出他们的后裔来肃清反叛罢了，当初并不是他军事战略的关键地方。只有张居正以一个文质彬彬的儒者身份，而能运筹帷幄，决胜千里，几乎不仅仅是只有天赋过人，实在是他一生留心边防军务，熟习战事，才能做到这样。称他为“救时宰相”，确实是当之无愧啊。

# 第十四章　江陵之政术（四）
## ——理财政策

张居正不是以理财闻名著称，他把王安石的创建法制设置官职，以积极发展国家经济视为己任，固然有点不足；但是他的财政政策，只在“缓解百姓的困苦而增加他们的财富，于是就百姓富足时收取他们的赢余，作为国家的行政费用”，（见原书第五编《王荆公传》）那正好和王安石不谋而合。张居正多次告诫神宗以节省用度爱惜人才，并劝阻营造宫室，争取停止织造，请求蜀地缴纳拖欠赋税，详情已在先前记述（见本书第九章），他的目的当然不是希望神宗做到像尧、舜一样的君主，而实在想缓解百姓的困境。因为“老百姓不富足，君主和谁能富有呢”？圣训昭明，经得起考验，理财之道，舍掉这个方法应该怎么更好呢？所以张居正的理财政策，除了用节省用度爱惜百姓的做法经常进谏外，特别致力于为国家经济开源节流，使百姓安居乐业。他的事迹留传于史册，一一可以考证，大约有如下几个方面：

一是严格厘清丈量田地。万历七年（1579年）十一月张居正上奏准下诏丈量百姓田地。说：“高皇帝（明太祖）时期天下的田地八百五十万顷。到弘治十五年（1502年）已减少二十七万。年岁长久诈伪滋生，漏洞百出，有所谓的将田地寄在享有免徭役的官吏、绅衿名下，借此说彼，养号的，挂虚的，过都的，接受进献的。长时间沿袭，不守法度，凌压百姓的人有田无粮，穷人摊派困苦不堪。百姓穷困逃亡，形势如此又不得不请求减少份额，而国家的赋税日益亏损。”（见周圣楷所撰《张居正传》）由于职责所在，张居正于是上疏“请普查田亩，整顿田制，凡是庄田、屯田、农田、职田、荡地和牧场都划定厘清，没有隐蔽得住的恶事，贫民不会独自困苦，豪强也不能兼并。另外民间新开发的田地，都收有赋税，用新赋税均到旧额里，国家当初的旧额不丢失而老百姓的赋税得以减轻。有阻挠法律的人都公开下诏严厉责备”。从此之后豪强没办法兼并，贫民生计小有缓解。这与王安石诗中所说的“三代子百姓，公私无异财。人主擅操柄，如天持斗魁。赋予皆自我，兼并乃奸回。奸回法有诛，势亦无由来”的趋势，差不多近似，即使没能像王安石的青苗法、均输法、市易法各种方法积极谋求大的功业，关键也不失为富国裕民的原则。

一是治河工程。万历七年（1579年）二月治河工程竣工，张居正尽力举荐潘季驯治理黄河的功劳。“先是淮安以往的水灾，但是所波及的只有一两个县道城市，扬州本来没事。到嘉靖年间，黄河决堤在崔镇、吕泗、冲龙窝、周营等处，往往夺淮河口流入大海。淮河水势抵不过，有时就在高家堰决口，有时就在黄浦决口，有时就在八浅决口，淮安、扬州各郡，都被洪水淹没。黄河高出居民屋顶之上，毁坏城郭房屋田地坟墓数以万计。濒临黄河的十个郡县治理堤坝一年花费将近一亿。等到黄河大决口，所摧毁的无法计算。”（《行实》）张居正深深忧虑。“河漕尚书吴桂芳提议恢复老黄河的故道，而总河都御史傅希挚想要堵塞决口，疏导河水回归河槽，两人意见不合。”（《明史·潘季驯传》）“皇上问执政。张居正就说，之前的黄河道御史潘季驯可以任用，就（在万历六年夏）下玺书，就在他家任都御史。”（周圣楷所撰《张居正传》）潘季驯前曾两次总理河道，经验突出，他接受命令再次起用，“以黄河旧河道长期淤塞，即使疏浚恢复，其宽度和深度一定不能像现在一样。建议在崔镇决口处堵塞决口，修筑遥堤以防溃决。又淮河水清黄河水浊，淮河水弱黄河水强，黄河一斗水，沙占六成，到秋季沙就会占到八成，不是很湍急的水流，一定会停顿下来。应当借淮河的清水来刷洗黄河的浊水，修筑高堰限制淮河入清口以抵御黄河的强势，使两河合流，那么海口自然会疏通。即吴桂芳所问到的草湾，也可以不再修理。于是分条上陈六件事，下诏同意。”（《明史·潘季驯传》）神宗听了张居正的话，“一切假以方便，长期任职责求完成。从库存和留所折科漕粮八十多万金，不问潘公出入。又命令群臣得以分条上陈建议，各方命令不及事事的人，下诏狱审讯的。于是当事人都感到惶恐不安，建官舍于河上，老茧沾道，日夜焦虑烦劳。大概过了一年就告知工程竣工，修筑若干土堤，若干石堤，堵塞若干决口，建立若干减水闸，计算费用不超过五十多万，节省羡金二十四万归到水衡钱，现今徐、淮之间，绵延八百里，两堤相望，曲折延伸接连不断，几乎像是长山左右耸峙，而河水流动其中。而且黄河以归仁堤，势必不会向南决口，水势既不能波及陵墓（按：指凤阳、泗州一带明室祖墓所在）。又高家堰既已堵塞，澄清也不能奔流到黄浦，全部都会流到清口，汇合黄河由安东云梯关入海。田地房屋都已经留出，几十年弃地，转为农耕。而河上万艘船只，有利于快速灌输，纳入大司农了。”（《行实》）潘季驯又以“飞黄河自从嘉靖年间向北改移，河道很浅，迁移不得当，曹县、单县、丰县、沛县可是苦于水涝，上疏请求恢复旧河”，（《明史·潘季驯传》）可惜被众人商议抵制，讨论没有施行。但是从此徐、淮之间，黄河不能为患。虽然没有治理到根本，导致黄河水患与明朝皇室相始终，（参考《明史·河渠志》二）但接受命令原在治标，即使大利不多，而局部的作用就已经显明并永垂不朽，这就是潘季驯的功勋是不可磨灭。而以张居正知人善任，水利最终因此而得以布展流畅，漕运更依赖它而得以流通，拯救饥饿困苦的百姓而使他们安居乐业，这造福于国计民生实在是巨大而深远，当然不只是富足国家的赋税，作为理财的重要方面而已。

一是兴修水利。张居正在水利这一方面特别重视。除了整顿黄河工程以消极的减免百姓的祸害之外，再用力在苏、松一带河流的疏浚和整治，以积极增加百姓的福利。所以在万历四年（1576年）因巡抚都御史宋仪望请求在松江设立水利佥事，以助益国家考虑，于是从部议派遣御史监督管理。万历六年（1578年），又依从林应训、胡执礼等的建议，疏通吴淞江、长桥、黄浦。万历八年（1580年）林应训又说苏、松各郡干河支港共数百条，大的就排放河水流入大海，次的就流通湖泊到达长江，小的就用来引水灌溉农田。现在的吴淞江、白茆塘、秀州塘、蒲汇塘、孟渎河、舜河、青旸港口都已宣告完成，支河数十条，应该全部疏浚开通。于是用宋仪望以前的建议，“特设苏松水利副使，让许应逵统领。于是，疏通黄浦八十多里，筑塘九十多处，开耕河一百二十三道，疏通内河一百三十九条，修筑上海李家洪、老鸦嘴海岸十八里。派发国库钱币二十万，许应逵用一半库银就完工了。”（参考《明史·河渠志》六）从此东南河港纵横交错，水资源丰富天下第一。都是张居正倡议引导的作用。

一是注重赋税政策。明朝初年赋税徭役的做法，仍然沿袭唐代杨炎两税法的旧例。到世宗时，由于边地费用供应紧张，加上兴修土木祷求鬼神而致祭，一个月内没有一天空着，导致国库空虚，掌管农业的官吏仰望屋顶而叹息。而这时东南沿海一带因为倭寇时常侵扰，很多额外提编，以充军饷。所谓提编，就是加派的称呼。“这种方法用银力差排编十甲，如一甲不足，就提下甲来补，所以称为提编。”后来倭寇虽然平定，而提编的额度不能减少。到神宗继位，增加的数额既仍然照旧，又大多是没有限度的征收，于是拖欠赋税更多，规避更加巧妙。张居正请求免除拖欠的赋税，当然在引导皇上以节省用度爱惜民力的做法，其实也是因为拖欠过多，百姓力量有限难以彻底缴纳完，与其年年带征而只是导致拖欠，倒不如把旧有拖欠的全部免除，差不多使人们能够全力缴纳当年应征收的数目。这样，一方面百姓的财力可以稍稍放宽，而同时国库也可以略微增加收入，这就是张居正所谓的“富国强民，一举两得”的作用。（参考《请择有司蠲逋赋以安民生疏》及《明史·食货志》二）同时，自从嘉靖以来，几次实行几次停止的“一条鞭法”，又在万历九年（1581年）颁行天下，永远写成法令，百姓的财力更依赖它稍稍缓解。“一条鞭法，总括一个州县的赋税，量地计丁，丁粮都输在官府。一年的赋役，官为佥招募。力差则计算其工食的费用，量为增加或减少；银差就计算其交纳的费用，再加上增加消耗的。凡是额办派办京库每年所需，和存留供给等费用，以及土贡方物，全部合并成一条。都按田亩征收银两，在官府折合办理，所以称为一条鞭”（《明史·食货志》二）。这种方法已经实施，其他差役骚扰便一扫而空，这种方法恩惠百姓，实在不是微薄的。即使这样，张居正的理财政策，当然不仅仅是以爱民为要务而忽略了国库的收入，那些加惠于百姓的，并在“缓解百姓的困苦而增加他们的财富，就在他们富有后收取赢余的部分，以作为国家的行政费用”罢了。拖欠的赋税既然已经全部予以免除，一条鞭法又立定给予颁布施行，百姓生活已经渐渐得到缓解，就在他们当年应缴之计亩收征银数，绝不再稍有宽容，而监督命令有关部门严格执行催收租税。并就拿催收租税的功绩，确定为有关部门考核的标准，看他催征的快慢与盈余短缺，而依从赏罚。在这期间，虽然官吏贪图功绩畏惧罪责，没有不执行过于紧急，强制缴纳过于严格，导致不免有扰民的行为。但在农业经济的时代，国库大宗的收入，只有全部依赖田赋，为了防止偷漏维持国库收入起见，催收租税自然会有不得不特别从严的必要。关键在张居正立法的本意，根本不是在扰民；有关部门执行得不好，当然也不能因此苛刻要求他严令催收租税的不恰当。

历史上又称张居正“每年的赋税过了春天起运，水泛滥，不是决口就会干涸，于是采用治理漕运臣子的建议，督促船兵，在初冬月兑运，等到年初全部发走，少遭受水灾，运行时间长，太仓粟充满，可以支付十年”。（《明史·张居正传》）然而，张居正的抑制私欲以公事为重，使国家富足百姓富有，他的功绩伟大啊！

以上所说的，对于张居正的财政政策已经可以略见一斑。此外还有一件事，虽然不是直接与理财相关，但因其影响所及足以富国裕民，自然也可以认为是张居正理财政策的副产品，就是严格考查邮政传递罢了。在古代交通不便利的时代，凡是奉公差派的官员，下到传递公文的仆役，均由地方官员验明牌照按驿站护送，供应役夫与车马舟船，来帮助他们赶路前进。这是他最初的目的，原本在便利公务，以免耽误。等到流弊出现，几乎导致官员及其亲属均可以假公济私，乘着驿车来去，这样骚扰地方，浪费公家府库，不问就可以知道。等到张居正执掌朝政，于是严令限制，切实稽核考查。于是小到地方官吏百姓，大到国家财政，公私都蒙受其利，正好与张居正富国富民的宗旨相吻合。至于交通依赖增加了便利，公务依赖以免于被耽误，更不用说了。总而言说，张居正的理财政策没有别的，只是以节省用度爱惜百姓看作皇上发挥物用、使百姓富足的方法，休养生息积蓄以作百姓服役纳税的钱粮，使国计民生相互受益罢了。以发扬《大学》所谓“生之者众，食之寡，为之者疾，用之者舒”的宗旨相比较，难道不是殊途而同归吗！哦，更是超过了啊！

# 第十五章　江陵之政术（五）
## ——教育政策

湘乡曾国藩说得好："风俗的厚薄从哪里开始的呢？从一两个人内心的感应开始罢了。"明朝的习俗风气萎靡不振，到了嘉靖、隆庆之际达到了极点。张居正基于法家严肃整齐振作的精神，深深感慨于玩忽职守不切实际的社会风气，期望以转移学习的风气为基础，进而挽救懈怠玩忽的社会风气。如果真的把读书人作为四民之首，在社会上居于领导的地位，大致所有读书人的言谈举止，和那些内心的感应、都足以影响社会的瞻望，形成一时的风尚。张居正用转移学习风气作为挽回世道的首要任务，这也是擒贼必先擒王的意思。恰逢隆庆五年（1571年）辛未科会试，张居正用大学士吏部尚书的身份奉命主持考试，因此得以乘此时机，树立崇尚实效罢黜虚浮的靶子，以选拔有实际功用的真才实学。因此他自己叙述选拔士子的经过，说：

加上两京各省前后所有的贡士共四千三百多人，像以前的做法三次考试。提醒各位执事，都要自己用心。试题必须明白正大，不要以分析解释章句认为奇异，不要避讳讨好以滋生阿谀奉承。选文章一定要崇尚典雅纯正，不要那些炫耀文采空洞无实的文章以滋长浮华奢侈；有能总观古今直抒胸臆的，即使质朴也不能放弃，不是这样，即使精致也不录用。大概检查二十天就完成，……选拔四百人……（《辛未会试录序》）

张居正借口是皇上的话而自己叙述选拔士子的宗旨，说

一切努力删繁削冗，以崇尚根本实质。……言辞不求非常精巧，希望竭尽忠诚；做事不求突出，取补实用。谦恭以待贤者，只想得到忠信诚实、忠厚正直、诚实不欺的人而任用他。（同上）

他的举措以勉励所选拔的士子，一则说：

崇尚忠贞一心，端正心志，不要制造虚伪以冒充真实，不要夸耀声名以彰显独特，不要空话连篇而不切实际，不要弄虚作假而不近人情；宁肯拙劣而迟钝，不要灵巧而急切，宁可作有瑕疵的美玉，不要看着像玉实际却是石头；忠诚正直，以侍奉君上。如果是这样，就可以做皇帝的臣子，就不会辜负今天的选拔了。（同上）

二是说：

古代超众奇特的人，在当时树立宏大的功业，在后世留传美名，难道仅仅是他的才智过人吗？大概还是在于培养了。培养有深有浅，那么才能就有纯正有驳杂；才能有纯正有驳杂，那么他建立的功业

就有巨大有微小。才能靠上天的秉赋，培养靠人力的引领。才能要恢弘、要博大、要奇绝、要完备；培养要微妙、要深厚、要精细、要深奥。两者好像相反。然而微妙、深厚、精细、深奥，正是为了达到恢弘、博大、奇绝、卓越。所以古代善于培养人才的，不依靠他天赋的奇异，而鼓励他修养自身的纯正。……锻炼到最精妙而收敛到最精密；藏到最深而积累到最厚。然后他的心神凝练，神气专一，施展后就不可抵御，应用它就不可穷尽。……不是担心人没有才能，而是人有才能用好他却很困难。……一定是大禹吧！开凿龙门，疏通伊阙，划分九州，安定四方边远地区，功绩固然伟大啊，但是却不骄傲，不自夸，而没有能和他争功的，平民百姓，而凛然要胜过我，他视作一切安排妥帖，于我身没有什么轻重可言。那是周公吗！除去凶恶残暴之人，驱赶虎豹，树立法度，制定礼乐，功劳没有比他更大的了，然而吐哺握发，礼敬平民，不骄傲，不吝啬，进退从容、无所往而不宜；他看待战胜殷商制止杀戮，于我心中没有什么损益可言。那是孔子吗！学尽了几代的学问，而不以智慧闻名，力量可以举起国都大门的门闩，而不以勇猛闻名，在家乡而诚实谦恭，在朝廷上，只有谨慎，当然简直就是一个儒者；等到他明辨退去莱人，讨回郓、讙失地，堕毁三都，诛杀少正卯，就是慷慨激昂坚守节操的人，裂开眼眶振起双臂，用尽力气而不能办到，而孔子却不动声色，慢慢地引领而振作，既然振作，安然离去，没有骄傲的神情，没有盛气凌人的姿态，这怎么能是俗世的君子可以与之相匹配的呢？因为这三位圣人，接受天命，都已经得到所谓浑沦磅礴的气势，自我修养完善，又都鼓励大家潜心学习纯粹的学问，他们立足于明察和宽宥，而所积蓄的完整而稳固；所以能解决大的问题，排除大的患难，建立大的功业，树立大的节操，缓慢曲折，而看不到他们行动的迹象。唉，天下的大圣人，有谁能达到如此地步呢？……那么世上的君子，蒙受天地赐予特别丰厚的才能，而有志于三位圣人之事的人，怎么能不谨慎地培养呢？培养的方法，不要扰动他的根本，谨慎地改变关键地方。分析意义穷究道理，审慎机要明察精微，光洁啊就如同夜光内里明朗，洞明啊就如同静止的水面可以独自明鉴，用来培养智慧。抑制他们阳刚之力，消除他们的意气，深切啊就如同握住强劲之弓的机关，隐藏啊就如同宝剑收敛锋芒，用来培养他们的勇气。寂然不动如死尸而矫健奔逸如游龙，静默深沉如深渊而震动人心如轰雷……（《辛未会试程策三》）

唉！张居正所说的是这样，他之于所选拔的士子，的确可以说是以德爱人，希望殷切了啊。即使这样，张居正借助选拔士子而转移学习风气，挽回世道，只是他教育政策的起点罢了。等到他既已掌握国政，于是采取更进一步的手段，而致力于整顿学习风气的运动，其方法就是谨慎挑选学官严格施行监督引导为入手。张居正在万历二年（1574年），请求敕命吏部慎重选择提学官。第二年，又上疏深切地述说慎重选择学官对振兴人才关系的重要。他说：

我想培养人才的根本，在于学校；教学贞纯端正垂范，在于督促学士的臣子。祖宗以来，最重视这个官位的选拔，不是通晓经典、品德完善、秉性端正、为人敦厚正直的人，不可轻易授予。如有不符合的，宁可改任别的职务，不能滥竽充数。并且两京用御史，外省用按察司风宪官，就可以看到在这个职位，不仅要学习优秀、品行端正，又必须能执行法令、遵循宪法、端正自己、严肃属下，然后才能称职。《礼记》上说："为师之道尊贵、庄严"， 为师之道受到尊重，然后人们才懂得认真学习。我小的时候，还多见提学官都是海内知名人士，大多都能让为师之道受到尊重，不随意顺从别人，人们也不敢对他行私请托。儒士的学风，还算接近古代（《请申旧章饬学政以振兴人才疏》）。

这是过去的盛况，这在当时会是什么样呢？说：

近年来，人们看待这个官职渐渐轻了。而人们也很少能谨言慎行，尊重自己的人格。既没有卓越的作为实际的学问来压服读书人之心，却致力于空洞的言论捞取声誉，贪赃枉法豢养私交，严重的公开走后门，明显行私；又害怕巡行视察，对检阅感到苦恼，高高地坐在省城，数着日子等待调任。因此读书人的风气日益凋敝，百姓诈伪日益滋长，以趋附奔走为良策，以抄袭掠夺为捷径，平时就品德学业不相称，做官就功劳才干少有成效。祖宗专任职官培养人才的用意很快都被沉没消失，只不过是空有这个职位在罢了。（同上）

学官对儒士的学风，影响巨大而深远有如那样，而其末流懈怠玩忽不能振作有如这样，因此如果不严加整顿，不能够在已经倾倒之后挽救狂澜。整顿的方法，除了陈述请求重新审阅前面的告谕，慎重选择学官，有不称职的，着实让吏部奏请贬黜，借助督促外，张居正又按照既成的规定，列举了学官的职责任务，告知他们应该遵行监督知道的事项，指出应给予奖励惩罚的标准，用来详细记述新的敕命，昭告天下。它的用意就在“使担任此官的人知道皇上就是这样要求的，即使被埋怨受到诽谤而仍然会有所抚恤；人们看了，也会收手闭嘴，而没有人敢扰乱。巡抚、巡按用这个考核他们是否有能力，部院用这个确定他们是升任还是贬职。让人人都知道注重根本崇尚质实，而不敢存侥幸的心”。（同上）这个方法实施，做学官的，哪有不“遵奉皇上的命令，恭谨恪守职责，而责求读书人都遵从他的教诲”呢？这应该称为“振奋人才的一大关键”。（同上）到这一项敕论内所列举的职责，其关键点大致如下列各点：

一、各提学官督促率领教官儒生，务必将平时所学习的经书义理，着实讲习探求，亲身实践，以求取日后的应用；不允许单独创建书院，聚集群党，以及呼吁招纳别的地方无业游民，空口谈论荒废学业，于是开启奔走钻营之门，打开请托行私之路。

一、学生中有注重根本崇尚真实品行著称的，即使文学才艺稍差，也一定要视量加以奖劝诱进，以振作颓废的风气；如果有平时不注重学业，嘱咐请托公事，或者捏造歌曲民谣，办理已除的诉讼，以及败坏人伦有伤风化，罪恶明显的，访察确实，不需要考查他的文学才艺，立即革除请退。

一、天下利弊，所有人都要直言，只有学生不允许。以后的学生，……除了自己切身的事情，准许家人抱告（指原告可委托亲属或家人代理出庭）外，某事与自己无关……，就出入衙门，陈述诉说百姓的疾苦，讨论官员贤能与否，准许……以行为举止有损革退。

一、今后务必要颁布《四书》《五经》《性理大全》《资治通鉴纲目》《大学衍义》《历代名臣奏议》《文章正宗》以及当代诰律典制等书，督促学生诵习解读，让他通晓古今，适合被时代任用；其中有抄袭异端邪说炫耀奇特背离常规的，文章虽好也不录用。

一、提学官奉敕令专门监督学校，不允许借事由违背正道，奔走趋附抚安官，请求被举荐；……有行为举止不端正玩忽职守的，准许巡按御史按事实上奏弹劾。

一、该管的地方每年一定要巡视考察一遍，不允许移文代替委托，以及在分开的别的官府分别调取儒生，以导致旅途艰苦；……不允许老师学生匍匐迎来送往；……不允许携带文字卷在另外的地方发榜，导致秘书趁着闲暇作弊，士子没有什么严厉惩罚。

一、提学官巡行视察所属，……不准许接受民词，侵犯他人的职守干涉喜事；学生犯罪，……不允许保护短处曲从庇护，导致他有所依仗，抗拒国家法律。

一、供应的膳食在原有定额上增加；等到后来，买得过多。今后年考，一定要严加考核检阅。……如果乡宦土豪请托不成，在暗地里中伤人，允许直接上报处罚惩治。

一、显赫的官宦、乡里贤人、孝子、坚守节操的妇女以及乡饮礼宾，都是国家重要制度，教化所攸关。近年来有关部门忽略了教化，学校是非不公，滥于举荐不切实际，激励劝勉怎么能有呢？今后提学官应该以纲常为己任，遇有上呈请求，务必核查真实；……如果有妄加举荐受人请求的人，……就以行为举止有损论处（同上）。

张居正凭借整顿学官以纠正学士风气，借助纠正学士风气以挽回世道人心，他教育政策的严谨精密，有这样的。即使他实施所及，因为严格考核学官而招致学官怨恨，因为限制学士而招致学士怨恨，因为禁止设立书院，而凡是肆无忌惮地发表言论聚众空谈的士大夫阶级几乎没有不怨恨的，张居正固然以众人的怨恨而集于一身，但是他抑制虚浮崇尚质实的教育政策，那真的是“树立在天地之间没有悖理的地方，卜问鬼神没有可疑的地方，等到百世以后圣人到来也不会不感到困惑”。那些企图以教育手段完成政治目的的竭忠尽善的谋略，难道不震动古人，显耀当世独有千秋吗？

# 第十六章　江陵之政术（六）
## ——治囚与治盗

张居正援引法家渗入儒学，以使用威权作为他施政的主要手段，我当然曾谈到的。他之所以极力主张使用威权，当然在实行他的“综合考核名实，有功必赏，有罪必罚”的一贯主张，而他所处的时代环境的客观条件，也有以使他不得不从使用威权的这一条途径。自从明世宗崇信道教以来，对于监狱的囚犯极力主张宽容厚道；对于犯罪较轻的罪犯固然不必论究了，即对于触犯刑律罪在不赦的重罪，就如杀人抢劫悖逆叛乱的各种罪犯，也有许多不依照惯例按照年度处决，有时甚至滥施法外之恩，特别赦免。刑罚的不公正已经达到了极端，那些懦弱的人靠什么而所受的冤屈难得昭雪，那些强悍的人又有什么畏惧而不肆无忌惮的呢？张居正深知这一弊端，所以在治理囚犯上就极力主张从严处治，借此以纠正以前的错误。他关于这一方面的见解，具体表现在《论决重囚疏》的奏疏上，在万历五年（1577年），神宗将要举行大婚的时候，慈圣皇太后李氏下令暂时赦免执行刑罚，张居正于是乘机上呈这份奏疏来极力劝谏从严处治。张居正说：

圣明的帝王奉行如天道，他的刑罚赏赐给予追夺，都奉行天意来行事。……如果放弃有德而不任用，释放有罪而不惩处，那么刑罚就会失当，宽严用法不同，这不是上天所用立君王治理百姓的用意了。……周文王看待人民犹如身上的伤痛一样，古代称为仁圣的君主，而对这些（不孝顺不友好）的人，也必须惩处而不赦免，确实作恶的人，他自己犯了刑罚，即使想要活着也不可能。并且坏人不除，善人不会多，冤枉愤恨不倾吐，逆流之气不会消除。现在慈圣皇太后李氏只看见犯罪者被杀戮的可怜，却不知道被他所害的人都含冤积愤于阴间，……为什么不忍心面对有罪的罪恶之人，反而狠心对待无辜的好人吗？他发仁慈也发错了！更何况这样的人，经过法司评审，九卿大臣在朝廷上审讯，大家都已经验证明白，认罪服输没有理由，即使今年处决，将来也没有活着的道理，不过拖延时间，死在监狱罢了。但和他暗地里死在监狱，人们都不知道，还不如依照法律处以极刑，还值得惩处奸邪而伸张国法呢？（《论决重囚疏》）

看到张居正这份奏疏的恳切陈述，就可以知道他在平时所信服的法治主义，推行不遗余力，而几十年来无原则地宽容，助长坏人作恶、法令不能实施的积弊，也将会随着狱囚扫荡无余了。

到关于盗贼方面，张居正这样做的起因虽然承认是由于贪官污吏的逼迫，而极力主张惩处贪污以安定民众（见本编第十一章）；就他请求免除拖欠的赋税，也因为长江南北大片饥荒，有的百姓相聚为贼匪，所以张居正引起担心而多次为这个请求；然而不法之民既然已经挺身而做了盗贼，张居正针对这种情况就仍然本着除恶务尽的精神，厉行违反就一定要诛杀的禁令。所以他说：

巡抚、巡按（应）严格督察兵备等官，整顿武备，不时体察访问，如果有盗贼暴发，一定要立即切实上报，重大的奏闻朝廷，限期宽泛设法缉捕（《答应天巡抚孙小溪言捕盗》）。

由此可见张居正治理盗贼是多么严格。至于他之所以主张治理盗贼从严，张居正自然有他自己的说法。张居正说：

用杀戮以制止杀戮，以刑罚期望没有刑罚，没有听说释放有罪说是宽仁的。“如果你不想，即使赏赐给你，你也不会偷窃”，这是孔子治疗病患的言论。当时鲁国政治混乱，宠幸贿赂日益明显，所以用这个来警告他。如果说只是不想可以消除的，没有道理。人们可以纵情恣意，想要得到而没有得不到的，没有超过强盗了；而执持耒耜拿着锄头，努力耕田快速劳作，用礼制法度束缚，这是世上最苦的。耐得住自己的辛苦，无所畏惧而自己不做坏事的人，只有伯夷、许由、曾参、史鱼是这样。现在不说我用严厉的刑法明确的规定可以制止贪欲禁止奸邪，而仅仅只是以不贪求引领，使百姓都放弃享乐，而依从他们最苦的，这是天下人都成了许由、伯夷、曾参、史鱼后才可以。……将来，有关部门不敢捕捉盗贼，因为盗贼捕获不一定被杀。不杀，那么他们还会用武力攻击官府，以毒害仇敌而团结他的同党。所以盗贼越多，违犯的人越多。现在则不是这样，圣明的天子在上面振提纲纪，而执政的人遵循法规而执行，法律已经制定颁布就一定要切实执行，奸邪之人不加赦免。讨论的人说：只用懦弱的人纵容的说法，在衰败的时局敷衍了事的政治来阻挠，其结果难道不会背离英明的诏示，违反国家法律吗？（《答周友山言弭盗非全在不欲》）

“用杀戮制止杀戮，以刑罚期望没有刑罚”；“法律既已颁布就一定要切实执行，奸邪不加赦免”。这和韩非子所说的“皇上设置重的刑罚而奸邪都会禁止”，商鞅所说的“用刑法刑”，大概是互为表里。审讯囚犯治理盗贼的要诀在于此，法家运用法治最高也没有不在这里的，在此可见张居正法治主张的坚决。而它的结果究竟怎样呢？《明史》固然已经说了。说：

当时太平已久，盗贼纷然而起，以致进入城市抢劫府库，有关部门一直隐瞒。张居正严格禁止。隐藏不报的人，即使是循吏也一定废黜。抓到盗贼立即处决，有关官员没有人敢掩饰实情。盗取沿海钱粮达到一定数目的，按例都要被杀，但往往长时间囚系，有的在监狱中病死。张居正认为只有尽快杀了他，而追捕他的家属。盗贼才会减少。（《明史·张居正传》）

张居正针对盗贼，既然以惩治贪污安定百姓澄清源头，再以极刑严治堵塞流弊，那么囚禁的盗贼减少也很自然。观察明代盗贼猖獗为祸，这种现象几乎不断见于记载，而明朝却最终被盗贼所覆灭。而在张居正执政的时候，盗贼得以肃清，朝廷内外因此得以安宁，难道不是张居正惩治贪污安定百姓刑罚严治的功劳吗？“婴儿不剃头就肚子痛，不除去疮就会逐渐严重，而慈母对于爱子，一定会剃头并且除去疮疥，令他忍受小的苦痛，而让他得到大的快乐。”张居正的行为，坚持使用威权而接近严酷；但是张居正坚持以严格管理作为善待关爱，想要令他们忍受小的苦痛，而使之得到大的快乐。那么张居正的动机，和那些无原则地宽容，助长坏人作恶相比较，仁慈的大小是怎么样的呢！

# 第十七章 江陵之学术与著述

张居正是一个实行家，而不是理想家，是一个亲身实践的大政治家，而不是高谈阔论主义的政治学者；所以他在学术上的造诣虽然斐然可观，但都是他在功业方面的具体表现，而不是能在文字里寻求的。用这个来衡量古今中外的伟人，几乎没有不是这样的，当然不只是张居正是这样。张居正一生在为学之道上，认为做事与求学问，两者是合一而不可分的，所以除了本身的职责以外，没有别的超然独立的学术。他说：

《礼记》说："大凡学习，若学习做官，就先学习与职务有关的事；若学习做士，就先学习学士应有的志向。"士人君子在没有际遇的时候，就要向他讲明之所以努力提高自己的修养，更好地治理百姓，是为了日后的应用。等到他做官办事，就以办事作为学习，小心谨慎地忠于职守希望做到称职免于过失，以敬从上级的命令。没有舍弃他的本事，而另外开一门作为学习内容的。（《答南司成屠平石论为学》）

又说：

古代的君子始终注重学习：平时在家里就向父亲兄长以及家族的

长辈们学习，在外任职就向君主官长百姓们学习，没有不能学习的。要想放弃学业来从政，譬如在河道的中流而放弃船桨，是不能渡河的。所以学习不管在仕宦与隐逸都无间断，然后志向才能专一；志向专一然后他的精神就能凝聚；这样就可以畅达于四肢，在事业上显发，那么他为政就会严明。由此可知，从政也是在求学问。世人说从政与学习两者分开那是错误的。（《赠毕石安先生宰朝邑序》）

像这个“从政与求学合二为一”的主张，直接以求学问为一生从事的目标，没做官之前，坚持以学业作为执政的基础，从政以后，再以从政作为所学的实际验证，从政与求学两者才能成为一体。这和孔子所说的“做官的事情做好了还有余力，就更广泛地去学习以求更好；学习学好了还有余力，就可以去做官以便给更好地推行仁道”相比较，似乎还更进一步。张居正的这个主张，自然系由接受王阳明先生“知行合一”学说暗示的影响。张居正所谓的“就以所从事的工作来进行学习”，所谓“从政也是在求学问”，如果以此和王阳明所说的“心即理”相比较，那么张居正学问是注重实践的，注重为社会的，着重在要做出功绩的；王阳明的学问是理论上的，为个人的、为哲学的；王阳明最后的目标只是独自修养身心，保持个人的节操，而张居正的思想目的在于使天下万物都受到恩惠和帮助；他们的视野就有广阔与狭隘的不同，而他们促成的因素，王阳明系由引导儒学揉入佛家，而张居正则系由援引法家渗入儒学，更是迥然不同。但是在张居正的时候，王阳明的学说正弥漫在全国，它末流的趋向，就导致民众都沉溺于粗率空虚，流连忘返；张居正于是毅然扭转它的趋向，而务求以注重根本崇尚质实为归宿。天下滔滔，张居正不是为屹立在黄河急流中的砥柱山一样吗？

张居正的学术，不用说从他思想的出发点或归宿点来看，和他的事业几乎成为平行的动向。这个可以尝试从他的生活历程中了解事情的真实情况。张居正一生的历史，就他学术上的立场来分析，又可以分为萌芽、变化以及成熟三大时期；就他功业上的立场来分析，又可以分为孕育、挫折和完成三大时期。就他年轻以至于从政，是他学术的萌芽时期，也是他功业孕育的时期。等到他回家而隐居匿迹，是他学术的变化时期，也就是他功业上的挫折时期。从再次起用到他执掌朝政，就是他学术的成熟时期，也就是他功业的完成时期。在第一个时期中，张居正的学术基础初步奠定。开始潜心探究学业，只把它作为干求禄位的台阶，就探求古典，开始渐渐明白修养的道理。父母亲戚的督教，和那些老师素有声望的博士的激励，已经足以高贵地看待自己，坚定自信，因此增进他的修养；而在翰林做官的时候，更是获得读尽全部中书省和秘书省的书的机会，并从事于当代文物典章制度的探讨，和政治形势和谋身治世的研究。到这里张居正才开始由畏首畏尾的小儒逐渐晋升而成为通才硕儒，他未来的“将相才能”也是在这里奠基。我所说的“学术萌芽功业孕育的时期”就是这个时期。在第二个时期中，张居正以襟怀坦白、品德卓绝的才干，受到昏庸君主奸邪臣子的阻碍，被搁置不用，有志向但没能伸展，不得已而出落凡世独自离去，托病回乡。虽然他具有积极报效社会的人生观，还没有立即产生消极出世的感想；然而，一腔孤愤，长期抑郁难以平息，如果不是因为游历名胜，而一下子生发出“不随物为悲喜，以无始无终的感悟融入观想”的悟境，那么他超然物外的观念最终也不会产生，精神上的修养也未必能达到登峰造极的地步。这对于“博览群书，贯通百家，一心探求当代的事务”之外，一定从事心性内求的钻研。观看他的集子中谈禅警语，比如说“希望以深切的心愿奉献给微尘数的无量世界，不在自身上追求利益”；（《答李中溪有道尊师》）所谓“近来一段时间在静坐中体悟到了妙明真心，本来是妙明圆净，一点都不受染污”；（《寄高孝廉元谷》）所谓“这里的灵明，虽然因为接物处事而能显现，却不会因为接物处事才存在；如果能够含摄寂照的根元，融通内外的心境，了知心体的玄妙，之所以能够变通化用而运作施为如同鬼神，当初并不是从外界得到的”；（《答西夏直指耿楚侗》）就可以知道他在佛学的了悟上是多么深刻了。张居正生活过程中，只是这一时期的环境和心情最容易接受佛学的影响；就他超然物外的观念，也未尝不是因为参悟佛学而产生的。然而，张居正在这一时期中，虽然也贯通百家，一心探究当代的事务，但是说他所受佛学影响最为深刻，当然不会有怎样的错误。仍然庆幸他具有积极济世的人生观，才不至于落在佛教虚空寂灭的歧路上。由此可知，他日后幡然再次起用，确实是他一生功业兴起复兴即将灭亡的国家，延续断绝的世代之关键了。我所说的“学术变化功业挫折的时期”就是这个时期。到他在第三个时期中，刚开始时担任最高学府官长，接着又位居次于卿相的朝中大官，最终从尚未即位的太子侍从之旧臣，而特别受到赏识，被皇帝所知遇，最后一跃而跻身于内阁，逐渐又担负国家政务重任。身为元老，接受遗命辅佐一个孤儿，威镇百官，勇于进取具有最高权威。在这段时间里，张居正虽然被一群小人所扼制，尝尽了诽谤和怨尤；最后终于得以集中相权，完全伸展抱负。就个人说，他以一个儒臣，而为十几年安危的关键；就国内形势说，就以几代长期衰弱，而挽救一百多年将要覆灭的国家。大概张居正在这一时期中，才开始全部施展他一生素所信服的法家学说，一一都写成行政命令，各个都被实施，使它们开成一朵奇葩，结成奇异的果实。于是他小时候所读的儒家经典，壮年所探究的佛典，以及当代的文物典章，政治形势和谋身治世，凡是他从前所探讨研究的人，到这时才像江河归大海，众星拱卫北极星，全部成为他法治主义的附庸，而受其“综合考核名实，有功必赏，有罪必罚”的主张所支配。张居正虽用传统关系，仍然不得不以儒生为标榜，以希望被当时所容纳；但是他既已援引法家渗入儒学，而以法治为施政的方针，那么儒家就是名义，法家就是实际，自己毫无疑问。看他法治思想明显不同众人，当然就不会奇怪他一生的功业垂示千古；只有他的一生功业垂示千古，更可以看到他的法治思想明显不同众人。然而他的法治主义，大概就是这十年政绩的理想；而这十年政绩，也就是他法治主义的实际行动。两者不仅互为表里，而且合而为一。这正与张居正所说的“从政就是在求学问”，“就以自己从事的职务做学问”完全相符，但他最终成为一个亲身实践的大政治家，也确实是这样了。我所说的“学术成熟功业完成的时期”就是这个时期。张居正的学术既已经历萌芽、变化、成熟三大过程，张居正的功业也经历孕育、挫折、完成三大阶段，两者互相平行就是这样；然而张居正十年政绩，如同我在前几章所叙述的，称为《张居正成功传》固然可以，就称为《张居正修学记》也没有什么不可以。唉！从政与治学合而为一正如张居正，他敦促根本崇尚质实亲身实践的精神，来看看那些没有根基的游说者，差距就不可以用里程来计算，而以看他们不学无术的施行家，又怎么能同日而语呢？

明白此理，才可以谈论张居正的学术。张居正的功业既然是他学术上的具体表现，然而他功业所表现出来的学术究竟怎么样呢？张居正十年的政绩，他的出发点是援引法家渗入儒学；其宗旨是法治主义；其方法为综合考核名实，有功必赏，有罪必罚；他的成绩为：“朝廷纲纪由废弛而归于整顿，吏治由贪污而归于严明，盗贼由放纵而归于杜绝，武功由萎靡而归于振兴，财源由竭尽而回归于充裕，学习风气由空虚而归于质实。”其中最显著的，是人民由凋敝而趋于缓解，国势由衰败而趋于重新振作。试着考查他的一生功业，法家固然是他思想的宗旨，功业的关键；然而张居正的学术当然不仅只限于法家，而在我国固有的学术，几乎没有不兼收并蓄，融会贯通的。如儒家的忠于君主事奉上级，节省用度爱惜民力，可以在他执政上看到；军队的制度根据具体情形做出相应的举措，出奇取胜，可以在他治军上看到；佛家的广大含摄，解脱无碍，可以在他存身自立上看到；名家的辨正名分，使名实相符。不争斗不怀私（出《尹文子·大道篇》），可以在他统御部众使下上看到。所有其他人孜孜不倦勤劳不懈，竭尽一生的精力而没有研究透彻一方面学问的，张居正却随心所欲，左右逢源，而全部收为自己所用。从这些事实看来，张居正的功业固然多方面发展，张居正的学术尤其包罗万象。成功就如那样，学问的成就就如这样，向中外古今的大政治家中寻求，难道容易找到吗？张居正确实可以说是得天独厚，自己行事有一定规范了！

至于就他的著述来说，清代《四库全书提要》中说："太岳集四十六卷，（浙江巡抚采进本）明张居正撰写。张居正有《书经直解》，已著录。神宗初年，张居正独自执掌国家大权，后来褒贬不一，一直没有确定的评价。他振作有为的功业，和他滥用职权，作威作福的罪，都不能互相掩盖。至于文章本来不是他的长处，集子中的疏奏、启札最多，都是在朝堂时讨论政事写的，往往放手书写而成，不曾有所练习。"（见《清四库全书提要》集部别集类）这里评论张居正著述的话，固然有些贬低的话语，而恰巧也成了赞许。大概张居正的学术，既以注重根本崇尚质实为归宿，而不是可以在文字中寻找的；那么张居正在文字上，自然不像那些畏首畏尾的小儒在寻章摘句上斤斤计较，舞文弄墨，自以为很好而洋洋自得；张居正的学术充其量只是以著述作为他功业的一个辅助和补充罢了。他把各种政务集于一身，自己操纵着大权，又有什么空闲在文章上润色练习，又怎么会值得他在文章上去修饰练习呢!

现在考察张居正的著作,有全集、分集及专著三大类。

全集在明万历四十年(1612年),即张居正死后的三十年,开始由他的儿子张嗣修编排刊行,命名为《文忠公张太岳文集》。根据张嗣修所写的凡例说:“先公文集在旧记室所的,自从张嗣修等人遭逢大难后十多年,才得以全部回家;留存下来的有十八卷,散佚的有十二卷,像少年所作的各个赋文全都佚失,应制诗敕撰文佚失十分之二;仅仅只依据保存下来的编排,编成诗六卷,编成文章十四卷,编成书信十五卷,编成奏对十一卷,合起来就成为全集,分开也也可以是四种。”这一册的初次刊行本共四十六卷,目次都如上所述;卷头冠有沈鲤的序言,吕坤写在书后的跋,公子张嗣修的《编次先公文集凡例敬题》和《书牍凡例敬题》,张懋修的《先公致祸之由敬述》以及刘芳节的《太岳先生文集评》;卷尾附有马启图的《张文忠公诗跋》以及高以俭的《太师张文忠公集跋》等。这就是清代“四库全书本”,国立北平图书馆也收藏有这本。此后又有张居正“邓氏翻刻本”,增加《行实》一卷,共四十七卷。道光八年(1828年)又有了“陶澍重刻本”,以及初刊本的原序另外分成一卷,合《行实》一卷,共为四十八卷;卷头冠有陶澍、陈銮的两篇序言。光绪二十七年(1901年)又有奭良依据“明本”“邓本”和“陶本”重刊的“改订本”,卷数依照明代的初刊本,而编排却大加变动:首《奏疏》,次《书牍》,次《文集》,次《诗集》,次《女诫直解》;而以《行实》及前面发行的刊本的序列以及有关张居正的记载与评论，合成《附录》二卷；改名为《张文忠公全集》。湖北崇文书局另外刊有《张文忠公集》。民国年间又有“重刊四十八卷本”。这四十八卷本，也就是民间的“通行本”。

全集以外，还有分集，就是全集的分刊单行本。分集共有几种：(一)《张文忠公疏奏》，张居正死后不久就有刻本传世，还在全集刊行以前；(二)《张文忠公书札奏疏》，清代无锡顾梁汾纂辑；(三)《张文忠公太岳先生诗》，明代孔自来纂辑；(四)《张江陵书牍》，分上下两册，群学社最近才印行。前三种现在已经绝版，后一种民间虽然有出售，也不容易得到。只有这项分集多不出全集的范围，有全集在，分集的绝版固然无关紧要了。

专著是指张居正所主编的《帝鉴图说》《四书直解》《书经直解》《通鉴直解》《谟训类编》《大宝箴注》《贞观政要解》《承天大志》等书来说。这类书籍，都是张居正为了指导神宗而作，不外乎以为君之道，版本在明朝时都保存在内阁，改朝换代之后已经散佚。只有这类书籍当初和张居正的学术无关，它的绝版自然也不值得重视。

在张居正所有的著述中，最可考证他的功业和学问的，就是他全集中的疏奏书信；诗文则居次要；而和专著没有关系。因为奏疏是他对君主陈述政见治述的文书，书信是他对老师友人官僚从属辩论指导的工具，他功业的消息，学术的造诣，都可以在这里看到。尤其是张居正的书信，长子张嗣修在他的凡例中称为“虽说名义上是信笺，其实如同公文”，所以和疏奏几乎占有同等的重要地位。这在张居正死后横遭诽谤缺乏可靠史料的方面来说，尤其值得予以研究张居正功业学术史的人以莫大的便利。否则把张居正的诽谤留在身后，史有缺文，如果不是有张居正的著作来资助考证，那么修治史书的人即使想扫尽流言蜚语，另外写成可以令人相信的历史，多少而不令人望洋兴叹；而旷绝中外古今的大政治家像张居正这样的，被横遭埋没，含恨千秋的命运，又多久而能有拨开云雾而看见青天的一天啊！这是我在本章叙述结束后，不禁深深地致以感叹。

# 第十八章 诸家之评论

张居正的一生，正像《四库全书提要》中所说，可以称是毁誉不一，一直没有确定的评价。就大体说来，他生前和身后的二百多年里，以前都是毁谤多于赞誉；直到近几十年来，他的功业开始日渐脍炙人口；到了现在，张居正的丰功伟业，已经有口皆碑，以前的流言蜚语，早就随着时代变迁而扫除净尽了。回溯张居正的一生，他少年时期的幼聪早达，为人美称，以及从政时期的勤奋学习广泛结交，驰名翰林院，当然类似赞誉了，但最终无关大局。等到他回家隐居，与世隔绝，就家庭的抱怨，师友的怜悯，自然会在所难免，而对社会来说，当初并没有毁谤赞誉可言。因为张居正在事业孕育和挫折的两个时期，学业固然没有彰显，功业也没有建立，声名还没有树立；他既然没有成为社会的中心人物，社会对他自然也无所谓毁谤赞誉了。等到他东山再起，又入仕途，再接受明穆宗特殊知遇之恩，经过徐阶密疏的推荐，他功业完成的时期就在这里开始了；于是他的政治生命就由此而飞黄腾达，而他所受到的诽谤怨恨也就随之而继续增长加高。从此他的事业就越前进越兴盛，他所受到的攻击也越演变而越严厉了。当张居正首次进入内阁，因为他“最后进内阁，却单单做出丞相的情状，傲慢地接见九卿，并不引进任何人，也不听取任何意见。间或说句话就很中肯，人们因此最害怕他，把他看得比其他丞相重”。(《明史·张居正传》语）于是因害怕而诋毁他的人有了。张居正在内阁，以综合考核名实赏罚严明为其政治主张，而“遇事坚持”，(《行实》）于是和同僚李春芳、赵贞士、陈以勤、殷士儋等多有不合，众人的议论逐渐兴起。于是因为忌恨而诋毁他的人有了。等到高拱因得罪冯保而离职，怀疑张居正暗地里主使，于是对张居正积满怨恨，即使在病床上弥留之际，还仍然重复地喋喋不休地骂。于是因为怀疑而诋毁他的人有了。到张居正既已执掌国政，致力于扭转儒家学者因循宽纵的举措，力求以综合考核名实为己任；于是喜好谈论为政宽大的儒生，推尚自我申明的官僚下属，都深深地感到不方便。而余懋学、傅应祯、严用和、刘天衢、徐贞明、李祯、乔岩、刘台这些人，于是群起而对张居正大肆攻击，这边倒下了那边继续，历经长久不衰。于是借口尊崇儒学以诋毁张居正的人又有了。等到夺情起复的议论起来，而吴中行、赵用贤、艾穆、沈思孝、邹元标等，再借助名教的传统观念，有的人则认为夺情是“错误的行为”，(吴中行语）有的竟然骂张居正为“禽彘”。(邹元标语）于是借口名教以诽谤张居正的人又有了。此后，以御史赵应元借口有病请求退休的小事，王用汲竟然借此以攻击张居正，鼓励神宗要独自专权，不应该把政事委托给众人所依附的首辅，于是借口专权独断以诋毁张居正的人又有了。试着考察张居正招致诽谤的原因，张居正严格实行法治，综合考核名实，赏罚严明，在张居正看作施政要领挽救国家紧急事务的，不少人借此但以因循玩忽职守积弊已深的社会来搪塞，怎么会不格格不入群起而攻击他呢？因此严格惩治盗贼，盗贼怨恨，严厉惩治豪强而豪强怨恨，告诫学生，学生怨恨，裁汰冗员而冗员怨恨，谴责言官而言官怨恨，督促下属而下属怨恨，纠察内阁同僚而内阁同僚怨恨，控制宦官而宦官怨恨，抑制外戚而外戚怨恨，更有在上教导君主而君主也怨恨。至此而全国朝野上下，几乎没有一个不怨恨张居正的人，张居正却以一身而成为众矢之的。在下位的人，怨恨在心，诽谤固然随之而生；在上位的人，怨恨施加，祸患将会因此而起。于是张居正死后不到两年，小人宦官张诚，却以张居正家拥有很多金钱的缘故怂恿神宗，神宗也因为心里艳羡张居正家有很多金钱而予以没收。于是张居正就以盖世的大功，而蒙受削去官职褫夺谥号的冤屈，几乎遭到身后戮尸的祸患。唉！施加的怨恨和诽谤，当然有这样不能预测的。我们清楚地知道张居正招致祸患的原因，怎么能没有道高一尺魔深一丈的感叹呢！

即使这样，俗语有言：是非自有天理，公道自在人心。张居正蒙受不能诉说的冤屈，遇到飞来的横祸，在今天固然已经被天下知晓；就在当时，阴谋落井下石的当然不缺乏人，主持公道的也大有人在。当抄没张居正家的圣旨已下，刑部右侍郎邱橓奉命偕同宦官张诚到张居正的原籍查抄。邱橓等“籍没张居正家恐怕不符合规定，于是把他的儿子们都拘押起来，用尽极刑拷打折磨”。（周圣楷所撰《张居正传》）大学士许国曾写信给邱橓说：

旨意明确无罪及他人等等，希望推求罪责只处罚本人而不伤及妻儿的道义，以成就圣明的君主爱惜生灵的仁慈，并且令后世议论今天轻视人命而看重财货。向上累及皇上的圣德，于中对国家体统有亏，对下失去人心，奉旨办事的人又怎么能推辞他的罪责呢？（见《张文忠公全集》附录一《高以俭太师张文忠公集跋引》）

申时行也说：

圣明的君主爱惜生灵，作为张居正门客的我一定能够深入体察，不让覆盆下面有不被光照的冤屈，邻里有无罪而遭到连累的事情发生。（同上）

侍讲于慎行也给邱橓写书信，大意是说：

张居正耗尽精力竭尽心智，勤劳于国家，冥冥之中却要受到惩罚，结怨于朝野上下。当他执掌朝政时期，全国上下争相颂扬他的功绩而不敢说他的过错；现在已经势衰，全国上下争相搜求他的罪责而不敢说他的功劳：都不是事实。况且张居正一生用法治来治理天下，而间或结以恩惠，这是他的收入有限。他以盖世的功勋自豪，当然不甘心为污浊卑鄙，而以世代相传的功业期望于他的儿子，又不使他们滥于交友，他们的收入又有限了。如果想要全部彻底追究，称职尽责于君上的命令，恐怕整个荆州一带于公于私都会严重受到困扰。又张居正的太夫人在堂上，八十岁的老母亲都受牵累，他的几个儿子都是书生，没经历世事，没收以后，一定会导致落魄流离，可以说是苦楚悲痛。期望在事情消停罪责评定以后，上呈疏奏请求皇上，恳求赐给他们聚居的房屋，用安身之地来抚恤，让活着的人不致于成为栾氏、郤氏的族人，死去的人不致于成为若敖那样的鬼魂，也是皇上施恩的仁慈。（周圣楷所撰《张居正传》）

所有这些都不失为公道的主张，实在是差强人意。但邱橓得到书信，都不听许，仍然多方面罗织罪名。潘季驯以审理案件太急切，上疏请求体恤，又被言官李植弹劾而离开。从此逢迎君王的过错来毁谤张居正的，更是信口雌黄，肆无忌惮，几乎不知道人间还有所谓公道是非了。等到历时已久，张四维等务求以宽松的政治迎合皇上的心意、结交人心，全部和张居正的所作所为相反，以寻求保住俸禄官位，朝廷纲纪因此遭到重大破坏，而张居正一生耗尽精力以惨淡经营的，几乎全部归于乌有。于是人们开始渐渐回想张居正的政绩，而渐渐加以称赞。万历十八年（1590年）蔡时鼎上疏弹劾申时行，有说：

张居正的祸端，在曲从私情危害公正；但其执行法令专任国事，还足能有益于国家。现在改革他为政的优点，而继承他的私情；全部遗弃他维系天下的人心，而巧于私求他欺骗下属的伎俩；只是想着祈求赐福，不顾国家的祸患。像这样的人，怎么可以使他成为天下的宰相呢！（见《明臣奏议》）

这仍然是寓褒于贬，不敢直接颂扬张居正的功绩，但是已经足够为张居正发泄胸中不快。到万历四十年（1586年），其子张嗣修搜集遗著，以此刊行发布于世，然后张居正的功业才渐渐被人重视。如沈鲤在为张居正遗集作序中所说，就已经颂扬到了极点，大大地申明公正的言论。沈鲤说：

太岳张公集若干卷，就是张居正做宰相时的功业。当时皇上（指神宗）年幼登基，全天下大政，逐个委任张居正。张居正也感念皇上的恩遇，一直以身担重任，想要一切修明祖宗法典，而综合考核名实，赏罚严明，不避怨嫌，毁谤赞誉利益损害不予关心。朝廷内外因此凛然严明，没有不守法的官吏，而朝廷也没有革除了不实行的法令。十多年间，海内清平，少数民族臣服，不能说这不是张居正的功劳啊。只是人的常情害怕约束而喜欢因循，一旦将他们绳之以法，会被认为是苛刻。而张居正施法更加坚定，奋争更加努力，因此就与社会相抵触。但再有一两件非同寻常的事情，有很多人不容易识破的，他的行为没有不像是刚愎，像是少有宽容，像是专权，像是纯任霸术，像是与金革变礼最终不完全吻合。皇上一时虽然宽容，实际上已经不能不怀疑。这时张居正已经去世，谏言的人更加以欺骗为说辞，皇上的眷顾宠爱已经改变，而张居正的祸患就解不开了。到现在看场的人还是有很多不满的话。但看他先以公法后以情理，以国家大事为先，以身家性命为后，任劳任怨，以助成万历十年太平，我国明代宰相般的功业，确实不容易多见了。（见《张文忠公全集》附录一沈鲤《张太岳集序》）

沈鲤是张居正所选拔的士子，他作序时官至大学士礼部尚书，而他所有的言论都是这样质朴真实，并且也不会因为老师的情谊而对张居正有所隐瞒徇私，实在是难能可贵。同时张居正还有一个学生吕坤在张居正的遗集书后面，对张居正的功业和精神，尤其有精细周到的批判，大略说：

先生……丰功伟绩天下昭著，至今不可磨灭，那么用一句话来概括他说就是担当。……现在皇上以十岁登上帝位，……在这个时候，慈圣太后李氏、仁圣太后陈氏有一起被称为太后的尊贵，众宦官掌握着国家大权，外戚攀附而欺凌，而且正值汉那吉侵入，两广发起怀远之军，国内颇多颓废的政策，承当这样艰巨的重任，难道不困难吗？先生顾念先帝临终遗命的重大，蒙受圣明君主的知遇，以天下重担挑在两肩，以四海欢欣悲戚会为一体，不能推诿，坚定地承担着。但接受天下的功劳容易；肩负天下的怨愤艰难。先生以一身系国家安危，爱憎褒贬等同浮云。恐怕君主德行有亏要求有御前讲席，所以皇帝的明鉴有图说，每天的讲席有定规。以明察局势是放纵还是畏惧而施行治乱，所以交给君主，严格的约束他。建立考核体制以监督巡抚和巡按，减省驿递的破费来体恤穷困的百姓，限制进取以重视学校，核实地亩以杜绝分歧和欺瞒，规定检举揭发以阻绝行私请托，合并催收租税以禁止强征拖欠的赋税，注重诛杀贬谪以告诫贪婪凶残的人，申明宗藩的条例，裁减冗滥的官员，考察侵吞牟利的粮饷，清理自私占有的田地，严格执行死刑的处罚，使九州的人小心谨慎同心协力，轻慢放肆的官吏凛然奉法，肆无忌惮议论的士子停止歪理邪说而尊王，事情可以安守常规的，不改弦更张来开启后来的争端；时势应当变通的，不因循守旧来酿成尾大不掉的势力。国家如泰山般稳固，疆域如金瓯般完好，内忧外患都不产生，北面没有敌国的侵扰，南面没有不受节制的枭雄，五种兵器腐朽不锋利，四方百姓安居健康。这种功劳，是谁建立的呢？张先生愿意担任之心，胜任之手，果断实现敢于担任的实效。如果张先生躲避艰难的危险，考虑自身，依靠一个人的特别恩宠和关怀，联结四方百姓的欢心，国家刑赏完全足以供他使用，这谁会高兴呢？即使不是这样，过着十分悠闲自得的生活，沿袭积弊，固守陋规，全国上下习以为常而安居其中，那谁会产生怨恨？那就是张先生不作为了。噫，伊尹自以一身肩受天下的重任，难道超过他吗？（见《张文忠公全集》附录一吕坤书《太岳先生文集后》）

从此以后，私家撰史者对于张居正的评价渐入正轨。只是害怕君主专制的淫威，在神宗一朝，始终没有人敢为张居正诉说他难以昭雪的冤屈。直到熹宗天启年间，才由邹元标为张居正上奏并获得批准恢复原官以及赐予安葬和祭祀。到此，张居正有功无罪，才重新获得明朝廷的认可，然而距离张居正去世的时间，已经过去了四十年，此时明王朝也岌岌可危了。（按：邹元标在张居正生前，曾对张居正肆意地攻击，大骂他为“狗彘”——见本编第十章——而且邹元标因此而被朝廷杖责并放逐；居然在张居正死后乃以直报怨，为他洗刷冤屈，得以沉冤得雪，他也是一位有心人啊。）崇祯末年，国事愈发败坏，难以收拾，国人于是更加回忆张居正的功劳，尚书李日宣等人在崇祯十三年（1640年）上疏请求，当中说："原首辅张居正受穆宗皇帝遗诏辅政，侍奉皇祖（指神宗）有十年之久，肩负国家重担，任劳任怨，改革整顿，助成万历初年之治。当时中外太平，海内富盛，纲纪法度，无不昌明，他有功于国家社稷，时间一长就有定论了，人们更加思念他。"熹宗批准他的奏请，这时距离张居正去世已有五十八年了，明朝危在旦夕，到此才开始追颂张居正的功德，不也太晚了！有一位诗人曾这样感慨"恩怨终结的时候才能作出公正的结论，边疆危急的时刻才能知道人才的难得"。（王启茂《谒张文忠公祠诗》，见《张文忠公全集》附录二）明朝崩溃以后，世事变迁，张居正身后的诽谤原本可随时代流逝而消逝，但是反对者却又写出史稿"而怀有私情的人为他的报复平息而高兴，追求名声的人制定或援用苛细严峻的法律条文"（见《张文忠公全集》附录二沈鲤《张文忠公论》），以导致是非不明，功过仍然没有办法判定。其中正如《明史》，正如《明史纪事本末》，正如可以借鉴的明显前例，对张居正大多都不能秉承董狐秉笔直书的做法，雪洗千古的奇冤；而谷应泰的《明史记事本末》尤其又纵容个人的偏见，做出揭露用心的言论；都不足以充当可信史书的眼目。《明史》虽然经过张居正的孙子张同奎在清朝康熙时《上六部禀帖》，请求改正。而得到将"荒谬构架诬陷的言论"删除，（见《张文忠公全集》附录二张同奎《上六部禀帖文后附记》）但在张居正的功绩，终究还是论说不详细，而且颇多不满，这在《明史·张居正传》，几乎俯拾即是，必须和同时代的几人的传赞相互参考，才能稍微看出梗概。从这以后虽然有林潞、袁枚等人略微申明张居正的论述，（林潞有《江陵救时之相论》一文，本编第十三章曾节引一段；袁枚《答洪稚存书》曾论及吴中行劾其座主张居正之不当；两文均见《张文忠公全集》附录二）但仅是片段论述，不值得转移看法。于是张居正死后沉没在《四库全书提要》中所说的“毁誉不一，一直没有确定的评价”，几乎经历二百年这么久。一直到道光年间，陶澍为他重刊全集，其序文有说：

明朝到嘉靖、隆庆时期，上下官员只知贪图安逸、吃喝玩乐，不关心国家大事，气象萎靡不振，江陵张文忠公出来而为之振奋，……他的精神气魄确实能挽救时局，而学识又足以发扬，确实是自古以来的奇才，不只是有明一代是很少遇到的。只是他的精明才干达到极点，接近于苛刻，不避劳累与怨恨，怀疑他专权独断；被不好的声名蒙蔽，于是导致抄没其家殃及子孙，这也是很悲哀的啊！在不被信任的时候，即使圣贤也难以承当，居高位的官员就算如同周公一般，依旧不免于被人诽谤，最终付出代价罢了，历经数百年，还有人执着仁智不能说尽，以议论他的后人。世上如果没有孔子、孟子，哪里有真正的是非？何况张居正不是周公，而想要把天下的重任，以伊尹的责任自居，难道不是太难了吗？（《张文忠公全集》附录二陶澍《重刻张太岳先生全集序》）

到此才能以公允的批评，矫正天下人的认知，可以说是张居正死后第一个知己。而同时陈銮也为张居正申辩，说：

世人议论张居正的人，一般都说是夺情起复，结交冯保而排挤新郑（高拱）。现在试着以公平而不偏感情地告知；夺情一节，确实是君子所不能接受的；然而中期以来，宰辅习惯成了旧事，君主年幼初立，人心疑惧不安，受恩深重，在处理的时候，人们难以言说。至于说张居正不想离开，暗示部院把他留下，这篇文章捏造的说法，不足凭信。（按此下是讨论张居正勾结冯保是出于随机应变的考虑，已经出现在本编第八章引文部分，不再赘述）唉！孔子死后，天下没有确定的评价，《春秋》散佚，天下就没有可信的史书。张居正管理边防……，考察官吏政绩，在千里之外，洞若观火，英明的策略如李赞皇（李德裕）；处于两宫后主慈圣皇太后李氏、仁圣皇太后陈氏和年幼的君主之间，心思缜密力量强大，不激进不随顺，办事干练而有成效就像吕文靖（吕夷简）。然而李赞皇被朋党（对李宗闵、牛僧孺等）所排斥，吕文靖也对范（仲淹）、富（弼）诸位君子不满。慷慨肩负重任太难了，而大臣谋求治国的心不容易表白（见同上又序）。

王闿运之《江陵书院记》，又称：

从前听曾文正公（曾国藩）说："张居正和唐朝太尉李文饶（德裕字）都以恢宏瑰奇背负世俗的诽谤，而李文饶赶在国家强大之后，张居正正值朝政坏到极点，他的功勋更伟大"（见同上）。

又有官主事的监利人王柏心，除了将张居正遗著里进呈朝廷之外，并且写有《悯忠赋》以怀念以往。赋中警句如：“由夫子执掌朝政啊，实是身份崇高而地位危急。难道不知道亢龙有悔啊，只是担心国家为此覆没。振作朝廷颓败的纲纪啊，不惜违逆众人的心愿。遭遇危机而陷入深阱啊，只有朋党激进！”“功业隐藏而罪责彰显啊，福禄已经盈满而灾祸到来。早晨如伊尹辅佐而晚上就成了浑敦四凶之一啊，怨愤的人又以谗佞来构陷。”“功勋轻于细微尘埃啊，罪责堆积如邱山。心怀忠信而排斥污垢啊，固然自古就已经如此。”（见同上）反而被时人所传诵。王柏心又给御史朱琦写信，称张居正的功业，朱琦回信说：

> 张居正，是愚忠的人。大概是明显知道有害于身而去做的人了；明知道有害于身而有利于国家，又背负着天下后世的诽谤，而勇于作为的人。啊，这真是愚忠的人啊！（见同上《朱琦答王子寿比部书》）

朱琦的这几句话，正和明朝的忠介公海瑞评张居正为“善于谋划国家，拙于谋求自身”（见周圣楷所撰《<张居正传>后毛寿登附议》）不谋而合。张居正地下有知，也应该引为知己了。从此世人对张居正的看法就不再被史书所局限，可以从张居正身后留下的著作中寻找；而张居正死后沉积两百年的冤情，也渐渐得以洗刷。降到近代，名流如梁任公、李岳瑞等，折中西方的学说，对我国历史人物重新估定他们的价值，对张居正更是加倍赞扬，许他为明代唯一的大政治家。

# 第十九章 结论

作为外史氏的我写完了《张江陵传》，于是这样说道：

中国没有大政治家也很久了！不是中国真的没有大政治家的天才啊。政治天才的出现，即使不能经常见到，经过上百年才能见到一次；然而少见确实是少见了，当然还没到没有的地步。然而，纵观我国两千多年的历史，所谓大政治家的，为什么竟旷世而不能一遇呢？这确实不止一方面了。有天才的，而没有卓越的抱负，这也是不行的。有抱负的，而没有独到的主张，这也是不行的。有主张，而不能持之以恒，持之以毅力，尤其不行。这几个方面，都是成为大政治家的必要条件，大概缺一而不可。天才确实少，天才而具备这些必要条件的就更少。这就是为什么渺无边际的两千余年，而所谓的大政治家，就历经很久而不能遇到了。

啊！我于是就不得不心悦诚服于张居正了。张居正当初只是一介儒生。虽然他小时候颖悟不同于一般少儿；但看他每天所听所看的，迂腐不切时用的八股文罢了，平生心志所期望的，科举禄位罢了。父母亲戚的爱惜看重和督促教导，爱惜、看重、督促、教导在于如此；老师宿儒的期许和鼓励，期许激励于如此。倘若他如果没有超人的抱负，致力于迂腐不切时用的八股文科举禄位而外，驰骋在古典经卷中，广泛地涉猎，以力求使自己的修养提升，后来又进而从事于当代文物典章的探讨，和政治形势谋身治世的研究，旁及于良师益友的面谈，以力求能增加自己的经验；那么他即使有大政治家的天赋，又怎么能而钻研探求他必需的学术，以发挥他固有的天性呢？所以我说：有天才而没有超人的抱负，这也是不行的。假如有此抱负，倘若主张不谨慎，误入迷途，又或者见异思迁，在歧路上徘徊；那么从小处说当然可以挫败自己的计划，从大处说尤其能败坏国家大事，他的罪过并且由此而彰显，功业仍然不能由此而彰显。而张居正，就像医生对症开药的样子，在明朝国势逐渐衰弱的疾源，就判断为纲纪废弛，风俗习气颓废衰惫；在挽救当时国势的方案，就确定为综合考核名实，赏罚严明；在促进复兴的手段，则确定为统一政令，集中相权；在实现复兴的目标，就确定为国势强盛，百姓安居乐业。假使没有如此独到的主张，即使抱负超绝常人，仍然不能展示他的技能。所以我说：有抱负而没有独到的主张，这也是不行的。假如有抱负，有主张了，倘若最终踌躇不决，投机取巧，持有知易而进知难而退的宗旨，没有破釜沉舟行事果断的决心，仍然不能清除当前的障碍，完成不朽的功业。

就在众人沉醉张居正独自清醒的时候，正值一个人教导，众人吵闹干扰的关键要冲。他以体恤国家的公正忠诚，任劳任怨，而人们却指责他以“独掌大权，几乎震主”；（《明史·张居正传》语）因为他整顿纲纪，力求振作颓废的风气，而人们却指责他独揽大权，“坏事误国”。（刘台语）尤其令他难以忍受的是，他们在攻击他个人的品德。像高拱的离去，罪责在于当权的宦官，而人们却说张居正依附冯保驱逐高拱，“出卖朋友依附宦官”。（谷应泰《明史纪事本末》评语）夺情的举动，旨意出自慈圣皇太后李氏、仁圣皇太后陈氏两位后宫太后，而人们却骂他为“禽彘”（邹元标语）、“过举”（吴中行语）、“遗忘父亲贪取禄位”。（《乞恢圣度宥愚蒙以全国体疏》中引语）做出所有这些蛮横无理的举动，他们的目的当然是假公济私，挟着仇恨报复。在他人意志不坚定，外表强硬，内心虚弱，有的甚至会中途改变气节，阿谀奉承取悦于人。而张居正却不辞劳苦怨恨，经过十几年如一日，坚贞自誓，连续千百次不祥而不改变；甚至不惜以自身为一张草席，任人睡在床上而被屎尿浸渍。（《答吴尧山言宏愿济世书》）推究他的用心，大概只知道竭尽忠诚报效国家，忠贞不渝，至死不变，但于个人的利害得失、生死恩仇，固然早已置之度外了。所以我说：有主张而不能持之以恒，持之以毅力。尤其不行。只有那些有天赋，有抱负，有主张又持之以恒，持之以毅力，然后张居正才能够承当大政治家的称谓而没有愧疚，旷世不能一遇的人，竟然在明代隆庆、万历时期而遇到了。

即使这样，我对于张居正不能不感慨啊。在《史记》里有言，“家中积累千金的富人，坐卧不靠近堂屋屋檐处”；（《史记·越世家》）在《左传》里有言，“百姓本无罪，因身藏璧玉而获罪”。（《左传》鲁桓公十年）他只是逐渐积聚财富罢了，还仍然知道力求保住自身远离福禄为告诫，期望免于因为有钱财而招祸，他果然于自爱是怎么样的。政治天才旷世一出，而敛财的人却总是有。小人耻于独自为小人，而不愿意别人做君子。以张居正隆重的功勋业绩，威德仪则的庄重，本来已经足够冲撞那些人的嫉妒而绰绰有余。何况又以纲纪作考核，以刑赏为举措。凡是张居正所想要的，都是那些人所不想要的；难道只是不想罢了，讨厌他带来的不方便而急迫请求想要摧毁他的人，这也是很多了。以一个人所想要的，不能抵挡天下人的厌恶而务求摧毁他的人多。那么张居正多久而不成为众人怨尤集聚的地方，众矢之的，一定想要除去他然后才感到痛快？张居正在生前就已经尽尝他们诽谤攻击，但是最终也没能把他驱逐开，于是他身后惨重的灾祸，就成了必然之势了。间或讨论他，认为张居正为国家为人民，当然很多了，而他为自己就未免太少。张居正于各家的学说，几乎没有不看到它的源头，探求它的奥妙，而只是于道家思想，就好像和法家本来的宗旨大相径庭，而不屑一顾。然而，张居正的灾祸就来源于这里了。老子说："大道真常无为，不变不易，常应常照，常清常静，正因为其无为无作，所以无所不为，普化万物，生育天地，无不含容，无不运载，造化无方，弥纶万有，浩渺无垠。"（《老子》第三十七章）又说："有意施为，废于自然，必有衰败之时；强守执着，不能长久，必有失去之时。因此圣人无所作为所以也不会招致失败，无所执着所以也不遭受损害。"（《老子》第六十四章）又说："上古之时，有道之君，顺乎自然，无心自化，百姓仅仅知道有上古帝君的存在而已；次一等的，世风愈降，大道愈乖，皇降为帝，帝降为王，有意以施仁。保民如保赤子，爱民如爱家人，百姓黎民感恩戴德，亲近称誉他；更次一等的，大道愈偷，王降为霸，礼教盛行，政刑严峻，法令苛刻，百姓心生畏惧，不敢犯法违令。最下等的，祸国殃民，造孽作乱。百姓受辱受难，忍辱偷生。”（《老子》第十七章）又说：“天下至柔之物莫如水，天下至坚之物莫如金。最柔弱的水能够自由随意地穿行于金石之间而毫无阻碍。”（《老子》第七十八章）庄子说：“古时候养育天下百姓的统治者，无所追求而天下富足，无所作为而万物自行变化发展，深沉宁寂而人心安定。”（《庄子·在宥篇》）又说：“所以，古代统治天下的人，智慧即使能笼络天地，也从不亲自去思虑；口才即使能周遍万物，也从不亲自去言谈；才能即使能雄踞海内，也从不亲自去做。”（《庄子·天道篇》）又说：“所以，君子是迫不得已才治理天下，最好的办法就是顺其自然。顺其自然之后才能使天下人的本性和真情得到稳定的保持。”（《庄子·在宥篇》）他们说的无为，无执，无欲，不言，表面上虽然似乎消极，而实际上是以消极为手段，以积极为要点所在，大概作君主南面临御天下所不可少。大概是说无为，不是无所事事的，只是不为所不应当为罢了。所谓无执，不是随顺众人与之浮沉，只是不要执着所不必执着的罢了。所谓的无欲不言，也不是空占着职位而不做事，因害怕有所顾虑而不敢说话的意思，只是借无欲以使自己做到“没有骄奢淫逸，没有声色货利，没有纵情嗜欲，无论是治世还是修身都没有过度的、夸大的、极端的行为。立身修道无过无不及，从容中道，无为而自化。”（《老子》第二十八章）凭借不言以使百姓潜移默化于无形罢了。道家的政治原则就在这里。其预期的目的，就有如老子所说的“深知进取有为，争强好胜之气，却能持守柔弱和顺之性。能够如此，虚静无为，柔弱处下，就如同水流入溪谷一样，虚怀若谷令天下人归心。如此谦下处卑，就会常德恒在，道不离身，这样就能返归于纯真质朴、无私无欲的境界如同那初生的婴儿一样。”（《老子》第二十八章）庄子所说的“统治天下是地位最高、权力最重的了，却不能因此而妨碍自己的生命，更何况是其他的一般事物呢？只有忘却天下而无所作为的人，方才可以把统治天下的重任托付给他。”（《庄子·让王篇》）要是做到这样，然后人们开始各自“无私欲邪念，无巧心欺诈，古朴淳厚，善良诚实，俭朴淡泊，少私寡欲，耕作而食，凿井而饮，自食其力，不图奢华，不追求异物，不贪享厚味。一日三餐，以五谷蔬菜为饱，以粗茶淡饭为香；以布衣御寒，以葛麻防暑。不求华丽锦绣，不贪金银财宝，不远徙猎取华丽之饰，过着悠然自在的美好生活，没有过多的非分之想。凿户牖为居室，可遮风挡雨，可安身而居。不求豪华广厦，不贪图高床奢具，即使茅屋草庵，陈设简陋，却安贫乐道，自在无忧，心中无欲无求，安享自然无为之乐，安然过着简朴而充实的自在生活。”（《老子》第八十章）却不知道有君主。他们对于君主甚至不知道有，更还有什么百姓亲近他称誉他呢？更不用说心生畏惧，受辱受难，忍辱偷生了。这就是道家理想的目的，为张居正所厌恶，而就因此招来诽谤和灾祸；张居正所秉持以自我坚守的，固然以淡泊宁静、公正廉明为旨归，特别是对于当时因循懈怠玩忽职守的民风，就憎恶他如同仇人，扑灭他都唯恐不及。他在当时的君臣，大概也像老子想要使“能返归于纯真质朴、无私无欲的境界如同那初生的婴儿一样”。只有老子想把最柔弱的水自由随意地穿行于金石之间而毫无阻碍，他的态度是有如慈母；而张居正就本着法家综合考核名实赏罚严明的立场，他以严厉的父亲。严父之与慈母，对于所生育的万物爱惜保护而抱有期望本来就没有什么不同；只不过他的态度有严厉和慈爱的差别，固然已经引起不同程度的反应了。因此张居正即使以忠诚来事奉君上，以公正来驾驭下属，而当时君臣上下，不利于他积极有作为的措施，众人想除去他然后才感到痛快，畏惧受辱况且不足以称他们的心意，难道又亲近而赞美他吗？假使张居正在法家整齐严肃之中，稍微加入一些道家柔慈的成分，我知道人民一定会爱戴而赞誉他的，不知道有君上，闻风而动从容就范，而同化于无形了。这样张居正为国家为人民的主张，固然还可以贯彻执行，而用张居正不停谋求自身安危来看当时张居正所已经做的不是很多吗？张居正才智超群，纵然忽略了道家无为不言的宗旨，怎么就能忘记千金怀璧的告诫呢？他固然明明知道崇尚严厉施行威权不利于自身，只能激发为国家为人民的热忱，而不惜打破得失毁誉的关头，甘受天下人的诋毁凌辱而不避。啊！这实在是千古绝大的悲剧，而和古往今来的忠臣孝子殊途同归了！中国不乏有心人，能不为他放下书而三叹吗？

李岳瑞评论武侯诸葛亮，说得真好，他说：

所谓注重在崇尚亲近古人的，一定要先了解古人所处的时代，考察人类进化的程度在今天是怎么样的同与异，然后摘取他的学术、功业、言论、行事，和现在过去的形势逐个比较来衡量，什么适合古代而不适合今天，什么即使经历百年而不会改变。古人已经远去了，而他们的精神却永远不会消失在宇宙之间，有能帮助后来人效法的方法。历史家有助于对各种社会问题的治理就是这样。不是这样，那都是空谈无补的世俗的学问罢了。（见原书第三编叙论）

我曾经拿这句话来审察张居正的历史，然后才知道他在我国政治史上确实占有超然不拔的地位，并且他影响天下后世，足可以帮助后人来观察效法，实在是最深远最巨大。就时间而言，张居正执掌朝政的时候，正值明代国势兴盛衰败绝灭延续交相转变时期，而张居正实际上就是掌管着由衰败转向强盛的枢纽。当时一般社会的病态，其为纲纪废弛，因循懈怠玩忽职守。而张居正则致力于用法家严肃整齐的精神，挽救当时懈怠玩忽的人群。就空间而言，当时中国是全世界唯一的大帝国，君主专制的国家政体，早经生长而成熟，人民权利的主张固然还没有萌芽，而民族观念是以外患日益逼近而逐渐抬头，民生思想也因内乱交替而日益趋向尖锐。而张居正的政策，对内只以安定人民生活作为首要任务，对外以保卫民族为前提。再就张居正的学术功业而言，当时通行的学术是儒家学说，政治基础为儒家的礼治主义；同时道教的思想，也因为君主的尊崇而占有优势。而张居正则致力于以法家的法治主义打破这种儒道混同的传统政治，以贯彻他富国强兵的目的。至于考察他生平的政绩，那么张居正用人和行政，属于管理方面的设施；张居正的教育政策，属于教育方面的设施；张居正的理财政策，属于蓄养方面的设施；张居正驾驭将领的策略和军事战略，司法与治理盗贼，属于卫护方面的设施。以张居正所处的时代，而能具有如此的学术，造成如此的功业，普遍观察以往的历史，以下的当然就不用说了，就在古今所说的大政治家中寻找，学术功业能和张居正相等的，有几个人呢？我所说的“张居正在我国政治史上确实是一个占有超然不拔的地位的人”，就是指这个。

即使这样，张居正对于民族国家的贡献，当然还不止于如此。曾经看到社会上所说的伟人，其丰功伟业没有不是烜赫一时的。然而，当时荣耀，现在已经淹没了。寻找他们恩泽后代常常可以用来敬重和取法的，几乎是如凤毛麟角了。然而我在这里又不得不以张居正为特别优秀了。张居正死后距离现在已有三百多年了。这三百多年中，几经世事变迁，万事万物改旧出新，现在和过去比较，几乎像另外一个天地。其中各种事物，受时代的淘汰，不再为世人所记起的，这大概不知道有多少。而张居正的学术功业，却是卓越挺立，价值常常出新。除了过去是专制，现在是民主，国家政体各有不同外，凡是张居正在政治上的宗旨与措施，在当时享有超然不拔的地位，在今天几乎没有不足以为后人所取法的。难道只是模仿罢了，正是因为他历时已久，就越容易发现其永久的价值。正如法治主义，张居正紧握不舍，而也是欧美列强立国的基础，是富强的根本。如综合考核名实，张居正所津津乐道，而也是今天主管行政的成功的关键，是不二的法门。正如集中相权，难道不是今天内阁制度的起源吗？正如管理、教育、蓄养、卫护，难道不是今天建立国家方法的因素吗？广泛地考察史书，学术功业和张居正不相上下的人当然也不乏其人，然而寻求能像张居正经历百年而不改易，作永垂后世人的典范的，又有几个人呢？我所说的张居正影响到天下后世，足可以帮助后人观察效法的就是这个措施。

天才的大政治家是世间少有的，而张居正的抱负与主张，这正好与他的天才相发扬、相辉映，而且又以恒心和毅力作助力，张居正确实是天之骄子！张居正的学术、功业已彪炳于当时，永垂于后世，张居正的精神已经在人间不朽，小小的毁誉得失，当然不奇怪张居正把它视之为比较小的得失，不值得计较啊。过去忠介公海瑞评论张居正，说：“精于谋划国家，拙于谋求自身。”啊！世上还有像张居正那样善于谋划国家而拙于谋求自身的吗？我原意持鞭驾车来跟从他！

# 附录:《张居正传》原文

# 汪序

古所谓社稷之臣，与后世权臣异者，唯在用心公私之间耳。伊周管葛，虽成败不同，王霸殊术，而其公忠体国则一也。苟利国家，虽丛天下之疑谤，毅然行之而不顾，而天下后世且终谅之。故得主愈专，在位愈久，其流泽遗爱，亦愈深远。

伊周不可尚已，管葛以来，或取秦之商鞅，唐之李德裕，宋王安石，明张居正配之，称中国六大政治家。新会梁启超为传，顾独阙江陵，岂文献不足征，抑论定犹有所嚏耶？余君守德恨其书之未完，旁稽载籍，补为是编，其体例一仍梁氏。

余受而读之，盖有数善：江陵身丁叔世，又值暗君，而同莘野重任之心，武侯鞠躬之志，处境艰困，有倍曩时。故屈节以交冯保，夺情以从王事，枉尺直寻，盖非得已。然而并时既多怨诽之臣，身后复遭腐儒之谤，是非殽乱，百喙交攻。君独抉其本心，不随众议。是为卓识。其善一也。梁氏之文，匪云闳雅，而委曲条畅，易于流传，是编虽标传名，实同史论，步趋梁氏，具见例言。然则律以文体则乖，揆诸众情则当。是曰适俗。其善二也。读史者非仅识往，要以喻今。考成败，验得失，则知所从违矣；明善恶，慎褒贬，则有所惩劝矣。故曰："股鉴不远，在夏后之世。"又曰："《春秋》作而乱臣贼子惧。"此物此志也。明代去今未远，政情民俗，犹有同者，资为龟鉴，谅异陈书。是编虽传江陵一人，而于有明中叶政治利弊，擿发殆尽，至若刑赏僭滥，贿赂公行，上下相蒙，民情壅遏，凡此数端，尤以不惮反复致意，详君自序之言，旨实同于朦诵。是曰寓箴。其善三也。

唯论儒法之辨，略有未精。儒家何尝不重法，特与时为张弛耳。综核名实，既为政之常规，治乱用重，亦拯弊之要术，宽猛相济，如用药然。江陵处痿痺不振之时，非用猛无以起积疴，挽颓运，而其居心立言，蔼然仁者，安在其非儒也？唐虞之民，不可复睹，张弛之道，亦既难言；以后来任法者多，而遂谓法治胜于礼治，是不探本原之论也。

余既善佘君书，序而归之，复附此言以相质，亦犹佘君之志云尔。

一九四四年八月　汪东序

# 卢序

昌法治说者言必及张太岳。不知太岳每以性命与经济并论，所谓学不究乎性命不可以言学，道不兼乎经济不可以利用也。君子处世所以制俗，非由俗制。制不在文，常挽以就实。此为法体。治世常自文返质，久则自质而文，文敝则世乱，而乘敝达变是在贤者。不轻易，不苟因，一本其实，于是法行。所谓法制无常，近民为要，古今异势，便俗为宜。法无古今，惟其时之宜，与民之所安。政以人举，法贵宜民；法无常良，行之在人。此为法用。

夫人之相与，情不至而后益之以文，信不至而后饰之以礼。圣人能以天下为一家，中国为一人，非意之也，必洞于其情，辟于其义，明于其分，达于其患，然后能为之。

盖法能不违民，不乖人情，而后体用始备。如是法治吾之所谓情治者也。不究性命必不能通达人情，法失其体矣；不能通达人情必不能制俗便民，法失其用矣。

然今日回国运当以法治始，昌法治尤当以正人情为先。太岳之学之为世重，有以哉！顾今人口中之太岳，但知虎怒蟒嗔之太岳，严急少恩之太岳，严刑明法之太岳而已；不知有师心之太岳，是不明太岳学之本，亦即不明法治之本也。

吾友赣榆佘君草《张江陵传》成，属余一言。余惟江陵事切政术，佘君书论之已详，不用复赘。而余之所重太岳者在彼不在此，因举太岳之言语余君，缀诸卷端，且以质诸今之昌法治说者。

一九四四年五月　卢前

# 第一章　叙论

外史氏曰：所谓大政治家者，岂易言哉？运筹帷幄，决胜千里，此谋士耳；而非吾所谓大政治家也。威震强敌，望重干城，此大将耳；而非吾所谓大政治家也。至若进思尽忠，退思补过，此可谓之纯臣矣；而犹非所以语于大政治家也。托孤寄命，忠贞不渝，此可谓之良相矣；而犹非所以语于大政治家也。然则必如之何而后可谓为大政治家哉？必也具有超人之抱负，独到之主张，而又行之以恒心，持之以毅力；故其能以一人之身，而为天下安危之所系，以一代之政，而为世运否泰之所关；其所设施，容或不便于当时，而实有裨于后世；其所作为，容或不理于众口，而实有造于邦家。其始也，必本诸一己之政策，戮力推行，以转移时势；其既也，复持其独具之卓识，力排众议，而奠定邦基；其终也，卒赖其老成之远谋，挽回末运，而泽被宇内。若而人者，殆所谓作中流之砥柱，造时势之英雄；其政绩所被，英主固赖之以图强，庸主亦可因之而免祸，季世固赖之以苟全，叔世更可因之而鼎盛。所谓大政治家者，非此之谓欤？

明乎此义，乃可与论张江陵矣。江陵明之名相；而明之名相，非止一江陵也。前乎江陵者，若夏忠靖，若三杨；与江陵同时者，若徐文贞，若高文襄，固皆卓有建树，俨然有古大臣之风者也。而无如彼其人者，率皆以书生之本色，当钧衡之重寄；虽亦具有纯臣之操守，良相之规模，顾其所抱负者，既以囿于萧规曹随之见，而卑之无甚高论，因之其所设施者，亦遂局于当世一时之利，而政随其人以息。易言之，彼辈殆皆无一定之政治主张，以为其施政之鹄的；充其极，亦仅佐成小康之治，以称叠于一时而已。其影响所及，绝非能与吾所谓大政治家者同日而语也。然则以彼例此，吾不得不服膺新会梁氏（启超）之言，而以江陵为有明一代惟一之大政治家矣。江陵之相业，如辅君、匡政、经武、理财诸端，固亦多步前人之成规，与时贤相伯仲，骤观之，似亦无以大异于众也。然其所以卓然超出于众，自别于一般之纯臣良相，巍然跻于中国以至世界大政治家之列，而能当之无愧者，则以其具有超人之抱负，独到之主张，而又行之以恒心，持之以毅力；故其设施虽不便于当时，作为虽不理于众口，而其影响于天下后世，所以补其阙而匡其失，正其本而清其源者，则至深且巨。无惑乎其终能转移时势，奠定邦基，而末运且赖以挽，宇内咸被其泽也。夫以有明中叶之由盛而寖衰，嘉隆时代内忧外患之交集，而江陵者，乃不恤受揽权之恶谤，被负友之重嫌，冒震主之不韪，干夺情之非议，兢兢焉第求政策之推行，凛凛然惟谋时势之转变。以视诸葛武侯之夹辅幼王，支撑危局，鞠躬尽瘁，死而后已者，后人何必不如前；再以方诸泰西大政治家，如马志尼、俾斯麦诸人者，又宁遑多让乎？至若明代诸名相，如上述之夏、杨、徐、高诸公者，则等诸自侩矣。然而生不见谅于愚昧之同侪，死复获咎于昏庸之幼主，甚且众口铄金，积非胜是，史籍所载，泰半谤言。彼愚昧之徒，惑于世俗斗筲之见，不能了然于江陵匡扶之苦心，而徒执一二微疵，斤斤焉以议于后而掣其肘；而昏庸之主，复狃于安富尊荣之习，不能无憾于江陵诤劝之严规，而遂信宵小浮言，悻悻然以加之罪而没其功；彼以其昏庸愚昧而出此，固自无损于江陵伟大之人格。所不能令人无憾者，则以一代惟一之大政治家，若江陵其人者，而坐令其横遭埋没，饮恨千秋，且与唐之李卫公同其不幸之命运。其所施于天下后世者如彼，而其所食之报顾如此。使人世而竟无真正之是非公论者，则毁誉之加，区区又奚足道；使人世而终有真正之是非公论者，则天下不平之事，宁有更逾于此者乎？然则扫尽浮言，别成信史，明是非而垂久远，拨云雾而见青天，斯亦匪异人任矣，吾又安能已于言也？于是作《张江陵传》。

# 第二章　江陵之时代

大政治家以于其所处之时代，譬犹机器之大齿轮然。大齿轮者，受发动机之推动，而同时又推动小齿轮者也。其在大政治家，则历史之趋势者，其所由推动之发动机也；而天下后世者，则其所推动之小齿轮也。故大政治家之功业，无不由于历史趋势之推动，而其功业之成果，则又足以推动天下后世者也。然则江陵所处之时代，果何如乎？请以历史的眼光，就当时之世界及本国情势分别观察而论述之。

就世界历史之眼光以观，则江陵所处之时代，为十六世纪之中叶。斯时之欧洲，正当文艺复兴之后，宗教改革鼎盛之时；列国间多从事于宗教战争，而其国内亦多以政教纷争而未归于统一；中世纪之封建社会，虽已开始动摇，而助成国家统一之君主专制制度，则尚未能成立；新大陆虽因航路初通而已被发现，而欧洲与美、亚两洲间之交通，则仍甚阻隔。盖彼时之欧洲各国，均尚未成为现代之国家，其政治文化各方面，自亦幼稚无足称道。至若美洲，则更系洪荒乍辟，初无任何国家之存在。即与中国同居亚洲之日本，亦尚徘徊于分崩离析之封建时代，而未及完成其内部之统一。环顾当时之世界，厥惟中国具有数千年之历史，拥有亚洲大陆大部之土地；以言学术文化，则灿然而美备；以言君主专制制度，则蒂固而根深。其为当时全世界惟一之大帝国，自可居之而不疑。江陵乃适于此际，身居此大帝国之相位，手握此大帝国之政权者，前后达十余年之久；而此大帝国且赖其不朽之功业，由中衰而臻于复兴；旋乾转坤，经纶卓绝，周视寰宇，独具雄姿。则谓为当时全世界惟一之大政治家，又岂有愧色乎哉？

至就本国历史之观点言之，则江陵所处之时代，正当明室由盛而衰由衰转盛之际会；而主持此大转变之机纽者，又即江陵其人。是其拨乱反正之殊勋，更足使其坐享大政治家之荣衔而无愧矣。明自太祖以一布衣而跻万乘之尊，其创业垂统之功，殆惟汉高帝足与后先辉映。再继以成祖、仁宗之安内攘外，有明一代大一统之基础，遂于焉奠定。自后百余年间，虽其嗣君未能尽致郅隆之治，顾其国势则以承平既久，而蒸蒸日上。乃降至武宗，而明之国势浸衰，再传至世宗，而明之国势，竟几至一蹶而不可复振。按其中衰之迹，则以正德（武宗年号）时代，中部既有宸濠之变，海疆复有倭寇之警，而武宗宠任寺人刘瑾，尤足以紊乱朝纲，摧残士气，致使洪武（太祖年号）以来百余年之深仁厚泽，几为之摧毁无余。世宗继统以后，即有小王子、吉囊等寇边之患，而尤以俺答犯边肆扰，为祸最烈。至嘉靖（世宗年号）二十九年，遂有"庚戌之变"，寇薄京师，边将至莫敢撄其锋，武功之不振，于斯盖已达于极点矣。外患之猖獗如此，顾明之君臣则何如？试就史籍之所载，而一观其究竟：

嘉靖中，又有方技滥官之秕政。邵元节以祷词有验，封为清微妙济守静修真凝元演范志默秉诚致一真人，统辖朝天、显灵、灵济三宫，总领道教，锡金玉印象牙印各一，班二品，紫衣玉带，以校尉四十人供洒扫。寻又赐"阐教辅国"玉印，进授礼部尚书，给一品服；荫其孙启南为太常丞，进少卿，曾孙时雍为太常博士。其徒陈善道亦封清微阐教崇真卫道高士。又有陶仲文以符水治鬼，封神霄保国宏烈宣教振法通真忠孝秉一真人，累进礼部尚书少保少傅少师。明代一人，兼三孤者，仲文一人而已。寻又封恭诚伯，岁禄二百石，荫其子世同为太常丞，世恩为尚宝丞，婿吴濬、从孙时雍为太常博士。其他段朝用、龚可佩、蓝道行、王金、胡大顺、蓝田玉、罗万象之流，亦皆以符咒炼扶鸾之术，竞致显荣。甚至顾可学官浙江参议，亦以炼秋石得幸，超拜工、礼二部尚书；盛端明官副都御史，亦以通晓药术，拜工礼二部尚书；朱隆禧官顺天府丞，亦以长生秘术，加礼部侍郎。则不惟方士借以干进，即士大夫亦以之希荣邀宠矣。（赵翼《廿二史札记》卷三十四）

严嵩。……自是益务为佞悦帝（世宗）。……诸宗藩请恤乞封，挟取贿赂。……嵩无他才略，惟一意媚上，窃权罔利。……嵩父子（谓其子世蕃）独得帝窾要；欲有所救解，嵩必顺帝意痛诋之，而婉曲解释，以中帝所不忍；即欲排陷者，必先称其美，而以微言中之，或触帝所耻与讳。以是移帝喜怒，往往不失……（《明史》嵩本传）

夫以当时国势之阽危有如彼，而明之君庸臣奸又如此，则忠君爱国如江陵者，时虽居于闲曹，然其忧时之心，自不容其坦然坐视，又安能已于言哉？乃以一翰林官，于嘉靖二十八年上疏，痛切陈词，以冀挽回国势于万一，其疏曰：

臣闻明主不恶危切之言以立名，志士不避犯颜之诛以直谏，是以事无遗策，功流万世。故嫠妇不恤其纬，而抱宗国之忧。臣虽卑陋，亦厕下庭之列，窃感当时之事，目击心怀，夙夜念之熟矣；敢披肝胆，为陛下陈之，伏维圣明少留意焉。臣闻天下之势，譬如一身。人之所恃以生者，血气而已。血气流通而不息，则薰蒸灌溉乎百肢，耳目聪明，手足便利而无害；一或壅阏，则血气不能升降，而臃肿痿痹之患生矣。臣乃推今之事势，血气壅阏之病一，而臃肿痿痹之病五，失今不治，后虽疗之，恐不易为力矣；臣敢昧死以闻。

臣闻天地交而其道通，上下交而其志同，为泰；泰者，通也。天地不交，其志不同，为否；否者，塞也。故天地交而能成化育之功。上下交而能成和同之治。臣不敢以久远喻，直以近事言之。昔者孝宗皇帝之急于求治也，早朝宴罢，亲信大臣奏事，辄屏左右近侍之人，或日昃不倦；台谏有言，皆虚己纳之，虽甚狂悖，不罪也。百工奉职，官无留事，德泽旁洽，流于无穷，一时际会之盛，至今可想也。今陛下即位以来，二十八年矣；自成祖以来，历年之久，未有过于陛下者。功化之美，固宜上追唐、虞，而近配烈祖。乃今阴阳不调，灾异数见，四夷未宾，边尘屡警，犹不能不勤宵旰之忧者，意奉职未得其人欤？抑上下之志犹有所未通耳。今群臣百僚不得望陛下之清光，已八九年；虽陛下神圣独运，万几之务无有留滞，然天道下济而光明，自古圣帝明王，未有不亲近文学侍从之臣而能独治者也。今陛下所与居者，独宦官宫妾耳。夫宦官宫妾，岂复有怀当时之忧，为宗社之虑者乎？今大小臣工，虽有怀当时之忧，为宗社之虑者，而远隔于尊严之下，悬想于於穆之中，逡巡噤口而不敢尽其愚。异日以台谏不言之故，常加谴责矣，是臣下不匡之刑也；而至今无一人举当时之急务以为言者，无已，则毛举数事以塞责。夫以刑罚驱之而犹不敢言，若是者何？雷霆之威不可干，神明之尊不可测，陛下虚己好谏，未尽暴著于臣下故也。是以大臣虽欲有所建明而未易进，小臣虽欲有所献纳而未敢言。由此观之，血气可谓壅阏而不通矣；是以臃肿痿痹之病，乘间而生。其大者：曰宗室骄恣，曰庶官瘝旷，曰吏治因循，曰边备未修，曰财用大匮。其他为圣明之累者，不可以悉举，而五者乃其尤大较著者也。

臣闻今之宗室，古之侯王；其所好尚，皆百姓之观瞻，风俗之移易所系。臣伏睹祖训，观国朝之所以待宗室者，亲礼甚隆，而防范亦密。乃今一二宗藩，不思师法祖训，制节谨度，以承天休；而舍侯王之尊，竞求真人之号，招集方术逋逃之人，惑民耳目，斯皆外求亲媚于主上，以张其势，而内实奸贪淫虐，陵轹有司，朘刻小民，以纵其欲。今河南抚臣又见害矣；不早少创之，使屡得志，臣恐四方守臣，无复能行其志，而尾大之势成，臣愚以为非细故也。所谓宗室骄恣者此也。

臣闻才者材也，养之贵素，使之贵器；养之素则不乏，使之器则得宜。古者一官必有数人堪此任者，是以代匮承乏，不旷天工。今国家于人才，素未尝留意以畜养之，而使之又不当其器；一言议及，辄见逐去，及至缺乏，又不得已轮资逐格而叙进之，所进或颇不逮所去。今朝廷济济，虽不可谓无人，然亦岂无抱异才而隐伏者乎？亦岂无罹微玷而永废者乎？臣愚以为诸非贪婪至无行者，尽可随才任使，效一节之用；况又有卓卓可录者，而皆使之槁项黄馘，以终其身，甚可惜也，吏安得不乏？所谓庶官瘝旷者此也。

守令者，亲民之吏也。守令之贤否，监司廉之；监司之取舍，铨衡参之；国朝之制，不可谓不周悉矣。迩来考课不严，名实不核，守令之于监司，奔走承顺而已；簿书期会为急务，承望风旨为精敏。监司以是课其贤否，上之铨衡。铨衡又不深察，惟监司之为据；至或举劾参差，毁誉不定。贿多者阶崇，巧宦者秩进。语曰：“何以礼义为？财多而光荣。何以谨慎为？勇猛而临官”。以此成风，正直之道塞，势利之俗成，民之利病，俗之污隆，孰有留意者乎？所谓吏治因循者此也。

夷狄之患，虽自古有之，然守备素具，外侮不能侵也。今虏骄日久，迩来尤甚，或当宣大，或入内地，小入则小利，大入则大利。边圉之臣，皆务一切幸而不为大害，则欣然而喜，无复有万世之虑，建难胜之策者。顷者陛下赫然发奋，激励将士，云中之战，遂大克捷，此振作之效也。兵法曰：“无恃乎不来，恃吾有以待之。”乘战胜之气，为预防之图，在此时候，而迄于无闻。所谓边备未修者此也。

天地生财，自有定数。取之以制，用之有节，则裕；取之无制，用之不节，则乏。今国赋所出，仰给东南；然民力有限，应办无穷，而王朝之费，又数十倍于国初之时；大官之供，岁累巨万，中贵征索，溪然难盈，司农屡屡告乏。夫以天下奉一人之身，虽至过费，何遂空乏乎？则所以耗之者，非一端故也。语曰：“三寸之管而无当，不可满也”。今天下非特三寸而已，所谓财用大匮者此也。五者之弊，非一日矣。

然臣以为此待臃肿痿痹之病耳，非大患也。如使一身之中，血气升降而流通，则此数者可以一治而愈。夫惟有所壅闭而不通，则虽有针石药物无所用。伏愿陛下览否泰之原，通上下之志，广开献纳之门，亲近辅弼之佐，使群臣百寮皆得一望清光，而通其思虑，君臣之际，无所关格，然后以此五者分职而责成之，则人人思效其所长，而积弊除矣，何五者之足患乎？臣闻扁鹊见桓公曰：“君有疾，不治将深”！桓公不悦也。再见，又言之。三见，望之而走矣。人病未深，固宜早治；不然，臣恐扁鹊望之而走也。狂瞽儒臣，辙触忌讳，惶悚无已。虽然，狂夫之言，而圣人择焉。伏维圣明少留意于此，天下幸甚！（《全集·论时政疏》）

此疏所谓“血气壅阏之病”，纯系针对世宗本身立论，不啻予以当头棒喝；而所谓“臃肿痿痹之病”，尤足对当时时势痛下针砭。斯时之江陵，以一疏远小臣，而鲠直敢言如此，其大政治家之风度，已于此露其圭角矣。顾其全疏所指陈者，既与当时君庸臣奸之积病大相凿枘，其未触君上雷霆之怒，斧钺之诛，已属万幸，更安望世宗之能采纳其言乎？固无怪世宗之漠然置之，而国势且愈趋于衰弱不振，几成不可收拾之局也。

江陵所处之时代，其情形盖如此。此种历史趋势，既经其身受目击，则所以刺戟而推动之者，自足使其反应之于不自觉。厥后世宗即世，穆宗继统，江陵以潜邸旧臣之关系，原已简在帝心，又重之以徐文贞之汲引，而江陵遂于期年之间，由学士五品之官，一跃而跻于卿贰之位。及其柄执国政，遂一意本其法家严正之精神，一洗当时疲玩萎靡之积弊，而当时之国势，终赖之由中衰而转成复兴之局。虽以继起无人，功业中绝；然以神宗之昏庸，其于江陵殁后，犹获坐享承平近二十年，苟易以聪明有为之君，则明祚之鼎盛绵延，殆意中事。吾故曰：大政治家者，犹机器之大齿轮然，其功业无不由于历史趋势之推动，而其功业之成果，则又足以推动天下后世者也。

# 第三章　江陵之略传

江陵讳居正，字叔大，号太岳。其先庐州合肥人。始祖福以壮士从太祖起濠，渡江，克采石，从大军定吴、越、闽、广，累功授归州长宁所千户。其四世孙自秭归徙家江陵，遂为江陵人。高祖名旺；曾祖名诚字怀葛；祖名镇字东湖：皆家居不仕。怀葛为人有长者风，施德于人，不食其报，得钱即以周贫乏，以是有声于乡里。怀葛生三子，而镇居次。镇豪宕任侠，不事生产，又弗业儒，然怀葛顾独爱之。镇生文明，即江陵父也。文明字治卿，号观澜，经明行修，为时望所属；然数奇，七上有司不第，遂弃去，乡居教子，以布衣终其身。

（按）江陵之先世，类皆庸德之行，庸言之谨，其家仅属小康之产，其人亦第中人之资而已，非有养尊处优之足恃，丰功伟业之足称也。以视李卫公之席丰履厚，相业传家者，殆犹远不逮焉。呜呼！此正天之所以启江陵之衷而助其成功者也。夫以其家无足恃之产，人无可传之业，则自消极言之，固可免其蹈于骄奢淫佚之恶习，而自积极言之，尤足促其奋斗向上而有余。加以其父既屡试不售，则其一腔郁郁不平之气，无可发泄，自不得不以其平生之希望，转而寄托于江陵之一身。观江陵述其为人，谓其“幼警敏，为文下笔立就，不复改窜，口占为诗，往往有奇句；然不能俯首就绳墨，循椝矱，以是见屈于有司。性任真坦率，与人处，无贵贱贤不肖，咸平心无竞，不宿仇怨，人亦无怨恨之者。……其自奉甚约，每食未尝过二器。……凡服食器物虽至敝坏，不以分给诸子，妾媵皆不得衣帛……”（《先考观澜公行略》）则其所以诱导江陵以恭俭之道，启示江陵以为学之方者，必有以大过人者在。然则江陵日后伟大之成就，孰非其纯朴之家风，严明之庭训，有以助成之哉？君子观于此，窃叹贤父兄之大有造于子弟，而家庭教育之不可以无也。

江陵以明世宗嘉靖四年（公元一五二五年）生。十二岁补博士弟子员。十六岁举于乡。二十三岁成进士，选庶吉士，读中秘书。二十五岁授翰林院编修，上陈时政疏，不报。三十岁以体故孱弱，遂告假归乡养病，自是山居者六年。嘉靖三十九年，年三十六，以其父观澜不欲其家居以坐废，惧伤父意，不得已复出。赴京，遂以右春坊右中允管国子监司业事。四十一年，因徐阶之荐，充《承天大志》副总裁；既受命，甫八阅月而手自脱稿，为十二纪以献。四十二年，以右春坊右谕德兼充裕王讲官。四十五年，进翰林院侍读学士。掌院事。穆宗隆庆元年，年四十三，进礼部右侍郎兼翰林院学士。复以帝加恩侍从藩邸诸臣，进吏部左侍郎兼东阁大学士，直内阁。寻充《世宗实录》总裁，进礼部尚书武英殿大学士。二年，加少保兼太子太保，是年八月上《陈六事疏》，为日后柄政之纲领。四年，加太子太傅吏部尚书，荫一子中书舍人，是年十二月加少傅兼建极殿大学士，荫一子尚宝司丞。五年，充会试主考官。六年，加少师兼太子太师，予一子锦衣卫正千户，世其官。是年五月穆宗崩，与高拱、高仪同受顾命辅政。未几拱罢去，仪旋卒，公乃一人柄政。神宗万历元年，年四十九，进中极殿大学士。四年，加特进左柱国，进太傅，支伯爵俸，赐玺书奖劳，赐宴礼部。十年（公元一五八二年），进太师。是年夏六月公薨，时年五十八。赠上柱国，谥文忠，归葬江陵故籍。十二年正月，追夺官阶。至天启（熹宗年号）中，以都御史邹元标言，始追述其功，诏复故官，予祭葬。崇祯（庄烈帝年号）中，又复其恩荫及诰命焉。

江陵昆弟凡四人，而江陵居长，弟曰居敬、居易、居谦。江陵元配顾氏，继配王氏。生子六：长敬修，礼部主事；次嗣修，进士，翰林院编修；次懋修，进士，翰林院修撰；次简修，锦衣卫指挥同知；次允修，秀才；次静修。女一，适刘戡之。江陵既论罪，静修以不胜张诚等之刑责，自诬服寄三十万金于王篆、曾省吾、傅作舟家，寻自缢死。居易与嗣修俱发戍烟瘴。熹宗追复江陵官，庄烈帝后亦以敬修孙同敞请，复敬修官，并授同敞中书舍人，《明史》载称同敞负志节，感帝恩，益自奋。崇祯十五年奉敕慰问湖、广诸王，因令调兵云南。未复命，两京相继失，走诣福建。唐王亦念江陵功，复其锦衣卫世荫，授同敞指挥佥事。寻奉使湖南，闻汀州破，依何腾蛟于武岗。永明王用廷臣荐，改授同敞侍读学士。为总兵官刘承荫所恶，言翰林吏部督学必用甲科，乃改授同敞尚宝卿。以大学士瞿式耜荐，擢兵部右侍郎，兼翰林侍读学士，总督诸路军马。同敞有文武材，意气慷慨；每出师，辄跃马为诸将先；或败奔，同敞危坐不去，诸将复还，战或取胜，军中以是服同敞。清兵破严关，诸将尽弃桂林走，城中虚无人，独式耜端坐府中。适同敞自灵川至，见式耜，式耜曰："我为留守，当死此。子无城守责，盍去诸？"同敞正色曰："昔人耻独为君子，公顾不许同敞共死乎？"式耜喜，取酒共饮，明烛达旦。侵晨被执。谕之降不从，令为僧亦不从，乃幽之民舍，虽异室，声息相闻，两人日赋诗倡和，阅四十余日，整衣冠就刃，颜色不变。而江陵第五子允修，亦于张献忠掠荆州时，题诗于壁，不食而死。（《明史》江陵本传）

（按）江陵夹辅神宗，厥功至伟；而神宗愚騃而贪，惑于群小之言，几令江陵身后遭僇尸之惨。明之刻薄寡恩，自太祖开国时已然，况其末流所趋，有不变本加厉者乎！乃同敞不念旧恶，惟感君恩，慷慨成仁，克尽臣节。观其从容就难，视死如归，大义凛然，千载下犹有生气。是其祖训昭垂，养之有素，一门忠进，有自来矣！今世之人，当国难严重之时，每多朝犹高据要津，夕竟甘心附逆者，其放弃国民之天职，促成民族之危机，自外生成，万死犹有余辜。以视同敞者流，其贤不肖相去为何如哉！是以君子观乎此，而深感恢复民族固有道德之刻不容缓也。

# 第四章　执政前之江陵（一）
## ——少年时代

新会梁氏启超之论王荆公也，有云："古之天民与大人者，必有其所养。观其所养，而其所树立可知也；观其所树立，而其所养可知也。"吾则以为所谓天民与大人者，其所树立固由于养之之有素；而其所以养之者，则每渊源于其父母戚党之爱重，与夫老师宿儒之期许。盖以父母戚党之爱重之也厚，则所以督教之也严，而其自视也亦愈高；老师宿儒之期许之也深，则所以激励之也切，而其自信也亦愈坚。自视高而自信坚，则其所以养之者，又安得而不加人一等乎？谓吾不信，则请一观夫少年时代之江陵。江陵之生也，相传有月精之瑞，故其初名曰白圭，其后郡守李公之初见之也，亦传有梦授符玺之兆，始为易名曰居正。此其为荒诞无稽之神话，固无足以深论置信之价值。然在民智未开之时代，此类神话性的传说，自足增强其父母戚党之爱重，爱重之也既厚，则督教之也亦严。况又加以江陵幼时之颖悟绝伦，至未离襁褓而即有神童之目，此在其父母戚党之心理，更足坚其生有自来之信念。宜乎长老先生之识者，皆期之以公辅，而其父母戚党所以督教之者，亦更有异于寻常也。彼其五岁而记句读，十岁而通六经，其早慧固有以致之，然亦未始非都教之功，夫岂偶然也哉？而其自视之高，则已于此肇其端矣。及其十二岁就试于有司，又为郡守李公及督学田公所激赏。《行实》记其事云：

嘉靖十五年丙申，就试有司。大司徒李公士翱为郡太守，先一夕，梦上帝剖符封识玉玺，令授一童子。明日，进所取士于庭下，太师(谓江陵)名在第一。李公摄太师升阶，目摄童子何如人，果梦中所见者，乃大喜，更太师初名，曰："白圭不足名子，子他日当为帝者师，余闻命天皇上帝矣，愿自爱"！会督学使者田公顼行部至郡，李公具言郡中有童子能文大奇。田公立召之至，试南郡奇童赋，援笔立就，无所点窜。田公目视李公曰："太守试以为孺子何如贾生"？李公再拜贺曰："贾生殆不如也"。田公谢曰："虽顼亦以为不及也"。遂补太师博士弟子高等。适摹得唐北海太守李邕《南岳碑》。田公读未竟，即以与太师，曰："子之才，他日无论北海矣！"

呜呼！异征之说，虽属附会其辞，而田、李二公者，固当世之老师宿儒也，其于江陵期许之心何切，而其精诚抑何动人之深也！此在一髫龄童子得之，安得不因其激励所加，而遂自信弥坚乎？此其促进江陵当时之修养，与夫日后之树立者，又岂浅鲜也哉？虽然，天之所以启江陵者，犹不止此也。夫自视过高者，恒易流于傲；自信过坚者，恒易流于慢。使江陵竟由此扶摇直上，莫成蹉跎，则以其早熟之天才，或且自恃其聪明，视取金紫如拾芥；侈心既萌，势将流于傲慢而不自觉。如此则其所修养与树立之果何若，固犹在未可知之数也。顾天乃假手一顾璘，先姑微挫之，以抑其傲慢之气；继复激励之以奋其向上之心。于是其向之自视甚高者，因微挫而更自知有所短；向之自信甚坚者，因激励而益自展其所长。傲慢之气抑，而修养之道以明；向上之心奋，而树立之基以奠；无恃蓍龟而知其日后之必底于成矣。试观江陵十三岁应乡试时之情形：

时大司寇顾公璘开府楚中。顾公者，故海内所称矫然名世臣也。一见，知太师王佐才，语直指使者冯公曰："张孺子天授，即令早在朝廷，宜亦无不可。然余以为莫若老其才，他日所就当亦不可知耳。此使君事也，使君其图之"！于是太师棘中所射英业，为观察使陈君束所称，陈君以为请，而冯公竟用顾公言，置勿第。（《行实》）

此顾公欲老其才，而姑微挫之以抑其傲慢之气者也。再观其十六岁乡试获隽以后之情形：

至庚子乃第，会顾公以大司空有事于献皇帝陵园，太师过谒顾公。顾公曰："张生幸过我。大器晚成，此自中材，仆诚不当以中人薄视吾子，迟吾子三年作相。然仆诚见解承旨（解缙）奇才，高皇帝遣归受学，德念甚厚，即令谨待十年未晚，而承旨曾不少下，卒以此为世悲叹。我所为语冯侍郎者，愿吾子志伊学颜，毋徒以秀才独喜自负也。"久之别去，顾公亲属文赠之，又解所系束带为贺，曰："此非子所就，聊以明吕虔意耳。"（同上）

此又顾公欲大其器，面复激励之以奋其向上之心者也。夫顾公者，固所谓矫然名世臣者也，其所期许江陵者有如此，宜乎江陵于柄致以后，犹深致其感激之忱于顾公之知遇也。此于其与赵麟阳书可以见之。

仆昔年十三，大司寇东桥顾公时为敝省巡抚，一见即许以国士，呼为小友。每与藩臬诸君言：“此子将相才也，昔张燕公识李邺侯于童稚，吾其庶几”云云。又解束带以相赠，曰：“子他日不束此，聊以表吕虔意耳。”一日，留仆共饭，出其少子今名峻者，指示之曰：“此荆州张秀才也，他年当枢要，汝可往见之，必念其为故人子也。”仆自以童幼，岂敢妄冀今日？然心感公之知，思以死报，中心藏之，未尝或忘。

江陵既经顾公之激励，于是向之潜心举业，视为干禄之阶者，至是乃转移其旨趣，而从事于举业以外古典之研求。观其日后自述谓：

吾昔童稚登科，冒窃盛名，妄谓屈、宋、班、马了不异人，区区一第，唾手可得，乃弃其本业而驰骛古典。比及三年，新功未完，旧业已芜。今追忆当时所为，适足以发笑而自点耳。甲辰下第，然后揣己量力，复寻前辙，昼作夜思，殚精毕力，幸而艺成；然亦仅得一第止耳，犹未能掉鞅文场，夺标艺院也（《示季子懋修》）。

绎其语意，犹若以“弃其本业而驰骛古典”为失策。此自干取禄位之观点言之，诚有似乎失策，即其于二十岁赴京会试，又经一度之落第，亦莫非其荒废举业之影响，宜其举之以诫其子。而实则江陵所以成为“将相才”，一如顾公之所期许，而不仅“掉鞅文场，夺标艺院”，如屈、宋、班、马之以文人终其身者，何莫非“弃其本业而驰骛古典”有以使之然哉？何以言之？则以所谓举业者，其范围不出于当时通行之《四书五经大全》，其形式亦不外乎为古人立言之八股，究其极亦第专制帝王所籍以笼络文人之工具而已，以之干取禄位固犹可，苟欲以之经世济民，则犹缘木而求鱼也。纵令江陵“昼作夜思，殚精毕力”，以终其身，亦止成为皓首穷经之腐儒已耳，于其日后之相业何有哉？至若所谓古典者，虽未确知其何所指，然既自谓为“驰骛”，则其涉猎之博，研讨之多，当有远出于制艺范围以外者。以江陵之颖悟绝伦，而乃逞其才气；博览群书，俾知举业而外，犹有大学问在，则其于自由探讨之余，思想有不纵横驰骋，学术有不突飞猛进者乎？于是江陵乃不仅视潜心举业为已足，而别明其修养之道；不仅视干取禄位为要图，而别奠其树立之基矣。然则其日后不仅以文人终其身，终竟成为“将相才”，巍然跻于中国之至世界大政治家之列者，非幸也，彼固有以养之也；而其所以养之者，则又渊源于父母戚党之爱重与督教，与夫老师宿儒之期许与激励也。呜呼？江陵远矣。今世之少年，其父母戚党所以爱重而督教之者，非必有逊于当时之江陵也；老师宿儒所以期许而激励之者，或且远过于当时之江陵也；观夫江陵之所树立，其亦察其树立之由来，而亟求有以养之哉！

# 第五章　执政前之江陵（二）
## ——入仕时代

江陵以驰骛古典而弃其本业，致有初赴会试之失败，固已如上述。但明代为科举之时代，凡文人之居宰辅而执钧衡者，非由科举出身莫能致。因之江陵虽已于驰骛古典之中，别有其所修养之道，顾仍不得不重攻举业，以谋进身之阶。盖以苟非如此，则以其家世之平凡，欲求厕身政治，必且不可得，遑论柄执国政，大展经纶乎？乃经其三年“昼作夜思，殚精毕力”之结果，终获于二十三岁时成进士。于其举业生活乃告一结束，而其三十年之政治生涯遂亦于兹发轫矣。

江陵以嘉靖二十六年入仕，三十三年告归。此七年中，因其于会试中式以后，初既膺庶常之选，继复晋编修之职，始终服官翰林；而翰林为清要之官，庶常更以读书为其本职，于是其向之所修养者，不惟未因厕身政治而稍蒙影响，且以其精研载籍而造诣益深。盖至是江陵始获本其天纵超人之质，尽读翰苑“中秘”之书，于驰骛古典而外，更获一广其涉猎之范围，从事于当代文物典章之探讨，与夫政情世务之研求。观其《翰林院读书记》一文，已可略见其造诣之奚若。兹节引其说于左：

学不究乎性命，不可以言学；道不兼乎经济，不可以利用。故通天地人，而后可以谓之儒也，造化之运，人物之纪，皆赖吾人为之辅相；纲纪风俗，整齐人道，皆赖吾人为之经纶；内而中国，外而九夷八蛮，皆赖吾人为之继述。故操觚染翰，骚客之所用心也；呻章吟句，童子之所业习也。二三子不思敦本务实，以眇眇之身，任天下之重，预养其所为，而欲借一技以自显庸于世。噫，甚矣其陋也！且道德者，事之实也；文词者，德之华也；故尚行则行有枝叶，尚言则词有枝叶。训诰典谟，圣人岂殚精极虑，作意而为之者哉？几微内洞，文采外章，扬德考衷，启发幽秘，不求文而自文耳。……根本固者，华实必茂；源流深者，光澜必章。是以君子处其实不处其华，治其内不治其外。夫恢皇王之绪，明道德之归，研性命之奥，穷经纬之蕴，实所望于尔诸君也。

此虽托诸师说，而江陵抱负之非凡，见解之超卓，于此已可窥见一斑矣。

然而江陵此时之成就，犹未止于此也。翰林院既系承应天子顾问之所，自为一时人文荟萃之区。加以明制自枢府宰执之臣，至六部卿贰之官，莫不兼领翰林原职，人物之盛，概可想见。江陵置身其间，所与往还者，既系一时俊彦之选，自多良师益友之资。况以其对于政情世务关心素切，则于师友晤谈之顷，当必以其平时所研习者而讨论。如此则其平时所研习之学理，更可因之而与实际情形相印证。此其有裨于他日柄政之经验，诚非浅鲜也。

江陵此时期之良师益友，固自不乏其人，而就中以徐文贞（阶）与之关系为最深，期许为尤切。当江陵为庶常时，文贞适为翰林院学士，教习庶吉士，江陵乃获受业于其门。《行实》述文贞对于江陵之观感云：

时少师华亭徐公在政府，见太师沉毅渊重，所为文虽旁列子史百家者言，而其学一本之躬行，根极理道，以此独深相其许，曰："张君他日即尽臣重国矣"。

观此可知文贞对江陵期许之殷。而文贞既与江陵谊属师生，情深知己，且于调掌礼部，参与中枢以后，亦正需英才如江陵者以资臂助，依理言之，似应于此时即加援引。无如此时正值严嵩当国之际，文贞虽与同在内阁，顾屡为嵩所扼，其本身之职位尚且岌岌难保。自更无力以引致江陵。因之江陵遂以磊落之才，而久居闲散，中怀郁悒，不问可知。故其《致耿楚侗书》有云：

长安棋局屡变，江南羽檄旁午，京师十里之外，大盗十百为群，贪风不止，民怨日深，倘有奸人乘一旦之衅，则不可胜讳矣。非得磊落奇伟之士，大破常格，扫除廓清，不足以弭天下之患，顾世虽有此，人未必知，即知之未必用，此可为慨叹者也。中怀郁郁，无所发舒，聊为知己一吐，不足为外人道也。

以国势如此其杌陧不安，而君庸臣奸之积势既成，自不容磊落奇伟之士如江陵者，一展其扫除廓清之抱负。其《论时政疏》之不见用，更足以沮其忧君爱国之忱，使之慨然有国事不可为之念。"莫问国事，且食蛤蜊"，于是江陵乃引疾归田矣。顾其一腔忠义，于国事自犹未肯漠然置之，因于临行上书于其师徐阶，以治国之道为勖。此书于为政之方阐发至当，既足觇江陵此时之抱负，又可预窥其日后之树立。爰节引如左：

相公雅量古心，自在词林，即负重望三十余年，及登揆席，益允物情。内无琐琐姻娅之私，门无交关请谒之衅，此天下士倾心而延伫也。然自爰立以来，今且二稔，中间渊谋默运，固非謭识可窥，然纲纪风俗，宏模巨典，犹未见使天下改观而易听者，相公岂欲委顺以俟时乎？语曰："日中必彗，操刀必割。"窥见向者张文隐公（张治）刚直之气，毅然以天下为己任，然不逾年遽以病殁；近欧阳公人伦冠冕，向用方殷，亦奄然长逝。二公者，皆自以神智妙用，和光遵养，然二三年间相继凋谢。何则？方圆之施异用，愠结之怀难堪也。相公于两贤，意气久投，何图一旦奄丧，谁当与相公共功者？况今荣进之路，险于榛棘，恶直丑正，实繁有徒。相公内抱不群，外欲浑迹，将以俟时，不亦难乎！盍若披腹心，见情素，伸独断之明计，捐流俗之顾虑，慨然一决其平生。设天启其衷，忠能悟主，即竹帛之名可期也。吾道竟阻，休泰无期，即抗浮云之志，遗世独往，亦一快也。孰与郁郁颇颔而窃叹也？夫宰相者天子所重也，身不重则言不行。近年以来，主臣之情日隔，朝廷大政，有古匹夫可高论于天子之前者，而今之宰相不敢出一言。何则？顾忌之情胜也。然其失在豢縻人主之爵禄，不能以道自重，而求言之动人主，必不可几矣。愿相公高视玄览，抗尘埃之外，其于爵禄也，量而后受，宠至不惊。皎然不利之心，上信乎主，下孚于众，则身众于泰山，言信于蓍龟，进则为龙为光，退则为鸿为冥，岂不绰有余裕哉！公孙弘有言："人主病不广大，人臣病不节俭"。身为汉相，脱粟布被，良史称之。夫京师，四方之极；大臣，庶民之表也。自顷内外用竭，习尚侈靡。病者短褐不完，而在位者或婢妾衣纨绮；百姓藜藿不饱，而在位者或厮养厌粱肉；此损下益上之尤者也。诚宜倡之以俭，视之以礼，弘晏子狐裘之节，览诗人羔羊之咏，庶仪刑百辟，易侈移俗也。

夫天子有诤臣，士有诤友，故能动不失则。药石犹生我，美疢滋毒也。端人直士，药石也；令色孔壬，美疢也。然端直劲而难亲，佥壬柔而易狎。巧佞之人，未语而惟惟，未言而诺诺，较德则拟于皋、伊，论功则卑乎管、晏，足使人志满情逸，受则面谩。此高允所以深疾闵湛，谓其所营尺寸之间，而贻崔浩无穷之害者也。愿相公择士之端谅者，使在左右，资其匡辅，闻其谠言，亦鸿业之一助也。夫士习者人才之关也。自顷士气颓靡，廉耻道丧，苞苴显于贽雉，幸孔多于亡羊，乞温逐臭，相煽成风。岂可令明主在上，相公在位，而习弊至此？夫爵禄赏鉴，所以磨世也；廉耻节义，所以建标也。爵禄赏鉴，不足以激上才，止可劝中人耳。然上才百一，中才者多。令爵禄赏鉴常归之廉耻节义，则中才者望标而趋矣。迨夫清议已行，士气已振，然后相公振之以无名之仆，酝之以醇和之气，即大化薰蒸，风俗长厚矣。此相公今日所得为者。若夫格天之业，致王之功，固非末士所与，且愚蒙未谙，故不敢言也。

此书所论宰辅之道，可谓要言不烦，独见其大。试就所举各点而论，如“以道自重”，“上信乎主，下孚于众”者，立威望之谓也；“倡之以俭，视之以礼”者，移风俗之谓也；“泽士之端者，使在左右，资其匡辅，闻其谠言”者，进贤才之谓也；“令爵禄赏鉴，常归之廉耻节义”者，明赏罚之谓也。凡此诸端，世之位宰辅而执钧衡，立大功而成伟业者，有能不以之为治国之要者乎？亦有能不此是务而其功业克底于成者乎？吾敢信其必不能也。然则此数端者，固江陵今日之以勖其师，亦即其他时之以树其业者也，讵可等闲视之哉？

再就其词旨而言，则此书立意既甚周至，措词尤为恳切，既合风人之旨，复得诤劝之宜；从可见江陵之于文贞，固不徒尽师生之私情，而实有合于君子爱人以德之大道。就中尤以所云“委顺俟时”，“内抱不群，外欲浑迹”，“顾忌之情胜也”数语，更有以中文贞难言之隐，而生其发奋之思。盖以贼嵩当国，文贞屈身其下，徒滋吾道不行之叹，未成匡时弼政之功。此在承平之世，尚难免伴食之讥；况其时外患交迫，内政不修，而文贞以亚相之尊，负一时之望，徒以见扼于权奸，未遑一施其抱负，苟以清议绳之，岂能免于尸位素餐之诮乎？江陵以及门之谊，尽忠告之诚，固自有其难已于言之苦衷，亦即所以报文贞之知遇者也。至所谓“抗浮云之志，遗世独往”者，则又江陵此时所已实行；而所谓“伸独断之明计，捐流俗之顾虑，慨然一决其平生”者，亦即其他日所将树立。江陵一生之出处，固能以此为依归，而一一见诸躬行实践，宜其侃侃而谈，悉举以勖其素所敬爱之师也。

# 第六章　执政前之江陵（三）
## ——归田时代

江陵之告归也，以三十而立之年，正英俊有为之际，而乃悄然生不如归去之思，浩然有颐养林泉之志。观其一则曰：

岂是东方隐，沉冥金马门？方同长卿倦，卧病思梁园。蹇予秉微尚，适俗多忧烦。侧身谬通籍，抚心愁触藩。臃肿非世器，缅怀南山原。幽涧有遗藻，白云漏芳荪。山中人不归，众卉森以繁。永愿谢尘累，闲居养营魂。百年贵有适，贵贱足论？（《述怀》）

再则曰：

有欲苦不足，无欲亦无忧。羲和振六辔，驹隙无停留。我志在虚寂，苟得非所求。虽居一世间，脱若云烟浮。芙蕖濯清水，沧江飘白鸥。鲁连志存齐，绮皓亦安刘。伟哉古人达，千载想徽猷。（《适志吟》）

此两诗，一作于将归之前，一作于既归以后，而其字里行间，均富有佛老虚无之想。世之论者，因遂谓其归田之动机，当系由于不为世用，而遂趋于消极出世之观念。然江陵果竟因一时不为世用，而遽萌消极出世之感乎？则请一观其平日之人生观，及其归田后生活之动态，借以证明所论之不确。

江陵平日之人生观果何如？《明史》述其为人曰：

居正为人，勇敢任事，豪杰自许（见本传）。

夫既曰"豪杰自许"，则其态度之积极可知；既曰"勇敢任事"，则其必不因挫折而灰心又可知。此试就其所自述者以观之，尤足以资佐证。公《答吴尧山言宏愿济世书》云：

二十年前曾有一宏愿，愿以其身为蓐荐，使人寝处其上，溲溺之，吾无间焉。有欲割取吾耳鼻，我亦欢喜施与，况诋毁而已乎？

《答湖广巡抚朱谨吾辞建亭书》又云：

吾平生学在师心，不蕲人知，不但一时之毁誉，不关于虑，即万世之是非，亦所弗计也。

呜呼！溲溺在所不避，毁誉在所不虑，是非在所不计，此其态度之积极为何如乎？以如此之人，而谓其偶因挫折而灰心，一时不为世用而遽趋于消极出世之观念，其孰能信其然乎？间尝论之，以为江陵者，具有积极之用世的人生观者也。试就其生平行事而言，其所以能以一身系天下之安危者，以其具有超人之抱负，独到之主张，而又行之以恒心，持之以毅力也。而所谓"恒心"，所谓"毅力"者，则又赖有积极之用世的人生观，以支配而撑拄之者也。譬犹行舟：其抱负，其主张，舟之本身也；其恒心，其毅力，舟之桨舵也；而其用世之人生观者，则划桨操舵之人也。使无划桨操舵之人，则虽有桨舵，舟亦莫由前进；然则苟无用世之人生观，则虽有恒心毅力，又安能使其抱负及主张终见诸实施哉？观其于未入仕以前，既潜心于举业，以求进身之道，复驰骛乎古典，以奠树立之基；及其既入仕以后，更从事于当代文物典章之探讨，与夫政情世务之研求；其汲汲焉皇皇焉惟学问修养之是务者，何莫非其用世之人生观有以支配而撑拄之乎？再观其柄政以还，不恤受揽权之恶谤，被负友之重嫌，冒震主之不韪，干夺情之非议，兢兢焉第求政策之推行，凛凛然惟谋时势之转变者，又何莫非其用世之人生观有以支配而撑拄之乎？夫今日之江陵，犹是昔日之江陵也，他日之江陵，亦即今日之江陵也。昔日之江陵，固已具有此用世的人生观，他日之江陵，亦复具有此用世的人生观；而谓今日之江陵，乃突以一时不为世用而遽萌消极出世之观念，与其平日之人生观而弃如敝屣。呜呼，为此论者，抑何浅视江陵之甚也！

此第就其平日之人生观以推论之也。试更进而观其归田后生活之动态复奚若。《行实》有如左之记述：

太师体故孱弱，又倦游，三十三年甲寅，遂上疏请告。既得请，归则卜筑小湖山中，课家僮锸土编茅，筑一室仅四五椽，种竹半亩，养一瘫鹤，终日闭关不启，人无所得望见。惟令童子数人事洒扫，煮茶洗药；有时读书：或栖神胎息，内视返观。久之，既神气日益壮，遂下帷益博极载籍，贯穿百氏，究心当世之务。盖徒以为儒者当如是，其心固谓与泉石益宜，翛然无当世意矣。

此处所谓“栖神胎息，内视返观”及“其心固谓与泉石益宜，翛然无当世意”数语，适与上述江陵两诗相关照，殆即一般推测其消极出世者之所本。但江陵此时果竟自谓与泉石为宜，翛然无当世意乎？顾其同时固自“博极载籍，贯穿百氏，究心当世之务”矣，则又何耶？世人安有既萌出世之想，复求用世之需者乎？此说之不可通者也。然则此其所论，未能道看江陵此时之心事，固甚明矣。无已，姑再就江陵所自述者，以一穷其究竟。公有《学农园记》一文，其中有云：

余少苦笃贫，家靡担石，弱冠登仕，裁有田数十亩。嘉靖甲寅，以病谢，自念身被沉疴，不能簪笔执简，奉承明之阙。若复驰逐城府，与宾客过从，是重增其戾。乃一切谢屏亲故，即田中辟地数亩，植竹种树，诛茆结庐，以偃息其中。时复周行阡陌间，与田父佣叟测土壤燥湿，较穜稑先后，占云望祲，以知岁时之丰凶。每观其被风露，炙熇日，终岁仆仆，仅免于饥；岁小不登，即妇子不相眄，而官吏催科，急于救燎，寡嫠夜泣，逋寇宵行，未尝不恻然以悲，惕然以恐也，或幸年谷顺成，黄云被垅，岁时伏腊，野老欢呼，相与为一日之泽，则又欣然以喜，嚣然以娱。虽无冀缺躬榼之勤，沮溺耦耕之苦，而咏歌欣戚，罔不在是。既复自惟用拙才劣，乏弘济之量，惟力田疾耕，时得甘臇，以养父母，庶获无咎。且斯事虽贱，非学亦无由知也。因榜其园曰“学农”，以申止足之义焉。或曰：“农，生民之本也，周家用稼穑兴王业，即治天下国家，固亦由力本节用，抑浮重谷，而后化可兴也。吾子意其斯乎”？夫君子志其远者大者，小人志其浅者近者。吾侪小人，饔飧之不给是虞，而又敢有他志？且为菟裘以娱吾生而已。《诗》曰：“优哉游哉，聊以卒岁！”

此其初归时之作也。以江陵之英俊有为，徒以身居闲散，竟致莫补时艰，称疾引退，则其满腹牢骚，自不能不有所发泄。观其所谓“用拙才劣，乏弘济之量”；“吾侪小人，饔飧之不给是虞，而又敢有他志”；其一腔孤愤，固已情见乎辞。顾仍斤斤致意于力本节用，抑浮重谷，是其虽置身田野，而其心固犹未尝忘情于治国之方。此记及上述两诗之所云云，特其一时激愤之词，当非放弃其平日用世的人生观，而遽萌消极出世之观念。而其所以“恻然以悲”，“惕然以恐”，又或“欣然以喜”，“嚣然以娱”者，固自与禹稷饥溺之怀相出入，倘以与靖节先生东皋舒啸之心情相校，则又迥然异其趋矣。

虽然，其所自述之足证吾言者，犹别有在，姑再录一二以申吾意焉：

张子既登衡岳数日，神悄悄焉，意惘惘焉，类有击于中者，盖其悟也。曰：嗟乎！夫人之心何其易变而屡迁耶？余前来道大江，溯汉口而西，登赤壁矶，观孙曹战处，慷慨悲歌，俯仰今古，北眺乌林，伤雄心之乍衄；东望夏口，羡瑜亮之逢时。遐思徘徊，不知逸气之横发也。继过岳阳，观洞庭长涛巨浸，惊魂耀魄，诸方涬溟，一瞬皆空，则有网宇宙，齐物我，吞吐万象，并罗八极之心。及登衡岳，览洞壑之幽邃，与林泉之隈隩，虑淡物轻，心怡神旷，又若栖真委蛇，历遐蹈景之事，不难为也。……今吾所历诸境，不移于旧，而吾之感且愕且爱且取者，顾何足控抟？乃知向所云者，尽属幻妄，是心不能化万境，万境反化心也。夫过而留之，与逐而移焉，共谬等耳。殆必有不随物为欣戚，混溟

感以融观者，而吾何足以知之！（《游衡岳后记》）

此文当系于告归后病愈出游时之所作。盖此外尚有《游衡岳记》一篇，述其出游之动机，谓："要欲及今齿壮力健，即不与汗漫期于九垓，亦当遍游寰中诸名胜，游目骋怀，以极平生之愿。"江陵归当三十之年，正齿壮力健之候，且除此时外，更无暇以作汗漫之游，则斯文之作，当在此时。观其历游赤壁、洞庭、衡岳诸名胜，而生种种不同之感触，此种种不同之感触，争相交织于其心，最后乃顿生"不随物为欣戚，混溟感以融观"之悟境。窃以此正江陵对于人生获得更深一层之认识，而其平日之用世的人生观，乃更因此而取得更进一步之发展焉。何以言之？请毕吾说。夫江陵以英俊有为之才，未获一展抱负，俾偿其兼善天下之宿愿，顾乃暂时归隐，以求独善其身，此自其积极用世之观点言之，自不得不认为一严重之打击，其满腹牢骚，一腔孤愤，当系其心理上应有之反感；况此时其精神修养犹未克臻于"心化万境"之域，固无怪其胸中块垒，郁积难平矣。使非经此一度之出游，以开拓其悟境，扩展其胸襟，则其于精神懊丧之顷，纵未必终自沉沦于"栖神胎息，内视返观"之消极的生活，以自放于无为放达之一途，但其一时孤愤，固已深足影响于其平日用世的人生观，而减退其积极有为之兴致，于此而欲其仍保持饥溺之怀，究心当世之务，殆亦必不可能之事。乃其于游览名山大川以后，心灵竟为之一开，而顿生"不随物为欣戚，混溟感以融观"之悟境，于是其向之不免于"万境化心"者，今乃一进而为"心化万境"。观其于《七贤咏》序中所云，即可知其自经此悟境后，其心已不复为形役，而能作超然物外之观矣。其言曰：

常叹以为微妙之士，贵乎目我，屡素之道，无取同涂；故有谤讟盈于一世，而独行者不以为悔，沉机晦于千载，而孤尚者不以为闷；斯皆心有所惬，而游外之方者也。

此自其心理变化方而观之，固非消极出世之感想，而实超然物外之胸襟。必具有如此之胸襟，然后爵禄加之而不喜，斧钺临之而不惧，打破得失毁誉之关头，养成卓立不磨之人格，如武侯所谓“淡泊以明志，宁静以致远”，孟子所谓“富贵不能淫，贫贱不能移，威武不能屈”者，其乃庶几乎近之。盖至是而其精神之修养，始克跻于登峰造极之地步，而其平日用世的人生观，既经受此精神修养之洗礼，亦遂因之而更趋于积极。是以一经其父之激动，终遂幡然再作出山之计，重发仕进之途。乃其后复膺穆宗之知遇，沐台鼎之殊荣，自更公尔忘私，国尔忘家，本其超然物外之胸襟，造就匡时弼君之事业矣。

江陵归田后以至于复出，其人生观之不为环境所转移者盖如此。以视世之浮薄少年，稍经挫折而即灰心丧志，徒以消极出世思想坐废其身者，又岂可同日而语哉？彼其日后终能卓然树立，以跻于大政治家之列者，有以夫，有以夫！

# 第七章　执政前之江陵（四）——再起时代

江陵之复出也，以嘉靖三十九年。入觐后，即以右春坊右中允兼国子监司业。时高拱适为司成，与江陵共就教导诸生之余暇，从事于政理之研究，因之相交甚欢，以相业相期许。越两载，严嵩去相位，江陵始因徐阶荐，充《承天大志》副总裁，八阅月而志成，纪赞皆出江陵之手笔，以是受世宗知，寻迁右春坊右谕德，兼裕王讲官。裕王者，穆宗未嗣位前之封号也。江陵既为穆宗师，穆宗且深知其贤，其他日不次擢用之机固已见于此。时高拱亦同侍裕邸讲，二人之交遂益深。嘉靖四十五年，拱亦因徐阶之荐，以礼部尚书入阁预机务。二人者，于江陵均素所期许，至是既均在枢府，识者咸知江陵旦暮必见重用矣。是年冬，世宗崩，穆宗践阼。江陵以藩邸旧臣，倍蒙礼敬，期年之间，竟一跃而为礼部尚书兼武英殿大学士。自是与阶、拱同参密切，俨然成为政治舞台之中心人物。乃未几而阶、拱竟以交恶闻。先是世宗常居西苑，阁臣直庐在苑中，拱亦移家近直庐居焉。一日，帝不豫，误传已晏驾，拱遽移器用于外。始阶甚亲拱，引入直，而拱以骤贵，负气，颇忤阶。给事中胡应嘉者，阶乡人也，尝劾拱，拱疑应嘉受阶指，大憾之。世宗之崩也，阶草遗诏，凡斋醮、土木、珠宝、织作悉罢，大礼大狱言事得罪诸臣悉牵复之。诏下，朝野咸感激至于泪下，独拱及郭朴以阶不与共谋，心滋不乐。而阶草遗诏，独与江陵计，拱心尤不平。及穆宗即位，拱自以藩邸旧臣，更数与阶抗。隆庆元年，胡应嘉因事削籍去，言官谓拱以私怨逐应嘉，交章劾之。阶于拱上疏自辩时，虽拟旨慰留，但于言者则不加究责。拱益怒，相与念诋于阁中。拱复令御史齐康劾阶，指摘其二子多干请，及家人横行乡里状。阶上疏自辩，力求休致。于是言官复交章劾拱，拱不得已，引疾归。方阶、拱之交恶也，江陵固无与于其间，顾以与二人交谊皆甚厚，自难以超然于事外，及拱去，又莫之能救，其精神上之痛苦，可以想见矣。拱既罢，阶旋亦以张齐劾，乞休去。李春芳代为首辅，而江陵与陈以勤同居于次位。江陵之秩虽以进，顾其最称知己之师友，竟以不相能而先后去于朝，江陵自不免有孤立之感矣。

江陵之以侍从旧臣入直也，感穆宗知遇，知无不尽言，乃于隆庆二年八月上《陈六事疏》。此为江陵发挥政见之第一声，其当时之抱负及其日后之建树，胥可于此窥其凡，足与荆公《上仁宗书》后先相辉映。今全录之，并略加疏解，以供世之习政治者省览焉。

臣闻帝王之治天下，有大本，有急务。正心修身，建极以为臣民之表率者，图治之大本也；审机度势，更化宜民者，救时之急务也。大本虽立，而不能更化以善治，譬之琴瑟不调，不解而更张之，不可鼓也。恭维我皇上践阼以来，正身修德，讲学勤政，惓惓以敬天法祖为心，以节用爱民为务，图治之大本既以立矣。但近来风俗人情，积习生弊，有颓靡不振之渐，有积重难反之几，若不稍加改易，恐无以新天下之耳目，一天下之心志。臣不揣愚陋，日夜思维，谨就今时之所宜者，条为六事，开款上陈，用备圣明采择。臣又自惟幸得以经术遭逢圣主，备位辅弼，朝夕与同事诸臣寅恭谐协，凡有所见，自可随事纳忠，似不必更有建白。但臣之愚昧，窃见皇上又必为之志，而渊衷静默，臣下莫能仰窥，天下有愿治之心，而旧习因仍，趋向未知所适；故敢不避形迹，披沥上陈，期于宣昭王德而齐一众志，非有他也。伏乞圣慈垂鉴，俯赐施行，天下幸甚，臣愚幸甚！

（按）“世异则事异，事异则备变”，“是以圣人不期修古，不法常可，论世之事，因为之备”（《韩非子·五蠹》），此法家之基本观念，亦即今世西哲所谓适应环境革旧维新之说也。时至今日，此说固已家诵户晓，妇人孺子类能道之矣。顾在往昔，儒者惑于尊古之成见，常人狃于因循之积习，遂致以保守为美谈，斥改革为邪说。纵览史籍，舍法家诸子而外，其能以儒者之立场，采法家之精粹，毅然以革旧维新为职志，终身行之而弗懈，生死以之而不渝者，于宋得一王荆公，于明得一张江陵，上下四千年，亦惟此二人而已矣！荆公之说宋仁宗也，其言曰：“夫以今之世去先王之世远，所遭之变，所遇之势不一，而欲一一行先王之政，虽甚愚者犹知其难也。”（《临川集·上仁宗皇帝言事书》）。江陵之说明穆宗也，则曰：“审机度势，更化宜民者，救时之急务也。大本虽立，而不能更化以善治，譬之琴瑟不调，不解而更张之，不可鼓也。”呜呼！之二人者，其所处之时代不同，其所持之政见不同，顾其不甘守旧，力主维新，慨然以天下为己任，毅然惟改革之是求，其奋斗进取坚忍不拔之精神，则先后一揆，若合符节，诚有令人不胜景仰赞叹者矣！但以当时一般社会之因循怠玩，苟且偷安，积习相沿，由来已久；一旦劝以振作，晓以更张，其不蹙额却走，甚或群起而攻者几希。此所以荆公终不免获咎于当世之君子，江陵尤因而见扼于同列之小人也。虽然二人者，固未尝不知其改革之说，足以引起反感而横遭阻尼也；是以虽揭其革旧维新之旨，犹参以敬天法祖之言。盖欲托法祖之虚名，行维新之实际，借以缓和反感，灭除阻尼；其词愈婉，其心则良苦矣。顾虽如此，犹不足以间执反动派之口，而避免其攻击，驯致荆公终以被放于生前，江陵更复获谴于殁后。而世人不察，犹且执其一二微疵，斤斤计较其短长，坐令二人忠君爱国之热忱，无以大白于天下，几致沉埋于终古。几何而不令志士为之寒心，英雄为之短气哉！噫，悲夫！

计开：

一省议论　臣闻天下之事，虑之贵详，行之贵力，谋在于众，断在于独。汉臣申公云："为治不在多言，顾力行何如耳。"臣窃见顷年以来，朝廷之间，议论太多，或一事而甲可乙否，或一人而朝由暮跖，或前后不觉背驰，或毁誉自为矛盾，是非淆于唇吻，用舍决于爱憎，政多纷更，事无统纪。又每见督抚等官，初到地方，即例有条陈一疏，或漫言数事，或更置数官，文藻竞工，览者每为所眩，不曰此人有才，即曰此人任事。其实莅任之始，地方利病岂尽周知？属官贤否岂能洞察？不过采听于众口耳。读其词藻，虽若烂然，究其指归，茫未有效。比其久也，或并其自言者而忘之矣。即如昨年皇上以虏贼内犯，特敕廷臣集议防虏之策，当其时，众言盈廷，群策毕举；今又将一年矣，其所言者果尽举行否乎？其所行者果有实效否乎？又如蓟镇之事，初建议者曰：吾欲云云。当事者亦曰：吾欲云云。曾无几何，而将不相能，士哗于伍，异论繁兴，讹言踵至，于是议罢练兵者又纷纷矣。臣窃以为事无全利，亦无全害，人有所长，亦有所短；要在权利害之多寡，酌长短之所宜，委任责成，庶克有济。今始则计虑未详，既以人言而遽行；终则执守靡定，又以人言而遽止。加以爱恶交攻，意见横出，谗言微中，飞语流传，寻之莫究其端，听者不胜其眩。是以人怀疑贰，动见诪张，虚旷岁时，成功难睹。语曰："多指乱视，多言乱听。"此最当今大患也。伏望皇上自今以后，励精治理，主宰化机，扫无用之虚词，求躬行之实效。欲为一事，须审之于初，务求停当，及计虑已审，即断而行之，如唐宪宗之讨淮、蔡，虽百方阻之，而终不为之摇；欲用一人，须慎之于始，务求相应，既得其人，则信而任之，如魏文侯之用乐羊，虽谤书盈箧，而终不为之动。再乞天语叮咛部院等衙门，今后各宣仰体朝廷省事尚实之意，一切章奏务从简切，是非可否明白直陈，毋得彼此推诿，徒托空言；其大小臣工，亦各宜秉公持正，以诚心直道相兴，以勉修职业为务，反薄归厚，尚质省文；庶治理可兴，而风俗可变也。伏乞圣裁！

（按）江陵者，以儒者而主法家之说，且戮力以行之者也。法家首重功利主义，故不尚空言而惟图实效，如韩非子所谓"为人臣者陈其言，君以其言授之事，专以其事责其功"（《二柄篇》）者是也。明穆宗承世宗之后，虽于即位之初，即已罢斋醮，屏方士，表面上有似一反世宗之所为，顾其时臣民之于道教，则已相习成风，积重难返。而道教之不重功利，又适与法家相背驰。以当时外患之深入，内政之废弛，而士大夫顾惟徒托空言，无裨实际，其不蹈于宋人议论未定，而金兵已渡河之覆辙者几希。江陵心所谓危，故首以扫虚词求实效之说进，观其所谓"欲为一事，须审之于初，务求停当，及计虑已审，即断而行之，如唐宪宗之讨淮蔡，虽百方阻之，而终不为之摇；欲用一人，须慎之于始，务求相应，既得其人，则信而任之，如魏文侯之用乐羊，虽谤书盈箧，而终不为之动"。则其于用人行政之道，诚可谓智珠在握者矣。使人主依而行之，又何虑人之不得其当，事之不尽其功者哉？虽然，吾不能不因之有所感焉。今之论民族性者，恒有言曰："美利坚者，言而后行之民族也；英吉利者，行而后言之民族也；德意志者，行而不言之民族也；若吾中国者，则言而不行之民族也。"呜呼！使此言而果确，则吾民族当此急功好利之时代，安所恃而与人争一日之短长乎？此吾以为江陵之所云云，不惟明穆宗所应拳拳服膺，即凡今之有用人行政之权者，亦当奉为书绅之戒也。

一振纪纲　臣闻人主以一身而居乎兆民之上，临制四海之广，所以能使天下皆服其教令，齐整而不乱者，纪纲而已。纲如网之有绳，纪如丝之有总。《诗》曰："勉勉我王，纪纲四方。"此人主太阿之柄，不可一日而倒持者也。臣窃见近年以来，纪纲不肃，法度不行，上下务为姑息，百事悉从委徇。以模棱两可谓之调停，以委曲迁就谓之善处。法之所加惟在于微贱，而强梗者虽坏法干纪而莫之谁何；礼之所制反在于朝廷，而为下者或越理犯分而恬不知畏。陵替之风渐成，指臂之势难使。贾谊所谓蹠盭者，深可虑也。然人情习玩已久，骤一振之，必将曰此拂人之情者也，又将曰此务为操切者也。臣请有以解之。夫徇情之与顺情，名虽同而实则异；振作之与操切，事若近而用则殊。盖顺情者，因人情之所同欲者而施之，《大学》所谓"民之所好好之，民之所恶恶之"者也。若徇情则不顾理之是非，事之可否，而惟人情之是便而已。振作者，谓整齐严肃，悬法以示民，而使之不敢犯，孔子所谓"道之以德，齐之以礼"者也。若操切则为严刑峻法，虐使其民而已。故情可顺而不可徇，法宜严而不宜猛。伏望皇上奋乾纲之断，普离照之明，张法纪以肃群工，揽权纲而贞百度。刑赏予夺一归之公道，而不必曲徇乎私情；政教号令必断于宸衷，而毋致纷更于浮议。法所当加，虽贵近不宥；事有所枉，虽疏贱必申。仍乞敕下都察院查照嘉靖初年所定宪纲事理，再加申饬，秉持公论，振扬风纪，以佐皇上明作励精之治；庶体统正，朝廷尊，而下法守矣。伏乞圣裁！

（按）纪纲也者，法治主义之核心也，岂惟法家重之而已也，即凡治政法之学者，固莫不奉为金科玉律也；抑岂惟专制国家重之而已也，即凡民主国体之国家，亦无不以之为治国要务也。法家之言曰："法者，宪令著于官府，刑罚必于民心，赏存乎慎法，而罚加乎奸令者也。"（《韩非子·定法篇》）又曰："言行而不轨于法必禁。"（同上《问难篇》）此纲纪之说，非此固不足以言治国也。江陵目击当时法度之废弛，故以振纪纲为请，而其要旨在于"情可顺而不可徇，法宜严而不宜猛"；"法所当加，虽贵近不宥；事有所枉，虽疏贱必申"。简言之，即谓法宜公平严峻而已矣。《韩非子》曰："是故诚有功，则虽疏贱必赏；诚有过，则虽近爱必诛。"（《主道篇》）商鞅更从而申之曰："所谓壹刑者，刑无等级，自卿相将军以至大夫庶人，有不从王令，犯国禁，乱上治者，罪死不赦。有功于前，有败于后，不为损刑；有善于前，有过于后，不为亏法。忠臣孝子有过，必以其数断。守法守职之吏，有不行王法者，罪死不赦。"（《商君书·赏刑篇》）此法贵公平之说也。《韩非子》又曰："夫严刑者，民之所畏也；重罚者，民之所恶也。故圣人陈其所畏，以禁其邪；设其所恶，以防其奸，是以国安而暴乱不起。"（《奸劫弑臣篇》）又从而申之曰："夫以重止者，未必以轻止也；以轻止者，必以重止矣。是以上设重刑者，而奸尽止；奸尽止，则此奚伤于民也？所谓重刑者，奸之所利者细，而上之所加焉者大也；民不以小利蒙大罪，故奸必止者也。”（《六反篇》）此法贵严峻之说也。此其所言，与江陵之说，正可互相发明，而为法治主义之极则，虽以今世西哲之言法者，又何以加焉？夫左氏有言：“国家之败，由官邪也；官之失德，宠赂章也。”（桓二年《左氏传》）纲纪不振，其流弊所及，势不至亡国败家不止！治国者又安可不加之意乎？

一重诏令　臣闻君者主令者也，臣者行君之令而致之民者也。君不主令，则无威；臣不行君之令而致之民，则无法，斯大乱之道也。臣看得旧规，凡各衙门章奏，奉旨有“某部看了来说”者，必是紧关事情，重大机务；有“某部知道”者，虽若稍缓，亦必合行事务，或关系各地方民情利病，该衙门自宜参酌缓急，次第题覆。至于发自圣衷特降敕谕者，又与泛常不同，尤宜上紧奉行，事乃无壅。盖天子之号令，譬之风霆，若风不能动，而霆不能击，则造化之机滞，而乾坤之用息矣。臣窃见近日以来，朝廷诏旨多废格不行，抄到各部，概从停阁。或已题奉钦依，一切视为故纸，禁之不止，令之不从。至于应勘应报，奉旨行下者，各地方官尤属迟慢，有查勘一事而数十年不完者。文卷委积，多致沉埋，干证之人，半在鬼录。年月既远，事多失真。遂使漏网终逃，国有未伸之法；覆盆自苦，人怀不白之冤。是非何由而明，赏罚何由而当？伏望敕下部院等衙门，凡大小事务，既奉明旨，须数日之内即行题覆。若事理了然，明白益见者，即宜据理剖断，毋但诿之抚按议处，以致耽延。其有合行议勘问奏者，亦要酌量事情缓急，道里远近，严立限期，责令上紧奏报，该部置立号簿，登记注销。如有违限不行奏报者，从实查参，坐以违制之罪。吏部即以此考其勤惰，以为贤否。然后人思尽职，而事无壅滞也。伏乞圣裁！

（按）法家之功利主义，既不尚空言而惟重赏效，则于一切之证令，自必力求其加紧推行，以增进行政之效率。其言曰："国之乱也，非其法乱也，非法无用也；国皆有法，而无使必行之法"（《商君书·画策篇》）惟其然也。故"圣人知必然之理，必为之时势，故为必治之政，战必勇之民，行必听之令"。（同上）其有玩视法令者，则死无赦。故"亏令者死，益令者死，不行令者死，留令者死，不从令者死"。（《管子·重令篇》）而其能行如此严峻之法者，则在于独裁。故曰："独视者谓明，独听者谓聪，能独断者，故可以为天下主。"（申子语）此法家法治精神之所寄，非此固不足以言法治也。江陵心知其然也，故于当时玩忽功令之情形，攻击不遗余力，而纠之以"凡大小事务，既奉明旨，须数日之内即行题覆"，不得"委积"。夫政令委积者多，则百端废弛，纪纲陵替，势不至无威无法以至于大乱也不止，尚有何行政效率之足言乎？江陵深知乱源之所在，故本功利主义之立场，力以考核事功之说进，欲以拨乱而反之正，其苦心孤诣，诚有以大过人者。无如乱势已成，积重难返，欲求"锄强戮凶，剔厘革"，实有"不得已而用威"之必要，此江陵他日所以援法入儒，欲借急切用威以挽回疲玩怠情之颓势，而终难免于"威柄之操几于震主"之讥也。可慨也已！

一核名实　臣闻人主所以驭其臣者，赏罚用舍而已。欲用舍赏罚之当，在于综覈名实而已。臣每见朝廷欲用一人，当事者辄有乏才之叹。窃以为古今人才不甚相远，人君操用舍予夺之权，以奔走天下之士，何求而不得？而曰世无才焉，臣不信也。惟名实之不核，拣择之不精，所用非其所急，所取非其所求，则士之爵赏不重，而人怀徼幸之心，牛骥以并驾而俱疲，工拙以混吹而莫辨，才恶得而不乏，事恶得而有济哉？臣请略言其概：夫器必试而后知其利钝，马必驾而后知其驽良。今用人则不然。称人之才，不必试之以事；任之以事，更不必考其成；及至偾事之时，又未必明正其罪。椎鲁少文者以无用见讥，而大言无当者以虚声窃誉；倜傥伉直者以忤时难合，而脂韦逢迎者以巧宦易容。其才虽可用也，或以卑微而轻忽之；其才本无取也，或以名高而尊礼之。或因一事之善。而终身借之以为资；或以一动之差，而众口訾之以为病。加以官不久任，事不责成，更调太繁，迁转太骤，资格太拘，毁誉失实。且近来又有一种风尚：士大夫务为声称，舍其职业而出位是思，建白条陈，连篇累牍；至核其本等职业，反属茫昧。主钱谷者不对出纳之数，司刑名者未谙律例之文，官守既失，事何由举？凡此皆所谓名与实爽者也。如此则真才实能之士，何由得进？而百官有司之职，何由得举哉？故臣妄以为世不患无才，患无用之之道。如得其道，则举天下之士，惟上之所欲为，无不应者。臣愿皇上慎重名器，爱惜爵赏，用人必考其终，授任必求其当。有功于国家，即千金之赏，通侯之印，亦不宜吝；无功于国家，虽颦笑之微，敝袴之贱，亦勿轻予。仍乞敕下吏部严考课之法，审名实之归。遵照祖宗旧制，凡京官及外官三六年考满，毋得概引复职，滥给恩典，须明白开具“称职”“平常”“不称职”以为殿最。若其功过未大显著，未可遽行黜陟者，乞将诰敕勋阶等项酌量裁与，稍加差等，以示激劝。至于用舍进退，一以功实为准，毋徒眩于声名，毋尽拘于资格，毋摇之以毁誉，毋杂之以爱憎，毋以一事概其平生，毋以一眚掩其大节。在京各衙门佐贰官，须量其才气之所宜者授之，平居则使之讲究职业，赞佐长官；如长官有缺，即以佐贰代之，不必另索。其属官有谙练故事尽心官守者，九年任满，亦照吏部升授京职，高者即转本衙门堂上官。小九卿堂官品级相同者，不必更相调用。各处巡抚官果于地方相宜久者，或就彼加秩，不必又迁他省。布按二司官，如参议久者，即可升参政，佥事久者，即可升副使，不必互转数易以滋劳扰。如此则人有专职，事可责成，而人才亦不患其缺乏矣。此外如臣言有未尽者，亦乞敕下该部悉心讲求，条例具奏，伏乞圣裁！

（按）法家所恃以推进其政策者为法令，其所用以执行其法令者为官僚（即今所谓公务员），而其官僚政治之基础，则又在于综核名实，以为选贤任能赏功罚罪之准绳。故夫综核名实者，法治主义最重要之基层工作也。法家之言曰："朝有经臣，国有经俗，民有经产。何谓朝之经臣？察身能而受官，不浮于上，谨其能，不以毋实虚受者，朝之经臣也。"（《管子·重令篇》）此官僚政治之大体也。又曰："举而得其人，望而收其福，不可胜收也。官不胜任，奔走而奉其敝事，不可胜救也。而国未尝乏胜任之士，上之明适不足以知之。是以明君审知胜任之臣者也。"（《管子·君臣篇》）此综覈名实于未任用之之先也。又曰："非信士不得立于朝，是故官虚而莫敢为之请。君举事，臣不敢诬以其所不能。君知臣，臣亦知君之知己也；故臣莫敢不竭力，俱操其诚以来。"（《管子·乘马篇》）此综核名实于既任用之之后也。又曰："赏不加于无功，罚不加于无罪。"（《韩非子·难一篇》）"主过予则臣偷幸，臣徒取则功不尊。无功者受赏，则财匮而民怨；财匮而民怨，则民不尽力矣。故赏过者失民，用刑过者民不畏。有善不足以劝，有刑不足以禁，则国虽大必危。"（《韩非子·饰邪篇》）“故有术之主，信赏以尽能，必罚已禁邪。”（《韩非子·外储说篇》）此综合核名实以求赏罚之当者也。夫君之于臣，甄选如此其慎也，考核如此其勤也，赏罚又如此其严且明也，则为臣者安有不称其职者乎？行政效率安有不继长增高乎？此所以江陵此时上疏不得不亟以综核名实为言，而其他日柄政尤复亟以综核名实为务也。虽然，综核名实之说，自法家首创以还，历代大政治家，若汉之诸葛武侯，若宋之王荆公，若明之张江陵，若近代之曾、左诸公，奕代接武力求实践者，固已不乏其人；然而历时二千有余年，我国官僚政治终犹未入于正轨，迄今犹有待于继续努力改进者，则又何也？曰：由于未能将综核名实之政治思想，成为具体的制度化而已。夫制度者，思想之具体的结晶，而在政治上则为最有效最持久之工具也。徒有完善之政治思想，苟无完善之政治制度，以为其实施之工具，则其为效必限于一时，而不能昭垂于久远。孟子所谓“徒善不足以为政”者，即此之谓也。我国传统之政治思想，其能适需求而奏实效，亘百祀而莫或替者，无不有具体的制度以为之寄托也。即就今日之五权宪法而论，监察权与考试权之独立，所以有异于泰西各国，而蔚为中国独有之政治特点者，谓非历代相沿之御史制度及科举制度有以使之然乎？乃返观官僚政治所恃为基础之综核名实的思想，虽其萌芽固在二千有余年以前，发扬光大之者亦大有人在，顾以视泰西各国之制度美备，成效卓著者，终不免瞠乎其后，则亦未能确立完善的人事行政制度之过也。呜呼！江陵所陈关于综核名实之方法，意非不美且善也，言非不周且详也，但终不免于“人存政举，人亡政息”之结果者，徒以未能如斯达因、俾士麦辈之确立人事行政制度，以昭垂久远而已。然则今之言人事行政者，鉴于前人之失，其亦亟谋完善制度之确定，盖以巩固官僚政治之基础也欤！

一固邦本　臣闻帝王之治，欲攘外者必先安内。书曰："民为邦本，本固邦宁。"自古虽极治之时，不能无夷狄盗窃之患。惟百姓安乐，家给人足，则虽有外患，而邦本深固，自可无虞。惟是百姓愁苦思乱，民不聊生，然后夷狄盗贼乘之而起。盖安民可与行义，而危民易与为非，其势然也。恭维皇上嗣登大宝，首下蠲恤之诏，黎元忻忻，方切更生；独昨岁以元年蠲赋一半，国用不足，又边费重大，内帑空乏，不得已差四御史分道督赋，三都御史清理屯监，皆一时权宜，以佐国用之急，而人遂有苦其搜括者。臣近日访之外论，皆称不便。缘各御史差出，目睹百姓穷苦，亦无别法清查，止将官库所储，尽行催解。以致各省库藏空虚，水旱灾伤，视民之死而不能赈；两广用兵，供饷百出而不能支。是国用未充而元气已耗矣。臣窃以为天之生财，在民在官，止有此数。譬之于人，禀赋强弱，自有定分；善养生者，惟撙节爱惜，不以嗜欲戕之，亦皆足以却病而延寿。昔汉昭帝承武帝多事之后，海内虚耗，霍光佐之，节俭省用，与民休息。行之数年，百姓阜安，国用遂足。然则与其设法征求，索之于有限之数以病民，孰若加意省俭，取之于自足之中以厚下乎？仰惟皇上即位以来，凡诸斋醮土木淫侈之费，悉行停革，虽大禹之克勤克俭，不是过矣。然臣窃以为矫枉必过其正，当民穷财尽之时，若不痛加省节，恐不能救也。伏望皇上轸念民穷，加惠邦本，于凡不急工程，无益征办，一切停免，敦尚俭素，以为天下先。仍乞敕下吏部慎选良吏，牧养小民，其守令贤否殿最，惟以守己端洁，实心爱民，乃兴上考称职，不次擢用。若但善事上官，干理簿书，而无实政及于百姓者，虽有才能干局，止与中考。其贪污显著者，严限追赃，押发各边自行输纳，完日发遣发落，不但惩贪，亦可为实边之一助。再乞敕下户部悉心讲求财用之所以日匮者，其弊何在？今欲措理，其道何由？今风俗侈靡，官民服舍，俱无限制。外之豪强兼并，赋役不均，花分诡寄，恃顽不纳田粮，偏累小民。内之官府造作，侵欺冒破，奸徒罔利，有名无实。各衙门在官钱粮，漫无稽查，假公济私，官吏滋弊。凡此皆耗财病民之大者。若求其害财者而去之，则亦何必索之于穷困之民，以自耗国家之元气乎？前项催督御史事完之后，宜即令回京，此后不必再差，重为地方之病。其屯监各差都御史应否取回别用，但责成于该管抚按，使之悉心清理，亦乞敕下该部从长计议，具奏定夺。以后上下惟务清心省事，安静不扰，庶民生可遂，而邦本获宁也。伏乞圣裁！

（按）节用爱民之说，政治者类能道之，儒法诸家于此尤殷殷垂教，其义甚显，无俟发明。江陵之时，适当世宗骄奢淫佚之余，且承贼嵩聚敛掊克之后，民不堪命久矣，欲求矫积弊而固国本，自更不得不以节用爱民为先务；而其首以奖廉惩贪为言，则尤属正本清源之道。治国者固不应徒以消极的自求节俭为已足，而必积极从事于廉洁风气之提倡与培养。必也执法以绳，务使贪污绝迹，则人民咸获安居乐业，富强之基，胥系于此矣。

一饬武备　臣惟当今之事，其可虑者莫重于边防。庙堂之上，所当日夜图画者，亦莫急于边防。迩年以来，虏患日深，边事久废。比者屡蒙圣谕严饬边臣，人心思奋，一时督抚将领等官，颇称得人。目前守御似亦略备矣。然臣以为虏如禽兽然，不一创之，其患不止。但战乃危事，未可易言，须从容审图，以计胜之耳。今之上策，莫如自治，而其机要所在，惟在皇上赫然奋发，先定圣志；圣志定，而怀忠蕴谋之士，得效于前矣。今谭者皆曰：吾兵不多，食不足，将帅不得其人。臣以为此三者皆不足患也。夫兵不患少而患弱。今军伍虽缺，而粮籍俱存，若能按籍征求，清查影占，随宜募捕，着实训练，何患无兵？捐无用不急之费，并其财力以抚养战斗之士，何患无财？悬重赏以劝有功，宽文法以伸将权，则忠勇之夫，孰不思奋，又何患于无将？臣之所患，独患中国无奋励激发之志，因循怠玩，姑务偷安，则虽有兵食良将，亦恐不能有为耳。故臣愿皇上急先自治之图，坚定必为之志，属任谋臣，修举实政，不求近功，不忘有事，熟计而审行之，不出五年，虏可图矣。至于目前自守之策，莫要于选择边吏，团练乡兵，并守墩堡，令民收保，时简精锐，出其空虚以制之；虏即入犯，亦可不至大失。此数者昨虽已经阁部议行，臣愚犹恐人心玩愒日久，尚以虚文塞责。伏乞敕下兵部申饬各边督抚，务将边事着实举行，俟秋防毕日，严查有无实效，大行赏罚；庶沿边诸郡在在有备，而虏不敢窥也。再照祖宗时京营之兵数十万，今虽不足，尚可得八九万人，若使训练有方，亦岂尽皆无用？但士习骄惰，法令难行，虽春秋操练，徒具文耳。臣考之古礼，及我祖宗故事，俱有大阅之礼，以习武事而戒不虞。今京城内外，守备单弱，臣常以为忧。伏乞敕下戎政大臣申严军政，设法训练，每岁或间岁季冬农隙之时，恭请圣驾亲临校阅，一以试将官之能否，一以观军士之勇怯。有技艺精熟者分别赏赉，老弱不堪者即行汰易。如此不惟使辇毂之下常有数万精兵，得居重驭轻之道；且此一举动，传之远近，皆知皇上加意武备，整饬戎事，亦足以伐狂虏之谋，销未萌之患，诚转弱为强之一机也。伏乞圣裁！

（按）整军经武，原系立国之常规；思患预防，尤为当时之急务。明自开国未久，北方即连遭边祸，如成祖时既有马哈木及阿鲁台之寇，英宗时则有也先“土木之变”，世宗时复有小王子及俺答之警；而东南沿海，倭寇尤复出没无常，世为边患。武备之弛，国势之弱，为南宋以来所未有。疏中所谓“虏患日深，边事久废”者，固慨乎其言之，抑亦当时之实况也。江陵蒿目时艰，心长语重。谓无兵无食无将帅俱不足患，所患在人主因循偷安，而无奋励激发之志，可谓虑之审而言之切矣！至所陈自守之策，谓“莫要于选择边吏，团练乡兵，并守墩堡，令民收保，时简精锐，出其空虚以制之”，则尤适合于古人“以静待动以逸待劳”之旨，出入乎近代“避实就虚持久作战”之术，清时之围剿捻匪，固莫不恃此以克奏肤功者也。惟其力主举行校阅，至谓其既可“试将官之能否”，“观军士之勇怯”，复能“伐狂虏之谋，销未萌之患”，则揆诸事实，殊嫌其未能免于书生纸上谈兵之积习，而于整军经武之方，显有所未尽也。夫君上亲临大阅，固足以振奋人心于一时，究未若将士训练严明，始足以整肃戎行于平日。当时“士习骄惰，法令难行”，既有如疏中所指，夫岂一年一度照例奉行之大阅，所能救其积失，挽其颓势？此当时整饬武备终必有赖于戚（继光）、李（成梁）诸名将之训练有方，而现代国民革命之初步成功，固系肇端于黄埔设校，抗战建国之非常时期，尤须注意于集中训练也。彼其仅以举行校阅为请者，意或盖以启发穆宗振作有为之志，俾收上行下效之功也欤？不然，以江陵之深谙戎事，何至为此舍本逐末之谋也？

此疏侃侃而谈，切中时弊，所陈各端，几无一非救时良药，而其根本主张，则在于援法入儒，厉行富国强兵而已。自荆公《上仁宗书》而后，无论就其本身价值言，或就其时代影响言，此文当推为名臣奏议之巨擘，政治言论之翘楚也。惟穆宗为人，《明史》谓其“宽恕有余，而刚明不足”（见《本纪》），究其实亦第中庸之资已耳。方其继位之始，赖有徐阶以顾命老臣为之匡弼，始有停斋醮罢土木诛方士恤言臣诸善政。及徐阶既去，虽以李春芳、陈以勤之贵近，犹未克多所辅导，以勤条上谨始十事，穆宗善之而未能用，旋又条上时务因循之弊，亦仅由都察院议行“治赃吏”一事而已（《明史》以勤本传）。至科臣石星则因历举节饮、笃学、勤政、速断、纳谏、去谗六事尽谏，而竟致撄帝之怒，至以廷杖加之，并令削籍以去（见《明史·穆宗本纪》，并见《明鉴》）。观此则穆宗之为君何如，已从可想见。顾其于江陵此疏，则独予垂青，立加采纳，许为“深切时务，着所司详议以闻”（《明史纪事本末》卷六十一。并见《全集》）。于是都御史王庭等议覆振纪纲重诏令事宜，兵部议覆饬武备行大阅事宜，户部议覆固邦本节财用事宜，穆宗均一一允行，且定于翌年九月举行阅兵典礼。于以见穆宗信任江陵之深，江陵他日夹辅神宗，任劳任怨之死靡他者，盖即所以报穆宗之知遇也。

江陵政治主张，固已悉被采纳，顾以当时积习之深，一时自不易收改革之效。而首辅李春芳“务以安静帝意”（《明史》春芳本传），不肯稍事更张，恰与江陵力求振作之主张相枘凿：同列陈以勤亦碌碌无所表现。江陵孤立无助，其主张自更难于贯彻矣。隆庆三年八月，赵贞吉以礼部尚书兼文渊阁大学士，入阁预机务。贞吉“学博才高，然好刚使气，动与物迕；九列大臣，或名呼之”（《明史》贞吉本传）。及入阁，自以名辈居先，易视江陵，呼为“张子”，语朝事，辄曰:“非少年所知。”(《明纪》卷三十七)江陵固亦以才气自负,为所挫辱,意自难平,且主张因以见梗,更所难堪,乃于是年十二月奏准起用高拱以折之。拱素与江陵善,及再起,知出江陵荐,益善之。拱“性强直遂,颇快恩怨”(《明史》拱本传),而贞吉亦以刚着称,于是二人遇事辄相扼,江陵因得倚拱以制贞吉,盖非此无以实行其政见,固与朋比为奸者大相径庭也。隆庆四年七月,陈以勤引疾罢,盖以勤与拱为旧僚,贞吉其乡人,而江陵则所举士,自度不能斡旋于其间,故坚决求去。同年十二月,贞吉因考察科道事,与拱益相水火,争为疏辨,又不胜,亦去位。翌年五月,李春芳以拱修徐阶故怨,尝从容为阶解,拱不悦;春芳意不自安,亦予告归。于是拱遂为首辅,而江陵亚焉。“拱之再出,专与阶修却,所论皆欲以中阶,重其罪,赖帝仁柔,弗之竟也。阶子弟颇横乡里,拱以前知府蔡国熙为监司,簿录其诸子,皆编戍,所以扼阶无不至。”(《明史》拱本传)初,阶既去,令三子事江陵谨。江陵与阶有师生谊,且入直亦阶所援引,于阶子自不得不尽监护责。及拱坐阶子罪,江陵“从容为拱言,拱心稍动,而拱客构江陵纳阶子三万金,拱以诮江陵,江陵色变,指天誓,辞甚苦,拱谢不审。二人交遂离”(《明史》江陵本传)。及神宗即位,冯保之事起,而二人遂出于决裂之一途矣。

江陵自三十六岁(嘉靖三十九年)复出,至四十八岁(隆庆六年)晋位首辅,前后凡十二年,计其居翰苑及直内阁者各占其半。直阁之六年中,要以封贡俺答、主持辛未会试及在吏部慎选人才三端,为其政绩之荦荦大者,当以下各章详述之。集中有《答上相师徐存斋(阶字)书》,系隆庆五年所作,最能显示江陵此时之心事,及其对于未来之希望,特录之以结本章。其书如次:

犬马齿今年四十有七矣。苟生窃禄，无所建明，触事感时，怃然自失。……惟当以向后余生，矢竭丹诚，求无负于老师家国之托云尔。……

# 第八章　江陵之柄政（上）

隆庆六年五月，穆宗不豫，召江陵与高拱、高仪同受顾命辅政。翌日帝崩，神宗嗣立，年始十岁，诏江陵卜视大行皇帝陵寝。时江陵与高拱因太监冯保事，隙愈深。比江陵卜视陵寝归，拱已为保所构罢。高仪未几亦病卒。江陵自此乃以首辅资格，一人柄政矣。

江陵与拱原极相得，拱之再起，且为江陵所引致。自陈、李相继去位后，二人以志同道合之交，继周、召夹辅之美，允宜同舟共济，相得益彰矣。无如拱蓄意修怨徐阶，扼之惟恐不至。江陵无论为公为私，势不能助之下石。而拱以江陵未肯苟同，竟尔迁怒及之。则二人之隙末凶终，拱自不得辞其咎。至冯保之事，则尤拱刚愎之气有以自贻伊戚，而促成其反噬。据《明史纪事本末》（卷六十一）所载：

时太监冯保方居中用事，矫传大行遗诏云："阁臣与司礼监同受顾命。"廷臣闻之俱骇。一日内使传旨至阁，拱曰："言出何人？上冲年，皆若曹所为，吾且逐若曹矣。"内臣还报，保失色，谋逐拱。

由此可知拱之去固由保所构陷，而保之构拱，则又拱迫之使然也。拱于保之司礼监，初以恶其为人，故靳而弗予；及保矫诏自为之，又欲收其权于内阁，嗣复令科道交章劾保，意欲置之重典。保以一奄寺小人，在如此威胁之下，安得不力谋自卫，务求去拱而后快乎？信哉！陈銮之言曰：

明代奄寺之权，根深柢固，骤难转移。新郑（按：拱系新郑人，故以其地称之）当女君幼主（按：指仁圣、慈圣两宫及神宗），宫府隔绝之时，乃欲夺司礼之权，尽归内阁，其谋固已疏矣。无论不能逐保也，即使去一保，则必复用一保。此曹嵬琐，安得贤于保者而用之？且肘腋之间，持之过激，则南宫甘露之变，可为寒心。新郑愎而疏，不能安其位也必矣。（《全集》附录二《陈銮重刻张太岳先生全集序》）

观此则拱之被逐，实属咎由自取，于江陵何与焉？乃拱既因阶事衔江陵，于保事初则疑江陵与保相勾结，及其党群起攻保，又严戒江陵勿与闻，是其先以不肖之心待人，公然予江陵以难堪矣，又岂江陵之过乎？顾拱之侮江陵也如此其甚，而江陵于王大臣之狱，犹自力为拱解，始获幸免株连；及拱既殁，复赖江陵之力请，始获释神宗之怒而赐予祭葬。昔孔子有云："以直报怨"，如江陵者，其足以当之而无愧焉。乃犹不能见谅于人，至坐以"附保逐拱"之嫌，而冤遭卖友求荣之谤，此真所谓是非颠倒，众口铄金者矣。

江陵既以元辅柄政，当主少国疑之日，值朝纲废坠之时，欲求重振君威，自非提高相权不可。盖明自洪武中胡惟庸谋叛伏诛以后，遂罢丞相之官，而以六曹分掌政务，别以殿阁词臣加孤卿之衔，司票拟之事，而名之曰阁臣，以代丞相之职。此在雄王御宇之时，原可享乾纲独振之名，免太阿倒持之患，防微杜渐，君权集中，固专制政体之极则也。无如继起之君未必尽具才略，其本身既以未谙法理，无以行兴革之宜，而阁臣复以权力轻微，自难胜匡扶之任。于是向之防相权过重者，浸且并君威而两失之；朝政之不修，其由来也渐矣。江陵洞察其弊，深知欲振君威，必先自提高相权入手。诚以在专制政体之下，君主每因世袭而倍有才难之叹，辅臣则由选拔而易获王佐之材。相权提高，则君虽庸劣，尚可赖辅臣匡襄之力，收垂拱而治之功。此在当时神宗以冲龄而君临天下，尤有其必要者也。惟当主少国疑之际，昌言提高相权，在江陵固孤忠自矢，劳怨不辞，而上自君主，下至群僚，非使诚信相孚，必至动遭掣肘。尤以自高拱去位，盈廷百僚，对江陵未能谅解，已多侧目；苟非善处其间，则不利孺子之流言，势且令江陵内不自安，而无以取得幼君及两宫之信任。江陵于此虑深筹熟，一面既力求博取君主之信从，一面复设法谋求百僚之拥护。其中经过，殊属煞费苦心，始获稍收成效。兹特略加陈述，于以见君主专制国体之下，政治家争取政权之手腕，固与民主国家迥异其趣也。

神宗冲龄践阼，两宫实有参预用人行政之大权。故江陵欲求神宗之信任，必先得两宫之信任。江陵所取之策略，即以法祖之名，使两宫信其举措之率由旧章，不复致疑于其实际之兴革。据《明史纪事本末》（卷六十一《江陵柄政》节）所载如次：

居正既柄政，慨然以天下为己任，中外想望丰采，一意尊主权，课吏实。尝言“高皇帝得圣之威者也，世宗能识其意，是以高卧法宫之中，朝委裘而不乱。今上，世宗孙也，奈何不以法主？”

又江陵《初上神宗谢召见疏》亦云：

为祖宗谨守成宪，不敢以臆见纷更；为国家爱养人才，不敢以私意用舍：此臣忠皇上之职分也。仍望皇上思祖宗缔造之艰，念皇考顾遗之重，继之益讲学勤政，亲贤远奸，使宫府一体，上下一心，以成雍熙悠久之治。

由此可见江陵盖欲以旧瓶置新酒，阳托法祖之名，阴以维新为务。当守旧势力方盛之时，非此固无以缓和反动而成改革之功，更遑论使宫府一体上下一心乎？此则江陵苦心孤诣，未足为浅人道者也。至其沟通宫府之术，则在善用冯保以为己助。江陵之用冯保，即反对者所引以指摘其“附保逐拱”之口实，实则江陵固别具苦衷，如陈鎏所谓“公之驭保，假以词色，俾就羁绁，然后宫廷一气，而惟吾所欲为；制御有方，保亦不能有所过恶。夫曲逆之交驩辟阳，梁公之折节群竖，计虑至深，斡旋至大，不屑以小节自拘也”（《重刻张太岳先生全集序》）。然则江陵之于保，固在用之，而非附之，固在导之为善，而非从之为恶。此正江陵善用政治手腕之处，以视拱之一味刚愎不能容物者，固不可同日而语矣。况江陵为政，纯系自为主体，绝不肯仰人鼻息。以江陵自视之高，自信之坚，而谓其甘于附保以自辱，不亦慎乎！彼为此言以攻江陵者，顾又同时责其“威柄之操几于震主”。夫以震主之威，而犹自俯首帖耳于一宦竖之前，吾不知彼肆为诪张者，又何以自圆其说也！观夫神宗与两宫对江陵之尊礼有加，委以朝政，虽神宗于江陵身后，因误信谗间而忽变初衷，而其于江陵柄政期间，固自被以殊荣，待以师礼，历十年如一日，于以见宫府一体之说终获实现，而江陵因势利导之功诚有足多者矣。

虽然，江陵当前亟待解决之困难，固犹有什百倍于此者。盖就其当时之环境而言，不难于委曲求全，以取得神宗与两宫之信任，而难于宽猛相济，俾博取盈廷僚佐之同情。江陵于前者虽已如愿以偿，顾于后者则殊难使就范。诚以朝纲废弛，由来已久，怠玩势成，骤难振作，江陵所谓"势之既成智者不能措意者"，殆实情也。于此而欲提高相权，俾收风行草偃之功，自非徒示宽大所能奏效，而必恃用威以济其穷。据《行实》云：

太师道虽直方，中实恻怛。少读《春秋传》，慨然曰："古称政之所予，在顺民心。有以咈为顺者，子产是也。吾殆类是乎！"其论治欲儆官邪，齐民萌，不专姑息，有救世之思。盖独见谓罔少密则莫能扞格，法可悬而不可用，特以初引纲维，不得不固握其柄而信用之。意俟天下遵制扬功，风成俗定，然后恢阔禁罔，削除烦苛，示民长厚之道耳。

观此可见江陵以儒家之立场，而犹勉循子产之遗规，偏重法家之治术者，殆亦有所不得已耳。如武侯，如荆公，其所以治乱持危，振衰起废，足以媲美管、商而无愧者，其不得已之苦衷，固亦初无二致也。江陵采用法家之治术，其初步之具体表现，厥为整饬纪纲严核官吏之一事。至其用意则不惟使群僚知幼主之不可欺，尤在使知相权之不可侮。故于柄政之始，即首请神宗颁发考察百官之敕谕，略谓：

朕初嗣大位，欲简汰众职，图新治理，南京六部等衙门四品以上官俱着自陈，去留取自上裁。(《遵谕自陈不职疏引》)

此一举动在当时实至关重要，盖既经考察，则对于失职之僚属，固可严加淘汰，俾肃官邪之戒；对于反对之分子，又可聊资警惕，借安反侧之心。诚可谓一举而两得之者矣。及百官去留既定，复请戒饬群臣集百官于午门外受谕。所拟敕谕，有如左述：

盖闻理道之要在正人心，劝阻之机先示所向。朕以冲幼获嗣丕基，夙夜兢兢，若临深渊。所赖文武贤臣同心毕力，弼予寡昧，共底升平。乃自近岁以来，士习浇漓，官方祁缺。钻窥隙窦，巧为猎取之媒；鼓惑朋俦，公事挤排之术。诋老成廉退为无用，谓谗佞便捷为有才。爱恶横生，恩仇交错。遂使朝廷威福之柄，徒为人臣酬报之资，四维几至不张，九德何由而咸事？朕初承大统，深烛弊源，亟欲大事芟除，用以廓清氛浊。但念临御兹始，解泽方覃，铦锄或及于芝兰，密网恐惊乎鸾凤。是用去其太甚，薄示戒惩，余皆曲赐矜原，与之更始。《书》不云乎？“无偏无党，王道荡荡；无党无偏，王道平平”。朕方嘉与臣民，会归皇极之路，尔诸臣亦宜痛湔宿垢，共襄王道之成。自今以后，其尚精白乃心，恪恭乃职，毋怀私以罔上，毋持禄以养交，毋阿依淟涊以随时，毋噂沓翕訿以乱政！任辅弼者，当协恭和衷，毋昵比于淫朋，以塞公正之路！任铨衡者当虚心鉴物，毋任情于好恶，以开邪枉之门！有官守者，或内或外，各宜分猷念，以济艰难！有言责者，公是公非，各宜奋谠直，以资听纳！大臣当崇养德望，有正色立朝之风。小臣当砥砺廉隅，有退食自公之节。庶几朝清政肃，道泰时康，用臻师师济济之休，归于荡荡平平之域。尔等亦皆垂功名于竹帛，绵禄荫于子孙，顾不美欤！若或沉溺故常，坚守旧辙，以朝廷为必可背，以法纪为必可干，则

我祖宗宪典甚严，朕不敢赦！百尔有位，宜悉朕怀！钦哉启谕。（《请戒谕群臣疏引》）

此谕既颁，一时百官莫不惕息，纪纲为之一振焉。明自武宗失政，君威凌替，垂七十年；神宗以冲幼之君，竟获振朝纲于既坠，则江陵翊赞之功，为不可没；至相权因之而提高，固犹其小焉者也。乃佥人不谅，犹复妄肆诋毁，如高拱所言，即可见其一斑。其言曰：

人情汹汹，科道官各具本欲言，荆人（指江陵）乃只称病不出。科道以阁中无人，姑待，而荆人出，即语科道曰："今后内边事，不要说他。"众方观望，而荆人已上揭帖，考察百官。既命下，则科道皆听处分，谁敢声言？于是但异己毫发者悉去之，而留者又示恩以收之。且既经一翻风雨，人皆以见留为幸，而前事不复说起。而彼则引用党舆，布满朝廷，尽反我所行之事。笑吟吟掌定三台印，里迎外合，挟天子以令诸侯，乾坤世界任其翻弄，无复谁何之者（《高文襄公文集·病榻遗言卷三》）。

此文可谓极丑诋之能事。以拱之不慊于江陵，其肆行丑诋，固属无足重轻。第其所持以攻江陵者，则是非公道之所关，是不可以不辩。夫江陵受命于危疑之际，图功于积弊之余，非祛除异己，不足以清反侧而谋革新，非引用同志，不足以谋合作而收实效。至于挟君自重，驭下以威，则尤所以应时势之需求，司成败之关健。凡此皆政治家施政之要图，在开明政体下固为法律之所许，在专制时期中尤属利害之所关。江陵以当机立断之姿，为正本清源之策，是盖出于不得不然，而不应引以为咎者也。况其以一介之儒臣，当钧衡之重任，对上既思有以报九重特达之知，对下更求有以慰兆庶来苏之望。且其毕生抱负，原在匡时弼君，佐成盛世。一旦朝纲在握，素愿克偿，欲求完成当前之事功，自须扫除昔人之积弊。然则拱以悉反所为责江陵者，不且愈足显示江陵除旧布新之功乎？观江陵之辞免恩命也，一则曰：

能薄而位高，则易有覆餗之虞；劳微而获厚，则《诗》有《伐檀》之刺。臣虽至愚，自量甚审。不揣分于知足，必将速咎于颠脐。（《辞免恩命疏》）

再则曰：

朝廷慎重名器，必自贵近始，所以示大公也；人臣虽竭力尽劳，不敢言功，所以昭大分也……臣受先帝顾托之重，夙夜兢兢，惟以不克称塞是惧。于凡大礼大政，皆遵率祖宗彝典，祗奉皇上英断，臣不过鞠躬仰成于下而已，又何功之有焉？（《再辞恩命疏》）

三则曰：

荷蒙皇上：信任专笃，宠以师臣之礼，日承晋接之荣，每事必咨，有言必听，是臣之志已行，愿已遂矣。……又何敢过冒非分之恩，以速必然之咎耶？（《三辞恩命疏》）

是其本心之忘情利禄，固已彰明较著。再观《明史》之称其政绩也，谓：

居正为政，以尊主权、课吏职、信赏罚、一号令为主。虽万里外，朝下而夕奉行。……太仓粟可支十年。……太仆金亦积四百余万。又为考成法以责吏治。……自是一切不敢饰非，政体为肃。……能以智数驭下，人多乐为之尽，故世称居正知人。（见本传）

是其为政之卓著功效，更属有口皆碑。以其本心之忘情利禄也有如彼，而其为政之卓著功效也有如此，可知其争取政权之动机，在事功而不在禄位，在实效而不在虚名。呜呼！如江陵者，诚可谓社稷之臣，超然不失为大政治家之风度者矣！彼悠悠之口，又何足以损其毫发也哉？

# 第九章　江陵之柄政(中)

刘台之劾江陵也，曰："进言者皆望陛下（指神宗）以尧舜，而不闻责辅臣（指江陵）以皋、夔。"（见《明史·刘台本传》，详见下章）呜呼！台为此言，抑何谬妄之甚耶！夫神宗者特一昏庸无知之童子耳。徒以席祖父之余荫，幸得君临乎中国。使无江陵以辅翼而匡是之，则其放僻邪侈之所为，必且自冲年而已著，吾恐不待闯贼之为乱，及清兵之入关，而明社之屋久矣。彼于江陵之生前，固依赖其匡弼之功，以挽回积弱之国势；即于江陵之身后，犹获享其余荫，以勉致二十年之升平。公之所施于彼者固不可谓不厚，顾其所以报公者则何如？以先朝顾命之元臣，积十年公忠之劳瘁，而乃于其尸骨未寒之顷，遽忘日常倚畀之殷，徒以浸润之加，几肇戮尸之惨。呜呼！如公之为臣，庶几无忝于皋、夔，而神宗之为君，其与尧、舜相去，又何可以道里计哉？此所以史家抚其君臣遇合之遗迹，而不禁感慨系之也。

江陵十年相业，功在国家。其荦荦诸端，有关一代兴衰之转移者，容俟别以专章详述；兹先就其关于翊赞君上匡辅王室者，概略言之。俾知公于君臣之分，大义凛然，绳以当时伦理观念之所宗，固不失为一代之完人也。

隆庆六年六月，高拱既去位，神宗御平台，召公慰劳之曰："皇考屡称先生忠臣。"公顿首泣谢曰："今国家要务，惟在遵守旧制，不必纷更。至于讲学亲贤，爱民节用，又君道所先。乞圣明留意！”上善之。此公教导神宗之造端也。未几，公即请酌定朝讲日期，奉旨“常朝定三六九日御门听政，余日只御文华殿讲读”。每逢讲日，定以日出时早膳毕即御讲读，至午膳为止。公寻复进《帝鉴图说》。上见捧册进，遽起立，命左右展册。公从旁指陈大义，上应如响，因即宣付史馆。一日上御文华殿，讲毕，览至汉文帝劳军细柳事，公因言“皇上当留意武备。祖宗以武功定天下，承平日久，武备日弛，不可不及早讲求也”。上称善。又奏请明年正月上旬即御殿日讲。万历元年十月，公进讲，言及宋仁宗不喜珠饰，上曰：“贤臣为宝，珠玉何益！”公曰：“明君贵五谷，贱珠玉，五谷养人，珠玉饥不可食，寒不可衣。”上曰：“然！宫人好冶妆，朕岁赐未尝不节省。”公曰：“皇上言及此，社稷生灵之祸也。”上又曰：“秦始皇销兵。梃可伤人，何销兵为？”公曰：“人君布德修政，以结民心为本。天下之患，每出所防之外。秦亡于戍卒。故天时不如地利，地利不如人和。”上曰：“然！人定真能胜天也。”二年正月，公奏请引见廉能官，仿祖宗午朝之仪。上从之，遂御皇极门，引见朝觐清廉卓异浙江布政使谢鹏举等二十五人，特加奖励。公又以所删定之《大学讲章》一册、《虞书讲章》一册及《通鉴讲章》四册进，以供上温故知新之用。既而因上言及建文帝在外题诗事，复上太祖所撰《皇陵碑》。公俟上览举，乃曰：“祖宗当日艰难，盖以天心为心，故能创制显庸。皇上以圣祖之心为心，乃能永保洪业。”因述太祖微时事及即位勤俭。上怆然曰：“朕敢不黾勉法祖！然尚赖先生辅导也。”是年十二月，公率大臣上御屏。屏绘天下疆域及职官姓名，用浮帖以便更换。上命设于文华殿后，时加省览。四年五月，公及大臣等请览奏章，时阅太祖所亲批疏稿为法。上曰："然！"公因简内阁所藏太祖手谕六十三道、御制四十四道，圣旨并帖共六十道，上之。七年，上患疹，慈圣太后命僧于戒坛设法度众。公上言："戒坛奉皇祖之命禁止至今，以当时僧众数万，恐生变败俗也。今岂宜又开此端？"事遂寝。未几上疹愈，征光禄寺十万金。公上言："财赋有限，费用无穷。使积贮空虚，不幸有四方水旱之灾，疆场意外之变，可为寒心。此后望力加撙节，若再征金，臣等不敢奉诏矣。"时上渐备六宫，太仓所储屡有宣进。公上户部所进御览钱粮数目，请置之坐隅，时加省览，量入为出。因言："万历初年所入四百三十五万有奇，六年所入仅三百五十五万有奇，则已少八十余万矣。五年岁出三百四十九万有奇，而六年所出乃至三百八十八万有奇，则已多四十万矣。夫岁出则浮于前，岁入则损于前，此不可不留意也。王制量入为出，计三年之出，必有一年之余而后可。况财用止有此数，设法巧取，不能增多，惟加意撙节，则用自足。"上嘉纳之。七月，给事中顾九思、王道成等以江南水灾，请罢浙直织造内臣。上以示公。公奏："民重困，宜召还孙隆。"上曰："彼织币且完，当俟来春耳。"公曰："地方多一事，则有一事之扰；宽一分，则受一分之惠。灾地疲民，不堪催督，暂去之，俟稍稔，可复也。"上从之。八年十二月，公请属儒臣以累朝《宝训实录》，分四十余则：曰创业艰难，曰励精图治，曰勤学，曰敬天，曰法祖，曰保民，曰谨祭祀，曰崇孝敬，曰端好尚，曰慎起居，曰戒游佚，曰正宫闱，曰教储贰，曰睦宗藩，曰亲贤臣，曰去奸邪，曰纳谏，曰守法，曰敬戒，曰务实，曰正纪纲，曰审官，曰久任，曰重守令，曰驭近习，曰待外戚，曰重农，曰兴教化，曰明赏罚，曰信诏令，曰谨名分，曰却贡献，曰慎赏赉，曰甘节俭，曰慎刑狱，曰褒功德，曰屏异端，曰饬武备，曰御寇盗；仍敕次第进呈，俟明年开讲，其诸司章奏切要者，即讲毕面裁。时上留意翰墨，公以为笔札小技，非君德治道所系，故有是请。九年正月，公请令翰林分番入直，应和文章，或令侍上清讌，质问经义，陈说治理，如唐、宋故事。十年二月，公上言“安民之道，在察其疾苦。今尚有一事为民害者，带征税粮也。夫百姓财力有限，一岁之入仅足供一岁，不幸岁歉，目前尚不能办，岂复有余力更完累岁积逋乎？有司辟责，往往将今年所征抵完旧逋，即今年所欠又为将来带征矣。况征输额绪繁多，年分淆杂，小民竭脂膏，胥吏饱溪壑，甚者不肖有司因而渔猎。……乞谕户部核万历七年以前积负悉行蠲免，将见年正额责令尽完，在百姓易办，在有司易征，是官民两利也。”上从之。诏下，中外大悦。

综上所述，公之所以劝导神宗，使之讲学勤政，节用爱人，以求不流于恶而无愧为君者，已可略见一斑。第以属望过切，督责自难免较严。即如一日上在经筵读《论语》“色勃如也”，误读作“背”字。公从旁厉声曰：“当作勃字！”上悚然而惊，同列皆失色，此一事也；慈圣训帝严，每切责之，且曰：“使张先生闻奈何？”于是上甚惮公。及帝渐长，心厌之，此又一事也。凡此在贤明之君，自可鉴其忠诚而曲加原宥，甚且嘉其匡翊而倍予尊荣。顾以神宗之昏庸，虽因慈圣之督饬，不得不虚己以听，实则内顾难堪，早生厌恶，宜公之终不免于身后之祸也。

呜呼！以江陵之忠贞事上，而神宗乃二三其德，惟以凉薄报之。江陵之负神宗欤？神宗之负江陵欤？神宗死而有知，吾知其亦难以自解也！

右所述者，特专就江陵所以直接匡导神宗者言之耳。此外尚有两事，则系公以思患预防之策，间接措君主及皇室于泰山磐石之安者，即制驭宦官及节制亲贵是已。

历代宦官之祸，汉、唐最烈。明太祖虽起自田野，顾于阉寺之为害，知之最深，防之最严。观其所谓“求善良于中涓，百无一二。用为耳目，即耳目蔽；用为腹心，即腹心病。驭之之道，但当使之畏法，不可使之有功。有功则骄恣，畏法则检束”（见《明鉴》卷一）。可谓明于制驭宦官之术矣。然自成祖以后，宦官又渐得势。如永乐（成祖年号）中，郑和以一内侍，竟有远征南洋之举，其权势之大可知。然犹未至为害也。至英宗时，因王振之劝而征也先，致有土木之变，则君上已亲蒙其害矣。至宪宗用汪直以主西厂，后复令处置边务、则军民已交受其扰矣。及武宗宠任刘瑾，专擅朝政，残害忠良，甚至欲举天下而“任彼取之”，则社稷几为所动摇矣。推原其为祸之由，殆以彼辈日处宫中，侍帝后之左右，苟遇昏庸之主，未有不受其蛊惑蒙蔽，以致倒行逆施者。明政不纲，此亦其症结之一矣。顾当江陵为政之时，则彼辈多俯首帖耳，甘于就范，无敢专擅者。（参阅赵翼《二十二史札记》）此自公之善于驾驭有以致之。盖公之柄政，政权集中于内阁，阁权复集中于公之一身，凡军国重事，内侍悉不获与闻，如此自足杜若辈专权之渐。即遣往京外采买织造之内臣，亦以公严加裁制而不敢倚势为恶。至公所持以制之者，厥在善用冯保。观左述二事可以知之：

帝初即位，冯保朝夕视起居，拥护提抱有力，小扞格，即以闻慈圣。……乾清小珰孙海、客用等导上游戏，皆爱幸。慈圣使保捕海、用，杖而逐之。居正复条其党罪恶，请斥逐，而令司礼孙德秀等及诸内

侍自陈，上裁去留。（《明史》江陵本传）

南京小奄醉辱给事中，言者请究治。居正谪其尤激者赵参鲁于外以悦保，而徐说保裁抑其党，毋与六部事，其奉使者，时令缇骑阴诇之。其党以是怨居正而心不附保。（同上）

公之善于使其自相裁制也如此，故虽以保之才足以济其恶，而终未敢稍形恣横，其他宦官更无论矣。及公殁未几，而榷税采矿之内臣，乃竟故态复萌，肆无忌惮，激成民变而动摇国基者，史不绝书。迨熹宗朝而魏忠贤之祸复作。于是内忧未已，外患乘之，明终以亡其国。然则江陵弭患未萌之功，不且因有此反证而愈显然也哉！

在昔专制时代，外戚宗藩之祸，屡见不鲜。盖以椒房之贵，宗室之亲，苟无防微杜渐之方，每启骄横不臣之患。其理至明，无俟赘述也。江陵于外戚力主裁抑，即以慈圣太后对公礼遇之隆，信任之笃，顾于太后生父李伟请封时，公亦坚持其所封伯爵，不许违例世袭，至于上疏力谏，略谓：

今皇上孝事圣母，岂能有加于世庙？而圣母之笃厚外家，亦岂有逾于章圣皇太后乎？今以世宗皇帝之所不能加，章圣太后之所不可逾，而圣母与皇上必欲破例处之，此臣等所以悚惧而不敢擅拟者也。夫孝在无违，而必事之以礼；恩虽无穷，而必裁之以义。贵戚之家，不患不富，患不知节；富而循礼，富乃可久。越分之恩，非所以厚之也；逾涯之请，非所以自保也。（《请裁抑外戚疏》）

此疏于严正之中，喻以利害所在，是以终获报可。及神宗大婚后，又命内阁为后父王伟等拟旨封爵。公复上疏，引太祖定制非军功不得封爵，世宗敕谕外戚不许封爵，力劝上勿违祖宗定制。神宗勉纳其言，第封伟伯爵而不许世袭，至伟之弟俊、男栋等，则终未获封。凡此不惟慎爵赏以重名器，尤在防后患而安王室，其用意固至深且微也。至其封于宗藩，则于教导而外，尤重安抚。明代宗藩之权势，初原失之过重，卒以启燕王（成祖）靖难之师，高煦乐安之叛。至世宗朝，鉴于宸濠之乱，遂于宗藩严加抑损，所定“宗藩事例”，尤复务为严刻。此固在力惩前失，然衡以亲亲之谊，则又未免矫枉过正。公为力求兼顾起见，一面教导宗藩，劝令安静无扰，慎节自保，如集中《寿襄王殿下序》中所云：

夫物有便于己，则愿常有之；无便于己，即一日不能相守。……贤者使人爱而戴之，便而全之。……子之积厚矣，吾无以益子；子而计子之所有者，慎用之而已。……夫神不可以鹜用，啬之则疑；福不可以骤享，啬之则永；强不可以厚恃，啬之则坚。故圣人之言曰：“事天治人莫如啬。”

即可见其教导之苦心，一面则力导神宗以敦睦之义，如《请裁定宗藩事例疏》所谓：

夫令所以布信，数易则疑；法所以防奸，二三则玩。……但欲勒成简策，昭示将来，则必考求国体，审察人情，上不亏展亲睦族之仁，下不失酌盈剂虚之术，使情法允协，裒益适宜，乃足为经常虚久之规，垂万世不刊之典。

即可知其安抚之旨归，嗣复就事例未当者十一条，请敕礼官之集议，著为令。诸藩于是感激亲上，而厚薄亲疏有礼矣。呜呼！如江陵者，非所谓善处人骨肉之间者耶?

吾书以限于篇幅，所述江陵相君之方姑止于此。然即就上述者观之，江陵致君尧、舜之苦心固已灼然可见。独惜神宗虽有皋、夔之臣，而不足以大有为也。明之终于不振，虽曰天意，谓非由于人谋之不臧哉！噫！

# 第十章　江陵之柄政（下）

江陵自柄政以还，本信赏必罚之方针，行综核名实之政治，用意惟在发扬国力，整饬官方，意美法良，可以想见。无如玩愒之习，久染成风，骤予改弦更张，自易引起反响。是以未几而风波突起，百僚因不便于治术之严明，竟群起而施以公开之攻击。弹章叠上，信口雌黄，其居心盖欲谮愬于幼主两宫之前，必欲去公而后快。以公个性之刚强，政见之坚决，固尝以适宜之处置，杜反对之企图。顾其以一人之身，而为众怨之府，其处境愈艰，而其用心亦愈苦矣。

此次风潮之起因，据《明史》所述，谓系由于“居正以御史在外，往往凌抚臣，痛欲折之，一事小不合，诟责随下，又敕其长加考察”（江陵本传）。究其实，则江陵此举，盖以杜言官挟权掣肘之风，防疆吏贿赂取容之弊，统筹并顾，所以防其渐也。乃给事中余懋学竟率尔上疏，请行宽大之政。公以其不明微旨，第免职示儆而已。万历三年，御史傅应祯又上疏请开言路，为懋学鸣不平，旋被谪戍。于是科道诸臣严用和、刘天衢、徐贞明、李祯、乔严等，又纷纷上疏，为应祯鸣不平，亦均被谴谪。公此时愠于群小，悉心应付，固已痛苦非常。不谓其门生刘台以巡按辽东时违例误报战功，致受饬责，竟于万历四年上疏，对公肆行攻击，借以报复，其措辞之偏激，尤足予公以难堪。此疏立言纯系意气用事，自无足取，然亦可略窥当时士大夫反对江陵集中相权之心理，姑录之以供参考：

臣闻进言者皆望陛下以尧、舜而不闻责辅臣以皋、夔，何者？陛下有纳谏之明，而辅臣无容言之量也。高皇帝鉴前代之失，不设丞相，事归部院，势不相摄，而职易称。文皇帝（成祖）始置内阁，参预机务。其时官除未峻，无专肆之萌。二百年来，即有擅作威福者，尚惴惴然避宰相之名而不敢居，以祖宗之法在也。乃大学士张居正偃然以相自处，自高拱被逐，擅威福者三四年矣。谏官因事论及，必曰：吾守祖宗法。臣请即以祖宗法正之。

祖宗进退大臣以礼。先帝临崩，居正托疾以逐拱，既又文致之王大臣狱，及正论籍籍，则抵拱书令勿惊死。既迫逐以示威，又遗书以市德，徒使朝廷无礼于旧臣。祖宗之法若是乎？

祖宗朝非开国元勋，生不公，死不王。成国公朱希忠，生非有奇功也，居正违祖训，赠以王爵。给事中陈吾德一言而外迁，郎中陈有年一争而斥去。臣恐公侯之家，布贿厚施，缘例成乞，将无底极。祖宗之法若是乎？

祖宗朝，用内阁冢宰，必由廷推。今居正私荐用张四维、张瀚。四维在翰林，被论者数矣，其始去也，不任教习庶吉士也。四维之为人也，居正知之熟矣；知之而顾用之，夫亦以四维善机权，多凭借，自念亲老，旦暮不测，二三年间谋起复任，四维其身后托乎？瀚生平无善状，巡抚陕西，赃秽狼藉，及骤躐铨衡，惟诺若簿吏，官缺必请命居正。所指授者，非楚人亲戚知识，则亲戚所援引也；非宦楚受恩私故，则恩故之党助也。瀚惟日取四方小吏，权其贿赂，而其他则徒拥虚名。闻居正贻南京都御史赵锦书，台谏毋议及冢宰，则居正之胁制言官，又可知矣。祖宗之法若是乎？

祖宗朝诏令不便，部臣犹訾阁拟之不审。今得一严旨，居正辄曰：我力调剂故止是。得一温旨，居正又曰：我力请而后得之。由是畏居正者甚于畏陛下，威居正者甚于威陛下，威福自己，目无朝廷。祖宗之法若是乎？

祖宗朝一切政事，台有奏陈，部院题覆，抚按奉行，未闻阁臣有举劾也。居正定令：抚按考成章奏，每具二册，一送内阁，一送六科；抚按延迟则部臣纠之，六部隐蔽则科臣纠之，六科隐蔽则内阁纠之。夫部院分理国事，科臣封驳奏章，举劾其职也。内阁衔列翰林，止备顾问，从容论思而已。居正创为是说，欲胁制科臣拱手听命。祖宗之法若是乎？

至于按臣回道考察，苟非有大败类者，常不举行，盖不欲重挫抑之。近日御史俞一贯以不听指授，调之南京，由是巡方短气，莫敢展布，所惮独科臣耳。居正于科臣既啖之以迁转之速，又恐之以考成之迟，谁肯舍其便利，甘彼龂龁，而尽臣言事哉？往年赵参鲁以谏迁，犹曰外任也；余懋学以谏罢，犹曰禁锢也。今傅应祯则谪戍矣，又以应祯故而及徐贞明、乔岩、李祯矣。摧折言官，仇视正士。祖宗之法如是乎？

至若为固宠计，则献白莲白燕，致诏旨责让，传笑四方矣。规利田宅，则诬辽王以重罪，而夺其府地，今武冈王又得罪矣。为子弟谋举乡试，则许御史舒鳌以京堂布政，施尧臣以巡抚矣。起大第于江陵，费至十万，制拟宫禁，遣锦衣官校监治，乡郡之脂膏尽矣。恶黄州生儒议其子弟幸售，则令县假他事穷治无遗矣。编修李维桢偶谈及其家富，不旋踵即外斥矣。盖居正之贪，不在文吏而在武臣，不在内地而在边鄙。不然，辅政未几，即富甲全楚，何由致之？宫室舆马，姬妾奉御，同于王者，又何由致之？

在朝臣工莫不慨叹，而无敢为陛下明言者，积威之劫也。臣举进士，居正为总裁；臣任部曹，居正荐改御史，臣受居正恩亦厚矣。而今敢讼言攻之者，君臣谊重则私恩有不得而顾也。愿陛下察臣愚悃，抑损相权，毋俾偾事误国，臣死且不朽！（见《明史》台本传》）

疏中对江陵妄肆攻击，毫无佐证。即如所言废辽王而夺其府地一事，台既诬之于先，史官即据以诬之于后，以致谤讟相承，沉冤莫白。实则辽王之废国，衅起于荆州分巡施某，狱成于刑部侍郎洪朝选，江陵初无与焉。即辽藩故邸，亦系以给广元王，公更无攘为己宅之事。（见《全集》附录二《陈治纪书》《张文思公文集后》及《张同奎上六部禀帖》）举此一端，可见疏中攻讦江陵私德之处，纯系挟嫌诬构，无足深论。至关于国事方面，彼其所指谪者，不外违犯祖法擅作威福一点。此则针对公之集中相权锐意革新而发，一面固足淆乱天下之听闻，一面尤足破坏江陵之政策，当非忠君爱国如江陵者所能忍受。况以台原出江陵门下，而竟负恩反噬，一至于此，尤为公所切齿痛心。于是为表明心迹计，公乃不得不上书求去矣。原疏如左：

昨以御史刘台论列，具奏乞休。伏奉圣旨："卿赤忠为国，不独简在朕心，实天地祖宗所共降鉴。彼谗邪小人，已有旨重处。卿宜以朕为念，速出辅理，勿介浮言。吏部知道，钦此。"臣捧读恩纶，涕泗交集。念臣受先帝重托，既矢以死报矣。今皇上圣学尚未大成，诸凡嘉礼尚未克举，朝廷庶事尚未尽康，海内黎元尚未咸若。是臣之所以图报先帝者未罄其万一也，臣敢言去？古之圣贤豪杰，负才德而不遇时者多矣。今幸遇神圣天纵不世出之主，所谓千载一时也，臣又岂可言去？皇上宠臣以宾师不名之礼，待臣以手足腹心之托，和亲相倚，依然蔼然，无论分义当尽，即其恩款之深洽，亦自有不能解其心者，臣又何忍言去？然而臣之必以去为请者，非得已也。盖臣之所处者危地也；所理者皇上之事也；所代者皇上之言也。今言者方以臣为擅作威福，而臣之所以代王行政者，非威也则福也。自兹以往，将使臣易其涂辙，勉为巽顺以悦下耶？则无以逭于负国之罪；将使臣守其故辙，益竭公忠以事上耶？则无以逃于专擅之讥。况今谗邪之党，实繁有徒，背公行私，习弊已久。臣一日不去，则此辈一日不便；一年不去，则此辈一年不便。若取臣之所行者，即其近似而议之，则事事皆可以为作威，事事皆可以为作福。睊睊之谗日哗于耳，虽皇上圣明，万万不为之投杼，而使臣常负疑谤于其身，亦岂节之所宜有乎？此臣之所以辗转反侧，而不能不惕于衷也。伏望皇上怜臣之志，矜臣之愚，特赐罢归，以解群议。博求廊庙山林之间，必有才全德备之士，既有益于国，而又无恶于众者，在皇上任之而已。臣屡渎宸严，无任战栗陨越之至！（《被言乞休疏》）

疏上，神宗特遣司礼太监孙隆持酒食赍温旨慰留，公不得已始复出理政。帝乃逮台至京师，下诏狱，命杖百远戍。公复上疏救之，始从宽免予廷杖，仅遣戍而已。（按《明史》江陵及台本传所载关于台劾江陵事，多厚诬江陵，甚至谓台之死于戍所，亦公有以致之。所言多系虚构，不可信。今从周圣楷所撰公本传，见《全集》附录二）

台既被黜，诸臣知公圣眷方隆，遂莫敢撄其锋，反对风潮因之暂趋于沉寂。顾反对派之敌意固仍蕴蓄于中，无时不伺公之隙，欲得而甘心之。及万历五年九月，公父观澜忽病逝于江陵原籍，于是夺情之议起。伺端报复者乃更有所借口而大肆其攻讦，墨守经义者更从而推波助澜，公乃遭遇其毕生最痛苦之一幕，几于抱恨终天矣。

当公之初闻父丧也，即陈请回籍守制，疏中有云：

臣今犬马之齿才五十有三。古人五十始服官政，而本朝服制止于二十七个月；计臣制满之日，亦五十六岁耳。此时自量精神体力尚在强健，皇上如不以臣为不肖，外则操戈执锐，宜力于疆场，内则荷橐持筹，预议于帷幄；远迩闲剧，惟皇上之所使，虽赴汤蹈火，死不敢避。是臣以二十七月报臣父，以终身事皇上也。昔人所谓报国之日长，报刘之日短者也。如此则君臣父子之伦虽不得以并尽，而亦不至于相妨。夫古人有衔哀赴官墨绖从政者，有金革之事则可。方今赖皇上威德，四郊无垒，九塞清尘，故臣欲以其间少尽私情，此臣之所以吁天泣血，哀鸣而不能自已者也。（《乞恩守制疏》）

此疏情词恳切，无以复加，公之志在奔丧，于此可见。无如两宫太后及神宗倚畀方殷，坚不许去。户部侍郎李幼孜、御史曾士楚、给事中陈三谟等复交章请留。公不获已，乃勉请在官守制，所有应支俸薪尽数辞免，入侍讲读及在阁办事，俱着青衣角带，出归私第，仍以缞服居丧；并迫请俟父茔竣工，准其归葬，就便迎母来京，上随即温旨报可，惟于归葬一节，仍令候旨。讵此议甫定，反对风潮即随之而起。诸翰林王锡爵、张位、赵志皋、吴中行、赵用贤、习孔教、沈懋学辈，纷纷上疏，坚以夺情为不可。员外郎艾穆、主事沈思孝、进士邹元标复继起争之。中行疏中略谓：

居正父子异地分暌，音容不接十有九年，一旦长弃数千里外，陛下不使匍匐星奔，凭棺一恸，必欲其违心抑情，衔哀茹痛于庙堂之上，而责以訏谟远猷，调元熙载，岂情也哉？……事系万古纲常，四方视听。惟今日无过举，然后后世无遗议。销变之道，无逾于此者。（见《明史》中行本传》）

所言已备极偏激矣。元标乃更进一步而肆为谩骂，至谓：

臣观居正疏言，世有非常之人，然后办非常之事，若以奔丧为常事而不屑为者。不知人惟尽此五常之道，然后谓之人。今有人于此，亲生而不顾，亲死而不奔，犹自号于世曰：我非常人也。世不以为丧心，则以为禽彘，可谓之非常人哉！（见《明史》元标本传）

帝览奏震怒，中行、用贤、穆、思孝、元标等五人皆坐廷杖，并谪斥有差。公复上疏力请曲谅言臣无知，勿与计较。时议者犹呶呶不休。帝乃诏谕群臣，再及此事者诛无赦，复采纳言官建议，考察群臣，自陈不职，听候处分。于是此一大风波始告停息。然而公内心之苦痛，盖不问可知矣。万历六年三月，神宗婚礼既成，公乃一再疏请归葬。上初犹不许，后以其情辞迫切，乃勉从其请，惟仍限以三个月内葬毕即上道返京。濒行，上范“帝赉忠良”银印以赐之，令如杨士奇、张孚敬例，得密封言事；并戒次辅吕调阳等有大事毋得专决，驰驿之江陵，听张先生处分。公请广内阁员，诏即令公推荐，公因推礼部尚书马自强、吏部左侍郎申时行入阁。公既归葬毕，以母老不能冒炎暑，请俟清凉上道，卒以朝旨催促，乃于六月回朝复职，计往返正三阅月也。讵于公方还京之际，忽又有户部员外郎王用汲借赵应元托疾乞休事，上疏劾公，略谓：

御史应元以不会葬得罪辅臣（指江陵），遂为都御史炌（陈炌）所论，坐托疾欺罔削籍，臣窃恨之。……今大臣未有不逢相之恶者，炌特其较著者尔。以臣观之，天下无事不私，无人不私，独陛下一人公耳。陛下又不躬自听断，而委政于众所阿奉之大臣，大臣益得成其私而无所顾忌，小臣益苦行私而无所愬告，是驱天下而使之奔走乎私门矣。陛下何不日取庶政而勤习之，内外章奏躬自省览，先以意可否焉，然后宣付辅臣，俾之商榷。阅习既久，智虑益宏，几微隐伏之间，自无逃于天鉴。夫威福者陛下所当自出，乾纲者陛下所当独揽；寄之于人，不谓之旁落，则谓之倒持。政柄一移，积重难返。此又臣所日夜深虑，不独为应元一事已也。（见《明臣奏议》）

此疏责公行私无忌，威福自己，与刘台前后如出一辙。上览奏不悦，立谕将用汲切责，并革职为民。公以“其所言有朝廷政体所关，天下治乱所系者”，乃上疏力辩，略谓：

夫吊丧送殡，人道之常，不但臣无所憾于应元，即应元亦未尝有持秉风裁不为私交之意，但偶不与耳。彼亦何所畏避，而遂以病乞休耶？若其称病之有无虚诈及宪职之果否修举，在炌为堂官，访之必真，臣不知也。前者屡奉明旨，御史托病偷安及差满回道，俱着都察院着实纠劾考察。然掌院之臣竟未闻有执法奉行者。今独炌有此举耳，而遂为人所诬指胁制。则后之居是任者必将以炌为戒，宁背违明旨，而不敢结怨台臣，相与务为共同欺蔽，以致纪纲陵替而不可收拾，岂朝廷所以属任台臣振扬风纪之意耶？……至…谓皇上当独揽乾纲，不宜委政于众所阿附之元辅，此则其微意所在，乃陷臣之机穽也。……明主劳于求贤而逸于得人，故信任贤臣者，正所谓揽权也。岂必若秦始皇之衡石程书，刚愎自用；隋文帝之猜忌任察，谗害忠良，而后谓之有权耶？……夫国之安危在于所任，今但当论辅臣之贤不贤耳。使以臣为不贤耶，则当亟赐罢黜，别求贤者而任之。如以臣为贤也，皇上以一身居于九重之上，视听翼为不能独运，不委之于臣，而谁委耶？先帝临终，亲执臣手，以皇上见托。今日之事，臣不以天下之重自任而谁任耶？羁旅微贱之臣，一旦处百僚之上，据鼎铉之任，若不得明主亲信委用，又何以能肩巨负重而得有所展布耶？况令各衙门章奏，无一不经圣览而后发票。及臣等票拟上进，亦无一不请圣裁而后发行。间有特出宸断，出于臣等智虑所不及者。今谓皇上漫不经意，一切委之于臣，何其敢于厚诬皇上耶？……缘臣赋性愚戆，不能委曲徇人，凡所措画，惟施一概之平。法所当加，亲故不宥；才有可用，疏远不遗。又务综核名实，搜剔隐奸，推毂善良，摧抑浮竞，以是大不便于小人。而倾危躁进之士，游谈失志之徒，又从而鼓煽其间，相与怂恿撺嗾，冒险钓奇，以觊幸于后日，为攫取富贵之计。蓄意积虑，有间辄发，故向者刘台为专擅之论，今者用汲造阿附之言。夫专擅阿附者，人主之所深疑也。日浸月润，铄金销骨，小则使臣冒大嫌而不自安，大则使臣中奇祸而不自保。明主左右既无亲信重臣，孤立于上，然后呼朋引类，借势秉权，恣其所欲为，纷更变乱，不至于倾覆国家不已。此孔子所以恶利口，大舜所以疾谗说也。臣日夜念之，忧心悄悄，故敢不避烦渎，一控兹圣明之前，遂以明告于天下之人，臣是顾命大臣，义当以死报国，虽赴汤蹈火，皆所不避，况于毁誉得丧之间。皇上不用臣则已，必欲用臣，臣必不能枉己以徇人，必不能违道以干誉。台省纪纲必欲振肃，朝廷法令必欲奉行。奸宄之人，必不敢姑息以挠三尺之公；险躁之士，必不敢引进以坏国家之事。如有捏造浮言，欲以荧惑上听紊乱朝政者，必举祖宗之法，请于皇上而明正其罪。此臣之所以报先帝而忠于皇上之职分也。（《乞鉴别忠邪以定国是疏》）

疏上，奉上谕："朕践阼之初，方在冲幼，赖卿受遗先帝，尽臣辅佐，以至于今。纪纲振肃，中外乂宁，此实宗社之灵所共昭鉴。惟是奸邪小人，不得遂其徇私自便之计，假公伺隙肆为谗谮者，累累有之。览奏忠义奋激，朕心深切感动。今后如再有讹言诪张挠乱国是者，朕必遵祖宗法度，置之重典不宥。卿其勿替初心，始终辅朕，俾臻于盛治，用副虚己倚毗至怀！吏部知道！"观此谕，无论出自上意，抑系秉承母后意旨，似尚能鉴公忠诚而悉心信任之者。乃厥后公殁未久，遗疏在耳，遽信奸珰之谗，入公于罪。出乎反乎，前后判若两人，抑又何耶？用知专制淫威，喜怒不测，诚有难乎其为臣者矣！

公自迭遭攻击，虽以内省无惭，幸获安于其位，得以尽心竭力，从事于政治主张之实现。加以神宗表面上固犹信任有加，敬礼备至，一切政治设施自可依次实行，无虞掣肘。此自专制时代政治家之立场观之，未始非千载一时之际遇。顾以群僚侧目而视，谤讟萃于一身；一令出则阳奉而阴违，一事举则面谀而腹诽。虽以公之劳怨不辞，形神固已交感疲顿。遂于万历八年三月一再上疏乞休。其第二疏言之尤切，略谓：

今臣之乞去，亦非敢为决计长往也，但乞数年之间，暂停鞭策，少休足力。倘未即填沟壑，国家或有大事，皇上幸而召臣，朝闻命而夕就道，虽执殳荷戈，效死疆场，亦所弗避。是臣之爱身，亦所以爱国也。（《再乞休致疏》）

其言可谓竭诚挚之忱而极哀婉之致矣。顾疏上终不报，慈圣太后并谕上曰："张先生受先帝付托，岂忍言去？俟辅尔至三十，却再审处，让后人，非晚也。"公不获已，乃不复言去。因是积劳致疾，至万历九年九月遂卧病。上频颁敕谕问疾，大出金帛为医药资。公因上数遣中官趣召，乃力疾强起。至翌年（万历十年）二月公疾复作，四阅月不愈。上屡降手谕问安否，赐内府厨馔，并视医药。百官亦斋醮为祈祷。上命阁臣张四维等理阁中细务，大事即公家平章。及疾革，复一再上疏乞赐骸骨，俾生还乡里，上终不允。是年夏六月二十日，此一代伟人乃终于尽瘁而死矣。讣闻，上震悼辍朝。遣司礼太监张诚监护丧事，赐赙甚厚。两宫太后及中宫均赐金币。赐祭十六坛。赠上柱国，谥文忠，归葬江陵。

公既薨，张四维遂代为首辅。四维者，公所荐士也，方其初入直，恂恂若属吏，不敢以僚自处。辽东初奏大捷，四维未与功赏，已自不慊于心。及辽东再捷，江陵适归葬父，帝归功于公，使使驰谕，俾定爵赏，公因即条列以闻。时次辅吕调阳已与四维等议定功级，而冒滥颇多。公以赏罚明当，乃足劝惩，乖谬如此，殊为可憾，乃就浮滥者悉追夺之。调阳内不自安，随乞休去，四维因更衔恨于心，亟思报复。及继公为政，又与公所荐引王篆、曾省吾等交恶，因更迁怒于公，欲得而中伤之于身后。适奸珰张诚构公于帝前，四维察帝眷公之意已移，遂亦从而下石。于是公殁后甫年余，而奇祸作矣。据周圣楷所撰公本传，公之身后惨祸，有如左述：

会公卒，上所幸珰张诚以保（冯保）与公交结专恣奏闻，上心动。其与四维善者泄之四维，遂嗾其门人极论保以尝上，上谪保南京而籍其家。言事者窥望风旨，益务攻公为奇，并及其党。于是夺上柱国太师，再夺谥，削其诸子官。御史羊可立者，追论公罪，因谓公以私构辽庶人宪㸅狱。庶人妃因讼狱，且曰："庶人金宝万计，尽入居正府矣。"

上心艳其事，以可立籍公家，乃命张诚及刑部右侍郎邱橓偕锦衣卫指挥给事往，并勘故构王宪㸅事。王宪㸅者，其父王薨，未立，而公之祖父为护卫卒。太妃闻公少警，且与王同岁，召而奇之。赐食，而坐王宪㸅于其下，且谓："而不才，当为张生穿鼻。"王宪㸅以是惭而衔之。会公登第，召其祖虐之至死，而王淫酗，横暴其国，远近皆怨之，弹劾屡上，遂至削国，以幽死。所谓金宝者，仇语也。邱橓等籍其家，惧不中程，乃拘其诸子，备极榜笞。长子敬修自缢死，家人死者累累，而荆、楚之间骚然株及矣。狱成，命削公秩，夺前所赐玺书四代诰命，谪其子编修、嗣修戍。

又据《明鉴》（卷十）载称："时潞王婚礼所需珠宝未备，太后以为言。上曰：'办此不难，年来廷臣无耻，尽献张、冯二家耳。'自此内中张先生称谓，绝以为讳；而籍没之举亦胎于此"。又云："籍没其家产，其产不及严嵩二十分之一。……上曰：'张居正诬蔑亲藩，箝制言官，蔽塞朕聪，专权乱政，罔上负恩，谋国不忠，本当斫棺戮尸。念效劳有年，姑免尽法。'"《明史》本传述其籍没时之惨状，谓："守令先期录人口，锢其门，子女多遁避空室中。比门启，饿死者十余辈。诚（张诚）等尽发其诸子兄弟藏，得黄金万两白金十余万两。其长子礼部主事敬修不胜刑，自诬服寄三十万金于省吾（曾省吾）、篆（王篆）及傅作舟等……”（江陵本传）。而敬修所写血书，至谓：“……其当事噂沓之形与吏卒咆哮之景，皆生平所未经受者，而况体关三木首戴幪巾乎？在敬修固不足惜，独是屈坐先公以二百万银数；不知先公自历官以来，清介之声，传播海内，不惟变产竭资不能完，即粉身碎骨亦难充者。……且虑会审之时，罗织锻炼，皆不可测，人非木石，岂能堪此？今幽囚仓室，风雨萧条，青草鸣蛙，实助予之悲悼耳。故告之天地神明，决一瞑而万世不愧……先公在朝有履满之嫌，去位有忧国之虑，惟思顾命之重，以身殉国，不能先几远害，以至于斯。而其功罪与今日辽藩诬奏事，自有天下后世公论，在敬修不必辩。独其虚坐本家之银与三家之寄，皆非一时可了之案，则何敢欺天罔人以为脱祸求生之计？不得已而托之片楮，啮指以明剖心。此帖送各位当道一目，勿谓敬修为匹夫小节，而甘为沟渎之行也……”（见《全集·附录二》）呜呼，此真可谓极人世之惨变，有非天理人情所能衡度者矣！

顾吾有不能已于言者，以江陵之忠君爱国，卓著勋劳；以神宗对江陵之信任有加，敬礼备至；而乃于其身殁未几，轻信宵小之谗间，妄借籍没以敛财，徒以一念之贪，竟背君臣之义，凉薄至此，夫复奚言！特自江陵殁后，以神宗之贪黩不君，而又不复有忠诚鲠直之臣如江陵者以匡翼之，继公为政者复鉴于公之以忠直而被奇祸，遂尽反其所为，惟知以阿附取容。于是神宗遂获师心自用，妄作威福，一意孤行，肆无忌惮，而矿税之征求苛扰，尤足以祸国而病民。究其极也，内则民变迭起，已兆闯、献祸乱之机；外则满族崛兴，竟启邦国颠危之渐；于是江陵毕生惨淡经营之中兴事业，虽能暂收转移时势挽回末运之功，而终无补于明室鼎移之局。君子于此，未尝不窃叹神宗之贻祸宗邦，咎由自取，而深惜江陵之相业中绝，继起无人也！

# 第十一章　江陵之政术（一）
## ——概说

江陵丁明室由盛转衰之会，承嘉、隆内忧外患之余，其当前之任务，厥在转移时势，奠定邦基；而其惟一之政治主张，则系以儒者之立场，采法家之精粹，毅然以革旧维新为职志，而以综核名实信赏必罚为旨归。至其所以持此主张之理由，当以李氏岳瑞言之为最审。其言曰：

> 赵宋以来，儒学愈盛而群治愈衰，道德日昌而国势日弱。一二豪杰之士，不为世运之所转移，而特立独行，放大光明于政法之历史。若宋之王荆文公，若明之江陵张文忠公，其学术治术，大都以儒为表，以名法为里。盖未有专师荀、孟、程、朱之家法，而可达致君泽民之志者也。（见本书第四编《李卫公传》）

惟其然也，故江陵不惜殚毕生之精力，以求其政治主张之实现；其于嘉靖时所上《陈时政疏》，及隆庆时所上《陈六事疏》，固已略发其凡；及其柄政以后，更复身体力行，始终弗懈。其任劳任怨生死不渝者以此；其甘冒重嫌备遭攻击者亦以此。其生不见谅于愚昧之同侪，死复获咎于昏庸之幼主者，固由于此；而其卓然超出于众，自别于一般之纯臣良相，巍然跻于中国以至世界大政治家之列，而能当之无愧者，更莫不系于此。今试撷取集中发表政治主张之文字，次而录之，以证吾说。

公有与李太仆渐庵《论治体书》，立言与上述两疏相表里，略云：

明兴二百余年矣，人乐于因循，事趋于苦窳。又近年以来习尚尤靡，至使是非毁誉，纷纷无所归究，牛骥以并驾而俱疲，工拙以混吹而莫辨，议论蜂兴，实绩罔效，所谓怠则张而相之之时也。况仆以草茅孤介，拥十龄幼主，立于天下臣民之上，国威未振，人有侮心。若不稍加淬励，举祖宗故事，以觉寤迷蒙，针砭沉痼，则庶事日隳，奸宄窥间，后欲振之，不可得矣。故仆自受事以来，一切付之于大公，虚心鉴物，正己肃下。法所宜加，贵近不宥；才有可用，孤远不遗。务在强公室，杜私门，省议论，核名实，以尊主庇民，率作兴事。亦知绳墨不便于曲木，明镜见憎于丑妇；然审时度势，政固宜尔。……而庸众喜于委徇，奸宄惮其精核。……乃知庸众之人，难与论寻常之外。

此书要点凡三：就其施政之方针言之，则所谓“法所宜加，贵迟不宥；才有可用，孤远不遗。务在强公室，杜私门，省议论，核名实，以尊主庇民，率作兴事”也；就其施政之动机言之，则所谓“人乐于因循，事趋于苦窳，又近年以来习尚尤靡……议论蜂兴，实绩罔效，所谓怠则张而相之之时也”；至就其施政之反应言之，则所谓“庸众喜于委徇，奸宄惮其精核”也。综言之，公之施政，厥惟励行法家综核名实、信赏必罚之原则而已。

公之持此原则，因非出于偶然，而为势所必至。公之言曰：

国势强则动罔不吉，国势弱则动罔不害。……是以君子为国，务强其根本，振其纪纲，厚集而拊循之，勿使有衅，脱有不虞，乘其微细，急扑灭之，虽厚费不惜，勿使滋蔓，蔓难图矣。（见《全集·杂著》）

又曰：

天下之势最患于成，成则未可以骤反。治之势成，欲变而之乱难；乱之势成，欲变而之治难。夫乱非一日之积也，上失其道，民散于下，贪吏虐政又从而驱迫之；于是不逞之徒乘间而起，堤防一决，虽有智者，无如之何矣。夫吏之被讦也，以虐政毒民，然茹其毒者恒不能讦吏，而讦吏者，皆武断乡曲素不畏官法者也。盗之起也，以迫于饥寒，然饥寒者不能为盗，而为盗者，皆探丸亡命喜乱好斗者也。彼方含毒挟刃以斗一时之衅，而为上者又以乱政驱之；借其怨愤无聊之心，以鼓其好乱不逞之气，焱至火烈，一旦遂欲扑灭之，能乎？故识其几而豫图潜消之，上也；不幸而至于是，在上者有人引咎罪己，拯罢困之民，诛贪贼之吏，使天下之人，系心于上而未睽离，则盗贼之势孤而应之者少。……故势之未成，中材可以保图；势之既成，智者不能措意。（见同上）

公于当时之乱势，既认为由于贪吏之驱迫，则所以应付此趋势以正本而清源者，厥在不得已而用威，以惩贪而安民。故曰：

治理之道莫要于安民。……当嘉靖中年，商贾在位，货财上流，百姓嗷嗷，莫必其命。此时景象，曾有异于汉、唐之末世乎？……隆庆间，仕路稍清，民始帖席。而纪纲不振，弊习尚存，虚文日繁，实惠益寡。……仆每思今不必复有纷更，惟仰法我高皇帝怀保小民一念，用以对越上帝，奠安国本耳。故自受事以来，……锄强戮凶，剔奸厘革，有不得已而用威者，惟欲以安民而已。奸人不便于己，猥言时政苛猛，以摇惑众听。……世儒达治者鲜，虽勉遵上令，而实未得于心。（《答福建巡抚耿楚侗言致理安民》）

彼其用威之理论的根据，则纯粹本诸历史之教训。其言曰：

三代至秦，浑沌之再辟者也。其创制之法，至今守之以为利，史称其得圣人之威。使始皇有贤子守其法而益振之，积至数十年，继宗世族芟夷已尽，老师宿儒闻见悉去；民之复起者，皆改心易虑以听上之令。即有刘、项百辈何能为哉？高皇帝以神武定天下，其治主于威强，前代繁文苛礼乱政弊习，刬削殆尽。其所芟除夷灭，秦法不严于此矣，又浑沌之再辟者也。虽历年二百有余，累经大故，而海内人心晏然不摇，斯用威之效也。（见《全集·杂著》）

公之主张用威，其坚决有如此者。至其实施方法，则一面以威之名义寄于君上，俾增强其效力；一面以威之实权集于内阁，俾发挥其作用。其中经过情形已见前章，兹不复赘。特以当时之“庶事日隳，奸宄窥间”，而公乃临之以威，强所勿欲，则反动之发生，自为当然之结果。顾用威一事，实为公施政所必需。政治上之循名责实，固有待于用威；军事上之整军经武，尤非用威莫办；下至肃清反侧，画一阵容，更赖用威以资后盾。盖当专制时代，欲求政令之必行，而臣民又未能如共和国民之养成服从美德，则与其高谈仁义而鲜功，毋宁使之畏威而能收效也。夫用威之举，既在所必行，则反动之生，公自亦在所不计。故公于《上徐文贞论大政书》中曾有如左之自白：

正自受事以来，昼作夜思，食不甘，寝不寐，以忧公家之事，四年于兹矣。中所措画，要以尊主威、定国是、振纪纲、剔瑕蠹为务，有力排群议、明犯众忌而不顾者，岂诚不知自爱而故以身为怨府哉？窃伏思之，语曰："挈瓶之智，守不失器。"主上冲年，举天下之重而委之于孱弱之身。今不务为秉公灭私，援废起堕，而避流俗之非议，以取悦一时，有如异日者主上明习国事，亲揽庶政，或有废缺而不修，凌替而不振者，必将曰："吾以天下事付若，而今乃至此！"则正虽伏陇亩，填沟壑，有余僇矣。故违众之罪小，负国之罪大；一时之谤轻，异日之谴重也。台谕谓人犹有不相体者，正亦且奈之何哉！惟自殚厥心而已。

"尊主威，定国是，振纪纲，剔瑕蠹……力排群议、明犯众忌而不顾"，此公所以自矢而昭示于天下后世者。公之毅然而出此，非任意为之也，盖公固深信其具有必然之功效也。然则其功效果何如耶？公曰：

诸葛孔明云："法行而后知恩。"今人不达于治理，动以姑息疏纵为德，及罹于辟，然后从而罪之，是罔民也。仆秉政之初，人亦有以为严急少恩者。然今数年之间，吏斤斤奉法循职，庶务修举，贤者得以效其功能，不肖者亦免于罪戾，不蹈刑辟，其所成就者几何？安全者几何？故曰：小仁，大仁之贼也。子产铸刑书，制田里，政尚威猛，而孔子称之

曰："惠人也！"然则圣贤之意，断可识矣。（《答闽抚庞惺庵书》）

又曰：

夫富者怨之府，利者祸之胎。而人所以能守其富而众莫之敢攘者，恃有朝廷之法故耳。彼不以法自检，乃怙其富势而放利以敛怨，则人亦将不畏公法而挟怨以逞忿。是人也，在治世则王法之所不宥，在乱世则大盗之所先窥，乌能长有其富乎？今能奉公守法，出其百一之畜，以完积年之逋，使追呼之吏绝迹于门巷，驯良之称见旌于官府。由是秉礼以持其势，循法以守其富，虽有金粟如山，莫之敢窥，终身乘坚策肥，泽流苗裔。其为利也，不亦厚乎！……夫婴儿不剃首则腹痛，不擗痤则寖疾；而慈母之于爱子，必剃且擗之者，忍于其所小苦，而成其所大快也。仆窃以彼中于执法之吏，当尸而祝之，而又何谤议为哉？（《答应天巡抚胡雅斋言严治为善爱》）

公之以小仁为大仁之贼，以严治为善爱，即其所认为法治之功效。凡持法家功利之说者，其结论大抵如此；而公所恃以应付当时之乱势者，其绰然而有余裕，固已彰彰明矣。虽然，公以儒者而行法治，固已自殚厥心，不避非议，第其所取立场，惟在援法入儒，绝非欲自弃其原有儒者之传统的地位。故其论学，仍一以尊孔为旨归，不过以法家之精神灌注于原有之儒术，使成为法治化之儒术而已。故其言曰：

孔子周行不遇，其持论立言，亦各随根器，循循善诱，固未尝专揭一语如近时所谓话头者，概施之也。告鲁哀公，曰“政在节财”；齐景公，曰“君臣父子”；在卫，曰正名；在楚，曰近悦远来。亦未尝独揭一语，不度其势之所宜者而强聒之也。究观其经纶大略，则惟宪章文武，志服东周，以生今反古为戒，以为下不倍为准。老不行其道，犹取鲁史以存周礼，故曰：吾“志在《春秋》”。其志何志也？志在从周而已。《春秋》所载，皆《周官》之典也。“夫孔子殷人也，岂不欲行殷礼哉？《周官》之法，岂尽度越前代而不可易者哉？生周之世，为周之臣，不敢倍也。……今世谈学者，皆言遵孔氏，乃不务孔氏之所以治世立教者，而甘蹈于反古之罪，是尚谓能学孔矣乎？（《答南司成屠平石论为学书》）

以当世所谓儒者之崇尚“反古”（复古），而公乃引孔子之言，以反古为有罪，是则与法家重法今之旨相符合矣。至其以孔子为例，以明攻儒者之罪，而阴持法家之说，则又吾所谓“援法入儒”，李氏岳瑞所谓“以儒为表，以名法为里”者也。顾公之持此立场，犹不止于对反古之一事，其于王霸之辨，亦复同以一立场出之。其言曰：

忆昔仆初入政府，欲举行一二事。吴旺湖与人言曰：“吾辈谓张公柄用，当行帝王之道，今观其议论，不过富国强兵而已，殊使人失望！”仆闻而笑曰：“旺湖过誉我矣。吾安能使国富兵强哉？孔子论政，开口便说足食足兵；舜命十二牧，曰食哉惟时；周公立政，其克诘尔戎兵；何尝不欲国之富且强哉？后世学术不明，高谈无实。剽窃仁义，谓之王道；才涉富强，便云霸术。不知王霸之辨，义利之间，在心不在迹。奚必仁义之为王，富强之为霸也。”（《答福建巡抚耿楚侗言王霸

之辨》）

慨自子舆氏创为“以德行仁者王，以力假仁者霸”之说，后之儒者，不明其为矫正当时诸侯攘窃攻取之弊，不得已而有此偏激之言，遂致奉为一成不变之圭臬，务为仁义之迂谈，悉屏富强而不顾。充其弊之所极，坐令庙堂之上，借虚惠以粉饰升平，樽俎之间，务退让而侈夸美德；甚且武功不振，则谓为政尚无为，外患凭陵，则视为潢池小寇；至言及富国足民之术，更复视为末务闻声却走，一若食货之资，可以坐谈而致。我国之民贫国弱，积久而莫或挽回，寖假而变本加厉者，孰非呫哔小儒有以尸其咎哉？江陵揭举孔圣足食足兵之旨，义正词严，足令小儒咋舌，其阐扬圣教之功，良非浅鲜，固非仅援法入儒已也。至其所以任法以力求富强者，则又在适应当时之时势，期以富强防患于未萌，故其言曰：

财不足则争，信不足则伪。争与伪，大奸之所资也。何以守险？曰人。何以聚人？曰财。财赡而礼义生，即有大奸盗，莫之敢乘。昔者孔子之论政，曰：“足食足兵，而民信之。”非甚不得已，不敢去一。故善为天下虑者，毋使至于不得已也。夫欲先事弭患，息民固土，惟在拊循爱养哉！唯在拊循爱养哉！（《荆门州题名记》）

此种见解，纯系寓仁义于富强之中，几于融王霸于一炉，故谓为援法入儒也可，即谓为混儒法而一之也，亦无不可。

公之政治主张，大略具见于此，惟公固一躬行实践之大政治家，而非徒沾沾于空泛政论之宣传。其关于政术之文字，要以右举诸篇较有系统，其他一鳞半爪，散见于集中者，殆多就事立言，未足取资参证。加以谤留身后，史有阙文，所有公生平政绩，已多无从考见。今兹所述，缺漏自所难免。所可得而言者，即公之实际的政治设施容多未经著录，但凡公之坐而言者，固莫不起而行也。

# 第十二章 江陵之政术（二）——吏治与用人

世之论者，于人治法治两途每持极端之论调，误以其为绝不相容：持人治主义者，辄以法治易流于刻薄寡恩之弊；持法治主义者，又以人治难免于舞文弄法之讥。实则二者固系相辅而成，未可或有偏废。盖以人治之利在于富有弹性，每足以济法治之穷；法治之长则在公正无私，更足以补人治之短。而况良法莫由自举，惟恃人之善于推行，始获倍彰其效；良吏非必天生，惟赖法之善于将持，始克敬恭厥职。孟子所谓“徒善不足以为政，徒法不能以自行”者此也。江陵深明斯旨，故其为政虽一本法治之精神，而于吏治与用人固亦斤斤致意。其综核名实、信赏必罚之政治主张，于此因亦获得具体之表现。关于此点，《行实》曾有如左之记述：

太师……自登仕籍，伉厉守高，不植党与。既入政府，调剂宇内，遂杜绝私门，戒阍者无敢通一刺，为人造请。已诸公咸亮其特介，不为私谒……百司庶府，罣于吏议者，即不挠法回芘，终能自效，寻复振之。襟度汪夷，不憙苛察，不以一眚掩大节，有人指摘细过，置而不问；独于人劳勚记存不忘，推奖恐后。诸司建白，惟良是采；若窾言无当，虽文弗录。士一见其姓名，即得其材指高下；他日遇事，握铨者或难其人，必指某某优为之，卒能其官，如所鉴不谬。……先皇帝时，专务资格，人莫得竟其才，官职至耗乱也。今上诏行久，一简众职，尊礼公卿大臣。郡国守相有治行异等者，皆进于廷陛，上亲慰劳之，赐玺书金绮羊酒。六曹尚书郎积有功能，得拜卿寺，不得更相除调。外臣有所调选，悉就近其地，察繁简通塞，并用三途。督府部使者，论荐所部吏，与简台谏，皆以四分之一待孝廉明经茂才，有举不及格者罚。小吏如杨果、赵腾蛟等得为令长行。……暴官墨吏，下所司论罪，悉尽本法。然禁诽谤，理诖误，许所系治吏得执奏；设举刺失实，或有异同，必令推详；其或有赏罚疑误者，许觐吏得廷辨之。以故凡在有位，感激怀奋，皆抱功修职，不肯谒告，不以趋走逢上，其已得除书及以使事修觐入贺行者不宿于家。各务教养实政，不肯取办簿书期会。众贤辐辏，仕路廓清，即虞廷师师，周士济济，不是过矣。

公之吏治用人，大体具见于此。兹再择其有关吏治用人之文字，次而录之，以见公之以人治佐法治者，其努力为何如也。

公生平泛论吏治用人之文字，不可胜数，兹摘录数节于左：

窃惟治理之道莫要于安民。《书》曰："民惟邦本，本固邦宁。"民安邦固，即有水旱盗贼敌国外侮之虞，而人心爱戴乎上，无土崩瓦解之势，则久安长治之术也。然欲安民，又必加意于牧民之官。（《请择有司以安民生疏》）

致理之要，莫急于安民生。安民之要，惟在于核吏治。前代令主，欲兴道致治，未有不加意于此者。（《请定面奖廉能仪注疏》）

安民之要，在于知人；辨论官材，必考其索。（《进职官书屏疏》）

窃闻致理之要，在于安民，欲民之安，责在守令。……故今振举纲维，精核吏治，章之以雷电，悬之以象魏，要在啮其物，去其鲠，使上泽得以下究，下隐得以上通而已。（《答山东抚院李渐庵言吏治河漕》）

为国之法似理身：元气欲固，神气欲扬。广中患不在盗贼，而患吏治之不清，纪纲之不振，故元气日耗，神气日索。数年之前，论者谓朝廷已无广中矣。自公一振之，而倾者安，黠者戮，炎州以宁。岂易地易民哉？元气渐固，神气始畅耳。今……仆日斤斤焉以振纪纲察吏治安民生为事。愿公持而行之，毋渝其初心，毋畏于群议，则元元之幸也。（《与殷石汀论吏治》）

近来吏治颇为清肃，惟司牧者不以民事为急，崇尚虚文，计日待迁，终鲜实效。夫均徭、赋役、里甲、驿递，乃有司第一议，余皆非其所急也。四事举则百姓安，百姓安则邦本固，外侮可无患矣。惟公留意焉！（《答保定巡抚孙立亭》）

广中数年多盗，非民之好乱，本于吏治不清，贪官为害耳。夫官贪则良民不怀，奸民不畏，而盗贼利足以啖之，威足以慑之，何惮而不为盗？（《答两广殷石汀》）

吾观今之为治者，而知吏之难也。夫吏之难，非治民之难也，事人之难也；非得下之难也，悦上之难也。夫事使之数不同，而人之材力有限。譬以什计也：闲僻之地，事简而虑优，吏之材力五在上而五在下，其半犹及民也，稍繁，则逮下者什三而已；又繁，则逮下者什一而已。为人上者，可以爱憎喜怒殿最之，则虽有倜傥卓荦之士，必不能以什一者事上，而以什九者逮下。何则？势所趋便也。（《赠荆门守黄君升开封贰守序》）

人之所以畏吏而必欲赂之者，非祈其作福，盖畏其作祸也。

（《杂著》）

夫吏也者，所以治民者也，所以“使上泽得以下究，下隐得以上通”，以固其元气畅其神气者也；今乃一反其所应为，对下则贿赂公行，对上则趋承恐后，至使良民不怀，奸民不畏，甚且挺身为盗，摇动国基，孰令致之，至于此极？此江陵所以不得不亟亟焉以整饬吏治为治国安民之要道也。公之整饬吏治，就其一般的原则言之，固不外乎本法家严正之精神，以综核名实、信赏必罚为要务；至就其具体的方法言之，则其致力以实施者，约有六端，今试分述如次：

一曰明职守　在昔专制时代，为君上者类多猜忌性成，防闲心切。其于设置官职，或则权责不分，借使互相牵制；或则名实不符，竟令位同虚设。此其作用固在谋集权于君主，免太阿之倒持。无如事权既属不明，责任即难确定，驯致趋利避害，诿责争权，怠玩者固多尸位素餐，跋扈者更易越权生事。即以明制而论，在中央则内阁虽司相职而权不集中，致阁部之纠纷时起；在各省则抚按既属同僚而责可互诿，致有司之督导无方，积弊相沿，吏治遂不堪究诘矣。江陵有见及此，故于柄政以后，对中央则力求提高相权，使政权集于内阁，阁权集于首辅，而以六部隶诸内阁，俾收指臂相助之功，其经过情形已具见前述；至其对于各省则务在画清抚按之职掌，而严令分工合作，以负督导有司之责，公自述其主张云：

抚按职掌不同，政体亦异。振举维贤，察举奸弊，摘发幽隐，绳纠贪残，如疾风迅雷，一过而不留者，巡按之职也。措处钱粮，调停赋役，整饬武备，抚安军民，如高山大河，奠润一方而无壅者，巡抚之职也。近来抚按诸君不思各举其职，每致混杂，下司观望，不知所守，以故实惠不流。至于直指使者往往舍其本职而侵越巡抚之事，违道以干誉，徇情以养交，此大谬也。因忆嘉靖间有周如斗者，巡按苏松，信豪宦之言，博流俗之誉，将应征钱粮概行停免；士民悦之，为建生祠，奏留再历，遂超陟苏松巡抚。及为巡抚，则钱粮征发，百责攸萃，不复能行其宽贷之政，将以前免停逋赋复行征派；于是士民怨之，毁其生祠，刊布谤书。向之称颂德美者，转而为怨怼忿恨矣。何则？驩虞之术易穷，众庶之欲难厌也。况此中人情叵测，众庶难调，惟一以大公至正行之，庶得无咎无誉耳。（《答苏松巡按曾公士楚言抚按职掌不同》）

此明示抚按之职掌各有不同，而使其无相侵越或推诿也。然公之意固不仅在画清其职掌，而在使其分别督导有司，故曰：

夫有司官卑，岂敢与大官相抗？所赖以行法振弊者，全在抚按耳。抚按官狃于故常，牵于私意，而责有司以奉法令，抗大官，势不能也。朝廷欲法之行，惟责之抚按，不责之有司。异日倘有犯者，或别有所闻，则抗命之罪，必当有归。（《答总宪李渐庵言驿递条编任怨》）

以我国幅员之广，各省区域之大，中央之政令纵极严明，亦难免鞭长莫及，计惟责成抚按督导有司以奉行法令，庶几纲举目张，令行政肃，在版图辽阔之国家，非如此固不足以使其法令推行全国，而收风行草偃之功也。

夫中央既有集中政权之首辅以平章政令，各省复有职守分明之抚按以督导有司，权责既各有攸归，事功乃计程可待。凡一政令之行，朝廷以责之内阁，内阁以责之六部，六部以责之抚按，其下则阁部责之在朝之臣工，抚按责之该管之僚佐，系统既有条不紊，自无怪百僚之奉令惟谨，政治风气且因之而日趋严肃也。

二曰慎甄选　自来治国之要，首在得人。虽有贤君良相，势难事必躬亲，而必有待于慎选贤才，以资佐理。江陵用人之术，于《陈六事疏》中已可略见梗概。其言曰：

用舍进退一以功实为准，毋徒炫于虚名，毋尽拘于资格，毋摇之以毁誉，毋杂之以爱憎，毋以一事概其生平，毋以一眚掩其大节。

公于贤才之甄选，其矜慎公正有如此者。此外关于引用人才之言论尚多，兹摘录数条于左：

夫人才难知，知人固未易也。不谷平日无他长，惟不以毁誉为用舍。其所拔识，或出于杯酒谈笑，或望其丰神意态，或平生未识一面，徒察其行事而得之，皆虚心独鉴，匪借人言。故有已跻通显而其人终身不知者。如公所言，成冀援于众力，借誉于先容，若而人者，焉足以得国士，而士亦孰肯为之用哉？（《答藩伯贺澹庵言得国士》）

天生一世之才，自足一世之用。顾持衡者每杂之以私意，持之以偏见，遂致品流混杂，措置违宜，乃委咎云乏才，误矣！仆之浅薄，虽不足以与知人，然一念为国之公，实无所作。故自当事以来，谆谆以此意告于铨曹，无问是谁亲故乡党，无计从来所作眚过，但能办国家事，有礼于君者，即举而录之。（《答同卿李渐庵论用人才》）

所荐诸贤，皆一时之俊，处吾夹袋中，宁止朝夕；虽未免各有所

短，然取其所长，皆为国器。若诸公能不恃其长，刮磨微颣，致其莹美，则希世之宝矣。（《答总宪张崌崃言用人》）

右举各条，泛论用人，足与《陈六事疏》所言相表里。至其衡论人才，则务以质实为归，同时慎别其诚伪，以免为所蒙蔽。公之言曰：

学之利用也诚难哉！三代亡论已。先汉人才瑰玮卓荦，彬彬鲜与为俪。后世诸儒，或谓不学无术，或谓适道之难，且犹慊然少之。假令今肤言润论之士，诚得际会操柄，共所与发建树，视彼何如？大都任本质者诚以达材，骛空言者辨而无当；此其大较不可明见耶？（《赠罗惟德擢守宁国叙》）

此言人才贵质实也。又曰：

今吴中制器者竞为古拙，其耗费财力，类三年而成楮叶者，是以拙为巧也。今之仕者，以上之恶虚文责实效，又骛为拙直任事之状，以为善宦之资，是以忠为诈也。呜呼！以巧为巧，其弊犹可救也；以拙为巧，其弊不可救也。以诈为诈，其术犹可窥也；以忠为诈，其术不可窥也。（《杂著》）

此言为忠为诈者宜慎防也。公不嫌反复叮咛以出之，可知诚笃质实者之不易得矣。

三曰专责成　专责成者，谓用人当假以事权，勤予指导，俾能展其所长，补其所短；而尤贵在信而任之，庶几事无掣肘，功可期成，驭下之方殆不外是矣。公于甄选人才既备致矜慎，而于其登庸以后，即推心置腹，信任惟专。其《陈六事疏》所谓“欲用一人，须慎之于始，务求相应；既得其人，则信而任之，如魏文侯之用乐羊，虽谤书盈箧，而终不为之动”者，意即在此。公持此主张以用当世诸贤，如“蜀则曾省吾，闽则殷正茂，两粤则凌云翼，河道则潘季驯，蓟辽各镇，则张学颜、王崇古、梁梦龙、谭纶辈”（见《全集》附录二沈鲤张文忠公论》），皆以专任一方而勋业烂然。《明史》所谓“居正喜建树，能以智数驭下，人多乐为之尽力”者，实未足为定论，盖江陵之所以得人，纯系专责成笃信任有以致之，固非恃其“智数”以牢笼天下士也。公于所用诸人信任之笃，责成之专，指导之勤，每于其所致书牍中见之，兹略举一二以示例证：

先后奉手教，皆有钉封，捧读数回，不胜于邑。窃谓古人居官，有解组弃印，浩然求去。咸以不获知于主，志不得行；或其主虽知之，而为当时执政者所排忌；或有硕画妙算，而当事者不为之主持，使其忠谋不售；则其去宜矣。仆自去岁曾面奏主上曰：今南北督抚诸臣，皆臣所选用，能为国家尽忠任事者，主上宜加信任，勿听浮言苛求，使不得展布。主上深以为然，且奖谕云：先生公忠为国，用人岂有不当者？故自公当事以来，一切许以便宜从事，虽毁言日至，而属任日坚。然仆所以敢冒嫌违众而不顾者，亦恃主上之见信耳。主上信仆，故亦信公。则公今之求去者，为不获于上乎，为不合于执政乎？二者无之，而独以浮忌之口，即欲引去；是忍于背君相之知，而重于犯庸众之口也。愿公勿

复以为言。(《答殷石汀言宜终功名答知遇》)

广事之坏已非一日。今欲振之，必宽文法假便宜乃可。近来议者纷纷然。朝廷既以阃外托公，任公自择，便宜行之，期于地方安宁而已。虽弹章盈公车，终不为摇也。(《答殷石汀》)

治河之役，朝廷以付托于公者甚重。……承示恐流言之摇惑，虑任事之致怨。古人临事而惧，公今肩巨任事，安得不为兢兢？若夫流议怨谤，则愿公勿虑焉。孤浅劣无他肠，惟一念任贤保善之心，则有植诸性而不可渝者。若诚贤者也，诚志于国家者也，必多方引荐，始终保全，虽因此冒嫌蒙谤，亦无闷焉。……子产曰：“政如农功，日夜以思之，思其始而图其终，行无越思，如农人之有畔。”愿公固审熟虑，集思广益，计定而后发，发必期成。至于力排众议，居中握算，则孤之责也。(《答河道司空吴自湖言任用的人任事》)

四曰重久任　今日泰西各国于所谓事务官，类皆予以服务之保障，非有违法黩职情事，绝不随意更动，借资熟练，甚且有终身任职之规定者，其于司法官行之尤严。盖以历任既久，则消极方面固可使安于其位，无复五日京兆之心；积极方面更可使忠于所司，俾睹三年有成之效。意美法良，莫逾于此。江陵既注重吏治用人，于久任之利自早经见及。《陈六事疏》谓：“官不久任，事不责成，更调太繁，迁转太骤，……如此则真才实能之士何由得进，而百官有司之职何由得举哉？”所言可谓深中时弊。故公于一切官吏皆重久任，尤于守令为然，其言曰：

在京各衙门佐贰官，须量其才气之所宜者授之，平居则使之讲究职业，赞佐长官；如长官有缺，即以佐贰代之，不必另索。其属官有谙练故事尽心官守者，九年任满，亦照吏部升授京职，高者即转本衙门堂上官。小九卿堂官品级相同者，不必更相调用。各处巡抚官果于地方相宜久者，或就彼加秩，不必又迁他省。布按二司官，如参议久者，即可升参政，佥事久者，即可升副使，不必互转数易，以滋劳扰。（《陈六事疏》）

君子之政，任必久而后洽，功必久而后成。汉时守令，便于民者，辄赐玺书褒美，稍增其秩，不数易之，故世之言吏治者称两汉。然余不敢远引异代，即如国初，守令久者至十余年；而何文渊、刘德皆用太守积劳，擢拜九卿，重任而责成，故良吏辈出，治亦近古。（《赠袁太守入觐奏绩序》）

如右所述，守令既以久任而舆情日洽，百官亦以久任而历练日深，再加以责成必专，信任必笃，如此则人以感激而乐于为用，事以熟练而易于观成。江陵柄政以还，吏治之精明卓绝，夫岂偶然也哉？

五曰严考察　责专任久，固可使人尽其才，事尽其功；然以中国之大，内而中央，外而各省，庶政既繁，百官尤众，势难使人无不贤，事无不举。于此而欲甄别人之勤惰贤愚，判明事之废兴因革，借为进退黜陟之准绳，而生提高效能之作用，则考察尚已。考明自洪武以来，早有定期考察京内外臣工之成法。据《明史·选举志》载称：

考满、考察二者相辅而行。考满论一身所历之俸，其目有三：曰称职，曰平常，曰不称职，为上中下三等。考察通天下内外官计之，其目有八：曰贪，曰酷，曰浮躁，曰不及，曰老，曰病，曰罢，曰不谨。考满之法：三年给由曰初考，六年曰再考，九年曰通考，依职掌事例考核升降。诸部寺所属，初止署职，必考满始实授。外官率递考以待核。杂考或一二年，或三年。郡县之繁简或不相当，则互换其官，谓之调繁调简。……考察之法：京官六年，以巳、亥之岁，四品以上，自陈以取上裁，五品以下，分别致仕降调闲住为民者有差，具册奏请，谓之京察。自弘治时，定外官三年一朝覲，以辰、戌、丑、未岁……察典随之，谓之外察。州县以月计上之府；府上下其考，以岁计上之布政司；至三岁，抚按通核其属事状，造册具报，丽以八法而处分，察例有四，与京官同。明初行之，相沿不废，谓之大计，计处者不复叙用，定为永制。（《明史》卷七十一《选举志》三）

似此规定，以与现代科学性的考成方法相较，虽犹远逊其正确；然果使严格执行，亦未始不足为综核名实之一助。所惜历时既久，类多视同具文，敷衍将事，一暴十寒，张弛靡定，吏治之坏，此其一端矣。江陵初登枢府，即以厉行考察为首务，盖非徒实施其法治之主张，亦以应付当时之局势。结果卒使既坠之朝纲，因之而一振。由斯可知苟能执法以绳，则法纵未尽臻妥善，固犹愈于无法也。自后公遂按期举行京察外察，以为综核名实之依据。至其考察方法，则视定制尤为严厉。公于万历四年七月所上《请择有司以安民生疏》，曾述其所拟之方法如次：

明春又当外官考察之期……伏望特敕吏部，令其预先虚心访核各有司官贤否，惟以安静宜民者为最，其沿袭旧套虚文矫饰者，虽浮誉素隆，亦列下等。抚按以此核属官之贤否，吏部以此别抚按之品流，朝廷以此观吏部之藻鉴。若抚按官不能悉心甄别，而以旧套了事，则抚按官为不称职矣，吏部宜秉公汰黜之；吏部不能悉心精核，而以旧套了事，则吏部为不称职矣，朝廷宜秉公更置之。庶有司不敢以虚伪蒙上，而实惠旁敷，元元之大幸也……

此法以逐级考核为体，以负责连坐为用，可谓精密已极。顾公仍恐百僚乐于苟安，难免不尽不实，又实施随事考成以补其不足。关于随事考成之方法，公于《陈六事疏》“重诏令”一节已略加陈述，后于《请稽核章奏随事考成以修实政疏》中，又为详细之规画，略如左述：

请自今伊始，申明旧章，凡六部都察院遇各章奏，或题奉明旨，或覆奉钦依，转行各该衙门，俱先酌量道里远近，事情缓急，立定程期，置立文簿存照，每月终注销，除通行章奏不必查考者，照常开具手本外，其有转行覆勘、提问议处、催督查核等项，另造文册二本，各注紧关略节及原立程限，一本送科注销，一本送内阁查考。该科照册内前件逐一附簿候查，下月陆续完销，通行注簿。每于上下半年缴本，类查簿内事件有无违限未销，如有停阁稽迟，即开列具题。候旨下各衙门诘问，责令对状。次年春夏季终缴本，仍通查上年未完，如有规避重情，指实参奏；秋冬二季亦照此行。又明年仍复挨查，必俟完销乃已。若各该抚按官奏行事理有稽迟延阁者，该部举之；各部院注销文册有容隐欺蔽者，科臣举之；六科缴本具奏有容隐欺蔽者，臣等举之。如此月有考，岁有稽，不惟使声可中实，事可责成；而参验综核之法严，即建言立法者亦将虑其终之罔效，而不敢不慎其始矣。致理之要，无逾于此。

此种随事考成之法，注重平时效率，以视定期考察之历时久而始见成效者，自属更进一步。顾公犹以为未足，则以奏报倘与事实不符，其易被察觉者无论矣，万一竟为所欺蔽，将恃何术以发其奸而纠其失乎？于此公又采用探访诰诫之法以资补救。公于京内外重要事件，辄设法详为探访，随时听取情报，一旦发觉奏报不实或隐匿不报，轻则予以私函之诰诫，重则施以朝旨之申斥，务使其不敢稍存欺罔。试举《答应天巡抚孙小溪言捕盗》一书以为例证：

承俯询奏报贼情事，谓别处不报，而独责之江南，似以朝廷为多事烦苛者，是未细绎前旨也。夫奏之与报，事体不同，奏谓奏闻朝廷，报谓申报上司，详前旨云。抚按严督兵备等官整饬武备，时常体访，如有盗贼生发，务要即时从实申报，重大者奏闻，宽限设法缉捕。夫谓如有盗发即时申报，则不问城内外皆当申报上司矣；谓重大者奏闻，则非重大者虽城内亦不必奏闻矣。然盗发虽有远近，贼情虽有大小，抚按皆当一体严督有司设法缉捕者，此旨意也。昨镇江之事，朝廷原未责其不奏，但恶其不报，及报不以实耳。贺氏之贼发于去秋，而今岁三月间抚按始知之，是曾申报否乎？南都已获蔡朋，行该府缉捕夥盗，而该府不认，以为乌有，是曾失事否乎？范良吕、袁漳等家被盗，皆以未尝失财为解，乃其赃固获于浙中也，其所报实乎否也？江南以隐匿盗情为常事，数年之间，一发于扬州，再发于太平，今三发于镇江，至使失主被伤而不敢承，大盗公行而莫之问，则法纪荡然矣，别处曾有是乎？朝廷以四方之耳目为耳目。今地方官扶同欺罔，抚按耳目已尽为所涂；乃朝廷别有所闻，一行诘究，遂以为多事，为烦苛，是欲使欺隐之弊驯至如秦、元之末季而后已也。承问，敢直陈其愚，幸惟鉴原！

似此厉行严格考察，既以定期考察核其实，又以随事考成责其效，复以探访诰诫戒其欺，三者备而综核名实之功毕矣。公之为此，固非以察察为明，要在整饬纪纲，责求功效，以提高行政之机能而已。但以因循怠玩之臣僚当之，自难免因其督责过严而心怀怨望。而素以宽大自命之所谓儒者，对之尤深感不满。如万历八年刑部侍郎刘一儒上书江陵，即可见若辈心理之一斑。其书云：

窃闻论治功者贵精明，论治体者尚浑厚。自明公辅政，立省成之典，复久任之规，申考宪之条，严迟限之罚，大小臣工鳃鳃奉职，治功能精明矣。愚所过虑者，政严则苛，法密则扰。今综核既详，弊端剔尽，而督责复急，人情不堪，非所以培元气而养敦厚之体也。昔皋陶以宽简赞帝舜，姬公以敦大告成王，沦洽当代，矩矱后世，愿明公法之。（见《明史纪事本末》江陵柄政节）

夫公之所尚者事功，所重者效率，公之异于一般儒臣者在此，公之卓然成为大政治家者亦系于此。公既自有其独到之政见，则于此等浑厚之说，宁肯降心相从耶？宜其虽身为怨府而终毅然不顾也。

六曰明赏罚　既经严格考察以后，对于臣工之功过已有明确之认识，自须继之以公平而严峻之赏罚，始足以完成真正的法治主义之使命。公于此力本法家之严正的精神，一以信赏必罚为原则。其所着重之点凡三：曰公平，曰严峻，曰不重资格而重劳绩。其言曰：

慎重名器，爱惜爵赏，用人必考其终，授任必求其当。有功于国家，即千金之赏，通侯之印，亦不宜吝；无功国家，虽嚬笑之微，敝裤之贱，亦勿轻予。（《陈六事疏》）

法所当加，虽贵近不宥；事有所枉，虽疏贱必申（《与李太仆渐庵论治体书》）。

韩信驱市人而用之，卒以成功，赏罚明信，任当其才也。（《答耿楚侗》）

人之才具亦不甚相远，唯赏罚明而信任笃，则人皆可使也。（《答福建巡抚耿楚侗》）

此其主张法贵公平之说也。又曰：

但导民以行不以言。《孙子》云："约束不明，申令不熟，将之过也；约束已明，申令已熟，而士不用命，则士之过也，杀之无赦。"故能使妇人女子皆赴汤火冒白刃而不避。今治吏亦然，科条既布，以身先之；有不如令者，姑令之申之，申令已熟，则不问官职崇卑，出身资格，一体惩之，必罪无赦。如是，即欲今之为吏者，皆龚、黄、卓、鲁可也。若徒以言语教诏之，虽口破唇焦，毕竟何益。（《答四川巡抚张濅滨》）

旧染颓俗，久难骤变。彼顽梗玩肆之人，以为法虽如是，未必行

也。今量处数人，以示大信于天下，庶几有所惮而不敢犯乎！（《答顺天张巡抚》）

古之贤圣，所遇之时不同，而处之之道亦异。易大过栋挠，《象》曰：刚过乎中。当大过之时，为大过之事，未免有刚过之病。然不如是不足以扶倾而安国，栋挠而本末弱矣。……仆以一竖儒，拥十余龄幼主而立于天下臣民之上，威德未建，人有玩心。况自隆庆以来，议论滋多，国是靡定，纪纲倒植，名实混淆。自仆当事，始布大公，彰大信，修明祖宗法度，开众正之路，杜群枉之门，一切以尊主庇民、振举颓废为务，天下始知有君也。而疾之者，乃倡为异说，欲以抑损主威，摇乱朝政，故不得不重处一二人，以定国是，以一人心。盖所谓刚过乎中，处大过之时者也。（《答奉常陆五台论治体用刚》）

此其主张法贵严峻之说也。又曰：

不择难易而受任者，人臣之分也；均节劳逸而效功者，劝臣之道也。余窃见今用守令与迁转之法，不重地之难易，事之繁简，一以资格为断。太守治郡有效，满岁称职，才得拜一级为按察使副。即有卓绝异等，殚精毕力，亦不得蓦常格。而优游简僻，纵无他长，亦得积日累岁，擢升是官。如是劳逸无等也，即人心何劝？方今吏治颓靡，民俗疲瘵，意者且将少变今法，以重择守令而后可耶？夫欲重守令，则必显能治剧难有劳苦功多者，以风天下。（《赠袁太守入觐奏绩序又一首》）

此其主张法宜不重资格而重劳绩之说也。公对于赏罚所持之主张大致如此。其见诸行事者，如万历五年慈圣太后以神宗大婚期近，谕令停刑，而公以“若弃有德而不用，释有罪而不诛，则刑赏失中，惨舒异用”，坚持不可，即其例证也。

综上六端，盖即公法治精神之所系。亦即公整饬吏治之所归。公之所以能振废起堕，拨乱反正，蔚为一代之大政治家者，非幸也，彼固有以致之也。善夫王氏振先之言曰：

吾国历史数千年间，其足以称大政治家者，未有不具法治之精神也。……古来崇法治者，于春秋得二人焉，曰齐管仲，曰郑子产；于战国得一人焉，曰秦公孙鞅；于汉季得一人焉，曰蜀诸葛亮；于晋得一人焉，曰前秦王猛；于宋得一人焉，曰王安石；于明得一人焉，曰张居正。之数子者，皆身当危局，排众议，出明断，持之以刚健之精神，纳民于公正之轨物，卒能易弱为强、易贫为富，措一国于泰山之安。果操何道以致此乎？曰惟真知法治故。（见王振先著《中国古代法理学·附录·古来崇法治者之功效》）

又曰：

大凡法治之效，在于信赏必罚，综核名实，举一国之朝野上下，无不受成于法之中，故能立儒廉顽，蒸成郅治。江陵有然，即管、商、郑侨、诸葛、二王诸贤，无不本此以善其治也。（见同上）

明乎此义，则于江陵之政术思过半矣。

# 第十三章　江陵之政术(三)
## ——将略与兵略

江陵以一儒者而掌握政权，军事自非所素习；然生当乱世，内忧外患交迫而来，欲图安内攘外之功，固非整军经武莫办。当时名将如李成梁、戚继光、俞大猷辈，虽亦久历戎行，熟谙军事；然究皆战将之材，第足资冲锋陷阵之用而已。至若攻守之方略，进退之机宜，自仍有待于中枢之指示。而公以最高统帅之资，擅沛公将将之术；其于诸将，所以重用勤教而严核之者，规模一如其在行政上之于僚佐者然，而整齐严肃，且犹过之。《行实》曾有如左之记述：

往者将权不重，功罪赏罚不核，又或苛细使人不得展布。凡有罪当诘问，辄以武弁当之。人视将士易与，将士亦以此自轻，不复振耳。今上审定庙谟，假督府一切便宜，不数易置，时时出玺书金绮相劳。有壮猷宿望已数破虏者即赐召还，不欲尽竭其力，每三年遣重臣出巡边计成功。大将军进退予夺皆取自上意。下至偏裨，亦皆假重事权为之。罢监军使者，令文吏毋得摧沮。又赐将士养廉田，出帑金数十万劳军。谓建议者与受事者多意见不侔，往往诏建议者即经略其事。大将军有冲陷折关能多立奇功者，不爱通侯之赏。每敕边吏乘时修战守，持重安详，示虏闲暇，毋得张皇调遣，徒罢劳士卒。又亲理营兵，罢班军输作，令所在有老幼当赴代者，悉罢勿遣。其所审画禁兵入卫兵、蓟兵、南兵、浙兵、福兵、忠顺军、山东民兵、狼兵、苗兵、所在标兵、水兵，动悉机宜。以故将士感泣，皆引弓备战，无不愿居前，得一当匈奴先死。

此其所述，于公赞襄戎政之方固已略陈梗概，而尤以林潞所论最为扼要。其言曰：

江陵匪直相也，而直以相将将。故南北守御，百粤滇蜀，必付托得人。将帅能效力者，量其才，专其责，湔其瑕，励其志，鼓之以爵禄，假之以事权，濡之以三尺，破之以疑畏，责之以实效。数万甲兵藏于胸，而指挥乎数千里之外，虚怀咨询，削牍星驰，尝有数什伯相君，贯乎将士之心而戴乎将士之首。战胜攻取，代为奏稿，当以某事咨禀；功成凯至，又谕以朝意，当以某辞入告，某策善后。勇怯强弱，进退疾徐，洞若观火。边吏奏记政府，命之亲书以毋泄机宜，又必命其书衔，择其重大窾要者，一一陈说于天子之前，而使至尊识其劳苦，知其姓名。故能缚大憝歼群丑以奠安中夏者垂十年。至江陵殁，而享其余威以固吾圉者又二十年。此江陵所为举相职也。（见《全集》附录二林潞《江陵救时之相论》）

试就所论略加分析，则所谓“量其才，专其责，……假之以事权”者，即所以重用之也；所谓“湔其瑕，励其志……破之以疑畏……虚怀咨询，削牍星驰……代为奏稿，……谕以朝意”者，即所以勤教之也；所谓“鼓之以爵禄，……濡之以三尺，……责之以实效”者，即所以严核之也。夫最高统帅之于诸将，假之以重用之恩，结之以勤教之惠，而复董之以严核之威，刚柔并济，赏罚严明，则为诸将者，有不畏威怀德，感惧交萦，公忠体国，死生效命者乎？公本此以驭诸将，固无怪“将士感泣，皆引弓备战，无不愿居前，得一当匈奴先死”，而终获“缚大憝歼群丑以奠安中夏”也。

公文集中关于对将领重用勤教严核之文字，为数至夥。兹特略举一二，以觇公将略之一斑。

关于重用者，公之言曰：

用兵之道，全在将得其人。前承教谓刘显足办此事，昨科中用闽事论之，鄙意以蜀征方始，不宜辄易大将，而司马又不敢独当，故咨之于公也。若其人果可用，不妨特疏留之立功赎罪；如不可用，则当别授能者。公宜以此意明示刘显，俾鼓舞奋励。如玩寇无功，必将前罪并论诛之，不敢庇也。(《与蜀抚曾确庵计剿都蛮之始》)

仆何私于戚(继光)哉？独以此辈国之爪牙，不少优假，无以得其死力。今西北诸将如赵、马(按系指大同总兵赵岢及宣府总兵马芳)辈，仆亦曲意厚抚之，凡皆以为国家耳。(《与蓟辽督抚》)

为国任事之臣，仆视之如子弟，既奖率之，又宝爱之，惟恐伤也。(《答总督张心斋计战守边将》)

仆与马、赵素不识面。异时当国者之家奴，率与边将结拜，鲜不受其啖者。自仆任事以来，内外隔绝，幸门尽瑾。朝房接受公谒，门巷闲可张罗，亦无敢以间语谮言入于仆之耳者。又何所私庇于人？即此两人之狡猾无状，仆岂不知？第以其俱嚄唶宿将，部下又多犷悍，代者未必能驭。即有瘢颣，犹可驱策而用之。贡市羁虏，本难久恃，猝有缓急，无可使者。故不得已曲为保全，徒以为国家耳。(《答蓟镇巡抚言优假将官》)

其所言关于重用将领者，大旨如此。至就实际观察，则公于当时名将，无论是否躬自援引，几无不加以重用。如兵部重权则以专任谭纶，蓟辽边务则以专任梁梦龙，辽东一委之李成梁而主攻，蓟门一委之戚继光而主守，宣大则先后委之王崇古、方逢时，而以外主通贡内修战守为对策，职责各有专司，绝不轻易更动，殆其尤著者也。

关于勤教者，公于当时诸将，莫不示以机宜，授以方略。其致各将领之书牍，在其全部书牍中，几占三分之一。择其尤要者，略述如次：

戚帅不知近日举动何如？折节以下士夫，省文以期实效，坦怀以合睽贰，正己以振威棱，乃渠今日最切务也。相见幸一勉之！（《与蓟辽督抚》）

愿足下自处务从谦抑，凡事关利害，宜直披情愫虚心商榷而行，勿定执己见，勿心口异同，与人争体面，讲闲气。南北军情务须调适；法行一概勿得偏重。凡浮蠹冗食之人悉宜除汰，畜之无用，徒招物议。（《答蓟镇总兵戚南塘计边事》）

辱示以破虏为己任，具见许国之忠。但古之论战者，亦不全恃甲兵精锐，尤贵将士辑和。和则一可当百；不和，虽有众弗能用也。……军情乖离，人自为心，鼓之而弗进，禁之而弗止，虽有严刑峻法，将安所施？……时时查军情向背，布大公，昭大信，毋信谗言，毋徇私情，毋以喜行赏，毋以怒用罚。部署诸将，宜令食多而养厚者当先，毋令失职，怨望者当剧处。虚心受善，慎毋偏听，察军中如有隐郁，亟与宣达。平日号令如有未妥，不妨改图。士卒毋分南北，一体煦育而拊循之，与最下者同甘苦，务使指臂相使，万众一心，知爱护主将如卫头

目。则不待两军相遇，而决胜之机在我矣。（《答总兵戚南塘授击土蛮之策》）

为将者亦不专取勇敢。抚绥士卒，缮甲治兵，必廉而爱人者乃能得士心，备缓急。若徒以其剥下媚人，谄谀钻刺，猥云有才，缓急宁足赖乎？（《答蓟辽总督张崌崃》）

大将贵能勇能怯，见可知难，乃可以建大功。勉之慎之！（《答总督张心斋计战守边将》）

此其对于将领本身修养方面之指示也。

夷情惟论强弱，不循理法。其势不足以统驭，虽仇雠亦将甘心俯首而归戴焉。不然，虽以颜、闵之贤，彼不服也。（《答云南巡抚》）

制虏之道，惟当视吾备之修否。服则怀之，叛则御之。得其好言不足喜，得其恶言不足怒（《答甘肃巡抚侯掖川》）。

外示羁縻，内修战守，使虏为我制，不可受制于虏。（《答宣大巡抚计处黄把二虏》）

大抵虏情不能保其无变。今中国之人，亲父子兄弟相约也，犹不能保其不负，况夷狄乎？在我兢兢自治，常若待敌：小小变动，勿遂惊惶劳攘，但当耐烦处之，随机应之，期令无大失而已。（《答蓟抚》）

虏中无主，方畏我之闭关拒绝，而敢有他变？但争王争印，必有一番扰乱。在我惟当沉机处静，以俟其自定。有来控者，悉抚以好语，使人人皆以孟尝君为亲己；然后视其胜者，因而与之。不宜强为主持，致滋仇怨也。（《答大同巡抚贾春宇计俺酋死言边事》）

愿公戒励诸将，但并堡坚守，勿轻与战。即彼示弱见短，亦勿乘之。多行间谍以疑其心，或遣精骑出他道捣其巢穴，使之野无所掠。不出十日，势将自遁，固不必以斩获为功也。（《再答王鉴川策俺答》）

守堂奥者，必于门外据险扼要，乃为得策。（《答两广刘凝斋条经略海寇四事》）

筑台守险，可以远哨望，运矢石，势有建瓴之便，士无露宿之虞。以逸待劳，为不可胜，乃策之最得者。（《答总督谭二华论任事筹边》）

自古未有千里袭人，越险无继，而能成功者。（《答陕西督抚石毅庵》）

用奇之道，疾如脱兔，若岁以为常，又举一镇之人，趱前顾后，接踵而移，此漕舟挨帮之规，非兵家握奇之算也。（《答蓟镇巡抚杨晴川》）

斥候严明，侦探的实，知贼向往，乃可出他道用奇以制之耳。（《答蓟辽总督方金湖》）

以贼攻贼，策之最妙者。万里之外，事难遥度，用兵之机，忌从中制，惟公熟计而审图之。（《答两广殷石汀》）

此其对于战守方略方面之指示也。既示之以本身修养之方，复告之以攻守应付之术，公于勤教一端，诚可谓无微不至；而公自身修养及兵略之造诣何如，盖亦从可知矣。

关于严核者。公于将领曾屡申诰诫，如：

一二年来，言者率云责实责实矣，而又不明赏罚以励之，则人孰肯冒死犯难为国家用哉？（《与蓟镇巡抚》）

天下事岂有不从实干而能有济者哉？昨阁中小疏已曾恳切言之，

自此积习或当少变。国家欲兴起事功，非有重赏必罚，终不可振。来岁拟遣大臣阅视，大行赏罚。如犹玩愒难振，则仆自请如先朝故事，杖钺巡边。（《答总宪凌洋山言边地种树设险》）

赏罚功罪，须至公至平，人心乃服；人心服而后可责其用命也。（《答蓟辽总督》）

此其所言，盖公毕生精神之所寄，其于行政官吏之主张如是，其于军中将领之主张亦无不如是也。再就史实证之，如边功不许叙及阁臣，一也。蓟镇以贼不入犯为功，而不责戚继光以进战，二也。李成梁以著名宿将而杀降冒功，及公廉得其实，即追夺其恩赏，三也。其他例证尚多，在公亦第行其“综核名实信赏必罚”之主张而已。

公于当时诸名将，其驭之之道如此，宜其能得诸将之死力而大有造于邦家也。《明史》于公虽多微词，然其于谭、戚诸将之传赞中，推论驾驭之方，对公亦称扬倍至。其言曰：

谭纶、王崇古诸人受任严疆，练达兵备，可与余子俊、秦紘先后比迹。考其时，盖张居正当国，究心于军谋边琐，书疏往复，洞瞩机宜，委任责成，使得展布。是以各尽其才，事克有济。观于此而居正之功不可泯也。（《明史》谭纶、王崇古等传赞）

戚继光用兵，威名震寰宇。然当张居正、谭纶任国事则成，厥后张鼎思、张希皋居言路则废。任将之道，亦可知矣。（《明史》俞大猷、戚继光等传）

观乎此，则公之善于将将，不且与诸葛武侯、曾左诸公奕代接武，后先辉映乎哉！

今当陈述公之兵略矣。公之兵略，就基本原则言之，在于自治图强，《陈六事疏》所谓“今之上策，莫如自治，而其机要所在，惟在皇上赫然奋发，先定圣志”者是也。（参阅《陈六事疏》“饬武备”节，见本编第七章引）至其详细方略，则对于内乱，主剿抚兼施；对于边防，蓟镇主守，蓟镇以西之宣大方面主和，蓟镇以东之辽东方面主战。盖以当时之局势而论，边防之重要固远出于内乱之上；而内顾国势，外审敌情，其或和或战或守，殆有不得不然者在，初非率意而行之也。故欲明江陵之兵略，必先察当时边防之情况。

明代边祸，除倭寇常在东南沿海一带肆扰外，其在北部沿边出没为患者，在江陵时代以前，为鞑靼及瓦剌两部，而在江陵之当时，则为俺答与土蛮两部。鞑靼为蒙古族，故元之裔也。元亡而其主顺帝遁出塞，居开平；子爱猷识理达腊复移保和林。太祖屡遣将击之，元裔势虽杀，而其众犹存。后鞑靼汗本雅失里及其丞相阿鲁台先后为瓦剌部马哈木及其子脱懽所杀，而鞑靼始衰，瓦剌遂起而代之。脱懽子也先尤桀骜自雄，屡扰明边。英宗误信太监王振之言，亲征也先，遂有“土木之变”，也先拥帝北去。及景帝立，遥尊英宗为太上皇，也先无可挟持，且见中国兵强城池固，意大沮，乃送上皇归。未几，也先为阿剌知院所攻杀，瓦剌遂不复振。而鞑靼之后麻儿可儿及马古可儿吉思先后自号小王子，时出没为寇。世宗时，小王子徙居河套，控弦十余万，多富货贝，稍厌兵，乃徙幕东方，称土蛮。其诸部落之在西北边者，有吉囊、俺答诸部，而以俺答雄黠喜兵为最强。嘉靖二十九年，俺答大举入寇，由古北口从间道溃墙入，掠怀柔，围顺义，抵通州，分兵四掠，京畿震动。而当时诸将如咸宁侯仇鸾等皆惯懦不敢战，竟任其焚掠三日而夜引去。即史所称“庚戌之变”者是也。方其薄都城时，纵所掳马房内官杨增持书入城求贡，辅臣徐阶等谓当以计款之，复因其遣子脱脱陈款，遂开市大同、延宁。时叛人萧芹、吕明镇者，数以罪亡入敌，挟白莲教，与其党赵全、邱富、周原、乔源诸人导俺答为患，帝恶之，诏罢马市。自是俺答日掠寇西边，几无宁岁。土蛮亦数寇辽东，嗣萧芹等以其术不验，为俺答所囚，赵全在敌中益用事。隆庆元年，俺答陷石州。当石州失守时，赵全竟劝俺答据云中、上谷，东封居庸，南塞雁门，独以一面西制晋、代，谓为五霸之伐。（以上摘录《明史》鞑靼传及瓦剌传。《明史纪事本末》卷六十与此略同）使俺答果用其计，则其为祸之烈，必犹远过刘渊之于晋，而五胡乱华之祸，势且为历史之重演。明以怠惰积弱之余，当此强敌。使非江陵权利害之轻重，明敌势之强弱，对强敌如俺答者，力主封贡言和，俾集中国力，以抗战较弱之土蛮，则以当时之国势言之，其不蹈西晋、北宋之覆辙也几希。吾恐明之覆亡，将不待满清之入关，而中国此后之历史，必且迥异其观矣。然则江陵于宣大方面主和者，避俺答之锋而使其就范于我也；于辽东方面主战者，知土蛮之弱而冀其受制于我也；于蓟镇方面主守者，防俺答与土蛮之合力谋我，欲借坚壁清野以分化其势也。知己知彼，避实就虚，江陵之兵略，诚可谓动中窾要明察几微者矣！虽然，江陵之兵略，固非师心自雄以出之也，更非矫揉造作以出之也：彼其所以出此者，特亦以局势之演变，适足以使其成因势乘便之功耳，其举措固皆出之以自然也。局势之演变若何？则把汉那吉来降之事是已。《行实》记那吉来降及俺答封贡之经过甚详，姑录之以证吾说：

会俺答夺其孙把汉那吉所聘妇予袄儿都司。那吉怒，以为俺答善淫，无卑尊礼。乃与其妻比吉、奶公阿力等十人，马三十匹，息山西平虏城外，扣关而入。督府少司马蒲坂王公（崇古）、御史中丞嘉鱼方公（金湖）上状。朝议纷纷。皆以为不宜纳叛人，徒启衅；或云杀之。太师独劝上纳那吉降，授以官职，厚给赐饮食衣服器具，置大同城中。俺答闻那吉亡，大惊，发万人临平虏城来索。廷臣恇惧，咸谓宜与之。太师独不许。令诸将坚壁清野勿与战。故令那吉衣其所赐绯衣金带夸示虏使，而使谍者以好语款虏曰："尔能缚我叛人赵全等献，盟誓于天，约以数年一骑毋穿我塞，乃得归而孙耳。"时有谓虏久不去，老师费财，欲乘老酋得孙急，而因与为市者。王公（崇古）以为不可。太师报书王公曰："公言良是，和戎自有体。彼即欲得孙，谓宜先缚致全等境上、尽屏往来游骑，请命幕府，我乃然后礼那吉而归之耳。乃今拥万骑平虏城外，欲坐索而孙，何可谓诚款乎？设有吐蕃劫盟之事，谓朝廷何？夫全等至狡狯矣，彼岂能坐而待缚若鸡犬乎？假令语泄，彼得以为谋，或聊以胁从数人欺误朝廷，而我仍轻弃重质，非细故矣，此不可不虑也。且那吉归而老酋幸奉约束，无他肠，吾即假爵封王通贡市，无不可矣。有如虏诸所言，特空绐幕府，殊无意称臣，又或多所请乞，明年又复寇边，捐国家威重，则虽得全等数十百辈，何为乎？愿公熟计之！"于是王公遣鲍崇德一再诣虏营，晓以利害。俺答仰天笑曰："吾何爱数十人头，不以易吾孙"？乃夜袭板升，得赵全等九人，缚致境上。上用太师计，厚礼那吉遣归。俺答感泣，遂奉表请称臣内属，通贡市，岁岁勿绝。时大司寇案全等反状悉具，上令礼官为文，祠告郊庙，戮之东市，支解以徇。传其首于边，既厌快众愤矣。上嘉太师殊勋，……而诏集朝臣诣阙下，议封贡可否。一时众议藉藉，有谓便者，有谓不便者。太师复以书抵王公曰：“今之议者，皆谓和戎示弱，马市启衅。此殆不然。仆独以为有五利焉。边鄙不耸，稽人成功，一也；我得以其间修战守之具，蓄士卒养马，岁无援兵，可省行粮数十百万，二也；俺答既臣属，土蛮吉能（吉囊之长子）不敢轻动，三也；赵全等既禽，即板升十万之众可驯而致也，四也；虏骄天亡，其兆已见，老酋死，其族必分，即不死，必有冒顿、呼韩之变，我得乘其败而坐困之，五也。”王公得书，叹息曰：“张公可谓知社稷大计矣！”然论者发言盈庭，犹欲伺衅而动。太师不得已，乃诣文华殿，举成祖封和宁、太平、贤义三王故事告上（按：成祖曾封瓦剌部酋马哈木为顺宁王，太平为贤义王，把秃孛罗为安乐王，见《明史·瓦剌传》，封号与此略异）。上意遂决，许通贡市。隆庆五年辛未，俺答遣使奉表称臣，贡名马三十匹。上御建极殿受之，使太史奉金册封俺答为顺义王，其弟子若孙，部落六十五人，各授官赐金帛有差。俺答大喜，告中国使者曰：“全等虽诛，赵宗山（按：亦中国亡命无赖之降虏者）犹在。此属不灭亡，终败和约。”王公以闻，诏捕谳狱如赵全等刑。已而套虏（按：指吉能）亦愿修贡天皇帝，请得市易中国财物，如宣大例。上报可，赐吉能都督同知，余受秩者凡四十有九人，并赐衣帛。于是中国以段布皮物，市易虏马，虏亦利汉财物，贸易不绝。东自四海始，西尽甘州，延袤五千余里，无烽火警，行人不持弓矢；近疆水陆屯田，悉垦治如内地；墩台哨望之卒渐已撤去。所省饷岁不下数十万石；北地精锐所易马至数十万匹。盖居庸以西，天子无所复事事，得以一意备东虏（按：指土蛮）矣。

（按）周圣楷所撰公本传与此略同。又《明纪》卷三十八亦载俺答封贡事，惟于江陵策画之功则绝未提及；《明史》及《明史纪事本末》则以全功归之王崇古，（见《明史·鞑靼传》、《明史纪事本末》卷六十）仅江陵本传谓“拱（高拱）主封俺答，居正亦赞之，授王崇古等以方略”而已，其述江陵之功，显有未尽也。

江陵当时边疆局势之演变，既有如上述，公之边防兵略，即在利用此演变之局势，以因势而利导之。彼其或攻或守，或和或战，指挥若定而算无遗策，有如林潞所谓“数万甲兵藏于胸，而指挥乎数千里之外”者，非意之也，明乎敌我之势，相机而后动也。

关于公之将略及兵略，右仅择其尤要者述之。至若促殷正茂以大举，而岭东悍盗蓝一清等遂望风授首；授凌云翼以方略，而岭西诸徭复一鼓扫平；不以闽事罪刘显，而西南夷都蛮竟赖以扑灭；则公第出其余绪以肃清反侧而已，初非其兵略要旨之所在也。惟公以一彬彬儒者，而能运筹帷幄，决胜千里，殆非仅天赋过人，实其生平留心边务，娴习戎情，有以致之。谓为“救时之相”，允足当之而无愧矣。

# 第十四章　江陵之政术（四）——理财政策

江陵非以理财名家，其视荆公之创法设官，积极以发展国家经济为务者，固自微有不逮；然其理财政策，惟在“苏国民之困而增其富，乃就其富取赢焉，以为国家政费”（见本书第五编《王荆公传》），则适与荆公不谋而合。公屡诫神宗以节用爱人，并谏止营造，争停织造，请蠲逋赋，其详已见前述（见本编第九章），其意固非止望神宗以尧、舜之君，而实欲以苏国民之困也。盖“百姓不足，君孰与足”？圣训昭垂，颠扑不破，理财之道，舍此安适？故公之理财政策，除以节用爱民之道时时进谏外，尤致意于国计之开源节流，与夫民生之安居乐业。其事迹之垂于简策，历历可考者，约有左列诸端：

一曰严清丈也。万历七年十一月公奏准诏度民田，谓：“高皇帝（太祖）时天下土田八百五十万顷。至弘治十五年已减二十七万。岁久滋伪，弊孔百出，有所谓飞诡者，影射者，养号者，挂虚者，过都者，受献者。久久相沿，豪民有田无粮，穷民摊派受病矣。民穷逃亡，势又不得不请减额，而国课日以益亏。”（见周圣楷所撰公本传）职是之故，公乃疏“请料田，凡庄田、屯田、民田、职田、荡地、牧地皆就疆理，无有隐奸，贫民不至独困，豪民不能兼并。又民间新所垦治，皆赋其贡税，以新赋均旧额，则国初故额不失而民赋以轻。其挠法者皆下明诏切责”。自是豪强无从兼并，贫民生计少苏。此与荆公诗所谓“三代子百姓，公私无异财。人主擅操柄，如天持斗魁。赋予皆自我，兼并乃奸回。奸回法有诛，势亦无由来”者，庶几近似，虽未克如荆公青苗均输市易诸法之积极图功，要亦不失为富国裕民之道也。

一曰度河工也。万历七年二月河工成，公力荐潘季驯治河之功也。“先是淮安故有水患，然或所及仅一二县道邑，扬固无恙也。至嘉靖中，河决崔镇、吕泗、冲龙窝、周营等处，往往夺淮流入海。淮势不敌，则或决高家堰，或决黄浦，或决八浅，淮、扬诸郡，悉为巨浸。河高出民屋上，败坏城郭、田庐、冢墓以万数；濒河十郡治堤岁费且万万。及其大决，所残无算。”（《行实》）公深以为忧。“河漕尚书吴桂芳议复老黄河故道，而总河都御史傅希挚欲塞决口，束水归漕，二人议不合。”（《明史·潘季驯传》）“上以问执政。公因言故河道御史潘季驯可使，乃（于六年夏）降玺书，即其家拜都御史。”（周圣楷所撰公本传）季驯前曾两度总理河道，绰有经验，既受命再起，“以（黄河）故道久湮，虽浚复，其深广必不能如今河。议筑崔镇以塞决口，筑遥堤以防溃决。又淮清河浊，淮弱河强，河水一斗，沙居其六，伏秋则居其八，非极湍急，必至停滞。当借淮之清以刷河之浊，筑高堰束淮入清口以敌河之强，使二水并流，则海口自浚。即桂芳所问草湾，亦可不复修治。遂条上六事，诏如议。”（《明史》驯本传）上用公言，“一切假以便宜，久任责成。出帑藏及留所折科漕粟八十余万金，不问潘公出入。又令诸臣得条上所见，治其诸方命不及事事者，下诏狱鞫治之。于是当事者人人惴恐，建官舍河上，胼胝沾涂，日夜焦劳。盖逾年而告成事，为土堤若干，石堤若干，塞决口若干，建灭水闸若干，计费不过五十余万，省羡金二十四万以归水衡，今徐、淮之间，延袤八百余里，两堤相望，蜿蟺绵亘，殆如长山夹峙，而河流其中。且黄河以归仁堤，势不得南决，其势既不能及陵寝（按指凤、泗一带明室祖墓所在），又高家堰既塞，淮不能奔黄浦，皆尽趋清口，会黄河由安东云梯关入海。田庐皆尽已出，数十年弃地，转为耕桑。而河上万艘，得捷于灌输，入大司农矣。”（《行实》）季驯又以“旧黄河自嘉靖中北徙，河道既浅，迁徙不常，曹、单、丰、沛常苦昏垫，上疏请复故河”（《明史》季驯本传），惜为众议所格，议未果行。然自此徐、淮之间，河不为患。虽以未遑治本，致河患与明室相终始（参考《明史·河渠志》二），然受命原在治标，纵大利未溥，而局部之功则已昭垂不朽，是则季驯之勋为不可没。而以江陵之知人善任，水利卒因之而敷畅，漕运更赖之而流通，拯饥溺之民而登诸衽席，其有造于国计民生者实至深且巨，固非徒充裕国课，为理财之要端已也。

一曰兴水利也。公于水利一端特加重视。除整顿黄河工程以消极的灭除民害而外，复着力于苏、松一带河流之疏浚及整理，以积极增进人民之福利。故于万历四年因巡抚都御史宋仪望请于松江设水利佥事，以裨国计，遂从部议遣御史董之。六年复从林应训、胡执礼等议，浚吴淞江、长桥、黄浦。八年应训又言苏、松诸郡干河支港凡数百，大则泄水入海，次则通湖达江，小则引流灌田。今吴淞江、白茆塘、秀州塘、蒲汇塘、孟渎河、舜河、青旸港俱已告成，支河数十，宜悉开浚。遂用仪望前议，“特设苏松水利副使，以许应逵领之。乃浚黄浦八十余里，筑塘九十余处，开新河百二十三道，浚内河百三十九道，筑上海李家洪、老鸦嘴海岸十八里。发帑金二十万，应逵以其半讫工”（参考《明史·河渠志》六）。自是东南河港纵横交错，水利富饶甲天下。皆公倡导之力也。

一曰重粮政也。明初赋役之法，仍沿唐杨炎两税法之旧。洎世宗时，因边供费紧，加以土木祷祀，月无虚日，遂致帑藏匮竭，司农仰屋兴嗟。而是时东南以倭寇时时侵扰，多额外提编，以充军饷。所谓提编者，即系加派之名。“其法以银力差排编十甲，如一甲足，则提下甲补之，故谓之提编。”其后倭患虽平，而提编之额不能减。至神宗继位，增额既仍如故，又多无艺之征，于是逋粮愈多，规避益巧。公之请蠲逋赋，固在导上以节用爱民之道，实亦以逋欠既多，民力势难清缴，与其年年带征而徒滋拖欠，孰若举旧欠而悉于蠲免，庶使民得以全力缴纳见年应征之数。如此则一方面民力可以稍宽，而同时国库亦可略增收入，此公所谓“足国裕民，一举而两得”者也。（参考《请择有司蠲逋赋以安民生疏》及《明史·食货志》二）同时，自嘉靖以来数行数止之“一条鞭法”，复于万历九年颁行天下，永著为令，民力更赖以少纾。“一条鞭法者，总括一州县之赋役，量地计丁，丁粮毕输于官。一岁之役，官为佥募。力差则计其工食之费，量为增减；银差则计其交纳之费，加以增耗。凡额办派办京库岁需，与存留供亿诸费，以及土贡方物，悉并为一条。皆计亩征银，折办于官，故谓之一条鞭。”（《明史·食货志》二）此法既行，其他科扰乃一扫而空，其嘉惠小民，良非浅鲜也。虽然，公之理财政策，固非仅以爱民为务，而忽于国库之收入也，其所加惠于民者，仍在“苏国民之困而增其富，乃就其富取赢焉，以为国家政费”已耳。逋赋既悉加蠲免，一条鞭法复立予颁行，民困既已稍苏矣，则于其见年应缴之计亩收征银数，绝不再少有宽假，而督饬有司严行催征。并即以催科之成绩，定为有司考成之标准，视其催科之缓急与赢绌，而赏罚随之。其间虽以有司贪功畏祸，不无奉行过急，勒缴过严，致不免有扰民之举。然当农业经济之时代，国库大宗之收入，厥惟田赋是赖，为防止偷漏以维帑藏起见，催科自有不得不特别从严之必要。要之公立法原意，本非在扰民；有司奉行之不善，固不能因以苛责其严令催科之不当也。史又谓公“以岁赋逾春发，水横溢，非决则涸，乃采漕臣议，督艘卒，以孟冬月兑运，及岁初毕发，少罹水患，行之久，太仓粟充盈，可支十年。”（《明史》江陵本传）然则公之抑私以奉公，裕民以富国，厥功伟矣！

右所称述，于公之理财政策已可略见一斑。此外尚有一事，虽非直接与理财相关，然以其影响所及足以富国裕民，自亦可认为公理财政策之副产品，则严查驿递是已。在昔交通不便时代，举凡奉公差遣之官吏，下及传递公文之隶役，均由地方官验牌按驿护送，供应伕马舟车，俾资趱程前进。此其初意，原在便利公务，借免贻误。乃其流弊所趋，几至任何官吏及其亲属均可假公济私，乘驿来去，此其骚扰地方，浪费公帑，不问可知。及公柄政，遂严令限制，切实稽查。于是小而地方吏民，大而国家财用，公私咸蒙其利，适与公裕民富国之旨相吻合。至于交通赖以增其便利，公务赖以免于耽延，更无论矣。要而言之，公之理财政策无他，惟以节用爱民视为君上利用厚生之道，休养生息储为人民应役纳税之资，俾使国计民生交受其益而已。以与《大学》所谓生众食寡为疾用舒之旨相衡，不且殊途而同归哉！呜呼，敻乎尚已！

# 第十五章　江陵之政术（五）
## ——教育政策

善乎湘乡曾氏（国藩）之言曰："风俗之厚薄奚自乎？自乎一二人心之所向而已"。有明世风之委靡不振，至于嘉、隆之际而极矣。江陵基于法家严整振作之精神，深致慨于玩愒虚浮之世道，期以转移学风为基础，进而挽救疲玩之民风。诚以士为四民之首，在社会上居于领导之地位，举凡士之语言举措，与夫心之所向，皆足以影响社会之观瞻，形成一时之风尚。公之以转移学风为挽回世道之首务者，殆亦擒贼必先擒王之意也。会值隆庆五年辛未会试，公以大学士吏部尚书奉命典试，因获乘此时机，悬崇实黜浮之鹄的，以拔取实用之真才。是以其自述选士之经过也，曰：

合两畿诸省前后所贡士四千三百余人，如故事三试之。戒诸执事，咸既乃心。试题必明白正大，无或离析章句以为奇异，无或避忌趋好以长谀佞。抡文必崇尚雅正，无或眩华遗实以滋浮靡；有能综览古今直写胸臆者，虽质弗弃，非是者，虽工弗录。盖阅二旬而告竣，……取四百人……（《辛未会试录序》）

其托为君上之言而自述其选士之宗旨也，曰：

一切务剽剥枝蔓，以崇本实。……言不蕲工，期尽诚款；行不斩卓，取补实用。侧席寤寐，唯欲得忠信诚悫直谅不欺之士而任之。（同上）

其举以勖其所取士也，一则曰：

其尚一乃心，端乃志，毋作伪以乱真，毋矜名以示异，毋窾言而不中其实，毋诡故而不近人情；宁拙而迟，毋巧而速，宁有瑕而为玉，毋似玉而为石；忠信质直，以事其上。若是，斯可以为帝臣，而无负于今日之举矣。（同上）

再则曰：

古瑰伟奇特之士，树鸿业于当时，垂鸿称于后世者，岂独其才之过人哉？盖尤系于养矣。养有深浅，则才有纯驳；才有纯驳，则其建立有巨细。才得于天者也；养繇于人者也。才欲恢欲宏欲奇欲俊；养欲微欲深欲精欲奥。两者若相反焉。然微深精奥者，所以为恢宏奇俊也。故古之善养才者，不恃其得天之异，而勉其修己之纯。……炼之至精而敛之至密；韬之至深而蓄之至厚。夫然后其神凝，其气专，发之不可御，索之不可穷矣。……夫人非无才之患，有才而善用之为难。……必也其大禹乎！凿龙门，排伊阙，别九州，宅四隩，绩固伟矣，然且不矜不伐，而莫与争功，愚夫愚妇，而凛若胜予，彼视地平天成，于吾身何有轻重也。其周公乎！除凶残，驱虎豹，立纲纪，陈礼乐，功莫大焉，然且吐哺握发，下白屋之士，不骄不吝，履赤舄之安；彼视胜般遏刘，于吾心何有加损也。其孔子乎！学殚累世，而不以智闻，力抉门关，而不以勇闻，在乡党而恂恂，居朝廷而唯谨，固俨然儒者也；及其却莱兵，反郓讙，堕三都，诛正卯，即慷慨奇节之士，决眦奋臂，极力而不能办者，乃不动声色，徐引而振之，既振，油然而退，无矜容，无盛气，此岂世之君子所可与量尺寸哉？盖此三圣人者，受之于天，既皆得夫浑沦磅礴之气，修之于己，又皆懋夫沉潜纯粹之学，其所基者密而宥，而所蓄者完而固也；故能决大疑，排大难，建大功，立大节，纡徐委蛇，而不见其作为之迹。嗟夫，非天下之至圣，其孰能与于此哉？……然则世之君子，受天地特厚之才，而有志于三圣人之事者，顾可不慎所养乎？养之之道，无欲其本也，慎动其要也。析义穷理，沉几察微，莹乎若夜光之内朗，洞乎若止水之独鉴，所以养智也。抑其强阳，销其客气，深乎若强弩之握机，韬乎若宝剑之敛锷，所以养勇也。尸居而龙见，渊嘿而雷声，圣人之事也……（《辛未会试程策三》）

呜呼！公之所言如此，其于所取之士，诚可谓爱人以德，属望綦殷者矣。虽然，公之借选士以转移学风，挽回世道，特其教育政策之发轫焉已耳。洎其既秉国钧，乃采取更进一步之手段，而致力于整顿学风之运动，其方法则以慎选学官厉行督导为入手。公于万历二年请敕吏部慎选提学官。翌年复上疏痛陈慎选学官对于振兴人才关系之重要。其言曰：

窃惟养士之本，在于学校；贞教端范，在于督学之臣。我祖宗以来，最重此选，非经明行修端厚方正之士，不以轻授。如有不称，宁改授别职，不以滥充。且两京用御史，外省用按察司风宪官为之。则可见居此官者，不独须学行之优，又必能执法持宪正己肃下者，而后能称也。《记》曰“师严然后道尊”，道尊然后民知敬学。臣等幼时，犹及见提学官多海内名流，类能以道自重，不苟徇人，人亦无敢干以私者。士习儒风，犹为近古。(《请申旧章饬学政以振兴人才疏》)

此往昔之盛况也，其在当时则何如？曰：

近年以来，视此官稍稍轻矣。而人亦罕能有以自重。既无卓行实学以压服多士之心，则务为虚谭贾誉，卖法养交，甚者明开倖门，明招请托；又惮于巡历，苦于校阅，高坐会城，计日待转。以故士习日敝，民伪日滋，以驰骛奔趋为良图，以剽窃渔猎为捷径，居常则德业无称，从仕则功能鲜效。祖宗专官造士之意骎以沦失，几具员耳(同上)。

夫学官之于士习儒风，影响之深且巨也如彼，而其末流之疲玩不振也如此，是则非严加整饬，不足以挽狂澜于既倒矣。整饬之方，除陈请重申前谕，慎重学官人选，有不称者，责令吏部奏请改黜，借资督促外，公复重按成规，列举学官之职掌，晓以应行督导之事项，示以应予奖惩之准则，以之备载新敕，昭示天下。其用意即在“使居此官者知上之所以责之者如此，则虽被怨蒙谤而有所弗恤；人之视之，亦将敛手息喙而莫之敢挠。抚按以此核其能否，部院以此定其黜陟。使人皆知敦本尚实，而不敢萌侥幸之心”(同上)。此法既行，则为学官者，安有不“遵奉上命，恪恭乃职，而责士子以率从其教”者乎？宜其谓为“振奋人才之一大机也”(同上)。至此项敕谕内所列举之职掌，其要点略如左列各端：

一、各提学官督率教官生儒，务将平日所习经书义理，着实讲求，躬行实践，以需他日之用；不许别创书院，群聚徒党，及号招他方游食无行之徒，空谈废业，因而启奔竞之门，开请托之路。

一、生员中有敦本尚实行谊著闻者，虽文艺稍劣，亦必量加奖进，以励颓俗。若有平日不务学业，嘱托公事，或捏造歌谣，兴灭词讼，及败伦伤化，过恶彰著者，体访得实，不必品其文艺，即行革退。

一　天下利病，诸人皆许直言，惟生员不许。今后生员，……除本身切己事情，许家人抱告（外），……其事不干己，辄便出入衙门，陈说民情，议论官员贤否者，许……以行止有亏革退。

一、今后务将颁降《四书》《五经》《性理大全》《资治通鉴纲目》《大学衍义》《历代名臣奏议》《文章正宗》及当代诰律典制等书，课令生员诵习讲解，俾其通晓古今，适于世用；其有剽窃异端邪说炫奇立异者，文虽工弗录。

一、提学官奉敕专督学校，不许借事枉道，奔趋抚按官，干求荐举；……有行止不端怠玩旷职者，许巡按御史指实劾奏。

一、该管地方每年务要巡视考校一遍，不许移文代委，及于隔别府分调取生儒，以致跋涉为害；……不许令师生匍匐迎送；……不许携带文卷于别处发案，致令吏书乘间作弊，士子无所劝惩。

一、提学官巡历所属……不许接受民词，侵官喜事；其生员犯罪，……不许护短曲庇，致令有所倚恃，抗拒公法。

一、廪膳增广旧有定额；迨后……冒滥居多。今后岁考，务要严加校阅。……若乡官势豪干托不遂，暗中行伤者，许径自奏闻处治。

一、名宦乡贤孝子节妇及乡饮礼宾，皆国之重典，风教所关。近来有司忽于教化，学校是非不公，滥举失实，激劝何有？今后提学官宜以纲常为己任，遇有呈请，务须核真；……如有妄举受人请求者，……即以行止有亏论。（同上）

江陵借整饬学官以纠正士习，借纠正士习以挽回世道人心，其教育政策之严谨精密，有如此者。虽其实施所及，因严课学官而学官怨，因限制士子而士子怨，因禁设书院，而举凡恣情横议聚党虚谈之士大夫阶级几无不怨，公固以众怨而丛于一身，然而其黜浮崇实之教育政策，则诚所谓“建诸天地而不悖，质诸鬼神而无疑，百世以俟圣人而不惑”，彼其企图以教育手段完成政治目的之荩谋卓虑，宁不震今铄古独有千秋乎哉！

# 第十六章　江陵之政术（六）
## ——治囚与治盗

江陵援法入儒，以用威为其施政之主要手段，吾固尝屡言及之。其所以力主用威者，固在实行其“综核名实信赏必罚”之一贯的主张，而其时代环境之客观条件，亦有以使其不得不出于用威之一途。盖自世宗崇信道教以还，对于狱囚力主宽厚；其于轻囚固无论矣，即对于触犯刑章罪在不赦之重囚，如杀人越货忤逆悖乱诸犯，亦多不依例按年处决，有时甚或滥施法外之恩，曲加赦免。刑罚之不公既至此极，则彼懦弱者何恃而不冤沉海底，彼强悍者又奚惮而不横行无忌者哉？江陵深知斯弊，故于治囚乃力主从严，借以矫正前失。其关于此一方面之见解，具见于《论决重囚》一疏，盖当万历五年神宗将次大婚时，慈圣太后谕令暂免行刑，公乃乘机上此疏以力争也。公之言曰：

明王奉若天道，其刑赏予夺，皆奉天意以行事……若弃有德而不用，释有罪而不诛，则刑赏失中，惨舒异用，非上天所以立君治民之意矣。……夫文王视民如伤，古所称仁圣之主，而于此等（不孝不友）之人，亦必刑之而无赦者，良以为恶之人，彼自蹈于刑辟，虽欲生之而不可得也。且稂莠不锄，嘉禾不茂，冤愤不泄，戾气不消。今圣母独见犯罪者身被诛戮之可悯，而不知被彼所戕害者皆含冤蓄愤于幽冥之中，……独奈何不忍于有罪之凶恶，而反忍于无辜之良善乎？其用仁亦舛矣！况此等之人，节经法司评审，九卿大臣廷鞫，皆已众证明白，输服无辞，纵令今年不决，将来亦无生理，不过迟延时日，监毙牢狱耳。然与其暗毙牢狱，而人不及知，何如明正典刑，犹足惩奸而伸法乎？（《论决重囚疏》）

观公此疏之恺切陈词，即可知其于素所服膺之法治主义，推行不遗余力，而数十年来姑息养奸、法令不行之积弊，亦且因以扫荡无余矣。

至关于盗贼方面，公于其起因虽认系由于贪吏之驱迫，而力主惩贪以安民（见本编第十一章）；即其请蠲逋赋，亦因大江南北大饥，民或相聚而为盗，故公引以为忧而屡为是请；然不轨之民既已挺身而为盗，公对之则仍一本除恶务尽之精神，厉行犯则必诛之禁令。故其言曰：

抚按（应）严督兵备等官，整饬武备，时当体访，如有盗贼生发，务要即时从实申报，重大者奏闻，宽限设法缉捕。（《答应天巡抚孙小溪言捕盗》）

由此可见公治盗之严。至其所以主张治盗从严者，则公固自有其说。公曰：

杀以止杀，刑期无刑，不闻纵释有罪以为仁也。“苟子之不欲，虽赏之不窃”，此孔子箴病之言。是时鲁失其政，宠赂滋彰，故言此以警之。若谓徒不欲可以弭之，无是理也。夫人之可以纵情恣意，有所欲而无不得者，莫逾于为盗；而秉耒持锄，力田疾作，束缚以礼法，世之所至苦也。安于其所自苦，无所惧而自不为非者，惟夷由曾史为然。今不曰吾严刑明法之可以制欲禁奸也，而徒以不欲率之，使民皆释其所乐，而从其所至苦，是天下皆由夷曾史而后可也。……异日者，有司之不敢捕盗也，以盗获而未必诛也。不诛，则彼且剚刃于上，以毒其雠而合其党。故盗贼愈多，犯者愈众。今则不然，明天子振提纲维于上，而执政者持直墨而弹之，法在必行，奸无所赦。论者乃独用懦者姑息之说，衰世苟且之政以挠之，其毋乃违明诏而诡国法乎！（《答周友山言弭盗非全在不欲》）

"杀以止杀，刑期无刑"；"法在必行，奸无所赦"。此与韩非所谓"上设重刑而奸尽止"，商鞅所谓"以刑去刑"者，殆互为表里。治囚治盗之要诀存乎此，法家之极则亦莫不存乎此，于以见公法治主张之坚决矣。而其结果究何如？则《明史》固已言之。曰：

时承平久，群盗蝟起，至入城市劫府库，有司恒讳之。居正严其禁。匿弗举者，虽循吏必黜。得盗即斩决，有司莫敢饰情。盗边海钱米盈数，例皆斩，然往往长系，或瘐死。居正独亟斩之，而追捕其家属。盗贼为衰止（江陵本传）。

夫公之于盗贼，既以惩贪安民清其源，复以极刑严治遏其流，则盗贼之因以衰止也固宜。观乎明代盗贼之跳梁为祸，几于史不绝书，而明室且终为盗贼所覆灭。是则当公柄政之时，盗贼得以肃清，闾阎因之安谧者，谓非公惩贪安民极刑严治之功耶？“夫婴儿不剃首则腹痛，不搁痤则寝疾，而慈母之于爱子，必剃且搁之者，忍于其所小苦，而成其所大快也”。公之行为，固以用威而近于严酷矣。然公固以严治为善爱，欲以忍于其所小苦者，使成其所大快。然则公之动机，以视彼姑息养奸者，其仁之大小为何如哉！

# 第十七章　江陵之学术与著述

江陵为一实行家，而非理想家，为一躬行实践之大政治家，而非高谈主义之政治学者；故其学术上之造诣虽斐然可观，第皆于其功业方面为具体之表现，而非可于文字中求之。此以衡诸中外古今之伟人，殆莫不如是，固不独江陵为然也。公生平于为学之道，认为事之与学，二者乃合一而不可分，故除本身之职事而外，别无超然独立之学术。其言曰：

《记》曰："凡学，官先事，士先志。"士君子未遇时，则相与讲明所以修己治人者，以需他日之用。及其服官有事，即以其事为学，兢兢然求所以称职免咎者，以共上之命。未有舍其本事，而别开一门以为学者也。（《答南司成屠平石论为学》）

又曰：

古之君子始终典于学：居则学于父兄宗族，出则学于君长百姓，莫非学也。夫欲舍学以从政，譬之中流而去其楫，蔑以济矣。故学无间于显晦，然后其志一；志一然后其神凝；如是而畅于四肢，发于事业，则其政精核。推此以言，则政亦学也。世言政学二者妄也。（《赠毕石安先生宰朝邑序》）

似此“政学合一”之主张，直以学为毕生从事之目标，未仕以前，固以学为从政之初基，既仕以后，更以政为所学之实验，政学二者乃成为一体。此与孔子所谓学优则仕仕优则学者相衡，似犹更进一步。公之作此主张，自系受阳明先生“知行合一”学说暗示之影响。惟公之所谓“即以其事为学”，所谓“政亦学”，若以与阳明所谓“心即理”者相较，则公之学为实践的，为社会的，为事功的；阳明之学为理论的，为个人的、为哲学的；阳明最后之目标只在独善其身，而江陵思想之鹄的则在兼善天下；其视野既有广狭之不同，而其成分则阳明系引儒就释，而江陵则系援法入儒，更属迥然互异。然当公之时，王学正弥漫天下，其末流所趋，遂至群溺于粗率空虚，流连忘返；公乃毅然一反其向，而务以敦本崇实为归。举世滔滔，公不且为中流之砥柱哉！

公之学术，无论自其思想之出发点或归宿点观之，与其功业几成为平行之动向。兹试即其生活历程中一探其究竟。公一生之历史，自其学术之立场而论，约可分为萌芽、变化及成熟之三大时期；自其功业之立场而论，又可分为孕育、挫折及完成之三大时期。自少年以至入仕，其学术之萌芽时期，亦即功业之孕育时期也。迨归田而养晦，其学术之变化时期，亦即功业之挫折时期也。自再起以至柄政，则其学术之成熟时期，亦即功业之完成时期也。在第一时期中，公之学术基础初经奠立。始则潜心举业，第视为干禄之阶，既乃驰骛古典，始渐明修养之道。其于父母戚党之督教，与夫老师宿儒之激励，既足以高其自视，坚其自信，因而增进其修养；而服官翰林时，更获尽读中秘之书，并从事于当代文物典章之探讨，与夫政情世务之研求。至是公始由呫哔之小儒渐进而为通才硕学，其未来之“将相才”亦即奠基于此。吾所谓学术萌芽功业孕育之时期者此也。在第二时期中，公以磊落奇伟之才，扼于君庸臣奸之势，置身闲散，有志莫伸，不得已而遗世独往，引疾归田。虽以其具有积极之用世的人生观，未即遽萌消极出世之感想；然而一腔孤愤，积郁难平，使非因历游名胜，而顿生“不随物为欣戚混溟感以融观”之悟境，则其超然物外之观念终末由而产生，精神上之修养自亦末由跻于登峰造极之地步。此其于“博览载籍，贯穿百氏，究心当世之务”而外，殆必从事内典之研求也。观其集中谈禅警语，如所谓“愿以深心奉尘刹，不于自身求利益”（《答李中溪有道尊师》）；所谓“近日静中悟得心体，原是妙明圆净，一毫无染”（《寄高孝廉元谷》）；所谓“此中灵明，虽缘涉事而见，不因涉事而有；倘能含摄寂照之根，融通内外之境，知此心之妙，所以成变化而行鬼神者，初非由于外得”（《答西夏直指耿楚侗》）；即可知其于佛学悟解之深矣。江陵生活过程中，惟此一时期之环境与心情最易接受佛学之影响；即其超然物外之观念，亦未始非因参悟佛学而产生。然则江陵于此一时期中，虽亦贯穿百氏，究心世务，但谓其所受佛学影响为最深，当不致有若何之错误。犹幸赖其具有积极之用世的人生观，始不至落于佛家虚空寂灭之歧径。由此可知其日后之幡然再起，诚为其毕生功业兴灭继绝之关键矣。吾所谓学术变化功业挫折之时期者此也。至其于第三时期中，初则备位成均，继复列身卿贰，终乃以潜邸侍从之旧臣，而特蒙知遇，简在帝心，竟一跃而跻于阁部之尊，寝假而复膺钧衡之任。身为元老，受遗辅六尺之孤，威镇群僚，锐意定一尊之制。其间虽以扼于群小，备受谤尤；最后终获集中相权，毕伸抱负。就个人言，则以一介儒臣，而为十数载安危之所系；就国势言，则以累世积弱，而挽百余年社稷于将倾。盖公于此一时期中，始获尽出其生平素所服膺之法家学说，一一著为政令，见诸实行，使之发为奇葩，结成异果。于是其幼时所读之儒书，壮岁所研之佛典，以及当代之文物典章，政情世务，凡为其往昔所探讨研求者，至是乃如百川归海，众星拱辰，悉成为其法治主义之附庸，而受其“综核名实信赏必罚”之主张所支配。公虽以传统关系，仍不得不以儒者为标榜，以期见容于当时；顾其既已援法入儒，而以法治为施政之方针，则儒为其名，法为其实，自已毫无疑义。观其法治思想之迥异群流，固无怪其毕生功业之昭垂千古；唯其毕生功业之昭垂千古，更可见其法治思想之迥异群流。然则公之法治主义，盖即其十年政绩之理想；而其十年政绩，亦即其法治主义之实行。二者不特互为表里，抑且合而为一。此正与公所谓“政即学”，“即以其事为学”者若合符节，而其终成为一躬行实践之大政治家，亦固所宜然矣。吾所谓学术成熟功业完成之时期者此也。夫公之学术既历萌芽、变化、成熟之三大过程，公之功业亦经孕育、挫折、完成之三大阶段，两者之互相平行也有如此；然则公之十年政绩，如吾于前数章之所述者，谓为公之成功传固可，即谓为公之修学记亦无不可。呜呼！政学合一如公者，其敦本崇实躬行实践之精神，以视彼游谈无根之学者，相去固不可以道里计，而以视彼不学无术之实行家，亦何可同日而语乎？

明乎此，乃可与论公之学术矣。公之功业既为其学术之具体的表现，然则其功业所表现之学术究何如？公之十年政绩，其出发点为援法入儒；其宗旨为法治主义；其方法为综核名实，信赏必罚；其成绩为：纪纲由废弛而归于整饬，吏治由贪黩而归于严明，盗贼由宽纵而归于杜绝，武功由没落而归于振兴，财源由竭蹶而归于充盈，学风由空疏而归于质实，其尤著者，则为民生由凋敝而趋于顿苏，国势由衰颓而趋于复振。试按其一生功业，法家固为其思想之所宗，事功之所系；然公之学术固非仅限于法家，而于我国固有之学术，几无不兼收并蓄，融会而贯通之。如儒家之忠君事上，节用爱人，可见之于其为政；兵家之因势制宜，出奇决胜，可见之于其治军；佛家之广大含摄，解脱无碍，可见之于其处己立身；名家之正名定分，不竞不私（出《尹文子·大道篇》），可见之于其驭众使下。凡他人孜孜矻矻，殚其毕生精力而未由穷其一端者，公乃予取予求，左右逢源，而悉收为己用。由此观之，公之功业固多方发展，公之学术尤万象包罗。成功如彼，绩学如此，求之中外古今之大政治家中，岂易多覯哉？公诚可谓得天独厚，行己有方者矣！

至就其著述言之，清《四库全书提要》云："《太岳集》四十六卷（浙江巡抚采进本），明张居正撰。居正有《书经直解》，已著录。神宗初年，居正独持国柄，后毁誉不一，迄无定评。要其振作有为之功，与威福自擅之罪，俱不能相掩。至文章本非所长，集中奏疏启札最多，皆在庙堂时论事之作，往往纵笔而成，未尝有所锻炼也。"（见《清四库全书提要》集部别集类）此中评论江陵著述之语，固有似乎贬词，而适亦成为赞许。盖公之学术，既以敦本崇实为归，而非可于文字中求之；则公之于文字，自非如呫哔小儒之斤斤于寻章摘句，舞文弄墨，而沾沾以自喜；充其极亦第以著述为其事功之辅助及补充而已。彼以庶政萃于一身，大权操之一己，亦奚暇于其文章有所锻炼，抑亦奚屑于其文章有所锻炼乎哉！

今按江陵之著述，有全集、分集及专书三大类。

全集于明万历四十年，即江陵殁后之三十年，始由其子嗣修编次刊行，定名为《文忠公张太岳文集》。据嗣修所为凡例云：“先公文集在旧记室所者，自嗣修等逢难后十余年，始得完归；存者十八，逸者十二，如少年所作诸赋全逸，应制诗敕撰文逸十之二；仅据存者编次之，凡为诗六卷，为文十四卷，为书牍十五卷，为奏对十一卷，合之则为全集，离之亦可为四种”。此项初刊本凡四十六卷，目次具如上述；卷首冠以沈鲤之序，吕坤之书后，公子嗣修之《编次先公文集凡例敬题》及《书牍凡例敬题》，懋修之《先公致祸之由敬述》，及刘芳节之《太岳先生文集评》；卷尾附有马启图之《张文忠公诗跋》及高以俭之《太师张文忠公集跋》等。此即清四库全书本，国立北平图书馆亦藏有是本。其后又有江陵邓氏翻刻本，增《行实》一卷，共四十七卷。道光八年又有陶澍重刻本，以初刊本之原序别为一卷，合《行实》一卷，共为四十八卷，卷首冠有陶澍、陈銮之两序。光绪二十七年又有爽良依据明本、邓本及陶本重刊之改订本，卷数依明之初刊本，而编次则大加变动：首《奏疏》，次《书牍》，次《文集》，次《诗集》，次《女诫直解》；而以《行实》及前刊各本之序列及有关江陵之记载与评论，合为附录二卷；易名为《张文忠公全集》。湖北崇文书局另刊有《张文忠公集》。民国间又有重刊四十八卷本。此四十八卷本，亦即坊间之通行本也。

全集而外，复有分集，即全集之分刊单行本也。分集共有数种：（一）《张文忠公奏疏》，公殁后未几即有刻本行世，尚在全集刊行以前；（二）《张文忠公书札奏疏》，清无锡顾梁汾纂辑；（三）《张文忠公太岳先生诗》，明孔自来纂辑；（四）《张江陵书牍》，分上下二册，群学社近始印行。前三种现已绝版，后一种坊间虽有出售，亦不易得。惟此项分集多不出全集之范围，有全集在，分集之绝版固无关重要也。

专书系指公所主编之《帝鉴图说》《四书直解》《书经直解》《通鉴直解》《谟训类编》《大宝箴注》《贞观政要解》《承天大志》等书而言。此类书籍，均系公为指导神宗而作，不外乎以为君之道，版本于明时俱存内阁，鼎革后已成《广陵散》。惟此类书籍初与公学术无关，其绝版自亦无足重视。

江陵所有著述中，最可考见其功业与学术者，厥为其《全集》中之奏疏书牍；诗文则居次要；而专书无与焉。盖奏疏为其对君上陈述政见治术之文书，书牍为其对师友僚属辩说指导之工具，其功业之消息，学术之造诣，胥可于此中见之。尤以公之书牍，公子嗣修于其凡例中谓为“虽名简牍，实同文移”，故与奏疏几占有同等之重要地位。此在江陵身后横遭谤讟缺乏可靠史料之方面言之，尤足予研究江陵功业学术史者以莫大之便利。不然者，以公之谤留身后，史有阙文，苟非有公之著述以资考证，则治史者虽欲扫尽浮言，别成信史，几何而不望洋兴叹；而旷绝中外古今之大政治家如公者，其横遭埋没，饮恨千秋之命运，又几何而有拨云雾而见青天之一日哉！此吾于叙述本章既竟，所不禁深致感喟者也。

# 第十八章　诸家之评论

江陵之一生，诚有如《四库全书提要》所云，可谓毁誉不一，迄无定评。就大体言之，其生前及身后之二百余年间，向皆毁多于誉；直至近数十年来，其功业始日渐脍炙人口；降至今日，则公之丰功伟业，已自有口皆碑，向之流言浮议，早随时代推移而扫除罄尽矣。溯公之生平，其少年时期之幼聪蚤达，为人艳称，及入仕时期之勤学广交，蜚声翰苑，固有似乎誉矣，而究无关于宏旨。及其归田养晦，与世隔绝，则家庭之觖望，师友之怜才，自必在所难免，而社会对之，则初无毁誉之可言。盖以公当功业孕育及挫折之两时期，学固未显，功亦未张，名尤未立；彼既未成为社会之中心人物，社会对之自亦无所谓毁誉也。迨其东山再起，复入仕途，更复受穆宗特达之知，经徐阶密疏之荐，其功业完成之时期于焉开始；于是其政治生命乃由兹而飞黄腾达，而其所受之谤讟怨尤亦遂随之而继长增高。自是其功业愈进而愈隆，其所受攻击亦愈趋而愈厉焉。方公之初入内阁也，以其“独引相体，倨见公卿，无所延纳，间出一语辄中肯，人以是严惮之，重于他相。”（《明史》本传语）于是因畏而毁之者有之矣。公之在内阁，以综核名实信赏必罚为其政治之主张，而“遇事有执持”（《行实》），遂与同僚李春芳、赵贞士、陈以勤、殷士儋等多不合，物议渐起。于是因忌而毁之者有之矣。及高拱因得罪冯保而去位，疑公阴为主使，遂积其怨毒于公，虽至病榻弥留，而犹切齿为申申之詈。于是因疑而毁之者有之矣。洎公既柄国政，务反儒者因循宽纵之设施，力以综核名实为己务；因之好谈宽大之儒生，习尚自申之僚属，俱深感其不便。而余懋学、傅应祯、严用和、刘天衢、徐贞明、李祯、乔岩、刘台之徒，遂群起而对公大肆其攻击，此仆彼继，历久不衰。是则借口尊儒以毁公者又有之矣。及夺情议起，而吴中行、赵用贤、艾穆、沈思孝、邹元标等，更假借名教之传统的观念，或则谓夺情为“过举”（吴中行语），或竟詈江陵为“禽彘”。（邹元标语）是则借口名教以毁公者又有之矣。其后，以御史赵应元托疾乞休之细事，王用汲竟借以攻击江陵，劝神宗当独揽乾纲，不宜委政于众所阿附之元辅，是则借口专擅以毁公者又有之矣。试考其致谤之由，则公之厉行法治，综核名实，赏罚严明，不少假借，在公视为施政要图救国急务者，顾以因循玩愒积弊已深之社会当之，安往而不大相凿枘群起而攻者乎？是以严办盗贼而盗贼怨，痛惩豪右而豪右怨，戒饬士子而士子怨，裁汰冗员而冗员怨，谴责言官而言官怨，督促僚属而僚属怨，纠察阁僚而阁僚怨，控制宦官而宦官怨，抑制外戚而外戚怨，更上而教导君主而君主亦怨。至是而举国之朝野上下，几无一非怨公之人，公乃以一身而为众矢之的。下焉者，怨毒所中，谤毁固随之而生；上焉者，怨毒所加，祸患且因之而起。因之公殁未及两年，佥人宦官张诚其人者，乃以公家拥有多金，故耸神宗之听闻，神宗亦以心艳公家多金而予以籍没。于是公遂以盖世之大勋，而蒙削官夺谥之冤，几罹身后戮尸之祸。呜呼！怨毒与谤毁之加，固有如此其不测者。吾人了然于公致祸之因，能无道高一尺魔深一丈之感乎！

虽然，语有之：是非自有天理，公道自在人心。公之蒙不白之冤，遭飞来之祸，在今日固已大白于天下；即在当时，阴谋下石者固不乏其人，主持公道者亦大有人在。方籍没公家之旨既下，刑部右侍郎邱橓奉命偕宦官张诚赴江陵原籍查抄。橓等“籍其家恐不中程，乃拘其诸子，备极搒笞”（周圣楷所撰公本传）。大学士许国曾致书邱橓云：

明旨无罪及云云，愿推罪人不孥之义，以成圣主好生之仁，且无令后世议今日轻人而重货也。上累圣德，中亏国体，下失人心，奉旨行事者亦何所辞其责？（见《全集》附录一《高以俭〈太师张文忠公集跋引〉》）

申时行亦云：

圣德好生，门下必能曲体，不使覆盆有不照之冤，比屋有不辜之累也。（同上）

侍讲于慎行亦遗橓书，略曰：

江陵殚精毕智，勤劳于国家，阴祸机深，结怨于上下。当其柄政，举朝争颂其功而不敢言其过；今日既败，举朝争索其罪而不敢言其功：皆非情实也。且江陵平生以法绳天下，而间结以恩，此其所入有限矣。彼以盖世之功自豪，固不甘为污鄙，而以传世之业期其子，又不使滥有交游，其所入又有限矣。若欲根究连株，称塞上命，恐全楚公私重受其困。又江陵太夫人在堂，八十老母累然，诸子皆书生，不涉世事，籍没之后，必至落魄流离，可为酸楚。望于事宁罪定之后，疏请于

上，乞以聚庐之居，恤以立锥之地，使生者不致为栾、郤之族，死者不致为若敖之鬼，亦上帷盖之仁也。（周圣楷所撰公本传）

凡此皆不失为公道主张，殊属差强人意。但橓得书，俱不听，仍多方罗织。潘季驯以治狱太急，疏请恤之，又为言官李植劾去。自是逢君之恶以毁公者，更复信口雌黄，肆无忌惮，几不知人间有所谓公道是非矣。迨历时既久，张四维等务以宽大之政迎合上意，结纳人心，一反公之所为，以求保持禄位，朝纲因以大坏，而江陵毕生殚精竭力以惨淡经营者，几尽归于乌有。于是世人始渐追念公之政绩，而稍稍加以称许。万历十八年，蔡时鼎疏劾申时行有云：

夫居正之祸，在徇私灭公；然其持法任事，犹足有补于国。今也改革其美，而绍述其私；尽去其维天下之心，而巧私其欺天下之术；徒思邀福一身，不顾国祸。若而人者，尚可俾相天下哉！（见《明臣奏议》）

此犹寓褒于贬，不敢直颂其功，然已足为公吐气。及万历四十年公子嗣修搜集遗著，刊次行世，然后江陵之功业乃渐为人重视。如沈鲤序公遗集所云，即已极尽颂扬，大申正论。鲤之言曰：

太岳张公集若干卷，即公之相业也。当时主上（指神宗）以冲龄践阼，举天下大政，一一委公。公亦感上恩遇，直以身任之，思欲一切修明祖宗之法，而综核名实，信赏必罚，嫌怨不避，毁誉利害不恤。中外用是凛凛，盖无不奉法之吏，而朝廷亦无格焉不行之法。十余年间，海内清晏，蛮夷宾服，不可谓非公之功也。惟是人情惮检束而乐因循，一旦以法绳之，若见以为苛。而公持之益坚，争之益力，以是遂与世龃龉。而又有一二非常之事，有众人未易测识者，其迹不无似愎，似少容，似专权，似纯任霸术，似与金革变礼终未尽合。上一时虽优容，实已不能无疑。此公既谢世，言者益诪张为词，上眷宠既移，而公家之祸遂不可解矣。至今观场者犹多烦言。顾其先法后情，先国事，后身家，任劳任怨，以襄成万历十年太平之理，我明相业，指固未易多屈也。（见《全集》附录一沈鲤《张太岳集序》）

鲤为公所取士，作序时官大学士礼部尚书，而所言质直如此，且亦不因师谊而于公有所隐徇，殊属难能可贵。同时公另一门下士吕坤为公遗集书后，于公之功业及精神，尤有精到之批判，略谓：

先生……丰功伟绩昭揭宇宙，至今不可磨灭者，则一言以蔽之曰：任。……今上以十龄御九五，……当是时，两宫有并后之尊，诸珰操得肆之权，外戚有夤缘之藉，宜大值那吉之入，两广兴怀远之师，海内多颓靡之政，当斯任者，顾不难欤？先生念顾托之重，受圣主之知，以六合重担荷之两肩，以四海欣戚会为一体，无所诿托，毅然任之。顾任天下之劳易；任天下之怨难。先生以一身系社稷安危，爱憎毁誉等于浮云。以君德之成败责经筵，故帝鉴有图，日讲有规。以监局之纵畏关治乱，故付之主者，严其约束。立考成以督抚按，节驿递以恤民穷，限进取以重学校，核地亩以杜分欺，额举刺以塞私门，并催科以绳势逋，重诛谴以儆贪残，申宗藩之例，裁冗滥之员，核侵渔之饷，清隐占之屯，严大辟之刑，俾九围之人兢兢辑志，慢肆之吏凛凛奉法，横议之士息邪说而尊王，事可安常者，不更张以开后衅之端；时当变通者，不因循以养极重之势。维泰山而捧金瓯，俾内难不萌，外患不作，北无敌国之乱，南无擅命之雄，五兵朽钝，四民安康。此之为功，伊谁功哉？则先生肯任之心，胜任之手，断断乎其敢任之效也。设先生避难险，计身家，藉一人殊眷，结四海欢心，国家威福尽足以供之，其谁不悦？即不然，而优游暇逸，循敝辙，守陋规，上下习而安之，其谁生怨？而先生不为也。噫，伊尹之任，宁是过乎？（见《全集》附录一吕坤书《太岳先生文集后》）

自是以后，私家对于江陵之评论乃渐入正轨。惟以慴于专制淫威，终神宗之世，迄无敢为公声诉沉冤者。降至天启年间，始由邹元标为之奏准复原官并赐予祭葬。至是公之有功无罪，始重获朝廷之认可，然距公之殁，已历四十年之久，而明祚亦且岌岌垂危矣。（按：邹元标在公生前，曾对公肆行攻击，詈为“狗彘”——见本编第十章——且因之而被杖责放逐；乃于公身后竟以直报怨，代雪沉冤，亦一有心人哉。）及崇祯末年，国事愈败坏不可收拾，国人乃益追思江陵之功，尚书李日宣等于崇祯十三年上疏，言：“故辅居正受遗辅政，事皇祖（神宗）者十年，肩劳任怨，举废饬弛，弼成万历初年之治。其时中外乂安，海内殷阜，纪纲法度，莫不修明，功在社稷，日久论定，人益追思。”帝可其奏，此时公殁已五十八年，明亡垂在旦夕，至是而始追颂江陵功德，不亦晚乎！此诗人所以有“恩怨尽时方论定，边疆危日见才难”之慨也。（王启茂《谒张文忠公祠诗》，见《全集》附录二）明社既屋，世事变迁，公身后之谤原可随时代以消逝，乃复以史稿出于反对者之手，“而挟私者快其报复，徇声者务为深文”（见《全集》附录二沈鲤《张文忠公论》），以致是非未明，功罪仍无从判定。其中如《明史》，如《明纪》，如《明鉴》，对公多未能秉董狐之直笔，雪千古之奇冤；而谷应泰之《明史纪事本末》尤复逞偏见之私，为诛心之论；胥不足以当信史之目。《明史》虽经公孙同奎于清康熙时《上六部禀帖》，沥请厘正，而获将“荒谬架诬之语”删去（见《全集》附录二张同奎《上六部禀帖文后附记》），但于公之功绩，究仍语焉不详，且多微词，此在《明史》本传，几于俯拾即是，必须合同时诸人传赞读之，始能略窥梗概。其后虽有林潞、袁枚等人略申公论（林潞有《江陵救时之相论》一文，本编第十三章曾节引一段；袁枚《答洪稚存书》曾论及吴中行劾其座主江陵之不当；两文均见《全集》附录二），第仅片断论列，未足转移视听。于是公身后沉没于《四库全书提要》所谓“毁誉不一，迄无定评”者，几历二百年之久。直至道光年间，陶澍为重刊全集，其序文有云：

明至嘉、隆时，上恬下嬉，气象苶然，江陵张文忠公起而振之……其精神气魄实能斡旋造化，而学识又足以恢之，洵乎旷古之奇才，不仅有明一代所罕觏也。惟是精能之至，近乎刻核，劳怨不辞，疑于专擅；恶声所蒙，遂至巢倾而卵覆，其亦可哀也已！夫危疑之际，圣贤所难，舄几如周公，而不免于流言，卒至缺斨破斧而后已，历数百年，犹有执仁智未尽，以议其后者。世无孔、孟，安得有真是非？况江陵地非周公，而欲以天下之重，自处于伊尹之任，岂不难哉！（《全集》附录二陶澍《重刻张太岳先生全集序》）

始能以公允之批评，正天下之视听，可谓公身后第一知己。而同时陈銮亦为公申辩，谓：

世之议公者，大抵谓夺情也，结冯保而倾新郑（高拱）也。今试平情论之，夺情一节，诚君子所不与；然中世以来，宰辅习为故事，主少国疑，受恩深重，出处之际，人所难言。至谓公不欲去，讽部院留之，此文致之说，不足凭也。（按：此下系论公结冯保之出于权变，已见本编第八章引，不再赘）呜呼！仲尼没而天下无定评，《春秋》亡而天下无信史。……公之料边防，察吏治，千万里外，洞若观火，英略如李赞皇（德裕）；处两宫幼主之间，深心大力，不激不随，干济如吕文靖（夷简）。然赞皇为党人（谓李宗闵、牛僧孺等）所排，文靖亦不悦于范（仲淹）富（弼）诸君子。甚矣，慷慨任事之难，而大臣谋国之心之不易白也。（见同上又序）

王闿运之《江陵书院记》，复谓：

昔闻曾文正公言："张公与唐李太尉文饶（德裕字）皆以恢瑰负俗谤，而李承强固之后，张当寙蠱之极，其功尤伟。"（见同上）

又有官主事之监利人王柏心，除将江陵遗著进呈朝廷外，并作《悯忠赋》以志向往。赋中警句如："繄夫子之枋政兮，实身崇而地逼。夫岂不知亢龙之悔兮，恐皇舆之败绩也。振盅极之颓纲兮，怫众情而不惜也。犯危机而履深穽兮，夫唯党人之激也！""功则隐而罪彰兮，福已盈而祸基。朝阿衡而夕浑敦兮，怨者又构之以南箕。""勋烈轻于纤埃兮，衅罪积于邱山。怀忠信而攘垢兮，固自古而已然。"

（见同上）顾为一时所传诵。柏心又致书御史朱琦，称江陵之功，琦复书有云：

江陵，愚忠者也。盖明知其害于身而为之者也；明知害于身而利于国，又负天下后世之谤，而勇为之者也。呜呼，是真所谓愚忠者乎！（见同上《朱琦答王子寿比部书》）

琦之此数语，正与明海忠介（瑞）评公为“工于谋国，拙于谋身”（见周圣楷所撰公本传后《毛寿登附识》）者，不谋而合。江陵地下有知，亦当引为知己矣。自是世人对公之观感遂不复为史书所囿，而渐于公之遗著中求之；而公身后二百年之沉冤，亦渐以昭雪。降至近代，名流如梁氏任公、李氏岳瑞等，折衷泰西之学说，对我国历史人物重新估定其价值，于公更备致赞扬，许为明代惟一之大政治家。

# 第十九章　结论

外史氏述《张江陵传》既毕，于是作而言曰：

中国之无大政治家也久矣！非中国果无大政治家之天才也。政治天才之生也，虽不数数觏，恒历数十百年而始一见；然而寡诚寡矣，固犹未至于无也。然则纵观我国二千余年之历史，所谓大政治家者，何以竟旷世而不能一遇哉？此其故，诚非止一端矣。有天才矣，而无超人之抱负，未可也。有抱负也，而无独到之主张，未可也。有主张矣，而不能行之以恒心，持之以毅力，尤未可也。凡此数端者，皆所以成为大政治家之必要的条件，殆缺一而不可者也。夫天才诚寡，天才而备具此必要之条件者则尤寡。此所以莽莽二千余年，而所谓大政治家者，辄旷世而不能一遇也。

呜呼！吾于是乃不得不心悦诚服于张江陵矣。江陵者初第一介之儒生耳。虽其幼时颖悟有异于常儿；顾其日常耳目之所接，帖括制艺而已矣，平生心志之所期，科举禄位而已矣。父母戚党之爱重与督教，爱重督教乎此也；老师宿儒之期许与激励，期许激励乎此也。使非其具有超人之抱负，务于帖括制艺科举禄位而外，驰骛夫古典，广事夫涉猎，以求所以自进其修养，其后更进而从事于当代文物典章之探讨，与夫政情世务之研求，旁谋及于良师益友之晤谈，以求所以自增其经验；则其虽有大政治家之天才，又安得而研求其必需之学术，以发挥其固有之天才哉？吾故曰：有天才而无超人之抱负，未可也。借令具有此抱负矣，设或主张不慎，误入迷途，又或见异思迁，徘徊歧路；则小之固足败一己之谋，大之尤足偾国家之事，其罪失且由此而彰，功业仍未由而显也。而江陵者，譬若医家之对症投药者然，于明室国势寖衰之病源，则断为纪纲废弛，风习颓堕；于挽救当时国势之方案，则决为综核名实，信赏必罚；于促进复兴之手段，则定为统一政令，集中相权；于实现复兴之目标，则悬为国势盛强，民生安乐。使非具有如此独到之主张，则虽抱负绝人，仍无以展其技也。吾故曰：有抱负而无独到之主张，未可也。借令有抱负，有主张矣，设竟首鼠两端，投机取巧，持见可而进知难而退之旨，无破釜沉舟操刀必割之心，则仍无以扫除当前之障碍，完成不朽之事功也。乃江陵丁众醉独醒之际，当一傅众咻之冲。以其体国公忠，任劳任怨，而人乃责以"威柄之操，几于震主"（《明史》本传语）；以其整饬纲纪，力振颓风，而人竟斥为独揽大权，"偾事误国"（刘台语）。尤令其难堪者，厥在攻击其个人之私德。如高拱之去，咎在权珰，而人则谓其附保逐拱，"卖交附珰"（谷应泰《明史纪事本末》评语）；夺情之举，旨出两宫，而人则詈为"禽彘"（邹元标语）、"过举"（吴中行语）、"忘亲贪位"（《乞恢圣度宥愚蒙以全国体疏》中引语）。凡此横逆之来，其意固在假公济私，挟嫌报复。在他人意志不坚，色厉内荏，或且中途变节，阿顺取容。而公则劳怨不辞，历十余年如一日，坚贞自矢，亘千百祀而不渝；甚至不惜以其身为蓐荐，任人寝处其上而溲溺之。（《答吴尧山言宏愿济世书》）推其用心，盖惟知竭诚报国，之死靡他，而于一己之利害得失，生死恩仇，固早已置之度外矣。吾故曰：有主张而不能行之以恒心，持之以毅力。尤未可也。唯其有天才，有抱负，有主张，而又行之以恒心，持之以毅力，然后公乃足当大政治家之称而无愧，旷世不能一遇者，乃竟于明代隆、万之年而一遇之也。

虽然，吾于公不能无慨焉。于记有之，“千金之子，坐不垂堂”（《史记·越世家》）；于传有之，“匹夫无罪，怀璧其罪”（桓公十年《左氏传》）。彼第稍积赀富已耳，犹知力以保身远祸为戒，期免象齿焚身之惨，其果于自爱为何如也。夫政治之天才不世出，而佥壬之辈则恒有，小人耻独为小人，而不愿人之为君子。以公勋业之隆，威仪之重，固已足横触彼等之嫉视而有余。矧又课之以纪纲，临之以刑赏。凡公之所欲者，悉为彼辈所不欲；岂惟不欲而已，恶其不便而亟求所以摧毁之者，盖亦繁有徒矣。以一人之所欲，不能敌天下恶而务求摧毁之者之众。则公几何而不成为众怨之府，众矢之的，必欲去之而后快哉？公生前既备受其谤毁攻击，而终莫能摈之去，于是其身后之惨祸，乃为必然之势矣。间尝论之，以为公之为国为民，固甚多矣，而其自为则未免过少。公之于各家之学，几无不窥其源而探其奥，而独于道家思想，则似以其与法家本旨相径庭，而不屑一顾。然而公之祸即基于此矣。老子之言曰：“道常无为，而无不为。”（第三十七章）又曰：“为者败之，执者失之；是以圣人无为，故无败，无执，故无失。”（第六十四章）又曰：“太上，下不知有之；其次亲之誉之；其次畏之；其次侮之。”（第十七章）又曰：“天下之至柔，驰骋天下之至坚。”（第七十八章）庄子之言曰：“古之蓄天下者，无欲而天下足，无为而万物化，渊静而百姓足。”（《在宥篇》）又曰：“故古之王天下者，知虽落天地，不自虑也；辨虽彫万物，不自说也；能虽穷海内，不自为也。”（《天道篇》）又曰：“故君子不得已而莅临天下，莫若无为；无为也而后安其性命之情。”（《在宥篇》）彼其所谓无为也，无执也，无欲也，不言也，表面上虽有似乎消极，而实则以消极为手段，以积极为要归，殆为君人南面之所不可少。盖所谓无为者，非无所事事也，特不为其所不当为耳。所谓无执者，非随众浮沉也，特不执其所不必执耳。所谓无欲不言者，亦非素餐尸位噤若寒蝉之谓也，特借无欲以自致于“去甚去奢去泰”（《老子》第二十八章），借不言以使百姓潜移默化于无形耳。道家之政治原则在于此。其预期之目的，则有如《老子》所谓“知其雄，守其雌，为天下溪；为天下溪，常德不离，复归于婴儿”（第二十八章）；庄子所谓：“夫天下至重也，而不可以寄其生，又况他物乎？唯无以天下为者可以托天下也。”（《让王篇》）夫如是，而后人民始各“甘其食，美其服，安其居，乐其俗”（第八十章），而不知有之。彼于君之者且不知有之，尚何有于亲之誉之乎？更无论畏之侮之矣。此则道家理想之鹄的，为江陵所鄙弃，而即因以招谤买祸者也；夫江陵所持以自守者，固一以淡泊宁静公正廉明为旨归，特其对于当时因循怠玩之民风，则疾之如仇，扑灭之惟恐不及。彼于当时之君臣上下，殆亦如老子之欲使“复归于婴儿”。惟老子第欲以天下之至柔驰骋天下之至坚，其态度殆有如慈母；而江陵则本法家综核名实信赏必罚之立场，其自处遂俨若严父。严父之与慈母，其于所生爱护而期望之者固无不从同；特其态度既有严慈之差别，固已足引致不同之反应矣。是以江陵虽自忠诚以事上，公正以驭下，而当时之君臣上下，不便于其积极有为之措施，群欲去之而后快，畏侮且不足以称其心，岂复爱而誉之乎？向使江陵于法家整齐严肃之中，稍参以道家柔慈之成分，吾知人民必且爱而誉之，不知有之，靡然就范，而同化于无形矣。如此则公为国为民之主张，固仍可贯澈，而公之自为者不已视当时公所已为者为多乎？夫以公之天纵聪明，纵忽于道家无为不言之旨，宁遂忘千金怀璧之戒？彼固明知尚猛用威之不利于其身，徒以激于为国为民之热忱，而不惜打破得失毁誉之关头，甘受天下之诋毁凌辱而不避。呜呼！此诚千古绝大之悲剧，而与古今来之忠臣孝子异途同归者矣！天下不乏有心人，能不为之废书而三叹乎？

善夫李氏岳瑞之论诸葛武侯也，其言曰：

> 夫所贵乎尚友古人者，必先审古人所处之时代，考其人群进化之程所同异于今日者何若，然后取其学术功业言论行事，与今昔之时势一一比较而衡量之，何者宜于古而不宜于今，何者虽历百世而不可易。古人往矣，而其精神乃常不泯于宇宙间，有以资后人之观法。历史家之有裨于群治也如此。非是者，则皆谓之空谈无补之俗学耳。（见本书第三编叙论）

吾尝执是语以审察张江陵之历史，而后知其在我国政治史上实占有超然不拔之地位，且其影响于天下后世，足资后人之观法者，实至深且巨也。就时间言，江陵柄政之时，正当明代国势兴衰绝续之交，而江陵者实即司此由衰转盛之枢纽。当时一般社会之病态，厥为纲纪废弛，因循怠玩。而公则务以法家严整之精神，挽救当时疲玩之人群者也。就空间言，当时中国实为全世界惟一之大帝国，君主专制之国体，早经生长而成熟，民权主张固尚未萌芽，而民族观念则以外患日迫而渐次抬头，民生思想亦以内乱迭乘而日趋尖锐。而公之政策，则对内唯以安定民生为首务，对外唯以保卫民族为前提者也。再就公之学术功业言，当时通行之学术为儒家学说，政治基础为儒家之礼治主义；同时道教之思想，亦以君主之尊崇而占有优势。而公则务以法家之法治主义打破此儒道混同之传统的政治，以贯澈其富国强兵之目的者也。至考其生平之政绩，则公之用人与行政，属于管的方面之设施也；公之教育政策，属于教的方面之设施也；公之理财政策，属于养的方面之设施也；公之将略与兵略，治狱与治盗，属于卫的方面之设施也。以公所处之时代，而能具有如此之学术，造成如此之功业，遍观往史，下焉者固无论矣，即就古今所谓大政治家者求之，其学术功业能与公相埒者，有几人乎？吾所谓公在我国政治史上实占有超然不拔之地位者，此也。

虽然，公之对于民族国家之贡献，固犹不止于此也。尝观世之所谓伟人者，其丰功伟业非不煊赫一时也。然而当时则荣，没则已焉。求其泽留后世常资矜式者，殆如凤毛麟角焉。然则吾于此又不得不以江陵为巨擘矣。江陵之殁也，距今三百余年矣。此三百余年中，几经世变，凡百改观，今昔相衡，几如别一天地。其间事事物物，受时代之淘汰，不复为世人所忆及者，盖不知凡几。而公之学术功业，则卓然屹立，价值常新。除昔为专制，今为民主，国体互有不同而外，凡公在政治上之宗旨与措施，在当时享有超然不拔之地位者，在今日几无不足为后人所取法。抑岂惟取法而已，方且因其历时既久，而愈易发现其永久之价值。如法治主义者，公之所拳拳服膺，而亦欧美列强立国之所基，富强之所本也。如综核名实者，公之所津津乐道，而亦今日主行政者成功之锁钥，不二之法门也。如集中相权者，非即今日内阁制度之权舆乎？如管教养卫者，非即今日建国方法之因素乎？博稽史籍，学术功业之与公相伯仲者固亦不乏其人，然而求能如公之历百世而不易，永垂后人之典则者，又几人乎？吾所谓公影响于天下后世，足资后人之观法者此也。

夫天才之大政治家不世出，而公之抱负与主张，乃适足与其天才相发扬相辉映，而又济之以恒心与毅力，公诚天之骄子哉！以公学术功业之彪炳于当时，永垂于后世，公之精神固已不朽于人间，区区之毁誉得失，固无怪公之视若鸡虫也。昔海忠介（瑞）之论公也，曰：“工于谋国，拙于谋身。”呜呼！世犹有如公之工于谋国拙于谋身者乎？吾愿执鞭以从之矣！

# 苏东坡传

■ 民国四大经典传记

周景濂 著

团结出版社

**图书在版编目（CIP）数据**

苏东坡传 / 周景濂撰. -- 北京 : 团结出版社,2020.7

（民国四大名传）

ISBN 978-7-5126-7945-0

Ⅰ. ①苏… Ⅱ. ①周… Ⅲ. ①苏轼（1036-1101）—传记 Ⅳ. ①K825.6

中国版本图书馆CIP数据核字(2020)第098311号

**出版:** 团结出版社

（北京市东城区东皇城根南街84号 邮编: 100006）

**电话:**（010）65228880　65244790（传真）

**网址:** www.tjpress.com

**Email:** zb65244790@vip.163.com

**经销:** 全国新华书店

**印刷:** 三河市祥达印刷包装有限公司

**开本:** 145×210　1/32

**印张:** 37.75

**字数:** 950千字

**版次:** 2020年11月 第1版

**印次:** 2020年11月 第1次印刷

**书号:** 978-7-5126-7945-0

**定价:** 152.00元（全4册）

# 目录

# 苏东坡传

——周景濂

# 第一章 家 庭

东坡家系，肇始唐代苏味道。唐中宗神龙元年（七〇五年），味道为眉州刺史，卒于官。其后裔即为眉州苏氏之所自出。东坡祖父名序，父亲名洵。洵有二兄，一名澹，一名涣，都擅长文学，举进士，苏涣官至都官郎中。苏序亦以其子历任显宦，被任为大理评事，后累赠至尚书职方员外郎。

苏洵字明允，号老泉，少不悦学，年二十七，始发愤读书。后应试不第，悉焚其前所为文，益闭户读书六年，五经百家之书，无所不通。其著作有《权书》《衡论》《机策》等书。曾召试于紫薇阁，不就。后朝廷中欲修纂建隆（宋太祖年号）以来之礼书，因任命苏洵为秘书省校书郎，董理其事，成《太常因革礼》百卷，方成而卒，苏洵仪态谨严，其子东坡有云："吾先君于物无所好，燕居如斋，言笑有时"，可以想见其为人了。东坡母亲程氏。苏洵是常常宦游不归乡的，所以东坡年幼时教养之责，全由其母程氏一人担负，亲授以书。有时候和东坡讲到古今成败得失，如数家珍，不爽毫发，即此已远非寻常女子，所能做到。一日，程氏读《后汉书·范滂传》，不禁慨然叹息，时东坡侍立在旁，因问道："如儿做了范滂，母亲怎样？"程氏答道："儿能做

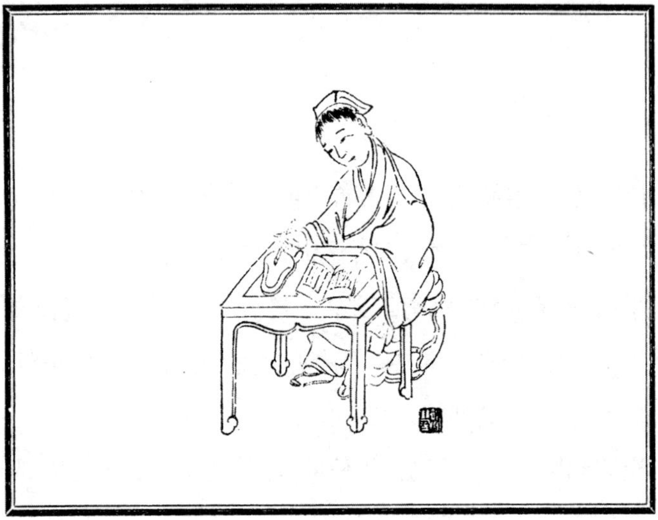

**凿地得砚**

时在庆历七年，年十二岁。先生《天石砚铭叙》：“某年十二时，于所居纱縠行宅隙地中，与群儿凿地为戏，得异石，如鱼肤温莹，作浅碧色，表里皆细银星，扣之铿然，试以为砚，甚发墨。某宝而用之，且为铭。”

范滂，我岂不能做范滂的母亲？”可知程氏的见识不凡了。

东坡兄弟共三人，老兄名景，早死。所谓：

**弟兄本三人，怀抱丧其一。倾然仲与叔，耆老天所骘。**

东坡字子瞻，宋仁宗景祐三年十二月十九日卯时生。所以傅藻《纪年录》上说：

**“十二月十九日卯时，公生于眉山县纱縠行私第。”**

苏辙字子由，宋仁宗宝元年二年二月生，少东坡四岁，不及东坡器量豁达。态度沉默安祥，酷似乃父。所谓：

**念子似先君，木讷刚且静，寡词真吉人。**

至其文之平畅秀杰，也和他的人品相同。后来和他的老兄，同仕官至门下侍郎。宋徽宗政和二年卒，其著作有《诗传》《春秋传》《古史》《老子解》和《栾城文集》。

东坡妻王氏，名弗，为眉州青神乡贡进士王方之女。王氏始嫁之年为十六岁；其时东坡十九岁。王氏为人淑良，颇能调和东坡豪放之病。英宗治平二年五月，东坡从凤翔到京师时，王氏竟不幸舍其夫而长逝，时年仅二十有七。东坡骤遭鼓盆之痛，悲伤莫名，曾为墓表，以志哀悼。

君之未嫁事父母，既嫁事我先君夫人，皆以谨肃闻。其始未尝自言其知书也，见轼读书，则终日不去，亦不知其能通也。其后轼有所忘，君辄能记之，问其他书，则皆略知之，由是始知其敏而静也。从轼官于凤翔，轼有所为于外，君未尝不问知其详，曰："子去亲远，不可以不慎，日以先君之所以戒轼者相语也。"轼与客言于外，君立屏间听之，退必反复其言曰："某人也言辄持两端，惟子意之所向，子何用与是人言。"有来求与轼亲厚甚者，君曰："恐不能久，其与人锐，其去人必速。"已而果然。将死之岁，其言多可听，类有识者。其死也，盖年二十有七而已！

又其所填悼亡词，尤凄惋动人。

十年生死两茫茫，不思量，自难忘，千里孤坟，无处话凄凉，纵使相逢应不识，尘满面，发如霜。

夜来幽梦忽回乡，小轩窗，正梳妆，相顾无言，惟有泪千行，料得年年肠断处，明月夜，短松冈。

东坡继室，为其前妻之从妹，名闰之。东坡祭其岳父王君锡丈人文中，有"轼始婚媾，公之犹子，允有令德，夭阏莫遂，惟公幼女，嗣执罍篚"之句。其继室王氏，追随东坡，也愿能刻苦持家，随遇而安。当东坡谪居黄州时，曾与章子厚书云：

仆居东坡，作陂种稻，有田五十亩，身耕妻蚕，聊以卒岁。昨日一牛病几死，牛医不识其状，而老妻识之，曰：“此牛发豆斑疮也，法当以青蒿粥啖之。”用其言而效。勿谓仆谪居之后，一向便作村舍翁，老妻犹能接黑牡丹也。

又在赵德麟的《侯鲭录》上，载有东坡继室王氏的一段轶事云：

元祐七年正月，东坡先生，在汝阴州，堂前梅花大开，月色鲜霁，先生王夫人曰：“春月色胜秋月色，秋月色令人凄惨；春月色令人和悦，何如召赵德麟辈来，饮此花下。”先生大喜曰：“吾不知子能诗耶？此真诗家语耳！”

王夫人于元祐八年八月一日，卒于京师。黄山谷赠东坡诗，有云：

乐天名位聊相似，却是初无富贵心。
只欠小蛮与樊素，我知造物爱公深。

东坡有一个小妾，也姓王，名朝云，字子霞，钱塘人。绍圣元年，东坡谪居惠州，只有朝云一人，独随之南迁，因作《朝云诗》以纪之。并引世谓乐天有粥骆马放杨柳枝词，嘉其主老病不忍去也，然梦得有诗云：春尽絮飞留不得，随风好去落谁家。乐天亦云：病与乐天相伴住，春随樊素一时归。则是樊素竟去也。予家有数妾，四五年前，相断辞去，独朝云者，随予南迁，因读《乐天集》，戏作《朝云诗》。

不似杨枝别乐天，恰如通德伴伶玄。阿奴络秀不同老，天女维摩总解禅。

经卷药炉新活计，舞衫歌扇旧因缘。丹成逐我三山去，不作巫阳云雨仙。

绍圣三年七月，朝云亡于惠州，共计追随东坡凡二十三年，东坡作诗以悼之。并引

绍圣元年十一月，戏作《朝云诗》，三年七月五日，朝云病亡于惠州，葬之栖禅寺松林中东南直大圣塔，予既铭其墓，且和前诗以自解。

苗而不秀岂其天，不使童乌与我玄。驻景恨无千岁药，赠行唯有小乘禅。

伤心一念偿前债，弹指三生断后缘。归卧竹根无远近，夜灯勤礼塔中仙。

是年重阳日，又作诗以哀之。

三年瘴海上，越峤真我家。登山作重九，蛮菊秋未花。
唯有黄茅根，堆垅生物窳。蜒酒蘖众毒，酸甜如梨楂。
何以侑一樽，邻翁馈蛙蛇。亦复强取醉，欢谣杂悲嗟。
今年吁恶岁，僵仆如乱麻。此会我虽健，狂风卷朝霞。
使我如霜月，孤光挂天涯。西湖不欲往，墓树号寒鸦。

朝云的风采和文学，都非寻常姬妾所能及，只要看东坡与李端叔的信，便可知之。

朝云死于惠久矣！别后学书，颇有楷法。亦学佛，临去诵六如偈以绝。葬之惠州栖禅寺，僧作亭覆之，榜曰六如亭。

东坡有子三，都是文坛健将，长曰迈，前妻所生。仲曰迨，叔曰过，皆系后妻生下来的。迈和迨，皆外出服官，远客异乡，只有幼子过，终东坡一生，追随左右，未尝稍离，所以东坡在惠州曾说道：

“既习其水土风气，绝欲息念之外，浩然无疑，殊觉安健也。儿子过，颇了事，寝食之外，百不知管。”

又云：

某既缘此绝欲弃世，故身心俱安，而小儿亦遂超然物外，非此父不生此子也，呵呵！

过的性情，最酷似其父，所以终身不出去做官。及父卒，居于颍昌之小斜川，过他的隐居生活，自称斜川居士，有《斜川集》二十卷行世，时人称之为小坡云。

东坡还有一个庶子名遁，是元丰六年七月在黄州时小妾朝云所生的，东坡当时曾与友人书云：

杜门壁观，虽妻子无几见，况他人也。然云蓝小袖者，近辄生一子，想闻之一拊掌也。

又其《洗儿诗》云：

人皆养子望聪明，我被聪明误一生。
唯愿孩儿愚且鲁，无灾无难到公卿。

不幸东坡所希望"无灾无难到公卿"的宁馨儿，于翌年七月，东坡由黄州迁到汝州的时候，竟半途夭折了。下面两首诗，便是东坡哭儿之作。

吾年四十九，羁旅失幼子。幼子真吾儿，眉角生已似。未期观所好，蹁跹逐书史。摇头却梨栗，似识非分耻。

吾老常鲜欢，赖此一笑喜。忽然遭夺去，恶业我累尔。衣薪那免俗，变灭须臾耳。归来怀抱空，老泪如泻水。

我泪犹可拭，日远当日忘。母哭不可闻，欲与汝俱亡。故衣尚悬架，涨乳已流床。感此欲忘生，一卧终日僵。

中年忝闻道，梦幻讲已详。储药如丘山，临病更求方。仍将恩爱刃，割此衰老肠。知迷欲自反，一恸送余伤。

东坡的兄弟子由，也有三子，曰迟，曰适，曰远。东坡曾有诗云：

两翁归隐非难事，惟要传家好儿子。忆昔汝翁如汝长，笔头一落三千字。

世人闻此皆大笑，慎勿生儿两翁似。不知樗栎荐明堂，何似盐车压千里。

总之东坡一门，都是头角峥嵘，英才焕发，所以“三苏”之名，遂为世所闻知了。

# 第二章 青年时代

东坡在总角时，即敏悟异常儿。八岁入小学，师事道士张易简。观其自述云：

眉山道士张易简，教小学常百人。予幼时亦与焉，居天庆观北极院。予盖从之三年。

东坡受业于张道士之门，在此三年中间，气质之变化如何，学业之进步又如何，今虽不知其详。可是他的才气，已往往流露于无意间，甚至对于张老师，也不免要加以戏弄。只要观其在《范文正公集》中所做的一篇序文，便可知之。

庆历三年，轼始总角入乡校，士有自京师来者，以鲁人石守道所作《庆历圣德诗》示乡先生。轼从旁窥观，则能诵习其词，问先生以所颂十一人者何人也？先生曰："童子何用知之！"轼曰："此天人也耶？则不敢知。若亦人耳，何为其不可。"

所谓《庆历圣德诗》，系当时国子直讲石守道纪念庆历更

**入学从师**

时在庆历三年，年八岁。《东坡志林》：“吾八岁入小学，以道士张易简为师；师独称吾与陈太初者。”

化而作的。何谓庆历更化？庆历是宋仁宗的年号。原来在庆历以前，吕夷简为相，群奸满朝，贤人远飏，朝政大乱。及仁宗改元庆历，乃大振纲纪，如王素、欧阳修，余靖、蔡襄一时名流，都为谏官，杜衍为枢密使，韩琦、范仲淹为枢密副使，于是小人远飏，朝政一新。《圣德诗》之作，即为此也。以总角的童子，即已能狎侮其师。则其幼时矜尚之气，亦可想见。

东坡幼时轶事，尚有数则，俱见于《侯鲭录》，兹不多述。后东坡年事渐长，其学殖文思，亦与年俱进，洋洋千言，倚马可待。所以子由于其所撰墓志铭上，有“比冠学通经史，属文日数千言”之句了。后游成都，谒名人张安道。安道一见即待以国士之礼，东坡之名声物望，因之益为人所重视。

嘉祐元年，东坡年二十一岁举进士。明年，与其父洵及弟辙同时入都，赴试礼部。此时人家对于他们父子三人，已很注目，三苏之名，啧啧人口。三月，仁宗亲召至崇政殿御试。时欧阳修权知贡举，梅圣俞参与其事，欧阳修疾恨时文诡异，凡当代之所推誉者，都被黜罢。及出榜，一般浇薄之士，俟修之晨朝也，都去和他为难。计当时发表及第出身者，共八百七十七人，东坡和其弟子由，同时在这一榜发表出来的。他曾自述云：

昔吾辈举进士，试于礼部，欧阳文忠公见吾文曰：此我辈人也，吾当避之。方是时，士以剽裂为文，聚而见讪，且讪公者，所在成市。

欧阳修最爱东坡之文，列入第二。观其《寄梅圣俞书》中，有几句说道：

读轼书，不觉汗出，快哉快哉！老夫当避此人，放出一头地。

又观东坡《上梅圣俞书》云：

轼七八岁时，始知读书。闻今天下有欧阳公者，其为人如古孟轲、韩愈之徒，而又有梅公者从之游，而与之上下其议论。其后益壮，始能读其文词，想见其为人，意其飘然脱去世俗之乐而自乐其乐也；方学为对偶声律之文，求斗升之禄，自度无以进见于诸公之间，来京师逾年，未尝窥其门。今年春，天下之士，群至于礼部，执事与欧阳公实亲试之，诚不自意，获在第二。既而闻之人，执事爱其文，以为有孟轲之风。而欧阳公亦以其能不为世俗之文也而取焉，是以在此。非左右为之先容，非亲旧为之请属，而向之十余年间闻其名而不得见者，一朝为知己。退而思之，人不可以苟富贵，亦不可以徒贫贱。有大贤焉而为其徒，则亦足恃矣。

足见东坡的往来于名公巨卿之间，全以文字为因缘，非一般幸进之徒，借亲戚故旧为之运动者所可比拟了。

东坡方试罢，即丁母忧。嘉祐四年除服，十二月，和其弟子由，侍父，下长江，至湖北，再遵陆北上至京。此行也，东坡有《南行前集》，专记其事。其序云：

己亥之岁，侍行适楚，舟中无事，博弈饮酒，非所以为闺门之欢，山川之秀美，风俗之朴陋，贤人君子之遗迹，与凡耳目之所接者，杂然有触于中，而发于咏叹，盖家君之作与弟辙之文皆在焉，凡一百篇，谓之《南行集》。

在此山河千里间，既富名胜，又饶古迹，诗人俯仰其间，自然文思汩汩，有如泉水的倾泻而出了。

五年，授东坡河南福昌县主簿，未赴任。明年八月，欧阳公以东坡才学兼茂，免其应试，列其制策入三等。在宋初以制策而列入第三等的，仅东坡一人。后司马光考其所对策，亦列入第三等，将其所为之拟议，列入第四等。又在制科的那一年，适逢其弟子由病，韩魏公言于朝廷，谓今年制科，唯苏轼苏辙，最有声望。今苏辙偶病，请展期二十天，后遂成为常例。

是年十二月，除大理评事签书凤翔判官，旋即到任。惟如此刀笔小吏，岂东坡真心所欲为，仅借此以行其隐居生活而已。东坡隐居终南山，在竹林中，构一茅屋，名避世堂。有诗云：

譬如倦行客，中路逢清流。尘埃虽未脱，暂憩得一漱。

终南山境甚幽邃，唐张乔有诗云：

带雪复御春，横天占半秦。势奇看不定，景变难写真。

洞远皆通岳，川多更有神。白云幽绝处，自古属樵人。

唐诗人李白，也在终南山隐居过，东坡的居于此，仅贪其清闲。其诗云：

犹恨溪堂浅，更穿修竹林。高人不畏虎，避世已无心。
隐几颓如病，忘言兀似瘖。茆茨追上古，冠盖谢当今。
晓梦猿呼觉，秋怀鸟伴吟。暂来聊解带，屡去欲携衾。
湖上行人绝，阶前暮雪深。应逢绿毛叟，扣户夜抽簪。

治平二年，任满归京师。是时仁宗已经晏驾，以太宗之曾孙入继，是英宗。英宗在为皇子时，即闻东坡之名，及即位，拟召之为翰林。时韩魏公为相，此事为其所知，即以东坡骤然登用为不利之说，以告英宗，劝他不如先召东坡赴秘阁一试之。英宗谓：试之者以尚未知其能否故也。如轼则众皆知其贤，又何试焉。及试，果列入第三等，得直史馆，其时东坡适为三十岁。先是，当苏洵到京师时，欧阳公见其为文有如荀子，请其编订礼书。治平三年四月，书方成而卒。东坡在前一年，已遭鼓盆之痛（妻王氏亡）。今又骤丁父忧，埋玉之恨，风木之悲，一朝齐集。东坡心境，何等悲伤！乃扶护灵柩归西蜀，直至除服。始返京，其时英宗已死。神宗即位，已是熙宁二年了。

神宗重用王安石，东坡和王安石，是始终不合作的。

原来赵宋自开国到神宗即位时，已经更代六（朝），历百年了。在这百年内，外患内忧，交迫而至。以言外患，西有西夏的叛服无常，每年虽赂以岁币，仍不能止其侵略的野心。北面又有契丹的崛起。治平中，改国号曰辽，和西夏互相联合，乘机共窥宋室。处此外患危急四郊多垒之秋，而中央政府，偏又纲纪废弛，百弊丛生，吏治偷惰，兵备不振，夫如此环境，如此政府，国是又乌能望其振作。神宗是一位年富力强英明有为之主，即位之后，他深恨国家之积弱，蓄意要想内振纲纪，外攘四夷，涤除积弊，一新面目。然而环顾朝臣，大都是因循守旧，泄泄沓沓，未足以语此。独有王安石其人，才堪任用，颇合己意，所以就重用他了。

王安石临川人，好学多闻，兼工诗文。幼时与曾子固相友善，曾因其富有才干荐于欧阳公，欧阳公擢为进士。仁宗时，召他做过度支判官，并累进至知制诰，然终未得重用。但此时王安石已隐然负有重名，一般士子，争相趋向。只有东坡父亲洵，不之赞许，曾为《辨奸论》一文，指为大奸慝。（惟此文据蔡上翔《辨奸论考证》及李绂《书辨奸论后》谓为后人所伪作，详见柯敦伯所著《王安石》一书）神宗初召他为翰林学士时，安石即隐以天下自任，有矫世变俗创建非常之志。此种思想，自然很为神宗所赞许，神宗正求其人而不得也，因之愈为神宗所倾信，继任参知政事，后来便进一步请他为宰相了。安石既专政，为实行他平生的主张起见，和吕惠卿等谋，劝帝行新法，设立三司条例司，改良制举，行青苗、保甲、募役、方田、均税等法。安石的变法，平心论之，亦未可厚非，且有许多新法，至今仍在仿行。惟当时变法之范围既广，实行起来，自不免发生流弊，因之反对之声以起。东坡之弟子由，适任条例司官属，曾言于安石曰：

以钱贷民，使出息二分，本非为利。然出纳之际，吏缘为奸，法不能禁。钱入民手，虽良民不免非礼费用。及其纳钱，虽富民不免违限。如此则恐鞭笞必用，州县之事烦矣。

安石不从。新法既行，物议甚嚣尘上。安石乃在京师设立逻卒，伺察谤议新法者。东坡观此情形，岂肯默尔而息，乃上书神宗，洋洋数千言，沈德潜评论他的文章，谓有贾长沙的雄姿，有陆宣公的整饬，字字挟风霜。观其论青苗，则曰：

“青苗放钱，自昔有禁。今陛下始立成法，每岁常行，虽云不许抑配，而数世之后，暴君污吏，陛下能保之欤？异日天下恨之，国史记之曰，青苗钱自陛下始，岂不惜哉！且东南买绢，本用见钱，陕西粮草，不许折兑。朝廷既有著令，职事又每举行。然而买绢未尝不折盐，粮草未尝不折钞，乃知青苗不许抑配之说，亦是空文。……纵使此令决行，果不抑配，计其间愿请人户，必皆孤贫不济之人。家若自有盈余，何至与官交易？此等鞭挞已急，则继之逃亡；逃亡之余，则均之邻保。势有必至，理有固然。且夫常平之为法也，可谓至矣。所守者约而所及者广，借使万家之邑，止有千斛。而谷贵之际，千斛在市，物价自平。一市之价既平，一邦之食自足，无操瓢乞丐之弊，无里正催驱之劳。今若变为青苗，家贷一斛，则千斛之外，孰救其饥？且常平官钱，常患其少。若尽数收籴，则无借贷；若留充借贷，则所籴几何？乃知常平青苗，其势不能两立，坏彼成此，所丧愈多，亏官害民，虽悔何逮。”

又论免役法曰：

“自唐杨炎废租庸调以为两税，取大历十四年应予赋敛之数以立两税之额，则是租调与庸两税既兼之矣。今两税如故，奈何复欲取庸。圣人立法，必虑后世，岂可于常税之外，别出科名，万一不幸，后世有多欲之君，辅之以聚敛之臣，庸钱不除，差役仍旧，使天人怨讟，推所从来，则必有任其咎者矣。”

神宗是好名的，所以东坡即利用此弱点，力加攻击。东坡且进一步以国家之兴亡盛衰，在德不在法的论调，把王安石之新法，根本的掀荡以去。他说道：

“夫国家之所以存亡者，在道德之浅深而不在乎强与弱；历数之所以长短者，在风俗之厚薄而不在乎富与贫。道德诚深，风俗诚厚，虽贫且弱，不害于长而存。道德诚浅，风俗诚薄，虽强且富，不救于短而亡。人主知此，则知所轻重矣！……臣愿陛下务崇道德，而厚风俗，不愿陛下急于有功而贪富强。……故臣愿陛下爱惜风俗，如获元气，古之圣人，非不知深刻之法，可以齐众，勇悍之夫，可以集事，忠厚近于迂阔，老成初若迟钝，然终不肯以彼而易此者，顾其所得小而所丧大也。”

又驳安石“民可与乐成难与虑始”一段道：

“议者必谓民可与乐成，难与虑始，故陛下坚执不顾，期于必行。此乃战国贪功之人，行险侥幸之说。未及乐成，而怨已起矣。”

更就制举之法而痛论之，其言曰：

“夫欲兴德行，在于君人者修身以裕德，审好恶以表俗。若欲设科立名以取之，则是使天下相率而为伪也。上以孝取人，则勇者割股，怯者庐墓。上以廉取人，则弊车羸马，恶衣菲食。凡可以中上意者，无所不至。自文章言之，则策论为有用，诗赋为无益。自政事言之，则诗赋策论，均为无用。然自祖宗以来莫之废者，以为设法取人，不过如此也。矧自唐至今，以诗赋为名臣者，不可胜数，何负于天下而欲废之。”

这一段文章，仿佛似《韩非》。又曰：

“得人之道，在于知人。知人之法，在于责实。使君相有知人之明，朝廷有责实之政，则胥吏皂隶，未尝无人，而况于学校贡举乎？虽因今之法，臣以为有余。使君臣不知人，朝廷不责实，则公卿侍从患无人，而况学校贡举乎？虽复古之制，臣以为不足。夫时有可否，物有兴废。方其所安，虽暴君不能废。及其既厌，虽圣人不能复。故风俗之变，法制随之，譬如江河之徙移，强而复之则难为力。……至于贡举之法，行之百年，治乱盛衰，初不由此，陛下视祖宗之世，贡举之法与今为孰精？言语文章，与今为孰优？所谓人才，与今为孰多？天下之事，与今为孰辨？较此四者之长短，其议决矣。今所欲改变，不过数端。或欲乡举德行，而略文词；或欲专取策论，而罢诗赋；或欲兼采誉望，而罢封弥；或欲变经生贴墨，而考大义。此皆知其一不知其二者也。愿陛下留意于远大者，此数者皆非也，区区之法可预焉。”

读完这篇文章，东坡的面目，已跃然生动于纸上。盖东坡系一豪放浪漫者，对于一切，咸主听其自然，不喜平地起风波，扰扰自劳，所以他说：“风俗之变，法制随之，强而复之难为力。”以主张万事不受绳墨规矩之苏东坡，而与固执不能容人的王安石，并立于朝，宜乎要各不相容，背道而驰了。试将此二人一比较之，则安石致密，东坡粗放。惟其致密，故度量偏狭，动辄猜忌，不能容人；惟其粗放，故胸襟豁大如海，清浊都能容纳。安石峭刻，东坡傲岸。唯其峭刻，故不苟言，不苟行；唯其傲岸，故逞志妄情，不加检束。安石立言，必以尧舜三代为准则；东坡所言，仅较量汉唐。安石自信心笃，失之执拗；东坡则与时推移，适应环境。东坡似长江汪洋，浑然雄厚；安石如孤峰兀立，峭然廉洁。性情既不同，见之于诗文，亦迥然异其趣：

穰侯老擅关中事，长恐诸侯客子来。
我亦暮年专一壑，每逢车马便惊猜。

这是安石的咏史诗。

平生不识高将军，何事却来污我足。

这是东坡赞李白的诗句。

我名公字偶相同，我屋公墩在眼中。
公去我来墩属我，不应墩姓尚随公。

这是安石咏谢公墩（谢安字安石）的诗。

欲将同异较锱铢，肝胆犹能楚越如。
若信万殊归一理，子今知我我知鱼。

这是东坡《濠州观鱼台》的诗句。他们两人的性情，看了以上几首小诗，也就不言而喻了。

司马光在当时是一个能直言极谏的巨公，于是东坡得到同志了。二人便不顾忌讳，痛诋安石的坏处。安石性本偏激，何能堪此？为报复计，也就吹毛求疵的来说东坡坏话了。原来东坡有个外弟，与东坡不合。安石即利用此弱点，召之来，探刺东坡的过失。其外弟对于东坡，果大加攻讦，说什么当其丁忧时，有贩私盐等等不端行为。安石闻之大喜，即命其姻戚谢景温，上书于帝，弹劾东坡。神宗有一天谓司马光曰："谁谓东坡佳士？卿其误矣！"说罢即以谢景温弹劾之事见告。司马光曰："凡责人当责其情。贩私盐之事，岂东坡所愿为？安石素恶轼，陛下岂不知之？谢景温为其姻戚，是以乐于承安石之意，来攻击东坡了。"帝终不信。东坡因此不安于朝，不得不请知杭州通判，以求自免，时在熙宁四年十一月。东坡去后，在朝名士，如司马光、欧阳修、富弼及其弟子由，都先后相继，或自求去官，或自请致仕，一时在朝的，乃全是安石的党羽了。所谓：

眼看时事力难任，贪恋君恩退未能。
迟钝终须投劾去，使君何日换聋丞。
圣明宽大许全身，衰病摧颓自畏人。
莫上冈头苦相望，吾方祭灶请比邻。

又云：

近来愈觉世路隘，每到觉处差安便。

东坡在杭州，因法便民，民赖以安。留杭三年，于熙宁七年五月，上书请调密州，因为其弟子由，其时在济南，想借此和他接近些。案子由《超然台序》云：

子瞻通守余杭三年，不得以辙之在济南也，求为东州守。既得请高密，乃有移知密州之命。

十一月，东坡到任，呼其居曰超然台，盖从其弟子由所命也。并为文以记之：

凡物皆有可观。苟有可观，皆有可乐，非必怪奇玮丽者也。铺糟啜漓，皆可以醉；果蔬草木，皆可以饱。推此类也，吾安往而不乐。夫所以为求福而辞祸者，以福可喜而祸可悲也。人之所欲无穷，而物之可以足吾欲者有尽。美恶之辨战乎中，而去取之择交乎前，则可乐者常少，而可悲者常多。是谓求祸而辞福。夫求祸而辞福，岂人之情也哉？物有以盖之矣！彼游于物之内而不游于物之外，物非有大小也。自其内而观之，未有不高且大者也。彼挟其高大以临我，则我常眩乱反覆。如隙中之观斗，又乌知胜负之所在？是以美恶横生，而忧乐出焉，可不大哀哉！

此等思想，全是从庄子胎息而来，盖东坡的性情，和其境遇，既不相容，自不得不俯就现实，顺性安适，超然物外了。

是年天下大旱，岁饥，东北各地流民，大都展转入京，络绎不绝。当时监安上门光州司法参军郑侠，目击饥民流离困顿，妻啼子哭，惨不忍睹，因绘成流民图一幅，献呈皇上，并上书曰：

“去年大蝗，秋冬亢旱。今春不雨，麦苗干枯，黍粟麻豆，皆不及种，五谷涌贵，民情忧惶，什九惧死，逃移南北，困苦道路。方春斩伐，竭泽而渔，大营官钱，小营升米，草木鱼鳖，亦莫生遂，夷狄轻肆，敢侮中国，皆由大臣辅佐陛下不以道，以至于此。臣愿陛下开仓廪以振贫乏，诸有司所行不道之政，一切罢去，庶几早召和气，上应天心，以延苍生垂死之命。臣又见南征北伐，皆以其盛捷之势，山川之形，为图来上者多矣。今天下忧苦，质妻卖女，父子不保，迁徙逃窜，困顿蓝缕，拆屋伐桑，争货于市，输官籴米，皇皇不给之状，绘为一图。此臣安上门日所见百不及一，已可咨嗟涕泣，而况于千万里之外哉？陛下观臣之图，行臣之言，自今已往，至于十日，不雨，即乞斩臣，以正欺罔之罪。”

神宗阅后，颇为担忧，下诏求直言，言者皆归咎新法之不善。安石乃不安于位，自求罢免，荐韩绛为代理，吕惠卿参知政事。二人守其成规，不少失，时号绛为传法沙门，惠卿为护法善神。当时惠卿以为免役出钱的不平均，由于簿书奉行手实法之未善，乃重定户籍，其中有不实者，得准人民随时告发，一时风行雷厉，有不奉行惟谨者，以违制论。只有东坡以其令非朝廷之所出，不去理会，未几朝廷罢手实法，以故密州人民，未蒙其害，乃东坡所赐也。

九年十二月，受命移知徐州，十年五月到任。明年，改元元丰。又明年二月，移至湖州。将动身的时候，他作诗戏赠莘老云：

余杭自是山水窟，久闻吴兴更清绝。
湖中橘林新著霜，溪上苕花正浮雪。
顾渚茶牙白于齿，梅溪木瓜红胜颊。
吴儿鲙缕薄欲飞，未去先说馋涎垂。
亦知谢公到郡久，应怪杜牧寻春迟。
鬓丝只好封禅榻，湖亭不用张水嬉。

岂知到任后，席未及暖，山水秀丽之色未及餐，木瓜鲙缕未及饱尝，而东坡的命运，又受一大挫打。

先是惠卿得势的时候，恐安石复入为相，百方构陷，又屡和韩绛反对，绛白于帝，请仍起用安石。于是安石罢未及一年，复入为相，韩绛惠卿，相继罢免。安石自入相后，又及二载，新法功效未见，国未加富，而天下已骚然，兵未变强，而边事日亟。交趾王李乾德且大举攻宋，声言中国青苗助役之病民，此次出兵，全在救民。因之安石终不能安于位，复出判江宁府，以王珪、吴充同平章事。是年七月二日，御史李定、舒亶等告于上，谓东坡诗文中，颇有怨恨君父之言。盖东坡前后共试过三次，皆名列前茅，自谓可得志行道。岂知神宗即位，重用王安石，因意见与安石相左，终被排除。东坡于失望之余，自不免要借诗文来一吐胸中不平之气，而且东坡心既直，口又快，宜乎要触犯忌讳了。所以当他通判杭州时，其族人及与东坡有旧者，即预先警戒他，并于送别诗中有云：

北客若来休问事，西湖虽好莫吟诗。

然而东坡终在杭州纪事诗上贾祸了。御史奏言，谓东坡愚弄朝廷，讥切时事，如陛下发钱给贫民复本业，则曰："赢得儿童语音好，一年强半在城中。"陛下明法以课群吏，则曰："读书万卷不读律，致君尧舜知无术。"陛下兴水利，则曰："东海若知明主意，应教斥卤变桑田。"陛下谨盐禁，则曰："岂是闻韶忘解味，迩来三月食无盐。"如此讥谤，实属大不敬，虽万死不足以赎罪，请陛下明付有司，以正典刑。于是东坡遂下台狱了。东坡居狱久，自知不免，作诗寄其弟子由。当时叶梦得记其事云：

苏子瞻元丰间，赴诏狱，与其长子迈俱行，与之期，送食唯药与肉；不测，撤二物，而送以鱼，使伺外间以为候。迈谨守逾月，而粮尽，出谋于陈留，委其一亲戚代送，而忘语其约。亲戚偶得鲜送之，不兼他物。子瞻大骇，知不免，以祈哀于上，而无以自达，乃作二诗寄子由，神宗见之心动。

其诗云：

圣主如天万物春，小臣愚暗自忘身。百年未满先偿债，十口无归更累人。是处青山可埋骨，他年夜雨独伤神。与君世世为兄弟，更结人间未了因。

柏台霜气夜凄凄，风动琅珰月向低。梦绕云山心似鹿，魂飞汤火命如鸡。眼中犀角真吾子，身后牛衣愧老妻。百岁神游定何处，桐乡知葬浙江西。

是时子由在应天府做判官，上书乞以现任官职，赎子瞻之罪。而神宗亦以东坡犯的是无意罪，尝乘间问直舍人王安礼。安礼曰："东坡系一文人，彼以为如我之才，功名可以立致。顾郁郁不得志到如此地步，所以要不平了，不平则鸣，亦人情之常。今一旦致之于法，恐非陛下容纳人才之道。"神宗以为然，因赦免之，使为检校尚书、水部员外郎、黄州团练副使，时在元丰二年十二月。

此时子由也因营救东坡，坐贬筠州，其他被累及者，有司马光、曾子固、钱世雄、黄庭坚等以下二十余人。盖自熙宁以来，朝廷上只有王安石和司马光两党，互相对峙。此时安石虽不在朝，不过如王珪之流，亦系安石余党，所以便借东坡之触犯忌讳，来实行其扑灭敌党之阴谋了。

# 第三章 中年时代

东坡黄州之谪，可以说是他一生之转机。吾人处境，当得意时，犹舟子扬帆海上，一帆风顺，笑容可掬，几忘其身之在舟中。及一旦风急浪高，始知戒惧。吾人处世，亦复若是。当得意时，目空一切，似乎天地间无不可为之事。及一朝失意沉沦，始疑人生处世，决没有永久得意的。于是由怀疑而反省，由反省而约束其身心，渐渐变为恬静了。东坡在狱百日，当这生死关头，早已将其骄浮之气，傲岸之质，消磨殆尽了。

元丰三年正月，东坡出京，赴黄州任。其时其弟子由，也从南都北往。相会于陈。夫人穷则呼天，忧则怀骨肉。今苏氏兄弟二人，同为逐客，一旦相会，想当时握手无语，挥泪欷歔之情，真不堪其悲伤了，东坡有诗云：

夫子自逐客，尚能哀楚囚。奔驰二百里，径来宽我忧。
相逢知有得，道眼清不流。别来未一年，落尽骄气浮。
嗟我晚闻道，款启如孙休。至言虽久服，放心不自收。
悟彼善知识，妙药应所投。纳之忧患场，磨以百日愁。
冥顽虽难化，镌发亦已周。平时种种心，次第去莫留。

但余无所还，永与夫子游。此别何足道，大江东西州。

畏蛇不下榻，睡足吾无求。便为齐安民，何必归故丘。

这是东坡在陈遇见子由后所写的一首诗，不知当时子由怎样去安慰他一颗破碎的心呢。

自正月十二日与子由相会后，十四日又各自东西的分别了。到新息县，遇乡人任师中，以事犯罪坐狱中。他乡遇故知，又不禁触动他的心弦了，因作诗赠之：

昔年尝羡任夫子，卜居新息临淮水。怪君便尔忘故乡，稻熟鱼肥信清美。竹陂雁起天为黑，桐柏烟横山半紫。知君坐受儿女困，悔不先归弄清泚。

尘埃我亦失收身，此行蹭蹬尤可鄙。寄食方将依白足，附书未免烦黄耳。往虽不及来有年，诏恩倘许归田里。却下关山入蔡州，为买乌犍三百尾。

愁人多感，人情大抵如此。东坡宿淮南破驿中，作诗云：

朝离新息县，初乱一水碧。莫宿淮南村，已渡千山赤。麏鼯号古戍，雾雨暗破驿。回头梁楚郊，永与中原隔。黄州在何许，想像云梦泽。吾生如寄耳，初不择所适。但有鱼与稻，生理已自毕。独喜小儿子，少小事安佚。相从艰难中，肝肺如铁石。便应与晤语，何止寄衰疾。（时家在子由处，独与儿子迈南来。）

途中游净居寺，窜逐之客，犹不忘情于云山，啸傲烟霞翠微间，可谓旷达之至。其纪游诗云：

十载游石山，自制山中衣。愿言毕婚嫁，携手老翠微。不悟俗缘在，失身蹈危机。刑名非夙学，陷阱损积威。遂恐死生隔，永与云山违。今日复何日，芒鞋自轻飞。稽首两足尊，举头双涕挥。灵山会未散，八部犹光辉。愿从二圣往，一洗千劫非。裴回竹溪月，空翠摇烟霏。钟声自送客，出谷犹依依。回首吾家山，岁晚将焉归。

又《看清溪梅花》云：

春来幽谷水潺潺，的皪梅花草棘间。一夜东风吹石裂，半随飞雪渡关山。

何人把酒慰深幽，开自无聊落更愁。幸有清溪三百曲，不辞相送到黄州。

东坡跋山涉川，不知更了几许长亭短亭，好容易于二月二日到达黄州。口吟云：

自笑平生为口忙，老来事业转荒唐。长江绕郭知鱼美，好竹连山觉笋香。逐客不妨员外置，诗人例作水曹郎。只惭无补丝毫事，尚费官家压酒囊。

东坡到黄州后，住定惠院之啸轩，幅巾芒履，日和田野父老相遇从。其诗云：

江城地瘴蕃草木，只有名花苦幽独。嫣然一笑竹篱间，桃李漫山总粗俗。也知造物有深意，故遣佳人在空谷。自然富贵出天姿，不待金盘荐华屋。朱唇得酒晕生脸，翠袖卷纱红映肉。林深雾暗晓光迟，日暖风轻春睡足。雨中有泪亦凄怆，月下无人更清淑。先生食饱无一事，散步逍遥自扪腹。不问人家与僧舍，拄杖敲门看修竹。忽逢绝艳照衰朽，叹息无言揩病目。陋邦何处得此花，无乃好事移西蜀。寸根千里不易致，衔子飞来定鸿鹄。天涯流落俱可念，为饮一樽歌此曲。明朝酒醒还独来，雪落纷纷哪忍触。

卯酒困三杯，午餐便一肉。雨声来不断，睡味清且熟。昏昏觉还卧，展转无由足。强起出门行，孤梦犹可续。泥深竹鸡语，村暗鸠妇哭。明朝看此诗，睡语应难读。

其间适可知。总之东坡此次到黄州，已灰心杜口，置世事于不闻不问了。所谓：

某寓一僧舍，随僧蔬食，甚自幸也，感恩念咎之外，灰心杜口，不曾看谒人。所云出人，盖往村寺沐浴，及寻溪傍谷钓鱼采药，聊以自娱耳。

其往安国寺浴，口占云：

老来百事懒，身垢犹念浴。衰发不到耳，尚烦月一沐。山城足薪炭，烟雾蒙汤谷。尘垢能几何，翛然脱羁梏。披衣坐小阁，散发临修竹。心困万缘空，身安一床足。岂惟忘净秽，兼以洗荣辱。默归无多谈，此理观要熟。

呀！是何等的闲静无为，和从前谈论风生，口角飞火的苏东坡，已完全判若两人了。五月，其家人及弟子由抵黄州，东坡迎至巴河口，喜可知也。作诗云：

去年御史府，举动触四壁。幽幽百尺井，仰天无一席。隔墙闻歌呼，自恨计之失。留诗不忍写，苦泪渍纸笔。余生复何幸，乐事有今日。江流镜面静，烟雨轻幂幂。孤舟如凫鹭，点破千顷碧。闻君在磁湖，欲见隔咫尺。朝来好风色，旗尾西北掷。行当中流见，笑眼青光溢。此邦疑可老，修竹带泉石。欲买柯氏林，兹谋待君必。

不久，又从定惠院移至临皋。所谓：

已迁居江上临皋亭，甚清旷，风晨月夕，杖屦野步，酌江水饮之。

其明年，东坡请于上，就故营地址，自行垦辟，即名之曰东

## 躬耕东坡

时在元丰四年，年四十六岁。先生《东坡八首序》云："余至黄二年，日以困匮。故人马正卿哀余乏食，为于郡中请故营地数十亩，使得躬耕其中。地既久荒为茨棘瓦砾之场，而岁又大旱，垦辟之劳，筋力殆尽。"

坡云。

余至黄二年，日以困匮，故人马正卿哀予乏食，为于郡中请故营地数十亩，使得躬耕其中。地既久荒，为茨棘瓦砾之场，而岁又大旱，垦辟之劳，筋力殆尽，释耒而叹，乃作是诗，自悯其勤，庶几来岁之人，以忘其劳焉。

废垒无人顾，颓垣满蓬蒿。谁能捐筋力，岁晚不偿劳。独有孤旅人，天穷无所逃。端来拾瓦砾，岁旱土不膏。崎岖草棘中，欲刮一寸毛。喟焉释耒叹，我廪何时高。

荒田虽浪莽，高庳各有适。下隰种秔稌，东原莳枣栗。江南有蜀士，桑果已许乞。好竹不难栽，但恐鞭横逸。仍须卜佳处，规以安我室。家僮烧枯草，走报暗井出。一饱未敢期，瓢饮已可必。

又明年（元丰五年），东坡就其地筑雪堂居之，自号东坡居士。其《雪堂记》云：

苏子得废圃于东坡之胁，筑而垣之作堂，堂以大雪中为，因绘雪于四壁之间，无容隙也。起居偃仰，环顾睥睨，无非雪也。苏子居之，真得其所趣者也。

又为之歌曰：

雪堂之前后春草齐，雪堂之左右斜径微。雪堂之上兮，有硕人之颀颀。考盘于此兮，芒鞋而葛衣。挹清泉兮，抱瓮而忘其机。负顷筐兮，行歌而采薇。吾不知五十九年之非，而今日之是；亦不知五十九年之是，而今日之非。吾不知天地之大也寒暑之变，悟昔日之癯而今日之肥。感子之言兮，始也抑吾之纵而鞭吾之口，终也释吾之缚而脱吾之鞿。是堂之作也，吾非取雪之势而取雪之意，吾非逃世之事而逃世之机。吾不知雪之为可观赏，吾不知世之为可依违。性之便，意之适，不在于他在于吾。群息已动，大明既升，吾方辗辗一观晓隙之尘飞。子不弃兮，我其与归。客忻然而笑。

此等旷达语，似又较庄生为更进一步了。

东坡友人张舜民，在其所著《郴行录》，有《东坡雪堂叙》云：

会于子瞻所居，晚食子瞻东坡雪堂。子瞻坐诗谪狱，谪此已数年。黄之土人，出钱于州之城东隅地筑矶，乃周瑜败曹操之所在，大江之湄，北附黄冈，地形高下。公府居民，极萧条，知州听事，弊陋大不胜处。

是年七月，游赤壁，十月复游，有前后二《赤壁赋》，以纪其游。其《前赤壁赋》云：

壬戌之秋，七月既望，苏子与客泛舟游于赤壁之下。清风徐来，水波不兴。举酒属客，诵明月之诗，歌窈窕之章。少焉，月出于东山之上，徘徊于斗牛之间。白露横江，水光接天。纵一苇之所如，凌万顷之茫然。浩浩乎如冯虚御风，而不知其所止；飘飘乎如遗世独立，羽化而登仙。于是饮酒乐甚，扣舷而歌之。歌曰："桂棹兮兰桨，击空明兮溯流光。渺渺兮予怀，望美人兮天一方。"客有吹洞箫者，倚歌而和之。其声呜呜然，如怨如慕，如泣如诉；余音袅袅，不绝如缕。舞幽壑之潜蛟，泣孤舟之嫠妇。苏子愀然，正襟危坐，而问客曰："何为其然也？"客曰："'月明星稀，乌鹊南飞'，此非曹孟德之诗乎？西望夏口，东望武昌，山川相缪，郁乎苍苍，此非孟德之困于周郎者乎？方其破荆州，下江陵，顺流而东也，舳舻千里，旌旗蔽空，酾酒临江，横槊赋诗，固一世之雄也！而今安在哉？况吾与子渔樵于江渚之上，侣鱼虾而友麋鹿，驾一叶之扁舟，举匏尊以相属。寄蜉蝣于天地，渺沧海之一粟。哀吾生之须臾，羡长江之无穷。挟飞仙以遨游，抱明月而长终。知不可乎骤得，托遗响于悲风。"苏子曰："客亦知夫水与月乎？逝者如斯，而未尝往也；盈虚者如彼，而卒莫消长也。盖自其变者而观之，则天地曾不能以一瞬；自其不变者而观之，则物与我皆无尽也，而又何羡乎？且夫天地之间，物各有主，苟非吾之所有，虽一毫而莫取。惟江上之清风，与山间之明月，耳得之而为声，目遇之而成色，取之无禁，用之不竭。是造物者之无尽藏也，而吾与子之所共适。"客喜而笑，洗盏更酌，肴核既尽，杯盘狼藉。相与枕藉乎舟中，不知东方之既白。

又《后赤壁赋》云：

## 重游赤壁

时在元丰五年，年四十七岁。先生《后赤壁赋》云：“是岁十月之望，步自雪堂，将归于临皋。二客从予，过黄泥之坂。霜露既降，木叶尽脱，人影在地，仰见明月，顾而乐之，行歌相答。”

是岁十月既望，步自雪堂，将归于临皋。二客从余过黄泥之坂。霜露既降，木叶尽脱，人影在地，仰见明月，顾而乐之，行歌相答。已而叹曰：“有客无酒，有酒无肴，月白风清，如此良夜何？”客曰：“今者薄暮，举网得鱼，巨口细鳞，状似松江之鲈。顾安所得酒乎？”归而谋诸妇。妇曰：“我有斗酒，藏之久矣，以待子不时之需。”于是携酒与鱼，复游于赤壁之下。江流有声，断岸千尺；山高月小，水落石出。曾日月之几何，而江山不可复识矣！予乃摄衣而上，履巉岩，披蒙茸，踞虎豹，登虬龙，攀栖鹘之危巢，俯冯夷之幽宫。盖二客不能从焉。划然长啸，草木震动，山鸣谷应，风起水涌。予亦悄然而悲，肃然而恐，凛乎其不可留也。反而登舟，放乎中流，听其所止而休焉。时夜将半，四顾寂寥。适有孤鹤，横江东来，翅如车轮，玄裳缟衣，戛然长鸣，掠予舟而西也。须臾客去，予亦就睡。梦二道士，羽衣蹁跹，过临皋之下，揖予而言曰：“赤壁之游乐乎？”问其姓名，俯而不答。呜呼！噫嘻！我知之矣。畴昔之夜，飞鸣而过我者，非子也耶？道士顾笑，予亦惊悟。开户视之，不见其处。

以上两赋，虽非赋之正宗，然前赋则词采华茂，后赋则骨气奇高，无丝毫绮靡之气，真不愧为大手笔。又观其于致范子丰书中，亦有述及游赤壁之事者。其第一书云：

黄州少西，山麓斗入江口，石室如丹，传云曹公败处，所谓赤壁者，或曰非也。……今日李秀才来相别，以小舟载酒，饮赤壁下。李善吹笛，酒酣作数弄，风起水涌，大鱼皆出，上有栖鹘。坐念孟德、公瑾，如昨日耳。

赋中所谓有客吹洞箫，大概就是书中所说的李秀才了。其第二书云：

临皋亭下不数十步，便是大江，其半是峨嵋雪水，吾饮食沐浴皆取焉，何必归乡哉。江山风月，本无常主，闲者便是主人。

这就是赋中所谓“惟江上之清风与山间之明月，耳得之而为声，目遇之而成色，取之无禁，用之不竭……”的意思了。六年十月十二日，夜游承天寺，并有记，小品绝妙。

先是，朝廷定新官制，以王珪、蔡确为左右仆射，章惇为门下侍郎。后王珪、蔡确虽次第为相，然神宗对之，无甚好感。关于官制之改革，神宗本拟将新旧人才，双方兼用，不料仍为珪等所阻而不果。神宗每读东坡之文，即联想到东坡之远谪异地。一日，读其中秋词“惟恐琼楼玉宇高处不胜寒”之句，因叹曰：“苏轼是始终爱护皇上的呀！”即欲命其为国史编纂，卒为珪等所阻而不果。及至元丰七年四月，终下手扎，移轼至汝州，并云：“苏轼黜居思咎，阅载滋深，人才实难，不忍终弃。”其时东坡患目疾，杜门不出，京师盛传他已经物化了，神宗闻之，甚为痛惋。后为东坡所闻，作书致友人云：

某凡百粗遣，春夏间多患疮及赤目，杜门谢客，而传者遂云物故，平生所得毁誉，殆皆此类也。

东坡在黄州，已居有五年之久。元丰七年十月六日，从黄州出发，因作别黄州诗。

病疮老马不任鞿，犹向君王得敝帷。桑下岂无三宿恋，樽前聊与一身归。长腰尚载撑肠米，阔领先裁盖瘿衣。投老江湖终不失，来时莫遣故人非。

过江，夜行武昌山上，听黄州鼓角之音，不禁口吟道：

清风弄水月衔山，幽人夜度吴王岘。黄州鼓角亦多情，送我南来不辞远。江南又闻出塞曲，半杂江声作悲健。谁言万方声一概，鼍愤龙愁为余变。我记江边枯柳树，未死相逢真识面。他年一叶溯江来，还吹此曲相迎饯。

黄州虽为东坡谪窜之所，然而住惯了，一旦分离，自不免要生出怅然不忍去之情了。端午日，行至筠州，与子由相会，大家是被逐远窜之客，相别几经裘葛，一朝聚首，真不胜其“衰颜霜鬓穷愁惊人老”之感了。别了子由，过庐山。庐山是天下名山，王贞白诗云：

岳立镇南楚，雄名天下闻。五峰高阕日，九叠翠连云。夏谷雪犹在，阴岩画不分。唯应嵩与华，清峻得为群。

东坡初入庐山，口吟云：

青山若无素，偃蹇不相亲。要识庐山面，他年是故人。
自昔怀清赏，神游杳蔼间。如今不是梦，真个在庐山。
芒鞋青竹杖，自挂百钱游。可怪深山里，人人识故侯。

东坡初游是山，对于山谷之奇秀，大有应接不暇之憾。其与友人书云：

仆初入庐山，山谷奇秀，平生所欲见，应接不暇，不欲作诗也，已而山中僧俗皆曰："苏子瞻来矣！"不觉作一绝。

所云一绝，即为题西林寺壁上之诗。

横看成岭侧成峰，远近高低无不同。不识庐山真面目，只缘身在此山中。

七月过金陵，其时王安石已罢职，居于钟山之下，优游自适，不问世事。其生活颇闲适，观其所作诗云：

邯郸四十余年梦，相对黄粱欲熟时。万事尽如空鸟迹，怪君强记尚能追。

数椽庳屋生茨草，三亩荒园种晚蔬。永日终无一樽酒，可能留得故人车。

涧水无声绕竹流，竹西花草弄春柔。茅檐相对坐终日，一鸟不鸣山更幽。

东坡至金陵，即往见之，与共谈笑。以东坡洒落之胸襟，光风霁月之气度，当然不存什么恩和怨，昨日反目，而今日携手，这本是大丈夫应有之态度。观其与安石倡和诗云：

青李扶疏禽自来，清真逸少手亲栽。深红浅紫从争发，雪白鹅黄也斗开。

斫竹穿花破绿苔，小诗端为觅桤栽。细看造物初无物，春到江南花自开。

骑驴渺渺入荒陂，想见先生未病时。劝我试求三亩宅，从公已觉十年迟。

东坡与王胜之游蒋山，赋诗，安石取读之，至“峰多巧障日，江远欲浮天”，抚几曰：“老夫平生作诗，无此一句。”

到郡席不暖，居民空惘然。好山无十里，遗恨恐他年。欲款南朝寺，同登北郭船。朱门收画戟，绀宇出青莲。（荆公宅已为寺）夹路苍髯古，迎人翠麓偏。龙腰蟠故国，鸟爪寄层巅。竹杪飞华屋，松根泫细泉。峰多巧障日，江远欲浮天。略彴横秋水，浮屠插暮烟。归来踏人影，云细月娟娟。

又东坡致安石书云：

某始欲买田金陵，庶几得陪杖屦，老于钟山之下。既已不遂，今仪真一住，又已二十日，日以求田为事，然成否未可知也。若幸而成，扁舟往来，见公不难矣。

其中无一句含有尘芥，从可知东坡的器量了。

年底，到泗州，因赀用罄竭，上表欲乞居常州，表曰：

臣轼言："臣闻圣人之行法也，如雷霆之震草木。威怒虽甚，而归于欲其生；人生之罪人也，如父母之谴子孙，鞭挞虽严，而不忍致之死。臣漂流弃物，枯槁余生，泣血书词，呼天请命，愿回日月之照，一明葵藿之心。此言朝闻，夕死无憾。臣轼诚惶诚恐，顿首顿首。臣昔者尝对便殿，亲闻德音。似蒙圣知，不在人后。而狂狷妄发，上负恩私。既有司皆以为可诛，虽明主不得而独赦。一从吏议，坐废五年。积忧熏心，惊齿发之先变；抱恨刻骨，伤皮肉之仅存。近者蒙恩，量移汝州，伏读训词，有"人材实难，弗忍终弃"之语。岂独知免于缧绁，亦将有望于桑榆。但未死亡，终见天日。岂敢复以迟暮为叹，更生侥觊之心？但以禄廪久空，衣食不继，累重道远，不免舟行。自离黄州，风涛惊恐，举家重病，一子丧亡。今虽已到泗州，而赀用罄竭，去汝尚远，难于陆行。无屋可居，无田可食，二十余口，不知所归，饥寒之忧，近在朝夕。与其强颜忍耻，干求于众人；不若归命投诚，控告于君父。臣有薄田，在常州宜兴县，粗给饘粥。欲望圣慈，许于常州居住。”

神宗许之，遂居常州。曾致贾耘老书云：

仆已买田阳羡，当告圣主，哀矜余生，许于此安置。幸而许者，遂筑室荆溪之上而老矣。仆当闭户不出，君当扁舟过我也。

东坡五年谪窜，饱尝世途的纷扰，壮志消磨殆尽，意气沮丧不堪，无怪他要日趋恬淡无为，而有老于山水之想了。他从宜兴到扬州的竹西寺，留题有云：

十年归梦寄西风，此去真为田舍翁。剩觅蜀冈新井水，要携乡味过江东。

道人劝饮鸡苏水，童子能煎罂粟汤。暂借藤床与瓦枕，莫教辜负竹风凉。

此生已觉都无事，今岁仍逢大有年。山寺归来开好语，野花啼鸟亦欣然。

看了这三首诗，可知东坡早已抛弃一切，愿为田舍翁以老了。然而有为的人才，天岂肯让他空老？果也东坡再立廊庙之机会又到了。

元丰八年，神宗崩，朝政为之一变，东坡乃入朝视事。综观神宗在位十八年，勤俭爱民，不御畋游，不治宫室，励精图治，不失为一世英主。惜乎求治过急，听信王安石，变坏法度，竟为国之大害。富弼尝得窥神宗有好大喜功的野心，劝其二十年口不言兵，以免边疆生事，而不用其言。结果西夏一役，死者数十万，创巨痛深，后悔莫及，卒至百不如意，赍志以殁。太子立，是为哲宗，年幼，太后临朝，垂帘听政。太后于神宗在位时，已屡觉新法之不便，及摄政，即将熙宁以来之新政，尽行罢去。时王珪已卒，蔡确、章惇之徒，亦皆贬窜，司马光复入为相。缘庆历年间之名臣，如韩琦、富弼、欧阳修等，都已一一物化，惟光独存。是时凡在熙宁、元丰年间被贬窜之大臣，皆一一召还。东坡亦于是年五月，以朝奉郎知登州。到任才五日，又被召至京，任礼部郎中。半月后，擢为中书舍人。东坡忧患余生，本不欲一跃而居要职，顾屡辞不获。寻于元祐元年二月，迁中书舍人。司马光既入为相，锐意废除新法，凡安石所建立者，一概划除净尽。惟当时亦有人议道，古人有云："三年无改于父之道。今何不姑且将新法之害人最深者，稍加损益，又何必完全把它废去呢？"光慨然曰："先帝之法，其善者虽百世不可变也。若王安石、吕惠卿所建为天下害者，救之当如救焚拯溺，惟恐不及。况以太皇太后而改革儿子的法则，是以母改子，又谁敢议其非是！"于是众议少止。盖司马光深知新法之为害，故决然废之而不疑。

前王安石谓深信新法始终可行者，只一曾子宣；认为始终不可行者，只一司马光。今果不出其所料。自光入相后，即罢去免役法，恢复差役法。差役法，即以丁充役之旧法。其实差役法与免役法比较起来，究以免役法为优。差役一法，行之已久，流弊百出，如官府小吏，任意虐待行役者。又如因长时间之服役，人民不得休息，甚且妨害农耕。免役法则计民之贫富，分若干等级，使各输钱代役，就是女户单丁，亦可输纳助役钱，免于力役之苦。在安石新法中，要以此法为最善，迄今奉行不替。当时王安石听得朝廷要废去新法，尚夷然不以为意，及闻并免役法而罢去。始愕然，不觉失声曰："竟欲将此有百利无一弊之免役法，一并废去吗？"已而又曰："此法终究是废不掉的。"可是司马光当时一心要想复旧，所以不免将新法的长处，一概抹煞了。东坡看到司马光欲废免役法，因言于光曰："差役免役，各有利害。免役之害，聚敛于上而下有钱荒之患。差役之害，民常在官，不得专力于农，而贪吏猾胥，得缘为奸。此二害轻重，盖略等矣。"又曰："法相因则事易成，事有渐则民不惊。三代之法，兵农为一，至秦始分为二，及唐中叶，尽变府兵，为长征卒。自是以来，民不知兵，兵不知农。农出谷帛以养兵，兵出性命以卫农，天下便之。使圣人复起，不能易也。今免役之法，实大类此。公欲骤罢免役而行差役，正如罢长征而复民兵，盖未易也。"而司马光之意，以为差役仅及上等之户，且可更互以充休息，免役则岁岁出钱，永无休息之时；且下户单丁女户，以及鳏寡孤独，也都要出钱，未免太苛。又每当令民输钱免役之际，民无所得钱，丰岁则贱粜其谷，一遇凶年，便要伐桑枣，杀牛羊，卖田地，非与人民以休养之道。坚执以东坡之言为非是。东坡也坚执其议，遂不相合。当东坡由朝廷返寓休息，卸巾弛带的时候，连呼司马牛司马牛不止，可见其对于司马光之不胜愤恨了。

吾们看了以上三人的主张，借可窥见其性质之一斑。王安石急于改革，好新喜名。司马光则一味守执泥旧。一盲进，一迂阔，独有苏东坡，不同于二人，待事物之来而徐图应付，一听其自然。盖王好生事，司马主保守，苏则主无事。唉！司马牛，司马牛，忠信有余，才智不足。时台谏大都是司马光一方面的人，皆希合以求进。东坡既以其言而不用，且谗间频入，乃不安于朝，乞求外补，不许。惟其时司马光颇有逐东坡之意，适于是年九月，司马光卒，乃已。吕大防、范纯仁继光之后，次第为相。十一月，东坡以翰林院学士，除侍读。是时河南的程颐，亦为侍读。不料后因意见各异，而洛蜀党争，又发生了。

所谓洛蜀党争，换言之，就是东坡和程颐因学说的不同，个人的嫌隙，延及朝廷上所生的朋党争执。今在叙述洛蜀党争之前，先将程颐的学说，述其梗概。

原来吾国学术界，自遭秦火之后，所有古代传下来的典籍，大半焚毁一空，实为学术界一大厄运。汉兴以后，申毛之徒，传授旧经；马郑之辈，训诂古文。于是当世儒生，纷纷费精劳神于章句记诵，言语名物，抱残守缺，孳孳不倦，遂将古圣先贤所讲的义理，置之不问了。但是这琐屑的章句训诂之学，又怎能满足所有学者的欲望？况当东汉之际，佛教已由印度传入。一般素来缺乏信仰，缺乏哲理，并不满于章句训诂之儒生，自不免要尽弃其所学而从之了。加之释教寂灭之说，与老庄虚无之说，又极相似。一方面既可借老庄之言，以说佛理；一方面又可借佛理以阐明老庄之学。于是魏晋以后，清谈之徒，释老之辈，便如雨后春笋，勃然怒发。经唐五代而至于宋，佛教之风弥甚，禅学亦披靡一时。当时号称正宗派的儒生，虽竭力加以排斥。然他们这些平易浅近，日用伦常之老生常谈，又怎能折服当时之人心？即如以唐韩愈之雄于文，大声疾呼，尚不足以振儒风，也可见当时的风尚。宋儒谈性说理，精博深远，颇和佛家妙奥之说相仿佛。虽自命仍服膺孔门遗教，实际已受过佛教的洗礼。其风气开端于周程，成功于朱陆，而肇始于宋仁宗的时候。

周敦颐，字茂叔，濂溪人，是二程的老师，著有《通书》及《太极图说》。太极图得自五代华山道士陈抟，陈抟授与种放，种放授与穆修，穆修授与周敦颐。此图虽出自道家，而本于《周易》。《易经》与《道德经》，本有相似之点。儒家和道家所以得融合者，实基于此。而周敦颐的《太极图说》，即为儒道两说融合以后的新产儿。

儒道既经融合了，道和佛最相近，到这个地步，儒家和佛教，自亦有融合联络的可能。果然，周敦颐的高足二程，乃开始取佛理来融合儒家之说了。二程兄颢，号明道；弟颐，号伊川。二人以为天下无论什么理，悉备于儒家。并谓吾人只要将儒家之理，加以扩充，即佛老之精说，亦无不包括在内。缘儒学支配我国人心，最为深切，无论何说，脱离了儒学，便难立足。当时的宋学，当然也不能跳出此范围。然一考其内容，则除了儒家衣钵相传之修身齐家之实际学问外，已纯然偏于佛老的思想了。

苏东坡承受家学，他的学说思想，与程颐绝不相同。所谓东坡之家学，是杂经而带有法术的。法术之学，虽由老庄无为思想中得来，而并非老庄之学。是将老庄空想的纯理，来实行儒家实际政治观念的。因其来自老庄，故多少带一些老庄思想。可是又因其着眼之点，切实于儒家的政治方面，所以也可以说和儒家相近。惟二者不同之点，就是法家挟其权术，先经世致用，而后修身齐家。故法术之学，既不是老庄的思想，也不是儒家的思想，是纯粹独树一帜的。今将二程和苏氏的学问，两相比较。则苏氏之学问，着力于实际问题；二程的学问，涉想高远。苏氏的学问是本于儒家的思想，而含有老庄思想之变化的。二程的学问，是本于佛老的思想，而又不免含有儒家思想之固定性的。东坡上书神宗，痛论性命理气之说，有云：

夫性命之说，自子贡不得闻。而今之学者，耻不言性命。读其文，浩然无当而不穷；观其貌，超然无着而不可挹。此岂真能然哉？盖中人之性，安于放而乐于诞耳。陛下亦安用之？

这种不切实用的理气性命之说，在东坡看来，实在是一种放诞迂阔的论调。又因理学之偏狭，而影响程颐的个性，亦偏狭而小心翼翼。因法家的变通，影响东坡的个性，亦变通而放浪不羁。所以二人除学说主张不同外，即个性亦相冲突的。

程颐为人峭峻孤狷，不似乃兄之温和可亲。明道为学，泛滥诸家出入释老垂数十年，结果虽仍归宿到孔孟一条路上。然其对于释老，仍不能忘情。程颐则专对四书下功夫，余则屏弃一切。其器量之狭小，可想而知。其学亦如其人，主诚敬，主人当克己复礼，驱邪存诚。周敦颐的学问，本主张对静字下功夫，传到程颐，则又主以敬守静了。这是他和周敦颐主张不同之一点。程颐后罹绍兴年间的党祸，被贬于涪州。当渡江时，适值大风，舟几倾覆不可支，舟中人皆号哭失声。颐独正襟危坐，毫不为动。已而舟行及岸，同舟父老问曰："当船行危急之际，君独面无怖色，何耶？"程颐曰："是不难也。心诚主敬而已。"父老曰："心诚主敬固善，然终不若无心之为尤善也。"此语正中其病根。

颐既主诚敬，故律身极严，即其待人接物，亦莫不如是。一日，颐尝静坐，弟子游酢侍立不敢去，迨日暮就舍，门外已雪深数尺矣。所以明道尝言，异日师道之尊严，我不及吾弟。若接引后学，随人才而教育，则吾何敢多让焉。

治平（英宗）、元丰（神宗）年间，程颐门下弟子屡荐其师于上，皆不就。及至元祐元年，被召至崇政殿说书，乃入。因上奏曰：

习与智长，化与心成。今夫民善教其子弟者，亦必延名德之士，使与之处，以熏陶成性。况陛下春秋方富，虽睿圣得于天资，而辅养之道，不可不至。大率一日之中，接贤士大夫之时多，亲宦官宫妾之时少，则气质变化，自然而成。愿选名儒，入侍劝讲，讲罢留之分直，以备访问。或有小失，随事献规，岁月积久，必能养成圣德。

观其主张，未始不是。然教人当宽猛共济，以涵养其性情。若一味主张严格，虽常人犹不免厌恶，况人主乎？况年幼之人主乎？而程颐对于这一点，却不注意。其进讲也，气色严厉，丝毫不肯假借，虽小事必争。帝尝凭槛，偶折柳枝。颐即正色曰："方春时和，万物发生，不当轻有所折，以伤天地之和。"哲宗闻之，即将柳枝掷地，不待终讲而去。其待人接物，丝毫不容苟且，即此一端，已可想见。

东坡生性阔达，故其讲经，主张说其大礼，不拘小节。且其学根据于法术，故其讲经时，多参插史事，将历代治乱兴衰邪正得失之端，反复开导。帝每有所悟，一时虽恭默不言，然辄为之首肯云。

东坡与程颐学说的不同既如此，性情的不同又如彼，而二人同立于朝，自不免发生冲突。在东坡视之，程颐为一矫饰不近人情者；在程颐视之，东坡为一放肆无赖之徒。因之同一事情，二人的意见总是相左的。有一次，百官方有庆礼，忽得司马光病殁恶耗。事毕，百官欲往吊，程颐反对曰："子于是日哭，则不歌。"而东坡颇持异议，曰："此枉死市叔孙通制此礼也！"二人遂成嫌隙。东坡尝谓哲宗曰："臣素恶程颐之奸，未尝假以词色。”后为程颐所悉，二人愈不相容，有若水火。其门下亦各以师说，互相标榜，互相攻击。洛蜀党争，由是而起。

先是，东坡在试馆策问中曾云：“今朝廷欲师仁宗之忠厚，惧百官有司不举其职，而或至于媮；欲法神宗之励精，恐监司守令不识其意，而流入于刻。”于是程颐门人右司谏贾易、左正言、朱光庭等，劾轼策问讪谤之罪。事为东坡门人殿中侍御史吕陶所知，曰：“台谏当询至公，不可假借事权，以报私隙。”右司谏王觌亦言：“轼命辞不过失轻重之体。若悉考同异，深究嫌疑，则两岐遂分，党论滋炽。大学士命词失指，其事尚小。使士大夫有朋党之名，国家之大患也！”后朝廷也明了这个意思，宣论称详览轼文意，是指今日百官有司监司守令言之，非是讥讽祖宗。范纯仁亦言东坡无罪，遂置不问。会帝患疮痛不出，颐诣宰臣吕公著，问上不御殿，知否？且曰：“二圣临朝，上不御殿，太后不当独坐。且人主有疾，而大臣不知，可乎？”明日宰臣以颐言问疾，由是大臣亦多不悦。于是御史中丞胡宗愈、给事中顾临，连章力诋颐不宜在经筵。谏议大夫孔文仲，因奏颐污下憸巧，素无乡行，经筵陈说，僭横忘分，遍谒贵臣，历造台谏，腾口闲乱，以尝恩仇，致市井目为五鬼之魁，请放还田里，以示典刑。乃罢去。东坡亦不欲在纷争之区，多流连，请外补。其与李方叔书云：

某以虚名过实，士大夫不察，责望逾涯，朽钝不能副其求，复致纷纷。欲自致省静寡过之地，以饯余年，不知果得此愿否？故人见爱以德，不应更虚华粉饰，以重其不幸。承示谕，但有愧汗耳。

又和王晋卿诗云：

先生饮东坡，独舞无所属。当时挹明月，对影三人足。醉眠草棘间，虫虺莫予毒。醒来送归雁，一寄千里目。怅焉怀公子，旅食久不玉。欲书加餐字，远托西飞鹄。谓言相濡沫，未足救沟渎。吾生如寄耳，何者为祸福。不如两相忘，昨梦那可逐。上书得自便，归老湖山曲。躬耕二顷田，自种十年木。

终于四年七月，除龙图阁学士，知杭州。杭州一地，东坡于十六年前，因与王安石意见不合，曾到此做过通判。所以他作的《到杭州任谢表》有“江山故国，所至如归；父老遗民，与身相问”之言了。

杭州风景绝佳，唐白乐天曾守其地，有诗云。

余杭形胜世间无，州傍青山县枕湖。绕郭荷花三十里，拂城松树一千株。梦儿亭古传名谢，教妓楼前道姓苏。独有使君年老大，风流不称白髭须。

东坡居此，啸傲湖山风月者凡三载，与从前白乐天居杭的岁月相仿佛。他有诗云：

当年衫鬓两青青，强说重临慰别情。衰发只今无可白，故应相对话来生。

出处依稀似乐天，敢将衰朽较前贤。便从洛社休官去，犹有闲居三十年。

在郡依前六百日，山中不记几回来。还将天竺一峰去，欲把云根到处栽。

从前白乐天诗中有“在郡六百日，入山十二回”之句，所以东坡便引用白氏陈句，而有“在郡依前六百日，山中不记几回来”之言了。又当时东坡与人书云：

景色如此，去将安往，但着衣吃饭处，得住且住也。

东坡游湖，每以吏牍自随，泛舟渡湖后，先后普安院用饭，然后到灵隐天竺间，尚羊盘桓，最后到冷泉亭，将随身所带的案牍剖决之，落笔有如秋风扫黄叶，于谈笑之间，是非曲直，已经辨明了。既毕，乃和僚吏剧饮，直到暮色苍茫，始乘马归去。其豪情逸兴，有如此者。

六年三月，复应召赴阙，入为翰林。其弟子由，同时入为尚书右丞。兄弟二人，同时列朝，谗谤之来，自所不免。右司谏杨康国奏曰：

轼之兄弟，谓其无文字则非也，蹈道则未也，其为乃学为仪、秦者也。其文率务驰骋，好作为纵横捭阖，无安静理。陛下若悦苏轼文字，而用之不疑，是又用一王安石也。轼以文学自负，而刚狠好胜，则与安石无异。

上不报。贾易亦弹劾之，谓彼前年由黄州移至汝州，题诗竹西寺壁上，有“山寺归来闻好语”之句，此诗颇含听得先帝晏驾消息，表示欣喜之意。御史中丞赵君锡亦以为言。太后闻之大怒，免贾易、赵君锡职，吕大防请并轼两免。东坡闻之惧，乃乞求外补，后以龙图阁学士出知颍州。总计东坡在阙仅及四阅月。其怀别子由诗有序云：

元祐六年，予自杭州召还，寓居子由东府，数月复出，领汝阴，时予五十六矣。

又与王定国书亦云：

平生亲友，言语往还之间，动成坑阱，极纷纷也。……得颍藏拙，余年之幸也，自是刳心钳口矣。此地于我稍切，须是安处。

又云：

近日都下又一场纷纷，何时定乎？颍虽少僻，去都下近，亲知多特来相看者，殊倦于应接，思远去而未能也。

先是元祐更化之后，王安石的一党，一时失势，退居各地，静待时机，作卷土重来之计。及司马光卒，朝臣各分党派，互相猜忌，王、吕之徒，乃乘机大方蜚语。于是内部的攻击，外来的中伤，一时并作，庙堂之上，顿呈混乱状态。东坡目击此状，不欲厕身其间，自寻烦恼，请求远去。因于七年正月，改知扬州。有诗云：

东都寄食似浮云，襆被真成一宿宾。收得玉堂挥翰手，却为淮月弄舟人。羡君湖上斋摇碧，笑我花时甑有尘。为报年来杀风景，连江梦雨不知春。

到扬未及一年，于是年九月，复召入为兵部尚书，兼侍读。初，元祐五年一月，程颐丁父忧去朝。七年三月，服阕，复被召赴京。颐上表再三，辞不就。御史董敦逸抚其表中怨望语，闻之于上，因改授管勾崇福宫。自是以后，终其身不复召用矣。及东坡之入阙也，御史董敦逸等，又言东坡为中书舍人时，草吕惠卿制词，指斥先帝，与其弟辙互相表里，紊乱朝政。太后不信，罢董敦逸职。而东坡因之亦不安于位，上书求去。

乞郡三章字半斜，庙堂传笑眼昏花。上人问我迟留意，待赐头纲八饼茶。

梦绕吴山却月廊，白梅卢橘觉犹香。会稽且作须臾意，从此归田策最良。

## 过扬雅集

时在熙宁四年，年三十六岁。《东坡年谱》："先生年三十六，任监官告院兼判尚书祠部。王荆公欲变科举，上疑焉，使两制三馆议之。先生献三言，荆公之党不悦，命摄开封府推官，有奏罢买灯疏，御史知杂事诬奏先生过失，未尝一言以自辩，乞外任避之，除通判杭州。赴任，过扬州，与刘贡甫、孙巨源、刘莘老相聚数月，用逐人字作诗。"

东南此去几时归，倦鸟孤飞岂有期。断送一生消底物，三年光景六篇诗。

上不许。寻迁礼部尚书，以端明殿学士兼翰林侍读。既而大势一变。东坡又遭贬窜之祸了。

# 第四章　晚年时代

元祐八年九月，宣仁太后崩。太后听政九年，她承熙、丰年间天下厌苦之后，举贤人，黜小人，与民休息，终太后之世，王、吕之徒，无所施其技。其贤明实有足多者，所以后世有女中尧舜之称。王、吕之徒，当太后听政时候，虽一时无所施其技。然他们并不因此灰心，以为一旦太后逝世，政局一变，吾们又可以得志行道了。果然，太后既崩，哲宗亲政之后，即有礼部侍郎杨畏上疏，请绍述神宗之政，且乞召章惇为相。山雨欲来风满楼，东坡看到大势已去，不能挽回了，因请求外补，后以两学士知定州。时政局将变，东坡要想向哲宗辞行，已不可能。既行，乃上书言事，借作临别的忠告。

天下治乱，出于下情之通塞。至治之极，小民皆能自通；迨于大乱，虽近臣不能自达。陛下临御九年，除执政台谏外，未尝与群臣接。今听政之初，当以通下情、除壅蔽为急务。臣日侍帷幄，方当戍边，顾不得一见而行；况疏远小臣，欲求自通难矣。然臣不敢以不得对之故，不效愚忠？古之圣人，将有为也，必先处晦而观明，处静而观动，则万物之情，毕陈于前。陛下圣智绝人，春秋鼎盛。

臣愿虚心循理，一切未有所为，默观庶事之利害，与群臣之邪正，以三年为期，俟得其实，然后应物而作，天下无恨，陛下亦无悔。由此观之，陛下之有为，惟忧太早，不患稍迟，亦已明矣。臣恐急进好利之臣，辄劝陛下轻有改变。故进此说，敢望陛下留神社稷宗庙之福，天下幸甚。

东坡知定州的时候，雨中别其弟子由，有诗云：

庭下梧桐树，三年三见汝。前年适汝阴，见汝鸣秋雨。去年秋雨时，我自广陵归。今年中山去，白首归无期。客去莫叹息，主人亦是客。对床定悠悠，夜雨空萧瑟。起折梧桐枝，赠汝千里行。重来知健否，莫忘此时情。

十二月到任。东坡出阙的时候，正是朝议汹汹，国是将变之际，所以东坡欲向哲宗辞行而不得。及甫出都门，一般急功近名之徒，乘机出现，有如被压迫的喷泉寻到孔穴似的纷纷迸发，真所谓“黑风白雨蓦地来”了，立即罢免吕大防、范纯仁等，代之以章惇、蔡京及其弟卞为尚书左右仆射，悉引王、吕之遗党，居于要津，托绍述圣道之名，改元绍圣，尽复熙宁、元丰以来之旧政，治元祐诸臣以罪。原来元丰时代的新政，是被司马光一党人所毁败的，元祐更化，便是元丰新政的反动，王、吕之徒，被他们剖击无遗。夫压力愈大，反动力亦愈大。此次王、吕之徒，重握政权，其痛击元祐更化一辈人物，自亦意中事了。如吕大防、刘挚、范纯仁、王觌、吕陶、赵君锡、晁补之、黄庭坚、秦观、朱光庭等，不论洛党蜀党，一网打尽，无不被窜。即如已死的司马光、吕公著等，还不肯饶赦他，要夺其赠谥，反动之猛，可想而知。是时程颐已被贬至涪州，苏辙已被贬至筠州，则东坡又岂能幸免。绍圣元年四月，御史虞米等上疏，谓苏轼在先朝，久以罪被废，至元祐中，始擢为中书舍人翰林学士，凡其所为文，无不讥斥先朝，援古非今，并多引衰世之事，以快其私愤，如攻击吕惠卿，则曰首建青苗，次行助役，均输之政，自同商贾，手实之祸，下及鸡豚，苟有蠹国而害民，率皆攘臂而争先，其攻击吕大防，则曰民亦劳止，愿闻休息之期，其撰司马光神道碑，则有退居于洛，如屈原之在陂泽等语，诸如此类，不胜枚举，乞就其所犯各点，明正典刑。诏下，以左朝奉郎知英州，未及到任，又被贬以宁远军节度副使安置惠州。

东坡出发赴惠州时，其子过，与妾朝云，同行赴谪所。中途有诗云：

捍索桅竿立啸空，篙师酣寝浪花中。故应管蒯知心腹，弱缆能争万里风。

此生归路愈茫然，无数青山水拍天。犹有小船来卖饼，喜闻墟落在山前。

月轮亭午汗珠融，谁识南讹长养功。暴雨过云聊一快，未妨明月却当空。

卧看落月横千丈，起唤清风得半帆。且并水村欹侧过，人间何处不巉岩。

唉！茫茫尘世，杀机四伏，到处巉岩。东坡此诗，正不知包有多少感慨在内呢。舟行至慈湖，为风所阻，不能前进，回想到退之潮州之贬，不禁感慨系之。有诗云：

我行都是退之诗，真有人家水半扉。千顷桑麻在船底，空余石发挂鱼衣。

过惶恐滩，慨奸邪之弊塞圣明，有诗云：

七千里外二毛人，十八滩头一叶身。山忆喜欢劳远梦，地名惶恐泣孤臣。长风送客添帆腹，积雨扶舟减石鳞。便合与官充水手，此生何止略知津。

到清远，闻人说惠州风物之美，作诗云：

到处聚观香案吏，此邦宜着玉堂仙。江云漠漠桂花湿，海雨翛翛荔子然。闻道黄柑常抵鹊，不容朱橘更论钱。恰从神虎来弘景，便向罗浮觅稚川。

十月到惠州，作诗云：

仿佛曾游岂梦中，欣然鸡犬识新丰。吏民惊怪坐何事，父老相携迎此翁。苏武岂知还漠北，管宁自欲老辽东。岭南万户皆春色，会有幽人客寓公。

东坡到惠州后，曾与参寥书，详述客中情况：

某到贬所半年，凡百粗遣，更不能细说，大略只似灵隐天竺和尚，退院后，却住一个小村院子，折足铛中，罨糙米饭吃，便过一生也得。其余瘴疠病人，北方何尝不病，是病皆死得人，何必瘴气。但苦无医药，京师国医手里，死汉尤多。参寥闻此一笑，当不复忧我也！故人相知者即以此语之，余人不足与道也。

他的超然安命，在此书中，已可窥见一斑。名其居室曰无邪斋，有铭曰：

东坡居士，问法于子由。子由报以佛语曰："本觉必明，无明明觉。"居士欣然有得于孔子之言曰："诗三百，一言以蔽之，曰思无邪。夫有思皆邪也，无思则土木也。吾何自得道，其惟有思而无所思乎？"于是幅巾危坐，终日不言，明目直视，而无所见，摄心正念，而无所觉，于是得道，乃名其斋曰思无邪，而铭之曰：

大患缘有身，无身则无病。廓然自圆明，镜镜非我镜。如以水洗水，二水同一净。浩然天地间，惟我也独正。

明年三月，迁合江亭，有诗云：

海山葱茏气佳哉，二江合处朱楼开。蓬莱方丈应不远，肯为苏子浮江来。江风初凉睡正美，楼上啼鸦呼我起。我今身世两相违，西流白日东流水。楼中老人日清新，天上岂有痴仙人。三山咫尺不归去，一杯付与罗浮春（予家酿酒名罗浮春）。

三年四月，再迁至嘉祐寺。

东坡初贬黄州，在逆境中，已能御其气，敛其情，但习气犹未除净，动辄回复旧状。及二次入阙，以笔舌贾祸，远贬惠州，又处逆境了。这次被贬，和黄州之贬，乃大不同，气质愈加收敛，非特能御其气，静其情，并且能抑其气，省其慾。所谓：

过广州，买檀香数斤，定居之后，杜门烧香，深念五十九年之非矣。

又云：

某近日甚能刳心省事，不独省外事也，几于寂然无念矣。所谓诗文之类，皆不复经心，亦不自能措辞矣。

彼既不作诗文，不省外事，亦不敢遨游山水，所以他说：

“罗浮曾一游，每出劳入，不如闭户之有味也。”

彼终日所乐者，惟有每日饮家酿的桂酒、罗浮香五小盏。所谓：

某终日把盏，积计不过五银盏尔，然得一酿酒法，绝奇。

彼所获得之酿法，系酿桂酒。所谓：

岭南家造酒，近得一桂酒法，酿成，不减王晋卿家碧香，亦谪居一乐事也。

并有诗云：

捣香筛辣入瓶盆，盎盎春溪带雨浑。收拾小山藏社瓮，招呼明月到芳樽。酒材已遣门生致，菜把仍叨地主恩。烂煮葵羹斟桂醑，风流可惜在蛮村。

酿成之后，每与罗浮道士饮。所谓：

但乞可与饮者，罗浮有道士。虽朴野，至行清苦，常欲济人，深可钦爱，见邀之在此。

对饮时，并有绝佳之下酒物，膏其口腹。所谓：

南村诸杨北村卢（谓杨梅、卢橘），白华青叶冬不枯。垂黄缀紫烟雨里，特与荔枝为先驱。海山仙人绛罗襦，红纱中单白玉肤。不须更待妃子笑，风骨自是倾城姝。不知天公有意无，遣此尤物生海隅。云山得伴松桧老，霜雪自困楂梨粗。先生洗盏酌桂醑，冰盘荐此赪虬珠。似开江鳐斫玉柱，更洗河豚烹腹腴。（予尝谓荔枝厚味高格两绝，果中无比，惟江鳐杜河豚鱼近之耳。）我生涉世本为口，一官久已轻莼鲈。人间何者非梦幻，南来万里真良图。

东坡住在惠州，非特有桂酒可饮，并有新鲜荔枝可啖，这也是东坡平生一件快事。所谓：

罗浮山下四时春，卢橘杨梅次第新。日啖荔枝三百颗，不妨长作岭南人。

观其云“南来万里真良图”，又云“不妨长作岭南人”，可知东坡已不复思归，情愿终老是乡了。所以又云：

南北居住定有命，此心亦不思归。明年买田筑室，作惠州人矣。

惠州城的后方，有一隙地，本为白鹤观旧址。东坡购之，而筑室其上。所谓：

某又已买得数亩地，在白鹤峰上，古白鹤观基也。已令斫木陶瓦，作屋二十间，今冬成，去七十无几，矧未能必至邪？更欲何之，以此神气粗定。

又有诗云：

前年家水东，回首夕阳丽。去年家水西，湿面春雨细。东西两无择，缘尽我辄逝。今云复东徙，旧馆聊一憩。已买白鹤峰，规作终老计。长江在北户，雪浪舞吾砌。青山满墙头，鬖髿几云髻。虽惭抱朴子，金鼎陋蝉蜕。犹贤柳柳州，庙俎荐丹荔。吾生本无待，俯仰了此世。念念自成功，尘尘各有际。下观生物息，相吹等蚊蚋。

四年二月十四日，新屋落成，他就搬到新屋子里去了。他住了非常快意，其致友人书有云：

新居在一峰上，父老云古白鹤观基也，下临大江，见数百里间，柳子厚云：孰使予乐居夷而忘故土者，非此丘也欤？

东坡在惠州，仅其第三子过，追随左右，其余家人，俱留居宜兴。是年，其长子迈，授韶州仁化令，举家来惠州，父子三年不相见，一旦晤面，喜可知也。此时东坡年已六十，际此风烛残年，而有儿孙满堂，膝下承欢之乐，真是快乐极了。所以他有下列一段记事云：

我卜我居，居非一朝。龟不吾欺，食此江郊。废井已塞，乔木干霄。昔人伊何，谁其裔苗。下有碧潭，可饮可濯。江山千里，供我遐瞩。木固无胫，瓦岂有足。陶匠自至，啸歌相乐。我视此邦，如洙如沂。邦人劝我，老矣安归。自我幽独，倚门或挥。岂无亲友，云散莫追。旦朝丁丁，谁款我庐。子孙远至，笑语纷如。剪发垂髫，覆此瓠壶。三年一梦，乃复见余。

又与陈伯修书云：

某适居粗遣，筠州时得书甚安（子由在筠），长子已授仁化令，今挈家来矣。某以买地结茅，为终焉之计，独未毵墓尔，行亦当作杜门绝念。

东坡初到惠州，认为处此瘴疠之乡，非自加修养不可。所以常常绝欲养神，息念炼精。谓：

瘴乡风土，不问可知，少年或可久居，老者殊畏之，唯绝嗜欲节饮食，可以不死。此言已书诸绅矣，余则信命而已。

又曰：

清静独居，一年有半尔，已有所觉，此语易晓无疑也。然绝欲天下之难事也，殆似绝肉。

后来他的痔疾大发，自以为可以清静胜之。谓：

某旧苦痔疾，盖二十一年矣。今忽大作，百药不效，知不能为甚害。然痛楚无聊，两月余，颇亦难当，出于无计，遂欲体粮以清静胜之，则又未能，遽尔则又不可。但择其近似者，断酒肉，断盐酪酱菜，凡有味物皆断，又断硬米饭，惟食淡面一味。其间更食胡麻、茯苓、面少许取饱，胡麻、黑脂麻是也。……如此服食多日，气力不衰，而痔渐退。……此事极难忍，方强力以行之。……既断肉五味，只啖麨及淡面，更不消别药，百病自去。此长年之真诀，易知而难行尔。弟发得志愿甚坚，恐是因灾致福也。

东坡不吃肉，不吃荤血，断盐酪，断五味，每天唯食面一斤，和以胡麻、茯苓、麨并食。吃的东西，如此简净，而生活又如此萧洒，真有不食人间烟火气之概。其生活之萧洒，观下列小诗可知也。

南岭过云开紫翠，北江飞雨送凄凉。酒醒梦回春尽日，闭门隐几坐烧香。

门外橘花犹的皪，墙头荔子已斓斑。树暗草深人静处，卷帘

## 富贵春梦

时在元符三年，年六十五岁。《侯鲭录》：“东坡老人在昌化，尝负大瓢，行歌田亩间，所歌者盖《哨遍》也。馌妇年七十，云内翰昔日富贵，一场春梦。坡然之。里人呼此媪为春梦婆。”

欹枕卧看山。

如此清静的生涯，似可让东坡终老余年了！然而毕竟事与愿违，朝廷诏书颁下，又遭万里海外之谪了。

原来新党得势之后，对于元祐党人，痛加贬抑，无所不用其极。苏辙自贬谪到筠州之后，至是犹以为未足，再以化州别驾，安置雷州。东坡得此消息，自知不免，即告友人云：

舍弟西贬，某久安居此乎？若知之，可密录示，忧患之来，想皆前定，欲早知，少免狼狈。

果不出他所料，是年（绍圣四年）四月朝廷下诏，责授琼州别驾昌化军安置了。当时东坡在《志林》上曾自述云：

余在惠州，忽被命责儋耳。太守方子容自携告身来吊余曰："此固前定。吾妻沈，事僧伽甚诚，一夕梦和尚来辞云：'当与苏子瞻同行。后七十二日有命。'今适七十二日矣，岂非前定乎？"遂寄家于惠州，独与幼子过渡海。

以东坡衰老之身，万里投荒，自期此行必死无疑。曾云：

某垂老投荒，无复生还之望。昨与长子迈决，既处置后事矣。到海南，首当作棺，次便作墓，乃留手疏与诸子，死则葬海外，庶几延陵季子嬴博之义，父既可施之子，子独不可施之父乎？生不挈家，死不扶柩。此亦东坡之家风也。此外宴坐寂照而已。

是年五月，行至藤地。适子由有雷州之行，二人在藤相遇，同是垂老之年。今日的生离，或许也就是来日的死别，东坡有诗云：

九疑联绵属衡湘，苍梧独在天一方。孤城吹角烟树里，落月未落江苍茫。幽人拊枕坐叹息，我行忽至舜所藏。江边父老能说子，白须红颊如君长。莫嫌琼雷隔云海，圣恩尚许遥相望。平生学道真实意，岂与穷达俱存亡。天其以我为箕子，要使此意留要荒。他年谁作舆地志，海南万古真吾乡。

二人自藤地相遇后，即同伴偕行。其间东坡有诗云：

我少即多难，邅回一生中。百年不易满，寸寸弯强弓。老矣复何言，荣辱今两空。泥丸尚一路，（古语云，十方薄伽梵，一路涅盘门。）所向余皆穷。似闻崆峒西，仇池迎此翁。胡为适南海，复驾垂天鹏。下视九万里，浩浩皆积风。回望古合州，属此琉璃钟。离别何足道，我生岂有终。渡海十年归，方镜照两瞳。还乡亦何有，暂假壶公龙。峨眉向我笑，锦水为君容。天人巧相胜，不独数子工。指点昔游处，蒿莱生故宫。

六月十一日，二人在雷州分别。其时东坡痔疾大作，子由看到老兄扶病南渡，实有所不忍，临别时设馔欢宴，殷勤劝其止酒。东坡口吟云：

时来与物逝，路穷非我止。与子各意行，同落百蛮里。萧然两别驾，各携一稚子。子室有孟光，我室惟法喜。相逢山谷间，一月同卧起。茫茫海南北，粗亦足生理。劝我师渊明，力薄且为己。微痾坐杯勺，止酒则瘳矣。望道虽未济，隐约见津涘。从今东坡室，不立杜康祀。

挥泪话别，珍重一声之后，东坡渡海了！此海渡过，即抵蛮荒之域，从此生还无期，举首北望，云山苍苍，海水汤汤，身居绝域，心恋故乡。此情此景，能不怆然泪下。观其致林济甫书，有云：

某与幼子过南来，余皆留惠州，生事狼狈，劳苦万状，然胸中亦自有翛然处也。今日到海岸地名递角场，明日顺风即过矣。回望乡国，真在天末。

又云：

某兄弟不善处世，并遭远窜，坟墓单外，念之感涕。

七月抵儋耳之昌化，去京万里，人迹罕至，食物亦无觅处，惟有瘴疠烟雾而已。观其致友人书云：

岭南天气卑湿，地气蒸溽，而海南为甚，夏秋之交，物无不腐坏者。……九月二十七日，秋霖不止，顾视帏帐，有白蚁升余，皆已腐烂，感叹不已！

又《至昌化军谢表》云：

今年四月十七日，奉被告命，责授臣琼州别驾昌化军安置。臣寻于当月十九日起离惠州，至七月二日，已至昌化军讫者。并鬼门而东骛，浮瘴海以南迁。生还无期，死有余责。臣轼（中谢）。伏念臣顷缘际会，偶窃宠荣。曾无毫发之能，而有丘山之罪。宜三黜而未已，跨万里以独来。恩重命轻，咎深责浅。此盖伏遇皇帝陛下尧文炳焕，汤德宽仁。赫日月之照临，廓天地之覆育。譬之蠕动，稍赐矜怜。俾就穷途，以安余命。而臣孤老无托，瘴疠交攻。子孙恸哭于江边，已为死别；魑魅逢迎于海上，宁许生还。念报德之何时，悼此心之永已。俯伏流涕，不知所云。

此文满纸凄凉，不胜卒读。

东坡初到琼州，僦官舍以居。元符元年二月，朝廷派提举常平董必二人，赴广西访察。董必至雷州，闻东坡居琼州官舍，即遣人前往，将其逐去。唉！新党手段之毒狠，真可谓无微不至了。

东坡被逐后，乃于军城之南天庆观之旁，买地筑室以居，观其与郑靖老书云：

初赁官屋数间居之，既不可住，又不欲与官员相交涉。近买地起屋五间，一龟头在南污池之侧，茂木之下，亦萧然可以杜门面壁少休也，但劳费贫窘耳。此中枯寂，殆非人世。

又与程秀才书亦云：

此间食无肉，病无药，居无室，出无友，冬无炭，夏无寒泉，然亦未易悉数，大率皆无耳。惟有一幸，无甚瘴也。近与小儿子结茅数椽居之，仅庇风雨，然劳费亦不赀矣。赖十数学生助工作躬泥水之役，愧之不可言也。

东坡名其新屋曰桄榔庵，有铭云：

东坡居士，谪于儋耳，无地可居，偃息于桄榔林中。摘叶书铭，以记其处。

九山一区，帝为方舆。神尻以游，孰非吾居。百柱屃赑，万瓦披敷。上栋下宇，不烦兵夫。海氛瘴雾，吞吐吸呼。蝮蛇魑魅，出怒入娱。习若堂奥，杂处童奴。东坡居士，强安四隅。以动寓止，以实托虚。放此四大，还于一如。东坡非名，岷峨非庐。须发不

## 摘叶书铭

时在绍圣四年，年六十二岁。先生《桄榔庵铭叙》：“东坡居士谪于儋耳，无地可居，偃息于桄榔林中，摘叶书铭，以记其处。”

改，示现毗卢。无作无止，无欠无余。生谓之宅，死谓之墟。三十六年，吾其舍此。跨汗漫而游鸿蒙之都乎。

又其记载新屋之位置及情状云：

新居在军城南，极湫隘，粗有竹树，烟雨濛晦，真蜒坞獠洞也。

东坡在新居内，作何消遣呢？观其致友人书云：

今远窜荒服，负罪至重，无复归望。杜门屏居，寝饭之外，更无一事，胸中廓然，实无荆棘。

又云：

仆既病倦不出，出亦无往还者，阖门面壁而已。

又云：

仆焚毁笔砚已五年，尚寄味此学，随行有《陶渊明集》。陶写伊郁，正赖此耳。

又云：

流转海外，如逃空谷，既无与晤语者，又书籍举无有。惟陶渊明一集，柳子厚诗文数册，常置左右，目为二友。

又云：

儿子比抄得《唐书》一部，又借得《前汉》欲抄。若了此二书，便是穷儿暴富也，呵呵！老拙亦欲为此，而目昏心疲，不能自苦，故乐以此告壮者尔。

东坡闲居无事，涵咏渊明之诗，并作《和陶诗》，凡四卷。其弟子由为之引曰：

东坡先生，谪居儋耳，置家罗浮之下，独与幼子过，负担渡海。葺茅竹而居之，日啖薯芋，而华屋玉食之念，不存于胸中。平生无所嗜好，以图史为园囿，文章为鼓吹，至是亦皆罢去；独犹喜为诗，精深华妙，不见老人衰惫之气。是时辙亦迁海康，书来告曰："古之诗人，有拟古之作矣，未有追和古人者也。追和古人，则始于吾。吾于诗无所甚好，独好渊明之诗。渊明作诗不多，然其诗质而实绮，癯而实腴。自曹、刘、鲍、谢、李、杜诸人，皆莫及也。吾前后和其诗凡百有九篇，至其得意，自谓不甚愧渊明。今将集而并录之，以遗后之君子，其为我志之。然吾于渊明，岂独好其诗也哉？如其为人，实有感焉。渊明临终疏告俨等：'吾少而穷苦，每以家弊，东西游走。性刚才拙，与物多忤，自量为己，必贻俗患，黾勉辞世，使汝等幼而饥寒。’渊明此语，盖实录也。吾真有此病而不早自知，半生出仕，以犯世患，此所以深愧渊明，欲以晚节师范其万一也。”嗟呼！渊明不肯为五斗米一束带见乡里小儿，而子瞻出仕三十余年，为狱吏所折困，终不能悛，以陷大难，乃欲以桑榆之末景，自托于渊明，其谁肯信之？虽然，子瞻之仕，其出处进退，犹可考也。后之君子，其必有以处之矣。

海南岛上，荒地居多，秫稌之类，不敷供给，乃不得不杂以薯芋，和米煮粥以果腹。观其与子由诗有云：

五日一见花猪肉，十日一遇黄鸡粥。土人顿顿食薯芋，荐以熏鼠烧蝙蝠。旧闻蜜唧尝呕吐，稍近虾蟆缘习俗。十年京国厌肥羜，日日烝花压红玉。从来此腹负将军，今者固宜安脱粟。（俗谚云：大将军食饱扪腹而叹曰：“我不负汝。”左右曰：“将军固不负此腹。此腹负将军，未尝出少智虑也。”）人言天下无正味，即且未遽贤麋鹿。海康别驾复何为，帽宽带落惊僮仆。相看会作两臞仙，还乡定可骑黄鹄。

东坡当年轻时，曾在宝山昼睡，有诗云：

七尺顽躯走世尘，十围便腹贮天真。此中空洞浑无物，何止容君数百人。

在当时以顽躯便腹自命之苏东坡，曾几何时，已两颊清癯，有飘飘欲仙之概了。

东坡在海南岛，每天所吃的，仅有蔬菜之类，不能时时食肉，但也不以为苦。有诗云：

秋来霜露满东园，芦菔生儿芥有孙。我与何曾同一饱，不知何苦食鸡豚。

又当其平居无事时，每将山中所产之芋奶，制成玉糁羹，其味鲜美无比。所谓：

香似龙涎仍酽白，味如牛乳更全清。莫将北海金齑鲙，轻比东坡玉糁羹。

东坡此时，已忘其身居谪地，他有时将椰子之叶，制所一冠，自己戴着，十分得意。有诗云：

天教日饮欲全丝，美酒生林不待仪。自漉疏巾邀醉客，更将空壳付冠师。规摹简古人争看，簪导轻安发不知。更着短檐高屋帽，东坡何事不违时。

他有时戴着乌角巾，在溪边板桥处，送夕阳，迎素月，悠悠忘怀。所谓：

父老争看乌角巾，应缘曾现宰官身。溪边古路三叉口，独立斜阳数过人。

有时小酌微醺，白发红颊，欣然自得。所谓：

寂寂东坡一病翁，白须萧散满霜风。小儿误喜朱颜在，一笑那知是酒红。

此船不到米如珠，醉饱萧条半月无。明日东家知祀灶，只鸡斗酒定膰吾。

看了这两首诗，东坡无所往而不乐的气概，与闲适萧洒之胸襟，也就溢于言表了。然而东坡往日豪放之气，犹存于眉睫间，于不知不觉的时候，仍要在诗词中流露出来。时岛上有一儒生名唐佐，向其乞诗，即为之题诗于其扇端云：

沧海何曾断地脉，朱崖从此破天荒。

东坡一日外出，路上遇雨，他就向农家借了箬笠戴着，脚上穿了一双木屐，摇摇摆摆地归家。其时村中妇女，看见东坡这副情态，争相观看，一路人声沸腾，喧笑杂作，于是村中的狗也吠起来了。此情此景，好不滑稽。东坡记其事云：

**戴笠着屐**

时在元符三年，年六十五岁。《梁溪漫志》："东坡在儋耳，一日过黎子云，遇雨；乃从农家借篛笠戴之，着屐而归。妇人小儿，相随争笑，邑犬群吠。"

持节休夸海上苏，前身便是牧羊奴。应嫌朱绂当年梦，故作黄冠一笑娱。遗迹与公归物外，清风为我袭庭隅。凭谁唤起王摩诘，画作东坡戴笠图。

东坡居儋耳四年，元符三年，哲宗崩，弟端王立，是为徽宗。初，哲宗崩，无嗣，太后召群臣议立嗣，太后意欲立端王，章惇曰："端王轻佻，不可以君天下。"曾布叱之曰："章惇未尝与臣商议，如皇太后圣谕极当。"蔡卞、许将相继曰："合依圣旨。"太后又曰："先帝尝言端王有福寿，且仁孝。"于是惇默然。及端王即位，即免章惇职，蔡京兄弟等，亦相续贬窜，以韩琦之子仲彦及曾布为左右仆射，追复司马光等三十三人官职，以前在绍圣年间被贬谪者，皆得内徙居住，东坡也因之得移廉州安置。出万死，幸一生，东坡闻此消息，喜可知了。观其致友人书有云：

某今日伏读赦书，有责降官移廉，庶几复得生见岭北江山矣。某虽废弃，曾忝侍从，大恩未报，死不敢忘，闻此美政，不胜踊跃。

六月发自儋耳。二十日夜渡海口，吟云：

参横斗转欲三更，苦雨终风也解晴。云散月明谁点缀，天容海色本澄清。空余鲁叟乘桴意，粗识轩辕奏乐声。九死南荒吾不恨，兹游奇绝冠平生。

这首诗是何等的横放呀！

东坡抵廉州后，忽又有旨以舒州节度副使居住永州。缘是年七月，皇太子诞生，因有大庆，是以有此命令。当时东坡与郑靖老书云：

《志林》竟未成，但草得《书传》十三卷，甚赖公两借书籍检阅也。……某留此过中秋，或至月末，乃行，至北流，作竹筏下水，历容藤至梧，与迈约，令般家至梧相会，中子迨，亦至惠矣。

东坡居儋耳时，平居无事，作《尚书注释》十三卷，是以书中有是言。八月二十九日，发自廉州，及抵英州时，又奉到朝奉郎提举成都玉局观之命，并许居从其便，东坡亦颇有归老故乡之意，观其与郑靖老书云：

某须发尽白，然体力元不减旧，或不即死，圣恩汪洋，更一赦或许归农，则带月之锄，可以对秉也。本意专欲归蜀，不知能遂此计否？蜀若不归，即以杭州为佳。朱邑有言："子孙奉祀我，不如桐乡之民，不肖亦云，然外物不可必，当更临事随宜，但不即死，归田可必也。"公欲相从于溪山间，想是真诚之愿，水到渠成，亦不须预虑也。此生真同露电，岂通把玩耶？

一个人到暮年时候，要想埋骨于故乡山水间，自亦人之常情，遄归西蜀，当然是东坡第一志愿了。如返家乡而不可得，则埋骨西子湖畔，也是他的第二志愿。足见彼老对于西湖风月，实惓惓不能忘怀。可惜这两处地方，皆未能达到目的。他由英州到虔州时，曾与友人书云：

某留虔州已四十日，虽得舟犹在赣外，更五七日，乃乘小舫往即之，劳费百端。又到此，长少卧病，幸而皆愈，仆卒死者六人，可骇！住处非舒则常，老病惟退为上策。

又与钱济明书云：

已到虔州，二月十日间方离此。此行决往常州居住，不知郡中有屋可僦可典买者否？如无可居，即欲往舒州、真州皆可。如闻常州东门外有裴氏宅出卖告公，令一干事人与问，当若果可居，为问其值几何？度力所及，即径往议之，俟至金陵，当别遣人咨禀也。若遂此事，与公杖屦往还，乐此余年，践《哀词》中始愿也。

又与苏伯固书云：

龙舒闻有一官庄可买，已托人问之。若遂，则一生足食杜门矣。

此时东坡已知返故乡或终老西子湖畔之目的，皆不能达，所以只好随遇而安，无论常州、舒州、真州居住皆可。只要有一椽之托，足庇风雨，于愿已足了。

后来子由来书，劝其同居颍昌，东坡以垂老之年，一旦得兄弟聚首，融融泄泄，何等快乐，就决计往居颍昌。观其与友人书云：

某此行本欲居淮浙间，近得子由书，苦劝来颍昌相聚。不忍违之，已决从此计，溯汴至陈留出陆也。

既而东坡闻有人要攻击他，不敢往颍昌，又中途变更目的，决计居常州了。观其与子由书云：

兄已决计从弟之言，同居颍昌，行有日矣。适值程德孺过金山，往会之，并一二亲故皆在坐，颇闻北方事，有决不可往颍昌近地居者，事皆可信。人所报大抵相忌，安排攻击者，北行渐近，决不静尔。今已决计居常州，借得一孙家宅极佳，浙人相喜，决不失所也。更留真十数日，便渡江往常，逾年行役，且此休息，恨不得老境兄弟相聚。此天也，吾其如天何，亦不知天果于兄弟终不相聚乎？士君子作事，但只于省力处行，此行不遂相聚，非本意，甚省力避害也。

东坡在未赴常州之先，本居于真州，并购得房屋一所，后以发生问题，始又弃真州而居常州。据其记事云：

建中靖国，坡自儋北归，卜居真州。真州士大夫犹畏而不敢与游，独士人印民瞻，从学于坡。坡亦喜其人，时时相与杖策，过长桥，访山水为乐。印为坡买一宅，为缗五百，坡倾囊仅能偿之，卜吉入居。夜与印步月，偶至村落，闻妇人哭声极哀。坡与印入而问："何为哀伤至此？"妪曰："吾有一居，相传百年。吾子不肖，举以售人。吾今日迁徙，百年旧居，一旦决别，此吾所以泣也！"问其所在，则坡所得者也。即命取屋券，对妪焚之，呼其子，命翌日迁旧居，不索其直。坡自是遂还毗陵，不复买家宅，借顾塘桥孙氏居暂住焉。

东坡欲赴毗陵，未首途，俄然一夜病作，盖以衰老之年，久处荒蛮之境，瘴毒之气，饱尝之矣。一旦病发，固其宜也。观其与钱世维书云：

一夜发热不可言，齿间出血如蚯蚓者无数，迨晓乃止，惫甚！细察疾状，专是热毒，根源不浅，当专用清凉药，已令用人参、麦门冬、茯苓三味，煮浓汁，渴即少啜之，余药皆罢也。庄生闻在宥天下，未闻治天下也。如此而不愈，则天也，非吾过矣。

岂知东坡之病，服药后非但不愈，且加剧焉，不能食，亦不能言。其致米元章书云：

两日来疾有增无减，虽迁闸外，风气稍清，但虚乏不能食，口殆不能言也。

加之当时气候非常酷热。

海外久无此热，殆不能堪，柳子厚所谓意象非中国人也。（见至米元章书）

如此酷热的气候，岂病者所能堪。

河水污浊不流，熏蒸益病。今日当迁往通济亭泊，虽不当远去左右，且就快风活水，一洗病滞，稍健当奉谈笑也。（同上）

然而东坡之病势，仍不稍退。

某食则胀，不食则羸甚。昨夜通旦不交睫，端坐饱蚊子耳，不知今夕云何度？（同上）

既而东坡之病势又一变。

某昨日啖冷过度，夜暴下，且复疲甚。（同上）

以久病之身，兼之以大泄泻，惫疲可知，所以东坡乃急欲返毗陵了。

某自真得暑毒，困卧如昏醉中，死生未可必。自半月来，日食米不半合，见食却饱。今且速归毗陵，聊自憩，书至此，困惫，放笔太息而已。

先是东坡以年老上表请致仕，及至毗陵，遂不起，时为建中靖国元年七月二十八日。前二日，径山维琳师往说偈，东坡答曰：

与君皆丙子，各已三万日。一日一千偈，电往那容诘。大患缘有身，无身则无疾。平生笑罗什，神咒真浪出。

东坡病革的时候，钱世雄叩耳大呼曰："先生平时，屡践颇着实，现在请先生多着力一些儿吧！"东坡微颔其首曰："着力即差。"语绝而逝。

明年闰六月，葬于汝州郏城县钓台乡上瑞里，其弟子由，为其作铭曰：

苏自滦城，西宅于眉。世有潜德，而人莫知。猗欤先君，名施四方。公幼师焉，其学以光。出而从君，道直言忠。行险如夷，不谋

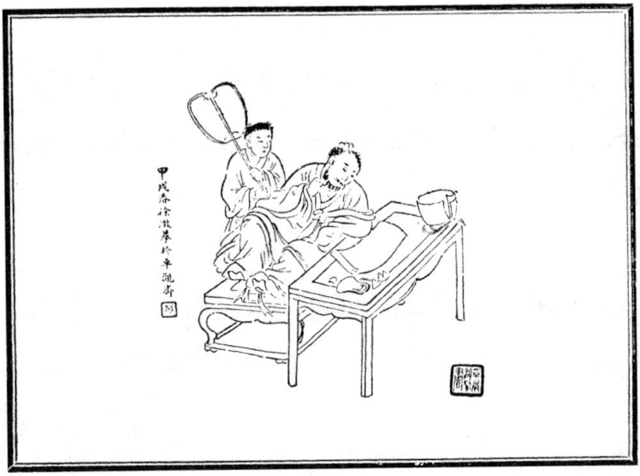

上表致仕

时在建中靖国元年，年六十六岁。苏辙《东坡先生墓志铭》：“公自元祐以来，未尝以岁课乞迁，故官止于此。将居许，病暑暴下，中止于常。建中靖国元年六月请老，以本官致仕。”

其躬。英祖擢之，神考试之。亦既知矣，而未克施。晚侍哲皇，进以诗书。谁实间之，一斥而疏。公心如玉，焚而不灰。不变生死，孰为去来。古有微言，众说所蒙。手发其枢，恃此以终。心之所涵，遇物则见。声融金石，光溢云汉。耳目同是，举世毕知。欲造其渊，或眩以疑。绝学不继，如已断弦。百世之后，岂其无贤。我初从公，赖以有知。抚我则兄，诲我则师。皆迁于南，而不同归。天实为之，莫知我哀。

## 附：东坡死后的毁誉

初，当徽宗初立时，章惇及蔡京兄弟等，相继罢免，新党之徒，一时颇为失势。不料未满一载，朝廷又主重复熙宁之政了，由建中靖国而改元崇宁，即此意也。于是曾布被黜，蔡京蔡卞，复执朝政。执政后第一件事，即追夺司马光等官职，将从前元祐党人，悉书其名籍于碑，谓为奸党，令州县立党人碑以示众，并毁灭党人所为文。一面将熙丰年间一般新党人物图诸显漠阁，以王安石配享孔子，位置在孟子之后，并以王氏之学，定为官学。在此新党气焰高张之际，东坡的文章墨迹，早被毁灭无遗了！及至政和年间，朝廷对于元祐党人之禁令，始稍稍宽驰。东坡墨迹，一时士大夫之搜求者颇众。迨至宣和年间，朝廷对于元祐党人的学术，又严加禁止，如举子传习其学，则以违制论，又凡士大夫有藏贮苏黄文字墨迹者，以大不敬论罪。费衮于《梁溪漫志》上记其事云：

宣和间，申禁东坡文字甚严，有士人窃携《东坡集》出城，为门者所获，执送有司。见集后有诗云："文星落处天地泣，此老已亡吾道穷。才力漫超生仲达，功名犹忌死姚崇。人间便觉无清气，海内何曾识古风。平生万篇谁护惜，六丁收拾上瑶宫。"京尹义其人，阴纵之。

朝廷对于东坡的文章，禁止虽如此之严，不料其文名反日显，当时士大夫表面上虽不敢诵习其文，然私自研究者，仍大有人在，朝廷也便无法可想了。

先是，宋朝北部有女真族崛起，其主阿骨打，灭辽而据其地，国号金。及其弟吴乞买立，率兵南下攻宋，长驱直入，所向披靡。徽宗鉴于情势险恶，急下诏罪己，征发四方兵，共御金人，同时禅位于其子钦宗。钦宗在东宫时，已深恶蔡京之奸，及即位，大学生陈东等，又伏阙上书，请诛戮蔡京等以谢天下。于是贬蔡京，除元祐党籍之禁，追赠司马光等官职，东坡亦于此时，回复官职，并追赠为资政殿大学士，谥曰文忠，并除其孙符为礼部尚书。及南京孝宗立，尤喜东坡之文，常置左右，终日浏览焉。乾道年间，有赵夔者，为东坡诗作注。乾道九年闰五月，孝宗又亲为东坡刊印诗文集，并追赠为太师。其敕曰：

故礼部尚书端明殿学士赠资政殿学士谥文忠苏轼，养其气以刚大，尊所闻而高明，博观载籍之传，几海涵而地负。远追正始之作，殆玉振而金声；知言自况于孟轲，论事肯卑于陆贽，方嘉祐全盛，尝膺特起之招；至熙宁纷更，乃陈长治之策。叹异人之间生，惊谗口之中伤。放浪岭海，而如在朝廷；斟酌古今，而若斡造化。不可夺者峣然之节，莫之致者自然之名。经纶不究于生前，议论常公于身后。人传元祐之学，家有眉山之书。朕三复遗编，久钦高躅。王佐之才可大用，恨不同时；君子之道暗而彰，是以论世。傥九原之可作，庶千载以闻风；惟而英爽之灵，服我衮衣之命。可特赠太师，余如故。

乾道、淳熙年间，苏文盛行，场屋中奉为一种程式，称之曰“乾淳体”云。

# 第五章　气质与修养

东坡的气质，可以说是一种偏于情绪的多血质。论到一般人的气质，原系智、情、意三者组合而成者，但三者之中，亦有所偏。如东坡之气质，则情最胜，意次之，智又次之。换言之，东坡个人全为情感所支配，所识意志，不过是情感冲动的一种表示，理智则全被压迫，不能有所发扬。盖东坡当情动的时候，意志亦随之而动，一意孤行，勇往直前，也无暇去征求理智的同意，请其辨别善恶了。假使情不动，意亦寂然不动，情和意简直是联合一气，对于理智，全不顾及。吾们只要看东坡恣情豪放，为所欲为，行所欲行，不省过去，不虑将来，迈勇前进，岂非感情支配意志的一种表示吗？他终其身坎坷迍邅，不能得志行道，恐怕这也是重要原因之一吧。

不过吾人评论东坡缺少智虑一句话，是从比较上立论的。伟人的智、情、意三者，若和庸人比较起来，究竟相差不可以道里计。缘伟人的智、情、意三者之程度，实远超出庸俗人之上，特不免有所偏而已。如无所偏，而平衡发展，那么简直是圣人了。唯其性这所偏，即性之所僻。性之所僻，必有所失。东坡所谓："木有瘿，石有晕，犀有通，以取妍于人，皆物之病也。"确是至理名言。

东坡虽情意兼有，然而二者之中，毕竟仍有所偏。试以三苏父子兄弟批评之，则以意胜者为老苏；以情胜者为东坡；情意相济、无所偏袒者，为子由。以是老苏之文，多权术机变之言，东坡虽秉承家学，可是到了晚年，喜释家言。子由则机变不及乃父，豪放不及乃兄，所以颇木讷而安详。这就是他们气质各有所偏的一种表现。

东坡气质，以豪放胜，当其与王安石不相容，由朝廷出知杭州时，在旁人处此，抑郁不平可知。而东坡却不以为意，处之泰然，对于西子湖的山水，只是欣羡，毫不作怨语。所谓：

黑云翻墨未遮山，白雨跳珠乱入船。卷地风来忽吹散，望湖楼下水如天。

放生鱼鳖逐人来，无主荷花到处开。水枕能令山俯仰，风船解与月裴回。

乌菱白芡不论钱，乱系青菰裹绿盘。忽忆尝新会灵观，滞留江海得加餐。

献花游女木兰桡，细雨斜风湿翠翘。无限芳洲生杜若，吴儿不识楚词招。

是何等快绝。又云：

未成少隐聊中隐，可得长闲胜暂闲。我本无家更安往，故乡无此好湖山。

是何等豁达。

既而东坡由杭移密，时在熙宁七年，岁值大旱，五谷不登，只得以杞菊充饥。所谓：

余自钱塘移守胶西，释舟楫之安，而服车马之劳；去雕墙之美，而蔽采椽之居；背湖山之观，而行桑麻之野。始至之日，岁比不登，盗贼满野，狱讼充斥；而斋厨索然，日食杞菊，人因疑余之不乐也，处之期年，而貌加丰，发之白者，日以反黑。余既乐其风俗之淳，而其吏民亦安余之拙也。

东坡并仿唐陆龟蒙之《杞菊赋》，作《后杞菊赋》，其序曰：

天随生自言常食杞菊，及夏五月，枝叶老硬，气味苦涩，犹食不已，因作赋以自广。始余尝疑之，以为士不遇，穷约可也。至于饥饿，嚼啮草木则过矣。而余仕宦十有九年，家日益贫。衣食之奉，殆不如昔者。及移守胶西，意且一饱，而斋厨索然，不堪其忧。日与通守刘君廷式，循古城废圃，求杞菊食之，扪腹而笑。然后知天随之言，可信不谬。作《后杞菊赋》，以自嘲，且解之云。

吁嗟先生，谁使汝坐堂上称太守，前宾客之造请，后掾属之趋走。朝衙达午，夕坐过酉。曾杯酒之不设，揽草木以诳口。对案颦蹙，举箸噎呕。昔阴将军设麦饭与葱叶，井丹推去而不嗅。怪先生之眷眷，岂故山之无有。先生忻然而笑曰："人生一世，如屈伸肘，何者为贫？何者为富？何者为美？何者为陋？或糠核而瓠肥，或粱肉而墨瘦，何侯方丈，庾郎三九。较丰约于梦寐，卒同归于一朽。吾方以杞为粮，以菊为糗，春食苗，夏食叶，秋食园实，而冬食根，庶几乎西河南阳之寿。

后来东坡贬赴黄州，在路上有诗云：

吾生如寄耳，初不择所适。但有鱼与稻，生理已自毕。

既到之后，逍遥自适，绝无穷厄状态。所谓：

幽人无事不出门，偶逐东风转良夜。参差玉宇飞木末，缭绕香烟来月下。江云有态清自媚，竹露无声浩如泻。已惊弱柳万丝垂，尚有残梅一枝亚。清诗独吟还自和，白酒已尽谁能借。不辞青春忽忽过，但恐欢意年年谢。自知醉耳爱松风，会拣霜林结茅舍。浮浮大甑长炊玉，溜溜小槽如压蔗。饮中真味老更浓，醉里狂言醒可怕。但当谢客对妻子，倒冠落佩从嘲骂。

去年花落在徐州，对月酣歌美清夜。今年黄州见花发，小院闭门风露下。万事如花不可期，余年似酒那禁泻。忆昔还乡溯巴峡，落帆樊口高桅亚。长江衮衮空自流，白发纷纷宁少借。竟无五亩继沮溺，空有千篇陵鲍谢。至今归计负云山，未免孤衾眠客舍。少年辛苦真食蓼，老景清闲如啖蔗。饥寒未至且安居，忧患已空犹梦怕。穿花踏月饮村酒，免使醉归官长骂。

一种豪放之气，依然不改。

东坡既豪放，又不善理财，故时有绝粮之虞。观其与章子厚书云：

黄州僻陋多雨，气象昏昏也。鱼稻薪炭颇贱，甚与穷者相宜。然轼平生未尝作活计，子厚所知。所得之俸，随手辄尽。而子由有七女，债负山积，贱累皆在渠处，未知何日到此。见寓僧舍，布衣蔬食，随僧一餐，差为简便，以此畏其到也。穷达得丧，粗了其理。但禄廪相绝，恐年载间，遂有饥寒之忧，不能不少念。然俗所谓水到渠成，至时亦自有处置，安能预为之愁煎乎？

后来东坡家人到黄州，日用之费，较前为大，所有廪入，不足于用，乃不得不大加省俭。所谓：

仆行年五十，始知作活。大要是悭尔，而文以美名，谓之俭素。然吾侪为之，则不类俗人，真可谓淡而有味者。又《诗》云："不戢不难，受福不那。"只体之欲，何穷之有？每加节俭，亦是惜福延寿之道。此似鄙吝，且出于不得已也。自谓长策，不敢独用，故献之左右。

每日并限制用度，以资节省。所谓：

但买斫脔鱼，及猪、羊、獐、雁亦足矣。廪入虽不继，痛自节省，每日限用百五十，每月朔日，取钱四千五百，断为三十块，挂屋梁上，平明用画叉挑取一块，即藏去叉，仍以大竹筒，别贮用不尽者，可谓至俭。

唉！金钱之为物，真是万恶的渊泉。天下滔滔，为之破廉耻，卖节义，污纯洁，贫者短气，而富者骄纵者，比比皆是也。而东坡一生，却能跳出此万恶圈，不为所播弄。此东坡之所以为东坡了。既而被召入朝，旋以洛蜀党争，又被谤外贬。其时门人王定国，亦被黜，东坡示之以诗曰：

慎勿怨谤谗，乃我得道资。淤泥生连花，粪壤出菌芝。赖此善知识，使我枯生荑。

东坡至颍州，公帑已竭，斋厨索然，不禁有怀于昔日在密州食杞菊的情景。作诗云：

我昔在东武，吏方谨新书。斋空不知春，客至先愁予。采杞聊自诳，食菊不敢余。岁月今几何，齿发日向疏。幸此一郡老，依然十年初。梦饮本来空，真饱竟亦虚。尚有赤脚婢，能烹赪尾鱼。心知皆梦耳，慎勿歌归欤。

不久，又有岭南之贬，其与参寥子书云：

某垂老再被严谴，皆愚自取，无足言者。事皆已往，譬之坠甑，无可追。计从来奉养陋薄，入虽微，亦可供粗粝。及子由分俸七千，迈将家大半就食宜兴，不失所外，何复挂心。

又与子由书云：

惠州市井寥落，然犹日杀一羊，不敢与仕者争买，时嘱屠者买其脊骨耳。骨间亦有微肉，熟煮漉出。渍酒中，点薄盐，炙微燋食之。终日抉剔铢两于肯綮之间，意甚喜之，如食蟹螯。率数日辄一食，觉有补。子由三年食堂庖，处刍豢，没齿而不得骨，岂复知此味乎？

又云：

犹或少饮食，欲其适口，近又丧一庖婢，乃悟此事，亦有分定。遂不复择，脱粟连毛，遇辄尽之尔。

东坡在惠州时，只有幼子过，侍从在侧。所谓：

初欲独赴贬所，儿女等涕泣求行，故与幼子过一人来。余分寓许下浙中，散就衣食，既不在目前，便与之相忘，如本无有也。

本来过去已死，吾们自然可不必去问它，明日未来，吾们也可以不必去顾虑，那么所顾虑者，只有今日了。不过今日之中，朝非夕，夕非午，时时刻刻，在变动中，所谓现实的今日，也不可捉摸。既不可捉摸，便也无所用其顾虑了。一个人处在时间不断的大流中，尽可忘昨日，忘今日，忘明日，忘忧患，忘苦闷，忘恐怖，忘欢乐，一切皆忘，自然觉得天地宽，世路坦，所谓四大皆空了。一切皆忘，便是东坡养生的不二法门。

东坡由惠州贬到儋耳的时候，曾致程秀才书，有云：

得来讯，喜侍奉清安，知有爱子之戚，襁褓泡幻，不须深留恋也。仆离惠州后，大儿子房下，亦失一男孙，悲怆久之，今则已矣。

先是，东坡在黄州，已殇一幼子，东坡哭之以诗云：

我泪犹可拭，日远当日忘。母哭不可闻，欲与汝俱亡。故衣尚悬架，张乳已流床。感此欲忘生，一卧终日僵。中年忝闻道，梦幻讲已详。储药如丘山，临病更求方。仍将恩爱刃，割此衰老肠。知迷欲自反，一恸送余伤。

“一恸送余伤”，非达者不能道。又云：

丧子之戚，已忘之矣。此身如电泡，况其余乎？

儋耳之为地，荒寂无百物，而东坡处之泰然。所谓：

旅况牢落，不言可知。又海南连岁不熟，饮食百物艰难，及泉广海舶绝不至，药物医酢等皆无，厄穷至此，委命而已。老人与过子相对，如两苦行僧耳。然胸中亦超然自得，不改其度，知之免忧。

又云：

瘴疠之乡，僵仆者相属于前，然亦有以取之，非寒热失宜，则饥饱过度，苟不犯者，亦未遽病也。若大期至，固不可逃，又非南北之故矣，以此居之泰然，不烦深念。

人之生死，是有命的。吾人既生之后，即不能无死，不死既不可能，则对于生死一观念，又何必戚戚于心呢。观其与李公择书云：

吾侪虽老且穷，而道理贯心肝，忠义填骨髓，直须谈笑死生之际。若见仆困穷，便相怜，则与不学道者，大不相远矣。兄造道深，中必不尔出于相爱好之笃而已。然朋友之义，专务规谏，辄以狂言，广兄之意尔。虽怀坎壈于时，遇事有可尊主泽民者，便忘躯为之，祸福得丧，付与造物，非兄，仆岂发此。看讫便火之，不知者以为诟病也。

又尝于醉后执笔书云：

吾始至南海，环视天水无际，凄然伤之，曰："何时得出此岛耶？"已而思之，天地在积水中，九州在瀛海中，中国在小海中，有生孰不在岛者，覆盆水于地，芥浮于水，蚁浮于芥，茫然不知所济。少焉水涸，蚁即径去，见其类出涕曰："几不复与子相见，岂知俯仰之间，有方轨八达之路。"念此可以一笑。

这一段行文命意，宛然如庄生之言。后去儋耳，留别黎民，有诗云：

我本儋耳民，寄生西蜀州。忽然跨海去，譬如事远游。平生生死梦，三者无劣优。

吾人同处于尘寰之内，本来何分乎南北，何分乎故乡与异地。人之一生，生也、死也、梦也，自达者观之，其实皆一也。

东坡爱酒，而饮不多，仅爱饮酒之趣而已。当其在黄州时，自酿酒以饮。所谓：

予虽饮酒不多，然而日欲把盏为乐，殆不可一日无此君。州酿既少，官酤又恶而贵，遂不免闭户自酿。曲既不佳，手诀亦疏谬，不甜而败，苦硬不可向口。慨然而叹，知穷人之所为，无一成者。然甜酸甘苦，忽然过口，何足追计，取能醉人，则吾酒何以佳为？但客不喜尔，然客之喜怒，亦何与吾事哉。

饮酒之目的，在乎醉，甜酸苦甘非所问，东坡之言，何等超脱。彼又不仅喜独酌，并爱招人同饮。

予饮酒终日不过五合，天下之不能饮，无在予下者。然喜人饮酒，见客举杯徐引，则予胸中为之浩浩焉，落落焉，酣适之味，乃过于客。闲居未尝一日无客之至，未尝不置酒，天下之好饮，亦无在余上者。常以为人之至乐，莫若身无病而心无忧，我则无此二者矣。然人之有是，接于余前，则予安得不全其乐乎？故所至当蓄善药，有求者则与之，而尤喜酿酒以饮。或曰："子无病而多蓄药，不饮而多酿酒，劳己以为人何也？"予笑曰："病者得药，吾为之体轻；饮者困于酒，吾为之酣适。盖专以自为也。"

东坡不解棋，所以平生有三不如人之叹，即着棋不如人，饮酒不如人，唱曲不如人。然东坡虽不解棋，颇喜观人着棋，所谓：

予素不解棋，尝独游庐山白鹤观，观中人皆阖户昼寝，独闻棋声于古松流水之间，意欣然喜之，自尔欲学，然终不解也。儿子过乃粗能者，儋守张中，日从之戏。予亦隅坐竟日，不以为厌也。胜固欣然，败亦可喜。优哉游哉，聊复尔耳。

东坡由海外北归，到常州病了，自知不起，与维琳师云：

岭南万里不能死，而归宿田野，遂有不起之忧，岂非命也夫！然生死亦细故耳，无足道者。惟为佛为法为众生自重。

呜呼！“生死亦细故”，东坡知此，自然天高地阔了，东坡毕竟是一个达人！

东坡的气质，自始至终，为一贯的，已如上述。当然，其气质之形成，与其所受之家庭教育，以及所处之环境，是有重大影响的。不过他所受的家庭教育，与所处之环境，对于东坡的气质上，究发生如何的影响，今已不可知其详。吾们只知他在幼时，因其父远游在外，受母亲程氏教养之力为多，而其思想，受乃父之熏陶亦不少。夫以东坡壮年时之气锐血热，兼以受乃父一种纵横霸气之熏陶，同时又受知于欧阳、韩魏等公，礼部考试，擢为第二，则其意气轩昂，目空一切，自不待言了。观其上梅圣俞书云：

今年春，天下之士，群至于礼部，执事与欧阳公，实亲试之。轼不自意，获在第二。既而闻之人，执事爱其文，以为有孟轲之风，而欧阳公亦以其能不为世俗之文也，而取焉。是以在此，非左右为之先容，非亲旧为之请属，而向之十余年间闻其名而不得见者，一朝为知已。退而思之，人不可以苟富贵，亦不可以徒贫贱。有大贤焉，而为其徒，则亦足恃矣。苟侥一时之幸，从车骑数十人，使闾巷小民，聚观而赞叹之，亦何以易此乐也。

东坡一方面固为功名心所驱驰，而意气激扬，可是一方面犹存退隐山林之志。当其南行，早发浏阳时，有诗云：

富贵本先定，世人自荣枯。嚣嚣好名心，嗟我岂独无。不能便退缩，但使进少徐。我行念西国，已分田园芜。南来竟何事，碌碌随商车。自进苟无补，乃是懒且愚。人生重意气，出处夫岂徒。永怀江阳叟，种藕春满湖。

又夜泊牛口，有诗云：

日落江雾生，系舟宿牛口。居民偶相聚，三四依古柳。负薪出深谷，见客喜且售。煮蔬为夜飧，安识肉与酒。朔风吹茅屋，破壁见星斗。儿女自咿忧，亦足乐且久。人生本无事，苦为世味诱。富贵耀吾前，贫贱独难守。谁知深山子，甘与麋鹿友。置身落蛮荒，生意不自陋。今予独何者，汲汲强奔走。

东坡虽有退隐林下之志，不过彼既立朝服官，其固有之矜尚气概，仍不能与人苟同，而其固有之迈往精神，尤不免要触犯忌讳，果然，不久即有黄州之贬了。自贬至黄州后，其气质为之一变，盖当时为台狱捕拘，曾一度出生入死，经此重大刺激，竟将从前的矜尚气概，迈往精神，消磨殆尽，而易之以豪放阔达了。故当其赴黄州任，与子由相会于陈时，有诗云：

夫子自逐客，尚能哀楚囚。奔驰二百里，径来宽我忧。相逢知有得，道眼清不流。别来未一年，落尽骄气浮。嗟我晚闻道，款启如孙休。至言虽久服，放心不自收。悟彼善知识，妙药应所投。纳之忧患场，磨以百日愁。冥顽虽难化，镌发亦已周。平时种种心，次第去莫留。但余无所还，永与夫子游。此别何足道，大江东西州。畏蛇不下榻，睡足吾无求。便为齐安民，何必归故丘。

东坡贬黄州后，已有泛观天地，超然物外之思。但平生一种豪气，尚未销尽，谗谮之恨，迁谪之怨，犹惓惓不能去诸怀，抑郁无以自遣。而东坡又非世上一般薄志弱行之徒，哭天诉地者所可比。于是乃不得不以一身付诸蒲团，默坐自照，诸缘放下，六根清净，不思是非，不念善恶，嗒然忘彼我，超然离是非，忘彼我，离是非，自心脱落，天地一如，万物一如。这是东坡唯一解闷安慰之法门。所以他一到黄州，即赴安国寺安心静坐了。其《黄州安国寺记》有云：

元丰二年十二月，余自吴兴守得罪，上不忍诛，以为黄州团练副使，使思过而自新焉。其明年二月，至黄，舍馆粗定，衣食稍给，闭门却扫，收召魂魄，退伏思念，求所以自新之方，反观从来举意动作，皆不中道，非独今之所以得罪者也。欲新其一，恐失其二。触类而求之，有不可胜悔者。于是喟然而叹曰："道不足以御气，性不足以胜习。不锄其本，而耘其末。今虽改之，后必复作。盍归诚佛僧，求一洗之。"得城南精舍曰安国寺，有茂林修竹，坡池林榭。间一二日，辄往焚香默坐，深自省察，则物我相忘，身心皆空，求罪始所从生而不可得。一念清净，染污自落，表里翛然，无所附丽。私窃乐之。旦往而暮还者五年于此矣。寺僧曰继连，为僧首，七年得赐衣，又七年，当赐号，欲谢去，其徒与父老相率留之。连笑曰："知足不辱，知止不殆。"卒谢去，余是以愧其人。七年余将有临汝之行。连曰："寺未有记，具石请记之。"余不得辞。

东坡既入禅，静坐观心，更欲学息命归根之道。是年冬，入天庆观修练，观其与秦太虚书云：

吾侪渐衰，不可复作少年调度，当速用力道书方士之言，厚自养炼。谪居无事，颇窥其一二。已借得本州天庆观道堂三间，冬至后，当入此室，四十九日乃出。自非废放，安得就此。

又与陈大夫书云：

去岁冬至，斋居四十九日，息原归根，似有所得，旦夕复至，当复闭关却扫。古人云：化国之日舒以长，妄想既绝，颓然如葛天氏

**五戒后身**

时在元丰七年，年四十九岁。《冷斋夜话》：“子由谪高安时，云庵居洞山，时时相过。聪禅师者，蜀人，居圣寿寺。一夕，云庵梦同子由、聪出城迓五祖戒禅师。聪至曰：‘夜来梦见吾二人同迎五戒和尚。’东坡至，各追绎所梦语东坡。东坡曰：‘轼年八九岁，梦见是僧，往来陕右。又先妣孕时，梦一僧来，记其欣然而眇一目。’云庵惊曰：‘戒陕右人，而失一目，暮年弃五祖游高安，终于大愚，逆数盖五十年。’”

之民，道家所谓延年却老者，殆谓此乎？若终日汲汲，随物上下者，虽享耄期之寿，忽然如白驹之过隙耳。

豪放阔达之士，却往往颇信神仙之说，其目的无非在求解脱，盖一般卓荦之士，既与时不相容，白眼视世，每多不平，乃不得不转而折入是途了。所谓：

道术多方，难得其要，然惟能静心闭目，以渐习之，但闭得百十息，为益甚大。

又云：

学佛老者，本期于静而达，静似懒，达似放。学者或未至其所期，而先得其所似，不为无害。

可知东坡之入禅学道，别具双眼，与寻常沉溺于仙佛之徒，迥乎不同。又东坡并不喜道释空漠高远之说，独喜其粗浅假说，曾云：

佛书旧亦尝看，但暗塞不能通其妙，独时取其粗浅假说，以自洗濯。若农夫之去草，旋去旋生，虽若无益，然终愈于不去也。若世之君子，所谓超然玄悟者，仆不识也。往时陈述古好论禅，自以为至矣，而鄙仆所言为浅陋。仆尝语述古，公之所谈，譬之饮食龙肉也，而不知仆之食猪肉，实美而真饱也。

后来东坡由黄州之贬而再度入朝，又由朝而再贬海外，始终是闭目静坐，以养其心。所谓：

定居之后，杜门烧香，闭目清坐，深念五十九年之非矣。

大凡一个人年岁愈大，则阅历愈深，而胸襟亦愈阔达。孔子所谓“七十而从心所欲不逾矩”者，即指此言，惟亦不尽人人所能做到。而东坡此时，却能做到此种境界，当其由儋耳北归，中夜对江月而歌曰：

江月照我心，江水洗我肝。端如径寸珠，堕此白玉盘。我心本如此，月满江不湍。起舞者谁欤，莫作三人看。峤南瘴毒地，有此江月寒。乃知天壤间，何人不清安。床头有白酒，盎若白露漙。独醉还独醒，夜气清漫漫。仍呼邵道士，取琴月下弹。相将乘一叶，夜下苍梧滩。

“乃知天壤间，何人不清安。”此二句非胸襟阔达者不能道，真所谓从心所欲，无挂无碍了。

# 第六章 诗 文

词章诗文每能表现一个人的思想和气质，老苏以意胜，故其为文，亦峭劲，亦庄重。东坡以情胜，故其为文，纵横奔逸，有如巨浪之席卷，汪洋浩瀚，有如大江之入注于海，不可一世。敖器之评其文云：

东坡如屈注天潢，倒连沧海，变眩百怪，终归于雄厚。

东坡的诗，为散文化之诗，亦可以名之为有韵的散文。东坡之文，为含有诗意之文，亦可以名之为谈理的诗。此乃东坡受了环境影响，与时代背景熏陶所孕育而成之一种自然结果。原来有唐一代，在文学史上，为感兴时期，及至宋代，则由感兴时期而一变而为谈理时期了。何以言之？盖唐代思想风雅，所以形成了诗的特殊发达，宋则谈理之风盛行，结果形成理学的特殊发达。唐代风雅的思想，盛于盛唐而衰于晚唐，宋代谈理之风，始于仁、神两朝，而集大成于朱、陆。所以当盛唐时，诗有李、杜，文有韩、柳，韩、柳出而文雅。及至宋代，朱、陆出而文晦，犹似活泼泼的美女，忽然披了一件理学的外套，生趣索然。当仁、神二朝，晚唐文学，已成强弩之末，新兴之理学，方蒸蒸日上。东坡适逢其会，上承诗学之余绪，下开理学之先声，是以谓东坡为纯粹之诗人，固有所不能，即目之为纯粹的散文家，亦有所未可。要之，他的文章，带有诗化的，他的诗，带有散文化的。故东坡之文，东坡之诗，非唐非宋，自成一家。

东坡之诗文，虽自成一家，不过其作风，中间亦经过多少的变迁。观其与侄论文书云：

凡文字少小时须令气象峥嵘，彩色绚烂，渐老渐熟，乃造平淡，其实不是平淡，绚烂之极也。汝只见爷伯而今平淡，一向只学此样，何不取旧日应举时文字，看高下抑扬，如龙蛇捉不住，当旦夕学此。

当东坡年少时，抱负极大，霸气横空，加以受乃父之熏陶，喜学纵横家，极倾心于贾谊、陆贽之言。故其为文，特霸气纵横，剑气满腹，抑且极峥嵘绚烂之至，迨后渐喜庄生之言，而其作风一变。黄州之谪以后，再进而折入于释道，养性敛气，悠然自得，而其作风又一变。子由曾云：

既而谪黄，居于黄，杜门深居，驰骋翰墨，其文一变，如川之方至。

东坡此时的作品，较其少年之作，经过一种洗炼工夫，高华秀杰，特其机锋光芒之气，尚不能免，怨刺之语，犹存于字里行间。既而有岭外远窜，斯时东坡年岁既增，入道亦深，浮华之气，消失净尽，胸中汨然，无丝毫芥蒂。所以其所作诗文，亦如清风明月，一尘不染。黄山谷评其诗文，有云：

东坡岭外诗文，读之使人耳目聪明，如清风自外来也。

及其晚年，私淑陶渊明，其造诣之深，更可知矣。山谷所谓：

渊明千岁人，东坡百世士。出处固不同，风味要相似。

又许彦周论东坡之文云：

东坡辞源如长江大河，飘沙卷沫，枯槎束薪，兰舟绣鹢，皆随流至。

这几句是评论其前半生所为之文。

珍泉幽涧，澄潭灵泽，可爱可喜，无一点尘滓。

这几句是评论其后半生所为之文。又陈后山评其诗文云：

苏诗始学刘梦得，故多怨刺，晚学太白，至其得意处，则似之矣，然失于粗，以其得之易也。

魏淳甫亦云：

吕丞相跋子美公谱曰：“考其辞力，少而锐，壮而肆，老而严，非妙于文章，不足以至此。余观东坡自南迁以后，诗全类子美，夔州以后诗，正所谓老而严者也。”

东坡的文章，气格高迈，风超调逸，亦如其人。所谓：

东坡词源如长江大河，汹涌奔放，瞬息千里，可骇可愕。

东坡为文取材，不拘方物，日常间应事接物，皆为其为文之绝好资料，不弄巧，不炫奇，不因事出奇，不遇境即变，彼亦不自知其所以至，一如大江之顺流东下，穿壁倒谷，一任其自然。彼之为文，既以不经意之笔出之，故其文不假经营，亦不局促，更无所谓出格与入格了。

东坡为文，长于设譬，凡平生耳所闻、目所见者，无一非其取譬之好材料，瓦砾敝屣，一经其运用，立即变为黄金珠玉，街谈巷议鄙俚不堪的材料，一经他的手笔，无不妙处风生，另有一番风趣。所以参寥子尝评其文云：

东坡牙颊间，别有一副炉鞴也。

东坡为文，既不用锻炼工夫，全是一种不经意之作，和一种感时触物猝然而发的文字。故字里行间多少总不免露一些锋芒，譬如一方白玉，总带一些微瑕，主其气，不计其工，这却是东坡之本色。观其曾与谢民师论文书云：

所示书教及诗赋杂文，观之熟矣，大略如行云流水，初无定质，但常行于所当行，常止于不可不止，文理自然，姿态横生。孔子曰："言之不文，行之不远。"又曰："辞达而已矣。"夫言止于达意，疑若不文，是大不然。求物之妙，如系风捕影，能使是物了然于心者，盖千万人而不一遇也，而况能使了然于口与手者乎？是之谓辞达。辞至于能达，则文不可胜用矣。扬雄好为艰深之词，以文浅易之说。若正言之，则人人知之矣。此正所谓雕虫篆刻者，其《太玄》《法言》皆是物也，而独悔于赋何哉？经身雕虫而独变其音节，便谓之经，可乎？屈原作《离骚经》，盖风雅之再变者，虽与日月争光可也，可以其似赋而谓之雕虫乎？贾谊见孔子，升堂有余矣，而乃以赋鄙之，至与司马相如同科。雄之陋如此，比者甚众。可与知者道，难与俗人言也。

所谓"行云流水初无定质"云云，这几句不啻东坡自己的写照。至其对于扬子云之作，评为雕虫篆刻者，所以讽当世文人好为艰涩之词而发也。

东坡文字中，小品亦佳。如尺牍着墨不多，而情韵风生，所谓虽嬉笑怒骂之词，皆可书而诵也。吾人纵在极烦恼的时候，读了他的小品，总觉得习习清风，生于两腋。王世贞所谓：

懒倦欲睡时，诵子瞻小文及小词，亦觉神工。

宋孝宗刊其集而为之序曰：

力斡造化，元气淋漓。穷理尽性，贯通天人。山川风云，草木华实。千汇万状，可喜可愕，有感于中，一寓于文。雄视百代，自作一家，浑涵光芒，至是而大成矣。

又东坡自评其文曰：

吾文如万斛泉源，不择地皆可出。在平地，滔滔汩汩，虽一日千里无难及；其与山石曲折，随物赋形，而不可知也。所可知者，常行于所当行，常止于不可不止，如是而已矣。其他虽我亦不能知也。

这一段评论，除对于评论他的文章外，其余无论以之评其诗，评其性情，甚至评其一生，无不适合。换言之，东坡的一切，都可在这几十个字中包括无遗了。

东坡平生笃于友孝，门下弟子甚多，黄庭坚、晁补之、秦观、张耒、陈师道等，东坡待之如朋俦，不以弟子门人目之。元祐中，晁、秦、陈、黄与东坡同入阁，当时号称四学士。

长公波涛万顷陂，少公巉秀千寻麓。黄郎萧萧日下鹤，陈子峭峭霜中竹。秦文倩俪舒桃李，晁论峥嵘走珠玉。

长公指东坡，少公指子由，其余即指四学士，就中晁、张长于文，黄、陈长于诗。而黄庭坚之诗，尤高奇超人一等。世人或以黄之诗，与苏东坡并称，称为苏黄。其实二人之气度魄力，并不相同。魏道辅论之甚详曰：

东坡文中龙也。理妙万物，气吞九州，纵横奔放，若游戏然，莫可测其端倪。鲁直区区持斤斧准绳之说，随其后而与之争，至谓未知句法，盖鲁直欲为东坡之迈往而不能。于是高谈句律，旁出探度，务以自立而相抗，然不免居其下也；山谷之诗，有奇而无妙，有斩绝而无纵放，铺张学问以为富，化陈腐以为新，而浑然天成，如肺肝中流出者不足也。东坡评曰："如蝤蛑江摇柱，格韵高绝，盘飧尽废。然若多食，则动风发气。"又云："读鲁直诗，如见鲁仲连、李太白，不敢复论鄙事，虽若不适用，然不为无补于世。"谓论文者尊东坡，言诗者右山谷，此门生亲党之偏说而已。《东都事略·山谷传》云：庭坚长于诗，与秦观、张耒、晁补之游苏轼之门，号四学士。独江西君子，以庭坚配轼，谓之苏黄。盖自当时已不以是为公论矣。

王世贞亦云：

诗格变自苏黄固也。黄意不满苏，直欲凌其上，然固不如苏也。何者？愈巧愈拙，愈新愈陈，愈近愈远。

可知黄之诗，远非东坡之诗，所可以拟了。

东坡不特长于文，擅于诗，其词亦大有可观。近人谓东坡在诗歌上的成就，远远不如其词之成就之上，以其诗在诗史上，不得谓之为上乘作家，而其词则占词史上之特殊地位。故吾人与其目东坡为诗人，毋宁谓东坡为词人也。

东坡之词，后人评论者，不一其说。《四库提要》云：

词自晚唐五代以来，以清切婉丽为宗，至柳永而一变，如诗家之有白居易；至轼而又一变，如诗家之有韩愈，遂开南宋辛弃疾等一派。寻流溯源，不能不谓之别格。

此乃评东坡之词，为词中之别格者。《吹剑续录》云：

东坡在玉堂日，有幕士善歌，因问我词比柳耆卿何如？对曰："柳郎中词，只好十七八女孩儿，按执红牙拍，歌杨柳岸晓风残月。学士词，须关西大汉，执铁绰板，唱大江东去。公为之绝倒。"

则讥其词太豪放，不如柳耆卿之婉约绮致。陈无己云：

子瞻以诗为词，如教坊雷太使之舞，虽极天下之工，要非本色。

则又以词派来排斥苏词了。李易安《词论》：

苏子瞻学际天人，作为小歌辞，直如酌蠡水于大海。然皆句读不葺之诗尔，又往往不协预律者，何邪？

晁无咎亦云：

居士词人多谓不谐音律，然横放杰出，自是曲子内缚不住者。

陆务观云：

世言东坡不能词，故作乐府词，多不协。晁以道谓绍圣初，与东坡别于汴下，东坡酒酣，自歌古《阳关》。则公非不能歌，但豪放不喜裁剪，以就声律耳。

则又以音调不协来批评苏词了。其实以上各家的评论，都是片面的观察。究其实，则苏词豪放缜密，两擅其长，世人仅就其豪放处立论，遂有铁板铜琶之诮，不知苏门之婉约处，何让温、韦。如《浣溪沙》云：

彩索身轻长趁燕，红窗睡重不闻莺。

《祝英台》云：

挂轻帆，飞急桨，过钓台路。酒病无聊，欹枕听鸣櫹。

此等作品，与“大江东去”“把酒问青天”诗作，如出两手了。故《词筌》云：

苏子瞻有铜琶铁板之讥，然其《浣溪沙·春闺》“彩索身轻长趁燕，红窗睡重不闻莺”，如此风调，令十七八女郎歌之，岂在“晓风残月”之下？

又《爱园诗话》亦云：

子瞻词豪放亦只“大江东去”一词，何物袁绹，妄加品骘。

善夫胡致堂之评论曰：

词曲至东坡，一洗绮罗香泽之态，摆脱绸缪宛转之度，使人登高望远，举首高歌，逸怀浩气，超然尘垢之外。于是《花间》为皂隶，而耆卿为与舆台矣。

这确是一个忠实的批评。

东坡小词，亦有可观。楼敬思曾云：

东坡老人，故自灵气仙才，所作小词，冲口而出，无穷清新，不独寓以词人句法，能一洗绮罗香泽之态也。

要之，有宋三百年，词坛健将，足以雄视万方，睥睨一世者，东坡一人而已。

# 第七章 年 谱

一岁　公元一〇三六年（宋仁宗景祐三年丙子）

傅藻《东坡纪年录》上云："景祐三年丙子，十二月十九日，卯时，公生于眉山县纱縠行私第。"　案东坡送沈达诗云："嗟我与君皆丙子。"又赠长芦长老诗云："与公同丙子，三万六千日。"

七岁　公元一〇四二年（宋仁宗庆历二年壬午）

是年，东坡已知读书。　案东坡上韩太尉与梅直讲书云："某七八岁知读书。"

八岁　公元一〇四三年（宋仁宗庆历三年癸未）

是年东坡入小学。　案《志林》云："吾八岁入小学，以道士张易简为师，师独称吾与陈太初者。"又按东坡作《范文正公文集序》云："庆历三年，某始入乡校，士有自京师来，以鲁人石守道《庆历圣德诗》示乡先生。某从旁窃观，问先生十一人何人也？先生曰：'童子何用知之！'某曰：'此天人也耶？则不敢知！若亦人耳，何为其不可。'"

十岁　公元一〇四五年（宋仁宗庆历五年乙酉）

按子由作《东坡墓志》云：“公生十年，而先君宦学四方，太夫人亲授以书，问古今成败，辄能语其要。太夫人读东汉史至《范滂传》，慨然太息，公侍侧曰：‘某若为滂，夫人亦许之否乎？’夫人曰：‘汝能为滂，吾顾不能为滂母耶？’公亦奋万有当世志，太夫人喜曰：’吾有子矣！’”又按赵德麟《侯鲭录》云：“东坡年十岁，在乡里见老苏诵欧公谢宣召赴学士院仍谢赐对衣金带及马表，老苏令坡拟之，其间有‘匪伊垂之带有余，非敢后也马不进’。老苏喜曰：‘此子他日当自用之！’”

十二岁　公元一〇四七年（宋仁宗庆历七年丁亥）

是年东坡祖父亡。与曾子固书云：“某逮视祖父，祖父之殁，某年十二矣。”

十九岁　公元一〇五四年（宋仁宗至和元年甲午）

是年始娶眉州青神王方女。　按东坡作王氏墓志云：“生十有六岁而归于某。至治平二年，王氏卒，年二十有七。”

二十岁　公元一〇五五年（宋仁宗至和二年乙未）

是年，东坡游成都，谒张安道。　按东坡作《乐全先生文集序》云：“某年二十，以诸生见公成都，一见待以国士。”有晁美叔是年求交于东坡。其送美叔诗云：“我生二十无朋俦，当时四海一子由。君来扣门若有求。”

二十一岁　公元一〇五六年（宋仁宗嘉祐元年丙申）

是年举进士，入京。按《凤鸣驿记》云：“始余丙申岁举进士，过扶风，求舍于馆人，不可而出，次于逆旅。”又《范文正公文集序》云：“嘉祐元年，始举进士，至京师。”

二十二岁　公元一〇五七年（宋仁宗嘉祐二年丁酉）

是年春，赴试礼部，馆于兴国寺浴室院。按东坡作《兴国六祖书赞》云：“余嘉祐初，举进士，馆于兴国寺浴室院。”时欧阳文忠公考试，得东坡《刑赏忠厚之至论》，以为异人，欲冠多士，疑曾子固所为，子固文忠门下士也，乃置东坡第二，复以春秋对义居第一。文忠公尝令晁美叔与东坡定交，谓东坡必名世。且以书抵圣俞曰：“读轼书，不觉汗出，快哉！快哉！老夫当避此人，放出一头地。”文忠未尝以此许人也。又上梅直讲书云：“今年春，天下之士，群至于礼部，执事与欧阳公，实亲试之。诚不自意，获在第二。”又送秦少章归京云：“昔吾举进士，试名于礼部，欧阳文忠公见吾文，且曰：‘此我辈人也，吾当避之。’是时士以剽裂为文，讪公者成市。”

是年四月，丁太夫人武阳君程氏忧，归。

二十四岁　公元一〇五九年（宋仁宗嘉祐四年己亥）

是年除服。冬十二月，侍老苏舟行适楚。　按东坡《南行前集序》云："已亥之岁，侍行适楚，舟中无事，杂然有触于中，而发于咏叹，盖家君之作，与弟辙之文皆在焉，谓之《南行集》。"

二十五岁　公元一〇六〇年（宋仁宗嘉祐五年庚子）

是年授河南府福昌县主簿，不赴。

二十六岁　公元一〇六一年（宋仁宗嘉祐六年辛丑）

是年，应制科。

文忠公秘阁试六论，旧不起草，故文多不工。公始具草，文义灿然，时以为难。又答制策，复入三等，授大理评事，凤翔府签判。　按东坡感旧诗序云："嘉祐中，予与子由奉制策，寓居怀远驿，时年二十六，子由年二十三耳。"又上吴内翰书云："今年春，天子将求直言之士。而某适来，调官京师。舍人杨公，不知其不肖而采其鄙野之文五十篇，奏之于天子，使与明诏之末。"

是年冬十二月，赴凤翔任，与子由别，马上赋诗。

二十七岁　公元一〇六二年（宋仁宗嘉祐七年壬寅）

是年官于凤翔。二月，分决属县囚。十三日，出府，至宝鸡、虢、郿、盩厔四县。既毕事，因朝谒太平宫，宿于南溪，遂游南山，而西至楼观、大秦寺、延生观、仙游潭，十九日乃归。

是年作《喜雨亭记》。

三十岁　公元一〇六五年（宋英宗治平二年乙巳）

去年自凤翔罢任，还京。是年英宗在藩邸，闻公名，欲以唐故事召入翰林。宰相限以近例，召试秘阁，及试二论，皆入三等，除直史部。

是年五月二十八日，夫人王氏卒。六月，殡于东城外，有子迈。

三十一岁　公元一〇六六年（宋英宗治平三年丙午）

是年在京师直史馆。四月二十五日，丁老苏忧，奉柩归蜀。按欧阳文忠公作老苏墓志云："明允《太常因革礼书》一百卷，书成，方奏未报，君以疾卒，实治平三年四月戊申也。"

三十四岁　公元一〇六九年（宋神宗熙宁二年己酉）

去年东坡服除。

是年还朝，差判官诰院，兼尚书祠部。

三十六岁　公元一〇七一年（宋神宗熙宁四年辛亥）

是年任监官告院，兼判尚书祠部。　　是时王荆公欲变科举。上疑焉，使两制三馆议之。东坡献三言，荆公之党不悦，命摄开封府推官，有奏罢买灯疏，御史以杂事诬告东坡过失，未尝一言以自辩。乞外任避之，除通判杭州。十一月到任，有初到杭州寄子由两绝。

三十九岁　公元一〇七四年（宋神宗熙宁七年甲寅）

是年东坡在杭，纳侍妾朝云。《墓志》云："朝云姓王氏，钱塘人，事先生二十有三年。绍圣三年，卒于惠州，年三十四。"以岁月考之，熙宁之甲寅，至绍圣之丙子，恰二十三年，乃知纳朝云在是年明矣。是年东坡以老弟子由在济南，求为东州守。　案子由《超然台赋序》云："子瞻通守余杭三年，不得代，以辙之在济南也，求为东州守，既得请高密。五月，乃有移知密州之命。"

十月，赴密州，早行，马上作《沁园春》。十一月三日到任。

四十岁　公元一〇七五年（宋神宗熙宁八年乙卯）

东坡到密州任，有上韩丞相《论灾伤书》。作《后杞菊赋》，其序云："予仕官十有九年，家日益贫，移守胶西，而斋厨索然。"　案东坡丁酉登第，至是恰十有九年矣。

又增治城上故台，名之曰超然，作《超然台记》。

四十一岁　公元一〇七六年（宋神宗熙宁九年丙辰）

东坡在密州，迁祠部员外郎。上巳日，流觞于南禅小亭，作《满江红》。十一月朔，作《李氏山房藏书记》。十二月，移知徐州。

四十二岁　公元一〇七七年（宋神宗熙宁十年丁巳）

是年五月赴徐州。六月十一日，保母杨氏卒。是年，徐州水患大作。七月十七日，河决。八月十一日，水及徐州城下。东坡治水有功。十月五日，水退，城以保全。朝廷降旨奖谕，作《河复诗》。

四十三岁　公元一〇七八年（宋神宗元丰元年戊午）

是年春，徐州大旱。徐州城东二十里，有石潭，置虎头其中，可致雷雨，作《起伏龙行》。二月，有旨，赐钱二千四百一十万，起夫四千二十三人。及发常平钱米，改筑徐州外小城，创木岸四，以奖谕敕记，并刻诸石，为熙宁防河录云。乃即徐州城之东门为大楼，垩以黄土，名之曰黄楼，以土实胜水故也。九月九日，在黄楼作古诗一首。有“去年重阳不可说，南城夜半千沤发”之句。以去年九月，大水未退，故有此语。十一月八日，作云龙山人《放鹤亭记》。又作《日喻》一篇。

四十四　岁公元一〇七九年（宋神宗元丰二年己未）

人日，猎城南，会者十人，以“身轻一鸟过，枪急万人呼”为韵，分得“过”字。又代雷胜鸟字诗。三月，移知湖州，别徐州，作《江神子》。又案《张氏园亭记》云：“予自彭城，移守吴兴，由宋登舟，三宿而至。”其记乃三月十七日所作，乃知三月移湖州矣。四月二十日，到湖州任。

七月二十八日，太子中允、权监察御史何大正、舒亶，谏议大夫李定国言：“东坡作为诗文，谤讪朝政，及中外臣僚，无所畏惮。”朝廷派中使皇甫遵到湖追摄。　　按东坡作《王子立墓志》云：“予得罪吴兴，亲戚故人，皆惊散。独两王子不去，送予出郊，曰死生祸福天也。公其如天何，返取余家，致之南都。”

又《上文潞公书》云："某始就逮赴狱，有一子稍长，徒步相随，其余守舍，皆妇女幼稚。至宿州，御史符下，就家取书，州郡望风，遣吏发卒，围船搜取，长幼几怖死。既去，妇女恚骂曰：'是好著书，书成何所得，而怖我如此。'悉取焚之。"八月十八日，赴台狱中，有寄子由诗二首。时狱吏必欲置之死地，锻炼久之，不决。子由请以出身官爵赎之，而上亦终怜之，促具狱。十二月二十四日，得旨，责检校尚书水部员外郎黄州团练副使，本州安置。东坡自八月坐狱，至是逾百日矣。

四十五岁　公元一〇八〇年（宋神宗元丰三年庚申）

是年正月，东坡自京师赴黄州，过陈，子由自南都来，三日而别。二月一日到黄州，寓居定慧院，有初到黄州诗。五月，子由来齐安，以诗迎之。十二月，答秦太虚书曰："初到黄，廪入既绝，人口不少，私甚忧之。但痛自节俭，日用不得过百五十，每月朔，便取四千五百钱，断为三十块，挂屋梁上，平旦用画叉，挑取一块，即藏去叉，仍以大竹筒，别贮用不尽者，以待宾客，此贾耘老法也。"

又答李端叔书云："得罪以来，深自闭塞，扁舟草屦，放浪山水间，与渔樵杂处，往往为醉人所推骂，辄自喜，渐不为人识。

四十六岁　公元一〇八一年（宋神宗元丰四年辛酉）

在黄州寓居临皋亭。是年，马正卿于郡中，请得故营地数十亩，使得躬畔其中。地既久荒，垦辟之劳，释耒而叹。乃作《东坡八首》，自是始号东坡居士。 案《东坡八首》序云：“予至黄二年，日以困匮。故人马正卿，哀余乏食，于郡请故营地，使躬耕其中。”

四十七岁　公元一〇八二年（宋神宗元丰五年壬戌）

是年就东坡，筑雪堂。 案《雪堂问》云：“苏子得废圃于东坡之胁，号其正曰雪堂，以大雪中为之，因绘雪于四壁之间，无容隙，其名盖起于此。”

七月十五日，游赤壁，作《赤壁赋》。又作怀古《念奴娇》。十月，又游赤壁，作《后赤壁赋》。十二月十九日，东坡生日也，置酒赤壁矶下，踞高峰，府鹊巢，酒酣，笛声起于江上。客有郭、古二生，颇知音，谓坡曰：“笛声有新意，非俗工也。”使人问之，则进士李委，闻坡生日，作新曲曰‘鹤南飞’以献，呼之使前，则青巾紫裘腰篴而已。既奏新曲，又快作数弄，嘹然有穿云裂石之声，坐客皆引满醉倒委。

四十八岁　公元一〇八三年（宋神宗元丰六年癸亥）

在黄州为通判。七月二十七日，生小子遁，小名干儿。

四十九岁　公元一〇八四年（宋神宗元丰七年甲子）

是年正月二十五日，特授汝州团练副使，本州安置。四月一日，将自黄移汝，留别雪堂邻里，作《满庭芳》。五月，作《黄州安国寺记》。又作别黄过江行武昌诗。游庐山，有记游庐山说云：“仆初入庐山，山谷奇秀，平生所欲见，应接不暇，不欲作诗，已而山中僧俗皆曰：‘苏子瞻来矣！’不觉作一绝。”

六月九日，作《石钟山记》。略云：“余自齐安舟行，适临汝，而长子迈将赴饶之德兴尉，送之至湖口。”二十三日，舟过芜湖。七月十八日，幼子遁病亡于金陵，作诗哭之。岁底到泗州。十二月十八日，《如梦令》两阙，又作《满庭芳》。

五十岁　公元一〇八五年（宋神宗元丰八年乙丑）

元日，雪中过淮谒客。四日离泗州，上表乞常州居住。略云：“……今虽至泗州，而赀用罄竭，去汝尚远，难于陆行，二十余口，饥寒朝夕。与其强颜忍耻，干求于众人；不若归命投诚，控告于君父。臣有薄田，在常州宜兴县，粗给饘粥。欲望圣慈，许常州居住。”朝奏，夕报可。

哲宗即位，复朝奉郎。八月十七日，得旨，除知登州。十月十五日，到登州。二十日，召为礼部员外郎。十一月，到京，供礼部职。十二月，以七品服入侍延和赐绯鱼，除起居舍人。

五十一岁　公元一〇八六年（宋哲宗元祐元年丙寅）

是年在京师。正月，除中书舍人。案《辞免状》云：“臣顷自贬所，起知登州。到任五日，而召以省郎，半月而擢为右史。……今又昌荣直受躐众，骤迁非次之升，既难以处，不试而用，尤非所安。”十月十二日，除翰林学士，知制诰。十一月，供翰林学士职。寻除侍读，召入院。

五十二岁　公元一〇八七年（宋哲宗元祐二年丁卯）

是年在翰苑，作《司马温公神道碑》《富郑公神道碑》。

五十三岁　公元一〇八八年（宋哲宗元祐三年戊辰）

是年在翰苑。每时各有内制，是年省试，东坡知贡举。开院日，有与李方叔诗，序云：“仆与李廌方叔，相知久矣。仆领贡举事，李不得第，愧甚，作诗谢之。

五十四岁　公元一〇八九年（宋哲宗元祐四年己巳）

是年二月，三上章，乞越州。三月，得旨，以龙图阁学士左朝奉郎知杭州。案东坡到杭州任《谢表》云：“江山故国，所至如归。父老遗民，与臣相问。”以先生去杭十六年，故有是语尔。又到任有《谒文宣王庙祝文》云：“昔自太史，通守是邦。今由禁林，出使浙右。”是年，子由出使契丹，东坡有诗送之，有：“单于若问君家世，莫道中朝第一人”之句。东坡出牧杭州，子由代东坡为学士。

五十五岁　公元一〇九〇年（宋哲宗元祐五年庚午）

是年，东坡在杭州任，有《论西湖状》及《高丽公案》。四月十八日，真觉院赏枇杷，作诗。十二月，游灵隐，听林道人弹琴。

五十六岁　公元一〇九一年（宋哲宗元祐六年辛未）

是年，在杭州任被召。　案东坡作《别天竺观音三绝序》云：“以三月九日被旨赴阙。”四月，到京师，除翰林，承旨，复侍迩英。　案子由所作颍滨遗老传云：“先生召还，本除吏部尚书，复以臣故，改翰林承旨。臣之私意，元不遑安，乞寝臣新命，与兄同备从官，不报。”又赵德麟《侯鲭录》云：“先生元祐中，再召入院，作承旨，乃益旧拟作《衣带马表》云：“枯羸之质，匪伊垂之带有余，敛退之心，非敢后也，马不进。”八月，复以弟嫌，请郡，以旧职知颍州。　案怀旧别子由诗云：“元祐六年，予自杭州召还，寓居子由东府数月，复领汝阴，时予年五十六矣。”到任后有《祭欧阳文忠公文》。

五十七岁　公元一〇九二年（宋哲宗元祐七年壬申）

是年在颍州。正月十五，夜，与赵德麟小酌聚星堂。　案《侯鲭录》有云：“元祐七年正月，东坡在汝阴，州堂前梅花大开，月色鲜霁。先生王夫人曰：‘春月色胜如秋月色，秋月令人惨凄，春月令人和悦，何如召赵德麟辈来，饮此花下。’先生大喜曰：‘吾不知子亦能诗耶？此真诗家语耳！’”遂召与二人饮，东坡用是语，作《减字木兰花》，有：“轻风薄雾总是少年行乐处，不似秋光只与离人照断肠”之句。已而改知扬州。九月，以兵部尚书召兼侍读，郊祀为卤簿使。寻除端明殿学士，兼翰林侍读学士，守礼部尚书。

五十八岁　公元一〇九三年（宋哲宗元祐八年癸酉）

是年八月，东坡继室王夫人卒。子过，王夫人所出也。案东坡作《西方阿弥陀赞序》云：“苏某之妻王氏，元祐八年八月一日，卒于京师。”是月又以二学士出知定州。九月十四日，东府雨中别子由。有诗云：“去年秋雨时，我自广陵归。今年中山去，白首归无期。”十二月二十三日，到定州。

五十九岁　公元一〇九四年（宋哲宗绍圣元年甲戌）

是年知定州。四月，奉命追一官落两职，以承议郎知英州。南迁过汤阴，得豆麦粥，作诗。临城道中作诗，叙云：“始予赴中山，连日风埃，未尝了了见太行也。今将适岭表，颇以为恨。过内丘，天气清澈，西望太行，草木可数，忽悟叹曰：‘予南迁其速返乎？退之衡山之祥也！’”六月七日，泊金陵。及至太平当涂县，忽奉告责授宁远军节度副使惠州安置。过南康、庐山、湖口、庐陵，作《秧马歌》。

八月七日，入赣，过惶恐滩，作诗。九月十三日，游广州清远峡山寺。十二月二日，到惠州，寓合江楼，有《初到惠州》诗。十八日，迁于嘉祐寺松风亭，有诗。二十日，作《思无邪斋铭》，食槟榔，作诗。十一月，有戏赠朝云诗。朝云，东坡侍妾也。又与吴秀才书云：“过广州，买得檀香数斤，定居之后，杜门烧香，深念五十九年之非矣。”

六十岁　公元一〇九五年（宋哲宗绍圣二年乙亥）

是年东坡在惠州。有惠州上元夜诗，曰："去年中山守，老病亦宵兴。今年江海上，云房寄山僧。"以岁月考之，去年甲戌上元，东坡知定州。今年乙亥，寓嘉祐僧舍，故有"云房寄山僧"之句。九月十九日，又迁居合江楼。四月十一日，初食荔枝，作诗。是年，与陈季常书云："自当涂闻命，便遣还骨肉阳羡，独与幼子过，及老云，并二庖婢过岭，到惠将半年，风土食物不恶，吏民相得甚厚。孔子云：虽蛮貊之邦行矣。岂欺我哉！"又与徐得之书云："到惠州已半年，凡百粗遣，既习其水土风气，绝俗息念之外，浩然无疑，殊觉安健也。"

六十一岁　公元一〇九六年（宋哲宗绍圣三年丙子）

是年东坡在惠州。二月八日，过逍遥堂，作诗。二十一日，饮醉食饱，默坐思无邪斋，兀然如睡。　案《和陶渊明移居诗》云："余去岁三月，自水东嘉祐寺，迁居合江楼，迨今一年，得归善后隙地数亩。父老云，古白鹤观也。意欣然居之，营白鹤新居，始于是矣。"白鹤新居，殆即思无邪斋也。七月五日，朝云亡，作《悼朝云诗》。朝云有子一名遁。八月三日，葬于栖禅寺之东麓，为亭名方如，作铭。

重九作诗曰："三年瘴海上，越峤真我家。登山作重九，蛮菊秋未花。"十二月二十五日，酒尽米竭，和张常侍诗，有曰："我年六十一，颓景薄西山。"

六十二岁　公元一〇九七年（宋哲宗绍圣四年丁丑）

是年，东坡在惠州。四月，被命责授琼州别驾昌化军安置。按《志林》云：“余在惠州，忽被命责，儋耳太守方子容自携告身来吊余曰：‘此固前定，吾妻沈，事僧伽甚诚。一夕，梦和尚来辞云，当与苏子瞻同行，后七十二日有命，今适七十二日矣，岂非前定乎！’遂寄家于惠州，独与幼子过，渡海。”案子由作东坡《追和渊明诗序》云：“东坡先生，谪居儋耳，置家罗浮之下，独与幼子过，负担过海。”又至梧州，寄子由诗序云：“吾谪雷被命即行，了不相知。至梧，乃闻其尚在藤也，且夕当追及。”至五月间，果遇子由于藤州，同行至雷州，作雷州诗。六月，与子由相别，渡海。七月，至儋州，作《儋耳诗》。十三日，作《夜梦诗》序云：“至儋十余日矣，初僦官舍居之，有司犹谓不可。买地筑室三间于城之南，土人畚土运甓助之，饮咸食腥，陵暴飓雾，人不堪其忧。公恬然著书为乐。”又《桄榔庵铭》云：“东坡居士，谪居儋耳，无地可居，偃息于桄榔林中，摘叶书铭，以记其处。”

六十三岁　公元一〇九八年（宋哲宗符元年戊寅）

是年东坡在儋耳。吴子野来访，东坡作诗赠之，其序云：“去岁与子野游逍遥堂，因往西山，叩罗浮道院，宿于西堂。今岁索居儋耳，子野复来相见，作诗赠之。”又《记筮卦》云：“戊寅十月五日，以久不得子由书，忧不去心，以《周易》筮之，得《涣》六三。”又有《记薯说》云：“海南以薯为粮，几米之十六，今岁薯菜不熟，以客舶方至，市有米也。”

六十四岁　公元一〇九九年（宋哲宗元符二年己卯）

东坡在儋耳。正月上元夜，老书生数人相过曰："良月佳夜，先生能一出乎？"先生欣然从之，步城西入僧舍，历小巷，民夷杂揉，屠沽纷然，归舍已三鼓矣。归录其事，为《己卯夜书》。

九月，有琼州进士姜君弼、唐佐，自琼州来儋耳，从先生学。

六十五岁　公元一一〇〇年（宋哲宗元符三年庚辰）

是年徽宗即位。五月大赦，被命移廉州安置。东坡在儋耳，食芋饮水著书以为乐，作《书传》以推明上古之绝学。又且谦冲下士，情及疏贱。日与诸黎游，无间也。尝与军使张中，同访黎子云。欲醵钱作屋，名之曰"载酒堂"。又尝以诗纪《春梦婆》。案《侯鲭录》云："东坡老人，在昌化，尝负大瓢，行歌田亩间。所歌者，盖哨遍也！馌妇年七十，云：'内翰昔日富贵，一场春梦。'坡然之。里人呼此媪为春梦婆。坡一日，被酒独行，遍至子云诸黎子舍，作诗云：'符老风流可奈何，朱颜减尽鬓丝多。投梭每困东邻女，换扇惟逢春梦婆。'"六月十七日，过琼州，作《惠通井记》。二十日，渡海，作诗。七月四日，记渡合浦曰："予自海康适合浦，连日大雨，桥梁尽坏，水无津涯。自兴廉净行院下乘小舟，至官寨，闻自此而西，皆涨水，无复桥船，或劝乘蜒舟，并海印白石。是年六月晦，无月，碇宿大海中，天水相连，星河满天，起坐四顾，太息曰：'吾何数乘此险也？既济徐闻，复厄于此乎？’所撰《易书》《论语》，皆以自随，而世未有别书，拊之而叹曰：‘天未欲丧是也，吾侪必济！’”八月二十四日，被命授舒州团练副使，永州安置。十一月，被命复朝奉郎提举成都府玉局观，任便居住。　案东坡《谢提举成都府玉局观表》云：“先自昌化贬所，移廉州，又自廉州移舒州节度副使，永州居住。行至英州，复朝奉郎提举成都府玉局观，任便居住。”

六十六岁 公元一一〇一年（宋徽宗建中靖国元年辛巳）

是年正月五日，度岭北归。过南安军，有过岭至南安，作一首。二月八日，过龙光。四月四日，舣舟吴城山。五月一日，舣舟豫章、彭蠡之间。是月，行至真州，瘴毒大作，病暴下，中止于常州。六月，以疾告老于朝，以本官致仕。七月，疾颇革。七月二十八日，丁亥，卒于常州。子由作东坡《墓志铭》云：“先生七月被病，卒于毗陵。吴越之民，相与哭于市。其君子相与吊于家，讣闻于四方，无贤愚皆咨嗟出涕。太学之士数百人，相率饭僧惠州佛舍。呜呼！先生文章为百世之师，而忠义尤为天下大闲。加之好贤乐善，常若不及，是宜讣闻之日，士民惜哲人之萎，朝野嗟一鉴之逝，皆出于自然之诚，不可以强而致也。”

次年（崇宁元年），闰六月，迈葬东坡于汝州郏城县钓台乡上瑞里嵩阳峨嵋山，遵东坡遗命也。

# 附录：东坡生活

——胡怀琛

# 第一章 绪 言

我们凡是读过《赤壁赋》的人，都知道苏东坡。凡是到过西湖的人，都知道苏堤；知道苏堤，也就知道苏东坡。

我们一读着《赤壁赋》，或是一到了苏堤，吟着东坡“欲把西湖比西子，淡妆浓抹总相宜”的佳句，便觉得有个长髯庞眉、风度潇洒的老人，立在我们面前。

这个老人的幻像，是极熟不过的。他的历史，我们也粗枝大叶的知道一些。但是要称为详细一点知道他的日常生活是怎样，那就得多找几本书看看才行。

现在这一本小书，就是把东坡日常生活描写出来，让人家读了，对于这个长髯庞眉、风度潇洒的老人，认得更清楚一些，对于他的生活，知道得更明白一些。

这本小书的材料，一部分是从东坡的诗文集里取出来的，一部分是从宋、元人笔记里取出来的。有可疑的地方，也略加考订；有须加说明的地方，也随笔加些说明。靠我这一枝笨而拙的笔，要在这本小书里把东坡生活活画出来，那当然是一件失败的工作。不过，也不能说完全没有成绩。

我有多少能力，我就尽我的力，做出多少成绩来。这就是我对于读者一点点贡献。

读者承受不承受，我且不管；我只知把我所能做的拿出来，就完了。

我可相信，写的手腕固然是不好，但所用的方法，想是不会错的。读者须知：这本小书，不是东坡的传记，也不是东坡的诗文选，更不是评论东坡的诗话、文谈之类，又不是乱七八糟记载东坡逸事的杂记。这是描写东坡日常生活的一小册书。这个方法，想是没有用错。至于描写得不好，那是另外一个问题，我在前面早已声明过了。

倘然这个长髯庞眉、风度潇洒的老人，死而有知，责我不该多事。那么，我就回答他道："只怪你老人家自己当初不曾埋名隐姓，使人不知道；偏偏要留下什么《赤壁赋》，什么'淡妆浓抹'的诗，给人家读啊！这烦恼岂不是你老人家自取的么！"

我许他老人家未能免俗，和我们一样的好名。那么，他见了这一本书，说不定也要掀髯一笑。

好了！我的话说得太多了。读者且不要理会我这些废话，请看下面这位长髯老人来了。

# 第二章 东坡的家庭生活

我们说东坡的生活，从他的家庭说起。我们可以说，他的家庭，是个幸福的家庭；他的家庭生活，是幸福的生活。他人家庭生活的材料，恐怕再没有比东坡更丰富的了。他的父亲，他的弟弟，不消说了；他的母亲，他的夫人，他的如夫人，他的儿子，他的妹妹，都有遗闻逸事，散见于笔记丛谈之中。任便何人的家庭生活的材料，恐怕再没有比他更丰富的了。

三十多年前，作者开始读书，那时还没有“国文教科书”，第一部读的就是《三字经》。《三字经》中间有四句道：

**苏老泉，二十七，始发愤，读书籍。**

原来这一位幼年失学，到二十七岁才发愤读书，结果是成了文学界的一个名人的苏老泉，就是东坡的父亲啊。

老泉名洵，字明允。老泉是他的号。北宋时眉州眉山人，就是现在的四川地方人。他虽然到二十七岁才发愤为学，但是，自此以后，便博通经史诸子，下笔为文，千言立就。仁宗至和、嘉祐年间，与他的两个儿子，一同游京师，被欧阳修所赏识，因此文名满

## 发奋自厉

时在庆历五年，年十岁。苏辙《东坡先生墓志铭》："公生十年，而先君宦学四方，太夫人亲授以书，闻古今成败，辄能语其要。太夫人尝读东汉史，至《范滂传》，慨然太息。公侍侧，曰：'轼若为滂，夫人亦许之否乎？'太夫人曰：'汝能为滂，吾顾不能为滂母耶？'公亦奋厉有当世志。太夫人喜曰：'吾有子矣！'"

全国。他有文集二十卷，传于后世。后人称他为老苏，和他两个儿子，并称为三苏。“唐、宋八家”，这个名词，大约读者都听见过。唐、宋两代，做散文的名家，一共只有八个，而苏氏一家占了三个。这不能说不是一种佳话。

苏洵的大儿子，名叫轼，字子瞻，号东坡，人家又称他为大苏。就是本书主人了。苏洵的小儿子，名叫辙，字子由，号颍滨，人家又称他为小苏。著有《栾城文集》及《诗传》《春秋传》《老子解》等书。

东坡的母亲，姓程氏。仁宗景祐三年，东坡生。东坡十岁时，老泉游学他方，程夫人亲自教他读书。对于古今成败得失，都能明白大概的情形。程夫人尝读《后汉书·范滂传》，慨然叹息。东坡问道：“倘若轼为范滂，母亲许我么？”程夫人道：“你能为范滂，难道我不能为范滂母么？”

原来范滂是东汉时人。为人很讲气节，因为党祸的关系而为杀害。临刑时，和他的母亲诀别说：“请母亲割断慈恩，不要忧戚。”范滂母道：“你今一死，留名万古，还有什么遗恨！既要好名誉，又要长寿，那是办不到的事。”范滂的故事是这样。东坡当时愿为范滂，程夫人愿为范滂母，可见他们的志气是怎样。后来东坡为着党派的关系，虽然没有被杀，却也饱受迁谪之苦。也有人说：东坡当年的话，竟成了谶语。其实也无所谓谶语不谶语，只不过东坡倔强的志气，在小时候已养成了罢。

东坡的弟弟子由，和东坡同负文名。小时候在家里读书，彼此互相为师。子由尝说：

子瞻读书，有与人言者，有不与人言者。与辙言之，而谓辙知之。

他又说：

抚我则兄，诲我则师。

这可见他兄弟的情感是怎样了。东坡的诗集里，有不少的寄子由、和子由的诗。如《初秋寄子由》云：

百川日夜逝，物我相随去。惟有宿昔心，依依守故处。忆在怀远驿，闭门秋暑中。藜羹对书史，挥汗与子同。西风忽凄厉，落叶穿户牖。子起寻裌衣，感叹执我手。朱颜不可恃，此语君忽疑。别离恐不免，功名定难期。当时已凄断，况此两衰老。失涂既难追，学道恨不早。买田秋已议，筑室成当成；雪堂风雨夜，已作对床声。

这首诗是他在黄州时作的。中间追忆兄弟住在一处过暑天的情形，反衬出现在的初秋的寂寞；令人读了，有无限的感慨。尤其是有兄弟分住在各地，不易相见的人读了，越发难受。

东坡的夫人姓王氏，也很贤明。虽不是一个才女，能做诗词，却是谈吐也很不俗。我们只读他《赤壁赋》里的语，就可以知道。

客曰：“今者薄暮，举网得鱼，巨口细鳞，状似松江之鲈。”顾安所得酒乎？归而谋诸妇。妇曰：“我有斗酒，藏之久矣，以待子不时之须。”于是携酒与鱼，复游于赤壁之下。

按，他的夫人这几话多少有趣。倘然东坡同她商量时，她很不高兴的说道：“罢了！穷得饭也没有得吃了，还要喝什么酒呢？”这样，东坡的一团兴致，被她打消得干净。东坡也没奈她何。再不然，她很小心谨慎的说道：“不要去罢！天气冷了，（编者按，是十月十五。）夜晚跑到江边去，不要受了寒么！”她这样的说，东坡虽然不得不感激她的一番好意，但是，一团游兴也被她打散了。坐在家里，固然不会受寒，但恐要闷出病来。至于那位客，网得鲈鱼，只好自己一个人吃，更不知是怎样的沉闷！但是，王夫人不然，她却说：“家里有酒。”这可见她潇洒的襟怀。

王夫人，虽然不曾听见说她会做诗词，却是她随口说的话，也往往含有诗意。东坡在颍州时，有一个正月的夜里，庭前梅花盛开，月色鲜霁，王夫人说：

春月胜于秋月色，秋月令人惨凄，春月令人和悦，可召赵德麟辈来饮此花下。

东坡听了这话，大喜道：“吾不知子能诗耶！此真诗家语耳。”他自然很快活的请了赵德麟诸人来，赏了一夜月。王夫人“

**花下小酌**

时在元祐七年，年五十七岁。《侯鲭录》：“东坡先生在汝阴时，堂前梅花大开，月色鲜霁。先生王夫人曰：‘春月色胜如秋月色，秋月色令人凄惨，春月色令人和悦，何如召赵德麟辈来饮此花下？’先生大喜，遂相召与二欧饮，因是语作《减字木兰花词》。”

秋月令人惨凄，春月令人和悦”两句话，确是名言。不但是饱含了诗意，而且饱含了哲学的意味。

当夜东坡曾本着她的话，填了一首《减字木兰花》的词道：

春庭月午，摇落春醪光欲舞。转步回廊，半落梅花婉婉香。轻风薄雾，都是少年行乐处。不是秋光，只与离人照断肠。

王夫人不但是说话含有诗意，她也善于治理家常生活，和农家的妇女一般。东坡在黄州时，自己种田五十亩，养牛一条。一天，牛患了病，请牛医来诊治，那牛医竟不识是何病症，当然是无从下药。王夫人却道：“不要紧！这是痘斑，用青蒿煮粥给它吃。就会好的。”照她的方法医治，果然好了。王夫人何以能作牛医呢？无非是从经验得来的一种智识罢了。这可见她平时和农民社会很接近的。

东坡的如夫人朝云，有一段小小的伤心故事，预备放在下面“恋爱生活”里去讲，这里不多说了。

东坡有三个儿子。长子名迈，字伯达。少子名过，字叔党。都有文名。次子名迨，比较的不大著名。东坡屡次贬谪，叔党都跟随在身边，饮食起居，随时照料。他的叔叔苏子由，尝称他有孝行。叔党自号斜川居士，著有《斜川集》。

东坡的妹妹，世人称为苏小妹。又说她是嫁给秦少游（就是秦观）。不过，这是传说如此，恐不能十分可信。她的关于文学的故事很有趣。但是也不过传说如此，未必真确。如今因为她是有趣的关系，把她附记在这里。请读者不要认为信史罢了。

苏东坡、黄山谷、苏小妹三人在一起谈时。小妹拈出“轻风细柳淡月梅花”八个字，要在每句中间加一字，成五言律诗两句。东坡说：“轻风摇细柳，淡月照梅花。”山谷说：“轻风舞细柳，淡月隐梅花。”小妹说：“好虽好，但不能算绝好。”东坡说：“如此，妹妹以为怎样才算好？”小妹道：“轻风扶细柳，淡月失梅花。”东坡、山谷拍掌叹赏。

老苏先生一天和他儿子女儿聚在一起，发起限字吟诗。老苏拈出“冷香”二字，要把二字放在两句的末尾，做两句诗，看那个做得好。他自己首唱云：“水向石边流出冷，风从花处过来香。”东坡云：“拂石坐来衣带冷，踏花归去马蹄香。”颍滨云：“□□□□□□（原缺）冷，梅花弹遍指头香。”小妹云：“叫月杜鹃喉舌冷，宿花蝴蝶梦魂香。”

一天，东坡和小妹同食爆栗，小妹道：“栗破凤凰见。”意思是说“壳破黄见”。东坡想对一句，但是过了好几天，总对不出。再过了几天，佛印来访东坡，东坡把这话对佛印说，佛印道：“藕断鹭鸶飞。”原来“凰”“黄”同音，“鸶”“丝”也同音，所以为巧妙。当时佛印又说道：“无山得似巫山耸。”（无巫同音。）东坡对道：“何叶能如荷叶圆。”（何荷同音。）子由对道：“何水能如河水清。”以“河”对“山”，比较的更好。

按，苏小妹的故事，不见于宋人笔记，到元以后人笔记中才有的。但是，他们也不是全无来历，只是来历不可靠罢了。今日通行的《今古奇观》中有一回，专说苏小妹的故事。按《今古奇观》，是明人杂辑宋人的评话。上文所记的苏小妹的故事，虽和《今古奇观》所说的不同，但性质却是一样。因此，可知这些苏小妹的故事大概是见于南宋时的评语里。不过今已很不易考了。总之，我们只好随便看看，不能信以为真。

# 第三章 东坡的政治生活

宋仁宗嘉祐二年，是时东坡二十二岁，赴礼部试，举进士，被欧阳修所赏识，受仁宗的知遇，是他开始过他的政治生活。

东坡虽然也有他的政治天才，不过，他并没有什么显著的政绩，他的一生的政治生活，自从受神宗知遇起，到徽宗建中靖国元年，从岭外归来，卒于常州为止，无非是颠倒于知遇贬谪之中。翻来覆去，有好几次。

仁宗嘉祐二年，和他的弟弟苏辙，同举进士。时东坡二十二岁，他的弟弟十九岁。仁宗读了他们的考卷，很快乐的说道：

朕今日为子孙得两宰相矣。

这可见仁宗是怎样的看重他们。那年，遭母丧，暂时离开了政治的生涯。服除后，入京，授大理评事，出为凤翔府判官。英宗治平二年，转殿中丞，自凤翔还朝。不久，遭父丧，又暂时离开政治生涯。

英宗在位四年而崩，于是神宗即位，他任用王安石，行他的新法。新法的好坏，很难判断，我们现在暂且不论。只说在那时

**虎头求雨**

时在元丰元年，年四十三岁。先生《起伏龙行序》：“徐州城东二十里有石潭，父老云与泗水通，增损清浊，相应不差，时有河鱼出焉。元丰元年春旱，或云置虎头潭中，可以致雷雨。用其说作《起伏龙行》。”

候反对的人很多，就是东坡也是不满意王安石的一个人。那时东坡居父丧，已经除服了，入朝后，就被神宗召对，问他王安石的新法是怎样。他大概答应说：

求治不宜太急，听言不宜太广，进人不可太锐。愿镇以安静，待物之来，然后应之。

退朝之后，他又上了一封万言书。这封书是很有名的著作。东坡的政见，都在这封书里，就是论文章，也做得很好。现在把他录在这里：

臣之所欲言者，三言而已。愿陛下结人心，厚风俗，存纪纲。人主之所恃者，人心而已。如木之有根，灯之有膏，鱼之有水，农夫之有田，商贾之有财。失之则亡，此理之必然也。自古至今，未有和易同众而不安，刚果自用而不危者。陛下亦知人心之不悦矣。

祖宗以来，治财用者不过三司。今陛下不以财用付三司，无故又创制三司条例一司，使六七少年，日夜讲求于内，使者四十余辈，分行营干于外。夫制置三司条例司，求利之名也；六七少年，与使者四十余辈，求利之器也。造端宏大，民实惊疑；创法新奇，吏皆惶惑。以万乘之主而言利，以天子之宰而治财。论说百端，喧传万口。或言京师正店，议置监官，夔路深山，当行酒禁，拘收僧尼常住，刻减兵吏廪禄，甚至欲复肉刑，民且狼藉。然而莫之愿者，徒曰我无其事，何恤于人言。操罔罟而入江湖，语人曰："我非渔也"

，不如捐罔罟而人自信。驱鹰犬而赴林薮，语人曰：“我非猎也”，不如放鹰犬而兽自驯。故臣以为欲消谗慝而召和气，则莫若罢条例司。

今君臣宵旰，几一年矣。而富国之功，茫如捕风，徒闻内帑出数百万缗，祠部度五千余人耳。以此为术，其谁不能？而所行之事，道路皆知其难。汴水浊流，自生民以来，不以种稻。今欲陂而清之，万顷之稻，必用千顷之陂，一岁一淤，三岁而满矣。陛下遂信其说，即使相视地形，所在凿空，访寻水利，妄庸轻剽，率意争言。官司虽知其疏，不敢便行抑退，追集老少，相视可否。若非灼然难行，必须且为兴役。官吏苟且顺从，真谓陛下有意兴作，上糜帑廪，下夺农时。堤防一开，水失故道。虽食议者之肉，何补于民？臣不知朝廷何苦而为此哉？

自古役人，必用乡户。今者徒闻江浙之间，数郡顾役，而欲措之天下。单丁女户，盖天民之穷者也，而陛下首欲役之，富有四海，忍不加恤。自杨炎为两税，租调与庸既兼之矣，奈何复欲取庸。万一后世不幸有聚敛之臣，庸钱不除，差役仍旧，推所从来，则必有任其咎者矣。青苗放钱，自昔有禁。今陛下始立成法，每岁常行。虽云不许抑配，而数世之后，暴君污吏，陛下能保之与？计愿请之户，必皆孤贫不济之人，鞭挞已急，则济之逃亡；不还，则累及邻保，势必有至。异日天下恨之，国史记之，曰青苗钱自陛下始，岂不惜哉！且常平之法，可谓至矣。今欲变为青苗，坏彼成法，所丧逾多，亏官害民，虽悔何及？

昔汉武帝以财力匮竭，用贾人桑弘羊说，买贱卖贵，谓之“均输”。于时商贾不行，盗贼滋炽，几至于乱。孝昭既立，霍光顺民所欲而予之，天下归心，遂以无事。不意今日此论复兴。立法之初，其费已厚，纵使薄有所获，而征商之额，所损必多。譬之有人为其主畜牧，以一牛易五羊。一牛之失，则隐而不言；五羊之获，则指为劳绩。今坏常平而言青苗之功，亏商税而取均输之科，何以异此！臣窃以为过矣。议者必谓民可与乐成，难与虑始。故陛下坚执不顾，期于必行。此乃战国贪功之人，行险侥幸之说，未及乐成而怨已起矣。臣之所愿陛下结人心者此也。

国家之所以存亡者，在道德之浅深，不在乎强与弱。历数之所以长短者，在风俗之薄厚，不在乎富与贫。人主知此，则知所轻重矣。故臣愿陛下务从道德而厚风俗，不愿陛下急于有功而贪富强。爱惜风俗，如护元气。圣人非不知深刻之法，可以齐众；勇悍之夫，可以集事；忠厚近于迂阔；老成初若迟钝。然终不肯以彼易此者，知其所得小而所丧大也。仁祖持法至宽，用人有叙，专务掩覆过失，未尝轻改旧章。考其成功，则曰未至。以言乎用兵，则十出而九败；以言乎府库，则仅足而无余。徒以德泽在人，风俗知义，故升遐之日，天下归仁焉。议者见其末年吏多因循，事不振举，乃欲矫之以苛察，齐之以智能，招来新进勇锐之人，以图一切速成之效。未享其利，浇风已成。多开骤进之门，使有意外之得。公卿侍从，跬步可图；俾常调之人，举生非望。欲望风俗之厚，岂可得哉？近岁朴拙之人愈少，巧进之士益多。惟陛下哀之救之，以简易为法，以清净为心，而民德归厚。臣之所愿陛下厚风俗者此也。

祖宗委任台谏，未尝罪一言者。纵有薄责，旋即超升；许以风闻，而无官长。言及乘舆，则天子改容；事关廊庙，则宰相待罪。台谏固未必皆贤，所言亦未必皆是。然须养其锐气，而借之重权者，岂徒然哉，将以折奸臣之萌也。今法令严密，朝廷清明，所谓奸臣，万无此理。然养猫以去鼠，不可以无鼠而养不捕之猫；畜狗以防盗，不可以无盗而畜不吠之狗。陛下得不上念祖宗设此官之意，下为子孙万世之防？臣闻长老之谈，皆谓台谏所言，常随天下公议。公议所与，台谏亦与之；公议所击，台谏亦击之。今者物论沸腾，怨讟交至，公议所在，亦知之矣。臣恐自兹以往，习惯成风，尽为执政私人，以致人主孤立。纪纲一废，何事不生？臣之所愿陛下存纪纲者此也。

这封书上了之后，王安石见他和自己的政见不同，就暗使他的同党毁谤东坡。东坡见局面不好，也就不和他多辩，只求外任，想借此免避政争，于是出为杭州通判。由杭州移密州，而徐州，而湖州，做过许多地方的官。而在这时候，虽然避免了政争，然暗中正酝酿着文字之狱。

东坡到湖州谢表里有句道：

愚不识时，难以追陪新进；老不生事，或能牧养小民。

王安石的私人指他为讪谤。

东坡有诗道：

读书万卷不读律，致君尧舜终无术。

王安石的私人指为刺课士。

东坡有诗道：

东海若知明主意，应教斥卤变桑田。

王安石的私人就指为斥盐政。

平心两论，东坡在那时候，借文字刺讽时政，也是实事。但是。这样的刺讽，也不至于有什么大不了罪名。却是在专制时，皇帝是神圣不可侵犯的，你刺讽时政，就是侵犯了皇帝，一旦被人告发，便有性命之忧，仅仅的贬谪贬谪，还是算万幸了。

东坡的文字之狱，本已酝酿了好久，到元丰二年，便突然暴发。因李定、何大正等人的检举，便将东坡从湖州逮赴御史台监狱。在这时生死是不可知的。

东坡在监狱中，是他的长子苏迈送牢饭。东坡同迈约：平时送肉和菜。倘然一听到不好的消息，就送鱼。如此过了几日，一天，迈因有事不能送。托他的亲戚代送，偶然忘记了前约，刚巧这位亲戚，那天买到了鱼，他就把煎鱼送进去，也没肉，也没有菜。在亲戚本是无心，却不料东坡在监狱里接到了煎鱼，他是如何的焦急啊！他以为他的性命是保不住了。

他在万分焦急中，忽然想出一条计策。他想：神宗待他本来很好，只不过听了王安石一班人的话，所以如此。倘然有机会感动神宗，或者可以免得一死。他就在狱中做了两首诗，寄给他的弟弟子由，做得十分凄恻动人，交给狱卒带出。他想狱卒拿得这两首诗，一定不给子由，一定要给神宗。如此，他的计就行了。果然，狱卒拿得这两首诗，送给神宗看。那诗道：

柏台霜气夜凄凄，风动琅珰月向低。梦绕云山心似鹿，魂飞汤火命如鸡。

额中犀角真吾子，身后牛衣愧老妻。他日神游定何所，桐乡应在浙江西。

圣主如天万物春，小臣愚暗自忘身。百年未了须还债，十口无家更累人。

是处青山可藏骨，他年夜雨独伤神。与君世世为兄弟，更结来生未了因。

神宗读了这两首诗，果然感动了。况且神宗本无意杀他，读了这诗，更觉得他可怜，于是就从宽解决，把东坡贬谪到黄州去了事。同时被贬的还有他的弟弟苏辙及王诜等人。

东坡初到黄州，是很穷苦，只是借住在道院里。后来难为马正卿替他请于郡守，得到旧营地几十亩，给他耕种，才可以安乐度日。那地在东坡下，故自号东坡居士。于是我们要知道，东坡二字的别号，是到此时才有，以前是没有的。他的诗集中，有东坡诗八首，就是把他在东坡种田的事。其小叙道：

余至黄二年，日以困匮。故人马正卿哀余乏食，为于郡中请故营地数十亩，使得躬耕其中。地既久荒，为茨棘瓦砾之场，而岁又大旱，垦辟之劳，筋力殆尽。释耒而叹，乃作是诗。自愍其勤，庶几来岁之入，以忘其劳焉。

他虽然有田可耕但是我们可要读了这篇小叙，就可以知道他开荒的困苦了。

他本有田在常州，就上书请到常州居住。朝廷允许了他，他回到常州。于是黄州的谪居生活，就算结束了。

神宗之后是哲宗，复用司马光为相，罢王安石新法，诏东坡入朝，为中书舍人，兼侍读。仁宣太后很敬重他，召他到宫中问对。

但是他和司马光的政见也不能十分相同。又因地方的关系，当时在朝诸人，各立党派，有什么洛党、蜀党、朔党的分别。洛党以程颐为首领，朔党以司马光为首领，蜀党就以东坡为首领。因为党派的争论，东坡第二度出官杭州，在那啸傲湖山，很留了一些遗迹。现在西湖的苏堤就是东坡那时候在杭州筑的。

以后几年，时而入朝，时而出知他州，经过好几番出入，到哲宗绍圣元年，终因党争的关系，被贬到岭外（惠州及琼州）。

在岭外过了多年的贬谪生活，到建中靖国元年正月，才回到常州，就于那年六月请老，以本官致仕，七月，就卒于常州。（距生于仁宗景祐三年，年六十六岁。）他的一生，也就于知遇贬谪中过去了。

# 第四章 东坡的贬谪生活

前章说过，东坡的政治生活，无非是反覆于知遇贬谪之中。他的一生，时而入朝，时而到外面去做小官，时而被贬谪到远的地方去。细细说来，是一笔极麻烦的账。而简单的说一句，他生平是遭过两次知遇和两次贬谪。两次知遇，已在前章说过：一次是神宗时上万言书的时候，一次是被仁宣太后召对的时候。得意的事，不过如此，没有什么多话可说。所谓两次贬谪，就是一次被贬到黄州，一次被贬到岭外。这里可说的话较多了，现在分别就来如下：

黄州，在今湖北，居长江上游。在那时候，算是偏僻的地方，生活当然是不舒服。但是东坡胸襟开朗，不以迁谪为苦。初到黄州时，借住在天庆观道士堂里，预备在那里，静坐四十九天。他在此时不但不觉有得甚里苦处，反悟得修养要旨。试看他答秦太虚的信道：

吾侪渐衰，不可复作少年调度，当厚自养炼。谪居无事，颇窥其一二。已并得本州天庆观道堂三间，冬至后当入此室，四十九日乃出。非自废放，安得就此。太虚！他日一为仕宦所縻，欲求四十九日闲，岂可复得耶！当及今为之。寝食之外，不治他事。但满此期，根本立矣。此后纵复出从人事，事已，则心返。自不能废矣。

这几句话可以算是他自己报告在黄州修养时的情形。

又寄太虚的信道：

初到黄，廪入既绝，人口不少，私甚忧之。但痛自节俭，日用不得过百五十。每月朔，便取四千五百钱，断为三十块，挂屋梁上，平旦，用画叉挑取一块，即藏去叉，仍以大竹筒别贮。用不尽者，以待宾客。此贾耘老法也。度囊中尚可支一岁有余，至时别作经画。水到渠成，不须预虑。以此胸中都无一事。

这是他自己报告在黄州时的经济状况。他每日至多只用一百五十文，固然是那时候的生活程度低，然看他那样的把一月的用费，预先分为三十块，挂在屋梁上，每天早晨用画叉挑取一块，还要贮大竹筒中，慢慢的用，如有用不完的，还要用来待宾。这样的爱惜物力，在今日看起来，就是穷措大（编者注，穷而迂腐的读书人）看了，也未免要失笑，何况是富家儿郎！

又寄太虚的信道：

所居对岸武昌，山水绝佳，有蜀人王生在邑中。往往为风涛所隔，不能即归，则王生能为杀鸡炊黍，至数日不厌。又有潘生者，作酒店樊口，棹小舟径至店下。村酒亦自醇酽，柑橘椑柿极多，大芋长尺余，不减蜀中。外县米，斗二十，有水路可致。羊肉如北方，猪牛獐鹿如土，鱼蟹不论钱。岐亭酒监胡定之，载书万卷随行，喜借人看。黄州曹官数人，皆家善庖馔，喜作会。

这是他报告在黄州交游的情形。他的四川同乡，开酒店带卖水果的老板，岐亭酒监，黄州曹官，大约都是该地方的小官，这些人都是和他往来的朋友。村店醇醪，家厨精馔，时常聚会。他把这些事零零碎碎，栗栗碌碌，随笔写来，令人读了，如读小说，如听老妪谈家常，只觉得非常有趣。而他的贬谪生活中，有这样的一段，亦可算不寂寞了。

另有寄王元直的信和答毕仲举的信，都是在黄州时自述他的谪居生活。寄元直信云：

黄州直在井底，杳不闻乡国消息。不审比日起居如何？郎孃各安否？此中凡百粗遣。江边弄水挑菜，便过一日。或圣恩许归田里，得款段一仆，与子众、大杨、宗文之流，往来瑞草桥，夜还何村，与君对坐庄门，吃瓜子炒豆，不知尚复有此日否？

答仲举信云：

黄州滨江带山，既适耳目之好，而生事百须，亦不难致。早寝晚起，又不知所谓祸福果安在哉！偶读《战国策》，见处士颜蠋之语，“晚食以当肉”，欣然而笑。若蠋者，可谓巧于居贫者也。菜羹菽黍，差饥而食，其味与八珍等而一饱之余，刍豢满前，惟恐其不持去也。美恶在我，何与于物！

前一信，充满了归思。我们读了，好像是他过不惯谪居的生活。其实不然。他所以思归，是忘不了故乡的朋友，原非过不惯谪居的生活。我们试把后一信对照一读，就可以知道他对于谪居的生活，是觉得很安适的。

大概远僻的地方，都有很好的山水；而谪居的生活，又十二分的闲散。闲散的人，遇着好的山水，自然有充分的工夫去攀藤扪葛，选胜探幽了；自然有充份的兴致去领略山水的真趣了；也自然有充分精神去做纪游的文章了。

柳子厚的永州、柳州山水小记，是千古游记中的神品。我们今日读一读他的文集，什么黄溪，什么钴鉧潭，什么袁家渴，什么仙弈山，什么石鱼山，溪光云影，恍惚都在卷帙间。谁也觉得他的游记做得好，却不知道这些游记，全是贬谪的生活逼他做成的。他被逼迫着做成这许多文章，却不料成为绝作，流传千古而不朽。这又是被贬谪者不幸中的大幸了。

三十年前，作者在蒙馆里从旧式的先生读《古文观止》，就读到苏东坡的前后《赤壁赋》。

白露横江，水光接天。纵一苇之所如，凌万顷之茫然。

哀吾生之须臾，羡长江之无穷。挟飞仙以遨游，抱明月而长终。

霜露既降，木叶尽脱。人影在地，仰见明月。

江流有声，断岸千尺。山高月小，水落石出。

这些名句，一直到现在，还深深的刻在脑子里。不过，在当时候只是瞎读罢了，哪里知道赤壁就是在黄州，哪里知道苏东坡是因贬谪到黄州去才得着游赤壁的机会。到现在才明白东坡的千古不朽的《赤壁赋》，也和柳子厚的小记一样，是贬谪的生活逼迫他做成的。东坡在黄州时的作品，除了《赤壁赋》以外，还有一首《赤壁怀古》，通称为“大江东去”的词，也是文坛上的名著。其他诗文，就及此了。这大概也是赤壁是天成生一个好题目的缘故。

说到赤壁，又少不了有几句枯燥无味的考证话来了。本来曹操和周瑜打仗的赤壁，在今湖北省嘉鱼县，而黄州也有一个赤壁。两个赤壁，是各管各，不相干的。苏东坡所游的，是黄州的赤壁。不过，他的赋里，把它认为曹操打仗的赤壁。累得后来注《古文观止》的先生们，说东坡所游的是嘉鱼的赤壁，以致和事实不符。而眼力精锐的校勘家，又说苏东坡没有地理历史的常识，以至于缠不清。其实，东坡也知道黄州的赤壁，不是曹操打仗的赤壁。至少，对于这个地方，也有些怀疑。只看他寄范子丰的一封信，就可以知道。那信道：

黄州少西，山麓斗入江中，石室如舟，传云曹公败所，所谓赤壁者。或曰：非也。时曹公败归华容，路多泥泞，使老弱先行，践之而过。曰："刘备智过人，而见事迟。华容夹道皆葭苇，使纵火，则吾无遗类矣。"今赤壁少西对岸，即华容镇。庶几是也。然岳州复有华容县，竟不知孰是。今日李委秀才来相别，因以小舟载酒饮赤壁下。李善吹笛，酒酣作数弄，风起水涌，大鱼皆出，上有栖鹘。坐念孟德、公瑾，如昨日耳。

这封信，是东坡刚游了赤壁以后写的。他说：传云曹公败所，所谓赤壁者。他又说：或曰非也。这可见东坡认他为曹操败所，不过是根据传说，自己实在也有些怀疑。不过曹操的赤壁大战，确是作文的好材料，东坡要利用这材料，所以就根据似是而非的传说，在《赤壁赋》里，把他认为是曹操的败所。说他完全弄错，同是不可；说他有意欺人，也未必。他只不过欲利用曹操的战争，点缀他的文章罢了。真的！倘然把曹操的故事除掉，那《赤壁赋》和"大江东去"的词，要减色不少。

东坡在黄州时的生活，除了上文所述的而外，再有在那边躬耕的事，在前面"政治生活"里已说过，今不再说。还有一件应该说的事，就是《后赤壁赋》中所说的"步自雪堂"。

这一所雪堂，在黄州的东门，就是在他躬耕的地方，因为在雪中筑成，所以就题名雪堂。并在四壁画了雪景。《赤壁赋》中所谓"步自雪堂"，就是这所房舍了。只不知现在可有遗迹没有？

柳子厚因贬谪而得遍游永州和柳州的山水，东坡因贬谪而得饱看黄州的江山，这是他们二人相同的。不过，子厚的胸襟太窄狭，谪居的生活是郁郁无聊，东坡的胸怀阔达，随时随地，都作乐观，这是他们二人不同之点。“忧郁能伤身”，这句话是不错的。但看柳子厚只活到四十七岁，苏东坡却活到六十六岁，相差约二十年，虽然也有旁的关系，但是达观不达观，不能说不是许多关系中之一种。

东坡谪居在黄州时的生活，已如上文所述，他谪居在岭外时，是怎样呢？岭外是今广东地方，东坡被谪到广东的惠州和琼州。这二州在北宋时还算是蛮荒之地，天气又很炎热，在那边的生活，自然不及黄州舒服了。琼州更是一个荒岛，是古代所谓儋耳人所住的地方。因为是岛，要航海去，所以当时称为“海外”。

我们要知道东坡在那边的生活是怎样，请看他的自述：

岭南天气卑陋，气蒸溽，而海南尤甚。秋夏之交，物无不腐坏者。人非金石，其何以能久！然儋耳颇有老人，百余岁者，往往皆是，八九十岁，不论也。乃知寿夭无定，习而安之，则冰蚕火鼠，皆可以生。吾当湛然无思，寓此觉于物表，使折胶之寒，无所施其冽；流金之暑，无所措其毒。百余岁何足道哉！彼愚老人，初不知此，特如蚕鼠生于其中，兀然受之而已。一呼之温，一吸之凉，相续无有间断，虽长生可也。九月二十七日，秋霖不已，顾视帷帐间有蝼蚁，帐已腐烂，感叹不已。信乎！书此时戊寅岁也。

吾始至南海，环视天水无际，凄然伤之，曰：“何时得出此岛耶？”已而思之，天地在积水中，九洲在瀛海中，中国在少海中，有生孰不在岛者！覆盆水于地，芥浮于水，蚁附于芥，茫然不知所济。少焉水涸，蚁即径去，见其类，出涕曰："几不复与子相见。岂知俯仰之间，有方轨八达之路乎！"念此可为一笑。

这两篇短文，描写潮湿炎热的天气，和说明他对付这种环境的达观，是很详细的很明白的。我们读了，不但是能了解他在那时候的生活，而且彻底了解人生的意义。

说到这里，我们又要说一说两个和东坡相似的人了。一个是韩退之，他曾被贬谪到潮州。潮州在广东，那地方的气候风俗人情等，正和惠州相同。韩退之的《驱鳄鱼文》，就是在那个时候做的。再有一个是柳子厚，他曾被贬到柳州。柳州在广西，一切的情形，也和广东差不多。这两位所谓"逐客"，被贬谪的地方，恰和东坡一样。但是他们对于环境，就不及东坡旷达了。

韩退之有诗道："水作青罗带，山为碧玉簪。"柳子厚有诗道："海上群山若剑芒，秋来处处割愁肠。"退之的诗还没有什么，子厚的诗就满纸都是伤心语。却不料东坡就用他们的现成语，做成一联云："系闷岂无罗带水，割愁还有剑芒山。"不但是善于运用成语，十分巧妙，而且把柳诗原意翻转来说，就把伤心语一变而为旷达语。这一点就是东坡和退之、子厚不同处。

东坡贬谪到惠州时，有他的如夫人朝云同去，后来朝云就死在惠州。这也是更足伤心的事，但东坡却也看得很平常。关于这一件事，在下面"恋爱的生活"一章里面说得很详细，这里不多说了。

东坡在琼州，因为消息不灵通，有人误传东坡死了。后来东坡回来，才证明他没有死。因此，这一件事便成了文坛上的一个典故。我们现在当然不必拿他当典故用，但是，于此可看得出两件事情：其一，琼州的消息阻隔，可见他的荒远。其二，后人拿他当典故用，可见他们怎样的钦佩东坡。

# 第五章 东坡的文艺生活

凡是略读过一点中国文学史的人，都知道东坡是中国文坛上一个著名的人物。东坡的文学作品，全恃天才，不假人力。他对于一切的文艺，竟没有一样不会，且各有相当的位置。但是，没有听见他用过什么苦功。不但不曾用过苦功，而且是当作一件游戏事看待。试看他自述道：

吾文如万斛泉源，不择地皆可出。在平地滔滔汩汩，虽一日千里无难。及其与山石曲折，随物赋形，而不可知也。所可知者，常行于所当行，常止于不可不止，如是而已矣。其他虽吾亦不能知也。

他又说道：

作文如行云流水，初无定质。但常行于所当行，止于所不可不止。虽嬉笑怒骂之词，皆可书而诵之。

他又说道：

某平生无快意事，惟作文章，意之所到，则笔力曲折，无不尽意。自谓世间乐事无逾此矣。

这三段话，差不多把他自己文学的特色，老老实实，清清楚楚，告诉人家。我们再看他自述作诗的话。他于《腊日游孤山访惠勤惠思二僧》的诗，后半首道：

……兹游淡薄欢有余，到家恍如梦蘧蘧。作诗火急追亡逋，清景一失后难摹。

作诗如追亡逋，要火速追上，一松手，便被他逃走了。这好像是笑话，而不知确是实情。然这样的作诗者，也全在遇着机会时，火急捉住，不要把机会放过。倘没有遇见机会时，也不能勉强寻机会，决不是苦吟深思的诗人，所能够学他这样的做，然他也不能做苦吟深思的诗。

总之，东坡这四句诗，也充分的描写出他的作诗的生活，充份的说明了他的诗的特色。

说到苏东坡的词，也是宋朝的一个大家。他在那时候，和柳永都以善做词著名，他有幕客某某，是善歌的。东坡问他："我词比柳耆卿（就是柳永）何如？"某说："柳郎中词只好十七八女孩儿，按执红牙拍，歌'杨柳岸晓风残月'，学士词须关西大汉，执铁绰板，唱'大江东去'。"东坡听了，不觉大笑。

这位幕客的话，也真能道得东坡词的好处。

东坡除了文、诗、词而外，兼能书，能画。而书法尤为著名。他写字，也恰如他作文作诗一样，全是天才，不假人力。试看他《跋文与可论草书后》的一段话道：

余学草书凡十年，终未得古人用笔相传之法。后因见道上斗蛇，遂得其妙。乃知颠、素之各有所悟，然后至于此耳。

又云：

留意于物，往往成趣。昔人有好草书，夜梦，则是蛟蛇纠结。数年，或昼见之。草书则工矣，而所见亦可患。与可之所见，岂真蛇耶？抑草书之精也？余生平好与与可剧谈大噱，此语恨不令与可闻之，令其捧腹绝倒也。

从蛇打架而悟到写草字，真是奇谈。而且他说："余学草书凡十年，终未得古人用笔相传之法，后因见道上斗蛇，遂得其妙。"如此说来，那十年工夫是枉用了，不会写字的人，也不必伏案执笔，临什么帖，摹什么碑，只消望田沟草堆里去守着，看一回蛇打架，立刻可以领悟，拿起笔来一挥，就可以成为草书名家了。在事实上说得通么？那当然是不通。所以我记东坡的话，连带要声明一句：读者如要学写草字，切不可因此一言而上了东坡的当。倘然不听我的忠告，而上了东坡的当，那么，我是不负责的。

这样说来，东坡的话又全是骗人的话么？那我又要声明：东坡的话，或者说得太过分些，但决不是完全骗人。为什么呢？读者要知道：他是先学了十年学不成，及一见蛇打架，才领悟得。倘然不先有这十年的工夫，任凭你见一百次蛇打架，也是无用。这就是我忠告读者的话了。不过，我自己固然没有学过十年书，也没有见过蛇打架，所以写起字来，总是写不好。

东坡《题文与可画竹》的诗道：

与可画竹时，见竹不见人。岂独不见人，嗒然遗其身。其身与竹化，无穷出清新。庄周世无有，谁知此凝神？

画竹能将身与竹俱化，那么，画梅也必须将身与梅俱化。画什么，将身与什么俱化，如此，画才能得神。文与可是善于画竹的，然而当他画竹时，已经将身与竹俱化了，任便什么都不管了。所以他的将身与竹俱化，在他自己还没有知道，而一般的人又不能知道，只有东坡能知道，只有东坡能说得出。

这两番话，虽然是东坡评论文与可的书和文与可的画，和他自己的书画无什关系，但是他知说得出这样的话来，也可以知道他自己的书画是怎样了。

东坡是个绝顶聪明人，不但诗、词、书、画、样样都会，样样都好，就是猜谜子、对对子等等小玩意儿，也都很精。现在记两件极有趣味的故事如下：

当王安石柄国政时，行“青苗法”，人民都觉得不便；但是敢怒而不敢言，只好用谜语式的诗，说说他们的痛苦。那时候有人在相国寺壁上题诗道：

终岁荒芜湖浦焦，贫女戴笠落拓条。阿侬去家还京洛，惊心寇盗来攻剽。

人家读了这首诗，没一人知道他的用意。只说是妇女因为丈夫外出，又遇着荒年乱世，所以题这样的一首诗。谁也不知道是骂王安石的话。后来王安石失败了，东坡才把这首诗解释给人家听，说是骂王安石的。那首诗是这样解释的：诗中“终岁”二字，就是“十二月”。“十二月”三个字，合成一个“青”字。“荒芜”二字，是说“田有草”。草字头加“田”字，就是“苗”字。“湖浦焦”是“去水”的意思，水旁加“去”字，就是“法”字。“阿侬”是吴言。“吴言”二字，合成“误字”。“去家京洛”，是“国”字。“寇盗”，是说“贼民”。全诗所寓的字，就是“青苗法，误国贼民”。这样一说，便明白了。那做的人，亏他想得出，更亏了东坡能猜得出。

在北宋时候，中国和辽国往来，辽东的使臣，都能通中国文，通中国语。却是故意的寻出些难题目来，和中国人相戏，中国人倘然答不出，那就要被他们看不起。这是当时国际交涉中的一种特别情形，上文已经说明白了。如今再说，元祐时有一位辽使到中国来，他出了一个对子道：“三光日月星。”这个对子，可把人难住。任便你怎样用一个数目字，对了三字，但是下文总被三件事物所限定，所以是无法可对的。于是人家去请教东坡。东坡对道："四诗风雅颂。"这样才把那辽使压服了。

东坡又常和黄山谷、秦少游等，同观李龙眠的画。那幅画上所画的，是许多人在那里掷骰子。盆子里的骰五粒是六，还有一粒，方在旋转未定。一人俯首疾呼，他人都作吃惊的样子。画得情景逼真。看的人都说好。只有东坡道："为什么李龙眠学闽中口音？"人家不懂，问他是什么意思。东坡说道："四海语音，呼六，都是合口。只有闽中是开口。今盆中五粒骰子都是六，再有一粒旋转未定，一人俯首疾呼，自然呼他是六。然此人不是合口，却是张口。岂不是闽音？"人家听了他的话，都叹服他的眼光精细。把这话告诉李龙眠，李龙眠也佩服他。

东坡的诗文，固然是明白如话，人人能解，然有时候也有特别难解的地方。因为他于所请三教九流的书，无所不读，读了，又都拉来应用，如咏雪诗道：

冻合玉楼寒起粟，光摇银海眩生花。

王安石见了这两句诗，十分佩服，对他的女婿蔡卞称赞这诗好。蔡卞道："只不过形容雪色罢了，有什么好处？"王安石道："你哪里知道呢？'玉楼'是肩名，'银海'是眼名，出于道书，他使用得恰好，所以为妙。"

按，这样的字，亏了东坡会用，也亏了安石能懂。

# 第六章 东坡的闲适生活

东坡的诗格，在陶渊明、白香山之间。原来诗格也就是人格的代表，可知东坡的人格，有和渊明、香山有相似之处。这种相似处，就是“闲适”。

我们要知道东坡闲适的生活，试看他自述的话：

余谪居黄州，辨才、参寥遣人致问，且以太虚题名相示。时去中秋不十日，秋潦方涨，水面千里，月出房心间，风露浩然，所居去江无十步，独与儿子迈棹小舟至赤壁，西望武昌山谷，乔木苍云，云涛天际。因录以寄参寥，使以示辨才，有便至高邮，亦可录以寄太虚也。

参寥、辨才，是东坡的两个方外朋友，太虚就是秦观。这是东坡寄与他们三人的小简，报告他在黄州的闲适生活。

或为余言，草木之长，常在昧明间。早起伺之，乃见其拔起数寸，竹笋尤速。夏秋之交，稻方含秀，黄昏月出，露珠起于其根，累累然，忽自腾上，若推之者，或缀茎心，或缀于叶端。稻乃秀实，验之信然。

这又是一段闲适生活的写照。

司空图有“棋声花院闭”之句。吾尝独游五老峰，入白鹤观，松阴满地，不见一人，古松流水，惟闻棋声，方知此句之妙。

这又是一段闲适生活的写照。

元丰六年十二月二日夜，解衣欲睡，月色入户，欣然起行。念无与乐者，遂至承天寺。寻张怀民，亦未寝，相与步于中庭。庭中如积水空明，水中藻荇交横，乃竹柏影也。何夜无月，何处无竹柏，但少闲人如吾两人耳！

这又是一段闲适生活的写照。

草木的生长，稻茎的收吸露珠，道院中的棋声，空庭中月光如水，竹柏影如荇藻。这许许多多自然界的奥妙，不是十分闲适的人，不能发现。发现了，说与他人听，他人不曾身历其境，也不能理会。像东坡这样绝顶聪明的人，于草木的生长，也要实验了，然后信人家的话；于“棋声花院闭”的诗，也要亲自到了白鹤观，听见棋声，才知道此句之妙。那么，一般钝根人，一天到晚，奔走于名利之场，那里能领会此中佳趣。而且这样的钝根人，就使他身历其境，也不能领会。

东坡说得好："何夜无月，何处无竹柏，但少闲人如吾两人耳！"这话真说得透彻极了。宇宙间的一山一水，一风一月，一草一木，极寻常的事物，莫不含有极奥妙的意味，只在闲适的人能够细细的领略，慢慢的体会。可惜世上忙人多，闲人少，就把这些都忽略过了。

东坡的闲适的生活，能够从他的文学作品里充分的描写出来。他的《行香子》词云：

清夜无尘，月色如银。酒斟时，须满十分。浮名浮利，虚苦劳神。叹隙中驹，石中火，梦中身。虽抱文章，开口谁亲，且陶陶乐尽天真。几时归去，作个闲人，对一张琴，一壶酒，一溪云。

又《虞美人》词云：

持杯遥劝天边月，愿月圆无缺。持杯更复劝花枝，且愿花枝长在莫离披。

持杯月下花前醉，休问荣枯事。此欢能有几人知，对酒逢花不饮待何时？

又《蝶恋花》词云：

云水萦回溪上路，叠叠青山，环绕溪东注。月白沙汀翘宿鹭，更无一点尘来处。

溪叟相看私自语，底事区区，苦要为官去！樽酒不空田百亩，归来分取闲中趣。

又《和梵天寺僧守诠》诗云：

但闻烟外钟，不见烟中寺。幽人行未已，草露湿芒屦。惟应山头月，夜夜照来去。

我们说到闲适的诗人，我们立刻联想到陶渊明和孟浩然。东坡最喜陶渊明的诗，不但是读得烂熟，而且逐首的和他，作《和陶诗》四卷。可见他是如何景仰陶渊明了。不过，他的实际的生活，却和陶渊明略有不同。渊明自从不为五斗米折腰，解绶归去而后，就结身做个隐者，享受田园的生活。亲自荷锄种豆于南山之下，亲与野老农夫话桑麻。而东坡则不然。东坡虽然屡被遣谪，投迹蛮荒，有时脱离了热闹城市的生活，却不曾像陶渊明做个得失不知、治乱不闻的羲皇以上人。而是他的闲适生活，乃无时不闲适，无地不闲适，居山林亦闲适，居朝市亦闲适，居蛮夷亦闲适。

孟浩然也是个闲适的诗人，他的“微云淡河汉，疏雨滴梧桐”的名句，真是充满了闲适的意趣。然而孟浩然是个终身不仕的隐者，所谓“不才明主弃，多病故人疏”，他差不多是个和世人断绝关系，超然于尘寰以外的人。而东坡则不然。东坡的实际生活，和浩然不同。只不过他的意趣，却和浩然一样。

自来遭着贬谪的人，多郁郁不自得，以致文学作品。多变为消极的，人生观也都变为消极的，结果，是以悲愤损其天年。只有东坡能免去这一层。这是他闲适的胸怀，能够处逆境而不怨，所以如此。这话在前面“贬谪的生活”一章里，已经说过，这里不必多讲，请读者参看罢。

# 第七章 东坡的豪放生活

前一章写东坡闲适的生活，因为我的笔墨太拙劣，不知如何写法，说了半天，还不曾把东坡的闲适的生活，充分的写出。但是，读了这一章书，于东坡的闲适生活，也可以略见一斑了。

从来闲适的诗人，多流于沉寂，往往是淹淹无生趣。若东坡则不然。东坡于闲适中，又带着豪放，所以活泼泼地，一点也不沉寂。我们再看他的豪放生活。

一天，东坡去访宿州教授晁以道，直走到他书斋里，看见壁的许多古画，有一幅是钟隐画的“雪雁”，东坡觉得极好，满口的称赞，也不待主人的许可，就提起笔来，要题字在上面。可是那幅画挂得很高，只得用两张桌子叠起来，立在桌上去题。不知怎样，失了足，从桌子上跌下来，相与拊掌大笑。

东坡的朋友很多，朋友的品类也不一致，任便什么人，都和他谈得来，而和尚佛印，尤是他的方外好友。原来这佛印和尚，是大解脱大解脱的，喝酒食肉，毫无禁忌。一天，佛印正烹好了一条鱼，在那里吃饭。恰巧东坡去访佛印，还没入门，已嗅着香味，暗想，和尚在吃鱼了，快去分他一些尝尝，不要让他独享美味。一面想着，一面走进去。那佛印听见脚步声，知有人来，忙

**传称三酸**

时在元符二年，年六十四岁。《东坡轶事》："佛印与黄鲁直及先生友善。一日，苏、黄过访。佛印曰：'吾得桃花醋，甚美。'取以共尝，皆皱其眉。时人称为三酸。"

把一口罄拿来，翻过来盖在盛鱼的碗上。回头一看，知是东坡，虽然不必避他，却也落得把鱼藏起来，免得他要分吃，所以把鱼藏过之后，装出很镇静的样子，只拿了一碗淡饭吃。却不料这把戏已被东坡看清楚了，走了进来，故意的装着不知。佛印请他坐下，说道："遇着吃饭时，就在这里便饭罢！可惜没有菜！"东坡道："不要紧！不要紧！刚刚肚子饿了，就是淡饭也好。"佛印没法，只好叫小和尚另盛出一碗淡饭来，自己也陪着他吃淡饭。东坡吃了一回，忽然想起，佛印前几天曾托他写一副联语，预备送给某施主的，东坡就借题目和佛印为难。东坡道："你前几天不是托我写一副联么？我还没有写。实在想不出适宜的句子。因为这付联是送给某善士的，一定要切到'善'字做。"佛印道："是啊！"东坡道："有一句成语，叫做'积善之家……'下面还有三字，字已忘记了，竟想不起。"佛印道："下面三字是'庆有余。'"佛印才说完这话，东坡便大笑道："原来'罄有鱼'（编者按，罄与庆同音，鱼与余同音。）何不拿出大家同吃？"佛印被他这样一说，弄得没法，只好把罄底下的鱼拿出来大家同吃了。

东坡和佛印同游，每苦佛印贪吃，所有酒食，被他吃得太多。一天，东坡约了黄山谷游湖，有意不让佛印知道。免得他又来打扰。却不料佛印神通广大，他们不让他知道，他已先打听得清楚了，趁着东坡、山谷还没有下船时，他便先去躲在船舱里。东坡、山谷下船来，全不知道。把船开到了湖心，东坡道："今天佛印不在座，我们的酒肴不怕不够吃！"佛印在舱里听见，暗暗好笑，只是不做声。东坡、山谷发起行酒令，共说四句：后二句须出于四书，（参看按语）而曰两句同样，又要末一字是“哉”字。前二句是即景。东坡先说道：“浮云拨开，明月出来，天何言哉！天何言哉！”山谷接着说道：“浮萍拨开，游鱼出来，得其所哉！得其所哉！”佛印在舱里听见，再也忍不住了，一面揭着船板走出来，一面大声说道：“船板拨开，佛印出来，人焉廋哉！人焉廋哉！”东坡、山谷不觉大惊。佛印就夺了酒肴，大嚼一顿，东坡、山谷无奈他何。

按，这个故事，真可以代表豪放者的生活，也是十二分有趣的。编者当然不舍得把他去掉。但是仔细一想，故事虽然有趣，但未必真是东坡的故事。何以见得呢？因为他们行的酒令，后二句须出于“四书”云云，在东坡时没有“四书”的名称，“四书”的名称，是到朱子以后才有的，所以这个未必真是东坡的故事。也有人说：可以是东坡的故事，只不过“四书”二字，是后来记载如此说的，所以不能根本否认。我说：如此，仍有可疑。因为“天何言哉”“人焉廋哉”是出于《论语》，“得其所哉”是出于《孟子》，东坡时《孟子》还没有盛行，并非人人必读之书，更不应与《论语》并重。他们的令，限定要出于《论语》和《孟子》，似乎和当日的情形不合。所以仍是可疑。不过我们现在取他有趣，姑且把记在这里罢。

东坡的豪放生活，也有在他自述的话里可以看出的：

刘伯伦（即刘伶）常以锸自随，曰：“死便埋我。”吾谓伯伦非达者也。棺椁衣衾，不害为达。苟为不然，死则已矣，何必更埋！

余尝寓居惠州嘉祐寺，纵步松风亭上，足力疲乏，思欲就林止息，仰望亭宇，尚在木末，意谓如何得是。良久忽曰：此间有什么歇不得处。由是心若挂钩之鱼，忽得解脱。若人悟此，虽两阵相接，鼓声如雷霆，进则死敌，退则死法，当恁么时，也不妨就歇。

东坡的豪放的生活，在这两则短文里，已写出一二了。而在他的词里，写得更充分。《水调歌头·丙午中秋欢饮达旦大醉作此篇兼怀子由》云：

明月几时有？把酒问青天。不知天上宫阙，今夕是何年？我欲乘风归去，又恐琼楼玉宇，高处不胜寒！起舞弄清影，何似在人间。转朱阁，低绮户，照无眠。不应有恨，何事长向别时圆？人有悲欢离合，月有阴晴圆缺，此事古难全！但愿人长久，千里共婵娟。

把酒问青天，问他几时有明月？欲乘风归去，归天到上的琼楼玉宇。这样的口吻，是旧诗家所说的“诗杂仙心”。这一点东坡和太白是相同的。人家称太白为李谪仙，又称太白是仙才，而于东坡也称坡仙，就是这个缘故。

东坡的著名的“大江东去”，固然是取着一个好题目，却是这个题目，也恰和东坡的豪放的性情相宜。同是这个题目，在他人也做不出这样的词来。所谓“大江东去”，就是他的《念奴娇·赤壁怀古》词。词道：

大江东去，浪淘尽，千古风流人物。故垒西边，人道是，三国周郎赤壁。乱石崩云，惊涛拍岸，卷起千堆雪。江山如画，一时多少豪杰！遥想公瑾当年，小乔初嫁了，雄姿英发。羽扇纶巾，谈笑间，樯橹灰飞烟灭。故国神游，多情应笑我，早生华发。人生如梦，一尊还酹江月。

我们读了这一首词，就可想见东坡的豪情逸兴了。

# 第八章 东坡的恋爱生活

大概凡是一个诗人，必是一个沉浸于恋爱中者。只要把“诗人”二字的头衔加在这个人的姓名上，这个人至少有一页半页的情史，多的也许可以写几大本。这也难怪！因为诗歌的职务，就是写情，情歌居诗歌中的重要部分，所以“诗人就是情人”，这句话已是千真万确的了。

东坡既然是个诗人，是个著名的诗人，那么，在他的全段生活史中，至少有若干节是“恋爱生活”。不过，东坡的恋爱生活，和李义山、元微之、杜牧之等人的恋爱生活，完全不同。他也“未免有情”，然不是沉没在情海中，而是能由情海的此岸，渡到情海的彼岸。他也知“情之所钟，正在我辈”，然不是被情的监牢所关住了，而是能从这扇门走进情的监牢，又从那扇门走出来。所以，说他的生活史中没有恋爱生活的一段，也可；说有恋爱生活的一段，也可。

我们试先读东坡的《蝶恋花》词道：

花褪残红青杏小，燕子飞时，绿水人家绕。枝上柳棉吹又少，天涯何处无芳草。墙里秋千墙外道，墙外行人，墙里佳人笑。笑渐不闻声渐悄，多情却被无情恼。

我们读了这首词，觉有怎样的感触？恍惚又是要读，又是读不下去。无怪朝云当日歌不成声了。

原来朝云是东坡的如夫人。东坡贬谪在惠州时，常常叫朝云唱这一首词，但是唱到“枝上柳棉”一句，便掩抑惆怅，如不自胜。东坡问她为什么如此？她答道：“我所不能唱完的，就是‘天涯何处无芳草’一句。”

我们读完了这一段小小的故事，就可以知道东坡当日是怎样的惆怅。我们现在再说一说朝云的身世。朝云姓王氏，本是钱塘名妓。东坡守杭州时，很爱怜她，就娶她做如夫人。她初不识字，既归东坡，教她学书法，也渐能作楷书。生有一子，名叫干儿，不到周年，就夭折了。后来东坡被贬谪到惠州去，姬妾们都纷纷散了，独有朝云不避蛮烟瘴雨，相从于万里之外。东坡赠她的诗云：

不似杨枝伴乐天，恰如通德伴伶玄。阿奴乐绣不同老，天女维摩总解禅。经卷药炉新活计，舞衫歌扇旧因缘。丹成逐我三山去，不作阳台云雨仙。

东坡在惠州不多几时，朝云就死了。她在病重的时候，口念《金刚经》四句偈而绝。东坡把她葬在惠州栖禅寺松林中，和大圣塔相对。东坡作诗追悼她道：

苗而不秀岂其天，不使童乌与我玄。驻景恨无千岁药，赠行惟有小乘禅。惊心一念偿前偿，弹指三生断后缘。归卧竹根无远近，夜深勤礼塔中仙。

又作《西江月》词《咏梅》以寓意道：

玉骨那愁瘴雾，冰肌自有仙风。海仙时过探芳丛，倒挂绿毛么凤。素面翻嫌粉涴，洗妆不褪唇红。高情已逐晓云空，不与梨花同梦。

这一重公案，可算是东坡的恋爱故事，也可算是一段伤心史。却是东坡遇着这样伤心的事，他还能作达观，诗词中大半是旷达语。这就是前面所谓他不沉没在情海中，能由情海的此岸渡到彼岸，不被情的监牢所关住，能从这扇门走进情的监牢，又能从那扇门逃出来。

东坡在杭州时，一天和刘贡父同游西湖，在西湖心遇见一只小艇子。艇子上坐着一个妇人，请和东坡相见，自己陈述身世，说是从小便仰慕东坡的才名，然而身为处女，不便求见，现在嫁为民家妇了，可以不怕嫌疑，故来求一面之缘。她又说，她会弹筝，愿献一曲，并求东坡赐她诗词，借作纪念。

她说完，就叮叮咚咚弹起筝来。一曲既罢，东坡的《江城子》的词也做成了。词云：

凤凰山下雨初晴，水风清，晚霞明，一朵芙蓉，开过尚盈盈。何处飞来双白鹭，如有意，慕娉婷。忽闻筵上弄哀筝，苦含情，遣谁听！烟敛云收，依约是湘灵。拟待曲终寻问取，人不见，数峰青。

这个恋爱故事，是很特别的。我们倘拿冠冕堂皇的评语来批评他，可以说是纯粹的灵的爱，而不杂一丝一毫肉的爱在里面。其实，这事的内容也许未必如此简单，该妇未嫁时，不敢求见东坡，是分明受了礼教和习惯的很紧的束缚。后来已经嫁人了，还忘不了东坡，必求一见，是可知她情感是怎样的热烈。

在东坡呢，却早已打破情关了，不把这件事放在心上。恐怕他才把词填完了，他就把这件忘记了。假使那妇人是有意恋爱他（这是假使的话），只可说是“单相思”。

再有一个关于东坡的恋爱故事、或说是东坡在黄州时事，或说是东坡在惠州时事。究竟谁说得对，我们只看了下面东坡原词的题目，就可知道。又有人把他认作两件，那更不对了。这故事的大概情形如下：

苏东坡谪黄州，邻家一女子，甚贤，每夕在窗下听东坡读书。后其家欲议亲，女子云：“须得读书如东坡者乃可。”竟无所谐而死。故东坡作《卜算子》以记之。黄太史谓语意高妙，盖以东坡是词为冠绝也。

上面一段话，是宋人袁文《瓮牖闲评》上的原文(卷五)。他只说“故东坡作《卜算子》以记之”，却没有录东坡《卜算子》的原文。另从《东坡乐府》里找那首《卜算子》来如下：

缺月挂疏桐，漏断人初静。谁见幽人独往来，缥渺孤鸿影。惊起却回头，有恨无人省。拣尽寒枝不肯栖，寂寞沙洲冷。

这首词的原题是：

黄州定慧院寓居作。

这可证明是在黄州时的事，可是《瓮牖闲评》说东坡在黄州时事，是不错的。却是元人林坤的《诚斋杂记》说，是东坡在惠州时的事。他的原文道：

惠州有温都监女，名超超，颇有色，年十六，不肯嫁人。闻子瞻至，喜谓人曰：“此吾婿也。”每夜闻子瞻讽咏，则徘徊窗外。子瞻觉而推窗，则超超逾垣而去。子瞻从而物色之，温具言其然。子瞻曰：“吾当呼王郎与子为姻。”未几，子瞻过海，此议不谐，其女遂卒。故子瞻思念之，为作《卜算子》词。中有云：“拣尽寒枝不肯栖”，谓其择偶也。(卷下)

袁文和林坤的话，到底哪个说得对呢？我以为是袁文的话比较的对。在前面已经说过，东坡词的原题目是“黄州定慧院寓居作”，可知是袁文的话不错了。却是汲古阁刻的苏词，又根据《诚斋杂记》的话，拿它做题目，那又很容易使人误会了。

究竟恋爱生活，不是东坡生活中重要的一部分。所以他的词须要关西大汉执铁绰板，唱“大江东去”，而与柳永的词只好十七八女孩儿按执红牙拍歌“杨柳岸晓风残月”是绝不相同的。他的词是如此，他的诗也是如此，他虽然是个诗人，他虽然有许多的艳遇，但他是过不惯“卿卿我我”的恋爱生活的。

# 第九章 东坡的慈爱生活

东坡虽然喜吃烧猪肉，羡慕黄州的鱼味美，但是他对于动物的生命，也很爱惜。这大概受了他母亲程夫人的影响。据他记《先夫人不残鸟雀》那篇文说：

吾昔少时，所居书室前有竹柏杂花，丛生满庭，众鸟巢其上。武阳君恶杀生，儿僮婢仆，皆不得捕取鸟雀。数年间，皆巢于低枝，其鷇可俯而窥也。又有桐花凤，四五日，翔集其间。此鸟羽毛，至为珍异难见，而能驯扰，殊不畏人。闾里间见之，以为异事。此无他，不忮之诚，信于异类也。有野老言："鸟雀去人太远，则其子有蛇、鼠、狐狸、鸱鸢之忧。人既不杀，则自近人者，欲免此患也。"由是观之，异时鸟雀巢不敢近人者，以人为甚于蛇鼠之类也。"苛政猛于虎"，信哉。

这一篇短文，描写鸟雀喜欢和人们亲近，及人们残害鸟雀是怎样的恶毒惨酷，可以说描写得很深刻。他从儿时受了这种教训，当然是养成了一种爱惜物命，不肯任意残杀之心，他后来学佛，少不得也听得许多戒杀的话。他虽然不是一个完全"素食主义”者，却是常常把爱惜物类的一片慈爱之心，写在诗里。如云：

秋来霜露满东园，芦菔生儿芥有孙。我与何曾同一饱，不知何苦食鸡豚！

我们读了这一首诗，觉得他慈爱之心，溢于言表。他再有四句诗，说得很爽快：

钩帘归乳燕，穴牖出痴蝇。爱鼠常留饭，怜蛾不点灯。

这更不是诗人的诗，乃是释氏的偈。虽然他说：

不可食无肉，

虽然他曾说：

长江绕郭知鱼美，好竹连山觉笋香。

好像他是个饕餮。其实他是一个爱惜物类的慈善家，至少是一个赞成“素食食主义”者，虽然他不能够实行素食。

# 第十章 东坡的诙谐生活

大抵绝顶聪明的人，都善于说笑话。因为他的见解是超过普通人的，他的庄言正论，非常人所能领会。于是遇着俗不可耐的人，只好拿诙谐来对付他。这是聪明人善于说笑话的一个原因。聪明人的见解，既超过常人，那么，他对于世上一切的事，都不满意，却是一个人的力量，又拗不过全社会的势力，满腹牢骚，无从发泄。于是他所走的路，只有两条：一条是“厌世”，一条是“玩世”。像屈原，就是走得第一条路；像东方朔，就是走得第二条路。后来无数的聪明人，都是走这两条路的。这是聪明人善于说笑话的第二个原因。而且笑话也只有聪明人能说。寻常一句话，到了他口里，便变了十分有趣的笑话。反转来说，本来是一句笑话，到了笨钝的人口里，也变成枯燥无味了。这是聪明人善于说笑话的第三个原因。

东坡，当然是个绝顶聪明人，那么，说笑话，也是他的拿手好戏。他不但是善于说笑话，他还能拿说笑话的口吻去做文章。因此，他的诗和文里，往往充满了诙谐的彩色。他自己评他的文章道：

虽嬉笑怒骂之词，皆可书而诵之。

这可见他的诗文的特色是怎样了。

东坡的诙谐语，见于当时人的记载的很多。我们随便拣几条记在这里，每一阅读，虽在六七百年后，犹可见他掀髯纵谈，四座绝倒的光景。

一天，有个自命为诗人的某某，拿了一首诗送给东坡看。题目是咏竹。诗中有两句道："叶垂千口剑，干挺万条枪。"东坡看罢，大笑道："诗虽好，可惜是十根竹竿，一个叶子。"那人面红耳赤而退。

照他的诗说，上句是一千个叶子，下句一万条干，岂不是如东坡所说的一根竹竿一个叶子么！照文学说，原不必拘定要和算学相合。但是那人的诗，实在做得太恶劣了，却不自知恶劣，拿给东坡看。东坡若说他不好，他未必肯服，被东坡这样一说，他不得不面红耳赤了。却也亏得东坡想得出这一句话。

东坡有一天赴一个富家的宴会。富翁的姬妾，有十几个人，一个个都是能歌善舞，姿色技艺，无不双绝。独是其中有一人名叫媚儿，容貌虽还生得不差，却是躯干伟大，有赳赳武夫的模样。偏偏那些身材苗条的，不很为富翁所钟爱。而富翁独具只眼，最爱媚儿。这一天，席上歌舞罢了，富翁就拿出纸笔，替媚儿向东坡求诗。当然是想东坡称他赞几句，好夸耀于他人。在东坡，却是一个难题目了。描写得不切，那诗有什么价值！他想了一想，才写成四句道："舞袖蹁跹，影摇千尺龙蛇动。歌喉宛转，声撼半天风雨寒。”媚儿得了这样的赠言，也只有面红耳赤而已。原来“影摇千尺龙蛇动，声撼半天风雨寒”，本是石曼卿咏松的诗，东坡借来用的。

元祐时东坡在朝，和公卿论政，往往意见不合，就任意狎侮人家，人家也无奈他何。独是对于司马光，不敢有轻侮之词。只有一天，议论不合，罢朝而归，方解带宽衣时，一面大呼“司马牛！司马牛！”只这“司马牛”三字，很可想见他的风趣。

东坡和王荆公（安石）意见本来不大对，议论往往相左。荆公好以己意说字，只是望文生义，毫无根据。东坡尝拿“坡”字问安石道：“这个字是何所取义？”安石道：“‘坡’是土之皮。”东坡答道：“照这样类推，可说‘滑’是水之骨。”安石默然不能答。

安石又说：“用竹鞭马，作笃笃之声，故‘笃’字从‘竹’从‘马’。”东坡听见此说，笑道：“‘笑’字从‘竹’从‘犬’，（按指草书）用竹鞭犬，有什么可笑？”东坡又道：“‘鸠’字从‘九’从‘鸟’，也有证据。《诗经》上说：‘鸤鸠在桑，其子七兮。’和爹和娘，恰是九个。”

东坡和刘贡父是极好的朋友，大家聚在一起，无非说笑话解闷。你一句，我一句，各不相让。东坡一天对贡父说：“少年时和舍弟一同读书，每天只吃三白，却也觉得很有味。不知道人间有甚山珍海错。”贡父问道：“什么叫三白？”东坡道：“一撮盐，一碟生萝卜，一碗饭。这就叫三白。”贡父闻言大笑。过了许多的时候，东坡已把这句话忘记了，却是贡父还把这句话记在心里，有意要和东坡相戏。一天，写了一张帖子，请东坡吃‘皛饭’。东坡接着帖子一看，就呆了，不知道‘皛饭’是什么东西。明知是贡父有意和他开玩笑，然究竟猜不出“皛饭”二字是什么用意。也只好怀疑赴会。到贡父家里，坐定以后，饭拿出来了，只见是萝卜盐饭。东坡才恍然大悟。饭吃完了，临别，东坡对贡父道：“明日可到我家吃‘毳饭’。”贡父又被他弄呆了，不知“毳饭”又是什玩意儿。明天，贡父到东坡家里，东坡只和他闲谈，老不拿出饭来吃。贡父有些饿了，就催东坡开饭。东坡慢慢的答道：“等一回儿。”过了一回，贡父又催，东坡还是答道：“等一回儿。”又过了一回，贡父实在饿得忍不住了，只好再催。东坡道：“盐也毛（编者按毛，音模。意思是无），萝卜也毛，饭也毛，非毳而何？”贡父大笑，才知道他是报复昨天的戏谑。于是乎拿出饭来吃，尽欢而散。按，这个故事，许多书上是说刘贡父和苏东坡的故事，却是在《高斋漫录》上，刘贡父作钱穆父。究竟是刘是钱，我们可不必去考，总之重要的角色是东坡，是大家一样如此说的。我们现当他是东坡的故事看，其他配角，刘贡父也好，钱穆父也好。我们只看了这个故事，可以知道东坡的诙谐生活是怎样了。

又有一天，刘贡父请客，东坡也在座。吃了一半，东坡因为有事要先回去，贡父就出一个对子道：“幸早里，且从容。”原来这是一个谐音的对子。“幸早里”（里今作哩）谐作“杏枣李”，是三个果子名；“从容”，是一味药名。东坡不假思索，立刻答道：“奈这事，须当归。”“奈这事”谐作“柰橘柿”，是三个果子名；"当归"，是一味药名。恰和贡父的话针锋相对，一点不差。

刘贡父晚年，患了风疾，须眉都落掉了，鼻梁也差不多要断了。一天，东坡和他的朋友在一起喝酒，贡父也在座，大家各引古语为戏。依次说过，挨到东坡，东坡就套了《大风歌》的老调道："大风起兮眉飞扬，安得猛士兮守鼻梁。"满座大笑。贡父只好恨在心里。这虽是说笑话，却未免太使朋友难为情了。

东坡整日价这样的信口诙谐，看起来好像是没意识的油腔滑调，其实是不然。他这样的诙谐，另有不得已的苦衷，就是前面所说的，满腹牢骚，无从说起，借着笑话发泄发泄。我们只看下面记的一段东坡的故事，就可以知道了。

一天，东坡在吃过饭后，扪着肚子散步，一面问他的婢女们："可知道我肚子里是什么？"一个道："满肚子都是文章。"东坡道："不是！不是！"又一个道："满肚子都是机械。"东坡道："不是！不是！"又一个道："满肚皮不合时宜。"东坡无言，捧着肚子大笑。他虽然不曾说明这话是对的，但是他已默认了。

我们只看"满肚皮都是不合时宜"，可知他平日所说的笑语，都是由这"不合时宜"变出来的，岂是寻常油腔滑调所能比拟的么。

东坡半日的谈论，是这样的诙谐，他把这种诙谐的话，放在文章里，就成了他的文章的一种特色。如《闻子由瘦》的诗云：

五日一见花猪肉，十日一遇黄鸡粥。土人顿顿食薯芋，荐以熏鼠烧蝙蝠。旧闻蜜唧尝呕吐，稍近鱼虾缘习俗。……

这可见他诙谐风味的一斑。他又有诗道：

宁可食无肉，不可居无竹。无肉令人瘦，无竹令人俗。……

这诗也很诙谐，读之令人失笑。但是后来有人加上两句道：

若要不瘦又不俗，除非天天笋炒肉。

可惜东坡不曾见到这两句诗，倘使见到，定要捧腹大笑一顿。

他的诙谐文章的专书，要算是《艾子杂说》。他是托名一个人名叫艾子的所说的话，大概和周秦诸子的体裁相同。如云：

艾子出行邯郸道上，见二媪相与让路，一曰："媪几岁？"曰："七十。"问者曰："我今年六十九，然则明年当与尔同岁矣。"

又一则云：

艾子出游，见一妪，白发而衣衰粗之服，哭甚哀。艾子曰："妪何哭而若是之哀？”妪曰：“哭吾夫也。”艾子曰：“妪自高年，而始哭夫，不识夫谁也？”曰：“彭祖也。”艾子曰：“彭祖寿八百而死，固不为短，可以无恨。”妪曰：“吾夫寿八百，诚无恨，然又有寿九百而不死者，岂不恨耶！”

《艾子杂说》这部书，或谓不是东坡作的，是后人假托的，然照我看来，那诙谐的口吻，绝像东坡，应该说是东坡作的。这就他自己所说的“嬉笑怒骂的文章”了。

# 第十一章 附 录

## 一 东坡别号表

子瞻

子平　文与可诗："子平谓我所同嗜，万里书之特相寄。"诗题下注云："子平即子瞻也"。

和仲 见苏辙《跋怀素自叙帖》云："余兄和仲。"编者按：老苏有三子，长子景先，早卒。见欧阳修墓志。东坡行二，故字和仲

东坡居士　因居黄州之东坡而自称。

坡仙　为后世诗人所习称。

坡公　为后世诗人所习称。

狂副使　东坡在黄州自号。有词云："更问樽前狂副使。"

老农夫　东坡在黄州自号。有词云："看取雪堂坡下老农夫。"

秃鬓翁　黄山谷诗："翰林若要真学士，唤取儋州秃鬓翁。"

苏二　黄山谷诗："题诗未有惊人句，会唤诗仙苏二来。"

谪仙　后世诗人称之。

髯苏　见陈允端题《东坡游赤壁图》诗

大苏　为后世人诗人所习称。

长公　为后世诗人所习称。

髯仙　后世诗人称之。

长帽翁　后世诗人称之。

铁帽道人　见明人笔记。

戒和尚　东坡曾以此自称。见《冷斋夜话》。

## 二　东坡著述表

《东坡易传》九卷

《东坡书传》十三卷

《苏沈良方》八卷

《仇池笔记》二卷

《东坡志林》五卷

《东坡全集》一百三十卷

《东坡诗注》三十二卷　宋王十朋注。

《施注苏诗》四十二卷　《东坡年谱》一卷，《王注正讹》一卷，《苏诗续补遗》一卷。宋施元之注，清邵长蘅，李必恒补，冯景续注。

《补注东坡编年诗》五十卷。清查慎行附注。

《东坡词》一卷。

以上《四库》著录。

《艾子杂记》 《顾氏文房小说》本。

《东坡题跋》 《津逮秘书》本。

《经进东坡文集事略》六十卷。宋郎晔注。《四部丛刊》影宋本。

《东坡乐府》六卷 四印斋刊本。

《东坡乐府》三卷 《彊村丛书》本。

《东坡乐府》六卷 林大椿校刊本。

## 三 苏门弟子表

黄庭坚，字鲁直，义宁人，号山谷道人。出于苏门，而诗与东坡齐名。

张耒，字文潜，淮阴人。著有《柯山集》。

晁补之，字无咎，钜野人。著有《鸡肋集》。

秦观，字少游，一字太虚，高邮人。著有《淮海集》。

李廌，字方叔，著有《济南集》。

王巩，字定国，莘县人。

李格非，字文叔，济南人。为女词人李清照父。

陈师道，字履常，一字无己，彭城人。著有《后山集》及《后山诗注》。